WINFRIED BÖHM ZUM 60. GEBURTSTAG

Freiheit – Geschichte – Vernunft

Grundlinien geisteswissenschaftlicher Pädagogik

Winfried Böhm zum 22. März 1997

Hg. von Wilhelm Brinkmann
und Waltraud Harth-Peter
unter Mitarbeit von Markus Böschen
und Frithjof Grell

echter

Umschlag: Uwe Jonath
Gesamtherstellung: Friedrich Pustet, Regensburg
ISBN 3-429-01904-4

Inhalt

Vorwort 9

Geleitworte 11

RITA SÜSSMUTH 11

THEODOR BERCHEM 15

GIUSEPPE FLORES D'ARCAIS
Eine Begegnung 18

Einleitung 25

I. GRUNDLEGUNG

MICHAEL WINKLER
Uneingelöster Anfang: Friedrich Schleiermacher (1768-1834)
und die geisteswissenschaftliche Pädagogik 39

BIJAN ADL-AMINI
Wilhelm Dilthey (1833-1911).
Der offene Grundzug seiner Hermeneutik und das
pädagogische Programm einer Holistischen Hermeneutik . . . 64

II. AUSLEGUNGEN

FRITHJOF GRELL
Max Frischeisen-Köhler (1878-1923).
Geisteswissenschaftliche Pädagogik
am Anfang ihrer Epoche 81

JÜRGEN OELKERS
Herman Nohl (1879-1960).
Die geisteswissenschaftliche Pädagogik und das Problem
des „historischen Bewusstseins“ 106

MARKUS BÖSCHEN
Über das Problematische im philosophischen und
methodologischen Denken von Aloys Fischer (1880-1937)
und seine Aktualität für Pädagogik und
Geisteswissenschaften heute 134

ERNST HOJER
Theodor Litt (1880-1962) 158

RUDOLF LASSAHN
Den offenen Raum in Freiheit gestalten.
Litts Grundlegung einer Theorie historischen Verstehens . . . 182

ALBERT REBLE
Theodor Litts demokratisch-antikommunistischer Vortrag
in Ostberlin 1946 200

REINHARD UHLE
Eduard Spranger (1882-1963).
Pädagogik zwischen Hermeneutik und
Kulturphilosophie geistiger Mächte 213

EDGAR WEISS
Geisteswissenschaftliche als kritische Pädagogik?
Georg Reichwein (1886-1928) und seine Bildungstheorie . . . 233

ERWIN HUFNAGEL
Pädagogik als letztrangig-universale Integrationswissenschaft: Wilhelm Flitner (1889-1990). 247

III. WEITERFÜHRUNGEN

GERHARD PRIESEMANN
Erinnerung an Fritz Blättner (1891-1981) 269

KURT BEUTLER
Erich Weniger (1894-1961) 286

WILHELM BRINKMANN
Albert Reble (* 1910). Ein Portrait 304

LOTHAR WIGGER
Josef Derbolav (1912-1987)
und die geisteswissenschaftliche Pädagogik 322

IV. WANDLUNGEN

PETER BROZIO
Martin Buber (1878-1965) 339

WALTER EYKMANN
Romano Guardini (1885-1968) 357

WILFRIED LIPPITZ
Martinus J. Langeveld (1905-1989).
„Integrale Pädagogik" im Zeichen ihrer Pluralisierung.
Die phänomenologisch orientierte Pädagogik auf dem Weg
zur lebensweltlichen pädagogischen Forschung 374

WALTRAUD HARTH-PETER
„Die realistische Wendung in der pädagogischen Forschung".
Heinrich Roth (1906-1983) und sein Verhältnis
zur geisteswissenschaftlichen Pädagogik 391

HELMUT HEIM
Die Pädagogik Theodor Ballauffs (1911-1995)
im Kontext geisteswissenschaftlicher Pädagogik 410

V. VERTIEFUNGEN

HERBERT ZDARZIL
Zur Anthropologie der geisteswissenschaftlichen Pädagogik . 423

GÜNTHER BITTNER
Prolegomena zu einer hermeneutischen Psychologie 437

JOHANNES SCHURR †
Zur Konzeption einer pädagogischen Hermeneutik 459

VI. ANWENDUNGEN

ANNEMARIE PIEPER
Flexibilität als neue Tugend.
Haben unsere Bildungsanstalten eine Zukunft? 483

CHRISTIAN NIEMEYER
Sozialpädagogik in der geisteswissenschaftlichen Pädagogik . 501

RAINER BRÖDEL
Erwachsenenbildung in der geisteswissenschaftlichen
Pädagogik 520

GABRIELE WEIGAND
Geisteswissenschaftliche Didaktik 535

GÜNTER HENNER
Geisteswissenschaftliche Pädagogik und Personalismus:
mit der Beigabe „Gesundheitspädagogik“ 555

VII. KRITISCHE SICHTUNGEN

ALFRED SCHÄFER
Paradigmenwechsel als Traditionssicherung.
Zum Übergang von der geisteswissenschaftlichen Pädagogik
zu einer kritischen Erziehungswissenschaft 573

LUTZ KOCH
Hermeneutik des Sollens.
Ein Problem geisteswissenschaftlicher Pädagogik 594

MARIAN HEITGER
Transzendentalphilosophische Kritik an der
geisteswissenschaftlichen Pädagogik 603

BIBLIOGRAPHIE WINFRIED BÖHM

Erstellt von Hedwig Hehn
unter Mitarbeit von Frank Taschner 613

AUTORENSPIEGEL 639

Vorwort

Das vorliegende Buch ist eine Festgabe für Winfried Böhm anläßlich seines 60. Geburtstages im März 1997. Gleichzeitig verfolgt es noch einen anderen Zweck: Es will in systematischer und kritischer Absicht das geisteswissenschaftliche Denken in der Pädagogik von Schleiermacher an bis in die unmittelbare Gegenwart neu zur Diskussion stellen, und zwar sowohl anhand der Darstellung und Interpretation ihrer „Klassiker“ als auch durch Beiträge, die dem geisteswissenschaftlichen Denken in der Pädagogik nahe, aber auch in kritischer Distanz zu ihm stehen.

Die Herausgeber hatten den Wunsch, Winfried Böhm, ihren akademischen Lehrer, durch eine Festschrift zu ehren und sein pädagogisches Werk zu würdigen. Die Zusammenschau dieses Werkes hat das Thema des Buches vorgegeben: Unter vielen Aspekten und auf stets eigenwillige Weise hat Winfried Böhm das anthropologische Phänomen der *Freiheit* im Hinblick auf eine theoretische Grundlegung der Pädagogik, den Begriff der Person im Hinblick auf die Pädagogik als Wissenschaft und auf seine erziehungspraktischen Folgerungen, den Begriff der *Geschichte* als Verweis auf den Prozeß der Bildung der Person sowie den Begriff der *Vernunft* als Hinweis auf die immer neu zu erfolgende Begründung dieses Dialogs herausgearbeitet und behandelt. Verfolgt man diese Vielfalt von Gedanken und Ideen auf ihre Grundlinien zurück, so kann man sie mit den Begriffen Freiheit – Geschichte – Vernunft beschreiben, die ebenfalls die geisteswissenschaftliche Pädagogik, mit ihrer sie durchgängig bestimmenden Problematik einer Begründung der Pädagogik als Wissenschaft und mit ihrer Intention, dem Menschen durch Sinnorientierung Rechnung tragen zu wollen, kennzeichnen.

Der Bezug auf die Geschichte der sog. „geisteswissenschaftlichen Pädagogik“, ihre Themen, Probleme und Methoden soll nicht bedeuten, daß die Herausgeber die „geisteswissenschaftliche Pädagogik“ im Anschluß an Wilhelm Dilthey als eine in sich geschlossene, homogene Richtung betrachteten oder gar das Werk Winfried Böhms in ihre Tradition nahtlos einordnen wollten. Im Gegenteil zeigt gerade das Werk Winfried Böhms, daß die „geisteswissenschaftliche Pädagogik“ im Durchgang durch die modernen Sozialwissenschaften bzw. die Kritische Theorie im 20. Jahrhundert so tiefgreifende Wandlungen und Transformationen erfahren hat, daß man nur mit gehörigen Abstrichen und gewaltigen Ein-

schränkungen von *der* „geisteswissenschaftlichen Pädagogik" sprechen kann. Gleichzeitig zeigt dieses Werk aber auch die Möglichkeiten zeitgemäßer Variationen geisteswissenschaftlich argumentierender Pädagogik, eine eigenständige pädagogische Position in ihrem Rahmen zu formulieren und zu vertreten.
Eben in der kritischen Beurteilung von jedweder „Richtung", „Schule" oder anderen den Anschein von Dogmatisierung erweckenden pädagogischen Konzepten und in dem Verweis, in „doppelter" Distanz zum Gegenstand und zu sich selbst, zu einer selbständigen Denkleistung und schließlich zum Entwurf der eigenen Person zu kommen, sieht Winfried Böhm bis heute seine Hauptaufgabe als akademischer Lehrer.
Daß es möglich war, diesen Sammelband mit wissenschaftlich hochrangigen und ausgewiesenen Autoren zu verwirklichen, darf als Beleg für die Weite seines pädagogischen Interesses und Wirkens gelten. Sein eigenes kritisches Denken spiegelt sich in allen Beiträgen wider: Zwar handeln sie alle von der sog. „geisteswissenschaftlichen Pädagogik", aber jeder der Autoren erschließt ihre Grundlagen – ob in der Darstellung eines „Klassikers", in der systematischen Betrachtung ihrer Theorie, in der Beschreibung ihrer Anwendungsbereiche oder in ihrer kritisch-systematischen Würdigung – nicht im Kanon ihrer Tradition, sondern aus seiner je eigenen, wissenschaftstheoretischen Position heraus.
Die Herausgeber danken dem Verlag Echter Würzburg für seine entgegenkommende und verständnisvolle Zusammenarbeit; der Diözese Würzburg, namentlich Herrn Dr. Adolf Bauer, für die finanzielle Unterstützung; Herrn Dr. Walter Eykmann, MdL, für seine unermüdliche Hilfe, und schließlich allen Mitarbeitern, die dazu beigetragen haben, daß diese Festschrift zum 60. Geburtstag von Winfried Böhm erscheinen kann.

Würzburg/Kiel, im Januar 1997

Waltraud Harth-Peter/Wilhelm Brinkmann

GELEITWORTE

Freiheit – Geschichte – Vernunft. Grundlinien geisteswissenschaftlicher Pädagogik. Winfried Böhm zum 22. März 1997

Prof. Dr. Rita Süßmuth
Präsidentin des Deutschen Bundestages

Nach ihrer Begründung durch Wilhelm Dilthey erlebte die geisteswissenschaftliche Pädagogik in den ersten Jahrzehnten unseres Jahrhunderts ihre Blütezeit und nahm bis in die 60er Jahre eine unbestrittene Vormachtstellung unter den pädagogischen Richtungen ein, wobei sie die Wissenschafts-, Bildungs- und Hochschulpolitik maßgeblich beeinflußte. Trotz kritischer Stimmen seit dem Ende der 60er Jahre gilt die geisteswissenschaftliche Forschungsmethode neben dem empirischen und dem ethnographischen Ansatz noch heute als eines der Grundmodelle der Pädagogik. Es erscheint daher durchaus angemessen, die Grundlinien geisteswissenschaftlicher Pädagogik anhand ihrer Themen, Probleme und Methoden umfassend darzustellen.

Der vorliegende Band, der Professor Dr. Winfried Böhm anläßlich seines sechzigsten Geburtstages zugeeignet ist, wählt hierzu in nahezu vierzig Beiträgen einen Zugang, der seinerseits einem der Prinzipien der geisteswissenschaftlichen Methode, der Hermeneutik, verpflichtet ist. Es handelt sich um eine grundlegende Einführung in die geisteswissenschaftliche Pädagogik, in der durchaus kritisch die Frage nach den Wirkungsmöglichkeiten einer geisteswissenschaftlichen Pädagogik in heutiger Zeit und nach ihrem Beitrag zur Lösung aktueller theoretischer und praktischer Fragen aufgeworfen wird.

Aus der Sicht der Erziehungswissenschaftlerin und Politikerin möchte ich hierzu einige Aspekte ansprechen.

Wir leben in der Bundesrepublik in einer hochindustrialisierten Gesellschaft, die in breitem Umfang für Wohlstand, soziale Sicherheit und Lebensqualität Sorge trägt. Gleichzeitig gibt es auch – wie in allen hochindustrialisierten Gesellschaften – Probleme, deren wichtigste im Alltag und in der Alltagspolitik immer wieder deutlich werden:

- Wir haben soziale Probleme; als Begleiterscheinung der Individualisierung treten – trotz der Ubiquität der Kontakte durch die Kommunikationstechnologien – Verluste sozialer Bindungen, Beziehungsunfähigkeit und Vereinsamung auf;
- es bestehen Ängste vor Arbeitslosigkeit und Dequalifizierung im Beruf;
- wir stellen eine verbreitete Politikmüdigkeit und Politikferne in der Bevölkerung fest;
- die Globalisierung, die veränderten politischen Verhältnisse in den Staaten Osteuropas stellen uns vor ein verändertes Koordinatensystem, das, ebenso wie die Entwicklung zu einem geeinten Europa, neue Formen des Umgangs mit anderen Nationen und Kulturen verlangt.

Viele Menschen sind dem Tempo der Veränderungen ihrer Lebensumstände und ihres Alltags und den damit verbundenen Anforderungen nicht mehr gewachsen. Hier tut die Stabilisierung der Personidentität not. Winfried Böhm hat sie in seinem wissenschaftlichen Œuvre immer wieder gefordert und vielfach dargelegt, da hierzu die personorientierte Sichtweise der geisteswissenschaftlichen Pädagogik eine Orientierung bieten kann, wenn der Mensch die Gestaltung seines eigenen Lebens mit eigener Einsicht und mit freier Willensentscheidung selbst in die Hand nimmt und als „Werk seiner selbst“ (Pestalozzi) zum Autor seiner eigenen Geschichte, seiner Biographie wird. Zum Menschen als Person gehört ferner substantiell seine Verbundenheit mit anderen Personen. Zur Pflege und Festigung des zwischenmenschlichen Miteinanders erscheint mir der Dialog, den Martin Buber als zu beachtendes Prinzip im pädagogischen Verhältnis betont hat, besonders angesichts der zunehmenden Isolierung der Individuen unerläßlich. Ein auf Dialog mit sich selbst und mit anderen gegründetes Selbstverständnis der Menschen kann gleichzeitig stärker als bisher den Forderungen von Interkulturalität und Transnationalität in einem zusammenwachsenden Europa, in einem Dialog mit den Entwicklungsländern, entsprechen.

Auf dem wissenschaftstheoretischen Person-Begriff der geisteswissenschaftlichen Pädagogik basiert zugleich das Konzept der Erziehungspraxis, wie Winfried Böhm es in zahlreichen Veröffentlichungen unter Bezug auf aktuelle Fragestellungen eindrucksvoll dargestellt hat. Im personalen pädagogischen Bezug erfolgt Erziehung weder autoritär noch nach dem Prinzip des *laisser-faire*, son-

dern setzt auf Freiheit des Willens und vernunftgeleitete Einsicht, so daß Erziehung und Bildung unabhängiger von äußeren, von gesellschaftlichen Gegebenheiten erfolgen können. Das Ziel von Erziehung und Bildung beinhaltet mehr als die reine Vermittlung und Reproduktion von angesammelten Kenntnissen und Fähigkeiten, von Qualifikationen. Der Prozeß der Bildung des Menschen umfaßt vielmehr die möglichst ausgewogene Ausformung jener vier Dimensionen, die Giuseppe Flores d'Arcais als konstitutiv für das Modell der Person beschrieben hat: die eigene Innerlichkeit (Ich), die Sozialität (Du, Wir), die denkende Erfassung der Welt (Theorie) und das tätige Handeln in ihr (Praxis und Poiesis). Vor diesem Hintergrund kann der aktuellen Forderung nach lebenslangem Lernen in einer menschenverträglicheren Weise entsprochen werden. Ein von Freiheit und Vernunft der Person ausgehendes Erziehungs- und Bildungskonzept kann zugleich dem politischen Bildungsanspruch Rechnung tragen, heranwachsende Bürgerinnen und Bürger zur engagierten Teilhabe an einer lebendigen Demokratie und zu einer vernunftgeleiteten Streitkultur zu befähigen.
In der Politik bleibt es, bei allen Schwierigkeiten angesichts der Komplexität, die vorrangige Aufgabe, Verfahren zu gestalten und den Rahmen festzulegen, innerhalb dessen sich die gesellschaftliche Entwicklung zum Wohle aller vollzieht. Dennoch stellt sie nur den rechtlichen Diskursrahmen für die Selbstfindung der Gesellschaft dar. Ebenso wie im personalen pädagogischen Bezug die Position des Erziehenden gegenüber dem Zögling nicht eine autoritäre ist, ist politische Macht nur dann zu rechtfertigen, wenn sie demokratisch kontrolliert und legitimiert ist. Politisches Handeln kann nur dann erfolgreich sein, wenn es – geleitet von Verantwortung und Vernunft – eine menschenverträgliche Gestaltung der Gesellschaft als Ziel hat. Damit Politiker auf gegenwärtige und zukünftige Anforderungen angemessen reagieren können, bedarf es in verstärktem Maße der Selbstvergewisserung über die eigene Person und ihren freien Willen zu Verantwortung. Darüber hinaus bedarf es der dauerhaften Förderung der Mitglieder der Gesellschaft durch Erziehung und Bildung im Sinne freier und verantwortungsvoller Personen.
Für die aktuellen gesellschaftlichen Probleme gibt es sicherlich keine einfache und geradlinige Lösung. Auch zwischen dem theoretischen Ansatz der personalistischen Pädagogik und ihren Implikationen für die Praxis – gerade im politischen Umfeld – besteht weiterhin ein Gegensatz, ein anthropologischer Grundwiderspruch, auf den Jean-Jacques Rousseau bereits am Beginn der Moderne mit allem Nachdruck hingewiesen hat und den Winfried

Böhm in aller Deutlichkeit für die heutige Zeit erneut formuliert: „Der Mensch, als Person begriffen, ist ein Ganzes und mächtig, sich kraft Freiheit, Vernunft und Sprache selber zu bestimmen, der Mensch als vergesellschafteter Bürger dagegen nur ein Bruch und den Antagonismen der Gesellschaft ausgeliefert.“

Gleichwohl kann eine genauere Beachtung des Ansatzes der geisteswissenschaftlichen Pädagogik dazu verhelfen, das Leben der Menschen in unserer Gesellschaft persönlich befriedigender und zugleich tauglicher für die Anforderungen einer schnellebigen Umwelt zu gestalten; sie kann dazu verhelfen, das Leben miteinander in verantworteter Freiheit zu führen, und sie kann dazu beitragen, die Anforderungen an politisches Handeln (in Richtung auf das bonum commune) zu klären.

Winfried Böhm zum 22. März 1997

Prof. Dr. Dr. h.c. mult. Theodor Berchem
Präsident der Universität Würzburg
Präsident des Deutschen Akademischen Austauschdienstes

Der Mensch ist frei geschaffen,
ist frei,
und wird er auch in Ketten geboren.

Schiller, Die Worte des Glaubens, 1797

Aus der Hermeneutik von Schleiermachers „Kunstlehre des Verstehens" zur Anwendung in der Erziehungspraxis zu gelangen, zur „Kunst der Erziehung", wie die Griechen ihre *paidagogia* verstanden wissen wollten, das erscheint mir als ein pluridisziplinär hochinteressanter Bogen, den sich der vorliegende Band zur wissenschaftlichen Pädagogik zu spannen anschickt.
Dabei zeichnen die drei Begriffe „*Freiheit – Geschichte – Vernunft*" in gleichzeitig weiten und engen Grundlinien die geisteswissenschaftliche Pädagogik in der ihr eigenen diskontinuierlichen Kontinuität nach: die *Freiheit* und ihre Bedeutung für die Pädagogik; die *Geschichte* und ihre Belange für den Prozeß der Bildung des Menschen; und die *Vernunft* in ihrer Prozeßhaftigkeit und ihrem Dialogcharakter als Medium und Resultat in einem.
Ist es nicht genau diese seltsamerweise an die drei Schlagworte der Französischen Revolution erinnernde Trias von „Freiheit – Geschichte – Vernunft", die das Lebensmotto von Winfried Böhm zu umreißen scheint wie „*Liberté – Egalité – Fraternité*" den französischen Freiheitskampf? „Die Freiheit ist ein Gut, das alle anderen Güter zu genießen erlaubt", so schon Montesquieu, einer der Wegbereiter des Kampfes gegen – den vielfach geschichtlich zementierten – Absolutismus jedweder Form.
Diesen Kampf gegen verabsolutierte Dogmen führte Winfried Böhm in zahlreichen Publikationen, wissenschaftlichen Vorträgen und vor allem in seiner tragenden Rolle bei inhaltlicher und organisatorischer Ausrichtung der Würzburger Symposien. Gerade letztere verdanken ihm die „Freiheit zur eigenen Vernunft", wie sie nicht besser in dem von ihm herausgegebenen Band zum 3. Würzburger Symposium „Nicht Vielwissen sättigt die Seele" hätte beschrieben werden können.

„Freiheit zur eigenen Vernunft", damit meine ich, sich stets der besonderen Dialektik von Welt und Mensch, von Leib und Seele, von Geschichte und eigenem Selbstverständnis bewußt zu sein. Ist der Mensch wirklich fest vorbestimmt, können wir von einer *determinatio* ausgehen, oder ist es nicht vielmehr eine Vorbestimmtheit, eine *destinatio*, die dann durch Bildung, Wissen und Erkennen zur *Selbstbestimmung* wird?

Es verbirgt sich dahinter eine im vollen Wortsinne humanistische Betrachtungsweise, die es von Grund auf verbietet, einlinige und eindimensionale Lösungen für den Menschen und seine existentielle Menschwerdung – zu der seine Bildung allemal gehört – anzubieten. Erkennen, Wissen, Bildung und Ausbildung aus der historischen und philosophischen Tiefe eines humanistischen Ansatzes heraus anzublicken schließt die Anerkenntnis ein, daß der Mensch sein Leben selbsttätig, auf eigene Verantwortung, aber gleichwohl ins Ungewisse hinein führen muß; daß er sich entscheiden muß, ohne das Maß zu wissen, das er erst zu lernen hat; daß er aber wiederum nur lernt in der Entscheidung, und zwar über den Umweg von Experiment, Irrtum und Weiterentwicklung. Nur über die ethische Aufgabe, den Umgang mit dem Nichtfestgestelltsein selbständig und freiheitlich zu erproben, gelangt der Mensch schließlich zu einem Entwurf der eigenen Person; zu dem eigentlich sinnvollen *Bild* seiner selbst. Diese *Bildwerdung* bedeutet *Bildung* im ursprünglichen Sinne des mittelhochdeutschen Etymons; sie bedeutet „gestalten", „Form geben", später auch „Vorbild sein"; nie jedoch „Abbild", dogmatische Vorgabe von Wissen, Erkennen und Entwicklung. Damit sind gleichzeitig auch die ureigenen Aufgaben von Erziehung und Ausbildung vorgegeben, an denen wir festhalten müssen, wollen wir Humboldts Ideal von Freiheit für Forschung und Lehre ernst nehmen. Und das wollen wir nicht nur, wir müssen es immer noch!

Ein Gespräch über einen so verstandenen Begriff von Bildung auf der Basis der geisteswissenschaftlichen Pädagogik erscheint mir eine überaus gelungene Würdigung des Schaffens von Winfried Böhm; noch dazu innerhalb des vorliegenden polyphonen Stimmengewirrs so zahlreicher namhafter Autorinnen und Autoren. In der Vielfalt liegt doch immer ein gehörig Maß an produktiver Kreativität, Schöpfertum, Originalität, Genialität; Qualitäten, die bei Winfried Böhm stets im Zentrum seines – vernünftigen und vielleicht auch ein wenig unvernünftigen(!) – Lebens und Schaffens stehen, sei es als hervorragender Pädagoge, sei es als Opernregisseur oder Filmautor oder letztlich als Mensch, der für das Recht auf Menschsein eintritt:

„Man kann niemanden zu etwas bringen, der nicht schon dunkel auf dem Weg dahin ist, und niemanden von etwas abbringen, der nicht schon geneigt ist, sich ihm zu entfremden“ (Christian Morgenstern).

Eine Begegnung

Giuseppe Flores d'Arcais, Padua

Seit meiner ersten Begegnung mit Winfried Böhm sind inzwischen runde fünf Lustren ins Land gegangen; damals besuchte er mich, um eine bibliographische Auskunft über Maria Montessori einzuholen – eine Pädagogin, auf deren Werk er in seiner wissenschaftlichen Arbeit immer wieder zurückgekommen ist, erfreut sich doch die Montessori-Pädagogik (anders als in ihrem Heimatland Italien) in Deutschland immer noch einer bemerkenswerten Beachtung –, schon bald aber wandten sich unsere Gespräche substantiellen Fragen der wissenschaftlichen Pädagogik zu, einer Disziplin, die ich damals bereits in der vierzigsten universitären Saison lehrte, während er noch ein akademischer Newcomer war, der sich freilich schon früh dadurch auszeichnete, daß er weit über sein ausgeprägtes historisches Interesse hinaus sich intensiv um eine Klärung der wissenschaftstheoretischen Grundfragen des Faches bemühte und deutlich auf die Ausformulierung eines eigenen theoretischen Standpunktes hinstrebte. Sein geistiger Hintergrund war, daraus machte er nicht den geringsten Hehl, jene Geisteswissenschaftliche Pädagogik, die sich auf Schleiermacher und Dilthey beruft, für die die Unterscheidung von Verstehen und Erklären fundamental ist und die Böhm vor allem bei seinem Lehrer Albert Reble auf magistrale Weise kennengelernt hatte; im dritten Band der von Mauro Laeng herausgegebenen Enciclopedia Pedagogica hat Winfried Böhm diese bedeutende und epochemachende Strömung innerhalb der deutschen Pädagogik 1989 in einer beispielhaften Synthese dem italienischen Publikum vorgestellt.

Der pädagogische Diskurs von Winfried Böhm hat sich im Laufe der Jahre immer ausdrücklicher zu einer Philosophie der Person verdichtet, aber seine Verwurzelung in der Geisteswissenschaftlichen Pädagogik läßt ihn die bildende Selbstgestaltung der Person stets in jenem kulturellen Horizont sehen, der immer mitgemeint wird, wenn die Rede von der „Bildung" ist, von jenem Prozeß also, für den es in unserer italienischen Sprache gar keinen adäquaten Begriff gibt, so daß wir noch immer zu der Übersetzung als „cultura" greifen. Wann immer sich Winfried Böhm theoretischen Problemen zuwendet, tut er es im Blick auf jene geschichtlich-kulturellen Äußerungen des Menschen, die neben seiner Natur vor allem seine Autonomie, seine Kreativität und seine schöpferische Originalität in ein grelles Licht rücken oder – mit anderen Worten – den Menschen als den Autor seiner (eigenen) Geschichte zeigen. In dieser Perspektive ist für ihn der beständige Rekurs auf die Philosophie des (deutschen und italienischen) Idealismus ebenso unerläßlich wie der Bezug auf die Welt der Romantik, insbesondere ihre Ästhetik, und die Musik, die Winfried Böhm – was nur wenige seiner Kollegen wissen – nicht nur wissenschaftlich-theoretisch studiert hat, sondern in der er sich auch künstlerisch-praktisch – als Dirigent, Pianist, Komponist und Opernregisseur – betätigt hat.

Die seit jenem mehr zufälligen Beginn mit Montessori kontinuierlich fortgeführten und ständig vertieften Gespräche haben nicht nur zu einer lebendigen persönlichen Freundschaft geführt, sondern auch zu einer überaus fruchtbaren wissenschaftlichen Zusammenarbeit, die sich in mehreren gemeinsamen Veröffentlichungen, in Böhms zahlreichen Vorlesungen in Italien, vor allem an der Universität Rom, aber auch in jenen mehr als dreißig Seminaren niedergeschlagen hat, die ich als Gastprofessor an der Universität Würzburg halten durfte. Indem wir uns die berühmte These vom Kreislauf des europäischen Denkens zu eigen machten, die Bertrando Spaventa, der erste vergleichende Forscher über die Wechselbeziehungen zwischen italienischer und deutscher Philosophie, zu Beginn dieses Jahrhunderts aufgestellt hat, haben wir unser Augenmerk immer stärker auf jene pädagogischen Denker gerichtet, die Spaventas These auch auf dem Gebiet von Erziehung und Bildung verifizieren und die enge Verbundenheit zwischen italienischer und deutscher Pädagogik dokumentieren könnten. Neben der jahrelangen gemeinsamen Arbeit an einer italienischen Neuausgabe von Fröbels „Menschenerziehung“ und neben dem unermüdlichen Bemühen, die Pädagogik Schleiermachers endlich auch in Italien bekannt zu machen, hat sich ein Autor fast zwangsläufig und immer stärker in den Vordergrund unseres Interesses geschoben: Giovanni Battista Vico (1668–1744).

Obwohl dieser Philosoph und Rechtsgelehrte keine ausgearbeitete Pädagogik vorgelegt hat, enthalten seine an der Universität Neapel vorgetragenen Inauguralreden, besonders jene von 1708 „De nostri temporis studiorum ratione“ (dt. u. d. T. „Vom Wesen und Weg der geistigen Bildung“, Godesberg 1947) und sein philosophisches Hauptwerk, die „Scienza nuova“, dessen erste vollständige deutsche Übersetzung und Kommentierung der endgültigen dritten Auflage von 1744 Vittorio Hösle und Christoph Jermann zu danken ist (in zwei Teilbänden u. d. T. „Prinzipien einer neuen Wissenschaft über die gemeinsame Natur der Völker“ erschienen bei Felix

Meiner in Hamburg 1990), eine implizite Bildungstheorie, deren Herzstück die innigste Verknotung von *Freiheit*, *Geschichte* und *Vernunft* darstellt und in gewisser Weise eine Vorwegnahme der zentralen Themen der Geisteswissenschaftlichen Pädagogik bedeutet. Vico, der – wie Vittorio Hösle meint – bis in unsere jüngste Vergangenheit hinein ein ungelesener Klassiker geblieben ist und – so muß man hinzufügen – dessen Rezeption durch die deutsche Pädagogik allgemein und durch die Geisteswissenschaftliche Pädagogik besonders (unbeschadet einiger Beiträge von Clemens Menze und ungeachtet des Gewichtes, das Winfried Böhm ihm in seinem Buch „Theorie und Praxis" zumißt) bis heute auf sich warten läßt –, hätte gewiß einen entscheidenden Einfluß auf die europäische Kultur- und Bildungsgeschichte gewinnen können, und diese wäre dann in andere Bahnen gelaufen als in jene, die ihr der von Vico geschätzte Francis Bacon und der von Vico scharf kritisierte René Descartes gewiesen haben. Der französische Historiker Paul Hazard fragt deshalb in seinem Buch „La pensée européenne au XVIIIe siècle de Montesquieu à Lessing" (Paris 1963) zu recht, ob nicht unser europäisches Schicksal ein anderes gewesen wäre, hätten unsere Vorfahren nicht Bacon und Descartes, sondern Vico zu ihrem geistigen Führer erwählt. Sie hätten sich dann nicht weismachen lassen, daß alles, was klar und selbstevident (clare et distincte) ist, auch *wahr* sei, sondern sie hätten gelernt, daß Klarheit eher ein Mangel denn ein Vorzug der menschlichen Vernunft ist, weil eine klare Idee immer zugleich eine abgeschlossene und tote ist: „Sie hätten nicht geglaubt, daß die logische Vernunft unsere herausragende Fähigkeit wäre, sondern im Gegenteil unsere Phantasie und Einbildungskraft" (Ebd., S. 43). Das europäische Erziehungs- und Bildungsideal hätte sich dann nicht an der Logik von Port Royal und an dem Bacon- und Descartesschen Modell der Weltbewältigung orientiert, sondern wäre dem Ziel der Selbstbemächtigung und der praktischen (Lebens-)Klugheit gefolgt.

Ohne Zweifel ist Vico jener Denker, der die erkenntnistheoretischen Probleme des Wissens auf das engste mit den praktischen Problemen des menschlichen Handelns verknüpft hat, also mit seiner *Geschichte*. Das Verhältnis zwischen der Philosophie als der Wissenschaft vom Wahren, d.h. von allgemeinen Gesetzen, und der Philologie als der Wissenschaft vom Gewissen (im Sinne von Gewißheit) bildet den eigentlichen Knotenpunkt von Vicos Denken. Dabei reicht sein Begriff der Philologie weit über unser heutiges Verständnis hinaus und schließt den ganzen Bereich des intersubjektiven Geistes, also Geschichte, Sprachen, Poesie, Kunst,

Religion, Sitten, Taten in Krieg und Frieden etc., ein. Gegen des Descartes' formale Verankerung der Wahrheit in dem archimedischen Punkt des *cogito, ergo sum* geht Vico grundsätzlich von der Endlichkeit, besser: von der Geschichtlichkeit des Menschen aus, für den es ob dieser Endlichkeit materialiter kein absolut gewisses Wissen geben kann, es sei denn jenes von Mathematik und Geometrie. Die geschichtliche Welt des Menschen ist nicht der Ort solcher Wahrheit, sondern der Bereich des Wahrscheinlichen (im Sinne dessen, was allen oder wenigstens den meisten Menschen als wahr erscheint), wobei sich Vico stets bewußt bleibt, daß das Wahre nur eines, das Wahrscheinliche dagegen vieles und das Falsche überhaupt grenzenlos ist.

Da die menschliche Lebenswirklichkeit, in der allein sich die Bildung eines Menschen vollzieht und zu bewähren hat, nicht deduziert werden kann, versagt angesichts ihrer die einer starren und künstlichen Welt der Zahlen, Linien, algebraischen Größen und geometrischen Figuren angemessene *dialektische* Methode des Descartes, während es für die Orientierung in einer sich ständig verändernden Welt des Menschen viel mehr eines *rhetorisch* erhellten Gemeinsinns bedarf, wie er eben nicht aus der Logik hervorgeht, sondern nur aus einer Topik entspringen kann, welche die endlose Mannigfaltigkeit der Erscheinungen und Meinungen nicht als ein auszumerzendes Krebsübel betrachtet, statt dessen und gerade umgekehrt in diesem Pluralismus eine glückliche Herausforderung für das der Phantasie und Kombination fähige menschliche „ingenium" erblickt. An einer zentralen Stelle heißt es zu Beginn von Kapitel VII von „De nostri temporis studiorum ratione" in deutlicher Abhebung von Descartes: „Da nun, um von der Klugheit im bürgerlichen Leben (prudentia civilis vitae) zu sprechen, die menschlichen Dinge unter der Herrschaft von Gelegenheit und Wahl, die beide höchst ungewiß (incertissimae) sind, stehen und zumeist von Verstellung und Verheimlichung, die im höchten Maße trügen können, gelenkt werden, so verstehen diejenigen, die allein das Wahre im Auge haben, nur schwer die Wege, die sie nehmen, und noch schwerer ihre Ziele; und, mit ihren eigenen Plänen scheiternd, von fremden betrogen, treten sie oft genug von der Bühne ab. Weil man also das, was im Leben zu tun ist, nach dem Gewicht der Dinge und den Anhängen, die man Umstände nennt, zu beurteilen hat, und viele von ihnen möglicherweise fremd und ungereimt, einige oft verkehrt und zuweilen sogar dem Ziel entgegengesetzt sind, lassen sich die Handlungen der Menschen nicht mit dem geradlinigen Lineal des Verstandes, das starr ist, messen, sondern müssen mit jener geschmeidigen Norm der Lesbier

geprüft werden, die die Körper nicht an sich anpaßt, sondern sich an die Körper anschmiegt. Und darin besteht eigentlich der Unterschied zwischen Wissenschaft und Klugheit, daß in der Wissenschaft diejenigen groß sind, die von einer einzigen Ursache möglichst viele Wirkungen in der Natur ableiten, in der Klugheit aber diejenigen Meister sind, die für eine Tatsache möglichst viele Ursachen aufsuchen, um dann zu erschließen, welche die wahre ist."
Während also die (mathematisch) Gelehrten nach dem Vorbild des Descartes von einer Ursache ihre möglichen Wirkungen abzuleiten (d.h. zu deduzieren) vermögen, wobei sie auf prätentiöse Art dafür halten, daß das, was sie wissen, so alt sei wie die Welt selbst, und sich so im Grunde als unweise (und für die menschliche Lebenspraxis als untauglich) erzeigen, bedenken die wahrhaft Weisen nach der Vorstellung Vicos kraft des topischen Verfahrens viele Ursachen für eine Wirkung, erwägen – statt der logischen Einfalt die topische Vielfalt pflegend – diese Möglichkeiten in ihrer ganzen Breite und Fülle, um sich am Ende *vernünftig* und *frei* für die plausibelste, maßgeblichste und am meisten wahrscheinliche zu entscheiden. Der stumpfen Allgemeinheit des Descartes stellt Vico mithin die bunte Lebendigkeit des geschichtlich Situativen entgegen, die eben nicht durch logische Deduktion bewältigt werden kann, sondern nach der sorgfältig bedächtigen Abwägung und der kritischen Prüfung aller denkbaren Wahrscheinlichkeiten verlangt, um zu einem praktischen und klugen Urteil gelangen zu können. Dazu bedarf es vor allem der Phantasie und Einbildungskraft, die als *facultates propriae* des Menschen im Sinne des spontanen Verknüpfens und Kombinierens von Erinnerungen eine essentielle Differenz zum lediglich mechanischen Gedächtnis der Tiere herstellen.
Der gebildete Weise steht also nicht im gleißenden Licht der Wahrheit, sondern er bewegt sich immerdar in jenem Zwielicht von Hell und Dunkel, welches die wirkliche Welt des Menschen und seiner Geschichte kennzeichnet. In den Angelegenheiten der Richter, Politiker, Feldherren, Redner, Moralisten, Ärzte und vor allem Erzieher und Bildner muß jeder Versuch scheitern, über das Wahrscheinliche, mithin über das, was allen oder doch wenigstens den meisten als wahr erscheint, hinauszugelangen. Und schlösse man dieses prinzipielle Scheiternkönnen aus, stünde man bereits am Abgrund zu einer autoritären Vergewaltigung und einer totalitären Entmächtigung des Menschen, und die zahlreichen Utopien der Neuzeit zeigen auf erschreckende Weise, wie ein starres Bild des Menschen und das petrifizierte Schema einer vermeintlich vollkommenen Gesellschaft dazu verführen können, den Menschen als

Schöpfer und Zerstörer von Werten und Lebensgestaltungen, als frei verantwortlich Handelnden und als den erfinderischen Autor seiner (Lebens-)Geschichte zu verkennen (vgl. dazu meine ausführliche Einleitung zu der von mir besorgten Anthologie der pädagogischen Schriften Vicos u. d. T. „La Pedagogia“, Brescia 1962).

Die Grundüberzeugung Diltheys und großer Teile der Geisteswissenschaftlichen Pädagogik, daß das, was der Mensch sei, nur aus dem Studium seiner (gesamten) Geschichte erfahren werden könnte, ist bei Vico längst ausgeprägt. Weil unsere Vorfahren Menschen wie wir waren, wußten sie wie wir, was es heißt zu lieben und zu hassen, zu hoffen und zu fürchten, zu wünschen und zu verabscheuen, zu streiten und sich zu versöhnen, zu unterdrücken und unterdrückt zu werden, zu bitten und zurückzuweisen, sich zu fügen und aufzubegehren, zu betrügen und ehrlich zu sein, zu beten und Gott zu leugnen. Die von den deutschen Denkern der Spätromantik und des Spätidealismus getroffene Unterscheidung zwischen Erklären und Verstehen war Vico längst geläufig. Den Menschen wirklich zu verstehen, erschien ihm allein möglich über den Weg des geschichtlichen Verstehens, denn gemäß seinem erkenntnistheoretischen Axiom *verum et factum convertuntur* ist die Welt der Geschichte, also die vom Menschen hervorgebrachte und gestaltete Welt, ohnehin die einzige, in der er zu tatsächlichem Verstehen und zu verläßlicher Gewißheit gelangen kann.

Geschichtliches Verstehen ist jedoch grundverschieden von naturwissenschaftlichem Erkennen, wo ein Sicheinfühlen und ein nachgehendes „Verstehen“ geradezu kontrafaktisch wären; und es meint auch etwas anderes als beispielsweise das bloße Wissen, daß Caesar tot ist und Rom nicht an einem Tag erbaut wurde, daß elf eine Primzahl ist und die Woche sieben Tage hat; es bedeutet auch nicht zu wissen, wie man ein Fahrrad benutzt, wie man eine Statistik erstellt oder einen Krieg gewinnt. Geschichtliches Verstehen besteht viel mehr darin zu begreifen, was es heißt, arm zu sein, einer Nation anzugehören, ein Revolutionär zu werden, sich zu einer Religion zu bekennen, vor Liebe blind zu werden, sich von einem Kunstwerk fesseln zu lassen oder einem namenlosen Terror ausgeliefert zu sein. Diese Beispiele sind freilich nicht Vicos, denn sein Augenmerk richtet sich nicht in erster Linie auf individuelle Phänomene, sondern darauf, was man mit einem modernen Begriff das kollektive Selbstbewußtsein oder die kollektive Selbsterkenntnis nennen könnte, mithin darauf, was der Mensch bzw. die Menschen gedacht, sich vorgestellt, gefühlt, gewünscht, erkämpft und hervorgebracht haben, wofür sie angesichts und trotz ihrer begrenzten Natur und ihnen widriger Umstände Einrichtungen, Denkmäler, Symbole, Kunstwerke, Redeweisen, Sprachen und Kulturen geschaffen haben. Um alles das zu verstehen, dazu bedarf es der Phantasie, ohne deren kombinierend-schöpferische Kraft wir nicht einmal Geschichte hätten, sondern allenfalls eine kalte Chronik von Begebenheiten und pure Annalen von Geschehnissen: „Denn“ – so heißt es an einer zentralen Stelle in der Scienza Nuova – „nach unserem ersten unbezweifelbaren Prinzip ist die historische Welt ganz gewiß von uns Menschen gemacht und kann darum in den Modifikationen unseres Geistes wiedergefunden werden. Es kann nirgends größere Gewißheit geben als da, wo der, der die Dinge schafft, sie auch erzählt. So verfährt diese Wissenschaft gerade so wie die Geometrie, die die Welt der Größen, während sie sie ihren Grundsätzen entsprechend aufbaut und betrachtet, selbst schafft; doch mit um so mehr Realität, als die Gesetze der menschlichen Angelegenheiten mehr Realität haben als Punkte, Linien, Flächen und Figuren. Und dies wieder ist ein Grund, daß solche Beweise von göttlicher Art sind und dir, o Leser, ein göttliches Vergnügen gewähren müssen; denn in Gott ist Erkennen und Tun dasselbe.“

Das Geheimnis aller Erziehung kann deshalb nicht in der windigen Fiktion bestehen, es sei Aufgabe des Lehrers, den Schüler mit zwingender (weil wissenschaftlich verbürgter) Sicherheit zur Erkenntnis der Wahrheit zu geleiten oder ihn gar mit einer Masse von Kenntnissen vollzustopfen, sondern allein darin, ihn sanft an der Hand zu fassen und durch Beispiele gelebten Lebens, durch die vorbildliche Verkörperung von Menschlichkeit und durch die Verknüpfung von Argumenten so – wie es ein guter Redner tut – zu führen, als hätte er alle diese Beweggründe selbst gefunden oder hervorgebracht.

Freiheit, Geschichte, Vernunft. Einleitende Thesen zu einigen wissenschaftsgeschichtlichen Problemen einer geisteswissenschaftlichen Pädagogik heute

Markus Böschen / Wilhelm Brinkmann / Frithjof Grell / Waltraud Harth-Peter

I.

Zwar ist es durchaus unangemessen, vor der Jahrtausendwende von einer Renaissance der geisteswissenschaftlichen Pädagogik zu sprechen; dennoch sind die Versuche nicht zu übersehen, nach den Enttäuschungen der empirischen Wende bzw. der kritischen Revision der zeitgenössischen Erziehungswissenschaft durch Rückgriff auf die Tradition und die Variationen einer geisteswissenschaftlich begründeten Pädagogik wieder Anschluß an ihre vermeintlich originären pädagogischen Themen und Probleme zu gewinnen. Insofern kann heute nicht mehr ohne weiteres vom „Ausgang der Epoche", noch von ihrer Verdrängung, gar von ihrer Überwindung gesprochen werden. Dabei stand es zu keinem Zeitpunkt außer Frage, ob die sogenannte geisteswissenschaftliche Pädagogik etwa eine in sich geschlossene, homogene Richtung darstellt, die im Ausgang von Wilhelm Dilthey – ohne freilich zu einer Schulbildung durchzustoßen – aufgrund enger personeller und institutioneller Verflechtungen dennoch eine gegenüber anderen Richtungen klar abgrenzbare Erscheinung in der Pädagogik des 20. Jahrhunderts darstellt oder ob es sich um jeweils durchaus eigenständige Positionen gehandelt hat und handelt, die lediglich aus dem zeitlichen Abstand oder der Perspektive des distanziert-kritischen Beobachters durch eine gewisse Ähnlichkeit der Themen und Methoden zu einer – im Grund fragwürdigen – Einheit zusammengefaßt worden sind.
Die Frage nach Einheit oder Pluralität läßt sich zudem durch die andere Frage nach Kontinuität oder Diskontinuität erweitern: Hat nicht die geisteswissenschaftliche Pädagogik gerade bei den Pädagogen, die als ihre namhaften neueren „Vertreter" gehandelt werden, im Durchgang durch die modernen Sozialwissenschaften bzw. die Kritische Theorie gegenüber der geisteswissenschaftlichen Pädagogik der Weimarer Republik und dem ersten Nachkriegs-

jahrzehnt so tiefgreifende Wandlungen und Transformationen erfahren, daß man auch in dieser Hinsicht nur mit gehörigen Abstrichen und großen Einschränkungen von „der“ geisteswissenschaftlichen Pädagogik sprechen kann? Nicht etwa ungeachtet, sondern im Bewußtsein dieser Schwierigkeiten scheint gerade angesichts der eingangs angesprochenen Tendenzen, die Traditionen geisteswissenschaftlicher Pädagogik wiederzubeleben, eine Vergewisserung ihrer von Schleiermacher bis in die unmittelbare Gegenwart reichenden Geschichte, ihrer Themen, Probleme und Methoden angezeigt.
Dies wird hier anhand der Darstellung und Interpretation der pädagogischen Dogmen und Theoreme ihrer herausragenden Protagonisten sowie durch die Skizzierung einiger systematischer Grundfragen geschehen. Schon allein die Tatsache, daß diese Repräsentanten meist in einem engen kollegialen und zum Teil auch in einem freundschaftlich-persönlichen Kontakt miteinander standen, teilweise auch in Lehrer-Schüler-Verhältnissen verbunden waren und ihre pädagogischen Theoriekonzepte in steter Auseinandersetzung gerade mit dem scheinbar Verwandten konzipiert und ausgearbeitet haben, läßt, selbst angesichts der unübersehbaren Differenzen und Spannungen zwischen einzelnen Vertretern, die Rede von einer „Richtung“ gerechtfertigt erscheinen. Wesentlicher als die zeitliche und personelle Nähe ist aber wohl die Einheit der pädagogischen Themen, die sich aus einem – wie es scheint – gemeinsamen Problembewußtsein ergeben haben.
Der Titel dieser Anthologie lautet „Freiheit, Geschichte, Vernunft. Grundlinien geisteswissenschaftlicher Pädagogik.“ Er nimmt damit Bezug einerseits auf die Problematik einer Begründung der Pädagogik als Wissenschaft im nachidealistischen Zeitalter, welche die geisteswissenschaftliche Pädagogik durchgängig bestimmt hat, und andererseits auf die ihr zugedachte Aufgabe, dem Menschsein durch Sinnorientierung Rechnung zu tragen.
Die drei Leitbegriffe des Titels können so als konstitutive Programmstücke einer sich als geisteswissenschaftlich verstehenden Pädagogik gelesen und verstanden werden, wobei der Begriff der Geschichte bzw. der Geschichtlichkeit die systematische Vorgabe für die beiden anderen Begriff darstellt: *Geschichte* als Gegenbegriff zum absoluten System idealistischer Philosophie ermöglicht die Freigabe des Selbstverständnisses des Menschen über sich selbst, die ethische Aufgabe des Umgangs mit dem Nichtfestgestelltsein als *Freiheit*, des Entwurfs der eigenen Person, aber auch die Einsicht in die latenten Gefährdungen, die mit dem Freiheitsbegriff verbunden sind und auf die beispielsweise Theodor Litt

immer wieder hingewiesen hat. *Vernunft* und *Geschichte* schließlich stellen, ausgehend von Diltheys „Kritik der historischen Vernunft", ein spannungsreiches Verhältnis dar, das nicht nur immer wieder zur vernünftigen Begründung von pädagogischer Theorie zwingt, sondern damit zugleich jene Fragen aufreißt, die seit dem Historismus des 19. Jahrhunderts gestellt sind, und auf die geltungstheoretischen Schwierigkeiten zum Beispiel bei der Begründung einer pädagogischen Ethik und Anthropologie sowie der erkenntnistheoretisch-methodologischen Begründung des Geltungsanspruchs pädagogischer Aussagen, das heißt ihres Anspruchs auf Wahrheit verweist[1].

II.

Das Vorhaben, mit dieser Festgabe einen Beitrag zur Genealogie der geisteswissenschaftlichen Pädagogik und zur Bedeutung ihrer Klassiker für die gegenwärtige erziehungswissenschaftliche Fachdiskussion zu leisten, stößt auf das Problem, daß es einen idealtypischen Begriff des Klassischen generell und speziell für dieses Wissenschaftsgebiet nicht gibt. Das kann zum einen ein Blick in die Begriffsgeschichte des „Klassischen" zeigen[2], zum anderen die Systematisierung der unterschiedlichen Begriffsbestimmungen, die Winkler[3] speziell für die Pädagogik vorgenommen hat. Ein erster vorläufiger Lösungsansatz ergibt sich, wenn man das Problem einschränkt und – in heuristischer Absicht – die Frage stellt, was denn das Klassische an den sogenannten Klassikern der geisteswissenschaftlichen Pädagogik sei und mit welchen Argumenten es Gel-

---

[1] Zur Problematik des Historismus in den Geisteswissenschaften vgl. Scholtz 1991, S. 130–157; zum Verhältnis von Geschichte und Vernunft vgl. Schnädelbach 1987, S. 9–20.

[2] Vgl. allgemein Allemann 1976.

[3] Vgl. Winkler 1994; vgl. auch Herrmann 1995; Scheuerl 1995; Treml 1995. – Ein eigentümlicher Bedeutungsgehalt des Klassischen zeigt sich in der Praxis der pädagogisch-psychologischen Teilbibliothek der Ludwig-Maximilians-Universität München, die seit geraumer Zeit Rousseau, Humboldt, Montessori und Kollegen in den Keller der Bibliothek einlagert, um aus Platzgründen vorrangig sogenannte aktuelle Literatur dem Leser – und der Leserin – zugänglich zu machen (vgl. Müller 1996); den meisten Studierenden, berichtet die Lokalpresse, sei dieser Sachverhalt gar nicht aufgefallen, zumal die entsorgte Kellerliteratur nicht für Klausuren benötigt werde. Bei diesem einem Karl Valentin würdigen Treiben zwingt die List der Vernunft zu der Frage, ob diese Literatur im Keller wohl einen geistigen Stützpfeiler für die Literatur oben darstellen oder ob sie als Makulatur im Endlager ihr weiteres Dasein fristen soll.

tung in Anspruch nehmen dürfe. Die These, die zur Beantwortung dieser Frage beitragen kann und die das kategoriale Gerüst dieses Bandes darstellen wird, lautet, das Klassische an den Begründern und Vertretern der geisteswissenschaftlichen Pädagogik – und diesen Begriff verstehen wir wegen der unterschiedlichen Strömungen ebenfalls heuristisch[4] – sei die bei ihr bis heute andauernde Identitätskrise bezüglich ihres begründeten Selbstverständnisses sowie ihrer Auseinandersetzung mit und ihrer Abgrenzung zu anderen konträren bzw. kontradiktorischen wissenschaftstheoretischen Strömungen, ausgehend vom 19. Jahrhundert bis hin zur gegenwärtigen Diskussion.

In dieser These steckt indessen noch ein weiteres widerspenstiges Element; denn das Problem des Selbstverständnisses und der Begründung der geisteswissenschaftlichen Pädagogik ist nicht nur ein besonderes wissenschaftsimmanentes Problem der Pädagogik, sondern, wissenschaftsgeschichtlich gesehen, ein allgemeines Problem der Philosophie und der Geisteswissenschaften seit dem sogenannten Ende des Deutschen Idealismus. So wie diese nach dem Tode Hegels (1831) vor der Aufgabe einer (Neu-)Begründung ihres Selbstverständnisses stehen, so muß auch die sich gerade erst konstituierende Wissenschaft von der Erziehung ihr wissenschaftstheoretisches Fundament zum Beispiel in der Nachfolge Kants bzw. des späteren Neukantianismus, als Magd und Appendix von Theologie, Philosophie und Philologie oder der Frühformen des Szientismus verstehen, oder aber sie sucht eine genuin geisteswissenschaftliche Begründung ihrer Disziplin im Ausgang von Wilhelm Dilthey.

Folgt die Pädagogik dem zuletzt genannten Weg einer eigenständigen Begründung, so läuft sie Gefahr, sich unversehens in eine Identitätskrise hineingestellt zu sehen, die Philosophie und Geisteswissenschaften allgemein betrifft und ein markantes Signum des nachidealistischen Zeitalters darstellt, das nicht nur als ein „Zeitalter der Wissenschaft, der historischen Bildung, des Realismus'" charakterisiert worden ist, sondern eben auch als ein Zeitalter des „,Illusionsverlustes'" (Plessner) und der „Krise der europäisch-humanistischen Kultur"[5].

In der nachidealistischen Zeit nämlich ergeben sich für die Philosophie Probleme, die für das Selbstverständnis von Geisteswissenschaften und geisteswissenschaftlicher Pädagogik von Bedeutung

---

[4] Zur speziellen Problematik vgl. etwa Lassahn 1995, S. 23–59.

[5] Schnädelbach 1983, S. 15; vgl. aus philosophischer Sicht zum folgenden ebd., bes. S. 17–24, 138–143, 198–200, 263–264; Frühwald u. a. 1991, S. 81–90.

sind: zum einen das Problem von *Verstehen* und *Hermeneutik*; denn wenn nicht mehr wie bei Hegel die Einheit von Denken und Sein im Absoluten gewährleistet ist, wenn es nicht mehr zutrifft, daß das, was vernünftig ist, wirklich ist und das, was wirklich ist, vernünftig, wie Hegel in den „Grundlinien der Philosophie des Rechts" ausführt, wenn folglich „die Geschichte der Vernunft" nicht „zugleich die Vernunft in der Geschichte offenbart", wenn Vernunft selbst historisiert wird und schließlich Geschichte und Vernunft keine Einheit mehr bilden, der Begriff des Lebens vielmehr zum Totalbegriff wird und sich das damit verbundene Phänomen des Irrationalismus ergibt, dann entsteht das methodische Problem der Herstellung der fehlenden Einheit von Vernunft und Geschichte, das „Problem der erkenntnismäßigen Zugänglichkeit des Historischen: das Problem des *Verstehens* ..."[6]; denn die Einheit der Vernunft kann „nicht mehr als immer schon gesichert unterstellt werden, sondern ist jeweils erst durch vernünftige Intersubjektivität herstellende Verstehensleistungen zu gewinnen. Dies ist der *philosophische* Grund für die philosophische Bedeutung des Verstehensproblems ..."[7]. Zum anderen treten ohne Geltung des Hegelschen Systems Sein und Sollen auseinander, die Bindung von Wahrem und Gutem an die Ontologie wird gelöst; es ergibt sich für die Ethik das Problem der objektiven Geltung von Werten. Zum dritten muß auch das Selbstverständnis des abendländischen Bildes vom Menschen in der Zeit nach dem Idealismus fragwürdig und neu bedacht werden durch die entstehende philosophische Anthropologie, die eben nicht nur philosophisch argumentiert, sondern die auch das materiale Wissen vom Menschen miteinbezieht, das die empirischen Humanwissenschaften in dieser Zeit bereitstellen. Zusammenfassend ergeben sich somit Aufgaben und Probleme für die *pädagogische Anthropologie*, für das Verhältnis von *Ethik und Pädagogik* und für das *Selbstverständnis einer Pädagogik*, die in der *Hermeneutik* eine ihrer zentralen Methoden sieht. Schließlich müßte hierzu auch – wissenschaftsgeschichtlich und wissenschaftssystematisch – eine Reflexion über das idealistische Erbe der Geisteswissenschaften[8] und einzelner Variationen der geisteswissenschaftlichen Pädagogik gehören, ganz abgesehen von einer systematischen Analyse des Begriffes „Geist"[9] in Abgrenzung

[6] Schnädelbach 1983, S. 22.

[7] Ebd., S. 139.

[8] Vgl. Frühwald u.a. 1991, bes. S. 26-31.

[9] Vgl. zur Begriffsbildung in Geisteswissenschaften und Philosophie Weier 1995, der unter anderem eine phänomenologische Analyse des Geistbegriffs vornimmt; vgl. bes. S. 1–36, 81–100, 123–140; Frühwald u. a. 1991, S. 112–141; Misch 1994.

unter anderem zu einem Biologismus, Psychologismus, Soziologismus innerhalb mancher Geisteswissenschaften und einiger wissenschaftstheoretischer Ausprägungen der Pädagogik.

III.

Winfried Böhm hat diese Grundlinien in seinen Forschungen unter vielen Aspekten untersucht und auf stets eigenwillige Weise herausgearbeitet: das anthropologische Phänomen der *Freiheit* im Hinblick auf eine theoretische Grundlegung der Pädagogik und auf den Begriff der Person mit seinen erziehungspraktischen Folgerungen; den Begriff der *Geschichte* als Verweis auf die nicht endende, fortlaufende Bewegung: den Prozeß der Bildung der Person; sowie den Begriff der *Vernunft* als Hinweis auf die immer neu zu leistende Begründung dieses Prozesses im Dialog. Im letzten Teil der zweiten Auflage seines Buches „Theorie und Praxis. Eine Einführung in das pädagogische Grundproblem“[10] gibt er eine konzise, kategoriale Struktur für eine geisteswissenschaftlich orientierte Pädagogik, die Begriffe und Begriffspaare umfaßt, die unseren Leitbegriffen *Freiheit, Geschichte, Vernunft* zugeordnet werden können, anthropologische, wissenschaftstheoretische bzw. methodologische sowie handlungstheoretische Aspekte betreffen und schließlich einen genuin geisteswissenschaftlichen Begriff von Erfahrung enthalten.

Mit dieser kategorialen Struktur entwirft Böhm den Ausgangspunkt und das Problemfeld, dessen Bearbeitung durch die Klärung der maßgeblichen Begriffe in einer gleichermaßen systematischen wie historischen Analyse erfolgt. Dabei wird deutlich, daß er sich wohl der Herausforderung bewußt ist, die mit dem lebensphilosophischen Erbe der geisteswissenschaftlichen Pädagogik, dem Moment der Geschichtlichkeit des Seins, verbunden ist und im Zusammenhang mit einem historischen, relativistischen und, ethisch gewendet, nihilistischen Denken steht. Dies wird zum Beispiel deutlich an den dort genannten Begriffspaaren Vernunft und Vernünftigkeit sowie Wahrheit und Wahrscheinlichkeit[11]. Der reinen, vom konkreten Leben abstrahierenden Vernunft wird die Vernünftigkeit als das Vermögen gegenübergestellt, in einer gegebenen

[10] Böhm 1995, S. 111–175 und Böhm 1982. – Zum philosophischen Handlungsbegriff sowie zum Verhältnis von Theorie und Praxis vgl. auch Bubner 1982, S. 61–121.

[11] Vgl. zum folgenden Böhm 1995, S. 156–175; Buck 1979, bes. S. 67–68.

Situation im Dialog eine zu rechtfertigende begründete Entscheidung zu fällen. Derjenigen Wahrheit, die allein apriorische Gewißheit umfaßt, steht im zweiten Begriffspaar die Wahrheit im Sinne von Wahrscheinlichkeit gegenüber, die im konkreten menschlichen Miteinanderleben, in der Welt des Handelns, der Moral und der Geschichte Geltung beansprucht. Dabei ist die Wahrscheinlichkeit auf die Rhetorik verwiesen sowie auf das Beispiel und das Beispielgeben in seiner Bedeutung für die menschliche Praxis; denn es ist, wie Böhm, mit Hinweis auf Günther Buck, erläuternd ausführt, gerade das Beispiel, das anders als die theoretische Erkenntnis keine situationsunabhängige Gewißheit anzielt und keine vom Besonderen abstrahierende Situationen und Handlungszusammenhänge als „Fälle von etwas", sondern das im Besonderen enthaltene Allgemeine, das Handlungsorientierung bietet und zur Stellungnahme, zur Entscheidung und zum Handeln provoziert.

Mit dieser Unterscheidung gelingt es weiterhin, trotz des in dem Verhältnis von Geschichte und Vernunft erkennbaren lebensphilosophisch-historistischen Moments, Vernunft und Geschichte in ein sich nicht ausschließendes, vielmehr gegenseitig bedingendes Verhältnis zu setzen und eine pädagogische Handlungstheorie zu entwerfen, die nicht dem Vorwurf eines historischen Relativismus unterliegt (wie er als Problem der Geisteswissenschaften nicht nur im nachidealistischen Zeitalter des 19. Jahrhunderts, sondern auch heute gegeben ist), statt dessen Kriterien für Handlungsentwürfe in geschichtlich je konkreten Situationen anzugeben in der Lage ist. Daß Böhm hierbei auf Giovanni Battista Vico Bezug nimmt, zeigt nicht nur die produktive Leistung seiner historisch-systematischen Denkweise; vielmehr kann hier vor allem auch verdeutlicht werden, daß es gerade Vico ist, der in Abgrenzung zum cartesianischen Denken more geometrico die Tradition der Rhetorik in ihrem Stellenwert für das menschliche Zusammenleben und Handeln betont und damit ihre Bedeutung für die später sich etablierenden Geisteswissenschaften. Böhms Hinweise auf die Leistung der Rhetorik gewinnen um so mehr Gewicht, als Gadamer im Hinblick auf die Schrift „De nostri temporis studiorum ratione" anmerkt, Vicos „Abgrenzungen gegen die moderne Wissenschaft und ihre Methodenidee wurden freilich nicht primär den Geisteswissenschaften zuliebe vorgenommen, sondern um der Erziehung und Bildung willen, die eine Sache des sensus communis bleibt, auch wenn die Wissenschaft in der Erforschung der Natur neue methodische Wege geht"[12]. Die Bedeutung der Leitbegriffe Geschichte, Freiheit,

[12] Gadamer 1958, Sp. 1305.

Vernunft sowie ihren systematischen Zusammenhang im philosophischen Denken Giambattista Vicos, vor allem auch seinen nachhaltigen Einfluß auf das europäische Problemverständnis des Bildungsprozesses und seine Entwicklung bis in die Gegenwart stellt im übrigen auch Giuseppe Flores d'Arcais in seinem sehr persönlichen Geleitwort zu dieser Festschrift heraus.
Die vorliegende Anthologie – ad diem natalem datur donatur dedicatur – umfaßt dem geisteswissenschaftlichen Denken in der Pädagogik nahestehende wie auch kritisch ihm gegenüberstehende Beiträge. Gemeinsam ist ihnen, wenn auch in unterschiedlicher Weise, der pädagogische Transfer der Begriffe Freiheit, Geschichte und Vernunft in eine als geisteswissenschaftlich sich verstehende Pädagogik, und zwar am Beispiel der Interpretation von Klassikern und ihrer Arbeit an den drei genannten Begriffen. Hierbei gibt es einen zweifachen hermeneutischen Weg: zum einen die Herausarbeitung des Verständnisses der genannten Leitbegriffe, wobei der begriffliche Schwerpunkt je nach Autor anders akzentuiert ist, also die Klärung der Frage, wie die Klassiker diese mit den Begriffen gegebene Problematik einer nachidealistischen geisteswissenschaftlichen Pädagogik verstehen und einer Lösung zuführen bzw. einer begründeten Kritik unterziehen. Dabei finden die mit den Leitbegriffen gegebenen anthropologischen, ethischen und erkenntnistheoretisch-methodologischen Aspekte ebenso Berücksichtigung wie im zweiten Weg. Hier wird, im Sinne einer Hermeneutik der Applikation[13], die Frage gestellt, wie als Folge der Wirkungsgeschichte der Klassiker die Probleme der nachidealistischen Pädagogik als Anfragen an die heutige Diskussion gelten bzw. zur Lösung theoretischer und praktischer Probleme beitragen können, gewissermaßen als Fortsetzung eines im vorigen Jahrhundert begonnenen Gesprächs. Somit kann schließlich auch ein Hinweis auf die produktive Leistung der geisteswissenschaftlichen Pädagogik gegeben werden, eine Leistung, die nicht durch den falschen Umgang mit der Geschichte paralysiert wird, wie Nietzsche in der zweiten der „Unzeitgemäßen Betrachtungen" anmerkt, sondern auch über eine bloße restaurative oder kompensatorische Arbeit[14] hinausgeht und nicht dem „morbus hermeneuticus" verfällt, wie er den hagiographischen Umgang mit Klassikern zu befallen geeignet und geneigt ist.
Diese zweite Fragestellung verweist auf einen abschließenden

[13] Vgl. Gadamer 1990.
[14] Vgl. Marquard 1987, bes. S. 102-106; zur Kritik vgl. Mittelstraß 1989, S. 10-15; Schnädelbach 1987, S. 279–284.

Gedanken, der im vorliegenden Band zum Ausdruck kommt. Winfried Böhm versteht pädagogische Theorie als Theorie der Erziehung als Praxis und Pädagogik als praktisches Wissen[15]; deren Methode ist, wie oben gezeigt „die Rhetorik als die ‚praktische' Kunst der Argumentation und der Überzeugung", um zur „Klugheit des jeweils rechten Handelns zu gelangen bzw. zu ihr zu führen"[16] und zur Klugheit der jeweiligen praktischen Theorie. Die Rhetorik als Methode zielt somit unter anderem darauf, „die Zuhörer zu praktischem (!) Handeln zu bewegen"[17] und Wirklichkeit zu gestalten und zu verändern, indem, so die Weiterführung des Gedankens, der Mensch sich in der jeweils historischen Situation als Person selbst entwirft und durch freies und vernünftiges Handeln Wirklichkeit schafft. Pädagogik als Geisteswissenschaft ist die Reflexion dieses Wirklichkeit gestaltenden Vorgangs, aber keine Erziehungswissenschaft, die die kategorial erfaßte Wirklichkeit, wie sie bei Winfried Böhm verdeutlicht wurde, zu vermessen hätte, vielmehr eine Wissenschaft, die zur hermeneutischen Sinnerschließung dieser Wirklichkeit beiträgt, unter Einbezug anderer geisteswissenschaftlicher Methoden und weiterer (unter anderem empirischer) Wissenschaften, schließlich derjenigen Richtungen, mit der sie, vermittelt durch die Lebensphilosophie, wissenschaftsgeschichtliche Berührungspunkte hat, etwa der philosophischen Anthropologie, der Kulturphilosophie, der Existenzphilosophie und der Kritischen Theorie der Frankfurter Schule[18].

Wenn dabei von kategorialer Sinnerschließung pädagogischer Wirklichkeit gesprochen wird, so ist in diesem abschließenden Gedanken auf denjenigen Problemkreis zu verweisen, der gewissermaßen die Summe des bisher Dargestellten bildet, der zusammen mit dem Triumvirat Freiheit, Geschichte, Vernunft als vierter klassischer Problem- und Aufgabenbereich zu bezeichnen ist und den die geisteswissenschaftliche Pädagogik als Erbteil von Philosophie und Geisteswissenschaften seit der Neuzeit, insbesondere nach der Zeit des Deutschen Idealismus gerade heute zu beachten hat. Philosophie und Geisteswissenschaften verbindet ein Gemeinsames, das im Spannungsverhältnis von Wissenschaftsanspruch und Orientierungsbedürfnis liegt. Diese Wissenschaften „wollten und wollen Wissenschaften sein – zugleich aber auch der Huma-

---

[15] Vgl. Anm. 10.

[16] Böhm 1995, S. 64.

[17] Ebd., S. 65.

[18] Zur aktuellen Diskussion in den Geisteswissenschaften und insbesondere zur Philosophie Diltheys vgl. Dilthey 1985 sowie das Dilthey-Jahrbuch für Philosophie und Geschichte der Geisteswissenschaften, 1983ff.

nität, der Bildung, dem Identitätsbewußtsein, der privaten und öffentlichen Praxis, der Orientierung in der historischen, in der menschlichen Welt dienen ... Inzwischen gibt es viele Bemühungen, jene Spannung auszugleichen. Aber man sollte sie nicht tilgen wollen. Sonst werden die Geisteswissenschaften entweder zu Morallehren, zu Weltanschauungs- und Ideologieproduzenten – oder sie verkümmern zum geistlosen Positivismus. Wer für die Streichung der Geisteswissenschaften oder für ihre Reduktion auf Ethnologie, Psychologie und Linguistik plädiert, der überläßt die Gesellschaft sich selbst und den abstrusesten Ideologien"[19].

Dieser abschließende Gedanke bildet den inhaltlichen Focus, die causa finalis, von der her der vorliegende Band zu lesen ist. Die mit dem Titel skizzierte Problematik von Freiheit, Geschichte und Vernunft zielt nämlich über die damit verbundenen anthropologischen, ethischen und wissenschaftstheoretisch-methodologischen Aspekte hinaus auf die Erarbeitung von Sinnorientierung in der pädagogischen Wirklichkeit durch eine geisteswissenschaftlich orientierte Pädagogik. Insofern kann weder vom Ausgang ihrer Epoche gesprochen werden, noch von ihrer Verdrängung oder Überwindung[20]. Vielmehr ist es ihr förderhin als Aufgabe gegeben, in konzertanter (im lateinischen Wortsinn) Zusammenarbeit mit anderen Wissenschaften, ausgehend von der genannten wissenschaftsgeschichtlichen Problematik in ihrer Bedeutung für heute, dem Orientierungsbedürfnis der Menschen durch Sinnorientierung Rechnung zu tragen, geleitet von den Begriffen Freiheit, Geschichte und Vernunft und den gezeigten kategorialen Begriffen pädagogischer Theoriebildung, die das Denken von Winfried Böhm bestimmen.

IV.

Der vorliegende Band vereinigt 31 Aufsätze zur geisteswissenschaftlichen Pädagogik – Personalartikel und systematische Beiträge –, die zum einen ihre Grundlegung bei Schleiermacher und Dilthey betreffen, zum anderen aber auch ihre Reichweite und ihre Grenzen aus philosophischer Sicht kritisch ausloten.

Die Personalartikel gliedern die Repräsentanten geisteswissenschaftlicher Pädagogik nach ihrer „Grundlegung" (Schleiermacher, Dilthey), nach ersten „Auslegungen" (in chronologischer Reihen-

---

[19] Scholtz 1991, S. 10–11.

[20] Vgl. Neumann 1993.

folge: Frischeisen-Köhler, Nohl, Fischer, Litt, Spranger, Reichwein und Flitner), „Weiterführungen" (Blättner, Weniger, Reble und Derbolav) sowie „Wandlungen", das heißt Theoriefigurationen, in denen der Problemgehalt einer geisteswissenschaftlichen Pädagogik zwar aufgenommen wird, die in ihnen zutage tretenden Fragen aber neu gestellt und die Antworten anders begründet werden (Buber, Guardini, Langeveld, Roth, Ballauff).
Die systematischen Beiträge sind geordnet nach „Vertiefungen", „Anwendungen" und „kritischen Sichtungen". Die „Vertiefungen" untersuchen die Konzepte geisteswissenschaftlicher Pädagogik auf ihre anthropologische Grundlegung hin und sondieren das Gelände einer hermeneutisch begründeten Psychologie sowie die Konzeption einer pädagogischen Hermeneutik. Die „Anwendungen" gehen den Verhältnissen geisteswissenschaftlicher Pädagogik zur Sozialpädagogik und zur Erwachsenenbildung nach – differentiellen Pädagogiken, die sich im ersten Drittel des Jahrhunderts zu etablieren beginnen –, sowie zur Philosophie und Pädagogik des Personalismus, verfolgen ihren Einfluß auf Lehrplantheorie und Didaktik bis in die gegenwärtige Diskussion und thematisieren die Zukunft unserer Bildungsanstalten aus einer anthropologischen und ethischen Perspektive. Die „kritischen Sichtungen" schließlich enthalten Stellungnahmen aus dem Blickwinkel der erkenntniskritischen Philosophie Habermas' sowie der Transzendentalphilosophie.
Den Abschluß der Festschrift bildet die bis zum Jahresende 1996 vollständig erfaßte Bibliographie von Winfried Böhm.
Bei aller Verschiedenheit der jeweiligen Aufsätze nach Themen, Theoriekontexten und Argumentationszusammenhängen variieren alle Autoren den gleichen Grundgedanken (wenn auch in jeweils anderer Akzentuierung und unterschiedlich deutlicher Ausprägung), nämlich die systematische Verbindung der drei Leitbegriffe dieses Bandes, von Freiheit, Geschichte und Vernunft. Die Einzelbeiträge in ihrer Reihenfolge stellen indessen nicht, wie man auf den ersten Blick vermuten könnte, bloße Wiederholungen dieses Grundgedankens dar; denn zum einen bringen die Autoren in ihren Interpretationen ihre eigenen Problemdefinitionen, Erkenntnisinteressen und Forschungsperspektiven in aller Unterschiedlichkeit zum Ausdruck, und sie zeigen insofern auch die Vielfalt und Fruchtbarkeit der Auseinandersetzung mit den Themen geisteswissenschaftlicher Pädagogik. Zum anderen spiegelt sich in dieser Vielfalt auch die kontinuierliche Entfaltung und kritische Weiterentwicklung dieses Forschungsparadigmas: sowohl zeitlich von den Begründern über die erste und zweite Schülergeneration

bis in die Gegenwart, die Querdenker und Häretiker eingeschlossen, als auch substantiell durch die sukzessive Edition der Werke Diltheys und ihrer Rezeption in den unterschiedlichen Klassenräumen und Nebengebäuden der Dilthey-„Schule".
In einem Projekt wie diesem bleiben notwendigerweise Fragen offen und Leerräume kaum vermeidbar: Ernst Lichtenstein etwa, Elisabeth Blochmann und manche anderen hätten eigene Würdigungen verdient, und die Nachfahren der späteren Generationen konnten gar nicht mehr berücksichtigt werden. Besonders schmerzlich ist der Verzicht auf einen Beitrag zur Philosophie und Pädagogik Otto Friedrich Bollnows. Werner Loch – dem wir auch an dieser Stelle noch einmal herzlich für seine Bereitschaft zur Mitarbeit an dieser Festschrift danken möchten – hatte uns ein druckfertiges Manuskript über Bollnows anthropologische Pädagogik anvertraut, das wir aus urheberrechtlichen Gründen buchstäblich in letzter Sekunde zurückziehen mußten, nachdem der Verlag Karl Alber eine Nachdruckgenehmigung zu unserem Mißvergnügen nicht erteilt hat. In systematischer Hinsicht wären in den Vertiefungen, Anwendungen und kritischen Sichtungen Ergänzungen wünschenswert gewesen im Hinblick beispielsweise auf die Verhältnisse geisteswissenschaftlicher Pädagogik zur verstehenden Soziologie, zur Ethik, zu weiteren Methoden und Methodologien (der Phänomenologie, der Dialektik, der quantitativen und qualitativen Instrumente empirischer Sozialforschung) usf. Ihrem eigenen Begriff der Geschichtlichkeit entsprechend kann allerdings weder Vollständigkeit (in ihren Themen) noch Endgültigkeit (in ihrem Selbstverständnis) sinnvolles Ziel der Darstellung und Interpretation geisteswissenschaftlicher Pädagogik sein. Insofern ist diese Anthologie im Prozeß der Dynamisierung und Temporalisierung der Wissenschaft[21] nicht mehr als eine Zwischenstation, da doch – wie Humboldt Hegel entgegenhält – „Alles darauf beruht, das Princip zu erhalten, die Wissenschaft als etwas noch nicht ganz Gefundenes und nie ganz Aufzufindendes zu betrachten, und unablässig sie als solche zu suchen"[22].

---

[21] Vgl. Schnädelbach 1983, S. 106–107.
[22] W. v. Humboldt 1964, S. 257.

Literatur

Allemann, B.: Klassische (das). In: Historisches Wörterbuch der Philosophie. Hrsg. von J. Ritter, K. Gründer, Bd. 4. Basel, Stuttgart 1976. Sp. 853–856.

Böhm, W.: Theorie und Praxis. In: W. Brinkmann, K. Renner (Hrsg.), Die Pädagogik und ihre Bereiche. Paderborn, München, Wien, Zürich 1982. S. 29–44.

Böhm, W.: Theorie und Praxis. Eine Einführung in das pädagogische Grundproblem. 2., erw. Aufl. Würzburg 1995.

Bubner, R.: Handlung, Sprache und Vernunft. Grundbegriffe praktischer Philosophie. Neuausgabe mit einem Anhang. Frankfurt a. M. 1982.

Buck, G.: Über die Identifizierung von Beispielen – Bemerkungen zur „Theorie der Praxis". In: Identität. Hrsg. von O. Marquard, K. Stierle. München 1979. S. 61–81.

Dilthey und die Philosophie der Gegenwart. Beiträge von K.-O. Apel u. a.. Hrsg. u. eingel. von E. W. Orth. Freiburg, München 1985.

Frühwald, W. u. a.: Geisteswissenschaften heute. Eine Denkschrift. Frankfurt a. M. 1991.

Gadamer, H.-G.: Geisteswissenschaften. In: Die Religion in Geschichte und Gegenwart. Handwörterbuch für Theologie und Religionswissenschaft. 3., völlig neu bearb. Aufl.. Hrsg. von K. Galling, Bd. 2. Tübingen 1958. Sp. 1304–1308.

Gadamer, H.-G.: Wahrheit und Methode. Grundzüge einer philosophischen Hermeneutik (Ges. Werke Bd. 1). Tübingen 1990.

Herrmann, U.: Pädagogische Klassiker und Klassiker der Pädagogik. In: Zeitschrift für Pädagogik 41 (1995), S. 161–165.

Humboldt, W. von: Ueber die innere und äussere Organisation der höheren wissenschaftlichen Anstalten in Berlin (1810). In: Wilhelm von Humboldt: Werke in fünf Bänden. Hrsg. von A. Flitner und K. Giel. Bd. IV., Darmstadt 1964, S. 255-266.

Lassahn, R.: Einführung in die Pädagogik. 8., erg. Aufl. Heidelberg, Wiesbaden 1995.

Marquard, O.: Über die Unvermeidlichkeit der Geisteswissenschaften. In: Ders., Apologie des Zufälligen. Philosophische Studien. Stuttgart 1987. S. 98–116.

Misch, G.: Der Aufbau der Logik auf dem Boden der Philosophie des Lebens. Göttinger Vorlesungen über Logik und Einleitung in die Theorie des Wissens. Hrsg. von G. Kühne-Bertram u. F. Rodi. Freiburg, München 1994.

Mittelstraß, J.: Glanz und Elend der Geisteswissenschaften (Oldenburger Universitätsreden, Nr. 27). Oldenburg 1989.

Müller, M.: Verbannte Bücher. Wie in einer Münchner Fakultätsbibliothek aufgeräumt wurde. In: Süddeutsche Zeitung, 13./14. April 1996, Nr. 86. S. 37.

Neumann, D.: Bemerkungen zur Ablösung der Geisteswissenschaftlichen Pädagogik: Verdrängt oder überwunden? In: Pädagogisches

Wissen. Hrsg. von J. Oelkers, H.-E. Tenorth. Weinheim, Basel 1993. S. 67–91.
Scheuerl, H.: „Was ist ein pädagogischer Klassiker?“ In: Zeitschrift für Pädagogik 41 (1995), S. 155–160.
Schnädelbach, H.: Philosophie in Deutschland 1831-1933. Frankfurt a. M. 1983.
Schnädelbach, H.: Einleitung. Über die Vernünftigkeit der Geschichte und die Geschichtlichkeit der Vernunft. In: Ders., Vernunft und Geschichte. Vorträge und Abhandlungen. Frankfurt a. M. 1987. S. 9–20.
Schnädelbach, H.: Morbus hermeneuticus – Thesen über eine philosophische Krankheit. In: Ders., Vernunft und Geschichte, a.a.O., S. 279–284.
Scholtz, G.: Das Historismusproblem und die Geisteswissenschaften im 20. Jahrhundert. In: Ders., Zwischen Wissenschaftsanspruch und Orientierungsbedürfnis. Zu Grundlage und Wandel der Geisteswissenschaften. Frankfurt a. M. 1991, S. 130–157.
Scholtz, G.: Historismus und Wahrheit in der Wissenschaftstheorie. In: Ders., Zwischen Wissenschaftsanspruch und Orientierungsbedürfnis, a.a.O., S. 158–200.
Treml, A. K.: Über philosophische Klassiker. In: Information Philosophie, August 1995, S. 52–59.
Weier, W.: Das Phänomen Geist. Auseinandersetzung mit Psychoanalyse, Logistik, Verhaltensforschung. Darmstadt 1995.
Winkler, M.: Ein geradezu klassischer Fall. Zur Traditionsstiftung in der Pädagogik durch Klassiker. In: K.-P. Horn, L. Wigger (Hrsg.), Systematiken und Klassifikationen in der Erziehungswissenschaft. Weinheim 1994. S. 141–168.

I. GRUNDLEGUNG

Uneingelöster Anfang: Friedrich Schleiermacher (1768–1834) und die geisteswissenschaftliche Pädagogik[1]

Michael Winkler

1. Seit Wilhelm Diltheys Untersuchung zu Friedrich Schleiermachers Leben und Werk gilt dieser als eine der Stifterfiguren der Geisteswissenschaften (Dilthey 1970, 1985, vgl. Scholtz 1995). Obwohl jüngere Untersuchungen beispielsweise seine Hermeneutik sprachphilosophisch lesen und in den Kontext der modernen Semiotik stellen, wird er vor allem im Zusammenhang des Erziehungsdenkens bis heute auch als Begründer der geisteswissenschaftlichen Pädagogik bezeichnet (vgl. z.B Herrmann 1983, S. 33ff.). Schleiermacher habe nämlich erst ihr Anliegen ausgesprochen, die „Willensrichtungen der erziehenden Generation aus[zu]legen", um sie in die „geschichtspraktische Perspektive einer evolutionären Vorstellung" einzuordnen (Mollenhauer 1996, S. 19f).

Dieses Bild ist nicht falsch[2], führt gleichwohl in die Irre. Denn es begründet in der Tradition der Geisteswissenschaften selbst, vor allem aber in ihrer äußeren Wahrnehmung, eine Verengung, die die realistischen, aber auch die kritischen und pragmatischen Implikationen des von Schleiermacher entwickelten Konzepts dem Vergessen preisgegeben hat. Übrig blieb jene reduktionistische Sicht, welche den mittlerweile ihrer praktischen Irrelevanz verdächtigten „unheimlichen Geisteswissenschaften" (Mittelstraß 1996) nur noch eine Funktion zubilligt, wie Odo Marquard und Hermann Lübbe behaupten, die die Sinnverluste in einer technisch-medialen Zivilisation kompensiere.

---

[1] Die hier vorgetragenen Überlegungen stehen im Zusammenhang mit einem von der Deutschen Forschungsgemeinschaft unterstützten Projekt zur Neuedition der Pädagogischen Schriften Friedrich Schleiermachers.

[2] So verschiebt Dilthey gegenüber Schleiermacher angesichts einer zunehmend maschinenförmig organisierten sozialen Welt wohl nur die Akzente hin zu einer stärkeren Berufsorientierung der akademisch Gebildeten.

Auf den ersten Blick gibt es allerdings im Blick auf Schleiermachers Werk für ein solches Urteil sogar gute Gründe[3]. Diese haben möglicherweise weniger mit den Vorzügen des Schleiermacherschen Werks, sondern mehr mit seinen spezifischen Defiziten zu tun. Zumindest äußerlich besteht nämlich dessen Eigentümlichkeit darin, daß es zwar eine Stellung einnimmt zwischen den großen Strömungen des ausgehenden 18. und des beginnenden 19. Jahrhunderts, diese aber nicht mehr in einen Zusammenhang bringt. Sowohl von seiner philosophiegeschichtlichen Stellung her wie auch in seinem inhaltlichen Zugriff läßt er sich daher als ein eher „unordentlicher" Denker des Übergangs bezeichnen (Mollenhauer 1985), der einen ironischen Optimismus ausdrückt: Sein Werk gründet noch im Aufklärungsdenken (vgl. Schuffenhauer 1956, Scholtz 1995, bes. S. 18ff.), nimmt jedoch dessen auf Humanisierung zielenden Anspruch nur in skeptischer Relativierung seines Fortschrittsentwurfs auf. Dabei eignet ihm ein individualisierender Zug, bei dem jedoch das Subjekt nicht fichteanisch tatphilosophisch überhöht, sondern in traditionsgestützte, objektiv wirksame Zusammenhänge eingebettet wird, die sich nur historisch begründen lassen: Sie entziehen sich für Schleiermacher einer systematischen Darstellung, wie sie etwa Hegel in der Philosophie der Geschichte vornimmt; ihm scheint ihre Objektivität trügerisch, weil sie historischem Wandel unterliegt, weil sie vor allem zunehmend brüchig, fragmentiert erscheint: Sie gibt ein Versprechen, dessen Einlösung nicht mehr gesichert ist.

Zwar nicht mehr enzyklopädisch oder gar universalistisch im Denken[4], leuchtet Schleiermacher diesen Horizont allerdings weit aus. Er verkörpert noch eine geistige Weite, in der auf fundamentaler, mit der Antike selbstverständlich vertrauter Bildung ein breites Wissen um den zeitgenössisch verfügbaren Erkenntnisstand aufruht: Sieht man von seinen in ihrer Aktualität faszinierenden Predigten ab, dann umfaßt sein Werk neben den zentralen Schriften zur Theologie zunächst weitausgreifende philosophische Studien.

---

[3] Daß auch Schleiermachers Pädagogik bislang häufig verkürzt wahrgenommen wird, hängt möglicherweise mit einem historisch entstandenen Mißverständnis zusammen: Während es ihm um die Möglichkeit pädagogischer Theorie schlechthin ging, wurden seine Entwürfe zur Legitimation der geisteswissenschaftlichen Pädagogik als einer zwar erfolgreichen, gleichwohl nur partikularen Richtung herangezogen.

[4] Allerdings weckte sein als Apotheker wirkender Bruder Carl ein Interesse an Naturwissenschaften, dem Schleiermacher durch den Besuch der chemischen Vorlesungen Klapproths nachgibt. Es findet dann Ausdruck in seiner hochspekulativen Naturphilosophie (vgl. Dilthey 1985, 449ff.).

Sie nehmen insbesondere eine Grundlegung der Ethik im Rekurs auf den Reproduktionsprozeß der menschlichen Gattung vor – durchaus mit Parallelen zu Karl Marx –, befassen sich dann mit Fragen der Ästhetik; erkenntnistheoretisch gelten sie vornehmlich der Dialektik und der Hermeneutik, die Schleiermacher in einem modernen, in die Zeichentheorie reichenden Ansatz begründet. Fast gleichrangig stehen daneben die Abhandlungen und Entwürfe aus Schleiermachers eigener Feder und die Vorlesungsnachschriften zur Psychologie, zur Staatslehre und selbstverständlich zur Pädagogik. Darüber hinaus greift er in aktuelle Kontroversen ein – so mit seiner Schrift über das Armenwesen in den Streit um die Berliner Charité, den der später durch seine sozialpädagogischen Aktivitäten berühmt gewordene Johannes Daniel Falk ausgelöst hatte. Schließlich beschäftigt er sich auch in einer bis heute wohl unterschätzten Weise mit der zeitgenössischen ethnologischen und Reiseliteratur.

Diese doppelte Herkunft, nämlich aus den großen, noch unabgeschlossen zwischen Anerkennung von Geschichtlichkeit und Systemzusammenhang schwankenden Denkbewegungen seiner Zeit einerseits, den schon gefestigten wissenschaftichen Disziplinen andererseits, läßt Schleiermacher zurecht in den Konstitutionszusammenhang der Geisteswissenschaften einrücken. Er bezieht sich unübersehbar auf die akademischen Studien, die deren disziplinären Korpus dann bilden, überschreitet aber zugleich die Grenzen der „Kulturen", indem er etwa mit seinen „Vertrauten Briefen über Schlegels Lucinde" die Nähe zur Literatur hält. Mehr noch: Schleiermacher nimmt eine hervorragende Stellung im Begründungszusammenhang der Geisteswissenschaften ein, weil sich an seinem Werk die Idee der Geisteswissenschaften in geradezu idealer Darstellung rekonstruieren läßt: Seine Ethik sieht nämlich die historische Welt als ein sprachlich vermitteltes, neuzeitlich vornehmlich in den Wissenschaften „symbolisiertes" Geschehen, das durch handelnde Subjekte, „organisierend" verwirklicht wird (vgl. SW III/5, Brouillon 1805/06, Ethik 1812/13). Die Subjekte stehen dabei in einem Möglichkeitsraum menschlicher Geschichte, der zunächst göttliche Schöpfung darstellt, dann in zweifacher Bedingtheit, nämlich von Natur gegeben und als Ergebnis innerer Dynamik menschlicher Artefakte „eigensinnig" (vgl. SW III/8/15) geworden ihrem Bewußtsein zugänglich wird; zwar geraten die Subjekte in diesem Möglichkeitsraum in Abhängigkeit von den Gegebenheiten (vgl. Laist 1965), die ihnen subjektiv als Gewißheit verbürgt scheinen, doch tritt dieser ihnen zugleich als ein Auftrag gegenüber. In Kenntnis der eine so bedingte Praxis bestimmenden

„Regeln“ wird den Subjekten ein Handeln „der Vernunft auf die Natur“ möglich, das – gestützt auf Wissen und Können – kunstfertig und insofern rational vollzogen wird; der antike Begriff der Techné dient Schleiermacher hier als Anknüpfungspunkt, um die Selbstauslegung handelnder Subjekte im Horizont von Freiheit, Geschichte und Vernunft zu begreifen.

Gleichwohl erfaßt dies noch nicht die Radikalität von Schleiermachers Denken, wie sie sich insbesondere an seiner Erziehungstheorie zeigen läßt: Der undankbare Platz einer Mittelstellung läßt Schleiermacher nach einem Grund für das Handeln freier Subjekte unter den Bedingungen einer brüchig gewordenen, pluralen und fragmentierten Welt suchen. Angesichts der „Zerpaltung des Seins für die Vernunft“ (SW III/5/118) gilt sein Interesse – darin zeichnen sich allerdings Züge eines theologisch motivierten Heilsentwurfs ab (vgl. Langewand 1987) – den prekär gewordenen Möglichkeiten, in der Bindung an ein Ganzes und doch zugleich individuell handeln zu können: „Wie aber“, so diagnostiziert er in seiner ersten „Predigt über die Kinderzucht“, „die größere Gesellschaft der wir angehören ein gar verworrenes Wesen ist, so ist sie eben dadurch schon, aber auch sonst, noch überdies ein höchst unvollkommnes“ (SW II/1/608). Schon dies verweist ihn aber auf pädagogische Fragen: Weil nämlich so in der modernen Welt die gesellschaftlichen Wirkungen auf das Individuum heteronom ausfallen, bedarf es einer „Organisation der Erziehung“ (PL 168), um die Bedingungen der Möglichkeit einer integrierten, mit sich identischen Person einerseits, einer Verbesserung der menschlichen Situation andererseits sicherzustellen.

Es geht also um die Einsicht in die soziale Wirklichkeit, welche „die Erziehung in irgendeinem Moment vorfindet“ (PL 84). Fundiert in der Auseinandersetzung mit Kant und Fichte, in der Rezeption der zeitgenössischen kultur- und sozialphilosophischen Literatur entwickelt Schleiermacher sein spezifisches Verständnis von Ethik als einer transzendental philosophisch aufgeklärten, sowohl historisch wie auch gesellschaftstheoretisch inspirierten Untersuchung der tatsächlichen Lebensverhältnisse menschlicher Individuen (SW III/5/58, CS 80). Seine Ethik ist mithin, wie sein philosophisches Denken insgesamt, auch seine Pädagogik, selbst sogar seine Theologie beschreibend und analysierend angelegt, denn das „Gesetz ist ... nur Gesetz, insofern es ein Sein bestimmt, und nicht als ein bloßes Sollen“ (SW III/2/409); erst sekundär kommt ihr eine normative Qualität zu.

Schleiermacher ist sich dabei der Grenzen eines solchen Zugangs bewußt: Beschreibungen wirken nämlich entweder deterministisch, weil sie das schon faktisch geschehende Handeln zur Vorschrift machen; sie lassen keine Änderung mehr denken. Oder sie bleiben ethisch unverbindlich, weil sie keine Kriterien für sittliches Handeln geben, die in Beziehung zur tatsächlichen Lebenspraxis stehen. Hier setzt Schleiermachers Hermeneutik ein, die ihn als Denker der Geisteswissenschaften eigentlich erst ausweist: Im theologischen Zusammenhang erlaubt sie nämlich, die Heilige Schrift so mit dem gelebten Alltag der christlichen Gemeinde zu vermitteln, daß der biblische Text authentisch bleibt, gleichwohl Kritik und alternatives Handeln, mithin Fortschritt möglich werden. Analog stellt die Theorie der Erziehung pädagogische Realität in ihren Problemstrukturen dar, so daß diese als Optionen pädagogischen Handelns sichtbar werden. Schleiermacher wählt also für die Pädagogik einen realwissenschaftlichen Zugang, der die historisch und gesellschaftlich offenen Möglichkeiten markiert und in ihren Konsequenzen diskutiert. Die handelnden Subjekte müssen sich dieser dann reflexiv vergewissern, um sie unter Berücksichtigung der Umstände aus freier Entscheidung, also verantwortlich einzulösen. Wissen und Freiheit sind so vor dem Hintergrund einer ungewiß gewordenen Welt systematisch zusammengeführt, so daß dem Subjekt seine Subjektivität als eigene Leistung noch möglich wird.

2. Eine hinreichende Biographie Schleiermachers fehlt bis heute. Diltheys „Leben Schleiermachers“ reicht bis zum Jahre 1807, setzt zwar ein mit der familiären Erziehung des am 21. 11. 1768 in Breslau geborenen Friedrich Daniel Ernst Schleiermacher, verfolgt dann über Jugendzeit und Mitwirkung im Romantikerkreis die Lebensgeschichte bis zur Berufung nach Halle und dem Verlust der Professur infolge der preußischen Niederlage bei Jena und Auerstädt. Zur Darstellung der drei Jahrzehnte bis zum Tode Schleiermachers am 12. 2. 1834 ist Dilthey nicht mehr gekommen; ohnedies verfolgt er eine vornehmlich systematische Absicht, wie dann auch „Schleiermachers System als Philosophie und Theologie“ deutlich macht. Neben Redekers „Friedrich Schleiermacher. Leben und Werk“ und Kantzenbachs Bildmonographie bieten inzwischen jedoch die Einführungen in die bislang erschienenen Bände der „Kritischen Gesamtausgabe“ unschätzbares Material, um die Genese der pädagogischen Auffassungen Schleiermachers verfolgen zu können.

Dabei zeigt sich, daß individualgeschichtlich relevante Ereignisse nur bedingt, nämlich epistemologisch vermittelt, als Theorieproblem die Entwicklung seines Denkens bestimmen: Schleiermacher verarbeitet weniger unmittelbare Erfahrungen, sondern wendet sich den zentralen Themen der geistigen Auseinandersetzungen seiner Zeit zu, wählt somit einen gleichsam zeitdiagnostischen Zugang. Auch pädagogische Fragen beschäftigen ihn primär theoretisch als Probleme der pädagogischen Erkenntnis (so schon Rein 1911, S. 16), der Beschreibung und Analyse von Erziehung und Unterricht. Allerdings geht es ihm dabei nicht allein um eine prinzipienorientierte Theorie, sondern um eine – im klassischen Verstande – ihre Gründe abwägende Anschauung der Wirklichkeit. Schleiermacher nimmt dabei eine für das zeitgenössische Denken widersprüchlich anmutende Stellung zwischen idealistischer Spekulation und Zuwendung zur empirisch vorfindlichen Gegenwart ein, in der sich seine bis heute irritierende Ambivalenz gegenüber Platon widerspiegelt (vgl. Frost 1991, Arndt 1996): Wenngleich seine Tätigkeit als Übersetzer des Platon, dann auch eine Vielzahl der von ihm gewählten philosophischen Grundfiguren nahelegen, diesen als den eigentlichen Ausgangspunkt seines Werks zu begreifen, scheint Platon zwar seine theoretische Neugier ausgelöst zu haben, während hingegen die anthropologischen und sozialphilosophischen Motive sehr viel stärker auf Aristoteles zurückzuführen sind.

Lebensgeschichtlich hängt das Anliegen einer Theorie der Wirklichkeit mit seinem Verständnis als Prediger (und als Hochschullehrer) zusammen: Schon das evangelisch-reformierte Verständnis verlangte einen engen Zusammenhang zwischen Glaubensauslegung und Alltagsbewältigung. Zugleich suchte er im Predigtamt eine öffentliche Wirksamkeit, die die Auseinandersetzung mit einer konflikthaltigen Gegenwart nicht scheute. Zeugnis von dieser Auffassung gibt schon das 1799 erschienene Buch „Über die Religion. Reden an die Gebildeten unter ihren Verächtern", das nicht nur die Bedeutung der Religion für die Bildung des freien Individuums in einem öffentlichen Raisonnement zeigt. Inhaltlich stellt Schleiermacher hier vielmehr die Grundfragen einer Theorie gesellschaftlicher Verfaßtheit angesichts fortschreitender Individualisierung. An der notwendigen Gleichzeitigkeit von religiösem Gemeinschaftsgefühl und Freiheit des Einzelnen wird der Horizont seiner Pädagogik sichtbar:

„Jetzt seufzen Millionen von Menschen beider Geschlechter und aller Stände unter dem Druck mechanischer und unwürdiger Arbeiten. Die ältere Generation erliegt unmutig und überläßt mit verzeihlicher Trägheit die jüngere in allen Dingen fast dem Zufall, nur darin nicht, daß sie gleich nachahmen und lernen muß dieselbe Erniedrigung. Das ist die Ursach', warum sie den freien und offnen Blick nicht gewinnen, mit dem allein man das Universum findet. Es gibt kein größeres Hindernis der Religion als dieses, daß wir unsere eignen Sklaven sein müssen, denn ein Sklave ist Jeder, der etwas verrichten muß, was durch tote Kräfte sollte bewirkt werden können. Das hoffen wir von der Vollendung der Wissenschaften und der Künste, daß sie uns diese toten Kräfte wieder dienstbar machen [...]. Dann erst wird jeder Mensch ein Freigeborener sein, dann ist jedes Leben praktisch und beschaulich zugleich, über keinen hebt sich der Stecken des Treibers, und jeder hat Ruhe und Muße, in sich die Welt zu betrachten" (Reden 154).

Fragen der Erziehung und des Unterrichts beschäftigen demnach schon früh Schleiermachers Denken. Sie bilden neben Philosophie und Theologie eines seiner Lebensthemen. Das überrascht zunächst allerdings kaum, umfaßt doch seine Lebensspanne das „pädagogische Jahrhundert", wie es mit den Reformbestrebungen des Philanthropismus anhebt und in der Etablierung des preußischen Bildungswesens zum Ende kommt. Zweifelsohne wurde dabei sein eigener Bildungsgang durch die Erziehung in der Herrnhuter Brüderschaft von Niesky (1783–1785) und durch die konfliktreiche Lösung aus dem Seminar von Barby (1787) bestimmt. Aber diese, wie auch seine Erfahrungen als Hauslehrer für die Söhne des Grafen Dohna in Schlobitten (1790–1793), dann seine Ausbildung im Gedikeschen Seminar bleiben eigentümlich unreflektiert; erst später bezieht er sich in einer von Herbart kritisierten Weise ablehnend auf das Hauslehrermodell, das er für unvereinbar hält mit einem öffentlichen, ständische Differenzen ausgleichenden Schulwesen. 1789 aber schreibt er noch, fast naiv dem Zeitgeist folgend, an seine Schwester: „Es ist freilich mit dem Erziehn eine eigene Sache. Ob ich Talent dazu habe, weiß ich nicht; meine Schlobittensche Erfahrung reicht nicht hin die Frage zu entscheiden, aber Erfahrung habe ich genug und mache täglich mehr, und Lust auch und es ist mir bisweilen bange danach, daß ich nichts zu erziehn habe" (Aus Schleiermachers Leben 1, S. 190, vgl. Mollenhauer 1985). Er selbst gesteht, daß ihm die praktische Dimension der Erziehung erst um 1808 in seiner Verlobungszeit mit der verwitweten Henriette von Willich bewußt wird, die zwei Kinder in die Ehe einbringt: „Ich hatte sonst gar keinen Sinn für kleine Kinder und verstand sie nicht; bei den unsrigen erst ist er mir aufgegangen, und dies Talent in mir ist eins mit unserer Liebe, ihre erste schöne Frucht, das eigene Glück, daß ich zugleich Verlobter geworden bin und Vater" (Briefe, S. 112f)[5].

[5] Daß Schleiermacher als Begründer einer modernen Familienpädagogik gelten kann, hat neben historischen Gründen wohl auch damit zu tun, daß er biographisch die Situation einer Konsekutiv- oder Zweitfamilie zu verarbeiten hatte. Allerdings waren ihm die Probleme der Ersatzfamilie schon früher bewußt. So

Offensichtlich wurden aber Schleiermachers pädagogische Ideen schon seit 1800 in größerem Kreise diskutiert. Sowohl seine – in ihrer Tendenz gegen den Utilitarismus der Aufklärungspädagogik gerichteten und heute fast antipädagogisch anmutenden – Überlegungen im Kontext des Athenäums, dann „Über die Religion" sowie die „Monologen" erzielten eine bemerkenswerte Resonanz. So wendet sich der Heidelberger Theologe und Pädagoge Friedrich Heinrich Christian Schwarz an Schleiermacher und schreibt im Kontext der eigenen „Erziehungslehre" an ihn: „Wie ich mich nach Ihren Gedanken über Erziehung sehne – wären es auch nur Winke" (zit. nach KGA I/3/CXV). Schleiermachers kritische Rezension von Campes „Historischem Bilderbüchlein" kommentiert Schwarz mit den eigenen Vorbehalten gegenüber der philanthropischen Pädagogik: „Sie haben einen Ton angestimmt, den ich längst gern zu hören wünschte, und daß sie ihn nicht noch schärfer gegriffen haben, macht mir ihre Humanität, die sie hier gegen Campe beweisen, nur achtenswerter. Meine Anmerkung dazu ist unbedeutend, da ich Ihnen nur das sagen wollte, was ich soeben gesagt habe, und unserem Publikum andeuten, daß es zu neuen Ansichten über Pädagogik und Methodik kommen müsse" (a.a.O., S. CXVf.). Spätestens seit 1803 befaßt sich Schleiermacher intensiv mit der zeitgenössischen pädagogischen Theorie, wie eine umfangreiche Liste von Rezensionsvorschlägen deutlich macht, die er der Jenaischen Allgemeinen Literaturzeitung einreicht. So sieht er einen Vergleich der Erziehungslehren von Schwarz und J-J. Wagner mit der Pädagogik Kants vor; neben der 1805 erschienenen Rezension von Zöllners „Gedanken über Nationalerziehung" will er auch Johannsens „Über das Bedürfniß und die Möglichkeit einer Wissenschaft der Pädagogik" rezensieren, das als Versuch einer durch Fichte inspirierten Erziehungswissenschaft gilt. Intensiv setzt er sich auch mit Pestalozzi auseinander (vgl. Klafki 1990), wenngleich er gegenüber seiner Verlobten im Blick auf den ersten Sprachunterricht einschränkend bemerkt, daß er seine Empfehlungen für diesen „nicht aus der Pestalozzischen Methode heraus" gegeben habe, die er „in dieser Hinsicht nicht kenne" (Briefe, S. 306)[6].

---

heißt es in der Ethik von 1805: „Weil der Mensch außer der Familie gar nicht zur vollkommenen Individualität gelangt, so muß derjenige, der seine ursprüngliche verloren hat, sich an eine fremde anschließen" (Brouillon S. 59). Er versteht Familienerziehung als ein geselliges Ereignis in wechselseitigem Vertrauen, ohne Übermaß an pädagogischer Reflexivität – worin er sich als ein getreuer Anhänger seiner eigenen Theorie ausweist.

[6] Auch eine in Göttingen aufgefundene Nachschrift seiner Vorlesung über Pädagogik von 1820 belegt diese intensive Auseinandersetzung mit Pestalozzi.

Die Behauptung eines vorrangig theoretischen Interesses an Fragen der Pädagogik relativiert allerdings, daß er schon sehr bald in die bildungspolitischen Debatten um die Entwicklung der Universität, dann des Bildungswesens insgesamt eingreift. Dies geschieht zunächst seit 1804 in einer Reihe von Rezensionen, verdichtet sich dann in den 1808 veröffentlichten „Gelegentlichen Gedanken über Universitäten in deutschem Sinne"; mit diesen prägt Schleiermacher – möglicherweise nachhaltiger als Fichte und von Humboldt – die Berliner Reformuniversität. Seit 1810 wirkt Schleiermacher dann als „Direktor der wissenschaftlichen Deputation für den öffentlichen Unterricht", wovon eine Vielzahl von Gutachten Zeugnis gibt. Bei allem bildungspolitischem Interesse (vgl. Kade 1935) bewegen ihn jedoch stets Grundsatzfragen des Bildungswesens, die er als Funktionsprobleme wahrnimmt und in ihrer Grundspannung – etwa von Allgemeinbildung und spezialisiertem Lehrplan – diskutiert (vgl. Lohmann 1984, 1985). Kaum ein halbes Jahr nach seiner erster Vorlesung über Pädagogik im Winter-Semester 1813/14 faßt er den Ertrag bildungspolitischer Aktivitäten in der Akademieabhandlung „Über den Beruf des Staates zur Erziehung" in einem Modell zusammen, das eine eigene Dignität des Pädagogischen auch und besonders gegenüber der Politik formuliert: „Staat und Erziehung sind zwei Begriffe, welche an und für sich nicht zusammenfallen; denn der Staat ist ein Verhältnis der erwachsenen Menschen unter sich, und in dem Begriff liegt keine Beziehung darauf, woher die Erwachsenen kommen; und Erziehung ist ein Verhältnis der Generationen unter sich, indem die eine erzieht und die andere erzogen wird, und die Erziehung kann sehr gut gedacht werden ohne den Staat und vor ihm" (PS II/155 f.). Er sieht das institutionalisierte Erziehungssystem nicht als staatliche Veranstaltung, sondern als „öffentliche Erziehung", die „unter den Betrieb und die Leitung des Volkes selbst gestellt und durch den in demselben herrschenden gleichen Sinn in Gleichheit gehalten" wird (PS II/166). Spätestens zu diesem Zeitpunkt wendet er sich endgültig der pädagogischen Theorie zu, die er dann in seinen Vorlesungen über Erziehung 1820 und 1826, aber auch in seinen Kollegs über die Staatslehre entfaltet.

3. Die konstituierenden Elemente von Schleiermachers Erziehungsdenken lassen sich zwar lebensgeschichtlich situieren. Aber sie fügen sich zu einem eigenartigen Fokus theoretischer Vergewisserung zusammen, in welchem er eine Art Dekonstruktion der zeitgenössischen Pädagogik vornimmt. Inspiriert durch Frühromantik, die Fichtesche Tatphilosophie und das Herdersche

Geschichtsdenken hebt Schleiermacher die selbstverständliche Gültigkeit der Aufklärungspädagogik auf, um in einer epistemologischen Wendung zur „wissenschaftlichen Betrachtungsweise“ zu kommen; inhaltlich bereitet diese das neuhumanistische Bildungsdenken vor, indem sie die innere Entwicklung des Subjekts ins Zentrum pädagogischer Erörterung stellt.

Ihren Ausgang nehmen seine Reflexionen in einer Distanzierung von dem vorfindlichen, durch die Aufklärung geprägten „Normalbegriff“ der Erziehung (Winkler 1989). Dieser instrumentalisiert Erziehung zur Verbesserung der menschlichen Verhältnisse, verlegt sie zwar in die Utopie, maßt sich aber zugleich den Zugriff bis in die leibliche Verfaßtheit des Kindes an (vgl. Mollenhauer 1985). Doch schon in den „Reden“ bewegen Schleiermacher Zweifel am Realitätsgehalt dieser großen Ambitionen; sie opfern prinzipiell, wie er ein Motiv der Reformpädagogik des 20. Jahrhunderts vorwegnimmt, die kindliche Eigenart Utilitätsgesichtspunkten auf, ohne Erziehung tatsächlich zu verändern: „Es ist mit den Verbesserungen der Erziehung gegangen wie mit allen Revolutionen, die nicht aus den höchsten Prinzipien angefangen wurden; sie gleiten allmählich wieder zurück in den alten Gang der Dinge, und nur einige Veränderungen im Äußern erhalten das Andenken der anfangs wunder wie groß gehaltenen Begebenheit: die verständige und praktische Erziehung unterscheidet sich nur noch wenig – und dies Wenige liegt weder im Geist noch in der Wirkung – von der alten mechanischen. Dies ist Euch nicht entgangen, sie ist Euch größtenteils schon ebenso verhaßt, und eine reinere Idee verbreitet sich von der Heiligkeit des kindlichen Alters und von der Ewigkeit der unverletzlichen Willkür, auf deren Äusserungen man auch bei den werdenden Menschen warten und lauschen muß“ (Reden 108f.).

So entsteht eine schwierige Situation: Einerseits kann man die vorfindliche Pädagogik nicht ignorieren. Man muß sie als Praxis und als Theorie voraussetzen, denn es gibt eine schon kommunikativ vermittelte soziale Realität des Erziehens. Deshalb setzt die Vorlesung von 1826 mit dem dann doch irritierenden Satz ein: „Was man im allgemeinen unter Erziehung versteht, ist als bekannt vorauszusetzen“ (PL 3). Andererseits: Zwar findet sich so ein gemeinsames Vorverständnis. Aber dieses ist in der „allgemeinen Gärung“ (Campe) nicht nur des philanthropischen Erziehungsgesprächs längst strittig geworden, weil man sich der jüngeren Generation „polemisch“ angenommen hat (PS II/65).

Aus diesem Dilemma führt nur der Blick auf die nackte Faktizität der Erziehung. Sie muß einer wissenschaftlichen Untersuchung unterworfen werden, denn „betrachten wir im großen die Geschichte eines jeden gemeinsamen Lebens, so finden wir, wenn wir ein geschichtlich abgelaufenes Ganzes vor uns haben, eine Periode des Steigens, der Blüte und des Verfalls. Auf allen diesen Punkten gibt es nun aber eine Erziehung, vollkommener oder unvollkommener" (PL 562). Im Rahmen von Wissenschaft, wie sie in „akademischen Vorlesungen vorgetragen zu werden pflegt" (PL 3, vgl. 419), werden die für die Erziehungstatsache entscheidenden strukturellen Grundmerkmale und „Functionen" (vgl. z.B.: SW III/5/195, SW III/2/486) festgestellt und untersucht. Theorie kann nicht von „Verhältnissen aus[gehen], die zufällig sind" (PL 3), sondern sucht vielmehr in methodischem Zugang hinreichende Gründe für diese Praxis, um sie einer reflexiven Vergewisserung zugänglich zu machen: Pädagogische Realität wird so als Ausdruck einer eigenen Dignität des Pädagogischen anerkannt, insofern kann von der Autonomie der Pädagogik gesprochen werden (vgl. Geissler 1971). Doch gilt dies nur eingeschränkt: Pädagogisches Denken kann sich zwar nicht mehr auf einen ambitionierten Fortschrittsentwurf stützen, sondern muß die Wandelbarkeit und Brüchigkeit von Welt berücksichtigen. Diese macht Erziehung erforderlich, doch ist zugleich in ihr ein pädagogisches Handeln nur möglich, wenn sich die Subjekte ihrer Situation selbst vergewissern. Distanzierung und Reflexivität bilden also das erste theoriekonstitutive Element in der Pädagogik Schleiermachers.

Schon die „Reden" zeigen jedoch am Beispiel der religiösen Erziehung, daß die Aufklärungspädagogik auch inhaltlich in unlösbare Aporien geraten ist: Sie verspricht eine Freiheit, auf welche gerade Religion auch und besonders dann angewiesen ist, wenn das Subjekt sich dieser im Gefühl der Abhängigkeit verpflichtet. Indes: zwar kann Erziehung „auf den Mechanismus des Geistes" wirken, „aber in die Organisation desselben, in diese geheiligte Werkstätte des Universums, könnt Ihr nach Eurer Willkür nicht eindringen" (Reden 92f.). Den „Monologen" erscheint die vorfindliche Erziehung als zutiefst prekär, weil sie dem Subjekt nicht den ihm gebührenden Rang einräumt, sondern nur eine aus Unfreiheit entstehende „Gemeinschaft" erzeugt, die dieses „eingeht vom ersten Band der Erziehung, wo schon der jüngste Geist, statt freien Spielraum zu gewinnen, und Welt und Menschheit in ihrem ganzen Umfang zu erblicken, nach fremden Gedanken beschränkt und früh zu langer Sklaverei des Lebens gewöhnt wird" (Monologen 60). Ignoriert Erziehung Freiheit, Individualität, das Wirken des Kindes auf die Welt und die durch es erzeugten Veränderungen, ruft sie nur ein lebenslanges Trauma hervor. Denn es „fürchtet der spät erwachte Geist erinnernd wie lange er fremdes Joch ertragen, immer wieder aufs neue die Herrschaft fremder Meinung; und wo ein neuer Gegenstand ihm neues Leben zeigt, da rüstet er sich erst, die Waffen in der Hand, sich Freiheit zu erringen, um nicht in der Erziehung Sklaverei eines jedes wieder wie das Erste anzuheben" (Monologen 40).

Allerdings ist Schleiermacher keineswegs naiv. Er weiß nicht nur um die affektive Qualität des Erziehens, das ihm als eine der „süssesten Angelegenheiten" erscheint, deshalb im familiären Zusammenhang einer Methode, eines „Künsteln" kaum zugänglich ist (Briefe, S. 43). Vielmehr wird ihm sehr schnell die Unvermeidlichkeit von Erziehung angesichts der Übermacht gesellschaftlicher Verhältnisse gerade auch für das von Fragmentierung bedrohte Subjekt deutlich. So schränkt schon die frühe Abhandlung „Über den Wert des Lebens" (1792/93) eine naheliegende Idealisierung der Subjektkonzeption realistisch ein und konstatiert jene „Ungleichheit, die im Bildungsstande gegründet ist. Einem großen Teil der Menschen ist die freiere allgemeine Entwicklung der Kräfte, welche die Erweiterung der Menschenseele und ihrer Sphäre überhaupt zum Zweck hat, verschlossen" (Monologen 188).

Damit klingt das zweite für die Theoriebildung Schleiermachers fundamentale Thema an: Ihn beschäftigt durchgängig die Frage nach Erziehung im Zusammenhang von Sozialität und Individualität als praktischer Lebenswirklichkeit. Wiederum greift er kritisch auf die Themen der Aufklärung zurück, um die in dieser entfaltete Subjektivitätsvorstellung zu relativieren: Subjektivität läßt sich nur in Abhängigkeit von objektiven Bedingungen denken, so daß ein Zusammenhang von Allgemeinem und Individuellem vorauszusetzen ist. Individuelle Subjektivität und Geselligkeit, der Einzelne und die Gemeinschaft lassen sich nicht trennen, weil das Ich affektiv wie aber auch kognitiv, nämlich sprachlich nur in der Abhängigkeit von anderen Subjekten und von der Welt schlechthin bestehen kann. Es ist stets praktisch mit dieser vermittelt: „Der Mensch gehört der Welt an, die er machen half, diese umfaßt das Ganze seines Wollens und Denkens, nur jenseits ihrer ist er ein Fremdling" (Monologen 61). Damit steht das Subjektivitätsproblem im Kontext einer handlungstheoretischen Vergewisserung: Subjektivität muß als Bedingung der Möglichkeit individuellen Handelns in einer historischen Welt geklärt werden, die nur als Praxis besteht.

Schließlich: Lebensgeschichtlich wurde Schleiermacher mehrfach mit der Erfahrung eines historischen Kontinuitätsbruchs konfrontiert: Die Französische Revolution, die Ambivalenzen der Frühromantik, die das auf Herder zurückgehende historische Denken neben die Vorstellung kontingenter Kreativität stellt, später schließlich jene Spannung, in der sich Preußen für die Strategie einer defensiven Modernisierung gegenüber Reform und Revolution entschied (vgl. Koselleck 1987, Wehler 1987), zugleich Züge der Restauration sich abzeichneten, deren Opfer Schleiermacher selbst wurde – all dies führte dazu, daß das Problem historischer Veränderung zu einer formativen Figur in Schleiermachers Denken wird: Geschichte als Kontinuität und Bruch bildet das dritte Grundthema wenigstens der Schleiermacherschen Pädagogik. Das Problem der Subjektivität erhält damit eine zusätzliche Dimension, weil nun die Frage zu beantworten ist: Wie kann unter der Bedingung historischer Veränderung die Entstehung von Subjektivität in einer Weise gestaltet werden, daß der faktische Prozeß historischer Veränderung nicht ignoriert wird, zugleich eine Möglichkeit entsteht, ihn zu gestalten, ohne der Prämisse von Subjektivität zu widersprechen?

4. Distanzierung gegenüber Erziehung und pädagogische Reflexivität, Zusammenhang von Sozialität und Individualität als praktischer Lebenswirklichkeit, Geschichte als Kontinuität und Bruch – schon der Theoriefokus läßt ahnen, daß Schleiermachers Pädagogik eine erhebliche, schier undurchschaubare Komplexität auszeichnet; die Vielfalt der von ihm diskutierten und oft nur angedeuteten Problemstellungen läßt sich kaum übersehen[7]. Sie beginnen auf der Ebene der methodologischen Vergewisserung über Möglichkeit und Bedingungen einer Therie der Erziehung, beschäftigen sich besonders mit der – auf Friedrich Schlegel zurückgehenden – Feststellung von der Vorgängigkeit der pädagogischen Praxis, dann mit dem Verhältnis von spekulativem Wissen und Erfahrungswissen; dazu gehören aber auch die Fragen nach der Stellung pädagogischer Theorie im Zusammenhang der akademischen Disziplinen (vgl. Hinrichs 1986), ihren inneren und äußeren Beziehungen etwa

---

[7] Verschärft wird diese Unübersichtlichkeit noch durch die problematische Textlage: Nur von der Vorlesung von 1813/14 liegen eigenhändige Notizen Schleiermachers vor, bei den Vorlesungen von 1820 und 1826 begnügte man sich mit der Interpretation von Nachschriften, deren Originale selbst nicht mehr aufzufinden sind. Erst in jüngster Zeit erlauben neue Dokumente eine kritische Überprüfung des bisher vorliegenden Textmaterials. Eine authentische Rekonstruktion der Schleiermacherschen Vorlesungen zur Pädagogik bleibt jedoch unwahrscheinlich. So haben sich die Interpretationsversuche auf Aspekte seiner pädagogischen Theorie beschränken müssen oder selbst einen Umfang angenommen, der den der Vorlesung von 1826 deutlich überschreitet (vgl. Schurr 1975).

zur Anthropologie, zur Ethik und zur Politik (vgl. Hojer 1973, Krautkrämer 1979, Lüth 1981). Die Vorlesung von 1826 entwirft nicht nur die Grundbestimmungen, welche im Begriff der Pädagogik zu denken sind, sondern rekonstruiert das Spektrum der institutionellen Formen, in welchen die moderne Gesellschaft Erziehung und Bildung organisiert. Sie analysiert die Funktionen und Möglichkeiten dieses Bildungssystems in doppelter Perspektive, nämlich einmal am Faden der individuellen Entwicklung des jungen Menschen, zum anderen im Blick auf die so ausgelösten gesellschaftlichen Effekte; dabei werden Fragen einer durch das Bildungswesen bewirkten Reproduktion sozialer Ungleichheit – bei Schleiermacher noch als ständisch charakterisiert – ebenso angesprochen, wie konkrete Fragen der Schulorganisation – z. B. der Möglichkeit von Schulen mit gesamtschulähnlichem Charakter –, aber auch solche des Verhältnisses von Allgemein- und Berufsbildung, wie zudem die nach einer außerschulischen Jugendarbeit.
Gleichwohl kann die Anlage der pädagogischen Theorie Schleiermachers ausgehend von jener Schlüsselstelle der Vorlesung von 1826 aus entwickelt werden, in der er sich der „Grundlage zur wissenschaftlichen Betrachtung“ vergewissert (vgl. Winkler 1979):

„Das menschliche Geschlecht besteht aus einzelnen Wesen, die einen gewissen Zyklus des Daseins auf der Erde durchlaufen und dann wieder von derselben verschwinden, und zwar so, daß alle, welche gleichzeitig einem Zyklus angehören, immer geteilt werden können in die ältere und die jüngere Generation, von denen die erste immer eher von der Erde scheidet. Allein wenn wir das menschliche Geschlecht betrachten in den größeren Massen, die wir Völker nennen, so sehen wir, daß diese in dem Wechsel der Generationen sich nicht gleich bleiben; sondern es gibt darin ein Steigen und Sinken in jeder Beziehung, worauf wir Wert legen. [...] Das aber ist klar, daß dem Steigen und Sinken menschliche Tätigkeit zum Grunde liegt; diese ist um so vollkommener, je mehr ihr eine Vorstellung von dem, was geschehen soll, vorangeht, und ein Typus vorliegt, wonach die Tat eingerichtet werden muß, d. h. je mehr sie Kunst ist. Ein großer Teil der Tätigkeit der älteren Generation erstreckt sich auf die jüngere, und sie ist um so unvollkommener, je weniger gewußt wird, was man tut und warum man es tut. Es muß also eine Theorie geben, die von dem Verhältnisse der älteren Generation zur jüngeren ausgehend sich die Frage stellt: Was will denn eigentlich die ältere Generation mit der jüngeren? Wie wird die Tätigkeit dem Zweck, wie das Resultat der Tätigkeit entsprechen? Auf diese Grundlage des Verhältnisses der älteren zur jüngeren Generation, was der einen in Beziehung auf die andere obliegt, bauen wir Alles, was in das Gebiet dieser Theorie fällt. [...]
Damit es aber nicht scheine, als sei das etwas Erschlichenes, so müssen wir noch einmal auf den Anfang zurückgehen. Wir sind davon ausgegangen, die Tätigkeit der älteren Generation auf die jüngere müsse den

Charakter der Kunst an sich tragen. Ist nun diese Voraussetzung richtig, so versteht sich von selbst, daß es auch eine Erziehungslehre geben muß; denn jede Kunst fordert eine Kunstlehre. Aber es gibt doch auch menschliche Tätigkeiten, bei denen dieser Charakter ganz zurücktritt. Es fragt sich also nur, ob das Erziehen wirklich eine Kunst ist.
Der Mensch ist ein Wesen, welches den hinreichenden Grund seiner Entwicklung vom Anfange des Lebens an bis zum Punkt der Vollendung in sich selbst trägt. Das liegt schon im Begriff des Lebens, vornehmlich in dem des geistigen, intellektuellen. Wo ein solcher innerer Grund nicht ist, da ist auch keine Veränderung des Subjekts, oder nur Veränderung mechanischer Art. Darin liegt aber nicht, daß die Veränderungen eines lebendigen Wesens nicht dürfen mitbestimmt und modifiziert sein durch Einwirkungen von außen; vielmehr ist eben dieses das Wesentliche im Begriff der Gemeinschaft, oder wollen wir höher hinaufsteigen, im Begriff der Welt" (PL 5f.).

Schleiermacher nimmt in seiner Theorie der Erziehung deutlich Abstand von einer anthropologischen Begründung, die sich auf spezifische Eigenschaften der menschlichen Gattung bezieht (vgl. PL 18). Sein Ausgangspunkt liegt dagegen in der Beobachtung einer kollektiven, mithin einer sozialen Praxis, die im historischen Prozeß sich wandelt (vgl. Ethik 1812/13, S. 11): Handlungen in der Geschichte, die Möglichkeit damit auch eines Bruchs der Kontinuität bilden die Bezugspunkte seiner Überlegung; gemeint ist jener Prozeß des Organisierens und Symbolisierens, den Schleiermachers Ethik mit dem Ausdruck des „höchsten Gutes" faßt. Dieser meint kein – wie ein zuletzt von Jürgen Oelkers wiederholtes Mißverständnis behauptet (Oelkers 1996) – normativ Gutes, sondern vielmehr eine soziale und kulturelle Realität, welche in Regeln ausgedrückt und insofern der Praxis zugrundeliegt (vgl. SW III/2/457, 472). In diesen Handlungen reproduziert sich die menschliche Gattung in einem ständigen Austauschprozeß mit der Natur, wobei sie zu einem erhöhten Bewußtsein und damit zu gestiegener Rationalität gelangt. Noch in seinen ästhetischen Reflexionen beschreibt Schleiermacher diesen im Begriff des „Typus" angedeuteten Rationalitätszuwachs als Kunst.
Das erste Problem einer pädagogischen Theorie besteht daher darin, ihren real in der Gestalt eines schon ausdifferenzierten, tendentiell auch professionalisierten Erziehungssystems eigentümlichen, d.h. eben schon „typisch" gewordenen Gegenstand zu identifizieren: Ein ähnliches Problem löst die Theorie der Politik, indem sie den „Gegensatz von Obrigkeit und Untertan" wählt (SW III/8/3), um ihr Gegenstandsfeld zu markieren. In der Pädagogik geschieht dies dagegen durch die Wahl des Generationenverhältnisses, das einer Folie gleich auf den historischen Prozeß aufgelegt

wird, um eine spezifische Problemstruktur und damit ein in der Theorie abzubildendes Feld relationaler Möglichkeiten sichtbar zu machen: Ältere und jüngere Generation verwirklichen nämlich in dieser Perspektive den historischen Prozeß, indem sie sich auf jenes Dritte beziehen, „auf das wir Wert legen". Damit ist die objektive Dimension der subjektiven Gesamtpraxis des Güterprozesses gemeint; es geht mithin um die sozialen und kulturellen Beziehungen und Objektivationen, in welchen das organisierende und symbolisierende Handeln Gestalt gewinnt. Entfällt das auf dieses Dritte gerichtete Handeln der Generationen, so droht allerdings der Verfall des kollektiv schon erreichten „Gutes": „Alles Große, das in einer bestimmten Zeit an einem bestimmten Punkt hervortritt, geht spurlos vorüber, wenn es der Masse nicht mitgeteilt wird" (PL 564f.). Deshalb haben also Gesellschaften das funktionale „Geschäft der Erziehung" (ebenda) eingerichtet, in der es um die „sittliche", d.h. für die Erhaltung der Gattung unverzichtbare „Obliegenheit" geht, „in einer fortlaufenden Tradition" die „Fertigkeiten der früheren Generation auf die spätere zu übertragen" (PL 116).

Schleiermacher nutzt die „Realabstraktion" (vgl. Sünkel 1964, S. 34) des Generationenverhältnisses vorrangig als heuristische Figur. Es dient als Grundlage, um die Notwendigkeit der Erziehung erkennen zu können, reicht aber noch nicht hin, um ihren Typus tatsächlich zu erfassen. Zwar ist „Erziehung [...] ein Verhältnis der Generationen unter sich, indem die eine erzieht und die andere erzogen wird" (PS II/156), doch könnte der Anfang pädagogischer Theorie mit dem Generationenverhältnis eben durchaus als „etwas Erschlichenes" erscheinen. Die Möglichkeit der Erziehung, zugleich aber auch das eigentliche pädagogische Problem gründet hingegen in dem Verhältnis des einzelnen Subjekts zu den Wirkungen der Gemeinschaft, mithin zu dem Dritten einer objektiven sozialen und kulturellen Praxis: Alle Erziehung setzt – faktisch und in ihrer Theorie: systematisch – das Individuum in seiner Subjektivität so voraus, daß sich dieses stets schon in praktischer Wechselwirkung mit dem Prozeß der Organisation und Symbolisierung, mit Kultur und Gemeinschaft befindet. Alle Individuen gleichen sich hinsichtlich ihrer natürlichen Gattungsbestimmung (vgl. PL 114): Sie entwickeln sich selbsttätig in der Auseinandersetzung mit ihrer Umwelt: „Durch das Allgemeine ist der Mensch entstanden, bestimmt; aber er steht in bestimmender Rückwirkung auf das, was auf ihn bestimmend einwirkt" (PL 500). Damit läßt sich ein Strukturbegriff von Erziehung formulieren: Diese geht von jener subjektiven Praxis aus, in welcher das Indi-

viduum schon immer bestimmt wird und sich selbst bestimmt (vgl. PL 18), denn wir „können uns nämlich den Menschen überhaupt immer nur als Agens, als selbsttätig denken“ (CS 67, PL 27, 500, 520). Das aber hat zwei Folgen. Zum einen kann Erziehung unter dieser Voraussetzung nur als ein Handeln begriffen werden, das sich auf die selbsttätige Vermittlung des Subjekts mit seiner Umwelt bezieht, andernfalls würde sie „jedes Menschen Selbständigkeit“ mißachten (PL 217). Schon die Theorie des geselligen Betragens hält entsprechend fest, daß „auf ein freies Individuum nicht anders eingewirkt werden [kann], als daß es zur eignen Thätigkeit aufgeregt, und ihr ein Objekt dargeboten wird; und dieses Objekt kann wiederum [...] nichts seyn, als die Thätigkeit des Auffodernden“ (KGA I/2/170). Zum anderen aber muß jegliche prometheische Vorstellung vom Erzieher aufgegeben werden; pädagogisches Handeln unterliegt einem sozialen Immanenzzwang, weil sie nur das „Ganze“ auszudrücken vermag, dem Erzieher wie Zögling gleichermaßen angehören. Man muß daher jede „Wirkung auf den Zögling als Aktion der sittlichen Sphäre betrachten, von der sie ausgeht“ (PL 487). Das aber wiederum bedeutet: „Die ganze Erziehung können wir betrachten als ein Verhältnis des erziehenden Willens (der gewollten Einwirkungen) zu den Einwirkungen auf den Zögling, die von selbst entstehen“ (PL 513).
Erziehung läßt sich damit aber – erstens – als Behütung denken, welche die subjektive Tätigkeit vor den Wirkungen der Welt dann schützt, wenn diese die Handlungsfähigkeit des Subjekts gefährden. Zweitens kann das Erziehungshandeln als Gegenwirkung eintreten, die sich gegen die Aktivitäten des Subjektes richtet, durch welche sich dieses selbst in seiner Praxis des Organisierens und Symbolisierens gefährdet, seine künftige Entwicklung und damit auch die Kontrolle über sich verlieren könnte. Den Kern allen pädagogischen Handelns, in welche Behütung und Gegenwirkung auch stets zu münden haben, bildet jedoch – drittens – die Unterstützung: Denn Erziehung läßt sich nur sinnvoll bestimmen als ein Handeln der älteren Generation, das sich auf den subjektiven Lebensprozeß der jüngeren richtet, um diesen in einer Weise zu fördern und zu unterstützen, daß diese in die Gesamttätigkeit der menschlichen Gattung eintreten. Kann deshalb am Anfang der Erziehung keine Rede von einem Zusammenwirken der Beteiligten sein, so ist die Differenz von Erzieher und Zögling an ihrem Ende aufgehoben, wenn beide als Individuen in einem durch den Gemeingeist bestimmten Verhältnis zueinander stehen und wirken. Sie verlassen das pädagogische Verhältnis, weil sie sich nun als Subjekte in einer gemeinsamen Praxis reflexiv identifizieren, indem sie

über die prinzipielle Möglichkeit entscheiden können, die gegebenen Verhältnisse zu belassen oder sie zu verändern.
Das deutet schon auf den Prozeßbegriff der Erziehung: Bei aller Anerkenntnis der für Erziehung gegebenen Prämisse einer subjektiven Lebenstätigkeit (vgl. auch SW III/6/40) weiß Schleiermacher allerdings um die Tatsache individueller Entwicklung: Physisch wie psychisch ist die unterstellte Subjektivität am Anfang des Lebens minimal, um sich dann erst zu höchster Potenz zu entfalten. Schon aus diesem Grund bedarf es einer Organisation der Erziehung, welche dem Entwicklungsprozeß des Subjekts gerecht wird, diesen unterstützt, ohne zu unterfordern oder zu überfordern. Ein zweiter Grund tritt jedoch für Schleiermacher hinzu, in welchem sich die Erfahrung der Brüchigkeit moderner Gesellschaften ausdrückt: Organisation der Erziehung als Unterstützung des subjektiven Lebensprozesses bedarf eines Arrangements, in welchem ein entwicklungspsychologisch und sozialphilosophisch sinnvoller Zusammenhang der Lebenssphären „konstruiert" wird, in welchem das Subjekt gleichermaßen seine soziale wie individuelle Eigentümlichkeit gewinnen und darstellen kann; es geht einerseits um die Ausbildung der Ähnlichkeit mit dem sittlichen Ganzen, indem die Möglichkeit entsteht, sich diesem einzubilden, während andererseits zugleich die eigene Individualität sich ausdrücken muß (vgl. PL 578). Deshalb bedarf es denn auch einer gesonderten Aktivität Erziehung, die sich in einer eigenen pädagogischen Theorie ihrer selbst bewußt wird: In der Komplexität des Gattungsprozesses droht nämlich andernfalls, daß seine eigene Bedingung in der Subjektivität der Subjekte verlorengeht.
Formal hat Schleiermacher dies zunächst aufgelöst in die Aufgabe der Erziehung, die Entstehung der Gesinnung als ein „Nachschwingen des Gemeinsamen" und der Fertigkeiten als technische Potenzen zu ermöglichen. Inhaltlich ist der Prozeß komplizierter, vor allem nicht mehr prinzipiell zu erörtern: Der „Besondere Teil" von Schleiermachers Vorlesung 1826 diskutiert nämlich im Blick auf die ihm gegebene historische und gesellschaftliche Situation, insbesondere in dem auf die realistisch möglichen Strukturen des Erziehungssystems konkret die Doppelsinnigkeit der Erziehung: Wenn sich nämlich die soziale Dimension und die individuelle Seite der Person stets unter der Voraussetzung ihrer Eigenaktivität bilden, dann steht die Organisation der Erziehung vor einer Aufgabe, die der Quadratur des Kreises ähnelt: Die im pädagogisch organisierten Erziehungsprozeß gleichsam didaktisch artikulierten Sphären geben einerseits dem Subjekt Sicherheit; es muß sich geborgen fühlen. Deshalb legt Schleiermacher auch höchstes

Gewicht auf die familiäre Erziehung, von der erhofft, was im 20. Jahrhundert als „Urvertrauen“ bezeichnet wird. Hier entsteht die Grundlage des dann religiös interpretierten Gefühls einer unhintergehbaren, nicht instrumentalisierten Abhängigkeit. Aber zugleich muß doch jede Lebenssphäre, jede „Gütergemeinschaft“, mit der das pädagogische Arrangement der Erziehung den subjektiven Lebensprozeß konfrontiert, die Möglichkeit zur Verselbständigung des Individuums eröffnen. Sie halten nicht bloß „den Willen in den Banden des Gehorsams fest“, sondern „bereiten ihn zu seiner Unabhängigkeit“ vor (PL 244). Die Besonderheit der pädagogisch reflektierten Organisation liegt also darin, daß sie gleichzeitig sozialisatorisch wirkt, Gebundenheit erzeugt und den Weg zur Individualisierung öffnet.

Die Kontrolle der Erziehung geschieht dabei durch das Subjekt des Zöglings selbst, der sich seiner selbst im Prozeß der Erziehung solange vergewissert, bis er in eine selbstverständliche Praxis eintritt, sich in dieser als Individuum erkennt und ausspricht. Das Subjekt ist dafür auf die Möglichkeit von Reflexivität im Medium der Sprache, des Wissens und des Denkens angewiesen: Im Raum der Wissenschaft kann es sein Ich symbolisieren, sich theoretisch durch Symbolisierung der Organisation der Erziehung aneignen. Es kann gleichsam sagen: ich bin erzogen worden – und damit endet die Erziehung. Darin liegt allerdings eine Beschränktheit des Schleiermacherschen Entwurfs, die ebenso mit seinem dann doch wohl eschatologisch motivierten Optimismus zu tun hat wie mit der Grundannahme, daß Erziehung der Zerrissenheit von Welt gegenwirken kann. Denn die Einsicht in die strukturellen Bedingungen postmoderner Gesellschaften legen hier Skepsis nahe; es muß heute offenbleiben, ob Subjekte zu einer solchen Leistung noch fähig sind, allzumal in einer mit wissenschaftlicher Rationalität vermittelten Sprache, die nicht nur brüchig geworden, sondern vor allem vom Selbstzweifel bis hin zur Negation geprägt ist.

5. „Was ist nun das Resultat aus allem? Ein sehr unbestimmtes“ (PL 71): Die grobe Skizze der pädagogischen Theorie Schleiermachers läßt ahnen, daß diese gegenüber Versuchen der Interpretation eher widerständig beiben mußte. So kann es nicht überraschen, daß ihre Rezeption bis heute weder dokumentiert noch analysiert wurde. Neben zufälligen Gründen, wie etwa dem Verlust von Hörerlisten der Berliner Universität, hängt dies mit Schleiermachers Zurückhaltung gegenüber dem eigenen Werk zusammen, dem er nur eine vorübergehende Bedeutung zugesprochen hat. Eine dem Herbartianismus vergleichbare Schulbildung löste es

nicht aus. Wenngleich Schleiermacher eine Vielzahl von Hörern – so auch Wichern – beeinflußt hat, stand dem wohl schon sein akademischer Lehrstil entgegen (vgl. Mühlenberg 1985). Dieser war im Sinne einer sokratischen Dialektik angelegt und sollte mäeutisch wirken. Schleiermacher irritierte seine Hörer, indem er – nach dem Zeugnis von David Friedrich Strauß – „nichts in Form einer toten Notiz, sondern alles als Problem" vorgelegt hat (Strauß zit. nach Kantzenbach, S. 144), um so einen gemeinsamen wissenschaftlichen Diskurs zu initiieren. Wie auch Diesterweg berichtet, ging es ihm mehr um Anregung des Denkens und weniger um Vermittlung eines Systems.

Einer Tradition seiner pädagogischen Theorie und ihrer Rezeption stand dann entgegen, daß der ohnedies ungesicherte Text seiner Vorlesungen nach ihrer ersten Veröffentlichung 1849 in den Sämtlichen Werken nahezu ein halbes Jahrhundert unzugänglich blieb. Gleichwohl lassen sich Gedankenspuren Schleiermachers an den unterschiedlichsten Orten entdecken; zumindest unter- und hintergründige Wirkungen hat sein Werk in offensichtlich beachtlichem Ausmaß hervorgerufen. Neben pädagogischen Erörterungen im theologischen Kontext, neben den Zeitschriften der Volksschullehrer, auch neben bildungspolitischen Darstellungen hat es auch die – im weitesten Sinne – wissenschaftliche Pädagogik stärker beeinflußt, als sogar seine Anhänger wahrhaben wollten. Indirekte Hinweise auf ihn finden sich beispielsweise Beispiel schon bei Thaulow (vgl. Sünkel 1996) und bemerkenswerterweise in der „Allgemeinen Pädagogik" von Theodor Waitz. Daß die dem Herbartianischen Denken nahestehenden Pädagogen Schleiermacher abgelehnt hätten, gehört dabei zu den schon von dem Herausgeber seiner Erziehungslehre gepflegten Mythen. So rühmt schon 1851 vermutlich K. V. Stoy im „Pädagogischen Jahresbericht für Deutschlands Volksschullehrer" die „Erziehungslehre" als „Versuch, die Pädagogik in das Recht wissenschaftlicher Dignität einzusetzen, ein vollwichtiger Gegensatz zu den Machwerken roher Empiriker"; zwei Jahre später wird dort über Eisenlohrs „Die Idee der Volksschule nach den Schriften Dr. F. Schleiermachers" gesagt, daß es gegenüber den „dunkeln Gestalten, welche in den letzten Jahren in den Kreis der pädagogischen Literatur eingetreten sind" doch „einen alten Freund zum Troste herbeigerufen" habe. Stoy zählt „Schleiermachers Erziehungslehre" bald zu den „Klassikern der Pädagogik", freilich mit dem Vorbehalt, daß es „außerhalb eines jeden Systems" stehe (Stoy 1878, S. 352, vgl. auch S. 359). Rein verweist zwar – übrigens in einem Fehlurteil – auf die praktische Wirkungslosigkeit Schleiermachers, bezieht sich aber mit

hoher Selbstverständlichkeit auf die theoretischen Annahmen Schleiermachers; nicht zuletzt Alfred Heubaums Artikel über Schleiermacher in Reins „Enyzklopädischem Handbuch“ legt nahe, daß Schleiermacher in der pädagogischen Diskussion seiner Zeit unbestritten präsent war. Eine weitere inhaltliche Akzentuierung in der Rezeption Schleiermachers zeichnet sich ab 1875 durch Otto Willman, dann seit der Jahrhundertwende insbesondere durch Paul Natorp ab; sie siedeln nämlich sein Werk im Zusammenhang der Debatten um die Sozialpädagogik und die soziologische Pädagogik an. Spätestens von diesem Zeitpunkt an läßt sich eine zwar bescheidene, gleichwohl kontinuierliche Beschäftigung mit der Pädagogik Schleiermachers feststellen, die freilich oft genug kaum über das bloße Zitat hinausreicht (vgl. Hager-Blencke 1993). Eine strenge, wissenschaftlichen Ansprüchen genügende Rezeption der Schleiermacherschen Pädagogik setzt dann allerdings erst etwa um 1955 ein, angestoßen nicht zuletzt durch die von Erich Weniger und Theodor Schulze betriebene zweibändige Ausgabe seiner „Pädagogischen Schriften“.
Gleichwohl legen diese nur kursorisch mitgeteilten Befunde zur Aufnahme der Erziehungstheorie Schleiermachers in der pädagogischen Debatte Vorbehalte gegenüber allen Versuchen nahe, ihn unvermittelt in den Traditionsbestand der „geisteswissenschaftlichen Pädagogik“ aufzunehmen. Dieser dient er wohl nur als äußerliche Referenz- und Zitiergröße, während ein innerer Bezug eher fehlt. Bezeichnenderweise haben auch die jüngeren Arbeiten ihn stärker im Kontext der Frage nach einer wissenschaftstheoretisch hinreichenden Begründung der Pädagogik bis hin zu der nach dem Verhältnis von Gesellschaft und Erziehung wahrgenommen. Möglicherweise beruft sich zwar die geisteswissenschaftliche Pädagogik auf Schleiermacher, hat jedoch seine Pädagogik ernsthaft gar nicht diskutiert.
Das könnte daran liegen, daß diese – wie weite Teile des Werks von Schleiermacher schlechthin – keine philologisch korrekte Lesart erlaubt. So provoziert sein offenes, unabgeschlossenes Denken bis heute zu Interpretationen, die durch den Text selbst nur noch bedingt gedeckt sind. Es fasziniert, bleibt aber einem Beweissicherungsverfahren verschlossen, in dem es doch erst als Wissen bewahrt werden könnte. Sein Werk sperrt sich damit einer monumentalistischen Deutung, lädt statt dessen mit beachtlicher Anregungskapazität bis heute zur Reflexion über die pädagogische Realität in ihren Möglichkeiten ein. Nicht wenige empfinden deshalb bis heute ein Ungenügen an ihm und stellen ihn schnell in die Nähe bloß modischer Strömungen (vgl. etwa Prange 1991, S. 48f.).

Dennoch: Wer über Pädagogik jenseits dogmatischer Verfestigung nachdenkt, sich den Bedingungen der Erziehung in Verantwortung für selbständige und selbsttätig sich entwickelnde Subjekte stellt, wird Schleiermacher als einen Theoretiker lesen, der sich erstmals der pädagogischen Problemstellungen der Moderne annimmt. Formal hat er nämlich einen eigentümlich doppeldeutigen Denkstil entwickelt: Zwar geht es ihm um Verständnis von gewordener Wirklichkeit. Doch in seiner Verknüpfung von Hermeneutik, Dialektik und Kritik korrespondiert der methodisch geschulten Aufmerksamkeit ein theoretischer Erfindungsgeist, der sensibel Spannungen, Widersprüche, Gegensätze und Übergänge wahrnimmt; die Transversalität der Vernunft, die Wolfgang Welsch als ein Charakteristikum gegenwärtigen Denkens ausgemacht hat (Welsch 1995), deutet sich bei ihm schon an. Inhaltlich aber ebnet er theoretischen Konstruktionen einen Weg, welche die Felder des sozialen, kulturellen und auch pädagogischen Handelns umreißen, dabei mehr auf Relationen als auf feste Bestimmungen hinweisen. Er macht sichtbar, wie sich verantwortliches, aus Freiheit geschehendes Handeln unter bestehenden Voraussetzungen verwirklichen läßt: Wenn geisteswissenschaftliche Pädagogik bedeutet, sich nicht nur reflexiv der Bedingungen zu vergewissern, aus welchen die Aufgabe der Erziehung entsteht, sondern diese im Bewußtsein des damit gegebenen Möglichkeitshorizonts aus Freiheit und Verantwortung zu organisieren, dann kann Schleiermacher zu Recht als ihr Begründer gelten. Ob die geisteswissenschaftliche Pädagogik des 20. Jahrhunderts diesen Anfang jedoch eingelöst hat, darf dahingestellt bleiben.

Literatur

Schleiermacher, F.: Sämtliche Werke. In drei Abteilungen. 32 Bände. Berlin 1834–1864 (zit.: SW Abtlg./Band/Seite).

Schleiermacher, F.: Kritische Gesamtausgabe. Hrsg. v. H.-J. Birkner, G. Ebeling, H. Fischer, H. Kimmerle, K.-V. Selge. Berlin 1980ff. (zit.: KGA Abtlg./Band/Seite).

Schleiermacher, F.: Pädagogische Schriften. Mit einer Darstellung seines Lebens herausgegeben von C. Platz. Langensalza [3]1902 (zit.: PL).

Schleiermacher, F.: Pädagogische Schriften. Unter Mitwirkung von T. Schulze herausgegeben von E. Weniger. Zwei Bände. Düsseldorf und München 1957 (zit.: PS Band/Seite).

Schleiermacher, F. D. E.: Monologen. Neujahrspredigt von 1792. Über den Wert des Lebens. Kritische Ausgabe. Herausgegeben von F. M.

Schiele. Erweitert und durchgesehen von H. Mulert. Hamburg 1978 (zit.: Monologen).
Schleiermacher, F.: Die christliche Sitte. Nach den Grundsätzen der evangelischen Kirche im Zusammenhange dargestellt. Aus Schleiermachers handschriftlichem Nachlasse und nachgeschriebenen Vorlesungen hrsg. v. L. Jonas. Berlin [2]1882 (zit.: CS).
Schleiermacher, F. D. E.: Ethik (1812/13). Mit späteren Fassungen der Einleitung, Güterlehre und Pflichtenlehre. Auf der Grundlage der Ausgabe von Otto Braun hrsg. u. eingel. v. Hans-Joachim Birkner. Hamburg 1981 (zit.: Ethik 1812/13).
Schleiermacher, F. D. E.: Brouillon zur Ethik (1805/06). Auf der Grundlage der Ausgabe von Otto Braun hrsg. u. eingel. v. Hans-Joachim Birkner. Hamburg 1981. (zit.: Brouillon 1805).
Schleiermacher, F.: Über die Religion. Reden an die Gebildeten unter ihren Verächtern. Stuttgart 1969. (zit.: Reden).
Schleiermachers Briefwechsel mit seiner Braut. Hrsg. v. Heinrich Meisner. Gotha 1919 (zit.: Briefe).
[Schleiermacher, F.]: Aus Schleiermachers Leben. In Briefen; hrsg. von L. Jonas und W. Dilthey. Bd. 1, Berlin 1858.
Arndt, A.: Schleiermacher und Platon: In: Schleiermacher, F. D. E.: Über die Philosophie Platons. Hrsg. v. P. M. Steiner mit Beiträgen v. A. Arndt und J. Jantzen. Hamburg 1996, S. VII–XXII.
Dilthey, W.: Leben Schleiermachers. Erster Band. Auf Grund des Textes der 1. Auflage von 1870 und der Zusätze aus dem Nachlaß herausgegeben v. M. Redeker. In: Wilhelm Dilthey: Gesammelte Schriften. Bd. XIII. Göttingen 1970.
Dilthey, W.: Leben Schleiermachers. Zweiter Band: Schleiermachers System als Philosophie und Theologie. Aus dem Nachlaß von Wilhelm Dilthey mit einer Einleitung hrsg. v. M. Redeker. Göttingen 1985.
Frost, U.: Einigung des geistigen Lebens. Zur Theorie religiöser und allgemeiner Bildung bei Friedrich Schleiermacher. Paderborn u. a. 1991.
Geißler, G.: Die Autonomie der Pädagogik bei Schleiermacher. In: B. Gerner (Hrsg.): Schleiermacher. Interpretation und Kritik. München 1971, S. 49–57.
Hager-Blencke, S.: Die pädagogische Schleiermacher-Rezeption von 1910–1920. Eine Fallstudie zum Umgang mit pädagogischen Klassikern. Magisterarbeit an der philosophischen Fakultät der Friedrich-Alexander-Universität Erlangen. MS 1993.
Herrmann, U.: Erziehung und Bildung in der Tradition Geisteswissenschaftlicher Pädagogik. In: Enzyklopädie Erziehungswissenschaft. Bd. 1. Theorien und Grundbegriffe der Erziehung und Bildung. Hrsg. v. D. Lenzen und K. Mollenhauer. Stuttgart 1983, S. 25–41.
Hinrichs, W.: Schleiermachers „deutsche“ Universitätsidee – ein zeitgemäßes Wissenschaftsideal? In: Universitas 41(1986), S. 916–924.
Hojer, E.: Das Problem der demokratischen Erziehung bei Schleiermacher. In: Pädagogische Rundschau 24 (1973), S. 1–13.

Kade, F.: Schleiermachers Anteil an der Entwicklung des preußischen Bildungswesens von 1808–1818. Leipzig 1925.

Kantzenbach, F. W.: Friedrich Daniel Ernst Schleiermacher. In Selbstzeugnissen und Bilddokumenten. Reinbek 1967.

Klafki, W.: Zur Pestalozzi-Rezeption in der Pädagogik Schleiermachers. In: Pestalozzi im internationalen Gespräch. Beiträge zu Leben, Werk und Wirkung Johann Heinrich Pestalozzis. Zürich 1990. S. 229–252.

Krautkrämer, U.: Staat und Erziehung. Begründung öffentlicher Erziehung bei Humboldt, Kant, Fichte, Hegel und Schleiermacher. München 1979.

Koselleck, R.: Preußen zwischen Reform und Revolution. Stuttgart 1987.

Langewand, A.: Das Ende der Erziehung und ihrer Theorie. In: Zeitschrift für Pädagogik 33(1987), S. 513–522.

Laist, B.: Das Problem der Abhängigkeit in Schleiermachers Anthropologie und Bildungslehre. Ratingen 1965.

Lohmann, I.: Lehrplan und Allgemeinbildung in Preußen. Eine Fallstudie zur Lehrplantheorie F. E. D. Schleiermachers. Frankfurt am Main u.a. 1984.

Lohmann, I.: Friedrich Schleiermacher (1768–1834) als Bildungspolitiker – ein Allgemeinbildungskonzept aus den Anfängen der Industrialisierung in Preußen. Occasional Paper 64. Arbeiten aus dem Institut für Didaktik der Mathematik an der Universität Bielfeld. MS 1985.

Lüth, C.: Die Bestimmung des Verhältnisses von Staat und Erziehung in den pädagogischen Abhandlungen Schleiermachers. In: Paedagogica Historica 21 (1981), S. 121–136.

Mittelstraß, J.: Die unheimlichen Geisteswissenschaften. In: Information Philosophie 24(1996) Heft 2, S. 5–19.

Mollenhauer, K.: Zwischen Geselligkeit, Scham und Zweifel: bildungstheoretische Notizen zum frühromantischen Schleiermacher. In: Neue Sammlung 25 (1985), S. 16–32.

Mollenhauer, K.: In Erinnerung an die geisteswissenschaftliche Pädagogik: Wozu Pädagogik? Versuch eines thematischen Profils. In: Gruschka (Hrsg.): Wozu Pädagogik? Darmstadt 1996, S. 15–35.

Mühlenberg, E.: Der Universitätslehrer. In: D. Lange (Hrsg.): Friedrich Schleiermacher 1768–1834. Theologe-Philosoph-Pädagoge. Göttingen 1985, S. 24–46.

Oelkers, J.: Die Erziehung zum Guten: Legitimationspotentiale der Allgemeinen Pädagogik. In: Zeitschrift für Pädagogik 42(1996), S. 235–254.

Redeker, M.: Schleiermacher. Leben und Werk. Berlin 1968.

Prange, K.: Pädagogik im Leviathan. Ein Versuch über die Lehrbarkeit der Erziehung. Bad Heilbrunn 1991.

Rein, W.: Pädagogik in systematischer Darstellung (in drei Bänden). Langensalza ^{2}1911.

Schurr, J.: Scheiermachers Theorie der Erziehung. Interpretationen zur Pädagogik-Vorlesung von 1826. Düsseldorf 1975.

Schulze, T.: Zur erziehungswissenschaftlichen Schleiermacher-Forschung in Deutschland. In: B. Gerner (Hrsg.): Schleiermacher. Interpretation und Kritik. München 1971, S. 89–101.
Stoy, K. V.: Encyklopädie, Methodologie und Literatur der Pädagogik. Leipzig [2]1878.
Sünkel, W.: Friedrich Schleiermachers Begründung der Pädagogik als Wissenschaft. Ratingen 1964.
Sünkel, W.: Oberlehrerausbildung und Erziehungswissenschaft. Ein Zusammenhang in zwei Beispielen. Unveröffentl. MS Erlangen 1996.
Wehler, H.-U.: Deutsche Gesellschaftsgeschichte. Bd. I und Bd. II. München 1987.
Welsch, W.: Vernunft. Die zeitgenössische Vernunftkritik und das Konzept der transversalen Vernunft. Frankfurt am Main 1995.
Winkler, M.: Geschichte und Identität. Versuch über den Zusammenhang von Gesellschaft, Erziehung und Indivdualität in der „Theorie der Erziehung“ Friedrich Daniel Ernst Schleiermachers. Bad Heilbrunn 1979.
Winkler, M.: Vom Normalbegriff der Erziehung zur Hermeneutik der pädagogischen Situation: Friedrich Schleiermacher und das moderne Erziehungsdenken. In: Herrmann/Oelkers (Hrsg.): Französische Revolution und die Pädagogik der Moderne. Beiheft des Jahrgangs 1989 der Zeitschrift für Pädagogik. Weinheim 1989, S. 211–226.

Wilhelm Dilthey (1833–1911). Der offene Grundzug seiner Hermeneutik und das pädagogische Programm einer Holistischen Hermeneutik

Bijan Adl-Amini

Ausgangspunkt und Problemstellung

Wer sich anschickt, Diltheys Hermeneutik zu verstehen oder gar anderen verständlich zu machen, steht vor einer problematischen und auch undankbaren Aufgabe. Das Gesamtwerk ist unübersichtlich, dabei hängt alles irgendwie mit allem zusammen, so daß seine Hermeneutik sich keineswegs zwischen zwei Buchdeckeln rezipieren läßt. Lebensphilosophie, Wissenschaftstheorie, Methodologie und literarische Deutung sind vielmehr eng miteinander verwoben. Von der Interpretation der Dichtung bis hin zur Kritik der historischen Vernunft zieht sich der gleiche Gedanke durch. Allerdings muß man die thematischen Teile suchen und bisweilen wie ein Puzzle zusammensetzen, wenn ein konturiertes Bild dessen entstehen soll, was Dilthey zeit seines Lebens zu zeichnen versucht hat.

Im Kern von Diltheys Philosophie steht das Bemühen darum, das Rätsel des Lebens zu begreifen. Eine endgültige Lösung dieses Rätsels wird niemals gelingen, denn wie auch immer diese Lösung aussehen mag, sie selbst ist das Produkt des Lebens. Alle Reflexion findet also in der Lebensschale statt, hinter die sie nicht sehen kann. Was aber ist zu tun, wenn es der Philosophie daran liegt, Antworten auf das Lebensrätsel bereitzustellen? Den Lebensprozeß in seinem historischen Fluß analysieren, deuten, nachvollziehen und verstehen. Nur so ist dem Lebensmysterium beizukommen, und das auch nur in unendlicher Annäherung. Die dafür geeignete Methode heißt Hermeneutik.

Diese Lehre vom Verstehen und der Kunst der Deutung des geistigen Erbes der Menschheit läßt sich nicht in einer geschlossenen Theorie darstellen. Sie selbst ist ein im Schoß des Lebens gewonnener Schlüssel, der nur historische Geltung hat. So weisen denn Diltheys Lebensphilosophie und die von ihr grundgelegte Methodik einen offenen Grundzug auf. Es ist vor diesem Hintergrund unschwer zu erkennen, daß Diltheys Schaffen und sein gewaltiger

Nachlaß nicht nur als unabgeschlossen bezeichnet werden müssen, sondern vielleicht sogar als unabschließbar. Dilthey schließt allenfalls Werke ab, wird aber nie fertig.
Zwar läßt Diltheys Werk insgesamt ein in sich begründetes Gedankengebäude erkennen. Gleichwohl muß man sich als Leser in geduldiger Lektüre verschiedener Werke, Abhandlungen, Studien, Entwürfe, Einleitungen, Fragmente, Ideen, handschriftlicher Zusätze usw. zur Kernidee durchringen. Fast möchte man meinen, Diltheys Œeuvre sei so offen geblieben wie die Botschaft, die es aussendet, nämlich daß alle Erkenntnis im Lebensprozeß entsteht und daher in der Historizität ihrer Entwicklung zu deuten und zu verstehen ist. Wenn die Philosophie und die Methodik beide das Leben zum Gegenstand haben, zugleich aber im Leben auch wurzeln, dann können sie nie das Lebensrätsel lösen. Alles Denken und Philosophieren, alle Reflexion und Methodik, ruht auf dem Lebensgrund, den sie in unendlicher Annäherung erhellen, aber niemals ergründen kann.
Diesem offenen Grundzug von Diltheys Denken und Schaffen entspricht das Lektüre-Erlebnis: Der Leser wird hineingezogen und hineingesogen in einen historischen Prozeß des Ringens um ein lebendiges, auf das Lebensrätsel bezogenes Erkennen, für dessen Ausarbeitung Dilthey Jahrzehnte seiner Lebenskraft geopfert hat, um es am Ende – der Logik der Sache folgend – unabgeschlossen zu hinterlassen, gleichsam als Beweis und Erweis. Der Ertrag – Diltheys „Gesammelte Schriften“ abgekürzt: GS – dokumentiert diese Unabgeschlossenheit und Unabschließbarkeit des Unterfangens. Die Edition zeugt von Kampf mit dem Stoff. Sie will einfangen und in Form gießen, was sich in ständigem Fluß befindet. Der Kampf wird aber im Bewußtsein geführt, daß nur den internen Lebenswegen ein Hinweis auf den Lebenskern abzuringen ist.
Zu Lebzeiten hat Dilthey übrigens recht wenig publiziert. Seine erste große Veröffentlichung war eine Biographie Schleiermachers, von der zunächst nur ein Band erschien. 1883 kam seine „Einleitung in die Geisteswissenschaften“ (GS I) heraus, die Alternative zum herrschenden naturwissenschaftlichen Geist seiner Zeit. Schließlich publizierte er das Buch „Das Erlebnis und die Dichtung“ (Dilthey 1965). Das ist mehr oder minder alles. Zeit seines Lebens jedoch hat Dilthey an der Entfaltung eines großen Gedanken gearbeitet, nämlich an der Ausarbeitung einer „Kritik der historischen Vernunft“. Die Formulierung ist an Kant angelehnt, soll aber das Feste und Starre des Erkennens bei Kant überwinden. Doch der offene Charakter des Gegenstandes läßt ihn nicht zum Abschluß kommen. Was vorliegt, sind drei Bausteine: die genannte

„Einleitung“ (GS I), die Schrift: „Über das Studium der Geschichte der Wissenschaften vom Menschen, der Gesellschaft und dem Staat“ (GS V) und die „Entwürfe zur Kritik der historischen Vernunft“ (GS VII).

Der Rest findet sich in einem gewaltigen Nachlaß, den die Herausgeber der Gesammelten Schriften in Pionierarbeit zusammengestellt haben und noch zusammenstellen. Otto Friedrich Bollnow bemerkt darüber: „Die Ausgabe ist nicht aus einer einheitlichen Planung hervorgegangen, sondern schrittweise gewachsen und darum heute, so wie sie vorliegt, uneinheitlich und unsystematisch, geradezu chaotisch“ (Bollnow 1982, Bd. I, S. 179). Das mag sein. Aber spiegelt sich darin nicht zumindest auch oder vielleicht sogar eher der Grundzug von Offenheit und Unabschließbarkeit wider? Was Dilthey verfolgt, ist insgesamt offen; es kann daher weder abgeschlossen wie bei Kant vorliegen noch post festum befriedigend abgeschlossen werden. Die Herausgeber der „Gesammelten Schriften“ stehen nicht vor diesem Problem, sie dokumentieren es (vgl. Rodi 1984).

Das alles bringt Darstellungsprobleme mit sich. Es gilt zu entscheiden, zusammenzudenken und auszulassen – eine undankbare Aufgabe, weil es für oder gegen jede dieser Entscheidungen bzw. Rekonstruktionen nicht nur gute hermeneutische Gründe gibt, sondern ebensolche Gegengründe. Ich beschränke mich auf die Ausführung der These, daß Diltheys Hermeneutik einen offenen Grundzug aufweist. Daran schließe ich andeutungsweise meine Vorstellung von einer „holistischen Hermeneutik“ an, wie ich sie an anderer Stelle für die Subdisziplin „Krisenpädagogik“ zu entwickeln versucht habe (Adl-Amini 1992).

Lebensphilosophie als Grundlage des Erkennens

Wenn Dilthey vom „Leben“ spricht, meint er nicht einen abstrakten Begriff, sondern den wirklichen Lebensprozeß, wie wir ihn täglich leiblich, seelisch, geistig, sozial und kommunikativ erfahren. Ich möchte das an einem Gedicht von Karl Marx verdeutlichen:

„Kant und Fichte gern zum Äther schweifen,
Suchten dort ein fernes Land,
Doch ich such' nur tüchtig zu begreifen,
Was ich – auf der Straße fand!“
(Marx 1973, S. 608)

Auf der Straße fand Marx das Elend des Proletariats, und das paßte nicht zu den hohen Gedanken des freien Ich in der idealistischen

Philosophie Fichtes und Hegels. Was Dilthey suchte und fand, war dies, daß alle Gedanken und Ideen ihre Wurzeln im Nährboden des konkreten Lebens treiben. Für Dilthey ist Leben der tragende Grund und Hermeneutik die Methode des verstehenden Nachvollzugs von Erlebtem. Sie zielt auf die „Transposition fremder Erlebnisse in den eigenen Erlebnishorizont“ (Ineichen 1991, S. 148). Im Verstehen wird die Komplexität des Lebens geistig bewältigt und kulturell weitergegeben: 1. Erlebnis und Eindruck, 2. Objektivation bzw. Fixierung dieses Eindrucks in einem Ausdruck und 3. Nachvollzug des Ausdrucks durch Interpretation. Dieser „Zusammenhang“, um einen Lieblingsausdruck Diltheys aufzunehmen, nimmt seinen Ausgang vom konkreten Leben. Nur im Leben hinterläßt der Mensch geistige Spuren, und nur der Mensch hinterläßt geistige Spuren im Leben. Und die Transposition fremder Lebensspuren in den eigenen Lebenshorizont ist allein dem Menschen vorbehalten.

Um Diltheys erkenntnistheoretischen Standpunkt zu verstehen, muß man den Blick auf die Positionen wenden, die er kritisiert, nämlich den Empirismus (vertreten durch Locke, Hume und Mill) auf der einen Seite und die Transzendentalphilosophie (vertreten durch Kant) auf der anderen. Beiden Positionen hält er vor, daß sie primär vom Denken bzw. vom Vorstellen ausgehen, und nicht vom Leben. Für beide liegt das Fundament aller Erfahrung und Erkenntnis im Denken, und eben darum stützen sich ihre erkenntnistheoretischen Systeme, wie unterschiedlich diese auch sein mögen, letztlich alle auf Denken. Das erkennende Subjekt, das hier Erfahrungen mit der Welt macht, ist nicht der lebendige Mensch, sondern ein Denkkonstrukt. Ich beschränke mich im folgenden auf Diltheys Kant-Kritik.

Wenn Kant vom Subjekt spricht, so meint er keinen Menschen aus Fleisch und Blut, der morgens zur Arbeit geht, sich am Nachmittag Zeit für ein Hobby nimmt und am Abend seinen Kindern Gute-Nacht-Geschichten vorliest. Gemeint ist vielmehr ein abstrakter Begriff, ein Denkextrakt. In Kants Philosophie wird dieses Konstrukt zum Transzendentalsubjekt modelliert, zu einer Kopfgeburt, die ihre Welterfahrung primär denkend und vorstellend gewinnt. Denkend und vorstellend – das meint: eben nicht durch konkrete Erfahrung im Leben, sondern vor jeglicher Erfahrung, also a priori, und zwar streng durch logische Denkakte. Nach Kant soll darin ein Vorteil liegen, nämlich der Vorteil der Reinheit der Erkenntnis. Dilthey sieht darin eher einen Destillationsprozeß und eine unnatürliche Lebensferne.

Kants Philosophie ist eine Transzendentalmethode in dem Sinne, daß sie vor der Erkenntnisgewinnung alle Voraussetzungen und Bedingungen des Zustandekommens der Erkenntnis prüft. Von seiner „Kritik der reinen Vernunft" behauptet Kant: „Sie ist ein Traktat von der Methode", deren Eigentümlichkeit darin besteht, „daß sie ihr eigen Vermögen, nach Verschiedenheit der Art, wie sie sich Objekte zum Denken wählt, ausmessen [...] will und soll;" (Kant 1956, S. 23f.) Zur Veranschaulichung zitiere ich hier ein Beispiel aus der Geometrie. Auf den Inhalt kommt es dabei nicht so sehr an: „Die Zusammensetzung zweier Bewegungen eines und desselben Punkts kann nur dadurch gedacht werden, daß die eine derselben im absoluten Raume, statt der anderen aber eine mit der gleichen Geschwindigkeit in entgegengesetzter Richtung geschehende Bewegung des relativen Raums, als mit derselben einerlei, vorgestellt wird" (Kant 1968, S. 38; Hervorhebung nicht im Original).

Die tragenden Prädikate lauten hier: „kann nur gedacht werden" und „vorgestellt wird". Der Beleg soll verdeutlichen, wie die Transzendentalphilosophie methodisch vorgeht. Die Welt wird nicht erlebt, sondern erdacht und in reinem Denken logisch und vernünftig konstruiert. Der Mensch selber, der die Welt in dieser Weise erdenkt und erfährt, ist ebenfalls ein Denkkonstrukt, eben ein Transzendentalsubjekt. Ein Transzendentalsubjekt verfügt nicht über konkrete Lebenseigenschaften wie faul oder fleißig, gelenkig oder steif, sportlich oder sensibel. Es hat weder biologische Merkmale wie männlich oder weiblich noch Gefühle wie Trauer oder Freude noch Triebe wie Hunger oder Sexualität, wiewohl es alle diese Eigenschaften aus reinen Denk- bzw. Vorstellungsakten kennt. Das Transzendentalsubjekt ist also ein Modell des denkenden und vorstellenden Menschen.

Dem hält Dilthey entgegen, daß der Mensch zuerst lebt, noch bevor er denkt oder sich vorstellt, daß er lebt. Dilthey ist übrigens nicht der einzige Philosoph, dem Kant zu blutleer erscheint. Hegel polemisiert dagegen in unüberbietbarer Schärfe: „So töricht ist kein Mensch als jene Philosophie; wenn ihn hungert, so stellt er sich nicht Speisen vor, sondern macht, daß er satt wird. Alle Tätigkeit ist Vorstellung..." (Hegel 1971, S. 361).

Natürlich weiß Kant, daß kein wirklicher Mensch mit seinem Konstrukt identisch ist. Entscheidend für ihn ist jedoch, daß Erkenntnisse im geistigen Bereich genauso sicher gewonnen werden können und müssen, wie dies in der Mathematik und Physik der Fall ist. Und das ist nun einmal nicht anders möglich als durch logisches Denken. Dilthey hingegen will dem Rätsel des Lebens auf die Spur kommen, ohne dabei die Einmaligkeit und Wahrheit des poetischen Erlebens preiszugeben. Kein Mensch kann sich das Gefühl der Verliebtheit oder der Traurigkeit a priori vorstellen. Man muß es konkret erfahren und erleben, und die Dichtung dokumentiert einen reichen Fundus solcher Erlebnisse, die zudem in wunderschöner Sprache ausgedrückt vorliegen. Hermeneutik ist der deutende Nachvollzug solcher schriftlich fixierten Lebensäußerungen. Daher bilden Erleben und Eindruck, Gefühl und Ausdruck, Deutung und Verstehen den Rahmen für wirkliche, lebendige und lebensbezogene Erkenntnis. Vor diesem Hintergrund und auf diesem Grund vollzieht sich das Denken.

„Das Leben selber, die Lebendigkeit, hinter die ich nicht zurückgehen kann, enthält Zusammenhänge, an welchen dann alles Erfahren und Denken expliziert. Und hier liegt nun der für die ganze Möglichkeit des Erkennens entscheidende Punkt" (GS V, S. 83). Und noch viel klarer und einfacher – wie übrigens häufig – findet sich in den „handschriftlichen Zusätzen" die Formulierung: „Die fundamentalen Voraussetzungen der Erkenntnis sind im Leben gegeben, und das Denken kann nicht hinter sie greifen" (GS V, S. 136).

Kants Vorbild ist die naturwissenschaftliche Methode, die damals dominant war. Diltheys Vorbild ist die Dichtung. Der puren Vernunft eines Denkapparates dort steht hier der lebendige Mensch – oder wie Dilthey zu sagen pflegt – die „psycho-physische Lebenseinheit" gegenüber.

Wenn man Denken als Inbegriff von Theorie auffaßt und Leben als Inbegriff von Praxis, so haben wir es hier gleichsam mit einem alten Streit zu tun, der in vielen Variationen wiederkehrt und auf die schlichte Frage zurückgeht: Hat die Theorie Vorrang vor der Praxis oder die Praxis Vorrang vor der Theorie? Soll man von der Reflexion ausgehen oder von der Handlung? Kants Transzendentalphilosophie geht vom Primat der Theorie aus. Sie schreibt vor, daß die Erkenntnistheorie zuerst die Bedingungen der Möglichkeit des Erkennens prüfen soll, und zwar a priori (noch vor jeder Erfahrung, also primär im Denken). Diltheys Lebensphilosophie hingegen geht vom Primat der Praxis aus. Sie will das Rätsel des Lebens erhellen und will das Leben verstehen, und zwar durch die Deutung der historisch hinterlassenen Zeugnisse. Diesen Zeugnissen können wir in unendlicher Annäherung das Geheimnis des Lebens entlocken.

Übrigens: Hegel hat der Kantischen Erkenntnismethode einen logischen Bruch vorgehalten. Sein Argument lautet: Wenn die Transzendentalphilosophie den gewonnenen Erkenntnissen nicht traut und sie eben darum zuvor einer kritischen Erkenntnisprüfung unterziehen will, so wird diese kritische Prüfung am Ende doch nichts anderes sein können als wiederum Erkenntnis. Damit entpuppt sich die Prüfung des Erkenntnisvermögens wiederum als ein Akt des Erkennens. „Das Erkenntnisvermögen untersuchen heißt, es erkennen. Die Forderung ist also diese: man soll das Erkenntnisvermögen erkennen, ehe man erkennt; es ist dasselbe wie mit dem Schwimmenwollen, ehe man ins Wasser geht" (Hegel 1971, S. 334).

Diltheys Kant-Kritik richtet sich nicht an die innere Logik, sondern an die Position, an den Ausgangspunkt der Transzendentalphilosophie. Er meldet Zweifel, ob der Ausgang der Erkenntnis vom Denken die Erkenntnis der Wirklichkeit überhaupt tangiert. Die Wirklichkeit ist das Verhältnis zwischen Ich und Welt, und alle Erkenntnistheorie bemüht sich um die Klärung eben dieses Verhältnisses. Dies vom Denken oder Vorstellen her abstrakt zu versuchen, kann jedoch nicht der richtige Ansatz sein. So schreibt er, nicht nur gegen Kant gerichtet, sondern gleichsam auch gegen den Rest der philosophischen Welt: „Der Grundgedanke meiner Philosophie ist, daß bisher noch niemals die ganze, volle, unverstümmelte Erfahrung dem Philosophieren zugrunde gelegt worden ist, mithin noch niemals die ganze und volle Wirklichkeit" (GS VIII, 171).

Die volle Wirklichkeit liegt – historisch ausgebreitet – in Lebenszeugnissen – meist Texten – vor. Als Geschichte liegt sie hinter uns und als Gegenwart und Zukunft vor uns. Nur im historischen Zuammenhang des konkreten Lebens macht das Ich eine Welterfahrung, seine Welterfahrung. Losgelöst vom Leben, gibt es weder Erfahrung noch Erkenntnis. So bringt Dilthey sein Anliegen auf den Punkt: „Ich will beweisen, daß auch die philosophischen Systeme, so gut als die Religionen oder die Kunstwerke, eine Lebens- und Weltansicht enthalten, welche nicht im begrifflichen Denken, sondern in der Lebendigkeit der Personen, welche sie hervorbrachten, gegründet ist" (GS VIII, S. 30).

Wenn die Bedingungen der Möglichkeit aller Erfahrung, aller Erkenntnis, aller Handlung usw. letztlich im Leben liegen, hinter das kein Denken zurückgehen kann, dann erhebt sich die Frage, was denn eigentlich das Leben selbst sei. Hier entsteht die Gefahr eines Zirkelschlusses, da jede begriffliche Bestimmung des Lebens eine Abstraktion und damit ein Denkergebnis wäre und die Priorität des Denkens gegenüber dem Leben geradezu bestätigen würde. Das Problem ist von so grundsätzlicher Art, daß Dilthey konsequent bleibt und behauptet, das Leben sei im Kern ein dunkles und unauflösbares Rätsel. „Der Ausdruck Leben spricht das einem jeden Bekannteste, Intimste aus, zugleich aber das

Dunkelste, ja ein ganz Unerforschliches. Was Leben sei, ist ein nicht aufzulösendes Rätsel. Alles Sinnen, Forschen und Denken erhebt sich aus diesem Unerforschlichen. [...] Aber man kann das Leben nicht in seine Faktoren zerlegen. Es ist unanalysierbar. Was es sei, kann in keiner Formel und in keiner Erklärung ausgedrückt werden. Denn das Denken kann nicht hinter das Leben, in welchem es auftritt und in dessen Zusammenhang es besteht, zurückgehen. Das Denken ist im Leben, kann also nicht hinter dieses selber sehen. Das Leben bleibt für das Denken unergründlich, als das Datum, an welchem es selber auftritt, hinter welches es daher nicht zurückgehen kann" (GS XIX, 346f.).

Dieses zentrale Argument Diltheys möchte ich durch einen Vergleich veranschaulichen, den Viktor Frankl einmal in einem ähnlichen Zusammenhang verwendet hat: „Mit Hilfe eines Teleskops", sagt Frankl, „lassen sich alle Planeten der Sonne beobachten – mit einer Ausnahme: Ausgenommen bleibt der Planet Erde selbst." (Frankl 1959, S. 676). Ich meine, die Parallele ist hilfreich, um zu verstehen, was Dilthey mit „Leben" meint. Das Leben bleibt unergründlich und undenkbar, weil es der Standpunkt ist, auf dem wir stehen, wenn wir denken. Alles Denken entspringt dem Leben, es bleibt gefangen und eingehüllt im Leben. Daher umgrenzt das Leben nicht das Denken, sondern das Leben ist die letzte Grenze allen Denkens. Darin liegt eine gewisse Ironie, nämlich zu wissen, daß es hinter der Grenze noch ein Etwas gibt, ohne allerdings je wissen zu können, was es ist. Dilthey selbst spricht von einem „tragischen Widerspruch" (GS VIII, S. 357), der aber darum keineswegs lähmend oder resignierend auf uns wirkt. Im Gegenteil: Gerade das Geheimnisvolle, Dunkle und Rätselhafte des Lebens hat den menschlichen Geist immer wieder angespornt, dahinter zu schauen, um das Unwißbare doch noch zu erfahren oder zumindest zu erraten (Prometheus, Faust). Das Ergebnis dieser Anstrengungen sind großartige „geistige Objektivationen": Kunstwerke aller Art, Philosophien, Weltanschauungen, Religionen usw. „Alle Religion, alle Metaphysik, alle Poesie arbeiten daran, dieses Feste und Wertvolle im Weltzusammenhang festzustellen, welches dem flüchtigen, veränderlichen, von Dunkel umgebenden Leben eine dauernde Befriedigung durch Beziehung auf ein Festes und Wertvolles gewähren" soll (GS XIX, S. 357).

Doch vergebens! Am Ende bleibt es beschränkt auf Markierung und Spurenlese, also auf die Objektivierung des Lebens in „Texten" und deren deutenden Nachvollzug. Wir begreifen das Leben, indem wir im Nachvollzug von Lebenszeugnissen reifen. Aber dieser Prozeß ist offen, er wird niemals enden, d.h. das Leben als ein

Ganzes werden wir niemals begreifen oder ergründen können, denn: „Die letzte Wurzel der Weltanschauung ist das Leben" (GS VIII, S. 78). So gelangt Dilthey zu einer tragenden These, einer fundamentalen Einsicht, die er mit dem Ausdruck Hauptsatz krönt: „Hauptsatz: dieser Lebenszusammenhang in seiner strukturellen Gliederung bildet Bedingung alles Wissens, hinter die nicht zurückgegangen werden kann" (GS VIII, S. 189).
Wie aber könnte man nun dieses Rätsel, das wir „Leben" nennen, konkreter fassen, wenn auch nicht erschöpfend verstehen oder ergründen? Dilthey gibt – verstreut über sein Gesamtwerk – immer wieder Hinweise dazu, mal in einer subtilen Analye, mal in einer beiläufigen Reflexion, nicht selten auch poetisch und bildhaft (vgl. etwa „Traum". In: GS VIII, S. 220–226; zum Begriff „Leben" bei Dilthey vgl. auch Ulmer 1978). Die endgültige Klärung aber gelingt nicht. Bei allem Ringen und Bemühen bleibt Dilthey die Antwort, was Leben eigentlich sei, schuldig. Indessen: Was er auf seinen Schultern trägt, ist nicht die Beweislast, sondern die Last der Unbeweisbarkeit. Sein höchstes Ziel kann nicht danach bewertet werden, ob es ihm gelungen ist, das Rätsel des Lebens zu lösen, sondern ob er die Wege hat aufzeigen können, die zur Erhellung dieses Rätsels führen. Diltheys Hauptanliegen war die Ausarbeitung einer „Kritik der historischen Vernunft" (vgl. Lessing 1984). Sie sollte Kants Transzendentalphilosophie durch eine Lebensphilosophie ablösen, in deren Zentrum die Hermeneutik steht, die Kunst der Spurenlese menschlicher Lebenswege oder, wie Dilthey formuliert: die „Kunstlehre des Verstehens schriftlich fixierter Lebensäußerungen" (GS V, S. 332f.).
Hier liegt der offene Grundzug von Diltheys Philosophie, Erkenntnistheorie und Methodologie. Jeder Text, jede schriftlich fixierte Lebensäußerung wird am Ende polyvalent bleiben. Keine hermeneutische Deutung wird irgendeinen Text auf eine einzige Deutung fixieren können oder wollen. Hermeneutik ist erschließungsmächtig, nicht aber aufschließungsmächtig. Sie rekonstruiert den Lebenseindruck, der sich im Ausdruck niederschlägt (Eindruck macht Ausdruck); und sie läßt im Nachvollzug des Ausdrucks den ursprünglichen Eindruck wieder und erneut lebendig werden (Ausdruck macht Eindruck). In der Tat können wir mit Diltheys enthusiastischem Ruf sagen: „Leben erfaßt hier Leben." (GS VII, S. 136). Aber eben in einer offenen Weise, gleichsam ohne Richtung. So finden wir denn in Diltheys Lebensphilosophie und Hermeneutik einen offenen Grundzug, der mit logischer Konsequenz und konsequenter Logik auf Offenheit und Unabschließbarkeit angelegt ist.

Wer dem Rätsel des Lebens auf die Spur kommen will, muß in den großartigen historisch-gesellschaftlichen Lebensspuren Deutungskunst betreiben. Diese Kunst heißt Hermeneutik. Sie sucht in der individuellen wie in der kollektiven Geschichte der Menschheit nach verschriftlichten Erlebnissen, nach „geistigen Objektivationen" des Lebens. Geistige Objektivationen sind Ausdruck eines Erlebnisses. Wenn wir diesen Ausdruck deutend verstehen und das dahinter stehende Lebensgefühl nacherleben, betreiben wir Spurenlese in bezug auf Leben, denn in den geistigen Objektivationen sind die Geheimnisse des Lebens verschlüsselt aufbewahrt.
Erlebnisse lassen sich als Eindrücke auffassen, die ihren entsprechenden Ausdruck in den jeweils hinterlassenen „Lebenstexten" finden. „Eindruck" ist dabei wörtlich zu nehmen. Wenn wir etwas erleben, entsteht in unserer Psyche gleichsam eine Art „Druckstelle". Jeder Ein-Druck bedeutet eine erhöhte Spannung im Seelenleben des Menschen. Die Seele gleicht sie dann in einem Aus-Druck aus. Eindruck und Ausdruck sind komplementäre Vorgänge in der Struktur des Seelenlebens. Sie hängen zusammen, wenn auch nicht in der monokausalen Weise von Ursache und Wirkung. Im Verstehen des Ausdrucks können wir den Eindruck nachvollziehen, wenn auch nicht erklären (vgl. Dilthey, GS V, S. 105).
Im deutenden und verstehenden Nacherleben des Ausdrucks vollbringt der Mensch eine eigentümliche geistige Leistung. Er vollzieht in sich selbst nach, was ein anderer Mensch Jahrhunderte vor ihm erlebt, empfunden und zum Text verarbeitet hat. So hört das Leben mit dem Faktum des Todes nicht auf, sondern wird in der Fülle seiner Eindrücke und Erlebnisse kulturell erhalten und weitergegeben. Dilthey sieht in diesem Prozeß ein Akt der „Selbstbesinnung" bzw. des „Innewerdens" beim Verstehen (vgl. Habermas 1973; Ineichen 1984, S. 59f.). Hermeneutik ist Deutungskunst und Lehre vom Verstehen. Sie ist offen, weil sie im Innewerden nach Lebensgesetzen sucht, ohne solche Gesetze von vornherein im Denken vorauszusetzen.
Hermeneutik ist also nicht bloß eine Methode, sondern der Schlüssel zum Aufschließen der Historizität des Lebens: „Was der Mensch sei, das erfährt er ja doch nicht durch Grübelei über sich, auch nicht durch psychologische Experimente, sondern durch die Geschichte" (GS V, S. 180). In der Geschichte sind die geistigen Lebensspuren des Menschen zu finden. Also wird er in ihnen auch das Rätsel des menschlichen Lebens deutend aufspüren. Darin liegt das Hauptanliegen der Kritik der historischen Vernunft. „Durch

die Idee der Objektivation des Lebens erst gewinnen wir einen Einblick in das Wesen des Geschichtlichen. Alles ist hier durch geistiges Tun entstanden und trägt daher den Charakter der Historizität" (GS VII, S. 147). Begreifen wird die Menschheit das Leben „nur in dem geschichtlichen Bewußtsein, sie muß die größten Manifestationen ihrer selbst verstehend sich zum Bewußtsein bringen, sie muß konkrete Ideale einer Zukunft von schönerer, freierer Art hieraus entnehmen" (GS VIII, S. 203f.).
Daß sich diese Ideale von denen des transzendentalen Subjekts unterscheiden, liegt auf der Hand. Handelt es sich hier doch um das konkrete Leben eines konkreten Menschen. „In den Adern des erkennenden Subjekts, das Locke, Hume und Kant konstruierten, rinnt nicht wirkliches Blut, sondern der verdünnte Saft von Vernunft als bloßer Denktätigkeit" (GS I, S. XVII). Dilthey mag darin Recht haben, daß die Philosophie lebensfremd geworden ist. Er mag zu Recht fordern: „Das philosophische Denken der Gegenwart dürstet und hungert nach dem Leben. Es will die Rückkehr zur Steigerung der Lebensfreude, zur Kunst usw." (GS VII, S. 268). Gleichwohl bleibt für mich die Frage offen, ob Diltheys historisches Subjekt am Ende nicht doch ein nur Texte interpretierendes Subjekt bleibt. Was es für Geschichte hält, beschränkt sich im Grunde auf die veröffentlichten Zeugnisse der Geschichte. All die Eindrücke hingegen, die nicht schriftlich fixiert wurden oder werden konnten, bleiben seinem Blick verborgen. Und das ist der normale Alltag pädagogischer Praxis. Liegt hier nicht ein möglicher Grund für die Lebensferne der Geisteswissenschaftlichen Pädagogik? Sie wollte im Anschluß an Dilthey erklärtermaßen von der Erziehungswirklichkeit, also vom Leben, ausgehen. Im Wesentlichen ist sie aber in den Texten steckengeblieben, die mehr oder weniger – häufig eher selten – wirklich vom Leben handeln.

Holistische Hermeneutik als pädagogisches Programm

„Interpretationsbedürftige Texte lassen viele, am Ende wohl unbegrenzt viele Interpretationen zu" (Figal 1996, S. 15). Das Ergebnis ist strukturelle Offenheit, ein „gnadenloser Pluralismus" (ebd., S. 21). Natürlich sind alle Interpretationen zutreffend und erschließungsmächtig, sofern sie sich im hermeneutischen Zirkel stimmig begründen lassen. Der hermeneutische Zirkel besagt, daß alle Einzelteile des Ausdrucks aus dem Gesamtzusammenhang des Eindrucks gedeutet und verstanden werden müssen, aber zugleich auch umgekehrt, daß das Ganze sich erst im Lichte der stimmigen

Integration seiner Teile konstituiert (vgl. Dilthey GS V, S. 330; Gadamer 1965, S. 210). Diese Offenheit mag – philosophisch gesehen – ergiebig sein, ja vielleicht nie ergiebig genug sein können. Pädagogisch scheint sie mir indessen zu ergiebig, um fruchtbar zu wirken.

Daher möchte ich dafür plädieren, diese offene Hermeneutik, in der unbestreitbar ein wertvoller kultureller Horizont liegt, zugleich aber auch eine gewisse Beliebigkeit in der Deutung, Lebensferne und obendrein noch Beschränkung auf Texte, um eine strukturelle Dimension zu erweitern (oder zu verkürzen), die für die Pädagogik, speziell für die Krisenpädagogik (vgl. Adl-Amini 1997a), grundlegend ist. Es geht um die Polarität als einen strukturellen Rahmen für die Einordnung von krisenhaften Lebensereignissen. Holistisch gesehen, haben kritische Lebensereignisse immer eine polare Struktur, deren Aufdeckung Sinn freisetzt, so daß sich Gefahr in Chance, Herausforderung in Bewährung, Leiden in Leisten verwandelt. Spezifisch für die holistische Hermeneutik ist nicht das Kunstwerk, sondern der lebendige Mensch, ob er nun seine Leidensgeschichte in literarischer Form fixiert oder auch nur mündlich erzählt. Nicht jeder Interpretationstyp (vgl. Rodi 1983) kann oder soll holistisch sein, sondern vorzüglich ein solcher, der in die Wechselentsprechung und Ergänzung von polar zu deutenden Ereignissen eingeordnet werden kann. Entscheidend ist auch eine gewisse Heilkraft, die von der Interpretation selbst ausgeht. Das Adjektiv „whole" bedeutet im Englischen „ganz", aber auch „heil". Holistische Deutung sucht nach Sinnmustern, in denen sich Stück und Gegenstück polar zum Sinn zusammenfügen und so sich „heilsam ergänzen", d. h. ein Ganzes und ganz Eines bilden. Das folgende Beispiel, in der es exemplarisch um eine Verlustkrise geht, mag verdeutlichen, worin der Unterschied zwischen der strukturell offenen Hermeneutik und der im Rahmen der Polarität eingeschlossenen holistischen Hermeneutik liegt. Geschrieben wurde sie in einer Lehrveranstaltung über Krisenpädagogik. Die Verfasserin war zu dem Zeitpunkt 25 Jahre alt.

„Als ich ungefähr fünf Jahre alt war, ging ich mit meiner Familie und einigen Freunden zum Pilzesammeln in den Wald. Wie immer hatte ich auch diesmal eines meiner zahlreichen Kuscheltiere dabei, ein anderes Spielzeug kam für mich damals nicht in Frage. Die Welt der Kuscheltiere war auch meine Welt, und dafür, daß diese Welt wirklich existierte und mit Leben erfüllt blieb, sorgte mein Bruder Michael. Zum Pilzesammeln durfte Tapsi, ein kleiner Bär, mitkommen. Mein Bruder Michael hatte mir schon viele Geschichten über Tapsi erzählt. Er ist der beste Kenner der Kuscheltierpsyche. Er sprach damals die Sprache meiner Kuscheltiere flüssig, und das tut er heute noch. Tapsi zum Beispiel war ein ausgesprochen lieber, aber auch eigenwilliger Bär. Er gehörte nicht zu den schüchternen, die Kontaktprobleme hatten. So hatte jedes Tierchen seine Eigentümlichkeit. Das erfüllte sie mit Leben, und dafür dankten sie Micha, indem sie ihm täglich neue Geschichten anvertrauten. Zum Pilzesammeln hatte ich meinen Kapuzenpulli angezogen, natürlich weil sich Tapsi in der vorderen Tasche besonders wohlfühlte. Und keine Frage, daß auch er mit uns Pilze sammeln wollte. Nach einiger Zeit waren die Körbe schon voll, und wir fanden uns alle wieder zusammen, um unsere Ausbeute zu feiern. Aber zu meinem (und nicht nur meinem) Entsetzen war Tapsi nicht mehr da, er war einfach nicht mehr in der Tasche. Ich war untröstlich und weinte bitterlich. Alles geriet sichtlich in Aufruhr; man ahnte die Katastrophe. Die ganze Familie durchsuchte den Wald, doch von Tapsi keine Spur. Die Lage war ernst, und sie wurde zunehmend hoffnungslos, je lauter wir nach Tapsi riefen. Da sagte Michael mit einer ernsten Stimme: ‚Tapsi hat beschlossen, von nun an im Wald zu bleiben und auch da zu wohnen.' Verdutzt schauten wir alle Micha an, der nach einer kurzen Pause mit der Miene eines Botschafters fortfuhr: ‚Tapsi hat beim Pilzesammeln Freunde gefunden, andere Teddys nämlich, mit denen er sich auf Anhieb bestens verstanden hat. Deshalb wäre er sehr traurig, wenn wir ihn jetzt finden und von seinen Freunden trennen würden.' Dann schaute er mich an und sagte sinngemäß, wenn Tapsi gewollte hätte, daß wir ihn fänden, hätte er sich längst schon finden lassen. Wir sollten das einsehen, wir sollten die Suche nach ihm unverzüglich abbrechen und so schnell wie möglich von hier verschwinden. Mit unserer hartnäckigen Suche würden wir Tapsi nur verärgern. Michaels Ernst und die überzeugende Miene, mit der er auch diese Geschichte vortrug, klang mehr als glaubhaft. Welchen Grund hätte er auch gehabt, Lügengeschichten zu erfinden? Da waren wir alle wie verwandelt: Trauer und Ratlosigkeit verschwanden. Es stand fest oder lag vielmehr in der Luft: Wir mußten um Tapsi willen den Wald schleunigst verlassen. Mitten in ihrem Satz hörte meine Mutter auf, mich noch weiter zu trösten. Sie schaute mich schweigend und ruhig an. Ich werde diesen Anblick nie vergessen, der auf mich wie eine Reinigung oder Erlösung wirkte. Ich hörte auf zu weinen, oder vielmehr mein Weinen stockte. Und wenn ich mich recht entsinne, wollte auch ich nicht länger beharrlich bleiben. Ich begann nämlich den Grund für Tapsis Verschwinden nicht nur zu verstehen, sondern mich für Tapsis neues Glück zu freuen. Micha, dem das nicht entgehen konnte, rief: ‚Was steht ihr da noch rum? Los, wir müssen hier weg, wir müssen nach Hause!' Dieses Kommando setzte uns alle in Trab. Und wir verließen den Wald. In der Nacht träumte ich von Tapsi. Er hatte nicht nur Freunde, sondern sogar eine Familie gefunden, war Vater geworden. Ich sah, wie er in einer gemütlichen Waldhütte seinen Kindern lustige Geschichten erzählte."

Dieses Erlebnis ist 20 Jahre in Erinnerung geblieben, insofern steht seine pädagogische Bedeutsamkeit für mich außer Frage. Michael erzählt eine Geschichte zu Ende, nicht so wie sie faktisch und wirklich ist, sondern so, wie sie sein könnte oder müßte, um pädagogisch wirksam zu sein und menschlich zu wirken. Was seine Krisenpädagogik an Spuren hinterläßt, scheint mir praxisrelevant und nützlich. Was würden nicht Lehrer drum geben, damit der Effekt ihres Unterrichts nur 20 Tage oder Wochen lebendig in Erinnerung bleibt!

Vermittelt wird dem Kind die Einstellung, daß Verlust und Trauer auch eine Kehrseite, eine polare Hälfte haben können, deren deutende Vergegenwärtigung sinnlos erscheinende Lebensphänomene in sinnvolle Lebenserfahrungen verwandelt. Letztlich ist das nichts anderes als Deutung und Verstehen im Rahmen von Erlebnis, Eindruck, Ausdruck – schriftlich oder mündlich – und ergänzender Nachvollzug. Doch die Deutung vollzieht sich im Rahmen einer Polaritätsphilosophie des Lebens, eben: holistisch. So ist holistische Hermeneutik pädagogisch verwertbare Lebensführungs- und Lebensgestaltungshermeneutik. Sie hat Verwandlungskraft und verhilft zur Wandlung. Verlust als Faktum kann in einen potentiellen Gewinn verwandelt werden. Zumindest bleibt die Option dafür offen. Wirklichkeit und Möglichkeit, Schicksal und Freiheit werden in holistischen Deutungen aufeinander bezogen und miteinander versöhnt. Darin liegt ein pädagogisches Programm für Krisenprävention und pädagogische Krisenbegleitung. Nicht warten, bis das Kind ins Wasser gefallen ist, um den Rettungsschwimmer zu rufen, sondern vorbereiten, sensibilisieren, ein Gespür für krisenhafte Lebensereignisse schaffen. Ich nenne das „Erziehung zum Sinn“ (vgl. Adl-Amini 1997b).

„Freiheit und Schicksal umfangen einander zum Sinn“, schreibt Martin Buber. „Wo keine Teilnahme ist, ist keine Wirklichkeit“ (Buber 1954, S. 56 und 65f.). Noch pointierter formuliert Frankl: „Zu unserem Schicksal haben wir zu stehen wie zu dem Boden, auf dem wir stehen – ein Boden, der das Sprungbrett für unsere Freiheit ist. Freiheit ohne Schicksal ist unmöglich“ (Frankl 1983, S. 92). Holistische Hermeneutik will das Bewußtsein von Kindern, Jugendlichen und Erwachsenen für den Lebenssinn schärfen. Allerdings in pädagogischer Absicht, damit sie möglichst noch vor der Krise vertraut sind mit der Sinnsuche und Sinnerfüllung in Zeiten der Krise. Sie kommen bestimmt, und zwar in jedem Leben. Wieso lernen wir nicht systematisch aus ihnen? Wieso lehren wir nicht den Umgang mit ihnen?

In der oben zitierten Geschichte wird der Verlust eines Teddys in einen Zugewinn an Sensibilität, an sozialer Einfühlsamkeit und Menschlichkeit verwandelt. Das Kind, das verzweifelt nach seinem Tapsi gesucht hat und wohl noch verzweifelter die Suche fortgesetzt hätte, verläßt jetzt einsichtig und (frei)willig den Wald. Es läßt los, gibt den Tapsi frei, verzichtet auf sein Habenwollen zugunsten von Tapsis Glück. Leben erfaßt hier wahrlich Leben, ganz im Sinne Diltheys, und nicht bloß auf dem Papier. Aus polaritätsphilosophischer Sicht (Heraklit, Plato, Hegel, Goethe, Thomas Mann, Nils Bohr, Erwin Schrödinger u. v. a.) ist die ganzheitliche Deutung von Lebensereignissen strukturell eingeschlossen in eine polare Weltsicht. Stück und Gegenstück, Teil und Gegenteil, Part und Gegenpart erhellen sich wechselseitig, und darin offenbart sich der Sinn-Rhythmus des Lebens. Wenn wir Diltheys Hermeneutik auf eine Pädagogik der Krisenprävention und Krisenbewältigung beziehen, dann bietet sich die holistische Hermeneutik als eine ausgesprochen lebensnahe Methode der Deutung von kritischen Lebenssituationen an. „Denn nach Sinngebung des eigenen Lebens fahnden wir alle, und ohne Sinn zu sehen mag keiner leben" (Hartmann 1955, S. 246).

Literatur

Adl-Amini, B. (1992): Nachtstunden des Lebens. Krisen verstehen – Krisen bestehen. Freiburg.

Adl-Amini, B. (1997a): Krisenpädagogik. Konturen einer Disziplin. In: G. Schaefer (Hrsg.): Das Elementare im Komplexen. Neue Wege zu einer fächerübergreifenden Allgemeinbildung für die Jahrtausendwende. Frankfurt/M., S. 63–72.

Adl-Amini, B. (1997b): Erziehung zum Sinn – Prinzip Hoffnung der Pädagogik. In: Sonderheft der Zeitschrift Logotherapie & Existenzanalyse, S. 29–57.

Bollnow, O. F. (1982): Studien zur Hermeneutik I: Zur Philosophie der Geisteswissenschaften. Freiburg, München.

Buber, M. (1954): Ich und Du. In: Buber: Die Schriften über das dialogische Prinzip. Heidelberg, S. 7–121.

Figal, G.: Der Sinn des Verstehens. Beiträge zur hermeneutischen Philosophie. Stuttgart 1996.

Frankl, V. E. (1959): Grundriß der Existenzanalyse und Logotherapie. In: Handbuch der Neurosenlehre und Psychotherapie. Band 3, S. 663–736.

Frankl, V. E. (1983): Ärztliche Seelsorge. Grundlagen der Logotherapie und Existenzanalyse. Frankfurt/M.

Dilthey, W. (1965): Das Erlebnis und die Dichtung. Lessing, Goethe, Novalis, Hölderlin. Göttingen, 14. Aufl.

Dilthey, W.: Gesammelte Schriften (GS)

Band I: Einleitung in die Geisteswissenschaften. Hrsg. von B. Groethuysen. Leipzig und Berlin 1922, 5. Aufl., Stuttgart, Göttingen 1980.

Band V: Die geistige Welt. Einleitung in die Philosophie des Lebens.

Erste Hälfte. Abhandlungen zur Grundlegung der Geisteswissenschaften. Hrsg. von G. Misch, 2. Aufl., Stuttgart, Göttingen 1957.
Band VII: Der Aufbau der geschichtlichen Welt in den Geisteswissenschaften. Hrsg. von B. Groethuysen. Leipzig, Berlin 1927.
Band VIII: Weltanschauungslehre. Abhandlungen zur Philosophie der Philosophie. Hrsg. von B. Groethuysen, 2. Aufl., Stuttgart, Göttingen 1960.
Band XVIII: Die Wissenschaften vom Menschen, der Gesellschaft und der Geschichte. Hrsg. von H. Johach/F. Rodi. Göttingen 1977.
Band XIX: Grundlegung der Wissenschaften vom Menschen, der Gesellschaft und der Geschichte. Hrsg. von H. Johach/F. Rodi. Göttingen 1982.

Gadamer, H.-G. (1965): Wahrheit und Methode. Grundzüge einer philosophischen Hermeneutik. 2., erw. Aufl. Tübingen.

Habermas, J. (1973): Erkenntnis und Interesse. Frankfurt/M. Erweit. Neuaufl.

Hartmann, N. (1955): Sinngebung und Sinnerfüllung. In: Kleinere Schriften. Band I: Abhandlungen zur systematischen Philosophie. Berlin, S. 245–279.

Hegel, G. W. F. (1971): Werke in 20 Bänden. Band 20: Vorlesungen über die Geschichte der Philosophie III. Frankfurt/M.

Ineichen, H. (1984): Diltheys Kant-Kritik. In: F. Rodi u. a. (Hrsg.): Dilthey Jahrbuch 2/1984, S. 51–64. Göttingen.

Ineichen, H (1991): Philosophische Hermeneutik. Freiburg.

Kant, I. (1956): Kritik der reinen Vernunft. Hrsg. von R. Schmidt. Hamburg.

Kant, I. (1968): Metaphysische Anfangsgründe der Naturwissenschaft. In: Werke Band 8: Kritik der Urteilskraft und Schriften zur Naturphilosophie. Darmstadt, S. 11–135.

Lessing, H.-U. (1984): Die Idee einer historischen Vernunft. Wilhelm Diltheys erkenntnistheoretisch-logisch-methodologische Grundlegung der Geisteswissenschaften. Freiburg, München.

Marx, K./Engels, F. (1973): Werke (MEW). Ergänzungsband: Erster Teil. Berlin.

Rodi, F. (1983): Über einige Begriffe einer Philosophie der Geisteswissenschaften. In: F. Rodi u. a. (Hrsg.): Dilthey-Jahrbuch 1/1983, S. 13–38. Göttingen.

Rodi, F. (1985): Diltheys Kritik der historischen Vernunft. In: F. Rodi u. a. (Hrsg.): Dilthey-Jahrbuch 3/1985, S. 140–165. Göttingen.

Ulmer, C. (1978): Der Ausbruch aus der Universitätsphilosophie. In: Perspektiven der Philosophie 4, S. 379–416.

II. AUSLEGUNGEN

Max Frischeisen-Köhler (1878–1923). Geisteswissenschaftliche Pädagogik am Anfang ihrer Epoche*

Frithjof Grell

Kurzbiographie

Max Frischeisen-Köhler (eigentl. Köhler, 1905 adopt. als F.-K.), geb. am 19. Juli 1878 in Berlin; Besuch des Luisenstädtischen Gymnasiums; erste Berührung mit philosophischen Fragen durch seinen Lehrer, den bekannten Pädagogen Rudolf Lehmann (u. a. Die pädagogische Bewegung der Gegenwart, 2 Teile, München 1922); 1897 bis 1898 Studium der Mathematik, Physik und Zoologie in Freiburg/Br.; seit 1898 Studium in Berlin; unter dem Einfluß Diltheys verstärkte Hinwendung zur Philosophie und ihrer Geschichte insbesondere zur Herausbildung des neuzeitlich-wissenschaftlichen Weltbildes im 17. Jahrhundert; 1900 pädagogisches Erstlingswerk *Meister und Schüler* (ersch. posth. 1923); 1902 Dissertation über *Hobbes in seinem Verhältnis zur mechanischen Naturanschauung*; seit 1903 nebenamtliche Tätigkeit als Dozent für Philosophie an der Berliner Handelshochschule; 1906 Habilitation mit einer Arbeit zur Erkenntnistheorie über *Die Realität der sinnlichen Erscheinungen*; Untersuchungen zu Diltheys Weltanschauungslehre, sowie (1908 erstmalig) zur Bedeutung der Psychologie und experimenteller Forschung für die Pädagogik; seit dem Tode Friedrich Paulsens (1908) zwischenzeitliche Übernahme von dessen pädagogischen Vorlesungen; 1912 philosophisches Hauptwerk *Wissenschaft und Wirklichkeit*; 1912 bis 1915 Vorlesungen über Pädagogik an den staatlichen Fortbildungskursen preußischer Seminarlehrer; als Kriegsfreiwilliger Eintritt in das Infanterieregiment 113 zu Freiburg/Br.; aufgrund einer beim Exerzieren zugezogenen Verletzung für kriegsuntauglich erklärt und vorzeitig aus dem Militärdienst entlassen; 8. Sept. 1915 Ernennung zum „außerordentlichen

* Mein ganz besonderer Dank gilt Herrn Dr. Berthold Ebert vom Institut für Pädagogik (Fachbereich Erziehungswissenschaft) der Martin-Luther-Universität Halle für seine weit über das übliche Maß hinausgehende Unterstützung bei den recht zeitaufwendigen Nachforschungen zu diesem Artikel und die Beschaffung einigen, für mich nur schwer greifbaren Materials, ebenso wie Frau Hasenbruch vom Universitätsarchiv Halle/Wittenberg für die unkomplizierte Zusammenarbeit.

Professor in der Philosophischen Fakultät der Universität Halle-Wittenberg mit der Verpflichtung, die Pädagogik und die Philosophie in Vorlesungen und Übungen zu vertreten" (lt. Ernennungsurkunde); 24. Mai 1921 Berufung zum ordentlichen Prof. für Phil. und Päd. in Halle (neben dem Psychologen Theodor Ziehen und dem Philosophen Paul Menzer) durch Umwandlung des Extraordinariates in ein persönliches Ordinariat; 10. Juni 1921 Direktor des dortigen pädagogischen Seminars; 1921 pädagogisches Hauptwerk *Bildung und Weltanschauung. Eine Einführung in die pädagogischen Theorien*; gest. am 22. Okt. 1923 in Halle.

I. Max Frischeisen-Köhler und die geisteswissenschaftliche Pädagogik

In der Wissenschaftsgeschichte der geisteswissenschaftlichen Pädagogik ist Max Frischeisen-Köhler zwar eine Größe, aber eine unbekannte. Er galt für Herman Nohl, Theodor Litt, Wilhelm Flitner und Erich Weniger – um nur diese zu nennen – unbestritten als eine pädagogische Größe, da er „früher als die anderen und im engsten Anschluß an die Abhandlung Diltheys[1] entscheidende Grundzüge der neuen Pädagogik entwickelte, die heute überall in Bücher und Vorlesungen als allgemeines Eigentum eingegangen sind" (Nohl 1962, S. 5; vgl. auch W. Flitner 1989; S. 304 u. 332ff.). Und als bedeutender Anreger, Vordenker und Mitbegründer der damals noch „neuen" geisteswissenschaftlichen Pädagogik gilt er bis heute (Lichtenstein 1964; Schwenk 1977, S. 127; Herrmann 1971, S. 242ff.). Trotz des Frischeisen-Köhler zugeschriebenen Verdienstes, als einer der ersten „Diltheys Ansatz der historischen Geisteswissenschaften auf die Pädagogik ausgelegt zu haben" (Benner 1991, S. 200), ist sein philosophisch-pädagogisches Gesamtwerk bis heute aber so gut wie unbekannt geblieben. Abgesehen von einem Kapitel in einer älteren Dissertation (Kreczi 1936), mehr oder weniger aktuellen Lexikonartikeln (Steinbüchel 1930; Rach 1968; Bartels 1970, Böhm 1994), und einigen abrißhaften Darstellungen in Überblicksarbeiten zur pädagogischen Theoriegeschichte im 20. Jahrhundert (Lochner 1963; Derbolav 1956; Hufnagel 1982; Bock 1990), ist in Bezug auf Frischeisen-Köhler nicht eine einzige Arbeit zu verzeichnen, die mit den monographischen Rekonstruktionen, die etwa den Werken von Dilthey, Nohl, W. Flitner, Spranger, Litt, A. Fischer oder Weniger fortgesetzt zuteil werden, auch nur annähernd vergleichbar wäre. Die Theoriege-

[1] Gemeint ist Diltheys Abhandlung *Über die Möglichkeit einer allgemeingültigen Pädagogik* (1880), in: Ges. Schr. VI, S. 56–82.

schichte der geisteswissenschaftlichen Pädagogik, so scheint es, kommt zwar nicht ohne seinen *Namen* aus, wohl aber ohne die Anstrengung, sich einen angemessenen *Begriff* von Frischeisen-Köhlers Theorie der geisteswissenschaftlichen Pädagogik bilden zu müssen.

Die weitgehende Nichtbeachtung widerstreitet dabei nicht nur erkennbar der wissenschaftlichen Hochachtung, die Frischeisen-Köhler bei Nohl, Litt und vor allem bei W. Flitner genoß, sondern schlicht auch den historischen Tatsachen: Er war von all den Genannten nicht nur der einzige, dessen akademischer Werdegang von Anfang an und bis zu seiner Habilitation unter der wissenschaftlichen Leitung Diltheys stand[2], sondern auch der einzige von Diltheys Mitarbeitern, den dieser speziell auf die Pädagogik verwiesen hatte.[3] In der Tat hat Frischeisen-Köhler den Weg zur Pädagogik schon sehr viel früher gefunden als die der gleichen Generation zugehörigen Nohl, Spranger oder Litt. Während deren „Wendung" vom „philosophischen" und „ästhetischen" zum „pädagogischen Stadium" endgültig erst unter dem Eindruck des Jahres 1919 erfolgte (Lichtenstein 1964), hatte Frischeisen-Köhler zu dieser Zeit die Grundlinien seiner Pädagogik schon vollständig entworfen. Seine erste bedeutende pädagogische Abhandlung *Meister und Schüler. Ideen zu einer Philosophie der Erziehung* entstand bereits im Jahre 1900; schon seit 1915 bekleidete er eine Professur für Pädagogik und Philosophie in Halle, die er auch bis zu seinem frühen Tode im Jahre 1923 inne hatte, also in der Zeit unmittelbar *vor* der eigentlichen Konstitutionsphase der erst später so genannten geisteswissenschaftlichen Pädagogik.[4]

Die fast vollständige Ausblendung Frischeisen-Köhlers aus der Theoriegeschichte der geisteswissenschaftlichen Pädagogik mag, wie im Falle Georg Reichweins, in seinem frühen Tod einen ihrer

---

[2] Frischeisen-Köhler gehörte wahrscheinlich schon seit 1898 zum engeren Schülerkreis Diltheys (Nohl seit 1901) und war bis zu seiner Habilitation einer seiner engsten Mitarbeiter. Im Unterschied zu Nohl, der von Rudolf Eucken in Jena habilitiert wurde, hat Frischeisen-Köhler auch bei Dilthey habilitiert. Im Gegensatz wiederum zu Nohl, der fast ausschließlich das Spätwerk Diltheys kannte – oder zur Kenntnis nahm – (Bartels 1968), scheint Frischeisen-Köhler das Gesamtwerk seines Lehrers, also auch die früheren einschl. der zu diesem Zeitpunkt noch nicht veröffentlichten Arbeiten wenigsten annähernd überblickt zu haben (vgl. 1908b; 1912c; 1912d).

[3] Darauf hat Wilhelm Flitner in einem Brief an Ulrich Herrmann aufmerksam gemacht, mitgeteilt in Herrmann 1971, S. 244

[4] Als wichtige Daten sind hier die Jahre 1922 (Sprangers und Nohls Berufung nach Berlin bzw. Göttingen) und 1927 (Erscheinen des ersten Heftes „Der Erziehung") zu nennen.

Gründe haben, entscheidend ist er sicher nicht. Denn nicht nur heutigen Betrachtern bleibt der ganze Umfang und die Intentionen seines Werkes leicht verborgen. Die Arbeiten Frischeisen-Köhlers sind weit verstreut erschienen (vgl. das Verzeichnis seiner Arbeiten im Anhang), sie waren schon zu seiner Zeit nicht in jedem Fall leicht zugänglich und sind heute z. T. bereits nicht mehr auffindbar; eine längere, in sich geschlossene pädagogische Abhandlung von ihm lag bis kurz vor seinem Tode nicht vor (1921a). So zeigte sich auch die Berufungskommission der Universität Halle von dem „Vorschlag" des Preußischen Kultusministerums, Frischeisen-Köhler auf die Berufungsliste des frei gewordenen philosophischen und pädagogischen Ordinariates zu setzten, mehr als überrascht, weil offenbar nicht bekannt war, daß von dem anerkannten Philosophen bereits bedeutendere pädagogische Arbeiten vorlagen.[5]
Insofern er nicht ohnehin bloß als reiner Wissenschaftshistoriker und Erkenntnistheoretiker diskutiert und rezipiert wurde (so z. B. Franz 1919; Ulrich 1920; Jelke 1923), beschränkte sich die Kenntnis Frischeisen-Köhlers als *Pädagoge* lediglich auf zwei Segmente seines Werkes, und darauf beschränkt sie sich im Grunde bis heute: zum einen auf sein spätes Buch *Bildung und Weltanschauung* (das einen eigentümlich mißglückten Versuch darstellt, das erziehungswissenschaftliche *Konstitutionsproblem*, in den, diesem Problem kaum angemessenen, Begriffen von Diltheys Typologie der Weltanschauungen zu formulieren), zum anderen auf jenen *Ausschnitt*, den Herman Nohl später durch eine – tendenziöse – Edition Frischeisen-Köhlerscher Abhandlungen zugänglich gemacht hat (Frischeisen-Köhler 1931).

[5] Daß es sich bei Frischeisen-Köhler um einen „Pädagogen, größeren Stils" handele, hat dagegen der Kantianer Hans Vaihinger in einem auf den 30. Juli 1915 datierten Sondervotum gegenüber dem zunächst abschlägigen Votum der Fakultät geltend gemacht, und ihm damit auf den Lehrstuhl verholfen. Überhaupt sind die Umstände seiner Berufung auf den Hallenser Lehrstuhl besonders im Hinblick auf die wissenschaftspolitischen Aspekte der Frühgeschichte der geisteswissenschaftlichen Pädagogik außerordentlich aufschlußreich. Zunächst war von der dortigen Philosophischen Fakultät nämlich Aloys Fischer einstimmig vorgeschlagen worden (was m. W. bisher auch in der Fischer-Forschung nicht bekannt war). Fischers Berufung scheiterte jedoch an dem Umstand, daß er als Katholik für das protestantische Halle (und v.a. für das Unterrichtsministerium!) nicht in Frage kam. Frischeisen-Köhler selbst war auf der ersten Vorschlagsliste der Fakultät vom 20. Nov. 1913 überhaupt nicht aufgeführt und erst auf wiederholtes Drängen des Unterrichtsministeriums auf die revidierte Vorschlagsliste gesetzt worden. Der ganze Vorgang einschließlich der ausführlichen Stellungnahmen zu Frischeisen-Köhler und Aloys Fischer ist im Universitätsarchiv Halle einsehbar: Akte Nr. 6075: Personalakte Frischeisen-Köhler. Die entsprechenden Dokumente liegen dem Verf. als Fotokopien vor.

Als *tendenziös* ist diese Nohlsche Edition vor allem deshalb zu bezeichnen, weil das, was Nohl dort bereits in seiner *Vorbemerkung* als *die* bedeutende Leistung Frischeisen-Köhlers herauszustreichen versucht (und die Auswahl der z. T. gekürzten Texte bestimmt), das Werk Frischeisen-Köhlers zwar nicht vollständig verzerrt, aber doch nur in einem Teilbereich erfaßt und nach jener Seite hin widerspiegelt, an der Nohl selbst und seiner „Schule"[6] in der Auseinandersetzung mit konkurrierenden Theoriemodellen ganz besonders gelegen war: dem Nachweis der *Überlegenheit* des geisteswissenschaftlichen Ansatzes in der Pädagogik *gegenüber* ihrer streng philosophisch-systematischen Grundlegung einerseits und *gegenüber* ihrer Begründung in den Erfahrungswissenschaften andererseits[7] – und dies obwohl Frischeisen-Köhler die Akzente seines Verständnisses einer geisteswissenschaftlichen Pädagogik ganz anders gesetzt hatte.[8]
Es ist vielleicht überraschend: aber ausgehend von Frischeisen-Köhler ist ein ganz und gar untypischer Begriff von geisteswissenschaftlicher Pädagogik formulierbar, der dazu nötigen könnte, diejenigen Vorstellungen, die mit diesem Begriff üblicherweise verbunden werden (Primat der verstehenden gegenüber der erklärenden Methode; Primat des „Geistes" gegenüber der „Natur"; Primat der Ideengeschichte gegenüber der Sozialgeschichte etc.) ganz erheblich zu modifizieren.

II. Geisteswissenschaftliche Pädagogik bei Max Frischeisen-Köhler

Die folgende Skizze beansprucht nicht, die geisteswissenschaftlich-pädagogische Konzeption Max Frischeisen-Köhlers auch nur in

---

6 „Eine große Zahl derjenigen, die in der „pädagogischen Bewegung" hervorgetreten sind und auch nach 1945 auf den deutschen Universitäten die Pädagogik vertreten haben sowie deren Schüler, sind Nohl-Schüler und -Schüler-Schüler gewesen. Es entspricht daher eher dem historischen Sachverhalt, wenn von einer „Nohl-Schule" statt von einer „Dilthey-Schule" gesprochen werden sollte." (Herrmann 1971, S. 17) Zu den gegenüber denjenigen Diltheys völlig anders gelagerten Intentionen der „Nohl-Schule" vgl. auch Groothoff 1966

7 Schon Bernhard Schwenk hat in einer biographischen Notiz darauf hingewiesen, daß Frischeisen-Köhlers Buch und der Nohl-Edition zwar ein ganz maßgeblicher Anteil an der Konstitution der geisteswissenschaftlichen Pädagogik zugekommen ist, aber einschränkend angemerkt: „Dabei hat es den Anschein, daß seine kritische Haltung gegenüber den erfahrungswissenschaftlichen Methoden überinterpretiert worden ist, vor allem von Seiten der Nohl-Schule." (Schwenk 1977, S. 127)

8 M. E. ist es deshalb auch verfehlt, „Frischeisen-Köhler, Nohl und seine Schule" gegenüber einer „geistesgeschichtlichen", einer „geistesphilosophischen" und einer „geistespsychologischen" umstandlos zu *einer einzigen* Forschungsrichtung zusammenzufassen, wie dies etwa Herrmann (1971, S.244) vorgeschlagen hat.

ihrer Grundlegung hinreichend darstellen oder gar diskutieren zu können. Dies ist nicht nur aus Raumgründen kaum möglich: zu vielfältig und weitgehend sind die offenen Fragen, wie etwa nach der wissenschaftlichen Haltung, die Frischeisen-Köhler vor allem zu Dilthey, aber auch zur Neukantianischen Philosophie und Pädagogik wie überhaupt zur Philosophie und Pädagogik seiner Zeit eingenommen hat, angefangen von Paul Natorp und Jonas Cohn,[9] bis hin zu Heinrich Rickert und Wilhelm Windelband, zu Rudolf Eucken,[10] Georg Simmel,[11] Edmund Husserl,[12] und nicht zu vergessen die – kaum erkennbaren – Beziehungen zu den frühen Vertreten der geisteswissenschaftlichen Pädagogik selbst, wie Nohl, Litt, Spranger oder A. Fischer.[13] Diese Klärungen wären aber umso notwendiger, als es der Eigenart des Frischeisen-Köhlerschen Denkens entspricht, die eigenen Positionen nicht als solche ein-

[9] Mit Natorp und Cohn hat sich Frischeisen-Köhler v. a. in den Abhandlungen *Pädagogik und Ethik* (1912g) und *Philosophie und Pädagogik* (1917d), sowie in deren erweiterter Fassung *Bildung und Weltanschauung* (1921a) intensiv auseinandergesetzt, wobei vor allem Cohn für Frischeisen-Köhler eine herausragende Bedeutung zugekommen zu sein scheint. Die für sein eigenes Verständnis von Erziehungswissenschaft grundlegenden Gedanken, hat Frischeisen-Köhler jedenfalls in dem Kapitel über Cohn und in enger Anlehnung an diesen entfaltet (vgl. 1921a, S.115–123). Im Sommersemester 1921 hat Frischeisen-Köhler lt. Vorlesungsverzeichnis „Übungen zu Natorps Sozialpädagogik“ angeboten.

[10] Auf den Einfluß Rudolf Euckens wurde in der Literatur verschiedentlich hingewiesen (z. B. Lehmann 1962; Steinbüchel 1930), eine mehr als indirekte Beeinflussung ist wohl jedoch nicht anzunehmen; zumindest hat sich Frischeisen-Köhler an keiner mir bekannten Stelle direkt auf ihn bezogen.

[11] Vgl. etwa den großartigen Aufsatz über Georg Simmel (1920e)

[12] Vgl. etwa 1912a, S.86–99

[13] Es mag nicht viel besagen, aber auffällig ist es doch, daß der Dilthey-Schüler Frischeisen-Köhler, der ansonsten kaum eine relevante philosophische oder pädagogische Position seiner Zeit undiskutiert gelassen hat, von einer „Dilthey-Schule“ in der Pädagogik offenbar keine Kenntnis hatte, zumindest hat er keinen der – aus heutiger Sicht – herausragenden Repräsentanten der „geisteswissenschaftlichen Pädagogik“ der damaligen Zeit, mit Ausnahme von Eduard Spranger, auch nur mit einem Wort erwähnt. Dabei kannte Frischeisen-Köhler Nohl seit 1901 und ihrer gemeinsamen Assistentenzeit bei Dilthey, und Litt spätestens seit der Pädagogischen Konferenz im Preußischen Unterrichtsministerium am 24. und 25. Mai 1917, an der u. a. Frischeisen-Köhler (und Eduard Spranger) als Vertreter der „Universitätslehrer“ und u. a. Theodor Litt, damals noch Oberlehrer am Friedrich-Wilhelm-Gymnasium zu Köln, als Vertreter der „Schulmänner“ teilgenommen hatte. Mit Aloys Fischers Werk war Frischeisen-Köhler zweifellos bestens vertraut, schon allein aufgrund der Tatsache, daß auf seinen Lehrstuhl in Halle nach dem Willen der Fakultät ursprünglich Aloys Fischer berufen werden sollte, aber auch Fischer hat er unerwähnt gelassen. Auch dies könnte ein Hinweis darauf sein, daß von „geisteswissenschaftlicher Pädagogik“, verstanden als einer mehr oder weniger einheitlichen pädagogischen „Strömung“ zumindest der Weimarer Zeit, erst seit 1922 bzw. 1926 gesprochen werden kann.

fachhin zu thematisieren und aus der Sache heraus zu entwickeln, sondern sie gleichsam nur indirekt durch die in strenger begrifflicher Schärfe durchgeführte Konfrontation divergierender, vorzugsweiser sogar gegensätzlicher, immer aber sachrelevanter Ansätze hindurchscheinen und aus deren kritisch-dialektischen Analyse mehr oder weniger deutlich heraustreten zu lassen. Die „bewußte Zurückhaltung in der Erschließung seines *Wesens*“, die Arthur Liebert (Liebert 1924, XIX, Hervorh. F. G.) in seiner Trauerrede auf Frischeisen-Köhler als dessen hervorstechendste Charaktereigenschaft gekennzeichnet hat, gilt in kaum geringerem Maße für die Erschließung seines *Werkes*: unverkennbar ist die Zurückhaltung, um nicht zu sagen Scheu, von der kritischen Analyse des Unzulänglichen zur produktiven Synthese des Tragfähigen und Begründbaren fortzuschreiten. Es dominiert eindeutig „eine gewisse Freude an der Formulierung der Probleme bis zur dialektischen Zuspitzung“ bei einer kaum weniger eindeutigen „Zurückhaltung der eigenen Anschauung“ (Menzer 1930, S. 86).
Die Schriften Frischeisen-Köhlers lassen sich grob drei Hauptgruppen zuordnen, die allerdings jeweils sehr eng zusammenhängen, nämlich in seine Arbeiten zur *Philosophiegeschichte*, zur *Erkenntnistheorie* und *Methodenlehre* sowie zur *Pädagogik*. Aus seinen Arbeiten zur Geschichte der Philosophie, vor allem der des 17. Jahrhunderts, insbesondere aus seiner intensiven Beschäftigung mit Hobbes (1902a; 1902b; 1902c; 1914a; 1914e; 1914g), sind unmittelbar seine Arbeiten zur Erkenntnistheorie und wissenschaftlichen Methodenlehre hervorgegangen, Arbeiten, die er in seinem philosophischen Hauptwerk *Wissenschaft und Wirklichkeit* (1912a) zu einem – vorläufigen[14]- Abschluß gebracht hat (vgl. auch 1906b; 1907a; 1908c; 1912b). Diese wiederum bilden auch das Fundament seiner pädagogischen Schriften. Bemerkenswert für sein Verständnis der Pädagogik als „Geisteswissenschaft“ ist seine allgemeine Wissenschaftstheorie und Methodenlehre, weil diese ihren Ausgangspunkt gerade *nicht* aus der schroffen Gegenüberstellung von *Naturwissenschaften* und *historischen Wissenschaften* bezieht, sondern aus der Gegenüberstellung von *theoretischen* und *prakti-*

[14] Das Buch, das wie Frischeisen-Köhler im *Vorwort* schreibt „aus Studien über die philosophischen Grundlagen der Natur- und Geisteswissenschaften hervorgegangen“ (1912a, S. III) ist, sollte nach eigenem Bekunden eine umfassende Erkenntnislehre und allgemeine Wissenschaftstheorie enthalten. Von den in diesem Zusammenhang zu erörternden Fragen behandelt das Buch lediglich das *Realitätsproblem*, und ist insofern ein Fragment. Von den anderen Vorarbeiten, die „zum größten Teil ausgearbeitet und abgeschlossen sind“ (ebd. S. V) , ist m.W. nichts weiter erhalten geblieben.

schen Wissenschaften. Grundlegend ist seine Bestimmung von zwei Formen positiver, rein theoretischer Wissenschaften (Naturwissenschaften und historische, bzw. Geisteswissenschaften im engeren Sinne) in ihrem Verhältnis zu den „niemals rein theoretischen" Geisteswissenschaften (im weiteren Sinne) und zur Philosophie.
In seiner Erkenntnistheorie macht Frischeisen-Köhler in scharfem Kontrast zum erkenntniskritischen *Idealismus* der Marburger Schule einen *realistischen* Standpunkt geltend: im Gegensatz zu deren „transzendentalem Logizismus" betont sein „empirischer Realismus" in produktiver Weiterführung von Diltheys erkenntnistheoretischen Überlegungen die Ursprünglichkeit und logische Unableitbarkeit des Erfahrungsinhaltes, der *vor* aller begrifflichen Fassung in „Empfindung" und „Erlebnis" als schlechthin *gegebener* angesetzt werden muß. Das erkennende Bewußtsein konstruiert den Gegenstand zwar nach Begriffen, aber deshalb ist dieser keineswegs reine „Erzeugung" des Denkens. Wirklichkeit ist zwar stets einzig als Inhalt des Bewußtseins gegeben, indessen ist Wirklichkeit wesensmäßig mehr als ein Bewußtseinsinhalt.[15]
Frischeisen-Köhlers Realismus steht in einer Reihe mit denjenigen Philosophien seiner Zeit, insbesondere ist hier an die Phänomenologie Edmund Husserls zu denken, die mit der Forderung, „zu den Sachen selbst" zurückzukehren, der akademischen Philosophie jene wesentliche Erfahrungsdimension wieder erschließen wollten, der sie durch den institutionell zwar dominierenden, aber „im Bannkreis der erkenntniskritischen Geltungsreflexion (...) befangenen" Neukantianismus (Horst 1989, S. 655) weitgehend beraubt worden war.
Es ist offenbar, daß alle diese erkenntnistheoretischen Lehren, so auch bei Frischeisen-Köhler, ihren Ausgangspunkt zwar von Kants

[15] „Daß der Gegenstand nicht gegeben, sondern aufgegeben sei, ist die immer wiederkehrende Behauptung dieses Idealismus, und daß der Grundfehler jedes dogmatischen Denkens es sei, anzunehmen, daß der Gegenstand vollendet und fertig ihm gegenüberstehe. Hierin ist zweifellos richtig, daß das Wirkliche, welches die Wissenschaft erkennen will, uns immer in einem engen Ausschnitt gegeben und niemals vollständig übersehbar zugänglich ist. Aber das ist die Einseitigkeit des logischen Standpunktes, daß die Konstruktion des Gegenstandes lediglich als Leistung des reinen Denkens aufgefaßt wird. Vielmehr ist jedem Empirismus und Dogmatismus zugegeben, daß in der Erfahrung unmittelbar etwas vorgefunden wird, das in seiner Bestimmtheit unabhängig von allen Kategorien gegenständlichen Erkennens von uns erfaßt werden kann. (...) Gewiß bedarf die Erweiterung der Erfahrung immer der Leitung durch logische Gesichtspunkte, wird jede neue Beobachtung, jede neue Entdeckung durch das Denken erst für unsere Erfahrung wertvoll. Aber die intellektuellen Leistungen sind dabei nur Hilfen, den Horizont unseres Wissens hinauszuschieben, aber sie erzeugen nicht den Gegenstand, der an der Grenze des Horizontes auftaucht." (Frischeisen-Köhler 1912a, S.468f.)

Kritizismus nehmen (1912a, S. 6ff.), der jedoch, wie schon bei Dilthey, aus der „einseitig intellektualistischen Fassung befreit" (ebd. S. 352) und auf die Totalität der in der „Empfindung" und „Erleben" – nicht nur im Denken – gegebenen Gehalte ausgelegt werden soll.

Auch Diltheys Bemühungen um die Grundlegung der Geisteswissenschaften hat Frischeisen-Köhler von hier ausgehend aufgegriffen, wenngleich mit einer eigentümlichen Akzentverschiebung: schon in seinen erkenntniskritischen und methodologischen Arbeiten – und nicht erst in seinen pädagogischen – intendiert Frischeisen-Köhler weniger eine scharfe *Abgrenzung* von Natur- und Geisteswissenschaften (im engeren Sinne), sondern vielmehr deren *Verschmelzung* in einer umfassenden Wissenschaftstheorie (Menzer 1930, S. 87).

Für eine wissenschaftstheoretische Begründung spezieller natur- bzw. geisteswissenschaftlicher Verfahren ist der Rückgriff auf die unterschiedliche *Gegegebenheitsweise* ihrer Gegenstände allein, die nach Dilthey die unterschiedlichen Zugangsweisen des *Erklärens* bzw. des *Verstehens* ermöglichen und bedingen, ebensowenig tragfähig wie der auf die Unterscheidung Heinrich Rickerts in *nomothetische* und *ideographische* Wissenschaften.[16]

Es ist auffällig, und zugleich für seine Einschätzung der Bedeutung der positiven Tatsachenforschung im Rahmen pädagogischer Fragestellungen außerordentlich charakteristisch, daß Frischeisen-Köhler die „Grenzen" der „naturwissenschaftlichen Begriffsbildung" in Bezug auf das „geistig-historische Leben der Menschheit", und damit auf jenen vermeintlich *ausschließlich* „geisteswissenschaftlichen" Verfahren zugänglichen Gegenstand, in seinen erkenntnis- und wissenschaftstheoretischen Schriften nicht etwa sehr eng ansetzt, sondern im Gegenteil ganz erheblich ausweitet. Auch im Hinblick auf den Menschen als *geistiges* und *historisches* Wesen gibt es prinzipiell nichts, was der naturwissenschaftlichen Forschung vollkommen unzugänglich wäre.

„Die herkömmliche Scheidung der Geisteswissenschaften, als deren Objekt in erster Linie das geistig-historische Leben der Menschheit an-

---

[16] Die Kritik von Heinrich Rickerts Unterscheidung der Naturwissenschaften und Geisteswissenschaften in „nomothetische" bzw. „ideographische" durchzieht Frischeisen-Köhlers philosophisches Werk wie ein roter Faden. Rickerts berühmt gewordene (und auch in der geisteswissenschaftlichen Pädagogik, z.B. bei A. Fischer einflußreiche) Unterscheidung, wurde von Frischeisen-Köhler als philosophisch unhaltbar und für die Grundlegung der Geisteswissenschaften sowohl wissenschaftstheoretisch als auch forschungspraktisch unbrauchbar zurückgewiesen. (vgl. 1906a; 1907c; 1908c; 1912a S.139–188; 1921b)

gesehen wird, ist schief und trifft nicht das Wesenhafte der methodologischen Scheidung. Denn aus den Eigenschaften des geistigen Lebens können keine Gründe abgeleitet werden, welche etwa seine Erforschung nach naturwissenschaftlichen Methoden unmöglich macht.“ (1912a, S.140)

Nohls Interpretation Frischeisen-Köhlers, wonach die „Grenze“ der experimentellen Forschung in der Pädagogik aus der Sicht der Geisteswissenschaften „durch die geistigen Inhalte und den durch sie bedingten historischen Charakter der Seele bestimmt“ (Nohl 1962, S. 7) sei, ist also nicht nur eine folgenreiche Fehldeutung, (insofern Nohl selbst *seine* geisteswissenschaftliche Pädagogik auf dieser „schiefen Unterscheidung“ aufgebaut hat), sondern verfehlt den Sinn von Frischeisen-Köhlers methodologischen Überlegungen in ihrem Kern.
Ein Unterschied zwischen naturwissenschaftlicher und geisteswissenschaftlicher Methode läßt sich nämlich gerade nicht rein formal erweisen, nicht durch die Unterschiede des „Materials“ (Nohl) oder die Art seiner „Gegebenheit“ (Dilthey). Der Unterschied liegt vielmehr und vor allem darin, daß die Bildung der *Begriffe* einer je anderen „Logik“ unterliegt, die es erlaubt, *ein und dasselbe* Objekt der Forschung in einer je anderen Weise zur Sprache zu bringen. Weder die Naturwissenschaften noch die Geisteswissenschaften können, „welcher Mittel und Voraussetzungen sie sich auch bedienen mögen, das Wirkliche so abbilden, wie es ist“ (1912a, S. 159). Sie sind nichts anderes als zwei Möglichkeiten der „perspektivischen Erfassung des Seienden“ (1919c, S. 41), immer nur ausschnitthaft und fragmentarisch. Wohl aber können und müssen sie sich der ihnen jeweils zur Verfügung stehenden Mittel bedienen, die Erfahrungsdaten auf „Begriffe“ zu bringen, um es in ihr jeweiliges Sprachsystem einzufügen und dadurch zur „Erkenntnis“ zu erheben (vgl. bes. auch 1906a).
Natur- und geisteswissenschaftliche, Frischeisen Köhler spricht in diesem Zusammenhang vorzugsweise von *historischen* Verfahren, stehen sich im Hinblick auf die Erkenntnis eines Objektes, welches dieses auch immer sein mag, nicht etwa exklusiv und kontradiktorisch gegenüber, so als sei dieser „Gegenstand“ der Natur- und jener den historischen Wissenschaften allein vorbehalten, und als könnte man diesen nur *erklären*, jenen nur *verstehen*. Sie stehen zueinander vielmehr in einem Verhältnis der *Komplementarität*,[17]

[17] Daß bei Frischeisen-Köhler im Hinblick auf Natur- und Geisteswissenschaften ein „Modell der Komplementarität“ vorliegt, hat Erwin Hufnagel zu Recht hervorgehoben. „Eine weiterführende Auseinandersetzung mit Frischeisen-Köhler wird sich besonders dieser Modellvorstellung zuwenden müssen.“ (Hufnagel 1982, S. 37)

als zwei sich ergänzende Formen der Wirklichkeitserfassung. Neben den *logischen* Unterschieden der Begriffsbildung liegt die fragliche Differenz für Frischeisen-Köhler, aber vor allem – modern gesprochen – in den Unterschieden des Erkenntnisinteresses: Für die Geisteswissenschaften ist die Beziehung auf *Praxis* nicht eine im Nachhinein herangetragene und der Erkenntnis nachgeordnete Größe (wie im Verhältnis Naturwissenschaft – Technik), sondern dieser Bezug ist bereits auf den Ebenen der Erkenntnisgewinnung und Hypothesenbildung *konstitutiv*.[18]

„Die Geisteswissenschaften sind nie in dem Sinne theoretische Wissenschaft, wie die Naturforschung. Wie sie aus dem Leben, der Lebenserfahrung, dem Verlangen der Lebensregulierung hervorgegangen sind, so behalten sie dauernd die Beziehung auf die Lebendigkeit des Menschen bei" (ebd. S. 285).

Es ist eben dieses „Verlangen nach Lebensregulierung", auf das die positiven Tatsachenwissenschaften gemäß der Logik ihrer Begriffe keine Antwort geben können. Dabei ist es nicht so, daß sie keinen Beitrag zur Lösung praktischer Fragen leisten könnten, die Tatsache und die Erfolge der Technik sind hierfür Beweis genug, das Problem ist vielmehr ein anderes. Immer dann nämlich, wenn sich Fragen der *Praxis*, d.h. Fragen nach dem *Sinn* von Handlungen und deren *Begründung* stellen, stoßen die positiven Wissenschaften an Grenzen, die sie nicht überschreiten können. Was aus wissenschaftstheoretischer und methodologischer Sicht die „Größe" der naturwissenschaftlichen Forschung und ihrer „Begriffsbildung" ausmacht, nämlich die restlose Mathematisierung ihrer Sprache und die lückenlose Eliminierung qualitativer Begriffsreste, erweist sich im Hinblick auf die praktische, d.h. sinnvolle und verantwortliche Verwertung ihrer Erkenntnisse als Schranke ihrer *logischen* Möglichkeiten. Selbst dann, wenn z.B. die Aufdeckung einfacher Ursache-Wirkungszusammenhänge eine „Anwendung" in der „Praxis" nahelegt, um bestimmte Prozesse „effektiver", „leichter" oder „mit geringerem Arbeitsaufwand" zu gestalten, erweist sich diese Applikation vielleicht nicht in erster oder zweiter, sicherlich aber in letzter Instanz von *Wertungen* abhängig, auf die die positiven Wissenschaften deshalb keine Antwort zu geben vermögen, weil sie ihre „Größe" aus dem prinzipiellen Verzicht auf qualitative Stellungnahmen bezieht. Mit anderen Worten: in der Sprache der Tatsachenwissenschaften läßt sich zwar sagen *was ist,* nicht aber

[18] Vgl. dazu die grundlegenden und grundsätzlichen Überlegungen von Winfried Böhm: Theorie und Praxis. Eine Erörterung des pädagogischen Grundproblems, 2., erweiterte Aufl. , Würzburg 1995

das, was begründetermaßen *sein soll* oder auch nur *sein sollte.* Die Möglichkeiten der positiven Erforschung von Natur und Geschichte enden an ihren theoretischen Möglichkeiten, ihre Werturteile mit ihren eigenen begrifflichen Mitteln begründen zu können.

„Keine Erkenntnis des Seienden vermag über das, was geschehen soll, Auskunft zu geben. Urteile über Tatsachen begründen niemals Werturteile oder Regeln. Mag die Psychologie das geistige Leben wie die Physik das Naturgeschehen in ein System von Gleichförmigkeit auflösen, so wird sie vielleicht die Bedingungen ermittelt, an welche der Eintritt erstrebenswerter Erfolge gesetzmäßig geknüpft ist, aber eine Entscheidung über den Wert dieser Ziele wird sie niemals geben können. Es ist die Größe der positiven Wissenschaft, daß sie durchaus auf die Erforschung dessen eingeschränkt ist, was vermittels der Beobachtung, des Experiments, der Historie als Gegenstand möglicher Erfahrung nachgewiesen werden kann. Aber der Geltungsanspruch von Idealen ist kein Gegenstand möglicher Erfahrungen; seine Berechtigung ist keine quaestio facti, sondern eine quaestio juris, und diese aufzulösen sind andere Methoden erforderlich" (1907d, S. 71f.).

Die *praktischen* Wissenschaften, oder anders ausgedrückt, die Wissenschaften verantwortbarer Praxis, so könnte man den Ertrag von Frischeisen-Köhlers Überlegungen zusammenfassen, sind schlecht beraten, wenn sie ihre Probleme ausschließlich in der Sprache der Erfahrungswissenschaften zu formulieren versuchen. Denn diese Sprache garantiert zwar „Objektivität" und „Allgemeingültigkeit", aber gerade deswegen muß sie die Fragen der „Lebensregulierung" als mit ihren Mitteln nicht zu beantworten beiseite schieben. Die Unabweisbarkeit des *Wertens* im konkreten Lebensvollzug erzwingt demgegenüber ein „Verfahren", das die „Tatsachen" nicht bloß zur Kenntnis zu nehmen gezwungen ist, sondern auch die Frage ihrer *Bedeutung* für eine *sinnvolle Praxis* der *wissenschaftlichen* Verantwortung unterstellt.
Neben die beiden Formen positiver Wissenschaft, die Naturwissenschaften und die historischen Wissenschaften, muß eine andere *Form* von Wissenschaft treten, die vollkommen anderen Konstruktionsprinzipien folgt. Deren Aufgabe kann es nicht sein, „positive Tatsachen zu lehren", so wie *alle* Erfahrungswissenschaften. Ihre Aufgabe ist es vielmehr, „die von anderen Wissenschaften festgestellten Tatsachen zu verstehen" (1919c, S. 31), und eben *dies* ist für Frischeisen-Köhler die Aufgabe der Geisteswissenschaft in einem erweiterten Sinne. Sie ist eine „Methode", die es ermöglichen oder zumindest erleichtern soll, die Ergebnisse der „Tatsachenforschung" im Dienste der sinnvollen und verantwortlichen

Gestaltung menschlicher Praxis zu interpretieren und zu bewerten. Geisteswissenschaft in diesem Sinne, *hat* nicht nur eine philosophische Dimension, sondern *ist*, insofern sie die für die positiven Erfahrungswissenschaften offenen Fragen der „Lebensregulierung" ausdrücklich stellt, in dieser Hinsicht nichts anderes als „Philosophie" (ebd.). Ohne ihre philosophisch-geisteswissenschaftliche Interpretation im Horizont sinnvoller Welt- und Lebensgestaltung bleiben die „Tatsachen" vollkommen stumm.
Es ist ohne weiteres ersichtlich, daß Frischeisen-Köhlers Bestimmung der *Pädagogik* in ihrem Verhältnis zu Philosophie und Einzelwissenschaften, bzw. ihre Bestimmung als philosophische Integrations- und *zugleich* als positive, „datenverarbeitende" Erfahrungswissenschaft, eine Explikation seiner allgemeinen Theorie der Geisteswissenschaften am konkreten Fall einer praktischen Wissenschaft darstellt. Auch im Hinblick auf seine pädagogischen Arbeiten rangieren wissenschaftstheoretische und methodologische Grundfragen an erster Stelle, wenn die Beschäftigung mit diesen auch keineswegs den ganzen Umfang seines pädagogischen Werkes beschreibt.[19] Ganz im Gegensatz zu der Deutung Nohls, ist

[19] Neben den zentralen Fragen nach dem Wissenschaftscharakter der Pädagogik und ihrem Verhältnis zu Philosophie und Ethik (1912g; 1917b) einerseits, sowie zu den Erfahrungswissenschaften (v. a. Biologie, Psychologie, Soziologie) und zur Bedeutung experimenteller Forschung andererseits (1908d; 1914b; 1918d; 1919f.) finden sich jedoch auch bedeutende Abhandlungen zur Geschichte der Pädagogik, erstaunlicherweise v. a. zu Herbart (1917c; 1918b) und bemerkenswerte Stellungnahmen zur pädagogischen Zeitgeschichte, wie etwa zur Reformpädagogik (1914d; 1919a), zu den damals drängenden Fragen der Bildungspolitik und Schulgesetzgebung (1919b; 1919d; 1920c; 1920d), und vor allem zur (künftigen) Gestalt der Pädagogik als einer universitären Disziplin (1914c; 1920b) sowie zur Lehrerbildung (1918a; 1920a). Diese Interessenlagen spiegeln in etwa auch die Themen der Vorlesungen, Seminare und Übungen, die Frischeisen Köhler am pädagogischen Seminar der Universität Halle in den Jahren von 1915 bis 1923 angeboten hat. Zusätzlich zu den genannten Themenkreisen fällt diesbezüglich eine (für die geisteswissenschaftliche Pädagogik durchaus unübliche) Vorliebe für schul- bzw. hochschulpolitische und – organisatorische Fragen auf, die darüber hinaus (auch das ist durchaus ungewöhnlich) in einem europäischen Kontext erörtert worden zu sein scheinen. (SS 1918 – Das dt. Unterrichtswesen der Gegenwart und die Grundfragen der Schulorganisation; SS 1919 – Die Organisation des dt. Bildungswesens; Das englische Schulwesen; WS 1919/20 – Vergleichende Darstellung des englischen, französischen und dt. Bildungswesens der Gegenwart; Preußische Schulgesetzgebung der Gegenwart; SS 1922/1923 – Übungen zur Reichsschulkonferenz u.s.w.). Daneben galt sein ganz besonderes Interesse offenbar der psychologischen Forschung seiner Zeit, bes. der Begabungsforschung, und der Frage nach deren pädagogischen Bedeutung (SS 1916 u. WS 1917/18 – Übungen zur Begabungslehre; WS 1916/17 – Psychologie; SS. 1917 – Die psychologischen und ethischen Grundlagen [!] der Erziehung; SS 1919 – Die Grundzüge der Psychologie; WS 1919/20 – Psychologie und ihre Anwendungen u.s.w.)

Frischeisen-Köhlers pädagogische Theorie getragen von der uneingeschränkten Anerkennung der Pädagogik als einer „Tatsachenwissenschaft". Die „Erziehungswirklichkeit" ist ein „eigenes", wenn auch bisher „vernachlässigtes" „Tatsachengebiet, das mit den Methoden der heutigen Wissenschaft bearbeitet werden kann und muß" (1914c, S. 936).

„Die Schule als eine staatliche Veranstaltung, als ein Glied in einer umfassenden Organisation unserer Volkserziehung und unseres Bildungswesens (...) im Verhältnis zur Kirche, zur Gesellschaft, zur Berufsgliederung, zur Wirtschaft; Schulrecht, Schulstatistik, Schulverwaltung; die Gestaltung des Schulwesens bei den verschiedenen Kulturnationen; die Seele des Kindes; Jugendkunde, Schulhygiene und Schulpathologie; Erziehung als eine wissenschaftliche, eine soziale, eine sittliche, eine politische Funktion: dieser ganze vielgestaltige und vielseitige Komplex von Tatsachen, Veranstaltungen, Leistungen, Ideen steht vor uns als eine geschichtlich gewordene, in die Zukunft hinüberreichende Wirklichkeit, deren Beschreibung, historische Erforschung, systematische Zusammenfassung und methodische Begründung ebenso viele wissenschaftliche Aufgaben bezeichnen" (1920b, S. 217).

Der *Vieldimensionalität* (vgl. Böhm 1975) der in der „Erziehungswirklichkeit" vorfindbaren Tatsachen entspricht die konsequente Forderung nach der Pluralität und Vieldimensionalität der wissenschaftlichen Methoden und Verfahren ihrer Erschließung, unter denen auch naturwissenschaftliche und experimentelle Verfahren ihre legitime und notwendig Bedeutung besitzen. Wiederholt hat Frischeisen-Köhler insbesondere auf die *kritische* Funktion (vgl. bes. 1908d) hingewiesen, die experimentellen Verfahren im Rahmen der pädagogischer Theoriebildung zukommen können. Die experimentelle Pädagogik, wie sie zu seiner Zeit etwa Ernst Meumann propagiert hat, gibt Anlaß zu einer „gesunden Skepsis" gegenüber allzu hochgespannten Erwartungen und Hoffnungen, sie vermag die „nachwachsende Generation von der Last verfehlter und quälender Anforderungen zu befreien, die nur mit der Zähigkeit des historischen gewordenen sich erhalten" (1917b, S. 43). Nach ihrer kritischen Seite hin können erfahrungswissenschaftliche Methoden in der Pädagogik „erlösend wirken", indem sie das pädagogisch vielleicht Wünschenswerte auf das allein Mögliche „beschränkt" und das Unerreichbare aus den pädagogischen Reflexionen „ausmerzt" (ebd.). Aber gerade deshalb, weil die erfahrungswissenschaftliche und experimentelle pädagogische Forschung aufgrund der „logischen Eigenart ihres Verfahrens" (ebd.) darauf beschränkt ist, „die wie immer gegebenen und wie weit immer geltenden Ziele kritisch daraufhin zu prüfen, ob sie gemäß

der Beschaffenheit des Objekts, an dem sie zu verwirklichen sind, realisiert werden können" (ebd. S. 42), gerade deshalb also, weil sie sich auf die Analyse von Ursache-Wirkungszusammenhängen beschränkt, kann sie keine *begründete* Antwort auf die Frage geben, ob bestimmte Ziele auch realisiert werden *sollen*.
Die unübersteigbare Grenze der Erfahrungswissenschaften liegt also nicht etwa darin, daß sie ihren Gegenstand nur verzerrt oder ausschnitthaft widerspiegeln (das gilt für *alle* Wissenschaften), sondern darin, daß sie über die reine Feststellung von Tatsachen hinaus aufgrund der Logik ihrer Begriffsbildung keinerlei begründeten Aussage zu machen vermögen. Immer dann, wenn sich die erfahrungswissenschaftliche Forschung in der Pädagogik vor der Aufgabe sieht, von der kritischen Analyse zur positiven Formulierung von Zielen fortzuschreiten und den Bereich menschlicher *Praxis* zu betreten, ist sie zu Wertungen gezwungen, die mit den ihr zur Verfügung stehenden Mitteln *prinzipiell* nicht gerechtfertigt werden *können*, und dies obwohl sie augenscheinlich pädagogisch gerechtfertigt werden *müssen*.

„Selbstverständlich ist es nicht, daß Glück, Leichtigkeit und Annehmlichkeit der Tätigkeit die wichtigsten Werte im Leben, auch nur im Leben des Kindes bilden. Natürlich läßt sich darüber sehr ernsthaft reden: aber eine wissenschaftliche Pädagogik wird diese Anschauung ohne besondere Rechtfertigung nicht ungeprüft hinnehmen können. Indem sie aber in eine kritische Erörterung dieser Fragen eintritt, verläßt sie grundsätzlich den Boden der Erfahrung (...) und wendet sich den Problemen der Ziel- und Wertbestimmung zu, deren zureichende Auflösung eine Bedingung ihrer Möglichkeit ist" (ebd. S. 45, vgl. auch 1921a, S. 36).

Frischeisen-Köhlers methodenkritische Abhandlungen konvergieren ausnahmslos alle in diesem *zentralen* Punkt: Wenn und insofern Pädagogik als eine bloß „angewandte" Disziplin verstanden wird, sei es nun als eine „angewandte" Psychologie, Biologie oder Soziologie oder sei es als eine wie auch immer gefaßte „angewandte" Philosophie oder Ethik, findet sich eine derartig *begründete* Pädagogik in der Verlegenheit, Aussagen machen zu müssen, die über den Geltungsbereich ihrer „Begriffe" hinausgehen, weil sie deren jeweiliger „Logik" nicht entsprechen. So kann *weder die Empirie* die „alleinige und hinreichende Grundlage für die pädagogische Systembildung" abgeben, da sie sich früher oder später genötigt sieht, normative Gesichtspunkte in ihrer Überlegungen miteinzubeziehen, die unter ihren eigenen Voraussetzungen nicht angemessen behandelt werden können, *noch kann dies die Philosophie,* insofern sie pädagogische Normenbegründung zu ihrem Gegenstand hat. Wie Frischeisen-Köhler an der Pädagogik Fichtes

und vor allem auch Natorps demonstriert, gerät jede *rein* philosophische Begründung einer pädagogischen Wertlehre, in ein der empirischen Pädagogik genau entgegengesetztes Dilemma: Entweder nimmt die philosophische Konstruktion der Pädagogik aus der Welt der Tatsachen doch wieder „versteckt oder offen" bestimmte „Hilfssätze" auf (Fichte), oder aber sie ignoriert den „natürlichen Menschen mit seiner gegebenen Organisation" vollständig (Natorp) und erreicht dann das pädagogische Problemgebiet erst gar nicht, weil „sie den pädagogischen Fragen philosophische Fragen substituiert" (ebd. S. 68). Die wissenschaftstheoretische Eigenart der Pädagogik, die sie im Grunde mit jeder *praktischen* Wissenschaft teilt, resultiert aus diesem Problem, daß sie einerseits früher oder später zu normativen Fragen Stellung nehmen muß, was sie als reine Tatsachenwissenschaft nicht kann und eine philosophisch-geisteswissenschaftliche Interpretation der Tatsachen erforderlich macht, und daß sie aber andererseits niemals reine Philosophie sein kann, weil sie sich als *praktische* Wissenschaft konstitutiv der Wirklichkeit und den Tatsachen gegenübersieht, von denen sie aber absehen müßte, wollte sie denn reine Philosophie sein.
Es ist nicht leicht zu sagen, ob Frischeisen-Köhler die wissenschaftstheoretische Auflösung des Konstitutionsproblems der Pädagogik gelungen ist. Seine Vorschläge in dieser Richtung sind nämlich alles andere als eindeutig und zielen keineswegs in dieselbe Richtung. So suchte er den Punkt, an dem Seins- und Sollensaussagen konvergieren, einmal bei Herbart und dessen Theorie des „ästhetischen Urteils" (1917d, 78ff.; 1917c) und an anderer Stelle in Schleiermachers Bestimmung der Pädagogik als eine zwischen Philosophie und Empirie „oszillierende" praktische Wissenschaft (1921a, 156ff.). Auch das letzte Wort von *Bildung und Weltanschauung* ist eher Ausdruck für das Bewußtsein der Schärfe des Problems, als ein Hinweis auf dessen Lösung. „Aber die Pädagogik, die den hier erwachsenen Problemen gerecht wird, ist noch nicht geschrieben" (1921a, S. 198).
Soviel jedoch kann man sagen: Die Geschichte der wissenschaftlichen Pädagogik hat in der Folgezeit eine andere Richtung genommen, als sie Frischeisen-Köhler mit seiner Idee einer praktischen Wissenschaft, die sowohl philosophisch als auch erfahrungswissenschaftlich verfährt, vorgezeichnet hat. Nicht die Präferenz für bestimmte „geisteswissenschaftliche" *Methoden* konstituiert, was mit Fug und Recht (geistes-)wissenschaftliche Pädagogik genannt zu werden verdient, sondern einzig und allein die prinzipielle, freilich wissenschaftstheoretisch reflektierte und methodologisch kontrollierte Aufgeschlossenheit für alle wissenschaftlichen Er-

kenntnisse und Zugangsweisen, insofern sie Grundsätzliches oder auch nur Bedenkenswertes und Hilfreiches zur sinnvollen Lösung pädagogischer Fragen beitragen können.
Gerade in ihrer methodologischen Offenheit sah Frischeisen-Köhler die *Überlegenheit* des geisteswissenschaftlichen Ansatzes in der Pädagogik gegenüber den beiden damals noch dominierenden Richtungen der universitären Pädagogik, der empirischen und experimentellen Pädagogik (Meumann, Lay etc.) auf der einen Seite und der rein philosophischen, neukantianischen Pädagogik (Natorp, Hönigswald etc.) auf der anderen. Nicht zuletzt die damals drängenden Fragen der Neuorganisation des Bildungswesens (1919b; 1919d; 1920c; 1920d) machten in den Augen Frischeisen-Köhlers eine universitäre Pädagogik erforderlich, die die „großen schwebenden Erziehungsfragen", von denen Dilthey in seiner *Abhandlung* gesprochen hatte, nicht bloß „den geschichtlichen Mächten des dahinflutenden Lebens überantwortet" (1917d, S. 11) oder dies zu tun gezwungen ist, weil sie sich entweder in Sorge um ihre „Wertfreiheit" auf Erforschung pädagogischer Tatsachen beschränkt oder sich mit der Formulierung idealer Forderungen begnügt, und praktisch folgenlos bleibt. Frischeisen-Köhlers Konzeption hat so gesehen einen zeitgeschichtlichen und sicherlich auch einen wissenschaftspolitischen Hintergrund: dem Versuch, die wissenschaftstheoretische Zweiteilung der Pädagogik in eine „realistische" Lehre der Erziehungsmittel und eine „philosophische" Lehre der Ziele und Werte zu überwinden, und damit das Erbe der Herbartschen Pädagogik hinter sich zu lassen, korrespondiert offensichtlich das Bestreben, einer weitergehenden institutionellen Trennung der Pädagogik entgegenzuwirken, und zwar durch die Formulierung eines komplementären pädagogischen Modells, das beide Aspekte gerade deshalb in sich aufzunehmen vermag, weil es nicht beansprucht, die beiden korrespondierenden Formen der Pädagogik ersetzen zu können.

III. Rezeption

Bezeichnenderweise lag darin, daß Frischeisen-Köhler an *beiden* Aufgaben wissenschaftlicher Pädagogik festgehalten hat, nämlich pädagogische Tatsachen erforschen und diese zugleich philosophisch interpretieren zu müssen, die Grenzen seiner Rezeption in der *Erziehungswissenschaft* der 60er und 70er Jahre. So kam Rudolf Lochner, und damit bekanntlich einer der schärfsten Kritiker der geisteswissenschaftlichen Pädagogik und entschiedener Vorkämpfer und Vordenker der „realistischen Erziehungswissenschaft" (Lochner 1963) nicht umhin, Frischeisen-Köhler zu attestieren, die von ihm selbst avisierte „realistische Wendung" (ebd. S. 198) in „genialer Vorwegnahme (...) wichtiger Grundgedanken" zumindest auf der programmatischen Ebene *inauguriert* zu haben. „Man kann es nicht leugnen: Hier liegt eine geniale Vorwegnahme zweifellos wichtiger Grundgedanken vor" (ebd. S. 163). Frischeisen-Köhlers Verdienste um eine realistische Erziehungswissenschaft wurden in den Augen Lochners aber vor allem dadurch geschmälert, daß sich Frischeisen-Köhler nicht dazu habe durchringen können, „alle Brücken zur systematischen Philosophie abzubrechen" und die Pädagogik als eine *reine* Erfahrungs- und Erkenntniswissenschaft zu begründen, was nach Lochners Ansicht doch die „letzte Konsequenz" gewesen wäre.

„Nur wird eben die Idee einer autonomen, selbständigen Einzelwissenschaft (im Sinne Lochners, F. G.) im Grunde genommen immer noch nicht mit letzter Konsequenz verfochten, gleichsam, als ob einer Pädagogik wissenschaftlicher Art, die alle Brücken zu einer systematischen Philosophie zunächst abbricht, doch die letzte Weihe, die letzte Sicherheit und die letzte Tiefe zum Fehlen käme" (Lochner 1963 S. 163).

Die „letzte Konsequenz" hat Lochner bekanntlich selbst gezogen, und damit jener *Aufspaltung* der Pädagogik in eine „reine" empirisch-analytische *Erziehungswissenschaft*, eine bloß spekulative *Philosophie der Erziehung* und eine letztlich immer weltanschaulich bedingte *Praktische Pädagogik* (so etwa Brezinka 1978) den Weg bereitet. Frischeisen-Köhler hat diese Konsequenz nicht gezogen, weil er an der Auffassung, daß Pädagogik nicht nur eine Wissenschaft der, sondern auch für die Praxis sein müsse, festgehalten hat. Und dies nicht aus dem Dünkel des Philosophen heraus, wie Lochner zu vermuten scheint. Nicht nur, daß die Pädagogik ihren Anspruch, dem pädagogischen Handeln Orientierung geben zu können, nur dadurch wirklich gerecht werden kann, daß sie die Grundsätze und Maximen dieses Handelns in vollem Bewußtsein ihres historischen und damit immer nur vorläufigen Charakters der Rechtfertigung im Denken aussetzt; die reinliche Scheidung der Fragen des Seins (Erziehungswissenschaft) von denen des Sollens (Philosophie der Erziehung) und der Vermittlung beider (praktische Pädagogik) ist vielmehr schon aus sachlichen Erwägungen heraus gar nicht möglich. Die „letzte Konsequenz", Pädagogik unter Absehung aller Wertungsfragen ausschließlich auf die Erforschung pädagogischer „Tatsachen" zu beschränken, erweist sich vielmehr als eine unzulässige Reduktion der Tragweite des pädagogischen *Problems*, wie es sich für Frischeisen-Köhler darstellte, weil eben diese „Tatsache“ der Erziehung gerade durch das unauflösliche Ineinander von „Sein“ und „Sollen“, von „Feststellung“ und „Wertung“ bestimmt ist.

„Wenn (...) der Pädagogik, die nicht in ein Aggregat disparater Elemente zerfallen darf [!], eine innere Einheitlichkeit notwendig [!] ist, so kann diese aber nicht sowohl in der formalen Einheit eines logischen Systems, sondern nur wieder in einer (...) Auffassung der Wirklichkeit gerade in der Wechselbeziehung von Sein und Wert, von Leben und Ideal, bestehen, die jeder Einzelerörterung pädagogischen Denkens und Handelns vorausliegt, in diese aber beständig hineinwirkt“ (1908d, S. 143).

Diese Tatsache, daß Erziehung immer im Kontext bestimmter Welt- und Lebensdeutungen geschieht und vollzogen wird, geht jeder pädagogischen Wissenschaft als „gegebene“ voraus, liegt ihr zugrunde, und sie wirkt deshalb auch in jede wissenschaftliche „Einzelerörterung“ hinein, ob sich der Erziehungswissenschaftler nun dessen bewußt ist oder nicht. Nach Frischeisen-Köhler sollte die Pädagogik im Interesse ihrer wissenschaftlichen Dignität und nicht zuletzt auch im Interesse ihrer praktischen Relevanz wenigstens zur Kenntnis nehmen, daß sie sich nicht damit begnügen kann, die erfahrungswissenschaftlich zutage geförderten „Tatsachen“ bloß zur Kenntnis zu nehmen, sondern daß sie diese „Tatsachen“ im Hinblick auf eine sinnvolle Gestaltung der Erziehungswirklichkeit interpretieren und auslegen muß. Insofern ist Pädagogik *sowohl* eine erfahrungswissenschaftliche *als auch* eine philosophische Disziplin, und nur wenn sie beides zugleich ist, ist sie eine geisteswissenschaftliche Disziplin. Paradoxerweise ist es nämlich die durch die philosophische Reflexion hindurchgegangene Anerkennung der unauflöslichen Beziehung von Seins- und Wertgesichtspunkten, die sowohl die *Einheit* des pädagogischen Problems konstituiert als auch die *Pluralität* ihrer wissenschaftlichen Methoden und Verfahren nicht nur ermöglicht, sondern geradezu bedingt und erfordert.

Literatur

Verzeichnis der Schriften Frischeisen-Köhlers

Ein Verzeichnis der Schriften von Frischeisen-Köhler findet sich bereits in: Max Frischeisen-Köhler 1931, S. 171 – 173. Die dort von Herman Nohl zusammengestellte Bibliographie ist jedoch außerordentlich lücken- und auch fehlerhaft, Seitenangaben fehlen ganz.

Mit * gekennzeichnete Titel wurden ohne weitere Nachprüfung von Nohl übernommen.
Mit ** gekennzeichnete Titel sind bei Nohl aufgeführt, waren jedoch nicht auffindbar.

(1900) – Meister und Schüler. Ideen zu einer Philosophie der Erziehung, geschr. 1900, erschienen posth. in: Das deutsche Schulwesen. Jahrbuch 1925. Wiederabdr. in: Max Frischeisen-Köhler: Philosophie und Pädagogik, eingel. v. Herman Nohl , Langensalza 1931, 2. Aufl. Weinheim 1962, S. 20–35.

(1902a) – Hobbes in seinem Verhältnis zu der mechanischen Naturanschauung, Diss. Phil. Berlin

(1902b)* – Die Naturphilosophie des Thomas Hobbes in ihrer Abhängigkeit von Bacon, in: Archiv für Geschichte der Philosophie

(1902c)* – Studien zur Naturphilosophie des Thomas Hobbes, in: Archiv für Geschichte der Philosophie

(1902d)* – [Einl.] Arthur Schopenhauer , Schopenhauers Werke

(1905)* – Die Philosophie auf der Schule, in: Die Wissenschaften. Beilage zur Nationalzeitung vom 10. 11. 1905

(1906a) – Über die Grenzen der naturwissenschaftlichen Begriffsbildung, in: Archiv für sytematische Philosophie, Neue Folge. 13 (1906/07), S. 1–21 u. S. 450–483

(1906b) – Die Lehre von der Subjektivität der Sinnesqualitäten und ihre Gegner, in: Vierteljahrsschrift für wissenschaftliche Philosophie und Soziologie, 30. Jg. Neue Folge 5 (1906), S. 271–328

(1907a) – Die Realität der sinnlichen Erscheinungen, in: Annalen der Naturphilosophie, hrsg.v. W. Ostwald, 6. Jg. , S. 295–365.

(1907b)* – Über den Begriff und den Satz des Bewußtseins, in: Vierteljahrsschrift für wissenschaftliche Philosophie und Soziologie, 31. Jg.

(1907c)* – Einige Bemerkungen zu Rickerts Geschichtslogik, in: Philosophische Wochenschrift und Literaturzeitung

(1907d) – Die historische Anarchie der philosophischen Systeme und das Problem der Philosophie als Wissenschaft, in: Zeitschrift für Philosophie und philosophische Kritik, Nr. 131,1, S. 64–84 (Fortsetzung ebd. angekündigt, jedoch nicht auffindbar)

(1907e) – [Hrsg.] Moderne Philosophie. Eine Einführung in die Standpunkte und Probleme, Stuttgart (Einl. identisch mit 1907d)

(1907f) – [Übers. und Einl.]: Shaftesbury. Ein Brief über den Enthusiasmus. Die Moralisten, Leipzig (= Phil. Bibliothek, Band III)
(1908a)* – Über die psychologischen und logischen Grundlagen des Bewegungsbegriffs, in: Zeitschrift für Psychologie
(1908b) – Das Erlebnis und die Dichtung, in: Deutsche Literaturzeitung 29 (1908) 19, Sp. 1157–1166
(1908c) – Naturwissenschaft und Wirklichkeitserkenntnis, in: Archiv für systematische Philosophie, S. 10–23
(1908d) – Die Bedeutung der Psychologie für die Pädagogik, in: Aus der Schule – für die Schule, 20. Jg., S. 102–110 u. S. 145–156
(1911a) – [Hrsg. und Einl.] Weltanschauung. Philosophie und Religion in Darstellungen von W. Dilthey, B. Groethuysen u. a., Berlin, Einleitung: S. IX–XVIII
(1911b) – Descartes, in: Ernst von Aster (Hg.): Große Denker, 2 Bde, Leipzig, Band I, S. 347–384
(1912a) – Wissenschaft und Wirklichkeit, Leipzig und Berlin
(1912b) – Das Realitätsproblem. Berlin (= Philosophische Vorträge. Veröffentlicht von der Kant-Gesellschaft unter Mitwirkung von Ernst Cassirer und Max Frischeisen-Köhler, hrsg. v. Arthur Liebert, Bd. I/II)
(1912c) – Wilhelm Dilthey, in: Kant-Studien, 17. Jg., S. 162–172
(1912d) – Wilhelm Dilthey als Philosoph, in: Logos. Intern. Zeitschr. f. Phil. und Kultur, 3. Jg., S. 29–58
(1912e) – Zur Phänomeonologie der Metaphysik, in: Zschr. f. Phil. und philos. Kritik, Nr. 148, S. 1–17
(1912f)* – Der gegenwärtige Stand der Sprachphilosophie, in: Germanisch-romanische Monatsschrift
(1912g) – Pädagogik und Ethik, in: Archiv für Pädagogik. Wiederabdruck in: Max Frischeisen-Köhler: Philosophie und Pädagogik, hrsg. v. Herman Nohl, Langensalza 1931, 2. Aufl. Weinheim 1962, S. 92–109 (Auszug)
(1913)* – Das Zeitproblem, in: Philosophische Jahrbücher
(1914a) – [Neubearb.] Friedrich Überwegs Grundriß der Geschichte der Philosophie, III. Teil: Die Philosophie der Neuzeit bis zum Ende des 18. Jahrhunderts, 11. Aufl. (12. Aufl. 1924)
(1914b) – Philosophie und Psychologie, in: Die Geisteswissenschaften, 1. Jg. H. 14, S. 371–373 u H. 15, S. 400–403
(1914c) – Zur Frage der Errichtung pädagogischer Hochschulprofessuren, in: Die Geisteswissenschaften, 1. Jg. H. 34, S. 936
(1914d) – Erziehung – Kunst oder Wissenschaft?, in: Das deutsche Schülerheim, S. 5–8
(1914e) – Erkenntnislehre und Metaphysik des Thomas Hobbes, in: Festschrift für Alois Riehl, von Freunden und Schülern zu seinem siebzigsten Geburtstage dargebracht, Halle/Saale, S. 251–309
(1914f)* – [Hrsg.] Das Problem des ewigen Friedens, Berlin

(1914g) – [Übers., Einl. u. Hrsg.] Thomas Hobbes: Elementa philosophiae, 2 Bde., Hamburg 1915/1917 (Phil. Bibl. Bd. 157/158)
(1915a) – [Hrsg.] Geistige Werte. Ein Vermächtnis Deutscher Philosophie, Darmstadt, Vorw. S. 9–15 und Nachw. S. 375–376
(1915b)* – Das englische Volk und die Kultur, in: Das englische Gesicht, Berlin
(1917a) – Philosophie und Dichtung, in: Kantstudien 21. Jg., S. 93–130
(1917b) – Philosophie und Pädagogik, in: Kantstudien, 21. Jg.,Wiederabdruck in: Max Frischeisen-Köhler: Philosophie und Pädagogik, hrsg. v. H. Nohl, Langensalza 1931, 2. Aufl. Weinheim 1962, S. 36–91
(1917c) – Über das „ästhetische Urteil" bei Herbart, in: Vierteljahrsschrift für philosophische Pädagogik 1. Jg. (1917/18), S. 197–204
(1918a) – Die Philosophie in der neuen Prüfungsordung für das Lehramt an höheren Schulen in Preussen, in: Kantstudien, 22. Jg., S. 499–502
(1918b) – Herbarts Begründung des Realismus, in: Festschrift für Johannes Volkelt zum 70. Geburtstag, München, S. 154–172
(1918c) – [Bearbeitung] Ch. Joh. Deter: Abriß der Geschichte der Philosophie, Berlin 12. Aufl., (13. Aufl. 1923)
(1918d) – Die Grenzen der experimentellen Methode, in: Pädagogische Blätter, 47. Jg., S. 1–6, 41–47, 93–107. Wiederabdruck in: Max Frischeisen-Köhler: Philosophie und Pädagogik, hrsg. v. H. Nohl, Langensalza 1931, 2. Aufl. Weinheim 1962, S. 110–150 sowie in: Das Experiment in der Erziehungswissenschaft, hrsg. v. Norbert Kluge und Hanns Reichel, Darmstadt 1979, S. 55–75 (Auszug)
(1919a) – Über die Grenzen der Erziehung, in: Zeitschr. f. päd. Psychologie und experimentelle Pädagogik. Wiederabdruck in: Max Frischeisen-Köhler: Philosophie und Pädagogik, hrsg. v. H. Nohl, Langensalza 1931, 2. Aufl. Weinheim 1962 S. 151–160
(1919b) – Die pädagogische Lage der Gegenwart, in: Erziehung und Bildung. Wissenschaftl. Beilage der preussischen Lehrerzeitung 1. Jg. H. 1, S. 1–7
(1919c) – Über volkstümliche Einleitung in Philosophie, in: Volksbildungsarchiv, S. 28–54
(1919d) – Aristokratische und demokratische Bildungstendenzen, in: Pädagogisches Zentralblatt , 1. Jg. (1919/20), S. 151–156
(1919f)** – „Experiment und Pädagogik, in: Pädagogische Blätter 1919"
(1919g)** – „Volksschullehrer, in: Deutsche Allgemeine Zeitung 1919"
(1919h)* – Tatsächliche Feststellungen im Strafurteil – eine Fiktion, in: Recht und Wirtschaft
(1919i)** – „Unsere Zeit und die Philosophie, in: Der Spiegel 1919"

(1920a) – Die akademische Berufsvorbildung der Volksschullehrer, in: Deutsche Allgemeine Zeitung vom 29. 5. 1920, (ohne Seitenabgabe)
(1920b) – Über die Pädagogik an den Universitäten, in: Deutsches Philologenblatt, 28. Jg. Heft 22, S. 217–220
(1920c) – Zur Bilanz der Reichsschulkonferenz, in: Deutsches Philologenblatt, 28. Jg. Heft 38/39, S. 421–425
(1920d)** – „Epilog zur Reichsschulkonferenz, in: Deutsches Philologenblatt 1920"
(1920e) – Georg Simmel, in: Kantstudien, 25. Jg. S. 1–51
(1921a) – Bildung und Weltanschauung. Eine Einführung in pädagogische Theorien, Charlottenburg
(1921b) – Philosophie und Leben. Bemerkungen zu Heinrich Rickerts Buch: „Die Philosophie des Lebens", in: Kantstudien, 26. Jg., S. 112–138
(1921c) – Kultur und Bildungsideal, in: Deutsches Philologenblatt, 29. Jg. Heft 28, S. 426–429. Wiederabdruck in: Max Frischeisen-Köhler: Philosophie und Pädagogik, hrsg. v. Herman Nohl, Langensalza 1931, 2. Aufl. Weinheim 1962, S. 162–170
(1921d)* – Ratgeber für das Studium der Philosophie an der Universität Halle, Hochschulhefte.
(1925)* – Philosophie der Gegenwart (= Max Dessoir: Lehrbuch der Philosophie)
(1931) – Philosophie und Pädagogik, hrsg.v. Herman Nohl, Langensalza 1931, 2. Aufl. Weinheim 1962. Mit einem Verzeichnis der Schriften von Max Frischeisen-Köhler (Enthält: 1900; 1912g; 1917b; 1918d; 1919a)

Literatur zu Max Frischeisen-Köhler

Bartels, Klaus (1970): Frischeisen-Köhler, Max, in: Lexikon der Pädagogik. Neue Ausgabe, hrsg. v. Heinrich Rombach, Freiburg, Band II, S. 34
Bock, Irmgard (1990): Geschichtsschreibung im Rahmen der Systematischen Pädagogik, Göttingen, S. 46–52
Böhm, Winfried (1994): Frischeisen-Köhler, Max, in: Ders.: Wörterbuch der Pädagogik, 14., überarb. Aufl., Stuttgart S. 244
Derbolav, Joseph (1956): Die gegenwärtige Situation des Wissens von der Erziehung, Bonn, S. 16f., 22 und 45
Franz, Erich (1919): Das Realitätsproblem in der Erfahrungslehre Kants. Eine kritische Studie mit besonderer Rücksicht auf den Neukantianismus der Gegenwart, Berlin, S. 67ff.
Herrmann, Ulrich (1971): Die Pädagogik Wilhelm Diltheys. Ihr wissenschaftlicher Ansatz in Diltheys Theorie der Geisteswissenschaften, Göttingen , S. 242ff.
Hufnagel, Erwin (1982): Max Frischeisen-Köhler (1878–1923), in: Ders.: Pädagogische Theorien im 20. Jahrhundert, Frankfurt/M., S. 34–43

Jelke, Robert (1923): Die Realisierung in Natur- und Geisteswissenschaften, in: Kant-Studien 28. Jg., S. 221–265

Kreczi, Johann (1936): Das Problem des Erziehungszieles bei Wilhelm Dilthey, seine geschichtliche Abhängigkeit und seine Fortbildung, Phil. Diss. Wien, S. 121– 139

Lehmann, Rudolf (1962): Nachruf auf Max Frischeisen-Köhler, in: Kant-Studien 29 (1924); Wiederabdruck in: Max Frischeisen-Köhler. Philosophie und Pädagogik, hrsg. v. Herman Nohl, (Langensalza 1931) 2. Aufl. Weinheim, S. 8–19

Liebert, Arthur (1924): Trauerrede auf Max Frischeisen-Köhler, in: Kant-Studien 29 (1924), S. XV–XX

Lochner, Rudolf (1963): § 18. Frischeisen-Köhler, in: Ders.: Deutsche Erziehungswissenschaft, Meisenheim am Glan, S. 157–168

Menzer, Paul (1930): Frischeisen-Köhler, Max, in: Deutsches Biographisches Jahrbuch, Berlin, Band V, S. 85–89

Moog, Willy (1918): Über die Möglichkeit der Pädagogik als philosophische Wissenschaft, in: Vierteljahrsschrift für philosophische Pädagogik, 2 (1918), S. 8ff.

Moog, Willy (1967): Geschichte der Pädagogik. Neu hrsg. v. Franz-Joseph Holtkemper, Band III, Ratingen, S. 524f.

Nohl, Herman (1962): Vorbemerkung in: Max Frischeisen-Köhler. Philosophie und Pädagogik, hrsg. v. H. Nohl, (Langensalza 1931) 2. Aufl. Weinheim, S. 5–7

Oelkers, Jürgen/Adl-Amini, Bijan (Hg.) (1982): Pädagogik, Bildung und Wissenschaft, Bern und Stuttgart , S. 178f. (mit Teilabdruck aus „Bildung und Weltanschauung“: S. 224–243.

Rach, Manfred (1968): Frischeisen-Köhler, Max, in: Biographien zur deutschen Erziehungsgeschichte, Weinheim und Berlin, S. 321f.

Schwenk, Bernhard (1977): Pädagogik in den philosophischen Fakuläten. Zur Entstehungsgeschichte der „geisteswissenschaftlichen Pädagogik“ in Deutschland, in: Jahrbuch für Erziehungswissenschaft 1977/78. Wissenschaft im Reformprozeß. Aufklärung oder Alibi?, hrsg. v. H.-D. Haller und D. Lenzen, Stuttgart, S. 103–157, bes. S. 112ff.

Steinbüchel, Theodor (1930): Frischeisen-Köhler, Max, in: Lexikon der Pädagogik der Gegenwart, hrsg. v. Dt. Inst. f. Wiss. Päd., Freiburg/Br., Band I, Sp. 839f.

Ulrich, Martha (1920): Der Ziehensche Binomismus und sein Verhältnis zur Philosophie der Gegenwart, in: Kant-Studien 25. Jg, S. 366–395

Sonstige herangezogene Literatur

Bartels, Klaus (1968): Die Pädagogik Herman Nohls in ihrem Verhältnis zum Werke Wilhelm Diltheys und zur heutigen Erziehungswissenschaft, Weinheim

Böhm, Winfried (1995): Theorie und Praxis. Eine Einführung in das pädagogische Grundproblem, 2., erweiterte Auflage, Würzburg

Böhm, Winfried (1975): Über die Vieldimensionalität historisch-pädagogischer Forschung, dargestellt am Problem einer Geschichte der Vorschulerziehung, in: W. Böhm und J. Schriewer (Hg.): Geschichte der Pädagogik und systematische Erziehungswissenschaft, Stuttgart, S. 157–172

Benner, Dietrich (1991): Hauptströmungen der Erziehungswissenschaft. Eine Systematik traditioneller und modernen Theorien, 3. verbesserte Aufl. Weinheim

Brezinka, Wolfgang (1978): Von der Pädagogik zur Erziehungswissenschaft. München und Basel

Flitner, Wilhelm (1989): Theoretische Schriften, hrsg. von U. Herrmann, Paderborn u. a.

Horst, Thomas (1989): Heinrich Rickert, in: Philosophen-Lexikon, Stuttgart, S. 655 f.

Lichtenstein, Ernst (1964): Die letzte Vorkriegsgeneration in Deutschland und die hermeneutisch-pragmatische Pädagogik, in: Einsichten und Impulse. Wilhelm Flitner zum 75. Geburtstag (= Zeitschr. f. Päd., 5. Beih.), Weinheim S. 5–33

Herman Nohl (1879–1960), die geisteswissenschaftliche Pädagogik und das Problem des „historischen Bewusstseins"

Jürgen Oelkers

Der Ausdruck „geisteswissenschaftlich" ist zu verstehen als Hinweis auf eine Methode, genauer: auf eine wissenschaftstheoretisch begründete Differenz, die im 19. Jahrhundert sanktioniert wurde. Hermann Helmholtz beschrieb 1862 diese Differenz wie folgt: „Die Naturwissenschaften sind meist im Stande ihre Inductionen bis zu scharf ausgesprochenen allgemeinen Regeln und Gesetzen durchzuführen, die Geisteswissenschaften dagegen haben es überwiegend mit Urtheilen nach psychologischem Tactgefühl zu thun" (Helmholtz 1884, S. 132).

John Stuart Mill, den Helmholtz erwähnt (ebd., S. 138)[1], hatte am Ende seines „*System of Logic*" (1843) die Verfahrensweisen der *moral sciences* erwähnt, aus denen in der deutschen Übersetzung von Schiel (1849) der Term „Geisteswissenschaften" wurde. Für Mill geht es um die Frage, wie aus Wissenschaften, die „keine *exacten* Wissenschaften", sogar „äusserst unvollkommene Wissenschaften" sind (Mill 1868, Bd. II/S. 450f.), näherungsweise Wissenschaften werden. Gemeint ist die „Wissenschaft von der menschlichen Natur" (ebd., S. 452). Um ihrem Studium „einen ächt wissenschaftlichen Charakter zu geben, ist es unbedingt nöthig, dass (ihre) annähernden Generalisationen, welche an und für sich nur auf die niedrigste Art von empirischen Gesetzen hinauslaufen würden, deductiv mit den Naturgesetzen, aus denen sie hervorgehen, verbunden seien" (ebd., S. 454)[2]. Helmholtz geht demgegenüber nicht von einer *Näherung*, sondern von einer *Trennung* aus, die die

---

[1] Mill wird zitiert mit der „Überzeugung, dass die inductiven Wissenschaften in der neuesten Zeit mehr für die Fortschritte der logischen Methoden gethan hätten, als die Philosophen von Fach" (Helmholtz 1884, S. 138).

[2] Eine irgendwie komplette oder totale Prognose menschlicher Handlungen ist aber nie möglich, auch dann nicht, wenn das Objekt vollständig erklärt wäre (Mill 1868, Bd. II/S. 452). „Wenn ... auch unsere Wissenschaft von der menschlichen Natur theoretisch vollkommen wäre, d.h. wenn wir aus gegebenen Daten einen Charakter berechnen könnten, wie wir die Bahn eines Planeten berechnen können, so könnten wir dennoch weder positive Voraussagungen machen, noch allgemeine Sätze aufstellen, da die Data niemals alle gegeben, noch in verschiedenen Fällen jemals genau gleich sind" (ebd., S. 453).

Wissenschaftsdisziplinen betrifft. Sie werden wie selbstverständlich *unterschieden*, und zwar in zwei grosse Gruppen. In den Naturwissenschaften ist es „verhältnismässig leicht ..., die Einzelfälle der Beobachtung und Erfahrung zu allgemeinen Gesetzen von unbedingter Gültigkeit und ausserordentlich umfassenden Umfang zu vereinigen", während gerade dieses Geschäft in den Geisteswissenschaften „unüberwindliche Schwierigkeiten darzubieten pflegt" (Helmholtz 1884, S. 135)[3]. Die Naturwissenschaften haben nicht nur einen Exaktheits-, sondern zugleich einen Beweisvorteil. „In keinem Gebiete des Wissens (giebt sich) ein Fehler in der Gedankenverbindung... so leicht durch die Falschheit der Resultate zu erkennen ..., als in diesen Wissenschaften, wo wir die Resultate der Gedankenarbeit meist direct mit der Wirklichkeit vergleichen können" (ebd., S. 138).

Der Unterschied liegt *nicht* in der Differenz von „Erklären" und „Verstehen"[4], auch nicht in der Differenz von „Natur" und „Geist" oder von „Gesetz" und „Leben", sondern im Verhältnis von *Methode* und *Gegenstand*. Naturwissenschaftliche Beweisbehauptungen lassen sich am Objekt überprüfen, und dies exakt, soweit der Rahmen der Messmethoden akzeptiert ist. Geisteswissenschaften können nicht wirklich etwas beweisen, weil ein *experimentum crucis* nicht gemacht werden kann. Sie bearbeiten „Gedächtnis" (ebd., S. 138), nicht wirklich ein Objekt, und ihre Deutungen müssen durch Autorität (ebd., S. 139) gesichert sein, wenn wirklich Zusammenhang entstehen soll. Was die Geisteswissenschaften attraktiv macht, ist die Aufgabe, „den Inhalt des geistigen Lebens reicher und interessanter zu machen" (ebd., S. 143), nicht „Nothwendigkeiten" zu erkennen (ebd.).

---

[3] Die historischen Wissenschaften müssen die „Glaubwürdigkeit der Berichterstatter" prüfen, den „Sinn" der Texte und Quellen erfassen, die „Nebenbeziehungen ... herauszufühlen suchen". „Das Urtheil lässt sich hier nur gewinnen, wenn eine sehr grosse Menge von einzelnen Thatsachen ähnlicher Art im Gedächtnis bereit ist, um schnell mit der gerade vorliegenden Frage in Beziehung gesetzt zu werden" (Helmholtz 1884, S. 132). „Während uns der lebendige Verkehr mit Menschen im täglichen Leben die Grundlage dieser psychologischen Anschauungen geben muss, dient auch das Studium der Geschichte und der Kunst dazu, sie zu ergänzen und zu bereichern, indem beide uns Menschen in ungewöhnlicheren Umständen handelnd zeigen, und wir an ihnen die ganze Breite der Kräfte ermessen lernen, die in unserer Brust verborgen liegen" (ebd., S. 133).

[4] Helmholtz unterscheidet „*logische*" und „*künstlerische Induction*", ohne sie starr der einen oder der anderen Wissenschaftsgruppe zuzuordnen (Helmholtz 1884, S. 131f.). Auch in manchen Gebieten der Naturwissenschaften spielt „ein instinctives Gefühl für Analogien und ein gewisser künstlerischen Tact eine Rolle" (ebd., S. 135).

Was *geisteswissenschaftliche Pädagogik* genannt und mit einem Set an Namen versehen wird, hat mit diesen Unterscheidungen Mitte des 19. Jahrhunderts nichts zu tun. „Geisteswissenschaftlich" bezieht sich auf die von Schleiermacher lancierte Lehre des psychologischen und dabei divinatorischen Verstehens[5], nicht auf Methoden und Gegenstände der Geschichtswissenschaft oder der Philologien. Insofern bezieht sich der Ausdruck „geisteswissenschaftliche Pädagogik" auf eine *Pädagogik*, nicht auf eine *Geisteswissenschaft.* Nicht zufällig kommt Pädagogik in Wilhelm Diltheys Kanon der Geisteswissenschaften gar nicht vor.[6] Wie ist dann aber der Zusammenhang von „geisteswissens-schaftlich" und „Pädagogik" zu verstehen?

Ich werde diese Frage am Beispiel von Herman Nohl in drei Schritten zu beantworten versuchen: Zunächst stelle ich das überragende Problem der Philosophie der Geisteswissenschaften am Ende des 19. Jahrhunderts dar, von dem auch Nohl seinen Ausgang nahm, die Frage des „historischen Bewusstseins" (1). In einem zweiten Schritt rekonstruiere ich, wie „Pädagogik" als Abwehr von Relativismus und Dekadenz konzipiert wird (2). Und abschliessend frage ich nach dem Schicksal der „geisteswissenschaftlichen Pädagogik", die dem historischen Bewusstsein ausgesetzt und ihm zugleich entzogen wird (3).

---

[5] „Verstehen" ist je ein Ineinandersein von grammatischen und psychologischen Momenten. *„Auslegen ist Kunst"*, nicht Wissenschaft (Schleiermacher 1977, S. 79, 80). Die Hermeneutik entsteht aus der „kunstlosen Praxis" (ebd., S. 92), letztlich unterscheidet sich das *geschichtliche* und das *divinatorische* „Nachkonstruieren der gegebenen Rede" (ebd., S. 93). Gegenüber Wolf wird ausdrücklich nicht nur die „kritische", sondern zugleich die „ganz andere" *divinatorische* Gewissheit postuliert. Sie entsteht daraus, „dass der Ausleger sich in die ganze Verfassung des Schriftstellers möglichst hineinversetzt" (ebd., S. 318).

[6] „Die Zwecke der Geisteswissenschaften, das Singulare, Individuale der geschichtlich-gesellschaftlichen Wirklichkeit zu erfassen, die in seiner Gestaltung wirksamen Gleichförmigkeiten zu erkennen, Ziele und Regeln seiner Fortgestaltung festzustellen, können nur vermittels der Kunstgriffe des Denkens, vermittels der Analysis und der Abstraktion erreicht werden" (Ges. Schr. I/S. 27). Wissenschaften, die diesen Standards entsprechend sind – in der „Einleitung in die Geisteswissenschaften" von 1883 – Anthropologie und Psychologie (ebd., S. 29), Geschichtsschreibung (ebd., S. 38), Ethnologie (ebd., S. 40), Staatswissenschaft (ebd., S. 47), verschiedene Kulturwissenschaften (ebd., S. 49ff.), Rechtswissenschaft und Sittenlehre (ebd., S. 52ff., 58ff.), aber nicht Pädagogik. Der Ausdruck wird gar nicht verwendet. Nach Dilthey sind nicht einmal „Philosophie der Geschichte" und „Soziologie" *wirkliche Wissenschaften* (ebd., S. 86ff.).

1. Das historische Bewusstsein

Herman Nohls Jenenser Habilitationsvortrag vom 4. Juli 1908 galt den „Aufgaben der Geschichte der Philosophie" (Nohl 1979, S. 7–20). *Nach* Hegel stelle sich die Aufgabe, wie die Geschichte der Philosophie verstanden werden könne, wenn sie *nicht* länger als „Theodicee" vorzustellen sei (ebd., S. 14). Die „Gespensterangst" des „Relativismus" müsse Bearbeitung finden, was nur möglich sei, wenn man die „Sackgasse" des historischen Bewusstseins überwinde. „Bisher waren die philosophischen Systeme unter das historische Schicksal, überlebt zu werden, gefallen, ohne mit ihm zu rechnen" (ebd.). Die philosophischen Systeme behaupteten „zeitlose" Wahrheiten, zugleich entwickelten sie ein Bewusstsein der Geschichtlichkeit eben dieser Wahrheiten (ebd., S. 15). Aus dieser „Antinomie" (ebd.) gelte es, einen Ausweg zu finden.

Fraglich wurde damit das Verhältnis der Philosophie zur Geschichte:

„Wenn es kein Mittel gab, das *ohne* sie *über* sie *hinaus*führte und ausserhalb ihrer einen absoluten Massstab finden liess, so musste es möglich sein, ein solches Mittel *in ihr* selber zu finden" (ebd.; Hervorhebungen J. O.).

Geschichte (der Philosophie) ist nicht länger „Selbstzweck", sondern „Material" der Erkenntnis. An diesem Material können „Beziehungen" analysiert oder entwickelt werden, die „in irgendeiner Weise *überhistorisch* waren: die Struktur des Geistes, die dauernden Gesetze seines Wesens wie die Gesetze seiner Bildung" (ebd.; Hervorhebung J. O.). Die vorbildliche Lösung sei Diltheys Theorie des historischen Verstehens: Es müsse gelingen, „jene sachlichen Einsichten aus der Geschichte selbst zu gewinnen, die dann wieder dienen müssen, die Geschichte zu verstehen. So wird die Geschichte die entsprechende Wissensform zu dem modernen Lebensbewusstsein" (ebd., S. 16).[7]

Neukantianische, formale Lösungen des Problems historischer Erkenntnis werden zurückgewiesen[8], stattdessen wird die „historische Vergleichung", also die Lösung *in* der Geschichte, empfohlen, aus denen sich die „typischen" Formen, die „Bildungsgesetze

---

[7] Der Bezugspunkt sind moderne Dichtungen. Sie demonstrieren ein Lebensbewusstsein, „das kein anderes Verständnis des Lebens mehr kennt als das aus ihm selber, nur dass sie (die Wissensform der Geschichte; J. O.) das subjektive Leben erweitert zur der Vollständigkeit und Objektivität der ganzen Geschichte" (Nohl 1979, S. 16).

[8] Erwähnt wird Wilhelm Windelbands „Lehrbuch der Geschichte der Philosophie" von 1892 sowie Benno Erdmanns objektives Verstehen (Nohl 1979, S. 15/16).

dieser Typen" und letztlich die historische „Struktur des Geistes" bestimmen lassen sollen. Angestrebt wird, „das Gesetz zu finden, das diese Verschiedenheiten, so weit es geht, erklärt," und es „dem Einzelnen ermöglicht, sich von ihnen zu befreien" (ebd., S. 17). Daraus resultiert ein Programm, das Nohl tatsächlich lebenslang beschäftigt hat:
„Die Geschichte der Philosophie klärt uns nicht bloss das Resultat auf, mit dem wir leben, sondern sie deckt die dauernde Struktur unsers Geistes auf, sie zeigt uns die Gesetze seiner Bildung, sie befreit uns von der Einseitigkeit unserer Subjektivität, die überall zu Widersprüchen führt, indem sie uns die Möglichkeiten unseres Geistes und ihre Gesetzlichkeit kennen lehrt. So wird das Bewusstsein des Geistes von sich selbst erreicht. Er versteht sein Wesen in der Totalität seiner Erscheinung und der in ihr aufgedeckten Beziehungen, und er besitzt es in ihnen" (ebd., S. 19).
Die *philosophische* Problemlösung überzeugt nicht. Nohl historisiert *nicht weit genug*, alle denkbaren Beschreibungen der „Struktur des Geistes" sind *ihrerseits* historisch, aber mehr noch, *mit* diesen Beschreibungen verändert sich der Gegenstand, der nicht einfach als in der Geschichte bereits vorhanden oder objektiv zugänglich gedacht werden kann. Eine „dauernde" historische Struktur des Geistes wäre nur eine weitere Anomalie. Sie entsteht dadurch, dass *in* der Geschichte diese *über sich selbst* hinausgeführt werden soll, während jedes deskriptive Resultat von nachfolgenden Theorien überholt werden kann. „Geschichte" ist bei Nohl *nur* Vergangenheit, nicht Prozess, der ständig *neue* Vergangenheiten erzeugt. Selbst oder gerade die angestrebte historische Erkenntnistheorie, der Gegenentwurf zu den neukantianischen Ansätzen, würde nie zu bleibenden – *wahren* – Resultaten führen, von denen andererseits der *pädagogische* Anspruch, die Bildung des Geistes, abhängt.
Man muss die Lösung also pädagogisch verstehen, die „Gesetze der Bildung" *sollen* uns von der „Einseitigkeit unserer Subjektivität" befreien, indem und soweit die „Totalität (der) Erscheinungen" in historischer Erkenntnis das „Wesen" des Geistes verständlich macht. Das „historische Bewusstsein" ist so ein Erziehungsprogramm, es steht *gegen* die „Gespensterangst" des Relativismus, die doch weder theoretisch noch methodisch zu bannen ist. Aber Nohl versteht Geschichte als *Erziehungs*mittel, als die Macht, die den Sicherheitsverlust des Idealismus ersetzt. Wenn es einen Archimedischen Punkt ausserhalb der Geschichte nicht geben kann, dann muss *diese selbst* für Gewissheit sorgen können. „Leben" und „Erleben" reichen nicht hin, das historische Bewusstsein, genauer:

die Geschichte und hier besonders die Geschichte der Philosophie legen ständige Aneignungsprozesse des Vergangenen nahe, die definieren, was „lebenswert" ist[9]. Es ist dies nicht einfach die Existenz selbst,[10] sie wird mit einem Programm historischer Bildung ausgerüstet, von dem erwartet wird, dass es den Einzelnen in eine „Welt des Geistes zu heben" vermag (ebd., S. 20).
Nohl versucht nun, dem pädagogischen Problem eine philosophische Form zu geben, nämlich tatsächlich nachzuweisen, *dass* und *wie* die „Struktur des Geistes" aus der eigenen Geschichte entsteht und deren Fortsetzung überdauert. „Geistiges Leben ist historisches Leben – das ist die Entdeckung des historischen Bewusstseins gewesen" (ebd., S. 23)[11]. Dieses Bewusstsein konnte erst erreicht sein, als „man die geschichtliche Natur des Menschen selbst erkannte" (ebd., S. 27), also die ältere Vorstellung der „zeitlosen Wesenheit, die sich nur offenbaren kann, aber sich nie verändert", aufgab (ebd., S. 28). Aber dann wäre die erste Frage, wie Geschichte *selbst*, offenbar das prozessuale Medium dieser Veränderung, begriffen werden kann oder muss. Wenn nicht länger Schöpfung und Wesen oder Sein und Offenbarung gegenübergestellt werden können, dann wird der zeitliche Prozess grundlegend. Das Problem wäre, ob und wie Zeit und Geschichte vereinbart oder aufeinander bezogen werden können, ohne dass beide Kategorien einfach dasselbe bezeichnen sollen.
Wer Geschichte historisiert, muss irgendwie Zeit ordnen, also Prozesse schematisieren. Zugleich muss eine Art Anfang des eigenen Problems gesucht werden, die Geschichte kann nicht einfach fliessen. Nohl bestimmt diesen Anfang als *Anfang neuen Denkens,* also als theoretische Innovation. Grundlegend sei das Konzept der „Entwicklung" gewesen, dessen Besetzung mit „Geschichte" oder

[9] „Wir empfinden die Macht und den Gehalt des Lebens – abgesehen von der Leidenschaft des Augenblicks – um so stärker, je mehr es uns gelingt, Lebenswertes, das wir erlebt, in uns gegenwärtig zu halten, es nicht sterben zu lassen. Was uns da lebenswert erscheint, ist das Resultat des Lebens selber, des Erlebens, und seine Fortwirkung. Nur so entsteht das Dasein eines Charakters" (Nohl 1979, S. 19).

[10] „Es ist unser Schicksal, dass das, was wir nicht im Erleben besitzen und gegenwärtig haben, für uns verschwunden ist. Es mag an sich aufbewahrt sein, in unserer Existenz, in irgendeiner metaphysischen Wirklichkeit – davon wissen wir nicht, für uns existiert es *nur in der Arbeit*, mit der wir es *immer neu am Leben halten*" (Nohl 1979, S. 19; Hervorhebungen J. O.).

[11] Mit diesem Satz beginnt Nohls Vorlesung „Das historische Bewusstsein, seine Entstehung und seine Probleme" (Nohl 1979, S. 21–115). Die Vorlesung ist schon in Jena konzipiert gewesen. Nohl hat sie nach 1920 verschiedentlich in Göttingen gehalten, darunter noch dreimal nach 1945. Das Manuskript datiert aus den Jahren 1937 bis 1945 (Nohl 1979, S. 116).

„Zeit" für das 17. Jahrhundert reserviert wird. Gewährsmänner sind so unterschiedliche Autoren wie Bacon und Pascal[12]. Mit ihnen, so Nohl, entsteht der Gedanke der unvergänglichen, fortschreitenden Menschheit. „Man muss die Menschheit wie einen ewigen Menschen ansehen. Der antike Mensch ist das Kind; je älter die Erde wird, um so mehr schreitet die Menschheit fort" (ebd., S. 37). Die Zeit wird produktiv und progressiv verbraucht, „Entwicklung" ist geschichtlicher Fortschritt in der Zeit, die selbst endlos ist. Die *Querelle des anciens et des modernes* etablierte ein neues Zeitschema *als* Geschichte, die Abkehr vom Vorbild der Antike zugunsten einer offenen, unbeschränkten Perfektibilität, die von der Zukunft erwartet wurde (ebd., S. 38). Was dann Aufklärung genannt wurde, etablierte und politisierte dieses Schema.
Nohl liest Aufklärung doppelt, wobei wiederum die philosophische Sicht die pädagogische anleitete:
„Was man mit dieser Geschichtsbetrachtung wollte ... war ein Doppeltes. Das erste war der Nachweis der Stellung des Menschen im Universum. Gegenüber der theologischen Auffassung offenbarte (!) die Geschichte das wahre Wesen des Menschen, seine Souveränität. Die Menschheit steht auf sich, ihr Fortschritt ist das Werk der eigenen Arbeit. Weiter stehen aber alle diese (Konzepte) im Dienst der grossen Aufgabe der Vervollkommnung des menschlichen Geschlechts, der Erziehung des Menschen. Indem sie die Entwicklungstendenzen des geschichtlichen Lebens nachweisen, soll es gelingen, die gesellschaftliche Wirklichkeit endgültig von den vergangenen Stufen zu reinigen" (ebd., S. 41).
Gegen diese Marginalisierung oder „Mediatisierung" der Geschichte (ebd., S. 43) wendet sich Nohl. Die Aufklärung, verstanden als Fortschritt in der Zeit, vernachlässige die subjektiven, irrationalen Momente der Geschichte[13], aber weit mehr vernachlässigte sie Geschichte selbst. „Alle vergangenen Stufen wurden von hier aus (der Gegenwart des 18. Jahrhunderts; J. O.) mediatisiert, in ihnen nur gesehen, was der eigenen Zeit und ihren Idealen entsprach" (ebd.). Die Entwertung der Vergangenheit hebt „Geschichte" auf, und zwar weil ihre *pädagogische* Bedeutung verloren geht. Sie impliziert keine bedeutsamen Erfahrungen

---

[12] Bacon wird zitiert mit *De dignitate et augmentia scientiarum* (1605ff.). Pascal erscheint mit einem Sekundärzitat aus Diltheys Einleitung (Ges. Schr. I/S. 381f.). Dilthey rückte Pascal in eine unmittelbare Nähe zu Bacon. Zitiert wird aus dem „Fragment d'un Traité du Vide" (Pascal o.J., S. 74–84 (80/81)), also *nicht* aus den *Pensées*, die ein ganz anderes Bild ergeben.

[13] „Die Zukunft, rational wie sie werden sollte, konnte den irrationalen Faktor des Genies nicht mehr brauchen" (Nohl 1979, S. 42).

für die Zukunft, sondern verliert ihre Bedeutungen, und dies um so mehr, je mehr nur noch Innovationen – Gegenwarten und deren Zukünfte – die Zeit bestimmen. Aber, so Nohl, die „Aufklärung erlag ihrer eigenen Dialektik. Gerade durch ihre Entwicklung drohten ihr wesentliche Bestandteile menschlicher Existenz, Kraft und Sinnlichkeit, Kunst und Ethik, verloren zu gehen, vor allem das Innerste des Lebens, das ‚Gefühl des Lebens' selber" (ebd.).

Für diese Behauptung gibt es keinen Beweis, wohl aber eine gehörige Kulisse, in der Rousseau gegen Voltaire oder *sentiment* und *vertu* gegen Rationalismus und Vernunft ausgespielt werden (ebd., S. 44). Sollte dann der Dialektik der Aufklärung entgegengewirkt werden, muss die Vorstellung von Geschichte einen anderen Ansatz gewinnen, nämlich den von Vico, Hamann und Herder (ebd., S. 53ff.).[14] Vico wird dreifach rezipiert[15], als Begründer einer pluralen und parallelen Kulturgeschichte, die die alten Vorstellungen von „Weltgeschichte" abgelöst habe[16], weiter als Begründer eines Zusammenspieles der „Geschichte der Ideen und der Sitten und Taten des Menschengeschlechts" sowie schliesslich als Begründer einer bestimmten Vorstellung von Geschichte selbst, die mit Konzepten der „Mehrheit und Wiederholbarkeit" die alte Idee eines „einmaligen Ablaufes der Geschichte" ablöste, insbesondere deren christliche Varianten (ebd., S. 58/59).[17]

---

[14] Behauptet wird eine doppelte Priorität, weil sich, so Nohl, zwischen *La Scienzia Nova* (1725) und der „neuen historischen Auffassung" bei Hamann und Herder „ein Zusammenhang … nicht herstellen" lasse (Nohl 1979, S. 53). Nohl bezieht sich vermutlich darauf, dass Übersetzungen der *Prima* und der *Secunda Scienza Nuova* (von 1744) erst 1822 zugänglich waren (durch W. E. Weber). Das schliesst Lektüre freilich nicht aus.

[15] Grundlegend soll gelten, Vico sei „der eigentliche Entdecker der geschichtlichen Welt … Er ist der erste, der Geschichte und Philosophie in einer tiefere Beziehung brachte" (Nohl 1979, S. 53). Diltheys These, Vicos *principii di scienza nuova* „lassen die äusseren Umrisse der theologischen Philosophie der Geschichte stehen" und erst Turgot habe die „Philosophie der Geschichte säkularisiert" (Ges. Schr. I/S. 99), bleibt unbeachtet. Die neuere Vico-Forschung bestätigt weit mehr Dilthey als Nohl (Bedani 1989, Mali 1992 oder Lilla 1993).

[16] Das übersieht zum Beispiel den Ordo-Gedanken bei Vico, der deutlich auf die Vorsehung bezogen und so „allgemein" und „ewig" gefasst wird (Nuova Scienza I/4). Die „historische Welt" bei Vico ist wesentlich *eine*, sonst könnte sie nicht „entsprechend der philosophischen Methode Bacons" – *cogitare videre* – erforscht werden (ebd.). In ihrer Bewegung liegt Weisheit (Lilla 1993, S. 155), das vor allem mag Nohl angezogen haben; aber genau diese (pädagogische) Erwartung *widerspricht* der modernen Vorstellung von Geschichte.

[17] Über die Schemata bei Vico heisst es: „Die antike Zyklentheorie, aber doch nun in einer ganz neuen Tiefe; das Dreistadiengesetz, aber das auch sehr viel reicher

Nohl braucht dieses Konstrukt, um die „schöpferische Individualität" als „Protest" *gegen* „den Rationalismus" in Stellung zu bringen (ebd., S. 61ff.), also eine neuplatonische Linie zu ziehen, die von Shaftesbury über Rousseau bis auf Hamann reicht. Hamann ist der „konsequente" Kritiker der Aufklärung, der nicht nur sentimental (wie Shaftesbury) und auch nicht lediglich „abstrakt" und prinzipiell (wie Rousseau), sondern *historisch* gegen den linearen Rationalismus und das Fortschrittsgebot der Aufklärung argumentierte. Er, Hamann, habe für die „neue Wendung" des historischen Bewusstseins gesorgt:

„Alle Gewissheit ist im Erlebnis gegründet, und die ursprünglich schöpferischen Kräfte sind sinnliche Anschauung und Gefühl, Furcht, Hoffnung, Liebe; das gilt für die Sprache und Poesie so gut wie für Religion. Der Verstand muss immer trennen, Wahrheit ist aber nur im Ganzen. Das Leben ist ein Ganzes, der Verstand kann es nicht aufnehmen, ohne es zu zerlegen, und darüber geht das Leben verloren. Es ist nur dem Menschen zugänglich, der es mit der Totalität seiner Kräfte erfasst" (ebd., S. 66/67).[18]

Hamann wird nicht aus dem zeitgenössischen Kontext heraus verstanden, sondern als Vorläufer und recht eigentlich Begründer jener „Lebensphilosophie" gedeutet, der Nohl selbst anhing. Dass „Leben" für Hamann nur durch das „Buch der Schöpfung" gelesen werden kann und darf, weil es anders jede Heiligkeit verlieren würde[19], diesen äussersten *Widerstand* gegen jede Form von Historisierung, der Hamanns Rang und Skandal begründete, übersieht Nohl, obgleich damit auch *sein* äusserstes Problem bestimmt ist. Hamann hat eine christliche Mystik zu Gebote, die Nohl fehlt[20], er

---

gesehen; vergleichbares Material kann auf Gesetze zurückgeführt werden; Christus kommt nicht ein einziges Mal vor!" (Nohl 1979, S. 59). Der Beschluss der *Nuova scienza* kommt allerdings auf den exklusiven Anspruch der *christlichen* Religion zurück.

[18] „Von hier aus konnte *Hamann* die Volkspoesie neu verstehen, die Bibel und Shakespeare" (Nohl 1979, S. 67).

[19] „Das Buch der Schöpfung enthält Exempel allgemeiner Begriffe, die GOTT der Kreatur durch die Kreatur; die Bücher des Bundes enthalten Exempel geheimer Artickel, die GOTT durch Menschen dem Menschen hat offenbaren wollen. Die Einheit des Urhebers spiegelt sich bis in dem Dialecte seiner Werke; – in allen Ein Ton von unermäslicher Höhe und Tiefe! Ein Beweiss der herrlichsten Majestät und leersten Entäusserung! Ein Wunder von solcher unendlichen Ruhe, die GOTT dem Nichts gleich macht, dass man sein Daseyn aus Gewissen leugnen oder ein Vieh seyn muss; aber zugleich von solcher unendlichen Kraft, die Alles in Allen erfüllt, dass man sich von seiner innigsten Zuthätigkeit nicht zu retten weiss! –" (Vom Magus im Norden 1988, S. 108).

[20] Die Mystik gilt „dem Namen JESU". „Das Zeugnis JESU ... ist der Geist der Weissagung" (Vom Magus im Norden 1988, S. 117).

(Nohl) kann daher den historischen Relativismus nur wiederum historisch bearbeiten, der Ausweg in eine andere Welt bleibt verschlossen (oder *soll* verschlossen bleiben). Das erklärt dann auch eine Schlussfolgerung, die Hamann fremd gewesen wäre: Geschichte kann nicht von draussen, sondern nur von drinnen betrachtet werden. Es gibt keinen höheren, gesonderten Standpunkt, vielmehr steht jeder Betrachter, auch der Philosoph, „mitten-inne".

„Der Prozess wird nicht konstruiert von dem betrachtenden Beschauer, sondern die Geschichte ist *im Leben selbst* enthalten; dem objektiven Leben da draussen antwortet die eine subjektive Erfahrung. Auch in der Geschichtsphilosophie haben wir also auszugehen von der Duplizität des *subjektiven Erlebnisses* einerseits und der Entwicklung des *objektiven Geistes* andererseits" (Nohl 1979, S. 111; Hervorhebungen J. O.).

Für den Mystiker Hamann sind alle „endlichen Dinge" nur „Modificationen des unendlich Gedachten und unendlich Fühlbaren" (Hamann 1965, S. 326)[21]. „Objektiv" wäre schon als Anspruch eine blasphemische Äußerung, zwischen Natur und Vernunft gibt es gar keinen Unterschied, „*Begriff* und *Ding* (sind) einerley" (ebd., S. 327), eine *Duplizität* wie „subjektives Erleben" und „objektiver Geist" könnte es demnach gar nicht geben. Nohls *polare „Struktur des Lebens"* kann sich wenigstens auf Hamann nicht berufen, der Kronzeuge für etwas ganz anderes ist, die Gewinnung eines „Gegenpols" (Nohl 1979, S. 114) zur Aufklärung, mit dem der unbedingte Anspruch der Rationalität aufgebrochen werden kann. Sie gilt im Sinne Diltheys als Weltanschauung unter anderen, deren Auseinandersetzung nie wirklich entschieden werden kann. „In Wahrheit hat jeder Einsatz Recht für einen bestimmten Bestandteil dieser rätselhaften Wirklichkeit: wir sind Spielball des Zufalls, wir sind Diener objektiver Entwicklung, wir sind frei entscheidende Menschen. Die Universalgeschichte hat darin ihren künstlerischen Zauber, dass sie diese Heterogenität des Lebens unbefangen sehen lässt" (ebd., S. 114).

Für Hamann waren die *„verborgenen Geheimnisse"* der Philosophie auflösbar in eine sakramental verstandene Analyse der Sprache, die das Problem der Erkenntnistheorie von Hume bis Kant beseitigt[22], ohne ihrerseits die Rätsel der (vorsprachlichen) Wirk-

---

[21] Brief an Friedrich Heinrich Jacobi vom 16. Januar 1785.

[22] Brief an Johann Gottfried Herder vom 15. September 1784. Als „Metakritik über den Purismus der Vernunft" auch gesondert veröffentlicht (Vom Magus im Norden 1988, S. 205–212).

lichkeit lösen zu können oder auch nur zu wollen. Nohls Rückgriff auf die Weltanschauungslehre Diltheys nimmt die Systeme der Philosophie *zu ernst*, nämlich schliesst auf „letzte“, unvereinbare, nicht auf einander rückführbare *Anschauungen*, nur weil diese in der Geschichte der Philosophie immer so behauptet wurden. Gegenüber diesen je wechselnden Behauptungen „reiner Vernunft“ hatte Hamann nur das Bild des „schnarchenden Homer“ übrig, dem es nicht einmal mehr ein Gelächter wert war, die Situation der philosophischen Erkenntnis oder „Weltanschauung“ zu kommentieren (Hamann 1965, S. 216).

Nohl liest Hamann als Bestätigung seiner, Nohls Version des „geschichtlichen Bewusstseins“[23], über die Hamann gar nicht verfügte und auch nicht hätte verfügen wollen. Er durchschaute nicht nur die Transzendentalphilosophie[24], sondern zugleich die Philosophie der Geschichte. Sprache ist „Überlieferung“ *von Sprache* (ebd., S. 108),[25], was Hamann gegenüber Herder seine „Philos. der Geschichte“ nannte (ebd., S. 191)[26], ist entstanden aus „geheimen nauseae“ gegenüber jeder Form von Philosophie oder (abstrakter) Weltanschauung (ebd.). Nohls Problem ist also nicht Hamanns Problem, vielmehr entstand es im 19. Jahrhundert und ist mit den beiden Stichworten „Historismus“ und „Bildung“ verbunden gewesen (Nohl 1979, S. 114/115), „Tendenzen im deutschen Leben und Denken seit 1870“, wie Georg Simmel dies 1902 zu fassen verstand[27]. Schopenhauer und später Nietzsche hätten dem akademischen Publikum und den Bildungseliten das „Fehlen eines letzten Zieles und folglich eines Ideals, welches das ganze Leben bestimmt“, vor Augen geführt (Simmel 1990, S. 20). Daraus sei ein

---

[23] Das *„geschichtliche Bewusstsein“* ist *„die Lebensform …, in der (die) Spannung zwischen Idee und Wirklichkeit, Vergangenheits – mit ihrer Heterogenität und Zukunftsforderung sichtbar geworden ist.* Der letzte Kern des geschichtlichen Erlebnisses ist diese grosse Duplizität, mit der wir in jedem Augenblick vor der Entscheidung stehen. Historie ist Betrachtung des Lebens sub specie subjecti, d.h. jene eigentümliche Leistung, in der die objektive Gegebenheit zu neuer Einheit gebracht wird in der schöpferischen Synthese des Subjekts“ (Nohl 1979, S. 115).

[24] In Hamanns Rezension von Kants Kritik der reinen Vernunft (1781) heisst es: *„Leibnitz intellectuirte* die *Erscheinungen, Locke sensificirte die Verstandesbegriffe*, und die *reine Vernunft assimilirt* Erscheinungen und Begriffe, die Elemente aller unserer Erkenntnis, ‚zu einem transcendentalen Etwas = X, wovon wir gar nichts wissen noch überhaupt wissen können, sobald es von den sinnlichen Datis abgesondert ist‘“ (Vom Magus im Norden 1988, S. 201).

[25] Brief an Johann Gottfried Herder vom 8. Oktober 1783.

[26] Brief an Johann Gottfried Herder vom 23. August 1784.

[27] „Tendencies in German Life and Thought since 1870“, im Original erschienen in *International Monthly* (New York) vol. 5 (1902), S. 93–111, 166–184. Der erste Teil ist übersetzt in: Simmel (1990), S. 9–33.

soziales Engagement entstanden, das blossem Relativismus und „Individualismus“ entgegentreten wollte (ebd., S. 23), ohne seinerseits den Gegensatz der „Weltanschauungen“ überwinden zu können. Die „moderne Sucht nach Originalität“ wird gleichermassen „allgemeingültiges Modell“ der Gesellschaft *und* Objekt der Kritik (ebd., S. 29), wie Simmel vor allem am missverstandenen Nietzsche nachweist (ebd., S. 30)[28]. Nohl – Leser Nietzsches und Schopenhauers sowie Angehöriger der Generation nach 1870[29] – kann so verstanden werden, seine zentralen Motive sind der Diskussion der neunziger Jahre entnommen, das Problem der historischen Relativität, der Vorrang des Lebens vor der Erkenntnis, der Dualismus von Erlebnis und „objektivem Geist“, ohne all dies mit der Formel des „historischen Bewusstseins“ irgendwie zusammenbringen zu können.

Das „historische Bewusstsein“, wie Simmel (1923) es beschrieben hatte, *war* und *musste* „relativ“ sein, ohne damit einen Dekadenzverdacht zu verbinden. Genau das tat Nohl, und zwar wesentlich aus pädagogischen Gründen. Eine *relative* Version von „Geschichte“, die irgendwie Bleibendes gar nicht mehr enthielt, würde der Bildung des Menschen ihre Grundlage entziehen. Wenn nun aber „Geschichte“ nicht linear und nicht fortschrittlich konzipiert werden soll, dann bleibt nur der Rückgriff auf sie selbst, auf ein historisches Verstehen ihrer Objektivationen, das mit Sinn- und Sinnstiftungsansprüchen – insofern mit pädagogischen Absichten – versehen wird. Leben ist *historisches* Leben[30], dann aber deutungs- und bildungsabhängiges Leben, das sowohl Schopenhauers als auch Nietzsches Lösungen vermeidet und aber neue Aporien schafft. Nohl unterstellt eine Zugänglichkeit der Geschichte, die an Mills Näherungsideal erinnert, während die entscheidende Frage

---

[28] Nietzsches Askese-Ideal widerspricht der zeitgenössischen Rezeption. „Nur die Erziehung durch grossen Schmerz hat bis heute den Fortschritt der Menschheit befördert“ (zit. in: Simmel (1990), S. 30; vgl. Oelkers 1996).

[29] Schopenhauer bedeute „im Grunde nichts anderes ... als die Verzweiflung des höheren Lebens, in dieser Wirklichkeit Realität zu haben“ (Nohl 1970, S. 227). Nietzsche steht für die Begründung der „kulturkritischen Gesinnung“, mit der diese „Verzweiflung“ überwunden wird, zugunsten einer Orientierung am „Leben“ (ebd., S. 88f.). Nietzsches asketische und aristokratische Fassung dieses Lebens rezipiert Nohl nicht.

[30] „Historisch“ ist nicht *antiquarisch*, aber auch nicht lediglich *kritisch*. Aus der Geschichte ergibt sich für jede Generation neu die Aufgabe, zu sich und zur Geschichte Stellung zu nehmen: „Jede Zeit (ist) in sich zentriert... und (soll) aus sich leben ... Die junge Generation spricht nur jenes Grunderlebnis aus, das *Rousseau* und *Herder* zuerst hatten und aus dem heraus sie eine neue Einheit ihres Lebens forderten“ (Nohl 1979, S. 115).

der *Geschichtlichkeit* jede Erkenntnis betrifft. Näherungstheorien setzen Abbildtheorien voraus, genau darauf setzt auch Nohl, wenn es darum geht, die blosse Koexistenz von „Weltanschauungen" zu überwinden. Sie muss ja ihrerseits, wenn die Voraussetzungen stimmen sollen, historisch erklärbar sein, was nur möglich ist, wenn Geschichte vom historischen Resultat her betrachtet wird, vom *Bleibenden*, das nicht wiederum aufgelöst werden kann. Geschichte *strukturiert* Erfahrung, „Relativismus" wäre dann vielleicht ein Problem der Inkommensurabilität von Theorien, aber keine Auflösungserscheinung.

2. *Die pädagogische Bewegung*

Das „Ideal des Lebens" entwickelte Nohl, fernab von pädagogischen Problemen[31], erstmalig in seiner Einleitung zu einer Herder-Ausgabe, die 1905 in Berlin erschien[32]. Die Beschäftigung mit Herder geht der mit Hamann voran, aber sie erfolgt in genau paralleler Absicht, weil sich vor allem dort zeigt, wo Nohl den religiösen Problemkern seines Anliegens erreicht. „Leben" ist 1905 für Nohl *Lebendigkeit, Erlebnis* oder „Drang, alles, was an Begriff, Abstraktion, Vorstellung, Regel, überhaupt Wissen und Worten in uns ist, wieder umzusetzen in die lebendigen Kräfte, aus denen sie ursprünglich entstanden sind, alle Formen, in denen das Dasein starr geworden ist, wieder zurückzuwerfen in seinen freien, strömenden Fluss" (Nohl 1929, S. 14).

Diese Denkfigur – das fliessende Leben entwickelt aus sich heraus Formen, die erstarren und danach „verlebendigt" werden müssen – ist zentral für Nohls pädagogische Variante der „Lebens-

---

[31] „Den Aufsatz über Herder schrieb ich noch ohne jede Verbindung mit der pädagogischen Wirklichkeit, auch ohne etwas von der Jugendbewegung zu wissen an meinem einsamen Schreibtisch. Dass er trotzdem dieselbe Kurve nahm wie das übrige junge Leben damals in Deutschland, überrascht mich nachträglich selber und ist ein Zeichen, wie an dem Baume des geschichtlichen Daseins jede einzelne Knospe gleichzeitig merkt, dass es Frühling wird" (Nohl 1929, Vorw. z. zweiten Aufl.).

[32] Die Ausgabe, veröffentlicht im Verlag A. Weichert, konzentrierte sich auf den jungen Herder. Er – der Herder des Sturm und Drang – bleibt für Nohl bestimmend. Irgendeine Rezeptionsanalyse erfolgt nicht, Nohl kalkuliert nicht einmal, dass wesentliche Schriften gerade des „jungen Herder" der zeitgenössischen Öffentlichkeit gar nicht zugänglich waren (Herder 1984, S. 934f.). Nohls Verständnis und Selektion von Sturm und Drang" folgt der zeitgenössischen Deutung (etwa Herders, wie sie Kühnemann (1895) vorlegte). Massgebend ist Rudolf Hayms (1877, 1880) Darstellung, gerade für die Einordnung Herders in das Konstrukt „Sturm und Drang".

philosophie". Leben muss sich ständig selbst verjüngen, nämlich zu formgebender Lebendigkeit zurückfinden, die nicht vom Alter erwartet werden kann. Die Geschichte ist so massgebend und *zugleich* unmassgeblich, was sie verändert, sind irrationale Prozesse des *neuen* Lebens, die ältere, historisch gewordene Formen herausfordern, um dann selbst das Schicksal der Historisierung zu erleiden. Geschichte wäre zyklische Erneuerung, nie wirklich Fortschritt, weil „Leben" wie *ständige Erneuerung* verstanden wird.

„Leben" ist damit zugleich *Bildungsideal.* Herder steht für einen pädagogischen Aufbruch: Die Menschheit soll „zur Frische und Ursprünglichkeit des Lebens" *gebildet* werden, sie soll „den Genuss ihrer selbst" zurückerlangen „in dem wirklichen Ausleben aller Kräfte und Neigungen, die sie ‚beseligen'" (ebd.). Das Mittel[33] ist Herders „eigenes Verdienst ...: die *Geschichte*" (ebd.). Der „historische Mensch" sollte den „natürlichen Menschen" der Aufklärung ablösen[34], die Abstraktion der Anthropologie wurde ersetzt durch geschichtliche Vielfalt (ebd., S. 14/15). Dafür steht Herder: „Die abstrakte Einzelseele verschwand ihm in dem unendlichen seelischen Strom der Geschichte der Menschheit und die abstrakte Menschheit wieder in der Einheit des Lebens der Natur" (ebd., S. 15). „Ihr Lebensgrund war jener Drang nach der Kraft und dem Genuss eines originalen Daseins. Und dieser Zusammenhang zwischen der Sehnsucht nach einem – wenigstens idealen – Erleben der Ganzheit der Wirklichkeit, die über dem Verstand ist, und der Geschichte bleibt auch noch in der Romantik und bei Hegel in seinen Jugendarbeiten" (ebd.).

Dies ist zugleich die Epochenabgrenzung der „deutschen Bewegung", die zuerst Wilhelm Dilthey in seiner Basler Antrittsvorlesung definiert hatte.[35] Nohl verwendet dieses Konzept erstmalig in dem 1911 im *Logos* abgedruckten Aufsatz „Die deutsche Bewegung und die idealistischen Systeme" (Nohl 1949, S. 28–38). Die „deutsche Bewegung" ist ein *Epochenideal*, wie deutlich gleich zu Beginn des Aufsatzes gesagt wird:

---

[33] Das soll Herder von Nietzsche unterscheiden: Nietzsches „Umwertung der Werte" sei im Ansatz Herder nahe, nur verzichte Nietzsche auf die Wendung zur Geschichte (Nohl 1929, S. 14).

[34] Mit der Wendung zur Geschichte habe Herder „Rousseau und sein ganzes Gefolge, so gut wie Condillac und Buffon" überwunden. „An Stelle des ‚abstrakten Adam' des natürlichen Menschen trat der historische Mensch in der ganzen unendlichen Fülle seiner Verschiedenheiten. So liess sich der ‚Ursprung' aller menschlichen Produktionen in seiner lebendigen Arbeit selber aufspüren" (Nohl 1929, S. 14/15).

[35] „Die dichterische und philosophische Bewegung in Deutschland 1770–1800" (1867) (Ges. Schr. V/S. 12–27).

„Die neue Epoche gegenüber dem Zeitalter der Aufklärung beginnt überall da, wo der ‚Reflexion' des Verstandes als der alle Gewissheit begründenden Macht, der Abstraktion und Demonstration des Rationalismus einerseits, der psychologischen und naturwissenschaftlichen Analyse anderseits das ‚Leben' als ein von Grund aus *individuelles, irrationales* und *als Totalität*, die nur der Totalität des Erlebens zugänglich ist, entgegengehalten wird" (ebd., S. 28; Hervorhebungen J. O.).

Aus dem „neuen *Pantheismus*" des 18. Jahrhunderts – die Spannbreite reicht von Shaftesbury bis Hemsterhuis (ebd., S. 29) – sei eine „neue Philosophie" des Lebens entstanden, die durch Jacobi artikuliert wurde, nachdem Herder den „entscheidenden Schritt getan (hatte)" (ebd., S. 31/32). „Gegenüber der vergangenen Philosophie der Reflexion erschien die Möglichkeit einer neuen, die sich mit Hilfe der Anschauung vom Zusammenhang des Lebens und den in ihr angelegten Kategorien des Ganzen und der Teile, der Einheit in der Mannigfaltigkeit (und ihrer höheren Formen Organismus, Geist), der Entwicklung und der Stufenfolge, aus der Sache selber, ihrer Gliederung und Entwicklung, beweist" (ebd., S. 31)[36]. Das Sturm- und Drang-Erlebnis soll den Beginn dieser neuen Epoche markieren. Aus diesem Erlebnis habe sich eine eigene philosophische Form entwickelt, die Nohl in das Zentrum der gesamten Epoche rückt. Die überwiegend platonischen Reaktionen auf den Empirismus des 18. Jahrhunderts waren beschränkt auf Zirkel und Polemiken. Nohl macht daraus eine „pantheistische Systemphilosophie", die als „führende Macht der Zeit" die „geistige Lage der Epoche bis 1830" bestimmt haben soll (ebd., S. 38). Diese „Systemphilosophie" – gemeint ist *nicht* der deutsche Idealismus[37] – wird als entscheidende Alternative, gleichsam als Rettung des Lebens, gefasst:

„Gegenüber der Metaphysik des 17. Jahrhunderts, die im Anschluss an die Naturwissenschaften und ihre Richtung auf Beherrschung der Welt im wesentlichen an der Kausalität interessiert war,

---

[36] „Das Universum erschien als ein organisches Ganzes, das sich in einer Stufenfolge darstellt, die von der untersten Naturerscheinung bis zur Totalität des vollendeten menschlichen Bewusstseins reicht, zu der sich die Geschichte hinentwickelt. Und dem genetisch nachbildenden Verständnis schien die Einheit alles Lebens garantiert durch die Möglichkeit, die ganze Mannigfaltigkeit auseinander und letztlich aus einer Einheit zu verstehen, die zugleich Ursprung wie Abschluss bestimmt" (Nohl 1949, S. 31/32).

[37] Die Philosophie Kants wird als *Gegensatz* angenommen, mit der Pointe, dass sich am Ende (bei dem Kant der „Urteilskraft") beide Richtungen angenähert hätten. Auch Kant wäre dann letztlich dem „neuen Pantheismus" nahe (Nohl 1949, S. 33 f.).

sucht diese Philosophie vor allem einen *Lebenszusammenhang* mit dem Göttlichen. So beginnt sie mit einer *Erhebung* sowohl über die gemeine Erfahrung, die ihren Erkenntniswert auch in der Form der Erfahrungswissenschaften verliert, als auch über die Zerteiltheit des empirischen Daseins. Die Aufgabe ist, nicht kausal zu erklären, sondern das Endliche aus dem Unendlichen zu verstehen und zu gestalten" (ebd., S. 37).

Die Einheit der „deutschen Bewegung" wird mit dem Gegensatz von „Verstehen" und „Erklären" oder von Leben und Wissenschaft begründet. Dieser Gegensatz ist auch ein historischer: Die *neue* Epoche löst die *ältere* ab, die mit Ausdrücken wie „Beherrschung der Welt" in Misskredit gerät. Die Erfahrungswissenschaften verlieren ihren Erkenntniswert, freilich zugunsten einer platonischen Ganzheit, die schon im 17. Jahrhundert den Gegensatz begründete. Nohl wiederholt Argumente, die schon gegen Bacon und Locke vorgebracht wurden, die ihrerseits eine alte Epoche ablösen wollten (Oelkers 1997). Der Empirismus soll noch einmal überwunden werden, was nur möglich erscheinen konnte, wenn und indem eine höherwertige Alternative ins Spiel gebracht wurde, nicht zufällig ein *pantheistisches* Ideal, das die Metapher des Unendlichen neu ins Spiel brachte.

Was Nohl als Einheit verstanden wissen wollte, war nun weder eine „Bewegung" noch ein „organischer Zusammenhang". Es hiesse, den zeitgenössischen Einfluss von Autoren wie Hamann oder Jacobi, selbst von Herder, grandios zu überschätzen, wollte man sie als Begründer einer eigenen, deutschen Epoche der Philosophie auffassen, was Nohl unbefangen tut. Er konstruiert aus einem Gegensatz eine Hauptströmung. Was als „die Wendung gegen die Abstraktion und gegen die Analyse" bezeichnet wird (Nohl 1970, S. 98), lässt sich nur in grösster Künstlichkeit von Hamann und Jacobi über Herder auf Schiller und Goethe bis zu Hegel übertragen und als Gemeinsamkeit verstehen (ebd., S. 99). Was Nohl behauptet, ist für diese Reihe *keineswegs* der *„erste"* und *„entscheidende Satz"*: „Die Reflexion zerstört das Leben, wir brauchen andere Methoden, um es zu erfassen" (ebd.). Die Reihe selbst ergibt keinen geistesgeschichtlichen Sinn, es sei denn wiederum aus pädagogischen Motiven heraus.

Diese Motive werden deutlich, wenn Nohl das *Scheitern* der „deutschen Bewegung" darlegt (ebd., S. 222–228). Die „Bewegung" habe ihre originäre Kraft verloren, weil das Sturm- und Drang-Erlebnis in einseitige Objektivationen überführt wurde: Aus historischer Selbstvergewisserung entwickelte sich das *„Verstehen von vergangenen Produkten"* (ebd., S. 223), die „Sittlichkeit" wurde in die

„objektive Entwicklung verlegt" und büsste ihre individuelle Prägung ein (ebd., S. 224), der Kontakt mit dem *„religiösen Leben* des Volks" ging verloren (ebd., S. 225), dem Idealismus als Beschluss der Epoche fehlte ein „eigentlich *soziales Element*" (ebd., S. 225/226), die positiven Erfahrungswissenschaften trennten sich von der Philosophie (ebd., S. 226) und schliesslich versöhnte der Idealismus die Gegensätze der Wirklichkeit nur theoretisch (ebd., S. 226/227). Ihm fehlte, anders gesagt, die geeignete Pädagogik, die auf Dekadenzvermutungen mit der Praxis einer neuen Erziehung hätte reagieren können[38].
Die neue Pädagogik ist am Anfang der „Deutschen Bewegung" vorhanden. Ihr Ausgang ist Rousseau[39] , also die Maxime der „natürlichen Erziehung". Mit dieser Maxime habe die Pädagogik der „Deutschen Bewegung" das Ziel der *„Entfaltung der schöpferischen Kraft"* verfolgt und den „konkreten Zusammenhang des Lebens" als das „eigentliche Bildungsmittel" konzipiert (Nohl 1970, S. 134), was mit Blick auf Rousseau überrascht, denkt man an das hochgradig künstliche Arrangement im *Emile*. Nohl konstruiert Gemeinsamkeiten zwischen so unterschiedlichen Autoren wie Herder und Pestalozzi, oder Rousseau und Möser, um die Einheit der Bewegung konstatieren zu können (ebd., S. 135). Diese Einheit erhält sich noch in der dritten Phase der „Deutschen Bewegung", wiederum mit dem Vorrang der Individualität, der zwischen Schiller, Humboldt und Herbart auf dieser Abstraktionsstufe leicht behauptet werden kann (ebd., S. 207). „Diese neue Pädagogik entfaltete ihre ganze Energie, als 1806 der Preussische Staat zusammenbrach und nun alles darauf ankam, die höheren Kräfte in dem Menschen wach zu machen" (ebd., S. 208). Fichtes „Reden" von 1808 stellen dafür den philosophischen Ausdruck dar (ebd., S. 208ff.). Sie bringen zugleich die *Deutsche* Bewegung auf ihren

[38] Am Ende der Göttinger Vorlesung über die „Deutsche Bewegung" führt Nohl Zitate an, die belegen sollen, dass im ganzen 19. Jahrhundert Dekadenzvermutungen gegenüber dem Zerfall der Bildung oder der Einseitigkeit der Erziehung geäussert worden seien (Nohl 1970, S. 228). Erwähnt werden Jachmann und Passow (1811), Friedrich Ludwig Jahn, Pfizers „Briefwechsel zweier Deutschen" (1831), Gervinus' „Geschichte der poetischen Nationalliteratur" (1842) oder Friedrich Theodor Vischers „Kritische Gänge" (1844) und schliesslich Wicherns „innere Mission", die für Nohls Pädagogik besondere Bedeutung hatte. Diese Serie ist wichtig, weil sie Nohl Konstruktion der Kulturkritik in Frage stellt.

[39] Rousseau (wie nachfolgend auch Pestalozzi) werden als *deutsche* Autoren gelesen, Kulturdifferenzen (die dann auch Theoriedifferenzen wären) sieht Nohl nicht.

nationalpatriotischen Punkt (ebd. S. 211),[40] in deutlicher *Abkehr*, wie Nohl festhält, von „westlicher Zivilisation" (ebd.)[41].
Hier schliesst die *pädagogische Bewegung in Deutschland* an, Nohls bis heute einflussreiche Darstellung der Reformpädagogik, die als Wiederholung und Fortsetzung der „Deutschen Bewegung" interpretiert wird, mit dem 19. Jahrhundert als Verfallsgeschichte. Die Reformpädagogik, also die Behauptung und Praxis einer „neuen Erziehung" wird traditionalisiert und in eine Vorläuferreihe gestellt, nicht einfach von Personen, sondern von Epochen. Wir haben, schreibt Nohl am Ende der Weimarer Republik[42], „in Deutschland schon zweimal eine ähnliche Situation erlebt, wo die jungen Kräfte unseres Volkes um einen neuen Gehalt des Lebens rangen: in der Zeit von Sturm und Drang und der Romantik". Beide Situationen gehören zusammen, „es handelt sich da um *eine* grosse innere Bewegung" (Nohl 1933, S. 308). Vom „jungen Herder" bis Hölderlin wird *eine*, die *deutsche* Bewegung behauptet, die die „neue Einheit eines höheren geistigen Lebens" gesucht habe (ebd.)[43] und dann aber, am Ausgang der Epoche, scheiterte. „Von

[40] „In Fichtes Reden war die Deutsche Bewegung unter dem Schicksalsdruck der Zeit zum Bewusstsein ihrer selbst gekommen. Was Kant, Goethe, Schiller und Humboldt noch meinten als ein absolut Allgemeines heraufzuholen, das wurde jetzt als eine *spezifische Schöpfung der Deutschen* erkannt. Diese ganze Bewegung auf ein höheres Leben, auf Ursprünglichkeit, Totalität, Leben in der geistigen Welt und Zusammenhang mit dem Unsichtbaren *ist eine deutsche Bewegung* und diese Bewegung sieht sich jetzt im weiteren Zusammenhang auch mit der Reformation. Luther, Kant und Pestalozzi sind die Repräsentanten dieser Bewegung, die vom Ewigen begeistert ist" (Nohl 1970, S. 211; Hervorhebungen J. O.).

[41] Bezugspunkt sind auch Schleiermachers patriotische Reden von 1813; Engländern wird dabei „jämmerliche Empirie" vorgeworfen, Franzosen Frivolität gegenüber dem Universum. Das Deutsche erscheint als Träger einer „neuen Epoche". „Das Ziel, die Vollendung der Menschheit, ist mit dem nationalen Willen identisch" (Nohl 1970, S. 211/212).

[42] „Die pädagogische Bewegung in Deutschland" ist Teil des ersten Bandes des „Handbuchs der Pädagogik", das Nohl zusammen mit Ludwig Pallat herausgab. Dieser erste Band erschien 1933 als letzter des Handbuches.

[43] Gemeint ist ein „neues Verhältnis zum metaphysischen Grunde unseres Daseins"; aus dieser „letzten Einheit" werden alle „Trennungen" aufgehoben und die „toten Formen der Kultur" neu belebt und „von innen neu gestaltet". „Das ist der Wille schon bei dem jungen Herder und dem jungen Goethe, und alle wesentlichen Züge der heutigen Jugendbewegung sind schon damals sofort in ihrem ganzen Zusammenhang da: das Gefühl der Veraltung der vorangehenden Generation, die Forderung einer neuen Jugend, Natur, Kunst und Religion als die drei befreienden Mächte, ein neues höheres Menschentum, das doch nicht zu trennen ist von einem originalen deutschen Volkstum, in dem zugleich die Gegensätze zwischen den Ständen und Konfessionen aufgehoben sind, die Deutschland zerreissen" (Nohl 1933, S. 308/309).

1813 an beginnt jene sonderbare Zeit, die in dem Pessimismus der 60er und 70er Jahre gipfelt, der doch nichts anderes bedeutet, als die Verzweiflung des höheren Lebens, sich in dieser Welt zu behaupten" (ebd., S. 309).

Diese „Verzweiflung" löste sich mit der Reichsgründung auf: „Tiefere Seelen spürten ... sofort, dass die eigentliche Aufgabe der inneren Einheit nun erst beginne" (ebd.). Kronzeugen sind Nietzsche und Lagarde: In ihren Schriften wird „sofort wieder der ganze Umkreis dessen sichtbar, was wir die Deutsche Bewegung nennen" (ebd.). Am Ende des Jahrhunderts wird aufgegriffen, was zu Beginn verloren ging. Der Unterschied ergibt sich aus der praktischen Kraft der neuen Erziehung. Nohl sieht eigene *pädagogische* Bewegungen, die in einem neuen Ganzen des Lebens zusammenstimmen[44], denen also die Macht der *Veränderung* zukommt. Nunmehr realisiere sich in der gesamten Gesellschaft, was zuvor lediglich partikularer Ansatz und begrenzter Versuch gewesen sei. Dabei spiele am Ende wieder eine *„neue Gläubigkeit"* die zentrale Rolle (ebd., S. 363), die „geistige Durcharbeitung" des „nationalen Kulturwillens" (ebd., S. 364).

„Sie bekommt ihre volle Deutlichkeit und überindividuelle Gestalt aber erst, wenn man erkennt, dass sich in diesem Willen, nur auf einer neuen Stufe, die grosse Bewegung manifestiert, die wir die *Deutsche Bewegung* nannten, jener Durchbruch des höheren Lebens in unserm Volk, an das unsere neue Entwicklung seit der Bildungskrise sich einfach nur anzuschliessen hat, um kein isoliertes Wollen einzelner und einzelner Bewegungen mehr zu sein, sondern das legitime Glied des einen grossen Prozesses, in dem sich die moralische Einheit unserer nationalen Kultur entfaltet" (ebd.)[45].

Was Georg Simmel (1990, S. 33) als „moderne Differenzierung" bezeichnete, soll durch eine neue *Einheit* zurückgenommen, pädagogisch korrigiert werden. Nohl braucht seine Geschichtskonstruktion zu *diesem* Zweck, sie sichert durch Vorläuferepochen, was als nationales Ziel der „neuen Erziehung" angestrebt und erreicht werden soll. Die pädagogischen Bewegungen, heisst es 1920[46],

---

[44] Sie werden munitioniert durch Krisenpublizistik; mit ihr, der „Kulturkritik", beginnt die neue Epoche (Nohl 1933, S. 309).

[45] „Ein Volk braucht allerdings zum Leben die Substanz eines geistigen Gehaltes, den es als sein Eigentum weiss, und in dem es seiner nationalen Selbständigkeit und ihres Wertes bewusst wird" (Nohl 1933, S. 364).

[46] „Die neue deutsche Bildung" ist ein Vortrag, den Nohl 1920 auf Einladung des Zentralinstituts für Erziehung und Bildung anlässlich der Eröffnung einer Zweigstelle in Essen gehalten hat. Der Vortrag erschien zuerst im „Pädagogischen Zentralblatt" 1921.

wachsen zu einem neuen Ideal der *deutschen Bildung* zusammen (Nohl 1949, S. 15). Der „grosse Unterschied“ zu Sturm und Drang besteht darin, dass nunmehr „*Formwille*“ vorhanden sei, die Einheit also nicht allein im „Geistigen“ gesucht werde, sondern praktisch entstehe, als neue Form des Lebens aus der Kritik und Emanzipation von den alten Formen (ebd., S. 19). Der Anspruch geht auf *Vollendung*, es gehe, so Nohl unmittelbar nach dem Ersten Weltkrieg, nicht lediglich um Nützlichkeit, sondern wirklich neue Lebensformen, die nach dem Höchsten (und nichts Geringerem) streben:

„In der Auseinandersetzung seiner schöpferischen Kräfte mit den objektiven Gesetzlichkeiten erarbeitet sich das Subjekt den *neuen grossen Stil seines Lebens*. Aber dieses *neue Menschentum* will nur aufnehmen, was *den Menschen* formt, ihn aus dem Kleinmenschlichen heraushebt in den mächtigen Atem des Gesetzes über den Bezirk *seiner bloss subjektiven Willkür* – ohne damit den Zusammenhang seines eigenen Wesens zu verlieren“ (ebd., S. 20; Hervorhebungen J. O.).

Die „neue Erziehung“ soll also nicht lediglich Emanzipation sein. Vielmehr sollen neue Formen entstehen, die wiederum Bindungen erlauben.

„Nur wo ich *mich* forme, *mein* Leben und Wesen in solcher Form, da sage ich ja und gebe mich hin. Die schwere Antinomie zwischen objektivem Gesetz und individuellem Gesetz löst sich da, wo das Individuum in dem Gesetz der Sache seine höchste Freiheit und Vollendung findet. Von hier aus ist auch klar, dass diese neue Bildung trotz ihrer Richtung auf die Aktivität nichts mit dem Utilitarismus der praktischen Nützlichkeit zu tun hat: sie geht auf Vollendung“ (ebd.).

Das pantheistische Vollendungsideal wird verknüpft mit Gemeinschaftsphantasien, auf die eine „neue Paideia des Volkes“ projektiert wird, gleichsam als Phantasie der Phantasie[47]. Die pädagogische Vollendung setzt die politische Einheit voraus *und* stiftet sie, was gedacht werden kann, wenn soziale Differenz als disharmonische und gefährliche Entfremdung gelesen wird. Sie soll – und kann nur – durch Erziehung aufgehoben werden, die Emanzipation und anschliessend Formwillen verlangt. Am Ende macht die Bindung frei, es entsteht das „höhere Leben“, das Dienst verlangt

---

[47] Die „pädagogischen Bewegungen in Deutschland“ haben „allerdings eine Einheit. Ihnen allen liegt die Krise unserer Kultur zugrunde, und sie suchen die neue Paideia unseres Volkes als ein einheitliches höheres geistiges Leben in einer erhöhten Gemeinschaft“ (Nohl 1949, S. 26/27).

und so Erleben und Subjektivität formt, ein „Verlangen nach Erlösung ... durch eine höhere Wirklichkeit" vorausgesetzt (Nohl 1947, S. 149).
In diesem Dienst steht auch die Pädagogik, jedenfalls jene Pädagogik, die Nohl in seiner Ethik präsentiert. Sie ist „nichts anderes als der systematische Aufbau des höheren Lebens im Menschen. In der Struktur ihrer Arbeit wird man also auch die Struktur dieses höheren Lebens wiederfinden müssen" (ebd., S. 15). Gewährsmann ist Plato (ebd., S. 13f.), dem Nohl nicht nur die Idee der Polarität verdankt (Nohl 1970a, S. 29ff.), sondern zugleich die Idee der Höherbildung unter der Voraussetzung der politischen Einheit (Nohl 1947, S. 13). „Politeia" wird nationalstaatlich übersetzt und als *deutsche* Politeia lesbar. Der Platoniker Nohl muss sich für diese Denkfigur auf keine „geisteswissenschaftliche Pädagogik" beziehen, während die zentrale Frage des historischen Relativismus nicht anders hätte bearbeitet werden können. Soll Erziehung sich auf eine *letzte* politische Einheit beziehen, dann ist der Rückgriff auf den platonischen Staat konsequent, auch wenn damit eine moderne Erfahrung verfehlt wird. Sie *soll*, zur Rettung der Erziehung, verfehlt werden.

3. *Die geisteswissenschaftliche Pädagogik*

„Die Pädagogik steht immer vor der Polarität des Lebens" (Nohl 1967, S. 98). Mit diesem Satz beschliesst Nohl 1954 seinen Aufsatz „Schuld und Aufgabe der Pädagogik"[48]. Zwischen der Polarität muss die richtige Mitte gefunden werden, „das feine Gefühl für das ... Mass nennen wir den Takt. Der Takt ist das eigentliche pädagogische Werkzeug ... Er ist das ... Kennzeichen wahrer Humanität und die Lebensbedingung einer glücklichen Demokratie" (ebd., S. 99). Abgesehen von der eigenwilligen Vergangenheitsbewältigung[49], die Pädagogik wird von „Gegensätzen" her begriffen, zwischen denen sie einen Ausgleich stiften muss (ebd.,

[48] „Schuld auf Aufgabe der Pädagogik" war ein Rundfunkvortrag, der im NWDR am 22. August 1954 gewendet wurde. Der Erstdruck erfolgte in Nohls Zeitschrift „Die Sammlung" 1954.

[49] Das „Beste der pädagogischen Reformbewegung" sei der „Wille zu einer neuen Volksgemeinschaft" gewesen, der im „Nationalismus" eine „Idealität entgegenkam". Sie sei „sehr bald" enttäuscht worden. „Die Pädagogik selbst wurde vom Nationalsozialismus kaltgestellt und hatte kein eigenes Wort mehr zu sagen, alle Erfindungen wurden von ihm übernommen, aber in seine politische Form gebracht" (Nohl 1967, S. 96).

S. 98). Die Gegensätze sind solche des Lebens, also liegen ausserhalb der pädagogischen Verfügung. „Jede Lösung erfordert eine neue Bindung“ (ebd., S. 90)[50], Erziehung kann nur dann „Lebenshilfe“ sein, wenn sie dem individuellen Leben zu Formen verhilft. „Formen sind nicht leere Konventionen, sondern sind die Gestalten des Lebens; das Leben offenbart sich in der Form und realisiert sich in ihr.“ Gemeint sind „Formen des Verhältnisses von Mensch zu Mensch, und Formen des Lebens in der Gemeinschaft in allen ihren Beziehungen. Die Formen tragen dann das Leben“ (ebd., S. 91).

Die Auflösung der Form als Grundtendenz der modernen Kunst hat Nohl in seiner Ästhetik vehement kritisiert. 1946 sieht er die „bildende Kunst“ in einer „ganz eigenen Beziehung zur äusseren Wirklichkeit und zu dem Realismus der natürlichen Anschauung“ (Nohl 1961, S. 10). Entfernt sich die Kunst *zu weit* von dieser Anschauung, dann ist sie dem Leben entfremdet, wie am Beispiel des Expressionismus dargelegt wird[51]. Aufgabe der Kunst ist es, nicht Formen aufzulösen, sondern Formen zu schaffen, solche, die Lebensgültigkeit haben. In der Ästhetik Nohls[52] heisst es daher: *„Der einzige künstlerische Träger des Gehaltes ist die Form“* (Nohl 1973, S. 166). Sie versöhnt die Dissonanzen (ebd., S. 168). Die Ästhetik muss daher deutlich machen, „wie die Form des Kunstwerkes mit ihrer Bindung diesen Hintergrund von Einheit in der Trennung erfahren lässt“, also die blosse „Individuation überwindet“. Das ästhetische Verstehen richtet sich so auf den *„metaphysischen Sinn der Form“*. Der „höchste Genuss“, den die Form zu geben vermag, kommt „zu vollem Bewusstsein“ und wird dadurch noch gesteigert (ebd., S. 168).

Letztlich wird auch Erziehung so verstanden. Nohls berühmte Kategorie des „pädagogischen Bezuges“ bezieht sich auf eine *ästhetische* Form, die eine historische Wirklichkeit eigentlich gar

---

[50] Das Zitat ist dem Aufsatz „Erziehung als Lebenshilfe“ entnommen, der zuerst in der „Niedersächsischen Lehrerzeitung“ (1952) veröffentlicht wurde.

[51] „Vom Sinn der Kunst“ ist ein Vortrag, den Nohl am 3. März 1946 auf der Kunstwoche „Befreite Kunst“ im Celler Schloss gehalten hat. Der Erstdruck erfolgte im Jahrgang 1947 der „Sammlung“. Die Kritik des Expressionismus bezieht sich auf die Situation der bildenden Kunst „vor 1933“. „Der Expressionismus hatte sich in seinen Experimenten so weit der Wirklichkeit entfremdet, dass die Menschen ihren Glauben an die Wahrhaftigkeit der Kunst verloren hatten. Wenn man heute die Veröffentlichungen jener Jahre ansieht, den Blauen Reiter, den Genius, die Neue Kunst, Das Neue Hamburg, den Katalog der ‚Brücke‘ oder auch nur (!) die Dichterköpfe im IV. Band von *Soergels* Literaturgeschichte, dann erschrickt man selbst über die gespenstischen Karikaturen“ (Nohl 1961, S. 11).

[52] „Die ästhetische Wirklichkeit“ erschien zuerst 1935.

nicht braucht. Wenn die Erziehung Form gibt, dann weil sie *Kunstwerk* sein soll. Die Feinheit des Taktes korreliert mit der Festigkeit der Form, die entsteht *und* gegeben wird. Die Seele des Künstlers wäre ein Analogon zur Seele des Erziehers: „Aus jedem Kunstwerk redet die Charaktergewalt eines grossen Individuums und des Stils seiner Seele, die die Wirklichkeit nach seinem Willen formt in der ganzen Fülle der ästhetischen Charaktere vom Erhabenen und Grossartigen bis zum Lieblichen und Zierlichen, – da offenbart sich ein höheres Dasein" (ebd., S. 180/181)[53].

Nohls Pädagogik galt noch in den fünfziger Jahren als „Kulturpädagogik" (Grossmann-Knapke 1954). Erich wenigers Ausdruck „geisteswissenschaftliche Didaktik" von 1926[54] ist später zum Sammelbegriff *geisteswissenschaftliche Pädagogik* erweitert worden, ohne dass Methode und Objekt so recht zusammenpassten. „Geisteswissenschaftlich" war der Forschungsfokus, aber nicht die Pädagogik selbst, ausgenommen, dass Nohl stets eine *historische* Begründung seiner verschiedenen Themen vornahm. Diese Begründung kreist wesentlich um das Konstrukt der „Deutschen Bewegung", die aus der Denkfigur der „historischen Struktur" entwickelt wird. Sie sanktioniert die Rechtfertigung der Reformpädagogik, während die Theorie des „pädagogischen Bezuges" eine platonische Variante der Erziehungsbedürftigkeit voraussetzt und unabhängig von geisteswissenschaftlichen Methoden gedacht werden kann. Es genügt der Rückgriff auf die philosophische Überlieferung, die Nohl im übrigen an keiner Stelle antastet. „Geisteswissenschaftliche Forschung", bezieht man sich auf Nohls „Göttinger Studien zur Pädagogik"[55], verbleibt im Kontext einer bestimmten

[53] „Alle Wirkung des Erziehers setzt … voraus, dass in ihm selbst lebendig ist, was er in seinen Zöglingen wecken soll, das Leben und seine Gestalt. Die Wirklichkeit seiner eigenen Existenz und Bildung ist wichtiger als alles Reden und alle Theorie, sie inspiriert und formt schweigsam ohne alle Worte durch ihr blosses Dasein mit einer wunderbaren Gewalt" (Nohl 1967, S. 82).

[54] Wenigers Habilitationsschrift „Die Grundlagen des Geschichtsunterrichts. Untersuchungen zur geisteswissenschaftlichen Didaktik" erschien 1926. Sie ist „Herman Nohl in dankbarer Verehrung" gewidmet. Weniger war seit Anfang 1923 Assistent bei Nohl. Die Habilitation in Göttingen erfolgte für das Fach Pädagogik.

[55] Die von Nohl herausgegebenen „Göttinger Studien zur Pädagogik" erschienen zunächst bei Vandenhoeck & Ruprecht in Göttingen (Heft 1 bis 6), später bei Beltz in Langensalza (ab Heft 7). Aufgenommen wurden Dissertationen, die bei Nohl angefertigt wurden, dazu in Heft 5 eine Sammlung von Aufsätzen Nohls („Zur deutschen Bildung", 1926). Das erste Heft war Julius Gebhardts Auseinandersetzung mit der radikalen Schulkritik nach 1918 („Der Sinn der Schule", 1923). Bis 1934 erschienen 23 Hefte (Elisabeth Hess-Krug: „Die Kunde in der Pädagogik", 1934). Die Themen sind durch Nohl geprägt, sie reichen von Waltraud Neu-

Variante von Philosophiegeschichte, die etwa an Windelbands Lehrbuch abgelesen werden kann. Insofern sind die Probleme und Themen sortiert, Nohls geisteswissenschaftliche Forschung greift sie nicht an, sondern setzt sie voraus.
Erziehung selbst, ihre Aufgaben und Anforderungen, werden ästhetisch und ethisch gedacht, nicht historisch, ausgenommen eine Vergangenheit, die als Fundus für Argumente und Legitimationen dient. Aber der Kern der Theorie, die Philosophie des Lebens, kommt ohne historische Forschung aus, anders wäre es kaum möglich gewesen, die Illusion zu wecken, mit – ausgerechnet – „Lebensphilosophie" das Problem der Differenz und so des Relativismus bearbeiten zu können. Aber es geht um Disziplinierung des historischen Lebens, nicht um seine Erkenntnis. Aus diesem Grunde kann immer wieder die „Polarität" des Lebens in Stellung gebracht werden, ohne auch nur die Geschichte des Konzepts nachweisen zu müssen. Zwischen Erkenntnis und Geschichte gibt es keinen kantischen Vorbehalt, sondern eine Entsprechung. Der Ausdruck „Polarität des Lebens" *beschreibt* und *erfasst* diese Polarität, vergewissert in der *ästhetischen*, nicht etwa in der *praktischen* Anschauung. Zwischen den Polen vermittelt die Form oder der *Stil*, nicht die Entscheidung und schon gar nicht die Kritik.[56] Das „ästhetische Verhalten", heisst es im Anschluss an Dilthey[57], „ist ... nur die Steigerung eines Lebensverhaltens überhaupt" (Nohl 1973, S. 203). „Die *Schönheit* existiert nicht bloss im Kunstwerk, sondern *ist im Leben selbst enthalten.* In jedem Augenblick, in dem wir die Vielheit der Dinge zusammenleben, wo wir Bedeutung in ihnen sehen und ihre Erscheinung aus dieser verstehen und gestalten, da finden wir Schönheit und da erfüllt sich dieses universale Verhältnis" (ebd., S. 204).
Der pädagogische Bezug ist daher „Formung aus einer Einheit" (Nohl 1970b, S. 133), Hingabe an die „ideale Form", „Repräsentation des höheren Lebens vor dem Zögling" (ebd.), also ein

berts Kritik der Erlebnispädagogik (1925) über Elisabeth Heimpels Geschichte der Aufklärung (1928) und Anneliese Hübotters Darstellung des „Humanismus im 19. Jahrhundert" (die Nohls Theorie der Kulturkritik) absicherte bis zu Kurt Ivens massgeblicher Untersuchung der „Industrie-Pädagogik des 18. Jahrhunderts" (1930). Alle diese Arbeiten sind geistesgeschichtlich angelegt, sie entsprechen den Standards der zeitgenössischen historischen Forschung, ohne Teil einer geisteswissenschaftlichen *Pädagogik* zu sein.

[56] Alle Gewährsmänner stammen aus dem 19. Jahrhundert, Gottfried Sempers „Der Stil" (1860–1863), Fechners „Vorschule der Ästhetik" (1876) und Hippolyte Taines Einleitung zur englischen Literaturgeschichte (1864).

[57] Diltheys Poetik wird nach dem 6. Band der Gesammelten Schriften zitiert.

ästhetisches Verhältnis, das in der Bildung als dem pädagogischen *Werk* (ebd., S. 140) endet. „Bildung ist die subjektive Seinsweise der Kultur, die innere Form und geistige Haltung der Seele, die alles, was von draussen an sie herankommt, mit eigenen Kräften zu einheitlichem Leben in sich aufzunehmen und jede Äusserung und Handlung aus diesem einheitlichen Leben zu gestalten vermag" (ebd., S. 140/141). Die „Seele" wird zum „höheren Leben" hin *geformt* (ebd., S. 141), aber das Subjekt gewinnt seine „innere Form" auch nur, „indem es sich dem Gesetz eines Gehaltes einbildet" (ebd., S. 144).

Was wäre dann „geisteswissenschaftlich" an dieser angeblichen Variante der geisteswissenschaftlichen Pädagogik"? Nohl geht in bestimmten Passagen aus von Diltheys methodologischer Unterscheidung zwischen „Verstehen" und „Erklären", allerdings nie zur Begründung einer irgendwie unterscheidbaren „geisteswissenschaftlichen Pädagogik". Derartige Zuordnungen sind nachträglich erfolgt, Nohl selbst bearbeitet sein Basisproblem des historischen Bewusstseins nicht mit einer Geisteswissenschaft, sondern mit Pädagogik, einer weitgehend platonisch angesetzten Theorie der Erziehung, die sich einer historiographischen Konstruktion bedient, um weitergehende Rechtfertigungen zu erlangen. In diesem Sinne ist die „Deutsche Bewegung" keine Lösung des Relativismusproblems, wohl aber eine Beruhigung, soweit nämlich plausibel erscheinen kann, dass die Reformpädagogik zu Beginn des 20. Jahrhunderts in diesen Bahnen zu sehen ist. Wie unsicher freilich noch diese Zuordnung ist, zeigt Nohls ambitioniertes *allgemeines* Gesetz historischer Entwicklungen in der Pädagogik, mit dem die strukturelle Beruhigung historischer Relativität nochmals überboten wird[58], ohne das eigene Basisproblem wirklich lösen zu können.

Die methodologischen Fragen, etwa der Induktion, berührt Nohl fast nie. Eine wirkliche Auseinandersetzung mit der Theorie der

---

[58] „Wo eine pädagogische Bewegung grösseren Ausmasses erscheint, wendet sie sich gegen eine abgelebte Form und macht ihr gegenüber die Forderung der Persönlichkeit des einzelnen geltend. Es folgt dann bald eine Bewegung, das neue Ideal in sozialpädagogischer Arbeit auf die Masse zu übertragen, und jedem einzelnen dieses neue Menschentum zugänglich zu machen. Bis sichtbar wird, dass solches Menschentum gegründet ist in den Glauben an objektive Gehalte und Mächte, denen sich der einzelne wieder unterwirft. *Das ist der Gang der Pädagogik* von den Sophisten bis zu Plato, von Locke und Rousseau über Pestalozzi bis zum Neuhumanismus, und jetzt die Entwicklung von Lietz und Gaudig über die Sozialpädagogik zu der letzten Phase der pädagogischen Bewegung, die zumeist als Reaktion auftritt, deren innerstes Geheimnis aber eben der Wille zu einer neuen Objektivität ist" (Nohl 1933, S. 307/308; Hervorhebung J. O.).

Geisteswissenschaft hat er nicht unternommen, er vertraute einfach auf Diltheys Lösungen, ohne deren impliziten Relativismus sowohl der Geschichte als auch der Weltanschauungen in Kauf nehmen zu wollen.

„Dieser Relativismus, der gewiss einmal gegenüber dem unhistorischen Rationalismus seine Bedeutung hatte, bricht dem Leben das Herzstück aus, wenn er selbst unbedingt gelten will. Wem schiene das Leben noch lebenswert, wenn den höchsten Erfahrungen in aller ihrer Zufälligkeit (die) geistige Notwendigkeit fehlte. Alles höhere Leben entspringt aus der Sehnsucht nach dem Unveränderlichen. Die historische Bedingtheit des Lebens ist immer nur das Gegenspiel der Einheit des Geistes, der sie gestaltet, so dass auch sie das Ewige offenbaren muss" (Nohl 1948, S. 69; Hervorhebung J. O.).

Diltheys Kritik der historischen Vernunft wird platonisch unterlaufen, der Rückgriff auf pantheistische Konzepte im 18. Jahrhundert ist *dafür* konstitutiv. Erziehung soll absolut, nicht relativ begründet werden, was nur möglich ist, wenn Seinslehren oder Schöpfungsmythologien vorausgesetzt werden. Genau das findet sich in der Kritik der Aufklärung zwischen Hamann, Jacobi und Herder, die Nohl in eine Linie stellt, auf der seine Pädagogik verstanden werden soll. Ihre Aufgabe ist die Wiederherstellung einer idealen Einheit, die als real möglich verstanden wird. Ihre Realität ist die der Reformpädagogik, die also letztlich eine pantheistische Aufwertung und Stilisierung erfährt, die nur als extrem unzutreffend bezeichnet werden kann, auch wenn oder weil theosophische Bezüge in den Begründungszusammenhängen üblich sind und spiritistische Argumentformen breite Verwendung finden. An keiner Stelle aber geht es um Nohls „Deutsche Bewegung", die zahlreichen nationalpatriotischen Verlautbarungen *deutscher* Reformpädagogen haben nie *diese* geschichtsphilosophische Konstruktion vor Augen.

Aber die „Deutsche Bewegung" löst ein Problem Nohls, nämlich die Frage, wie die moderne Differenzierung von Individuum und Gesellschaft pädagogisch aufgefangen werden kann, ohne zeitgenössische Modernitätsbestimmungen teilen zu müssen. Wer Nietzsche oder Simmel *vermeiden* will, also die aristokratische oder die soziale Wendung der Erziehung, braucht Sicherungen aus der Vergangenheit, die so gestärkt werden müssen, dass eine ganze „neue Epoche" als Vorbild dienen kann. Begriffe wie „Leben" oder auch „Geist" werden nur in *diesem* Sinne historisiert, als *Wertungen* etwa des „höheren Lebens" bleiben sie unangetastet. Daher verfährt Nohl nicht historisch, sondern normativ; er begründet eine Pädagogik, aber keine Geisteswissenschaft, und das Problem ist nicht, dass dabei „ideengeschichtlich“ verfahren wird, sondern dass die Ideen gar nicht historisch betrachtet werden. Sie erfüllen eine normative Funktion, ihre Genesis darf dabei nicht allzu weit aufscheinen.

Literatur

Bedani, G.: Vico Revisited: Orthodoxy, Naturalism, and Science in the *Scienza nuova*. Oxford: Oxford University Press 1989.

Dilthey, W.: Gesammelte Schriften, Bd. V: Die Geistige Welt. Einleitung in die Philosophie des Lebens. Erste Hälfte: Abhandlungen zur Grundlegung der Geisteswissenschaften. Hrsg. v. G. Misch. 6. Aufl. Stuttgart/Göttingen 1974.

Dilthey, W.: Gesammelte Schriften, Bd. 1: Einleitung in die Geisteswissenschaften. Versuch einer Grundlegung für das Studium der Gesellschaft und der Geschichte, Erster Band. Hrsg. v. B. Groethuysen, 8. Aufl. Stuttgart/Göttingen 1979.

Grossmann-Knapke, H.: Nohl – Seine Kulturpädagogik. In: Berliner Lehrerzeitung 8 (1954), S. 424ff.

Hamann, J. G.: Briefwechsel Fünfter Band 1783–1785. Hrsg. v. A. Henkel. Frankfurt/M. 1965.

Haym, G.: Herder nach seinem Leben und seinen Werken. Bd. I/II. Berlin 1877, 1880.

Helmholtz, H. v.: Vorträge und Reden. Erster Band. Braunschweig 1884.

Herder, J. G.: Auch eine Philosophie der Geschichte zur Bildung der Menschheit. Nachw. v. H.-G. Gadamer. Frankfurt/M. 1967.

Herder, J. G.: Werke, hrsg. v. W. Pross, Bd. 1: Herder und der Sturm und Drang 1764–1774. München/Wien 1984.

Kühnemann, E.: Herders Leben. München 1895.

Lilla, M.: G. B. Vico. The Making of an Anti-Modern. Cambridge/London: Harvard University Press 1993.

Mali, J.: The Rehabilitation of Myth. Vico's New Science. Cambridge: Cambridge University Press 1992.

Mill, J. St.: System der deductiven und inductiven Logik. Eine Darlegung der Principien wissenschaftlicher Forschung, insbesondere der Naturforschung. Uebers. v. J. Schiel. Dritte deutsche, nach der fünften des Originals erweiterte Auflage. Bd. I/II. Braunschweig 1868. (engl. erste Ausg. 1843)

Nohl, H.: Pädagogische Aufsätze. 2., verm. Aufl. Langensalza/Berlin/Leipzig 1929.

Nohl, H.: Die pädagogische Bewegung in Deutschland. In: H. Nohl/L. Pallat (Hrsg.): Handbuch der Pädagogik. Erster Band: Die Theorie und die Entwicklung des Bildungswesens. Langensalza/Berlin/Leipzig 1933, S. 302–374.

Nohl, H.: Die sittlichen Grunderfahrungen. Eine Einführung in die Ethik. 2. Aufl. Frankfurt/M. 1947.
Nohl, H.: Einführung in die Philosophie. 4. Aufl. Frankfurt/M. 1948.
Nohl, H.: Pädagogik aus dreissig Jahren. Frankfurt/M. 1949.
Nohl, H.: Vom Sinn der Kunst. M. e. Vorw. v. E. Blochmann. Göttingen 1961.
Nohl, H.: Ausgewählte pädagogische Abhandlungen. Hrsg. v. J. Offermann. Paderborn 1967. (= Schöninghs Sammlung Pädagogischer Schriften. Quellen zur Geschichte der Pädagogik, hrsg. v. Th. Rutt)
Nohl, H.: Die Deutsche Bewegung. Vorlesungen und Aufsätze zur Geistesgeschichte von 1770–1830. Hrsg. v. O. F. Bollnow/F. Rodi. Göttingen 1970.
Nohl, H.: Charakter und Schicksal. Eine pädagogische Menschenkunde. 7. Aufl. Frankfurt/M. 1970a.
Nohl, H.: Die pädagogische Bewegung in Deutschland und ihre Theorie. 7. Aufl. Frankfurt/M. 1970b.
Nohl, H.: Die ästhetische Wirklichkeit. Eine Einführung. 4. Aufl. Frankfurt/M. 1973.
Nohl, H.: Das historische Bewusstsein. Hrsg. v. E. Hoffmann/R. Joerden. M. e. Nachw. v. O. F. Bollnow. Göttingen/Frankfurt/Zürich 1979.
Oelkers, J.: Einige Bemerkungen Friedrich Nietzsches über Erziehung und der Status eines „Klassikers der Pädagogik". Ms. Bern 1996.
Oelkers, J.: Öffentlichkeit und Bildung: Zur historischen Genesis eines europäischen Konzepts. In: Festschrift für Wolfgang Klafki. Opladen 1997.
Pascal, B.: Pensées et opuscules. Publ. par L. Brunschvicg. Paris: Librairie Hachette o. J.
Schleiermacher, F. D. E.: Hermeneutik und Kritik. Mit einem Anhang sprachphilosophischer Texte Schleiermachers. Hrsg. u. eingel. v. M. Frank. Frankfurt/M. 1977
Simmel, G.: Die Probleme der Geschichtsphilosophie. Eine erkenntnistheoretische Studie. 5. Aufl. München/Leipzig 1923. (erste Aufl. 1892)
Simmel, G.: Schopenhauer und Nietzsche. Tendenzen im deutschen Leben und Denken seit 1870. Hamburg 1990.
Vico, G.: La Scienza Nuova. Ed. P. Rossi. Milan: Rizzoli Editore 1963.
Vom Magus im Norden und der Verwegenheit des Geistes. Ein Hamann-Brevier. Hrsg. v. St. Majetschak. München 1988.

Über das Problematische im philosophischen und methodologischen Denken von Aloys Fischer (1880–1937) und seine Aktualität für Pädagogik und Geisteswissenschaften heute

Markus Böschen

Die Aufgabe, über Aloys Fischer im Zusammenhang einer geisteswissenschaftlich orientierten Pädagogik zu schreiben, beinhaltet ein Problem im ursprünglichen Wortsinn, nämlich ein Bollwerk, das sich nur mit Mühe einnehmen läßt, und im übertragenen Sinn eine ungelöste wissenschaftliche Streitfrage. Das Problem einer Zuordnung Fischers zur Geisteswissenschaftlichen Pädagogik kann auf verschiedenen Ebenen aufgewiesen werden: der biographisch-wissenschaftshistorischen Ebene, in der Fragestellung, was denn das Eigentümliche der sogenannten Geisteswissenschaftlichen Pädagogik bzw. der damit angesprochenen Geisteswissenschaften ist, schließlich der Ebene des philosophisch-methodologischen Selbstverständnisses von Fischer und der damit verbundenen Begründung einer wissenschaftlichen Pädagogik. Damit sind zugleich die Argumentationsebenen gegeben, die zur These führen, daß eine Zuordnung Fischers zur Geisteswissenschaftlichen Pädagogik zumindest fragwürdig ist.

Der 1880 geborene Aloys Fischer legt 1902 an der Universität München das Staatsexamen in Altphilologie und Geschichte ab[1]. Unter dem Einfluß des Philosophen und Psychologen Theodor Lipps studiert er Philosophie und Psychologie. Während seiner Studienzeit, mit einem Semester bei Wilhelm Wundt in Leipzig, ist er Hauslehrer bei der Familie des Bildhauers Adolf von Hildebrand in München, Florenz und Forte di Marmi, und in dieser Tätigkeit Nachfolger u.a. von Ernst Robert Curtius. Die vielfältigen künstlerischen Erfahrungen nehmen Einfluß auf die Promotion mit einer Arbeit „Über symbolische Relationen" 1904 mit den Nebenfächern klassische Philologie und Experimentalphysik (bei Wilhelm Röntgen) und 1907 auf die Habilitationsschrift „Zur Bestimmung des ästhetischen Gegenstandes". Erst das Bekanntwerden unter anderem mit Kerschensteiner in der Münchner Zeit

---

[1] Vgl. zum folgenden Röhrs 1967, S. 13–20. – Überblicke über Biographisches und das wissenschaftliche Werk geben Fischer 1950, Dolch 1961, Huber 1988, Kreitmair 1950, Röhrs 1978, Röhrs 1988a, 1988b, Schumak 1980, 1991, Stalla 1993.

führt ihn zur Beschäftigung mit pädagogischen Fragen, die er mit Beginn der akademischen Arbeit 1908 als Privatdozent der Philosophie, 1915 als a.o. Professor für Philosophie, 1918 als o. Professor und ab 1920 als Ordinarius für Pädagogik und die einschlägigen Gebiete der Philosophie sowie als Nachfolger von Foerster in München mit zunehmendem Interesse weiterverfolgt und mit psychologischen und soziologischen Aspekten verbindet, bis er aufgrund des nationalsozialistischen Drucks in seinem Todesjahr 1937 vorzeitig emeritiert wird[2].
Die Lehrtätigkeiten Fischers geben keinen Hinweis auf ein einseitiges pädagogisches Interesse, das ihn zudem als geisteswissenschaftlichen Pädagogen auszeichnen könnte, vielmehr sind sie interdisziplinär orientiert und umfassen einige Gebiete der universitas litterarum wie ein Blick auf seine Vorlesungen und Übungen zeigt (Fischer 1950, S. 247–252), die u. a. Themen zu folgenden Gebieten enthalten: Ästhetik, Geschichte der griechischen Philosophie, Probleme der Soziologie, Psychologische Übungen, Probleme der Schulreformbewegung, Allgemeine Psychologie, Charakterforschung, Theorie der Kunst, Erziehungslehre, systematische Pädagogik, Aristoteles, Einleitung in das Studium der Geisteswissenschaften, Allgemeine Unterrichtslehre, Herbart, Didaktik, Pädagogische Psychologie, Experimentell-psychologische Arbeiten, Aufbau des Bildungswesens, Platon. Gleichwohl lassen sich Themen finden, die auf eine erste Beschäftigung mit Themen einer Geisteswissenschaftlichen Pädagogik weisen, so in der Arbeitsphase etwa zwischen 1925 und 1932. „Durch die Herausgabe der Zeitschrift ‚Die Erziehung' gemeinsam mit Wilhelm Flitner, Theodor Litt, Herman Nohl und Eduard Spranger hebt eine *zunehmende Auseinandersetzung mit der Ideenwelt der ‚Dilthey-Schule*'" an, die zu einer präziseren Bestimmung der Möglichkeiten und Grenzen der exakten Methode und zu einer *stärkeren Betonung des Verstehens in Pädagogik und Psychologie* führt. Die schon in den frühen Schriften immer wieder anklingende *Sinnfrage* wird jetzt zum eigentlichen Angelpunkt des Werkes" (Röhrs 1967, S. 17). Ein Blick in die Aufsätze bestätigt diese Bemerkung. So finden sich in dieser Zeit in der Zeitschrift „Die Erziehung" Aufsätze wie „Unsere Zeit und die Mission der Pädagogik" (1926), „Der Zusammenhang von Weltlage und Erziehungsproblem in der

[2] Nachfolger Fischers wird Oswald Kroh mit seiner opportunistisch-zeitgemäßen Lehrtätigkeit in den Fächern Vererbungslehre, Heerespsychologie und völkische Erziehung (vgl. Schumak 1980, S. 339–341), der bis in die siebziger Jahre die Entwicklungspsychologie beeinflußt.

Gegenwart" (1928) und „Umriß einer Philosophie des deutschen Erziehungsgedankens" (1932/33)[3]. Auch Dilthey wird ebenso wie andere Vertreter der Geisteswissenschaftlichen Pädagogik der damaligen Zeit in den Gesammelten Werken Fischers erwähnt, jedoch oft nur beiläufig und nicht immer als Beleg für den eigenen Gedankengang. Für eine damit gebotene Zurückhaltung bei der Subsumption Fischers unter die geisteswissenschaftlich orientierten pädagogischen Theoretiker ist somit gesorgt, wie auch der Hinweis von Röhrs im letzten Zitat auf die „präzisere(n) Bestimmung der Möglichkeiten und Grenzen der exakten Methode" eine eindeutige Zuordnung Fischers nicht zuläßt, ebenso nicht wie die oben genannten Vorlesungen und Übungen, zum Beispiel zur experimentellen Psychologie. Schließlich bestätigt diesen Eindruck auch Fischers Herausgeberschaft und Mitarbeitertätigkeit bei verschiedenen wissenschaftlichen Zeitschriften, die in ihrem methodischen Ansatz und in ihren Zielsetzungen divergieren, was nicht zuletzt die Namen der Mitherausgeber belegen (ebd., S. 14): „Zeitschrift für Pädagogische Psychologie, Jugendkunde und experimentelle Pädagogik" (ab 1911 zusammen mit Ernst Meumann, William Stern und Otto Scheibner); „Die Arbeitsschule" (ab 1922 zusammen mit Otto Scheibner, Ludwig Pallat, Richard Seyfert und Georg Kerschensteiner); „Pädagogische Monographien" (mit Ernst Meumann und Gustav Deuchler); „Pädagogium" (mit Ernst Meßmer und Albert Huth); „Philosophisch-pädagogische Arbeiten" (mit Erich Becher, Richard Hönigswald und Peter Luchtenberg).

Die wissenschaftstheoretische Einordnung Fischers verlangt nach dem hier skizzierten wissenschaftshistorisch-biographischen Aspekt eine Prüfung auf derjenigen Ebene, die nach dem Spezifikum einer sogenannten Geisteswissenschaftlichen Pädagogik fragt. Dabei wird die differentia specifica „geisteswissenschaftlich" zum paradigmatischen Kriterium für diese Pädagogik und ihrer Abgrenzung zu anderen pädagogischen Wissenschaftsgebieten. Doch was sind Geisteswissenschaften? Schnädelbach (1991, S. 86) vertritt die These, daß das Wort „Geist" veraltet sei. „Die Gründe hierfür sind in der theologischen und metaphysischen Geschichte des Begriffs zu suchen, in der ‚Geist' immer mit dem Geist Gottes und der Vorstellung einer unsterblichen Seelensubstanz verbunden war. Dies erklärt die bemerkenswerte Enthaltsamkeit der neuzeitlichen Philosophie vom Gebrauch des Wortes Geist. Hegel hat diesem Terminus durch seine Philosophie des subjektiven, objektiven

[3] Vgl. z. B. auch Fischer 1932.

und absoluten Geistes eine kurze Renaissance verschafft, die heute fast nur noch in dem ebenfalls vom Veralten bedrohten Ausdruck „Geisteswissenschaften" nachwirkt." Das von Schnädelbach angesprochene Veralten der Geisteswissenschaften verweist unter anderem auf ihr ungeklärtes Selbstverständnis, wie es die jüngere Fachliteratur widerspiegelt[4]. Gadamer (1985) weist auf ihren „schwankenden Boden" hin, der unter anderem durch ihren ständigen Wandel bedingt ist. Mittelstraß (1996) spricht von den unheimlichen Geisteswissenschaften und ihrer Unfähigkeit im Vergleich mit anderen Wissenschaften. Dilthey wird gegen den Vorwurf verteidigt, er sei ein Prügelknabe, dem es nur um das bloße Verstehen, nicht aber um das Bilden und Erneuern des Lebens gehe (Fellmann 1996). Bei der normativ-methodologischen Begründung der kritisch-rekonstruktiven Geisteswissenschaften wird von ihrem Selbsteinholungsprinzip gesprochen (Apel 1996). Es wird ihnen vorgehalten, sie bewegen sich „in der heißen Luft der Abstraktion" (Steinfeld 1996), während andererseits ihre Leistungen auf verschiedenen Wissenschafts- und Arbeitsgebieten betont (Frühwald 1991) und ihr Wissenschaftsanspruch und ihre orientierenden Funktionen hervorgehoben werden (Scholtz 1991), ebenso ihr Beitrag für die Pädagogik (Möller 1992). Bei dieser Konfusion ist es zudem fraglich, ob diese durch die bestehende Publikationsflut geklärt werden kann; die Deutsche Nationalbibliothek zählt zwischen 1991 und Oktober 1996 rund 250 Titel. Es bleibt vielleicht nur das Dictum von Seneca: Simile enim confuso est, quidquid usque ad pulverem sectum est. Gleichwohl ist die Lage, wie ich meine, nicht völlig trostlos; denn es gibt in jüngster Zeit gewichtige Beiträge, die die Leistungsfähigkeit von Geisteswissenschaften und Geisteswissenschaftlicher Pädagogik, wenngleich auch methodisch divergierend herausstellen. So erarbeitet Böhm (1995) eine kategoriale Struktur wichtiger Begriffe einer Geisteswissenschaftlichen Pädagogik im Anschluß an seinen spezifischen Personbegriff und an Vico, Buck und Gadamer, wobei im Hinblick auf Vicos „De nostri temporis studiorum ratione" der Rhetorik eine gewichtige Funktion in der Abgrenzung gegen die cartesianischen Wissenschaften zukommt, gerade deshalb, weil sie bedeutsam für Erziehung und Bildung ist, „die eine Sache des sensus communis bleibt, auch wenn die Wissenschaft in der Erforschung der Natur neue methodische Wege geht" (Gadamer 1958, Sp. 1305). Weier (1995) schließlich führt eine Phänomenologie des Phänomens des Geistes durch, wobei dies deshalb von Bedeutung

[4] Zur Begriffs- und Wissenschaftsgeschichte vgl. Gadamer 1958.

ist, da er diesen Begriff gegen positivistische und psychoanalytische Definitionsversuche abgrenzt und dabei die Ausführungen über die geisteswissenschaftliche Begriffsbildung und den Begriff der Person eine gewichtige Rolle spielen[5].
Allein, wenngleich die Beiträge von Böhm und Weier von Bedeutung für die Geisteswissenschaften und die Geisteswissenschaftliche Pädagogik sind, so bleibt doch die Konfusion auch dann bestehen, wenn man sich auf der nun folgenden Argumentationsebene dem Begriff der Geisteswissenschaftlichen Pädagogik zuwendet. Wie soll Fischer einem Paradigma zugeordnet werden, das im Grund diffus ist? Nun könnte man meinen, eine Lösung ergibt sich, wenn man nur die Urteilskraft bei Kant zu Rate zieht; denn diese „ist das Vermögen, das Besondere als enthalten unter dem Allgemeinen zu denken" (KU BXXV–XXVI), das heißt weiter, sie ist bestimmende Urteilskraft, insofern sie das Besondere unter das Allgemeine subsumiert, und sie ist reflektierende, wenn sie zum gegebenen Besonderen das Allgemeine finden soll. Doch was ist das Allgemeine der Geisteswissenschaftlichen Pädagogik[6]? Ist sie nicht vielmehr eine Ansammlung von Besonderheiten bezüglich ihrer verschiedenen Strömungen und Selbstverständnisse? „Die geisteswissenschaftliche Pädagogik im Sinne einer festen „Schule" ... gibt es nicht. Die Bezeichnung wird hier heuristisch verwandt. So wie die philosophische und erkenntnistheoretische Grundlegung und die Methoden sehr vielseitig und differenziert waren, so sind es auch die auf dieser Grundlage vorgelegten pädagogischen Theorien" (Lassahn 1995, S. 47). Zwar gibt es den „Zusammenhang einer Denktradition", aber keine „Dilthey-Schule" (ebd., S. 24). Stimmt man dieser These zu, steht man zudem vor einem neuerlichen Problem, wenn man mit Brumlik (1983) die Frage stellt, ob das Verstehen überhaupt die Methode der Pädagogik sei.
Was ist also das gesuchte Allgemeine, ohne das eine mögliche Zuordnung Fischers ausgeschlossen ist? Es ist das Phänomen der Geschichtlichkeit, das sich bei allen Theoriebildungen und ihren differierenden Begründungen als gemeinsames Moment der Geisteswissenschaftlichen Pädagogik und nicht nur dieser durchhält. Geschichte wird zum Prinzip, und Wissenschaft wird ebenso wie das Leben des einzelnen und der Gesellschaft auf Geschichte be-

[5] Daß die geisteswissenschaftlichen Begriffe „Erziehung" und „Bildung" keinen Bezug zur Psychoanalyse bzw. ihren Theorieformen haben können, wurde von Böhm an anderer Stelle dargestellt, vgl. Böhm 1992.

[6] Zur Problematik des Allgemeinen in der Pädagogik vgl. den aktuellen Beitrag von Böhm in W. Brinkmann, J. Petersen (Hrsg.): Allgemeine Pädagogik. Probleme – Stand – Entwicklungen. Donauwörth 1997 (im Druck).

zogen und bei Dilthey erweitert zum Programm einer historischen Vernunft. Geschichtlichkeit bzw. Geschichte ist somit das Kriterium für eine mögliche Zuordnung Fischers. Diese Frage wird an entsprechender Stelle erörtert werden, ebenso die Problematik von Relativismus und Wahrheit als Folge eines Historismus, der als philosophische Position in den Geisteswissenschaften auftritt, „die mit dem Hinweis auf das historische Bedingtsein und die Variabilität aller kulturellen Phänomene absolute Geltungsansprüche – seien sie wissenschaftlicher, normativer oder ästhetischer Art – zurückweist ... Wissenschaftsgeschichtlich gesehen beginnt damit die Historisierung der Wissenschaften, die man später ‚Geisteswissenschaften' nennt" (Schnädelbach 1983, S. 51–53) und die insofern einen erkenntnistheoretischen Relativismus vertreten, indem sie die Wahrheit ihrer Aussagen in Abhängigkeit und in Relation zur jeweiligen geschichtlichen Lage und zum Erkenntnissubjekt sehen.
Die Ebene der wissenschaftstheoretischen Einordnung Fischers, hier zunächst aufgezeigt an seiner „Deskriptiven Pädagogik", bringt eine weitere Verstärkung der Schwierigkeit, die in drei Typen eingeteilt werden kann[7], wobei kein Anspruch auf Vollständigkeit ihrer Vertreter erhoben wird. Der erste Typ sieht Fischer unter phänomenologischem Aspekt. So verweist Loch auf das erkenntnistheoretische Problem Fischers, „wie man den Sachverhalt der Erziehung überhaupt erkennen kann, eine Frage, die nur mit den Mitteln der Phänomenologie zu beantworten ist", diese verstanden als „‚reine', an den konstitutiven Vermögen der Seele orientierte *Psychologie*", wie sie etwa Pfänder und Lersch vertreten haben (Loch 1983, S. 163–164). Brinkmann vertritt die These, „daß die Gründungsväter der Soziologie die Entstehung und Entwicklung einer pädagogisch- bzw. erziehungssoziologischen Theorie weit eher und stärker indirekt als direkt geprägt und gefördert haben", und nennt hier, „das phänomenologische Denken betreffend", Aloys Fischer (Brinkmann 1986, S. 54.). Auch Rombach (1979, S. 141), Dolch (1961) und Oppolzer (1966) folgen dieser phänomenologischen Lesart, die zwar einen wichtigen methodischen Aspekt, aber nicht den alleinigen im Gesamtwerk Fischers darstellt, wie im weiteren zu zeigen ist. – Die zweite Form der wissenschaftstheoretischen Typologisierung Fischers folgt nicht der genannten geisteswissenschaftlichen Zuordnung, sondern einer Zuordnung bei Ulich (1972, S. 37, die Vorläufer des kritischen Rationalismus beinhaltet), und einer als Vorläufer für die technologische oder positivistische Erziehungswissenschaft bezeichneten

[7] Vgl. zum folgenden Böschen 1991.

Typologisierung bei Benner (1978, S. 172), wobei Benner wiederum auf Brezinka verweist. Dieser steht jedoch in der Traditionslinie von Popper und Albert, d.h. der „*Wissenschaftslehre der Analytischen Philosophie* im weitesten Sinne des Wortes" (Brezinka 1978, S. 35). Popper und Albert betonen gerade die Differenz ihrer Theorien zum Positivismus und rücken damit die Phänomenologie, „zu der Fischer mit Sicherheit" zu rechnen sei, „in einen Gegensatz zur Geisteswissenschaft", wie Hoffmann (1980, S. 77) anmerkt. So zeigt sich hier – als eine zusätzliche paradigmatische Schwierigkeit – daß Fischer sowohl den analytischen als auch den nicht-analytischen Wissenschaftsparadigmen zugeordnet werden kann, der Phänomenologie, dem kritischen Rationalismus und dem logischen Positivismus (ebd., S. 78)[8]. – Die dritte Form der Einordnung Fischers erfolgt differenzierter. So rechnet Reble (1995, S. 353) Fischer zu den frühen empirischen Ansätzen, wobei die Gewichtung von phänomenologischer Wesensschau und empirischer Tatsachenforschung offen bleibt. Danner (1979, S. 132) zählt ihn zwar zu den Initiatoren einer phänomenologischen Pädagogik, betont jedoch den starken Anteil von empirischen Forschungsmethoden. Böhm (1994, S. 226) hebt die „Klärung einer deskriptiv-phänomenologischen Methode" hervor, weist aber zu Recht darauf hin, daß zwar an „der geisteswissenschaftlichen Fundierung grundsätzlich festhaltend" Fischer auch „empirische Forschungsmethoden und das Experiment" in die Pädagogik eingeführt habe. Wie ist diese Konfusion der Paradigmen im Hinblick auf unser Thema zu lösen? Einen, wenn auch wenig befriedigenden, Hinweis gibt Mittelstraß (1989, S. 16) bezüglich einer Anmerkung in von Wrights Schrift „Explanation and Understanding" (1971) und der Übertragung sozialwissenschaftlicher Paradigmen auf die Geisteswissenschaften. So seien bei den Sozialwissenschaften weniger konträre Auffassungen als die Paradigmen für eine Unterscheidung untereinander von Relevanz, d.h. eine Differenz in der Ideologie. Mittelstraß kommentiert: „Nach dieser These gibt es in den Sozialwissenschaften – und wenn man sie auf die Philosophie und die

---

[8] Van Peursen (1969, S. 7–8) weist nach, daß die Paradigmen einen gemeinsamen Ausgangspunkt haben, nämlich den Bezug auf gegebene Erscheinungen, jedoch verschiedene Intentionen verfolgen, zum einen die Beschränkung auf die empirische Faktizität, zum anderen die Aufdeckung von Bedeutung und Sinn von Phänomenen. Vgl. die These von Hoffmann (1980, S. 78), daß je nach wissenschaftlichem Standpunkt die Phänomenologie zu analytischen oder nicht-analytischen Paradigmen gezählt wird; zum Zusammenhang zwischen dem Positivismus von Ernst Mach und Husserls Phänomenologie vgl. die Schrift des Kieler Philosophen Manfred Sommer: Evidenz im Augenblick. Eine Phänomenologie der reinen Empfindung (1987).

Geisteswissenschaften übertragen darf, auch hier – prinzipiell keine universellen Paradigmen, hängt der theoretische Zustand der genannten Disziplinen im Kern davon ab, daß sie im Gegensatz zu den Naturwissenschaften kein einheitliches Erkenntnisinteresse auszubilden vermögen. Wahrheit wird zu einem ideologischen Begriff – und Irrtum damit natürlich auch" (ebd.; Hervorh. M. B.). Stimmt man dieser These nicht zu, so muß die Frage der wissenschaftstheoretischen Zuordnung Fischers auf der letzten Argumentationsebene beantwortet werden, die sein methodologisch-erkenntnistheoretisches Selbstverständnis im Hinblick auf phänomenologische Deskription und empirische Tatsachenforschung im Umriß skizziert sowie seinen Begriff der wissenschaftlichen Pädagogik, die er wie folgt gliedert, wobei anzumerken ist, daß er diese Systematik in seinem Werk nicht stringent durchhält, was wohl auch mit durch seinen frühen Tod bedingt ist (Fischer 1912, S. 20):

1. Erkenntnistheorie und Pädagogik
   A. Pädagogik als Praxis
      a) Praktische Pädagogik als Kunst
      b) Praktische Pädagogik als Technik
   B. Pädagogik als Theorie der Erziehung
      a) Theorie der Erziehung als Tatsache
         (Deskriptive Pädagogik auf phänomenologischer Grundlage)
      b) Theorie der Erziehung als Aufgabe
         (Wertpädagogik auf kulturphilosophischer Grundlage)
2. Kulturphilosophie und Pädagogik
3. Metaphysik und Pädagogik.

Im folgenden gehe ich auf das Kapitel 1.B. ein und ergänze den in der Gliederung fehlenden empirisch-methodologischen Aspekt sowie Fischers Begriff der Geisteswissenschaften. – Für Fischer (1921, S. 284) ist Pädagogik „der methodische Versuch eines geschichtlichen und grundsätzlichen Verständnisses desjenigen Ausschnittes aus der Wirklichkeit des Kulturlebens der Menschheit, den wir Erziehung nennen. Sie rückt damit ein in den Kreis der Geistes- und Kulturwissenschaften ...". Erziehung als Forschungsobjekt ist „eine Tatsache des geschichtlich-gesellschaftlichen Lebens" (Fischer 1912, S. 30), und der Pädagoge nimmt sein Material aus der Geschichte und der Erfahrung. Die pädagogische Theoriebildung ist in doppelter Weise auf die Philosophie verwiesen; als Pädagogik im Sinne der Theorie „der Erziehung als Tatsache" (ebd.) fragt sie auf der ontischen und auf der ontologischen Ebene

nach dem Sein von Erziehung; dabei ist sie methodologisch für die Geltung pädagogischer Begriffe auf die Erkenntnistheorie einer deskriptiv-phänomenologischen Philosophie als auch auf empirische Forschungsansätze angewiesen. Pädagogik verstanden als Theorie der Erziehung „als Aufgabe“ (ebd.) steht im Zusammenhang mit Kultur- und Wertphilosophie der damaligen Zeit, d. h. für Fischer u. a. mit den neukantianischen Ansätzen von Rickert und Windelband sowie der Philosophie seines Münchener Kollegen Erich Becher. Mit diesem Programm steht Fischer im Kontrast zu organologisch-reformpädagogischen und techno- bzw. rezeptologischen Theorieansätzen seiner Zeit (Fischer 1921, S. 285)[9].
Die oben aufgeführte Definition von Pädagogik gibt im Begriff „grundsätzliches Verständnis“ den Grundgedanken für die folgende Darstellung; denn offensichtlich gibt es für Fischer bezüglich dieses Begriffs nicht nur die Erkenntniswege zum geschichtlich-hermeneutisch und empirisch zu erfassenden Forschungsgegenstand. Im „Semester-Bericht des „Akademischen Vereins für Psychologie, München, Sommer-Semester 1910“ finden sich unter den Ehrenmitgliedern die Namen Lipps, Cornelius, Baumgartner, Pfänder, Aster, Geiger, Fischer, Scheler (Avé-Lallemant 1975, S. XIII). Sie dokumentieren die von dem Erscheinen von Husserls „Logischen Untersuchungen“ (1900/1901) angeregte Münchner Phänomenologische Bewegung[10], deren wichtigstes Publikationsorgan das 1913 gegründete „Jahrbuch für Philosophie und phänomenologische Forschung“ist. Ein Jahr später erscheinen Fischers Abhandlung „Deskriptive Pädagogik“ und Husserls „Ideen zu einer reinen Phänomenologie und Phänomenologischen Philosophie“ (I. Buch). Die beiden Schriften Husserls haben Einfluß auf die „Deskriptive Pädagogik“, ebenso wie die Münchner Phänomenologische Bewegung, die den Weg des transzendentalen Idealismus Husserls nicht mitgeht und als Wesensphilosophie auf verschiedenen Wissenschaftsgebieten in Regionalontologien versucht, „zu den Sachen selbst“ vorzustoßen. Fischer verweist in u. a. psychologischen und ethischen Arbeiten wiederholt auf Alexander Pfänder und Scheler. Er stellt die Deskription in den Zusammenhang von Theorie und Praxis; sie ist „das, was für alle diese (pädagogischen, M. B.) Leistungen als Voraussetzung erforderlich

[9] Zur Kritik dieser Ansätze vgl. Böhm 1995, bes. S. 41–110.

[10] Vgl. zur Wissenschaftsgeschichte der Münchner Phänomenologen Kuhn u. a. 1975; Avé-Lallemant 1975, S. IX–XVII; ebd., S. 258 ist eine biographische Notiz zu Fischer aufgeführt, die einen Hinweis auf den Nachlaß in der Bayerischen Staatsbibliothek gibt. Ein zweiter Band, der u. a. Fischer thematisiert, ist in der Staatsbibliothek in Vorbereitung (vgl. Anmerkung 24).

ist, die genaue Beschreibung und Analyse des aktuellen pädagogischen Tuns" (Fischer 1914, S. 8), das jeder schon meint genau zu kennen, und sie ist „reine, allerdings so tief als möglich geführte Beschreibung und Zergliederung der Einzelheiten der pädagogischen Praxis" (ebd., S. 9). Die Bezeichnung der „für *alle pädagogische Forschung und Wissenschaft unerläßlich wichtigen und grundlegenden Aufgabe*" ist „*deskriptive Pädagogik*" (ebd., S. 7); sie hat „*die Tatsachen eines Gebietes festzustellen, und zwar in solcher Weise, daß sie die Voraussetzung für das Verständnis der Problemstellungen bilden wie die letzte Instanz, auf die bei der Lösung der Probleme zu rekurrieren ist*" (ebd., S. 13–14). Mit anderen Worten: Phänomenologisches Wissen bildet das Kriterium, „zu dem wir immer zurückzukehren haben, wenn im Verfolg der theoretischen Arbeit Unsicherheiten und Widersprüche auftreten" (ebd., S. 18). Heidegger (1979, S. 5) formuliert präzise, daß das Fragen als Suchen „einer vorgängigen Leitung vom Gesuchten her" bedarf. Dabei intendiert die Frage, was ist das Gegebene, „*lediglich auf eine erschöpfende Charakteristik des Gegebenen als solchen* nach den Seiten, die unmittelbar an ihm erfaßbar sind, ohne Änderung der Gegebenheit, ohne „Reduktion" auf anderes, ohne Rekurs auf eine mögliche Genesis. Die letztere Aufgabe, ein Gegebenes auf ein anderes zurückführen, es genetisch aus dem anderen herzuleiten, setzt ja doch voraus, daß das Gegebene mit den in seiner Sphäre ihm eigentümlichen Seiten ... uns unverwechselbar bekannt ist; sonst könnten wir nicht mit Sicherheit behaupten, wirklich *dieses* Gegebene genetisch erklärt zu haben" (Fischer 1914, S. 16). Die Methode, um ein wissenschaftliches Tatsachengebiet in unmittelbarer Gegebenheit zu sehen, ist die phänomenologische Reduktion, die das Gegebene, die von jeder begrifflichen Bestimmung und jedem vorauslaufenden theoretischen Zugriff befreite, reine Tatsache aufzuweisen hat, die in der natürlichen Einstellung des Menschen den Phänomenen gegenüber verdeckt ist. Dabei muß jede Tatsache, jedes Phänomen „durch Benennung, Abscheidung, Bild so genau wie möglich und wie es ohne Änderung seiner Daseinsweise, ohne Zuhilfenahme theoretischer Grundbegriffe möglich ist, beschrieben werden nach seinem Was (Was es selbst ist), seiner Gegebenheit (Wie es jetzt da ist, geschaut, gemeint, gedacht, mit Worten bezeichnet), nach seiner Stellung zum Erlebenden Ich und zu den gleichzeitigen Gegenständen des Bewußtseins. Auf diese Weise wird es möglich, die *wesentlichen Merkmale vollständig und geordnet* zunächst zu finden und dann anzugeben" (ebd., S. 23). Bei der Deskription ist zwischen der deskriptiven und der konstruktiven Analyse zu unterscheiden, bzw. zwischen phänomenologi-

schem Beschreiben und Erklären, zwischen der das unmittelbar Gegebene erfassenden Deskription und der genetischen Erklärung. Fischer (ebd., S. 22) verdeutlicht diese Differenzen an einem musikalischen Beispiel: „Der Klang ist für das Ohr als Phänomen einfach-einheitlich, an dem höchstens in abstracto Merkmale unterschieden werden können. Die Klanganalyse, welche das Einfache des Klanges als bedingt durch die Verschmelzung in Wahrheit einfacher Töne erzeugt ausweist, ist Beispiel einer konstruktiven (erklärenden), nicht deskriptiven Analyse“[11]. Fischer resümiert folgerichtig: „Alle *erklärende* „Was-ist-Frage“, alle genetische Fragestellung wird in streng wissenschaftlicher Geisteshaltung erst möglich, wenn die *deskriptive* „Was-ist-Frage“ endgültig beantwortet ist“, und „eine wissenschaftliche Garantie, daß die Probleme *richtig* gestellt sind, die Erklärungsversuche nicht daneben treffen werden, kann man nur dann übernehmen, wenn der Tatbestand selbst in der Gegebenheit, in der er problematisch wird, als vollständig und richtig beschrieben gelten kann“ (ebd., S. 17–18).
Nach dieser Analyse des Begriffes der Deskription sind drei Aspekte hervorzuheben. Zum einen wird deutlich, daß Fischer im Kontext sowohl der „Logischen Untersuchungen“ und der „Ideen“ (I. Buch) steht als auch Grundannahmen der Münchner Phänomenologischen Bewegung übernimmt, jedoch zum anderen auch deren Abgrenzung gegen Husserl. Denn die Münchner Phänomenologen bleiben auf der Ebene der eidetischen Reduktion, der Erschließung der eidetischen Allgemeinheit von Phänomenen, und folgen nicht dem transzendentalen Idealismus Husserls und seiner Rückbindung des Seins der Phänomene an die transzendentale Subjektivität. Der zweite Aspekt verweist auf die oben skizzierte Problematik der Zuordnung von Fischers deskriptiver Pädagogik zu analytischen oder nicht-analytischen Paradigmen. Dieses Problem ist jetzt gelöst; denn Fischer versteht seine Deskription als phänomenologische und nicht als empirisch-analytische, wie eben gezeigt wurde. Dies hat Folgen für einige der oben angeführten Klassifikationen der Pädagogik Fischers, die mit Ausnahme von Böhm und Danner den Sachverhalt nicht treffen[12]. Im Hinblick auf

[11] Sie ist somit als konstruktive auch eine genetische Analyse, die den Klang als durch Verschmelzung von einfachen Tönen entstandenes Phänomen erklärt. Hier wird folglich nicht „die Sache selbst“ erfaßt, sondern durch ein kausal-analytisches Konstrukt ersetzt.

[12] Fischers Verständnis steht damit im kontradiktorischen Widerspruch zur These von Röhrs (1967, S. 27): „Die ‚*Theorie der Erziehung als Tatsache*‘ bedient sich weitgehend der deskriptiven Methode ‚auf phänomenologischer Grundlage‘ und legt damit ein empirisch gesichertes Fundament für die ‚*Theorie der Erziehung als*

die „Deskriptive Pädagogik" muß schließlich drittens kritisch angemerkt werden, daß Fischer diese Thematik in seinem Werk nicht mehr in dieser Ausführlichkeit verfolgt[13] und sich auch nicht mit Husserls Kritik an den Naturwissenschaften und ihren Verfahren, an der Psychologie und Weltanschauungsphilosophie und vor allem am Historismus in „Philosophie als strenge Wissenschaft" (1911) im Hinblick auf sein Verständnis der Geisteswissenschaften beschäftigt. Die Auseinandersetzung mit dem Historismus wäre aber im Hinblick auf sein Verständnis der Geisteswissenschaften wichtig gewesen.

Bei der genannten Definition von Pädagogik als Theorie der Tatsache ist ein Bereich zu ergänzen, der in der oben gezeigten Systematik von Fischer nicht genannt wird, der aber eine gewichtige Rolle in seiner Theorie und seinen Forschungen bildet. Denn Pädagogik ist nicht nur „die Zunahme des Strebens nach Evidenz …, soweit nicht unmittelbare Zwecksetzungen, sondern reine Liebe zur Erkenntnis der Sache selbst das Motiv pädagogischer Forschungen bilden", sondern zugleich auch „die Zunahme des Strebens nach Exaktheit, soweit die Pädagogik Erfahrungswissenschaft ist" (Fischer 1913, S. 43). Es gibt somit eine „*exakte* und diese *philosophische* Richtung" (ebd.). Der Begriff der Tatsache hat insofern einen doppelten Sinn. Der logische Ort der Tatsachenforschung in der exakten Pädagogik liegt in der psychologisch oder experimentell genannten Pädagogik, und die wichtigste Forschungsmethode ist die des Experiments „als systematische Beobachtung eines unter vollständig bekannten, willkürlich wiederholbaren und variablen Bedingungen erzeugten Tatbestandes bzw. Geschehens" (ebd., S. 45).

Für die in dieser Abhandlung darzustellende Thematik ist es deshalb notwendig, nicht nur auf Fischers Betonung der Bedeutung der exakten Forschung bloß hinzuweisen, die schon 1910 bei der Gründung des Pädagogisch-Psychologischen Instituts an der Münchner Universität deutlich wird, und auf die Einflüsse von Wilhelm Wundt sowie seine Zusammenarbeit mit Ernst Meumann, Erich Becher und dem experimentellen Psychologen Richard Pauli. Wissenschaftspolitisch wird Fischers empirisches Interesse nicht

---

Aufgabe' …". Wie allerdings Phänomenologie ein empirisches Fundament geben soll, ist mir unverständlich, heißt es doch bei Husserl (1950, S. 23), „daß der *Sinn eidetischer Wissenschaft jede Einbeziehung von Erkenntnisergebnissen empirischer Wissenschaften prinzipiell ausschließt*".

[13] Vgl. hierzu die schon 1912 geschriebenen kurzen Ausführungen zur Problematik (Fischer 1912, S. 34–35).

zuletzt 1920 durch die Berufung auf den Lehrstuhl für Pädagogik als Nachfolger von Foerster[14], die Mitvorstandschaft am Psychologischen Institut 1929 mit Alexander Pfänder sowie in seinen oben genannten, empirisch orientierten Lehrveranstaltungen, z. B. dem Seminar zum experimentell-psychologischen Arbeiten für Fortgeschrittene deutlich, das er zusammen mit Richard Pauli, dem Philosophen Aloys Wenzl, der sich unter anderem mit philosophischen Grundfragen der modernen Naturwissenschaften beschäftigt, und mit Kurt Huber veranstaltet, der als Professor der Tonpsychologie und Philosophie und geistiger Beweger der Widerstandsgruppe „Weiße Rose" 1943 hingerichtet wird (Schumak 1980, S. 333). Meine Frage gilt vielmehr dem logischen Ort von Fischers empirischem Denken. Dieser liegt in der Unterscheidung von Natur- und Geisteswissenschaften und dem Begriff des Gesetzes. – Fischer definiert die Geisteswissenschaften zunächst ex negativo vom Begriff der naturwissenschaftlichen Gesetze her. Diese beinhalten „Sätze, Formulierungen, die sagen, daß etwas nicht nur ist, sondern notwendig ist, nicht nur geschah und geschieht, sondern geschehen muß – wenn seine notwendigen und zureichenden Bedingungen vorhanden sind, – oder geschehen soll – wenn eine bestimmte unerwünschte Folge vermieden oder eine bestimmte „Richtigkeit" erreicht werden will" (Fischer 1930, S. 580). Positivistische Wissenschaften verfahren für Fischer einseitig, indem sie als Abwandlung des Kausalgesetzes ein Gesetz als einen Satz bestimmen, „der die ausnahmslos regelmäßige Verknüpfung einer Erscheinung B mit einer Erscheinung A ausspricht" (ebd., S. 586) und dabei unterschlagen, daß Gesetze „Konstruktionsprinzipien der Wirklichkeit" sind (ebd., S. 587), die über das bloße *Daß* der Dinge und ihr tatsächliches Verhalten hinausgehen. Naturwissenschaften haben eben nicht nur auf der feststellenden Ebene zu arbeiten, sondern auch auf der interpretierenden „das ‚*Daß*' zu erklären ..., d. h. das selbst nicht mehr erfahrbare Sein denkend so zu konstruieren, daß die festgestellten Daß-Zusammenhänge einsichtig, begreiflich werden" (ebd.). Die Bildung von Hypothesen und Theorien ist dann „eine Leistung, die das „Daß" des beobachteten regelmäßigen Verhaltens verständlich macht, die einen einsichtigen Zusammenhang konstruiert ..., als dessen Ausfluß die beobachtete Regelmäßigkeit der Erscheinungen selbstverständlich wird" (ebd., S. 589). – Fischer steht mit diesen Ausführungen im Kontext der

[14] Einen Überblick über Berufungsverhandlungen in München zur damaligen Zeit und den Einfluß der ‚Universitätsmafia' u. a. mit Max Weber gibt Schumak 1991, S. 412–421. – Vgl. Schumak 1980; Fischer 1910a, b, 1911b.

Schrift „Geisteswissenschaften und Naturwissenschaften" seines Münchner Kollegen Erich Becher (1921, z. B. S. 231–238, 251–254). Ihr entnimmt er auch die für den weiteren Gedankengang wichtige klassifikatorische Unterscheidung zwischen Realwissenschaften (Natur- und Geisteswissenschaften, Kulturwissenschaften als Teil der Geisteswissenschaften und Idealwissenschaften, etwa die Mathematik sowie die Wertwissenschaften)[15]. Als Geisteswissenschaften, zu denen, wie oben schon erwähnt, Fischer auch die Pädagogik rechnet, sollen „alle Disziplinen gelten, welche die seelische Wirklichkeit als solche ..., die objektive Geisteswelt der Kultur und die den Kulturgebieten die innere Sinneinheit gebenden Leitwerte des geistigen Lebens und Schaffens erkennen wollen" (Fischer 1930, S. 584). Sie behandeln „historische Gegenstände, auch wenn sie in anderer als geschichtlicher Betrachtungsweise von ihnen handeln ... *Alle* Geisteswissenschaften sind entweder selbst Geschichte eben des Geistes oder sie beziehen ihre Materialien aus geschichtlichen Forschungen, haben also Gegenstände, die – auch in prinzipieller Betrachtung – die Struktur historischer Gegenstände nicht verlieren" (ebd., S. 595). Somit scheint, wenn man dieser fragwürdigen Eingrenzung folgt, eine Übertragung des naturwissenschaftlichen Gesetzesbegriffs auf die Geisteswissenschaften ein „hysteron proteron" zu sein (ebd., S. 591). Wenn jedoch die Objekte der Geisteswissenschaften eine historische Struktur aufweisen, läßt sich die Problematik vereinfachend auf die Frage richten, ob es in der Geschichte Gesetze gibt (ebd., S. 595). Und für unseren Zusammenhang bleibt die Hoffnung, daß sich Fischer doch unter die Geisteswissenschaftliche Pädagogik subsumieren läßt.
Geschichtliche Phänomene sind „einmalige Tatsachen" (ebd., S. 596); auch wenn sie in lange historische Prozesse eingebunden sind, so sind auch diese selbst einmalige Tatsachen. „In jedem Fall ist *die* Geschichte als Einheit und Zusammenhang alles „Historischen" ... nur *einmal* da" (ebd., S. 597). Fischer beruft sich hier auf die Erkenntnistheorie der historischen Wissenschaft, die keine Konstanten der Geschichte bestimmen kann, weil das Kennzeichen der Geschichte „Singularität, Einmaligkeit, Unwiederholbarkeit

---

[15] Becher (1921, S. 164–167) steht im kritischen Kontext zur Unterscheidung von nomothetischen und idiographischen Wissenschaften bei Windelband (1924, S. 145) bzw. von individualisierenden und generalisierenden Wissenschaften bei Rickert (1986, z. B. S. 77, vgl. Becher 1921, S. 161), der wiederum, um die Schwierigkeit der Problematik anzudeuten, in kritischer Distanz zu Windelband steht (Rickert 1986, S. 7–8); Mannheim (1980, S. 177) kritisiert, daß die Differenzierung der Wissenschaften auf falschen Voraussetzungen beruhe und nur das Erkenntnisresultat und die Begriffsbildung im Blick habe.

sowohl der ganzen Situationen wie der einzelnen Personen und Fakta ist" (ebd., S. 600), und es gibt kein Naturgesetz, das begründet, daß Geschichte *„sein muß"* oder „sein wird" (ebd., S. 601). Fischers Begründungen für diese Thesen im Kontext einer historischen Denkart haben zwei Aspekte, einen anthropologischen und einen ethischen. Zum einen begründet die Annahme von Willens- und Handlungsfreiheit die These von der Einmaligkeit historischer Prozesse. So ist z. B. die mechanische Gesetzmäßigkeit der Phonetik notwendig, um zu verstehen, wie der Mensch spricht; sie gibt aber keine Kausalanalyse dafür, daß er spricht. Nicht die Gesetzes-, sondern die von diesen Gesetzen unabhängige „dynamische Welt ... beherrscht die Rede, sie ist nicht Zwangsablauf phonetischer Artikulations- und Phonationsprozesse, sondern – dieser sich bedienend – freie Schöpfung eines Sinn-, Ausdrucks-, Bedeutungs-, Mitteilungszusammenhangs, in jedem Augenblick entstehend und vergehend, neu, einmalig, geschichtlich ..." (ebd., S. 600). – Fischers Ausführungen sind hier insofern zu kritisieren als sie keine Begründung des Freiheitsbegriffs geben. An anderer Stelle spricht er jedoch von der Möglichkeit des Menschen, sich, unabhängig von physiologischen und körperlichen Voraussetzungen, im Gegensatz zum Tier mit der Wirklichkeit beschäftigen zu können. In qualitativer und nicht nur gradueller Differenz zum Tier besitzt er das „schöpferische Vermögen zu ‚Ideen'" (Fischer 1931, S. 157) und der Leitung nach eigenen Mustern (ebd., S. 158) sowie die Fähigkeit, in Distanzierung zu seiner eigenen dauernden Entwicklung den feststellenden, wertenden, erkennenden und kritischen Geist auf sich selbst zu richten, d. h. er hat Selbstbewußtsein (ebd., S. 160). Als selbstbewußtes Subjekt seiner Geschichte besitzt er Geist als „Vermögen zur Objektivität und Allgemeingültigkeit" und im ethischen Bereich als „Bestimmung der Entwicklung zum ‚Richtigen'" (ebd., S. 162); und im Verhältnis zum „Werdedrang und Werde-gang des Lebens" wird der Geist zur „leitenden Instanz" (ebd., S. 161–162)[16]. Dieser anthropologische Aspekt führt zu einem ethischen, auch wenn dieser als solcher von Fischer nicht so benannt wird. Denn, wenn der Mensch keiner deterministischen Anthropologie oder Geschichtsphilosophie unterliegt, muß er „als Gattung seinen Sinn der objektiven Situation entnehmen"; erst in der Bearbeitung der Aufgaben, die ihm die Geschichte stellt, erkennt er den Sinn einer Situation (Fischer 1930, S. 594).

[16] Interessanterweise steht Fischer hier unter dem Einfluß der Anthropologie Schelers, während er in den Ausführungen zu den Geisteswissenschaften in einem im weiteren Sinne historistischen Kontext steht.

Geschichte ist als „schöpferische(r) Potenz" im Gegensatz zur Natur „die immer freie Realisierung einer Welt" (ebd. S. 594, 598) durch den einzelnen in der jeweiligen konkreten Situation der Geschichte. Somit kann unter Einbeziehung der angegebenen anthropologischen Annahmen der Sinn von Geschichte nur in der ethischen Hinsicht liegen, *„daß sie jeden in ihr auftretenden Augenblick zur Höchstverantwortlichkeit der schöpferischen Entscheidung aufruft"* (ebd., S. 598–599). Wenn von ‚gesetzmäßigen' Konstanten innerhalb der geistigen Welt überhaupt gesprochen werden kann, dann sind dies nur „der handelnd entscheidende Mensch und die ‚ewige' Forderung" der Verantwortung (ebd.)[17].
Ich komme zurück zur Ausgangsfrage: Inwiefern kann Fischer dem Paradigma der Geisteswissenschaftlichen Pädagogik mit ihrem Allgemeinen, der Geschichtlichkeit, zugeordnet werden? Die obengenannte Definition von Pädagogik als einem methodischen Versuch, ein geschichtliches und grundsätzliches Verständnis des kulturellen Wirklichkeitsausschnittes Erziehung zu gewinnen, verweist sowohl auf ihren historisch-hermeneutischen Aspekt, der wie oben skizziert in eine späte Phase der Forschungen bei Fischer fällt, als auch auf den phänomenologischen Aspekt. Bei dieser Definition ist nach den ergänzenden Ausführungen zum Selbstverständnis von Natur- und Geisteswissenschaften auf den Anteil der exakten Pädagogik hinzuweisen. Mit dem Begriff „geschichtlich" könnte auf den ersten Blick doch noch die These gerechtfertigt werden, Fischers Ansatz könne in dieser frühen Phase einer sich begründenden Geisteswissenschaftlichen Pädagogik zugeordnet werden. Diese These wird im abschließenden Teil geprüft, wobei zugleich einige Aspekte der Probleme in Fischers Ansatz für die Geisteswissenschaften und die Geisteswissenschaftliche Pädagogik heute aufgezeigt werden.
Meine These lautet, daß Fischer, wenn man der obigen Systematik seiner Pädagogik in ihrer erkenntnistheoretisch-methodologischen Begründung folgt, nicht zur Geisteswissenschaftlichen Pädagogik zu rechnen ist. Dies ergibt sich aus der Grundannahme Fischers über das logische Verhältnis der Methoden – der deskriptiven und der exakten – zueinander. Diese bilden nämlich kein komplementäres Verhältnis, vielmehr gibt die phänomenologische Deskription zum einen der exakten Forschung erst ihre Fundierung, indem sie das Was der empirischen Phänomene aufdeckt, zum anderen schließt sie logisch eine historisch-individualisierende

[17] Zum Begriff des Gesetzes in den Geisteswissenschaften vgl. Becher 1921, u. a. S. 167–184. Der Einfluß auf Fischers Ausführungen ist deutlich.

Methode aus, die das Singuläre und Einzigartige zu erforschen behauptet. So geht, wie gezeigt, die deskriptive Frage: „Was ist?" der genetisch-erklärenden Frage voraus, denn sonst würde es unmöglich sein, überhaupt etwas zu erklären, da sein es fundierendes Eidos verdeckt bleibt. Es ist folglich die doppelte Intention der Was-Ist-Frage zu beachten; die Deskription steht *vor* der konstruktiven Analyse und dem Erklären. So ist deutlich, „daß der *Sinn* eidetischer Wissenschaft jede *Einbeziehung von Erkenntnisergebnissen empirischer Wissenschaften prinzipiell ausschließt* ... Aus Tatsachen folgen immer nur Tatsachen ...
Ist nun alle eidetische Wissenschaft prinzipiell von aller Tatsachenwissenschaft unabhängig, so gilt andererseits das Umgekehrte hinsichtlich der *Tatsachenwissenschaft.* Es gibt *keine*, die *als Wissenschaft voll entwickelt,* rein sein könnte von eidetischen Erkenntnissen und somit *unabhängig sein könnte von den, sei es formalen oder materialen eidetischen Wissenschaften ... Jede Tatsachenwissenschaft* (Erfahrungswissenschaft) *hat wesentliche theoretische Fundamente in eidetischen Ontologien*" (Husserl 1950, S. 23–24)[18]. – Auch die historisch-hermeneutische Methode muß in ihrem Verhältnis zur Phänomenologie über Fischer hinaus neu bedacht werden. Denn in einer Wesensanalyse kann man das Singuläre, das Individuelle, das für Fischer wie gezeigt das Erkenntnisinteresse der Geisteswissenschaften bedeutet, das apeiron, das Individuum nicht „fixieren, ihm Stellung in einer „Welt" individuellen Daseins geben" (Husserl 1965, S. 43). Sie kann lediglich mit Evidenz aufweisen, daß ein Individuum ein Wesen *hat*, nicht aber, daß es eines *ist* (ebd.)[19]. – Als Folge dieser Überlegung über Phänomenologie und der Methode der Geisteswissenschaften im Verständnis von Fischer müssen somit zwei weitere Aspekte ergänzt werden. Zum einen der Widerspruch zwischen einem evidenztheoretischen und einem hermeneutischen Wahrheitsbegriff, zumal bei Fischer nicht angegeben wird, wann etwas in seiner individuellen, singulären, geschichtlichen Bedingtheit als wahr erkannt wird und damit ein Relativismus in den Geisteswissenschaften nicht aus-

---

[18] Vgl. Husserl (1965, S. 43) in gleichem Sinn; vgl. Husserls Kapitel „Tatsache und Wesen" in Husserl 1950.

[19] Held (1985, S. 26) weist in diesem Sinne darauf hin, daß in der eidetischen Reduktion bei den Wesensgesetzen „von den zufälligen, faktischen Bewußtseinsabläufen und Gegenständen" abstrahiert wird und in dieser Reduktion auf die eidetische Bestimmtheit „die faktischen Eigenschaften nur auswechselbare Beispiele sind" (ebd.). – So ist nach diesen Ausführungen zu den Geisteswissenschaften kritisch zu fragen, warum Danner (1979) die Phänomenologie zu den geisteswissenschaftlichen Methoden rechnet.

geschlossen werden kann. Zum anderen ist deutlich, daß sich Fischers offensichtlich an Schelers Anthropologie orientierter Freiheitsbegriff denjenigen der Geisteswissenschaften ausschließen muß, da diese als historische Wissenschaften keine Wesensanalyse dieses Phänomens betreiben und das Verständnis von Freiheit relativ auf den jeweiligen Kontext einer historischen Anthropologie bezogen bleibt.

Zusammenfassend kann gesagt werden: Die Zuordnung von Aloys Fischer zur Geisteswissenschaftlichen Pädagogik ist mehr als fraglich; denn er hat die Beziehungen von angewandter (im Unterschied zu Husserls reiner) Phänomenologie, exakter Forschung und Hermeneutik und ihre Gegensätzlichkeiten nicht in ausreichender Weise erarbeitet. Seinem Ansatz nach müßte die phänomenologische Deskription die logisch vorrangige Position zu den anderen Methoden haben (was nicht ausschließt, daß sie empirisches und hermeneutisches Material phänomenologisch beschreibt). Fischer müßte eigentlich der These Lochs (1983, S. 168) folgen: „Entweder es gibt eine phänomenologische Pädagogik, oder es gibt überhaupt keine Pädagogik." Fischer hat seinen Ansatz nicht in letzter Konsequenz verfolgt. Dies ist das Ergebnis auf dieser abschließenden Argumentationsebene[20]. Dies hieße aber auch, wenn man über Loch hinausgeht, den zweifelhaften Begriff einer Geisteswissenschaftlichen Pädagogik abzuschaffen und ihn durch die Phänomenologische Pädagogik zu ersetzen. Ich denke, zuvor sollte man noch andere Möglichkeiten ausloten. Diese ergeben sich aus den hier aufgezeigten Schwierigkeiten als zukünftige Aufgaben für die Geisteswissenschaften und die Geisteswissenschaftliche Pädagogik.

Das erste Aufgabenfeld betrifft die Methodologie der Pädagogik, hier z. B. den Wahrheitsbegriff, das Verhältnis von Phänomenologie (mit ihren verschiedenen theoretischen Begründungen) und Hermeneutik, von Verstehen und Erklären sowie das Problem des Relativismus in der geisteswissenschaftlichen Erkenntnisgewinnung, das seit den platonischen Dialogen den denkenden Menschen beschäftigt, und des Irrationalismus, das die Geisteswissenschaftliche Pädagogik in manchen ihren Strömungen bis heute

[20] Fischer hofft aber selbst, mittels der Deskription ein gemeinsames Fundament für alle Pädagogen zu schaffen, gerade gegen die geschichtlich bedingten Ansätze und Theorien in der Lehrerbildung, in konfessionellen, politischen und wirtschaftlichen Theorien sowie in der Pädagogik, die zu seiner Zeit u. a. durch Theologie, klassische Philologie und Philosophie geprägt ist (Fischer 1910a, S. 78; 1922; 1926, S. 166).

zeigt[21]. Damit verbunden ist das Problem einer spezifisch geisteswissenschaftlichen Logik und die Frage nach der Begründung der Pädagogik. So ist es ein Unterschied, ob man mit Böhm die Linie nicht zu Dilthey, sondern zu Vico verfolgt, was sich in „Theorie und Praxis" z. B. bei den Begriffspaaren Wahrheit und Wahrscheinlichkeit, Vernunft und Vernünftigkeit zeigt[22], oder ob man Mischs lebensphilosophische Logik als Grundlage nimmt, die mit dem Begriff des Lebens mit all seinen Konnotationen bis hin zum Irrationalen die Geisteswissenschaften bis heute vor ein ungelöstes Problem stellt. Unter anthropologischer Rücksicht gilt es, das Problem von Geschichtlichkeit und Freiheit anzugehen[23] und schließlich die Aufgabe, die die anderen umfaßt und deshalb die gewichtigste ist, nämlich das Verhältnis von Vernunft und Geschichte. Denn eine Geisteswissenschaftliche Pädagogik und Geisteswissenschaften können nur dann Anspruch auf wissenschaftliche Geltung haben, wenn sie nicht im Historismus und Relativismus versinken, sondern Geschichte und Vernunft in ein Verhältnis setzen, d. h. das Besondere und das Allgemeine, die Welt des Veränderlichen, Kontingenten mit der Welt des logos, des Allgemeinen und Unwandelbaren. D. h. Geisteswissenschaften sind zugleich an Geschichte und Vernunft gebunden. Mit dieser Schwierigkeit hat die Pädagogik zusammen mit den Geisteswissenschaften ein Aufgabenfeld zu bearbeiten, das noch nicht hinreichend methodisch einer möglichen Lösung zugeführt ist. Deshalb kann von einer Verdrängung oder Überwindung der Geisteswissenschaftlichen Pädagogik nicht die Rede sein (Neumann 1991). Vielmehr ist es ihre Aufgabe, wenn sie sich fürderhin als Wissenschaft neu definieren will, die aufgezeigten Schwierigkeiten Fischers aufzunehmen und sich keinen außerwissenschaftlichen Einflüssen zu beugen oder unbedacht den Methodenidealen anderer Wissenschaften anzuschließen, gemäß ihrem Selbstverständnis, nichts als Erkenntnis anzustreben, um gerade so Orientierungen für die Praxis zu geben[24] (Fischer 1932, S. 593–594).

---

[21] Vgl. zum folgenden: Baumgartner 1979; Misch 1994, Orth 1985, Riedel 1978, Schnädelbach 1987.

[22] Vgl. Böhm 1995, S. 156–168.

[23] Das Problem des Ethischen wurde in dieser Abhandlung nicht thematisiert, da ich mich auf erkenntnistheoretische und methodologische Aspekte beschränkt habe.

[24] Mein Dank für Recherchen gilt dem „Philosophers Index" der Universitätsbibliothek Erlangen-Nürnberg, Frau Dr. Töpelmann, Universitätsbibliothek München (hier befinden sich Teile der Bibliothek von Fischer); Frau Dr. von Moisy und Frau Büchel, Bayerische Staatsbibliothek München (hier befindet sich der Nachlaß von Fischer, das gedruckte Werk, Manuskripte, fremde Arbeiten aus der Bibliothek, das Archiv sowie eine Bibliographie und Arbeitsmittel; archivarisch fertig bearbeitet sind die Personalia und die Korrespondenz).

Apel, K.-O.: Das Selbsteinholungsprinzip der kritisch-rekonstruktiven Geisteswissenschaften. In: Sich im Denken orientieren. Für Herbert Schnädelbach. Hrsg. von S. Dietz u. a. Frankfurt a. M. 1996. S. 19–31.

Avé-Lallemant, E.: Die Nachlässe der Münchener Phänomenologen in der Bayerischen Staatsbibliothek (Catalogus codicum manu scriptorum Bibliothecae Monacensis, Tomus X, Pars I). Wiesbaden 1975.

Baumgartner, H. M.: Freiheit als Prinzip der Geschichte. In: Ders. (Hrsg.): Prinzip Freiheit. Eine Auseinandersetzung um Chancen und Grenzen transzendentalphilosophischen Denkens (Reihe: Praktische Phil. Bd. 10). Freiburg, München 1979. S. 299–321.

Becher, E.: Geisteswissenschaften und Naturwissenschaften. Untersuchungen zur Theorie und Einteilung der Realwissenschaften. München, Leipzig 1921.

Benner, D.: Hauptströmungen der Erziehungswissenschaft. Eine Systematik traditioneller und moderner Theorien. München, 2., neu bearb. u. erw. Aufl. 1978.

Böhm, W.: Über die Unvereinbarkeit von Erziehung und Therapie. In: Vjschr. f. wiss. Päd. 68 (1992). S. 129–151.

Böhm, W.: Wörterbuch der Pädagogik. 14., überarb. Aufl. Stuttgart 1994.

Böhm, W.: Theorie und Praxis. Eine Einführung in das pädagogische Grundproblem. 2., erw. Aufl. Würzburg 1995.

Böschen, M.: Aloys Fischer (1880–1937). In: Große bayerische Pädagogen. Hg. von W. Böhm und W. Eykmann. Bad Heilbrunn/Obb. 1991, S. 269–288.

Brezinka, W.: Metatheorie der Erziehung. Eine Einführung in die Grundlagen der Erziehungswissenschaft, der Philosophie der Erziehung und der Praktischen Pädagogik. 4., vollst. neubearb. Aufl. d. Buches „Von der Pädagogik zur Erziehungswissenschaft. Eine Einführung in die Metatheorie der Erziehung“. München, Basel 1978.

Brinkmann, W.: Zur Geschichte der Pädagogischen Soziologie in Deutschland. Dogmenhistorische Studien zu ihrer Entstehung und Entwicklung (Internat. Pädagogik, Bd. 12). Würzburg 1986.

Brumlik, M.: Ist das Verstehen die Methode der Pädagogik? In: Garz, D., Kraimer, K. (Hrsg.): Brauchen wir andere Forschungsmethoden? Beiträge zur Diskussion interpretativer Verfahren (Monographien: Pädagogik 33). Frankfurt a. M. 1983. S. 31–47.

Danner, H.: Methoden geisteswissenschaftlicher Pädagogik. Einführung in Hermeneutik, Phänomenologie und Dialektik. München, Basel 1979.

Dolch, J.: Bibliographie der Werke Fischers. In: Aloys Fischer. Leben und Werk. Hrsg. von K. Kreitmair, Bd. 1. München 1950. S. 253–265.

Dolch, J.: Fischer, Aloys. In: Neue Deutsche Biographie, hrsg. von der Historischen Kommission bei der Bayerischen Akademie der Wissenschaften, Bd. 5. Berlin 1961. S. 178.

Fellmann, F.: Dilthey als Prügelknabe. Eine Antwort auf Jürgen Mittelstraß. In: Information Philosophie, 3, August 1996. S. 58–59.
Fischer, A.: Die Gründung eines pädagogischen Instituts. In: Freie Bayerische Schulzeitung, Nr. 7, 11. Jg., 1. 4. 1910a. S. 77–82.
Fischer, A.: Bericht über das pädagogisch-psychologische Institut München und sein Winterprogramm. In: Freie Bayerische Schulzeitung, Nr. 19, 11. Jg., 15. 9. 1910b. S. 245–250.
Fischer, A.: Die Lage der Pädagogik in der Gegenwart. In: Zeitschrift für pädagogische Psychologie und experimentelle Pädagogik, 12 (1911a). S. 81–93.
Fischer, A.: Pädagogisch-psychologisches Institut München. In: Zeitschrift für pädagogische Psychologie und experimentelle Pädagogik, 12 (1911b). S. 67–70.
Fischer, A.: Philosophie und Pädagogik in prinzipieller Betrachtung (1912). Zit. nach Aloys Fischer. Leben und Werk. Hrsg. von K. Kreitmair und H. Röhrs, Bd. 8. München 1971. S. 9–51.
Fischer, A.: Über die Bedeutung des Experiments in der pädagogischen Forschung und die Idee einer exakten Pädagogik. In: Drittes Jahrbuch der Pädagogischen Zentrale des Deutschen Lehrervereins, 1913, S. 299–321. Zit. nach Erziehungswissenschaft und Erziehungswirklichkeit. Hrsg. von H. Röhrs. Frankfurt a. M. [2]1967. S. 35–57, Anm. S. 420.
Fischer, A.: Deskriptive Pädagogik. In: Zeitschrift für pädagogische Psychologie und experimentelle Pädagogik, 15 (1914). S. 81–95. Zit. nach Aloys Fischer. Leben und Werk. Hrsg. von K. Kreitmair, Bd. 2. München 1950. S. 5–29.
Fischer, A.: Über das Studium der Pädagogik an den Hochschulen. In: Zeitschrift für pädagogische Psychologie und experimentelle Pädagogik, 22 (1921). S. 273–289.
Fischer, A.: Der Aufbau des Hochschulstudiums der Pädagogik. In: Zeitschrift für pädagogische Psychologie und experimentelle Pädagogik, 23 (1922). S. 56–65.
Fischer, A.: Das Pädagogische Seminar. In: Die wissenschaftlichen Anstalten der Ludwig-Maximilians-Universität zu München. Chronik zur Jahrhundertfeier im Auftrag des akademischen Senats hrsg. von K. A. von Müller. München 1926. S. 166–168.
Fischer, A.: Die Aufgabe der Hochschulen im Kampf gegen die Inflation der Bildung. In: Mitteilungen des Verbandes der deutschen Hochschulen, 1929. Zit. nach Aloys Fischer. Leben und Werk. Hg. von K. Kreitmair, Bd. 7. München 1967. S. 340–362.
Fischer, A.: Der Begriff des Gesetzes in der Geisteswissenschaft. In: Philosophia perennis. Festgabe für J. Geyer. Hrsg. von J. v. Rintelen. Regensburg 1930. Zit. nach Aloys Fischer. Leben und Werk. Hrsg. von K. Kreitmair, Bd. 3/4. München 1954. S. 579–606.
Fischer, A.: Vom Sinn der Erziehung. In: Zeitschrift für pädagogische Psychologie, experimentelle Pädagogik und jugendkundliche Forschung, 32 (1931). S. 521–537. Zit. nach Aloys Fischer. Leben und Werk. Hrsg. von K. Kreitmair, Bd. 2. München 1950. S. 145–170.

Fischer, A.: Vom Geist der Wissenschaft (1932). In: Aloys Fischer. Leben und Werk. Hrsg. von K. Kreitmair, Bd. 5/6. München 1957. S. 593–598.
Fischer, A.: Aloys Fischers Vorlesungen und Übungen an der Universität München. In: Aloys Fischer. Leben und Werk. Hg. von K. Kreitmair, Bd. 1. München 1950. S. 247–252.
Frühwald, W. u. a.: Geisteswissenschaften heute. Eine Denkschrift. Frankfurt a. M. 1991.
Gadamer, H.-G.: Geisteswissenschaften. In: Die Religion in Geschichte und Gegenwart. Handwörterbuch für Theologie und Religionswissenschaft. 3., völlig neu bearb. Aufl., hrsg. von K. Galling, Bd. 2. Tübingen 1958. Sp. 1304–1308.
Gadamer, H.-G.: Die Phänomenologische Bewegung: In. Phil. Rundschau, 11 (1963). S. 1–45.
Gadamer, H.-G.: Auf schwankendem Boden. Vom Wandel in den Geisteswissenschaften. In: Frankfurter Allgemeine Zeitung, 28. 9. 1985.
Heidegger, M.: Sein und Zeit. Tübingen [15]1979.
Held, K.: Einleitung. In: E. Husserl: Die phänomenologische Methode. Ausgewählte Texte I. Mit einer Einl. hrsg. von K. Held. Stuttgart 1985. S. 5–51.
Hoffmann, D.: Erziehungswissenschaft. Eine Einführung. Stuttgart u. a. 1980.
Huber, H.: Aloys Fischer. Erinnerung an den großen Pädagogen anläßlich seines 50. Todestages. In: Päd. Welt 42 (1988). S. 191.
Husserl, E.: Ideen zu einer reinen Phänomenologie und phänomenologischen Philosophie. Erstes Buch. Allgemeine Einführung in die reine Phänomenologie. Hrsg. v. W. Biemel (Husserliana Bd. III). Den Haag 1950.
Husserl, E.: Philosophie als strenge Wissenschaft. Hrsg. von W. Szilasi (Quellen der Philosophie, Texte u. Probleme 1). Frankfurt a. M. 1965.
Husserl, E.: Ideen zu einer reinen Phänomenologie und phänomenologischen Philosophie. Erstes Buch. Ergänzende Texte (1912–1929). Neu hrsg. von K. Schuhmann (Husserliana Bd. III, 2). Den Haag 1976.
Husserl, E.: Logische Untersuchungen (1900/1901), Bd. 1: Prolegomena zur reinen Logik. Unver. Nachdr. der 2., umgearb. Auflage 1915. Tübingen [6]1980.
Kant, I.: Kritik der Urteilskraft. In: I. Kant, Werke in 6 Bänden. Hrsg. von W. Weischedel, Bd. 5. Darmstadt 1966.
Kreitmair, K.: München, Universitätsstudium, Theodor Lipps. In: Aloys Fischer. Leben und Werk. Hrsg. von K. Kreitmair, Bd. 1, München 1950. S. 43–80.
Kuhn, H. u. a. (Hrsg.): Die Münchener Phänomenologie. Vorträge des internationalen Kongresses in München 13.–18. April 1971 (Phaenomenologica 65). Den Haag 1975.
Lassahn, R.: Einführung in die Pädagogik. 8., erg. Aufl. Heidelberg, Wiesbaden 1995.
Loch, W.: Phänomenologische Pädagogik. In: Enzyklopädie Erziehungs-

wissenschaft, hrsg. von D. Lenzen unter Mitarb. von A. Schründer, Bd. 1. Stuttgart 1983. S. 155–173.
Mannheim, K.: Eine soziologische Theorie der Kultur und ihrer Erkennbarkeit (Konjunktives und kommunikatives Denken). In: Ders.: Strukturen des Denkens, hrsg. von D. Kettler u. a. Frankfurt a. M. 1980, S. 155–322.
Misch, G.: Der Aufbau der Logik auf dem Boden der Philosophie des Lebens. Göttinger Vorlesungen über Logik und Einleitung in die Theorie des Wissens. Hrsg. von G. Kühne-Bertram u. F. Rodi. Freiburg, München 1994.
Mittelstraß, J.: Die Wahrheit des Irrtums. Über das schwierige Verhältnis der Geisteswissenschaften zur Wahrheit und über ihren eigentümlichen Umgang mit dem Irrtum (Konstanzer Universitätsreden 173). Konstanz 1989.
Mittelstraß, J.: Die unheimlichen Geisteswissenschaften. In: Information Philosophie, 2, Juni 1996. S. 5–19.
Möller, B. (Hrsg.): Logik der Pädagogik. Pädagogik als interdisziplinäres Aufgabengebiet, 2 Bde. Der Beitrag der Geisteswissenschaften zur Pädagogik, Teil 1, 2. Oldenburg 1992.
Neumann, D.: Bemerkungen zur Ablösung der Geisteswissenschaftlichen Pädagogik: Verdrängt oder überwunden? In: Z. f. Päd., 27. Beih., 1991. S. 67–91.
Oppolzer, S. (Hrsg.): Denkformen und Forschungsmethoden in der Erziehungswissenschaft, Bd. 1. München 1966.
Orth, E. W. (Hrsg.): Dilthey und die Philosophie der Gegenwart. Beiträge von K.-O. Apel u. a. (Sonderbd. der Phänomenolog. Forschungen). Freiburg, München 1985.
Peursen, C. A. van: Phänomenologie und analytische Philosophie. Stuttgart 1969.
Reble, A.: Geschichte der Pädagogik. Stuttgart [18]1995.
Rickert, H.: Kulturwissenschaft und Naturwissenschaft. Mit einem Nachw. hrsg. von F. Vollhardt, Stuttgart 1986.
Riedel, M.: Verstehen oder Erklären? Zur Theorie und Geschichte der hermeneutischen Wissenschaften. Stuttgart 1978.
Röhrs, H.: Die wegweisende Bedeutung der Pädagogik Aloys Fischers in: Päd. Rundschau 42 (1988a). S. 521–539.
Röhrs, H.: Zum Gedenken an Aloys Fischer. In: Bildung und Erziehung 41 (1988b). S. 123–124.
Röhrs, H.: Die Pädagogik Aloys Fischers. Versuch einer systematischen Darstellung seines wissenschaftlichen Gesamtwerkes. 2., durchges. u. erg. Aufl. Heidelberg 1967.
Röhrs, H.: Aloys Fischer. In: Geschichte der Pädagogik des 20. Jahrhunderts. Von der Jahrhundertwende bis zum Ausgang der geisteswissenschaftlichen Epoche, Bd. 1. Hrsg. von J. Speck. Stuttgart u. a. 1978. S. 72–88.
Rombach, H.: Phänomenologische Erziehungswissenschaft und Strukturpädagogik. In: Schaller, K. (Hg.): Erziehungswissenschaft der

Gegenwart. Prinzipien und Perspektiven moderner Pädagogik. Bochum 1979. S. 136–154.
Schnädelbach, H.: Philosophie in Deutschland 1831–1933. Frankfurt a. M. 1983.
Schnädelbach, H.: Einleitung. Über die Vernünftigkeit der Geschichte und die Geschichtlichkeit der Vernunft. In: Ders.: Vernunft und Geschichte. Vorträge und Abhandlungen. Frankfurt a. M. 1987. S. 9–20.
Schnädelbach, H.: Vernunft. In: Martens, E., Schnädelbach, H. (Hrsg): Philosophie. Ein Grundkurs, Bd. I. Überarb. u. erw. Neuausg. Reinbek b. Hamburg 1991. S. 77–115.
Scholtz, G.: Zwischen Wissenschaftsanspruch und Orientierungsbedürfnis. Zu Grundlage und Wandel der Geisteswissenschaften. Frankfurt a. M. 1991.
Schumak; R.: Der erste Lehrstuhl für Pädagogik an der Universität München. Ein Beitrag zur Institutionalisierung und zur Geschichte der Pädagogik als Universitätsdisziplin (1893–1945). In: Die Ludwig-Maximilians-Universität in ihren Fakultäten. Im Auftrag des Präsidenten hrsg. von L. Boehm und J. Spörl, Bd. 2. Berlin 1980. S. 303–344.
Schumak, R.: Aloys Fischer – von der Philosophie zur Pädagogik. In: Universität und Bildung. Festschrift L. Boehm zum 60. Geburtstag. Hrsg. von W. Müller u. a. München 1991. S. 409–434.
Stalla, B.: Pädagogische Grundlagen und Prinzipien im Werk Aloys Fischers. In: Päd. Welt 47 (1993). S. 370–371, 374.
Steinfeld, Th.: In der heißen Luft der Abstraktion. Wie Räuber auf der Lauer nach Beute: Das falsche Versprechen der Kulturwissenschaften. In: Frankfurter Allgemeine Zeitung, 4. 9. 1996.
Ulich, D.: Probleme und Möglichkeiten erziehungswissenschaftlicher Theoriebildung. In: Ders. (Hrsg.): Theorie und Methode der Erziehungswissenschaft. Probleme einer sozialwissenschaftlichen Pädagogik. Weinheim, Basel 1972. S. 13–87.
Weier, W.: Das Phänomen Geist. Auseinandersetzung mit Psychoanalyse, Logistik, Verhaltensforschung. Darmstadt 1995.
Windelband, W.: Geschichte und Naturwissenschaft. In: Ders.: Präludien. Aufsätze und Reden zur Philosophie und ihrer Geschichte, Bd. II. Tübingen 1924. S. 136–160.

Theodor Litt (1880–1962)

Ernst Hojer

1. Leben

Theodor Litt, geboren am 27. Dezember 1880 in Düsseldorf als Sohn eines Gymnasiallehrers, entstammte dem gebildeten Bürgertum. Litt besuchte von 1890–1899 das humanistische Gymnasium in Düsseldorf und studierte in Berlin und Bonn alte Sprachen, Geschichte und Philosophie. Nach seiner Promotion im Jahre 1904 war er bis 1918 als Gymnasiallehrer tätig. Den Ersten Weltkrieg erlebte er als eine gesamteuropäische Krise, deren Erschütterung eine vertiefte Hinwendung zur Philosophie und zur wissenschaftlichen Pädagogik auslöste. Erst die Jahre 1916–18 brachten für den damals schon 37jährigen Litt den Durchbruch zu zahlreichen wissenschaftlichen Veröffentlichungen, die vor allem den Themen des geschichtlichen und sprachlichen Verstehens in ihrer Bedeutung für Bildung und Unterricht gewidmet waren.

Eine entscheidende Wende im Hinblick auf Litts Tätigkeit als Hochschullehrer bildete seine Teilnahme an einer Konferenz im Jahre 1917, zu der ihn das preußische Kultusministerium nach Berlin eingeladen hatte. Diese Tagung stand unter der Leitung des Religions- und Kulturphilosophen Ernst Troeltsch (1865–1923) und war der Einrichtung von pädagogischen Lehrstühlen an Universitäten zur Verbesserung der Ausbildung der Gymnasiallehrer gewidmet; vor allem aber wollte man durch eine neue „Kulturpädagogik" die Kultureinheit dadurch erreichen, daß sich die Pädagogik im engen Anschluß an die Geschichts- und Kulturphilosophie mit ihren eigenen Grundlagen auseinandersetzen und sie kritisch reflektieren sollte, und zwar sowohl „historisch-empirisch" im Hinblick auf ihre Institutionen als auch „spekulativ-normativ" im Hinblick auf ihre Bildungsziele. Litt arbeitete für dieses Programm detaillierte Vorschläge aus und wirkte im Jahre 1918 im preußischen Kultusministerium am Entwurf eines neuen Lehrplans für Gymnasien mit. Besondere Beachtung fand jedoch sein 1919 erschienenes Buch „Individuum und Gemeinschaft". Schon 1919 erhielt er eine außerordentliche Professur für Pädagogik an der Universität Bonn und wurde 1920 nach dem Weggang Eduard Sprangers nach Berlin dessen Nachfolger auf dem Lehrstuhl für Philosophie und Pädagogik in Leipzig. Bis zum Jahre 1933 ist die

breite akademische Lehr- und Forschungstätigkeit hervorzuheben, die ihren Ausdruck nicht nur in zahlreichen Publikationen fand, sondern auch in der Gründung der Zeitschrift „Die Erziehung", die er mit Nohl, Spranger, A. Fischer und W. Flitner herausgab. Im Oktober 1926 hielt Litt auf dem Weimarer Kongreß den Hauptvortrag über „Die gegenwärtige Lage der Pädagogik und ihre Forderungen", der ebenso lebhafte Erörterungen auslöste wie die im Anschluß entstandene Grundschrift „Führen oder Wachsenlassen" (1927), die bald zu seinen „klassischen Schriften" gezählt wurde.
Bei der traditionsbewußten, entschieden auf die Freiheit des Individuums und die Freiheit der Wissenschaft gerichteten Grundhaltung Theodor Litts, die totalitären Ansprüchen jeder Art zuwiderlief, konnte es nicht ausbleiben, daß er in der Zeit des Rektorats der Universität Leipzig, das er seit 1931/32 innehatte, in den Konflikt mit dem Nationalsozialismus hineingezogen wurde: „Litt hat alle Anfeindungen und Gefährdungen überaus standhaft, mutig und mit aufrecht-kompromißloser Haltung ertragen und hat sich gegen die nationalsozialistische Geschichtsklitterung und gegen die rassistische Irrlehre offen wissenschaftlich zur Wehr gesetzt."[1] Er wurde am 1. Oktober 1937 auf eigenen Wunsch emeritiert und unterhielt während des Zweiten Weltkriegs Kontakte zum Widerstandskreis um den Leipziger Oberbürgermeister Karl Goerdeler.
Im Jahre 1945 wurde Litt wieder in sein Amt eingesetzt; als sich aber in der sowjetischen Besatzungszone ein neues totalitäres Regime herausbildete, nahm er im Herbst 1947 im Alter von fast 67 Jahren einen Ruf an die Universität Bonn an. Litt starb am 16. Juli 1962.

2. *Werk*

Aus räumlichen Gründen ist es in dieser eher auf eine Übersicht hinauslaufenden Darstellung nicht möglich, auf die Werke Theodor Litts im einzelnen einzugehen oder den Wandel einzelner Probleme und Begriffe genauer nachzuzeichnen. Statt dessen soll der Versuch gewagt werden, einen auch für die wissenschaftliche Pädagogik grundlegenden philosophischen Gedankengang Theodor Litts exemplarisch darzustellen, um von hier aus einige Verbindungen zu den übrigen – auch den im engeren Sinne pädago-

[1] Vgl. dazu u. a. Albert Reble: Theodor Litt. Eine einführende Überschau. Bad Heilbrunn 1996

gischen – Werken zu ziehen und mögliche Grenzen der Littschen Konzeption anzudeuten. Diesem Zwecke kommt m.E. die Grundlagenschrift von Theodor Litt: „Das Allgemeine im Aufbau der geisteswissenschaftlichen Erkenntnis“[2] weitgehend entgegen. Sie hat den Vorteil, daß ihr Erscheinungsjahr 1941 in die Mitte der Littschen Publikationen fällt und zugleich ein zentrales Problem behandelt, das in seinem Geltungsanspruch durch alle Werke Theodor Litts bis zu seinem Tode im Jahre 1962 hindurchreicht. Für Litt liegt dieses Problem in der Frage: Welches geistige Leistungsgefüge, welche geistige Grundstruktur müssen die Geisteswissenschaften und damit auch die wissenschaftliche Pädagogik immer schon vor aller konkreten Arbeit apriori als Bedingung ihrer Möglichkeit im erkennenden Subjekt voraussetzen? Da sich nämlich die Geisteswissenschaften im Gegensatz zu den Naturwissenschaften nicht auf die Welt der gegenständlichen Naturobjekte richten, sondern Erkenntnisse über die Bedeutung einzelner, besonderer Menschen gewinnen wollen, die als Individuen immer mit der einmaligen Situation ihrer geschichtlichen und gesellschaftlichen Menschenwelt verbunden bleiben, besteht nach Litt die Gefahr, daß das einzelne Individuum in seiner Besonderheit durch die bloße Unterordnung unter ein allgemeines Gesetz seines Eigenrechts beraubt, zum bloßen Mittel entwertet und damit zum Funktionär eines totalitären Systems entselbstet wird. Da aber die Wissenschaft und damit auch die Geisteswissenschaft nicht auf Allgemeinheit ihrer Aussagen verzichten kann, ohne dadurch das „Allgemein-Menschliche“ zu zerstören und der puren Willkür preiszugeben, erhält die schon in der Antike aufgeworfene Frage nach dem rechten Verhältnis von Allgemeinem und Besonderem eine übergreifende Bedeutung.
Zur Beantwortung dieses wissenschaftstheoretischen Problems bezieht sich Litt zunächst auf Dilthey (1833–1911), der in seiner „Einleitung in die Geisteswissenschaften“ (1883) das abstrakte Denksystem der Aufklärung wegen seiner Gleichgültigkeit und Gleichförmigkeit gegenüber dem besonderen Individuum kritisiert und statt dessen für die Arbeitsweise der „historischen Schule“ einen Ausgleich fordert. Dieser liegt nach Dilthey in der „Wechselwirkung“, in der „gegenseitigen Abhängigkeit des Historischen und des Systematischen“. Methodisch müßten sich die Geisteswissenschaften um das Individuelle und Besondere in seiner einmaligen Geschichtlichkeit dergestalt bemühen, daß in unablässiger

[2] Vgl. dazu: Theodor Litt: Das Allgemeine im Aufbau der geisteswissenschaftlichen Erkenntnis. Mit einer Einleitung, hrsg. von Friedhelm Nicolin. Hamburg 1980

Arbeit ein geistiger, geschichtlicher Zusammenhang und damit ein Gesamtverständnis des einzelnen Individuums und seiner Epoche herausgearbeitet werden kann. Auf diese Weise gelangen die Geisteswissenschaften schließlich zu einem allgemeinen Deutungszusammenhang, der um so überzeugender ist, je mehr Einsichten den jeweils besonderen Erscheinungen abgerungen werden.
Nach Litt greift aber dieser Ansatz nicht tief genug, ist es Dilthey doch entgangen, daß allen geisteswissenschaftlichen Erkenntnissen immer schon Sprache zugrundeliegt. Zwar spricht auch Dilthey vom „Ausdruck", aber er versteht darunter nur die Gestalten und Gebilde auf der Objektseite, fragt aber nicht nach der Funktion des Ausdrucks im sprechenden Subjekt. Es war der Neukantianer Heinrich Rickert (1863–1936), der diese Frage in seinen Arbeiten zur Logik der historischen Begriffsbildung aufgegriffen hat. Litt sieht jedoch die Grenze des Ansatzes von Rickert darin, daß dieser in dem Allgemeinen, wie es sich in den Wortbedeutungen äußert, nur ein „Mittel" für die geisteswissenschaftliche Erkenntnis des Besonderen sieht, wodurch dieses „klassifiziert" wird. Damit nähert sich der Ansatz Rickerts aber dem von Dilthey, der der Meinung ist, daß die allgemeine Erkenntnis des Besonderen durch „Induktion" zustande komme. Nach Litt aber verzerren die Begriffe der „Klassifikation" und der „Induktion" das Gefüge, das die Geisteswissenschaften bei ihrer Grundlegung voraussetzen müssen, indem sie dem Allgemeinen den Vorrang vor dem Besonderen und Individuellen einräumen und dieses somit unzulässig „generalisieren".
Wie Litt unter Berücksichtigung sprachphilosophischer Einsichten des Marburger Neukantianers Ernst Cassirer (1874–1945) betont, zeigt bereits die Alltagssprache eine Allgemeines von anderer Struktur. Es ist das „Allgemeine der Wortbedeutung", das sich mit der „Sinnstruktur" der Sprache gleichursprünglich entwickelt. Hier kommt es gerade nicht, wie bei der „exakten" Definition der Naturwissenschaften darauf an, das Besondere zugunsten einer eindeutigen Auslegung von jedem Widerspruch eines Besonderen logisch zu säubern oder, wie bei der „Klassifikation", vom Besonderen abzusehen: „Und zwar ist es gerade das Verhältnis dieser Sprache zum Besonderen, an dem dieser Kontrast mit letzter Schärfe hervortritt. Zwei streng zusammengehörige Tatsachen treten an ihr hervor. Es ist, von der Seite des Objekts her gesehen, das Besondere in seiner ganzen Konkretheit, das durch den sprachlichen Ausdruck ergriffen und festgehalten sein will. Es ist, von der Seite des Subjekts her gesehen, die lebendige Teilnahme des ganzen Menschen an diesem bestimmten Besonderen, die der Seele den

benennenden Ausdruck entlockt und als unverlierbaren Besitz einprägt."[3] Die allgemeine Wortbedeutung der Sprache ist es also, die den sprechenden Menschen von der Qual der Wahl befreit, „entweder sich in das Besondere zu versenken oder sich zum Allgemeinen zu erheben".[4] So wie die Sprache als „ein Gefüge von Wortbedeutungen", das sich nicht in einer Sammlung von „Eigennamen" erschöpft, in ihrem „Ausdruck" zwanglos „über die Einmaligkeit des vergänglichen Eindrucks hinausgeht" und in inniger Verbindung mit einem Besonderen zu einem anderen fortschreiten kann,[5] so wird dadurch „ein Allgemeines gebildet, das die Besonderheit nicht außer sich hält, sondern in sich bewahrt".[6] Auf diese Weise bildet sich ein auf ein sinnvolles Ganzes gerichteter Interpretationszusammenhang, der auf dem „Verstehen" (Dilthey) des geschichtlich Einmaligen beruht. Er ist nach Litt eine „fortschreitende Anreicherung einer von vornherein konkreten und nach weiterer Konkretisierung verlangenden Anschauung"[7] und umfaßt alle die Grundbedingungen, „die auch die Leistung der individualisierenden Erkenntnis und damit der individualisierenden Geisteswissenschaft möglich machen".[8] Als solcher ist er streng zu unterscheiden von dem auf exakten objektiven Fakten beruhenden Erklärungszusammenhang der Naturwissenschaften in Gestalt von Gesetzen, die in ihrer Abstraktion gegenüber dem einzelnen Fall äußerlich bleiben. Gegen Dilthey und Rickert betont Litt nachdrücklich, daß die geschichtlich orientierten Geisteswissenschaften auf die exakte Begriffsbestimmung nicht deshalb verzichten können, weil sie ihrer nicht bedürfen; vielmehr ist es so, daß sie in den Geisteswissenschaften unterbleiben muß, wenn sie ihre Aufgabe erfüllen sollen. Sie beruhen auf einem „Allgemeinen, welches das Besondere in der Einheit mit sich festhält" und stehen damit im Gegensatz zu „demjenigen Allgemeinen, welches das Besondere als das Subsumierende von sich abtrennt".[9] Dieses „Subsumptionsallgemeine" auch nur anzustreben, ist für Litt eine „sachfremde Denkforderung",[10] die auf eine Festlegung zielt, die in den Geisteswissenschaften gerade im Interesse des Besonderen „in der Schwebe" und damit offen bleiben muß.[11]

---

[3] a.a.O., S. 16
[4] a.a.O., S. 17
[5] ebenda
[6] a.a.O., S. 19
[7] a.a.O., S. 20
[8] a.a.O., S. 21
[9] ebenda
[10] a.a.O., S. 24
[11] a.a.O., S. 25

Fragt man an dieser Stelle nach dem logischen Status, den der anhand der vorliegenden Schrift erörterte Gedankengang Litts bisher erreicht hat, dann besteht er in einer antithetischen Gegenüberstellung zweier allgemeiner Strukturen, die sich im Hinblick auf die ihnen zugeordnete „Objektseite" der Forschung gegenseitig ausschließen. Gerade hier aber setzt Litt mit einer das Problem zunächst im Sinne des Neukantianismus vertiefenden und weiterführenden zusätzlichen Reflexion an. Er fragt nämlich nach dem „Geltungswert"[12] und damit nach dem Wahrheitsanspruch, die dem jeweiligen Leistungsgefüge zugrunde liegt. Dabei zeigt sich, daß Dilthey und die historische Schule ihren eigenen Erkenntnissen, zu denen sie durch „Induktion" gelangen, zuviel Vertrauen entgegenbrachten, indem sie es versäumten, den Anspruch, der ihren eigenen Aussagen zugrunde liegt, noch einmal zu überdenken. Um Wesen und Grenzen des induktiven Wissens zu bestimmen, genügt es nämlich nach Litt keineswegs, sich den „Erfahrungen" des Individuellen und Besonderen zuzuwenden und sie gemäß den Kategorien des „Erlebens", des „Ausdrucks" und des „Verstehens" in einen allgemeinen wissenschaftlichen Bedeutungszusammenhang zu bringen. Denn dieses Wissen hat zwar allgemeinen, jedoch keinen allgemeingültigen Charakter. Da man aber die Gültigkeit einer Induktion nicht durch immer neue Induktionen nachweisen kann, bedarf es eines die Einzelerfahrungen übergreifenden Prinzips.[13] Dieses kann nur durch eine weitere Rückbesinnung auf die Voraussetzungen freigelegt werden, die allen Aussagen, die durch Induktion gewonnen sind, zugrunde liegen und sie überhaupt erst ermöglichen. Dieser übergreifende Geltungswert muß vor aller Einzelerfahrung bereits im Vermögen des Subjekts selber liegen, in bestimmten Formen zu denken, sie zu produzieren oder anzuwenden. Der Geltungswert hat insofern im Gegensatz zu den durch Induktion gewonnenen Aussagen den Charakter eines „Apriori".
Mit dem Begriff des Apriori nimmt Litt zwar einerseits auf Kant Bezug, ist sich aber zugleich bewußt, daß sein „geisteswissenschaftliches Apriori" von dem Kants abweicht. Denn während dem Apriori Kants die Anschauungs- und Denkformen der Naturwissenschaften zugrunde liegen, die nach Litt am „Subsumptionsallgemeinen" als dem „Sachallgemeinen" interessiert sind, fragt Litt danach, „welcher Leistungsformen das Subjekt des Denkens fähig sein muß, damit dem von ihm Gedachten der Geltungswert von

[12] a.a.O., S. 24
[13] a.a.O., S. 29

,Erfahrung' beigemessen werden könne. Unser Begriff des ,Apriori' schließt das mit dem Kantischen Apriori Gemeinte insofern in sich, als natürlich sofern es logische Formen von ,apriorischer' Notwendigkeit gibt, zu den apriorisch zu bestimmenden Leistungsformen des Subjekts auch das Vermögen gehören muß, diese logischen Formen denkend anzuwenden.[14] Dieses Apriori ist als „Sinnallgemeines"[15] die Voraussetzung von Sinngebung und Sinnfindung. Damit ermöglicht es die generalisierende wie die individualisierende Erkenntnis der Geisteswissenschaften.

Mit seinem geisteswissenschaftlichen Apriori hat Litt die Kompetenz des Kantischen Apriori wesentlich erweitert. So wie die Wortbedeutungen der Sprache der Geisteswissenschaft schon im vor- und außerwissenschaftlichen Leben der Sprache wurzeln, so erstreckt sich auch der Bereich der Leistungsmöglichkeiten des geisteswissenschaftlichen Apriori nicht nur über einen „Teil" der geistigen Welt. Vielmehr ist in diesem Apriori „das ganze Grundgerüst des geistig-menschlichen Seins, und zwar mit Einschluß seiner sinnlich-leiblichen Seite (Ausdruck, Sprache), in Begriffe"[16] gefaßt.

Mit dieser an Hegel erinnernden Formulierung, mit der Litt den Charakter der Ganzheit der „Wissenschaft von der geistigen Welt" und ihres Apriori hervorhebt, verbindet er mit großem Nachdruck den Hinweis, daß die Klärung der Voraussetzungen, die dieses Apriori zum Ausdruck bringt, die „logische Prärogative" vor aller Erfahrung hat.[17] Verfolgt man die Argumentation Litts genauer, dann läßt sich auch die erwähnte Gemeinsamkeit des Ansatzes von Litt mit einem grundlegenden Gedanken Hegels näher bestimmen: das von Litt intendierte Verhältnis des geisteswissenschaftlichen Apriori und des Induktionsallgemeinen steht in der Verbundenheit eines Ganzen, das gleichwohl den Unterschied zweier Allgemeiner bzw. die Unterscheidung von Allgemeinem und Besonderem in sich schließt und dadurch mit sich selbst vermittelt ist. Mit anderen Worten: Es beruht auf dem dialektischen Grundsatz der Identität von Identität und Nichtidentität. Der Unterschied besteht zunächst darin, daß zwar sowohl das geisteswissenschaftliche Apriori als das Induktionsallgemeine Geltung beanspruchen, doch ist das durch die philosophische Erörterung gewonnene Apriori dem erfahrungswissenschaftlich gewonnenen Allgemeinen in sei-

---

[14] a.a. O., S. 30

[15] Die Begriffe „Sachallgemeines und „Sinnallgemeines" finden sich in Theodor Litt: „Mensch und Welt, a.a.O., S. 232–238

[16] a.a.O., S. 36

[17] a.a.O., S. 37

nem Geltungscharakter überlegen. Denn während ein auf induktivem Wege gewonnener Satz sich „der Revision ständig offen halten muß“ und insofern unsicher bleibt, erreicht das geisteswissenschaftliche Apriori eine Geltung, die „durch keine neue Erfahrung erschüttert oder gar umgestoßen werden kann“.[18] In dieser Zuordnung sind beide Bereiche aufs engste miteinander „verschränkt“, und zwar so, daß der strenge logische Charakter des Apriori gegenüber der Erfahrung des Individuellen und Besonderen seine Überlegenheit wahrt, zugleich aber der Erfahrung nichts von ihrem Eigenwert nimmt, sondern diesen erst zur stabilen Geltung bringt.

Aus diesen Erörterungen zieht Litt zunächst die Konsequenz, daß es wegen der dringend notwendigen Aufklärung über das zugrundeliegende Apriori keine empirische und keine systematische Geisteswissenschaft geben darf „ohne das Ganze der Philosophie“.[19] Die dadurch gewonnene Einsicht in das Gefüge des Geltungscharakters des Apriori hat dann freilich auch anthropologische Bedeutung. In ihr zeigt sich nämlich bei aller Vergänglichkeit und Endlichkeit des Menschen auch seine Größe. Als dieses individuelle Subjekt ist er fähig, durch Erinnerung, Mitteilung, Deutung und begriffliche Klärung die „Schranken seiner Sonderexistenz zu durchbrechen“ und sich über die Gebundenheit seiner einmaligen geschichtlichen Situation zu einer überräumlichen und überzeitlichen Erkenntnis zu erheben. Damit ist dem Menschen nach Litt gleichsam ein Einblick in eine unsichtbare Welt gestattet, aus der und in der er sein Leben führt, indem er „unaufhörlich sinnt, redet und handelt ...“.[20] Was aber diese Einsicht ermöglicht, das ist „nichts Geringeres als eine in ihren Grundlagen eindeutig festliegende Metaphysik“.[21] In ihr ist ausgesprochen, was die Geisteswissenschaften unausgesprochen voraussetzen.

Wie dringend gerade die Geisteswissenschaften einer solchen Metaphysik bedürfen, dies erhelllt schon aus der Tatsache, daß mit jedem Schritt, den diese zur Aufklärung ihres Grundgefüges beiträgt, zugleich immer schon der „Gegenstand“ der Geisteswissenschaft mitbestimmt wird, auf den diese Voraussetzungen zielen. Wäre nämlich in den Geisteswissenschaften die notwendige Reflexion über das Ganze ihres Begründungszusammenhangs nicht immer wieder unterblieben, dann hätten sich auch viel Einseitig-

[18] a.a.O., S. 41
[19] a.a.O., S. 38
[20] a.a.O., S. 43
[21] a.a.O., S. 45

keiten, Verkürzungen, Ungereimtheiten und Irrtümer vermeiden lassen, die gerade die Geisteswissenschaften immer wieder betroffen haben. Um dies zu verdeutlichen, greift Litt in eindrucksvoller Weise auf Beispiele aus drei Wissenschaften zurück: auf Psychologie, Soziologie und Sprachforschung. Kein Psychologe nämlich, der sich bewußt ist, daß die Aufstellung und Einsicht in die Gesamtheit der Bedingungen, die das Seelenleben grundlegen, selbst zu den „Leistungsmöglichkeiten der Seele" gehören, könnte sich mit einer Theorie zufriedengeben, die etwa im Sinne des Behaviorismus das Seelenleben im wesentlichen auf ein Reiz-Reaktions-Schema gründet. Denn dies würde bedeuten, daß der übergreifende Geltungswert des Apriori selbst nur einer Reiz-Reaktion zu verdanken wäre. Kein Soziologe, der sich darüber im klaren ist, daß er als „Gemeinschaftswesen" der Gemeinschaft ebenso verbunden wie er als einzelnes Individuum von ihr zugleich unterschieden ist, wird Doktrinen vom „Typus der atomistischen" oder „Typus der kollektivistischen Gesellschaftsauffassung" folgen können. Schließlich hätte auch kein Sprachforscher, der sich bewußt ist, daß er seine eigene Theorie nur in enger Verbindung mit der Sprache entwickeln, vertreten und zur Geltung bringen kann, sich einer positivistischen, psychologistischen und naturalistischen Sprachtheorie verschrieben, die doch gerade diejenigen Voraussetzungen bestreitet, die Sprachforschung erst möglich machen.

In einem abschließenden Gedankengang wendet sich Litt noch einmal den bisher durchlaufenen drei Reflexionsstufen zu, die er im einzelnen kennzeichnet. Die erste Stufe besteht in der unreflektierten Forschungspraxis der Geisteswissenschaften und deren empirischen Erkenntnis, die sowohl generalisierend wie auch individualisierend verfährt. Die zweite Stufe, die von Dilthey erreicht wurde, besteht in der „Besinnung auf die Leistungsformen der ersten Stufe, durch welche die empirische Erkenntnis zustandekommt".[22] Erst durch die Rückbesinnung der dritten Stufe auf die Leistungsformen der zweiten tritt der logische Geltungscharakter des Apriori und dessen innere Tragweite ans Licht. Nach Litt muß nun in einer vierten Reflexionsstufe in einer weiteren Rückbesinnung der Ertrag an Erkenntnis aufgedeckt werden, der mit dem Erreichen des Apriori in der dritten Stufe sich bereits andeutete. Ziel dieser Stufe ist es vor allem, den Verdacht zurückzuweisen, daß es im Sinne des bisherigen Gedankengangs liege, noch ein weiteres „Apriori zweiten Grades" nachzuweisen und so eine unendliche Reihe von Rückbesinnungen auszulösen. Eine solche Kette von

---

[22] ebenda

„Nachweisen" würde, wie Litt im Anschluß an einen Begriff Hegels betont, nur in die „schlechte Unendlichkeit" führen und somit nichts bewirken. Vielmehr erreicht die folgende Untersuchung insofern einen endgültigen Abschluß, als es nur noch darum geht, sich bewußt zu machen, daß das apriorische Wissen nach seinem Gange durch die genannten Stufen nicht direkt in gerader Linie bei einem Anderen, ihm Äußerlichen und Fremden ankommt und sich so auf einem Holzweg befunden hat, sondern daß dieser Weg nur die wichtigsten Bezugspunkte seiner eigenen Struktur als Momente seiner Wahrheit durchlaufen hat. Wie Litt unter ausdrücklicher Berufung auf Hegel ausführt, handelt es sich dabei um einen Rundweg, eine Kreisbewegung, die vom apriorischen Wissen ausgeht, die Voraussetzungen seiner eigenen Wahrheit bzw. Erkenntnis entfaltet und schließlich wieder bei sich selbst ankommt. Damit ist es zu einem Wissen um die Wahrheit seiner Selbst, zu einem Sichselbstwissen gelangt. Mit großer Entschiedenheit stellt Litt hier insbesondere unter Berufung auf Hegel die in der Erörterung der dritten Stufe nur angedeutete dialektische Struktur dieses Sichselbstwissens heraus. Indem dieses Wissen zwei Wissenskreise von verschiedener logischer Struktur, nämlich das apriorische und das nicht-apriorische Wissen, „übergreift" (Hegel), durchdringt es sie zugleich und begreift sich selbst als eine durch die Verschiedenheit zweier Wissensformen vermittelte Einheit: Es weiß um sich selbst und seine eigene Voraussetzungen. Das Ganze „ist nur in der Verschiedenheit der sich aufeinander Beziehenden".[23] Erst dadurch wird – wie Litt auch im Hinblick auf seinen eigenen philosophischen Ansatz bemerkt – aus einer losen Verbindung verschiedener einzelner über- oder nebeneinanderliegender „Schichten" oder „Aggregate" ein „System".[24]

Und noch ein Weiteres hebt Litt an dieser Stelle noch einmal deutlich hervor: So sehr das Sichselbstwissen des apriorischen Wissens den strengen logischen Charakter eines Systems an sich hat, so sehr gründet dieser Logos doch im Logos der Sprache, ja er ist durch und durch – ähnlich wie Hegels Begriff – sprachlich. Es ist die Sprache, die „durch das Ganze dieser Gedankenbewegung" hindurchgreift.[25] Zwar muß man nach Litt zwischen der konkreten, mit Anschauung gesättigten Sprache des Lebens, die auch die Sprache der empirischen Geisteswissenschaft ist, und der Sprache der eindeutigen und strengen Begriffe unterscheiden, in denen die

---

[23] a.a.O., S. 47
[24] a.a.O., S. 48
[25] a.a.O., S. 51

Wahrheit über das Apriori niedergelegt ist. Es ist der Unterschied zwischen der „gewachsenen Sprache" des Alltags und der „Sprache der Reflexion".[26] Wenn aber auch der Unterschied zweier Sprachformen wichtig ist, von denen nach Litt im Laufe der vorliegenden Untersuchung die eine in die andere „umschlägt",[27] so gilt es doch auch zu erkennen, daß es im Grunde „eine und dieselbe Sprache ist", deren eigentümliches Vermögen darin besteht, sich von sich selbst zu unterscheiden, sich dadurch in sich selbst zu reflektieren und dabei dennoch nicht aufzuhören, eine Sprache zu sein: „Es ist ein- und dasselbe Lebensgefühl, daß dort als von sich selbst sprechender, hier als um sich selbst wissender Geist zur Verwirklichung gelangt".[28]

Litt beschließt seine Erörterungen mit einem Gedankengang, der für seine eigene Philosophie bemerkenswert ist. Einerseits nämlich kommt das sich Selbstwissen des sprachlichen Apriori in seiner Aufstufung der Reflexion zu einer endgültigen Erkenntnis. Es verleiht sowohl dem sachlich orientierten „Subsumptionsallgemeinen" der Naturwissenschaft als auch dem individualisierenden Allgemeinen der Geisteswissenschaft eine Struktur von strenger, in sich ruhenden Allgemeingültigkeit. Diese Erkenntnis erlöst von der Problematik, dauernd zwischen dem Allgemeinen und dem Besonderen als zwischen unvermittelten Extremen wählen zu müssen, damit das Leben ungerechtfertigten Prinzipien zu unterwerfen und ihm Gewalt anzutun. Dazu muß man nach Litt allerdings „mit den letzten Resten einer Diktatur des Allgemeinen aufräumen", die sich sogar bei Hegel noch da finden, wo er „die in logischer Hinsicht unbestreitbare Priorität des höchsten Allgemeinen in eine sachlich-inhaltliche Überlegenheit uminterpretiert"[29] habe.

Andererseits ist nach Litt zu bedenken, daß endgültige Gewißheit zwar auf der Einsicht in eine formale Grundstruktur beruht, die bei aller Erkenntnis des Einzelnen immer schon vorausgesetzt ist. Für den „handelnden Geist" aber ist es eine unendliche Aufgabe, das Allgemeine und das Besondere immer von neuem zu einer bestimmten Gestalt zu durchdringen. Es entspricht dem verantwortlichen Handeln des Menschen, daß er sich im Hinblick auf den Inhalt, auf den sich das formale Apriori richtet, immer wieder einer „offenen Frage" gegenübersieht, die einen „Spielraum von Möglichkeiten" für Entscheidungen bereithält, in denen er stets der

[26] a.a.O., S. 53
[27] a.a.O., S. 52
[28] a.a.O., S. 53
[29] a.a.O., S. 65

„Gefahr von Irrtum, Fehltritt und Absturz“ ausgesetzt bleibt.[30] Das unverstellte Wissen des sprachlichen Apriori als einer wirklichen Versöhnung erfordert geradezu, daß auch die „Wirklichkeit des menschlichen Daseins“ schonungslos ausgesprochen wird.[31]

3. Rezeption

3.1. Zur Motiv- und Problemgeschichte des Littschen Denkens

Gerade die „Aufbau-Schrift“ läßt den Entwicklungsgang der Reflexion erkennen, den Litt in seinen philosophischen Schriften zurückgelegt hat. Ohne auf diese Schriften und ihre Problematik an dieser Stelle näher eingehen zu können, läßt sich doch zwanglos eine gewisse Reihenfolge und Verflechtung der Motive der Philosophie Litts verfolgen. Betrachtet man die bereits erwähnte Schrift aus dem Jahre 1941 sowie „Mensch und Welt“ nebst „Denken und Sein“ aus dem Jahre 1948 als die Hauptwerke seiner philosophischen Anthropologie und Wissenschaftstheorie, dann zeigt sich, daß in den vorausgehenden philosophischen Grundschriften jeweils ein besonderer Schwerpunkt hervortritt, der für die Ausgliederung und Unterscheidung logischer Strukturen im Sinne Litts, für die Tragfähigkeit der Reflexionsstufen im Hinblick auf ihre Geltung und schließlich für die „übergreifende“ Einheit der Sprachlichkeit von aufschlußreicher Bedeutung ist. Vereinfacht wird man sagen dürfen, daß Litt, ausgehend vom Problem des historischen Verstehens in „Geschichte und Leben“ (1918), sich bis zur Mitte der 20er Jahre in der Auseinandersetzung mit den Grundgedanken der Lebensphilosophie (Dilthey), des Neukantianismus, aber auch der Phänomenologie die Grundbegriffe sein eigenes System erarbeitete und sich schließlich einem dialektischen Denken zuwendet.[32] Litt möchte zunächst dem Gegensatz von „Erkenntnis und Leben“ (1923) wissenschaftlich mit einer Strukturlehre begegnen, die im Sinne der Phänomenologie Husserls auf der „Intentionalität“ des Seelenlebens beruht und die zwischen der „ideierenden Abstraktion“ mit ihrer Verbindung von „Besonderem und Allgemeinem“ und den „generalisierenden“ Verfahren der Naturwissenschaft unterscheidet. Damit verbindet sich jedoch

---

[30] a.a.O., S. 66

[31] vgl. a.a.O., S. 68

[32] vgl. dazu u. a. die Querverweisungen von Friedhelm Nicolin in der „Einleitung“, a.a.O., S. XIVf.; Albert Reble: Theodor Litt, Stuttgart 1950; ders.: Theodor Litt (1996) a.a.O.; Wolfgang Klafki: Die Pädagogik Theodor Litts. Eine kritische Vergegenwärtigung. Königstein/Ts 1982.

bereits in der 3. Auflage von „Individuum und Gemeinschaft“ (1926) in Ansätzen eine dialektische Betrachtungsweise. In seiner für die Begründung einer wissenschaftlichen Pädagogik wichtigen Schrift „Wissenschaft, Bildung, Weltanschauung“ (1928) entwickelt Litt eine – sich allerdings ihrer Grenzen deutlich bewußte – Metaphysik und zeigt sowohl in seiner „Ethik der Neuzeit“ (1926) und in „Kant und Herder als Deuter der geistigen Welt“ (1930), wie sehr er beide Autoren jeweils als Vertreter eines Grundprinzips bewertet: Kant als Verfechter einer auf Objektivität gerichteten strengen abstrakten Gesetzlichkeit, Herder als entscheidenden Wegbereiter einer auf der Besonderheit des Menschen beruhenden Geschichts- und Sprachphilosophie. Wenn Litt schließlich in seiner „Einleitung in die Philosophie“ (1933) die Geltungsproblematik in der Auseinandersetzung mit Rickert und Cassirer, aber auch mit Husserl behandelt, dann verdient der Hinweis Beachtung, daß Litt die Lösung gerade dieses Problems am ehesten durch eine Neubesinnung auf Hegel in Aussicht stellt, die er später mit seinem Hegel-Buch einlöst.[33]

3.2. Das Problem der Dialektik, die Nachordnung der Inhalte und die Freiheit der Praxis

Da die Philosophie Litts ihre besondere Gestalt gerade in der Auseinandersetzung mit der dialektischen Philosophie Hegels erhält und Litt sich mit seiner „Erneuerung“ deutlich von Hegel abgrenzt, erhält die Frage nach der Eigenart der Dialektik im Werke Litts besondere Bedeutung. Dabei stößt man auf einen bezeichnenden Unterschied, den man sich – wenigstens andeutungsweise – vor Augen halten muß: Schon in der „Phänomenologie des Geistes“ entwickelt Hegel die „Stufenfolge“ seiner Dialektik stets in der Auseinandersetzung von Form und Inhalt bis zum absoluten Wissen des Geistes von sich selbst. Der Inhalt zeigt sich schließlich als das Absolute, das selbst Subjekt in seiner geschichtlichen und individuellen Besonderheit immer schon als Allgemeines vermittelt und erst dadurch Wirklichkeit ist: existierender Begriff. Litt ist dem strengen Anspruch dieser Philosophie nur auf formaler Seite gefolgt. Im Wissen des Apriori um sich selbst wird auch bei ihm der Gegensatz in dem bekannten dreifachen Sinne Hegels „aufgehoben“: er wird zugleich zunichte gemacht, bewahrt und zum Begriff erhoben. Darin liegt die Sprachlichkeit des Apriori. Nach

[33] vgl. dazu: Theodor Litt: Einleitung in die Philosophie. Leipzig 1933, S. 328; ders.: Hegel. Versuch einer kritischen Erneuerung. Heidelberg 1953

Litt bleibt es aber der Dialektik endgültig versagt, das Leben inhaltlich auf den Begriff zu bringen. In diesem Sinne distanziert er sich offensichtlich nicht nur von der „Metaphysik des Dritten", die das Absolute ontologisch in einem „transsubjektiven Weltgrund"[34] sucht, sondern auch von der Dialektik Hegels. Sucht man nach einem Motiv für diese Abgrenzung, dann stößt man auf ein eindrucksvolles zentrales Motiv, welches das Gesamtwerk Litts übergreift: Es liegt in der – auch pädagogisch zu verstehenden – Verantwortung und Sorge, daß der Mensch in seiner Bemühung, über den „Glauben" hinaus das Absolute „vollinhaltlich" zu erfassen, sich überhebt und somit einem totalitären Denken Vorschub leistet, das die freiheitlich-geschichtliche Lebensgestaltung des Individuums und der Gemeinschaft schließlich gewaltsam unterdrückt und damit die Voraussetzung des Humanum selbst zunichte macht.[35]

Als Ergebnis dieser Abgrenzung lassen sich im Denken Litts drei Stufen voneinander abheben, die ihre – allerdings nur relative – Selbständigkeit behalten:

- die Einheit des „verborgenen Lebensgrundes", den das Wissen nie erreicht, sondern nur der Glaube;
- die Vielheit der Gehalte in ihrer geschichtlich einmaligen Gestalt, in der Begriff und Leben sich aneinander abarbeiten und sich zu durchdringen versuchen, ohne dies je vollständig zu erreichen;
- das begriffliche Wissen um die Formalstruktur des Geistes, das seine allgemeine Gültigkeit nur behaupten kann, indem es auf den konkreten Inhalt bewußt verzichtet.[36]

Mit Recht wurde in der wissenschaftlichen Pädagogik von verschiedenen Seiten auf die Schwierigkeiten hingewiesen, die sich aus

[34] Zur „Metaphysik des Dritten" vgl. u. a. Theodor Litt: Einleitung in die Philosophie, a.a.O., S. 318; ders.: Mensch und Welt, Heidelberg 1961, S. 141 ff.

[35] Zum Problem der Hegel-Interpretation Theodor Litts vgl.: Bruno Liebrucks: Zur Theorie des Weltgeistes in Theodor Litts Hegelbuch. In: ders.: Erkenntnis und Dialektik. Zur Einführung in eine Philosophie von der Sprache her. Aufsätze aus den Jahren 1949–1971. Den Haag 1972, S. 230–267;
ders.: Das Problem der Sprachaufstufung und der Vorrang der Eindeutigkeit bei Theodor Litt. In: Derbolav, Josef/Menze, Clemens/Nicolin, Friedhelm (Hrsg.): Sinn und Geschichtlichkeit. Werk und Wirkungen Theodor Litts. Stuttgart 1980, S. 92–132; vgl. auch Funderburk, Lorenz: Erleben, Verstehen, Erkenntnis. Theodor Litts System der Philosophie aus erkenntnistheoretischer Sicht, Bonn 1971.

[36] vgl. dazu: Ernst Hojer: Die Begründungen der Pädagogik als Wissenschaft im Denken Theodor Litts. In: Vierteljahrsschrift für Wiss. Pädagogik, 43, 1967, H. 1, S. 31–45

der eigentümlichen Trennung von Form und Inhalt ergeben.[37] Litt hat keinen Zweifel daran gelassen, daß die theoretische geisteswissenschaftliche Prinzipienwissenschaft und die praktische pädagogische Einzelwissenschaft als eine spezifische „Erfahrungswissenschaft" völlig verschiedene Aufgaben haben und durch eine klare Arbeitsteilung voneinander getrennt sind. Obwohl nämlich die philosophische Grundlegung des geisteswissenschaftlichen Apriori dem Pädagogen zu einem in sich ruhenden Wissen um das Leistungsvermögen seines eigenen Denkens verhilft, kann dieses weder die Erörterungen der zahlreichen Forschungsaufgaben der pädagogischen Einzelwissenschaft ersetzen noch läßt sich der strenge Aufbau des apriorischen Wissens aus diesen Einzelschriften voll erschließen – auch nicht aus den von Litt selbst verfaßten pädagogischen Abhandlungen. Es zeigt sich, daß beide Bereiche einander auch nicht etwa gleichwertig gegenübertreten; vielmehr besteht zwischen ihnen ein Verhältnis genau festgelegter Rangstufen. Das apriorische Wissen ist dem Erfahrungswissen überlegen und hat – im Rahmen eines dialektischen Denkens eine merkwürdige Formulierung – den „Vorrang der Eindeutigkeit".[38] Als solches hat es die Praxis der Einzelforschung sowohl außer sich wie unter sich: Die wissenschaftliche Pädagogik bleibt durch und durch der Last der „Zweideutigkeit" ausgesetzt.[39] Immer steht der einzelne Forscher in einer einmaligen geschichtlichen Situation, und muß versuchen, die besonderen Gestalten, Inhalte und Probleme, die der Fluß des geschichtlichen Lebens unaufhörlich hervorbringt, in einen begrifflichen Zusammenhang zu bringen. Dabei zeigt sich, daß das Leben sich diesem Zugriff immer wieder entzieht, weil es im Kern nicht nur unberechenbar, sondern „irrational" ist und aus jenem „verborgenen Lebensgrunde" quillt, den nicht das Wissen, sondern nur der Glaube erreicht. Analoges gilt für die Bildung, insofern sie ein lebendiger geschichtlicher Prozeß ist, in dem die Menschen in der Auseinandersetzung mit der „Natur" sich selbst und der Welt ihre je besondere Gestalt verleihen. Von daher gehört Bildung der Praxis, näherhin der Ethik an.[40] Diese Sphäre zahlt den

[37] vgl. dazu u.a.: Albert Reble: Zeitbezug und überzeitliche Struktur. Grundlegende Aspekte im pädagogischen Werk Litts. In: Derbolav/Menze/Nicolin (Hrsg.) a.a.O., S. 194–205

[38] vgl. u. a. Theodor Litt: Mensch und Welt, a.a.O., S. 252ff.

[39] vgl. ebenda, S. 248f.

[40] vgl. dazu auch: Rudolf Lassahn: Das Selbstverständnis der Pädagogik Theodor Litts. Pädagogik als Geisteswissenschaft. Wuppertal, Düsseldorf, Ratingen 1968, S. 74–80. Bernhard Huschke-Rhein: Das Wissenschaftsverständnis der geisteswissenschaftlichen Pädagogik. Stuttgart 1979, S. 181–208

Preis für die Vollendung, die das sprachliche Apriori erreicht, mit der unaufhörlichen Qual der Entscheidung, der Unsicherheit, dem jederzeit möglichen Irrtum und der Schuld des Handelnden.
Die logische Nachordnung der wissenschaftlichen Pädagogik zeigt sich folgerichtig zunächst darin, daß Litt in seinen pädagogischen Schriften stets aktuelle Grundprobleme aus seiner eigenen geschichtlichen Situation aufgreift, die eine zwanglose Ordnung erkennen lassen. Dabei geht es etwa um Geschichte und sprachliche Bildung, um das Problem der pädagogischen Theoriebildung und die relative Autonomie der Pädagogik innerhalb des geschichtlich-kulturellen Gesamtgefüges; um Erziehung als gegenwärtige Vermittlung von Tradition und Zukunft; um das Problem einer humanen Bildung in einer durch Naturwissenschaften und Technik geprägten Arbeitswelt; um Berufsbildung und Allgemeinbildung; um staatsbürgerliche bzw. demokratisch-politische Erziehung angesichts der Bedrohung durch totalitäre Systeme. Bemerkenswerterweise folgt Litt gerade in diesen pädagogischen Einzelschriften keiner strengen Dialektik; vielmehr benutzt er immer wieder Begriffe und Formulierungen, die auf eine Mehrdeutigkeit der betreffenden Probleme und Phänomene verweisen, so daß W. Klafki in seinem Littbuch von einer „mehrperspektivischen Verwendungsweise des Dialektik-Begriffs“[41] sprechen kann. Dieser Auflockerung der Dialektik entsprechen auch zahlreiche Begriffe, die eher auf eine Komplexität von – mitunter unaufhebbaren – Widersprüchen hindeuten, wie etwa „Entzweiung“, „Antinomien“, „Pole“, „Potenzen, „Spannung“, „Zweideutigkeit“, „Verschränkung“, „wurzelhafte Verbindung“, „Gegenseitigkeit“ u. v. a.
Nur in einer genauen Analyse der pädagogischen Einzelschriften läßt sich zeigen, welchen Gegensatz Litt jeweils in den Vordergrund stellt und welche Probleme dabei in dialektischer Hinsicht bewußt ausgegrenzt werden. So konzentriert sich Litt – um nur ein Beispiel für viele zu nennen – in seiner Schrift „Das Wesen des pädagogischen Denkens“[42] auf einen Vergleich der „Material-Gestaltung“ in den verschiedenen Bereichen. Bezeichnenderweise tritt dabei die Sprachlichkeit der Kunst, die ja zur Wirksamkeit ihres „bildenden“ Charakters eines Publikums bedarf, das sich von ihr ansprechen läßt und dadurch die Beziehung Subjekt-Subjekt-Objekt erfüllt, völlig in den Hintergrund, so daß ein möglicher Vergleich von Kunst und Erziehung von der Sprache her unterbleibt.

[41] W. Klafki, a.a.O., S. 409–416
[42] vgl. Theodor Litt: Das Wesen des pädagogischen Denkens. In: ders.: Führen oder Wachsenlassen. Stuttgart 1952, Anhang, S. 83–109

Immer wieder wurde in der Forschung betont, daß Litt auch bei der Erörterung pädagogischer Einzelfragen die allgemeine und prinzipielle Struktur so in den Vordergrund rückt, daß seine Auseinandersetzung mit den geschichtlichen Inhalten und Originalquellen eher als zweitrangig erscheint.[43] Diese Reduktion der geschichtlichen Inhalte folgt dem Interesse Litts an der Zuspitzung von Strukturen und Gegensätzen, an deren Einseitigkeit die Bedrohung der Freiheit erkannt werden und schließlich verantwortliches pädagogisches Handeln herausgefordert werden soll. Gerade bei diesem Übergang der Theorie in die Praxis zeigt sich eine weitere Eigentümlichkeit: Um den Spielraum einer freiheitlichen Entscheidung des Erziehers nicht einzuengen, verzichtet Litt konsequenterweise weitgehend auf konkrete Vorschläge für die Praxis: hier liegt eine Grenze, die er sich sowohl als Philosoph wie auch als Pädagoge selbst gezogen hat[44].
Das Problem der Reduktion geschichtlicher Inhalte wurde in der Forschung vor allem anhand der Auseinandersetzung Litts mit dem Bildungsideal der deutschen Klassik [45]und an Litts Theorie der Politischen Bildung[46] diskutiert. Dabei zeigt es sich, daß das von ihm kritisierte Bildungsideal des Neuhumanismus sich inhaltlich nicht auf die Originalwerke der von ihm genannten Autoren, wie Herder, Schiller, Hölderlin, W. v. Humboldt oder Niethammer stützt. Vielmehr entspricht die von Litt mit Recht kritisierte anthropozentrische „Harmonie der Innerlichkeit“ ihrerseits einer bereits veräußerlichten und zerredeten Verfallsform spätbürgerlicher Bildungsideologie.[47] Litt selbst hat dieses Problem offen-

---

[43] vgl. dazu u. a.: Theodor Litt (1996), a.a.O., S. 24

[44] vgl. Albert Reble: Zeitbezug und überzeitliche Struktur. Grundlegende Aspekte im pädagogischen Werk Theodor Litts. In: Derbolav/Menze/Nicolon (Hrsg.), a.a.O., S. 203f.; dazu auch: Clemens Menze: Berufsbildung und Allgemeinbildung. Interpretationen und Überlegungen zu Theodor Litts Schrift: „Berufsbildung, Fachbildung, Menschenbildung“. In: Friedhelm Nicolin/Gerhard Wehle (Hrsg.); Theodor Litt. Pädagogische Analysen zu seinem Werk. Bad Heilbrunn 1982, S. 66–85

[45] vgl. Theodor Litt: Das Bildungsideal der deutschen Klassik und die moderne Arbeitswelt. Bonn 1955

[46] vgl. dazu: Peter Gutjahr-Löser/Hans-Helmut Knütter/Friedrich Wilhelm Rothenspieler (Hrsg.): Theodor Litt und die Politische Bildung der Gegenwart. München 1981

[47] Zu diesem Problem vgl. u.a.: Rudolf Lassahn: Theodor Litt. Das Bildungsideal der deutschen Klassik und die moderne Arbeitswelt. Münster 1970, S. 55; Clemens Menze: Theodor Litts Kritik am Humanismus. In: Derbolav/Menze/Nicolin (Hrsg.) a.a.O., S. 321–340; Otto Pöggeler: Die Pädagogik und das Verhältnis der Generationen. In: ebenda, S. 171–194; Ernst Hojer: Friedrich Immanuel Niethammer. Aspekte einer Reform. In: ebenda, S. 306–321

sichtlich zu wenig beachtet, sieht aber in der Auseinandersetzung mit den Klassikern des neuhumanistischen Bildungsideals eine bleibende unverzichtbare Aufgabe.
Auch in den Schriften zur Theorie der politischen Bildung hält sich Litt oft „allzusehr im Allgemeinen".[48] Dies geschieht freilich auch hier in der Absicht, die Gewaltsamkeit der totalitären Strukturen aufzudecken, durch die ein geschichtsloses Denken sich den Einzelnen wie die Gemeinschaft zu unterwerfen droht.

3.3. Die Einheit der Pädagogik als sprachliches Denken und Handeln

Pädagogik findet ihren Sinn erst von der Sprache her. So wie die Selbstreflexion in der Auseinandersetzung mit den Werken Litts in Spruch und Widerspruch zugleich eine Klärung des je eigenen Denkens bedeutet und Litt nichts ferner gelegen hätte, als eine solche Auseinandersetzung vermeiden zu wollen, so findet auch die Pädagogik ihren umgreifenden Sinn in der einen Humanität. Es ist die eine in Selbst- und Weltgestaltung mit sich ringende Menschlichkeit auf dem „Lebensgrunde" der Sprache.[49] In dieser Doppelaufgabe erfüllt die „Bildung" nach Litt eine „Weltmission",[50] deren wahrhaft globale, weltgeschichtliche Problematik sich in ihren Auswirkungen seit dem Tode Litts noch verschärft hat.
Längst hat sich der „Aufstieg" des subsumierenden „Sachallgemeinen" in Naturwissenschaft und Technik, in dem der Mensch in Freiheit zur Subjekt-Objekt-Differenzierung der äußeren, gegenständlichen Natur gelangte und ein „reines, allgemeines Denken" entwickelte[51] ebenso als der Abstieg erwiesen, durch den der Mensch seine eigene „Lebenswelt" bedroht und zerstört. Darin zeigt sich der Übergriff eines einseitigen Rationalismus. Sein unaufgeklärtes Bewußtsein liegt in der Selbsttäuschung, humane Bedenken seien unberechtigt, weil doch alles „natürlich" zugehe.

---

[48] vgl. Josef Derbolav: Die Theorie der Politischen Bildung im Gesamtwerk Theodor Litts. In: Gutjahr-Löser, a.a.O., S. 21–49; Albert Reble: Theodor Litts Stellung in der Entwicklung der sozialen und der politischen Erziehung. In: ebenda, S. 49–105; ders.: Wesen und Aufgabe der politischen Erziehung. In: Nicolin/Wehle (Hrsg.), a.a.O., S. 85–120; Wolfgang Klafki: Die Pädagogik Theodor Litts, a.a.O.

[49] vgl. Theodor Litt: das Bildungsideal der deutschen Klassik und die moderne Arbeitswelt, a.a.O., S. 127f.

[50] vgl. ders.: Mensch und Welt, a.a.O., S. 216

[51] vgl. ders.: Bildungsideal, a.a.O., S. 93

Ist es wirklich so harmlos, wenn uns im Video-Zeitalter unsere eigenen, zu Fetischen geronnenen austauschbaren Produkte unvermittelt entgegentreten, um uns einen „Guten Tag“ zu wünschen? Dagegen mag es als vergleichsweise dreist erscheinen, wenn von Pädagogen selbst das „vernetzte Denken“ der Computersteuerung als Erfüllung des Erzieherischen angepriesen wird. In jedem Falle hat sich damit der einseitige Rationalismus in einen neuen Mythos verwandelt, der seine eigene Irrationalität verbirgt. Dies geschieht durch die Leugnung seiner Sprachlichkeit, die er für eine „Hinterwelt“ (Nietzsche) hält. Das gleiche tut ein – wie immer gearteter – globaler Fundamentalismus, der – obwohl völlig auf irrationalem Glauben beruhend – sich als überzeitliches absolutes Heilswissen ausgibt. Indem er im Namen einer vermeintlich reinen „Harmonie der Innerlichkeit“ gegen Naturwissenschaft und Technik auftritt, öffnet er damit allen Formen inhumaner gewaltsamer Unterdrückung Tür und Tor.

Es ist und bleibt das große Verdienst Theodor Litts, gegen diese Zerrformen der Humanität unbeirrbar an der „Unverdrängbarkeit“ des „Umgangs“ festgehalten zu haben. Ist doch der sprachliche Umgang, der sich weder umgehen noch hintergehen läßt, die lebendige Wirklichkeit des Geistes, auf deren Grunde sowohl die ästhetischen Sinngebilde der Kunst wie die sachlichen Gehalte von Naturwissenschaft und Technik sich erheben. Obwohl Litt die Sprache vor allem als ein apriorisches Vermögen begreift, das den Menschen zu höchsten Kulturleistungen ermächtigt, durch die der Geist zum Bewußtsein seiner selbst gelangt, liegt in jenen Strukturen doch eben nur eine wesentliche Möglichkeit der Sprache. In Wahrheit geht – was Litt natürlich bewußt war – die Sprache trotz aller Aufstufung doch immer wieder in ihren Grund zurück, der als „Umgang“ nicht nur eine naive Voraussetzung ist. Der Umgang durchdringt als die Einheit der gegensätzlichen Wirklichkeit jede mögliche „Selbst- und Weltgestaltung“. Nach Litt schließt sich die Sprache „zu dem einen Punkt“ eines „Universums der sprachgewordenen Welt“ zusammen, die doch – im Lichte der Dialektik gesehen – in ihren „entsprechenden“ Ergebnissen schon immer die Sprache des Umgangs als des sprachlich existierenden Menschen ist. Auch Litt sucht den Ausgleich der Gegensätze in einer „Harmonie“, die allerdings den Gegensatz nicht außer sich, sondern in sich schließt und ihn in sprachlicher Existenz erkennt und besteht.[52]

[52] vgl. ebenda. S. 124

Aus eben diesem Grunde wurde Litt, der in der Zeit von 1933–1939 u. a. in fünf Abhandlungen auch gegen Alfred Rosenberg Stellung nahm, vom „Starpädagogen" des Nationalsozialismus, Ernst Krieck, der für sich gern die Bezeichnung des „pädagogischen Hitler" in Anspruch nahm, als „Häuptling der Spáthegelinge" beschimpft.[53]
Litt, der uns gelehrt hat, die Reflexion stets am eigenen Denken zu prüfen, hat durch sein standhaftes, sprechendes Bekenntnis selbst die Wirklichkeit des Umgangs als die Einheit seiner besonderen individuellen und geschichtlichen Existenz mit dem übergreifenden sprachlichen Allgemeinen, der Freiheit des Geistes als Wirklichkeit und Aufgabe, zur Sprache gebracht. Dafür gebührt ihm Dank.
Die Freiheit der Pädagogik in der sogenannten Postmoderne beruht m. E. gerade darauf, daß sie sich ihrer eigenen Problematik auf dem Grunde des gesamten sprachlichen Umgangs zuwenden kann. Da sie aber andererseits mit der Gesamtkultur – auch im interkulturellen Sinne – verbunden ist und darin nur relative Selbständigkeit hat, mag es fraglich erscheinen, ob sie heute noch viel bewirken kann. Als eine Pädagogik vom Geiste und der Sprache her maßt sie sich jedenfalls nicht unreflektiert grenzenlose Allmacht an. Wenn sich aber nach Litt – der sich dabei bewußt auf Pascal beruft – in der Humanität des Menschen sowohl seine Größe wie sein Elend zeigt: warum sollte dann in ihrer Ohnmacht nicht auch ihre Chance liegen?

Literatur (Auswahl)

Vgl. dazu die umfangreiche Bibliographie in: Theodor Litt und die Politische Bildung der Gegenwart, hrsg. v. P. Gutjahr-Löser/H.-H. Knütter/ F. W. Rothenspieler, München 1981, S. 221–250

1. Schriften Theodor Litts

Geschichte und Leben. Von den Bildungsaufgaben geschichtlichen und sprachlichen Unterrichts, Leipzig und Berlin 1918

Individuum und Gemeinschaft. Grundfragen der sozialen Theorie und Ethik, Leipzig und Berlin 1919, 1926³.

Pädagogik. In: Die Kultur der Gegenwart, hrsg. von P. Hinneberg, Teil I, 5: Systematische Philosophie, Leipzig und Berlin 1921, 1924³, S. 276–310.

[53] vgl. Ernst Hojer: Nationalsozialismus und Pädagogik. Umfeld und Entwicklung der Pädagogik Ernst Kriecks. Würzburg 1996

Die Methodik des pädagogischen Denkens, in: Kant-Studien 26, 1921, vgl. dazu: Führen oder Wachsenlassen
Erkenntnis und Leben. Untersuchungen über Gliederung, Methoden und Beruf der Wissenschaft, Leipzig und Berlin 1923.
Möglichkeiten und Grenzen der Pädagogik. Abhandlungen zur gegenwärtigen Lage von Erziehung und Erziehungstheorie, Leipzig und Berlin 1926, 1931[2].
Ethik der Neuzeit, München und Berlin 1932. Nachdruck 1968
Führen oder Wachsenlassen. Eine Erörterung des pädagogischen Grundproblems, Leipzig und Berlin 1927. Ab 1949 mit einem Anhang: Das Wesen des pädagogischen Denkens (= verkürzte Fassung der Abhandlung „Die Methodik des pädagogischen Denkens“ von 1921). Außerdem als Anhang: Die Bedeutung der pädagogischen Theorie für die Ausbildung des Lehrers (1946), 1976[15].
Wissenschaft, Bildung, Weltanschauung, Leipzig und Berlin 1928.
Protestantisches Geschichtsbewußtsein. Eine geschichtsphilosophische Besinnung, Leipzig 1939.
Kant und Herder als Deuter der geistigen Welt, Leipzig 1930, 1949[2].
Hochschule und Politik. (Rektoratsrede bei Übernahme des Rektorats der Universität Leipzig) 1931, in: Die Erziehung 7, 1932, S. 134–148.
Einleitung in die Philosophie, Leipzig und Berlin 1933, 1949[2].
Philosophie und Zeitgeist, Leipzig 1935.
Die Selbsterkenntnis des Menschen, Leipzig 1938, 1948[2].
Der deutsche Geist und das Christentum. Vom Wesen geschichtlicher Begegnung, Leipzig 1938, 1939[2].
Das Allgemeine im Aufbau der geisteswissenschaftlichen Erkenntnis, Leipzig 1941. Mit einer Einleitung hrsg. von Friedhelm Nicolin, Hamburg 1980.
Pestalozzi. Zum 200jährigen Geburtstag, Berlin und Leipzig 1946.
Die Bedeutung der pädagogischen Theorie für die Ausbildung des Lehrers, in: Pädagogik (Zeitschrift der sowjetischen Besatzungszone) 1, 1946, Heft 4, S. 22–32. Ab 1949[4] abgedruckt als Anhang in „Führen oder Wachsenlassen“. S. auch unter: Pädagogische Schriften.
Berufsbildung und Allgemeinbildung, Leipzig 1947. Auch abgedruckt in „Berufsbildung, Fachbildung, Menschenbildung“, Bonn 1958.
Mensch und Welt. Grundlinien einer Philosophie des Geistes, München 1948,
Denken und Sein, Stuttgart 1948.
Wege und Irrwege geschichtlichen Denkens, München 1948
Der lebendige Pestalozzi. Drei sozialpädagogische Besinnungen, Hamburg 1952.
Naturwissenschaft und Menschenbildung, Hamburg 1952, 1968[3].
Hegel. Versuch einer kritischen Erneuerung, Heidelberg 1953, 1961[2].
Die politische Selbsterziehung des deutschen Volkes, Bonn 1954. Schriftenreihe der Bundeszentrale für Heimatdienst, Heft 1, 1955[2], 1958[4] mit der Abhandlung: Die Freiheit des Menschen und der Staat (1953), 1967[8]. Jetzt in: Th. Litt: Pädagogische Schriften, a.a.O.

Das Bildungsideal der deutschen Klassik und die moderne Arbeitswelt, Bonn 1955, 1959[6]. Dann weiter als Taschenbuch.
Die Wiederentdeckung des geschichtlichen Bewußtseins. Mit Geleitworten von E. Sprangers und W. Roeßler zum 75. Geburtstag des Verfassers, Heidelberg 1956.
Technisches Denken und menschliche Bildung, Heidelberg 1957, 1969[4].
Wissenschaft und Menschenbildung im Lichte des West-Ost-Gegensatzes. Heidelberg 1958, 1959[2].
Berufsbildung, Fachbildung, Menschenbildung, Bonn 1958, 1960[2].
Freiheit und Lebensordnung, Heidelberg 1962
Pädagogik und Kultur. Kleine pädagogische Schriften 1918–1926, hrsg. von Friedhelm Nicolin, Bad Heilbrunn 1965.
Pädagogische Schriften . Eine Auswahl ab 1927, Studienausgabe, hrsg. von Albert Reble, Bad Heilbrunn 1995.

Forschungsliteratur

Derbolav, Josef/Menze, Clemens/Nicolin, Friedhelm (Hrsg.): Sinn und Geschichtlichkeit. Werk und Wirkungen Theodor Litts, Stuttgart 1980.
Derbolav, Josef/Nicolin, Friedhelm (Hrsg.): Erkenntnis und Veranwortung. Festschrift für Theodor Litt, Düsseldorf 1960.
ders.: Geist und Erziehung. Aus dem Gespräch zwischen Philosophie und Pädagogik. Kleine Bonner Festgabe für Theodor Litt, Bonn 1995.
Diem-Willer, Gertraud: Didaktik und Politik. Zur Theorie des Politischen nach Theodor Litt, Dissertation, Wien 1976.
Emden, Horst: Naturwissenschaft und Bildung bei Theodor Litt, Dissertation, Gießen 1970.
Funderburk, Lorenz: Erleben, Verstehen, Erkenntnis. Theodor Litts System der Philosophie aus erkenntnistheoretischer Sicht, Bonn 1971.
Gutjahr-Löser, Peter/Knütter, Hans-Helmut/Rothenspieler, Friedrich Wilhelm (Hrsg.): Theodor Litt und die Politische Bildung der Gegenwart, München 1981.
Hojer, Ernst: Zum Problem des Bildungsideals bei Theodor Litt, in: Pädagogische und dialektische Reflexionen. Festschrift für Martin Rang. Hrsg. v. H. Elzer u. H. Scheuerl, Frankfurt 1966, S. 47–55
ders.: Die Begründung der Pädagogik als Wissenschaft im Denken Theodor Litts, in: Vierteljahrsschrift für wissenschaftliche Pädagogik 43, 1967, S. 31–45.
ders.: Friedrich Immanuel Niethammer. Aspekte einer Reform, in: Derbolav/Menze/Nicolin (Hrsg.) a.a.O., S. 306–321.
ders.: Nationalsozialismus und Pädagogik.Umfeld und Entwicklung der Pädagogik Ernst Kriecks, Würzburg 1996.
Huschke-Rhein, Bernhard: Das Wissenschaftsverständnis der geisteswissenschaftlichen Pädagogik, Stuttgart 1979, S. 181–208
ders.: Individuum und Gemeinschaft. Litts erstes Hauptwerk als Interaktionstheorie. In: Nicolin, Friedhelm/Wehle, Gerhard (Hrsg.): Theodor Litt, Regensburg 1982, S. 29–48.

Klafki, Wolfgang: Die Pädagogik Theodor Litts. Eine kritische Vergegenwärtigung, Königstein/Ts 1982.
ders.: Theodor Litt. In: Scheuerl, Hans (Hrsg.): Klassiker der Pädagogik, Band 2, München 1979, S. 241–257.
Lassahn, Rudolf: Das Selbstverständnis der Pädagogik Theodor Litts. Pädagogik als Geisteswissenschaft, Ratingen 1968.
ders.: Die Naturwissenschaften und die Grenze. Anmerkungen zu Theodor Litts Bestimmung der Naturwissenschaften, in: Derbolav/Menze/Nicolin (Hrsg.), a.a.O., S. 37–48.
ders.: Naturwissenschaft und Menschenbildung. Ein erkenntnistheoretisches Problem in der Sicht Theodor Litts. In: Nicolin, Friedhelm/Wehle, Gerhard (Hrsg.): Theodor Litt. Regensburg 1982, S. 120–133.
ders.: Theodor Litt. Das Bildungsideal der deutschen Klassik und die moderne Arbeitswelt, Münster 1970.
Liebrucks, Bruno: Zur Theorie des Weltgeistes in Litts Hegel-Buch, in: ders.: Erkenntnis und Dialektik. Zur Einführung in eine Philosophie von der Sprache her. Aufsätze aus den Jahren 1949–1971, Den Haag 1972, S. 230–267
ders.: Das Problem der Sprachaufstufung und der Vorrang der Eindeutigkeit bei Theodor Litt, in: Derbolav/Menze/Nicolin (Hrsg.): a.a.O., S. 92–132.
Menze, Clemens: Berufsbildung und Allgemeinbildung. Interpretationen und Überlegungen zu Theodor Litts Schrift: „Berufsbildung, Fachbildung, Menschenbildung“. In: Nicolin, Friedhelm/Wehle, Gerhard (Hrsg.): Theodor Litt, Regensburg 1982, S. 66–85.
ders.: Theodor Litts Kritik am Humanismus, in: Derbolav/Menze/Nicolin (Hrsg.) a.a.O., S. 321 –340.
Nicolin, Friedhelm: Pädagogische Theorie als Selbstkritik der Pädagogik. Theodor Litt und die Reformpädagogik, in: Derbolav/Menze/Nicolin (Hrsg.), a.a.O., S. 267–290.
Nicolin, Friedhelm/Wehle, Gerhard (Hrsg.): Theodor Litt. Pädagogische Analysen zu seinem Werk, Bad Heilbrunn 1982.
Pöggeler, Otto: Die Pädagogik und das Verhältnis der Generationen, in: Derbolav/Menze/Nicolin (Hrsg.): a.a.O., S. 171–194.
Reble, Albert:Theodor Litt, Stuttgart 1950.
ders.: Zeitbezug und überzeitliche Struktur. Grundlegende Aspekte im pädagogischen Werk Theodor Litts, in: Derbolav/Menze/Nicolin (Hrsg.), a.a.O., 1980, S. 194–205.
ders.: Theodor Litts Stellung in der Entwicklung der sozialen und der politischen Erziehung, in: Gutjahr-Löser/Knütter/Rothenspieler, a.a.O., 1981, S. 49–103.
ders.: Wesen und Aufgabe der politischen Erziehung, in: Nicolin, Friedhelm/Wehle, Gerhard (Hrsg.): Theodor Litt, Regensburg 1982, S. 85–120.
ders.: Litts philosophische und pädagogische Grundgedanken, in: Die Schulleitung 17, 1990, S. 8–29.
ders.: Theodor Litt. Eine einführende Überschau, Bad Heilbrunn 1995.

Roth, Friedrich: Das Gesetz der Sache als anthropologisches Prinzip der Pädagogik. Eine Untersuchung zum Bildungsbegriff Theodor Litts, Dissertation, Frankfurt 1955.
Schulz, Wolfgang K.: Kulturtheorie und Pädagogik in der Weimarer Zeit. Ausgewählte Beiträge, Würzburg 1993.

Den offenen Raum in Freiheit gestalten. Litts Grundlegung einer Theorie historischen Verstehens

Rudolf Lassahn

Die Geschichte eines Denkers, der Geschichte dachte

Theodor Litt, 1880 in Düsseldorf als Sohn eines Gymnasiallehrers geboren, studierte in Berlin und Bonn alte Sprachen, Geschichte und Philosophie. Er gehörte zu jener letzten Vorkriegsgeneration, die vor dem ersten Weltkrieg in innerer Ruhe auf nicht verunsicherten Universitäten ihre Studien, die sich mit wissenschaftstheoretischen, ästhetischen, geschichtlichen und philosophischen Fragen befaßten, abschließen konnte. Litt wuchs in jene Generation hinein, zu der Nohl, Fischer, Spranger und Petersen gehörten, die alle nicht ihre Studien vorrangig auf Pädagogik angelegt hatten, aber durch das Generationserlebnis Weltkrieg zu ethischen und pädagogischen Fragestellungen gedrängt wurden. Zunächst war Litt von 1904 bis 1918 Oberlehrer an Gymnasien in Bonn und Köln und unterrichtete alte Sprachen und Geschichte. Die Erschütterungen durch den ersten Weltkrieg veranlaßten ihn zur Abfassung seiner ersten wissenschaftlichen Monographie ‚Geschichte und Leben' mit der aktuellen Fragestellung, daß die Mehrzahl der Bürger den Krieg sicherlich nicht gewollt hat. „Was war es denn, so muß man sich fragen, was der Welt immer wieder den Frieden vorenthielt: der Wille der Völker oder die Hartnäckigkeit einzelner?"[1] Es war die geschichtphilosophische Frage nach dem Verhältnis von Einzelwille und Gesamtwille. Für Litt handelte es sich bei der Analyse dieses komplizierten Problems keineswegs ausschließlich um eine rein theoretische müßige Erwägung des sezierenden Intellekts, sondern zugleich „um eine Stellungnahme des tätigen Geistes, die als Handeln in dieses Geschehen selbst eingreift"[2]. Für ihn steht hinter allen sozialen geschichtlichen Theorien von Platon bis zur Gegenwart als letzter Antrieb der menschliche Drang, gestaltend und zielsetzend dem Leben selbst beizukommen. Erkennen und Handeln, geschichtliches Verstehen und historisches Handeln sind

[1] Litt, Th.: Geschichte und Leben, 1. Auflage 1918, 2.Auflage 1925, 3. Auflage 1930, S. 43.

[2] Litt, Th.: Individuum und Gemeinschaft, 1.Auflage 1919, S. 10.

nur zwei Funktionsweisen eines Geistes und bleiben deshalb im Grunde verbunden. „Daß beide Gedankenreihen Glied für Glied durch ein inneres Band zusammengehalten werden, ist ein Beweis, daß nicht eine mehr oder minder zufällige oder willkürliche Bewegung des Denkens sie zusammengefügt hat, sondern daß beide ein und demselben Grunde unserer Geistigkeit wurzelnden Prinzip entsprungen sind. Daß dem so ist, hat seinen tiefen Sinn, es ist doch derselbe Geist, der mit derselben geschichtlichen Welt von innen her als Handelnder, von außen her als Betrachtender sich auseinandersetzt, um dort wie hier sich selbst wiederzufinden“[3]. Wenn der Mensch dem geschichtlichen Geschehen und seinem eigenen geschichtlichen Charakter nachsinnt, ringt er im Grunde um seine geistige und moralische Selbstbehauptung.

In ‚Geschichte und Leben‘ will Litt nicht nur die Theorie des Lebens klären, sondern auch die Praxis des Lebens leiten[4]. Einer jeden theoretischen Analyse folgt eine Diskussion der Möglichkeiten, das Analysierte im Geschichtsunterricht zu behandeln und das Abstrakt-Allgemeine der Strukturanalyse in die Erlebniswirklichkeit der Schüler zu tragen; denn es ist „gerade das Erlebnis des Staates bzw. des Zusammenpralls der Staaten gewesen, in dem unserem Geschlecht die Problematik des Verhältnisses zwischen Individuum und Gemeinschaft am stärksten fühlbar geworden ist“[5].

Von der ersten Schrift Litts an sind theoretische Analysen und pädagogisches Handeln im tiefsten Grunde verbunden, es wird im Kern ein Konzept entwickelt, das dem bedeutendsten menschlichen Lebensverhältnis, der Beziehung von Individuum und Gemeinschaft, nachgeht. Dieses Beziehungsgeflecht umfaßt den gesamten Aufbau der geistigen Welt. Litt greift damit eine Thematik auf, mit der er sich sein gesamtes Leben hindurch beschäftigen wird.

1919 erhält Litt eine außerordentliche Professur für Pädagogik an der Universität in Bonn, 1920 wird er auf den Lehrstuhl für Philosophie und Pädagogik an der Universität Leipzig berufen. Es war der Lehrstuhl, den bis dahin Spranger inne hatte. Bis 1933 konnte Litt unangefochten als Universitätslehrer und Forscher seiner Tätigkeit nachgehen; in einer überdurchschnittlich produktiven Phase verfaßt er mehrere große Abhandlungen, die sich alle mit dem Aufbau der geistigen Welt befassen: ‚Individuum und Ge-

[3] Litt, Th.: Geschichte und Leben, 2. Auflage, a.a.O., S. 173.
[4] Litt, Th.: Geschichte und Leben, 2. Auflage, a.a.O., S. 131.
[5] Litt, Th.: Geschichte und Leben, 2. Auflage, a.a.O., S. 127.

meinschaft', ‚Erkenntnis und Leben', ‚Ethik der Neuzeit'. ‚Individuum und Gemeinschaft' wird zweimal überarbeitet, auch ‚Geschichte und Leben' wird neu verfaßt. Passagen aus ‚Individuum und Gemeinschaft' werden in ‚Geschichte und Leben' übernommen, denn in beiden Schriften handelt es sich um das gleiche Problem einer dialektischen Theorie der geistigen Welt. In ‚Erkenntnis und Leben' geht er explizit den methodologischen Problemen nach, vor die das denkende Bemühen sich gestellt sieht, wenn es daran geht, die Wirklichkeit des Lebens zu erfassen. Es geht Litt dabei um die Grundstruktur einer geisteswissenschaftlichen ‚Prinzipienwissenschaft', um eine „einwärtsgekehrte Revision der eigenen Arbeits- und Wirkensbedingungen"[6].
Eine derartige Reflexion ist so allgemein, daß sie selbstverständlich auch Grundlage für pädagogisches Denken bildet. Auch Pädagogik habe zunächst einmal „Begründung und methodische Festlegung ihres eigenen wissenschaftlichen Charakters zu leisten"[7].
Arbeiten zur Pädagogik, die Litt in jenen Jahren vorlegt, so die Skizze ‚Pädagogik' in dem von Hinneberg herausgegebenen Band ‚Die Kultur der Gegenwart'(1921), ‚Die Methodik pädagogischen Denkens' (1921), ‚Möglichkeiten und Grenzen der Pädagogik' (1926), ‚Die Philosophie der Gegenwart und ihr Einfluß auf das Bildungsideal' (1927), ‚Führen oder Wachsenlassen' (1927), ‚Wissenschaft – Bildung- Weltanschauung' (1928), um nur die größeren zu nennen, verstehen sich durchweg alle als Fortführung der Gedanken, die in den theoretischen Schriften entworfen wurden. Sie sind gleichsam die Anwendung der Strukturtheorie auf das Gebiet der Pädagogik, einschließlich der methodischen ‚Selbstgesetzgebung' und des Nachdenkens über die pädagogische Theorie der Praxis. „Die Wissenschaft von der Erziehung weist sich selbst ihren Platz in der Welt der Erziehung an"[8].
Pädagogisches Geschehen ist für Litt eine ‚Lebensverbindung funktionaler Art', bei der es um eine Eingliederung in eine neue weitere Gesamtwirklichkeit von geistiger Beschaffenheit geht. „Somit sieht sich die pädagogische Theorie in ihrem Fortgang an die Mannigfaltigkeit der Kulturgüter verwiesen, in denen der

---

[6] Litt, Th.: Erkenntnis und Leben. Untersuchungen über Gliederung, Methoden und Beruf der Wissenschaft, 1923, S. 16.

[7] Litt, Th.: Pädagogik. In: Die Kultur der Gegenwart, hrsg. v. P. Hinneberg, 1921, S. 276.

[8] Litt, Th.: Die Bedeutung der pädagogischen Theorie für die Ausbildung des Lehrers, zuerst in: pädagogik, 1946, dann im Anhang von Litt, Th.: Führen oder Wachsenlassen, S.110.

Kulturkreis sein Inneres zerlegt und objektiviert"[9]. Das heißt: die Pädagogik bildet in diesem Falle jeweils nur eine Funktion im großen Funktionskreis der historischen Welt. Alle aktuellen Fragen und Probleme der Pädagogik gehen aus dem Leben hervor. Will man sie denkend erfassen, wird man auf den Strukturaufbau des geistigen Lebens verwiesen.

Zum Wintersemester 1931/32 wurde Litt in Leipzig zum Rektor gewählt. Die Radikalisierungstendenzen der NSDAP und ihrer Studentenverbindungen hatten die Universitäten mit unterschiedlichen Schwerpunkten erreicht. Für seine Rede zum Amtsantritt wählte Litt das Thema ‚Hochschule und Politik'. Einen Vortrag „Die Stellung der Geisteswissenschaften im nationalsozialistischen Staate", der für 1933 zu einer Tagung in München geplant war, konnte Litt nach einer Intervention des Bayrischen Gauleiters und Kultusministers Schemm nicht halten. Litt brachte daraufhin den Vortrag gleich zweimal im Druck heraus.

Innerhalb kurzer Zeit geriet er in eine politische Gegnerschaft zum Nationalsozialismus. Als das Kesseltreiben der Nationalsozialisten in den Universitäten begann, richtete es sich gegen Marxisten und Juden. Litt war keiner dieser diskriminierten Gruppen zuzurechnen. Was also konnten die neuen Machthaber gegen einen Wissenschaftler haben, der nicht zu den Diskriminierten gehörte? Es war seine Philosophie, die sich nicht vereinnahmen ließ, es war seine Theorie der geistigen Welt, aus der Widerstand gegen jede Art von Totalitarismus hervorging. Diesen Widerstand hatte Litt schon lange vor Anfang des Nationalsozialismus in seiner Theorie formuliert. „Angreifende Studenten", die in der Leipziger Hochschulzeitung von 1934 titelten: „Professor Litt ist kein Nationalsozialist", hatten wohl mehr instinktiv erahnt, warum sie in Litt einen Gegner sahen. „Durch eine falsche Anwendung wissenschaftlicher Ergebnisse" wird die nationalsozialistische Erziehung der Studenten „gestört oder verdorben"[10].

Die wissenschaftlichen Ergebnisse, die Litt vertrat, kamen aus seiner theoretischen Grundlegung aus ‚Individuum und Gemeinschaft' und ‚Geschichte und Leben' und seiner Kulturtheorie, die, von der Geistigkeit und Freiheit des Menschen und einer unaufhebbaren Wechselwirkung der Geister ausgehend, Widerstand gegen jede Art von Totalitarismus einschloß, die sich wehrte gegen

[9] Litt, Th.: Pädagogik, a.a.O., S. 290.

[10] Schwiedrzik, W. M.: Lieber will ich Steine klopfen. Der Philosoph und Pädagoge Theodor Litt in Leipzig, 1996, S. 15.

jede Funktionalisierung und Instrumentalisierung des Geistigen im Menschen.
Litt, der von Anbeginn an ein ethischer Denker war, der überall dort, wo er das Eigenleben des Geistes bedroht sah, Einspruch erhob, der stets die enge Verbundenheit von Erkennen und Handeln betonte, gelangte vom theoretischen Widerstand zum politischen. Es waren seine theoretischen Überzeugungen, die ihn in die politische Opposition trieben.
Nach Vorlesungsstörungen, einem zeitweisen Vorlesungsverbot und schließlich dem Verbot eines Rundfunkvortrags in Wien, wobei er dreist aufgefordert wurde, private Gründe für die Absage anzugeben, reichte Litt 1936 ein Gesuch um vorzeitige Emeritierung ein. Innerhalb der deutschen Professorenschaft jener Jahre nimmt er mit solch einer konsequenten Standhaftigkeit eine Sonderstellung ein. Viele andere ließen sich verführen oder paßten sich opportunistisch an.
Knapp zwei Wochen nach Litts demonstrativem Schritt zum Rücktritt legte auch der Leipziger Oberbürgermeister Carl Goerdeler sein Amt nieder mit der Absicht, ein Zeichen setzen zu können und auf den Ungeist hinzuweisen, der sich in Deutschland breit gemacht hatte. In dieser Zeit waren die Familien Litt und Goerdeler schon einige Zeit befreundet. Nach beider Ausscheiden aus der öffentlichen Tätigkeit blieb diese Verbindung erhalten und vertiefte sich. Für Goerdeler wurde Litt zu einem Berater, mit dem er erwog, welche Veränderungen im deutschen Hochschulwesen vorzunehmen wären, wenn sich die politische Lage änderte.
Historikern, die über den deutschen Widerstand berichteten, waren die Zusammenhänge zwischen Litt und Goerdeler bekannt, auch wenn nicht alle Dokumente darüber vorlagen. Erst 1996 druckte Schwiedrzik zwei bisher unbekannte Briefe ab.
Nach seiner Emeritierung reiste Litt durch die deutschen Lande und hielt Vorträge über die ‚Krise des Geistes', ‚Der Mensch und das Schicksal' und über den ‚Gestaltwandel der Gemeinschaft'. Auf der Grundlage seiner Theorie setzte er sich in diesen Vorträgen mit der NS-Ideologie auseinander. „Diese öffentlich (oder halböffentlich) gehaltenen Reden aus den Jahren 1936–1941 (von denen viele im Nachlaß Theodor Litts erhalten sind) lesen sich heute wie Prophezeiungen der kommenden Katastrophe, und so waren sie auch gemeint"[11].
1941 wurde ein Redeverbot über Litt verhängt. Anlaß war ein Vortrag, den er in der Sächsischen Akademie der Wissenschaften

[11] Schwiedrzik, W. M.: Lieber will ich Steine klopfen ...,a.a.O., S. 26.

halten sollte. Litt erbat eine Begründung für das Redeverbot und ersuchte die Akademie, deren Mitglied er war, um Schutz. Als seine Briefe an die Akademie unbeantwortet blieben, erklärte er 1942 seinen Austritt.

Neben dem politischen Widerstand setzte Litt seine wissenschaftliche Tätigkeit fort, und wieder, wie zu Beginn seiner Forschungen, wandte er sich den Grundlagen der historischen und gesellschaftlichen Erkenntnisweisen zu. Die in ‚Individuum und Gemeinschaft' aufgeworfenen Fragestellungen wurden erweitert zu einer Arbeit über ‚Mensch und Welt', einem Werk, das Litt 1948 publizierte. Die methodologische Reflexion über geisteswissenschaftliche Erkenntnis, die er in ‚Erkenntnis und Leben' zuerst aufgegriffen hatte, wurde wesentlich vertieft in ‚Denken und Sein', das ebenfalls erst 1948 publiziert wurde. In immer neuen Ansätzen analysierte Litt die Probleme geschichtlichen Lebens und Verstehens, die einst sein Ansatz in ‚Geschichte und Leben' waren und sich unter dem Druck des tatsächlichen Geschichtsverlaufs zu den existentiellen Fragen des Menschseins entwickelten. In das Vortragsmanuskript ‚Der Mensch und das Schicksal' schrieb Litt diesen Absatz: „Heute wird jeder unweigerlich in den Strudel hineingerissen. In dieser allumfassenden Weite des Geschehens liegt zugleich auch die Endgültigkeit dessen, was sich in dieser Schicksalsstunde entscheidet. Wir wissen genau: Für die Fehler, die jetzt gemacht werden, gibt es keine nachträgliche Korrektur. Eine falsche Orientierung des Wollens und Handelns bedeutet, weltgeschichtlich gesehen, den Absturz in den Abgrund. Darum: Es geht ums Ganze"[12].

Mit ungeheurem Scharfsinn und methodologischer Strenge zog Litt die angelegten Linien seines Denkens aus. Auch dem nicht mit dem Gesamtwerk Vertrauten drängen sich die Parallelen auf. Der Schrift von 1927 ‚Die Philosophie der Gegenwart und ihr Einfluß auf das Bildungsideal' tritt nun ‚Philosophie und Zeitgeist' an die Seite.

In ‚Geschichte und Leben' stieß Litt über die Antinomie von Einzelwille und Gesamtwille zur Grundfrage des Weltkrieges vor und von dort zur Grundfrage der gesamten geschichtlichen Epoche: „Alles geschichtliche Leben bewegt sich in dem stets versuchten, nie gelungenen Ausgleich zwischen Freiheit und Gebundenheit vorwärts"[13]. Die Trennungslinie von Einzelwille und Gesamtwille verlief aber nicht, wie Litt aufdeckte, zwischen den Individuen, sondern es projizierte sich das gleiche Problem als Erlebnis in das

[12] Schwiedrzik, W. M.: Lieber will ich Steine klopfen ..., a.a.O., S. 25.
[13] Litt, Th.: Geschichte und Leben, 2. Auflage, a.a.O., S. 47.

Innere aller Individuen hinein, die als Träger jener Geschehnisse handelten und litten.
„Der Mensch ist sich selbst Schicksal", schrieb Litt 1940 in einem Brief an Spranger. Wie der Mensch im geschichtlichen Prozeß sich selbst zum Schicksal wird, wie er zunehmend vom Erleidenden zum Täter der Geschichte wird, untersucht Litt in den 30er Jahren in seinen Schriften: ‚Der deutsche Geist und das Christentum. Vom Wesen geschichtlicher Begegnung' (1938), ‚Protestantisches Geschichtsbewußtsein. Eine geschichtsphilosophische Besinnung' (1939) und ‚Die Befreiung des geschichtlichen Bewußtseins durch J.G.Herder' (1942). Hinter der theoretischen Fragestellung, was den deutschen Geist ausmacht und welches geistige Gebilde in der Begegnung mit dem Christentum entsteht, verbirgt sich eine vernichtende Auseinandersetzung mit Rosenbergs ‚Mythos des 20. Jahrhunderts'. Und wie in ‚Geschichte und Leben' setzt Litt auch hier das Werden der Person und das Werden eines Volkes in eine unaufhebbare Wechselbeziehung. Geschichtliches Leben, das Werden der Person und eine Pädagogik, die zum geschichtlichen Verstehen führen will, gehören im Grunde als Äußerungen eines Geistes zusammen.
Das Chaos des Zusammenbruchs der NS-Herrschaft erlebte Litt zurückgezogen in Leipzig. Als die Amerikaner in die Stadt einrückten, steht Litt auf der mitgeführten ‚weißen Liste', die Namen enthält, die für einen demokratischen Aufbau geeignet sind, an erster Stelle. Das Angebot, das Rektorat zu übernehmen, lehnt er ab. Er befürchtete, nur als Aushängeschild benutzt zu werden. Doch seine Vorlesung nahm er, jetzt 66jährig, sofort wieder auf. Bald beteiligte er sich im Senat aktiv am Aufbau der Universität im Verband mit dem Archäologen Schweitzer, der erster Rektor war, und mit Gadamer, der Schweitzers Nachfolger wurde. Doch bald sah Litt allen Anlaß, Widerstand zu leisten und in die Opposition zu gehen. Der sowjetischen Besatzungsmacht diente die antifaschistische Gesinnung nur als Vorwand, um eine kommunistische durchzusetzen. Im März 1946 schrieb Litt an Spranger: „Wohin der Kurs geht, ist dem blödesten Auge ersichtlich, wie soll ich da mitmachen können?" 1947 verließen die drei Männer der ersten Stunde Leipzig. Schweitzer folgte einem Ruf nach Tübingen, Gadamer nach Frankfurt, der 67jährige Litt einem Ruf nach Bonn, um dort das Institut für Erziehungswissenschaft aufzubauen.
In Bonn folgte eine Epoche höchster Wirksamkeit. Jetzt konnte Litt das in Fundamenten angelegte Werk ausführen und in mehreren Aspekten darstellen. Er setzte seine historischen Analysen fort in: ‚Geschichte und Verantwortung' (1947), ‚Staatsgewalt und Sitt-

lichkeit' (1948), ,Wege und Irrwege geschichtlichen Denkens' (1948), ,Die Geschichte und das Übergeschichtliche' (1949), ,Die Freiheit des Menschen und der Staat (1953), ,Die politische Selbsterziehung des deutschen Volkes' (2. Auflage 1955), ,Die Wiedererweckung des geschichtlichen Bewußtseins' (1955), ,Freiheit und Lebensordnung. Zur Philosophie und Pädagogik der Demokratie' (1962). Seine Analysen der geistigen Welt setzt er in der ,Einführung in die Philosophie' (2. Auflage 1949), ,Goethe und Hegel' (1949), ,Hegels Begriff des Geistes und das Problem der Tradition' (1951) und in ,Hegel. Versuch einer kritischen Erneuerung' (1953) fort.

1948 erschienen dann ,Mensch und Welt. Grundlinien einer Philosophie des Geistes' und ,Denken und Sein'. Beide Werke hatte er bereits während seiner freiwilligen Emeritierung in den Hauptzügen fertiggestellt. Das pädagogische Grundproblem von ,Führen oder Wachsenlassen' greift er noch einmal in ,Das Bildungsideal der deutschen Klassik und die moderne Arbeitswelt' auf.

Von den ersten Publikationen Litts bis zu seinem Alterswerk, in dem der Ertrag seiner Lebensarbeit niedergelegt ist, zieht sich, ständig an Intensität und Umfang zunehmend, auch die Auseinandersetzung mit der exakten, rechnenden Naturwissenschaft, mit der Technik und der modernen Arbeits- und Wirtschaftswelt. Nach 1950 sind fast alle seine größeren Veröffentlichungen diesem Problem gewidmet.

Anders als so mancher zeitgenössische Denker sieht Litt in den Naturwissenschaften keinen ,Sündenfall des menschlichen Geistes'; es ist der Mensch selbst, der sich zur Sacherschließung diszipliniert hat. Die moderne Arbeitswelt als technisches und naturwissenschaftliches Denken würde sich nicht so repräsentieren wie sie ist, hätte der Mensch ihr nicht in Betätigung seiner Freiheit Geburtshelferdienste geleistet. So wie er in ,Geschichte und Leben' das Spannungsverhältnis auf unaufhebbare Widersprüche im menschlichen Geist zurückführt, so in ,Naturwissenschaft und Menschenbildung' ebenfalls auf diese Spannungen: „Es ist der Widerspruch des Geistes gegen sich selbst, es ist die dem höheren Leben innewohnende dialektische Selbstentzweiung, die hier ihre letzte Tiefe öffnet"[14]. Diese in der letzten Tiefe liegende Entzweiung des Geistes ist der Ermöglichungsgrund für die Freiheit. Gerade in ihrem Namen hat Litt sein Leben lang Widerspruch geleistet, hat sie leidenschaftlich verteidigt, auch gerade dort, wo sie die Möglichkeit zum Mißbrauch in sich trägt, wo sie aus dem

---

[14] Litt, Th.: Mensch und Welt, 1948, S. 134.

Gleise geraten kann, den Irrtum nicht als beiläufige Entgleisung, sondern als notwendige Selbstverkehrung bei sich hat. „Von diesem dunklen Untergrund ist die Freiheit nur um den Preis ihrer Vernichtung abzulösen“[15].

Im Januar 1962 brach der 82jährige Litt in einer Vorlesung in Bonn zusammen, nach einem halbjährigen Krankenlager verstarb er am 16. Juli; als Philosoph des Geistes hochgeschätzt, als Redner bis zuletzt angefordert, von vielen aber auch mißverstanden und als konservativer Werttheoretiker diskreditiert. Menschlich lebte er in den letzten Jahren wie in seiner Leipziger Zeit sehr zurückgezogen, fast vereinsamt. Sein Bild in Leipzig wie in Bonn „zeigt die Not und Einsamkeit eines Mannes, der es wagte, Widerstand zu leisten“[16].

Freiheit und Wagnis in der geschichtlichen Welt

Alles denkende Bemühen Litts nimmt seinen Ausgang von der Frage, wie personales und soziales Leben, wie Individuum und Gemeinschaft, der einzelne und die Geschichte, wie Notwendigkeit und Freiheit zu erkennen und zu verstehen sind. Es ist das große Zeitthema von Individuum und Gemeinschaft, das jetzt schon einhundert Jahre die kritischen Geister bewegt, das bei Dilthey, Tönnies, Troeltsch, Misch, Scheler, Natorp und Weber seinen Anfang nahm und als zentrale Frage die Auseinandersetzung zwischen Philosophie, Soziologie, Volkswirtschaft, Psychologie und Pädagogik bewegt.

Als Litt Anfang der 20er Jahre die Thematik von Individuum und Gemeinschaft aufgreift, blickt die Diskussion über dieses Problem bereits auf eine 30jährige Geschichte zurück, und Litt beginnt seine Analyse mit der Auseinandersetzung von mehr als dreißig Theorien. Er sieht in ihnen durchgehend eine Verkürzung der Verhältnisse im Ansatz. Man nehme an, durch Generalisierung Aussagen über das Ich (Individuum) zu gewinnen, und dieses psychologisch konstruierte Ich trete in Beziehung zur Gruppe (Gemeinschaft/Gesellschaft). Diese Beziehungen werden dann soziologisch gedeutet. Notwendig spalten sich die individuellen Aktionen in psychische und soziale auf. Dieser von Litt mechanistisch genannte Ansatz muß Wechselwirkungen oder Beziehungen zwischen Individuum und Gemeinschaft annehmen, weil in der Voraussetzung ein selbständiges Individuum gesehen wird, das, in welcher Form

[15] Litt, Th.: Mensch und Welt, a.a.O., S. 102.
[16] Schwiedrzik, W. M.: Lieber will ich Steine klopfen, a.a.o., S. 13.

auch immer, zu einer ebenso selbständigen Gruppe in Beziehung trete. Litt greift damit einen neuralgischen Gedanken in der soziologischen Betrachtungsweise auf, und zwar sehr früh. In Fortsetzung gerade dieser soziologischen Annahme wurde es bis in unsere Tage zur größten und kaum hinterfragten Selbstverständlichkeit, von sozialen Wechselwirkungen und sozialen Beziehungen zu reden.

Den mechanistischen Ansätzen einer Gesellschaftslehre liegt die Auffassung zugrunde, daß Vorstellungen des Individuums das Handeln bestimmen und Vorstellungen der Gruppe die sozialen Beziehungen regeln. Litt sieht, und darin liegt die Eigenheit seiner Leistung, die ursprünglichen Akte nicht im Vorstellen, sondern im Erleben.

Erlebnis aber ist allemal ein geistiger Akt, der zuerst in seiner Besonderheit zu begreifen ist. Seit Leibniz und Descartes werden dem Individuum Einmaligkeit, Einzigartigkeit und Geschlossenheit zugeschrieben. Individuen galten als ausgedehnte, in sich ruhende und sich im Raum bewegende Substanzen, als res extensa. Geistigkeit muß aus dem Wesen der Substanz hergeleitet werden, sie muß im Keime in den Substanzen liegen. Gemeinschaft besteht dann aus nebeneinander bestehenden Individuen, zwischen denen Gemeinschaft gestiftet werden muß.

Ein Geistwesen bestimmt Litt nicht mehr als ‚Einheit' im räumlichen Sinne, und auf die Frage, wo das Ich dann aufhöre, antwortet Litt: „Jedenfalls nicht an den räumlichen Grenzen seines Leibes"[17]. Und eben das, was bei einem Individuum mehr ist als Bewegung im Raum, nennt Litt Erlebnis. „Die räumliche Konstellation ist zwar nicht ausgetilgt, aber ‚aufgehoben' in einem Ganzen, das mehr als Raum, nämlich ‚Erlebnis'ist"[18].

Durch das Erlebnis wird das Individuum von Anbeginn seiner geistigen Existenz eingebunden in einen größeren geistigen Lebenszusammenhang. Es wird damit kein Personenbegriff entworfen, dem dann ein entsprechender Gemeinschaftsbegriff korrespondiert, sondern in einem dialektischen Verfahren wird ein Begriff vom anderen her bestimmt, ergänzt und begrenzt. Um diesen allseitigen Zusammenhang sichtbar zu machen, ist nur ein Personenbegriff geeignet, „der von vornherein auf einen ihm korrelativen Begriff der Gemeinschaft hin entworfen ist, wie umgekehrt dieser letztere im Hinblick auf ihn"[19].

---

[17] Litt, Th.: Individuum und Gemeinschaft, 3. Auflage, a.a.O., S. 64.
[18] Litt, Th.: Pädagogik, a.a.O., S. 278.
[19] Litt, Th.: Individuum und Gemeinschaft, 3. Auflage, a.a.O., S. 408.

Der Lebenszusammenhang, der Individuum und Gemeinschaft, Ich und Du verbindet, ist ein Zusammenhang, der nur in der begrifflichen Sprachgebung zu trennen ist, aber er ist für Litt einer, der die daran Beteiligten völlig gleichstellt. „Es liegt im Wesen meines Du-Erlebnisses, daß dieses Du mir gegenwärtig ist als ein solches, für das ich genau so ein Du bin, wie es für mich ein Du ist“[20]. Litt nennt diese Verbundenheit eine ‚unbedingte Reziprozität der sich im Wechselbezug Erlebenden‘. Jeder Versuch, das Du in die Stellung eines ‚Objektes‘ zu drängen, muß durch diese Verschränkung auf das Ich zurückfallen, ja auch nur Teilaspekte des Du auf die Objektebene zu übertragen, trifft bereits wieder das Ich. Nicht der kleinste Teil eines Du kann der mechanisch kausalen Raumauffassung als der einzig richtigen überlassen werden, „ohne daß schließlich auch das Ich von den Konsequenzen dieser Preisgabe mit ergriffen würde“[21].

Zum Erlebnis gehört es wesenhaft, daß es nach Ausdruck drängt und verstanden werden muß. ‚Kundgabe‘ und Verstehen sind aber nicht nur appendixartige Geschehensformen, die auch wegfallen könnten, sondern gehören konstitutiv zum Erlebnis und zur unbedingten Reziprozität der Perspektiven. „Zum Ausdruck meines Erlebens drängt mich die Gewißheit, daß ein Mitmensch zugegen sei, in dem ich Wiederhall zu finden sicher sein kann; daß aber ein solches zugegen sei, wird mir doch wiederum nur dadurch kund, daß es sich seinerseits im Ausdruck mir zuwendet; aber hierzu fühlt jenes sich an seinen Teil doch nur dadurch veranlaßt, daß mein eigenes ausdrückendes Verhalten eine eben solche Resonanz in Aussicht stellt ...“. „So enthüllt sich in jener Reziprozität des ausdrückenden Verhaltens ein für den wesenhaften Gehalt von Ich und Du schlechthin grundlegendes Lebensverhältnis ... Ich und Welt, Ich und Du werden erst dadurch recht sie selbst, daß sie sich einander so mitteilen“[22].

Die weiteren differenzierenden Ausführungen Litts können zunächst beiseite gelassen werden. Der Grundansatz zeigt das Ich unauflösbar verbunden mit einer perspektivisch zugeordneten Welt, zu ihr in bevorzugter Stellung die fremden geisterfüllten Wesenheiten, verbunden in einer unaufhebbaren Reziprozität, die jede einseitige Ablehnung der sozialen Umwelt ausschließt. Diese Grundlegung kann den weiteren Aufbau der geistigen Welt nur fortführen unter der Annahme prinzipiell gleicher und freier

---

[20] Litt, Th.: Individuum und Gemeinschaft, 3. Auflage, a.a.O., S. 106.
[21] Litt, Th.: Individuum und Gemeinschaft, 3. Auflage, a.a.O., S. 104 und 107.
[22] Litt, Th.: Individuum und Gemeinschaft, 3. Auflage, a.a.O., S. 141 / 142.

Wesen. Was immer im Leben, in Kultur und Geschichte geschieht, alle am Gesamterlebnis Beteiligten sind durch die geistigen Akte, die erst das Geschehen hervorbringen, prinzipiell gleich. Litt verdeutlicht dies selbst am Prozeß geistigen und künstlerischen Schaffens. Personale und überpersonale Sinngestaltung, die er als Kulturgüter begreift, sind nur mit- und durcheinander möglich[23]. Die größten kulturellen Leistungen, wissenschaftliche, ästhetische, politische und ethische, legen in ihrer Genese im allgemeinen Strukturzusammenhang die gleichen geistigen Akte zugrunde, wie Werke der Belanglosigkeit, Banalität oder Fragwürdigkeit. Die Rückführung der ablaufenden Prozesse auf den Strukturzusammenhang zeigt in jedem Geistwesen die gleichen Voraussetzungen auf. Als Geistwesen ist der Mensch gekennzeichnet durch Gleichheit und Freiheit. Individuales und soziales Leben bauen sich auf diesen Fundamenten auf. In der Perspektive philosophischer Anthropologie ist Freiheit das Wesen des Grundes für alles geistige Geschehen. Wie die Substanz der Materie die Schwere ist, so ist die Substanz, das Wesen des Geistes, die Freiheit.

Von nun an wird Litt nicht müde werden, die Bedingungen zu analysieren, unter denen Freiheit möglich und wirklich wird, diejenigen aufzuzeigen, die sie gefährden, und dort Einspruch zu erheben, wo Freiheit bedroht wird. Jede Festlegung auf Allgemeingültiges, auf verbindliche Ideale, auf die Ideen eines vollkommenen Staates, auf ein gültiges Bildungsideal oder auf ein verpflichtendes Menschenbild beeinträchtigen die Freiheit. In ihrem Namen plädiert Litt für eine offene Anthropologie, für keine Kanonisierung einer Staatsidee und für das Abweisen eines Gültigkeit beanspruchenden Bildungsideals. Von Anfang an war Litt ein Denker der Freiheit, der Gleichheit des Geistes und der Offenheit der Lebensbeziehungen. Von seiner Theorie her hätte er es gar nicht anders sein können. Er nimmt mit dieser Haltung bereits diejenigen Überzeugungen vorweg, die erst nach seinem Tode im postmodernen Denken auftreten. Mit der Freiheit nämlich wird absolutes Sinnwissen verabschiedet. Die Welt des Geistes löst sich auf in ein „Universum niemals sich deckender, stets zusammengehöriger Sinnperspektiven“[24]. Absolutes Sinnwissen verabschiedet den Menschen als ein in Freiheit handelndes Wesen. In einer Welt sich vielseitig verschränkender Sinnperspektiven, wobei jede Erscheinung den Sinn in sich trägt, ist ein Suchen nach dem einen Sinn von vornherein

[23] Litt, Th.: Geschichte und Leben, 2.Auflage, a.a.O., S. 220.

[24] Litt, Th.: Philosophie der Gegenwart und ihr Einfluß auf das Bildungsideal, 2. Auflage 1927, S. 69.

zum Scheitern verurteilt. Die Antinomie ist unaufhebbar: Entweder absolutes Sinnwissen, dann gibt es keine Freiheit, oder Freiheit, dann gibt es nur eine Welt sich vielfältig verschränkender Sinnperspektiven. Die Antinomie beherrscht alle Kulturbereiche, die geschichtliche Welt so gut wie das Bildungsgeschehen.

Wenn Kritiker Litt dennoch eine konservative oder gar demokratiefeindliche Haltung nachsagten, ihm Pessimismus und Resignation vorwarfen, die ihn der Reaktion in die Arme treibe, daß er mit dieser Haltung einen scharfen und zentralen Vorstoß gegen Schulreform und neue Schule führe, hat dieses Urteil seinen Grund in einer anderen Perspektive: in seiner Strukturanalyse der geistigen Welt. Was Kritiker ‚konservativ' nennen, bezeichnet Litt als realistisch. Er gehörte nicht zu den Denkern, die sich leicht in idealistischen Träumen verloren.

Der Geist, zu dessen Wesen die Freiheit gehört, und der in der Struktur geistiger Akte alle Menschen verbindet, zeigt und aktualisiert sich nicht nur als gestaltende, besänftigende, verbindende und harmonische Lebensmacht. Jedem Plus ist ein Minus zugeordnet. Die Analyse Litts erbringt die Einsicht, daß es ein Vorrecht des Geistes sei, aus dem Gleise zu geraten, sich zu irren, ja böse werden zu können, und daß der Geist den Irrtum nicht als beiläufige Entgleisung bei sich hat, sondern als notwendige Selbstverkehrung. „Das eben ist die tiefe Unsicherheit alles Menschlichen, daß jedes Plus sein Minus als drohende Möglichkeit in sich trägt"[25].

Der Widerspruch, Litt nennt es auch die Selbstentzweiung des Geistes, resultiert aus der Endlichkeit und Unvollkommenheit des Geistes; gelegentlich, besonders in den Spätschriften, spricht Litt auch von einer ‚verhängnisvollen Selbstgefährdung'.

Einerseits ist es der Widerspruch, der zum Antrieb der Entwicklung führt, andererseits wird er zum Grund aller Unsicherheiten menschlichen Handelns, das immer mit offenem Ausgang zu rechnen hat, er wird aber auch zum Antrieb für jegliche Bildung. „Denn wirkliche Taten reifen nicht in dem temperierten Klima unangefochtener Selbstverständlichkeiten, entspringen nicht der gelassenen Seelenstimmung unbekümmerter Erfolgsgewißheit. Sie geschehen in der von höchsten Spannungen geladenen Atmosphäre des Ungewissen und noch der Gestaltung Harrenden. Sie werden geboren in den Erschütterungen einer Seele, die im Sturm des Handelns jeden sicheren Grund unter sich weichen fühlt ... Darum hüte man sich wohl, in der Drohung des Negativen nur die Belastung zu sehen, wäre sie gebannt, so wäre auch die Atmosphäre

[25] Litt, Th.: Mensch und Welt, a.a.O., S. 102.

gestört, die seinen (des Menschengeistes) Höhenflug einzig ermöglicht"[26].

Da der ursprüngliche Akt, auf den sich individuales und soziales Geschehen aufbauen, der geistige Vorgang des Erlebnisses ist, gehört bereits zu diesem ersten Akt die Entzweiung und der Widerspruch notwendig zu diesem Geschehen. Soziales und individuelles Leben erfolgen nicht in einer Stimmung der Harmonie und Solidarität. „Umfangen wissen wir uns auch von der Welt, solidarisch geeint mit der Lebenswirklichkeit, aus der uns kein Klang von Sympathie entgegenschallt, sehen wir also die wesensbildenden Lebensbezüge von der Lichtsphäre der Liebe bis in den Flammenkreis lodernden Hasses hinüberreichen, so weitet sich das Ganze des Prozesses, in dem der Geist sich in seiner lebendigen Form besondert, über alle gewohnten Maße hinaus. Es steht dann in der Tat so, daß jedes zwischenmenschliche Verhältnis ... für die Beteiligten wesensbildende Bedeutung hat"[27].

Der Geist, der nichts Fertiges ist, der nicht in sich vollendet ist, sondern sich erst selbst aufbauen und erschaffen muß, der nur in seiner Aktualität ist, in einem ‚notwendigen Sich-Offenbaren', der nur in seiner Geschichte existiert, muß sich selbst zu dem machen, der er sein soll, er muß sich alles erst erwerben, dieser Geist ist eben gerade wegen seiner Aktualität keine glättende und besänftigende Lebensmacht. Die Gemeinsamkeiten, in denen er Menschen bindet, sind voll von Zweideutigkeiten, vermöge derer er Liebe und Haß, Tugend wie Laster, Einsicht und Irrtum hervortreibt, bis in die letzten Konsequenzen.

Und wieder ordnet Litt dem Negativen ein Positivum bei. Zwar kann der Geist als Aktionszentrum sich nur im Tun verwirklichen, zwar geschieht dies unter Unsicherheiten, doch gerade die sind es, die die Bildung bewirken.

Was dieses realistische Denken Litts so unbequem machte, war von Anfang an die Anwendung dieser Analysen auch auf das soziale Geschehen und die geschichtliche Welt und als deren Zentrum die Anwendung auf den Staat. Es ist gerade das ‚Erlebnis des Staates', in dem die Problematik von Individuum und Gemeinschaft am stärksten fühlbar geworden ist. Litt wollte deshalb das Bild des Staates „aus dem Himmel abstrakter Allgemeinheiten" herunterholen und es in seiner widerspruchsvollen, aber reichen Wirklichkeit zeigen. „Auch in dem Staat ... wollen wir nicht mehr gleich Hegel den ‚wandelnden Gott auf Erden' verehren, sondern den mit

---

[26] Litt, Th.: Mensch und Welt, a.a.O., S. 134.
[27] Litt, Th.: Individuum und Gemeinschaft, 3. Auflage, a.a.O., S. 198.

den unaufhebbaren Mängeln aller Endlichkeit behafteten Notbau schwankender und irrender Menschen erkennen und lieben, bereit, an ihm zu verbessern, was unsere Kraft vermag, aber gleichzeitig überzeugt, daß jede Verbesserung den Boden für neue Verwicklungen bildet“[28].

Die Spannungen, die sich durch menschliches Zusammenleben im Staate ergeben, sind der Preis, der gezahlt werden muß für den reichen Ertrag des Zusammenlebens, und aus dem spannungsreichen Gefüge sowohl zwischen Ich und Du als auch zwischen Person und Staat kommt ebenso viel Anregung, Freisetzung und Bildung des geistigen Ich wie erdrückende Begrenzung und erdrückende Not. Menschengröße und Menschennot kommen gleicherweise aus den Spannungen ständig konkurrierender Lebensmächte, und der Versuch, sie zu ‚versöhnen‘, endet bei der Einsicht, „daß ein harmonischer Ausgleich der kämpfenden Forderungen ebenso sehr ein notwendiges allem irdischen Streben gesetztes Ziel, wie ein der harten Wirklichkeit des Lebens ewig versagendes Ideal ist“[29]. Mehr als ein labiles Gleichgewicht läßt sich der von Spannungen geladenen Wirklichkeit des Geistes nicht abgewinnen.

Mit der Analyse der geistigen Wirklichkeit und des Staates ist für Litt jene unabdingbare Voraussetzung gegeben, bei der alles geschichtliche Verstehen und mit ihm alle Bildung überhaupt anzusetzen hat. Geschichtliches Verstehen beginnt für Litt mit der Abwehr irrtümlicher Vorstellungen vom Aufbau der geschichtlichen Welt. Durch die verschiedenen Irrtümer wird eine positive und reale Einschätzung des geschichtlichen Lebens sichtbar.

In ‚Geschichte und Leben‘ setzte Litt hinter jede Analyse eines geschichtlichen Grundphänomens didaktische Überlegungen, in denen er das Abstrakt-Allgemeine des Strukturzusammenhanges in die Erlebniswirklichkeit der Schüler im Geschichtsunterricht holt. Dabei wird das konkrete Geschehen im Staate zum Gegenstand der Erörterung, und nicht eine Idee vom Staate.

Nach der Analyse der grundlegenden Reziprozität der Perspektiven und der im Erlebnis verbundenen Individuen schließt Litt an: „Der Schüler wird veranlaßt, sich die Frage vorzulegen, wie vieler Menschen Hand und Kopf tätig sein müssen, damit er seine Mahlzeit einnehmen und seinen Rock tragen, auf seinem Stuhl sitzen, in seinem Hause wohnen, Eisenbahn und Schiff benutzen kann und so weiter ...“. Dann wird die Frage angeschlossen, „ob Ähnliches auch in geistiger Beziehung der Fall ist, ob nicht dieser geistige

[28] Litt, Th.: Geschichte und Leben, 2. Auflage, a.a.O., S. 69.
[29] Litt, Th.: Geschichte und Leben, 2. Auflage, a.a.O., S. 13.

Wirkungszusammenhang noch in einem ganz anderen und tieferen Sinne Menschen vereinheitlicht als jenes wirtschaftliche"[30].
Die didaktischen Überlegungen umreißen einerseits den ethischen Rahmen für historisches Verstehen, das den Schüler davor bewahren soll, sich einem der beiden Extreme „alles verstehen, alles verzeihen" und „nichts verstehen, alles verurteilen" anzuschließen[31], und sie zeigen andererseits das Bild eines Staates, wie es sich aus der theoretischen Grundauslegung ergibt. Zwar verbietet es sich nach Litt, eine inhaltlich bestimmte Idee vom Staat zu kanonisieren, doch gilt es, diese Einsicht zu befördern, daß der Staat weder als gesellschaftliche Veranstaltung verharmlost werden kann, wie es zum Beispiel Kerschensteiner tat, der im Staate einen idealen Kultur- und Rechtsstaat sah, in dem das Schlagen immer humaner und das Vertragen immer freiwilliger werden sollte, noch daß er zur Institution eines permanenten Kriegszustandes verteufelt werden sollte, wie die Marxisten es taten. Der Ausgang vom aktiven, geistigen Bürger, der auch im geschichtlichen Leben nie nur passiv alles mit sich geschehen läßt – ein nur rezeptives Verhalten der Individuen im Staate hielt Litt für eine ‚unhaltbare Fiktion' –, führt zur Gestaltung eines grundsätzlich anderen Staates: „Die entscheidenden Tatsachen hängen nicht in erster Linie von der Qualität der staatlichen Einrichtungen ab, sondern von dem ‚Geist', der die tausendfachen Wechselbeziehungen von Mensch zu Mensch durchwaltet, diesem Geist, der nie ein in substantieller Festigkeit Gegebenes ist, sondern durch das Wollen und Tun jedes einzelnen (von mir gesperrt) immer neu geschaffen wird"[32].
Solche Grundannahme bleibt nur mit einem freiheitlich rechtlichen und demokratischen Gemeinwesen vereinbar. Schüler und Bürger, die Litt in den 20er Jahren vor Augen hatte, hatten diese Ansicht vom Staate noch keinesfalls. „Das Denken weiter Schichten steht auch heute noch dem Staat mit Vorstellungen gegenüber, wie sie für den Staat des Absolutismus sachlich zutreffend waren. Staat ist ihnen immer noch Regierung, ein Gebilde aus Beamten und Paragraphen, staatliche Forderungen sind unbequeme Ansprüche einer Gewalt, mit der man wie mit einer gegenüberstehenden Partei rechtet"[33].
Es gilt vielmehr zu erkennen, daß Individuum und Staat eng miteinander verbunden sind und daß jede Anforderung, die Indivi-

[30] Litt, Th.: Geschichte und Leben, 2. Auflage, a.a.O., S. 106/107.
[31] Litt, Th.: Geschichte und Leben, 2. Auflage, a.a.O., S. 129.
[32] Litt, Th.: Geschichte und Leben, 2. Auflage, a.a.O., S. 122.
[33] Litt, Th.: Geschichte und Leben, 2. Auflage, a.a.O., S. 131.

duen an den Staat stellen, auf die Individuen zurückfallen, daß auch hier die Reziprozität der Perspektiven gilt und man bei jedem konkreten politischen Geschehen nachweisen kann, wie das staatliche Gefüge ‚von unten her', von handelnden Bürgern her, gestaltet wird. Nur auf diesem Boden vermag eine Staatsgesinnung zu gedeihen, die schweren Belastungen Stand hält[34].

Hinter den konkreten historischen Vorgängen, die Litt im Geschichtsunterricht behandeln will, wurden die Strukturmomente eines demokratischen Staates sichtbar, wenn er Abstimmung und Satzung zum Beispiel bei den Griechen als die Momente hervorhebt, die geschichtliche Entwicklung zur Selbstbestimmung führen. Sparta sieht er beherrscht vom Prinzip der Autorität, das im historischen Leben zur Angleichung und zum Beharren führt, während Athen dem Prinzip der Selbstbestimmung anhängt, was im historischen Leben zur Besonderung führt und dem Wandel Übergewicht verleiht.

Auf diesem Wege historischen Verstehens gelangt man zwar niemals zu einem idealen Staate. Auch gerade die Vorgehensweise, nach einer Idee einen Staat zu konstruieren und dann die Bürger aufzufordern, ihn durch ihr Schaffen zu realisieren, führt zur Staatsverdrossenheit, einer Einstellung, die Litt bereits in den 20er Jahren so beschrieb, weil die Realität an der Idealität gemessen wird und dieser nie gerecht werden kann. Über den realistischen Weg strebt Litt die Herstellung einer ‚bewußten Solidarität' zwischen Staatsbürgern und Staatsganzem an, und diesem Ziel ist die Entwicklung zuzuführen.

Staat kann immer nur konkret sein; er entsteht durch Handeln und entscheidende Anteilnahme seiner Bürger, deshalb benötigt man keine sinnstiftende, harmonisierende Leitidee. In der Demokratie stammen Gestalt, Bewegungsrichtung und Form des Staates immer von neuem aus Vorschlägen und Forderungen, die sich im Wettstreit entgegenstehen. Dieses Grundphänomen verbindet Demokratie und Pädagogik. Als Geistwesen ist der Mensch nicht ein fertiges, vorgeprägtes Wesen, er muß sich alles erst erwerben und sich selbst zu dem machen, der er sein will. Auch das Geistwesen gewinnt Form und Gestalt aus dem Wettstreit von Ansprüchen, Normen und gestalteten Sinneinheiten. Gerade darin liegt der geschichtliche Charakter des Bildungsvorganges.

An dieser Stelle soll und kann nicht die Bildungstheorie Litts noch einmal ausgebreitet werden; das ist vielfach geschehen. Hier kam es nur darauf an, aufzudecken, wie Litts Theorie des Geistes geeignet

[34] Litt, Th.: Geschichte und Leben, 2. Auflage, a.a.O., S. 132.

sein kann, jede dogmatische Vereinseitigung im gesamten geistigen Leben, in der geschichtlichen Welt und in der Bildungswelt zurückzuweisen. Alles Leben wird durch den Menschen als aktives Geistwesen bewegt und trägt den Widerspruch in sich. Die unabdingbare Reziprozität der Perspektiven verbietet es, einseitig zum Beispiel für Führen oder Wachsenlassen Stellung zu beziehen, verbietet es aber auch, das Individuum zu einem Ensemble gesellschaftlicher Verhältnisse zu stilisieren. Das würde ihm Freiheit und Selbstverantwortung nehmen. Litt lieferte damit für die Annahme Pestalozzis, die dieser in seinen ‚Nachforschungen' als seine Meisterwahrheit deklarierte, einen analytischen Beweis. So viel aber sah ich bald, schreibt Pestalozzi, die Umstände machen den Menschen, aber so viel sah ich ebenso bald, die Menschen machen die Umstände. Der Mensch hat eine Kraft in sich, selbige vielfach nach seinem Willen zu gestalten.
Diese Freiheit bewährt sich natürlich auch in den zwischenmenschlichen Beziehungen. Kein Selbst ist durch den Machtanspruch naturhafter Notwendigkeit an den anderen gekettet. Zwischen beiden liegt ein offener Raum, der in Freiheit geordnet sein will. Ohne Wahl führt die Geschichte zusammen, menschlichem Denken und Wollen bleibt es überlassen, das Ordnungslose zu ordnen, das Beziehungslose zu sinnvollen Beziehung zu gestalten – oder auch diese Chance zu vergeben.

Theodor Litts demokratisch-antikommunistischer Vortrag in Ostberlin 1946

Albert Reble

1. Hintergrund und Ausrichtung

In dem Beitrag „Paradoxien der Bildungspolitik in autobiographischer Perspektive. Aus den Anfängen der SBZ" habe ich in der Festschrift zum 60. Geburtstag meines Kollegen und Lehrstuhl-Nachfolgers (ab 1977) Günther Bittner einen weitäumigeren Überblick über manche Merkwürdigkeiten der ersten Jahre in der SBZ gegeben. Dabei ist in der Kürze von $2^1/_2$ Druckseiten natürlich auch Litts Ostberliner Vortrag von 1946 behandelt. Hier, in meinem Beitrag zur Festschrift zum 60. Geburtstag meines Studierenden (ab 1962), Doktoranden (1969) und Kollegen (1973) Winfried Böhm wende ich mich speziell und breiter diesem Vortrage Litts und den Problemen seiner Drucklegung zu.
Theodor Litt war nicht nur ein hervorragender, ja der begriffsschärfste Vertreter der geisteswissenschaftlichen Pädagogik, sondern auch einer der standfestesten Gegner des Nationalsozialismus und Verfechter der demokratischen Grundordnung, was er in mehreren Schriften klar bekannt hat. Als ihm 1936 ein vorher genehmigter Rundfunkvortrag in Wien durch die dortige deutsche Botschaft kurzerhand verboten wurde und er zum Lügen veranlasst werden sollte, beantragte er voller Ekel und Empörung selbst die Emeritierung. Sie wurde dann zum 1. Oktober 1937 ausgesprochen.
1945 erhielt er seinen Lehrstuhl für Philosophie und Pädagogik an der Universität Leipzig zurück. In der Sowjetischen Besatzungszone wurde er aber unterschiedlich eingeschätzt. Man konnte ihm seine antifaschistische Haltung und Bewährung keineswegs bestreiten, doch man konnte seit seiner Rektoratsrede „Hochschule und Politik" vom Oktober 1931 auch nicht in Abrede stellen, dass er politisch ebenso gegen den linken Totalitarismus wie gegen den rechten Extremismus eingestellt war, eben weil er die demokratische Staats- und Gesellschaftsordnung als notwendige Voraussetzung für die wissenschaftliche Arbeit und für das menschenwürdige Leben und Denken ansah.
Nun tarnte sich der Kommunismus in der Sowjetischen Besatzungszone bis zum Sommer 1948 freilich als „Demokratie", gemäß

dem Ausspruch Walter Ulbrichts im Mai 1945: „Was wir machen, muß demokratisch aussehen, aber wir (Kommunisten) müssen alles fest in der Hand behalten". Auch in der Öffentlichkeit wurde nicht von Kommunismus oder von Marxismus geredet, sondern von der Forderung nach Demokratie. Am 1. Mai 1947 trat mir im Stadtbild von Halle (Saale) überall dieser Aufruf entgegen, nur am Gewerkschaftshaus war er ersetzt durch die Formulierung für die Marx'sche Primärepoche „Diktatur des Proletariats".

Also auch wenn man es im Sinne Walter Ulbrichts anders meinte, konnte man Theodor Litt als wirklich bewährten und bekannten demokratischen Philosophen und Pädagogen nicht umgehen. So wurde er nicht nur in seinen Leipziger Lehrstuhl wieder eingesetzt, er wurde auch zu Vorträgen bei Tagungen eingeladen und er wurde in den Herausgeberkreis der sowjetzonalen Zeitschrift „Pädagogik", einer Zeitschrift mit wissenschaftlichem Anstrich und Anspruch, berufen. An zentraler Stelle in Ostberlin und von der maßgeblichen Bildungsbehörde, der „Zentralverwaltung für Volksbildung in der Sowjetischen Besatzungszone", wurde er als einer der Hauptredner zu einer Arbeitstagung am 28. und 29. Juni 1946 eingeladen, die dem Thema „Philosophie, Pädagogik und Psychologie im Universitätsstudium der Lehrer" gewidmet war. Litt hatte die Aufgabe, die Bedeutung der pädagogischen Theorie darzustellen.

Leiter der Ostberliner Zentralverwaltung war von Anfang an *Paul Wandel.* Er war zwar nicht mit der Gruppe Ulbricht am 2. Mai 1945 von Moskau nach Berlin eingeflogen worden (Früher war ich dieser irrigen Meinung. Sie steht noch in meinem Buch Theodor Litt. Eine einführende Überschau, Bad Heilbrunn 1995, S. 190 und 193). Aber er war einer von den 16 Unterzeichnern des in Moskau Anfang Juni 1945 mit Stalin abgesprochenen und aus Moskau fertig mitgebrachten Gründungsaufrufs der KPD vom 11. Juni 1945. Jedenfalls hatte Paul Wandel eine wahrhafte Schlüsselstellung im Aufbau und in der Verwaltung des gesamten Bildungswesens der Sowjetischen Besatzungszone. Dass er das so weit wie möglich im Sinne und nach der Zielsetzung der KPD vollzog, ist ebenso selbstverständlich wie seine Taktik: das nach dem Satz von Ulbricht „Es muß demokratisch aussehen" bis 1948 zu tarnen und demokratisch erscheinen zu lassen.

2. *Dominanz der Ich-Du-Beziehung*

Ich kennzeichne nun den Inhalt und Fortgang des Berliner Vortrags von Litt im Jahre 1946 unter Betonung seiner demokratisch-antikommunistischen Grundtendenz.
Dazu gehört zum Beispiel die gleich anfangs hervorgekehrte Charakteristik des pädagogischen Bezugs als einer Ich-Du-Beziehung. Litt beruft sich bei der scharfen Gegenüberstellung des Ich-Du-Verhältnisses und der Ich-Es-Beziehung ausdrücklich auf *Martin Buber*. Es geht bei der Erziehung um eine Behandlung des Menschen durch den Menschen, wobei die grundsätzliche Gleichrangigkeit der Bezugsglieder auch dann anerkannt und realisiert werden muss, wenn das eine dem anderen an Reife und Wissen, Weltorientierung und Alter weit überlegen ist. Während das marxistische Denken auch den Menschen bekanntlich voll objektwissenschaftlich fassen zu können glaubt und auch das erziehliche Handeln nach dem Muster der technischen Bearbeitung versteht und einordnet, markiert Litt in extremer Weise seine Gegenposition. „Erziehung ist keine Technik", der Erzieher „versteht" den Zögling, er „setzt sich in ihn hinein", er „bearbeitet" ihn nicht, Er will gerade dessen persönlicher Entfaltung voranhelfen.
Selbstverständlich verkennt auch Litt nicht, dass partnerschaftlich bestimmtes Handeln kein bloßes Drauflosfahren sein kann. Erstens gibt es auch Formen des Handelns und der Beeinflussung, die mit festem Herausstellen von Zielen und mit einem Werben für sie tätig sind, zum Beispiel die politischen und die wirtschaftlichen Aktivitäten. Zweitens muss sogar der Erzieher bei pädagogischen Schwierigkeiten und Problemsituationen etwas mehr Distanz zum Zögling nehmen und sich wissenschaftlich nach dem genaueren Stand der Dinge fragen, um den Schwierigkeiten abzuhelfen. Aber Litt ist der Meinung, dass sich solche Reflexion nicht verselbständigen oder gar verabsolutieren darf, sich vielmehr einordnen muss in das pädagogische Gesamtverhältnis, das eben persönlichen Charakter hat und im Ich-Du-Bezug wurzelt.
Ich hatte als junger Lehrer eine Zeit lang an der Schule, an der ich tätig war, einen Kollegen, der selbst besonders psychologisch interessiert war und auch Psychologie breit studiert hatte. Der ließ seine Schüler und Schülerinnen manchmal Aufsätze mit persönlichen Fragen und Beurteilungen schreiben, nur um sie psychologisch auszuwerten und damit seinen wissenschaftlichen Fachinteressen nachzugehen. Da schien mir die von Litt mit Recht so herausgehobene Grenzsetzung der theoretischen Reflexion gegenüber dem übergeordneten pädagogisch-praktischen Bezug

nicht beachtet. Aber selbstverständlich gehörte die von dem Kollegen so geschätzte psychologische Reflexion nicht zum Typ der extrem verobjektivierenden marxistischen Theoriebildung, vielmehr arbeitete er gern mit ausdruckspsychologischen Gesichtspunkten und mit Charakterkunde. Aber die von Litt markierte Grenzziehung der Theorie im praktisch-pädagogischen Bezugsfelde schien mir jedenfalls überschritten.
Noch eine weitere Grenzziehung auf pädagogischem Felde nimmt Litt vor. Der pädagogische Gesichtspunkt darf das Individuum nicht überspringen, darf nicht von dem Einzelnen absehen und sich direkt auf ein Kollektiv richten, sei es das Volk, die Klasse, die Rasse oder die Masse. Zwar muss die überindividuelle Einordnung und Abwandlung mitbedacht und beachtet werden, aber der Mensch darf nicht zum „Mittel zum Zweck“ gegenüber einem Kollektiv degradiert werden. Auch hier ist zu bedenken, dass Litt damit in Ostberlin 1946 einen antikommunistischen Akzent setzte.

3. Die überpersönlichen Mächte und der geschichtliche Wandel

Andererseits trat Litt lebhaft dafür ein, dass die *„überpersönlichen Mächte“* und der *„geschichtliche Wandel“* der pädagogischen Erscheinungen richtig wahrgenommen und beachtet werden. Auch hier brachte Litt einen antikommunistischen Gesichtspunkt in geschickter und notwendiger Weise zur Geltung. Einerseits wehrte er es ab, dass die pädagogische Theorie etwa in der Herbart’schen Manier isoliert und zu allgemeingültigen, übergeschichtlichen Aussagen und Thesen strebe. Alle erziehlichen Erscheinungen und Handlungen, Ansprüche und Lehrpläne haben geschichtlichen Charakter und müssen historisch eingeordnet werden. Das darf jedoch nicht primitiv in klassenkämpferisch-marxistischer Art geschehen, muss vielmehr die ganze Vielfalt der geschichtlichen Kräfte und Wirkfaktoren ins Auge fassen, die individuellen wie die sozialen, die realen wie die idealen, die vergangenen wie auch die gegenwärtigen.
Nach Litt braucht der Lehrer, um seine Aufgabe zu erfüllen, ein klares „geschichtliches Standortbewußtsein“, erst recht in einer Zeit, die nicht mehr aus der ungebrochenen Tradition heraus leben kann, sondern mit Umbrüchen fertig werden und sehenden Auges in der Zeit stehen und pädagogisch besonnen zupacken muss.
Wie aber bestimmt sich der historische Charakter des pädagogischen Tuns und überhaupt der Lebensbezüge? Litts antikommunistisches Denken ist auch hier eindeutig. Es gibt nicht, wie die

marxistische Lehre es behauptet, die ökonomische Basis als allgemeine, weltgeschichtliche „Leitkraft", von der alle anderen Sinnbezirke „abzuleiten" sind, sondern an dieser allgemeinen geschichtlichen Bewegung sind alle Kulturgebiete beteiligt, und das Ganze lässt sich nicht auf ein allgemeines Gesetz, erst recht nicht nach dem Typ eines allgemeinen Naturgesetzes bringen. Litt ist von der Unauflösbarkeit, von dem rätselhaften, letztlich undurchdringbaren Charakter der Individualität wie auch von dem Rätsel der „Geschichtlichkeit" überzeugt. Hier sei eine Kernstelle zu der Frage der überpersönlichen Mächte wiedergegeben, bei der der anti-nationalsozialistische wie auch der antikommunistische Zug eines Denkens klar zum Ausdruck kommt:

„Allerdings läßt die Anerkennung der geschichtlichen Mächte verschiedene Möglichkeiten der näheren Bestimmung offen. Die Führer des verflossenen politischen Systems wollten dem *Volk* bzw. der *Rasse* das Monopol der geschichtsbildenden Wirkung zuschieben. Vorher war man eher geneigt, im Gefolge der *Hegelschen* Metaphysik im *Staat* die Leitkraft des geschichtlichen Lebens zu suchen. Neuerdings tritt an seine Stelle vielfach die *Gesellschaft*.
Ich wähle zur Bezeichnung der überpersönlichen Mächte den neutralen Ausdruck: *die geistige Lage*. Allerdings bleibt dieser Ausdruck nur dann vor Mißdeutungen geschützt, wenn man davon abläßt, den ‚Geist' in der vielfach üblichen Weise zum Staat, zur Gesellschaft, zur Wirtschaft in einen äußeren Gegensatz zu bringen. Der Begriff ‚Geist' sollte, wo er herangezogen wird, immer nur in der umfassenden Weite verstanden werden, in der er bei seinem tiefsinnigsten Anwalt, bei *Hegel*, bestimmt wird. ‚Geist', Geist von einer bestimmten Richtung und Färbung, lebt selbstverständlich stets auch in den Einrichtungen und Maßnahmen, durch welche die Gesellschaft ihre ökonomische Tätigkeit reguliert" (Litt, Ausgabe 1995, S. 79f. – Hervorhebungen im Original).

4. Geschichte der Pädagogik

Dem Lehrer das „geschichtliche Standortbewußtsein" zu verschaffen, ist vor allem die Aufgabe der Geschichte der Pädagogik. Sie muss ihm vor allem den „Ausblick in die Weite dieser geistigen Landschaft" eröffnen. Für Litt heißt das vor allem, dass sie als *Geschichte der geistigen Mächte* angelegt und durchgeführt wird. Mit Bezug auf meine eigenen Aktivitäten sei mir zu diesem Thema eine etwas breitere Ausführung gestattet.
Als ich an der Universität Halle von 1946 bis 1949 meine eigene Konzeption der Geschichte der Pädagogik entwickelte und in Vorlesungen vortrug, war mir der Ostberliner Vortrag Litts von 1946

noch unbekannt. In rückwärtsschauendem Vergleich muss ich aber sagen, dass ich noch etwas anderer Auffassung war als Litt, als er sie 1946 empfohlen hat. Ich wollte zwar auch, aber nicht nur die epochalen Grundcharakteristika aufweisen, es sollten noch mehr und speziellere Zusammenhänge von Kulturströmungen mit dem pädagogischen Denken und Wirken aufgezeigt werden. Ich bin also auf dem Wege, den Litt markiert hat, noch ein Stück weiter gegangen. Bei Litt heißt es dazu in seinem Vortrag:

„Was man herkömmlicherweise ‚Geschichte der Pädagogik' nennt, das hat, wenn ich recht sehe, hierin seine wesentlichste Bestimmung. Solange es vorwiegend oder ausschließlich als Geschichte der pädagogischen Systeme und Organisationen behandelt wird, vermag es nur mäßige Teilnahme zu erwecken. Lebendige Wirkung wird es erst dann, aber dann auch ganz sicher, ausstrahlen, wenn es als Geschichte der geistigen Mächte angelegt und durchgeführt wird, unter deren Einfluß der abendländische und speziell der deutsche Geist seine Gestalt angenommen hat. Was die geistige Schöpferkraft von Hellas, Roms staatengründender Wille, das Gottsuchen der christlichen Seele, die Einheitskultur des Mittelalters – was Renaissance und Reformation, Aufklärung und Humanitätsbewegung, der Aufstieg des neuzeitlichen Volksstaates und die Arbeiterbewegung zum Wesen des heutigen Menschentums beigesteuert haben: das soll ein jeder wissen, der junge Deutsche von einer gewissen Altersstufe an für das ihrer harrende Leben vorbereiten soll. Denn nur auf Grund einer solchen Horizonterweiterung wird er in sich und folgeweise auch in dem ihm Anvertrauten den Geist verstehender Duldsamkeit entwickeln können, dessen das deutsche Leben bedarf, um von den ihm so tief eingewachsenen Lastern rechthaberischen Unfehlbarkeitsdünkels und gehässiger Verfolgungssucht erlöst zu werden. Nur wenn sich dem Lehrer die Weite dieses geistigen Horizonts erschlossen hat, wird er auch die geistigen Mächte, deren Niederschlag ihm als Inhalt seiner lehrenden Tätigkeit entgegentritt, nicht wie ein undurchschaubares Fatum über sich verfügen lassen, sondern aus inniger Vertrautheit mit ihrer Herkunft und Bedeutung in Lehre und Erziehung zur Wirkung bringen können" (S. 82f.).

Ich war also bei meiner Konzeption der Geschichte der Pädagogik zwar Litts Tendenz gefolgt, aber noch ein Stück über ihn hinausgegangen in der Weitung und Differenzierung der Zusammenhänge. Litt hat das brieflich auch vorbehaltlos anerkannt. Er schrieb mir am 13. August 1951 aus Bonn über das im Frühjahr 1951 in Stuttgart erschienene Buch, das meine Hallenser Vorlesungen von 1946 bis 1949 zusammenfasste: „Nach meiner Überzeugung entspricht es vortrefflich dem Zweck, den es sich gesetzt hat. Ich bin gewiß, daß es trotz der besprochenen Konkurrenz seinen Weg machen wird. Jeder Kenner sieht, wieviel Arbeit in ihm steckt. Die GdP wird aus dem Zustande der Dürre erlöst, in dem sie sich so

lange befunden hat. Mein herzliches Glückauf zu Ihrem Opus". (Die Worte „trotz der besprochenen Konkurrenz" beziehen sich auf die „Geschichte der Pädagogik" von Fritz Blättner, die im Frühjahr 1951 unmittelbar vor meinem Buch erschienen war. Die erreichte ihre 2. Auflage schon im Jahre 1952, mein Buch kam in zweiter Auflage erst 1955 heraus. In den späteren Auflagen aber übertraf es die Verbreitung des Blättner-Buches.)
Viel genauer ging *Eduard Spranger* auf mein Buch ein. Er schrieb in einem fünfseitigen, handgeschriebenen Brief am 11. November 1951 aus Tübingen unter anderem Folgendes:

„Hochverehrter Herr Kollege! Seit meinem letzten Schreiben ist es mir möglich gewesen, mich näher mit Ihrer ‚Geschichte der Pädagogik' zu beschäftigen. Ich erlaube mir, meinen Eindruck auszusprechen. Einiges davon ist vielleicht geeignet, bei einer zweiten Auflage von Ihnen in Erwägung gezogen zu werden.
Sie geben eine wahrhaft geistesgeschichtliche Darstellung. Ihr weiter Blick ist bewundernswert. Kaum ein wichtiges Moment entgeht Ihnen. Schulgeschichte und Theorien sind sehr geschickt ineinander verwoben. Wie schwer das ist, weiß nur derjenige, der es in Vorlesungen einmal selbst versuchen mußte. Abgesehen von Diltheys nachgelassener Geschichte der Pädagogik haben wir noch keine so vielseitig bezogene Behandlung des Gegenstandes gehabt. Darin allein liegt schon der hohe Wert Ihres Buches.
Man kann es nun auch von einer anderen Seite her betrachten. Wir hoffen doch, daß es sich an Universitäten und Päd. Hochschulen als eine Art von Leitfaden einbürgert.
Die sachverständige Kritik – wenn wir eine solche gegenwärtig überhaupt haben – wird Ihr Buch im Vergleich mit Blättners Darstellung begreifen. B. kehrt zum alten Typus der Personengeschichte zurück. Schulgeschichte gibt er fast garnicht. Die Methode der Einzelbilder wird in den Lehrerfachschulen wahrscheinlich bevorzugt werden, weil sie historisch ungeschulten Köpfen leichter eingeht. Ihre Leistung steht wissenschaftlich höher; aber in jener Beleuchtung von der praktischen Verwertung her zeigt sich, daß Ihr Werk für ein anderes Publikum gedacht ist.
Es wäre denkbar, daß Sie in einer zweiten Fassung diesen Bedürfnissen dadurch Rechnung trügen, daß Sie die Gestalten 1. Ranges mit einer ausführlicheren Darstellung ihrer Lehre bedächten.
Raum dafür könnte m.E. in folgender Weise gewonnen werden: Vom 20. Jahrhundert an geht Ihre Behandlung der Sache sehr ins Einzelne. Sie berücksichtigten selbst minimas gentes, die heute schon z. T. vergessen sind. Sie verwandeln sich – was verständlich ist – aus dem Historiker in den Chronisten. Man ist dafür dankbar, weil man (abg. v. Nohl) eigentlich noch keine Übersicht über die Pädagogik von 1900 bis 1933 hat. Aber ich kann nicht leugnen: man empfindet diese Umstellung doch als einen Stilmangel. Vielleicht hätten Sie 1914 schließen und den Rest

als kleines Ergänzungsheft gesondert folgen lassen sollen. Dann wäre auch der Schluß wirkungsvoller. Jetzt ‚hört' der Text etwas unvermittelt ‚auf'".

Sprangers Brief war für mich außerordentlich hilfreich, besonders wegen der vielen Einzelpunkte, auf die er einging. Ich habe bei der 2. Auflage dann auch viel davon verwertet. Zu einem Abschluss um 1914 konnte ich mich aber nicht durchringen. Ich ließ beim 20. Jahrhundert zwar viel Unwesentliches weg, so dass der „Stilbruch" vermieden wurde. Aber je weiter die Zeit vorausschritt, um so mehr wurde es bei den späteren Auflagen wichtig, die weitere Entwicklung zu berücksichtigen und den Anschluss an die Gegenwart zu gewinnen.
Hier sei noch eine Stelle aus einem späteren Brief Sprangers an mich vom 13. Februar 1952 hinzugefügt: „Sie wünschen ja eine Antwort auf die Frage der Verwertung einiger Stellen aus einem früheren Brief an Sie. Ich bin damit gern einverstanden, möchte aber aus begreiflichen Gründen nicht diejenigen Äußerungen verwertet sehen, die einen Vergleich zwischen dem Werk von Blättner und Ihrer Geschichte der Pädagogik enthalten".
Aufgrund dieses Einverständnisses von Spranger hat der Verlag als Werbung die Eingangsstelle aus dem Brief Sprangers vom 11. November 1951 in manchen Auflagen meines Buches wiedergegeben. Aufgrund der ausdrücklichen Bitte Sprangers, von einem Vergleich mit Blättner abzusehen, wird diese entsprechende Briefstelle von mir erst jetzt (1997) zum ersten Mal wiedergegeben, d. h. 34 Jahre nach dem Tode Sprangers (gestorben 17. 9. 1963) und 15 Jahre nach dem Tode Blättners (gestorben 25. 11. 1981). Das dürfte erlaubt, wohl sogar geboten sein.

5. *Allgemeingültige und andere Aussagen*

Ich kehre jetzt zum Fortgang von Litts Gedanken in seinem Berliner Vortrag von 1946 zurück. Wichtig und weit abliegend vom marxistischen Denkansatz, ja als antikommunistisch zu kennzeichnen, sind auch Litts Ausführungen zu den Geltungsproblemen. So sehr er einerseits den geschichtlichen Charakter, die historische Abwandelbarkeit und Einmaligkeit aller pädagogischen Handlungen und Theorien betont hat, so sehr nimmt er für die *allgemeinen* pädagogischen Aussagen über den Sinn und die Aufgabe der Erziehung, über ihre Beziehung zum Kulturleben usw. *Allgemeingültigkeit* der Aussagen und Thesen, Forderungen und Ansprüche an. Dazu gehören etwa auch die allgemeinen Zielgesichtspunkte wie

die, dass der Zögling zu Staat und Gesellschaft, zu Kunst und Wissenschaft, zu Sittlichkeit und Religion emporgeführt werden soll. Aber auch die allgemeinen pädagogischen Gesichtspunkt, die Litt in seinem Vortrag von 1946 entwickelt hat, haben diesen Charakter und sind von allgemeiner Gültigkeit. Litts eigene Worte darüber: „... was hier über den Inhalt und die Bedeutung des erzieherischen Tuns ausgesagt ist, das gilt, wann immer und wo immer erzogen werden mag. In ihm ist das Verhältnis zwischen dem Erzieher, dem Zögling und den überpersönlichen Mächten in einer streng allgemeingültigen Weise festgelegt. Insoweit hat also auch die pädagogische Theorie, in deren Namen wir hier sprechen, jene Tendenz auf ein allgemeingültiges Wissen, durch die wir die Systeme der ‚autonomen' Pädagogik gekennzeichnet fanden" (S. 85).
Ehe ich mit Litts Formulierung fortfahre, sei ein kurzer Seitenblick auf die Geltungsfragen der marxistischen Theorie geworfen. Auch bei ihr gibt es einen allgemeingültigen Anspruch, aber nur im beschränkten Umfang. Der bezieht sich etwa auf die Aussagen und Thesen über den absoluten Leitcharakter der ökonomischen Basis, über den Charakter der wirtschaftlichen Produktivität und auf den dialektischen Charakter des geschichtlichen Gesamtprozesses, der aber mit seinem Resultat einmal zu Ende kommt. Alles Vorherige ist in Bewegung. Aber in einer Bewegung, in der das *Gesetz der Notwendigkeit* im Sinne eines allgemeinen Zwanges regiert. Der gesamte historische Prozess läuft mit Notwendigkeit ab, und jeder Mensch, ja jedes tote Partikelchen im geschichtlichen Prozess ist diesem Zwang unterworfen. Es gibt auch für den einzelnen Menschen wie für die Gruppen und Gesellschaften keine Freiheit. Einer der marxistischen Klassiker hat in verwirrender Weise formuliert: „Freiheit ist Einsicht in die Notwendigkeit". Wenn man den Zwang einsieht, sein Gesetz erkennt, kann man sich fühlen, als ob man persönlich frei wäre. So aber könnte auch jeder Stein, der gemäß einem Naturgesetz in die Luft geworfen wird und dessen Bahn berechnet werden kann, das Gefühl der Freiheit haben. Von den wirtschaftlichen Produktivkräften ist alles gesellschaftlich-politische Dasein, aber auch das der geistig-kulturellen Erscheinungen abhängig. Es gibt auch hier keine echte Produktivität. Daher kann auch hier alles abgeleitet und in dieses Zwangssystem eingeordnet werden.
Litts Auffassung des kulturell-gesellschaftlich-geschichtlichen Lebens hat eine klare antikommunistische Spitze. Zwar lebt der einzelne Mensch und die Gruppen und Gesellschaften oder Staaten und Kulturen stets in einer unterschiedlichen, doch jeweils konkreten geschichtlichen Situation. Ihre möglichen Handlungen und

Denkperspektiven sind dadurch in bestimmter Weise beschränkt. Sie können nicht vollkommen machen, was sie wollen. Sie müssen auf die gegebenen Möglichkeiten, Probleme und Aufgaben sinnvoll zu antworten versuchen, sich in die möglichen Diskussionen, in die laufenden Auseinandersetzungen, die entstehenden Fronten und Kämpfe einbringen.

Das Entscheidende ist aber, dass der Einzelne und die Gruppen dabei nicht willenlose Vollstreckungsorgane sind. Die Geschichte verhängt über sie gerade nicht, wie die Marxisten es sehen und wollen, eine einzige, nur fest in die Hand zu nehmende Aufgabe, sondern alle haben verschiedene Möglichkeiten. Litt betont diese schöpferische Gestaltungskraft und persönliche Verantwortung auch beim Erzieher und Lehrer. Es war ihm aber auch klar, dass der marxistische Totalitarismus gegenüber den Lehrern nicht etwa toleranter und großzügiger sein konnte, als der nationalsozialistische es gewesen war. Die Propaganda der „kollektiven Einordnung" – nun um der antifaschistischen „Demokratie" willen – versuchte, die Lehrer in der SBZ von Anfang an zu umgarnen, politisch einzuspannen und einzufangen. Deshalb hob Litt am Schluss seines Vortrages in Berlin 1946 die „Pädagogische Autonomie des Lehrers" mit besonderer Schärfe hervor. Das hat dann auch beim Abdruck des Vortrages Anlass zu politischer Polemik und Aggression gegeben.

Doch ich kehre zunächst die Formulierung Litts zur Allgemeingültigkeit seiner allgemeinen Sätze über das Verhältnis von Erzieher und Zögling und die Rolle der überpersönlichen Mächte um. Litt sagt da weiter:

„Allein die grundsätzliche Abweichung tritt sofort in folgendem hervor. Zu den allgemeingültigen Erkenntnissen, die unsere Theorie entwickelt, zählt auch die Feststellung, daß jede Erziehungswirklichkeit die geschichtliche Besonderheit der Lage, in der sie ihre Stelle hat, in sich schließt. Mit dieser Feststellung spricht die allgemeingültige Theorie selbst die Forderung aus, daß jede pädagogische Überlegung die besondere Lage, in der sie sich entwickelt und der sie dienen will, mit Bewußtsein in sich aufnimmt. Damit postuliert die allgemeine Theorie selbst das Hinausgehen über das in allgemeingültiger Form Aussagbare, sie führt über sich selbst hinaus zu dem, was sie nicht in allgemeingültigen Sätzen vorwegnehmen und bestimmen kann. Die pädagogische Theorie ‚setzt' sich also nicht äußerlich aus einem allgemeingültigen und einem geschichtlichen Teil ‚zusammen' – sie wäre, so angestückt, ein logisch höchst unbefriedigendes Gebilde – sie bildet sich selbst nach allgemeingültiger Anweisung in die geschichtliche Besonderheit hinüber" (S. 85).

So konstatiert Litt für die pädagogische Theorie mit ihren allgemeingültigen Sätzen Aussagen, die nicht allgemeingültig sind.

Obwohl in seinem Werk die allgemeingültigen Aussagen überwiegen, kommen auch andere vor. Zum Beispiel der Vortrag über Berufsbildung und Allgemeinbildung (1947), Die politische Selbsterziehung des deutschen Volkes (1954), Das Bildungsideal der deutschen Klassik und die moderne Arbeitswelt (1955).

6. *Relative Autonomie*

Ich gehe nun zurück zu der Stelle, bei der es um die „relative pädagogische Autonomie des Lehrers“ geht. Litt sagt ausdrücklich, dass er den Gedanken jetzt umkehren muss. Hat er sich zunächst gegen die Vorstellung gewandt, man könne die Erziehung isolieren von der Geschichte und den überpersönlichen Mächten, so betont er jetzt die schöpferische Eigenkraft jedes einzelnen Menschen. Wie an vielen Stellen seines Gesamtwerkes, so macht er auch bei dem Vortrag von 1946 die Situation des Menschen an der Sprache klar und sagt:

„Ich spreche eine Sprache, die, ein Niederschlag der gesammelten Arbeit ungezählter Generationen, mein ganzes Denken und Wollen mit unwiderstehlicher Kraft in ihren Bann zieht. Und doch ist das, was ich, dieser bestimmte und einmalige Einzelne, jeweils spreche, nach Inhalt und Form nicht lediglich Ausführung eines von dieser überlegenen Geistesmacht ausgehenden Diktats, sondern eine aus dem Zentrum meiner Person entsprungene Hervorbringung, für die ich, dieses vergängliche Eintagsgeschöpf, die Verantwortung trage. So und nicht anders ist es auch um die Verpflichtung bestellt, die mich an das Ganze der geistig-geschichtlichen Bewegung bindet“ (S. 84).

Was hat das mit dem Lehrer zu tun? Er hat wie jeder Mensch verschiedene persönliche Möglichkeiten und Verantwortungen. Darüber darf aber gerade er sich nicht täuschen, weil er in der Aufgabe steht, dem persönlich-schöpferischen Leben voranzuhelfen. Und das bedeutet auch, dass er sich des persönlich-schöpferischen Charakters dieser Aufgabe bewusst sein muss. Darüber soll ihm die pädagogische Theorie Aufklärung geben. Pädagogisch-praktisch bedeutet das, dass er dem Heranwachsenden Freiheit und Raum lässt, sich selbst zu finden, wirkliche Selbständigkeit mit eigenem Suchen, eigener Standfestigkeit und eigenem Urteilen zu gewinnen, dass er ihn also nicht vor der Zeit festlegt, etwa auf irgendeine Partei oder gar auf seine eigene Meinung. Dem Lehrer wird also, wie Litt betont, bei seiner Aufgabe ein hohes Maß an *Selbstzucht und Zurückhaltung* abverlangt. Er muss dem Heranwachsenden gegenüber „oberhalb des Tagesbetriebes stehen“.

Dabei sei noch einmal Theodor Litt mit einem Satz aus dem Vortrag von 1946 das Wort gegeben: „Wer das für unmöglich hält oder sich nicht sie Selbstzucht zutraut, ohne die allerdings der Aufstieg zu dieser Höhe der Betrachtung nicht möglich ist, der soll eben nicht Lehrer werden, sondern sich einem der Berufe zuwenden, die es ihrem Träger freistellen, sich der Leidenschaft parteiischen Wollens ohne jede Reserve hinzugeben“ (S. 86).
Andernorts hat Litt klar genug und breiter entwickelt, dass diese Freigabe und Achtung der Selbständigkeit des Heranwachsenden speziell auch zum Wesen und zum Zusammenleben in der Demokratie gehört.

7. Marxistische Kritisierprobleme

Es war schon davon die Rede, dass Litt zum Mittun im Herausgeberkreis der Zeitschrift „Pädagogik“ in der SBZ gebeten worden war. Redakteur aber war Max Gustav Lange, ein marxistisch denkender Pädagoge. Der hatte also die Schlüsselstellung in der Zeitschrift und nutzte sie auch aus, und zwar auf eine ungewöhnliche Weise. Er brachte zwar den Vortrag Litts, gab ihm jedoch, ohne den Mitherausgeber Litt darüber irgendwie zu informieren, ein kritisches Vorwort, in dem es heißt: „Die Redaktion ‚Pädagogik‘ kann sich mit einigen Ausführungen des Vortragenden nicht identifizieren“. Erstens sah sie einen Widerspruch darin, dass Litt zuerst die „Pädagogische Autonomie“ für den Lehrer abgelehnt, dann aber gefordert habe. Zweitens sei Litt der politischen Wirklichkeit nicht gerecht geworden, die den Lehrer politisch einspannen müsse und ihm keine pädagogische Autonomie zubilligen dürfe.
Max Gustav Lange stellt Litts Vortrag ausdrücklich zur Diskussion, fordert die Leser zur kritischen Stellungnahme auf und kündigt einen eigenen Beitrag der Redaktion an, der dann in Nr. 5/1946 der Zeitschrift, S. 23–31, erschien. In ihm ist, ohne den marxistischen Hintergrund des Autors zu nennen, ständig von „Vergesellschaftung der Erziehung“ die Rede, es wird die „soziale Einbindung“ betont. Die Reihe der Epochen in der Geschichte des Gesamtlebens wird im Sinne der bekannten marxistischen Abfolge genannt. Jetzt dürfe der Lehrer nicht „formal“ zur Demokratie erziehen, das sei eine „farblose Angelegenheit“. „Der notwendige Kampf gegen den Faschismus und Militarismus ist gleichzeitig ein Kampf gegen eine Gesellschaftsordnung, die diese Mächte produziert hat. Er verpflichtet uns also zum Eintreten für eine Demokratie, die einen Imperialismus verhindert, legt uns

damit auf den Kampf für die Demokratie des werktätigen Volkes fest" (S. 31).

Das ist trotz der vielen allgemeinen „gesellschaftlichen" und teils nichtssagenden Wendungen deutlich: eine *bestimmte* Demokratie wird gefordert, in die der Lehrer fest eingebunden werden soll, in dem ihm auch keine „relative Autonomie" im Sinne des „Oberhalb-der-politischen-Auseinandersetzung-Stehens" gegenüber dem Heranwachsenden zukommt. Sondern er soll sich und auch die Jugend auf die „Demokratie des werktätigen Volkes" bedingungslos *festlegen*.

Kurz vorher formuliert Max Gustav Lange: „Litt weist darauf hin, daß er gerade als Pädagoge und als wissenschaftlicher Wahrheitsforscher die ‚faschistische Tendenz' ablehnt. Diese Stellungnahme ist aus dem Aufsatz für den Leser nicht deutlich erkennbar". Hier wird also Theodor Litt beinahe unterstellt, er vertrete selbst oder wehre sich wenigstens nicht deutlich genug gegen „faschistische Tendenzen".

Blicken wir von hier aus auf Langes Vorbemerkung zum Litt-Vortrag zurück, so ist klar, dass diese Vorbemerkung sowohl die Interpretation der „überpersölichen Mächte" wie auch im Verständnis der „relativen pädagogischen Autonomie" ein nicht zutreffendes Bild entwirft. Das hat Litt in seinem nachträglichen Schreiben an Max Gustav Lange klar zum Ausdruck gebracht. Nach meiner Erinnerung hat er nach dieser entwürdigenden und zugleich die sowjetzonale Auffassung demaskierenden Behandlung von der Redaktion sofort seinen Austritt aus dem Herausgeberkreis erklärt.

Eduard Spranger (1882–1963). Pädagogik zwischen Hermeneutik und Kulturphilosophie geistiger Mächte

Reinhard Uhle

In seinem „prospektiven Rückblick“ auf Entwicklungen deutscher Pädagogik sieht Winfried Böhm (1991, S. 14, 17) in dem Pädagogik-Konzept der „Dilthey-Schule“ oder in der sogenannten „geisteswissenschaftlichen Pädagogik“ dasjenige Verständnis deutscher Pädagogik, das sich am stärksten profiliert hat. Er rechnet zu ihren „wichtigsten Vertretern – Herman Nohl (1879–1969), Theodor Litt (1880–1962), Eduard Spranger (1882–1963), Max Frischeisen-Köhler (1878–1923), Georg Kerschensteiner (1854–1932), Wilhelm Flitner (1889–1990), Erich Weniger (1894–1961), Otto Friedrich Bollnow (geb. 1903), Fritz Blättner (1891–1981), Albert Reble (geb. 1910) u. a.“, weil diese Autoren „das Erbe des geisteswissenschaftlichen und kulturphilosophischen Aufbruchs im Deutschland der Jahrhundertwende“ verwalteten.

Es ist nicht ungewöhnlich, aber auch nicht selbstverständlich, daß Eduard Spranger in dieser Liste der sogenannten geisteswissenschaftlichen Pädagogik erscheint. Es gibt nämlich das, was Tenorth (1985, S. 71ff) „Schwierigkeiten der Etikettierung pädagogischen Denkens“ nennt. In Beschreibungen dieser pädagogischen Richtung wird Spranger häufig als einer der „Väter“ (Blankertz 1982, S. 264) oder als einer der „Hauptvertreter“ (Herrmann 1983, S. 28) oder als einer der „herausragenden Persönlichkeiten“ (Koring 1990, S. 27) des Konzepts gewürdigt. Jedoch wird Spranger auch als Vertreter einer „geistespsychologischen“ oder gemeinsam mit Litt einer „kulturphilosophischen Pädagogik“ (Herrmann 1971, S. 244) und zusammen mit A. Fischer als einer der „Programmatiker“ Oelkers, Schulz 1984, S. 9) der sogenannten „Kulturpädagogik“ genannt oder (mit Litt) der „Pädagogik des Neukantianismus“ (Schulz 1989, S. 108) zugerechnet. Bollnow verweist auch darauf, daß weder Spranger noch Nohl noch Litt den Ausdruck „geisteswissenschaftliche Pädagogik“ zur Selbstbeschreibung ihrer Pädagogik verwendeten, sondern Spranger seine eigene Arbeit als „geisteswissenschaftliche Psychologie“ oder „philosophische Pädagogik“ (Kaufmann, Lütgert, Schulze, Schweitzer 1991, S. 46f) nannte. Überhaupt gilt die Bezeichnung „geisteswissenschaftliche Pädagogik“ für die Reflexionen der oben genannten Vertreter, wie

Böhm (1991, S. 14) zu Recht sagt, als „etwas unglücklich". Denn Flitner mahnte nach Auskunft von Ott (1982, S. 776) den „Schöpfer des Begriffs", Erich Weniger, in der Verwendung des Ausdrucks zurückhaltend zu sein. Viele meinen zudem, es sei besser, von einer „Pädagogik im Anschluß an Schleiermacher und Dilthey", von einer „Pädagogik der Weimarer Zeit", von einer „Strömung ... der Zeit nach dem Ersten Weltkrieg", von „pädagogischer Bewegung", von „Pädagogik der zwanziger und dreißiger Jahre" oder von einer „pädagogischen Reformbewegung mit den Mitteln ... der Geisteswissenschaften" (Bollnow 1989, S. 53; Ott 1982, S. 776) zu reden.

Bei Einordnungen von Spranger und anderen in den Zusammenhang der sogenannten geisteswissenschaftlichen Pädagogik erfolgen auf jeden Fall Hinweise auf „markante" Unterschiede (Blankertz 1982, S. 264) der Einzelvertreter, auf deren Partizipation an einem „offenen System" und auf nur „lockere Zusammenhänge", die zwischen den Vertretern bestehen würden. So schreibt etwa Oelkers (1996, S. 32) prägnant: „Die Ausgangslagen eines hermeneutischen Neukantianers wie Eduard Spranger, eines formalen Soziologen wie Theodor Litt oder eines ästhetischen Lebensphilosophen wie Hermann Nohl waren zu Beginn der zwanziger Jahre derart unterschiedlich, daß eine einheitliche Theoriebildung nicht möglich schien."

Selbstverständlich ist also die zu Anfang genannte Zugehörigkeit Sprangers zur geisteswissenschaftlichen Pädagogik nicht, ungewöhnlich aber auch nicht. Fragen wir deshalb zum einen nach den Gründen, warum es nicht ungewöhnlich zu sein braucht, diese Zuordnung vorzunehmen, und zum andern, warum dies nicht selbstverständlich ist.

1. Sprangers Pädagogik als Teil hermeneutisch-geisteswissenschaftlichen Denkens

Wenn mit geisteswissenschaftlicher Pädagogik Personen verbunden werden, zu denen auch Spranger gerechnet wird, dann finden sich dafür verschiedenartige Begründungskontexte, die entweder die Berechtigung der Zuordnung Sprangers zu dem Personenkreis legitimieren sollen oder aber die bereits erwähnten Differenzen zwischen den Personen miteinbeziehen. Wenn nur auf Begründungen für die Berechtigung der Zuordnung, für das Nicht-Ungewöhnliche gesehen wird, dann lassen sich dafür folgende Gesichtspunkte unterscheiden:

1. Aus biographischen Rekonstruktionen (z. B. Bräuer 1996) lassen sich zum Teil freundschaftliche, zum Teil geistesverwandte Bezüge Sprangers zu Dilthey, Litt, Nohl, Fischer, Flitner, Weniger, Blättner, Wenke, Kerschensteiner und vielen anderen bis hin zu Schülerschaften und Verbundenheiten verdeutlichen. Wenn Spranger (1959, Vorw.) etwa von einer „Schar von Arbeitsgefährten" spricht, die als „alter Kreis" einem ihrer Mitglieder (Flitner) zum 70. Geburtstag gratuliert, dann zählt er sich selbst, Litt, Blättner und Wenke dazu. Solche Kreise, die um Spranger gezogen werden können, zeichnen sich nach Blankertz (1982, S. 263) durch „Gemeinsamkeit an wissenschaftlicher Sozialisation, prägenden geschichtlichen Eindrücken und dem damit gegebenen Interessenhorizont" aus. Dabei kann der Gedanke der Kohortenzugehörigkeit oder sogar der Generationsangehörigkeit genommen werden, um nähere oder weitere Formen der Zugehörigkeit Sprangers zu bestimmten Arbeitsgefährten zu bestimmen. Denn Spranger (1882) wurde etwa zeitgleich mit Nohl (1879) und Litt (1880) geboren, bereitete für etwa 10 Jahre später Geborene wie z. B. Flitner und Bollnow „eine ausgebildete Lehre" (Bollnow 1992, S. 47) vor, die diese dann variierend fortführen konnten.

2. Mit motivgeschichtlichen Überlegungen lassen sich Grundlinien, Anliegen, Themen oder Grundgedanken benennen, die Spranger mit anderen zum Teil gemeinsam teilt. Tenorth (1985, S. 57ff) sieht eine solche beschränkte Einheitlichkeit in den zeitgeschichtlichen sozialen Problemlagen, im theoretischen Selbstverständnis, im Hauptthema der Autonomie, in philosophierendem Denken und in der sozialen Funktion dieser Richtung, nicht ohne allerdings auch auf Abweichungen Sprangers hinzuweisen. Thiersch (1983, S. 87ff) dagegen verbindet Spranger enger mit der geisteswissenschaftlichen Pädagogik dadurch, daß er Themen wie die des „Eigengeistes" pädagogischer Institutionen, der „Eigenarten pädagogischen Handelns" wie Lebenserziehung, Erziehung durch „geborene Erzieher", „Bildsamkeit", den „pädagogischen Bezug", das Verständnis des „Erziehers als Repräsentanten der Kultur", „Methoden" pädagogischen Handelns u. a. in Formulierungen vorstellt, die abwechselnd einmal Texten von Spranger und zum andern von Nohl, Flitner und Weniger entnommen werden.

3. Solche und weitere Themenverwendungen wie Lebensverständnis, Wertauffassung, Geschichtlichkeit, Geist, Kultur, das Werden von Persönlichkeit, Geistes- und Kulturwissenschaftsverständnis, Verstehenskennzeichnungen u.a. lassen es zu, Sprangers Reflexionen nicht nur als Teil der geisteswissenschaftlichen Pädagogik

erscheinen zu lassen, sondern auch als Teil einer Pädagogik im Umkreis von Kulturkritik und Suche nach neuer Kultur. Kultursoziologische, -psychologische und -philosophische Zeitdiagnosen zu Anfang des zwanzigsten Jahrhunderts thematisieren nämlich mit den genannten Themen Probleme einer Modernisierung der Gesellschaft, die sich in Individualisierungs- und Pluralisierungsprozessen zeigen und als „Kulturkrisen" wahrgenommen werden. Diesen Krisenphänomenen zu begegnen, ist das Anliegen vieler Theoretiker der Geistes- und Kulturwissenschaftler, zu denen auch Spranger zu rechnen ist. Denn ihnen geht es um Verarbeitung kultureller Mannigfaltigkeit durch „Synthesen" höherer Art, indem Grundstrukturen, Systematiken, Teleologien usw. des Lebens, des Geistes und der Wissenschaften entwickelt werden. Solche vor allem kulturphilosophischen Einheitsvorstellungen angesichts einer sich pluralisierenden Gesellschaft finden auch in der zeitgenössischen Pädagogie Anklang, wenn für die Profession der Erzieher und Lehrer eine sogenannte „kulturphilosophische Einstellung" als Grundorientierung von Erziehern und Lehrern gefordert wird (Vgl. Uhle 1989, S. 67ff). Denn im Umkreis dessen, was „Gelehrtenmilieu" (Ringer 1983) genannt wird, entstehen Anfang des zwanzigsten Jahrhunderts topische Argumentationsmuster um Fragen der Kultur, des Geistes, der Werte, der Persönlichkeit usw., mit denen ein Ausweg aus der Wahrnehmung von Traditionsverlusten, Relativismus und Kontingenz gesucht wird (vgl. z.B. Bollenbeck 1994). Kontroversen oder Dualismen wie die zwischen „Erklären" und „Verstehen" (Uhle 1995), zwischen „orthodoxen" und „modernistischen" Einstellungen zu Kultur, Geist, Wissenschaft und Werten (Döring 1975; Ringer 1983) sind dabei Ausdruck des Kampfes um eine solche Grundeinstellung, in der der Ruf, die Hoffnung und die Sehnsucht nach „Ganzheitlichkeit", „Einheit" oder „Synthese" Erfüllung finden soll. Kultur- und geisteswissenschaftliche Betrachtungsweisen werden sozusagen zu Hoffnungsträgern für die Suche nach neuer Gemeinsamkeit, wenn sie dieser Sehnsucht Rechnung tragen. Und Spranger gehört mit seinen Arbeiten zu „Kulturphilosophie und Kulturkritik" (Spranger GS V) in diesen Kreis, der für nicht-relativistische umfassende Geltungsansprüche von Lebens- und Geisteswelten optiert.

4. Mit der Art der Option für eine kulturphilosophische Bearbeitung von Modernisierungsphänomenen läßt sich das Muster der Problemlösung Sprangers genauer kennzeichnen und damit seine „Philosophische Pädagogik" den sozialen und professionellen Ambitionen der geisteswissenschaftlichen Pädagogik zuordnen. Auch

bei einer solchen Zuordnung ist der Ausgangspunkt das soziale Phänomen der Modernisierung, wie es in zeitgenössischen Reflexionen um die Jahrhundertwende vor allem von Soziologen wie Tönnies, Durkheim, Weber und Simmel reflektiert wird. Deren Arbeiten gelten heute als Reflexionen von sozialen Formen und Strukturen, die zum Kennzeichen moderner Gesellschaften geworden sind, nämlich sich durch soziale Differenzierung, Rationalisierung der Lebensführung und zunehmende Individualisierung auszuzeichnen. Vor allem die Folgen dieser Gesellschaftsstrukturen wie soziale und kulturelle Spannungen sowie soziale Problemlagen sind in solchen Beschreibungen von Interesse. (Vgl. van der Loo, van Reijen 1992) In der Kulturkritik zu Beginn des Jahrhunderts werden diese als „Verluste" und „Gefährdungen" menschlichen Zusammenlebens wahrgenommen, indem auf Paradoxien, Ambivalenzen, Anomien, Abnahme von Gewißheit und Sicherheit im Wissen um Wichtigkeit und Unwichtigkeit, um Wertvolles und Wertloses, um Schönheit und Häßlichkeit usw. für menschliches Leben abgehoben wird. Nicht zufällig lautet 1925 der gemeinsame Aufruf von Spranger, Fischer, Litt, Nohl und Flitner zum Abonnement der Zeitschrift „Die Erziehung": „Der allgemeine Sinn für die Gestalt der künftigen Generation, und damit ein wesentliches Stück vorwärtsdrängenden Lebens, hat sich verloren. ... Unsere gegenwärtige, bis in die letzten Tiefen erschütterte Kulturlage fordert aber, daß man die Erziehungsprobleme allgemein von dem neuen Weltgefüge, von der neuen Weltperspektive, von einer ernst und tief durchlebten Kulturproblematik aus mit sieghafter Meisterschaft durchdenke." (Ott 1982, S. 778f) Die hier angesprochenen Momente der „Erschütterung" und des fehlenden Verständnisses von einem „allgemeinen Sinn" sind Umschreibungen für Wahrnehmungen wie die, daß die Inklusion des modernen Individuums in Lebensformen, Lebenskreise, Lebensüberzeugungen, Gesellungsweisen und Gemeinschaftlichkeit problematisch geworden ist. Und für die Herausgeber der Zeitschrift ist die damit gegebene Verlust- und Gefährdungserfahrung nicht nur ihre eigene Wahrnehmung, sondern gegebenes Erlebnis und Verständnis von Politikern, Professionen, Intellektuellen usw., die sich mit Erziehung und Bildung beschäftigen. Auf solche Erfahrungen soll die Gründung der Zeitschrift reagieren, indem sie für „synthetischen Sinn" (ebd., S. 780) eintreten will. Gemeinsamkeit von Spranger mit den Mitherausgebern und dem Schriftleiter Flitner besteht hier in der Suche nach Integration und Inklusion in Kulturgemeinschaftlichkeit.

5. Gemeinsamkeit der Sprangerschen Pädagogik mit der sogenannten geisteswissenschaftlichen Pädagogik kann über die Bearbeitung des Inklusionsproblems hinaus damit gerechtfertigt werden, daß der ähnliche Charakter des pädagogischen Wissens betont wird, welches durch die Dilthey-Schule entsteht, oder indem auf deren gemeinsame Abgrenzungen und Distanzierungen von Lebens-, Kultur- und Wissenschaftsüberzeugungen abgehoben wird, die als theoretische Alternativen zur Verfügung stehen. So sieht Tenorth (1989) die Neuordnung von Universitätsdisziplinen um 1900 insgesamt als Reaktion auf die oben genannten Folgen von Modernisierungsprozessen und die Reflexionsweise der geisteswissenschaftlichen Pädagogik als eine spezifische Form der Wissenskonstruktion, die dem Wunsch, der Hoffnung und dem Ruf nach Orientierung angesichts von Individualisierungs- und Pluralisierungsprozessen entgegen kommt. Die Leistung der Dilthey-Schule in diesem Kontext besteht dann in ihrer doppelten Problemlösung, nämlich „zugleich historisch-empirische wie ethisch-normative Aufgaben wahrnehmen" (ebd., S. 128) zu können. Denn der geisteswissenschaftlichen Pädagogik ist es möglich, sich zum einen auf die Forschungsverfahren der historischen und philologischen Disziplinen und sich zum andern auf den praktischen Charakter der Hermeneutik zu berufen, nämlich Leitlinien für politisch-ethisches Leben vorzugeben. Damit entsteht das, was Tenorth (ebd., S. 127) den Wissenstypus einer „säkularisierten Dogmatik" nennt. Sie ist für ihn darauf angelegt, „die gesellschaftlich legitime und im Herrschafts- und Institutionenkontext mögliche und erlaubte Gestalt der pädagogischen Aufgabe zu fixieren, sie gegen konkurrierende Deutungen zu rechtfertigen, der pädagogischen Profession ... die Möglichkeit ihrer Realisierung zu zeigen und schließlich ein Gefüge von Institutionen zu entwerfen, in dem sich pädagogische Arbeit ... manifestieren kann".

6. Vor allem im Abweis konkurrierender Deutungen zum Umgang mit Pluralität und Individualisierungsprozessen kann in diesem Kontext die Gemeinsamkeit Sprangers mit der geisteswissenschaftlichen Pädagogik gezeigt werden. Dann sind die dieser Richtung gemeinsamen Distanzierungen z.B. zu historisierendem Relativismus und zu empirischer Forschung, zu Erziehungstechnologie und nicht-stellungnehmendem Sinnverstehen von Bedeutung. Gegnerschaften entstehen so zu Historismus, zu experimenteller Psychologie in der Wundt-Nachfolge, zu Webers verstehender Soziologie usw., weil sie theoretische Alternativen darstellen, von denen man sich gemeinsam abgrenzt. Spranger (1923/24, S. 201) selbst sieht

eine solche Gegnergemeinsamkeit über die Disziplin der Pädagogik hinaus, wenn er zum 60. Geburtstag von Rickert schreibt: „Wir alle, Rickert, die Phänomenologen, die an Dilthey anknüpfende Richtung, treffen uns in dem großen Ringen um das Zeitlose im Historischen oder über dem Historischen, ... um eine Theorie der Werte, die über das bloß Subjektive hinausführt zum Objektiven und Geltenden."

Wenn Spranger mit der sogenannten geisteswissenschaftlichen Pädagogik oder der Dilthey-Schule in einem Atemzug genannt wird, dann ist diese Nennung insgesamt von Gesichtspunkten abhängig, die in Generationenkonzepten (wenn auch weit umfassender) als „Generationslagerung" (Mannheim 1964) umschrieben werden. In verwandten Geburtsjahren und ähnlichen Lebensräumen nehmen Akteure gemeinsam an historischen Ereignissen und Prozessen teil, partizipieren an Problemlagen sowie ihren reflexiven Aufarbeitungen und können sich in gemeinsamen Deutungsschemata für ihre Wahrnehmungen treffen, sich durch gemeinsame Themen, Motive und Intentionen, vor allem aber durch Abgrenzungen von und Auseinandersetzungen mit Interpretationsangeboten, die ihren Auslegungen widersprechen, miteinander verbinden. Solche Gemeinsamkeiten stellen aber im allgemeinen eher lockere Verbindungen dar. Und nicht zufällig gehört zu neueren Arbeiten zu geisteswissenschaftlicher Pädagogik häufig eine Namensergänzung dazu, wenn etwa die Zeitschrift für Pädagogik (1995) das Thema „Erich Weniger oder die Legitimität der Geisteswissenschaftlichen Pädagogik" anspricht oder der Band „Tradition und Transformation der geisteswissenschaftlichen Pädagogik" (Hoffmann, Neumann 1993) den Untertitel „Zur Revision der Weniger-Gedenkschrift" trägt.

2. *Sprangers Pädagogik als Teil kulturtheoretischen Denkens*

Schon der Verweis auf einzelne Vertreter zur Kennzeichnung eines hermeneutisch-geisteswissenschaftlichen Denkens macht deutlich, daß eine Zuordnung immer allgemein Gemeinsames und individuell Besonderes berücksichtigen muß. Eine solche Besonderung findet natürlich dann statt, wenn die Schriften Diltheys, Litts, Sprangers u. a. durch Einzelinterpretationen rekonstruiert werden. Denn dann können etwa Denkhorizonte, Zeitbezüge, Intentionen, Motive, Themen, zeitliche Variationen und Grundlinien eines je eigenen Denkens und Handelns hervorgehoben werden. Und

genau dies gilt natürlich auch für eine Spranger-Forschung mit Herausgabe Gesammelter Schriften (GS I–XI) und Sichtung seines Nachlasses, mit z. B. Werkinterpretationen durch Ausgang von den Jugendschriften (Löffelholz 1977), durch Bestimmungen seines „Hauptanliegens" (Hohmann 1996), durch Akzentuierungen von Themen wie „Bildung" (Kollmann 1972), wie der Erziehungshandlung „Erweckung" (Bollnow 1976; Song 1991), wie der „moralischen Erziehung" und „Gewissensbildung" (Han 1994; Lassahn 1996) und durch Erstellung von Bezügen zu anderem geistes- und kulturwissenschaftlichen Denken (Huschke-Rhein 1979; Sacher 1988; 1996) bis hin zu Reaktionen Sprangers auf die Machtergreifung von 1933 (Rang 1989; Herrmann 1989; Herrmann, Oelkers 1989; Henning, Leschinsky 1991).
Wenn in solchen Kontexten Besonderheiten Sprangerschen Denkens gegenüber einer Einheitsbezeichnung von „geisteswissenschaftlicher Pädagogik" hervorgehoben werden, dann finden sich häufig Hinweise auf Sprangers besondere Wirksamkeit und Einflußnahme in der Öffentlichkeit, seine Verbindung von Philosophie, Psychologie und Pädagogik sowie sein Eingreifen in kulturell-politisch-soziale Konflikte. (Vgl. Löffelholz 1981) Seine Bedeutsamkeit nicht nur als einer der „deutschen Mandarine" (Ringer 1983) steht im Vordergrund des Interesses, sondern auch als einer, dessen Werke für die Entwicklung von wissenschaftlichen Richtungen wichtig wurden und sind: für die Richtung einer „verstehenden" gegenüber einer „objektivierenden Psychologie" (Balmer 1982), für hermeneutisches Sinnverstehen, für Anliegen der Jugend- und Werteforschung (Jaide 1996), für Kultur- sowie Geistesphilosophie und ihre Bedeutung für Bildungs- und Erziehungsdenken (Hohmann 1996).
Gemeinsam ist den letztgenannten Hinweisen auf die Bedeutsamkeit Sprangers, daß er damit als derjenige sogenannte geisteswissenschaftliche Pädagoge wahrgenommen wird, der sich am intensivsten und mit eigenen Optionen in eine Debatte eingelassen hat, die etwa von der Jahrhundertwende bis in die dreißiger Jahre stattgefunden hat und die vor allem von Dilthey angestoßen wurde. Berühmte Namen aus Philosophie, Soziologie und Psychologie wie Husserl, Heidegger, Rothacker, Scheler, Windelband, Cohn, Rickert, Simmel, Max Weber, Lipps, Bergson, Jaspers, Bühler usw. sind an dieser Debatte beteiligt. Sie alle greifen die berühmte Trennung Diltheys von der Naturerklärung und dem Seelenlebenverstehen auf, um mit der Bezeichnung „Geistes-" oder „Kulturwissenschaften" diejenigen Disziplinen auszuzeichnen, deren Erfahrung durch ein Zusammenspiel von theoretischem Bewußt-

sein und praktischer Lebensgewißheit zustande kommt. Im Unterschied zu den Naturwissenschaften sollen diese Wissenschaften sich auf den Willen der Menschen beziehen, eine praktische Seite haben, nämlich sich mit der Besinnung des Menschen auf sich selbst beschäftigen, auf seine Lebensaufgaben, Ziele und Zwecke (vgl. Riedel 1984).

Im Gefolge dieser Versuche, den Sonderstatus der Geistes- oder Kulturwissenschaften genauer zu bestimmen, kommt es bei den oben genannten Vertretern zu unterschiedlichen Problemlösungen in der Bestimmung des Verstehenswissens, das auf menschlich-geschichtlich-soziale Wirklichkeit rekurriert und gleichzeitig moralisch-politische Ansprüche erhebt. So kommt es zu vielen Unterscheidungen etwa zwischen „Geisteswissenschaften" (Dilthey), „Kulturwissenschaften" (Rickert), Wissenschaften „geistigen Lebens" (Rothacker) und „Wirklichkeitswissenschaften" (Freyer), zwischen der Ablehnung des ethisch-politischen Anspruchs von Verstehen (Max Weber) und der Bejahung dieser Forderung (Spranger), zwischen Begründungen für die methodologische Besonderheit des Verstehens (z.B. Dilthey, Rickert, Spranger) und dafür, daß Verstehen eine Lebensvollzugsform menschlichen In-der-Welt-seins (Husserl, Heidegger) sei. Philosophische Hintergrundüberzeugungen wie Lebensphilosophie, Phänomenologie, Neukantianismus, Existenz- und Sprachphilosophie spielen dabei eine Rolle.

Spranger beteiligt sich m.W. als einziger der sogenannten geisteswissenschaftlichen Pädagogen aktiv (mit Ausnahme Litts) an dieser Diskussion, indem er – sich auseinandersetzend – besondere Akzente setzt. Hermeneutisches Verstehen ist für ihn vor allem ein theoretischer Akt der rationalen Deutung. Es richtet sich auf „Wertkonstellationen", die sich einer „Gleichgesetzigkeit" von Verstehenden und zu Verstehendem verdankt. (Spranger 1966, S. 368) Geisteswissenschaften sind für ihn vor allem „Wertwissenschaften" (GS I, S. 57), die typologisch Kulturgebiete erhellen oder im psychologischen Verstehen des Ich die Zentren von Lebensentwürfen suchen. Pädagogik sieht er als Disziplin, die „große historische Bildungszusammenhänge, die als geistige Mächte wirken" (Spranger 1925, S. 61) thematisiert. Als ihr Grundanliegen gegenüber Heranwachsenden gilt ihm vor allem die „Öffnung der Organe des Verstehens" (GS I, S. 54), damit sich diese Mächte mit dem teleologischen Streben eines jeden Ich auf ein „Königs-Ich" (Oelrich 1950, S. 145) hin verbinden können. Denn Erziehung und Bildung sind für ihn auf Apperzeption von Wertrichtungen und Ausbildung einer je individuellen Wertkonstellation angelegt.

Mit solchen und weiteren Überlegungen zur Hermeneutik (vgl. Uhle 1984; 1989) übernimmt Spranger einerseits Überlegungen aus der generellen Verstehensdebatte zwischen 1890 und 1930 und grenzt sich gleichzeitig von bestimmten Akzentuierungen ab. Dies gilt etwa für Diltheys Gedanken des lebend-erlebenden Einfühlens als Verstehen, gilt für das Wertverständnis Rickerts und Max Webers, gilt aber auch für innerpädagogische Abgrenzungen etwa zu Nohls Gedanken eines pädagogischen Verstehens als Anwendung anthropologischen Wissens und vieles mehr. Solche Differenzierungen und Auseinandersetzungen Sprangers etwa mit der Theorie der Geisteswissenschaften im Sinne Diltheys und mit neukantianischer Kulturtheorie im Sinne vor allem Rickerts, Windelbands und Cohns werden vor allem von Sacher (1988; 1996) herausgearbeitet. Die Beziehung Sprangers zu Dilthey läßt sich mit ihm etwa wie folgt zusammenfassen: Gegenüber Dilthey, der „auf Erfahrungswissenschaften des menschlich-geschichtlich-gesellschaftlichen Lebens zu bauen sucht, supponiert Spranger größtenteils philosophische Disziplinen: An die Stelle der Historie tritt Geschichtsphilosophie, die Gesellschaftswissenschaften werden durch Kulturphilosophie ersetzt, und den Platz der beschreibenden und vergleichenden Psychologie Diltheys nimmt die objektivsinnverstehende Psychologie Sprangers ein. Seine Pädagogik ist, ähnlich wie diejenige Cohns, ihrem ganzen Aufbau nach philosophisch“ (Sacher 1996, S. 124).

Dies bedeutet, daß Spranger philosophisch wie pädagogisch nach kulturellen Bindekräften sucht, die Gesellschaft nicht nur über Medien wie Geld, Ansehen und Liebe oder Verkehrsformen bzw. wie Geselligkeit, Verwaltung, Recht usw. zusammenhalten. Konventionelle und ethische Schemata des Handelns, gemeinsame Wert- und Orientierungsmuster, gemeinschaftsbildende Verbindlichkeiten, d.h. integrierende symbolische Welten als Kultur sind für ihn der Bereich, innerhalb dessen philosophisch-pädagogisches Denken anzusiedeln ist. Und von daher ist es „wohl doch nicht so zufällig, daß Spranger seine Pädagogik meist eine philosophische und kaum je eine geisteswissenschaftliche nannte“ (ebd.).

3. Kulturphilosophie oder Hermeneutik geistiger Mächte

Als Gemeinsamkeit von Problemsichten und Differenz der Problemlösungen kann man die Beziehung Sprangers zur Richtung der sogenannten geisteswissenschaftlichen Pädagogik kennzeichnen. Die Einheitlichkeit wird etwa im gemeinsamen Aufruf von 1925 sichtbar, mit dem er, Fischer, Litt, Nohl und Flitner für die neue Zeitschrift „Die Erziehung" werben und in dem es heißt: „Nur in der Berührung mit den großen Mächten des unermeßlich erweiterten Welthorizontes, mit Staat und Wirtschaft, Wissenschaft und Technik, kann sich das kräftige Ethos und die durchgeformte Weltanschauung entfalten, aus der jede echte Volksführung und Volksbildung ihre Ziele gewinnt." (Ott 1982, S. 779) Soziale Mächte wie Staat, Kirche, Gelehrten- und Kulturgemeinschaft sehen Spranger wie Flitner, Weniger u. a. als die großen „Erziehungsmächte", die einerseits vielfältige und widersprüchliche konkrete Anforderungen an die Heranwachsenden stellen und in denen andererseits „eine ‚scheinlose Macht' des Geistes" (Dahmer 1995, S. 373 über Weniger) regiert, deren sinnhafte, ethisch wertvolle Bestandteile es zu pflegen und zu erhalten gilt. Solche Geistesmächte als „Sitten wie Lebensformen" gelten der geisteswissenschaftlichen Pädagogik, wie Flitner (1970, S. 66) sagt, als die „stärksten" und „untergründig formenden Mächte in der Erziehung". Als „Anwalt" von solchen Geltung beanspruchenden Miterziehungsmächten und des Heranwachsenden gleichzeitig hat Erziehung und Erziehungsreflexion aufzutreten. Eine „Pädagogik des Verstehens"– so sagt es Spranger (GS II, S. 268) – habe den „Antagonismus der geistigen Mächte, die aus dem Volksleben geboren werden," zu ihrem Problem, so daß „eine ihnen überlegene, höhere geistige Macht, durch die sie alle ihrem Wert und Recht gemäß zur Geltung kommen" notwendig sei.

Das Phänomen der geistigen Macht ist als Miterziehungsmacht für geisteswissenschaftliche Reflexionen von besonderer Bedeutung. Warum dies so ist, verdeutlicht ein Blick auf andere theoretische Kontexte. So ist „Macht" in systemtheoretisch-soziologischer Perspektive (Luhmann 1988) ein Medium wie Geld, Ansehen, Liebe, das der Ermöglichung von Handlungskoordinierungen dient und durch das selektiv Probleme von Kontingenz und Handlungspluralität verarbeitet werden. Macht ist demgemäß einem Katalysator vergleichbar, der entweder über „Machtketten" (Organisationshierarchien) oder über „verallgemeinerte Sinnorientierungen" die Wahrscheinlichkeit kooperativen Handelns singulärer Individuen erhöht. Beziehen sich Machtketten direkt auf soziales Handeln, so verallgemeinerte Sinnorientierungen auf das Denken, Fühlen und Empfinden von Menschen, die handeln. „Einflußmacht" durch Selektion von Erlebenspluralität nennt Luhmann (1988, S. 75) solche Macht, die Erwartungsvorverständigung über verallgemeinerte Sinnorientierungen ermöglicht, sich als Übernahme gemeinsam geteilter Überzeugungen, Ideen und Deutungen von Welt zeigt. Im

Sprachgebrauch von Geisteswissenschaft und Kulturtheorie wird Einflußmacht „geistige" oder „Kulturmacht" genannt und in Hegelscher wie Diltheyscher Terminologie bei Spranger (GS II, S. 141 ff) in Unterscheidungen wie „objektiver", „Gemein-" und „normativer Geist" ausdifferenziert. Einflußmächte sind dann kollektive Bewußtseinsformen wie Sitten, Werte, Einstellungen, Lebensauffassungen usw. Um bestimmten Akzentuierungen solcher Mächte Einfluß auf das Erleben von Menschen zu verschaffen, ist es nach Luhmann möglich, sich der operativen Formen von „Autorität", „Reputation" und „Führung" zu bedienen. Autorität zu verwenden heißt, sich der Traditionen zu bedienen, in denen gemeinsam geteilte symbolische Welten noch wirksam sind. Reputation zu verwenden heißt, für Anerkennungsakzeptanz dieser Welten einzutreten, und Führung bedeutet, auf Imitation zu vertrauen, daß Menschen Vorbildern nacheifern.
Geistes- und kulturwissenschaftliche Reflexionen im Umkreis der oben genannten Dilthey-Diskussionen teilen solche Auffassungen, daß soziale Kooperationen eines Erlebniseinverständnisses über Einflußmächte bedürfen und daß dies über Operationen der Verschaffung von Traditionsautorität, Reputation und Führung geschehen kann. Denn die kulturkritische Wahrnehmung von Modernisierungsprozessen in Beschreibungen wie Säkularisierung, Enttraditionalisierung, Hypothetisierung des Wissens, Pluralisierung und Ausdifferenzierung von Wertsphären läßt kooperative Beziehungen immer mehr zu „gesellschaftlichen" und nicht „gemeinschaftlichen" werden, wie Tönnies (1963) dies 1887 beschreibt. D. h. soziale Kooperationen werden immer mehr durch Wahlfreiheit, Eigenverantwortlichkeit des Individuums, durch vertragliche rationale Legitimierungen und abstrakte Beziehungen wie Warentausch bestimmt und nicht durch Gewohnheiten, Sitten und Gebräuche. Kulturkritisch wird dies als Gefährdung wahrgenommen, weil Kooperationen nicht mehr durch Einfluß auf das Herz und die Seele, sondern nur durch Einfluß auf die Rationalität der Menschen reguliert werden. Und die Grundüberzeugung ist, daß dieser Gefahr durch Gedanken der Kulturgemeinschaftlichkeit, die Einflußmacht werden soll, zu begegnen ist. In dieser Bedeutung der „scheinlosen Macht" des Geistes, daß durch sie Gesellschaftsmitglieder tiefe Einbindungen in Kooperationsgemeinschaften erfahren, dürfte sich geistes- und kulturwissenschaftliches Denken einig sein, nicht in der Sicht des operativen Umgangs mit der Frage, wie sich gemeinsame Lebensauffassungen und -weisen konstituieren lassen. Angesichts der modernen Existenz partikularer und pluraler Werte- und Überzeugungsgemeinschaften sind eher her-

meneutische oder eher kultur- und wertwissenschaftliche Reflexionen möglich.
Spranger und Flitner etwa fassen geistige Mächte gemeinsam als „Lebensformen“ auf, in denen sich tatsächlich oder ideal Einflußmacht zeigt. Flitner ersetzt diesen Begriff dabei auch durch Ausdrücke wie „sittliche Lebensverhältnisse“, „Sitten und Lebensordnungen“, „geistiges Lebensverständnis“, „Sozialordnung“, „Gesittung und verwirklichtes Ethos“ usw., mit denen nach Herrmann (1989, S. 247) „die in der jeweiligen geschichtlich-gesellschaftlichen Lebenspraxis von Menschen eines bestimmten Kulturkreises ‚selbstverständlich‘ gewordenen Ordnungen der Lebensführung, Verständigungen über Lebensregeln, Normen von Lebensentwürfen, Bilder von ‚Lebenspfaden‘, Symbolisierungen von Lebenszielen“ umschrieben werden. Solche Lebensformen werden unterschieden in solche, die „von Rang“ oder „gesittend produktiv“ sind, d. h. der Zivilisierung und Humanisierung des Lebens dienen (vgl. ebd.) und die Flitner (1947; 1965; 1967) als wirkungsmächtige Traditionen durch eine kultur- als gesittungsgeschichtliche Betrachtungsweise zu bestimmen sucht. Mit Dilthey ist für ihn diese Interpretation eine Form der historischen „Besinnung“, mit der Traditionen nicht „museal“ rezipiert werden, sondern auf das Wollen der Menschen Einfluß nehmen oder – mit Gadamer (1972) gesprochen – über die applikativ Bewahrenswertes fortgebildet werden soll. In seiner geistesgeschichtlichen Pädagogik als einer, die er „hermeneutisch-pragmatisch“ (Flitner 1966) nennt, sucht Flitner „Ideale, Normen und Regeln historischer Lebensformen“ (ebd., S. 15) als Einflußmacht dadurch zur Geltung zu bringen, daß er angesichts von Pluralisierungs- und Wandlungsphänomenen sozusagen „Denkmäler“ des Erinnerns bestimmt. Und solche sind ihm einerseits die großen geistiggeschichtlichen Impulse Europas als Aufgabe der Bewahrung und Tradierung, andererseits aber auch die sittlichen Impulse von Erziehungs- und Bildungslehren, von Erziehungswegen und den geistigen Beweggründen der Einrichtung pädagogischer Institutionen. (Vgl. Uhle 1976, S. 79ff) Der operative Umgang mit Einflußmacht besteht hier darin, die Autorität von anerkennungswürdigen Traditionen durch hermeneutische Wiedererkennungen geltend zu machen und ihnen Reputation zu verschaffen. Und letzteres geschieht durch den Gedanken pädagogischer Bildung und Verständigungssuche als Anstreben von Konsens derjenigen, die Geistesmachtträger sind. So heißt es bei Flitner (zit. n. Herrmann 1989a, S. 250): „Erziehung ist … nur möglich in Lebenskreisen, die durch einen Konsensus über das Daseinsverständnis in sich ge-

einigt sind. Rechtspflege, Politik, öffentlich-gesittetes gesellschaftliches Leben und Erziehung setzen immer einen tragenden Personenkreis voraus, der über das Gebührende und Rechte, über das eigentlich Menschliche, über das gelungene oder verfehlte Leben ein Mindestmaß an gemeinsamer Bewertung wie selbstverständlich besitzt." „Soll es ... gerechtes Recht, öffentliche Sitte, gedeihliche Politik und gute Erziehung unter uns geben, so muß im konkreten Zusammenleben und an allen einzelnen Aufgaben daran gearbeitet werden, einen Konsensus der Geister wiederzugewinnen, der die produktive Fortführung unseres humanen Zusammenlebens ermöglicht."
Im Vergleich zu diesen Gedanken Flitners lassen sich sich die Reflexionen Sprangers als eine Akzentuierung der „scheinlosen Macht des Geistes" auffassen, für welche hermeneutische Erinnerung nur ein Moment des Denkens sein kann und um kulturtheoretische Wertsetzung zu ergänzen ist. Auch Spranger (GS II, S. 172) sieht wie Flitner die Einflußmacht des Geistes und die Notwendigkeit seiner Repräsentanz in Personen, wenn er in dem Aufsatz von 1959 über „‚Das Leben bildet'. Eine geistesphilosophische Analyse" sagt: Alle Menschen „tragen von vornherein jene ‚Mächte' mit, werden von ihnen erweitert und im günstigsten Fall sogar emporgehoben. Der Geist wäre ohnmächtig ohne Bewußtsein. Es sind bewußte Träger, die seine Geschäfte besorgen und seine Kämpfe durchfechten." Aber in diesem Zitat im Kontext einer „geistesphilosophischen Analyse" zeigen sich bemerkenswerte Unterschiede zu einer hermeneutischen „Gesittungsgeschichte":

1. Die Bestimmungen von Ausdrücken wie „Geist", „Geistesleben", „Lebenskreis, „Lebensformen" sind in diesem Kontext anders als bei Flitner begrifflich differenziert. Spranger bezieht sich auf den Sprachgebrauch von Philosophen wie Hegel, Dilthey und Nicolai Hartmann, von Historikern wie Ranke und Droysen, um Unterscheidungen wie „Geistesleben" einerseits und „Kultur" andererseits zu treffen. Ersteres faßt er als Ineinandergreifen von verallgemeinerten und je persönlichen Sinnzusammenhängen und letzteres als ausgebildete „Gestalt" oder „Struktur" dieser Integration von Sinn, die sich als eine bestimmte Kultur oder „übergreifender Geist" zeigt. Beides dokumentiert sich für ihn in Umgangsformen mit den Dingen der Welt (mit objektiviertem Geist), in gemeinsamen Deutungsschemata von Gruppen-, Gemein- und Zeitgeist sowie in geistig-sittlichen Mächten, die moralische Forderungen an den Umgang mit Dingen, an Gruppen- und anderen Geist stellen. „Lebensformen" sind ihm Verfestigungen von „wert-

haltiger Moral". Solche Verfestigungen sieht Spranger in Wertvorstellungen immer größerer sozialer Gesellungen: zunächst als Werturteile einer bestimmten Gruppe über Gesinnungen und Verhalten ihrer Mitglieder sowie als deren soziale Reaktionen, die aufgrund des Kriteriums von „Ehre" wie der „Ehrverletzung" erfolgen, sodann als fließende Wertgrundlage eines Volkes zu einer bestimmten Zeit, als common sense, bis hin zu „normativen Gesetzlichkeiten" als allgemeine Geltung beanspruchende Normen. Und in seiner Schrift über „Lebensformen" (Spranger 1966, S. 5) bestimmt er idealtypisch diese Gesetzlichkeiten als solche des Erkennens, des ökonomischen Verhaltens, des ästhetischen Schaffens und Genießens, des sozialen und politischen sowie religiösen Handelns, die sich in „Grundtypen der Individualität" wie dem theoretischen, ökonomischen, ästhetischen, sozialen, politischen und religiösen Menschen mit einer je spezifischen Rangordnung von Werten zeigen. Die Bestimmungen dieser normativen Gesetzlichkeiten in Lebensformen werden auf dem Hintergrund Schelerscher Unterscheidungen von geistigen Werten, Werten des Nützlichen, Edlen und Heiligen aus Perspektiven des Ich, der Gesellschaft und von Zeitbedingungen (vgl. Homann 1996, S. 209) vorgenommen. D.h. im Unterschied zu Flitners Hermeneutik gelebter Sitten mit sozusagen fließenden Kennzeichnungen geistiger Mächte zeichnen sich Sprangers Überlegungen durch philosophisch-psychologische Kategorisierungsbemühungen aus, um die Möglichkeit eines operativen Umgang mit Einflußmacht analytisch zu begreifen.

2. Aufgrund solcher philosophisch-psychologischer Kategorisierungsbildung sieht Spranger dann mit Verweis auf Flitners Arbeiten (GS II, S. 153f), daß eine hermeneutische Gesittungsgeschichte nicht so sehr Möglichkeiten des operativen Umgangs mit Einflußmacht eröffnen als vielmehr nur eine Vergangenheit der Autorität und Reputation von überindividueller geistiger Macht präsentieren kann. Denn die Flitnerschen Gesittungsformen von Lebenskreisen wie die des Adels, Handwerks, Gelehrten usw. sind nach Spranger von „den Lebensbedingungen und Betätigungsformen der betreffenden Gruppe" abhängig, die sich nur „zufällig" und „fragmentarisch" über die Zeit erhalten können."Grundsätzliche Veränderungen der Lebensrealitäten" – so heißt es bei Spranger (ebd., S. 154) – „machen eine Umgestaltung des Gehaltes der moralischen Normen erforderlich (z.B. Übergang zur Geldwirtschaft, Industrialisierung)." Deshalb liegt sein Akzent nicht auf Wiederherstellung der Reputation von Sitten, sondern auf Auseinandersetzung und

„Kampf“ um „Sittlichkeit“, nicht „Sitte“. Letztere ist nämlich von „Ehre“, von einer Traditionsautorität und Reputation abhängig, die nur noch in sozialen Segmenten existiert. Moderne Gesellungsformen mit ihrem je spezifischen Geist versuchen nach Spranger, sich „gegenseitig (zu) bekämpfen und ihren Kampf auch in die Einzelseele“ (ebd., S. 160) hineinzutragen. Es gibt ein „Spiel von Miteinander, Gegeneinander, Übereinander bzw. von Rivalität ganzer Gruppen“ (ebd., S. 167). „Stärkere Mächte“ wie die Macht des Kapitals, der Öffentlichkeit, eines Mileus usw. „konkurrieren“ (ebd., S. 175) mit der Macht des Geistes. Darüber hinaus ist Spranger mit der pessimistischen Sicht Nicolai Hartmanns einig, „daß die niederen Werte im ... Lebensganzen wesensmäßig die stärkeren, die höheren ... immer die schwächeren und daher immer gefährdeten“ (ebd., S. 182) seien. Deshalb steht bei Spranger nicht wie bei Flitner der Gedanke der Verständigung über eine hermeneutische Explikation des Hintergrundeinverständnisses tragender Traditionen im Vordergrund des Interesses, sondern der Gedanke des „Kampfes um Anerkennung“ (Honneth 1994) für geistige Mächte, die kulturphilosophisch als sittliche auszuzeichnen und durch „bewußte Träger, die seine Geschäfte besorgen und seine Kämpfe durchfechten“ (GS II, S. 172), zur Geltung zu bringen sind.

3. Flitners hermeneutische Explikation von Vorbildhaftem und Nachahmenswertem für einen „Konsensus der Geister“, für das Fortwirken gesitteter Lebenskreise unterstützt nach Spranger (ebd., S. 153) zwar die „oft recht zufällige Wirkungsweise“ der Befolgung von Wertgesetzlichkeiten und insofern ist es auch für ihn wichtig, kulturelle Traditionen, die als moralisch wertvoll gelten, zu pflegen, doch die eigentliche Bildungs- und Erziehungsaufgabe und deren Reflexion ist für ihn anders zu sehen. Ihm geht es nicht wie Flitner um ein „Mindestmaß“ an Verständigung über Anerkennenswertes, sondern um „bewußte“ und „lebendige“ Träger von Wertgesetzlichkeiten. Diese Gesetzlichkeiten müssen kultur- und werttheoretisch, nicht explikativ entwickelt werden und – wie er sagt – zu einem „Brennpunkt“ nicht eines sozialen Kreises, sondern je individuellen Lebens werden. „Persönliches Gewissen“ nennt er diesen Ansprechpartner von Pädagogik. Denn „die Urform aller sittlichen Impulse ist das im Einzelnen lebendige Bewußtsein von Gut und Böse“ (ebd., S. 172).

Wenn Tenorth (1985, S. 66) auf Fischers kritische Bemerkung von 1932 verweist, daß sich das geisteswissenschaftlich-pädagogische Denken „primär als Philosophie – im Duktus einer schlechten

Philosophie" präsentiert habe, so ist diese Bemerkung bezogen auf Spranger für den ersten Teil als zutreffend, für den zweiten Teil als unzutreffend zu bezeichnen. Inwieweit seine kulturtheoretischen Problemlösungen in einer heutigen Renaissance von Kulturwissenschaften noch Antworten darstellen können, ist eine andere Frage.

Literaturverzeichnis

Balmer, H.: Objektive Psychologie – verstehende Psychologie. Perspektiven einer Kontroverse. In: Balmer, H. (Hrsg.): Geschichte der Psychologie I. Weinheim 1982, S. 93–131.

Blankertz, H.: Die Geschichte der Pädagogik. Von der Aufklärung bis zur Gegenwart. Wetzlar 1982.

Böhm, W.: „Deutsche Pädagogik" – Ein prospektiver Rückblick. In: Ruhloff, J.; Schaller, K. (Hrsg.): Pädagogische Einsätze 1991. Festschrift für Theodor Ballauff zum achtzigsten Geburtstag. Sankt Augustin 1991, S. 11–26.

Bollnow, O. F.: Erziehung als Erweckung. Zur Pädagogik Eduard Sprangers. In: Kanitschneider, B. (Hrsg.): Sprache und Erkenntnis. Festschrift für Gerhard Frey zum 60. Geburtstag. Innsbruck 1976, S. 143–152.

Bollnow, O. F.: Die geisteswissenschaftliche Pädagogik. In: Röhrs, H.; Scheuerl, H. (Hrsg.): Richtungsstreit in der Erziehungswissenschaft und pädagogische Verständigung. Frankfurt, Bern, New York, Paris 1989, S. 53–70.

Bollnow, O. F.: Die Stellung Wilhelm Flitners in der Entwicklung der neueren deutschen Pädagogik. In: Peukert, H.; Scheuerl, H. (Hrsg.): Ortsbestimmung der Erziehungswissenschaft. Wilhelm Flitner und die Frage nach einer allgemeinen Erziehungswissenschaft im 20. Jahrhundert. Weinheim und Basel 1992, S. 47–57.

Bräuer, G.: Eduard Spranger – Sein Leben und die Grundlinien seines pädagogischen Werks. In: Hohmann, J. S (Hrsg.): Beiträge zur Philosophie Eduard Sprangers. Berlin 1996, S. 27– 47.

Dahmer, I.: Wenigers Erbschaft oder Vom erziehungswissenschaftlichen Umgang mit der „scheinlosen Macht" des Geistes. In: ZfPäd 41 (1995), S. 365–390.

Döring, H.: Der Weimarer Kreis. Meisenheim 1975.

Flitner, W.: Die abendländischen Vorbilder und das Ziel der Erziehung. Godesberg 1947.

Flitner, W.: Grundlegende Geistesbildung. Heidelberg 1965.

Flitner, W.: Das Selbstverständnis der Erziehungswissenschaft in der Gegenwart. Heidelberg ^{4}1966. (Flitner, W.: Gesammelte Schriften. Hrsg. v. Erlinghagen, K. u. a., Bd. 3. Paderborn 1989)

Flitner, W.: Die Geschichte der abendländischen Lebensformen. München 1967. (Flitner, W.: Gesammelte Schriften. Hrsg. v. Erlinghagen, K. u. a., Bd. 7. Paderborn 1990.)

Flitner, W.: Allgemeine Pädagogik. Stuttgart [13]1970. (Flitner, W.: Gesammelte Schriften. Hrsg. v. Erlinghagen, K. u. a., Bd. 2. Paderborn 1983.)
Gadamer, H. G.: Wahrheit und Methode. Tübingen [3]1972.
Han, Y. Y.: Eduard Sprangers Pädagogik. Moralische Erziehung als Brennpunkt des Geisteslebens. Frankfurt 1994.
Henning, U.; Leschinsky, A. (Hrsg.): Enttäuschung und Widerspruch. Die konservative Position Eduard Sprangers im Nationalsozialismus. Analysen-Texte-Dokumente. Weinheim 1991.
Herrmann, U.: Die Pädagogik Wilhelm Diltheys. Ihr wissenschaftstheoretischer Ansatz in Diltheys Theorie der Geisteswissenschaften. Göttingen 1971.
Herrmann, U.: Erziehung und Bildung in der Tradition Geisteswissenschaftlicher Pädagogik. In: D. Lenzen (Hrsg.): Enzyklopädie Erziehungswissenschaft. Bd. 1: Theorien und Grundbegriffe der Erziehung und Bildung. Hrsg. v. D. Lenzen; K. Mollenhauer. Stuttgart 1983, S. 25–41.
Herrmann, U., Oelkers, J. (Hrsg.): Pädagogik und Nationalsozialismus. Weinheim und Basel 1989.
Herrmann, U.: Polemik und Hermeneutik. In: Zedler, P.; König, E. (Hrsg.): Rekonstruktionen pädagogischer Wissenschaftsgeschichte. Fallstudien, Ansätze, Perspektiven. Weinheim 1989, S. 295–315.
Herrmann, U.: Lebensform – Gesittung – Konsensus. Über Kategorien der Bildungsgeschichte als Gesittungsgeschichte. In: Röhrs, H., Scheuerl, H. (Hrsg.): Richtungsstreit in der Erziehungswissenschaft und pädagogische Verständigung. Wilhelm Flitner zur Vollendung seines 100. Lebensjahres am 20. August 1989 gewidmet. Frankfurt 1989a, S. 243–254.
Hoffmann, D., Neumann, K. (Hrsg.): Tradition und Transformation der Geisteswissenschaftlichen Pädagogik. Zur Re-Vision der Weniger-Gedenkschrift. Weinheim 1993.
Hohmann, J. S.: Sinn, Wert, Zweck und Struktur in der Philosophie Eduard Sprangers. In: Hohmann, J. S. (Hrsg.): Beiträge zur Philosophie Eduard Sprangers. Berlin 1996, S. 127–264.
Honneth, A.: Kampf um Anerkennung. Zur moralischen Grammatik sozialer Konflikte. Frankfurt 1994.
Huschke-Rhein, R. B.: Das Wissenschaftsverständnis in der geisteswissenschaftlichen Pädagogik. Dilthey – Litt – Spranger. Stuttgart 1979.
Jaide, W.: Eduard Sprangers „Lebensformen“ und die Erfordernisse heutiger Wertforschung. In: Hohmann, J. S. (Hrsg.): Beiträge zur Philosophie Eduard Sprangers. Berlin 1996, S. 57–75.
Kaufmann, H. B.; Lütgert, W.; Schulze, Th.; Schweitzer, F. (Hrsg.): Kontinuität und Traditionsbrüche in der Pädagogik. Ein Gespräch zwischen den Generationen. Weinheim und Basel1991.
Kollmann, R.: Bildung – Bildungsideal – Weltanschauung. Studien zur pädagogischen Theorie Eduard Sprangers und Max Frischeisen-Köhlers. Ratingen 1972.

Koring, B.: Einführung in die moderne Erziehungswissenschaft und Bildungstheorie. Weinheim 1990.
Lassahn, R.: „Wenn die Stimme des Gewissens inhaltlich Verschiedenes sagt ...“ Zur Theorie des Gewissens bei Eduard Spranger. In: Hohmann, J. S. (Hrsg.): Beiträge zur Philosophie Eduard Sprangers. Berlin 1996, S. 309–323.
Löffelholz, M.: Philosophie, Politik und Pädagogik im Frühwerk Eduard Sprangers 1900–1918. Hamburg 1977.
Löffelholz, M.: Das bedeutsame Vermächtnis Eduard Sprangers. In: ZfPäd 27 (1981), S. 65–74.
Luhmann, N.: Macht. Stuttgart 1975.
Mannheim, K.: Wissenssoziologie. Soziologische Texte 28. Berlin 1964.
Oelkers, J.: Hermeneutik oder Kulturpädagogik? Zur Bilanzierung der geisteswissenschaftlichen Pädagogik. In: Hoffmann, D. (Hrsg.): Bilanz der Paradigmendiskussion in der Erziehungswissenschaft. Leistungen, Defizite, Grenzen. Weinheim ^{2}1996, S. 31–47.
Oelkers, J.; Schulz, W. K. (Hrsg.): Pädagogisches Handeln und Kultur. Aktuelle Aspekte der geisteswissenschaftlichen Pädagogik. Bad Heilbrunn 1984.
Oelrich, W.: Geisteswissenschaftliche Psychologie und Bildung des Menschen. Stuttgart 1950.
Ott, E. H.: Wilhelm Flitner, die Gründung der Zeitschrift „Die Erziehung“ und die hermeneutisch-pragmatische Pädagogik. Anmerkungen zu zwei Dokumenten. In: ZfPäd 28 (1982), S. 775–784.
Rang, A.: Beklommene Begeisterung. Sprangers und Flitners Reaktion auf den Nationalsozialismus im Jahre 1933. In: Zedler, P.; König, E. (Hrsg.): Rekonstruktionen pädagogischer Wissenschaftsgeschichte. Fallstudien, Ansätze, Perspektiven. Weinheim 1989, S. 263–294.
Riedel, M.: Hermeneutik und Erkenntniskritik. Zum Verhältnis von theoretischem Wissen und praktischer Lebensgewißheit bei Wilhelm Dilthey. In: Rodi, F.; Lessing, H. U. (Hrsg.): Materialien zur Philosophie Wilhelm Diltheys. Frankfurt 1984, S. 359–384.
Ringer, F. K.: Die Gelehrten. Der Niedergang der deutschen Mandarine 1890–1933. Stuttgart 1983.
Sacher, W.: Eduard Spranger 1902–1933. Ein Erziehungsphilosoph zwischen Dilthey und den Neukantianern. Frankfurt 1988.
Sacher, W.: Sprangers Philosophie und Pädagogik im Verhältnis zur geisteswissenschaftlichen Tradition. In: Hohmann, J. S (Hrsg.): Beiträge zur Philosophie Eduard Sprangers. Berlin 1996, S. 77–126.
Schulz, W. K.: Zum Verhältnis von soziologischer Kulturtheorie und Pädagogik im Neukantianismus. In: Oelkers, J.; Schulz, W. K.; Tenorth, H. E. (Hrsg.): Neukantianismus. Kulturtheorie, Pädagogik und Philosophie. Weinheim 1989, S. 107–126.
Song, S. J.: Der Erweckungsbegriff in der Pädagogik Sprangers. Diss. Tübingen 1991.
Spranger, E. (Hrsg.): Pädagogische Wahrheiten und Halbwahrheiten. Kritisch beleuchtet. Heidelberg 1959.

Spranger, E.: Lebensformen. Geisteswissenschaftliche Psychologie und Ethik der Persönlichkeit. Tübingen [9]1966.
Spranger, E.: Gesammelte Schriften. Hrsg. v. Bähr, H. W. u. a. Heidelberg 1969ff.
Tenorth, H. E.: Zur deutschen Bildungsgeschichte 1918–1945. Probleme, Analysen und politisch-pädagogische Perspektiven. Köln, Wien 1985.
Tenorth, H. E.: Deutsche Erziehungswissenschaft im 20. Jahrhundert. In: Zedler, P., König, E. (Hrsg.): Rekonstruktionen pädagogischer Wissenschaftsgeschichte. Fallstudien, Ansätze, Perspektiven. Weinheim 1989, S. 117–140.
Thiersch, H.: Geisteswissenschaftliche Pädagogik. In: Lenzen, D. (Hrsg.): Enzyklopädie Erziehungswissenschaft. Bd. 1: Theorien und Grundbegriffe der Erziehung und Bildung. Hrsg. v. Lenzen, D.; Mollenhauer, K. Stuttgart 1983, S. 81–100.
Tönnies, F.: Gemeinschaft und Gesellschaft. Darmstadt 1963.
Uhle, R.: Geisteswissenschaftliche Pädagogik und kritische Erziehungswissenschaft. München 1976.
Uhle, R.: Verstehen in der kulturpädagogischen Sichtweise E. Sprangers. In: Oelkers, J.; Schulz, J. (Hrsg.): Pädagogisches Handeln und Kultur. Bad Heilbrunn 1984, S. 82–101.
Uhle, R.: Verstehen und Pädagogik. Eine historisch-systematische Studie über die Begründung von Bildung und Erziehung durch den Gedanken des Verstehens. Weinheim 1989.
Uhle, R.: Qualitative Sozialforschung und Hermeneutik. In: König, E.; Zedler, P. (Hrsg.): Bilanz qualitativer Forschung. Bd. 1: Grundlagen qualitativer Forschung. Weinheim 1995, S. 33–73.
Uhle, R.: Eduard Sprangers Kulturpädagogik im Lichte aktueller Diskussionen. In: Hohmann, J. S. (Hrsg.): Beiträge zur Philosophie Eduard Sprangers. Berlin 1996, S. 325–349.
van der Loo, H.; van Reijen, W.: Modernisierung. Projekt und Paradox. München 1992.

Geisteswissenschaftliche als kritische Pädagogik? Georg Reichwein (1886–1928) und seine Bildungstheorie

Edgar Weiß

Georg Reichwein gehört zu den weithin vergessenen Gestalten der geisteswissenschaftlichen Pädagogik. Dies liegt daran, daß er, ähnlich wie Max Frischeisen-Köhler, früh verstarb, sein Œuvre – rund 20 verstreut erschienene Arbeiten – schmal und zum Teil schwer zugänglich blieb und sein Nachlaß mit dem fast abgeschlossenen Manuskript des Buches „Werden und Bilden“ während des Zweiten Weltkrieges verbrannte[1]. Über seine Biographie ist – verglichen mit den namhafteren Protagonisten geisteswissenschaftlicher Pädagogik – wenig bekannt, und das Bekannte läßt sich demgemäß relativ rasch skizzieren.

Reichwein wurde am 17. Mai 1886 in Dorndorf im Kreis Limburg als Bürgermeistersohn geboren. Nach seiner Gymnasialzeit in Hadamar studierte er in den Jahren 1906–09 Deutsch, Geschichte und Philosophie in Würzburg, München, Berlin und Münster. In Halle promovierte er 1910 mit einer Dissertation über die zeitgenössische Denkpsychologie (Reichwein, 1910) bei Ernst Meumann. In Münster, Oberlahnstein und Montabaur wirkte er danach als Lehrer, ehe er 1914 in den Krieg zog. Schon im August erlitt er schwere Verwundungen bei Raon l'Etappe, die ihn bis zum November 1915 ins Lazarett zwangen; anschließend wirkte er als Gymnasiallehrer in Wiesbaden. Zwischen 1914 und 1918 wandte sich Reichwein der geisteswissenschaftlichen Pädagogik zu, schrieb Abhandlungen über bildungstheoretische Fragen und über den Sinn der Schule im Kultursystem. 1927 wurde er Dozent an der neu gegründeten Pädagogischen Akademie in Frankfurt am Main, wo er bald zum Professor ernannt wurde. Am 3. September 1928 erlag er den Folgen seiner Kriegsverletzungen.

Im Zentrum der theoretischen Bemühungen Reichweins steht das Bildungsproblem, für dessen Durchdringung ihm die maßgeblich von Dilthey erschlossene geisteswissenschaftliche als einzig adäquate Denkmethode erscheint (Reichwein, 1926, S. 6). Bildung erfolgt für ihn, wo immer im Kontext des objektiven Lebenspro-

[1] Vgl. hierzu und zum folgenden: Hausmann (1957), S. 85ff.; (1963), S. 102f.

zesses einer Kultur „geistiges Werden bewußt und planmäßig gepflegt wird", wo sich eine „spezifische Verbundenheit" von Individuum und Kultur – verstanden als „sinnhaltiger, sinngeleiteter Lebensvorgang" – entwickelt (Reichwein, 1927a, S. 196; 1926, S. 13f.). Reichweins Interesse gilt vordringlich der Frage, wie eine Theorie der Bildung beschaffen sein muß, „die dem Anspruch genügen soll, Führerin in der inneren und äußeren Weiterentwicklung des Bildungswesens zu sein" (Reichwein, 1926, S. 26). Im Gefolge Schleiermachers und Diltheys ist für ihn ausgemacht, daß es weder eine allgemeingültige Ethik noch eine für alle Zeiten und Räume Geltung beanspruchen dürfende Pädagogik geben kann[2]. Ganz im Sinne der Diltheyschen „Kritik der historischen Vernunft" (Dilthey, 1981, S. 233ff.) gelten ihm Bildungsbegriffe und Bildungsideale inhaltlich allemal – mit welchem Nachdruck sie auch immer allgemeine Gültigkeit suggerieren mögen – als geschichtlich bedingt; Bildung könne nie als endgültiger Zustand, sondern stets nur als fortschreitender und somit ausnahmslos nur historisch faßbarer Prozeß gedacht werden. Alle Versuche, ein eindeutiges Bildungsziel zu formulieren, bleiben unterdessen – dies zeigen tradierte Orientierungsmaßstäbe wie „Persönlichkeitsbildung", „staatsbürgerliche Erziehung", „Charakterstärke der Sittlichkeit" usw. – notwendig allgemein bzw. rein formal (Reichwein, 1926, S. 5, 23, 17).

Mit dieser historisch-relativistischen Perspektive ist die Behauptung der Priorität der Praxis gegenüber der Theorie verbunden. Ausgangspunkt geisteswissenschaftlich-pädagogischer Theoriebildung ist für Reichwein stets „das Leben", das – wiederum im Gefolge Diltheys – als funktionaler Zusammenhang mit innerer Teleologie verstanden wird (Reichwein, 1925b, S. 90, 94, 96; 1928, S. 77; vgl. auch Hausmann, 1957, S. 96). Pädagogik ist nie ein isoliertes Phänomen, sie ist vielmehr vielfältig mit der sie umgreifenden Gesamtkultur und ihren verschiedenen Bereichen (Recht, Staat, Wirtschaft, Kirche, Wissenschaften) verwoben (Reichwein, 1926, S. 28). In diesem Kontext ist es ihr aufgegeben, unter Berücksichtigung sowohl der „Eigengesetzlichkeit der Individualität" wie der Ansprüche der Kultur und ihrer diversen Träger eigenverantwortlich – „autonom" im Sinne geistesverwandter Theoretiker[3] – und „schöpferisch" zu wirken (Reichwein, 1933; 1932, S. 48; 1925b, S. 99). Die in diesem Zusammenhang vorausgesetzte polare

---

[2] Vgl. Schleiermacher (1983), S. 30, 20; Dilthey (1934), S. 167, 177; Reichwein (1926), S. 27.[6] Vgl. dazu auch Reichwein (1926), S. 39 ff.; (1928), S. 87; Hausmann (1957), S. 104.

[3] Vgl. Nohl (1957), S. 9, 124ff.; Flitner (1980), S. 114; Weniger (o.J.), S. 71ff.

Gegenüberstellung von Kultur und Individuum kann für Reichwein in Anbetracht des realen Lebensprozesses, in dem beide Pole allemal in einem verwickelten Interdependenzverhältnis stehen, allerdings nur heuristisch legitimiert werden. Wenngleich die zu diesem Zweck vorgenommene Abstraktion stets als solche mitreflektiert werden müsse, bleibe sie bildungstheoretisch jedoch nichtsdestoweniger unabdingbar. Bildungstheorie nämlich gelte regelmäßig dem Verstehen des Individuums im Kontext überindividuell sinnhaltiger Wirklichkeit, setze also deren Differenzierbarkeit als Möglichkeitsbedingung ihrer selbst bereits voraus (Reichwein, 1926, S. 9ff.).

Nur unter ständigem Bezug auf die jeweils schon im Spannungsfeld der verschiedenen Kulturbereiche angesiedelte pädagogische Praxis, der immer ein lediglich a posteriori verstehbares irrationales Element innewohne (Reichwein, 1928, S. 74), kann Reichwein zufolge Erziehungs- und Bildungstheorie sinnvoll ihre Begriffe, Überlegungen, Ziel- und Handlungsbestimmungen entwickeln, wobei Pädagogik sich fortwährend zu vergegenwärtigen habe, daß sie als theoriebildende Instanz stets selbst in den von ihr zu reflektierenden Prozeß eingebunden bleibt. Ihre zentrale Aufgabe liege darin, „dem geschichtlich gewordenen Bildungswesen selbst die Erkenntnis abzugewinnen, durch die seine weitere Entwicklung geleitet werden kann“ (Reichwein, 1926, S. 23).

Der Bezug auf Praxis involviert schließlich unweigerlich auch den Bezug auf die kulturelle Komplexität, in die das Bildungswesen jeweils eingebettet ist. Nicht aus „klassischen, ‚vorbildlichen‘ Modellen“, nicht aus einem „Jenseits überzeitlicher Gesetzlichkeit“, sondern allein aus einem teleologisch verstandenen kulturellen Prozeßganzen heraus können für Reichwein daher pädagogische Einsichten gewonnen und Ziele, Normen, Bildungsideale usw. erfaßt werden (Reichwein, 1927a, S. 183; 1926, S. 30, 14ff.). Alles geistige Leben nämlich sei durch eine „funktionale Korrelativität von Sein und Sollen gekennzeichnet“, so daß aus der klaren Erkenntnis der historisch-kulturellen Funktion des Bildungsgeschehens immer auch Ziele und Orientierungsrichtlinien zu gewinnen seien, nach denen es fortgebildet werden solle (Reichwein, 1926, S. 30, 26).

Reichwein will dies nicht so verstanden wissen, als seien in der Bildungsgeschichte „Gesetze“ auffindbar, die mit „untrüglicher Sicherheit“ definieren, „was ist und was werden soll“ (Reichwein, 1926, S. 23)[4] Die geistige Welt erweise sich statt dessen als „immer

---

[4] Überhaupt gibt es für Reichwein – diesbezüglich weisen seine Ausführungen deutliche Analogien zu Wenigers prinzipieller Kritik der „normativen Pädagogik“

neu zu vollziehende Tathandlung", die rational nie völlig gedeckt sein könne und gerade auch zu den irrationalen Gestaltungskräften historischen Werdens in fruchtbare Wechselbeziehung treten und im fortlaufenden Lebensprozeß je wieder aufs Neue verantwortet werden müsse (Reichwein, 1928, S. 85; 1926, S. 6). Insofern bleiben Reichwein zufolge „Freiheit des Geistes" und kreative Entwicklungen ermöglichende Situationsoffenheit für alle Erziehung, Bildung und kulturelle Gestaltung konstitutiv. Andererseits soll Freiheit jedoch zugleich an die fortwährende Hingabe an die objektiven Sinngehalte und ihre Träger gebunden bleiben (Reichwein, 1926, S. 30). Das Ringen um die konkrete Fortentwicklung des Bildungsgeschehens kann demnach durch keine Theorie ersetzt, sondern nur praktisch entschieden werden. Weder kann in individueller Hinsicht durch theoretische Anstrengungen wettgemacht werden, was Bollnow unter dem Begriff des „Wagnischarakters" als Wesensmerkmal aller Erziehung gekennzeichnet hat (Bollnow, 1984, S. 133)[5], noch kann das ohnedies prinzipiell unabschließbare Verstehen der unterstellten geschichtsimmanenten Zielrichtung von tätigen und zu verantwortenden Suchbewegungen und Entscheidungen entbinden. Zwischen den miteinander konkurrierenden großen geistigen Parteien und Strömungen des kulturellen Lebens muß eine aktive und tolerante Auseinandersetzung stattfinden, die die Kultur selbst einem stetigen Bildungsprozeß unterwirft (vgl. Hausmann, 1957, S. 172). Im Hinblick auf die konfessionellen Bildungsmächte sah Reichwein zum Beispiel in der seinerzeit neugegründeten simultanen Pädagogischen Akademie Frankfurt, an der er dann selbst lehrte, eine gute Möglichkeit für die Pflege einer solchen Auseinandersetzung (Reichwein, 1927c, S. 638).

Mit der Kennzeichnung dieser Aspekte sind die grundlegenden Theoreme der Bildungstheorie, aber auch der Schultheorie Reichweins aufgewiesen; letztere kann problemlos als jener Spezialfall

---

(Weniger, o. J., S. 148, 169; 1956) auf – keine lückenlos-deduktiven Beziehungen zwischen jeweils angebotenen konkreten Bildungsgütern und jeweiligen pädagogischen Leitideen (Reichwein, 1928, S. 72).

[5] Vgl. dazu den sinnentsprechenden Wortlaut bei Reichwein (1932), S. 47: „Der Lehrer muß die Kunst verstehen, die verborgenen Funken aus dem Sinngehalt herauszuschlagen, die in das individuelle Leben des Zöglings hinüberspringen und dieses zugleich mit jenen erhalten. Aber dieses Anschlagen mit dem Feuerstein pädagogischen Taktes an den funkenbergenden Kiesel des Sinngehalts bleibt auch bei höchster pädagogischer Weisheit und größtem Geschick ein ‚Sprung ins Dunkle', von Möglichkeiten gelockt und von Gefahren umlauert, geheimnisvoll und kühn, vieldeutig und doch zwingend und auf Bündigkeit dringend."

der ersten aufgefaßt werden, der dem Umstand Rechnung trägt, daß der Schule, die nur eine der Seiten des teleologisch verknüpften kulturellen Gesamtzusammenhangs darstellt, die „Übersetzung des Bildungsgedankens ins Institutionelle“ obliegt (Reichwein, 1933, S. 69)[6].

Mit der oben erfolgten Charakterisierung der basalen Aspekte der Bildungstheorie Reichweins sind aus dessen Werk aber auch jene Grundannahmen herausgearbeitet, die Blankertz – lediglich in anderer Reihenfolge – als Kennzeichen der geisteswissenschaftlichen Didaktik zusammengestellt hat: „Als erstes ist der Ausgangspunkt bei der Erziehungswirklichkeit zu nennen, bei der Vorgegebenheit eines Lehrgefüges und seiner Bedingungen, als zweites dann die Begriffsbildung in Fühlung mit der Praxis und ihren Intentionen, als drittes die durchgängige geschichtliche Auffassung von ‚Wirklichkeit‘ und ‚Praxis‘ und als viertes die Voraussetzung der Komplexität und damit der Verzicht auf Ableitungsversuche aus wenigen obersten Prinzipien, Axiomen oder Grundwahrheiten“ (Blankertz, 1975, S. 31).

Folgt man der Überzeugung, daß diese Charakterisierung zugleich als „eine Bestimmung der gesamten geisteswissenschaftlichen Pädagogik genommen werden“ kann (Benner, 1978, S. 204), so vereinigt Reichweins Konzept ohne Zweifel deren Hauptbestimmungsmerkmale lückenlos. Könnte dies Veranlassung zu der Vermutung geben, Reichweins Konzept sehe sich grundsätzlich ähnlichen Einwänden ausgesetzt, wie sie gegen andere Vertreter geisteswissenschaftlicher Pädagogik erhoben (vereinzelt freilich nachträglich auch wieder relativiert) worden sind[7], so mahnt diesbezüglich eine Auffälligkeit des Reichweinschen Werkes einstweilen zur Vorsicht: Seinem eigenen Anspruch nach konzipiert Reichwein geisteswissenschaftliche explizit als „kritische“ Pädagogik (Reichwein, 1926; 1927a). Er verkörpert damit ein Selbstverständnis, das sich gängigen Theorie-Etikettierungen der Pädagogik des 20. Jahrhunderts widersetzt und geeignet ist, einen Vergleich mit den im Gefolge der Kritischen Theorie der „Frankfurter Schule“ entstandenen pädagogischen Ansätzen herauszufordern, die – unter betonter Abgrenzung auch gegen die geisteswissenschaftliche Pädagogik – ihrerseits Ansprüche auf die Formel kritischer Pädagogik geltend gemacht haben. Ohne im hier vorgegebenen

[6] Vgl. dazu auch Reichwein (1926), S. 39ff.; (1928), S. 87; Hausmann (1957), S. 104.

[7] Vgl. z.B. Mollenhauer (1977), S. 9ff.; Benner (1973), S. 203ff.; Dahmer/Klafki (1968); Hoffmann/Neumann (1993).

Rahmen eine kritische Pädagogik in diesem Sinne auch nur umrißhaft bestimmen zu können, sei aus Gründen der Transparenz immerhin vermerkt, daß die folgenden Bemerkungen einem solchen Ansatz verpflichtet sind.

Fragt man den Bedeutungsdimensionen des kritischen Anspruchs bei Reichwein nach, so gerät zuerst dessen Auseinandersetzung mit anderen Theorieansätzen in den Blick. So grenzt sich Reichwein mit Nachdruck gegen Kerschensteiner ab, der Bildung als „individualisierende Verlebendigung" objektiver Kultur gefaßt (Kerschensteiner, 1959, S. 82) und das allgemeine „Grundaxiom des Bildungsprozesses" formuliert hatte: „Damit ein Kulturgut Bildungsgut für eine Individualität werden kann, muß die geistige Struktur dieses Kulturgutes ganz oder teilweise der geistigen Struktur der Individualität adäquat sein ... Die Bildung des Individuums wird nur durch jene Kulturgüter ermöglicht, deren geistige Struktur ganz oder teilweise der Struktur der jeweiligen Entwicklungsstufe der individuellen Lebensform adäquat ist" (Kerschensteiner, 1959, S. 15 und 71).

Für Reichwein kommt nun in Kerschensteiners Bestreben, ein allgemeingültiges Bildungsprinzip mit einem naturwissenschaftlich-mathematischer Erkenntnis vergleichbaren Geltungsanspruch zu offerieren, eine inkonsequente Anwendung der geisteswissenschaftlichen Methode zum Vorschein. Zudem sei die Berechtigung der von Kerschensteiner gebrauchten, letztlich der romantischen Tradition entlehnten Analogisierung seelischer Bildungs- und organischer Wachstumsprozesse (vgl. Kerschensteiner, 1959, S. 27) fragwürdig. Kerschensteiner verkenne, daß die Polarisierung von Individuum und Kultur einer erst zu rechtfertigenden Abstraktion gleichkomme, wie auch sein „Kulturgut"-Begriff eine – überdies wertende – Hypostasierung darstelle (Reichwein, 1926, S. 6ff.). Er neige im Kontext seiner einseitig psychologisierenden Bildungstheorie dazu, geisteswissenschaftliche Begriffe zu „psychologischen Substanzen" zu verfremden, womit letztlich ignoriert werde, daß die Bildungsidee ihre Bestimmung „nur aus ihrer konkreten Beziehung auf geschichtlich gegebene Kulturinhalte" gewinnen könne, „die unter der Blickeinstellung der ebenfalls geschichtlich gegebenen Bildungsaufgabe zu Bildungsgütern werden" (Reichwein, 1926, S. 18, 27). Die – für Reichwein ohnehin kaum je als vollständige denkbare – Harmonie von individueller und kultureller Entwicklung entstehe bei Kerschensteiner durch eine unreflektierte vorgängige Aufspaltung des geschichtlich-kulturellen Gesamtprozesses (Reichwein, 1932, S. 50f.; 1926, S. 24). Hypostasiere man aber wie Kerschensteiner[8] die zum Verstehen historischer Erscheinungen notwendigen geisteswissenschaftlichen Begriffe (Ideen, Typen, Struktur usw.) „zu substantiellen Trägern und Einheiten des geschichtlichen Lebensprozesses“, so entstehe allenthalben die Gefahr einer unkritischen historischen Weltbildkonstruktion (Reichwein, 1926, S. 9).

Nicht nur im Rahmen seiner Erörterung des Ansatzes Kerschensteiners hat Reichwein eine kritische Selbstreflexion geisteswissenschaftlich-pädagogischer Theoriebildung, Begriffsverwendung und Methodik gefordert. Auch in einer Auseinandersetzung mit Grisebach, der zu einer skeptischen Beurteilung des Wertes der Geschichte für die Erziehung gelangt war (Grisebach, 1924, bes. S. 147ff.), hat er sich um eine geisteswissenschaftlich-pädagogische Theoriebildung bemüht, die sich kritisch ihres eigenen Vorgehens und ihrer eigenen Begriffsbildung vergewissert. Hier plädiert er insbesondere für eine geisteswissenschaftliche Selbstbeschränkung, da sich nicht behaupten lasse, „daß das geisteswissenschaftliche Denken sich überall seiner Grenzen bewußt ist“ (Reichwein, 1927a, S. 184). Demnach bewegt man sich in der geisteswissenschaftlichen Forschung mitunter „kritiklos auf der Ebene der Konvention und Tradition, arbeitet zuversichtlich und bedenkenlos unter den zufälligen und beschränkten Horizonten seines Standorts, den man für den Mittelpunkt der Welt oder den archimedischen Punkt außer ihr hält“ (Reichwein, 1927a, S. 184).

Hinsichtlich der Auffassung, daß sich die Vergangenheit betreffende Sinndeutungen nicht umstandslos in Gesetze für Gegenwart und Zukunft transformieren lassen (vgl. Grisebach, 1924, S. 18), prinzipiell mit Grisebach einig, will Reichwein skeptizistischen Folgerungen aus dieser Überzeugung unterdessen durch eine kritisch-geisteswissenschaftliche Perspektive entgehen. Er will keine „Gleichsetzung von Geschichte und Erziehung“ und sieht die Bedeutung historischer Erkenntnis gerade darin, daß sie „von dem bloß Geschichtlichen“ zu befreien vermag: „Geschichtliche Erkenntnis überhebt uns nie der Verantwortung des Handelns“ (Reichwein, 1927a, S. 189; 1926, S. 23). Bei aller historischen Betrachtung und Sinnauslegung müsse sichtbar bleiben, wo „die Erziehungsfragen als konkrete Aufgaben ihre Stelle haben“; denn

---

[8] Als wiederholt herangezogenes Gegenbeispiel gelten Reichwein übrigens Sprangers „Lebensformen“ (Spranger, 1927); im Gegensatz zu seinem Freund Kerschensteiner rechtfertige Spranger seinen Begriffsgebrauch mit kritischer Behutsamkeit und klarem Bewußtsein für Tragweite und Geltungsbereich seiner Konstruktionen (Reichwein, 1932, S. 53; 1926, S. 18).

Erziehung sei nie nur ein historisch feststellbarer Tatbestand, sondern immer auch „ein Anspruch, über dessen Gültigkeit wir im einzelnen streiten“ (Reichwein, 1927a, S. 189).
Der Kritikanspruch Reichweins zielt somit offenbar auf die Verteidigung einer Freiheit, aus der heraus konkretes Handeln im Hier und Jetzt allenthalben auch antizipatorisch verantwortet werden muß: Pädagogik muß sich „vor dem Forum der Zukunft immer neu“ rechtfertigen (Reichwein, 1933, S. 62). Diese Grundeinsicht macht auch Reichweins auffällige Sympathie für Fichte verständlich, dessen „naiver Optimismus“, ethikzentrierte „Verkürzung des Kulturlebens“ und Vernachlässigung historischen Denkens zwar nicht mehr zeitgemäß seien, dessen Idee sittlicher Freiheit, schöpferischer Willenskraft und Selbstbestimmung aber an Aktualität nichts eingebüßt habe (Reichwein, 1925a, S. 13, 7ff.; 1926, S. 40). Die Entwicklung der autonomen sittlichen, zur kreativen Tathandlung aus Freiheit befähigten Persönlichkeit, wie Fichte sie energisch postuliert hatte, erschien Reichwein auch für seine eigene Zeit als eine Forderung, die im Hinblick auf eine angemessene politische Bildung die „intellektualistischen und formalistischen“ Rufe mancher Zeitgenossen nach verstärkter staatsbürgerlicher Belehrung an Bedeutung weit überragte (Reichwein, 1924, S. 132f.).
Reichweins kritischer Eigenanspruch gilt also, das zeigen seine Auseinandersetzungen mit anderen Theoretikern, der Verteidigung der Freiheit als eines irreduziblen Faktors historischen Fortschritts sowie der Bestimmung der Grenzen geisteswissenschaftlicher Erkenntnis. Offenkundig soll verhindert werden, daß historische Besinnung zu einer bloßen Konventionalisierung von Überlieferungen verführt, daß Tradiertes umstandslos im Sinne positiver Wertung zur normativen Selbstverständlichkeit verklärt wird. Insofern weisen Reichweins Überlegungen gewiß bereits in die Richtung einer Pädagogik kritisch-theoretischer Provenienz, die apostrophiert, daß Pädagogik nicht zur „Rechtfertigungslehre“ des Gegebenen degenerieren dürfe (vgl. Mollenhauer, 1977, S. 66). Auch das pädagogische Autonomie-Postulat, das in der geisteswissenschaftlichen Pädagogik gewöhnlich die Funktion gehabt haben dürfte, „die Erziehungsarbeit von den Weltanschauungen und gesellschaftspolitischen Interessen“ fernzuhalten (Mollenhauer, 1977, S. 22), gerät bei Reichwein sichtlich nicht zur Legitimationsformel für pädagogische Politikabstinenz. Unter betonter Absage an etwaige politische Indoktrinationen hat sich Reichwein explizit gegen verbreitete Geringschätzungen politischer Bildung gewendet und der „vollen Bejahung politischen Lebens“ das Wort geredet (Reichwein, 1927b, S. 496; 1924, S. 129f.). Politische Bildung war

für ihn dabei keineswegs durch geschichtliche Kenntnisse, die für sie gleichwohl unverzichtbar seien, ersetzbar, sondern von angemessener Persönlichkeitsbildung und der Bereitschaft zur aktiven Auseinandersetzung mit dem konkreten politischen Leben abhängig (Reichwein, 1924, S. 134f.; 1925a). Mithin finden sich auch völkische und nationalistische Akzente, wie sie sich bei den meisten Wortführern der geisteswissenschaftlichen Pädagogik nachweisen lassen (vgl. Weber, 1979; Keim, 1988), in ähnlicher Form in Reichweins Schriften nicht. Harmonistische Bestimmungen des Verhältnisses von Individuum und Staat oder Volk waren ihm ebenso fremd wie zeitgenössische Kassandrarufe angesichts einer bedrohlichen „Kulturkrise" (Reichwein, 1924, S. 130f.; Hausmann, 1957, S. 92). Auch den Impulse der Vorkriegszeit wieder aufnehmenden Aufwertungsversuchen einer spezifisch „deutschen Bildung" in den frühen Jahren der Weimarer Zeit stand Reichwein zurückhaltend gegenüber; so erschien ihm die nationalisierende Tendenz der Richertschen Reformen der zwanziger Jahre zwar als Ausdruck einer „charakteristischen Wendung der geisteswissenschaftlichen Auffassung", keineswegs aber als deren einzig mögliche – die berechtigten Ansprüche anderer Werte sollten durch sie jedenfalls nicht in den Hintergrund gedrängt werden (Reichwein, 1928, S. 82).

Nichtsdestoweniger bleibt Reichweins Kritik – diesbezüglich ließen sich Affinitäten zu Erich Weniger ausmachen (vgl. Weiß, 1994) – in wesentlicher Hinsicht eine reduzierte Kritik: Zu einer Freilegung des „Widerspruches von Bildung und Herrschaft" (Heydorn, 1970) gelangt sie nicht. Geschichte wird bei Reichwein primär als „Kultur-", kaum je als „Sozialgeschichte" gedacht (vgl. Reichwein, 1927b, S. 496); ideologiekritische Argumentation bzw. eine Thematisierung vorfindbarer Gesellschaftsstrukturen, Herrschaftsverhältnisse und Interessenantagonismen würde man bei ihm vergeblich suchen.

Man wird dies durchaus als Signal einer für die geisteswissenschaftliche Pädagogik letztlich charakteristischen Fundamentalaporie deuten können, die sich aus einer irrationalistischen Selbstbeschränkung speist. Reichwein will die Kritik der historischen Vernunft bis zur Einsicht in ihre Grenzen vorantreiben. Die Befassung mit Geschichte soll ihm zufolge schließlich einen wirkliche Handlungsfähigkeit erst konstituierenden Freiheitsanspruch zur Geltung bringen, das heißt eine Überwindung des „bloß Geschichtlichen" ermöglichen: Tathandlungen, die nach Reichwein die Wechselwirkung gerade auch mit den irrationalen Motivationskräften suchen und in eine wesengemäß offene Zukunft hineinwir-

ken sollen. Das ist nicht nur ein Hinweis auf das gewiß unbestreitbare Faktum, daß keine Entscheidung im Hier und Jetzt im Hinblick auf ihre möglichen Wirkungen erkenntnismäßig vollständig abgesichert werden kann. Damit wird vielmehr auch Freiheit – unter Ignoranz der Kantschen Bindung praktischer Freiheit an das Vernunftgesetz – ohne Not mit Entscheidungswillkür bzw. Irrationalität in Verbindung gebracht –, ohne daß Reichwein diesen Aspekt allerdings konsequent durchgehalten hätte; denn zweifellos will er nicht der irrationalen Beliebigkeit das Wort reden, sondern einer historisch aufgeklärten Freiheit: Freiheit soll neu zu verantwortende, Geschichtliches nie lediglich kopierende und Traditionsbestände nicht als unabänderlich und unhinterfragt hinnehmende Handlungs- und Bildungsprozesse ermöglichen. Damit sie nicht schlicht zur Dienerin des Irrationalen zu werden Gefahr läuft, soll sie an historische Besinnung zurückgebunden bleiben.
Auf diese Weise aber wird Geschichte hinterrücks doch wieder als einziger Orientierungsmaßstab der „Freiheit" eingeführt. Einen anderen Rationalitätsbegriff als den einer „historischen Vernunft" entwickelt Reichwein – hier bleibt er ganz auf dem Boden der Diltheyschen Tradition – nicht, und an Diltheys Diktum, das geschichtliche Leben könne „nicht vor den Richterstuhl der Vernunft gebracht werden" (Dilthey, 1981, S. 323), hält er offensichtlich fest. Letztlich bleibt sein Freiheitspostulat lediglich ein Hinweis darauf, daß Geschichte – als in hohem Maße heterogenes Ganzes – nie schon eindeutig zu klären vermag, was uns im Hier und Jetzt konkret aufgegeben ist. Das ändert indes nichts daran, daß für Reichwein einzig die Geschichte als Normenlieferantin in Frage kommt. Wenngleich er gelegentlich argwöhnt, Konventionelles werde allzu leicht zu einem Allgemeinen verabsolutiert, „aus dem sich Normen, Ziele, Richtlinien für das praktische Handeln ableiten lassen, indem das ‚Aufgegebene' gewissermaßen von dem ‚Gegebenen' aus bestimmt wird" (Reichwein, 1926, S. 16), will er keineswegs auf die Deduktion des Sollens aus dem historischen Sein verzichten. Vielmehr fordert er eine „teleologische Betrachtung", die zu einer „wenn auch noch so allgemeinen Vorstellung des Ganzen vordringt, von dem aus die einzelnen Erscheinungen und Tatsachen erst ihren Sinn erhalten"; im historischen Sein – genauer: in der (prinzipiell fortwährend korrekturbedürftigen) Auslegung des geschichtsimmanenten Telos – werde so immer schon ein Sollen sichtbar (Reichwein, 1925b, S. 90, 96).
Nun ist eine solche Position schwerlich geeignet, den Erträgen der modernen ethischen Diskussion standzuhalten: Sie ist als Variante der philosophisch gründlich ad absurdum geführten „naturalistic

fallacy“ kritisierbar (vgl. dazu Apel, 1973, S. 416ff.). Eine über Reichwein – und die geisteswissenschaftliche Pädagogik insgesamt – hinausgehende kritisch-theoretische Position muß, sofern sie sich nicht ihrerseits in die Fallstricke einer aporetischen Selbstbegründung begeben will, offensichtlich andere Wege beschreiten und im Rahmen einer Neuaufnahme der Kritik der reinen praktischen Vernunft Grundnormen freilegen, die ihrer Geltung nach als historischer Relativität enthobene transparent zu machen sind[9]. Damit sind m. E. notwendig die Absage an eine Totalhistorisierung der Vernunft und die konsequente Differenzierung von Erkenntnisgenese und Geltungsansprüchen verbunden, deren Vernachlässigung allemal zu jenem Selbstdementi führen dürfte, das letztlich alle relativistischen Positionen trifft. Wo aller Vernunft nur eine historisch begrenzte Geltung zugestanden wird, kann eine eben dies verkündende Theorie, will sie sich nicht ohnedies der rationalen Diskussion entziehen, davon nicht ausgenommen werden. Kaum einzusehen wäre dann aber, wie in einem solchen Rahmen Aussagen über „die Geschichte“, die allgemeine Struktur des Bildungsprozesses usw. möglich sein sollten. Die generelle Historisierung der Vernunft einerseits und die doch offenbar mit rationalen Geltungsansprüchen entwickelten Strukturtheorien der geisteswissenschaftlichen Pädagogik andererseits verbleiben in deren Rahmen in einem unaufgelösten Spannungsverhältnis[10] – Reichweins Ansatz bildet diesbezüglich keine Ausnahme. Die Weigerung, Geschichtliches vor den „Richterstuhl der Vernunft“ zu bringen, legt einen Verzicht auf gesellschaftskritisches Engagement ebenso nahe wie eine prinzipielle Ohnmacht hinsichtlich möglicher Spannungen zwischen den Trägern verschiedener Ansprüche, mit deren formaler und vermeintlich „unparteiischer“ Anerkennung sich die geisteswissenschaftliche Pädagogik begnügt. So hat sie immer wieder, und auch hier bildet Reichwein keine Ausnahme, auf das relative Recht des Individuums einerseits, der Kultur und ihrer verschiedenen Bereiche andererseits verwiesen, zugleich jedoch einen hilfreichen Orientierungsmaßstab für die Lösung etwaiger Konflikte zwischen den betreffenden Ansprüchen nicht benannt. Die faktischen Geschichtslösungen blieben bei solcher Unentschiedenheit dann nur noch mehr oder weniger widerspruchslos hin-

[9] Die Möglichkeit einer solchen Prozedur ist von der Transzendentalpragmatik aufgewiesen und m.E. erfolgreich eingelöst worden. Vgl. Apel (1973); (1989).

[10] Schon mit ihrem Rekurs auf eine in den verschiedenen historischen Perioden jeweils zum Vorschein gelangende Teleologie dürfte die geisteswissenschaftliche Pädagogik *uneingestanden* eine Vernunft voraussetzen müssen, die in Geschichtlichkeit nicht aufgeht.

nehmbar. Der bekannte weitgehende Kritikverzicht der geisteswissenschaftlichen Pädagogik gegenüber der Heraufkunft des Nationalsozialismus hatte gewiß nicht zuletzt in solcher Aporie seinen Grund.

Das geisteswissenschaftlich-pädagogische Kritikpotential bleibt somit stark reduziert und für eine gesellschaftskritische Pädagogik unzureichend. Gesellschaftskritik nämlich, der eine aufgeklärte Pädagogik nicht entsagen kann, erfordert Parteilichkeit für Vernunft, nicht die Auslieferung der Vernunft an einen potentiell wildwüchsigen Geschichtsprozeß, dessen geisteswissenschaftlicher Betrachtung dann nurmehr die Aufgabe bliebe, die wie auch immer historisch sich durchsetzenden Mächte letztlich als Vehikel des vermeinten geschichtlichen Telos zur Kenntnis zu nehmen. Reichweins verschiedentlich verkündetes Freiheitspathos bleibt zu unbestimmt, um ein wirkliches Korrektiv der problematischen Kerngehalte geisteswissenschaftlich-pädagogischer Theoriekonzepte bieten zu können.

Literatur

Apel, Karl-Otto (1973), Transformation der Philosophie, Frankfurt a. M., Bd. II.

Apel, Karl-Otto (1989), Normative Begründung der „Kritischen Theorie“ durch Rekurs auf lebensweltliche Sittlichkeit? Ein transzendentalpragmatisch orientierter Versuch, mit Habermas gegen Habermas zu denken, in: A. Honneth et al. (Hrsg.), Zwischenbetrachtung. Im Prozeß der Aufklärung. Jürgen Habermas zum 60. Geburtstag, Frankfurt a. M., 16–65.

Benner, Dietrich (1978), Hauptströmungen der Erziehungswissenschaft. Eine Systematik traditioneller und moderner Theorien, München, 2. Aufl.

Blankertz, Herwig (1975), Theorie und Modelle der Didaktik, München, 9. Aufl.

Bollnow, Otto Friedrich (1984), Existenzphilosophie und Pädagogik. Versuch über unstetige Formen der Erziehung, Stuttgart/Berlin/Köln/Mainz, 6. Aufl.

Dahmer, Ilse/ Klafki, Wolfgang (Hrsg.) (1968), Geisteswissenschaftliche Pädagogik am Ausgang ihrer Epoche – Erich Weniger, Weinheim/Berlin.

Dilthey, Wilhelm (1934), Gesammelte Schriften, Bd. IX, Leipzig/Berlin (hrsg. von O. F. Bollnow).

Dilthey, Wilhelm (1981), Der Aufbau der geschichtlichen Welt in den Geisteswissenschaften, Frankfurt a. M.

Flitner, Wilhelm (1980), Allgemeine Pädagogik, Frankfurt a. M./Berlin/Wien.

Grisebach, Eberhard (1924), Die Grenzen des Erziehers und seine Verantwortung, Tübingen.
Hausmann, Gottfried (1957), Die Pädagogik Georg Reichweins, in: Zeitschrift für Pädagogik, 3. Jg., 85–104 und 169–186.
Hausmann, Gottfried (1963), Nachwort, in: Reichwein (1963), 102–103.
Heydorn, Heinz-Joachim (1970), Über den Widerspruch von Bildung und Herrschaft, Frankfurt a. M.
Hoffmann, Dietrich/Neumann, Karl (Hrsg.) (1993), Tradition und Transformation der Geisteswissenschaftlichen Pädagogik. Zur Re-Vision der Weniger-Gedenkschrift, Weinheim.
Keim, Wolfgang (Hrsg.) (1988), Pädagogen und Pädagogik im Nationalsozialismus – Ein unerledigtes Problem der Erziehungswissenschaft, Frankfurt a. M./Bern/New York/Paris.
Kerschensteiner, Georg (1959), Das Grundaxiom des Bildungsprozesses und seine Folgerungen für die Schulorganisation, München/Düsseldorf, 9. Aufl.
Mollenhauer, Klaus (1977), Erziehung und Emanzipation. Polemische Skizzen, München, 7. Aufl.
Nohl, Herman (1957), Die pädagogische Bewegung in Deutschland und ihre Theorie, Frankfurt a. M., 4. Aufl.
Reichwein, Georg (1910), Die neueren Untersuchungen über die Psychologie des Denkens nach Aufgabenstellung, Methode und Resultaten übersichtlich dargestellt und kritisch beurteilt, Halle/Wittenberg.
Reichwein, Georg (1924), Zum Problem der politischen Bildung, in: Vergangenheit und Gegenwart, XIV. Jg., 129–139.
Reichwein, Georg (1925a), Das Problem der Pädagogik bei J. G. Fichte, in: Neue Jahrbücher für Wissenschaft und Jugendbildung, 1. Jg., H. 1, 5–16.
Reichwein, Georg (1925b), Grundlinien einer Theorie der Schule, in: ders. (1963), 89–101.
Reichwein, Georg (1926), Kritische Umrisse einer geisteswissenschaftlichen Bildungstheorie, in: ders. (1963), 5–42.
Reichwein, Georg (1927a), Kritische oder skeptische Pädagogik?, in: Die Erziehung, 2. Jg., 177–200.
Reichwein, Georg (1927b), Zur Didaktik des Geschichtsunterrichts, in: Die Erziehung, 2. Jg., 494–496.
Reichwein, Georg (1927c), Zur Frage der „simultanen Lehrerbildung“, in: Die Erziehung, 2. Jg., 630–639.
Reichwein, Georg (1928), Die Schule als Methode und die Methode in der Schule, in: ders. (1963), 70–89.
Reichwein, Georg (1932), Schule und Individualität, in: ders. (1963), 43–54.
Reichwein, Georg (1933), Die schöpferische Situation der Schule, in: ders. (1963), 54–69.
Reichwein, Georg (1963), Kritische Umrisse einer geisteswissenschaftlichen Bildungstheorie, Bad Heilbrunn (hrsg. von G. Hausmann).

Schleiermacher, Friedrich (1983), Pädagogische Schriften I, Frankfurt/Berlin/Wien (hrsg. von E. Weniger).
Spranger, Eduard (1927), Lebensformen. Geisteswissenschaftliche Psychologie und Ethik der Persönlichkeit, Halle.
Weber, Bernd (1979), Pädagogik und Politik vom Kaiserreich zum Faschismus. Zur Analyse politischer Optionen von Pädagogikhochschullehrern von 1914–1933, Königstein (Taunus).
Weiß, Edgar (1994), Politische Bildung in den Grenzen geisteswissenschaftlicher Pädagogik. Erich Weniger und die reduzierte Kritik im Kontext seines harmonistischen Staats- und Gesellschaftskonzepts, in: B. Claußen (Hrsg.), Texte zur politischen Bildung, Bd. 4: Sozialwissenschaftliche Studien zur Geschichte, Aktualität, Verfallstendenz und Konzeptentfaltung didaktischer Entwürfe, Frankfurt a. M., 189–206.
Weniger, Erich (1956), Die Theorie des Bildungsinhaltes und des Lehrplanes, Weinheim/Berlin.
Weniger, Erich (o. J.), Die Eigenständigkeit der Erziehung in Theorie und Praxis. Probleme der akademischen Lehrerbildung, Weinheim.

Pädagogik als letztrangig-universale Integrationswissenschaft. Wilhelm Flitner (1889–1990)

Erwin Hufnagel

I. Leben

Wilhelm Flitner wurde am 20. 08. 1889 in Berka bei Weimar geboren. Nach der Rückkehr aus dem Ersten Weltkrieg lehrte er als Studienrat in Jena, wo er seit 1919 ehrenamtlich die Abendvolkshochschule leitete. Sein besonderes Engagement galt den um ihre Identität und ihren Lebenssinn ringenden Arbeitern, den traditionslos gewordenen werktätigen Menschen. Ihnen wollte er neue Lebensmöglichkeiten in der „Laienbildung", im Rückgriff auf die christlich-abendländische Würdigung der Arbeit eröffnen. Trotz dieser aufreibenden Tätigkeit vermochte er sich 1922 an der Universität Jena bei dem Herbartianer Wilhelm Rein zu habilitieren. 1925 übernahm er die Schriftleitung der von ihm mitbegründeten programmatisch bedeutsamen Zeitschrift „Die Erziehung", in der grundsätzliche Erörterungen über die wissenschaftliche Eigenbestimmtheit der Pädagogik geführt wurden. Flitners fundamentaltheoretisches Interesse konnte sich in dieser Tätigkeit differenzieren und voll entfalten. In der „Systematischen Pädagogik" (1933) manifestiert sich dieser Reflexionsprozeß eindrucksvoll. Im Jahre 1926 wechselte Flitner an die Pädagogische Akademie in Kiel, an deren Aufbau er wesentlich beteiligt war; dies gilt auch für sein Wirken an der Universität Hamburg, an die er nach Umhabilitation und Lehrtätigkeit an der Universität Kiel 1929 als Ordinarius berufen wurde und bis 1959 lehrte. Nach dem Zweiten Weltkrieg beeinflußte Flitner als Vorsitzender des Schulausschusses der Westdeutschen Rektorenkonferenz die Reform der gymnasialen Oberstufe nachhaltig. Auch die Neugestaltung der Erwachsenenbildung ist zu einem großen Teil sein Werk. Seine 1950 erschienene, historistische und geltungslogische Momente systematisch vereinende „Allgemeine Pädagogik" wurde zu einem klassischen, tiefste Wirkungen zeitigenden Text der Pädagogik des 20. Jahrhunderts. Flitner starb am 21. 01. 1990 in Tübingen.

II. Allgemeine Pädagogik

Als Flitner seine „Systematische Pädagogik“[1] im Jahre 1933 veröffentlichte, befand sich die wissenschaftliche Pädagogik in einem Stadium grundlagentheoretischer und institutioneller Sicherung. Die von den Volksschullehrern seit Mitte des 19. Jahrhunderts geforderte Akademisierung ihres Berufes fand in der Weimarer Verfassung ein weit ausstrahlendes Echo. Für die nun in großer Zahl in Deutschland entstehenden Pädagogischen Akademien mußten curriculare Entwürfe begründet und didaktisch-methodische Formen entwickelt werden. Der Bezug auf eine die Eigenbestimmtheit der pädagogischen Wissenschaft bedenkenden, das Verhältnis zu den anderen, über Jahrhunderte etablierten Fakultäten bzw. Universitätsdisziplinen methodologisch reflektierenden Universitätspädagogik mußte dabei gewahrt bleiben, ohne die Eigentümlichkeit der Pädagogischen Akademie qua Lebensform und spezifisches inhaltliches Profil preiszugeben. Neben die grundlagentheoretische, seit der Begründung der neuzeitlichen wissenschaftlichen Pädagogik in unermüdlicher Differenzierungsarbeit versuchten Reflexion der methodologischen Bestimmtheit und Unersetzbarkeit der universitären Pädagogik trat die Suche nach differenten, aufeinander verweisenden Formen pädagogischer Ausbildung. Eine Nivellierung des universitären und des Akademieweges, die nach dem Zweiten Weltkrieg ohne gründliche Kenntnis jener geleisteten Binnendifferenzierung des Pädagogikbegriffs gefordert und in nahezu allen Bundesländern realisiert wurde, wurde von keinem Protagonisten der Geisteswissenschaftlichen Pädagogik jener Zeit angestrebt.

Flitner kannte die Welt des Gymnasiums ebenso wie die der Pädagogischen Akademie und der Universität. Die Einheit des alle Lehrer und Erzieher umgreifenden pädagogischen Ethos war ihm nicht weniger wichtig als der Gedanke einer geschichtlich-institutionellen Pluralität von Erscheinungsformen der pädagogischen Idee. Differenzierung und Einheit sollten sich so ineinanderfügen.

Flitners Allgemeine Pädagogik nimmt bewußt fundamentale Perspektiven der Schleiermacherschen Pädagogik auf, für deren Aktualität und prinzipielle Unüberholbarkeit er durch die Form seiner Gedankenführung eintritt. Weder Litt noch Nohl, noch

[1] Wilhelm Flitner, Systematische Pädagogik; in W. F., Pädagogik, Gesammelte Schriften, herausgegeben von Karl Erlinghagen, Andreas Flitner, Ulrich Herrmann, Bd. 2, Paderborn [usw.] 1983, S. 9–122.

Spranger deuten ihr pädagogisches Grundlagendenken als Explikation und systematische Weiterentwicklung Schleiermacherscher Grundmotive. Während Schleiermacher auf die erfahrungswissenschaftliche Komplettierung der notgedrungen noch überwiegend spekulativ ausgerichteten Pädagogik hofft, sieht sich Flitner vor die Aufgabe gestellt, den pädagogisch relevanten Ertrag der im 19. Jahrhundert sich entfaltenden „positiven Wissenschaften" von der Natur und vom Menschen methodologisch in den Begriff der Pädagogik zu integrieren. Das Schleiermachersche Oszillieren zwischen Empirie und Spekulation wird grundsätzlich übernommen und in der Analyse systematisch miteinander verbundener pädagogischer Kategorien en détail aufgewiesen. Die Pädagogik als Wissenschaft erreicht dadurch eine rare Komplexion. Sie wird im tiefsten Sinne Integrationswissenschaft, nämlich ein Idealität und Faktizität, Philosophie und alle Wissenschaften vom Menschen berücksichtigendes und methodologisch aufeinander beziehendes eigentümliches kategoriales Gefüge, das in dieser Gestalt erst jetzt, nach der Etablierung und Progression der Erfahrungswissenschaften, geschichtlich in Erscheinung treten kann. Sowohl positivistische Verkürzungen wie auch wirklichkeitsindependente, als resignative Sprachspiele in sich kreisende, lebensbezügliche, scholastisch-metaphysische Spekulationen entziehen sich einer solchen grundlagentheoretischen Relationierung, die zugleich auch Relativierung bedeutet.

Unter den geisteswissenschaftlichen Pädagogikern nimmt Flitner eine Sonderstellung ein. Er konstruiert nicht die Wirklichkeit des (werdenden) Menschen, sondern beschreibt sie phänomenologisch und erklärt sie im Rückgriff auf das empirisch (vorläufig) abgesicherte Wissen und demonstriert so die allzuleicht mißverstandene Komplexität des Pädagogikbegriffs, in dem Philosophie, Natur- und Geisteswissenschaften (resp. Geschichts- und Gesellschaftswissenschaften) kategorial determiniert koinzidieren. Als bloß „datenverarbeitende Integrationswissenschaft"[2] bliebe sie unterbestimmt, ihre eigene kategorialanalytische Aufgabe bzw. Selbstkonstituierung vernachlässigend, in der Kooperation mit den Bezugswissenschaften arbiträr und vom Zuschnitt her positivistisch.

Pädagogische Wissenschaft und pädagogische Kunstlehren („Erziehungslehren", „praktische Pädagogik") unterscheiden sich voneinander, ohne jedoch unbezüglich nebeneinander zu stehen.

[2] Vgl. Heinrich Roth, Pädagogische Anthropologie, Bd. 1: Bildsamkeit und Bestimmung, 3. Aufl., Hannover [usw.] 1971; Bd. 2: Entwicklung und Erziehung, Hannover [usw.] 1971.

Flitner billigt den Kunstlehren nur einen begrenzten Wert zu: Sie sind perspektivisch verengt, aus spezifischen Traditionen der Erzieherausbildung methodologisch unreflektiert erwachsen und hinsichtlich ihrer geschichtlich-normativ-voluntativen Implikationen undurchdacht. Sie bleiben partikular, zeit- und interessegebunden, über ihr eigenes Wollen und ihre jeweiligen Voraussetzungen unaufgeklärt. Dennoch sind sie in ihrer Unwissenschaftlichkeit nicht sinnlos. Die pädagogische Wissenschaft durchbricht zwar ihren Partikularismus und ihre methodologische Naivität, aber sie wahrt ihre eigentümliche Dignität. Wissenschaft und Kunstlehre sollen in einen Dialog eintreten. Auf diese Weise will Flitner den ganzen Erfahrungsreichtum der geschichtlich-pädagogischen Praxis in den universalen Fragehorizont der Pädagogik wahrend-kritisierend hineinnehmen. Noch in der beschränktesten Praxis können kognitiv-situative Möglichkeiten liegen, die für die wissenschaftliche Theorie eine Herausforderung bedeuten. Situative Entgrenzung durch die universale, Innen- und Außenrelationen bedenkende methodologische Pädagogik als Wissenschaft und durchgängige Bezüglichkeit auf die nichtantizipierbare, aus Gesetzeszusammenhängen nichtdeduzierbare pädagogische Handlungssituation: So setzt sich das pädagogische Denken in Erscheinung. Es greift sowohl auf die wissenschaftlichen wie auf die vor- und außertheoretischen Bestimmungen der pädagogischen Handlungswelt in ihrer Sein-Sollen-Verschränkung zurück. Situationslogische Perspektivität und situationsübergreifendes, methodologisch reflektiertes, in seiner Geltung relativiertes Wissen bilden einen Circulus non vitiosus.

Wie man auf den ersten Blick sieht, steuert Flitner damit einen wissenschaftstheoretischen Kurs, der gesetzeswissenschaftliches Wissen und situativ-idiographische Bestimmungen resp. Erfahrungen und Forderungen aufeinander bezieht und jenseits der dichotomisierenden Aufteilung in Geistes- und Naturwissenschaften liegt. Er konturiert mit klaren Linien – wesentliche Motive Frischeisen-Köhlers philosophischer Pädagogik fruchtbar fortbildend entnehmend[3] – die Pädagogik als Handlungswissenschaft. Dadurch weist er das (Diltheysche) Applikationsmodell – Pädagogik solle angewandte Psychologie (Erfahrungswissenschaft) werden[4] – als ver-

---

[3] Vgl. dazu Max Frischeisen-Köhler, Philosophie und Pädagogik; in: Kantstudien Bd. 22 (1917), S. 27–80; ders., Bildung und Weltanschauung. Eine Einführung in die pädagogischen Theorien, Charlottenburg 1921.

[4] Vgl. Wilhelm Dilthey, Über die Möglichkeit einer allgemeingültigen pädagogischen Wissenschaft; in: W.D., Gesammelte Schriften, Bd. 6, 2. Hälfte, 5., unveränderte Aufl., Stuttgart/Göttingen 1968, S. 56–82.

fälschende Analogie, als Resultat einer unangemessenen Übertragung der mathematisch-naturwissenschaftlichen Denkform in die mitmenschlich-edukative Interaktionssphäre zurück. Theodor Litts Reflexionen „Über das Wesen des pädagogischen Denkens“[5], die ihrerseits die weitgehende Beeinflussung durch die Gedanken Frischeisen-Köhlers nicht verbergen wollen, werden von Flitner erweiternd und konkretisierend genutzt. Ohne Übertreibung darf man sagen, daß Flitner den im Grundsätzlichen unüberbotenen Ansatz einer Praxeologie, einer systematischen Artikulation diverser Handlungswissenschaften, in seiner Allgemeinen Pädagogik vorlegt[6]. Dementsprechend wird die Pädagogik im Kontext anderer pragmatisch-hermeneutischer Disziplinen als wissenschaftliche Vergegenständlichungsform sui generis charakterisiert. Die Idee einer dem heutigen Sprachgebrauch abhanden gekommenen „Sozialwissenschaft“ leuchtet dahinter auf. Im Grunde werden damit die tradierten Klassifikationen in Kultur- und Naturwissenschaften hinfällig, genauer: im Hegelschen Sinne bewahrend-verwandelnd aufgehoben, und zwar im Gefüge einer der Diltheyschen Spätphilosophie verwandten Theorie des Denkens.
Flitners Zurückweisung des im 19. Jahrhundert sich Bahn brechenden und blindlings um sich greifenden Positivismus gründet in dieser denkphilosophischen Position. Es gibt keine denkindependente, theoretischer Voraussetzungen entbehrende Natur; es gibt weder wissenschaftlich noch lebensweltlich ein Factum brutum. Die Differenz zwischen einem Naturobjekt und einem sich selbst entwerfenden, sich selbst wandelnden, seine monadische Bestimmung vollziehenden „Subjekt“, dessen Naturalität nicht in Abrede gestellt, sondern in den Subjekts-, besser: Monadenbegriff gliedernd hineingenommen wird, ist demgemäß eine Selbstartikulation des Denkens. Aus ihr gehen die pragmatisch-hermeneutischen Disziplinen hervor; sie verdanken sich einer Idee qua Selbstbestimmung des Denkens. Diese Idee umgreift das politische, das soziale, das individuell-autonome, das interaktive, sich wechselseitig beeinflussende Handeln. Hermeneutisch-pragmatische Disziplinen – Medizin, politische Wissenschaften, Pädagogik, ja sogar Ethik und Ästhetik[7] – sind in ebendiesem Sinne apriorisch, in eigentümlichen

[5] Vgl. Theodor Litt, Das Wesen des pädagogischen Denkens; in: Th. L., Führen oder Wachsenlassen. Eine Erörterung des pädagogischen Grundproblems, 9. Aufl., Stuttgart 1961, S. 83–109.

[6] Siehe dazu auch Josef Derbolav, Praxeologische Tendenzen in Flitners geisteswissenschaftlicher Pädagogikkonzeption; in: Hermann Röhrs (Hrsg.), Die Erziehungswissenschaft und die Pluralität ihrer Konzepte, Wiesbaden 1979, S. 197–211.

[7] Vgl. Wilhelm Flitner, Allgemeine Pädagogik; in: W. F., Pädagogik, a.a.O., S. 128ff.

Setzungen des Denkens fundiert. Die in ihnen angewandten empirischen Verfahren müssen dieser spezifischen Konstitutionsvalenz entsprechen. Es liegt in der Logik des Flitnerschen „sozialwissenschaftlichen" Ansatzes, daß in der handlungstheoretischen Dimension eigentümliche empirische Analyseformen entwickelt und angewendet werden müssen.
Diesem bedeutsamen Hinweis ist die erziehungswissenschaftliche Forschung nicht in gebührender Intensität gefolgt. Die von Flitner kritisierte kategoriale Verfremdung der wissenschaftlichen Pädagogik hat – verstärkt durch die kurzschlüssige Politisierung des pädagogischen Denkens Ende der sechziger Jahre – sich nahezu als Selbstverständlichkeit etabliert. Für Flitner hingegen ist kategorialmethodische und normative Eigenbestimmtheit für die Konstitution der Pädagogik Conditio sine qua non. Töricht wäre es, Exaktheitskriterien und Überführungsprozeduren der mathematischen Naturwissenschaft den pragmatisch-hermeneutischen Disziplinen überzustülpen. Ihnen kommt eine eigene Kategorialität zu; und jedes pragmatisch-hermeneutische Subsystem muß in diesem Rahmen seine eigentümliche, auf die anderen bezogene, aber nicht mit ihnen identische regionale Kategorialität, methodologisch und normativ, systematisch entwickeln.
Diesem wissenschaftstheoretischen Artikulationsschema liegt die Überzeugung von der Fundamentalität des Normativen zugrunde. Wissenschaftliche Eigentümlichkeit entspringt normativer Spezifität. Selbst den vermeintlich voraussetzungslosen Naturwissenschaften eignet eine Wertbasis. Alles sich prima facie als bloßes Sein Gebende erweist sich als normativ, als in einem spezifischen Sollen fundiert. Ebendeshalb darf die wissenschaftliche Pädagogik – das gilt letztlich für jede andere Disziplin auch – theoretische Befunde nicht einfach anderen Wissenschaften entnehmen; denn sie nimmt mit solchen Tatsachenbehauptungen nicht nur die andere Sichtung des Objektes, das ja immer ein methodisches Konstrukt ist, also die externe Kategorialität in die Pädagogik hinein, sondern zugleich deren normative Basis. Wer Aussagen importiert, der übernimmt zwangsläufig Kategorien und Wertungen. Flitner überschreitet bei seinen Bemühungen um die relationale Autonomie der Pädagogik, um die alle Vertreter der Geisteswissenschaftlichen Pädagogik, Diltheys Vorgaben bedenkend, gerungen haben, die rein methodologische Ebene. Normative Differenzierungen sind für ihn zentral. Die Pädagogik ist eine normative Eigenwelt, die ihre eigentümliche Kategorialität und ihre komparabel-unverwechselbaren Methoden auf ebendieses Fundament durchgängig beziehen muß. Ansonsten verliert sie ihre wissenschaftliche Eigenständigkeit.

Flitner geht noch einen Schritt weiter: Innerhalb der pädagogischen Welt treten unterschiedliche Normativitäten im Laufe der Geschichte und in der Gegenwart in Erscheinung. Edukatives Wollen ist ein situativ-geschichtliches, mit anderem pädagogischen Wollen teils vereinbares, teils konfligierendes Phänomen. Solche regionalen pädagogischen Horizonte gilt es zu beschreiben; damit betritt Flitner die Ebene der Lebensidealforschung in all ihren Verästelungen und ökonomisch-sozialen Verweisungen. Sozialgeschichtliche pädagogische Forschung ist Implikat dieses Ansatzes. Eine selbstgenügsame, Realfaktoren ausblendende Ideen- und Idealgeschichte wird von Flitner (wie von Schleiermacher, Dilthey und Max Scheler) zurückgewiesen.
Bei einer bloßen Pluralität normativer pädagogischer Regionen will Flitner es allerdings nicht bewenden lassen. Trotz aller historischen Orientierung verfängt sich Flitner nicht in den Fallstricken des Historismus. Er intendiert eine jene Pseudointegration des Ideale und Fakten Herausklaubens prinzipiell überwindende systematische Versöhnung von Normativitäten höchst heterogener Provenienz. Pädagogik wird so zur normativen Integrationswissenschaft. Ihr Auftrag ist es, edukatives Wollen in all seinen (sozial)geschichtlichen Erscheinungsformen zu beschreiben und – vorsichtig formuliert – miteinander ins Gespräch zu bringen, sie aus ihrer sich absolut setzenden Hermetik zu befreien.
Die Erziehungswissenschaft – und das ist durchaus aufklärerisch gedacht – muß sich als Forum einer öffentlichen Verständigung und Auseinandersetzung mit den geschichtlich-sozial kontextualisierten Manifestationen erzieherischen Wollens begreifen. Die Erziehungswissenschaft antizipiert zwar eine Idee der Erziehung, aber sie gibt deren formalen Status nicht preis; sie bleibt regulativ, ein in nie abschließbaren Bemühungen geschichtlich zu Bestimmendes; sie bleibt unendliche Aufgabe, Verständigungshinsicht für den pädagogischen Diskurs. An ihm sollen alle teilnehmen, die pädagogische Verantwortung in Theorie und Praxis tragen. Erziehungswissenschaft vollzieht sich als geistige, Klärung und Verständigung suchende Gemeinschaft in der Gegenwart und über die Zeiten hinweg. Die Pluralität der geschichtlich-normativen Erscheinungen und die Fülle der methodischen Variationen werden von ihr als Herausforderung zur Klärung der pädagogischen Idee gewürdigt, deren monadische Bestimmtheit unverkennbar ist: Sie ist Einheit in der Mannigfaltigkeit.

Flitners Begründung der Erwachsenenbildung als Theorie und Praxis ist von unüberbietbarer Radikalität. Ihr theoretischer Rang läßt sich durchaus mit den kaum rezipierten, tiefsinnigen und weit ausgreifenden Schelerschen Bemühungen um eine letztrangige Fundierung der Erwachsenenbildung parallelisieren. Für beide Denker ist es inakzeptable Naivität, bildungspolitisch-andragogische Konzepte ohne historisierende methodologische Reflexionen, in denen Distanz zum zur Selbstverständlichkeit abgesunkenen Weltgefühl und dessen kategorial-normativen Implikationen gewonnen wird, vorzulegen. Beide treten bewußt das Erbe des Historismus an, ohne dem ihm immanenten totalen Relativismus zu verfallen. Während für Scheler eine phänomenologische Metaphysik den historistischen Relativismus begrenzt, rekurriert Flitner auf eine geschichtlich-absolute Dimension, die integrativ strukturierte christliche Weltanschauung. Deren integrative Potenz wird von Flitner nicht einfach behauptet, sondern im gesamten Œuvre perspektivisch expliziert. Deshalb wäre es gänzlich verfehlt, diesen die Einzelargumentation tragenden Rückgriff als arbiträre normative Dezision zu bezeichnen resp. zu befehden.
Im Begriff der Bildung liegt ein konstitutives emanzipatorisches Moment. Es bleibt regulativer Bezugspunkt für jedwede dimensionale pädagogische Gedankenführung. Die in der romantische Traditionen kritisch aufnehmenden Idee der Volksbildung kontextualisierte Erwachsenenbildung will letztlich nichts anderes als die in den anderen pädagogischen Institutionen intendierte Besinnung auf das Woher und die reflektierte Bestimmung des Wie und Wohin. Mögen die Mittel und Wege noch so verschiedenartig sein, das Ziel aller pädagogischen Bemühungen ist die dem historischen Bewußtsein entsteigende Möglichkeit der Entscheidung zur volklich-menschheitlich durchdachten, verantworteten Individualbestimmung. Flitner grenzt nicht einen Bereich höherer, wissenschaftlich orientierter Bildung von einer vermeintlich inferioren Volksbildungsebene ab. In der Unbedingtheit des, kantisch formuliert, negative und positive Freiheit umschließenden pädagogischen Zieles findet alles pädagogische Handeln seine Einheit und Eigentümlichkeit.
Die emanzipatorische Potenz des historischen Bewußtseins wurde – Herdersche Intentionen aufnehmend – vor allem von den Denkern der Romantik, am systematisch bündigsten wohl von Friedrich Schleiermacher, ins Licht gehoben. Flitner fühlt sich ihnen im Tiefsten seines Fühlens, Denkens und Wollens verbunden. Roman-

tizistische Verirrungen weist er gerade deshalb zurück. Aus solcher spirituellen Verbundenheit resultiert der gegensteuernde Duktus seiner Pädagogik: Die bis in die alltägliche Weltansicht herabgesunkene technologische Weltsichtung der Aufklärung, die durch sie mehr oder minder bewußt propagierte Beherrschungs-, Ausbeutungs- und Selbstermächtigungsideologie soll auf den Begriff gebracht und in großem Stil, vom einzelnen Menschen und epochal-menschheitlich, überwunden werden. Obwohl Flitner das emanzipatorische Moment der Aufklärungsphilosophie und -pädagogik zu einem zentralen Motiv seiner Pädagogik macht, gibt er der Idee der (Selbst-)Befreiung eine antiaufklärerische Richtung. Denn die Aufklärung war insofern unaufgeklärt, als sie die Dominanz des Herrschaftswissens rücksichtslos, d. h. ohne Hinblick auf andere eigentümliche, nicht am Modell der mathematisch-exakten Naturwissenschaft zu messende Vergegenständlichungs- resp. Denkmodi, durchsetzen wollte. Die moderne Lebensform des Homo faber, die Kategorien der Brauchbarkeit, Verwertbarkeit, Berechenbarkeit, quantitativer Rationalität beanspruchten fraglose universale Geltung. Auch das Selbstbewußtsein und die Selbstbewertung des einzelnen folgen diesen internalisierten geschichtlich erzeugten vereinseitigenden Kategorien. Die aufklärerischen kategorialen Muster müssen im Bildungsgang erkannt und in der Selbstbestimmung überwunden werden. Erst dadurch entsprechen wir der aufklärerischen Idee der Emanzipation.

Die Erwachsenenbildung bedarf zutiefst der Philosophie. Flitner begreift Philosophie – und damit trifft er sich mit Theodor Litts Intentionen einer die aufklärerischen und romantischen Einsichten dialektisch versöhnenden philosophischen Grundlehre – als Theorie von der Absolutheit und (Selbst-)Artikulation des Denkens. Die Menschwerdung des Menschen bleibt ohne philosophische Reflexion unvollziehbar oder zumindest fragmentarisch. In der philosophischen Reflexion werden alle Weltzugangsweisen, die diversen wissenschaftlichen ebenso wie die der Kunst, der Religion, des Mythos, der lebensweltlichen Verständigung, in ihrer Eigentümlichkeit und Bezüglichkeit bedacht. Dadurch vermag man sich von allen geschichtlich in Erscheinung getretenen und epochal herrschenden Bestimmtheitsformen des Denkens prinzipiell – nämlich im Rückgang auf das Denken als Ursprung resp. absolut erzeugende Potenz – zu befreien. Nichts anderes meint der Begriff der Bildung, der als gedankliches Zentrum für Flitners Kulturphilosophie, Pädagogik und Theorie der Erwachsenenbildung fungiert.

Flitner geht davon aus, daß der moderne Mensch in bislang nicht gekannter Weise innerlich zerrissen ist. Im Prozeß der Bildung soll solche historistisch-nachaufklärerische Zerrissenheit bedacht und geheilt werden. Im modernen alltäglichen Bewußtsein – an dieser fundamentalen Wirklichkeit knüpft Flitners Denken an – finden sich höchst widersprüchliche Traditions- und Selbstwertungsstränge: der in der Aufklärung einseitig gehegte Gedanke zunehmender Mensch- und Weltbeherrschung, der universale Mächtigkeitswahn einerseits und andererseits die im Historismus aufkeimende Ohnmachts- und Vergeblichkeitsperspektive aller menschlichen Kulturleistungen, denn die Gleichwertigkeit aller epochalen Leistungen involviert auch die resignative Einsicht in die Gleichgültigkeit jedweder menschlichen Selbsterzeugung. Eine letzte Verunsicherung bringt der heraufziehende Nihilismus mit sich, der nach Flitners Einschätzung für den einzelnen und für die abendländische Kultur zur kaum zu bewältigenden Herausforderung wird. Alle bisherigen, mühselig errungenen Bestimmungen des Menschlichen drohen verlorenzugehen.
In solcher radikalen Desorientiertheit mutet Flitner der Pädagogik und Erwachsenenbildung existentiellen Halt gebende Funktionen zu. Noch nie war die Menschlichkeit des Menschen, die personale Identität gefährdeter als in der zeitgenössischen Situation. Zu den aus dem Schoß der Geschichte hervorgetretenen elementaren Verunsicherungen tritt eine inhaltliche: Der tradierte naturwissenschaftliche und humanwissenschaftliche Reichtum ist in der Bildungsgeschichte des einzelnen und für die Generation der Spätgeborenen insgesamt als Ganzes nicht mehr geistig anzuverwandeln. Trotz allen kulturellen Reichtums – Motive der Simmelschen Kulturphilosophie klingen deutlich an – sind wir mit dem Schicksal der Armut geschlagen. Didaktisch-methodische Überlegungen erhalten dadurch eine neue, zentrale Bedeutung. Die kulturelle Initiation von Kindern, Jugendlichen und Erwachsenen wird unter die sich geschichtlich aufdrängende Möglichkeit des Scheiterns gestellt. Die prästabilierte Harmonie zwischen Mensch und Kultur droht zu zerbrechen. Geschichtslose Primitivierung zieht als Gefahr am Horizont heran.
Nach dem Ersten Weltkrieg wird im Bewußtsein aller die deutsche Nation, ihre Eigenbestimmtheit und ihr menschheitsgeschichtlicher Auftrag zum Problem. Wie selbstverständlich werden strukturelle Identitäten mit der Fichtisch-preußischen Ära zu Beginn des 19. Jahrhunderts gedacht und gefühlt. Alle hervorragenden politisch denkenden Geister der Zeit wenden sich Fragen der Volksbildung zu. Fichtes „Reden an die Deutsche

Nation“[8], in denen eine menschheitliche Perspektive mit der Würdigung nationaler Eigentümlichkeit sich unlösbar verbinden, dienen als wesentlicher Bezugspunkt. Die Volks- resp. Erwachsenenbildung erhält so eine heute kaum noch verständliche Komplexion: individualgeschichtliche und national-menschheitsgeschichtliche Hinsichten müssen aufeinander bezogen werden, und zwar so, daß eine bloße Mediatisierung einer Zentraldimension grundsätzlich ausgeschlossen bleibt.

Flitners Abhandlung „Laienbildung“ aus dem Jahre 1921 stellt sich ausdrücklich in diesen Kontext[9]. Flitner weiß, daß das naturwissenschaftliche Begründungsideal, dem der Zeitgeist blindlings nachstrebt, in Bestimmungen des Bildungszieles nicht verbindlich sein kann. Ein persönlich-bekenntnishafter Status der Ausführungen läßt sich nicht vermeiden und hat seinen guten Sinn. An ihrer Intention, zukünftige menschliche Wirklichkeit vorzubereiten, sollten sie gemessen werden. Sofern ihnen dies gelingt, sind sie legitimiert. Die Frage danach, ob Theorien menschliche Zukunft zu eröffnen vermögen oder nicht, fällt offensichtlich aus dem Rahmen des naturwissenschaftlichen Erklärungsmodells. Dies gilt für alle wesentlichen, lebensgeschichtlich-menschheitsgeschichtlichen Fragen. Es gibt Leben, Handeln, Befreiung ermöglichende Theorien mit eigentümlichen Formen der Überprüfung, der Bewahrheitung und Refusion.

Die Zeiten haben sich gewandelt. Dem alltäglichen Miteinanderleben wurden die reflexionslos wirkenden Bildungsmomente genommen. Das Leben bildet nicht mehr. Identitätslose Funktionsträger agieren miteinander nach weitgehend uneinsichtiger, vorgegebener Produktionslogik. Profession und Bildung driften auseinander. Die arbeitsteilige Industriegesellschaft verwaltet den sich selbst und den anderen entfremdeten „Menschen“. Max Webers Zeitanalyse spiegelt sich in den Flitnerschen Schriften zur Erwachsenenbildung. Die abstrakt-systematische, sozialgeschichtliche Argumentationsmuster bedenkenlos ausklammernde Bildungsphilosophie Humboldtschen Zuschnitts kann nicht mehr als Paradigma der bildungstheoretischen Reflexion dienen. Die Kluft zwischen „priesterschaftlicher“ und „laienhafter“, volksmäßiger Bildung ist unübersehbar aufgebrochen[10]. Während eine kleine

---

[8] Johann Gottlieb Fichte, Reden an die Deutsche Nation, 5., durchgesehene Aufl. nach dem Erstdruck von 1808, Hamburg 1978.

[9] Vgl. Wilhelm Flitner, Laienbildung (1921); in: W. F., Erwachsenenbildung, Gesammelte Schriften, herausgegeben von Karl Erlinghagen, Andreas Flitner, Ulrich Herrmann, Bd. 1, Paderborn [usw.] 1982, S. 29–80.

[10] Vgl. ebd., S. 30ff.

Zahl in mehrfacher Hinsicht Privilegierter sich zum elitär-hermetischen Bildungszirkel zusammenfügt, die Anstrengung des Begriffs in der eigenen Bildungsgeschichte durch die Hilfe vorzüglicher anderer und bewährter Institutionen leistend, bleibt die Vielzahl der werktätigen Menschen von solchen Bildungsformen und pädagogischen Institutionen und Traditionen ausgeschlossen. Was sie selber an Bildungs- resp. kulturellen Ausdrucksformen ersinnen und als lebensweltliche Tradition praktizieren, wird, von der Elite nicht weniger als von den Betroffenen, als inferior bewertet.

Durch die Disparatheit einer traditional-elitären und einer alltäglich-volkhaften Kultur drohen nicht nur politische, die national-volkliche Einheit betreffende Gefahren. Die kulturelle Wirklichkeit selbst vertritt ihren Reichtum. Und die elitäre Bildungswelt verkümmert zu einem Tradierungsspiel, dem der existentielle Gehalt, die vitale Betroffenheit abhanden gekommen ist. Flitners Philosophie der Volks- und Erwachsenenbildung schmäht durchaus nicht die einer Expertenkultur immanente Bildungsqualität. Aber er ist sich darüber im klaren, daß deren (interessengeleitete) Monopolisierung nicht nur kulturelle Phänomenblindheit manifestiert, sondern letztlich auch deren Selbstvernichtung einschließt. Nichts Geringeres als die Öffnung des Blicks für die unabsehbare Vielfalt kultureller (Selbst-)Gestaltungsformen und die innovative Potenz unterschiedlicher, sich aufeinander beziehender Kulturphänomene resp. Kulturwelten hat Flitner im Sinn. Das räumliche Schema eines Unten und Oben wird der Fülle und Eigentümlichkeit kultureller Wirklichkeiten nicht gerecht. Fatal wäre es, wenn sich selbst genießende, sich selbst exklusiv reproduzierende Eliten an die Stelle dieser Offenheit einen dogmatisierten, spezifische Normativität festschreibenden Kulturbegriff setzen würden. Nicht minder fatal wäre es aber auch, die Gediegenheit, die Mühseligkeit, die immense Voraussetzungshaftigkeit, wenn man will: Künstlichkeit, bestimmter Kulturleistungen ressentimentgeladen zu verachten oder gar zu bekämpfen.

Wie man sieht, ruht Flitners Theorie der Erwachsenenbildung auf einer den Geist des Historismus atmenden Philosophie der Kultur. Jede kulturelle Welt – die alltägliche ebenso wie die „artifizielle" – ist „unmittelbar zu Gott". Der in der (neu)humanistischen Tradition „priesterlich" Gebildete bedarf dieser Einsicht nicht weniger als der werktätige Mensch, der geneigt ist, die inkommensurable Wertigkeit der ins Leben und Schaffen eingesenkten Kultur- und Bildungsmomente zu verkennen. Die alltägliche Welt der Kommunikation und Produktion bietet Möglichkeiten der Bildung, die mit denen, die aus einer wissenschaftlichen Expertenkultur hervorgehen können, eigentümlich kontrastieren. Es ist an der Zeit, diese bislang verkannten beruflich-alltäglichen Bildungsmöglichkeiten in ihrer spezifischen Dignität zu würdigen.

Allerdings macht sich Flitner keine Illusionen: Diese Volkskultur und die in ihr ruhenden Bildungsmöglichkeiten für den einzelnen und die Gemeinschaft gibt es nur noch fragmentarisch. Die volkhaft-laienhaften Bildungsgüter wurden nach und nach durch die Industrialisierung und die damit verbundene Verstädterung eliminiert. Eine platte, jeglicher Bildungsvoraussetzung entbehrende Kulturindustrie drängt sich an ihre Stelle. Die ehemals im volklich-beruflich-alltäglichen Leben traditional-reflexionslos geübte kulturelle Praxis ist marginal geworden. Die Lebenswelt – so lautet Flitners kulturkritisch-reformpädagogisches Fazit – hat ihre Jahrtausende währende Bildungsmächtigkeit verloren. Kultur wurde zur eigenen Gesetzmäßigkeiten und spezifischen, nämlich sequentiell strukturierten Initiationsmodalitäten unterworfenen Expertenkultur verengt. Flitner fragt angesichts solcher Transformation nicht vorrangig danach, wie die ihrer eigenen Logik gehorchenden Dimensionen der Expertenkultur in das alltägliche Leben und Bewußtsein durch eine besondere Berufsgruppe (zurück)übersetzt werden können, sondern nach der bildungspolitischen Verantwortung derer, die den Weg in die „priesterschaftlichen", d. h. elitär-artifiziellen, immense Anstrengungen und lange Lebenszeit erfordernden Bildungswelten gehen konnten und durch das Glück des Schicksals gehen durften. Man könnte diesen Lösungsvorschlag als das platonische Motiv der Flitnerschen Volks- und Erwachsenenbildungstheorie bezeichnen.

Aufs Ganze gesehen geht es Flitner sowohl um eine tiefgreifende Wandlung der Expertenkultur, an deren Sinn und partieller Exklusivität er keinen Zweifel hegt, wie auch um eine Regeneration der laienhaft-volklichen Kultursphäre. Conditio sine qua non der anvisierten Volksbildung ist die Preisgabe des hermetischen, institutionell fundamentierten Possessivitätsdenkens des sogenannten Bildungsbürgertums, das die neuzeitlich-aufklärerische Idee der Bildung eigennützig verraten hat. Durch die Verpflichtung auf den Volksbildungsgedanken eröffnen sich dieser sozialen Schicht Möglichkeiten qualitativ-humaner Wandlung. Nur so vermag sie der überkommenen Bildungsidee ohne interessengeleitete Verfälschung zu entsprechen. Eine bloß didaktisch-institutionelle Reflexion oder Theorie des Erwachsenensubjektes erweist sich auf solchem argumentativen Hintergrund als kurzsichtige, als weitgehende Stabilisierung des politischen und kulturell-bildungshaften Status quo. Flitner denkt – nicht zuletzt aufgrund seiner christlich-

weltanschaulichen Voraussetzungen – radikal. Eine schlichte Kontextualisierung von Erwachsenenbildungsinstitutionen verkennt die gestellte und grundsätzlich lösbare Aufgabe. Äußerer und innerer, politisch-sozialer und mentaler Wandel aller Regionen der volklich-menschheitlichen Gemeinschaft ist vonnöten. Weder der „priesterschaftliche" Weg – die ideologisch-hoffnungsfrohe Mobilisierung der bislang vernachlässigten Begabungsreserven durch eine Neugestaltung des Schul- und Erwachsenenbildungsweges – noch der „Don-Quixote-Weg der Volksbildungsarbeit"[11] – die romantizistische Konservierung fragmentarisierter volklicher Kultur – sollte gegangen werden. Im ersten Fall litte die Idee der Bildung Schaden, im zweiten die Idee lebensweltlicher Kultur. Flitner will kulturelle Differenzierung ohne die Kategorialität des Besitzens und der hämisch-angstvollen resp. ressentimentgeladenen Ausgrenzung und Abwertung. Jedes kulturelle Phänomen ist als Qualität sui generis zu würdigen; die Axiologie des Oben und des Unten wird solcher Bestimmtheit nicht gerecht. Aus einer erneuerten, das alltägliche Leben, Kommunizieren und Schaffen durchtränkenden Kultur können sich neue Möglichkeiten der „priesterschaftlichen" Kultur ergeben, die ohne diesen Quell veröden, letztlich lebensirrelevant würde.
Die aufklärerische Präferenz des Wissens und der „exakten" Wissenschaft hat nach Flitners kulturkritischer Analyse zur arbeitsteiligen Industriegesellschaft und zur Dichotomisierung von Laien- und Expertenkultur, von Wissenschaft und Lebenswelt geführt. Es gilt, die Fetischisierung der Wissenschaft zu durchschauen und die kulturellen Differenzierungen funktional miteinander zu verbinden, ohne Eigenbestimmtheiten zu nivellieren. Eine Schul- und Erwachsenenbildung, welche die bestehende einseitig-rücksichtslose Bevorzugung der (natur)wissenschaftlichen Kultur bedenkenlos transportiert, verfehlt ihren geschichtlichen Auftrag. Sie reproduziert nur die soziale und theoretische Hermetik der Leistungsgesellschaft. Das Kulturphänomen der neuzeitlichen, mathematisierten Wissenschaft und das Sozialphänomen der Leistungsgesellschaft sind Korrelate.
Flitner bricht mit dem der griechischen Antike entwachsenen Primat des Logos, mit der Reflexionsbestimmtheit der Bildungsidee. Der von ihm entworfene Begriff der Volksbildung lenkt den Blick auf die nicht-theoretischen, nicht an asketische Leistung und Reflexionsformen gebundenen Wirklichkeitswelten, nämlich auf die durch Kunst und Religion eigentümlich erschlossenen Wirklich-

[11] Ebd., S. 33.

keiten. Diltheys Philosophie der Kultur wies Flitner in ebendiese bildungstheoretische Richtung. Die Gleichrangigkeit der fundamentalen Welterschließungsformen, die inkommensurable Dignität der außertheoretischen Lebenswirklichkeiten, von Kunst und Religion, wurde durch den Siegeszug der mathematischen Naturwissenschaft und der in ihr begründeten Technik aus dem Bewußtsein gedrängt. Flitners Idee der Volksbildung, die ja sowohl für die Erwachsenenbildung wie die schulische Bildung leitend sein soll, will diesen fatalen geschichtlichen Verdrängungsprozeß rückgängig machen und die Eindimensionalität des nachaufklärerischen Menschen sprengen.

Kunst als vergeistigende, die Sinnlichkeit des Menschen überformende, nicht jedoch eliminierende Lebensform erhält in diesem Konzept eine zentrale Stellung; sie erhält den Rang elementarer Humanisierungspotenz. Die künstlerischen, reflexionslos-kunstvollen Aktivitäten und Formen lebensweltlicher Praxis überwinden die logos- und askesegebundenen Selbstinterpretationen des abendländischen Menschen, in denen seine moderne Selbstentfremdung gründet. In ihnen kultiviert sich der Mensch, versöhnt er seine geistigen und naturalen Wesensmomente. Das späte Produkt neuzeitlicher Wissenschaft und lebensindependenter Metaphysik resp. philosophischer Reflexion reicht an diese die Menschlichkeit des Menschen konstituierende Versöhnungsleistung grundsätzlich nicht heran. Ohne Fundierung in der außertheoretischen Selbstformung der Kunst (und der Religion) mutieren Wissenschaft und Philosophie zu Verlustphänomenen der Humanität, zu Spezifikationen der Selbstpreisgabe, der Bildungslosigkeit des Menschen. Es ist an der Zeit, die tiefste Selbstformung des Menschen bildungstheoretisch, curricular und institutionell so zu würdigen, wie sie es verdient, und die geschichtlich bislang nicht eingelösten, für die Verwirklichung uneingeschränkter Humanität unentbehrlichen Utopien ästhetischer Erziehung und Lebensform, nichtentfremdeten Daseins, die Herder, Goethe, Schiller und der junge Hegel träumten, endlich zu verwirklichen. In der Wiedergeburt dieses Ideengutes erhält der Alltag neue, im tiefsten Sinne humane Qualitäten, wird die Dichotomisierung von Lebenswelt und Bildungswelt prinzipiell aufgehoben, präsentieren sich neue, über lange Zeiträume verfemte Modi der Bildung, aus denen sich jede gehaltvolle kulturelle Differenzierung speist. Auch Wissenschaft und Philosophie gewinnen so eine neue Bestimmtheit und lebensbezogene Qualität. Und die Menschen stünden bei Verwirklichung dieser Utopie in einem anderen Verhältnis zueinander. Über die Grenzen des Standes, des Volks, der geographisch-geschichtlich-kulturellen Sonderung hinweg konstituierte sich in aller Differenzierung eine elementare Verstehensgemeinschaft. Flitners in ihrer Tragweite kaum gewürdigte Idee der Volksbildung intendiert nichts Geringeres als die Überwindung der logizistischen Selbstentfremdung des Menschen und der damit verbundenen inhumanen nationalen und sozialen Hermetik. Flitner strukturiert die Idee der Volksbildung so, daß sie ohne Nivellierung des Individuellen und Nationalen in einem die Gleichrangigkeit (Letztgültigkeit) kultureller Ausdrucksformen und die Fülle kultureller Phänomene wollenden Kosmopolitismus sich vollendet.

IV. Lebensformen

Idee und Ideal, Ethik und Ethos markieren die Grenzlinien der Flitnerschen Geschichts- und Kulturphilosophie, Wissenschaftslehre und Theorie der Lebensformen. Diltheys früh vollzogene Historisierung der Letztgültigkeit beanspruchenden (Kantschen) Ethik war für Flitner richtungweisend. Und auf dessen historischem Typologiekonzept, das ja als genuine „geisteswissenschaftliche" Methodologie entworfen und von Dilthey selbst in höchst fruchtbarer Weise angewandt wurde[12], versucht Flitner die wesentlichen Formen und Entwicklungsstadien der europäischen „Gesittung", d.h.: geschichtlich-epochalen humanen Selbstgestaltung, zu rekonstruieren[13]. Max Frischeisen-Köhlers typologischen Erörterungen schenkte Flitner dabei ebenfalls große Beachtung[14]. Nun konnte Flitner unter Beweis stellen, zu welchen historischen Aufschlüssen und postulatorischen Gehalten das hermeneutisch-pragmatische („sozialwissenschaftliche") Denken im distanzierenden Bezug zur „positiven" Geschichtswissenschaft und zur normativitätsorientierten Geschichtsphilosophie führt. In diesem Spannungsgefüge zwischen Positivität und Normativität, zwischen historischer Relativität und axiologischer Unbedingtheit müssen die pragmatisch-hermeneutischen Disziplinen ihre schwierige analytische Aufgabe erfüllen. Im Gegensatz zur gewalttätig-überfliegenden, ihre Erkenntnismöglichkeiten immens überschätzenden, totalitäre Konsequenzen involvierenden Geschichtsspekulation à la

[12] Vgl. etwa Wilhelm Dilthey, Pädagogik. Geschichte und Grundlinien des Systems, Gesammelte Schriften, Bd. 9, 4., unveränderte Aufl., Stuttgart/Göttingen 1974, bes. S. 99ff.

[13] Vgl. Wilhelm Flitner, Die Geschichte der abendländischen Lebensformen, Gesammelte Schriften, herausgegeben von Karl Erlinghagen, Andreas Flitner, Ulrich Herrmann, Bd. 7, Paderborn [usw.] 1990.

[14] Vgl. Max Frischeisen-Köhler, Philosophie und Pädagogik, a.a.O.

Hegel oder Marx, aber auch in klarer Abgrenzung von der ihrer eigenen normativen Voraussetzungen nicht bewußten vermeintlich rein empirischen Geschichtsforschung steuert Flitner einen mittleren, einen dialektisch versöhnenden Kurs. Schon im Diltheyschen Begriff des Typus wird ebendiese Vermittlungsfunktion mit ihrer Korrelativität von Konkretheit (Anschaulichkeit) und Allgemeinheit (Begrifflichkeit) zusammengedacht. Beiden, der dem Positivismus hörigen Geschichtswissenschaft ebenso wie der die Fakten negierenden oder konstruktiv-verzerrenden Geschichtsmetaphysik, wird der Spiegel vorgehalten. Geschichtsphilosophie und Geschichtswissenschaft müssen einen anderen argumentativen Status gewinnen. Ihr hermetischer methodologischer Separatismus muß in seiner rational kaschierten Unvernünftigkeit endlich durchschaut werden.

Man könnte Flitners wissenschaftstheoretische Grundüberzeugung als Einsicht in die Wechselbedingtheit und Eigenbestimmtheit von Geltung und Faktizität kennzeichnen. Während die Geschichtsforschung auf den Schultern des Historismus das Unmittelbar-zu-Gott-Sein bzw. die relativistische Inkommensurabilität geschichtlich-kultureller Phänomene in den Mittelpunkt rückt, operiert die Geschichtsmetaphysik mit mehr oder minder arbiträren axiologischen Dezisionen und usurpiert faktenunbezüglich absolute Geltung. Idee und Phänomen gehören indes prinzipiell zusammen. In der ephemeren Erscheinung, in einer einzigartigen situativen Konstellation vollzieht sich die Unbedingtheit des Denkens und Wertens. Wir Menschen können dem Augenblick Dauer, absolute Wertigkeit geben. Jede menschliche Handlung untersteht dieser essentiellen Möglichkeit. Absolutheit und faktengebundene Kontingenz fallen in eins.

Diese Flitnersche Koinzidenzthese bezieht sich auf die partikulare Handlung des einzelnen ebenso wie auf die maßgeblichen, das abendländische Bewußtsein leitenden „typischen" Gesittungs- resp. Selbstgestaltungsformen des um seine Menschlichkeit ringenden Menschen. Letztere sind nichts anderes als auf ein eigentümliches Ideal bestimmend bezogenes Totum von Handlungen. Solchen Idealen eignet Historizität. Sie treten geschichtlich, mannigfach bedingt durch sich aufeinander beziehende Idealvorläufer, in Erscheinung und determinieren über einen gewissen Zeitraum hinweg die Selbstinterpretation und Selbstbestimmung von Menschen. Im Bezug auf ein solches Ideal gewinnt der Mensch seine Identität. Menschsein bedeutet idealbezogenes und idealbestimmtes (lebens)geschichtliches (Selbst-)Geformtsein. Der Mensch bedarf des Ideals zu seiner Selbstgestaltung; er bedarf der um-

greifenden, seine Personalität nach und nach ermöglichenden Lebensformen. Der Mensch lebt zunächst gleichsam ekstatisch in epochal-kulturellen kollektiven Interpretationsmustern; zur Entdeckung und Würdigung seiner Individualität bedarf es noch langer Zeit und weltanschaulicher Transformationen.
All diesen kollektiven Interpretationen gültigen Menschseins – Flitner unterscheidet in geschichtlicher Hinsicht die Lebensformen der Antike, des Mittelalters, der Renaissance und der Gegenwart – kommt in ihrer historischen Faktizität Absolutheit zu. Flitner mediatisiert nicht das Selbstverständnis und den absolut gemeinten Selbstgestaltungswillen vergangener Epochen der Menschheit. Ihm wird die bisherige Geschichte der idealbezogenen Selbsterzeugung des Menschen nicht zur gleichgültig-wirkungslosen, des Bedenkens unwürdigen Vorgeschichte. Dieser Sündenfall blieb den geschichtsblinden Gegenwarts- und Zukunftstechnologen der Aufklärung vorbehalten; er wirkt in der positivistischen Mentalität des 19. und 20. Jahrhunderts weiter. Die Akzeptanz der wesentlichen abendländischen Ideale der Daseinsformung ergibt sich für Flitner aus der Achtung vor der Personalität des Menschen, vor der Absolutheit seines existentiellen, letztheitlichen Wollens.
Dennoch beläßt es Flitner nicht bei solchem historistisch inspirierten Anerkennen und anverwandelnd würdigender Toleranz. All diese geschichtlichen Manifestationen resp. öffentlichen, allgemein situierenden, den einzelnen, wie immer ausdrücklich seine Singularität empfunden wird, stabilisierenden, unifizierenden, sanktionierenden regionalen Normativitätswelten, die sich jeweils ausschließlich und in ihrer menschenbildenden Valenz absolut dünken, sollen sich nach Flitners Intention in ihrem tiefsten, menschlich allgemeingültigen Gehalt zu einem die Menschheit umspannenden, sich geschichtlich unabschließbar weiterentwickelnden humanen Ethos ideal-anschaulich zusammenfügen. Flitner huldigt der Utopie eines neuen alten Humanitätsideals.
Er schreibt keine bloße Kulturgeschichte, sondern betrachtet den Formenreichtum der geschichtlich-kulturellen Selbsterzeugung des Menschen unter dem Aspekt öffentlicher Normativität, also kollektiv-ethischer, anschaulicher, vorgelebter, vorentschiedener, tradierter, als Selbstverständlichkeit genommener Sitte. Wer in solchem Horizont der Sitte als Mensch heranwächst, der ist gesittet. Der Prozeß der (Selbst-)Formung durch die Sitte wird von Flitner als „Gesittung“ bezeichnet[15]. Dabei läßt sich Flitner, in der Sprache

[15] Siehe dazu Hans Scheuerl, Nachwort; in: W. F., Die Geschichte der abendländischen Lebensformen, a.a.O., S. 376f.

Hegels formuliert, von der Idee leiten, daß absoluter und subjektiver Geist solcher geschichtlich geformten Normativität zu ihrer einenden Verwirklichung bedürfen. Personalität bedeutet letztrangige Unbedingtheit, Freiheit, Verantwortlichkeit und Zurechenbarkeit. Sie läßt sich nicht im Sprung, ohne die gestaltende Hilfe traditional-kollektiver Normwelten erreichen. Deren Brüchigkeit hat nachhaltige Auswirkungen auf die Chancen der Personalität. Im Formenreichtum der Sitte qua gestalthafter Totalität ruht die Absolutheit personaler Bestimmung, der Sittlichkeit. Nur im Medium des Ideals werden wir der Idee ansichtig.

Unsere abendländisch-europäische Kultur hat sich in wenigen fundamentalen Bildern, im Helden, im Weisen, im Heiligen, Klarheit des eigenen Wollens verschafft. Vor allem die Bilderwelten zerstörende Aufklärung, deren spiritualisierende Potenz von Flitner durchaus anerkannt wird, hat bildungsgeschichtlich verheerende Folgen gezeitigt[16]. Entgegen ihren wesentlichen Intentionen hat sie personale Selbstbestimmung als (lebens)geschichtliches Ereignis gefährdet. Sie hat deren imaginativ-propädeutische Voraussetzungen über weite Strecken ausgerottet. Der freudig-polemisch beschrittene Weg vom Mythos zum Logos, von der normativen Konfiguration zur vermeintlich anschauungsindependenten Begrifflichkeit erweist sich als Holzweg, als Sackgasse der Kultur. Entmythologisierung bedeutet eben auch Depersonalisation, eine radikale Schwächung der Persönlichkeit. Logos und Mythos, Begriff und Anschauung, Idee und Ideal schließen sich, wenn wir Flitner folgen, nicht aus; sie bilden vielmehr ein korrelatives Gefüge.

Kants ethischer Formalismus und Herbarts Theorie der formalen Bildung, die als Antwort auf eine irritierende, in ihren Werdensmöglichkeiten nicht mehr überschaubare kulturelle Komplexion verstanden werden muß, sind auf diesem gedanklichen Hintergrund – trotz aller Größe – als Fehlformen des Denkens zu bewerten. Sie reden einem Abstraktismus das Wort, der mit der rational-imaginativen Grundverfaßtheit des Menschen kollidiert. Philosophie und Pädagogik der Neuzeit begeben sich auf denselben gefährlichen, die Humanität des Menschen gefährdenden Weg.

Der griechische, auf Selbstvergewisserung bedachte Geist, die römische Rechtskultur und die christliche Geschichts- und Weltdeutung zielten – bei aller Heterogenität der Ursprünge und der Intentionen – darauf ab, die Personalität des Menschen zu wahren und zu fördern. Das ekstatische Ineins von Mensch und Welt

[16] Vgl. Wilhelm Flitner, Die abendländischen Vorbilder und das Ziel der Erziehung, Godesberg 1947.

wurde durch das Bewußtsein des Ich resp. der Geistigkeit des Menschen geschichtlich durchbrochen. Dies ist die Geburtsstunde des abendländischen Geistes. Der auf den Schultern der Aufklärung stehende moderne Geist versteht sich zwar in solcher Kontinuität, negiert aber bei Licht besehen die abendländische personale Tradition. Personalität entfaltet sich nur an einem personalen Gegenüber. Der griechisch-jüdische Monotheismus – in sich selbst noch höchst different – war Selbstdeutung des Menschen durch philosophisch-theologische Spekulation, war ein Geschichte eröffnender Schub der Vereinheitlichung und Verinnerlichung des Menschen. An dem Entwurf universaler Einheit – der Logizität qua Gesetzeseinheit[17] und der personalen Gott-Einheit – errang der Mensch selbst die Einheit der Person. Die kosmisch-theologische Spekulation erweist sich als Selbsterzeugung des Menschen. Gewiß, diese Personalität ist nicht einfach deckungsgleich mit der neuzeitlichen Individualität, gelten doch für beide ganz andere geschichtlich-politische und weltanschaulich-soziale Rahmenbedingungen, aber sie bricht sich an der Idee universaler gesetzesbestimmter Einheit, an der Idee des Logos, und an dem Ideal Eines personalen Gottes Bahn. Hier beginnt die Geschichte des Gewissens und der lebensgeschichtlichen Identität des einzelnen Menschen.

Das philosophische Denken der Griechen wird nach Flitners Auffassung im Christusglauben vollendet. Während auch in China und Indien die Identität der Person als Grundsicht des Menschen geschichtlich durchbricht, gehört es zu den Eigentümlichkeiten der europäischen Kultur, daß ein transformierender und läuternder Amalgamierungsprozeß zwischen solchem philosophischen Denken und der christlichen Heilslehre sich vollzog. In den christlichen Kategorien der Sünde, der Erlösung, der Liebe und der Nachfolge erreicht das geschichtlich-kulturgeschichtliche Denken eine unüberbietbare Tiefe. Und durch die theologische Spekulation vergewissert sich der Mensch seiner essentiellen Gegliedertheit, seiner Einheit in der Mannigfaltigkeit – die Monadologie wird diesen Gedanken metaphysisch durchspielen –, der Identität in der lebensgeschichtlichen Differenzierung. Noch die zeitgenössische Sozialisationsforschung zehrt von dieser theologischen Vorgabe, die auch für Diltheys Teleologie des Seelenlebens undurchschaut wirksam war. Wer den Menschen, wie die Philosophie der Aufklärung und ihre positivistisch-nihilistischen Nachfahren, diesen anschaulich-tiefsinnigen Selbsterkennungs- und Selbstvergewisse-

[17] Vgl. dazu Platon, Nomoi; in: Platon, Sämtliche Dialoge, herausgegeben von Otto Apelt, Bd. 7, Hamburg 1988.

rungsentwurf nimmt, der ist, mag er auch anderes wollen, der Totengräber personaler Differenziertheit und Identität. Nicht um dogmatische christliche Verkündigung geht es Flitner, sondern um die ein neues-altes Denken erzeugende Einsicht in die Notwendigkeit eines den Bildungsprozeß leitenden Personalitätsideals, das im christlichen Traditionszusammenhang artikulatorische Schärfe und bildhafte Eindringlichkeit gewann. Eine autarke Selbstinterpretation – auf sie hat die Philosophie und Pädagogik der Aufklärung gesetzt – bleibt hinter diesem personalen Reichtum zurück.

Zutiefst erschüttert von den leidvollen Erfahrungen der Nazidiktatur und des Zweiten Weltkrieges, entwirft Flitner ein geradezu eschatologisches Gemälde der Zeit. Auch in der Geschichte der Menschheit gibt es eigengeartete Experimente. Die Autonomisierung des Menschen, in der sich das stoische Autarkiedenken vollendet, führt als ihren schrecklichen Schatten einen den Menschen entthronenden Naturalismus mit sich. Dies ist in den Augen Flitners die fundamentale Dialektik der Aufklärung. Das Autonomiedenken mündet im Naturalismus – wenngleich, wie man hinzufügen darf, nicht notwendigerweise auf der Ebene der philosophischen Spekulation, so doch in der Mentalität des neuzeitlichen alltäglichen Bewußtseins. Die Rede von der absoluten Würde des Menschen verkehrt sich in ihr Gegenteil: in die faktische Degradierung des Menschen zu einem bloßen manipulierbaren, total instrumentalisierbaren Naturstück. Sie verkommt zum Geschwätz. Die Aufklärung hat weder ihre Folgen noch ihre Voraussetzungen gründlich genug bedacht. Wir müssen uns durch den Rekurs auf integrierend anzuverwandelnde abendländische Idealitäten dem Banne der Aufklärung entziehen.

Als Hintergrund der Flitnerschen Theorie der Lebensformen, die mannigfache Anregung von Scheler und Spranger zeigt, fungiert die geschichtlich gewonnene anthropologische Überzeugung von der wechselseitigen Bedingtheit, von der komplementären Unerläßlichkeit der Vita activa und der Vita contemplativa. Im Typus des Helden verkörpert sich die Wendung nach außen, das prometheische Beherrschen- und Sich-bemächtigen-Wollen: am Anfang war die Tat! Zum Menschsein gehört die bewährende, das eigene Dasein riskierende Praxis. Im christlichen Abendland nahm dieser Typus die Gestalt des Ritters an. Aus der kontemplativen Lebensform des Weisen wurde in der Spätantike der Mönch, der asketische Homo religiosus[18]. Dem monastisch-asketischen Ideal tritt die

[18] Vgl. dazu Wilhelm Flitner, Die Geschichte der abendländischen Lebensformen, a.a.O., S. 114ff.

humanistische Lebensform zur Seite, die Flitner als eigentümliche, neue, bislang ungekannte Differenzierung des Fühlens und Wertens schaffende Versöhnung des antiken griechisch-römischen Geistes mit der Verinnerlichungskultur der christlichen Spiritualität begreift[19]. Aus Flitners Beschreibung der christlich-humanistischen Lebensform atmet tiefste Zustimmung, wenngleich kein Zweifel daran besteht, daß diese geschichtliche Ausprägung der Vita contemplativa ergänzungsbedürftig bleibt.
Als höchst problematisches Resultat des säkularisierten Humanismus wertet Flitner die der Welttätigkeit entsagenden, sich in ein verkürztes Ethos einhausenden Intellektuellen[20]. Das massenweise Heraufziehen einer dem antiken und christlichen Ethos entwurzelten Akademikerschaft hat Flitner als bedrohliche Verkürzung der Menschlichkeit des Menschen gesehen. Vom Ideal des „schlichten werktätigen Mannes"[21], das im Typus der „freien christlichen Werkleute"[22] wurzelt, sticht die Verfallsform des bornierten intellektuellen Spezialisten als epochale Irrung ab. Zu den Kennzeichen des europäischen Geistes gehört die in der christlichen Lehre und Haltung vollzogene Heiligung der Arbeit, die Koppelung von Beruf und Berufung, die Versöhnung der Vita activa mit der Vita contemplativa. Alle pädagogischen und bildungspolitischen Modelle sollen sich nach Flitners Willen in zeitgemäßen, Entwicklungen nicht romantizistisch illusionär überspringenden Formen dieser glücklich-mühselig errungenen Integration prinzipiell anschließen. Europas geschichtliche Größe beruht auf seiner immensen plastischen, Kulturen integrierenden Potenz. Noch das entfernteste Deutungsmuster von Mensch und Welt vermochte das christliche Abendland in seiner geschichtlichen Selbsterzeugung zur inneren Wandlung zu nutzen, in das eigene Denken und Fühlen gleichsam einzuschmelzen. Hinter dieses synthetisierende Ethos dürften wir nicht zurückfallen. Kulminationsphänomen der wandelnd-bergenden spirituellen Plastizität ist der christliche Geist. Ebendeshalb steht er für Flitner nicht zur Disposition. In der Flitnerschen Theorie der abendländischen Lebensformen bekundet sich diese idealische, noch das Heterogenste zur gestaltlichen Einheit zusammenfügende Mächtigkeit des christlichen Geistes.

---

[19] Vgl. ebd., S. 221 ff.

[20] Siehe dazu Wilhelm Flitner, Die abendländischen Vorbilder und das Ziel der Erziehung, a.a.O.

[21] Ebd.

[22] Vgl. Wilhelm Flitner, die Geschichte der abendländischen Lebensformen, a.a.O., S. 195 ff.

III. WEITERFÜHRUNGEN

Erinnerung an Fritz Blättner (1891–1981)

Gerhard Priesemann

1. Teilstück: Vom Vergessen

Seit Thukydides im Auftakt zu seiner Geschichte des peloponnesischen Krieges zum ersten Male darauf aufmerksam gemacht hat, wie unzuverlässig das Gedächtnis der Menschen ist und wie schnell die wahre Kenntnis des vergangenen Geschehens verloren geht, sollte eigentlich historische Dokumentation ständiges Bemühen aller Vernünftigen sein. Aber dem ist nicht so. Auch nach weit über 2000 Jahren scheint die andere These des Thukydides ebenfalls noch bestätigt zu sein: die Menschen ändern sich nicht. Für uns, die wir den Übergang von der Epoche einer Aufbewahrung des Wissens in Büchern zu einer Phase elektronischer Datensicherung miterleben, ist wie mit Händen zu greifen, wie rasch sich Verhältnisse ändern, Reiche zerbrechen und neu entstehen, Institutionen sich wandeln und, angesichts des rapiden Stroms der Geschehnisse, einzelnes und Einzelne vergessen werden. Jede Gelegenheit, sich mit der Kraft der Erinnerung dagegen aufzulehnen, sollte also willkommen sein. Der Pädagoge Fritz Blättner, dem diese Skizze gewidmet ist, verdient ein solches Gedenken. Warum eine Reflexion über das Vergessen es eröffnet, wird sich rasch zeigen:
„Die pädagogischen Lehrveranstaltungen der Nachkriegszeit (an der Universität Kiel) wurden im WS 1945/46 mit einer Gastvorlesung Otto Friedrich Bollnows über „Pestalozzi“ und einem Proseminar über „Die Bildungsidee im Wilhelm Meister“ eröffnet. Entscheidend für die weitere Entwicklung aber war die Berufung Fritz Blättners auf einen a.o. Lehrstuhl für „Psychologie und Pädagogik“ am 23. April 1946. Als Direktor des Psychologischen Instituts, das 1948 in ein „Institut für Pädagogik und Psychologie“ umgewandelt wurde, übernahm er am 1. Dezember 1948 die erste ordentliche Professur für „Pädagogik und Psychologie“ in Kiel, die er bis zu seiner Emeritierung 1959 innehatte“[1].

[1] Zitiert aus der „Geschichte der Philosophischen Fakultät“, Teil 1, bearbeitet von Peter Rohs, Meinhart Volkamer, Hans-Georg Herrlitz (der hier zuständige Ver-

In den knapp 50 Jahren seit Gründung des Instituts für Pädagogik hat es einerseits eine Stellenerweiterung auf drei Professuren gegeben, andererseits hat sich mit dem Wechsel der Stelleninhaber und der Veränderung der Aufgaben in Lehre und Forschung ein so rascher Wandel der Dinge ergeben, daß Leben und Werk des Nachkriegsgründers fast vollständig vergessen sind, und wohl nicht nur bei den Pädagogen, sondern auch bei den Psychologen. Was aber gewichtiger ist: mit der Integration der Pädagogischen Hochschule Kiel in die Christian-Albrechts-Universität – als Erziehungswissenschaftliche Fakultät – im Jahre 1994 verlor das Institut für Pädagogik seine tragende Rolle als Stätte der erziehungswissenschaftlichen Forschung innerhalb der Philosophischen Fakultät. Auch das wird nicht dazu beitragen, das Gedenken an die Gründungsphase und an die Ziele und Tätigkeiten des ersten Direktors wachzuhalten. Ebenfalls vergessen dürfte sein, daß Fritz Blättner auch ein „Seminar für Erwachsenenbildung" gegründet hat (1949), das zu Anfang der 70er Jahre gleichsam sang- und klanglos verschwand[2]. Die Bibliothek des Instituts bewahrt in einem Schuber eine Sammlung von Aufsätzen als Gaben für eine „Festschrift" zum 65. Geburtstag von Fritz Blättner mit dem Titel „Resonanz" (Kiel 1956). Die Vervielfältigung erfolgte mit Hilfe eines Ormig-Apparates, und mittlerweile sind die Blätter der Aufsätze so vergilbt, daß abzusehen ist, wann sie nicht mehr zu lesen sein werden. Resonanz? Bei seinen Freunden, Schülern, Zeitgenossen sehr wohl. Bei der Nachwelt im kleinen Zeitraum von ein paar Jahrzehnten? Höchst zweifelhaft. Eine Umsetzung der Texte auf CD-ROM wird es kaum geben, auch wenn sich das schon deswegen lohnte, den Abstand seinerzeitiger und derzeitiger Ziele, Themen, Arbeitsweisen, Interessen erkennen zu können. Es wäre auch erkennbar die Resonanz eines Lehrers auf seine Schüler – und umgekehrt, die Spiegelung geistiger Tätigkeit eines Mannes in der Art, wie andere Männer darauf antworten. Vielleicht wäre erkennbar ein letzter Reflex eines vergangenen Phänomens: daß nämlich einmal Pädagogik von Vertretern einer Gruppe repräsentiert wurde, die sich untereinander auch als Personen kannten und schätzten und für die, aufs Ganze gesehen, Erziehung immer ein personales

---

fasser), Wilhelm Kraiker, Hans Tintelnot, Kurt Gudewill, in der „Geschichte der Christian-Albrechts-Universität Kiel, 1665–1965, Band 5, Teil 1", Neumünster 1969, S. 126.

[2] Herrlitz, a.a.O., S. 137.

Geschehen war[3]. Nicht von ungefähr widmet Fritz Blättner seine wohl (für ihn) wichtigsten Bücher Herman Nohl (Das Gymnasium) und Wilhelm Flitner (Pädagogik der Berufsschule)[4].
Am größten freilich dürfte der Abstand sein, der zwischen dem heutigen Zustand der Erziehungswissenschaft und ihren Anfängen in der ersten Nachkriegszeit nach dem Ende des Zweiten Weltkriegs besteht, während diese Anfänge, verglichen mit dem Zustand in dem Jahrzehnt nach Ende des Ersten Weltkriegs, sich nicht sehr viel unterscheiden: das liegt nicht zuletzt an der Identität der Personen, die vor und nach dem Interregnum des Nationalsozialismus tätig waren und zum Teil auch in dieser Zeit. Es liegt aber auch in ihrer Auffassung von ihrer Aufgabe begründet und in ihrem Verständnis vom engen Zusammenhang von Philosophie und Pädagogik. Jedenfalls war das explizit die Auffassung Fritz Blättners. Da er, wie er mir schrieb, bei seinen „pädagogischen Klärungsbemühungen" stets die Historie und die Philosophie zu Hilfe nahm, hat er, mit der Gelassenheit des Alters, auch zum Schicksal des Vergessen-Werdens auf Blättnersche Weise Stellung genommen: In meinem Buch über das Gymnasium „ist nämlich der tiefe Unterschied zwischen ‚Wissenschaft' und ‚Fach', wie ich glaubte, überzeugend aufgewiesen. Aber das muß ja wohl in jeder Generation aufs neue gesagt werden. Mein Buch ist so gründlich vergessen, daß es sogar von meinen Schülern ... nicht mehr erwähnt wird. Nun, damit muß sich der sehr Alte eben abfinden. Man veschwindet aus der Diskussion mit dem Recht einer neuen Alterswelle. Ich bin deswegen darüber nicht im mindesten böse, es ist natürlich und unvermeidlich"[5].
Wenn man statistische Angaben umstandslos als Indizien für reale Tatbestände nehmen könnte, dann hätte Fritz Blättner sich in diesen seinen Annahmen über das Vergessen-Werden geirrt; denn

[3] Vgl. Albert Reble, Ist das noch „Geisteswissenschaftliche Pädagogik?" Reflexionen, Thesen und Bekenntnisse in autobiographischer Sicht, in: Wilhelm Brinkmann (Hrsg.): Albert Reble, Pädagogische Perspektiven in unserer Zeit. Beiträge von 1933 bis 1995, Bad Heilbrunn 1995, S. 53f. Der zitierte Aufsatz stammt aus dem Jahr 1995.

[4] Die Schriften Fritz Blättners werden hier und im folgenden zitiert nach der „Bibliographie Fritz Blättner". Im Auftrage des Instituts für Pädagogik der Christian-Albrechts-Universität Kiel zusammengestellt von Jürgen Henningsen, Heidelberg 1961. Die Erstausgabe des „Gymnasiums" erschien 1960 (Henningsen, Nr. 218), die „Pädagogik der Berufsschule" 1958 (Nr. 195), beide bei Quelle & Meyer, Heidelberg. Zu Blättners, auch in seiner Sicht, erfolgreichstem Buch, der „Geschichte der Pädagogik" (Henningsen Nr. 121, Heidelberg 1951) s.u. Teil 4, S. 8 und Teil 5, S. 10.

[5] Die Zitate aus einem persönlichen Brief vom 14. 2. 1977 und vom 17. 1. 1977.

immerhin: Laut Register der „Enzyklopädie Erziehungswissenschaft“ wird dieser Autor in den Bänden des Gesamtwerkes 34mal erwähnt, und am häufigsten dabei mit der „Geschichte der Pädagogik“ und dem „Gymnasium“. Aber es gilt eben auch: Vorkommen in den Datenspeichern ist nicht identisch mit lebendiger Repräsentation im Geist. Und wenn schon das Wirken eines Menschen schwer zu dokumentieren ist, so steht es mit dem Nachweis der Nachwirkung wohl noch um einiges schlechter. Auch die hier versuchte Erinnerung kann dem Vergessen nur ein wenig wehren. Zum Glück kann sie sich hinsichtlich des Lebens und des Werkes noch auf viele gute Zeugnisse und Zeugen stützen.

2. Teilstück: Das Leben eines „Pädagogen“: Teil 1

Die Stationen im Bildungsgang und Berufsleben von Fritz Blättner sind, wenn wir auf die Daten sehen, so gut wie lückenlos bekannt. Es gibt zum Beispiel einen Kurzabriß des „Lebenslaufes“ im Anhang an die Bibliographie aus dem Jahre 1961, verfaßt von seinem Schüler Henningsen[6]. Es gibt, ebenfalls von Jürgen Henningsen, eine Würdigung, zum 70. Geburtstag, verfaßt als „Einleitung“ zu einer Sammlung von acht Aufsätzen Blättners[7]. Und wir haben, das Ausführlichste, einen Lebensabriß, verfaßt als Selbstdarstellung und zugleich das späteste greifbare Dokument, erschienen 1975. Da diese Selbstdarstellung in einer Reihe steht mit Selbstzeugnissen etwa gleichaltriger Generations-Genossen, bietet sich natürlich Vergleichsmaterial, das nutzen kann, wer eine ausführliche Untersuchung zum Leben dieser Pädagogen-Generation ins Auge faßt. Hier ist die Absicht bescheidener; zu skizzieren wäre, was es aus späterer Sicht heißt, wenn jemand von sich sagt: „Ich habe in vier aufeinander folgenden politischen Ordnungen zuerst als Schüler, dann als Lehrer, dann als Lehrerbildner der Schule in ihren verschiedenen Formen gedient ...“[8].

Um mit dem Schwierigsten und Problematischsten zu beginnen: Es fällt, mir wenigstens, schwer, die historischen Phasen des Kaiser-

---

[6] S.o. Anmerkung 4, a.a.O., S. 30 und 31.

[7] Wegweiser für die Lehrerfortbildung, 1. Halbjahr 1961, Heft 2 (herausgegeben vom Kultusministerium des Landes Schleswig-Holstein), Heft 30: „Die Aufgaben der Volksschule. Aufsätze von Fritz Blättner“. Zusammengestellt und eingeleitet von Jürgen Henningsen, Kiel 1961, S. 6 und 7.

[8] Vgl. „Pädagogik in Selbstdarstellungen I.“ Herausgegeben von Ludwig J. Pongratz, Hamburg 1975. Der Text von Fritz Blättner a.a.O., S. 1–63. Alle Zitate im folgenden aus diesem Text nur mit Seitenangaben.

Reiches, der Weimarer Republik, des „3. Reiches“ und der Bundesrepublik so umstandslos als vier „politische Ordnungen“ zu bezeichnen. Die Epoche des Nationalsozialismus war denn doch etwas anderes, viel Monströseres, ein historischer Abgrund allenfalls, und den anderen Verhältnissen nicht gleichzusetzen. Auch zwischen 1945 und 1949 gab es noch politische Ordnungen, die andere Namen verdienen. Gleichwohl: es ist schwer, darüber zu richten, schon gar aus späterer Sicht, und man darf wohl dem Autor glauben, daß er sein Leben so erlebt hat. Über die Erfahrungen der Jahre 1933 bis 1945 schweigt er nicht, und was er in Kapitel 11 als Berufsschicksal im „Dritten Reich“ schildert, gibt Anlaß, ihm seine allmählich bitter werdende Distanz zu glauben[9]. Wenn er so rasch nach Kriegsende wieder berufen wurde, was durchaus nicht ohne Zustimmung der Militärbehörden hat geschehen können, beweist das auch, daß Blättner nicht nachträglich schönt, was er tat und dachte[10].

Wiederum ist anderes für den nachlebend Nachlesenden wichtiger. Fritz Blättner schreibt: „Das erste Buch, das aus meiner frühen akademischen Lehrtätigkeit hervorgegangen war, ist auch mein letztes gewesen. Die Wissenschaftliche Buchgesellschaft in Darmstadt wünschte mein ‚Methoden‘-Buch neu herauszugeben. Die Neugestaltung des Textes, die die Prüfung eines jeden Wortes, die Streichung von nicht mehr Zeitgemäßem verlangte, hat zwei Jahre Arbeit beansprucht. Als das Buch fertig vorlag, brach ich zusammen und verbrachte von 1963 an fünf Jahre in qualvoller Depression, die erst langsam in den folgenden Jahren überwunden wurde, so daß mir jetzt diese „Selbstdarstellung“ mit Hilfe und Rat meiner Frau noch möglich geworden ist“[11]. Ein solcher Passus aber heißt für uns doch dies: Wenn Ehrlichkeit und Aufrichtigkeit auch sich selbst gegenüber Bedingung autobiographischer Wahrheit ist, und wenn sich jemand nicht scheut, in dieser Weise offen über seinen Zusammenbruch zu sprechen, so darf man dem Autor nicht nur den vollsten Glauben schenken, sondern man schuldet ihm Ehrfurcht und Achtung. Es zeigt sich so, bei der Schilderung der letzten Station, daß der Anfang der Selbstdarstellung im Kapitel 1 mit

---

[9] A.a.O., S. 34.

[10] S.o. Anm. 1. Im „Lebenslauf“, s. Anm. 4, a.a.O., S. 31, heißt es: „Im Oktober 1945 wurde Fritz Blättner durch den Bürgermeister der Freien und Hansestadt Hamburg zum Professor ernannt“. Heute, nach über 50 Jahren, muß man tatsächlich daran erinnern, daß alles öffentliche Leben in diesen Jahren durch die Alliierten kontrolliert und dirigiert wurde. Eine Zustimmung der britischen Besatzungsmacht muß man für eine solche Maßnahme des Bürgermeisters voraussetzen.

[11] A.a.O., S. 58.

Recht heißt: ‚Ein Leben für die Schule und ihre Lehrer'. Gegenwärtig ließe sich für einen Erziehungswissenschaftler lernen, daß Erziehung in Selbsterziehung übergeht, ein Leben lang anhält und bei jedem Werk für die Öffentlichkeit außer den genannten Tugenden auch strengste Prüfung eines jeden Wortes verlangt. Erst von einer derartigen Selbstaussage her wird im Nachhinein dann auch eine ungefähre Schätzung lebenslanger Arbeit möglich.
Wir können, da wir ja, wie erwähnt, drei unterschiedliche Quellen zum Lebenslauf Blättners zur Verfügung haben, recht gut abwägen, worauf jeweils der Akzent gelegt werden kann: Auf die nackten äußeren Daten, wie in der Kurzfassung, auf die nachträglich strukturierte Selbst-Interpretation eines langen Pädagogenlebens wie in der autobiographischen Darstellung, und auf die einfühlsame Würdigung der Person des Hochschullehrers durch seinen Assistenten, in der Aufsatzsammlung zum 70. Geburtstag. In der hier nötigen Abbreviatur soll von allen drei Möglichkeiten Gebrauch gemacht werden. Denn, wie es der Zufall der Überlieferung diesmal will: was das Thema betrifft, sind wir gebunden, doch in der Methode sind wir frei.

3. Teilstück: Das Leben eines Pädagogen: Teil 2

Die Abbreviatur 1: Der Lebenslauf (nach Jürgen Henningsen):

Fritz Blättner, evangelisch, wurde am 7. Juli 1891 in Pirmasens geboren. Von 1908 bis 1910 Besuch der Lehrerbildungsanstalt Kaiserslautern. Externenabitur 1921. Studium 1921 bis 1925 in München und Freiburg. Ein erster Höhepunkt: Eine Preisarbeit der Philosophischen Fakultät wurde als Dissertation angenommen. 1927 das erste Buch. Eine weitere prämiierte Untersuchung. Ein zweiter Höhepunkt: drei Arbeiten über Kerschensteiners „Theorie der Bildung" führten letztlich dazu, daß Herman Nohl ihn als persönlichen Assistenten Wilhelm Flitners empfahl. Damals war er 40 Jahre alt. 1936 Habilitation in Hamburg. Zugleich kommissarischer Dozent dort, an dem Berufspädagogischen Institut. 1942 Dozent. 1935 bis 1937 Redakteur der Zeitschrift „Die Erziehung". Am 1. April 1946 planmäßiger Extraordinarius in Kiel. 1948 Ordinarius und Direktor. Emeritierung am 30. September 1959. Danach wesentliche Publikationen. Ungezählte Vorträge.
Was in solcher Weise, durchaus korrekt, aufgelistet werden kann, verrät wenig von dem historischen Kontext, in dem sich diese Lebensbahn bewegte. Die kargen zwei Seiten des Textes von Henningsen sind hier noch einmal kondensiert, und wir müssen sie mit

Empathie und Phantasie unterfüttern, um überhaupt ein wenig zu verstehen, was geschah und wie es geschah: Ein Absolvent der seminaristisch geprägten Lehrerbildungsanstalt holt das Abitur nach (ehe es den sogenannten 2. Bildungsweg überhaupt gab), setzt sich aus eigener Kraft im Studium durch, zieht mit seinen Arbeiten die Aufmerksamkeit der damaligen wenigen Experten auf sich und gerät so in den Bannkreis der Gruppe, die wir heute als Exponenten einer ganzen Epoche in der Wissenschaftsgeschichte unseres Faches ansehen. Hiernach verläuft die Karriere zunächst planmäßig, dann gerät sie ins Stocken. Aber mit der Berufung auf einen eigenen Lehrstuhl und mit der Gründung eines Instituts, das zunächst sogar ein Doppel-Institut war, beginnt noch einmal eine Phase exorbitanter Arbeit. König und Kärrner zugleich war er, so muß man sagen, und fleißig bis zur äußersten Erschöpfung, bis in mehrjährige Depression, wie er selbst bezeugt. In der historischen Übersicht (von Herrlitz) heißt es dazu ganz lapidar: „In Kiel stand Blättner 1946 vor fast unlösbaren Schwierigkeiten“[12]. Jeder, der die Nachkriegszeit miterlebt hat, weiß, was das heißt. Trotzdem: Blättner hat diese Schwierigkeiten gemeistert. Wie das möglich war, erkennt man am besten in der Würdigung eines Mitarbeiters, der aus eigener Kenntnis spricht:

Die Abbreviatur 2: Eine Einleitung zu acht Aufsätzen Blättners (nach Jürgen Henningsen):

„Fritz Blättner hat seit 1946 an der Christian-Albrechts-Universität in Kiel gewirkt. Generationen von Studenten haben seine Vorlesungen nachgeschrieben, in seinen Seminaren wissenschaftliches Arbeiten gelernt und bei ihm Prüfungen abgelegt ... Er erschloß seinen Schülern die Welt der Geschichte ... Wer durch seine Schule gegangen war, hatte gelernt, Texte zu lesen und über pädagogische Sachverhalte in einer schlichten Sprache angemessen zu sprechen. Das Beste, was ein akademischer Lehrer zu geben hat, Enthusiasmus für die Sache und verehrende Nachfolge in freiester Selbständigkeit, ging auf die Schüler über, ohne daß je davon gesprochen worden wäre.
Als akademischer Lehrer fühlte Fritz Blättner sich verantwortlich nicht nur für seine Studenten und Doktoranden, sondern auch für das pädagogische Geschehen und das Gespräch der verantwortlich Tätigen überall im Lande ...

[12] Vgl. Anmerkung 1, a.a.O., S. 136.

Wie viele geistige Anregungen Fritz Blättners in den schulischen Alltag und in das Selbstverständnis der Lehrer, Eltern und Verwaltungen eingegangen sind, läßt sich auch nicht andeutungsweise ausmachen. Denn er lehrte kein pädagogisches System und warb nicht für *seine* Auffassung, *eine* Methode, *eine* Schulmeinung – er machte sehend für die Vielfalt der Phänomene, die Bewegtheit des Fragens, den Spielraum der Möglichkeiten, die Fülle der historischen Gesichte. Er sprach nicht von Fritz Blättner, sondern von Pestalozzi, Schleiermacher, Goethe, Fröbel, Kerschensteiner – nicht historisierend, sondern die Gegenwart in ihnen spiegelnd und ihre besten Gedanken in die Gegenwart hineinverwandelnd: Verantwortung vor der Geschichte unter der Verantwortung um die Gegenwart. Daß alle Reflexion letztlich der Klärung und Meisterung der heute, hier und jetzt bedrängenden Schwierigkeiten zu dienen habe und wertlos sei, wenn sie nicht zu Tat und Hilfe führe, war ihm oberste Verpflichtung“[13].

Fast unmittelbar spürt man beim Lesen dieses Textes die Wirkung, die von Blättner ausgegangen sein muß, und sie ist vergleichbar für den, der es selbst erlebt hat, mit der Wirkung, die zum Beispiel von Herman Nohl ausging und noch, wenn auch in geringerem Ausmaß, von Erich Weniger. Es ist eine prägende Kraft, und offensichtlich beruht sie im Vertrauen auf die Wirkung pädagogischer Überzeugungen. Geisteswissenschaftliche Prägung, könnte man sagen, im Vertrauen auf Wissenschaften vom geistigen Leben. In der Geschichte lebendig. In der Philosophie. In der Erziehung. Und also auch in jedem, der sich diesem Strom anschließt und aufschließt.

Heute freilich mag man so vertrauensvoll nicht mehr sein. Deswegen wohl auch, in den letzten Lebensjahren, der Kummer Blättners über die Wandlungen in der Fachsprache der Pädagogik – ihr Weg hin zum technischen Vokabular, ihr unbedenkliches Importieren aus benachbarten Disziplinen, der Verlust ihrer Naivität aufgrund ihrer Diffundierung in zahlreiche Subunternehmungen. Henningsen verweist auf den betont schlichten Stil des Autors Blättner; er war nicht unbedacht gewählt: „Die Schüler bis zur höchsten Klarheit und Zusammenstimmung in der deutschen Sprache zu bringen, habe ich immer als die Aufgabe des Unterrichts angesehen“, so schrieb er noch im hohen Alter[14]. So gesehen, ist Blättners Selbst-

---

[13] Zitiert mit einigen Auslassungen nach dem Text „Die Aufgaben der Volksschule…“, s.o. Anmerkung 7, a.a.O., S. 6.

[14] So in einem persönlichen Brief vom 30. 1. 1974.

darstellung, die eigentlich hier zur **Abbreviatur 3** führen müßte, eine ganz einfache Erzählung, und dadurch beeindruckend. Wissenschaftstheorie und Wissenschaftsgeschichte wird man freilich vermissen, und wir erfahren mehr vom Menschen Blättner als vom Forscher. Auch darin liegt der Unterschied zwischen seiner Epoche und der unsrigen, die, bei aller methodischen Subtilität, bei allem Raffinement, das wir auch methodologisch aufbieten können, dennoch über den schlichten Tatbestand, daß Erziehung ein Ereignis zwischen Menschen ist, nicht mehr hat herausfinden können als die jüngeren und älteren Klassiker vor uns. Es ist schade, daß wir der autobiographischen Erzählung des über 80jährigen Pädagogen über sein „Leben für die Schule und ihre Lehrer" noch kein gleichartiges Zeugnis gegenüberstellen können, das uns zeigte, was gewonnen wurde und was verlorenging, als sich die Pädagogen endlich von der Philosophie und Geschichte trennten, um möglichst perfekte Sozialwissenschaftler zu werden.

4. Teilstück: Von dem, was bleibt: Teil 1

„Wie viele geistige Anregungen Blättners in den schulischen Alltag und in das Selbstverständnis von Lehrern, Eltern und Verwaltungsbeamten eingegangen sind", so schreibt Jürgen Henningsen (s. o.), „das läßt sich nicht ausmachen". Nicht einmal andeutungsweise.

Gemeint und getroffen ist der uns allen vertraute Tatbestand, daß wir im Nachhinein selber nicht sagen können, wie und warum wir so geworden sind, wie wir geworden sind, und was dabei wir einzelnen verdanken, die wir ihrer Wirkung wegen auf uns verehren, obwohl wir nicht genau wissen, worin sie denn besteht und warum sie stattfand. Eine frühere Formulierung dafür ist inzwischen wohl auch vergessen: Wir brauchen im Leben Vorbilder, und in der Erziehung brauchen wir sie auch. Die Feststellung Henningsens über diese verborgen offenbare Wirkung Blättners auf die, die er erzog und belehrte, muß man wiederum zusammennehmen mit den Aussagen über seine unermüdete Tätigkeit: in der universitären Lehre; in der Vortragstätigkeit; in der Erwachsenen-Bildung; in der Lehrerfort- und Weiterbildung; im Rahmen der Kieler Universitätsgesellschaft sowie an zahlreichen Orten und bei zahlreichen Gelegenheiten, die in den summaries über sein Wirken gar nicht hatten aufgeführt werden können.

Von heute aus gesehen und im Blick auf die Verhältnisse in dem relativ kleinen Bundesland Schleswig-Holstein: der Ordinarius für

Pädagogik an der Universität Kiel hatte eine singuläre Stellung, in der er die Pädagogik in ihren damaligen Hauptgebieten vertrat: „Ausbildung von Lehrern und ihre Weiterbildung", „Die Geschichte der Pädagogik", „Die Theorie der allgemeinbildenden Schulen", „Die Theorie der berufsbildende Schule", „Die Erwachsenenbildung", „Das Verhältnis von Schule und ihrer Didaktik zur Wissenschaft und ihrer Lehre" (denn „Wissenschafts- bzw. Hochschuldidaktik" war noch unerfunden), „Das Verhältnis von Bildungspolitik und pädagogischer Praxis". Zu all diesen Themen und Sachgebieten liegen auch Aufsätze oder Monographien, Stellungnahmen oder Zeitungsbeiträge vor, so daß denn das Durchmustern der Bibliographie seiner Schriften, die nach dem Vorwort des Herausgebers Vollständigkeit anstrebte, aber nur annäherungsweise verwirklichen konnte[15], einen erneuten Blick auf eine vergangene Epoche ermöglicht, in der das Publizieren selbstverständlich war, aber auch auf keine großen Schwierigkeiten stieß. Gesammelt wurde so und damals eine Übersicht über 225 Nummern, die selbstredend weder gleichwertig noch gleich gewichtig sind. Aber sie ergeben, verständnisvoll gelesen, so etwas wie die schriftstellerische Physiognomie des Autors. Es ergibt sich abermals ein Eindruck von der Zielstrebigkeit dieses Lebens, das sein Thema fand und behielt trotz aller historischen Umbrüche und gegenüber allen Wandlungen des politischen Geschehens, die wahrhaft gewaltig waren.

Die Bibliothek des Instituts, die natürlich der zuständige Ort für die Schriften ihres ersten Ordinarius ist, bewahrt eine beträchtliche Anzahl seiner Publikationen, und, wie erwähnt, auch zugehörige Texte, die auf dem Weg ins Verschollen-Sein sind.

Aber auch diese Sammlung ist eine Auswahl, und so tritt eben auch in diesem Punkte ein, was in der Tradition unter dem Druck der zuströmenden Neuheiten immer zu geschehen pflegt: weniges wird erhalten, vieles geht unter. Die Hoffnung, daß unter dem Bleibenden auch das ist, dessen Errettung das Wünschenswerteste ist, erfüllt sich zwar nicht immer. Für die Schriften Blättners kann man das allerdings als erreicht ansehen. Vieles, das wir nicht mehr lesen oder auch lesen wollten, war dem Alltagsgeschäft der Erziehung und Ausbildung gewidmet. Erklärtermaßen dient die Beschäftigung mit der Geschichte, so jedenfalls Blättners These, nicht antiquarischem Interesse, sondern der Aufgabe, die Schwierigkeiten der jeweiligen Gegenwart zu meistern. Dafür gab es bei ihm Schlüsselbegriffe: Verstehen. Bilden. Meistern. Den eigenen Auf-

[15] A.a.O., S. 7: vgl. Anmerkung 4.

trag erkennen. Fordernder Umgang mit lebendigen Menschen. „Wir erziehen in der Tat mit allem, was wir *sind*", hat er ausdrücklich formuliert, „nicht, wie Fichte einmal meinte, mit dem, was wir sein möchten"[16]. Dem korrespondiert sehr genau Blättners Auffassung von der Pädagogik. Auch hier hat er sich, seiner Art entsprechend, unmißverständlich ausgedrückt: „Die Pädagogik soll nicht als rein erkennende Wissenschaft verstanden werden … ⟨Aber⟩ das Innerste und Treibende im pädagogischen Denken ist der Wille zum Menschentum, der klarer oder weniger klar als Wunsch vor Augen steht, und das meiste dessen, was man als ‚reine Erkenntnis' gewonnen zu haben scheint, stellt sich bei genauerer Prüfung als Auswirkung jenes zentralen menschenbildenden Willens heraus …"[17].

Freilich, solche Thesen sind ihrerseits zu prüfen. Das kann hier nicht in einer umfangreichen Studie, gestützt auf den Detail-Reichtum wissenschaftsgeschichtlicher Ergebnisse, geschehen. Aber für das, was aus dem Werke Blättners bleiben könnte, gibt es noch genug Anhaltspunkte in großen oder weniger großen Schriften. Also gibt es auch hier noch eine zweite Möglichkeit der Betrachtung, die sich ans Objektivierte hält; das Nicht-Objektivierbare läßt sich eben nur andeutungsweise ins Wort rufen.

5. Teilstück: Vom dem, was bleibt: Teil 2

„Objektivierter Geist ist erzieherisch nur wirksam, wenn er vom objektiven Geist getragen und vermittelt wird. Der jetzt lebende, wirkende objektive Geist ist immer die menschenformende Macht schlechthin"[18]. Wollen wir verstehen, was damit gesagt ist, müssen wir uns die Unterscheidung des „subjektiven" Geistes vom „objektiven" ins Gedächtnis zurückholen, und eben die Überführung des subjektiven wie objektiven geistigen Tuns ins Objektivierte – ein Sprachgebrauch, der außer Gebrauch gekommen ist, obwohl es die Phänomene noch gibt[19].

---

[16] Zitiert aus dem Aufsatz „Sinn und Aufgaben der Schule", in: Heft 30, Die Aufgaben der Volksschule … (s. Anmerkung 7), a.a.O., S. 26.

[17] Zitiert aus dem Aufsatz „Die gegenwärtige Lage der Pädagogik", in: Fritz Blättner – Julius Gebhard – Walter Jeziorsky, Die gegenwärtige Lage der Pädagogik, Hamburg 1946, S. 60.

[18] „Die gegenwärtige Lage der Pädagogik" (s. Anmerkung 7), a.a.O., S. 67.

[19] Der Rückgang zu Hegel ist vielleicht nicht mehr nötig. Allen erforderlichen Aufschluß liefert Nicolai Hartmanns Buch „Das Problem des geistigen Seins", Berlin 1949.

Die geistigen Mächte, die die Erziehung und die zu ihr gehörige Wissenschaft beeinflussen und um deren Bestimmungsmacht das Denken der „geisteswissenschaftlichen Pädagogen" kreiste, sind zum Beispiel das Recht, die Religion, die Wirtschaft; eine der mächtigsten Kräfte ist die Sprache, aber auch das Erziehungs-System (wie wir heute sagen) ist selbst ein Teil des „objektiven Geistes" im Sinne dieser Bestimmungen. Subjektiv: eben der individuelle Geist. Objektiviert: alles, was in feste Formen (Schrift, Stein, Bild, CD-ROM) überführt und in ihnen geronnen ist. Lebendig wird Objektiviertes nur durch individuelle, subjektive Anstrengung, durch „Verstehen", wenn wir so wollen. Verstehen läßt sich aber nur in den Grenzen, die der „Zeit-Geist" uns zieht, betrachtet als Inbegriff alles jeweils Objektiven.
Daß der Zeitgeist uns formt (oder besser: mit-formt), sollte jedem Benutzer von Video, Computer, Fernsehapparaten klar sein. Daß darin viel objektiviert ist und nicht alles verstanden wird, ist eine andere Sache. Die Mächte, von denen Blättner sprach, unter deren Einfluß er handelte, waren vergleichsweise einfacher zu fassen, und das Verständnis seiner Zeit von objektiven Mächten sehr vertrauensvoll: „Es gibt flaches und tiefes Verstehen, und es gibt nachweisliche Irrtümer, aber immer entsteht im nachschaffenden Verstehen aus dem Zusammenklang von Subjekt und Objekt ein Drittes, Neues (Spranger). Das erhebt das Lesen, die Mühe um die Sinnerschließung der Dichtung (als Beispiel des objektivierten Geistes kat' exochen: G. P.) aus dem Leben und ins Leben hinein zum schaffenden Tun, ja in die Nähe des Schöpferischen hinauf. Es beansprucht den Einsatz des ganzen Menschen und ist darum immer subjektiv bei aller streng geforderten Ehrfurcht vor der Sache ...". Ist solches, nach skeptischerer Auffassung, schon viel behauptet, so behauptet der folgende, das Zentrum dieses Denkens aufschließende Satz noch mehr: „Dieses lebendige Verstehen ist mit dem wissenschaftlichen Verstehen identisch. Es gibt keinen Wesens-, sondern nur einen Gradunterschied"[20].
Wir müssen, wenn wir das Bleibende im Werk eines Mannes wie Blättner erfassen wollen, natürlich mit allen Kräften unseres eigenen Geistes dabei arbeiten. Gefordert ist zur Zeit vor allem, daß

---

[20] Zitiert aus der Schrift „Die Dichtung in Unterricht und Wissenschaft" (Theodor Litt in Verehrung zugeeignet), Würzburg 1956, S. 21. Zur Sache selbst vgl. Günther Patzig, „Erklären und Verstehen. Bemerkungen zum Verhältnis von Natur- und Geisteswissenschaften", Neue Rundschau 1973, Heft 3, S. 392ff, in denen das „Zusammenhangsverstehen" vom „Ausdrucksverstehen" und vom „einfühlenden Verstehen" unterschieden wird. „Das" Verstehen als „die" Methode zu bezeichnen, ist offenbar unscharf: a.a.O. S. 401ff.

wir dabei die Sprache seiner Zeit und seiner Zeitgenossen ihres Zeit-Kolorits gleichsam entkleiden; denn an uns stellt der Zeitgeist Ansprüche der Präzision, Genauigkeit, Detailtreue, empirisch nachprüfbarer Gewißheit, die mit dem Vertrauen auf genaues deutsches Sprechen allein nicht mehr einzulösen sind. Gefordert ist auch, Blättners Thesen und Theorien daraufhin zu prüfen, ob sie einen schlicht zeitlich fixierten, inzwischen überholten Tatbestand betreffen oder eine zeit-überdauernde Struktur. Seltsam genug: es erweisen sich bei dieser Prüfung die historischen Arbeiten als überdauernd, die theoriebezogenen Aussagen als hinfälliger. Das Muster dafür sind, auf der Seite der Dauer, etwa das Buch über „Das Gymnasium", auf der Seite des Hinfälligen die Methoden-Bücher. Zwar gibt es das Gymnasium, von dem Blättner handelte, die Schule mit 13 bis 15 Fächern längst nicht mehr. Aber die Kapitel über die „Geschichte des Gymnasium" in den letzten drei Jahrhunderten und über die „Aufgaben des Gymnasiums" (ins Heutige übersetzt) sind immer wieder lesenswert. Kein Wunder auch, denn vieles ist empirisch unterfüttert. Bis zu einem gewissen Grad gilt dies auch für seine „Geschichte der Pädagogik", sein erfolgreichstes Buch, das es bis auf 14 Auflagen gebracht hat und ins Japanische und Italienische übersetzt worden ist. Die Interpretationen des Historikers Blättner lassen sich ja mit einer ganzen Reihe anderer „Geschichten der Pädagogik" aus früheren und jetzigen Jahren mit Gewinn vergleichen, zur Erweiterung unseres Wissens und unseres kritischen Sinnes.
Das letzte Buch, das auch das erste war und das, wie wir erfuhren, so viel Mühe verursacht hat, die Habilitationsschrift von 1937 mit dem Titel „Die Methoden des Unterrichts in der Jugendschule", wird trotz der Umarbeitung 1963 und entgegen den Erwartungen des Verfassers wohl nicht den gewünschten Bestand haben, auch wenn es „versuchen möchte, in eine neue, im Werden begriffene Epoche ein lebenweckendes Erbe hineinzutragen"[21]. Ich kann mich täuschen. Aber hier sind Begriff und Sache, Sprache und Gegenstand zu sehr imprägniert von einer Emphase, die nicht mehr erweckend wirkt, sondern eher Bedauern hervorruft: „Führung, Führung im Schaffen und Schauen, Führung zur Kunde von Leben und Welt" – das eben ist unsere Welt nicht mehr, in der es darum geht, komplexe Realität von virtuellen Realitäten sorgsam zu son-

[21] Vgl. „Die Methoden des Unterrichts in der Jugendschule", überarbeitete Neuausgabe des 1937 erschienenen Buches „Die Methoden der Jugendführung durch Unterricht", 1. Aufl. 1937 Langensalza, 2. Auflage Weinheim 1963, aus dem Vorwort 1963, S. 22.

dern, und die seit langem Abschied genommen hat von „Lebenskunde“, „Naturkunde“, „Erdkunde“. Indessen, wir können doch, wenn wir das feststellen, auch feststellen, welch’ mörderisches Tempo die Entwicklung unserer „objektiven Mächte“ inzwischen angenommen hat und um wieviel größer und herber unsere Anstrengungen, adäquate Formen von Erziehung und Unterricht zu finden, eigentlich sein müßten, wollten wir das Gleichmaß von Theorie und Praxis der Erziehung wieder herstellen, das einmal bestanden hat. Insofern vermag uns auch das, was nicht ins Bleibende herüberrückt, noch auf’s eindrücklichste zu belehren.

6. Teilstück: Von Wandel und Dauer in der Pädagogik

Für eine Schule, jedenfalls wenn sie eine gut eingerichtete Institution ist, so hat der Gymnasialrektor Hegel einmal gemeint, sei es das größte Glück, wenn sie bloß Dauer, aber keine Geschichte habe[22]. Das Gymnasialbuch des Hochschullehrers Blättner handelt, gut 150 Jahre später, ausdrücklich von der „Geschichte des Gymnasiums“. Schon wenige Jahre später gab es die 15-Fächer-Schule, die er noch kannte, schon nicht mehr, und derzeit, in 16 Bundesländern, gibt es wiederum von Land zu Land unterschiedliche Formen derselben Institution. Beständigkeit und Wechsel sind offenbar das Ergebnis einander widerstreitender Kräfte, die sich um die gute Einrichtung pädagogischer Institutionen sorgen: es sind Kräfte, die von einzelnen ausgehen, und es sind Einflüsse, die aus kollektiven Feldern kommen, heiße man sie nun Gebiete des „objektiven Geistes“ oder Institutionen des öffentlichen Lebens wie Politik oder Wissenschaft. Einfacher gesprochen: am Widerstreit von Tradition und Innovation in der Erziehung, am Konflikt zwischen Reformeifer und Beharrungswillen sind immer Praktiker wie Theoretiker gleichermaßen beteiligt, und man kann nicht der einen oder anderen Seite, hie Eltern oder Lehrern als praktisch Tätigen und dort den Forschern und Gelehrten als scheinbar puren Theoretikern das Etikett: die Traditionalisten – die Reformer zuweisen; vielmehr ist immer alles eine Art Amalgam von Bewahren und Verändern, Festhalten oder Verwerfen, Verteidigen oder Reformieren. In früherer Redeweise gesprochen: es gibt in der

[22] Vgl. die „Rede zum Schuljahrabschluß am 14. September 1810“ und die „Rede zum Schuljahrabschluß am 2. September 1813“, beide zitiert aus dem Band 4 der Theorie Werkausgabe: Georg Wilhelm Friedrich Hegel, Frankfurt am Main 1970, S. 327ff und 360ff.

Pädagogik Antinomien, die sich nicht aufheben lassen. Also kommt es auf behutsamen Ausgleich zwischen ihnen an[23].
Nun gibt es gute Gründe, auf Dauer zu setzen, und ebenfalls Gründe genug, Reformen des Bestehenden zu verlangen. Es kommt darauf an, wohin man sieht. In der „Festgabe für Fritz Blättner zum 75. Geburtstag", die sein Nachfolger Theodor Wilhelm im Jahre 1966 herausgegeben hat, spricht der Herausgeber von der „Doppelpoligkeit", die es zu beachten und zu vertreten gilt, „für das, was neu geplant und neu ‚vermessen' werden muß", wie „auch für das, was erhalten und sorgsam weitergeführt zu werden verdient"[24]. Der Sammelband selbst bezieht sich auf ein Detailproblem: das Verhältnis der Schule zu den Wissenschaften, und obwohl diese beiden europäischen Institutionen im Prinzip die gleiche lange, fast dreitausendjährige Tradition hinter sich haben, ist ihre wechselseitige Beziehung in den knapp 30 Jahren von 1966 bis 1996 so sehr verändert, daß man kaum einen Beitrag dieser „Festschrift" noch auf gegenwärtige Probleme beziehen kann: uns dominiert, so scheint es, der Wandel. Es ist die Frage, ob er sich nur auf Details bezieht – wie etwa die Lehrplanfrage – oder auf übergreifende Strukturen oder gar auf's Ganze, mindestens das „Ganze der Pädagogik".
Was dabei die Theoriebildung betrifft, so gibt es zur Zeit offenbar keine übergreifende Gemeinsamkeit mehr. 1977 unterschied zum Beispiel Christoph Wulf bei seiner Frage nach dem „gegenwärtigen Standort der Erziehungswissenschaft" einerseits die (einheitliche?) „geisteswissenschaftliche Pädagogik" von der „empirischen", „kritischen" und „handlungsorientierten" Erziehungswissenschaft andererseits[25]. 1984 konstatierte Werner Loch in einem Aufsatz fünf verschiedene „Wenden des pädagogischen Bewußtseins" als „Herausforderung einer phänomenologischen Pädagogik"[26]. Und

[23] Vgl. dazu G. Priesemann, Die höhere Schule – von innen gesehen, Göttingen 1964, v.a. S. 9ff und Kapitel I, S. 13ff; das gleiche Problem des Interessenausgleichs ist diskutiert für die Unterrichtswissenschaft in den beiden Bänden von Jörg Petersen und Gerhard Priesemann, Einführung in die Unterrichtswissenschaft, Teil 1: Sprache und Anschauung, Frankfurt am Main u.a. 1992, Teil 2: Handlung und Erkenntnis, Frankfurt am Main u.a. 1992.

[24] Vgl. die „Herausforderung der Schule durch die Wissenschaften. Beiträge zur Lehrplangestaltung". Herausgegeben von Theodor Wilhelm, Weinheim 1966, das Zitat a.O., S. 6.

[25] Christoph Wulf, Theorien und Konzepte der Erziehungswissenschaft, München 1977.

[26] Werner Loch, Die Wenden des pädagogischen Bewußtseins als Herausforderung einer phänomenologischen Pädagogik, in: Bildung und Erziehung 1984, Heft 2, S. 119ff. Loch diagnostizierte eine realistische, analytische, curriculare, kritische Wende und die Alltagswende. Zur Zeit ist von all dem nicht mehr die Rede.

in einem Sammelband des Jahres 1992, herausgegeben von Jörg Petersen und Gerd-Bodo Reinert, werden vier „generelle Konzeptionen" von zwölf teils speziellen, teils übergreifenden, teil spezialistischen Konzeptionen unterschieden[27]. Dagegen nimmt sich die bereits zitierte These Blättners vom Innersten und Treibenden im pädagogischen Denken recht willkürlich aus: es sei der Wille zum Menschentum[28].

Man kann aber beides rechtfertigen: den Blick auf das Ganze wie auch die Zersplitterung ins Detail. Denn nach der Feststellung, die Jean Paul – in Bayreuth, am 2. Mai 1806 – in seiner Vorrede zur (ersten Auflage der) Levana traf, heißt „über die Erziehung schreiben beinahe über alles auf einmal schreiben, da sie die Entwicklungen einer ganzen, obwohl verkleinerten Welt im Kleinen (eines Mikrokosmus des Mikrokosmus) zu besorgen und zu bewahren hat"[29] ... also gilt: „wo nur Bruchstücke möglich sind, machen nur alle möglichen das Ganze aus"[30]. Eine solche Feststellung läßt sich schwerlich überholen und sicherlich auch nicht widerlegen. Den äußersten Begriff der Ganzheit, den des Universums, brauchen wir für unsere Überlegungen nicht zu bemühen. Es gibt kleinere Ganzheiten, von denen der historischen Epochen herunter-gedacht in immer kleinere Einheiten, bis hin zu der Ganzheit eines gelebten Lebens und seiner in ihm geschaffenen Werke. Der Beziehungsreichtum ist auch im Kleinen schwer zu fassen, und es endet sowohl das pädagogische Tun wie das pädagogische Denken an der Grenze des einzelnen Menschen: individuum ineffabile est.

„Was ist unsere Aufgabe?" so fragte Fritz Blättner 1946, vor genau einem halben Jahrhundert. „Sie ist nicht in eine Formel zu bringen. Aber die Not ist so unendlich, daß in ihr die Aufgabe heraustritt ... Was hätte eine Kunst, eine Wissenschaft für einen Sinn, die nicht in dieser Not zu helfen, zu erleuchten und zu lösen vermöchte – die etwa bloß Vergessen und Gedankenspiel zum Ziele hätten?" ... es kann „die Erziehung weder Wachstum im geschichtslosen Raum

[27] Jörg Petersen/Gerd-Bodo Reinert (Hrsg.), Pädagogische Konzeptionen, Donauwörth 1992. Ähnliche oder gleiche Positionsbestimmungen finden sich auch in der Vielzahl neuerer pädagogischer Lexika als eine Folge der Vermehrung pädagogischer Aufgaben und der korrespondierenden Ausweitung in immer mehr Subdisziplinen. Ein aktuelles Paradigma dafür sind die Kommissionen der Deutschen Gesellschaft für Erziehungswissenschaft.

[28] Vgl. Anmerkung 17; a.a.O., S. 60.

[29] Ich habe dazu eine Erweiterung versucht: G. Priesemann, Pädagogik als Entwicklungswissenschaft, in: Christina Albertina, Heft 28/1989, Kiel 1989, S. 21–31, als erweiterte Ausgabe im Sonderdruck des IPTS Kiel, o. O., und o. J. (1990).

[30] Jean Paul Friedrich Richter, Levana, Vorrede zur ersten Auflage, 1. und 2. Absatz.

noch erhebende Befassung mit dem Ewig-Menschlichen sein – sondern sie muß den Zweck haben: auf die künftige Mitarbeit an der historischen Aufgabe vorzubereiten"[31]. Paradox genug ist in solcher Formulierung das Dauernde mit dem stets sich Wandelnden verknüpft: Auch wir können fragen, was unsere Aufgabe sei. Auch wir hätten, bei jeder Differenz in den Details und von jeder Position aus, die künftige Mitarbeit derjenigen, die wir zu erziehen, zu unterrichten, zu bilden haben, an kommenden Aufgaben vorzubereiten. Doch wir sehen genauer als unsere Vorgänger, daß die Zukunft nicht prognostizierbar ist und zukünftige Not nicht durch Vorplanung behoben werden kann. Insofern sind wir gerade dann, wenn wir die anthropologische Basis, das humane Fundament der Pädagogik betrachten, wenn wir uns damit auf das Dauernde, die übergreifenden Strukturen beziehen, dem Risiko und dem Verfehlen ausgesetzt; wir entrinnen der Fesselung durch den gegebenen Augenblick, der Prägung durch die eigene Epoche nicht. Wir sind, wie alle Pädagogen, auf die Mitarbeit unserer Kinder und Schüler angewiesen, von ihrer späteren Zustimmung zu unserer jetzigen Tätigkeit abhängig. Ob sie aber erfolgen wird, erfahren wir nicht. Welchen Begriff man sich später von uns machen wird, auch das läßt sich nicht voraussagen. So können wir, die Späteren, Fritz Blättner – wie geschehen – der Ganzheit einer Epoche, der Tendenz einer Konzeption, eben der „geisteswissenschaftlichen Pädagogik" zuordnen. Aber eine solche historische Deutung geht nicht reinlich auf. Sie gilt auf Zeit und unter Vorbehalt. Ein Teil der jeweiligen Aufgabe in der Pädagogik ist, auch das Vergehende, sich Wandelnde auf die mögliche Dauer zu stellen[32]. Erst das Vergangene ist das Unwandelbare, und die einzige Form, es zu erhalten, ist die Erinnerung. So ist der Blick zurück zugleich auch ein Blick in die Zukunft: Fritz Blättner starb am 25. November 1981 in Münster.

[31] Vgl. Anmerkung 17; a.a.O., S. 71.

[32] „Von Zeit zu Zeit muß jede Wissenschaft eine Zwischenbilanz aufstellen" – so beginnt Theodor Wilhelm seinen Aufsatz „Wo steht die Erziehungswissenschaft heute? Fritz Blättner zum 70. Geburtstag am 7. Juli 1961", in: Die Deutsche Schule 1961, Heft 6, S. 253ff. Die hier von mir vorgelegte Skizze läßt sich auch als Fortsetzung dieser Reflexion meines Vorgängers im Amte und damit als doppelte Erinnerung verstehen.

Erich Weniger (1894–1961)

Kurt Beutler

I. Biographische Skizze

Erich Weniger wurde am 11. September 1894 im Pfarrhaus von Steinhorst, einem kleinen Dorf am südlichen Rand der Lüneburger Heide, geboren. Der Landort gehörte seit der Annexion des Königreichs Hannover durch Preußen im Jahr 1866 zur preußischen Provinz Hannover. Weniger blieb in seinem Leben Preußen in vielfältiger Weise verpflichtet, nicht nur geographisch, sondern auch seiner geistigen Haltung nach: Er besuchte in Hannover, nachdem sein Vater als Pastor dorthin versetzt worden war, das altsprachliche „Kaiser-Wilhelms-Gymnasium“, studierte überwiegend in Göttingen und promovierte dort mit einer auf die preußische Geschichte bezogenen Arbeit („Rehberg und Stein“). Drei preußische Pädagogische Akademien und kurzfristig auch ein preußisches Gymnasium waren es, die den Rahmen seiner Lehrtätigkeit bildeten. Es läßt sich schon sagen, daß er nicht nur in Preußen geboren und aufgewachsen ist, sondern auch von dessen geschichtlicher Eigenart geprägt wurde: von autoritär strukturierten gesellschaftlichen Institutionen, sei es der Familie, der Schule oder der Kirche, von einem straff organisierten und durch Macht abgesicherten Staat sowie einem starken Militär, das diesem Staat das zweifelhafte historische Prädikat eines „Preußischen Militarismus“ einbrachte. Person und wissenschaftliche Tätigkeit Wenigers bekamen durch ein solches staatlich-gesellschaftliches Umfeld ihr spezifisches Gepräge.
Weniger legt 1913 die Reifeprüfung ab, studiert 1913/14 noch drei Semester in Tübingen Geschichte, Germanistik und Latein, bevor er sich als Kriegsfreiwilliger meldet und dann den ganzen Ersten Weltkrieg hindurch Soldat ist. Er kehrt nach vier Jahren Fronterfahrung als junger Offizier heim, ist wie viele Deutsche seiner Generation aus dem inneren Gleichgewicht gebracht, beteiligt sich auf der Seite der Konterrevolution in Berlin bei der Niederschlagung der Arbeiteraufstände (Schwenk 1968a, S. 7), setzt sein einst in Tübingen begonnenes Studium in Göttingen fort, promoviert da 1921 und legt im selben Jahr auch sein erstes Staatsexamen für das höhere Lehramt ab. Ein Jahr später absolviert er die zweite Staatsprüfung. 1923 bis 1927 ist Weniger wissenschaftlicher Assistent bei

Herman Nohl am Pädagogischen Seminar der Universität Göttingen. Dort habilitiert er sich 1926 mit der Schrift „Die Grundlagen des Geschichtsunterrichts. Untersuchungen zur geisteswissenschaftlichen Didaktik" (1926a) für das Fach „Pädagogik". 1929 wird er Professor für Pädagogik an der Pädagogischen Akademie Kiel, ein Jahr später Professor und Direktor an der Pädagogischen Akademie Altona, schließlich 1932 in gleicher Funktion an der Pädagogischen Akademie Frankfurt a. M. Sein beruflicher Werdegang wird im Jahr 1933 aus politischen Gründen abrupt unterbrochen. Offenbar ist er den neuen Machthabern wegen seiner streng formaldemokratischen Auffassung nicht genehm. Es kommt zu einer Zwangsbeurlaubung, danach zur Entlassung, die dann nach knapp vier Monaten Mitte Januar 1934 wieder rückgängig gemacht wird. Gleichzeitig erfolgt eine Versetzung in das Amt eines Studienrats unter Beibehaltung der früheren Bezüge und des Professorentitels. Ohne besondere Neigung, an einer höheren Schule zu unterrichten, gelingt es aber dann dem Reserveoffizier mit Unterstützung hoher Militärs, eine Beurlaubung für militärpädagogische Forschungszwecke zu erreichen. So gilt Wenigers Engagement zwischen 1934 und 1944 geradezu ausschließlich der Militärpädagogik. Diese Forschung betreibt er zu dem Zweck, die Kampfbereitschaft der Wehrmacht auf pädagogischem Weg zu verbessern. Guten Gewissens gibt er sich seiner selbst gewählten Aufgabe hin und forscht mit Hingabe für die Wehrmacht. Es leitet ihn noch in den Friedensjahren die Idee eines kommenden Krieges, der sich ja dann auch in der Realität einstellt. Das Militär wird ihm geistige und berufliche Heimat, wie dies in den früheren Jahren die preußischen Pädagogischen Akademien waren. Diese dem Militär mit Begeisterung zugewandte Tätigkeit läßt ihn den „neuen" Staat von 1933 gleichsam vergessen. Daß er damit den Eroberungskrieg des nationalsozialistischen Deutschlands geistig mit vorbereitet und dann auch unterstützt, veranlaßt ihn in keinem Zeitpunkt seines Lebens zu einer selbstkritischen Reflexion. Zum einzigen Problem wird ihm in diesem Zusammenhang nur, daß er sich nach Ende der NS-Herrschaft in einem Entnazifizierungsverfahren (einschließlich eines Wiederaufnahmeverfahrens) mit dem Vorwurf konfrontiert sieht, ein Befürworter von Militarismus gewesen zu sein. Er legt sich die Ideologie zurecht, die Wehrmacht sei quasi freischwebend über dem Staat eine politisch neutrale Institution gewesen. Damit glaubt er, der Mitverantwortung für den NS-Staat enthoben zu sein. Wie viele der im Land Gebliebenen deutet er nach 1945 seine Rolle während und für das faschistische Regime als „innere Emigration". Aus der Tatsache, daß er, ohne Mitglied der

NSDAP zu sein, NS-Führungsoffizier wurde, entsteht dann unter den gewandelten politischen Verhältnissen nach 1945 die Legende, er habe diese Position nur zur Tarnung übernommen, um Widerstand leisten zu können. Die Widerstandslegende, die auch noch von seinen akademischen Schülern bis in die Gegenwart hinein gepflegt wird, erfolgt auf dem Hintergrund, daß Wenigers vorgesetzter General Carl-Heinrich von Stülpnagel maßgeblich an der Verschwörung des 20. Juli 1944 beteiligt war. Weniger selbst gehörte aber nachweislich nicht dazu.
Trotz des sich über Jahre hinziehenden Entnazifizierungsverfahrens kann er, noch zum 1. Oktober 1945 zum Gründungsdirektor der Pädagogischen Hochschule Göttingen ernannt, seine Professorentätigkeit ohne rechtliche Einschränkung ausüben. Lediglich seine Ernennung zum ordentlichen Professor als Nachfolger auf dem Nohlschen Lehrstuhl an der Universität Göttingen verzögert sich bis zum November 1948. Zum Jahresbeginn 1949 tritt Weniger aber sein neues Amt an.
In den folgenden Jahren betätigt sich Erich Weniger nicht nur als Hochschullehrer, vielmehr ist er auch seit 1953 Mitglied des „Deutschen Ausschusses für das Erziehungs- und Bildungswesen". Schon ein Jahr zuvor übernimmt er Berater- und Gutachterfunktion beim Aufbau der Bundeswehr. Von 1955 bis 1958 gehört er dem Personalgutachterausschuß an, der über die Anstellung der früheren höheren Wehrmachtsoffiziere bei der neu konstituierten Bundeswehr entscheidet. Ab Mitte 1958 wird Weniger Mitglied im Beirat der „Inneren Führung". Als er am 2. Mai 1961 verstirbt, hat er inzwischen etliche promovierte Schüler an Hochschulen. Hinzu kommen später Schüler von Schülern. Sie haben fast alle zu der posthumen Verehrung Wenigers bis heute beigetragen und das geschaffen, was man als den ‚Mythos Erich Weniger' bezeichnen kann.

II. Das Werk

In drei politischen Phasen verfaßte Erich Weniger sein wissenschaftliches Werk: in der Weimarer Republik, in der Periode der nationalsozialistischen Herrschaft und in der Zeit nach dem Zweiten Weltkrieg (Zeit der Besatzungsmächte und der ersten knapp zwölf Jahre der Bundesrepublik). Obwohl sich nach Thematik und inhaltlicher Ausführung zeitgeschichtlich bedingte Unterschiede zeigen, gilt doch für sein Werk insgesamt eine Kontinuität, zu deren Hauptmerkmalen eine konservative Sichtweise, ein enger

Bezug zwischen pädagogischer und politischer Argumentation sowie ein elementares Interesse am Militär gehören.

1. Aspekte des Werks in der Weimarer Republik

Die Dissertation über das Thema „Rehberg und Stein" stellt Wenigers ersten wissenschaftlichen Beitrag dar. Mit dieser geschichtswissenschaftlichen Arbeit unter der Betreuung des Historikers Karl Brandi promoviert Weniger an der Universität Göttingen im Jahr 1921. Er untersucht die Beziehungen zwischen dem hannoverschen Staatsmann August Wilhelm Rehberg (1757–1836) und Karl Freiherrn vom Stein (1757–1831). Dabei zeigt er auf, welch enges Verhältnis schon während der gemeinsamen Studienzeit zwischen beiden bestand, daß sich die Freundschaft über mehr als ein Vierteljahrhundert hielt und am intensivsten in den Jahren 1796 bis 1802 gepflegt wurde. Nachdem Rehberg seinen Freund Stein für den hannoverschen Staatsdienst zu gewinnen suchte, wie umgekehrt Stein gern Rehberg im Dienst Preußens gesehen hätte, kam es zur Entfremdung zwischen beiden, die geradezu nach einem plötzlichen Bruch aussah, zumal es nach 1802 zu keinem persönlichen oder brieflichen Kontakt mehr kam. Dies gab der Geschichtsforschung ein Rätsel auf, das Weniger aufzulösen versuchte.
Er wird durch die ganze Dissertation hindurch nicht müde, eine fast vollständige Übereinstimmung von Rehberg und Stein in den für sie wesentlichen politischen Fragen festzustellen. So bleiben schließlich an Unterschieden nur: Steins größere Vorliebe für die Statistik, sodann sein Eintreten für die Einbeziehung auch der Eigentümer beweglichen Vermögens in den politischen Willensbildungsprozeß, schließlich sein realistisches Verhältnis zur Macht. Daß diese eher peripheren Differenzen keine hinreichenden Erklärungsgründe für die plötzliche Entfremdung der beiden Politiker und Freunde hergeben, hat Weniger gesehen. Statt zu akzeptieren, daß das vorhandene Quellenmaterial für eine schlüssige Erklärung nicht ausreicht, weil auch jeder die Briefe des andern vernichtet hat, was eine grundlegende gegenseitige Kränkung mit der Folge eines abrupten Bruchs vermuten läßt, begnügt er sich nicht mit solcher vergleichsweise bescheidenen Erwägung, sondern begibt sich in die Metaphysik. Er erklärt Rehberg zum „großen und starken Talent" und zum „Meister", in Stein aber meint er das „Dämonische" und „Geniale" zu erkennen, das sich „mit der Rücksichtslosigkeit des Genies" (1925, S. 122) aus der Schülerschaft befreit. Hier stellt sich eine Enthistorisierung von Historie ein, die sich nicht nur in dieser ersten wissenschaftlichen Studie

Wenigers zeigt, sondern sich auch in seinem späteren Werk immer wieder findet.

Ein wichtiger Aspekt ist das Thema „Reformpädagogik". Was bei Weniger in enger Übereinstimmung mit Nohl aufgrund des Terminus auf den ersten Schein hin den Eindruck von Erneuerung und Fortschritt erzeugte, war jenes gedankliche Gemisch von pädagogischer und „deutscher" Bewegung, zu deren Vorläufern er Lagarde, Langbehn und Lietz zählte. Es durften bei ihm schon mehrere Sorten von Pädagogik sein, um mit dem Begriff „Reformpädagogik" erfaßt zu werden, solange sie nur nichts Näheres mit aufklärerischen Ansätzen zu tun hatten, wie dies beispielsweise bei Ellen Key oder Siegfried Bernfeld der Fall gewesen wäre. Bei solcher Anwendung der Kategorie „Reformpädagogik" versumpfte der Begriff in subjektiver Voreingenommenheit und antiaufklärerischer Gegnerschaft. Ebenso auffällig ist bei Weniger, daß er die Reform auf ihre formale Seite reduzierte, also nicht auch inhaltlich prüfte und die Frage nach dem pädagogischen und sozialen Fortschritt stellte. „Reformpädagogik" nahm bei ihm eine restaurative Funktion an (1928b; 1930e; 1932).

Bei der Konstruktion des Begriffs der „relativen Autonomie" durch die „Geisteswissenschaftliche Pädagogik" war auch Weniger durch seinen Beitrag „Über die Autonomie der Pädagogik" (1929a) maßgeblich beteiligt. Zuvor hatte Weniger die Frage der pädagogischen Autonomie in Aufsätzen jeweils mal kurz angesprochen, ohne jedoch den Begriff zu problematisieren. Erstmals äußerte er sich in einem frühen Aufsatz (1924a), wo er dem Staat zur Aufgabe macht, „das pädagogische Moment allen Teilansprüchen gegenüber zur Geltung zu bringen" und der „berufene Hüter des autonomen Erziehungsgedankens" (ebd., S. 88) zu sein. In der Habilitationsschrift „Die Grundlagen des Geschichtsunterrichts" (1926a) sieht er den Staat ebenfalls als Garant für die Verwirklichung des pädagogischen Moments, weshalb er die Staatsschule gegenüber der privaten, weltanschaulich gebundenen Schule vorzieht (ebd., S. 242). Und im Zusammenhang der Erörterung der staatsbürgerlichen Erziehung setzt er auf die pädagogische Autonomie und spricht dann auch typischerweise von der „relativen" Autonomie der Erziehung (1929b, S. 163f.) Dies erfolgt zeitgleich mit seinem speziell dem Autonomie-Begriff gewidmeten Aufsatz (1929a). Wo auch immer Weniger die Aufklärung als geistige Strömung erwähnt, versucht er sie in ihrer Relevanz für den pädagogischen Autonomiebegriff zu bezweifeln. So betont er, dieser dürfe nicht „liberalistisch" (ebd., S. 38) mißverstanden werden, er sei „keine Setzung des Denkens oder der Vernunft des 18. Jahrhunderts" (ebd., S. 40) und es sei eine „fälschliche" Begründung, ihn mit der Autonomie der Vernunft oder des Positivismus in Verbindung zu bringen (ebd., S. 41). Dies hindert ihn jedoch nicht, Rousseau ausführlich zu zitieren oder sich ausdrücklich auf ihn im Zusammenhang mit dem Autonomie-Aspekt zu beziehen (ebd., S. 41, 46, 47, 51).

Der Gedanke der „relativen Autonomie" ordnet sich bei ihm ein in die umfassendere Reflexion des Verhältnisses von Pädagogik und Politik aus Anlaß seines Theorieansatzes zur „Staatsbürgerlichen Erziehung". So verweist er in seinem Aufsatz „Zur Frage der staatsbürgerlichen Erziehung" (1929b) einleitend auf Gustav Radbruch und schließt sich dessen These an, daß es noch keine systematisch über eine oder mehrere Wissenschaftsdisziplinen abgesicherte Staatsbürgerkunde gibt (Radbruch 1926, S. 156), wobei er aber die Einschränkung der These (ebd., S. 158) unbeachtet läßt. Ohne den Versuch, eine systematische Verarbeitung von Radbruchs Überlegungen vorzunehmen, bezieht sich Weniger lieber auf Ausführungen zur staatsbürgerlichen Erziehung, wie sie – bei allen Unterschieden zwischen ihnen – von den Pädagogen Kerschensteiner, F. W. Foerster, Natorp, Litt und Spranger vorgenommen wurden. Aber auch deren Auswertung erfolgt eher punktuell als systematisch, vor allem unkritisch und ohne zu beachten, wie sehr deren Theorien auf dem Hintergrund der Monarchie entstanden sind. Die besondere Schwierigkeit besteht noch darin, daß Weniger die von ihm verwendeten Begriffe nicht deutlich gegeneinander abgrenzt. So setzt er mit Bezug auf Artikel 148 der Weimarer Reichsverfassung „staatsbürgerliche Erziehung" mit „staatsbürgerlicher Gesinnung" gleich (1929b, S. 151), obwohl der eine der beiden Begriffe dort gar nicht vorkommt. In seinen weiteren Ausführungen verwendet er plötzlich den Begriff „politische Erziehung", ohne ihn zu definieren oder zu begründen, sondern stellt nur fest: „Die politische Erziehung ist also mehr als staatsbürgerliche Erziehung, sie tritt zu ihr hinzu." (Ebd., S. 162.) Der neue Begriff kommt unmotiviert zur Anwendung und wird als eine Art Schlußfolgerung formuliert („also"), obwohl es voraus keine Argumentation gibt, aus der irgendetwas als Schlußfolgerung abgeleitet werden könnte. In der erläuternden Fußnote ersetzt Weniger dann auch noch unversehens „politische Erziehung" durch „politische Bildung", als ginge es um eine Abwechslung im sprachlichen Ausdruck und als spielten begriffliche Unterscheidungen keine Rolle. Auch von „staatsbürgerliche(r) Unterweisung" (ebd., S. 152) spricht er zwischendurch oder (im argumentativ übernommenen Zitat) von „staatsbürgerlicher Bildung" (ebd., S. 158).

Zieht man über diesen für Weniger zentralen Aufsatz hinaus noch weitere heran, so läßt sich feststellen, daß er die Formulierung „staatsbürgerliche Erziehung“ zum ersten Mal in seinem Beitrag „Jugendpflege und Politik“ (1924a) gebraucht, wobei es aber auch schon zu einer Vermischung mit synonymen Begriffen kommt (ebd., S. 83f.) Die Verwendung der Formulierung „politische Erziehung“ bzw. „politische Erziehungsarbeit“ findet sich sowohl im zitierten Aufsatz von 1924 (ebd., S. 84, 85, 87) als auch in dem vier Jahre später erschienenen ähnlichen Beitrag über Jugendpflege (1928a, S. 160), ohne daß sich erkennen läßt, warum gerade diese Begriffe zur Anwendung kommen. In seiner Habilitationsschrift mißt Weniger dem Geschichtsunterricht „staatsbürgerliches Bewußtsein“ zu (1926a, S. 187), ohne daß der Leser Näheres darüber erfährt. Gleichermaßen verfährt er in derselben Studie mit dem Begriff der politischen Bildung, dessen Sinngehalt stillschweigend vorausgesetzt wird. „Politische Bildung“ wird einmal dem entwicklungspsychologischen Aspekt (ebd., S. 104), das andere Mal dem sozialschichtbedingten Gesichtspunkt (ebd., S. 105) zugeordnet.

Im Tiefpunkt der Wirtschafts- und Staatskrise erscheint 1932 ein Sammelband mit dem Titel „Krisis. Ein politisches Manifest“. Darin schreibt Weniger einen Aufsatz über „Kulturkritik, Schulreform und politische Erneuerung“ (1932), in dem er auch den Begriff der politischen Mündigkeit gebraucht, ihm aber dann einen geradezu konträren Sinngehalt beigibt: „Politische Mündigkeit bedeutet von da aus nicht nur die Fähigkeit zum eigenen politischen Eingreifen, sondern auch die Möglichkeit, sich einer politischen Führung willentlich und wissentlich anzuvertrauen und politische Aufgaben in Auftrag zu geben.“ (Ebd., S. 275.) In Anbetracht einer solchen politisch-pädagogischen Weisung stellt sich schon die Frage, wie Weniger im Jahr 1932 dazu kommt, den Staatsbürgern ein unbedingtes Vertrauen zu politischen Führungen abzuverlangen, die als Präsidialkabinette die demokratische Legitimation verloren haben. Solche gegen die politische Mündigkeit gerichteten Sätze hat Weniger beim Wiederabdruck seines Beitrags nach 1945 stillschweigend getilgt, wie er die Wendung „Alle große politische Staatskunst“ durch die Formulierung „Die Demokratie“ austauscht (1932, S. 276 versus 1952e, S. 70). Erstaunlicherweise beurteilen Herwig Blankertz und Dietrich Hoffmann Wenigers Auffassung von politischer Mündigkeit uneingeschränkt positiv (Blankertz/Hoffmann 1968, S. 185).

2. Militärpädagogik während der nationalsozialistischen Herrschaft

In den ersten Jahren nach 1933 reduziert Weniger seine Beschäftigung mit Fragen der Allgemeinen Pädagogik auf ganz wenige Beiträge. Reflexionen über den zivilen Bereich finden sich nur noch spärlich in drei Aufsätzen sowie wenigen Rezensionen und Zeitungsartikeln. Wenigers Interesse gilt nun geradezu ausschließlich der Entwicklung einer militärpädagogischen Theorie (Beutler 1995; Siemsen 1995).
Die militärpädagogischen Arbeiten beginnen 1930 mit der Abhandlung „Das Bild des Krieges. Erlebnis, Erinnerung, Überlieferung“ (1930a) in der Zeitschrift „Die Erziehung“. Die Frage der Gültigkeit von Erfahrung für eine Theorie künftiger Wehrerziehung sowie die Entdeckung der im „Kriegserlebnis“ enthaltenen Bildungskräfte sind die beiden dargestellten Hauptprobleme. In den Jahren ab 1934 folgen weitere militärpädagogische Publikationen, neben einer Reihe von Aufsätzen drei Bücher: „Wehrmachtserziehung und Kriegserfahrung“ (1938), „Goethe und die Generäle“ (1940) und „Die Erziehung des deutschen Soldaten“ (1944a). Vor 1930 finden sich bei Weniger militärpädagogisch relevante Äußerungen nur mal kurz in der Habilitationsschrift (1926a, S. 186) und in einem Aufsatz (1926b, S. 162f.), in welchem Weniger der vorherrschenden Ansicht zustimmt, daß die Hingabe der Jugend an den Krieg als Erfolg auch der Bemühungen des Geschichtsunterrichts gewertet werden müsse (ebd., S. 162). Daneben gibt es dann noch eine Rezension, in der er sich auf die „Großkampftage bei Barleux“ bezieht und das „unbewußte Glücksgefühl jener Tage“ beschwört (1920, S. 213).
Die grundlegende Problemstellung der Militärpädagogik besteht in der Frage: Wie muß der angehende – bei Weniger speziell der deutsche – Soldat erzogen werden? Die Erfahrungsbasis für die militärpädagogischen Überlegungen des Jahres 1930 ist der Weltkrieg 1914 bis 1918. Obwohl Weniger den ersten Weltkrieg von Anfang bis Ende als Artillerist erlebt hat, stützt er sich bei seinen theoretischen Überlegungen nicht auf individuelle Erfahrung, sondern geht von hermeneutisch erfaßbaren Manifesten aus, die er in der Literatur des Kriegsromans und sonstiger Kriegsprosa sowie in Dokumentarfilmen zu entdecken meint. Dabei bringt er in das Lesen und Sehen, regelgetreu der hermeneutischen Methode, auch sein eigenes Vorverständnis ein, in seinem Sinn notwendiges Hilfsmittel zum Erkennen der Wirklichkeit. Weniger sieht die Menschen im Kriegsgeschehen als außerhalb jeder Normalität

existierend in einer Art mystischem Ausnahmezustand (1930a, S. 13; 1935a, S. 405; 1938, S. 186). Hierbei offeriert sich der Erfahrungsbegriff der Lebensphilosophie in vertrackter Weise: Der Krieg genügt sich selbst, und die in ihm Kämpfenden haben sich im Kampf ebenfalls selbst zu genügen. Deshalb erfolgt auch eine Eliminierung der Frage nach dem Sinn des Handelns. Selbst den Bezug zum Staat gibt Weniger in diesem Zusammenhang preis, immerhin erstaunlich für den sonst als Theoretiker „staatsbürgerlicher Erziehung“ wissenschaftlich Anerkannten. Es ist kein Zufall, daß der Militärpädagoge Weniger in der Dichtung Ernst Jüngers den Krieg angemessen gestaltet glaubt. Tatsächlich bietet Jüngers sprachliche Darstellung die gesuchte spezifische Erfahrungsverarbeitung, durch die der Krieg als eine einzigartige Faszination hervortritt (Jünger, 1929, S. 95f.). Christian Graf von Krockow hat in seiner Untersuchung über Ernst Jünger, Carl Schmitt und Martin Heidegger deren gemeinsame Denkstrukturen aufgezeigt und die Schlüsselbegriffe „Kampf“, „Entscheidung“, „Entschlossenheit“ als von einer inhaltlichen Aussage „abgeschnitten“ charakterisiert. Die Begriffe bekommen eine Formalisierung und Verabsolutierung, ein „an sich“ (Krockow 1958, S. 2). Genau dies ist auch bei Weniger gegeben, wenn er den Gedanken eines „wofür“ verwirft und deshalb den Gesichtspunkt des Leidens als unwesentlich für „dieses Eigentliche“ (1930a, S. 14) ausklammert.

Weniger läßt in den die Militärpädagogik aufgreifenden Veröffentlichungen keinen Zweifel darüber aufkommen, daß der Kriegserfahrung auch unter dem Aspekt der Bildung eine grundlegende Bedeutung zukommt. Das gilt sowohl für den, der als Frontsoldat den Krieg selbst unmittelbar durchlebt hat, als auch für die Vermittlung an nachfolgende Generationen. Wie Weniger die Kriegserfahrung einerseits zum Mythos verklärt, so nimmt er sie andererseits zum Anlaß bildungstheoretischer Betrachtungen (1938, S. 4). Hier wird dann das „Kriegserlebnis“ aus seiner metaphysischen Schicksalssphäre zurückgeholt und in einen pädagogisch relevanten Arbeitszusammenhang gebracht, d.h. Fähigkeiten sind beim Kriegshandwerk gefragt, und der Pädagoge transformiert den Krieg zum „Bildungsvorgang“ (1930a, S. 18; 1950b, S. 126). Ein Hauptziel militärischer Erziehung ist die Schaffung einer Erziehungsgemeinschaft „als höchste(r) Form des Friedensdienstes“ (1938, S. 141), wobei unter „Friedensdienst“ alle Aktivitäten der Soldaten zwischen den Kriegen (und dies ist Wenigers Friedensperspektive!) gemeint sind. Das weitergehende und wünschenswertere Ziel der „Kampfgemeinschaft“ erscheint Weniger nur unter den Bedingungen des Krieges erreichbar (ebd.). Nach

Weniger darf es keinen vage ausgestalteten Gehorsam geben, vielmehr muß er ein „absoluter" oder „strikter Gehorsam" sein (1941b, S. 203). Die Befehle sollen geistig durchdrungen und so in ihrem Wesensgehalt besser erkannt werden, damit sie auch tatsächlich „befehlsgemäße" Handlungen bewirken. Auf diese Weise wird der Gehorsam überhaupt erst absolut (Koneffke 1986, S. 112). Mit diesem Gehorsamsverständnis liefert Weniger selbst ein Beweisstück für seine Überzeugung, die Pädagogik in den Dienst der Kriegsführung zu stellen. Die Wehrmacht soll wirksamer agieren als einst das kaiserliche Heer. Hierbei kann die Militärpädagogik eine wirkungsvolle Unterstützung leisten. (1938, S. 291.) Interessant ist im Zusammenhang mit Wenigers hermeneutisch zu erschließendem Gehorsam die Tatsache, daß er an dessen Stelle für die gewöhnlichen Soldaten etwas anderes als erforderlich ansieht. Dem erfahrenen „Lehrerbildner" fehlt schließlich doch das Vertrauen in die Denkmöglichkeiten der Volksschüler, die das große Rekrutierungspotential der Wehrmacht darstellen. Da empfiehlt er für die optimale Kampffähigkeit lieber die Schaffung einer hervorragenden „Atmosphäre" (1944a, S. 17) sowie „die soldatische Gesinnung und den kriegerischen Geist der Truppe" (ebd., S. 9). Dabei soll auch der einfache Soldat aus dem Gefühl des Wollens und nicht des Müssens handeln: „Denn Erziehen heisst Pflichten zu Überzeugungen werden lassen, äusserlich Angelerntes, nur Auferlegtes, zum innersten Bedürfnis machen, zur Sache des Herzens." (Ebd., S. 14.) Der Kontext verdeutlicht, daß die Erziehung bedingungslos in den Dienst soldatischer Tüchtigkeit zu stellen ist, wobei die Verinnerlichung eines fremden Willens auch die Anwendung äusserer Zwangsmaßnahmen erforderlich macht (Gamm 1986, S. 103).
Der Aufsatz „Die Selbständigkeit der Unterführer und ihre Grenzen" in der „Militärwissenschaftlichen Rundschau" vom August 1944 (1944b) stellt Wenigers letzte Publikation vor der bedingungslosen Kapitulation des Deutschen Reichs am 8. Mai 1945 dar. Mit diesem Beitrag beendet der Autor auf Jahre hinaus seine auf das deutsche Militär bezogenen Veröffentlichungen, denn sie sind wie das deutsche Militär selbst funktionslos geworden. Er stellt seine geistige Tätigkeit entsprechend den veränderten politischen Bedingungen zunächst ganz auf das Zivilleben ein.

3. Pädagogische Theorie nach 1945

Das Ende von nationalsozialistischer Herrschaft und Zweitem Weltkrieg charakterisiert Weniger mit den Begriffen „Zusammenbruch“ (1945b, S. 129, 130; 1946a, S. 502), „Katastrophe“ (1945b, S. 129, 130; 1946a, S. 510) und „Umsturz“ (1945b, S. 129). Von Befreiung ist bei ihm an keiner Stelle die Rede. Darüber hinaus findet sich bei ihm keine Erwägung oder gar Erklärung für die jüngste deutsche Geschichte, an der er an nicht untergeordneter Stelle aktiv mitgewirkt hat. Obwohl der Geschichtsdidaktiker „Neue Wege im Geschichtsunterricht“ (1946a) ankündigt, macht er keinen Versuch zu einer geschichtlichen Interpretation des Nationalsozialismus und des Zweiten Weltkriegs. Aber dies ist nicht nur für Weniger, sondern für die gesamte geisteswissenschaftliche Pädagogik typisch. Diese distanziert sich zwar oberflächlich von der NS-Pädagogik, vermag aber nicht ihre eigene geistige Nähe zu ihr zu erkennen, reagiert so, als könne sie die zwölf Jahre NS-Diktatur einfach überspringen und im Jahr 1945 direkt an das Jahr 1932 anknüpfen, als sei der deutsche Faschismus über Nacht gekommen und hätte keine vorausgehende Geschichte gehabt, die auch die Geschichte des deutschen Bürgertums und seiner Pädagogik war. Sie fühlt sich moralisch stark genug, der jungen Generation in Deutschland wiederum ihre pädagogischen Leitbilder zu vermitteln und sie verwahrt sich gegen eine vermeintliche Bevormundung von außen. Damit gerät sie notwendig in Konflikt mit dem Projekt der „Re-education“. Noch in einer späten Artikelserie setzt sich Weniger mit der „Epoche der Umerziehung 1945–1949“ (1959d) kritisch auseinander.

Wie problemlos Weniger die Anknüpfung an seine früheren Beiträge sieht und für wie aktuell er sie noch hält, als sei geschichtlich keine Zäsur eingetreten, belegt er eindrucksvoll mit dem Wiederabdruck seines letzten Aufsatzes der präfaschistischen Zeit (1932) im dritten Jahrgang der „Sammlung“ (1948c). Er hat lediglich in der Überschrift die Reihenfolge der beiden ersten Substantive vertauscht und die Formulierung „politische Erneuerung“ durch „pädagogische Bewegung“ ersetzt (was demnach das gleiche sein soll?) sowie ganz wenige Auslassungen und Ergänzungen vorgenommen. Ein Jahr später erscheint die kleine Textsammlung „Neue Wege im Geschichtsunterricht“ (1949a), die jedoch „alte“ Wege aufzeigt, indem sie nicht nur mit minimalen Änderungen die gleichnamige Aufsatzfolge drei Jahre zuvor (1946a) und den einige Monate vorher publizierten Aufsatz „Geschichte ohne Mythos“ (1948a) wiedergibt, sondern auch den Aufsatz „Heimat und Geschichte“ (1926c) aus der Weimarer Zeit in Erinnerung bringt. Dieser Beitrag enthält einige der für die Reaktion der Weimarer Republik typischen Stereotypen wie die „allgemeine Kulturkrisis“ (1926c, S. 210; 1949a, S. 58) oder die „Zusammenballung der Masse in den großen Städten" (ebd.), verbunden mit der Volkstums-Ideologie (1926c, S. 212, 217; 1949a, S. 59, 64) und der Lebensraum-Ideologie nach der Art Hans Grimms („Volk ohne Raum", 1926), in Wenigers Worten: „Die Einengung des deutschen Lebensraumes, die Hemmung des Expansionstriebes, der beständige Druck auf die Grenzen, die doppelte Bedrohung der Kultur von außen durch Fremdkulturen, von innen durch die Abgründe der moralischen und geistigen Existenz des Volkes ..." (1926c, S. 212; 1949a, S. 59). Solche den deutschen Faschismus vorbereitende Expansionspropaganda hält Weniger im Jahr der Gründung der Bundesrepublik für wiederholenswert. Da stellt sich dann doch die Frage: „Neue Wege" oder alter Chauvinismus? Auf alle Fälle ist es ein Zeugnis für die Kontinuität deutscher Erziehungstheorie in diesem Jahrhundert – und fürwahr nicht das einzige. Auch beim Problem der politischen Bildung greift Weniger auf sein „bewährtes" Reservoir zurück und läßt seinen Aufsatz „Zur Frage der staatsbürgerlichen Erziehung" (1929b) zweiundzwanzig Jahre später als selbständige Broschüre (1951) publizieren. Es scheinen ihm allerdings selbst Zweifel gekommen zu sein, sonst hätte er im Nachwort kaum geschrieben: „Im Jahre 1951 ist natürlich zu fragen, ob die damals formulierten Einsichten heute noch Gültigkeit haben können. Wie überall, so sollten wir auch hier sehr zurückhaltend sein, wenn es gilt, an die Zeit vor 1933 anzuknüpfen" (Ebd., S. 26.). Indes, zurückhaltend war er nicht.

Erich Weniger hat nach 1945 viele Aufsätze und Rezensionen verfaßt und auch eine Sammlung mit früheren Abhandlungen unter dem Titel „Die Eigenständigkeit der Erziehung in Theorie und Praxis" herausgegeben (1952e). In Buchform hat er dann noch die hundert Seiten umfassende „Theorie der Bildungsinhalte (Didaktik als Bildungslehre", Teil 1) (1952f) und „Didaktische Voraussetzungen der Methode in der Schule. Eine Einführung in die Methodenlehre" (Didaktik als Bildungslehre, Teil 2. 82 Seiten) (Weniger 1960b) verfaßt, wobei sich von Teil 1 ungefähr zwei Drittel schon im Handbuch von Nohl und Pallat (1930e) finden lassen.

III. Erich Wenigers Werk in bezug auf die geisteswissenschaftliche Pädagogik und seine wirkungsgeschichtliche Bedeutung

Erich Weniger gilt neben Herman Nohl, Theodor Litt, Eduard Spranger und Wilhelm Flitner als einer der fünf großen geisteswissenschaftlichen Pädagogen dieses Jahrhunderts. Die geisteswissenschaftliche Pädagogik konkretisierte sich besonders in der Rezeption der Diltheyschen Methodologie. Wilhelm Diltheys epistemologischer Begriff des „Verstehens“ wurde für die sich entwickelnde Erziehungswissenschaft zur hauptsächlichen Bestimmungsgröße. Was mit Diltheys „Einleitung in die Geisteswissenschaften“ 1883 (Dilthey 1962) begann und sich bei ihm in einem aus der Philosophie entstandenen Interesse an pädagogischer Thematik niederschlug, was sich schließlich bei seinen Schülern als „geisteswissenschaftliche Pädagogik“ bis in die sechziger Jahre dieses Jahrhunderts hinein fortsetzte, war eine Erziehungswissenschaft, die sich gegen jede Art eines empirisch-pädagogischen Ansatzes abgrenzte. Der geisteswissenschaftlichen Pädagogik gemeinsam war neben der auf den Verstehensbegriff gegründeten hermeneutischen Methode der Widerspruch von „pädagogischer Autonomie“ und Politisierung der Pädagogik sowie eine unkritische Befürwortung von Militär und Krieg. Lediglich Theodor Litt bildet hierbei eine Ausnahme.

Von der wirkungsgeschichtlichen Bedeutung zeugt die allgemeine Rezeption, die Weniger in der Erziehungswissenschaft erfahren hat. Wenigers Nachruhm stützt sich aber maßgeblich auf die vielen Aktivitäten seines großen Schülerkreises. So entstand 1968 ein von diesem verfaßter Sammelband, der den bemerkenswerten Titel trug: „Geisteswissenschaftliche Pädagogik am Ausgang ihrer Epoche – Erich Weniger“ (Gedenkschrift 1968). Außerdem verwiesen etliche Untersuchungen und Dissertationen auf Weniger, unter denen diejenige Helmut Gaßens mit der Titelthese „Geisteswissenschaftliche Pädagogik auf dem Wege zu kritischer Theorie – Studien zur Pädagogik Erich Wenigers“ (Gaßen 1978) den nachhaltigsten Einfluß ausübte. Hinzu kamen speziell dem Leben und Werk Wenigers gewidmete Tagungen und Sammelbände (Dokumentation 1987; Berichte 1988; Bildung 1992; Tradition 1993). Schließlich führten jahrelange Bemühungen um eine Gedenkstätte zum Erfolg: Am 15. Mai 1992 wurde das „Erich-Weniger-Haus“, eine Tagungsstätte ländlicher Erwachsenenbildung, verbunden mit einem Schulmuseum, im Geburtsort Steinhorst eingeweiht.

Zur 100. Wiederkehr von Erich Wenigers Geburtstag gab es zwei Gedenkveranstaltungen, einmal in Gifhorn, in der für den Geburtsort Steinhorst zuständigen Kreisstadt, zum andern in Göttingen, der ersten und letzten akademischen Wirkungsstätte des Pädagogen. Der Festakt in Gifhorn fand am 25. September 1994 im Schloß statt, das Kolloquium in Göttingen am 5. November desselben Jahres im Pädagogischen Seminar der Universität. In Gifhorn würdigten Dietrich Hoffmann und Gerhart Neuner den großen Sohn aus der Landpfarrei, über dessen Hauptgedanken zur

Pädagogik der eine (Hoffmann 1994) und über dessen Konzeption einer Didaktik der andere (Neuner 1994) referierte. Hier wie dann auch noch in Göttingen wurden vor allem „Erbe und Tradition“ gewürdigt. Unter dem Gesamtthema – so wenigstens in der späteren Publikationsform – „Erich Weniger oder die Legitimität der Geisteswissenschaftlichen Pädagogik“ äußerten sich bedeutende akademische Schüler/-innen wie Ilse Dahmer, Klaus Mollenhauer, Wolfgang Klafki, Hans Thiersch, Theodor Schulze, aber auch solche, die nicht im Banne des einstigen Ordinarius gestanden hatten, wie Dietrich Benner oder Heinz-Elmar Tenorth. Entsprechend dem Anlaß war es keine kritische Auseinandersetzung. Einzig der Beitrag Micha Brumliks entbehrte hagiographischer Züge und stellte kritisch-politische Zusammenhänge her. So bleibt zum Schluß die Frage: Wann wird es der Erziehungswissenschaft gelingen, sich in ein kritisches Verhältnis zu ihrer eigenen Ideengeschichte zu setzen?

Literatur

Vorbemerkung: Alle Literaturangaben zu Erich Weniger werden im Text nur mit Jahreszahl und Seitenangabe zitiert. Soweit bei den Jahreszahlen Buchstaben hinzugesetzt werden, sind diese in Übereinstimmung mit den Literaturangaben in meinem Buch „Geisteswissenschaftliche Pädagogik zwischen Politisierung und Militarisierung – Erich Weniger“ (Frankfurt a. M.: Peter Lang Verlag 1995).

Quellen (Erich Weniger)

1920: Rezension: Henke, Karl: Infanterie-Regiment Bremen im Felde 1914 bis 1918. Bremen 1919. In: Die Schwarzburg. Hochschulmonatsschrift. Jg. 2 (1920). H. 10/11, S. 213.

1924a: Jugendpflege und Politik. In: Jugend heraus! Nr. 6 vom 20. Dez. 1924. S. 81–88.

1925: Rehberg und Stein. In: Niedersächsisches Jahrbuch. Neue Folge der „Zeitschrift des Historischen Vereins für Niedersachsen“. Bd. 2. Hildesheim 1925. S. 1–124. [Dissertation]

1926a: Die Grundlagen des Geschichtsunterrichts. Untersuchungen zur geisteswissenschaftlichen Didaktik. Leipzig, Berlin 1926. [Habilitationsschrift]

1926b: Die Theorie des Geschichtsunterrichts seit 1914. In: Die Erziehung. Jg. 1 (1926). S. 159–170.

1926c: Heimat und Geschichte. In: Die Erziehung. Jg. 1 (1926). S. 208–220.

1928a: Jugendpflege und Jugendführung als sozialpädagogische Aufgaben. In: Die Erziehung. Jg. 3 (1928). S. 144–163.

1928b: Die Jugendbewegung und ihre kulturelle Auswirkung. In: Geist der Gegenwart. Hrsg. von Erasmus. Stuttgart o. J. (1928). S. 1–54.
1929a: Über die Autonomie der Pädagogik. In: Die Schildgenossen. Jg. 9. Nr. 1/2 vom Jan./Febr. 1929. S. 38–53.
1929b: Zur Frage der staatsbürgerlichen Erziehung. In: Die Erziehung. Jg. 4 (1929). S. 148–171.
1930a: Das Bild des Krieges. Erlebnis, Erinnerung, Überlieferung. In: Die Erziehung. Jg. 5 (1930). S. 1–21.
1930e: Die Theorie der Bildungsinhalte. In: Handbuch der Pädagogik. Hrsg. von Herman Nohl und Ludwig Pallat. Bd. 3: Allgemeine Didaktik und Erziehungslehre. Berlin, Leipzig 1930. S. 3–55.
1932: Kulturkritik, Schulreform und politische Erneuerung. In: Krisis. Ein politisches Manifest. Weimar 1932. S. 264–276.
1935a: Kriegserinnerung und Kriegserfahrung. In: Deutsche Zeitschrift. 48. Jahrgang des Kunstwarts. H. 11/12, August/September 1935. S. 397–405.
1938: Wehrmachtserziehung und Kriegserfahrung. Berlin 1938.
1940: Goethe und die Generäle. In: Jahrbuch des Freien Deutschen Hochstifts Frankfurt a. M. 1936–1940. Hrsg. von Ernst Beutler. Halle a. d. S. 1940. S. 408–593.
1941b: Führerauslese und Führereinsatz im Kriege und das soldatische Urteil der Front. II. Teil: Der Feldherr als Erzieher. In: Militärwissenschaftliche Rundschau. Jg. 1941. H. 3 (Sept.), S. 198–206.
1944a: Die Erziehung des deutschen Soldaten. Paris 1944.
1944b: Die Selbständigkeit der Unterführer und ihre Grenzen. In: Militärwissenschaftliche Rundschau. H. 2, August 1944. S. 101–115.
1945b: Schule und Berufsnot. In: Die Sammlung. Jg. 1 (1945/46). S. 129–140.
1946a: Neue Wege im Geschichtsunterricht. In: Die Sammlung. Jg. 1 (1945/46). S. 339–343, 404–411, 500–511.
1948a: Geschichte ohne Mythos. Zur Neugestaltung des Geschichtsunterrichtes. In: Die Sammlung. Jg. 3 (1948). S. 31–47.
1948c: Schulreform, Kulturkritik und pädagogische Bewegung. In: Die Sammlung. Jg. 3 (1948). S. 492–500.
1949a: Neue Wege im Geschichtsunterricht. Mit Beiträgen von Hermann Heimpel und Hermann Körner. Frankfurt a. M. 1949.
1950b: Philosophie und Bildung im Denken von Clausewitz. In: Schicksalswege deutscher Vergangenheit. Festschrift für Siegfried Kähler zum 65. Geburtstag. Düsseldorf 1950. S. 123–143.
1951: Zur Frage der staatsbürgerlichen Erziehung. Oldenburg o. J. (1951). (30 S.)
1952e: Die Eigenständigkeit der Erziehung in Theorie und Praxis. Weinheim/Bergstr. o. J. (1952).
1952f: Theorie der Bildungsinhalte (Didaktik als Bildungslehre, Teil 1). Weinheim/Bergstr. 1952. (101 S.)

1959d: Die Epoche der Umerziehung 1945–1949. In: Westermanns Pädagogische Beiträge. Jg. 11 (1959). S. 403–410, 517–525 und Jg. 12 (1960), S. 9–13, 74–79.
1960b: Didaktische Voraussetzungen der Methode in der Schule. Eine Einführung in die Methodenlehre (Didaktik als Bildungslehre, Teil 2). Weinheim/Bergstr. 1960. (82 S.)

Sekundärliteratur

Benner 1995:
Benner, Dietrich: Einheit oder Vielheit Geisteswissenschaftlicher Pädagogik. In: Zeitschrift für Pädagogik. Jg. 41 (1995). H. 3, S. 409–414.
Berichte 1988:
Bildung, Geschichte und Zukunft. Erich Weniger als politischer Pädagoge. Berichte und Beiträge im Zusammenhang der Gründung des „Vereins der Freunde und Förderer des Erich-Weniger-Hauses“ in Steinhorst (Landkreis Gifhorn). Hrsg. von Karl Neumann. Göttingen 1988.
Beutler 1995:
Beutler, Kurt: Geisteswissenschaftliche Pädagogik zwischen Politisierung und Militarisierung Ä Erich Weniger. Frankfurt a. M. [und andere Orte] 1995. (Studien zur Bildungsreform. Hrsg. von Wolfgang Keim. Bd. 24.)
Bildung 1992:
Bildung und Soldatentum. Die Militärpädagogik Erich Wenigers und die Tradition der Erziehung zum Kriege. Hrsg. von Dietrich Hoffmann und Karl Neumann. Weinheim 1992.
Blankertz/Hoffmann 1968:
Blankertz, Herwig und Dietrich Hoffmann: Geschichtsunterricht und Politische Bildung. In: Gedenkschrift 1968. S. 175–194.
Brumlik 1995:
Brumlik, Micha: Auch eine Erziehung nach Auschwitz: Erich Weniger zwischen Heinrich von Stülpnagel und Ernst Kantorowicz. In: Zeitschrift für Pädagogik. Jg. 41 (1995). H. 3, S. 421–426.
Dahmer 1995:
Dahmer, Ilse: Wenigers Erbschaft oder Vom erziehungswissenschaftlichen Umgang mit der „scheinlosen Macht“ des Geistes. In: Zeitschrift für Pädagogik. Jg. 41 (1995). H. 3, S. 365–390.
Dilthey 1962:
Dilthey, Wilhelm: Einleitung in die Geisteswissenschaften. 5., unveränderte Aufl., Stuttgart, Göttingen 1962. (Gesammelte Schriften, Bd. 1.)
Dokumentation 1987:
Erich Weniger. Leben und Werk. Dokumentation eines Symposions in Gifhorn und Steinhorst vom 31. Oktober bis 2. November 1986. Hrsg. von Karl Neumann. Göttinger Beiträge zur universitären Erwachsenenbildung. H. 11/1987.

Gamm 1986:
Gamm, Hans-Jochen: Pädagogik und Wehrerziehung. In: Militärische Sozialisation. Hrsg. von Hans-Jochen Gamm. Darmstadt 1986. S. 87–107.
Gaßen 1978:
Gaßen, Helmut: Geisteswissenschaftliche Pädagogik auf dem Wege zu kritischer Theorie. Studien zur Pädagogik Erich Wenigers. Weinheim, Basel 1978.
Gedenkschrift 1968:
Geisteswissenschaftliche Pädagogik am Ausgang ihrer Epoche – Erich Weniger. Hrsg. von Ilse Dahmer und Wolfgang Klafki. Weinheim, Berlin 1968.
Hoffmann 1994:
Hoffmann, Dietrich: Erich Wenigers Bedeutung für die Pädagogik seiner Zeit. In: Erich Weniger zum 100. Geburtstag. Veranstaltung des Landkreises Gifhorn im Rittersaal des Gifhorner Schlosses am 25. September 1994. Mit Beiträgen von Margarete Pertzel, Karl Neumann, Gero Wangerin, Dietrich Hoffmann und Gerhart Neuner. Hrsg. vom Dekan des Fachbereichs Erziehungswissenschaften der Universität Göttingen. Göttingen 1994. S. 25–41.
Jünger 1929:
Jünger, Ernst: Feuer und Blut. Leipzig o. J. (1929).
Klafki 1995:
Klafki, Wolfgang: Zur Geisteswissenschaftlichen Pädagogik Erich Wenigers. In: Zeitschrift für Pädagogik. Jg. 41 (1995). H. 3, S. 391–394.
Koneffke 1986:
Koneffke, Gernot: Militärische Sozialisation und pädagogische Kritik. In: Militärische Sozialisation. Hrsg. von Hans-Jochen Gamm. Darmstadt 1986. S. 109–122.
Krockow 1958:
Krockow, Christian Graf von: Die Entscheidung. Eine Untersuchung über Ernst Jünger, Carl Schmitt, Martin Heidegger. Stuttgart 1958.
Mollenhauer 1995:
Mollenhauer, Klaus: Ein „Mutuum Colloquium“ zum 100. Geburtstag Erich Wenigers. Einführung in den Themenschwerpunkt. In: Zeitschrift für Pädagogik. Jg. 41 (1995). H. 3, S. 359–364.
Neuner 1994:
Neuner, Gerhart: Zur Re-Vision des Weniger-Bildes eines DDR-Pädagogen. In: Erich Weniger zum 100. Geburtstag [siehe unter: Hoffmann 1994]. S. 43–56.
Radbruch 1926:
Radbruch, Gustav: Die Aufgaben des staatsbürgerkundlichen Unterrichts. In: Staatsbürgerliche Erziehung. Im Auftrage des Zentralinstituts für Erziehung und Unterricht, hrsg. von F. Lampe und G. H. Franke. Erweiterte Ausgabe. Breslau 1926. S. 145–158.
Schulze 1995:
Schulze, Theodor: Jenseits der Befangenheit. In: Zeitschrift für Pädagogik. Jg. 41 (1995). H. 3, S. 399–407.

Schwenk 1968a:
Schwenk, Bernhard: Erich Weniger – Leben und Werk. In: Gedenkschrift 1968. S. 1–33.
Siemsen 1995:
Siemsen, Barbara: Der andere Weniger. Eine Untersuchung zu Erich Wenigers kaum beachteten Schriften. Frankfurt a. M. [und andere Orte] 1995. (Studien zur Bildungsreform. Hrsg. von Wolfgang Keim. Bd. 25.)
Tenorth 1995:
Tenorth, Heinz-Elmar: Erbe und Tradition. In: Zeitschrift für Pädagogik. Jg. 41 (1995). H. 3, S. 415–419.
Thiersch 1995:
Thiersch, Hans: Weniger und die Erziehungswirklichkeit. In: Zeitschrift für Pädagogik. Jg. 41 (1995). H. 3, S. 395–398.
Tradition 1993:
Tradition und Transformation der Geisteswissenschaftlichen Pädagogik. Zur Re-Vision der Weniger-Gedenkschrift. Hrsg. von Dietrich Hoffmann und Karl Neumann. Weinheim 1993.

Albert Reble (*1910). Ein Portrait

Wilhelm Brinkmann

1. Einleitung

Im Geleitwort zur Festschrift für Albert Reble aus Anlaß seines 80. Geburtstages (Böhm/Eykmann 1991) hob Hans Zehetmair, Bayerischer Staatsminister für Unterricht, Kultus, Wissenschaften und Künste, den Umstand besonders hervor, daß der Jubilar „zu den großen Pädagogen in Bayern“ gehöre, „die die Position der geisteswissenschaftlich orientierten Pädagogik in der Nachkriegszeit gefestigt haben“ (1991, S. 9), und daß diese „geisteswissenschaftliche Grundposition Rebles am stärksten deutlich“ werde in seinem Hauptwerk: der „Geschichte der Pädagogik“ (ebd., S. 10). Diese Zuordnung Rebles zum Paradigma geisteswissenschaftlich begründeter Konzepte pädagogischer Theorie scheint selbstverständlich zu sein; niemand würde zögern, ihn als namhaften Repräsentanten dieser Tradition zu bezeichnen und in die Alterskohorte der ersten akademischen Schülergeneration der Gründungsväter neben Fritz Blättner, Otto Friedrich Bollnow, Josef Derbolav, Martinus Jan Langeveld, Ernst Lichtenstein, Hermann Röhrs, Gerhard Wehle, Hans Wenke und andere einzuordnen – Elisabeth Blochmann nicht zu vergessen. Und von „außen“ her sind in dieser Hinsicht bisher auch nie Zweifel erhoben worden. Vielmehr ist es der Autor selbst, der in der Klarheit des Alters auf den epochalen Wandel der Pädagogik im 20. Jahrhundert zurückblickt und, zugleich der eigenen geistigen Herkunft sich vergewissernd, die Frage stellt, ob sein Verständnis von Pädagogik noch „geisteswissenschaftlich“ zu nennen sei (Reble 1995d), der sich insofern auch einer vorschnellen und umstandslosen Einordnung in die Ahnengalerie geisteswissenschaftlicher Pädagogik zunächst einmal widersetzt.
Eine kritische Würdigung, die Albert Reble und seine Pädagogik in einem Portrait einzufangen sich zum Ziel nähme, hätte die Konturen und das besondere Profil seines pädagogischen Werkes herauszuarbeiten, die tragenden Säulen seiner Pädagogik freizulegen und schließlich zu klären, welche Theoreme Reble als gemeinsamen Kernbestand geisteswissenschaftlich orientierter Variationen pädagogischen Denkens identifiziert und in welcher Hinsicht er sein Denken über die traditionellen Positionen hinausgeführt hat. Im Vorfeld einer solchen Werkanalyse ist jedoch der Umstand in Rechnung zu stellen, daß das pädagogische Œuvre Albert Rebles

bis heute nahezu unerschlossen ist. Insofern kann dieser Beitrag nicht mehr beanspruchen, als in einem ersten Schritt der kritischen Rezeption eine topographische Skizze dieses pädagogischen Werks zu entwickeln.

2. *Vita*

Der Lebensgang Albert Rebles ist gut dokumentiert, insbesondere in verschiedenen autobiographischen Zeugnissen (Reble 1978a, 1987, 1990, 1993, 1995d, 1996b, 1997). Bemerkenswert daran ist, daß Reble in seinen Lebenserinnerungen den Anteil der Narrativität eher gering dosiert und die Person des Chronisten im Hintergrund läßt. In der polaren Spannung von „prodesse“ und „delectare“, die Quintus Horatius Flaccus in seiner Ars poetica (Vers 333f.) für die Wirkungsabsicht allerdings der Poeten grundlegend sieht, steht Reble entschieden auf der Seite des „prodesse“; das „delectare“ ist ihm nicht minder wichtig, allerdings in einem ganz anderen, außerwissenschaftlichen Lebensbereich: in den musisch-künstlerischen Tätigkeiten, und hier insbesondere beim eigenen Musizieren. Rebles Absicht als Autobiograph liegt also weniger darin, der Fachöffentlichkeit von sich und aus seinem Leben zu erzählen; es geht ihm vielmehr darum, seine Eindrücke und Erfahrungen als Zeitzeuge kritisch-distanziert zu reflektieren, um am Besonderen das Allgemeine, am individuellen Schicksal die geschichtlich-gesellschaftliche Verwebung, am subjektiven Blick die objektiven Mächte auf exemplarische Weise kenntlich zu machen und hervorzuheben, an den Stationen seines konkreten Lebensweges oder an speziellen historischen Konstellationen die Zeichen der Zeit zu entziffern, die charakteristischen Grundzüge, die bestimmenden Merkmale der geschichtlichen Situation strukturanalytisch auszudeuten. In diesem Sinn ließen sich Zielrichtung und Gehalt der autobiographischen Zeugnisse Rebles in einem Urteil zusammenfassen, das er selbst zur Kennzeichnung der pädagogischen Position Theodor Litts, seines wichtigsten akademischen Lehrers, zustimmend so formuliert hat: „Der einzelne Mensch ist in die Dynamik der großen kollektiven Mächte hineinverflochten, hat jedoch trotz dieser schicksalhaften Verflechtung sein je eigenes, unableitbares und unaufgebbares, mit persönlicher Verantwortung und Entscheidung beladenes Sein. Litt betont (und Reble mit ihm – WB), daß dieser Zusammenhang nicht einfach als Faktum zu registrieren, sondern auch als existentielle Aufgabe zu bewältigen ist“ ([18]1995, S. 369).
Aufgrund dieser autobiographischen Berichte läßt sich der Lebens-

weg Rebles mit dem Blick „von außen“ ohne weiteres rekonstruieren. Am 20. August 1910 in Magdeburg geboren, verlebt Reble, gemeinsam mit einer älteren Schwester, seine Kindheit ebendort; seine (höhere) Schulzeit bringt er an der Bismarckschule zu, einem Reform-Realgymnasium, das „offenbar mit vom Geiste Kerschensteiners inspiriert“ war (Reble 1978a, S. 252; vgl. Reble 1990). Nach dem Abitur 1929 nimmt er sein Studium auf, das er an der Pädagogischen Akademie Erfurt (1930–1932) sowie an den Universitäten Jena (bei Hans Leisegang, im Sommersemester 1932) und Leipzig (ab Herbst 1932, angezogen von Theodor Litt) absolviert und das insgesamt die Fächer Pädagogik, Philosophie, Germanistik und Geschichte umfaßt. 1935 wird Reble mit seiner als Preisschrift ausgezeichneten Arbeit über Schleiermachers Kulturphilosophie (Reble 1935) von Litt und Felix Krueger promoviert. Seit dieser Zeit des Studiums in Leipzig gehört Reble zum engsten Schülerkreis Litts und stand dreißig Jahre lang in persönlicher Verbindung mit seinem akademischen Lehrer.

Reble legt nacheinander die Lehramtsprüfungen für alle Schularten ab, für die Volksschule 1932, für die Mittelschule 1934, für das Gymnasium 1939, und ist im Schuldienst tätig zunächst 1934 an der Volksschule in Schkeuditz (vgl. dazu Reble 1996b), dann von 1935 bis 1939 an der Mittelschule in Naumburg an der Saale. „Während des Zweiten Weltkrieges, in dem er der deutschen Wehrmacht in Mitteldeutschland, Dänemark, Südrußland und Frankreich zu dienen hatte, ging er die Ehe mit der Lehrerin Hedwig Spiegel ein. 1945 bis 1946 war er als Lehrer an der Oberschule in Naumburg/Saale tätig. Parallel dazu hatte er zunächst noch die Referendarausbildung zu absolvieren, die er 1946 mit der Assessorprüfung abschloß“ (Sacher 1991, S. 323; vgl. dazu detailliert auch Reble 1978a, S. 272–275). Er hat also im Osten und später im Westen den Lehr-, Lern- und Lebensalltag der verschiedenen Schularten intensiv und gründlich kennen- und gestalten gelernt.

Auf Einladung Peter Petersens beginnt Reble im Winter 1945 – unterrichtsbegleitend – mit der Arbeit an seiner Habilitationsschrift, die die wissenschaftlich-theoretische Fundierung und die Dialektik in Schleiermachers Pädagogik behandeln und in Jena eingereicht werden sollte (Reble 1978a, S. 275). Aber noch vor ihrer Vollendung findet er im Frühjahr 1946 in den Franckeschen Stiftungen Beschäftigung als Lehrer an der Latina und Erzieher in der Pensionsanstalt. Am 1. Oktober 1946 wird er dann – mit Unterstützung Petersens – zum Professor für Geschichte der Pädagogik an der neugegründeten Pädagogischen Fakultät der Martin-Luther-Universität Halle/Wittenberg berufen. Er bleibt dort drei

Jahre, bis er sich im März 1949 entschließt, der sich verschärfenden Sowjetisierung der Wissenschaft und der Universitäten sowie dem ideologischen Anpassungsdruck in der Sowjetischen Besatzungszone aus dem Wege zu gehen, und mit seiner Familie in den Westen Deutschlands übersiedelt. Aus den Vorlesungsmanuskripten dieser Semester ist dann seine „Geschichte der Pädagogik" hervorgegangen.

In Westdeutschland unterrichtet Reble zuerst am Max-Planck-Gymnasium in Düsseldorf, dann von 1950 bis 1954 am Zeppelin-Gymnasium in Lüdenscheid. Im Herbst 1954 wird er auf eine Professur für Pädagogik an die damalige Pädagogische Akademie (und spätere Pädagogische Hochschule) Bielefeld berufen (mit einer Ausdehnung der Lehrbefugnis auf Philosophie 1959), im Frühjahr 1961 an die Pädagogische Hochschule Münster II. (Die II wies auf die protestantische Konfession hin; im durch und durch katholischen Bischofssitz Münster trug die katholische PH die Ordnungszahl I.) Zuvor hat er im Winter 1960/61 den Lehrstuhl Erich Wenigers an der Universität Göttingen vertreten. In die nordrhein-westfälische Zeit Rebles fällt eine prononcierte Auseinandersetzung mit fachlichen und berufspolitischen Fragen des Lehrerberufs und der Lehrerausbildung, die ihren Niederschlag unter anderem in der Monographie über Lehrerbildung in Deutschland (Reble 1958) sowie in zahlreichen kleineren Schriften findet und ihr Motiv – unter anderem – in dem stellvertretenden Vorsitz des Gutachterausschusses für Volksschullehrerbildung des Landes Nordrhein-Westfalen hat (seit 1956).

Im April 1962 folgt Reble einem Ruf auf den neu gegründeten Lehrstuhl für Pädagogik in der Philosophischen Fakultät der Universität Würzburg. Zuvor hat er Rufe an die Pädagogischen Hochschulen Oldenburg und Heidelberg (wo er erster Rektor werden sollte) abgelehnt, 1965 wird er einem weiteren Ruf an die Universität Wien ebensowenig Folge leisten. In Würzburg ist Reble neben den konventionellen Aufgaben akademischer Lehre, Forschung und Selbstverwaltung mit drei besonderen Herausforderungen konfrontiert: erstens mit dem Aufbau des Fachs, des Lehrstuhls und des Pädagogischen Seminars einschließlich der Fachbibliothek „von Null an", „institutionell wie in der sachlichen Ausstattung und der personellen Besetzung" (Reble 1978a, S. 289); zweitens mit der (zweistufigen) Integration der Pädagogischen Hochschule Würzburg in die Universität; drittens mit der Etablierung des pädagogischen Diplomstudiengangs. Kritisch, oft hämisch, selten jedoch militant flankiert werden Rebles Anstrengungen etwa ab 1972 von der lokalen, vergleichsweise milde agierenden Erscheinungsform der 68er-Studentengeneration, durch die sich Reble unmittelbar und traumatisch zurückerinnert sieht an den Nazi-Terror, den er 1933/34 in Leipzig Theodor Litt gegenüber hautnah miterleben mußte (vgl. Reble 1978a, S. 297f.; 1987; 1996a, S. 174ff.). Zum 1. Oktober 1975 läßt sich Reble „mit etwas zwiespältigen Gefühlen, aber letztlich nicht ungern emeritieren" (1978a, S. 298). Seitdem lebt er bei (leidlich) guter Gesundheit in einem produktiven Ruhestand. Über seine Forschungsinteressen und seine Publikationstätigkeit in der vita activa bis 1975 und der vita contemplativa danach wird weiter unten zu berichten sein.

3. *Œuvre*

Das wissenschaftliche Werk Albert Rebles umfaßt heute mehr als 500 Einzeltitel, die bis zur Nummer 498 (1995) bibliographisch vollständig erfaßt und chronologisch geordnet sind (Kürzdörfer 1982, Böhm 1991b, Brinkmann 1995b).

Ein gutes Drittel davon macht Rebles editorische Tätigkeit aus. Hier sind zum einen die beiden Reihen zu nennen, in denen er seinen akademischen Schülern einen seriösen Publikationsort für ihre Dissertationen und Habilitationsschriften oder auch, in vereinzelten ausgewählten Fällen, für ihre Magisterarbeiten bot; so gab Reble in der Reihe Erziehungswissenschaftliche Beiträge des Henn-Verlages in Ratingen zwischen 1965 und 1968 drei Bände heraus, in der Reihe Würzburger Beiträge zur Erziehungswissenschaft des Klinkhardt Verlages im oberbayerischen Bad Heilbrunn von 1969 bis 1989 immerhin 18 Bände. Zum anderen ist hinzuweisen auf die große, weithin bekannte und geschätzte sowie für den Gebrauch in der akademischen Lehre konzipierte Reihe Klinkhardts Pädagogische Quellentexte, in der Albert Reble gemeinsam mit Theo Dietrich seit 1960 etwa einhundert (preiswerte) Editionen sowohl zu historischen, auch schulgeschichtlichen Themen und klassischen Schriften der Pädagogik als auch zu allgemeinen systematischen Problemen der Erziehungswissenschaft und zu den nach und nach neu sich etablierenden Aufgabenfeldern der differentiellen Pädagogik anregte und verantwortlich betreute. Ein gutes Dutzend Quellentexte gab Reble in dieser Reihe selber heraus, außerdem einen Dörpfeld- und einen Basedow-Band in Schöninghs Sammlung pädagogischer Schriften – Quellen zur Geschichte der Pädagogik. Schließlich dürfen die Besorgung ausgewählter pädagogischer Schriften Theodor Litts (1995a) sowie die Edition der beiden Dokumentationsbände zur Geschichte der Pädagogik in diesem Zusammenhang nicht unerwähnt bleiben, die

Reble dem Textband seit der 11. Auflage 1971 beigegeben und seit der 16. Auflage 1992 ohne inhaltliche Änderung in einem Band vereinigt hat.
Unter den Monographien Rebles ist zunächst sein Standardwerk, die international renommierte, ideengeschichtlich orientierte Geschichte der Pädagogik hervorzuheben, deren erste Auflage 1951 und deren 18., vorerst letzte Auflage 1995 erschien, die in insgesamt mehr als 120.000 Exemplaren verkauft wurde, eine griechische Übersetzung (1990) und eine slowakische erfuhr (1995), von Hartmut von Hentig (1975, S. 20) in respektvoller Abkürzung „der Reble" genannt und von Wolfgang Klafki als „eines der ‚Erfolgsbücher' der rund fünf Jahrzehnte pädagogischer Nachkriegsgeschichte in Deutschland" beurteilt wurde (1995, S. 5), nachdem sie zwischenzeitlich einer scharfen Kritik insbesondere von seiten einer sozialgeschichtlich argumentierenden historischen Bildungsforschung ausgesetzt war (vgl. Herrmann 1972), deren substantielle Berechtigung erst kürzlich noch einmal von Heinz-Elmar Tenorth in einer knappen rezensionskritischen Anmerkung in Frage gestellt worden ist: „Die Ideengeschichte ... erweist sich in manchem doch als sehr viel ertragreicher als in den polemischen Auseinandersetzungen um 1971 zum Beispiel in kritischen Rezensionen (nämlich Herrmann, WB) inzwischen klassischer Arbeiten (nämlich Reble, WB) vermutet wurde" (Tenorth 1996, bes. S. 349; vgl. dazu auch Klafki 1995, S. 10f.).
Auch andere Monographien Rebles haben weite Beachtung gefunden und großen Einfluß auf die erziehungswissenschaftliche Forschung genommen. Vor allem ist hinzuweisen auf die bereits erwähnte preisgekrönte Dissertation über Schleiermachers Kulturphilosophie (1935), die einen Meilenstein in der Schleiermacher-Rezeption vor dem Zweiten Weltkrieg darstellt und die Schleiermacher-Forschung durch die Interpretation seiner Ethik als einer umfassenden Kulturphilosophie vorangebracht hat (vgl. zusammenfassend Reble [18]1995, S. 212), aber auch auf die frühe (1950) und die späte Darstellung der Pädagogik Theodor Litts, die beide mehr sind als nur „eine einführende Überschau" (1996a; vgl. dazu Lassahn 1996); denn sie lassen sich „bei genauerer Betrachtung ... auch lesen als eine konzise und systematische Aufarbeitung des zentralen Problembestandes der geisteswissenschaftlichen Pädagogik. In dieser Lesart" werden die Schriften „zu einem geisteswissenschaftlichen Grundtext, der hinsichtlich seiner systematischen Geschlossenheit und hinsichtlich der Problemformulierung und -ausschleifung Nohls ‚Theorie der Bildung' und Flitners ‚Allgemeiner Pädagogik' in nichts nachsteht – nur eben, daß Rebles

systematische Pädagogik hier in die interpretatorische Darstellung Litts und in die dialogische Auseinandersetzung mit seinem Denken eingewoben wird" (Böhm 1991a, S. 20).

Die Monographien über „Lehrerbildung in Deutschland" (1958) und über die „Gesamtschule im Widerstreit" (1981) zeigen Reble von der schulpädagogischen bzw. schulgeschichtlichen Seite her als einen Experten, der im Grenzgebiet von Pädagogik und Politik die Erziehungswissenschaft als kritische Instanz der Bildungspolitik argumentativ auszuweisen und pädagogische Handlungs- und Entscheidungskriterien gegenüber politischen Optionen oder finanziellen Grenzen in ihr Recht zu setzen weiß, sei es, daß er die Ausgestaltung des Verhältnisses von Berufseinübung und Berufsausübung im Lehrerberuf von den Erfordernissen der pädagogischen Tätigkeiten des Unterrichtens und Erziehens her bemißt und mit dem berufswissenschaftlichen Orientierungspotential der Pädagogik abstimmt, sei es, daß er konkrete Fragen der Organisation eines integrativen Schulsystems in ihren historischen Entstehungszusammenhang einordnet und damit in ihrer Problemstruktur aufhellt, „um eine großräumigere Einordnung, eine präzisere Ortung und ein besseres Verständnis des ganzen Feldes" zu erreichen (Reble 1981, S. 11).

Auf die kleineren selbständigen Schriften zu Pestalozzi (1952), Kerschensteiner (1955, ^{2}1956), Gaudig (1989) und Oestreich (1991) sowie eine weitere, knappe Untersuchung zu Litt speziell in erlebnispädagogischem Auftrag (1993) kann ich an dieser Stelle nur beiläufig hinweisen, ebenso auf die zahlreichen Artikel Rebles in so gut wie allen namhaften Lexika und Handbüchern seiner Zeit oder auf die stattliche Summe seiner Rezensionen vor allem aus der präherbipolensischen Zeit. In allen diesen Arbeiten – den großen Texten und den kleinen Fingerübungen, den umfangreichen Manuskripten und den kurzen Skizzen, ob an exponierter Stelle erschienen oder an entlegenem Ort, für Spezialisten geschrieben oder ein breites Publikum – ist Reble präsent: fachliche Kompetenz und Stilsicherheit, Sorgfalt und Ernst, Darstellungskunst und Respekt vor den behandelten Personen und Themen, stets mit Aufmerksamkeit und Interesse für die geschichtliche Entstehung und Entwicklung pädagogischer relevanter Phänomene sowie für ihre Verflechtung mit gesellschaftlichen Lebenszusammenhängen.

Dies gilt insbesondere auch für seine knapp einhundert scripta minora, deren größerer Teil in der Muße des Emeritenstandes entstanden ist. Da in absehbarer Zeit mit dem Beginn einer Kritischen Gesamtausgabe der Schriften Rebles nicht zu rechnen sein wird, erlaube ich mir an dieser Stelle wenigstens einen Hinweis auf zwei gerade erschienene Sammelbände. In dem einen hat Reble (1995b) selber eine Auswahl seiner schulgeschichtlichen Beiträge zum 19. und 20. Jahrhundert zusammengestellt, in dem anderen (1995c) sind in einer repräsentativen Übersicht über sein Œuvre ausgewählte Texte Rebles aus mehr als sechzig Jahren wissenschaftlicher Forschung versammelt und thematisch nach Beiträgen zur Erziehungswissenschaft, zu einzelnen Philosophen und Pädagogen, zu systematischen Fragen sowie zu Gegenwartsproblemen geordnet worden. Schließlich darf nicht vergessen werden, daß der neue Textband zur Pädagogik Theodor Litts (1996a, vgl. dort bes. S. 8) unter anderem auf den insgesamt etwa 25 Veröffentlichungen Rebles zu Litt aufruht, mindestens aber auf seine acht dort im Literaturverzeichnis zitierten Beiträgen sich stützt und insofern eine weitere Bündelung und Verdichtung früherer Forschungsergebnisse darstellt. Die Ankündigung allerdings, daß eine Auswahl seiner bildungs- und standespolitisch einflußreichen wie berufs- und schultheoretisch richtungweisenden Arbeiten über grundlegende Fragen von Lehrerberuf und Lehrerbildung demnächst in Angriff genommen und für den Druck vorbereitet werden soll (Brinkmann 1995a, S. 17), wird sich mittelfristig voraussichtlich nicht verwirklichen lassen.

Die Schwerpunkte der Veröffentlichungen Albert Rebles und seine Forschungsgebiete umfassen, auf's Ganze gesehen, die allgemeine und die differentielle Pädagogik in ihrer systematischen und historischen Dimension, aber ebenso die Didaktik und Methodik sowie die Themen der Schulorganisation und Bildungspolitik: Sie weisen ihn – und in ihnen weist sich Albert Reble – als einen der profilierten Vertreter der geisteswissenschaftlicher Pädagogik aus, zunächst einmal seiner eigenen skeptischen Distanz zum Trotz. Die (bisher) vier zu seinen Ehren erschienenen Festschriften (Böhm/Schriewer 1975; Brinkmann/Renner 1982; Böhm/Eykmann 1991; Reble 1995c) und eine Fülle von Widmungen, die nur Reble selbst zu überschauen vermag, stecken voller Hinweise in diese Richtung.

4. Würdigung

Trotz dieser vier Festschriften, in denen Freunde, Kollegen, Mitarbeiter und Schüler Albert Reble ihren Dank und Respekt ausgesprochen haben, ist sein erziehungswissenschaftliches Lebenswerk noch weitgehend unerschlossen. In seinem historisch-systematischen Zusammenhang wie in seinem überzeitlichen Gehalt, in seinem Anregungspotential und seiner Leistungskraft wie in seiner gewachsenen Theoriegestalt muß es erst noch gründlich erforscht und im Hinblick auf seine Bedeutung für die Entwicklung einer geisteswissenschaftlich konzipierten Pädagogik in der Gegenwart und für die Zukunft kritisch in Augenschein genommen und ausgewertet werden. Eine solche kritische Würdigung wird das Œuvre Albert Rebles als einen der letzten großen Versuche ausweisen, die Grundprobleme der geisteswissenschaftlichen Pädagogik systematisch aufzuarbeiten, zusammenzufassen, weiterzuentwickeln und in den aktuellen Problembestand pädagogischen Denkens einzuholen.

Von Winfried Böhm, der Albert Reble, den gebürtigen Magdeburger, mit guten Gründen unter die großen bayerischen Pädagogen rechnet (1991a), stammt – im Hinblick auf seine Geschichte der Pädagogik – die These, daß „diese Geschichte der Pädagogik nicht aus einem rein (fach-)historischen Interesse heraus geschrieben ist, sondern daß ihr ein klar bestimmter Begriff und eine stimmig ausgearbeitete Theorie der Erziehung zugrunde liegen und ihre Stoßrichtung beträchtlich über bloß historische Information hinauszielt" (ebd., S. 19). Böhm fährt dann fort: „Was die ‚Geschichte der Pädagogik' zeigt, erscheint kennzeichnend für nahezu alle Schriften Rebles: Die zugrunde liegende pädagogische Theorie wird nicht in extenso und oft nicht einmal explizit ausgeführt, sondern sie verbirgt sich einmal hinter der historischen Darstellung, ein andermal hinter der scharfen Gegenwartsanalyse und wieder ein andermal hinter der entschiedenen Stellungnahme zu aktuellen Erziehungs- und Bildungsfragen" (ebd.).

Vorbereitende Bemerkungen zu einer (überfälligen) Rezeption des pädagogischen Œuvres von Albert Reble finden sich, erwartungsgemäß, zunächst in den verschiedenen autobiographischen Zeugnissen. So sehr diese Darstellungen es indessen einerseits auch erlauben, den Autor als Produzenten seiner pädagogischen Theorie im Spiegel der eigenen Reflexion kennenzulernen, sein Hineinwachsen in den Theoriekontext der geisteswissenschaftlichen Pädagogik sensu Litt mitzuverfolgen (für den die kulturphilosophische Grundlegung und die strukturanalytisch verfahrende Philosophie des Geistes kennzeichnend sind), ebenso seine spätere Modifizierung und Revision vor allem der methodologischen Grundlagen, und sich von der Weite seines Problemhorizontes, der Tiefe seines Problemverständnisses und der Schärfe seiner Problemanalyse zu überzeugen, so wenig wollen und können sie andererseits eine selbstkritische Bilanz der eigenen pädagogischen Theorie sein.

Werner Sacher (1991) hat, sorgfältig und mit Liebe zum Detail, die

Buchhaltung der akademischen Lehrtätigkeit Albert Rebles in Würzburg geführt, ihn als akademischen Lehrer und Lehrerbildner gewürdigt sowie seine Schriften zur Lehrerbildung und seine beruflichen Erfahrungen in ihr zusammenfassend kommentiert. Insbesondere kommt ihm das Verdienst zu, zum ersten Mal überhaupt einen lückenlosen Überblick über den Schülerkreis Rebles in der Würzburger Zeit gegeben zu haben (Sacher 1991, S. 326–328).
Klaus Kürzdörfer ist es auf unnachahmliche Weise gelungen, Albert Reble in einer klassischen Laudatio (1991) insbesondere als Gelehrten und (akademischen) Lehrer vorzustellen.
Winfried Böhm hat sich mehrfach über den einflußreichsten seiner akademischen Lehrer neben Giuseppe Flores d'Acais aus Padua und Marian Heitger aus Wien (vorher Bamberg) geäußert. Er stellt, die Portraits von Werner Sacher und Klaus Kürzdörfer noch erweiternd, außerdem die Leistungen Rebles als erziehungswissenschaftlicher Forscher und pädagogischer Theoretiker heraus und faßt seine Charakterisierung in dem Urteil zusammen, daß „seine wirkliche Größe erst dann sichtbar werden wird, wenn man über seine Tätigkeit als Lehrer und Lehrerbildner und über seine pädagogisch-historiographische Leistung hinaus auch die überzeugende Kraft seines systematischen Denkens voll zu sehen und zu würdigen gelernt haben wird" (1991a, S. 21).
Wolfgang Klafki schließlich bringt in seinem Grußwort an Reble (1995, hier S. 9) nicht nur generell seine „Wertschätzung dessen, was der Jubilar für die Entwicklung der deutschen Erziehungswissenschaft und der Lehrerbildung geleistet hat, zum Ausdruck" (und darüber hinaus seinen ganz persönlichen „Dank für direkte Begegnungen und brieflichen Gedankenaustausch"), sondern er weist speziell auch auf „das Gewicht einiger, wie mir scheint: bisher ungenügend beachteter pädagogisch-systematischer und gegenwarts- bzw. praxisbezogener Arbeitsbereiche im Werk Albert Rebles" hin (ebd.). Es kann indessen nicht Aufgabe dieses Portraits sein, das im Detail nachzuweisen, was eine nicht nur oberflächliche Lektüre seiner Schriften offen zutage fördern muß. Herwig Schulz-Gade, einer meiner Kieler Doktoranden, geht diesen Fragen – auf Anregung Winfried Böhms – zur Zeit in seiner Dissertation nach.

5. *Grundgedanken*

Albert Rebles pädagogisches Lebenswerk hat seinen Entstehungsgrund in zwei Gedankengütern: zum einen in der Person, der Philosophie und der Pädagogik Theodor Litts, dem Reble besonders nah, wenn auch niemals unkritisch verbunden war: „Der Verfasser

ist wohl enger und erfahrener Litt-Schüler, aber er ist kein Litt-Jünger“ (1996, S. 8). Zum anderen ist Reble stark beeinflußt von Friedrich Schleiermacher, seiner Pädagogik und vor allem seiner Kulturphilosophie, in der er die Wurzeln geisteswissenschaftlicher Pädagogik freigelegt hat. Seine fachliche Wertschätzung für Schleiermacher und zugleich einen der Koinzidenzpunkte in den pädagogischen Werken Schleiermachers und Litts bringt Reble in seiner Geschichte der Pädagogik mit der folgenden Passage auf den Begriff, als er in seiner Darstellung auf die Schleiermachersche Ethik zu sprechen kommt, zu deren Aufgaben es gehöre, „eine philosophische Schau der Kulturwirklichkeit zu geben“. In diesem Zusammenhang weist Reble dann darauf hin, „daß die Erziehung als eine bestimmte Funktion im geschichtlich-kulturellen Gesamtleben gesehen werden muß und sowohl im ganzen wie im einzelnen nur in diesem Zusammenhang bestimmt werden kann. Das geschichtliche Leben selbst aber erfaßt er als dialektisches Ineinander von individuellen und überindividuellen Kräften. Der einzelne wird von kollektiven Lebensmächten, die sich von der Familie über Stamm, Generation, Volk usw. bis zur Menschheit und dem Universum ausweiten, getragen und beeinflußt, und dennoch hat in dem großen Lebenszusammenhang nicht nur jede der Kollektivordnungen auch wieder ihr eigenes Gepräge und ihren geschichtlichen Wandel: Vor allem der einzelne Mensch lebt in der Verflechtung aller doch sein eigenes, unableitbares Dasein und formt zugleich an ihnen allen in jeweils eigener Weise mit“ ([18]1995, S. 212). Zwei Theoreme sind besonders ausgeprägt im Denken Rebles: das Theorem der Geschichtlichkeit der Erziehung, und zwar der Erziehungspraxis wie der Erziehungstheorie, und das Theorem der Gesellschaftlichkeit der Erziehung, mit Rebles Worten: das Theorem der Verflechtung der Erziehung mit den überpersönlichen Mächten. Hier scheint mir ein Ausgangspunkt zu liegen für eine systematische Rekonstruktion seiner Theorie der Erziehung.
Am prägnantesten formuliert Reble sein Geschichtsverständnis wie auch sein Verständnis der Funktion, welche er der Geschichte der Pädagogik im Rahmen pädagogischen Denkens und Handelns zuweist, wohl in der Einleitung in seine Geschichte der Pädagogik (1951, [18]1995; vgl. aber auch Reble 1954/55 und 1978b). Für Reble erweist es sich als unverzichtbar, pädagogisch relevante Phänomene in einen zeit- und kulturübergreifenden Sinn- und Entwicklungszusammenhang einzubeziehen; denn zu einem tieferen historischen Verständnis gelangen wir erst, „wenn wir den geschichtlichen Verwurzelungen, Bedingtheiten und Wirkkräften der pädagogischen Persönlichkeiten, Ideen und Organisationsformen

nachgehen" (1954/55, S. 203). Dann wird sich der Blick öffnen auf die jeweils konkrete Einlagerung der pädagogischen Erscheinungen und des pädagogischen Denkens in die weiteren sozialhistorischen und ideengeschichtlichen Kontexte und Formationen, ist die Erziehung doch „zutiefst verwoben in das höchst komplexe geschichtliche Gesamtleben und selbst ein geschichtliches Phänomen. Jede Zeit hat kulturell und also auch pädagogisch ihr eigenes Gesicht, ihre eigenen Aufgaben und Impulse, und die konkreten Gegebenheiten und ihre Bewältigung lassen sich weder aus einem allgemeinen System noch aus der historischen Schau heraus ableiten. Aber so einmalig sie sind, sie stehen doch zugleich in einem großen gesellschaftlichen Zusammenhang" (1951, S. 9). Das Ziel der pädagogischen Historiographie besteht für Reble also darin, „eine Schau der (geschichtlichen – WB) Gesamtkultur anzustreben, in der die Erziehung und das pädagogische Denken tatsächlich wurzeln, aus der heraus sie immer neue Gestalt und Impulse gewinnen und auf die sie selbst wieder verwandelnd einwirken" (ebd., S. 11). Für einen aufgeschlossenen Kopf liegt darin die Chance, „einem überragend-eindrucksvollen pädagogischen Ethos, bestimmten epochal ausgreifenden, unter Umständen sogar noch heute gültigen oder doch bedenkenswerten pädagogischen Ideen und Theorien, systematisch bedeutsamen Denkansätzen und Positionen sowie pädagogischen Grundproblemen zu begegnen und dadurch sein pädagogisches Bewußtsein und seinen pädagogischen Erfahrungskreis von der Geschichte her mit zu weiten, zu vertiefen und zu bereichern, es zu schärfen und kritisch zu ordnen" (1978b, S. 25).
Sieht man nach dieser allgemeinen Erläuterung auf die einzelnen Veröffentlichungen Rebles, dann fällt zunächst auf, daß viele seiner Beiträge eine sehr ähnliche Argumentationsstruktur aufweisen (wobei freilich die Amplitude im Oszillieren zwischen Konkretion und Abstraktion ganz unterschiedlich weit ausgeprägt sein kann): Zunächst wird ein pädagogisches Phänomen, ein Thema, ein Problem historisch eingeordnet und aufgehellt, dann systematisch beleuchtet und ausgemessen, daran anschließend im Hinblick auf seine aktuelle gesellschaftliche Verankerung und/oder seine konkrete Erscheinungsform im „Gesamtleben" oder in pädagogischen Einrichtungen und Interaktionen befragt und gewürdigt sowie schließlich nach seinen praktischen Erfordernissen und Handlungsmöglichkeiten hin betrachtet und untersucht.
In seinen anthropologisch orientierten Beiträgen tritt Rebles christlich-personale Auffassung vom Menschen deutlich hervor. In seinen methodologischen Überlegungen scheinen mir zwei Aspekte unterstreichenswert zu sein: daß Reble selber – zum einen

– in der Praxis seiner Theorie den konventionellen geisteswissenschaftlichen Methoden der phänomenologischen Wesensschau und Beschreibung, des hermeneutischen Verstehens und Auslegens sowie des dialektischen Auspondierierens von polaren Spannungen oder antinomischen Gegensätzen den Vorzug gibt (und daß er diese Methoden meisterlich beherrscht), daß er – zum anderen – mit Nachdruck aber auch für einen Methodenpluralismus in der geisteswissenschaftlichen Pädagogik eintritt, das heißt für eine method(olog)ische Erweiterung des traditionellen Methodendesigns von strukturanalytisch-allgemeiner Besinnung und hermeneutisch-geschichtlich aufschließender Analyse durch empirisch-erfahrungswissenschaftliche Forschungsstrategien (unter ausdrücklichem Einschluß neuerer Forschungskonzepte beispielsweise der Psychoanalyse oder der Lebenslaufforschung) plädiert und auch die ideologiekritische Fragestellung in ihr Recht setzt (dazu unten mehr).

Diese Schwerpunkte und weitere Akzente gleichsam überwölbend oder, um ein anderes Bild zu nehmen: sie unterstreichend, scheinen mir jedoch Rebles beiläufig wiederkehrende oder prononciert wiederholte Andeutungen und Erinnerungen an pädagogisches Ethos, pädagogische Verantwortung und das Wächteramt pädagogischer Theorie den basso continuo zu spielen. Dabei setzt Reble die Normfrage pädagogischer Ethik nicht bei Prinzipien a priori an, sondern in der geschichtlichen Erfahrung, in der die pädagogische Wirklichkeit gründet; ihre Strukturerhellung zeige, so seine Grundannahme, Überdauerndes in der Geschichte auf. Pädagogische Theorie, gerade auch in Form einer universitären Erziehungswissenschaft, habe – im Anschluß an Theodor Litt – die Aufgabe der Horizonterhellung und der Vermittlung eines geschichtlichen Standortbewußtseins wahrzunehmen oder – mit Bezug auf Eduard Spranger – die Funktion des Augenöffnens zu erfüllen; sie könne deshalb aus ihrem „Wächteramt" nicht entlassen werden.

In den meisten seiner Schriften, wie verschieden sie thematisch auch gelagert sein mögen, und insbesondere in seinen kritischen Epochalanalysen tritt Rebles erkenntnisleitendes Interesse deutlich hervor. Es ist ein zutiefst „praktisches" Interesse: Dies weist Reble also doch als einen genuinen Vertreter einer „geisteswissenschaftlich" konzipierten Pädagogik aus, sofern für sie jedenfalls pädagogische Theorie immer eine Theorie der Praxis für die Praxis ist und diese Theorie ihre Aufgaben von den Problemen der Praxis und den Widerborstigkeiten des Lebens her erhält. Immer geht es Reble darum, ein pädagogisches Problemverständnis zu vermitteln und ein pädagogisches Verantwortungsbewußtsein zu wecken. In letzter Konsequenz intendiert sein Konzept pädagogischer Theorie – wie Winfried Böhm klar erkannt hat (1991a, S. 19) – „die Weckung und Bestärkung eines aus der Geschichte des pädagogischen Denkens und Handelns heraus begründeten pädagogischen Ethos".

6. *Geisteswissenschaftliche Pädagogik – Thema mit Variationen*

Dem Verhältnis Albert Rebles zur Tradition der geisteswissenschaftlichen Pädagogik läßt sich wie auch der bereits angedeuteten Modifizierung und Revision dieser Beziehung in einem Vergleich seiner „späten" Reflexionen, Thesen und Bekenntnisse in autobiographischer Sicht (1995d) mit einer anderen, zeitlich „frühen" Darstellung auf die Spur kommen: In seiner ersten Litt-Monographie (1950) hatte Reble bereits die geisteswissenschaftliche Pädagogik in systematischer Absicht in den Blick genommen. Indem er ihre Grundprobleme in kritischer Auseinandersetzung mit Litts Position im Zusammenhang herausarbeitete, leistete er zugleich einen Beitrag zum Selbstverständnis der geisteswissenschaftlichen Pädagogik. Er thematisierte damals ihre zentralen Grundprobleme in der Bearbeitung insbesondere folgender Themen: der Frage erstens nach der Bedeutung der Geschichtlichkeit für die Pädagogik, zweitens nach der Verflechtung der Erziehung mit den überpersönlichen Mächten, drittens nach der Autonomie der Pädagogik, viertens nach ihrem Wissenschaftscharakter sowie fünftens schließlich nach dem Verhältnis von Theorie und Praxis.

So wie Reble orientierten sich die meisten akademischen Schüler der Gründungsväter der geisteswissenschaftlichen Pädagogik nach 1945 an theoretischen Positionen dieser Art. Sie dominierten (wie jene vor 1933) das Wissenschaftsverständnis der Pädagogik bis zum Ausgang der 60er Jahre. Dann allerdings wurden diese Tradition und dieses Paradigma pädagogischer Theorie – bekanntermaßen – aus zwei unterschiedlichen Richtungen heftig kritisiert – zum einen von einem sozialwissenschaftlich-empirisch begründeten Wissenschaftsverständnis aus, das das Programm einer „realistischen Wendung" auf dem Banner trug (Roth 1962; vgl. Harth-Peter in diesem Band) und der geisteswissenschaftlichen Pädagogik die Vernachlässigung der empirischen Forschung vorwarf, zum anderen von einer an der Kritischen Theorie der sogenannten Frankfurter Schule ausgerichteten Erziehungswissenschaft (vgl. hierzu Schäfer in diesem Band), die den Jargon der Eigentlichkeit geißelte und eine „emanzipatorische Wendung" der traditionellen geisteswissenschaftlichen Pädagogik einklagte, die – so der Hauptvorwurf – zwar die Notwendigkeit politischen Engagements stets betont habe, letztlich aber affirmativ gewesen sei und damit systemstabilisierend gewirkt habe. So galt die geisteswissenschaftliche Pädagogik zum Ausgang der 60er Jahre als „unzulänglich“, als „überholt“, eben „am Ausgang ihrer Epoche“.

Aus der Zeitperspektive unserer Tage heraus, das pluralistische Gesamtbild einer unübersichtlich expandierten Pädagogik vor Augen, wendet sich Reble (1995d) in einem zweiten Rückblick erneut der geisteswissenschaftlichen Pädagogik zu. In diesem autobiographisch motivierten Klärungsprozeß arbeitet er nochmals die Grundcharakteristika der geisteswissenschaftlichen Pädagogik heraus. Dabei darf dieser Rekurs nicht in dem Sinne fehlgedeutet werden, als handele es sich um einen traditionalistischen oder konservativen Wiederbelebungsversuch eines in der Konkurrenz unterlegenen und vom Spielbrett genommenen Wissenschaftskonzepts von Pädagogik. Vielmehr stellt Reble anhand eines sich an persönlichen Lebensdaten orientierenden Rekurses, in dem sich zugleich die Wissenschaftsgeschichte der letzten sechzig Jahre in Auszügen spiegelt, die überragenden Grundzüge der geisteswissenschaftlichen Pädagogik heraus und bringt damit die unentbehrlichen Gesichtspunkte allen erziehungswissenschaftlichen Arbeitens, die Substanz der Pädagogik überhaupt in den Blick. Im wesentlichen handelt es sich um die bereits 1950 hervorgehobenen Gesichtspunkte, insbesondere um die Einordnung aller (pädagogischen) Einzelerscheinungen in die geschichtlich-kulturell-gesellschaftliche Gesamtlage; um den Anspruch der Pädagogik auf relative Autonomie; um das dialektische Verhältnis von Theorie und Praxis; sowie um die Bedeutung des historisch-hermeneutischen Verstehens in der Pädagogik (ohne daß die Pädagogik jedoch auf diese Methode beschränkt würde: daneben müssen Strukturanalyse und Empirie berücksichtigt werden).

Die Differenzen, die bei näherer Betrachtung in den Blick kommen, sind durch die Hinzunahme neuer methodischer Aspekte in die Forschungsmethoden der geisteswissenschaftlichen Pädagogik zu erklären: Erstens erfolgt bei Reble in der Auseinandersetzung mit den stärker empirisch ausgerichteten Erziehungswissenschaftlern, insbesondere mit Heinrich Roth, aber auch mit Wilhelm Flitner, eine verstärkte Hinzunahme des empirischen Aspekts, bis hin zu einem exakt-empirischen statistischen Zugriff. Zweitens erfolgt in der Auseinandersetzung mit den kritisch-emanzipatorischen Erziehungswissenschaftlern, insbesondere mit Wolfgang Klafki, die Anerkennung des ideologiekritischen Fragens.

Diese aus unterschiedlichen wissenschaftstheoretischen Lagern vorgetragene Kritik an der geisteswissenschaftlichen Pädagogik am

Ausgang ihrer Epoche betrachtet Reble als durchaus berechtigt. Der empirischen Methode gesteht er zwar ihr Recht zu, betont aber auch, daß „die empirische Methode das hermeneutisch-geschichtliche Verfahren schon für den Ansatz der jeweiligen Fragestellung direkt voraussetzt und bei ihrem Prozeß bis zum Resultat und zur Interpretation streckenweise in sich trägt" (Reble 1995d, S. 63). Das ideologiekritische Fragen stellt nach Rebles Verständnis – im Unterschied zu Klafkis Auffassung – keinen eigenen, dritten Methodentyp (neben Hermeneutik und Empirie) dar: „Sie gehört wesensmäßig vielmehr zum hermeneutisch-geschichtlichen Verfahren und müßte eigentlich dort ihren Platz haben, genauer: Sie stellt einen untergeordneten, speziellen Gesichtspunkt dieses Verfahrens dar. Sie verfolgt nämlich innerhalb dieser Methode die gesellschaftlich-politisch-marxistische Enthüllungsstrategie der ‚Frankfurter Schule' und ist als besondere Frage und Denkstrategie in dem Maße berechtigt, wie die alte geisteswissenschaftliche Pädagogik gesellschaftlich und politisch zu ‚affirmativ'-verengt gedacht und das hermeneutisch-geschichtliche Verfahren nicht voll ausgeschöpft hat" (ebd.). Aber damit muß, Reble zufolge, die Pluralität der Methoden noch nicht ausgeschöpft sein; je nach Bedarf und abhängig vom Thema können beispielsweise – wie oben bereits erwähnt – psychoanalytisch ausgewiesene oder biographisch orientierte Forschungskonzepte hinzutreten, oder andere spezielle Methoden aus der großen Werkstatt der qualitativen Sozialforschung.

7. Epilog

Die kritische Würdigung, mit der Winfried Böhm seinen akademischen Lehrer Albert Reble treffsicher charakterisiert hat, soll dieses Portrait abrunden: „Sein an Schleiermacher geschultes Denken hat es ihm erlaubt, die die geisteswissenschaftliche Pädagogik von Grund auf tragenden Grundpolaritäten und die in ihnen mitgesetzten Grundspannungen auszuhalten, ohne sie an schlechte Harmonisierungen und an unrealistische Synthesen preiszugeben: die Historizität von Erziehung und Erziehungswissenschaft, die relative Autonomie der Pädagogik, die Dialektik von Theorie und Praxis, das erzieherische Verhältnis als pädagogische Grundkategorie. Sein historisch-systematischer Horizont umspannt die geisteswissenschaftliche Pädagogik von ihren ersten Anfängen bis weit über den ‚Ausgang ihrer Epoche' hinaus, und sein pädagogisches Engagement galt und gilt besonders den aktuellen Erziehungs- und Bildungsfragen und – im Blick auf diese – dem Lehrer und Erzieher. Ein Wort, das Reble – eine Aussage Sprangers über

Litt zitierend – an das Ende eines tiefgründigen Aufsatzes über Wesen und Aufgabe der politischen Erziehung gestellt hat, kann auf treffliche Weise auch ihn selber charakterisieren: ‚wenig Pathos, kristallischer Logos, durch und durch Ethos'" (1991a, S. 20f., mit Hinweis auf Reble 1982, S. 118f.).

8. Literatur

Reble, Albert: Schleiermachers Kulturphilosophie. Eine entwicklungsgeschichtlich-systematische Würdigung. Mit einem Vorwort von Theodor Litt. Erfurt 1935. (Sonderschriften der Akademie gemeinnütziger Wissenschaften zu Erfurt, Heft 7).

Reble, Albert: Theodor Litt. Stuttgart 1950.

Reble, Albert: Geschichte der Pädagogik. Stuttgart 1951, 18. Auflage 1995.

Reble, Albert: Erziehungswissenschaft in der Lehrerbildung. In: Pädagogische Rundschau 9 (1954/55), S. 193–206.

Reble, Albert: Lehrerbildung in Deutschland. Ratingen 1958.

Reble, Albert: (Selbstdarstellung). In: Ludwig J. Pongratz (Hg.): Pädagogik in Selbstdarstellungen. Band III. Hamburg 1978, S. 252–302 (1978a).

Reble, Albert: Die historische Dimension der Pädagogik in Wissenschaft und Lehrerbildung. Würzburg 1978 (1978b).

Reble, Albert: Gesamtschule im Widerstreit. Stuttgart 1981.

Reble, Albert: Wesen und Aufgabe der politischen Erziehung. In: Friedhelm Nicolin/Gerhard Wehle (Hg.): Theodor Litt. Pädagogische Analysen zu seinem Werk. Bad Heilbrunn 1982, S. 85–119.

Reble, Albert: Bewegte Jahre. Hochschule und Schule, Erziehungswissenschaft und Lehrerausbildung um 1970. In: Wolfgang Hinrichs (Hg.): Lehrerbildung, Lehrerausbildung, Lehrersein nach 1945 – exemplarisch dargestellt. Berlin/Vilseck 1987, S. 13–24.

Reble, Albert: Bild einer Schule vor zwei Generationen. In: Hartmut Hacker/Heinz S. Rosenbusch (Hg.): Erzieht Unterricht? Aktuelle Beiträge zu einem klassischen pädagogischen Thema. Hans Glöckel zum 60. Geburtstag. Baltmannsweiler 1990, S. 169–186.

Reble, Albert: Erfahrungen in der Lehrerausbildung 1930–1980. In: Dieter P. J. Wynands (Hg.): Geschichte der Lehrerbildung in autobiographischer Sicht. Frankfurt am Main usf. 1993, S. 293–328.

Reble, Albert (Hg.): Theodor Litt.: Pädagogische Schriften. Eine Auswahl ab 1927 (Studienausgabe). Besorgt von Albert Reble. Bad Heilbrunn 1995 (1995a).

Reble, Albert: Schulgeschichtliche Beiträge zum 19. und 20. Jahrhundert. Bad Heilbrunn 1995 (1995b).

Reble, Albert: Pädagogische Perspektiven in unserer Zeit. Beiträge von 1933 bis 1995. Ausgewählt und hg. von Wilhelm Brinkmann. Bad Heilbrunn 1995 (1995c).

Reble, Albert: Ist das noch geisteswissenschaftliche Pädagogik? Reflexionen, Thesen und Bekenntnisse in autobiographischer Sicht. In: Reble 1995c, S. 53–64 (1995d).

Reble, Albert: Theodor Litt. Eine einführende Überschau. Bad Heilbrunn 1996 (1996a).
Reble, Albert: Nachwort. In: Meta Wesser: Erinnerungen an meine ersten Jahre als Junglehrerin (1937–1939). Mit einem Nachwort von Albert Reble. Kiel 1996, S. 11–22 (Kieler Berichte – Neue Folge, Nr. 1) (1996b).
Reble, Albert: Paradoxien der Bildungspolitik in autobiographischer Perspektive. Aus den Anfängen der SBZ. In: Paradoxien des Ich. Beiträge zu einer subjektorientierten Pädagogik. Festschrift für Günther Bittner zum 60. Geburtstag. Hg. von Rolf Göppel und Volker Fröhlich. Würzburg 1997.

Böhm, Winfried: Vorwort. In: Böhm/Schriewer 1975, S. 7–10.
Böhm, Winfried: „Große bayerische Pädagogen". Zur thematischen Einführung in diesen Band. In: Böhm/Eykmann 1991, S. 13–23 (1991a).
Böhm, Winfried: Bibliographie Albert Reble 1982–1991. In: Böhm/Eykmann 1991, S. 341–347 (1991b).
Böhm, Winfried/Eykmann, Walter (Hg.): Große bayerische Pädagogen. Bad Heilbrunn 1991.
Böhm, Winfried/Schriewer, Jürgen (Hg.): Geschichte der Pädagogik und systematische Erziehungswissenschaft. Stuttgart 1975.
Brinkmann, Wilhelm/Renner, Karl (Hg.): Die Pädagogik und ihre Bereiche. Paderborn 1982.
Brinkmann, Wilhelm: Einleitung des Herausgebers. In: Reble 1995c, S. 15–20 (1995a).
Brinkmann, Wilhelm: Bibliographie Albert Reble 1990–1995. In: Reble 1995c, S. 415–419 (1995b).
Hentig, Hartmut von: Vorwort. In: Philippe Ariès: Geschichte der Kindheit. München/Wien 1975, S. 7–44.
Herrmann, Ulrich: Rezension der Geschichte der Pädagogik von Albert Reble. In: Pädagogische Rundschau 26 (1972), S. 504–508.
Klafki, Wolfgang: Grußwort. In: Reble 1995c, S. 9–13.
Kürzdörfer, Klaus: Bibliographie Albert Reble. Zu seinem 70. Geburtstag besorgt von Klaus Kürzdörfer. In: Brinkmann/Renner 1982, S. 455–475.
Kürzdörfer, Klaus: Hommage an einen großen Lehrerbildner. Albert Reble – Gelehrter und Lehrer. In: Hochschulnachrichten. Hg. vom Rektorat der Pädagogischen Hochschule Kiel. April 1991, S. 15–18.
Lassahn, Rudolf: Buchbesprechung. Reble, Albert: Theodor Litt. Eine einführende Überschau. Bad Heilbrunn 1995. In: Pädagogische Rundschau 50 (1996), S. 775–777.
Roth, Heinrich: Die realistische Wendung in der pädagogischen Forschung. In Neue Sammlung 2 (1962), S. 481–490.
Sacher, Werner: Albert Reble (*1910). In: Böhm/Eykmann 1991, S. 323–340.
Tenorth, Heinz-Elmar: Lob des Handwerks, Kritik der Theorie – Zur Lage der pädagogischen Historiographie in Deutschland. Für Albert Reble. In: Paedagogica Historica XXXII (1996), S. 343–361.
Zehetmair, Hans: Geleitwort. In: Böhm/ Eykmann 1991, S. 9–11.

Josef Derbolav (1912–1987) und die geisteswissenschaftliche Pädagogik

Lothar Wigger

1. Zur Rezeption von Josef Derbolav

Die Rezeption des Werks von Josef Derbolav ist weit gestreut (vgl. Menck u. a. 1987) und entspricht insofern dem weiten Horizont pädagogischer und philosophischer Themen, die Derbolav bearbeitet hat. In den letzten Jahren hat man sich u. a. – in unterschiedlicher Ausführlichkeit – auf seine systematische Pädagogik (z. B. Benner 1991) wie auf seine Praxeologie (zuletzt Reifenrath 1993, Müller 1995, dazu Reifenrath 1996) bezogen, auf seine bildungstheoretische Didaktik (Sobisiak 1990, Peterßen 1991, Keck 1994a, 1994b) und pädagogische Ethik (Wigger 1990), seine Theorie der Realschule (Baumert 1991) und der gymnasialen Bildung (Benner 1994), vor allem auf seinen Ansatz einer pädagogischen Anthropologie (Braun 1989, Gerner 1992, Wulf 1994) und neuerdings öfters auch auf sein schultheoretisches Konzept (Tillmann 1987, Thonhauser 1996, Kleinespel 1996). Nicht nur in pädagogischen Lexika und Handbüchern stößt man an unterschiedlichen Stellen auf Gedanken und Thesen, die mit dem Namen Derbolav verknüpft werden, auch in der pädagogischen Geschichtsschreibung ist er präsent. Bemerkenswert ist dabei die offensichtliche Heterogenität in der positionellen Zuordnung, es scheint nicht eindeutig, ob er als ein Vertreter der geisteswissenschaftlichen Pädagogik anzusehen ist oder eher nicht.

In der Enzyklopädie Erziehungswissenschaft wird Derbolav zwar häufig zitiert und referiert, aber weder in U. Herrmanns Abhandlung über „Erziehung und Bildung in der Tradition der geisteswissenschaftlichen Pädagogik" (1983) erwähnt noch in H. Thierschs Artikel zur „geisteswissenschaftlichen Pädagogik" (1983). Der suchende Leser findet dann eine positionelle Verortung in dem Artikel „Dialektik" von W. Schmied-Kowarzik, wie bereits Jahre zuvor in dem „Wörterbuch der Erziehung" (Wulf 1974). Auch hier wird Derbolav nicht im Kontext von den Bestimmungen und Beschreibungen zur geisteswissenschaftlichen Pädagogik in verschiedenen Artikeln genannt.

Das „Wörterbuch der Pädagogik" von Winfried Böhm widmet Josef Derbolav einen kleinen Artikel ohne Hinweis auf die geisteswissenschaftliche Pädagogik (1994, S. 159), und Schriften von Derbolav sind erwähnt in den Artikeln über „exemplarisches Lehren und Lernen", „Bildungspolitik", „Ethik". Im Artikel zur geisteswissenschaftlichen Pädagogik (1994, S. 259f) findet man dann die Namen von Spranger, Flitner, Nohl, Litt, Weniger, Reble und Klafki, aber nicht von Derbolav[1]. H.-E. Tenorth nennt in seiner „Geschichte der Erziehung" bei der Darstellung der geisteswissenschaftlichen Pädagogik den Namen von J. Derbolav ebenfalls nicht (vgl. 1988, S. 302f), genauso wenig wie z.B. H. Blankertz in seiner „Geschichte der Pädagogik" (1982, S. 258ff). Tenorth verweist aber auf Derbolav zur Stützung seiner Bestimmung des allgemeinen Selbstverständnisses der Pädagogik der Nachkriegszeit, „Theorie von und für Praxis" zu sein (S. 310).

Andere Abhandlungen rechnen Derbolav dagegen zur geisteswissenschaftlichen Pädagogik, so z.B. R. Lassahn, der die Nachfolge auf dem Litt-Lehrstuhl herausstellt (1992, S. 11ff). A. Reble ordnet in seiner „Geschichte der Pädagogik" die Pädagogik Derbolavs in das Kapitel „Geisteswissenschaftliche und Kulturpädagogik" und hebt als charakteristisches Merkmal das an Litt und vor allem an Hegel orientierte dialektisch-spekulative Denken Derbolavs hervor (1971, S. 357). Ch. Callo thematisiert in seinem Artikel über geisteswissenschaftliche Methoden der Erziehungswissenschaft neben der Hermeneutik und Phänomenologie die Dialektik als dritte Methode und verweist in diesem Zusammenhang auf Derbolav und seinen Versuch, Entwicklungsphasen im Hinblick auf die Auseinandersetzung des Heranwachsenden mit der Welt und entsprechende pädagogische Konsequenzen zu bestimmen (1978, S. 323). H. Danner unterscheidet ebenfalls die genannten drei geisteswissenschaftlichen Methoden und ordnet eine frühe Schrift Derbolavs der Phänomenologie zu (1989, S. 143), seine „Systematischen Perspektiven der Pädagogik" der Dialektik (S. 198).

Th. Ballauff und K. Schaller sehen im Unterschied zu diesen Interpretationen in Derbolav einen Denker, der mit seiner „dialektisch-reflexiven Erziehungswissenschaft" die geisteswissenschaftliche Pädagogik gerade überwindet, indem er Probleme in ihrem Konzept aufzeigt, die in der geisteswissenschaftlichen Theorie nicht auflösbar waren: der „Vorgegebenheitscharakter des Anderen" und der „Gewissenssinn der Bildung" (1973, S. 509f). Auch für Menze ist die Kritik der Dialektiker ein Moment des Zurückdrängens

[1] Auch in den Artikeln zur geisteswissenschaftlichen Pädagogik des „Wörterbuchs zur Pädagogoik" (Schaub/Zenke 1995) und des „Taschenbuchs der Pädagogik" (Hierdeis/Hug 1996) ist Derbolav namentlich nicht aufgeführt.

bzw. des Endes der geisteswissenschaftlichen Pädagogik, die Entwicklung einer dialektischen Pädagogik bei Litt und vor allem bei Derbolav und seinen Schülern versteht er als Ablösung von der geisteswissenschaftlichen Pädagogik und als Etablierung einer neuen Sichtweise (1976, S. 68).

Die unterschiedlichen Interpretationen und Klassifikationen resultieren sicherlich auch aus verschiedenen Begriffen geisteswissenschaftlicher Pädagogik. Zugleich wird bei einer oberflächlichen Sichtung erziehungswissenschaftlicher Literatur bereits die Sonderstellung von J. Derbolav in bezug auf die geisteswissenschaftliche Pädagogik deutlich.

Aus Derbolavs eigener Verortung in der Entwicklung der Erziehungswissenschaft und ihren unterschiedlichen Richtungen (vgl. 1976; 1987, S. 215ff) spricht eher Distanz zur geisteswissenschaftlichen Pädagogik als das Selbstverständnis einer Zugehörigkeit (vgl. z.B. 1977, S. 279). Er beschreibt seine Stellung zur geisteswissenschaftlichen Pädagogik prägnant so: „Angeregt durch meine Dilthey-Studien, habe ich die geisteswissenschaftliche Schule der Pädagogik zwar durchlaufen, aber nur, um mich von ihr in vorsichtiger Weise kritisch zu distanzieren und ihren Schwachpunkten auszuweichen“ (1987, S. 9).

Wie er sich von ihr kritisch abgesetzt hat und wie er zugleich mit ihr aber auch Prämissen und theoretische Ansprüche teilte, soll an drei Aspekten, (1.) an seiner Reflexion der Struktur des erzieherischen Verhältnisses, (2.) an seiner Theorie der Schule und (3.) an seiner Konzeption von pädagogischer Wissenschaft verdeutlicht werden. Aber zuvor sei ein kurzer Blick auf Derbolavs wichtigste Lebensstationen und seinen wissenschaftlichen Werdegang geworfen.

2. *Zu Leben und Werk*[2]

Josef Derbolav wurde am 24. 3. 1912 in Wien geboren, hat dort Volksschule und ein Reformgymnasium (eine Begabteninternatsschule, die Bundeserziehungsanstalt Breitensee) besucht. Nach seinem Studium in Wien absolvierte er 1935/36 die Lehramtsprüfungen für den Gymnasialschuldienst in den Fächern Deutsch, Latein und philosophische Propädeutik und promovierte im gleichen Jahr mit einer germanistischen Dissertation zum Dr. phil. Von 1935 an

[2] Bei der folgenden Darstellung stütze ich mich im wesentlichen auf Derbolavs autobiographische Äußerungen (1976); vgl. auch Derbolav 1977, Zdarzil 1988.

unterrichtete er an Gymnasien, wurde im Krieg zum Wehrdienst eingezogen und war zeitweise in der Luftwaffenpsychologie und an der Luftwaffenschule tätig. Nach Kriegsende nahm er am Wiederaufbau des österreichischen Schulwesens teil und unterrichtete am Gymnasium und der Lehrerbildungsanstalt in Klagenfurt. 1951 erhielt er den Ruf auf ein pädagogisches Extraordinariat an der Universität des Saarlandes. Von Saarbrücken aus habilitierte er sich 1953 in Wien für das Fach „Praktische Philosophie“ mit der Schrift „Erkenntnis und Entscheidung. Philosophie der geistigen Aneignung in ihrem Ursprung bei Platon“, nachdem seine 1950 vorgelegte Arbeit „Beiträge zu einer Phänomenologie des menschlichen Verhaltens“ von der Kommission als zu psychologisch nicht gebilligt worden war. Auf Vorschlag von Theodor Litt übernahm er 1955 dessen Lehrstuhl für Philosophie und Pädagogik an der Universität Bonn, den er bis zu seiner Emeritierung 1981 innehatte.

Durch seine Schriften[3], die zum Teil ins Englische, Italienische, Neugriechische und Japanische übersetzt wurden, durch seine rege Vortragstätigkeit, die ihn auch nach Italien, Griechenland, Japan, Nepal, in die USA und die UdSSR führte, und auch durch seine Schüler, von denen einige an Universitäten lehren, ist er im In- und Ausland bekannt geworden. Mit seinem historisch-systematischen Denken und seinen philosophisch-kritischen Analysen hat er die Entwicklung von pädagogischer Wissenschaft, Bildungspolitik und Schulwesen in Hinblick auf ethische Prinzipien und fundamentale Probleme kommentiert und zur Entwicklung einer philosophisch fundierten Pädagogik in der Bundesrepublik Deutschland beigetragen.

Derbolavs Denken stellt sich in die europäische Denktradition. Er versteht die Einsichten und Problemstellungen der Geschichte der Philosophie als Verpflichtung zu ihrer kritischen Aneignung. Seine Bildungsphilosophie schöpft vor allem aus zwei großen Traditionskreisen, dem Denken der Griechen und der Transzendentalphilosophie (wie ihrer kritischen Rezeption im 19. Jahrhundert durch den jungen Marx und Dilthey), immer wieder hat er sich intensiv mit Platon und Aristoteles sowie mit Kant und Hegel auseinandergesetzt. Ein philosophisches Hauptanliegen Derbolavs ist der

[3] Eine Bibliographie von Derbolavs Schriften (bis 1977) ist enthalten in der Festschrift zum 65. Geburtstag (Benner 1977, S. 282ff). Neuere Auswahlbibliographien finden sich in den Nachrufen von Geschwinder/Wallraf 1989 und Kross/Lassahn/Löwisch 1989. Inzwischen ist auch das Derbolav-Archiv an der Universität Koblenz, das von Dr. B. H. Reifenrath betreut wird, der Forschung zugänglich.

Versuch, beide Traditionsstränge miteinander zu versöhnen. Drei Themen haben ihn immer wieder beschäftigt: die Sprache, die Ethik und die wissenschaftstheoretische Selbstreflexion.
Sein Denkweg führte dabei, angeregt durch E. Heintel, von psychologisch-diagnostischen Interessen bald nach dem Krieg zur dialektischen Philosophie Hegels. Auf der Grundlage von Analysen zur dialektischen Struktur des menschlichen Daseins in der Vermittlung der Sprache bzw. – in der Bonner Zeit – zur dreistufigen Bildungsdialektik hat er weite Teile des Feldes der Pädagogik mit ihren Nachbardisziplinen systematisch durchgegliedert und zu – aus seiner Perspektive – allen wichtigen Bereichen und pädagogischen Disziplinen strukturtheoretische Analysen mit hohen philosophischen Ansprüchen vorgelegt, zunächst zur pädagogischen Anthropologie, Didaktik und pädagogischen Ethik, seit der Mitte der 60er Jahre auch zur Bildungspolitik und Schultheorie. Seine langjährigen Bemühungen um eine systematische Grundlegung der Erziehungswissenschaft führten ihn dazu, gegen einseitige geistes- oder sozialwissenschaftliche Deutungen der Pädagogik den „Fakultätscharakter“ der Gesamtpädagogik herauszuarbeiten und schließlich, etwa um 1975, in seinem Praxeologie-Modell die Pädagogik in ein Gefüge gleichgearteter gesellschaftlicher Handlungsbereiche und praktischer Wissenschaften wie Politik, Medizin, Recht, Ökonomie u. a. einzubinden.
Kurz vor seinem Tod (am 14. 7. 1987) sind zwei Bücher erschienen, die gewissermaßen eine Zusammenfassung seines langjährigen philosophischen und pädagogischen Forschens und Lehrens enthalten und die die beiden zentralen Motive von Derbolavs Denken, die kritische Aneignung der philosophischen Tradition und die systematische Grundlegung der Pädagogik, verdeutlichen: zum einen die „Impulse europäischer Geistesgeschichte“, zum anderen der „Grundriß einer Gesamtpädagogik“[4].

3. *Der pädagogische Bezug und die Sache*

Eine der zentralen Theorien der geisteswissenschaftlichen Pädagogik ist die Theorie des pädagogischen Bezugs. Ausgehend von Diltheys These, die Pädagogik als Wissenschaft habe mit der Deskription des Erziehers in seinem Verhältnis zum Zögling zu

[4] Der Grundriß der Gesamtpädagogik als letzte Fassung von Derbolavs System der Pädagogik ist auch die wesentliche Textgrundlage für die folgenden Überlegungen. Im folgenden zitiere ich aus diesem Werk ohne Jahresangabe.

beginnen, hat Nohl den pädagogischen Bezug als theoretischen und normativen Kern der Pädagogik entfaltet. Als „das Wesen des erzieherischen Verhaltens" bestimmt Nohl die Anwaltschaft des Erziehers für das Kind. Gegenüber allen Ansprüchen aus der objektiven Kultur und den sozialen Bezügen habe der Erzieher das „pädagogische Kriterium" anzulegen: „welchen Sinn bekommt diese Forderung im Zusammenhang des Lebens dieses Kindes für seinen Aufbau und die Steigerung seiner Kräfte, und welche Mittel hat dieses Kind, um sie zu bewältigen" (Nohl 1970, S. 127)?

Nohl bestimmt den pädagogischen Bezug durch „die Grundantinomie des pädagogischen Lebens": „Hier ist das Ich, das sich aus sich und seinen Kräften entwickelt und sein Ziel zunächst in sich selbst hat, und dort sind die großen objektiven Inhalte, der Zusammenhang der Kultur und die sozialen Gemeinschaften, die dieses Individuum für sich in Anspruch nehmen und ihre eigenen Gesetze haben, die nicht nach Wille und Gesetz des Individuums fragen" (ebd., S. 127f).

In dieser Polarität soll für den Erzieher letztlich das individuelle Moment den Vorrang vor dem universalen haben: „er ist verantwortlich für das Subjekt" (ebd., S. 128). Das richtungweisende Vorbild für ein richtiges erzieherisches Verhalten findet Nohl in der Familie und deren Standpunkt im Hinblick auf das Kind. Und auch im Hinblick auf mögliche pädagogische Wirksamkeit hebt Nohl den pädagogischen Bezug besonders heraus. „Das ist der Primat der Persönlichkeit und der personalen Gemeinschaft in der Erziehung gegenüber bloßen Idee, einer Formung durch den objektiven Geist und die Macht der Sache" (ebd., S. 133). „Die Grundlage der Erziehung ist also das leidenschaftliche Verhältnis eines reifen Menschen zu einem werdenden Menschen, und zwar um seiner selbst willen, daß er zu seinem Leben und seiner Form komme" (ebd., S. 134).

Von der Theorie des pädagogischen Bezugs setzt sich Derbolav in Anschluß an Spranger, Litt und Weniger grundsätzlich ab, indem er auf die erzieherische und bildende Bedeutung der „Sache" verweist und den „harten Anspruch der Sache" geltend macht. „Die Welt der Erziehungsforderungen, der Bildungsgüter und geistig-sittlichen Ansprüche bleibt dem pädagogischen Geschehen nicht äußerlich, gehört ihm nicht als eine Sphäre auswechselbarer Mittel oder Übungsfelder zu, sondern stellt selber jenes Element des Allgemeinen vor, in das sich der Zögling fragend hineinarbeitet, in dem er sich individualisieren und seine persönliche Verfassung gewinnen muß" (S. 57f).

Ausgehend von der Einsicht, daß Erziehung und Bildung sich

„indirekt als eine über die Aufgabe geführte Auseinandersetzung" (S. 17) vollziehen, gewinnt bei Derbolav die Erziehungsverantwortung eine neue Bedeutung. „Die Erziehungsverantwortung läßt sich eben nicht in linearer Weise als eine Verantwortung vor und für den Educandus allein definieren, sie läßt sich nur dialektisch als Verantwortung für die Echtheit des pädagogischen Bezugs zwischen Bildungsanspruch der Sache und Fragebewußtsein des Educandus, als Verantwortung sowohl für Bestand und Erneuerung des Objekts wie für Leistung und Förderung des Subjekts definieren" (S. 58).

In der Reflexion auf die Fragestruktur pädagogischer Vermittlung, in der bildungstheoretischen Grundlegung der Gesamtpädagogik überwindet Derbolav den dyadischen, kindorientierten Standpunkt der geisteswissenschaftlichen Pädagogik Nohls. „Im pädagogischen Bezug fehlte zunächst das Element der Sache, das erst das ‚pädagogische Dreieck' vollständig machte; die bloß polare Zuwendung zum Kinde verlor damit ihren sentimentalen Charakter. Bildung erscheint hinfort als eine vom Erzieher geführte Arbeit an Aufgaben, als Erarbeitung gegenstandsbezogener Einsichten, die für die spätere Orientierung im Handlungsfeld unentbehrlich sind" (S. 152).

Zugleich bleibt der Zusammenhang von Derbolavs Gesamtpädagogik mit dem Denken der geisteswissenschaftlichen Pädagogik in zumindest zwei zentralen Hinsichten deutlich. So steht die Analyse von „Wesen und Struktur des pädagogischen Aktes" gleich am Anfang seines „Grundrisses", der zudem auch seine systematische Gliederung durch die disziplinäre Ausdifferenzierung entsprechend dem „pädagogischen Dreieck" – bzw. der Weiterentwicklung als „pädagogischer Kegel" – erhält. Und wie die anderen geisteswissenschaftlichen Denker interpretiert und begründet Derbolav Pädagogik letztlich moralisch und ethisch, Erziehungsverantwortung macht das Wesen des Pädagogischen aus. „Wenn wir die Spezifität der pädagogischen Praxis im Rahmen der Praxis überhaupt erfassen wollen, dann werden wir sie in der pädagogischen Ethik, oder genauer in deren konstitutiven Prinzip der Erziehungsverantwortung suchen müssen" (S. 56).

4. Schultheorie und Schulkritik

Am deutlichsten wird der Abstand von Derbolavs „Gesamtpädagogik" zur geisteswissenschaftlichen Tradition vielleicht in seiner Schultheorie, die er als eines der letzten Systemteile ausgeführt hat. Die geisteswissenschaftliche Pädagogik hat ihr Hauptaugenmerk dem pädagogischen Bezug, der Unterrichtslehre, der Bildungstheorie gewidmet, den gesellschaftlichen und institutionellen Bedingungen von Erziehung, Bildung, Unterricht hat sie vergleichsweise geringe Aufmerksamkeit geschenkt. Namhafte Vertreter wie z.B. W. Dilthey, H. Nohl, Th. Litt, E. Spranger, E. Weniger haben sich vereinzelt, teils in thematisch speziellen Aufsätzen, teils in größeren bildungstheoretischen Abhandlungen, mit schultheoretischen Fragen beschäftigt, so daß man eher von „Ansätzen“ oder „Elementen“ einer geisteswissenschaftlichen Schultheorie reden kann (vgl. Klafki 1987, S. 25). Insgesamt gab es im Kontext der geisteswissenschaftlichen Pädagogik nur einige wenige explizite schultheoretische Versuche: Julius Gebhardt: „Vom Sinn der Schule“ (1923), Georg Reichwein: „Grundlinien einer Theorie der Schule“ (1925), Philipp Hördt: „Theorie der Schule“ (1933). Obwohl die geisteswissenschaftliche Pädagogik in ihren Versuchen, den ganzen Bereich des pädagogisch Bedeutsamen zu thematisieren und theoretisch zu durchdringen, die Institutionen und auch die Schule berücksichtigte, „blieb dieser Themenbereich randständig, die Zahl der Veröffentlichungen entsprechend gering“ (Tillmann 1987, S. 11).

In ihrer Perspektive auf das pädagogische Handeln und seine Orientierung kam es der geisteswissenschaftlichen Pädagogik auf die Formulierung und Erörterung des Sinns der Schule, ihres Wesens, ihrer eigentlichen Aufgabe an. Die Vergewisserung und Erläuterung der historischen Ursprünge und Entwicklungen, der ursprünglichen Intentionen und tradierten Ansprüche, der pädagogischen Ideale und deren bildungstheoretische Begründungen sollten als Klärungen, Läuterungen und erneute Motivierungen der pädagogisch Handelnden die Praxis in einem pädagogischen Sinn verbessern. So beschrieb – mit positiven und optimistischen Deutungen – die geisteswissenschaftliche Pädagogik die Geschichte der Schule und die neuzeitliche Entwicklung eines Staatsschulwesens in einem umfassenden historischen Zusammenhang mit der kulturellen, gesellschaftlichen und politischen Entwicklung. Sie betrieb aber keine Analyse der tatsächlichen Funktionen der Schule für Gesellschaft und Staat (vgl. Klafki 1987, S. 43), sondern verblieb in allgemeinen, kulturtheoretischen Ausdeutungen (vgl. Tillmann 1987, S. 11) oder formulierte Funktionen von Schule als Aufgabenbestimmungen (vgl. Klafki 1987, S. 28). So wußte die geisteswissenschaftliche Pädagogik auch um das Wechselverhältnis von äußerer und innerer Schulreform, spielte die Bedeutung der Schulorganisation aber herunter, indem sie die innere Reform, die

Veränderung des pädagogischen Bewußtseins und Handelns, als wesentlich bestimmte und zugunsten von Aufgabenformulierungen die Analyse der Schule als Institution in ihren Wirkungen auf Erziehung und Bildung vernachlässigte. In letzter Konsequenz erfüllten die Abhandlungen zu Wesen oder Sinn der Schule als ganzer oder zu einzelnen Schultypen in bezug auf die Institutionen affirmative und legitimatorische Funktionen, in bezug auf die in der Praxis Tätigen Funktionen des Trostes, der Erbauung, der moralischen Aufrichtung, in bezug auf die Auszubildenden Funktionen der Motivbekräftigung zur und der Verpflichtung auf die Berufstätigkeit durch die Idealisierung des pädagogischen Tuns.
An die ersten geisteswissenschaftlichen Ansätze zur Schultheorie oder an die schultheoretischen Elemente in den Schriften ihrer bekannten Vertreter knüpft Derbolav mit seinem Entwurf nicht explizit an.[5] Für ihn hat die geisteswissenschaftliche Pädagogik – „wenigstens in Ansätzen" – einzelne pädagogische Disziplinen ausgebaut: die Bildungstheorie, pädagogische Ethik, pädagogische Anthropologie, Lehrplantheorie und Didaktik, aber eben nicht die Schultheorie (S. 152). Er bezieht sich zur Grundlegung eines Schulbegriffs[6] auf Hegel, Schleiermacher, Herbart und Th. Wilhelm und, da Schule ein „interdisziplinäres Forschungsobjekt" (S. 88) ist, auf Theorien und empirische Befunde aus Soziologie und Kommunikationswissenschaft, Politologie und Verwaltungswissenschaft, Psychologie und Pädagogik.
Als erste Differenz zu den großen geisteswissenschaftlichen Pädagogen kann man festhalten, daß Derbolav überhaupt eine Schultheorie entworfen hat, die einen allgemeinen, alle wichtigen Aspekte und andere Theorien umfassenden Anspruch hat.
Die zweite Differenz besteht in der systematischen Verortung der Schultheorie im Gesamtzusammenhang pädagogischer Überlegungen, durch die die geisteswissenschaftliche Konzentration auf das erzieherische Geschehen unter Vernachlässigung der gesellschaftlichen und institutionellen Voraussetzungen überwunden wird. Schule ist nach Derbolav die Bedingung von Unterricht und Erziehung der Jugendgeneration, Schultheorie insofern systematisch die Voraussetzung für Didaktik, Methodik, Curriculumtheorie. „Planmäßige didaktisch-methodische Aktivität bedarf zu ihrer Realisierung des institutionellen Rahmens der Schule, weshalb ihrer

[5] Zu Derbolavs Kritik an den schultheoretischen Ansätzen bei Spranger und Weniger vgl. S. 154.
[6] Vgl. dazu auch Benner 1977 und Wigger 1984.

Behandlung zunächst eine mehrdimensionale Schultheorie vorausgeschickt wird“ (S. 86).
Die dritte Differenz ist die Interdisziplinarität von Derbolavs Schultheorie, insbesondere seine Integration sozialwissenschaftlicher Konzepte und seine Berücksichtigung empirischer Forschungsergebnisse. Bei aller aus der Tradition der Pädagogik gespeisten Skepsis gegenüber dem seit den 60er Jahren erfolgenden „Einzug der Sozialwissenschaften in den pädagogischen Raum“ (S. 153) und einer kritischen Begutachtung und Zurückweisung von Verkürzungen pädagogischer Reflexion und des disziplinären oder professionellen Problembewußtseins durch die „sozialwissenschaftliche Umschrift der pädagogischen Gesamtproblematik“ (S. 153) – Derbolav hat die neu eingebrachten Ansprüche sowohl einer „Wirklichkeitskontrolle des Erziehungshandelns“ (S. 153) durch sozialwissenschaftliche Forschung als auch einer Reflexion der „eigenen gesellschaftlichen und politischen Voraussetzungen“ (S. 154) der Pädagogik als notwendig akzeptiert und in seine Gesamtpädagogik, u. a. durch die ergänzende Entwicklung einer Theorie der Bildungspolitik, aufgenommen; außerdem hat er neue „sozialwissenschaftliche Modellgedanken“ (S. 156) zur „Konkretisierung der pädagogischen Gesamtproblematik“ (ebd.) als bedeutsam angesehen und sie selber in seiner Schultheorie genutzt (vgl. S. 158). Mit diesem Anspruch der Integration der empirischen und kritischen Erziehungswissenschaft in eine Gesamtpädagogik und der Vermittlung ihrer Konzepte und Theorien mit dem traditionellen pädagogischen Handlungsbezug sprengt Derbolav die geisteswissenschaftliche Konzeption von Pädagogik.
Die vierte Differenz ist der streng systematische Anspruch, d. h. der Versuch einer philosophischen Begründung und philosophisch basierten Integration der einzelwissenschaftlichen Konzepte und Aspekte. Derbolav geht von der „Pluriperspektivität“ (S. 88) der Erfahrungen mit Schule aus, der er durch eine „mehrdimensionale Schultheorie“ gerecht werden will, die „drei Regionaltheorien“ (S. 92) umfaßt: eine psychologisch-didaktische, eine kommunikativ-edukative und eine institutionell-politische Schultheorie. Den begründenden Zusammenhang soll eine philosophische Reflexion verbürgen, die zu einem „tragfähigen Schulbegriff“ (S. 89) führe. „Ein ‚Begriff von Schule‘ (ist) in Wahrheit die notwendige Voraussetzung für jede weitere Bemühung um die Schule. Erst auf seinem Boden sind historisch-empirische Untersuchungen und praktische Reformmaßnahmen in bezug auf Schule überhaupt sinnvoll und realisierbar“ (S. 89).

Die fünfte Differenz ist die kritische Reflexion auf das Verhältnis von Schule und Staat. Bereits in der Konfrontation von Hegels Rechtfertigung einer Staatspädagogik, Schleiermachers liberaler Erziehungsgesinnung und Herbarts Schulkritik hebt er das problematische „Verhältnis zwischen Schulauftrag und Staatskontrolle" (S. 90), ja die Unvereinbarkeit von Pädagogik und Politik (vgl. S. 91) hervor und kritisiert die unproblematische Sichtweise Th. Wilhelms auf die schulische „Doppelaufgabe, der Gesellschaftsreproduktion und der individuellen Menschwerdung zu dienen" (ebd.). Derbolavs Anliegen ist nicht bloß eine Systematisierung, kritische Begutachtung und disziplinäre Verortung vorliegender Konzepte, Theorien und Forschungsergebnisse, ihm geht es um den Aufweis grundlegender pädagogischer Relationen und in der Sache begründeter Spannungen, um das Aufdecken vereinseitigender und verzerrender Sicht- und Umgangsweisen und um das Aufzeigen möglicher Modi von Versöhnung in der Praxis. „Der Sinn unserer Darlegung und Kritik liegt aber darin, die komplexe Struktur des Pädagogischen gerade durch Aufzeigen seiner Verstellungen und Verzerrungen positiv sichtbar zu machen" (S. 26).
Aus diesem Grund sind ihm sowohl die sozialwissenschaftlich-empirischen Befunde wie z.B. Untersuchungen zum heimlichen Lehrplan, zur Stigmatisierung, zur Zensurengebung (vgl. S. 93f) wichtig als auch die Schulkritik von I. Illich und P. Freire sowie die Konzepte der Alternativschulbewegung. Nicht daß Derbolav seine Schultheorie in der radikalen Forderung der Abschaffung der (Staats-)Schule enden ließe – s.E. „würde eine entschulte Gesellschaft in wenigen Jahren in Barbarei versinken" (S. 99) und ließe sich heute der Staat als Schulträger und ordnungsstiftende und zielgebende Instanz auch nicht mehr ganz aus dem Schulleben herausnehmen (ebd.) –, aber er nimmt deren Motive und Argumente als berechtigt auf und vermittelt sie mit einem positiven und auch bildungstheoretisch begründeten Sinn von Schule in der Perspektive einer „Reform der Schule" (ebd.).
Mit seiner mehrdimensionalen Schultheorie beansprucht er „unverkürzbare, wenn auch konfliktreiche Aufgaben unseres institutionalisierten Erziehungslebens" (ebd.) angemessen zu erfassen und zu vermitteln. „Konfliktmöglichkeiten können zwischen allen diesen Regionalaspekten entstehen, doch gibt es hier einen deutlichen Unterschied: Bildung und Erziehung können einander im Unterricht tendenziell durchaus widerstreiten, aber sie müssen es nicht, und hier kann die Lehrerausbildung durch entsprechende Aufklärung und Einübung sicherlich viel zu ihrer Versöhnung beitragen. Zwischen dem pädagogischen Gesamtauftrag aus Er-

ziehung und Bildung und der institutionell-politischen Verpflichtung des Lehrers als eines Beamten und Reproduktionsfunktionärs der Gesellschaft besteht aber ein grundsätzlicher Widerspruch, eine Spannung, die in der Natur der Sache selbst liegt“ (ebd.).
Vielleicht markiert nichts besser Derbolavs Distanz und Nähe zur geisteswissenschaftlichen Pädagogik als eine Bestimmung des „Sinns der Schulkritik“: „Schulkritik muß gleichsam zu einer Daueraufgabe werden, die die Frage nach dem Sinn der Schule, d. h. die schulpädagogische Reflexion stets begleiten sollte“ (S. 100). Schule ist weder ein neutraler organisatorischer Rahmen für die Unterrichts- oder Erziehungstätigkeit des Lehrers, noch ist der Staat ein neutraler Sachwalter für eine pädagogisch autonome Gestaltung pädagogischer Verhältnisse. Schultheorie bedarf der Reflexion der schulkritischen Einwände, um eine unkritische Distanzlosigkeit oder umstandslose Affirmation zu verhindern und eine reflektierte, ihrer Probleme und Grenzen bewußte Praxis zu ermöglichen. Zugleich bedarf sie einer (philosophischen) Bestimmung des positiven Sinns von Schule und staatlicher Bildungspolitik, um einem naiven politischen oder pädagogischen Moralismus, einer gesinnungsethischen Entgegensetzung von pädagogischen Idealen und institutionalisierter Erziehung zu entgehen. Ob die von Derbolav aufgezeigten bzw. geforderten Ausgleiche konfligierender Ansprüche praktikabel oder realisierbar sind, wäre im einzelnen zu erörtern. In der Gewißheit von prinzipieller Vernünftigkeit und insofern möglicher Versöhnung im pädagogischen Raum, vorsichtiger formuliert: im Festhalten an der „Frage nach dem Sinn der Schule“ und an dem optimistischen Anspruch von (zumindest innerpädagogischer) Versöhnbarkeit zeigt sich letztlich, über alle vielleicht vergleichbaren konservativen bildungspolitischen Optionen hinaus, Derbolavs Nähe zur geisteswissenschaftlichen Pädagogik.

5. *Pädagogik als praktische Wissenschaft*

Derbolav skizziert das wissenschaftstheoretische Selbstverständnis der geisteswissenschaftlichen Pädagogik in knapper Weise so: „Pädagogik hat ihren Schwerpunkt und ihr Zentrum in der Erziehungsverantwortung, die die Theorie mit der Praxis teilt und die beiden gegenüber anderen Wissenschaftstypen eine relative Autonomie verbürgt; pädagogische Theorie ist hermeneutisch-pragmatische Aufklärung der Erziehungswirklichkeit, d. h., sie stellt eine an der Erziehungsverantwortung geprüfte und geläuterte

Ordnung innerhalb der vorwissenschaftlichen Erziehungspraxis her“ (S. 151).
Im Anschluß an Litt (vgl. 1967) wendet sich Derbolav gegen die Vorstellung einer Zweistufigkeit des Praxis-Theorie-Gebäudes, indem das Modell um eine dritte Stufe erweitert wird. „Litt unterscheidet zwischen umgangs-, sachbezogener und selbstbesinnlicher Reflexion. Dieses Reflexionsmodell folgt der Hegelschen Denkfigur der doppelten Negation: Die erste, die Sachreflexion, negiert die Unmittelbarkeit des Umgangs, die selbstbesinnliche Reflexion begrenzt den überzogenen Anspruch der Sache und bringt das Recht des Umgangs wieder zur Geltung“ (S. 152).
Der Rückgriff auf Hegel impliziert aber noch eine weitere Kritik an der geisteswissenschaftlichen Pädagogik und ihrer Selbstreflexion (vgl. z. B. Flitner 1989, Weniger 1975), eine Kritik an der Vorstellung einer Linearität des Theorie-Praxis-Verhältnisses oder einer bruchlosen Kontinuität in der Aufstufung oder einer Identität des Standpunkts der unterschiedlichen Theorieformen. Indem Derbolav die zweite Stufe als Ebene der pluralistischen Standpunkte und Konzepte und der einzelwissenschaftlichen Forschung faßt, nimmt er das Moment des Gegensatzes und der Distanzierung normativer Ansprüche auf, so daß er aus der Perspektive dieser Ansprüche das wissenschaftliche Denken konsequent als „Entfremdungsstufe“ bestimmt. Erst die philosophische Rückbesinnung auf die handlungstheoretischen Voraussetzungen von Wissenschaft vermittelt diese mit den normativen Ansprüchen der Praxis in einer regulativen Idee, ohne daß diese Vermittlung die Differenzen einebnen soll. Derbolav beschreibt die dialektische Struktur der Pädagogik als Entfaltung in drei Stufen: „die pädagogische Praxis als Vor- und Aufgabe, die in ihrer Umgangsstruktur dem wissenschaftlichen Aufklärungsprozeß unterworfen wird, der sie in ihrer disziplinären Vielfalt ins Licht der Erkenntnis rückt und sie dann in einem weiteren Reflexionsschritt in ihren szientifischen Tendenzen wieder zur regulativen Idee zurückbindet, die sich ihrerseits aus der Reflexion auf den Voraussetzungs- und Aufgabencharakter der Praxis konstituiert“ (S. 233).
Derbolavs Praxeologie ist schließlich – trotz aller Anknüpfung z. B. an W. Flitners Überlegungen zu den traditionellen Berufswissenschaften – noch in einer weiteren Hinsicht eine Überwindung der Position der geisteswissenschaftlichen Pädagogik. Indem die Praxeologie die pädagogische Disziplin in einen systematischen Zusammenhang mit vergleichbaren Professionen und Disziplinen stellt und indem sie die Strukturidentität in der Dreistufigkeit der Reflexionsebenen verdeutlicht, überwindet sie Vorstellungen oder

Konzeptionen einer wissenschaftstheoretischen Besonderheit der Pädagogik.
Derbolav selber versteht diese seine Arbeiten als „subtile Fortbildung“ (S. 152) und bringt damit seine grundsätzliche Verbundenheit mit allgemeinen Voraussetzungen der geisteswissenschaftlichen Pädagogik zum Ausdruck. Denn bei aller Kritik und Weiterentwicklung, bei aller philosophischen Vertiefung und dialektischen Rekonstruktion hat Derbolav immer an dem traditionellen Selbstverständnis von Pädagogik als einer „praktischen Wissenschaft“ (S. 13) festgehalten, an der Selbstverpflichtung der Pädagogik als einer „Wissenschaft von der Praxis und zugleich für die Praxis“ (vgl. S. 234).

Literatur

Ballauff, Theodor/Schaller, Klaus: Pädagogik. Eine Geschichte der Erziehung und Bildung. Freiburg (Alber) 1973.
Baumert, Jürgen: Das allgemeinbildende Schulwesen der Bundesrepublik Deutschland. In: Pädagogik. Handbuch für Studium und Praxis (hrsg. von Roth, Leo). München (Ehrenwirth) 1991, S. 334–358.
Benner, Dietrich: Was ist Schulpädagogik? In: Grundlagen und Probleme der Bildungspolitik. Ein Theorieentwurf (hrsg. von Derbolav, Josef). (Erziehung in Wissenschaft und Praxis). München, Zürich (Piper) 1977, S. 88–111.
Benner, Dietrich (Hrsg.): Aspekte und Probleme einer pädagogischen Handlungswissenschaft. Festschrift für Josef Derbolav zum 65. Geburtstag. Kastellaun (Aloys Henn) 1977.
Benner, Dietrich: Systematische Pädagogik – die Pädagogik und ihre wissenschaftliche Begründung. In: Pädagogik. Handbuch für Studium und Praxis (hrsg. von Roth, Leo). München (Ehrenwirth) 1991, S. 5–18.
Benner, Dietrich: Bildung und Beruf. Historisch-systematische Überlegungen zur Möglichkeit und Schwierigkeit gymnasialer Bildung heute. In: Forum E 47 (1994) 5, S. 7–10.
Blankertz, Herwig: Die Geschichte der Pädagogik. Von der Aufklärung bis zur Gegenwart. Wetzlar (Büchse der Pandora) 1982.
Böhm, Winfried: Wörterbuch der Pädagogik. 14., überarb. Aufl. Stuttgart (Alfred Kröner) 1994.
Braun, Walter: Pädagogische Anthropologie im Widerstreit. Genese und Versuch einer Systematik. Bad Heilbrunn/Obb. (Julius Klinkhardt) 1989.
Callo, Christian: Erziehungswissenschaft: Geisteswissenschaftliche Methoden. In: Taschenbuch der Pädagogik (hrsg. von Hierdeis, Helmwart). 1. Aufl. Baltmannsweiler (Schneider Verlag Hohengehren) 1978, S. 313–330.

Danner, Helmut: Methoden geisteswissenschaftlicher Pädagogik. Einführung in Hermeneutik, Phänomenologie und Dialektik. 2., überarb. und erg. Aufl. München, Basel (E. Reinhardt) 1989.

Derbolav, Josef: [Selbstdarstellung]. In: Pädagogik in Selbstdarstellungen (hrsg. von Ludwig J. Pongratz). Bd. 2, Hamburg (Felix Meiner) 1976, S. 82–145.

Derbolav, Josef: Selbstbiographische Skizze. In: Aspekte und Probleme einer pädagogischen Handlungswissenschaft. Festschrift für Josef Derbolav zum 65. Geburtstag (hrsg. von Benner, Dietrich). Kastellaun (Aloys Henn) 1977, S. 278–281.

Derbolav, Josef: Auf der Suche nach einer mehrdimensionalen Schultheorie. In: Handbuch Schule und Unterricht. Bd. 1: Pädagogisch-personelle Aspekte der Schule und des Unterrichts (hrsg. von Twellmann, Walter). Düsseldorf (Pädagogischer Verlag Schwann) 1981, S. 27–44.

Derbolav, Josef: Grundriß einer Gesamtpädagogik. Frankfurt am Main (Diesterweg) 1987.

Derbolav, Josef: Impulse europäischer Geistesgeschichte (hrsg. v. Dietrich Benner, Wolfdietrich Schmied-Kowarzik und Lothar Wigger). Sankt Augustin (Hans Richarz) 1987

Flitner, Wilhelm: Das Selbstverständnis der Erziehungswissenschaft in der Gegenwart. 1. Aufl. 1957. Paderborn, München, Wien, Zürich (Schöningh) 1989, S. 310–349.

Gerner, Berthold: Einführung in die pädagogische Anthropologie. (Die Erziehungswissenschaft. Einführungen in Gegenstand, Methoden und Ergebnisse ihrer Teildisziplinen und Hilfswissenschaften) 2., unveränd. Aufl. Darmstadt (Wissenschaftliche Buchgesellschaft) 1992.

Geschwinder, Hans-Gerd/Wallraf, Udo: Josef Derbolav. „... Die Praxis nie verleugnend ... Dem Zeitgeist nie erlegen ...“ In: Die Höhere Schule 42 (1989) 10, S. 284–289.

Herrmann, Ulrich: Erziehung und Bildung in der Tradition Geisteswissenschaftlicher Pädagogik. In: Enzyklopädie Erziehungswissenschaft. Handbuch und Lexikon der Erziehung in 11 Bänden und einem Register-Band (hrsg. von Dieter Lenzen unter Mitarb. von Agi Schründer). Band 1: Theorien und Grundbegriffe der Erziehung und Bildung (hrsg. von Mollenhauer, Klaus/Lenzen, Dieter). Stuttgart (Klett-Cotta) 1983, S. 25–41.

Keck, Rudolf W.: Bildung. In: Wörterbuch Schulpädagogik. Ein Nachschlagewerk für Studium und Schulpraxis (hrsg. von Keck, Rudolf W./Sandfuchs, Uwe unter Mitarbeit von Bernd Feige). Bad Heilbrunn (Julius Klinkhardt) 1994, S. 57–59.

Keck, Rudolf W.: Exemplarisches Lehren und Lernen. In: Wörterbuch Schulpädagogik. Ein Nachschlagewerk für Studium und Schulpraxis (hrsg. von Keck, Rudolf W./Sandfuchs, Uwe unter Mitarbeit von Bernd Feige). Bad Heilbrunn (Julius Klinkhardt) 1994, S. 101–104.

Klafki, Wolfgang: Von Dilthey bis Weniger – schultheoretische Ansätze in der geisteswissenschaftlichen Pädagogik. In: Schultheorien (hrsg.

von Tillmann, Klaus-Jürgen). (PB-Bücher; 7) Hamburg (Bergmann + Helbig) 1987, S. 21–45.
Kleinespel, Karin: Gesellschaftliche Funktionen und pädagogischer Auftrag von Schule. Zu den Antinomien der Schule als Institution. unveröff. Habilitationsvortrag Bielefeld 1996.
Kross, Siegfried/Lassahn, Rudolf/Löwisch, Dieter-Jürgen: In memoriam Josef Derbolav. Reden gehalten am 10. Oktober 1988 bei der Gedenkfeier der Rheinischen Friedrich-Wilhelms-Universität Bonn. Bonn (Bouvier) 1989.
Lassahn, Rudolf: Geisteswissenschaftlich orientierte Pädagogik. In: Pädagogische Konzeptionen. Eine Orientierungshilfe für Studium und Beruf (hrsg. von Petersen, Jörg/Reinert, Gerd-Bodo). Donauwörth (Ludwig Auer) 1992, S. 11–26.
Litt, Theodor: Das Wesen des pädagogischen Denkens. In: Führen oder Wachsenlassen. 13. Aufl. Stuttgart (Klett) 1967, S. 83–109.
Menck, Peter u. a.: Bildung zwischen Herausforderung durch die Gegenwart und Aneignung der Tradition. Festgabe für Josef Derbolav zu seinem 75. Geburtstag am 24. März 1987 [Siegen 1987].
Menze, Clemens: Die Wissenschaft von der Erziehung in Deutschland. In: Problemgeschichte der neueren Pädagogik. Band 1: Wissenschaft – Schule – Gesellschaft (hrsg. von Speck, Josef). Stuttgart, Berlin, Köln, Mainz (W. Kohlhammer) 1976, S. 9–107.
Müller, Max: Pädagogik und Erziehungswissenschaft. Der praxeologische Übergang bei Derbolav. Bonn, Stuttgart, Wien (Haupt) 1995.
Nohl, Herman: Die pädagogische Bewegung in Deutschland und ihre Theorie. 7., unveränd. Aufl. Frankfurt am Main (G. Schulte-Bulmke) 1970.
Peterßen, Wilhelm H.: Didaktik und Curriculum/Lehrplan. In: Pädagogik. Handbuch für Studium und Praxis (hrsg. von Roth, Leo). München (Ehrenwirth) 1991, S. 658–673.
Reble, Albert: Geschichte der Pädagogik. 11., abermals durchgesehene u. erweiterte Aufl. Stuttgart (Klett) 1971.
Reifenrath, Bruno H.: Anmerkungen zu einem phänomenologischen Verständnis von J. Derbolavs ‚Praxeologie' und zu dem, was die Pädagogische Anthropologie davon zu erwarten hat. In: Pädagogische Rundschau 47 (1993) 3, S. 301–321.
Reifenrath, Bruno H.: Rez.: Max Müller: Pädagogik und Erziehungswissenschaft. In: Pädagogische Rundschau 50 (1996) 5, S. 556–558.
Schaub, Horst/Zenke, Karl G.: Wörterbuch zur Pädagogik. München (dtv) 1995.
Schmied-Kowarzik, Wolfdietrich: Dialektik. In: Enzyklopädie Erziehungswissenschaft. Handbuch und Lexikon der Erziehung in 11 Bänden und einem Register-Band (hrsg. von Dieter Lenzen unter Mitarb. von Agi Schründer). Band 1: Theorien und Grundbegriffe der Erziehung und Bildung (hrsg. von Mollenhauer, Klaus/ Lenzen, Dieter). Stuttgart (Klett-Cotta) 1983, S. 370–373.
Sobisiak, Gunter: Die didaktische Analyse. Untersuchungen über ihre

Prinzipien und Funktionen in der Relation von Schule und Erwachsenenbildung. (Gesellschaft, Erziehung und Bildung 1; Steglitzer Arbeiten zur Philosophie und Erziehungswissenschaft, Bd. 1) 2. Aufl. Rheinfelden, Berlin (Schäuble) 1991.

Tenorth, H.-Elmar: Geschichte der Erziehung. Einführung in die Grundzüge ihrer neuzeitlichen Entwicklung. Weinheim, München (Juventa) 1988.

Thiersch, Hans: Geisteswissenschaftliche Pädagogik. In: Enzyklopädie Erziehungswissenschaft. Handbuch und Lexikon der Erziehung in 11 Bänden und einem Register-Band (hrsg. von Dieter Lenzen unter Mitarb. von Agi Schründer). Band 1: Theorien und Grundbegriffe der Erziehung und Bildung (hrsg. von Mollenhauer, Klaus/Lenzen, Dieter). Stuttgart (Klett-Cotta) 1983, S. 81–100.

Thonhauser, Josef: Schultheorie. In: Taschenbuch der Pädagogik. Bd. 4: Pädagogikunterricht – Wirtschaftspädagogik (hrsg. von Hierdeis, Helmwart/Hug, Theo). 4., vollst. überarb. und erw. Aufl. Baltmannsweiler (Schneider Verlag Hohengehren) 1996, S. 1285–1304.

Tillmann, Klaus-Jürgen: Theorie der Schule – eine Einführung. In: Schultheorien (hrsg. von Tillmann, Klaus-Jürgen). (PB-Bücher; 7) Hamburg (Bergmann + Helbig) 1987, S. 7–18.

Weniger, Erich: Theorie und Praxis in der Erziehung. In: Ausgewählte Schriften zur geisteswissenschaftlichen Pädagogik. Weinheim, Basel (Beltz) 1975, S. 29–44.

Wigger, Lothar: Der Schulbegriff in Hegels Gymnasialreden. Probleme und Aspekte. In: Perspektiven der Philosophie. Neues Jahrbuch 10 (1984), S. 119–144.

Wigger, Lothar: Die praktische Irrelevanz pädagogischer Ethik. Einige Reflexionen über Grenzen, Defizite und Paradoxien pädagogischer Ethik und Moral. In: Zeitschrift für Pädagogik 36 (1990) 3, S. 309–330.

Wulf, Christoph (Hrsg.): Wörterbuch der Erziehung. 2. Aufl. München, Zürich (Piper) 1989.

Wulf, Christoph: Pädagogische Anthropologie in Deutschland. Rückblick und Aussicht. In: Theorien und Konzepte der pädagogischen Anthropologie (hrsg. von Wulf, Christoph/Zirfas, Jörg). (Bildung und Erziehung. Herausgegeben von Jörg Petersen und Gerd-Bodo Reinert) 1. Aufl. Donauwörth (Ludwig Auer) 1994, S. 7–27.

Zdarzil, Herbert: Josef Derbolav zum Gedenken. In: Vierteljahrsschrift für wissenschaftliche Pädagogik 64 (1988) 1, S. 1–3.

IV. WANDLUNGEN

Martin Buber (1878–1965)

Peter Brozio

Einleitung

Martin Buber der geisteswissenschaftlichen Pädagogik zuzurechnen bedarf sicher einer Begründung, da er wohl eher als Verfasser chassidischer Überlieferungen, als Übersetzer der Bibel, als Vertreter einer Philosophie des Dialogs oder aber auch als deutscher Jude bekannt ist. Zudem stellen die pädagogischen Beiträge, die im Rahmen des Gesamtwerkes nur einen sehr schmalen Umfang einnehmen, eine Anwendung seiner philosophischen Grundanschauung auf pädagogische Fragen dar (vgl. Buber 1984, S. 320), wobei diese ihrerseits auf Bubers religiöser Überzeugung gründet. Allerdings darf daraus nicht abgeleitet werden, daß der Einfluß Bubers innerhalb der Pädagogik gering wäre, denn z. B. über Carl Rogers und die humanistische Psychologie[1] wirkt er bis in die humanistische Pädagogik hinein – auch wenn dies deren Vertretern nicht immer gegenwärtig ist.

Im Hinblick auf die Ausgangsfrage lassen sich nun zumindest drei Begründungen anführen, die es rechtfertigen, Buber als einen Vertreter der geisteswissenschaftlichen Pädagogik aufzufassen: eine personelle, eine inhaltliche und eine eher allgemeine. So hat Buber in Berlin bei Wilhelm Dilthey studiert und diesen in verschiedenen Äußerungen als seinen Lehrer bezeichnet[2]. Mit der Ausarbeitung des erzieherischen Verhältnisses nimmt er sich der Aufgabe an, die Dilthey der „Wissenschaft der Pädagogik" mit der Forderung nach der „Deskription des Erziehers in seinem Verhältnis zum Zögling" (Dilthey 1934, S. 190) stellte. Dies zeigt sich auch hinsichtlich der „Leitbegriffe", die Schulze (1993) unter Bezugnahme auf Dilthey und Weniger nennt und die „den geisteswissenschaftlichen Grundriß der Erziehungswissenschaft bestimmen" sollen: Die „Erzie-

[1] Vgl. z.B. Bender 1982, Brozio 1995, S. 559ff., Suter 1986.
[2] Vgl. Buber 1962 Bd. I, S. 317; 1963, S. 601 und den Brief an Friedman (Schaeder 1975, S. 290).

hungswirklichkeit“ und das „Erzieherische“ (S. 19) – wobei der letztgenannte Begriff bereits terminologisch auf Bubers Vortrag ‚Über das Erzieherische‘ im Rahmen der dritten Internationalen Pädagogischen Konferenz 1925 in Heidelberg hinweist. Darüber hinaus hat es eine einheitliche, hat „es «die» Geisteswissenschaftliche Pädagogik nicht gegeben“ (Herrmann 1993, S. 1144; vgl. ebenso Lassahn 1978, S. 24), so daß auch von daher keine Bedenken bestehen können, ihn dem Kreis der geisteswissenschaftlichen Pädagogen zuzurechnen (vgl. z. B. Lassahn 1992, S. 11). Allerdings ist Buber sicherlich „nicht als Dilthey-Schüler“ in einem „strengen Sinne“ (Kluge 1973, S. XIII) aufzufassen, zumal er in seinen Äußerungen hinsichtlich der Beziehung zu Dilthey immer Wert darauf legt, die Eigenständigkeit seines Denkens hervorzuheben[3].

Biographie[4]

Martin Buber weist selbst an verschiedenen Stellen seines Werkes auf biographische Erlebnisse als Grundlage seines Denkens hin[5]. Aus diesem Grund liegt die Schlußfolgerung nahe, daß die Arbeiten des Autors „nur auf dem Hintergrund seiner persönlichen Erfahrungen“ (Schapira 1985, S. 424) zu verstehen sind. Dem widersprechen auch nicht die Bemühungen Bubers, z. B. Einfluß auf Kohns (1961) Darstellung seiner Lebensgeschichte zu nehmen (vgl. Schaeder 1973, S. 347f. u. S. 353), oder die deutlich ablehnende Haltung gegenüber Fragen zu seiner Person (vgl. Schaeder 1975, S. 322 u. S. 323ff.). Insofern erscheint Buber als ein geeignetes Forschungsobjekt einer biographischen Erzieherforschung, die den Zusammenhang zwischen dem Werk eines Pädagogen und seinem Lebenslauf (vgl. Loch 1979) in den Blick nimmt (vgl. Kraft 1996). An dieser Stelle kann jedoch – im Anschluß an die Wiedergabe

[3] Vgl. zu Buber und Dilthey neben anderen auch z. B. Caselmann 1974, S. 121; Choi 1993, S. 59ff.; Friedman 1955, S. 34; Kaufmann 1963, S. 181; Kohn 1961, S. 23; Kuhn 1963, S. 551; Mendes-Flohr 1978, S. 32ff.; Rotenstreich 1963, S. 105 und Werner 1994, S. 12.

[4] Vgl. auch Kohn 1961, Wehr 1968, Schaeder 1972a sowie Friedman 1981.

[5] Vgl. z. B. neben ‚Autobiographische Fragmente‘ 1963a, S. 1–34 sowie ‚Erinnerung‘ 1965, S. 12–14; ‚Antwort‘ 1963, S. 610, S. 638; ‚Das Problem des Menschen‘ 1962 Bd. I, S. 328, 342, 384; ‚Das Unbewußte‘ 1965, S. 177; ‚Der Chassidismus und der abendländische Mensch‘ 1962 Bd. III, S. 936; ‚Der Weg des Menschen nach der chassidischen Lehre‘ 1962 Bd. III, S. 723; ‚Die chassidische Botschaft‘ 1962 Bd. III, S. 748, S. 789; ‚Elemente des Zwischenmenschlichen‘ 1962 Bd. I, S. 273; ‚Gottesfinsternis‘ 1962 Bd. I , S. 505f.; ‚Ich und Du‘ 1962 Bd. I, S. 136; ‚Zur Darstellung des Chassidismus‘ 1962 Bd. III, S. 970ff.; ‚Zwiesprache‘ 1962 Bd. I, S. 186f., S. 198.

einiger biographischer Daten – nur auf wenige Situationen seines Lebens beispielhaft eingegangen werden, um einen solchen Einfluß anzudeuten.

Biographische Stichworte: Die Außensicht

Geboren wird Buber am 8. Januar 1878 in Wien. Nach der Scheidung seiner Eltern lebt er bis zum 14. Lebensjahr im Haushalt der Großeltern in Lemberg (Galizien). Er erhält zunächst Privatunterricht und besucht dann bis zum Beginn des Studiums 1896 ein polnisches Gymnasium. Seine Studien in Wien, Leipzig, Berlin, Zürich und wieder in Berlin schließt er 1904 mit der Promotion ab. Während dieser Zeit lernt er seine spätere Frau Paula Winkler kennen und engagiert sich im Rahmen der zionistischen Bewegung Theodor Herzls. Ab 1904 beginnt Bubers literarische Beschäftigung mit dem Chassidismus. Zwei Jahre später übernimmt er einen Lektoratsposten beim Verlag Rütten & Loening und gibt in dieser Funktion eine Reihe von Monographien unter dem Titel ‚Die Gesellschaft' heraus[6]. Während der folgenden Jahre steht er in engem Kontakt mit Gustav Landauer und Georg Simmel. In Vorträgen an dem von Rosenzweig geleiteten ‚Freien Jüdischen Lehrhaus' in Frankfurt bereitet Buber sein philosophisches Hauptwerk ‚Ich und Du' vor, das 1923 erscheint (vgl. van de Sandt 1978 u. Buber 1962 Bd. I, S. 298f.). Im darauffolgenden Jahr wird der „Schriftsteller Dr. phil. Martin Buber" (Schottroff 1990, S. 89) mit einem Lehrauftrag für jüdische Religionswissenschaft an der Universität Frankfurt betraut – allerdings erst, nachdem u. a. Rosenzweig aus Krankheitsgründen absagen mußte. Auf der dritten Internationalen Pädagogischen Konferenz in Heidelberg 1925 hält Buber seine vielbeachtete Rede ‚Über das Erzieherische' (vgl. Rotten 1926 sowie Flitner/Kudritzki 1962, S. 299). Im selben Jahr trägt der Verleger Lambert Schneider an ihn das Projekt einer Bibelübersetzung heran. Gemeinsam mit Rosenzweig bis zu dessen Tod 1929 und dann allein übersetzt Buber die Bibel ins Deutsche; eine Arbeit, die erst 1961 zum Abschluß gebracht werden kann (vgl. z. B. Muilenburg 1963, S. 364ff.). 1930 wird er in Frankfurt zum Honorarprofessor für Religionswissenschaften ernannt, muß aber bereits zum Sommersemester 1933 auf Grund der Machtergreifung durch die Nationalsozialisten aus dem Amt ausscheiden. Bis zur

---

[6] Eine Aufstellung der Autoren und Titel findet sich bei Mendes-Flohr 1979, S. 115f.

Emigration 1938 nach Palästina ist Buber in der jüdischen Erwachsenenbildung als Leiter des ‚Jüdischen Lehrhauses Frankfurt a. M.' sowie der ‚Mittelstelle für jüdische Erwachsenenbildung' tätig, die von Frankfurt aus dezentral Ausbildungskurse durchführt.
In Jerusalem wird Buber auf einen Lehrstuhl für Sozialphilosophie berufen; das Angebot einer Professur für Pädagogik lehnt er unter Hinweis auf seine mehr praktischen als theoretischen pädagogischen Interessen ab[7]. Bis 1953 engagiert er sich an der ‚School for Adult Education Teachers'[8]. Der Einfluß Bubers in Palästina bleibt jedoch vergleichsweise gering (vgl. Schaeder 1972a, S. 124). Neben der unorthodoxen Position in Religionsfragen ist es wahrscheinlich das Engagement für eine friedliche Koexistenz zwischen Juden und Palästinensern, das Buber letztlich sogar in eine gewisse Isolation führt[9]. Demgegenüber erlangen in den fünfziger Jahren seine Gedanken in Amerika eine große Popularität. 1951 kommt Buber zur Entgegennahme des ‚Goethepreises' der Universität Hamburg wieder zu einem Besuch nach Deutschland, wo ihm zwei Jahre später der ‚Friedenspreis des deutschen Buchhandels' verliehen wird. Der Tod der Ehefrau auf einer Reise in Venedig führt nach Weltsch (1961) zum „tiefsten Einschnitt in Bubers Leben" (S. 469). 1958 nimmt er in Amsterdam für seine Bibelübersetzung den Erasmus-Preis entgegen. Martin Buber stirbt am 14. Juni 1965 in Jerusalem.

Biographische Stichworte: Die Innensicht

Was die Scheidung der Eltern und den Umgang mit diesem Thema innerhalb der Familie angeht, weist Buber selbst auf ein Erlebnis hin, welches er für sich als so prägend einschätzt, daß er hier den „ersten Ursprung" für „alles" vermutet, was er „im Laufe" seines „Lebens von der echten Begegnung erfuhr" (Buber 1963a, S. 2). Dabei handelt es sich um die Aufklärung über diesen ihm bis dahin

[7] Zur Diskussion um die Frage, ob ein Lehrstuhl für Theologie für Buber vorgesehen war und ob dieser ihm auf Betreiben orthodox-jüdischer Kreise verwehrt wurde, verweist Danner (1985) auf sich widersprechende Aussagen von einerseits Kurzweil, der die Universität in ihrer Entscheidung für autonom erklärt, sowie andererseits Gordon, der das Kuratorium und Personen aus England für diese Entscheidung verantwortlich macht (vgl. S. 59ff.). Im Katalog zur Ausstellung ‚Martin Buber' (1978, vgl. S. 40) wird diese Entscheidung dem Kuratorium der Universität zugeordnet.

[8] Hinsichtlich des ‚Martin-Buber-Instituts für Erwachsenenbildung' vgl. Kappel 1989 u. Altenhuber 1990.

[9] Vgl. Ben-Chorin 1982, S. 374ff.; Rosenblüth 1968, S. 58ff.; Scholem 1963, S. 64; Weltsch 1963, S. 369.

offensichtlich unbekannten Sachverhalt, der von dritter Seite her erfolgt:

„Hier [auf dem Altan] stand ich einmal, in meinem vierten Lebensjahr, mit einem um mehrere Jahre älteren Mädchen, der Tochter eines Nachbarn, deren Aufsicht mich die Großmutter anvertraut hatte. Wir lehnten beide am Geländer. Ich kann mich nicht erinnern, daß ich zu meiner überlegenen Gefährtin von meiner Mutter gesprochen hatte. Aber ich höre noch, wie das große Mädchen zu mir sagt: ‚Nein, sie kommt niemals zurück.‘ Ich weiß, daß ich stumm blieb, aber auch, daß ich an der Wahrheit des gesprochenen Wortes keinen Zweifel hegte“ (Buber 1963a, S. 1).

Einen weiteren Zusammenhang sieht der Autor zwischen seinem Werk und den ersten Erfahrungen mit den Anhängern des Chassidismus[10]. Dabei ist es die besondere Atmosphäre, die einzigartige Verbundenheit der Menschen untereinander, die besondere Beziehung zwischen Zaddik und Chassid, die Buber beeindrucken und beeinflussen:

„Aber als ich den Rebbe durch die Reihen der Harrenden schreiten sah, empfand ich: ‚Führer‘, und als ich die Chassidim mit der Thora tanzen sah, empfand ich: ‚Gemeinde‘. Damals ging mir eine Ahnung davon auf, daß gemeinsame Ehrfurcht und gemeinsame Seelenfreude die Grundlagen der echten Menschengemeinschaft sind“ (Buber 1962 Bd. III, S. 964).

Während seines Studiums in Wien ist es vor allem das Wiener Burgtheater sowie die Dichtung Hugo von Hoffmannsthals, die einen besonderen Einfluß auf ihn ausüben. Dies findet zum einen seinen Ausdruck in der Berufswahl Bubers, wenn er „einen der schwersten Berufe“ ergreift, „die es in der modernen Welt gibt: den des freien Schriftstellers, der so oft die Alltagsversion des Dichters ist“ (Schaeder 1972a, S. 41). Zum anderen zeigt sich dies in einem dementsprechenden Sprachstil Bubers:

„Diese Wiener Kultur war die Erbin reifer Weisheit und großer Anmut. ... Martin Buber, Österreicher, dem Wien auch in Lemberg Mittelpunkt war, hat in entscheidenden Jugendjahren den Einfluß dieser Kultur erfahren. Er hat sich wenig später mit Entschiedenheit von ihr gelöst, und sein geistiger Lebensweg, der ihn in ansteigendem Ringen zum Ernst, zur Verantwortung, zur Sachlichkeit und zur Wirklichkeit geführt hat, hat ihn zu immer schärferer Absage an alle spielerische Romantik, alle bloße Stimmung und Schönheit, an jedes nicht mit dem vollen Ernst der Verantwortung gesprochene Wort geleitet. Aber die Absage war immer auch eine

---

[10] Zum Chassidismus vgl. Dubnow 1969.

Absage an eine Gefahr in seinem eigenen Wesen, an eine Lockerung in seiner Seele, zu der mancher natürliche Hang ihn zog. Bei aller strengen Zucht des Geistes behielt Buber das Weiche und das Frauenhafte der österreichischen Kultur, und seine Sprache hat in ihrer Bevorzugung gefühlsmäßiger Betonung vor logischer Schärfe lange die Spuren der jungen Wiener Schule bewahrt" (Kohn 1961, S. 20)[11].

Während der Jahre in Berlin gliedert Buber sich durch sein Auftreten einer intellektuellen Strömung zu, für die der Dichter mehr gilt als der Wissenschaftler. Protagonisten sind vor allem Stefan George und der George-Kreis, welcher sich zu einer „einflußreichen akademischen Lobby" (Lepenies 1985, S. 322) entwickelt. Unter den Wissenschaftlern, die als Nicht-Mitglieder dem Kreis nahestehen, tut sich besonders Georg Simmel hervor. Buber selbst inszeniert sein Auftreten in dieser Zeit durch Kleidung und Benehmen als das eines Zaddiks, so daß ihm der Spitzname der ‚Zaddik von Zehlendorf' verliehen wird (vgl. Ben-Chorin 1966, S. 79f.). Unter Berufung auf Aussagen von Magnes gibt Wehr folgende Beschreibung des Auftretens Bubers in der Vorlesung von Simmel:

„Obwohl der Saal bis auf den letzten Platz voll war, kamen Sie [Buber] an der Spitze einer Gruppe von Jugendlichen – Burschen und besonders auch Mädchen – durch eine Nebentür herein, und sie setzten sich in die erste Reihe, die offenbar für Sie reserviert war. Ihr schwarzer Bart, Ihr gemessener Schritt, Ihre Art, an der Spitze der Gruppe wie ein Zaddik vor seinen Chassidim zu gehen, veranlaßten mich, den neben mir sitzenden Studenten – einen blonden Arier – zu fragen, wer Sie seien, und seine Antwort lautete, dieser Jude sei der Stifter einer neuen religiösen Sekte" (Wehr 1977, S. 45).

Einem entsprechend ausgeprägten Selbstkonzept entspricht auch 1914 Bubers Engagement im sogenannten Forte-Kreis, wenn er gemeinsam mit z. B. Fredrik van Eden und Florens Christian Rang eine ‚Einung der Völker' im Angesicht des Ersten Weltkrieges zu

[11] Neben z. B. Caselmann (vgl. 1974, S. 121), Goldschmidt (vgl. 1966, S. 47), Hartshone (1963, S 42) und Kuhn (vgl. 1963 S. 548), die in weitgehender Übereinstimmung Bubers Sprache als die eines Dichters bezeichnen, sieht Habbel (1994) diese im Hinblick auf ‚Ich und Du' (1962) durch „die für Buber typische Darlegung des Zeigens geprägt" (S. 47; vgl. auch Anmerkung 15, S. 47f. für weitere und auch eindeutig negative Hinweise zur Einschätzung des Stils Bubers und Scarbath/Scheuerl 1979, S. 213). Vierheilig macht 1996 keinen Hehl aus der Tatsache, daß sich die Sprache Bubers für sie „recht mystisch darstellte und teilweise etwas antiquiert wirkte" (S. 20).

erreichen sucht. Einmal abgesehen von diesem „merkwürdigen, uns heute kaum faßbaren Projekt“ (Cohn 1989, S. 134) begrüßt Buber – wie viele jüdische Intellektuelle – den Krieg nachdrücklich, von dem er sich „aus der Warte der Erlebnismystik“ (Mendes-Flohr 1979, S. 131) einen Neuanfang im Sinne der „Gnade“ einer „neuen Geburt“ gerade auch für Deutschland verspricht (Schaeder 1972a, S. 379). Erst eine längere Auseinandersetzung mit dem von ihm bewunderten Anarchisten Landauer (vgl. Schapira 1985, S. 475, Anm. 47), während der ihn dieser als ‚Kriegsbuber‘ bezeichnet (vgl. Schaeder 1972, S. 433), leitet die Wende von der Erlebnis-Mystik – wie sie im ‚Daniel‘ zum Ausdruck kommt – zum dialogischen Denken von ‚Ich und Du‘ ein (vgl. Mendes-Flohr 1979, S. 140).

Erzieherische Beziehung

In seinem Vortrag ‚Über das Erzieherische‘ (1962 Bd. I) auf der dritten Internationalen Pädagogischen Konferenz in Heidelberg 1925, die unter dem Motto der ‚Entfaltung der schöpferischen Kräfte im Kinde‘ steht, wendet sich Buber im „Zeitalter des Individualismus“ (Budde 1913, S. 178) gegen den Glauben der Reformpädagogik an die absolute Kraft und den unbedingten Wert freier menschlicher Selbstentfaltung, wie er z. B. von Ellen Key (1926) vertreten wird. Eine solche extreme Individualpädagogik verkennt, daß der entscheidende pädagogische Einfluß den „erzieherischen Kräften“ zukommt, die denjenigen, die im Kind freigemacht werden sollen, „begegnen“ (S. 791). So bringt das Kind, wenn es zur Welt kommt, allein die „Fähigkeiten“ mit, „Welt aufzunehmen und einzubilden“, und erst im Kontakt mit der Umwelt, d. h. mit „Natur und Gesellschaft“ gleichermaßen, bildet sich aus dem „Individuum die Person“ (S. 793) heraus. Im ‚Jahrhundert des Kindes‘ setzt Buber damit dem blinden Vertrauen in die Entwicklung die Forderung nach einer Persönlichkeitspädagogik gegenüber, die zwangsläufig den Bezug des Individuums zur sozialen Gemeinschaft und zur Kultur bedingt (vgl. Villányi 1890, S. 16). Dabei unterscheidet sich die eigentliche Erziehung von dem ebenfalls erzieherisch wirkenden Einfluß des Milieus dadurch, daß sie „Absicht“ (S. 794) ist, d. h. intentional erfolgt. Ziel der Erziehung ist die sittliche Persönlichkeit, die in ihrem Handeln keinen ‚Maximen‘ oder ‚Gewohnheiten‘ (vgl. S. 825 ff.) folgt, sondern sich in jeder Situation ihrem Wesen gemäß verantwortlich zu verhalten weiß.
Insofern erteilt Buber auch einer extremen Sozialpädagogik, „die zeigt, wie für die Gesellschaft und den Staat unterrichtet und er-

zogen werden soll“, (Bamberger 1905, S. 91; vgl. Edelheim 1912, S. 17) eine klare Absage. Auf dem Hintergrund der Erfahrungen im Zusammenhang des Ersten Weltkrieges und im Hinblick auf die frühen Jahre der Weimarer Republik wendet er sich ganz entschieden gegen einen „Kollektivismus“ (S. 831), der „den Menschen überhaupt nicht“ mehr sieht, sondern „nur“ noch „die Gesellschaft“ (S. 401)[12]. In Anbetracht des ‚Zerfalls aller Bindungen‘ (vgl. S. 797) und auf dem Hintergrund der Erkenntnis, daß es auch in der Geschichte der Menschheit eine „übergeordnete Norm und feste Maxime der Erziehung“ nie gegeben hat, sondern immer nur diejenige „einer Kultur, einer Gesellschaft, einer Kirche, eines Zeitalters“ (S. 807) fordert Buber die „Erziehung zur Gemeinschaft“ (S. 831): d.h. zu einer Gemeinschaft hin, die durch Beziehung im Sinne eines direkten „Kontakt[es] von einem Menschen zum anderen“ (1985, S. 302) gekennzeichnet ist.

Damit wird deutlich, daß Buber das ‚Erzieherische‘ frei machen will von negativen Zuspitzungen: zur einen Seite hin im Hinblick auf den unbedingten Glauben an die Individualität des Kindes, der den Mitmenschen und damit die Gemeinschaft aus der Erziehung ausschließen will, und zur anderen Seite hin in bezug auf die erzieherische Absicht gesellschaftlicher Vereinigungen, die bestrebt sind, den Menschen einzugliedern, und dabei seine gegebene Individualität verleugnen.

Im Gegensatz dazu fordert Buber eine Erziehung, die auf der wechselseitigen Beziehung zwischen dem Menschen und seinem Mitmenschen, d.h. auf der echten Gemeinschaft bzw. dem Wir (vgl. 1962 Bd. I, S. 373ff. u. 471ff.), gründet. Hier ist anzunehmen, daß Buber nicht nur auf Grund seiner Erfahrungen mit dem Chassidismus und als Jude überhaupt um die Bedeutung der Gemeinschaft weiß (vgl. Schalom 1958, S. 62), sondern auch von der bereits 1878 durch Ferdinand Tönnies getroffenen Unterscheidung zwischen Gemeinschaft und Gesellschaft beeinflußt ist (vgl. Schapira 1985, S. 434ff.)[13]. Dieser faßt „Gemeinschaft und Gesellschaft als

---

[12] Vgl. in diesem Zusammenhang auch Bubers Kritik an der Jugendbewegung (1962 Bd. I, S. 206 f.).

[13] Vgl. zur Meinung Kohns (1961, S. 195) – Buber stände dem Schmalenbachschen Bund näher als der Auffassung von Tönnies – die Ausführungen in der Vorrede zur sechsten und siebten Auflage von ‚Gemeinschaft und Gesellschaft‘ (1926), wo der Bund Hermann Schmalenbachs als eine „geistige oder näher moralische Körperschaft von gemeinschaftlichem Charakter“ (S. XII) bestimmt wird.
Vgl. auch die ganz unzweideutig auf Tönnies Bezug nehmende Argumentation Bubers (1985, S. 262ff.) in dem Beitrag ‚Gemeinschaft‘ aus dem Jahre 1919, der nach Mendes-Flohr (1979, S. 152) der Niederschrift von ‚Ich und DU‘ unmittelbar vorausgegangen ist.

Kategorien“ auf, die „auf alle Arten der Verbundenheit anwendbar sind und angewendet werden sollen“ (Tönnies 1926, S. XII). Dabei entspricht die Gemeinschaft dem Wesen des Menschen und beruht auf dem ‚Wesenwillen‘, während der Gesellschaft die kognitive Wahl und damit der ‚Kürwillen‘ zugrunde liegt (vgl. S. 83 ff.).
Eine vergleichbare Differenzierung entwickelt Buber aus anthropologischer Perspektive, wenn er davon ausgeht, daß das Kind sich in der prä- und auch noch postnatalen Lebensphase in einer rein „naturhaften Verbundenheit“ mit der Mutter und darüber hinaus mit der ganzen Welt befindet. Endet diese unmittelbare Verbundenheit mit der Mutter durch die Geburt, so „ist dem Menschenkind Frist gewährt, für die verlorengehende naturhafte Verbundenheit mit der Welt geisthafte, das ist Beziehung, einzutauschen“ (Buber 1962 Bd. I, S. 95). Während dieser Zeit vermag das Kind auf der Grundlage einer von Buber als „Kontakttrieb (Trieb zunächst nach taktiler, sodann nach optischer »Berührung« eines anderen Wesens)“ (S. 96) bezeichneten Anlage noch zu den Dingen und Lebewesen in seiner Umgebung in eine unmittelbare Verbindung einzutreten[14]. In der Abfolge entsprechender Situationen wächst im Kind während der ersten Lebensmonate von „Mal zu Mal ... das Bewußtsein des gleichbleibenden Partners, das Ichbewußtsein“ (S. 97). Ist das Bewußtsein des Ich erst einmal gebildet, dann vermag dieses Ich alle Dinge der Umgebung und auch sich selbst als eigenständige Objekte zu betrachten, d.h. sie von sich zu distanzieren und ihnen Selbständigkeit zuzusprechen[15]. Auf diese Weise wird dem Menschen die „Welt zum Gegenstand“ (S. 415), und eine naturhafte Verbundenheit ist nicht mehr möglich. Diese spezifische „Wahrnehmungsweise“ (1963, S. 594) des Menschen, die ihn von allen anderen Lebewesen unterscheidet, bezeichnet Buber als Urdistanzierung. Mit ihrer Hilfe wird den Dingen der Welt eine eigenständige Existenz in Zeit und Raum zugewiesen. Als solche vermag der Mensch sie – gleich, ob es sich um Gegenstände, Tiere oder auch Menschen handelt – als Zweck und Mittel zu benutzen und zu gebrauchen. Politik, Gesellschaft, Technik, Kirche, Wissenschaft und somit auch „Philosophie“ (1962 Bd. I, S. 540) werden auf dieser Grundlage überhaupt erst möglich. Die Bewegung der Urdistanzierung, die den Menschen aus der naturhaften Verbun-

---

[14] Beschreibungen der vorsprachlichen und der sprachlichen Erfahrungswelt von Kindern durch Stern (1994) weisen deutliche Parallelen zu Bubers Ausführungen (vgl. 1962 Bd. I, S. 90 ff; 1963, S. 604) auf.
[15] Objektkonstanz im Sinne Piagets.

denheit herauslöst[16], ist darüber hinaus notwendige „Voraussetzung“ dafür, daß der Mensch „zu distanziertem Seienden, genauer: zu einem ein selbständiges Gegenüber gewordenen, in Beziehung treten kann“ (S. 421; vgl. S. 1115 u. 1985, S. 301). In diesem Zusammenhang weist Buber mit Nachdruck darauf hin, daß mit der Urdistanzierung allerdings nicht mehr als die Voraussetzung bzw. die Möglichkeit geschaffen ist, daß der einzelne Mensch zu den von ihm nunmehr getrennt existierenden Wesenheiten in eine geisthafte Beziehung einzutreten vermag (vgl. S. 415). Insofern steht das Beziehungsstreben als ein naturhaft Gegebenes am Anfang der menschlichen Entwicklung – Buber bezeichnet dies auch als „Apriori der Beziehung“ (S. 96).
Aus dieser Auffassung der menschlichen Entwicklung leitet Buber zwei Lebensweisen des Menschen ab, die er u. a. auch als „Haltungen“ (1963, S. 591), „Wesenshaltung[en]“ (1962 Bd. I, S. 816) oder „Grundbewegungen“ (S. 195) bezeichnet: Diejenige, die durch Distanzierung gekennzeichnet ist, begründet das ‚Ich-Es Verhältnis‘, und diejenige, die durch Verbundenheit gekennzeichnet ist, die ‚Ich-Du Beziehung‘. Da dem Menschen im Anschluß an die Urdistanzierung nur diese beiden Haltungen zur Welt gegeben sind, existiert das Ich immer nur entweder in Verbindung mit einem Es oder aber mit einem Du und nie unabhängig davon (vgl. S. 79). Insofern ist das Ich des Ich-Es auch ein anderes Ich als das Ich des Ich-Du. Im Hinblick auf die Sprache und um zu zeigen, daß der einzelne Mensch durchaus aktiv mit darüber entscheidet, welche Richtung er wählt, d. h. wie er sich zur Welt verhält, spricht Buber von Grundworten (vgl. S. 79; S. 1113 u. 1963, S. 591) bzw. – um die Gebundenheit des Ich entweder an ein Es oder an ein Du zu betonen – von „Grundwortpaar[en]“ (S. 79). Auf dem Hintergrund der geschichtlichen Situation, d.h. um dem Menschen in seiner „soziologische[n] Bedingtheit“ (S. 213) einen alternativen Weg zu zeigen, legt er den Schwerpunkt im Sinne einer positiven Bewertung auf die Ich-Du Beziehung, von deren vermehrter Realisierung Buber sich einen entscheidenden Beitrag zur Lösung der Probleme in der Welt verspricht (vgl. S. 598).
Der Unterscheidung in Gemeinschaft und Gesellschaft bei Tönnies folgt Buber mit seiner Trennung in Ich-Du Beziehung und Ich-Es Verhältnis, wenn er als die Lebensform der Ich-Du Beziehung die Gemeinschaft und als die des Ich-Es Verhältnisses das Kollektiv bzw. die Gesellschaft festlegt (vgl. S. 204ff.). Insofern entspricht

[16] Im Hinblick auf die Phylogenese nimmt Buber eine parallele Entwicklung an (vgl. ‚Ich und Du‘ 1962 Bd. I, S. 90ff. sowie ‚Daniel‘ 1962 Bd. I, S. 27ff.).

auch die folgende Charakterisierung durchaus der Auffassung Bubers:
„Die Theorie der Gesellschaft konstruiert einen Kreis von Menschen, welche, wie in Gemeinschaft, auf friedliche Art nebeneinander leben und wohnen, aber nicht wesentlich verbunden, sondern wesentlich getrennt sind, und während dort verbunden bleibend trotz aller Trennungen, hier getrennt bleiben trotz aller Verbundenheit“ (Tönnies 1926, S. 39).
Von einer soziologischen Betrachtung will sich Buber allerdings dadurch abgrenzen, daß er die Ich-Du Beziehung gerade nicht dem Gebiet des Sozialen, d.h. dem der Soziologie, zuordnet. Vielmehr wird sie seiner Überzeugung nach in einem besonderen Bereich zwischen den Menschen realisiert (vgl. Buber 1963a, S. 30), den er das „Zwischenmenschliche“ (Buber 1962 Bd. I, S. 269) nennt. Darüber hinaus ist die Ich-Du Beziehung durch eine exklusive Form der Verbundenheit, durch „Umfassung“ (S. 802), gekennzeichnet: D.h., das Ich erlebt die Situation nicht nur „vom seinem eigenen Ende aus, sondern auch von dem seines Gegenüber“ (S. 167).
Trotz aller Verbundenheit und Zugewandtheit besteht dabei aber dem Du gegenüber eine „letzte unaufhebbare Distanz“ (S. 654), so daß der Andere als Anderer anerkannt wird und es nicht zu einer Verschmelzung von Ich und Du kommt. Eine solche Beziehung ist dem Menschen möglich zur Natur, zu den Mitmenschen sowie zu geistigen Wesenheiten (vgl. S. 161ff.), und sie verweist dabei letztlich immer auf Gott hin, denn – im Sinne der Buberschen Chassidismusinterpretation (vgl. Brozio 1995, S. 285ff.) – ist „Gott ... die Welt“ (Buber 1985, S. 286).
Ich-Du Beziehung und Ich-Es Verhältnis stehen als die zwei einzig möglichen Seinsweisen des Menschen in engem Bezug zueinander: So *muß* jedes Du immer wieder zu einem Es – so *kann* jedes Es immer wieder zu einem Du werden (vgl. Buber 1962 Bd. I, S. 101). Daraus ergibt sich, daß der Mensch die Ich-Du Beziehung nicht suchen und willentlich herbeiführen kann. Er vermag ausschließlich auf ein Du zu reagieren, und zwar indem er die Begegnung entweder ignoriert oder aber akzeptiert. Mit dem Terminus Begegnung bezeichnet Buber die aktuelle Realisierung der Gegenwart zwischen Ich und Du. Das Wort Beziehung weist demgegenüber auf „die Möglichkeit – nur die Möglichkeit, diese aber doch – der Latenz“ (Buber 1963, S. 603, vgl. auch 1962 Bd. I, S. 155) hin, und insofern vermag die Ich-Du Beziehung Dauer zu erlangen und in die Es-Welt hineinzuwirken.
Von der Ich-Du Beziehung unterscheidet Buber die „echte erzieherische Beziehung“ (Buber 1965, S. 89) als eine Sonderform, die

zwischen einem Zögling und einem Erzieher bzw. „zwischen dem Erzieher und mehreren Zöglingen" (Buber 1985, S. 302) besteht. Durch zwei Besonderheiten unterscheidet sich diese Beziehung von allen anderen Ich-Du Beziehungen: Zum einen durch die „Absicht" (Buber 1962 Bd. I, S. 794) des Erziehers, erziehen zu wollen, und zum anderen durch die nur eingeschränkt mögliche Umfassung (vgl. S. 787 u. S. 166f. sowie Buber 1985, S. 304). Die Absicht des Erziehers, erziehen zu wollen, setzt zunächst einmal voraus, daß er nicht nur in der Ich-Es Welt lebt, sondern auch zur Ich-Du Beziehung fähig ist. Hier präsentiert er dem Kind gegenüber in und mit seiner Person ein Stück Welt – eine „Auslese der Wirkenden Welt" (S. 794) – und diese muß sich in ihm gesammelt haben. Insofern ist es notwendig, daß die Persönlichkeit des Erziehers einen gewissen Grad der Reife, eine gewisse Ausgewogenheit erreicht hat – er ein Stück weit in sich ruht und nicht mehr mit sich ringt. Wenn der Erzieher Werte und Normen dem Kind gegenüber nicht nur vertritt, sondern ihm vorlebt, dann kann er auch auf eine Beeinflussung im Sinne der Propaganda (vgl. S. 281f. u. S. 421) verzichten.

Nach Bubers Überzeugung ist dies von nicht geringer Bedeutung, da ein entsprechendes Eingreifen des Erziehers sonst die „ihm ausgelieferte Seele in einen gehorchenden und einen sich empörenden Teil" (S. 794f.) aufspalten würde. Ebenso weiß ein solcher Erzieher um die Tatsache, daß er immer nur einen Teil der Welt dem Kind gegenüber darstellt; er ist in diesem Sinne nur ein Element unter vielen, welches erzieherisch wirkt. Da er aber als einziges bewußt und absichtlich erziehen will, trägt er im Hinblick auf die Bedürfnisse des Zöglings Verantwortung für die Entwicklung seiner eigenen Persönlichkeit, d.h. für seine Selbsterziehung (vgl. S. 819 u. S. 797). Diese Selbsterziehung bedeutet Beschäftigung mit der Welt im Hinblick auf die Kräfte, die er in Anbetracht der jeweils individuellen Bedürfnisse der Zuerziehenden mit und durch seine Person zu vermitteln trachtet. Sie kann nicht dadurch geschehen, daß der Erzieher „sich mit sich selber" (S. 806) befaßt. Verantwortung besteht darüber hinaus grundsätzlich in dem Sinne, daß der Erzieher das Kind nicht im Rahmen der Es-Welt als ein Objekt betrachtet, über das er Macht ausübt oder das er seinen Interessen entsprechend behandelt, sondern daß er es in seiner Einzigartigkeit annimmt, und zwar als einen Menschen, auf den „er zu wirken" hat, jedoch „weder machtwillig noch erotisch" (S. 800).

Was die Umfassung betrifft, so muß diese im Rahmen der erzieherischen Beziehung notwendig einseitig bleiben, damit nicht von Seiten des Kindes her das erzieherische Tun – das „Erziehen des

Erziehers“ (S. 805) – wahrgenommen wird. Der Erzieher seinerseits gewinnt durch die „Erfahrung der Gegenseite“ (S. 806) die für ihn notwendigen Informationen im Hinblick auf die Wirkung seines erzieherischen Handelns: Er erfährt von der Seite des Zuerziehenden aus, wie und auf welche Art und Weise dieses angenommen oder aber verworfen wird. Daran muß er sich orientieren, um zu wissen, „was der Mensch braucht, damit er werde“, und was er selbst „von dem Gebrauchten zu geben vermag, was nicht, – was schon, was noch nicht“ (S. 806).

Gelingt dies dem Erzieher, so wird das Kind ihm ‚Vertrauen‘ entgegenbringen, und zwar ohne dies letztlich kognitiv begründen zu können (vgl. S. 653 f.). Es nimmt dann „den Erzieher als [eine] Person an“, von der es weiß, daß diese „nicht ein Geschäft an ihm betreibt, sondern an seinem Leben teilnimmt“. Dieses Vertrauen zum Erzieher stellt die notwendige Basis dar, von der aus das Kind zu „fragen“ (S. 820) beginnt, d. h. die Fragen stellt, die für sein Leben von wirklicher und d. h. existentieller Bedeutung sind.

Da die Beziehung über die jeweiligen aktuellen Begegnungen hinaus im Sinne der Latenz Bestand haben kann, ist von einer „unterirdische[n] Dialogik“ (S. 803) zwischen dem Erzieher und dem einzelnen Kind auszugehen. Somit existiert die erzieherische Beziehung im Sinne Bubers auch dann weiter, wenn der Erzieher sich dem Kind nicht aktuell zuwendet (vgl. S. 193), und es wird möglich, daß ein Erzieher es mit mehreren Kindern „wirklich zu tun hat“ (S. 193).

Abschließend ist darauf hinzuweisen, daß die erzieherische Beziehung im Sinne Bubers – und dies schließt das Erzieherische und das Verhältnis von Erzieher und Kind ein – als eine Haltung zu verstehen ist, die gefordert und auf die hingewiesen werden kann. Außerhalb ihrer Praxis kommt ihr allerdings keine Existenz zu, da sie immer dann, wenn sie lehrbar und lernbar gemacht werden soll, aus dem Bereich des Ich-Du in das Gebiet des Ich-Es transformiert werden muß. Dies entspricht der Überzeugung Bubers, der selbst darauf hinweist, daß er, um seine Erfahrungen und Einsichten überhaupt mitteilen zu können, „aus dem im Ich-Du und als Ich-Du-Erfahrenen ein Es“ zu „machen“ (S. 1111) hatte (vgl. auch 1963, S. 589 ff.).

Von der positiven Bewertung der Gemeinschaft her, die Buber u. a. mit Tönnies verbindet[17], ergibt sich eine Parallele zu einem anderen Vertreter der Geisteswissenschaftlichen Pädagogik, und zwar zu Herman Nohl, der nur ein Jahr nach Bubers Rede in Heidelberg ähnliche Gedanken in Hamburg im Hinblick auf die Jugendwohlfahrtsarbeit vorträgt (vgl. Marburger 1977, S. 79ff.). Nohl (1927) geht dabei auch von der „Auflösung aller Bindungen" (S. 2) aus und benennt dann verschiedene Gegenbewegungen, denen allen gemeinsam ist, daß sie ein neues Gemeinschaftsbewußtsein bzw. konkrete neue Gemeinschaften schaffen – was dann für die „neue Pädagogik" insgesamt gilt, die „die Gemeinschaft als stärkste erzieherische Kraft" (S. 9) betont. Da der Pädagoge immer aber selber „der einen oder anderen Gemeinschaft mehr verbunden" sein wird, fordert Nohl einen „pädagogischen Ethos" (S. 10), der auf den einzelnen Menschen gerichtet ist und auf die Bildung von „Humanität", d.h. auf das „Menschtum im Menschen" (S. 12), abzielt. Ganz bewußt soll in diesem Zusammenhang der Erzieher von seiner Einbindung in gegebene Gemeinschaften absehen:
„... wo ich mich pädagogisch um den andern bemühe, muß er wissen: man will dich nicht werben für eine Partei, für eine Kirche, auch nicht für den Staat, sondern – der Unterschied ist so gering, wie wenn man die Hand umdreht, und ist doch entscheidend – diese Hilfe gilt zunächst und vor allem dir, deinem einsamen Ich, deinem verschütteten, hilferufenden Menschentum" (Nohl 1927, S. 13).
Deutlich wird hier der Bezug zu Buber, denn beide suchen für die Pädagogik – sowohl im Hinblick auf die erzieherische Beziehung als auch für den pädagogischen Bezug (vgl. Nohl 1949, 1949a, 1979) – nach einem Weg, den Adressaten der Erziehung vor der Vereinnahmung durch Gruppen, Verbände, Behörden usw. zu schützen. Auch in der Lösung dieses Problems stimmen sie insofern überein, als daß sie die gesellschaftlichen Einflüsse aus dem pädagogischen Prozeß zwischen Erzieher und Kind – im Sinne einer Epoché – ausklammern wollen.
Inwieweit dies in der Praxis immer möglich und sinnvoll ist und ob auf diese Art und Weise eine Verbesserung der Gesellschaft letztlich erreicht werden kann, mag gerade im Rückblick als fraglich zu beurteilen sein, jedoch darf bei aller Kritik die Tatsache nicht aus

[17] Im Hinblick auf den Einfluß Simmels auf Buber vgl. Brozio 1995; Kress 1985 u. vor allem Mendes-Flohr 1979.

den Augen verloren werden, daß Buber und Nohl in Abhängigkeit von bzw. in Wechselwirkung mit ihrem Kontext zu sehen sind. In diesem Zusammenhang sei an Batesons (1988) Überlegungen erinnert, die u.a. in die bekannte Formulierung münden: „Es ist der Kontext, der sich entwickelt“ (S. 215).

Literatur

Altenhuber, H.: Auf den Spuren Martin Bubers. Bericht von einer internationalen Konferenz über „Die Rolle der Erwachsenenbildung in Krisenzeiten“. In: Erwachsenenbildung in Österreich. Heft 3/90, 41. Jahrgang. S. 8ff.

Bamberger, J.: Die sozialpädagogischen Strömungen der Gegenwart. Bern 1905.

Bateson, G.: Ökologie des Geistes. Anthropologische, psychologische, biologische und epistemologische Perspektiven. Frankfurt 1988.

Ben-Chorin, Sch.: Zwiesprache mit Martin Buber. Ein Erinnerungsbuch. München 1966.

Bender, H. G.: Die helfende Beziehung. Ein Beitrag der ‚Anthropologie der Relationalität‘ zum Verständnis des Wesens von Beratung – Unter besonderer Berücksichtigung von Martin Buber und Carl R. Rogers. Bonn 1980.

Brozio, P.: Vom pädagogischen Bezug zur pädagogischen Beziehung. Soziologische Grundlagen einer Erziehungstheorie. Würzburg 1995.

Buber, M.: Antwort. In: Schlipp, P.A. u. Friedman, M. (Eds.): Philosophen des 20.Jahrhunderts. Martin Buber. Stuttgart 1963. S. 589ff.

Buber, M.: Autobiographische Fragmente. In: Schlipp, P. A. u. Friedman, M. (Eds.): Philosophen des 20.Jahrhunderts. Martin Buber. Stuttgart 1963a. S. 1ff.

Buber, M.: Nachlese. Heidelberg 1965.

Buber, M.: Nachwort zur Geschichte des Dialogischen Prinzips. In: Martin Buber: Das Dialogische Prinzip. Heidelberg 1984. S. 301ff.

Buber, M.: Werke. Dritter Band: Schriften zum Chassidismus. München 1962.

Buber, M.: Werke. Erster Band: Schriften zur Philosophie. München 1962.

Budde, G.: Sozialpädagogik und Individualpädagogik in typischen Vertretern. Langensalza 1913.

Caselmann, Ch.: Martin Buber als Erzieher. In: Gerner, B. (Hrsg.): Martin Buber. Pädagogische Interpretationen zu seinem Werk. München 1974. S. 110ff.

Choi, S.-S.: Der Mensch als Mitmensch. Eine Untersuchung über die Strukturanalyse des Miteinanderseins von Karl Löwith im Vergleich mit dem dialogischen Denken von Martin Buber. Köln 1993.

Danner, H.: Martin Buber – dialogische Erziehung zur Verantwortung. In: Danner, H. (Hrsg.): Zum Menschen erziehen: Pestalozzi, Steiner, Buber. Frankfurt 1985. S. 57ff.
Dilthey, W.: Pädagogik. Geschichte und Grundlinien des Systems. Gesammelte Schriften IX. Leipzig 1934.
Dubnow, S.: Geschichte des Chassidismus in zwei Bänden. Darmstadt 1969.
Edelheim, J.: Beiträge zur Geschichte der Socialpädagogik mit besonderer Berücksichtigung des französischen Revolutionszeitalters. Berlin 1902.
Flitner, W.; Kudritzki, G.: Die deutsche Reformpädagogik. Bd. II: Aufbau und Selbstkritik. 1962.
Friedman, M.: Martin Buber. The life of dialogue. London 1955.
Friedman, M.: Martin Buber's life and work. The early years 1878–1923. New York 1981.
Goldschmidt, H. L.: Abschied von Martin Buber. Köln 1966.
Gritschneder, M.: Der Begriff der Sozialpädagogik in der deutschen Erziehungswissenschaftlichen Literatur des XIX. Jahrhunderts. München 1921.
Habbel, T.: Der Dritte stört. Emanuel Levinas – Herausforderung für Politische Theologie und Befreiungsphilosophie. Mainz 1994.
Hartshone, Ch.: Martin Bubers Metaphysik. In: Schlipp, P. A. u. Friedman, M. (Eds.): Philosophen des 20.Jahrhunderts. Martin Buber. Stuttgart 1963. S. 42ff.
Herrmann, U.: Pädagogik, Geisteswissenschaftliche (systematisch). In: Lenzen, D. (Hrsg.): Pädagogische Grundbegriffe. Band 2. Jugend bis Zeugnis. Reinbek 1993. S. 1140ff.
Kappel, H.-H.: Zur Arbeit des Martin-Buber-Zentrums für Erwachsenenbildung an der Hebräischen Universität Jerusalem. In: Licharz, W.; Schmidt, H. (Hrsg.): Martin Buber 1878–1965. Internationales Symposium zum 20. Todestag. Band 1: Dalogik und Dialektik. Frankfurt 1989. S. 116ff.
Kaufmann, F.: Martin Bubers Religionsphilosophie. In: Schlipp, P. A. u. Friedman, M. (Eds.): Philosophen des 20.Jahrhunderts. Martin Buber. Stuttgart 1963. S. 180ff.
Key, E.: Das Jahrhundert des Kindes. Berlin 1926.
Kluge, N.: Einleitung. In: Kluge, N. (Hrsg.): Das pädagogische Verhältnis. Darmstadt 1973. S. VIIff.
Kohn, H.: Martin Buber. Sein Werk und seine Zeit. Ein Beitrag zur Geistesgeschichte Mitteleuropas 1880–1930. Köln 1961.
Kraft, V.: Pestalozzi oder das pädagogische Selbst. Eine Studie zur Psychoanalyse pädagogischen Denkens. Bad Heilbrunn 1996.
Kress, H.: Religiöse Ethik und dialogisches Denken. Das Werk Martin Bubers in der Beziehung zu Georg Simmel. Gütersloh 1985.
Kuhn, H.: Gespräch in Erwartung. In: Schlipp, P. A. u. Friedman, M. (Eds.): Philosophen des 20.Jahrhunderts. Martin Buber. Stuttgart 1963. S. 548ff.

Lassahn, R.: Einführung in die Pädagogik. Heidelberg 1978.
Lassahn, R.: Geisteswissenschaftlich orientierte Pädagogik. Geschichte und Theorieansätze. In: Petersen, J.; Reinert, G. B. (Hrsg.): Pädagogische Konzeptionen. Eine Orientierungshilfe für Studium und Beruf. Donauwörth 1992. S. 11ff.
Lepenies, W.: Die drei Kulturen. Soziologie zwischen Literatur und Wissenschaft. München 1985.
Loch, W.: Lebenslauf und Erziehung. Essen 1979.
Marburger, H.: Entstehung und Entwicklung der Sozialpädagogik unter besonderer Berücksichtigung ihres Verhältnisses zur Pädagogik. Eine historisch-kritische Analyse. Hagen 1977.
Mendes-Flohr, P. R.: Von der Mystik zum Dialog. Martin Bubers geistige Entwicklung bis hin zu ‚Ich und Du'. Königstein 1979.
Muilenburg, J.: Buber als Bibelinterpret. In: Schlipp, P. A. u. Friedman, M. (Eds.): Philosophen des 20.Jahrhunderts. Martin Buber. Stuttgart 1963. S. 364ff.
Nohl, H.: Das Verhältnis der Generationen in der Pädagogik (1914). In: Neue Sammlung. 1979. Nr. 19. S. 583ff.
Nohl, H.: Die geistigen Energien der Jugendwohlfahrtsarbeit. In: Nohl, H. (Hrsg.): Jugendwohlfahrt. Sozialpädagogische Vorträge von Herman Nohl. Leipzig 1927. S. 1ff.
Nohl, H.: Die Pädagogische Bewegung in Deutschland und ihre Theorie. Frankfurt 1949a.
Nohl, H.: Gedanken für die Erziehungstätigkeit des Einzelnen mit besonderer Berücksichtigung der Erfahrungen von Freud und Adler (1926). In: Nohl, H.: Pädagogik aus dreißig Jahren. Frankfurt 1949. S. 151ff.
Rosenblüth, P. E.: Martin Buber. Sein Denken und Wirken. In: Schriftreihe der Niedersächsischen Landeszentrale für Politische Bildung. Hannnover 1968.
Rotenstreich, N.: Gründe und Grenzen von Martin Bubers dialogischem Denken. In: Schlipp, P. A. u. Friedman, M. (Eds.): Philosophen des 20. Jahrhunderts. Martin Buber. Stuttgart 1963. S. 87ff.
Rotten, E.: Die Entfaltung der schöpferischen Kräfte im Kinde. Gotha 1926.
Sandt van de, R.: Martin Bubers Bildnerische Tätigkeit zwischen den beiden Weltkriegen. Ein Beitrag zur Geschichte der Erwachsenenbildung. Stuttgart 1977.
Scarbath, H.; Scheuerl, H.: Martin Buber (1878–1965). In: Scheuerl, H. (Hrsg.): Klassiker der Pädagogik. München 1979. S. 212ff.
Schaeder, G. (Hrsg.): Martin Buber. Briefwechsel aus sieben Jahrzehnten. Band I. Heidelberg 1972.
Schaeder, G. (Hrsg.): Martin Buber. Briefwechsel aus sieben Jahrzehnten. Band II. Heidelberg 1973.
Schaeder, G. (Hrsg.): Martin Buber. Briefwechsel aus sieben Jahrzehnten. Band III. Heidelberg 1975.
Schaeder, G.: Martin Buber. Ein biographischer Abriß. In: Martin Buber:

Briefwechsel aus sieben Jahrzehnten. Band I: 1897–1918. Heidelberg 1972a. S. 19ff.
Schapira, A.: Nachwort. In: Martin Buber: Pfade in Utopia. Über Gemeinschaft und deren Verwirklichung. Hrsg. von Abraham Schapira. Darmstadt 1985. S. 415ff.
Schottroff, W.: Martin Buber an der Universität Frankfurt am Main (1923–1933). In: Stoodt, D. (Hrsg.): Martin Buber, Erich Foerster, Paul Tillich. Evangelische Theologie und Religionsphilosophie an der Universität Frankfurt a.M. 1914 bis 1933. Frankfurt 1990. S. 69ff.
Schulze, Th.: Die Wirklichkeit und die Möglichkeiten der Erziehungswissenschaft. In: Hoffmann, D.; Neumann, K. (Hrsg.): Tradition und Transformation der Geisteswissenschaftlichen Pädagogik. Zur Re-Vision der Weniger-Gedenkschrift. Weinheim 1993. S. 13ff.
Stern, D.: Tagebuch eines Babys. Was ein Kind sieht, spürt, fühlt und denkt. München 1994.
Suter, A.: Menschenbild und Erziehung bei Martin Buber und Carl Rogers. Ein Vergleich. Bern 1986.
Tönnies, F.: Gemeinschaft und Gesellschaft. Grundbegriffe der reinen Soziologie. Berlin 1926.
Vierheilig, J.: Dialogik als Erziehungsprinzip. In: Lanwer-Koppelin, W.; Vierheilig, J. (Hrsg.): Martin Buber – Anachronismus oder Neue Chance für die Pädagogik? Butzbach-Griedel 1996. S. 17ff.
Villányi, H.: Das soziale Prinzip der Pädagogik. Eine kritische Untersuchung. Cöthen 1890.
Wehr, G.: Der deutsche Jude Martin Buber. München 1977.
Wehr, G.: Martin Buber. In Selbstzeugnissen und Bilddokumenten. Reinbek 1968.
Weltsch, R.: Nachwort: Martin Buber 1930–1960. In: Kohn, H.: Martin Buber. Sein Werk und seine Zeit. Ein Beitrag zur Geistesgeschichte Mitteleuropas 1880–1930. Köln 1961. S. 413ff.
Werner, H.-J.: Martin Buber. Frankfurt 1994.

Romano Guardini (1885–1968)

Walter Eykmann

„L'uomo è, come insegna lo storicismo, un essere storico, cioè che si sviluppa nella storia e mediante la storia: quindi va compreso soltanto sullo sfondo di tutta la sua storia. Secondo Dilthey la storia consta di diversi periodi, che si differenziano soprattutto poichè promuovono, di volta in volta, certe qualità dell'uomo e ne fanno arretrare certe altre. Ogni epoca ha il suo peculiare valore, e la considerazione storica non può mai prendere il presente come criterio di misura."[1]

In seinem profunden italienischen Artikel „Geisteswissenschaftliche Pädagogik" hebt Winfried Böhm neben anderen Charakteristika vor allem die Einbindung aller Erscheinungen des menschlichen Lebens in die geschichtlich-kulturelle Gesamtentwicklung hervor. Der Mensch als geschichtliches Wesen entwickelt sich im Laufe der Geschichte und durch die Geschichte und ist nur im Bezug auf die Ursprünge seiner Geschichte zu begreifen. Dieser Grundgedanke Diltheys ist zweifellos mit konstitutiv für die Geisteswissenschaftliche Pädagogik. – Als eine Art Vordenker dieser These ist, wie Albert Reble meint, in die Reihe älterer pädagogischer Theoretiker Friedrich Daniel Ernst Schleiermacher einzuordnen, weil er in sehr moderner Weise „die Erziehungsfragen ganz in das *geschichtliche Leben*"[2] einbettet und ihre Verknüpfung mit anderen Bereichen des Lebensganzen herausstellt. Neben Dilthey und Schleiermacher hat sich in unserem Jahrhundert Romano Guardini in ähnlicher Weise dieses Problemzusammenhanges angenommen, Guardini, der im übrigen mit Schleiermacher den Theologenstand geteilt hat, wenn auch konfessionell unterschieden. Beide verbindet, daß die Pädagogik nicht den Schwerpunkt ihrer akademischen Lehrtätigkeit ausmacht. Übrigens berichtet Winfried Böhm äußerst erhellend von einem persönlichen Gespräch mit Guardini, in dem sich der katholische Theologe und

---

1 W. Böhm, Geisteswissenschaftliche Pädagogik (pedagogia come scienze dello spirito), in: M. Laeng (Hg.), Enciclopedia Pedagogica, Brescia 1989, Bd. 3, Sp. 5304–5308, hier: Sp. 5305.

2 A. Reble, Schleiermacher und das Problem einer Grundlegung der Pädagogik, in: Bildung und Erziehung 4 (1951), S. 801–815; jetzt in: Ders., Pädagogische Perspektiven in unserer Zeit. Beiträge von 1933 bis 1995, hg. von W. Brinkmann, Bad Heilbrunn 1995, S. 81–94, hier: S. 82.

Philosoph zu Schleiermacher bekannt und geäußert hat, daß „der eigentliche Ausgangspunkt seines Denkens bei Schleiermacher liege“[3]. Im folgenden soll der Frage nachgegangen werden, auf welche sehr verwandte Weise diese beiden Denker Bildung und Erziehung im geschichtlichen Prozeß sehen und interpretieren: Dazu ist es notwendig, wenigstens ansatzweise das jeweilige Verständnis von Erziehung und Geschichte zu skizzieren sowie die Verknüpfung der beiden Phänomene zu analysieren. Darüber hinaus sollen einige allgemeine Gedanken über Leben und Werk von Guardini vorgebracht werden.

Es ist inzwischen allgemein bekannt, daß Schleiermacher die ganze Welt als ein Ineinander von gegensätzlichen polaren Kräften gesehen hat. Dieser Grundgedanke findet sich deutlich in der viel zitierten Stelle seiner Schrift „Über die Religion“[4] von 1799, aber auch in seiner allgemeinen Einleitung zur Ethik von 1812/13: „Der Gegensatz ist uns eingeboren unter der Form von Seele und Leib, Idealem und Realem, Vernunft und Natur.“[5] Als höchsten Gegensatz, aber eben auch als Spannungseinheit, versteht er Vernunft und Natur. Natur meint den körperlich-materiellen Bereich der Gesamtwirklichkeit der Welt, Vernunft den menschlich-geschichtlichen. Um dieses Geflecht philosophisch zu durchleuchten und seiner Tiefenstruktur ansichtig zu werden, bedarf es einer umfassenden Disziplin, der Ethik, wie Schleiermacher sie nennt. Der Gegenstand dieser Ethik ist die Vernunft als sittliche Kraft, die für uns nur dadurch erkennbar wird, daß sie handelnd und gestaltend in Erscheinung tritt. Dieses Handeln der Vernunft auf die Natur bildet den Gegenstand der Ethik und erreicht bei zunehmender sittlicher Gestaltung und Durchformung des materiellen Seins die

---

[3] W. Böhm, Über das geistige Erbe Romano Guardinis, in: Communio Sanctorum, Einheit der Christen – Einheit der Kirche, Festschrift für Bischof Paul-Werner Scheele, hg. von J. Schreiner und K. Wittstadt, Würzburg 1988, S. 610–623, hier: S. 614.

[4] F. D. E. Schleiermacher, Werke, Auswahl in vier Bänden, hg. von O. Braun und J. Bauer, Bd. 4: Vorbericht, Psychologie, Ästhetik, Hermeneutik, Reden über die Religion, Monologen, Weihnachtsfeier, Universitäten im deutschen Sinne, Rezensionen, Register, Leipzig 1911, S. 213/214: „Ihr wißt, daß die Gottheit durch ein unabänderliches Gesetz sich selbst genötigt hat, ihr großes Werk bis ins Unendliche hin zu entzweien, jedes bestimmte Dasein nur *aus zwei entgegengesetzten Kräften* (Hervorhebung durch W. E.) zusammenzuschmelzen, und jeden ihrer ewigen Gedanken in zwei einander feindseligen und doch nur durch einander bestehenden und unzertrennlichen Zwillingsgestalten zur Wirklichkeit zu bringen.“

[5] Ebd., Bd. 2, Entwürfe zu einem System der Sittenlehre, Leipzig 1913, Ethik 1812/13, S. 248.

progressive Durchdringung von Vernunft und Natur. „Die fortschreitende Vergeistigung der Natur im einzelnen wie in der ganzen Menschlichkeit ist hier als Grundlage wie auch als Aufgabe der menschlichen Existenz gesetzt.“[6] Jedoch dürfen wir im Hinblick auf diesen für die Ethik zentralen Gegensatz von Vernunft und Natur nicht übersehen, daß es sich bei Schleiermacher stets um relative Gegensätze handelt, d. h. daß Vernunft und Natur ausschließlich in ihrem dialektisch strukturierten Ineinander da sind. Eine reine Vernunft gibt es ebensowenig wie eine reine Natur. Das in der Ethik Darzustellende ist von daher immer schon vernünftige Natur und natürliche Vernunft. Der gesamte ethische Prozeß ruht auf dieser Verschränkung, die in den einzelnen sittlichen Persönlichkeiten zum Tragen kommt, so daß die Vernunft handelnd eine sittliche Welt aus sich hervorbringen kann. „Da die Vernunft nur in der Form der Persönlichkeit ist, so wird die entgegengesetzte nur aufgehoben, indem gezeigt wird, wie die mit der Persönlichkeit vollkommen geeinigte Vernunft die elementarische Kraft ist, aus welcher der ethische Prozeß in seiner ganzen Vollendung hervorgeht.“[7] Der ethische Prozeß, der in der Realität nie das vollständige Durchdringen von Vernunft und Natur erreichen wird, „begleitet das ganze Dasein des menschlichen Geschlechtes auf der Erde und bildet dessen Geschichte“[8]. Damit wird deutlich, daß Schleiermacher das gesamte Leben der Menschheit als einen fortschreitenden *geschichtlich*-ethischen Prozeß sieht, der durch den Gegensatz von Vernunft und Natur angetrieben und vorangetrieben wird. Vernunft, Freiheit und Geschichte erweisen sich somit als die Grundbegriffe seines Denkens.

Kehren wir zu dem Ausgangspunkt zurück, an dem wir feststellten, daß Schleiermacher die Erziehungsfragen in das *geschichtliche* Leben einbettet, und leiten daraus – in Anlehnung an seine Pädagogikvorlesung von 1826 – drei wichtige Aufgaben ab, die jede Generation zu erfüllen hat: Sie muß von der vorhergehenden Generation – lassen wir dies offen – einiges oder vieles aufnehmen, zweitens als herangewachsene Generation selbständig arbeiten und schließlich auf die jüngere Generation einwirken. Und genau in dieser Beziehung zwischen der älteren und jüngeren Generation sieht Schleiermacher den Gegenstand seiner pädagogischen Theorie. Er stellt zwei Fragen und bietet eine erste Schlußfolgerung: „Was will denn eigentlich die ältere Generation mit der jüngeren? Wie wird die

[6] Reble, cf. Anm. 2, S. 88.
[7] Schleiermacher, cf. Anm. 5, Ethik 1812/13, S. 255.
[8] Ders., cf. Anm. 5, Ethik 1814/16, S. 423.

Tätigkeit dem Zweck, wie das Resultat der Tätigkeit entsprechen? Auf dieser Grundlage des Verhältnisses der älteren zur jüngeren Generation, was der einen in Beziehung auf die andere obliegt, bauen wir alles, was in das Gebiet dieser Theorie fällt."[9] Schleiermacher folgert weiter, daß die Erziehung eine „Kunst" sei und daher nach einer „Kunstlehre" verlange. Somit hat die Lehre, mithin die Theorie, die Frage zu beantworten: „Wie soll die Einwirkung der älteren Generation auf die jüngere beschaffen sein?" – und Schleiermacher hängt zwei weitere Fragen an: „Was soll durch die Erziehung bewirkt werden?" und „Was kann durch dieselbige bewirkt werden?"[10] Eine detaillierte Beantwortung dieser Fragen würde uns weit über das eng gesteckte Thema hinausführen, zumal eine solche Antwort in bestechender Klarheit von Johannes Schurr[11] durch das technische Dreieck von „εἶδος – τύπος – τέλος" bereits stimmig gegeben wurde. Was hingegen hier herausgegriffen werden darf, ist das „Steigen und Sinken" im Wechsel der Generationen in Verbindung mit dem bereits vorgestellten Gegensatz von Vernunft und Natur sowie der *Geschichtlichkeit* des ethischen Prozesses.

Schleiermacher sieht im Wechsel der Generationen den Rahmen, in den alle möglichen Auffassungen von Erziehung gestellt werden können: „Das menschliche Geschlecht besteht aus einzelnen Wesen, die einen gewissen Zyklus des Daseins auf der Erde durchlaufen und dann wieder von derselben verschwinden, ... Allein wenn wir das menschliche Geschlecht betrachten in größeren Massen, die wir Völker nennen, so sehen wir, daß diese in dem Wechsel der Generationen sich nicht gleich bleiben; sondern es gibt darin ein *Steigen und Sinken* (Hervorhebung von W. E.) in jeder Beziehung, worauf wir Wert legen."[12] Ein gleichbleibend monotoner Wechsel der Generationen würde den Menschen in den Bereich des Tierischen verweisen und damit – eben wegen des Gleich-Bleibens – nicht den geringsten Ansatz für eine Erziehung und eine Erziehungstheorie bieten. Hinsichtlich der Weitergabe der leiblichen Organe ist der Generationenwechsel zwischen Mensch und Tier gleich, nicht aber zwischen dem ganzheitlichen Person-Werden eines Menschen und dem bloßen Aufwachsen eines Tieres. Die

[9] F. Schleiermacher, Pädagogische Schriften I. Die Vorlesungen aus dem Jahre 1826. Unter Mitwirkung von Theodor Schulze, hg. von Erich Weniger, Frankfurt/M. 1983, S. 9.

[10] Ebd., S. 13.

[11] J. Schurr, Schleiermachers Theorie der Erziehung: Interpretationen zur Pädagogikvorlesung von 1826, Düsseldorf 1975, hier: S. 50–62.

[12] Schleiermacher, cf. Anm. 9, S. 9.

Vernunft ist dabei das bedeutsamste Unterscheidungskriterium; sie stellt sich im Leben eines jeden Menschen anders dar und muß daher als „erste Bedingung der Erziehung des Menschen angesehen werden. Es ist dabei zu fragen, was das im Steigen und Sinken Begriffene sei, womit der ethische und damit im Verstande Schleiermachers der *geschichtliche Prozeß* (Hervorhebung von W. E.) menschlichen Werdens angesprochen ist."[13]
Jenes „Steigen und Sinken" – Schleiermacher spricht in den Einleitungskapiteln seiner Pädagogikvorlesung von 1826 immer wieder davon – ist nichts anderes als der Inbegriff des ständigen Vereinigungs- bzw. Überformungsprozesses der „Vernunft" mit der „Natur" und umgekehrt, wobei er keinen genau umrissenen Ausgangspunkt und ebenso keinen genau umrissenen Endpunkt kennt, so daß die Begriffe „reine Vernunft" und „reine Natur" nur relative Gegensätze beschreiben und „Gegenstände" bezeichnen, die im menschlichen Bereich nicht vorkommen. Da dieser Vereinigungsprozeß, immer geschichtlich betrachtet, mal in einem stärkeren Steigen, dann wieder in einem schwächeren Sinken sich zeigt – oder auch umgekehrt oder in anders wechselnden Teilen von Steigen und Sinken –, ereignet sich die „Entwicklung des Menschengeschlechtes"[14], die ihrerseits zur ethischen Prämisse der Erziehung wird. Und genau hier liegt der Ansatz Schleiermachers zu seiner pädagogischen Theoriebildung: „Das aber ist klar, daß dem Steigen und Sinken menschliche Tätigkeit zum Grunde liegt."[15] Diese Tätigkeit also bewirkt das Steigen und Sinken. Wird diese Tätigkeit in toto auf die Entwicklung des Menschengeschlechtes bezogen, so kann nur im positiven Sinne jenes Streben gemeint sein, „das die Evolution des Naturgesetzes auf seinem höchsten Punkt zeigt ‚als das lebendige innere Bewußtsein von der Wahrheit des Strebens, die sittlichen Gemeinschaften zu gestalten der Idee des Guten gemäß'"[16].
Somit ist der gesamte menschheitsumspannende Geschichtsverlauf bei Schleiermacher als Einigung, als Vereinigung der beiden Grundprinzipien von Vernunft und Natur zu verstehen. Ohne Zweifel schimmert hier ein Geschichtsoptimismus durch, der nicht zuletzt im religiösen Glauben, genauer in einer Geschichtstheologie, begründet ist.
Winfried Böhm beschreibt die geistige Verwandtschaft der beiden Theologen und Pädagogen Schleiermacher und Guardini – diffe-

[13] Schurr, cf. Anm. 11, S. 35.
[14] Schleiermacher, cf. Anm. 9, S. 11.
[15] Ebd., S. 9.
[16] Schurr, cf. Anm. 11, S. 48.

renzierend kommt noch der Platonübersetzer bzw. Platoninterpret hinzu – wie folgt: „Für unseren Zusammenhang erscheint wichtig, daß für Schleiermacher – und so eben auch für Guardini – alles endliche Sein und vorzüglich das ‚Lebendig-Konkrete', insonderheit der Mensch, ein ‚Ineinander von Gegensätzen' *ist*, also – wie Guardini im Gegensatzbuch erläutert – ‚gegensätzlich gebaut' *ist*".[17] Guardini wörtlich: „Denn ‚das Ding' ist offenbar eins und das andere zugleich, Akt und Bau. Nicht durch Vermischung der beiden spezifischen Bedeutungen; nicht durch deren Ausgleich oder Synthese in einem höheren Dritten. Hier liegt Einheit vor, aber offenbar besonderer Art. – Dieses eigentliche Verhältnis, in dem jeweils zwei Momente einander ausschließen, und doch wieder verbunden sind, ja ... einander geradezu voraussetzen; dieses Verhältnis, das innerhalb der jeweiligen quantitativen, qualitativen und gestaltmäßigen Bestimmtheiten auftritt, nenne ich Gegensatz."[18] Damit ist in nuce das Gegensatzdenken Guardinis angesprochen, ein Denken, das ihn zeit seines Lebens, seit dem frühen Aufsatz von 1914 zu diesem Thema wie vor allem in dem Gegensatzbuch von 1925, beschäftigt hat und in seinem Gesamtwerk eine basale Rolle spielt.

Wie ist es möglich, so fragt Guardini, das „Lebendig-Konkrete", also den Menschen als Person, zu erkennen und begrifflich zu fassen? Zwei Denkweisen, einmal die rational-formale und zum anderen die irrational-intuitive, sind in der Philosophiegeschichte erprobt worden. Aber beide haben sich als nicht hinreichend erwiesen, das Lebendig-Konkrete der menschlichen Person zu erfassen. Da die rationale und die intuitive Denkweise sich gegenseitig aber nicht ausschließen, sondern sich vielmehr wechselseitig fordern und voraussetzen, besteht für Guardini die Lösung darin, daß sich das wirkliche Erkennen des Lebendig-Konkreten gerade in einem Oszillieren zwischen diesen beiden Polen vollzieht. Seine Antwort ist die Lehre von den Gegensätzen. Leben ist nur als dieses Ineinander von Gegensätzen möglich, oder anders ausgedrückt: „Ort der Erfahrung des Gegensatzes ist das menschliche Leben, das sich in seiner konkreten Lebendigkeit und Einheit als gegensätzlich gebaut erweist, z.B. als Akt (Strömen, Werden) und Bau (Dauer und Stand)."[19] Ein einfaches Beispiel mag diesen

[17] Böhm, cf. Anm. 3, S. 615/616.

[18] R. Guardini, Der Gegensatz. Versuche zu einer Philosophie des Lebendig-Konkreten, Mainz ³1985, S. 29/30.

[19] D. Höltershinken, Mitte und Maß. Zur pädagogischen Bedeutung der Gegensatzlehre R. Guardinis, in: H. J. Schuster, Guardini Weiterdenken, Schriftenreihe des Forum Guardini, Bd. 1, Berlin 1993, S. 127–139, hier: S. 129/130.

grundsätzlichen Gedanken verdeutlichen: Die schlichten Fragen, ob der Mensch im Laufe seiner biographischen Entwicklung von Tag zu Tag, von Monat zu Monat, von Jahr zu Jahr mit sich selbst identisch bleibt, läßt sich bejahen und zugleich verneinen, und beide Antworten treffen zu. Einerseits bleibt der Mensch derselbe, der er immer schon war, andererseits wird der Mensch von Augenblick zu Augenblick ein anderer. Das Lebendig-Konkrete trägt also beide Strukturen in sich, die des Statischen und die des Dynamischen.

Das abschließende Kapitel seines Gegensatzbuches trägt die Überschrift „Bedeutung des Gegensatzgedankens" und analysiert diese für die wissenschaftliche Erkenntnis und Forschung. Bei genauem Hinsehen fällt aber auf, daß die Gedankenführung neue Zielpunkte avisiert, die man hier zunächst nicht vermutet. Was sind diese Zielpunkte? „Individuelle Denkerziehung", „individuelle Bildung", „Prinzip lebendiger Bildung", „individuelle Bezogenheit auf die Menschen-Gesamtwelt", die objektiven Gegebenheiten des Daseins: „Beruf, Schicksal, *geschichtliche(r)* und soziale(r) Standort" und „... durch lange Zeit habe ich erfahren, wie die Gegensatzidee wirklich ‚Weltbeziehung' schafft"[20]. Dies will doch besagen, daß Guardini seine Gegensatzidee in den Prozeß der individuellen Bildung hineintragen und sie zu einem Prinzip lebendiger Bildung machen will und zu einem Mittel, den Menschen zur angemessenen Weltbeziehung anzuleiten. Bevor wir jedoch diesen Faden bis zur Bestimmung des Pädagogisch-Eigentlichen und dann zu seiner Interpretation der Geschichte weiterspinnen, seien einige Hinweise über das Leben des Kulturphilosophen Romano Guardini[21] eingeschoben.

Am 17. Februar 1885 als Sohn italienischer Eltern in Verona geboren, kam er bereits im ersten Lebensjahr nach Mainz, wo sein Vater die Niederlassung einer erfolgreichen italienischen Exportfirma übernahm und später Vizekonsul wurde. Nach dem Besuch von Volksschule und Gymnasium studierte er zunächst Chemie und Staatswissenschaften, später in Freiburg, Tübingen und Mainz katholische Theologie und wurde zusammen mit seinem Freund Karl Neundörfer am 28. Mai 1910 im Mainzer Dom zum Priester geweiht. Mit Karl Neundörfer, dem er sein Gegensatzbuch widmet, hat er diese Ideen in vielen Gesprächen zu der dann nachles-

[20] Guardini, cf. Anm. 18, auf den Seiten 194–197.

[21] Cf. H.-B. Gerl-Falkovitz, Romano Guardini. 1885–1968. Leben und Werk, Mainz [4]1995; R. Guardini, Bericht über mein Leben. Autobiographische Aufzeichnungen; aus dem Nachlaß hg. von F. Henrich, Düsseldorf [3]1985.

baren Klarheit geführt. Um so mehr hat ihn dessen Tod, durch den Sturz in eine Gletscherspalte, im August 1926 getroffen, zumal Guardini selbst nur einen Tag später nachreisen wollte, was er auch tat, aber nur noch den Leichnam Neundörfers bergen konnte. Im Jahre 1915 promovierte Guardini in Freiburg zum Dr. theol. über „Die Lehre des hl. Bonaventura von der Erlösung. Ein Beitrag zur Geschichte und zum System der Erlösungslehre", im Jahre 1922 habilitierte er sich für das Fach Dogmatik in Bonn. Die nächsten Jahre sahen ihn als ordentlichen Professor in Breslau und Berlin, wo 1939 durch die Nationalsozialisten seine Professur aufgehoben wurde. Nach dem Krieg, im Herbst 1945, erhielt er den überraschenden Ruf des württembergischen Kultusministers Carlo Schmid, an der Universität Tübingen ad personam einen Lehrstuhl für christliche Weltanschauung zu übernehmen. Im Jahre 1948 sprach die philosophische Fakultät der Universität München über seinen Freund, den Historiker Johannes Spörl – auf den wir am Ende dieses Essays noch einmal zu sprechen kommen –, eine Berufung wiederum ad personam aus. Guardini nahm den Ruf an, bereute den Wechsel nach München nie, wenn es auch gegen Ende seines Lebens († 1. Oktober 1968) wesentlich stiller um ihn wurde; manche sprechen sogar von einer Vereinsamung Guardinis.
Auf die Frage, worin die anhaltende und heute – international gesehen – im Steigen begriffene Faszination Guardinis wurzelt, kann man angesichts seiner Zurückhaltung nur mit Vermutungen antworten. Hans Maier meinte 1983 in seinem Nachwort zu einer Neuauflage der Guardini-Schrift „Vom Geist der Liturgie", als er sicherlich noch nicht daran dachte, später einmal Inhaber des Guardini-Lehrstuhls in München zu werden, daß er sich sehr gut der zierlichen Gestalt Guardinis erinnere, die „in Eile und doch in sich gekehrt"[22] im Lichthof der Münchner Universität auf und ab ging. Aber noch viel entscheidender ist die Erkenntnis Hans Maiers, daß Guardini „das vieldeutige Wort Weltanschauung ganz konkret und bildhaft aufzufassen (wußte): die Welt anschauen als Christ – und davon anderen mitteilen. Beständige methodische Begegnung also zwischen Glaube und Welt: das war das so allgemeine wie konkret verpflichtende Programm."[23] Von daher wird es wohl auch einsichtig, warum der Theologe Guardini seinen traditionellen Wissens-Hintergrund vorsichtig sprengte und eine Sicht von Welt eröffnete, die so kirchenferne Gestalten wie Pascal,

[22] H. Maier, Nachwort, in: R. Guardini, Vom Geist der Liturgie, Freiburg 1983, S. 146.
[23] Ebd., S. 155.

Dostojewski, Nietzsche und Rilke in seine Deutungen einbezog. Und darüber hinaus geben gerade in seinem Fall Werke[24] und Wirkung die verläßlichste Antwort auf die Frage, wer er war. Heute, bald 30 Jahre nach seinem Tod, bietet er sich noch immer, aber, wie ich meine, drängender denn je als Vermittler für die Verständigung mit der gegenwärtigen Lebenswelt an: Er stellt den Menschen als *Person* in den Mittelpunkt, wirbt mit Nachdruck für den Geist des *Dialogs*, fordert die *Freiheit* der individuellen Entscheidung und, was inzwischen wissenschaftlich mehr auf- und herausgearbeitet ist, er bietet ein anregendes *pädagogisches Modell*[25] angesichts der gegenwärtigen Krise in der Erziehungswissenschaft.

Nach diesem knappen Exkurs über Guardinis Leben und Werk nehmen wir den Faden da wieder auf, wo wir ihn fallen ließen: Guardini weitet im Schlußkapitel seines Gegensatzbuches den Blick auf die *pädagogische* Bedeutsamkeit seiner Gegensatzlehre. Im Jahre 1928 erscheint der Aufsatz „Grundlegung der Bildungslehre“[26], der aber erst nach seiner Wiederveröffentlichung (1953) nachhaltiger zur Kenntnis genommen wird und für Aufsehen sorgt. Worum geht es in diesem seinen „Versuch einer Bestimmung des Pädagogisch-Eigentlichen“?

Das Leben des Menschen „besteht in der Form des Werdens“[27]. Das, was die Bestimmung des Menschen ausmacht, wird er nicht schon von vorneherein, sondern erst im Laufe der Zeit verwirklichen können. Doch das, was der Mensch im Laufe seiner

---

[24] Hier seine wichtigsten Veröffentlichungen. Die Gestaltdeutungen: „Die Bekehrung des Aurelius Augustinus“ (1935), „Christliches Bewußtsein“ (Pascalbuch, 1935), „Der Engel in Dantes Göttlicher Komödie“ (1937), „Hölderlin“ (1937), „Rainer Maria Rilke“ (1941), „Der Tod des Sokrates“ (1944). Anthropologische Publikationen: „Welt und Person“ (1939), „Sorge um den Menschen“ (2 Bd., 1960), „Existenz des Christen“ (nachgelassene Schrift, 1976). Liturgische Schriften: „Vom Geist der Liturgie“ (1917), „Liturgische Bildung“ (1923), „Heilige Zeichen“ (1927). Zeitkritische Werke: „Das Ende der Neuzeit“ (1950), „Die Macht“ (1951). (Das Gegensatz-Buch und die Grundlegung der Bildungslehre sind an anderer Stelle ausführlicher gewürdigt.)

[25] G. Henner, Die Pädagogik im Denken Romano Guardinis, Paderborn 1990, (a). Ohne Zweifel bietet die am Würzburger Lehrstuhl von Winfried Böhm gearbeitete Dissertation das mit Blick auf die Pädagogik Umfassendste und Tiefste, was in letzter Zeit zu diesem Themenfeld vorgelegt wurde. Ähnlich sein Aufsatz „Romano Guardini“, in: W. Böhm, W. Eykmann (Hg.), Große bayerische Pädagogen, Bad Heilbrunn 1991, S. 289–303, (b). Allein seine dortige Gliederung zeigt sein meisterliches Können und legt in der Tat auf knappem Raum die Bildungslehre Guardinis dar: Erkenntnistheoretische Voraussetzungen, die Anthropologie der Person, Theorie der Bildung und Ethik als Kulturphilosophie.

[26] R. Guardini, Grundlegung der Bildungslehre. Versuch einer Bestimmung des Pädagogisch-Eigentlichen (1928), Würzburg ^{7}1965.

[27] Ebd., S. 9.

Entwicklung wird, ist ihm bereits bei seiner Geburt als Anlage gegeben. Er *ist* und er *wird* Person. Diese Dialektik des lebendigen Werdens bewirkt ein zielgerichtetes Geschehen, ein Werden aus sich selbst, realisiert durch den Übergang von der eigenen Möglichkeit zur eigenen Wirklichkeit. Diesem Prozeß des lebendigen Werdens liegt aber eine zweite Dialektik zu Grunde: Einerseits will ich ich selbst werden, andererseits gelingt mir das nur, wenn ich mich dem Gegenstand, also dem Seienden mir gegenüber, hingebe und mit meiner Umwelt in Beziehung trete. Der Mensch kann nur er selbst werden, wenn er in selbstloser Tat von sich losläßt, etwas von sich weggibt, sich öffnet, sich damit freilich auch verletzbar macht. Für dieses Wagnis bekommt er jedoch eine verläßliche Zusage: „Wer seine Seele behält, wird sie verlieren, wer sie weggibt, wird sie gewinnen."

Auf dieser doppelten Dialektik – auf der einen Seite „Möglichkeit und Wirklichkeit" sowie auf der anderen Seite „Werden und Hingabe" – beruht der ganze Bildungsimpuls. Unter Bildung ist somit die Förderung des Übergangs von der Möglichkeit in die konkrete Wirklichkeit zu verstehen. Menschliches Werden unterliegt nicht starrer Notwendigkeit, es wird auch nicht durch ein komplexes Instinktgefüge gesteuert wie etwa beim Tier, sondern menschliche Bildung ist ein vom Geist geleitetes Werden, sie vollzieht sich in Freiheit und ist aus den unentrinnbaren Zusammenhängen der Nur-Natur herausgehoben.

Als unzureichende Bestimmungen dessen, was Bildung ist, werden von Guardini drei Positionen erörtert, die aber alle dem „Pädagogisch-Eigentlichen" nicht entsprechen. Wird Bildung mit Wissen gleichgesetzt, ist der wahrhaft Wissende dann auch der wahrhaft Gebildete; wird der sittliche Wert in den Vordergrund gerückt, konzentriert sich Bildung auf das Tun, das Wollen und die Gesinnung des Menschen, damit aber verkümmert das Menschliche ebenso wie das Kulturelle; leitet sich Bildung vom Ästhetischen und Biologischen ab, so gleitet der Bildungsgedanke zu sehr ins Totale des jeweiligen Bereiches ab. In allen drei Fällen wird der Bildungsvorgang einem ganz bestimmten Wertbereich zugeordnet, dem des Erkennens, dem des Ethischen oder dem des Ästhetischen bzw. des Biologischen, ohne daß es dabei gelänge, den spezifisch pädagogischen Wert zu erfassen. Das, was das Pädagogisch-Eigentliche ausmacht, läßt sich abermals nur in einem dialektischen Spannungsverhältnis finden. Die spezifisch pädagogische Kategorie bzw. ein pädagogisches Denken iuxta propria principia gewinnt Guardini anhand dreier Begriffspaare: Bild und Bildung, Begegnung und Bewährung sowie Gegenständlichkeit und Dienst.

„Der Mensch (ist) aus einem Bild heraus gestaltet“[28]. Das Bild ist für den Menschen der Inbegriff seiner Wesensbestimmung und als Abbild Gottes innerstes Geheimnis des Menschen. Die Verwirklichung des Bildes wird entscheidend von der Initiative des Geistes, d.h. durch Vernunft, Freiheit und geschichtliche Tat getragen. Durch die Ebenbildlichkeit des Menschen mit Gott begründet sich aber eine weitere Initiative: die Ausrichtung des Lebens nach dem Willen Gottes. Dieser Bildbegriff, der die Grundlage der pädagogischen Kategorie darstellt, ist jedoch nur die eine Seite in dem angesprochenen dialektischen Spannungsverhältnis, und es bringt Gefahren mit sich, wenn er zu stark auf Durchsetzung drängt. Fehlt ihm der positive Gegenpol, dann wird er versuchen, sich inhaltlich festzulegen und dogmatisch zu bestimmen, was das rechte Bild sei, und er wird so das pädagogische Tun unter einen illegitimen Zwang stellen. Um dem zu entgehen, muß ein zweites Moment in den Blick kommen, nämlich jenes der Begegnung und Bewährung.
„In diesem Begegnen wird etwas. Im Begegnen mit der einmaligen Situation springt aus mir heraus, was nur hier herauskommen kann. In der einmaligen Entscheidung werde ich. Darin erfüllt sich Schicksal. Person, diese Person, besteht in der sich selbst verantwortenden, schöpferischen Bewältigung der Begegnung.“[29] Das Werden der Person vollzieht sich punktuell in wechselnden Situationen. Der Mensch ist, wie er ist. Er hat die Fähigkeit, aus eigener Kraft zu schaffen und zu handeln. Person-Sein besteht in der sittlichen Bewältigung, der konkreten Existenz, darin also, wie der Mensch seine Situation erkennt und in Eigenverantwortung bewältigt. Eine sich ändernde, ständig sich neu erzeugende Situation wird Herausforderung an den Menschen, ihr sittlich zu genügen. Ich, der ich bin, habe diese einmalige Situation zu erfassen, zu durchschauen und zu bewältigen. Person realisiert sich gerade in dieser Begegnung und ihrer Bewältigung. In diesem Verständnis von Welt gibt es keine Vollkommenheit oder Harmonie. Das Dasein ist tragisch, fragmentarisch, ein Wagnis und schließlich eine Herausforderung. Damit wird schlußfolgernd auch deutlich, daß sich das Moment der Begegnung in dynamischer Weise als Kontrapunkt gegenüber dem Bild-Moment versteht, das statische Züge, mitunter bis zur Erstarrung, an sich haben kann. Im Gegenzug zum statischen Bildmodell gibt es hier die „Person, die ganz dynamisch gesehen wird“[30].

[28] Ebd., S. 23.
[29] Ebd., S. 31/32.
[30] Ebd., S. 31.

Beide Bestimmungen des Pädagogisch-Eigentlichen „Bild und Bildung“ sowie „Begegnung und Bewährung“ stellt Guardini nun nicht einfach nebeneinander, sondern er sieht beide – wie wir oben schon gesagt haben – in einem dialektischen Spannungsverhältnis. Allerdings ist mit dieser dialektischen Spannung der beiden Momente das Pädagogisch-Eigentliche immer noch nicht abschließend bestimmt. Guardini führt ein drittes Begriffspaar ein: Das Gegenständliche und der Dienst.

Unter dem Gegenständlichen versteht er all das, was dem Menschen auf der Welt begegnen kann, was ihm im wörtlichen Sinn „entgegenstehen“ kann: „Gegenstände sind Ideen, Normen und Werte, die in sich gelten. ... Gegenstände sind die Wirklichkeiten; Dinge, Vorgänge, Verhältnisse; das Seiende und das Geschehende, so wie es in sich und aus sich ist und geschieht. Also: die leblose Welt. Das Lebendige in der Mannigfaltigkeit seiner Formen. Die Menschen; jeder in seinem Eigenwuchs und Eigenschritt und in der besonderen Teleologie seines Lebens. Die Geschichte. Der ganze Bereich der von Menschen hingestellten, weitergegebenen, fortgebildeten Schöpfungen, die objektive Kultur. Ferner die personalen Beziehungen; das Du; das Wir in allen seinen Formen; die überindividuellen Ganzheiten. Dahin gehören die religiösen Wirklichkeiten, insbesondere der in der Offenbarung mir entgegentretende Gott.“[31] Das Hauptmerkmal dieser dritten pädagogischen Kategorie besteht also darin, daß alles, was nicht ich bin, sich selbst ist, und der Mensch nur dadurch, daß er sich diesen Gegenständen hingibt, zu ihnen gelangen kann. Der Begriff „sich hingeben“ bzw. „Hingabe“ stört, da beide Wörter umgangssprachlich andere Assoziationen wecken. Aber Guardini selbst gebraucht das eben genannte Substantiv, verwendet allerdings auch den Begriff „Dienst“ als Synonym. Somit wird „Dienen“ zum „Grundwort einer Bildungsbemühung, deren zentrales Moment in der selbstvergessenen Hingabe an die Sache liegt“[32].

Fassen wir an dieser Stelle zusammen: Guardini verankert das Pädagogisch-Eigentliche in der dialektischen Verschränkung der drei Momente von Bild, Begegnung und Hingabe. Keines der drei Momente kann für sich allein bestehen, sondern erfährt an seinen Gegenpolen Ausrichtung und Korrektur. Winfried Böhm zeichnet auf die ihm eigene anschauliche Weise die entstehenden dialektischen Figuren nach: „Guardinis Versuch, in seiner ‚Grundlegung der Bildungslehre‘ das Pädagogisch-Eigentliche zu bestimmen,

[31] Ebd., S. 38/39.
[32] Henner, cf. Anm. 25 (a), S. 191.

bleibt zwar im Allgemeinen und Grundsätzlichen, aber gerade hier gelingt es ihm, den Bildungsvorgang als ein mehrfach dialektisch überlagertes Geflecht sehen zu lassen: Die zwischen Möglichkeit und Wirklichkeit gespannte Selbigkeit des werdenden Individuums steht quer zur Hingabe an den Gegenstand, so daß Werde-Bewegung und Hingabe-Bewegung einander bedingen und tragen; die Freiheit des Anfangs und die Initiative der Wahl stehen quer zur Notwendigkeit des als unabänderlich Erfahrenen; die Verwirklichung des in mir ruhenden Bildes steht quer zur Begegnung und zur Bewährung in der konkreten Situation; die bildende Aneignung des Gegenstandes steht quer zur Hingabe an ihn, zum Dienst."[33] – Nur noch ein Nachsatz. In der Tat ist Guardinis „Grundlegung" allgemein sowie grundsätzlich und bietet keine praktischen Handlungsanweisungen – im übrigen ein Analogon zu Schleiermachers theoretischen Darlegungen zur Pädagogik; für beide Analytiker hat aber die Theorie die Aufgabe, das Denken begründeter und das Handeln durchdachter zu machen oder – mit anderen Worten – eine klärende Theorie für eine besonnene Praxis[34] zu sein.

„Wie ist der Mensch geartet, der die kommende Epoche bestimmen wird?"[35] Mit dieser anspruchsvollen Frage Guardinis leiten wir zum letzten Abschnitt unserer Ausführungen über. Zunächst ist zu bedenken, wie die kommende Epoche aussieht, und dann ist zu überlegen, wie sich der Mensch in dem neuen Äon verhält bzw. verhalten soll. Konkret ist zu fragen, wie das Schleiermachersche „Steigen und Sinken" korreliert mit Guardinis Befund vom „Ende der Neuzeit"[36].

Bei seiner Konfrontation von Mittelalter und Neuzeit entwickelt Guardini drei Begriffspaare, die er einander gegenüberstellt. Der Schöpfungsbegriff des Mittelalters korrespondiert mit dem Naturbegriff der Neuzeit, das Menschenbild wandelt sich vom Dienst an der Schöpfung zur autonomen Herrschaft, und die Kultur, das dritte Vergleichselement, zeigt sich im Mittelalter als Gestaltung der überschaubaren Welt unter dem Schutz Gottes, in der Neuzeit

[33] Böhm, cf. Anm. 3, S. 622.

[34] Cf. dazu B. Fuchs, Klärende Theorie und besonnene Praxis. Schleiermachers Denken in Gegensätzen und dialektische Begründung der Pädagogik, Würzburg 1997.

[35] R. Guardini, Die Macht. Versuch einer Wegweisung (Würzburg 1951), in: R. Guardini, Das Ende der Neuzeit. Die Macht, hg. von F. Henrich, Mainz-Paderborn [7]1986, S. 97–186, hier: S. 165.

[36] R. Guardini, Das Ende der Neuzeit. Ein Versuch zur Orientierung, Würzburg (1950) [9]1965.

als von der Technik beherrschtes Werk des Menschen. „Die Welt hört auf, Schöpfung zu sein und wird zur ‚Natur'; das Menschenwerk ist nicht mehr vom Gottesgehorsam bestimmter Dienst, sondern ‚Schöpfung'; der Mensch, vorher Anbeter und Dienender, wird zum ‚Schaffenden'. Indem der Mensch die Welt als ‚Natur' ansieht, stellt er sie in sich selbst; indem er sich als ‚Persönlichkeit' versteht, macht er sich zum Herrn der eigenen Existenz; im Willen zur ‚Kultur' unternimmt er es, das Dasein als sein Werk aufzubauen."[37] Dabei gehören alle drei Phänomene – Natur, Persönlichkeits-Subjekt, Kultur – zusammen, bedingen sich gegenseitig und vollenden sich wechselseitig. Dieses Gefüge bedeutet ein Letztes, hinter das nicht mehr zurückgegriffen werden kann.

Bei der genaueren Ausschattierung der Weltbilder können wir Günter Henner folgen, weil er vieles mit überzeugender Sicherheit sieht, treffend analysiert und so formuliert, daß man es kaum überbieten kann. Mit Recht kommt dieser Autor zu dem Ergebnis, daß „die unterschiedliche Sichtweise der Natur, das gewandelte Menschenbild und die verschobenen kulturellen Akzentuierungen das Ausmaß der Umwälzungen erahnen (lassen), mit denen sich nach Guardini die heutige Situation aus dem neuzeitlichen Weltentwurf zu lösen scheint".[38] Dieses Lösen darf aber nicht zu einer Auflösung werden, da der Mensch immer und zu jeder Zeit in der Aktuierung seiner selbst steht und Entscheidungen zu treffen hat, Entscheidungen, die ohne ethische Orientierung nicht möglich sind. Deshalb erhebt sich an dieser Stelle die Schlüsselfrage, was Guardini unter Ethik versteht.

Seine Ethik ist eine umfassende und vielschichtige Kulturphilosophie, die die Strukturen des menschlichen Lebens in ihren geschichtlichen Ausformungen untersucht und ihre Vernünftigkeit für den Menschen und die von ihm mitgestaltete Welt hinterfragt. Die Ethik bildet den abschließenden Baustein der Pädagogik Guardinis, da sie eine grundlegende Wegweisung in der jeweiligen geschichtlich-kulturellen Situation leistet. Für Guardini scheidet ein dem Alltagsverstand geläufiges Verständnis von Ethik als Sittenkodex und als anwendungsbezogene Tugendlehre aus, weil es die Achtung vor der Person und die von ihr je selbst übernommene Verantwortung verbietet, sittliches Handeln nach einem fixierten Muster festgelegter Rollen anzusozialisieren. Guardinis Verständnis greift weiter aus: „Was ich hier unter ‚Ethik' verstehe, ist mehr als nur eine Untersuchung des Sollens und Nichtdürfens und

[37] Ebd., S. 49/50.
[38] Henner, cf. Anm. 25 (a), S. 256–265, hier: S. 262.

der daraus sich ergebenden besonderen Probleme. In ihr geht es mir um eine Deutung des menschlichen Daseins überhaupt."[39] Die Ethik Guardinis will, indem sie die neuzeitliche Kultur zeitgemäß auslegt und das Gute als Zielpunkt markiert, gangbare Wege in die Zukunft weisen. Da die Pädagogik in gleicher Weise ein Interesse an der Zukunft des Menschen hat, durchdringen sich beide Absichten; genauso wie für Schleiermacher ist also auch für Guardini die Pädagogik eine von der Ethik abhängige Wissenschaft. Das ethisch-pädagogische Ziel liegt darin, Altes hinüberzutragen und Neues zu entwickeln[40].

Von hier schlagen wir den Bogen zurück an den Anfang unserer Überlegungen und erkennen, daß Guardini und Schleiermacher einen sehr ähnlichen kulturphilosophischen und einen sehr ähnlichen kulturgeschichtlichen Hintergrund haben. Auch für Schleiermacher gehört die Pädagogik zur Ethik, weil sie die Gesamtheit der Kulturleistungen in den Blick nimmt und die Erziehung als eine Aufgabe im Leben der Menschen begreift, von der im Steigen und Sinken der Generationen eine fortschreitende Annäherung an die Idee des höchsten Gutes ausgeht. Mit den Worten Albert Rebles heißt dies: „Die ‚Ethik' aber erforscht Wesen und allgemeine Struktur aller menschlichen Leistungen und Lebensformen. Wir erfahren aus ihr, was überhaupt Sprache, Religion, Kunst, Erziehung, Wissenschaft, politisches Handeln usw. ist, d. h. sie ist allgemeine Theorie und Prinzipienlehre der Kultur, des Menschseins überhaupt."[41]

Wir kommen zum Schluß: Diese Überlegungen konnten nur fragmentarisch bleiben, da die Komplexität der angesprochenen Themen kaum auf so knappem Raum eingefangen werden kann. Allerdings fühlen wir uns mit dieser „Methode" zumindest gegenüber Guardini nicht im Unrecht, nennt doch Hans Maier in seinem schon zitierten Nachwort gerade das Fragmentarische als erstes[42] von drei wichtigen Stichworten, mit denen eine Annäherung an die feinfühligen Welt- und Zeitdeutungen Guardinis möglich ist. Schleiermacher und Guardini denken Pädagogik vom Grunde auf geschichtlich. Dahinter steht die pädagogische These: Das menschliche Dasein gestaltet sich prozeßhaft und schöpferisch. Für Schleiermacher scheint die Sicht auf die Geschichte ausgesprochen

---

[39] R. Guardini, Die Lebensalter. Ihre ethische und pädagogische Bedeutung, Würzburg (1953) 9 1967, S. 70.

[40] Henner, cf. Anm. 25 (a), S. 264.

[41] Reble, cf. Anm. 2, S. 91.

[42] Maier, cf. Anm. 22, S. 146–149; die beiden anderen sind „Liturgische Bildung" und „Verkündigung ‚an die draußen'".

optimistisch zu sein; sie wird getragen von der Hoffnung auf das heilsame Wirken der menschlichen Vernunft, einer Vernunft, die im Formungsprozeß mit der Natur die Welt gestaltet. Durch das sittliche Handeln von Politik und Pädagogik schreitet die Menschheit voran. Guardini, obwohl in den Bahnen Schleiermachers denkend, kann in der Mitte des 20. Jahrhunderts einem solchen Geschichtsoptimismus nicht nachfolgen. Mindestens zweierlei hindert ihn daran: Einmal die Greuel und Schrecknisse zweier Weltkriege und vor allem die Ambivalenz des technologisch-zivilisatorischen Fortschritts; „im Fortgang der Geschichte gelangt der Mensch in einen Raum der Gefahr. ... Von jetzt an und für immer wird der Mensch am Rand einer sein ganzes Dasein betreffenden, immer stärker anwachsenden Gefahr leben."[43] Guardini erstarrt aber nicht vor diesen erschreckenden Zukunftsvisionen, sondern sucht nach Möglichkeiten der Überwindung. Freilich dürfen die Maßgaben nicht aus alten Wertbildern und Normen gewonnen werden, sondern sie müssen aus dem Neuen selbst geschöpft werden. Erziehung und Politik sind, wie bei Schleiermacher, nicht der alleinige und sichere Motor des geschichtlich-ethischen Fortschrittes, sondern dieser ist das Lernen des Menschen, sich auf seinen letzten entscheidenden Kern zurückzuziehen: Auf das Person-Sein im Angerufensein von Gott.

Während Schleiermacher – quasi als Vorahne – am Anfang der Geisteswissenschaftlichen Pädagogik steht und noch voller ungebrochener Zuversicht in eine vom Licht der Vernunft erhellte Zukunft blickt, steht Guardini an einer Bruchstelle der Geisteswissenschaftlichen Pädagogik, erkennt das Zwielicht der geistigen Situation der Gegenwart und sieht die Aufgaben der Erziehung wesentlich problematischer als sein Vorbild Schleiermacher.

Uns scheint, daß in seinem weithin vergessenen und kaum jemals zitierten Beitrag zur Festschrift seines Freundes Johannes Spörl – mit Sicherheit einer der letzten durch Guardini autorisierten Texte – vieles von dem, was wir dargelegt haben, brillant und klar zum Ausdruck kommt: „Daß die Landschaft durch technische Unternehmungen verwüstet; unersetzliche alte Bauwerke durch Nutzkonstruktionen vernichtet; die Stille als unentbehrlicher Faktor personalen Daseins durch den Lärm der Verkehrsmaschinen aufgehoben; daß die menschlich-wesentlichsten Ehrfurchtshaltungen durch rational-technische Einrichtungen (z. B. das Kommunikationswesen) zerstört werden – alle diese Beeinträchtigungen menschlich-wertvollen Daseins werden als Wirkung einer Macht

[43] Guardini, cf. Anm. 36, S. 93, 95.

empfunden, gegen die Einspruch zu erheben als rückständig, unvernünftig, geschichtsfeindlich, ja im letzten als unfromm erscheint. ... Bloßes Reden von Maßhalten und Rücksichtnahme genügt nicht. Eine Askese ist nötig, das heißt eine Bereitschaft, auf technische Errungenschaften zu verzichten, damit höhere Werte erhalten bleiben."[44] Trotz dieses eindringlichen und berechtigten Appells darf hieraus kein jammervoller Kulturpessimismus abgeleitet werden. Winfried Böhm hat gewiß recht, wenn er feststellt: „Die aus Askese ... resultierende Welthaltung ist nicht nur negativ als Machtverzicht zu sehen, sondern sie erscheint positiv als Liebe – Liebe verstanden als Bereitschaft und Fähigkeit, ‚die Weltgestalt im fremden – vor allem im personalen – Seienden zu erblicken'"[45].

[44] R. Guardini, Ein werdendes Idol. Unsystematische Reflexionen, in: C. Bauer, L. Boehm, M. Müller (Hg.), Speculum historiale. Johannes Spörl aus Anlaß seines sechzigsten Geburtstages, Freiburg 1965, S. 3–6, hier: S. 5 und 6.

[45] W. Böhm, Gefährdung der Bildung – Gefährdung des Menschen? Die (aktuelle) Antwort Romano Guardinis, in: Vierteljahrsschrift für wissenschaftliche Pädagogik 63 (1987), S. 289–306, hier: S. 300.

Martinus J. Langeveld (1905–1989): „Integrale Pädagogik“ im Zeichen ihrer Pluralisierung. Die phänomenologisch orientierte Pädagogik auf dem Weg zur lebensweltlichen pädagogischen Forschung

Wilfried Lippitz

Die Überschrift deutet die systematische Problemperspektive an, mit der ich mich Langevelds Pädagogik zu nähern versuche. Sie ist mein Beitrag zur aktuellen Langeveld-Rezeption, die bald nach seinem Tod – er starb 1989 – in den Niederlanden begonnen hat und bis heute auch im angelsächsischen Raum fortgeführt wird (vgl. u. a. Rang/Rang 1991, Levering 1991, M. v. Manen 1978/79, 1996, Lippitz 1996, Weijers 1991, 1995).

Als These formuliert besagt die Überschrift folgendes: Zwar richtet Langeveld seine „Theoretische Pädagogik“ und normative pädagogische Anthropologie des Kindes am Leitbild einer integralen Pädagogik aus, in der Einheitspostulate die Spannungsmomente von Theorie und Praxis, Norm und Faktum, Person und Kultur, Erwachsenem und Kind zu überlagern scheinen; aber eine genauere Betrachtung zeigt, daß sich Pluralität und Differenz mehr oder weniger explizit in den Einheitsdiskurs einnisten. Sie geben der Langeveldschen Pädagogik einen gewissermaßen liberalen und offenen Charakter (Weijers 1995), und sie machen sie gegenüber aktuellen erziehungswissenschaftlichen Diskussionen anschlußfähig.

Mit der ersten These hängt meine zweite zusammen. In ein solches Spannungsfeld zwischen Integration und Differenz bzw. Pluralität gerät die Pädagogik Langevelds nicht allein aus innerdisziplinären Gründen. Wegen ihrer phänomenologischen Orientierung „beerbt“ sie ein Problempotential, das die phänomenologische Bewegung insgesamt charakterisiert: Es steckt im oben genannten Attribut „lebensweltlich“ und kennzeichnet folgende Entwicklungstendenz des phänomenologischen Denkens: Husserl, dessen Vorlesungen Langeveld in seiner Studienzeit in Deutschland gehört hat, verfolgte das Programm einer „ersten Philosophie“, einer der Letztbegründung fähigen integralen Vernunft. Die Realisierung des Programms scheiterte jedoch in gleichsam erfolgreicher Weise: Im ständigen Kampf gegen Aporien einer sich selbst begründenden transzendentalen Bewußtseinsphilosophie eröffnete Husserl unter dem Problemtitel „Lebenswelt" besonders in der Spätphase seines Schaffens sich selbst und seinen kritischen Nachfolgern mehr oder weniger gewollt den Blick auf differente Register lebensweltlicher, d.i. geschichtlich-sozialer und sinnlich-leiblicher Vernunft. Seitdem hat sich die Phänomenologie in divergierende Richtungen ausdifferenziert und ist zu einer wichtigen philosophischen Strömung geworden, für die kontroverse Pluralität im Inneren und Offenheit gegenüber vielen Humanwissenschaften charakteristisch ist.

„In der Welt zu Hause sein" – „Lebenswelt" in phänomenologischer Betrachtung und aus der Sicht Langevelds und der „Utrechter Schule"

Langevelds institutioneller Beitrag zur Etablierung der Pädagogik als universitärer Disziplin in den Niederlanden bestand im Aufbau des großen pädagogischen Instituts an der Reichsuniversität Utrecht nach dem zweiten Weltkrieg. Es umfaßte in seiner Blütezeit fast alle uns heute bekannten erziehungswissenschaftlichen Fachrichtungen und widmete sich neben der erziehungswissenschaftlichen Forschung auch der klinisch-therapeutischen Arbeit mit Kindern und Jugendlichen. Das nationale wie internationale wissenschaftliche Ansehen dieser Institution und seines Begründers verdankte sich nicht unwesentlich folgendem Umstand: Langeveld gehörte mit einer Reihe von über Holland hinaus bekannten Kollegen u. a. aus der Psychologie und Psychiatrie (Linschoten, van den Berg, Baan, Rümke), der Physiologie und Biologie (Buytendijk), der Sozialpädagogik (Beets), der Kriminologie (Kempe), der Jurisprudenz (Pompe) zu einer politisch und kulturell engagierten und anerkannten wissenschaftlichen „Funktionärselite" (Weijers 1991, 13), die sich informell „Utrechter Schule" nannte. Ihr politisch-kulturelles Programm zielte auf den „geistigen Wiederaufbau" (geestelijke wederopbouw) der Niederlande nach dem zweiten Weltkrieg. Diese bildungsbürgerliche Elite hatte ihre akademischen Lehrjahre zwischen den beiden Weltkriegen absolviert und am damaligen kulturellen und wissenschaftlichen Krisenbewußtsein partizipiert, das für das eigene Programm wichtige Motive und Schlüsselworte lieferte, u. a. auch das Schlüsselwort „Lebenswelt". Gegenüber sozialdemokratisch egalisierenden und bürokratisierenden Tendenzen, gegenüber hedonistischem und existentialistischem Lebensgefühl besonders in der jüngeren Generation beschwor man moralische Werte der „Volksgesund-

heit“: den Gemeinschaftsgedanken, das sozial verantwortliche sittlich-autonome Subjekt, die bürgerliche Kultur. Ihr wissenschaftliches Programm war an der nachhusserlschen Phänomenologie orientiert und dominierte zwei Jahrzehnte lang das niederländische Wissenschaftsverständnis in den Humanwissenschaften. Es etablierte ein erfahrungsorientiertes qualitatives Forschungsparadigma, das sich oftmals vehement gegen den in den angelsächsischen Ländern dominierenden Positivismus und zugleich gegen spekulatives und (christlich-)dogmatisches Denken abgrenzte (vgl. dazu ausführlicher Weijers 1991, Beekman 1993). Das für die Gruppe verbindliche Forschungsprogramm wurde im Vorwort des Sammelbandes „Person en Wereld“ (Van den Berg, Linschoten 1953) formuliert: „Wir wollen den Menschen in seiner Welt verstehen; d. h. in der sinnhaften Grundstruktur der Totalität von Situationen, Ereignissen, kulturellen Werten, an der er sich orientiert, der er sich bewußt ist und mit der sein Handeln, sein Denken und sein Fühlen verbunden ist – das ist die Welt, in der der Mensch existiert, der er im Laufe seiner persönlichen Geschichte begegnet und die er mitbildet, indem er allem in ihr Bedeutung verleiht. Der Mensch ist kein ‚Etwas‘ mit Eigenschaften, sondern er initiiert seine Beziehungen zur Welt, die er wählt und durch die er gewählt wird“ (zitiert bei M. v. Manen, 1978/79. 58, übersetzt von W. L.).
Deutlich wird in diesem Programm ein „ganzheitliches“ Wissenschaftsverständnis, das mit dem Konzept der Einheit von Forschung und Leben operiert. So heißt es an anderer Stelle in der o. g. Schrift: „Mensch und Welt gehören zusammen; die Welt ist ursprünglich sein eigenes Feld, dort verwirklicht er sich, dort ist er zu Hause (...). Da wird ihm der phänomenologische Psychologe begegnen: auf vertrautem Boden“ (zit. bei Weijers 1991, 24, übersetzt von W. L.). Schaut man sich die Ausführung dieses Programms genauer an, dann scheinen mit ihm zwei verschiedenartige Motive gekoppelt zu werden: das o. g. integrative einer Einheit von Forschung und Leben und ein pluralistisch-relativistisches. Erstrebt wird in einheitlicher phänomenologischer Orientierung eine wissenschaftsdisziplinär aufgefächerte allgemeine Wesenserforschung des Menschen in Verbindung mit situationsanalytischer, biographisch orientierter Individualforschung, vermittelt über die konkrete Person des Forschers, der seinem Forschungs-„Gegenstand“ in der vertrauten Welt begegnet. Ist dieses Programm der Kombination von allgemeiner Wesensforschung und konkreter Forschung nicht widersprüchlich?
Bevor wir dieser Frage am Beispiel der Langeveldschen Pädagogik genauer nachgehen, wollen wir zum besseren systematischen Ver-

ständnis die Vermutung überprüfen, ob die Autoren in ihr Wissenschaftsprogramm nicht entscheidende Denkmotive aus der Phänomenologie Husserls und besonders seiner Nachfolger miteinbeziehen. Dazu ist ein kurzer Exkurs über die phänomenologische Lebensweltthematik nötig (vgl. ausführlicher Lippitz 1980; 1993, 48–75; bes. auch Welter 1986).

Der Lebensweltbegriff gehört wie der Begriff „Leben" überhaupt zu den wichtigen Schlagworten einer eher konservativen bildungsbürgerlichen Kultur- und Wissenschaftskritik um die Jahrhundertwende. Diese Kritik richtete sich gegen Modernierungsprozesse der Industriegesellschaft und gegen das in den Humanwissenschaften dominierende cartesianisch geprägte naturwissenschaftliche Wissenschaftverständnis. Begriffskombinationen, die rhetorisch mit „Leben" operieren, formulieren fundamentalistische Ambitionen auf eine „integrale Vernunft". Darin sollen Leben, Moral und Erkenntnis in einer authentischen Lebensform aufgehoben sein und eine lebendige Einheit bilden, in der „Wahrheit" unmittelbar erlebt und gelebt werden kann (vgl. Blumenberg 1981, 4; Fellmann 1983, 9ff.). Auch Husserls Versuch einer radikalen Neubegründung neuzeitlicher Rationalität beschränkte sich nicht auf das innerphilosophische Diskussionsforum allein. Im Gegenteil, er appellierte an die ganze Menschheit und artikulierte besonders unter der Lebensweltthematik eine allgemeine Krise der Vernunft und der Gesellschaft, in der der „Glaube an den Sinn des Menschentums, an seine Freiheit" verlorengegangen sei (Husserl 1962, Krisis, 11). Würde nämlich die „erkennende Subjektivität als Urstätte aller objektiven Sinnbildungen und Seinsgeltungen" (Husserl 1962, Krisis, 102) anerkannt, dann könnte dem Relativismus und Nihilismus der Kulturwissenschaften und dem entfremdenden subjektfernen Objektivismus Einhalt geboten werden. „Rechtsquelle der Erkenntnis" sei ein der unmittelbaren Intuition und originären Anschauung zugänglicher und sich darbietender Erfahrungsboden in seiner „leibhaftigen Wirklichkeit" (Husserl 1980 (1922), Ideen I, 43). Mit dieser Formulierung zerstörte Husserl die in der neuzeitlichen philosophischen und technisch-wissenschaftlichen Tradition verankerte Vorrangstellung einer konstruktiven Vernunft. In den passiv-synthetisierenden Leistungen eines sinnlich-leiblich dimensionierten Bewußtseinslebens sei die Sinngenese des Mensch-Welt-Verhältnisses aufzusuchen. Pointiert formuliert: Leben fundiert das Denken.

Nun sind die Begriffe „Leben" und besonders „Lebenswelt" im Spätwerk Husserls alles andere als eindeutig. Das hat ihrer Rezeption keineswegs geschadet, sondern im Gegenteil sogar genützt, denn sie enthalten widersprüchliche Optionen. Wie Husserl den Lebensweltbegriff ausdifferenziert hat, können wir hier nur kurz andeuten (vgl. ausführlicher dazu Welter 1986). Skizziert seien drei Funktionsbestimmungen für die Begründung phänomenologischer Erkenntnis: Lebenswelt hat Boden-, Leitfaden- und Einigungsfunktion (vgl. dazu Waldenfels 1985):

- Lebenswelt wird vorontologisch, historisch variabel bzw. ethnographisch konzipiert. Sie ist ein natürlicher, vorreflexiv-naiver, sinnlich-anschaulicher, sozial- und sprachlich-kulturell dimensionierter Erfahrungsboden, der jedweder Erkenntnis- und Verstehensleistung, auch der der sog. objektiven Wissenschaften, zugrunde liegt. Die heute in den Sozialwissenschaften gängige Redeweise von alltäglicher Lebenswelt entspricht weitgehend diesem Verständnis. Es gilt hier die Formel: Das Relative ist das aller Erkenntnis gemeinsame Charakteristikum.
- Davon unterscheidet sich das struktur- und schichtenontologische Konzept der Lebenswelt, das begründungstheoretisch gesehen Einigungsfunktion für alle divergenten Sinn- und Erkenntnisleistungen zu übernehmen hat. Wir haben es hier mit dem Herzstück des phänomenologischen Rationalitätskonzepts zu tun: In strukturontologischer Hinsicht ist die Rede von kontextneutralen und invarianten Strukturen der einen und einzigen Lebenswelt, die allen relativen zugrundeliegt. Schichtenontologisch meint Lebenswelt einen im abstraktiven Verfahren gewonnenen ursprünglichen „naturhaften Weltkern". Ihm gehören der Mensch als psychophysisches Wesen und die Welt als „Natur" an, und um ihn herum lagern sich die relativen Strukturen historisch-variabler Lebenswelten. Wie diese ihrerseits entstehen können, bleibt in dieser Konstruktion rätselhaft. Folgende Kurzformel markiert dieses Lebensweltkonzept: Allem Relativen liegt etwas Gemeinsames zugrunde, nämlich die ontologisch angesetzte Einheit von Mensch und Welt.
- Leitfadenfunktion erfüllt der ontologische Lebensweltbegriff, weil Husserl Lebenswelt transzendentalphilosophisch zu hintergehen versucht, um ihren Geltungssinn aus den Konstitutionsleistungen eines universalen Bewußtseinslebens herzuleiten. Das führt jedoch in Aporien einer mit Anspruch auf Letztbegründung operierenden Bewußtseinsphilosophie (vgl. dazu Waldenfels 1985, 42 ff.).

Attraktiv für die Rezeption machen den Lebensweltbegriff folgende systematisch sehr unterschiedlichen Optionen: Indem man einerseits gegen den lebensfernen Objektivismus naturwissenschaftlicher Provenienz für das sinnlich-anschauliche Leben in

seiner Vielfalt und Natürlichkeit optiert, muß man andererseits nicht auf die Idee einer wie auch immer begründbaren integralen Vernunft verzichten.
Wirft man einen kurzen Blick auf die nachhusserlsche Rezeptionsgeschichte des Lebensweltbegriffs, so ist festzustellen, daß prominente Nachfolger der ersten Generation nach Husserl wie u. a. Heidegger, Merleau-Ponty, Schapp mit der transzendentalphilosophischen Bewußtseinsphilosophie gebrochen haben. Endlichkeit und Leiblichkeit menschlicher Vernunftformen, ihre Pluriformität und Geschichtlichkeit stehen seitdem zur Debatte, und das nicht nur innerphilosophisch, sondern auch in kritischer Nähe und in einem nicht mehr hierarchischen Austausch- und Arbeitsverhältnis zu den Sozial- und Humanwissenschaften. Das bezeugen zum Beispiel auch die zahlreichen phänomenologisch instrumentierten einzelwissenschaftlichen Arbeiten der Utrechter Gruppe. Sie selbst, so zeigt es das oben zitierte Forschungsprogramm, verorteten sich in dieser nachhusserlschen Tradition ohne transzendentalphilosophische Ambitionen (vgl. dazu ausdrücklich Buytendijk u. a. 1953, 237f., Langeveld 1981).
Greifen wir unseren Analysen vor: Gäbe es etwas, was sie miteinander verbindet, dann wäre es lediglich die einheitliche phänomenologische Orientierung an einem lebensweltlichen Forschungsprogramm, das – genauer betrachtet trotz aller Einheitsrhetorik – in der konkreten Forschungsarbeit einer einzigen wie auch immer ontologisch verankerten integralen Vernunft den Rücken kehrt. Man kann vermuten, daß es neben anderen wissenschaftspolitischen Motiven vielleicht die in ihrem konkreten Forschungsprozeß erfahrenen und erarbeiteten, ja sogar ausdrücklich gewürdigten Mehr- und Vieldeutigkeiten menschlicher Sinn- und Sinnesleistungen gewesen sein könnten, die das oftmals geäußerte Verlangen nach „Einheit“ und nach „allgemein verbindlichem Sinn“ motiviert haben. Das zeigt sich konkret bei Langeveld einmal auf der Oberflächenebene der Verteidigung allgemeiner Wissenschaftsansprüche und politisch-kultureller Legitimation pädagogischer Aufklärung, zum anderen in den konkreten Analysen pädagogischer Grundfragen. Wie geht man zum Beispiel mit folgendem paradoxen Sachverhalt um, mit dem uns Langeveld konfrontiert? Da ist, wie wir später sehen werden, die Rede von der „existentiellen Einheit“ zwischen Kind und Erzieher, mit der das pädagogische Autoritätsverhältnis begründet wird, und gleichzeitig trifft man auf die kontrastierende Rede von der Andersartigkeit, ja grundsätzlichen Fremdheit des Kindes, die sowohl jede Art von einseitiger pädagogischer Planung und Einwirkung unterminiert als auch

dem Erzieher die Initiative im pädagogischen Handeln streitig macht!

„Pädagogik studieren bedeutet, selbst anders zu werden" (Langeveld 1973, 18). Langevelds Programmatik einer phänomenologischen Pädagogik als integraler Theorie

Das kurze Zitat aus der vielfach in den Niederlanden und Deutschland aufgelegten „Einführung in die theoretische Pädagogik" spricht ein allgemeines Grundverständnis geisteswissenschaftlicher Pädagogik aus: „Wissenschaft bildet". Sie verändert die Identität eines Menschen, indem er sie in sein gesamtes Leben integriert. Wer zum Erzieher oder Lehrer ausgebildet wird und dann seinen Beruf ausübt, nimmt an einem fortdauernden Selbstbildungsprozeß seiner Persönlichkeit teil. Denn wie in der Selbstbeschreibung der Repräsentanten der Utrechter Schule ist er ein „Mann" des öffentlichen und kirchlichen Lebens, der sich wertbewußt und zeitkritisch mit dem „Zeitgeist" auseinandersetzt (Langeveld, 1973, 18). Darauf hin zu orientieren ist die Aufgabe der „Einführung in die theoretische Pädagogik", die sich sowohl an die Wissenschaftler als auch an die Praktiker wendet. Zwei Funktionen hat sie zu erfüllen: die einer handlungspraktischen Orientierung und einer wissenschaftssystematischen Klärung. Verknüpft werden beide Funktionen mit der starken Annahme einer Einheit von Theorie und Praxis: Pädagogik als Wissenschaft will das, „was sie studiert, kennenlernen, um zu wissen, wie man handeln muß" (Langeveld 1973, 11). „Die Erziehungswissenschaft ist eine Wissenschaft, die Zweck und Mittel verbindet und aus dieser Einheit besteht. Sie beschreibt nicht, um zu wissen, sondern um handeln zu können. Sie experimentiert nicht, um zu wissen, sondern – sofern sie experimentieren darf und kann – um Handlung und Entscheidung zu ermöglichen. Es ist also richtig zu sagen, daß sie ohne Werttheorien nicht denkbar ist, und das stellt sie inmitten der echten Wissenschaften vom Menschen. Aber auch hier gilt, daß sie die Werte nur kennen will, um ein Handeln zu ermöglichen" (Langeveld 1981, 51). Diese Werte gehören zur Tradition eines letztlich christlich begründeten und personalistischen Menschenbildes, und das oben zitierte phänomenologische Forschungsprogramm der Utrechter Gruppe, das auch für Langeveld verbindlich ist, scheint hinsichtlich seines Verständnisses menschlicher Existenz im wesentlichen mit diesem Menschenbild kompatibel zu sein. Halten wir fest mit Blick auf die Utrechter Programmatik einer lebensweltlichen Forschung: Auch die Erziehungswissenschaft ist eine ihrer fachspezifischen Spielarten: Pädagogische Forschung ist normative und handlungspraktische Erfahrungsforschung. Das wird am normativ gefaßten Phänomenbegriff deutlich.

Worin zeigt sich das Phänomenologische im Theorieverständnis von Langeveld? In seiner „Einleitung in die theoretische Pädagogik" formuliert er: „Wir fangen (...) phänomenologisch an" (Langeveld 1973, 26), indem wir das „Phänomen der Erziehung" in „seiner für jeden zugänglichen Erscheinungsform" betrachten. „Eine phänomenologische Arbeitsmethode erfordert, daß man ... auch da, wo man eine andere, tiefere Gewißheit hat – dem Mit-Untersucher in dem Bereich, über den man mit mir zu diskutieren wünscht, begegnet und nirgendwo sonst. Wir nehmen also gar nicht ‚einen allgemeinen Begriff oder ein Axiom' zum Ausgangspunkt, sondern das Phänomen selbst, so wie man es vorfindet in jener Erfahrung, an der wir alle teilhaben, wenn wir nur bereit und imstande sind, diese Erfahrungen gelten zu lassen, und also nicht schon in dieser Phase der Untersuchung den verfügbaren Einsichten vorgreifen" (ebd.). Später spricht Langeveld im Kapitel über das Wissenschaftsverständnis der Pädagogik davon, daß es um eine „phänomenologische Durchleuchtung struktureller Grundverhältnisse gehe, in der sich „philosophisches Überdenken und auf Untersuchung gestütztes Durchdenken der empirischen pädagogischen Problematik" begegnen (ebd, 171).

Ordnen wir diese beiden Aussagen in den Kontext der phänomenologischen Tradition ein, so können wir folgendes feststellen: Gemeinsam mit dem Utrechter Programm ist hier in gewissem Sinne die Methode der – abstrakt gesprochen – intersubjektiven Validierung gemeinsam zugänglicher Erfahrungen. Die Bedeutung und Geltung von Phänomenen wird jedoch nicht ausdrücklich und zuallererst konsenstheoretisch „erzeugt" oder transzendentalphilosophisch legitimiert. Solche expliziten reflexiven Verfahren kommen prinzipiell nachträglich. Denn – so das lebensweltliche Phänomenverständnis – Phänomene sind materiale, faktische und selbstbedeutende Sinngestalten menschlicher Existenz. Sie entstehen im korrelativen Zusammenspiel sinnlich-leiblich erfahrender Subjekte miteinander und mit der Objektwelt vor jeder ausdrücklichen Reflexion und Begründung; außerdem sedimentieren sie sich als selbstverständliche und unbefragte „doxa" des alltäglichen Lebens und bilden auf diese Weise den intersubjektiv geteilten lebensweltichen Erfahrungsboden. Dieses lebensweltliche Wirklichkeitsverständnis ist eine wichtige Voraussetzung dafür, daß Langeveld von der Deskription der Phänomene die wissen-

schaftskonstitutive und wertorientierende Aufgabe erwartet, einen „festen Boden, Rahmen und Richtung“ für die empirische wie auch die Wertforschung zu bereiten, ob mit Recht, bleibt zu prüfen.
Konsequent scheint es zu sein, wenn Langeveld grundsätzlich über den Status einer phänomenologischen Pädagogik im Kontext anderer Humanwissenschaften erst am Ende seiner „Einführung“ nachdenkt und mit der Deskription von Grundphänomenen der Erziehung beginnt. Dennoch erzeugt dieser fiktive Dialog am Anfang über jedermann zugängliche Phänomene gewisse Verständigungsprobleme. Mag das konkrete beschriebene Phänomen zwar für sich sprechen und eine Verständigung fördern, was jedoch sichert seinen Status als ein nicht bloß beliebiges Phänomen, sondern als exemplarisches, strukturell relevantes Problem? Und woher stammt die Ordnung der Phänomene, aufgrund deren sie ihre Boden-, Rahmen- und Richtungsfunktion ausüben können?
Langevelds methodologischen und wissenschaftstheoretischen Überlegungen zu diesem Problem der Exemplarität und Systematik streifen nur die dafür einschlägigen phänomenologischen Argumentationskontexte. Sie bewegen sich eher im üblichen geisteswissenschaftlichen Argumentationsrahmen. Erzieherische Phänomene zeigen sich in praktisch-pädagogischen Umgangserfahrungen, die den Primat vor der ihr prinzipiell nachgängigen Theorie erhalten (vgl. Langeveld 1973, 26ff.). Sie sind Teil der geschichtlichen, im Generationenverhältnis stets erneuerten autochthonen Erziehungswirklichkeit, die trotz aller Veränderungen eine gewisse Kontinuität aufweist. Selbst erzogen worden zu sein, in der Familie und in gesellschaftlichen Institutionen, schafft eine vertraute Basis für die spätere Berufspraxis und für den Hintergrundkonsens in praktischen und wissenschaftlichen Problemerörterungen. Nur wer auf eine solche kulturgeschichtlich und biographisch verankerte konsensfähige Erziehungswirklichkeit vertraut, kann wie die Utrechter Gruppe trotz allen Krisenbewußtseins ein optimistisches „Volksbildungsprogramm“ entwerfen, und nur der wird – pointiert formuliert – mit „der Deskription von Phänomenen“ beginnen, ohne eigentlich „phänomenologisch“ anzufangen, das heißt ohne eine explizite Rechtfertigung dieser Vorgehensweise mit Blick auf die erziehungswissenschaftliche Diszplin. Daß man durchaus die Methode der exemplarischen phänomenologischen Deskription systematisch rechtfertigen kann, haben Langevelds Zeitgenossen mit Rekurs auf Hans Lipps (1968) wie Bollnow (1970) oder Buck (1979) gezeigt.
Wie treten in der „Einführung in die Erziehungswissenschaft“ die erzieherischen Phänomene auf? In der Darstellung des pädago-

gischen Handelns, der erzieherischen Autorität, der Grenzen und Möglichkeiten von Erziehung, ihrer Mittel usw. eröffnet Langeveld einen typischen geisteswissenschaftlich pädagogischen Diskurs. Neben den Bemühungen, das Gebiet der Erziehung als genuines pädagogisches Forschungsfeld gegenüber anderen Humanwissenschaften abzugrenzen, erörtert er Leitkonzepte und Phänomene im pädagogisch-moralischen Argumentationsrahmen. Neuhumanistisches und christliches Menschenbild, aristotelische Tugenden, kantisches Freiheits- und Autonomieverständnis und Gemeinschaftsideal werden nicht explizit systematisch begründet eingeführt, sondern sie gehören offensichtlich für Langeveld zum selbstverständlichen und konsensfähig gehaltenen Bildungshorizont. Das gewährleistet ihre Plausibilität, aber keinesfalls rechtfertigt das die methodische Anfangsbemerkung von Langeveld in der „Einleitung", „phänomenologisch" mit der Deskription von Phänomenen anzufangen. Daß man erzieherisch bedeutsame Phänomene und Konstellationen (Erzieher-Zögling-Relation, Autorität, Verantwortung, Gehorsam, Freiheit und Autonomiestreben des Kindes, pädagogisches Handeln und Wirken usw.) „philosophisch" begründet (s. o.) und kategorial verankert im genuinen phänomenologisch-systematischen und thematischen Horizont von Zeit, Raum, Leiblichkeit, Sozialität, Bewußtsein diskutieren kann, haben erst jüngere erziehungswissenschaftliche Forschungen in den letzten zwei Jahrzehnten erwiesen (vgl. dazu u. a. Meyer-Drawe 1984, 1990; Lippitz 1980, 1993, Masschelein 1992, 81–104). Eine phänomenologisch orientierte Pädagogik ist nach unserer Auffassung ein Philosophieren an Erfahrungen und lebt von der Integration von Phänomenologie und Pädagogik, nicht aber von ihrer gegenseitigen Abgrenzung. Man kann die Phänomenologie nicht einfach, wie Langeveld meint, ungeachtet ihrer inhaltlichen Erfahrungsbezüge nur methodisch nutzen, hauptsächlich aus der Angst heraus, daß man, wenn man es nicht dabei beließe, sofort in die Sackgassen begründungstheoretischer Rechtfertigungsversuche oder in ein rigides Deduktionsverhältnis zwischen philosophischer Systematik und Pädagogik gerate.
Interpretieren wir diesen systematischen Mangel positiv, so wäre folgender Erklärungsversuch möglich: Systematische und Begründungsansprüche spiegeln die Selbstreferentialität der Wissenschaften wider. Sie gehören offensichtlich nicht zu den vordringlichen Aufgaben einer deskriptiven und praxisorientierten Pädagogik im Sinne Langevelds, besonders dann nicht, wenn sie sich gegenüber den konkreten Erfahrungen verselbständigen. Verzichtet man jedoch gänzlich auf eine systematische Verortung der Phänomene,

dann führt man den Leser in ein Argumentationsgeflecht ein, das heterogen strukturiert ist. Relativ unvermittelt stehen verschiedenartige Theorieelemente und praktische Erfahrungen nebeneinander und lassen deshalb auch differente, plausibel erscheinende Verknüpfungsmöglichkeiten zu, zumindest für den, der den Bildungs- und Erfahrungshorizont Langevelds teilt. Aber die Klammer zwischen anfangender Phänomenbeschreibung und zum Schluß postulierter Strukturerhellung schließt sich nicht.
Unser Fazit hier ist: Die „Einführung in die Pädagogik" verspricht eine einheitliche philosophische Ausrichtung bzw. zumindest einen methodischen, richtungsgebenden Leitfaden für die Phänomenanalysen. Tatsächlich aber besteht sie aus theoretisch heterogenen und pluralen Argumentationszusammenhängen.

Der Pädagoge „verkündet, was das Menschenleben sein kann, sein darf oder sein muß." Über die „Einheit des Normativen und des Empirischen"

Für Langeveld ist die wissenschaftliche Pädagogik eine normativ-praktische Handlungs- und Zielwissenschaft, die aus der „Einheit des Normativen und des Empirischen" (1973, 165) bestehen soll. Hierbei ist das praktische Tun dem theoretischen Wissen logisch vorgeordnet. Die pädagogische Wissenschaft führt nämlich von „der Praxis zum System" (!) und zielt auf die „Verwirklichung der entwickelten Ideen" in der konkreten Erziehungssituation (1973, 13). Als System verkörpert die wissenschaftliche Pädagogik ein „systematisches Ganzes an Kenntnissen" (1973, 14), das sie lehrbar macht und als eigenständiges Gebiet gegenüber den anderen Humanwissenschaften ausweist. Zugleich ist sie auch „zielbewußte Theorie mit verpflichtendem Charakter" (ebd. 16) und fungiert als „Wächterin über die menschliche Würde", als „Hüterin und Leiterin der Jugend", und trägt Sorge dafür, daß „bessere soziale Bedingungen" geschaffen werden. Kurz: Pädagogische Wissenschaft ist Bildungstheorie, denn sie vereinigt Wissen mit Gewissen, Theorie mit Moral und praktischem Handeln. In ihr sind „deskriptiv/dialektische und präskriptiv/dogmatische" Erkenntnismethoden zur Einheit verflochten. Vermittelt an den einzelnen Pädagogen ermöglicht sie es ihm, „als Bildträger" im Zusammenklang von individueller Person und Kultur (vgl. Langeveld 1981, 57) aufzutreten, der „verkündigt, was das Menschenleben sein kann, sein darf oder sein muß" (ebd. 29).
Aus diesen hier zusammengetragenen Einheits- und Systempostu-

laten Langevelds wird deutlich, daß ihm Systematisierungs- und Einheitsansprüche nicht fremd sind und wir sie nicht willkürlich an ihn herantragen. Wie begründet er sie?

Einheit ist ontologisch gegeben und verdankt sich auf keinen Fall methodisierter wissenschaftlicher Erkenntnis. Wir hörten schon: Der Ansatzpunkt jeder systematischen Pädagogik liegt im Erfahrungsbegriff von Erziehung (Langeveld 1973, 26). Genauer: „Die Tatsachen und die Handlung, sowohl des Kindes als auch des Erziehers im Vollzug der Erziehung, bilden eine Einheit von Sein und Seinsbestimmung, von deskriptiver und normativer Ordnung" (ebd. 163). Jedoch: „Was in der existentiellen Einheit der erziehenden bzw. der Person, die erzogen wird, eins und ungeteilt ist, ihr Handeln als solches, kann in dieser Einheit nur erlebt werden. Wird es betrachtet, so bleibt diese Einheit zwar gewahrt, in der phänomenologischen Beschreibung, aber schon die nachfolgende Phase der Durchdenkung spaltet sie sich auf in empirische und philosophische Problemschichten" (ebd. 171).

Prüfen wir diese Aussagen genauer. Sie betreffen das erzieherische Verhältnis und den Status der wissenschaftlichen Aufklärung darüber. Die Rede ist von einer „erlebten existentiellen Einheit". So formuliert folgt Langeveld offensichtlich dem allgemeinen lebensweltlichen Versprechen auf eine integrale Vernunft, auf die Möglichkeit einer gelebten und erlebten Wahrheit. Doch dieses Versprechen läßt sich auf der Ebene der Theorie nicht einlösen: Einheit soll im konkreten erzieherischen Handeln zwar erlebt werden können, aber in der theoretischen Bearbeitung, und dazu gehört unserer Ansicht nach auch schon die Beschreibung, die nur nachträglich und aus einer reflexiven Distanz heraus möglich ist (vgl. dazu Lippitz 1980, 42 ff.), ist sie nur noch eine gleichsam erinnerte Möglichkeit. Pointiert formuliert: Einheit ist theoretisch nicht möglich, und eine über das postulierte ontologische Einheitskonzept gesicherte „integrale pädagogische Theorie" spaltet sich auf: Systematisiert werden kann nur in Distanz und in der Diskontinuität zur Praxis, belastet mit der Hypothek des sich ausdifferenzierenden theoretischen Diskurses. Was gewährleistet dann aber Bewahrung der „gelebten Einheit" in der sich ausdifferenzierenden Theorie? Ist es gemäß der Utrechter Forschungsprogrammatik der Forscher als Person, der sowohl klinisch als auch systematisch vor Ort arbeitet und so als Person integriert, was ansonsten auseinanderdriftet? Wenn nicht, worin gründet dann der oben erwähnte mit dem Einheitspostulat eng geknüpfte Systemanspruch der Pädagogik? Fällt er nicht überhaupt in sich zusammen, wenn man die Langeveldsche Bestimmung der pädagogischen Forschung berücksichtigt: Sie sei als eine Situationswissenschaft handlungspraktisch, situationsnah und individuumspezifisch ausgerichtet? Es gehe nämlich um den konkreten einzelnen Heranwachsenden in seinen Förderungs- und Entwicklungsmöglichkeiten, und alles einzelwissenschaftliche Wissen samt Zielorientierung müsse in praktisches pädagogisches Handeln einmünden. Infolgedessen, so schließen wir, ist es gerade die singuläre Forschungspraxis, die sich einer systematischen Integration von Besonderem und Allgemeinem in den Weg stellt. Denn vordringlich für den kompetenten „theoretischen Praktiker“ ist erfolgreiches pädagogisches Handeln vor Ort, nicht aber die wissenschaftliche Legitimation. Kann man aber dann von einer wissenschaftlichen Pädagogik sprechen, die „ein systematisches Ganzes an Kenntnissen“ (s. o.) verspricht, und zwar unabhängig von den je individuellen forschungspraktischen Zuschnitten von Theorie- und Praxiselementen? Diese Frage bleibt rhetorisch: Sie zu stellen, ist ein weiteres Indiz für die heterogene Verfaßtheit der „theoretischen Pädagogik“ Langevelds: Was sie mit der einen Hand einfordert, nämlich Einheit und Systematik, stößt sie mit der anderen wieder fort.

Ebenfalls gilt das für die genauere Bestimmung des „existentiellen Einheitserlebens“. Langeveld konzipiert es recht widersprüchlich: Im Sinne einer Kultur- und Vorbildpädagogik betont er einerseits die erreichbare Identität von subjektiver und objektiver Bildung, von Fremd- und Selbsterziehung, von Erzieher und Zögling: „An Personen erzieht der Zögling sich selber, da er in ihnen die Einheit des objektiven Seins der Kultur und ihres subjektiven Erlebens, Erzeugens oder Insichgestaltgebens erfahren kann“ (Langeveld 1973, 95). Anderseits ist die Differenz zwischen Kind und Erwachsenem, Kind und Kultur für seine Individualpädagogik begründend. Sie macht das Zusammenleben von Kindern und Erwachsenen wie auch dessen Erforschung zu einem ständigen Abenteuer. Wie heterogen, wie spannungsvoll und wenig einheitlich das pädagogisch bedeutsame Zusammensein von Kindern und Erwachsenen verfaßt ist, entfaltet Langeveld in unterschiedlichen Untersuchungskontexten, die wir hier nur skizzieren können:

- Kinder sind anders. Bekannt geworden und bis heute noch vorbildlich sind Langevelds deskriptive Einzelstudien der „Anthropologie des Kindes“(1964, 1966). Dort führt er plastisch vor Augen, daß Kinder hinsichtlich ihres Zeit- und Raumerlebens, ihres Welt- und Selbstverhältnisses gegenüber denen der Erwachsenen stark differieren. In entwicklungsgenetischer Sicht gilt: Kinder sind anders als Erwachsene. Das ist in der lebensweltlichen Kinderforschung neu zu lernen und direkt zu erfahren, und zwar in der Abkehr von bis heute dominierenden Theorien kindlicher Entwicklung und kindlicher Förderung, so u.a. der am naturwissenschaftlichen Rationalitätsideal ausgerichteten Entwicklungspsychologie Piagets (vgl. Langeveld 1987, van Manen 1996, Meyer-Drawe 1986).

- Kinder sind Fremde. Nicht nur haben sie das Recht auf „Selbständigkeit und Ungehorsam“, sondern von Geburt an fügen sie sich nicht in den Erfahrungs- und Erwartungshorizont der Erwachsenen ein: „Denn das Kind zeigt sich schon von Geburt an – und schon vor der Geburt – in unserer Welt als Fremdkörper, d.h. als etwas, das zwar bei uns, aber auch bei sich ist“, (1966, 29). Das Kind tritt in die Erwachsenenwelt ein in „fremder Personhaftigkeit“, die jedes pädagogische Wirken mitermöglicht, statt ihm nur ausgeliefert sein. „Es ist das Kind der gastfreie Herr seines Hauses. Es lädt ein, es hat einen gern usw.“ (ebd.). Infolgedessen ist pädagogisches Handeln ein ständiges Wagnis, ein riskantes auf gegenseitiges Vertrauenschenken basierendes, nicht planbares Unternehmen, an dem zwei unterschiedliche Subjekte mitwirken (vgl. 1973, 55). Phänomenologisch formuliert gehört das pädagogische Handeln zur Kategorie der „Zwischenereignisse“. In ihnen treten die beteiligten Subjekte in ein responsives Verhältnis zueinander, das dezentriert strukturiert ist und von der unaufhebbaren Differenz der Partner lebt (vgl. dazu systematisch Waldenfels 1994).
- Kinder sind Individuen: Das sind sie in gewisser Hinsicht radikal, und zwar außerhalb des in der Bildungstheorie gern verwendeten quasidialektischen Subordinationsschemas von Besonderem und Allgemeinem (vgl. dazu Lippitz 1993b): Sie sind nicht bloß Empfänger der Erwachsenenkultur, und die Aneignung der Erwachsenenwelt und ihrer Kultur geschieht nicht nur identifikatorisch, sondern divinatorisch. Denn das Kind übernimmt nicht nur die vorgegebenen Deutungen und Bedeutungen, sondern es „bedeutet“ auch seine Welt im aktiven Sinne des Wortes, indem es zugleich „sich selbst interpretiert.“. Damit eröffnet das „Sein des Kindes als solches (...) Perspektiven auf das Sein des Menschen“ (vgl. 1964, 161ff.). Hier bietet sich für die allgemeine phänomenologische Forschung eine genuine genetische Perspektive auf das Werden des Mensch-Welt-Verhältnisses an. Zugleich wird verständlich, warum die erziehungswissenschaftliche Forschung nach Langeveld situative Individualforschung sein muß. Sie bekommt es mit „Fakten“ und „Objekten“ zu tun, die „sich selbst bedeuten“, mit „Phänomenen“ im phänomenologischen Sinne also.

Unterminieren nicht diese drei Aspekte der Differenz von Kind und Erwachsenem die Einheitsrhetorik und -postulate Langevelds? Langeveld selbst gibt mit seinen späteren Arbeiten darauf eine eigene Antwort: Es entsteht kein System der „Anthropologie des Kindes“, sondern eine Sammlung von deskriptiven, einfühlsam erzählten Einzelstudien. Systematisierend sind sie darin, daß sie aus phänomenologischer Sicht kategoriale Strukturen des Mensch-Welt-Verhältnisses in genetischer Hinsicht erschließen. Sie vermitteln einen Eindruck davon, was hier im eher abgehobenen metatheoretischen Sinne Thema war: von der heterogenen Vielfalt der sinnvollen Gestaltung des menschlichen Generationenverhältnisses, ohne ihnen eine integrale Vernunft zu unterlegen. Vielfältige Differenzerfahrungen machen gerade das Neue und Überraschende in der Pädagogik aus, die dann Anlaß zur weiteren Befragung und Beschreibung geben. Das geschieht nicht abschließend, sondern im Gestus der deskriptiven Studien Langevelds aufschließend für den, der sich mit ihrer Hilfe für sein eigenes pädagogisches Verstehen und Handeln sensiblisiert.

Ausblick: Lebensweltliche Forschung im Prozeß

Diese Art lebensweltlicher Kindheitsforschung ist in der Langeveld-Nachfolge fortgesetzt worden. Zwar gibt es die „Utrechter“ Forschungstradition in den Niederlanden heute kaum noch, sie ist von der empirisch-analytischen verdrängt und ihre universitären Strukturen sind seit den 90er Jahren aufgelöst worden (vgl. Beekman 1993). Jedoch die Felderforschung von pädagogisch virulenten Problemen wird auch heute noch fortgesetzt, und zwar auch in anderen Ländern wie Deutschland, Kanada und USA (vgl. dazu ausführlicher Lippitz 1993a). Dort gehören sie zur pädagogischen Kindheitsforschung, die mit einer Kombination von qualitativen Forschungen wie Deskription, Ethnomethodologie, Ethnographie usw. arbeitet und ganz im Sinne Langevelds Forschung unter expliziten normativ anthropologischen Vorzeichen betreibt: Es geht um das humane Projekt des Selbständigwerdens unserer Kinder und um die sie ermöglichende individuelle Förderung in einer erwachsenenzentrierten, von Ökonomie, technisch-wissenschaftlicher Rationalität und den sie oftmals begleitenden Schatten der Unvernunft beherrschten Gesellschaft.

Literatur

Beekman Ton, 1993. Theoretische pedagogiek bestaat niet meer. Wat nu? In: Vriens L. & Levering B. (red.) Wil de echte Utrechtse School opstaant?! Utrechtse Pedagogische Cahiers (10) 11–15.

Blumenberg Hans, 1981. Lebenswelt und Technisierung unter Aspekten der Phänomenologie. In: Blumenberg H., Wirklichkeiten in denen wir leben. Stuttgart: Reclam.

Bollnow O. F., 1970. Philosophie der Erkenntnis. Das Vorverständnis und die Erfahrung des Neuen. Stuttgart et al.: Kohlhammer.

Buck G., 1969. Lernen und Erfahrung. Frankfurt, Berlin, Köln, Mainz: Kohlhammer.

Buytendijk F. J. J., 1953. Die Frau. Natur – Erscheinung – Dasein. Köln: Bachem.

Fellmann Ferdinand, 1983. Gelebte Philosophie in Deutschland. Denkformen der Lebensweltphänomenologie und der kritischen Theorie. Freiburg, München: Albers.

Husserl Edmund, 1962. Die Krisis der europäischen Wissenschaften und die transzendentale Philosophie. 2. Aufl. Tübingen (1922): Meiner.

Husserl Edmund, 1980 (1922, 2. Aufl.): Ideen zu einer reinen Phänomenologie und phänomenologischen Philosophie. Tübingen 1980: Meiner.

Langeveld Martinus J., 1973. Einführung in die theoretische Pädagogik. 8. Aufl. Stuttgart: Klett.

Langeveld Martinus J., 1964. Studien zur Anthropologie des Kindes. Tübingen: Quelle & Meyer

Langeveld Martinus J., 1966. Die Schule als Weg des Kindes. 3. Aufl. Braunschweig: Westermann.

Langeveld Martinus J., 1981. Grundzüge der wissenschaftlichen Methodologie. In: Danner H. & Langeveld Martinus J., Methodologie und ‚Sinn'-Orientierung in der Pädagogik. München: Ernst Reinhardt.

Langeveld Martinus J., 1987. Grundsätzliches – bezogen auf Piagets Kinderpsychologie. In: Lippitz W. & Meyer-Drawe K. (Hrsg.). Kind und Welt. 2. Aufl. Frankfurt/M.: Athenäum.

Levering Bas, 1991. De betekenis van M. J. Langeveld voor de naoologse Nederlandse pedagogiek (met het accent op de periode 1945–1960) Pedagogische Tijdschrijft 16 (3) 147–160.

Lippitz Wilfried, 1980a. ‚Lebenswelt' oder die Rehabilitierung vorwissenschaftlicher Erfahrung. Ansätze eines phänomenologisch begründeten anthropologischen und sozialwissenschaftlichen Denkens in der Erziehungswissenschaft. Weinheim: Beltz.

Lippitz Wilfried, 1993: „Zu den Sachen selbst. Phänomenologische Forschungen in der Pädagogik. In: Ders. Phänomenologische Studien in der Pädagogik. Weinheim: Deutscher Studienverlag. 43–47.

Lippitz Wilfried, 1993a. „Lebenswelt" – kritisch betrachtet. Ein Wort und viele Konzeptionen. Zur Karriere des Begriffs in der Sozialforschung. In: Ders.: Phänomenologische Studien in der Pädagogik. Weinheim: Deutscher Studienverlag, 48–74.

Lippitz, Wilfried, 1993b. Das Subjekt in der Erziehung. Anmerkungen zum pädagogischen Verstehen und Wissen. In: Brozio, P./Weiß, E. (Hrsg). Pädagogische Anthropologie, biographische Erziehungsforschung, pädagogischer Bezug. Festschrift zum 65jährigen Geburtstag von Werner Loch. Hamburg 165–187

Lippitz Wilfried: Between „Unitary Reason" and its Pluralistic Development. In: Vandenberg Donald (Ed.): Phenomenological and Educational Discourse. Heinemann Philosophy of Education Series. Butterworth: Durban 1996.

Lipps Hans, 1968. Hermeneutische Logik. 3. Aufl. Frankfurt/Main: Klostermann.

Manen Max van, 1978–79. An Experimental in Educational Theorizing. The Utrecht School. In Interchange, Vol. 10, No. 1, 48–66.

Manen Max van, 1996. Phenomenological Pedagogy and the Question of Meaning. In: Vandenberg, Donald: Phenomenological and Educational Discourse. Heinemann Philosophy of Education Series. Durban: Butterworth: 1996.

Masschelein Jan. Pädagogisches Handeln und Verantwortung. Erziehung als Antwort. In: Meyer-Drawe, Käte; Peukert, Helmut; Ruhloff, Jörg (Hrsg.): Pädagogik und Ethik. Beiträge zur zweiten Reflexion. Weinheim: Deutscher Studienverlag 1992, 81–104.

Meyer-Drawe Käte, 1994. Leiblichkeit und Sozialität. Phänomenologische Beiträge zu einer pädagogischen Theorie der Inter-Subjektivität. München: Fink.

Meyer-Drawe Käte, 1990. Illusionen der Autonomie. Diesseits von Ohnmacht und Allmacht des Ich. München.

Meyer-Drawe Käte, 1986. Zähmung eines wilden Denkens? Piaget und Merleau-Ponty zur Entwicklung der Rationalität. In: Metraux Alexandre & Waldenfels Bernhard (Hrsg.), Leibhaftige Vernunft. Spuren von Merleau-Pontys Denken. München: Fink.

Rang Adalbert & Rang Brigitte, 1991. Een bekende onbekende – over de receptie van Langevelds werk in Duitsland. Ped. Tijdschrijft 16 (3) 178–192.

Van den Berg J. H. & Linschoten J. (red.) 1953. Persoon en Wereld: Bijdragen tot de Phaenomenologische Psychologie. Utrecht: Bijleveld.

Waldenfels Bernhard, 1985. Die Abgründigkeit des Sinnes. Kritik an Husserls Idee der Grundlegung. In: Waldenfels B., In den Netzen der Lebenswelt. Frankfurt/M.: Suhrkamp.

Waldenfels Bernhard, 1994. Antwortregister. Frankfurt/M.: Suhrkamp.

Weijers Ido, 1991. Terug naar het behouden hus. Romanschrijvers en wetenschappers in die jaren vijftig. Amsterdam: SUA.

Weijers, Ido, 1995. Mündige Bürger. Eine kulturhistorische Platzbestimmung der Pädagogik des M. J. Langeveld. In : Päd. Rundschau 48 (1995), 61–72.

Welter Rüdiger 1986. Der Begriff der Lebenswelt. Theorien vortheoretischer Erfahrungswelt. München: Fink.

„Die realistische Wendung[1] in der pädagogischen Forschung". Heinrich Roth (1906–1983) und sein Verhältnis zur geisteswissenschaftlichen Pädagogik

Waltraud Harth-Peter

I.

Kaum ein anderer Pädagoge der 60er und 70er Jahre befand sich so im Blickpunkt der damaligen Öffentlichkeit, und keine anderen pädagogischen Aussagen wurden so kontrovers diskutiert wie die Heinrich Roths. Als er 1962 bei seiner Antrittsvorlesung anläßlich seiner Berufung an das traditionsreiche geisteswissenschaftlich-pädagogische Seminar der Universität Göttingen „Die realistische Wendung in der pädagogischen Forschung" ausrief, wurde vor allem von den Schülern der Nohlschen „Göttinger Schule" ein Paradigmenwechsel von der philosophisch begründeten Pädagogik zur positivistisch verkürzten Empirischen Erziehungswissenschaft befürchtet. In der Tat standen nach 1945 die großen alten Männer der geisteswissenschaftlichen Pädagogik der Vorkriegszeit: Herman Nohl, Theodor Litt, Eduard Spranger und Wilhelm Flitner einer jüngeren Generation von Wissenschaftlern gegenüber, die sich entweder völlig von der Verstehensideologie der geisteswissenschaftlichen Pädagogik distanziert hatten oder die die Gefahr der *Methodenverengung* allein auf das hermeneutische Verfahren durch Orientierung an anderen, wie den erfahrungswissenschaftlichen bzw. kausal-analytischen Verfahren zumindest abschwächen wollten. Heinrich Roth, der dieser jüngeren Generation angehörte, hatte in den 20er Jahren die konventionelle Lehrerbildung[2] absol-

[1] Der Begriff der „realistischen Wendung" ist dem Thema der Antrittsvorlesung Heinrich Roths entnommen, die er am 21. Juli 1962 anläßlich der Besetzung seines Lehrstuhls in der Georg-August-Universität zu Göttingen vorgetragen hat. Der Begriff steht in der Folgezeit für eine Tendenzwende in der pädagogischen Forschung im Sinne der stärkeren Hinwendung zu der (empirischen) Überprüfung zugänglicher Themen und zu real- und erfahrungswissenschaftlichen gesicherten Methoden. Die Ausführungen und Zitate in diesem Beitrag sind dem Abdruck der Rede in: Neue Sammlung 1962, S. 481–490 entnommen.

[2] Heinrich Roth strebte nach seiner Ausbildung als Volksschullehrer die allgemeine Hochschulreife an und studierte an den Universitäten Erlangen und Tübingen, um den Abschluß der „Höheren Prüfung für den Volksschuldienst" in Baden-Würt-

viert, aber sich in einem weiteren universitären Studium ebenso intensiv der experimentellen Pädagogik und Psychologie[3] zugewandt. Als Heerespsychologe hatte er ausgiebig Gelegenheit, verschiedene empirische Verfahren zu erproben und seine Kenntnisse in den *empirischen Methoden* zu vertiefen. Nach dem Zweiten Weltkrieg allerdings fühlte er sich nach eigenen Aussagen zunächst – emotional überwältigt von der Bildungskatastrophe in Deutschland – *ideell* der geisteswissenschaftlichen Pädagogik verpflichtet, da er sich in einer ähnlichen Situation wähnte wie die geisteswissenschaftlichen Pädagogen nach dem Ersten Weltkrieg[4]. Als Lehrer, der seine pädagogischen Vorstellungen ausgiebig in der Jugendbewegung reifiziert hatte, sah er sich – und dabei berief er sich ausdrücklich auf Herman Nohl – zur inneren Erneuerung des Landes durch Erziehung und Aufklärung berufen. In der Folgezeit wurde er Mitglied des Deutschen Bildungsrates sowie führender Kopf der Reform des deutschen Bildungswesens und wurde Mittelpunkt des bildungspolitischen und damit des öffentlichen Interesses.

Heute dagegen würdigen nur wenige Pädagogen, wie beispielsweise Dietrich Benner[5] oder Dietrich Hoffmann[6], sein Gesamtwerk kritisch und versuchen es, in die heterogene Landschaft

---

temberg zu erreichen und zu promovieren. Dieses Ziel setzte er sich, damit er jene akademische Ehren erhielt, die ihm als Volksschullehrer verschlossen blieben. Das unterschiedliche „Prestige" in der Lehrerbildung hatte bereits 1917 Theodor Litt offiziell verteidigt, nämlich daß allein die Gymnasiallehrer Zielgruppe der universitären Pädagogik seien und „dem Volksschullehrer" der „Einblick in das Wesen der Kultur" eben „seiner ganzen Bildung nach" versagt bleiben muß. (In: Thesen und Verhandlungsbericht. Pädagogische Konferenz im Ministerium der geistlichen und Unterrichts-Angelegenheiten am 24. und 25. Mai 1917. Wiederabdruck in: H. D. Haller und D. Lenzen, Jahrbuch für Erziehungswissenschaft 1977/78: Wissenschaft im Reformprozeß. Aufklärung oder Alibi?, Stuttgart 1977, S. 133–157; Zit. S. 147).

[3] Die experimentelle Pädagogik gehörte an manchen Universitäten, wie zum Beispiel in Leipzig, traditionell zu einem Lehrstuhl für Pädagogik. (Vgl. Eduard Spranger, in: ebda, S. 147.) Roth studierte daneben noch Psychologie.

[4] Vgl. dazu u. a. Ernst Lichtenstein, Die letzte Vorkriegsgeneration in Deutschland und die hermeneutisch-pragmatische Pädagogik, in: 5. Beiheft der Zeitschrift für Pädagogik 1964, S. 5–33. Lichtenstein bezieht sich vor allem auf Herman Nohl, Aloys Fischer, Theodor Litt, Eduard Spranger und Peter Petersen.

[5] Vgl. vor allem: Dietrich Benner, Hauptströmungen der Erziehungswissenschaft, München 1973

[6] Vgl. dazu neuerdings: Dietrich Hoffmann, Heinrich Roth und die andere Seite der Pädagogischen Erziehungswissenschaft in der Epoche der Bildungsreform, Weinheim 1995 (mit ausführlicher Bibliographie), aber auch frühere Schriften von Hoffmann. Dieser beschreibt selbst sein anfängliches Zögern, sich den Gedanken Roths zu öffnen, bis er, erst in Göttingen, seine Fragestellung als interessant und nachdenkenswert fand.

pädagogischer Theorie in Deutschland einzuordnen[7]. Die lückenhafte Rezeption der Pädagogik Roths mag verschiedene Ursachen haben:
Zwar wird Roth heute noch als *bildungspolitische Symbolfigur* gesehen[8], seine Reformvorschläge zur Erneuerung des deutschen Bildungswesens werden jedoch ebenso wie seine Mitarbeit beim *Deutschen Bildungsrat* als überwundenes Zeitphänomen der deutschen Bildungseuphorie abgegolten und bildungs*politisch* als Fehlschlag interpretiert. Eine eingehende Beschäftigung mit den Entwürfen zu den Empfehlungen des Deutschen Bildungsrates ist daher nur noch am Rande Gegenstand pädagogischer Forschungsarbeit. Bereits während der zweiten Amtsperiode des Deutschen Bildungsrates wurden die von ihm vorgelegten Strukturpläne nicht einmal mehr hinreichend diskutiert, obwohl gerade das Konzept für die Neuordnung der Sekundarstufe II von 1974 heute von Ulrich Herrmann als der „einzige Reformansatz nach 1945" eingeschätzt wird, „der im deutschen Bildungs- und Erziehungswesen überkommene Strukturen und Traditionen als solche änderte, ohne auf alternative bildungstheoretische oder gesellschaftskritische Positionen rekurrieren zu müssen."[9] Roths beharrliches Ringen um eine Demokratisierung der Schule wurde allenfalls nur vereinzelt, allerdings mit großem Engagement weitergedacht, wie es sein ehemaliger Kollege und Nohl-Nachfolger in Göttingen, Hartmut von Hentig[10], durch seine Schriften zur Humanisierung der Schule mehrfach bewiesen hat.
Während seine zweifelsohne fruchtbaren Vorschläge zu einer umfassenden Bildungsreform derzeit zu wenig Beachtung finden, erscheinen aus heutiger Sicht – und das nur am Rande erwähnt – Roths Bestrebungen, auch die universitäre Ausbildung der Pädagogen umzugestalten, um den durch die Bildungsreformvorschläge entstandenen Bedarf an professionellen Pädagogen zu decken, jedoch überaus bedenklich: Sein Einsatz für eine Modernisierung

---

[7] In einigen pädagogischen Nachschlagewerken oder bei Darstellungen wissenschaftstheoretischer Positionen in der Pädagogik wird Roth entweder gar nicht oder nur am Rande dargestellt, oder es werden nur Schlagworte wie „Bildsamkeit" erläutert, ohne Bezug zu seinem pädagogischen Gesamtwerk.

[8] Vgl. dazu Franz E. Weinert: Vom statischen zum dynamischen Bildungsbegriff? Die Kontroverse um den Begabungsbegriff Heinrich Roths im Lichte neuer Forschungsergebnisse. In: Die Deutsche Schule 1 (1984). Vortrag, gehalten anläßlich des ersten Todestages von Heinrich Roth.

[9] Vgl. dazu u. a.: Ulrich Herrmann, Erziehung und Bildung in der Tradition Geisteswissenschaftlicher Pädagogik, in: Enzyklopädie Erziehungswissenschaft, Band 1, hrsg. von Dieter Lenzen; Klaus Mollenhauer, Stuttgart [2]1992, S. 37

[10] Zuletzt: Hartmut von Hentig, Schule neu denken, München und Wien [2]1993.

der Erziehungswissenschaft, man denke an die Einrichtung des Diplomstudienganges für Pädagogik an Universitäten, erweist sich in den 90er Jahren nachgerade als Bumerang einer Bildungsutopie angesichts der Schwemme von pädagogischen bzw. erziehungswissenschaftlichen Lehrstühlen und einer immer noch, trotz miserabler Berufsperspektive, wachsenden Studentenzahl[11].

Nicht nur Roths Vorschläge zur Bildungsreform waren umstritten, auch sein *Begabungsbegriff*, den er in etlichen Dokumentationen des Deutschen Bildungsrates dargelegt, aber auch in populärwissenschaftlichen Schriften transparent gemacht hatte, wurde damals bei den Befürwortern einer umfassenden Bildungsreform hoch beachtet und gelobt, bei den Reformgegnern, vor allem in seinem heimatlichen Bundesland Baden-Württemberg, genauso vehement kritisiert und diffamiert[12]. Er unterlag ebenso wie die Reformvorschläge insgesamt der politischen Kontrolle, obgleich Roth die Neubestimmung des Begabungsbegriffs weniger als bildungspolitisches Argument, sondern vielmehr als *anthropologische Aussage* betrachtet hatte. Die Annahme eines *dynamischen Begabungsbegriffes*[13], der, wie Roth selbst gesagt hatte, aus seiner immer wieder gleichen Frage resultierte: „Was ist der Mensch und wie veränderbar ist er unter dem Einfluß von Erziehung?"[14], wurde das Kernstück seiner Pädagogik, die er in seiner umfangreichen *„Pädagogischen Anthropologie"* in zwei Bänden darlegte. Roth wollte weg von der bislang von ihm gelehrten pädagogischen Psychologie, in der er sich vor allem auf lernpsychologische und didaktisch-methodische Probleme spezialisiert hatte, zu einer Pädagogik, wie sie ihm als Lehrstuhlinhaber für Pädagogik – gerade an der Universität Göttingen – geboten schien. Wurde damals sein Begabungsbegriff aus politischem Unbehagen und Mißtrauen gegenüber einem vermeintlich „sozialistisch" eingefärbten Bildungsverständ-

[11] Im Wintersemester 1996/97 immatrikulierten sich an der Julius-Maximilians-Universität in Würzburg 145 Studenten für das Fach Diplom-Pädagogik und 68 für das Fach Pädagogik im Magisterstudiengang.

[12] Die Gründe für eine pauschale Kritik und Diffamierung mögen in den teilweise populärwissenschaftlich gehaltenen Schriften Roths liegen, die darauf angelegt waren, seinen bildungsreformerischen Standpunkt zu erläutern; die jedoch oft wenig stringente Argumente enthielten.

[13] Roth wurde deshalb oft angegriffen, weil er den, in seinen sehr differenzierten Untersuchungen und Darlegungen begründeten, dynamischen Begabungsbegriff, in öffentlichen Auseinandersetzungen auf die Formel von dem Begabt-werden-müssen eines Schülers brachte und somit rigoros vereinfachte.

[14] Heinrich Roth und Dagmar Friedrich: Der Lehrer und seine Wissenschaft: Erinnertes und Aktuelles. Ein Interview von Dagmar Friedrich zu seinem 70. Geburtstag, Hannover 1976, S. 53.

nisses abgelehnt, so gewänne gegenwärtig Roths Begabungsbegriff wieder an Brisanz aufgrund der neueren biologischen Theoreme: Gegen die heutige Rede vom „genetischen Design“ menschlicher Bestimmung hatte Roth bereits vor 40 Jahren pädagogisch-optimistisch argumentiert: Begabung sei für ihn nicht nur – im psychologischen oder biologischen Sinne – als Anlage, Reifung und Entfaltung zu verstehen, sondern vielmehr als Ergebnis eines Prozesses, bei dem der Mensch – im pädagogischen Sinne – „von außen geweckt und begabt werde“[15]. Roth knüpfte in seiner „Pädagogischen Anthropologie“ somit an das Konzept der „verstehenden Psychologie“ an, das er während seiner Studienzeit – vor allem in Tübingen – kennengelernt und in seiner Dissertation[16] als methodischen Ansatz vertreten hatte.

Über seine Tätigkeit als Bildungspolitiker, Schulreformer und pädagogischer Anthropologe hinaus versuchte er ernsthaft, seine *empirischen Forschungsmethoden* immer mehr zu differenzieren und zuverlässiger zu machen. Sein Absicht war, die *pädagogische Tatsachenforschung* mit der hermeneutischen Methode der geisteswissenschaftlichen Pädagogik zu verbinden, so daß diese ihm Anregungen zur Hypothesenbildung lieferte, die er durch das Experiment untermauern wollte. Aber selbst dieses wissenschaftliche Bemühen trug ihm von seinen Methodengegnern teilweise unsachliche Kritik ein. Roth selbst gab in einem „Rechtfertigungsbericht“ am Ende seiner beruflichen Karriere zu, daß er zunehmend mehr empfand, „zwischen den Stühlen zu sitzen“[17], obwohl er immer wieder beteuert habe, sein Forschungsinteresse von einer genuin pädagogischen Fragestellung her habe leiten lassen und somit an der *Autonomie der Pädagogik* habe festhalten wollen, aber, aufgrund des Forschungs*gegenstandes* und der durch ihn gestellten *Grenzen der exakten Methoden*, habe er tatsächlich nur in den *„Vorhöfen“ der Pädagogik* empirische Untersuchungen durchführen können, die überdies Thesen eher verifiziert, als sie im

[15] Vgl. dazu Dietrich Hoffmann, Heinrich Roth oder die andere Seite der Pädagogik, Weinheim 1995, S. 53f.

[16] Seine Dissertation war im Gegensatz zu den übrigen Themen, die sein Doktorvater Kroh vergab, keine empirische Arbeit, sondern diente Roth dazu, seine Vergangenheit als Jugendbewegter in seiner ganzen psychologischen Struktur aufzuarbeiten. Roth entlehnte seine Methode eher der Sprangerschen geisteswissenschaftlichen Psychologie.

[17] Vgl. dazu: Heinrich Roth und Dagmar Friedrich: Der Lehrer und seine Wissenschaft: Erinnertes und Aktuelles. Ein Interview von Dagmar Friedrich zu seinem 70. Geburtstag, Hannover 1976, S. 154f.

strengen Popperschen Sinne kritisch-rationalistischer Beweisführung falsifiziert haben.[18]

Es waren nicht die großen Entwürfe einer philosophisch begründeten Pädagogik, die Roth bewegten, sondern ganz pragmatische Fragen, die, nicht zuletzt durch seine Amerikareise in den 50er Jahren angeregt, für ihn notwendige Fragen einer Erziehungswissenschaft waren, die die „ihr immanente praktische Tendenz nicht leugnen" und daher nicht als „reine Wissenschaft" leben kann. „Sie ist entweder ‚Theorie einer Praxis', oder sie ist müßig. Sie ist ... eine ‚pragmatische Wissenschaft'. Sie kann als Wissenschaft von der Erziehung keinen anderen Inhalt haben als das kritisch gesichtete und einheitlich geordnete Wissen von den *erzieherischen Bedingungen und Hilfen für die Menschwerdung des Menschen.* Das ist aber ein nur ihr eigentümlicher Aspekt, den ihr keine andere Wissenschaft abnehmen kann."[19] So beschäftigte er sich in zahlreichen Studien mit Disziplinkonflikten in der Schule genauso wie mit der möglichen Zunahme von Aggressionen bei Kindern und Jugendlichen durch Gewalt darstellende Medien. Aber die Themen und vor allem die Vielzahl seiner Untersuchungen brachten ihm trotz aller Beteuerungen der Rückgebundenheit an eine übergreifende Theorie die Bewertung ein, eine lediglich technologisch ausgerichtete Erziehungswissenschaft auf der Grundlage eines naiven Positivismus praktizieren zu wollen; andere polemisierten sein Bemühen um empirische Absicherung pädagogischer Sachverhalte als kleingeistige „Fliegenbeinzählerei".

Die Vorwürfe, oder wie Roth sagt, die „Verkennung" seiner Arbeit, und zwar auf fast allen Gebieten seines Schaffens, ließen ihn am Ende seines Lebens nicht resignieren, sondern seine Überzeugung, als Wissenschaftler richtig gehandelt zu haben und „*Vermittler zwischen der alten und der neuen Generation*" [von Pädagogen; W. H.-P.] gewesen zu sein, ist bezüglich der ungenügenden Rezeption bis zuletzt ungebrochen: „Eigentlich war Herman Nohl der erste, der meine Möglichkeiten schlichtweg erkannte und uneigennützig bejahte.

---

[18] Roth verweist dabei auf die „hervorragenden Abhandlungen" von Popper und Albert, weist sie jedoch – auf den Forschungsgegenstand der Pädagogik bezogen – als „reine Phantasie" zurück (vgl. Heinrich Roth, Der Lehrer und seine Wissenschaft ..., S. 63): „Und da muß ich sagen, eine auch nur verifizierte Hypothese ist mir dann schon lieber als reine Phantasie ..."

[19] Heinrich Roth, Die Bedeutung der empirischen Forschung, in: Ders.: Erziehungswissenschaft, Erziehungsfeld und Lehrerbildung. Gesammelte Abhandlungen 1957–1967. Hrsg. von Hans Thiersch und Hans Tütken. Hannover 1967, S. 11; Herv. Roth.

Meine endgültige Einreihung muß die Geschichte der Pädagogik vollziehen. Man sieht wohl heute noch nicht recht, was Figur und was Grund ist. Einer Erwähnung werde ich wert sein. Man kann auch wieder ausgegraben werden. Wer weiß, welche Wellen noch was alles wegspülen."[20]

Der vorliegende Beitrag kann sich nicht dem Rothschen Werk in seiner ganzen Fülle widmen, sondern beschränkt sich darauf, eben diese von Roth beschriebene Vermittlerfunktion zu beleuchten, d.h. *sein Verhältnis zur geisteswissenschaftlichen Pädagogik* nachzuzeichnen, wobei drei Fragen im Vordergrund stehen.

1. Die erste Frage betrifft die von Roth oft beteuerte geisteswissenschaftliche Basis seiner Hypothesenbildung. Vor allem verwahrte er sich energisch gegen eine Zweiteilung der Forschung in eine theoretische und in eine empirische. Er wollte mit seinen Untersuchungen in keinem Fall den Bruch mit der geisteswissenschaftlichen Tradition herbeiführen, „sondern [...] ihre *Weiterentwicklung* mit zusätzlichen neuen Mitteln, bezogen auf die konkreten Aufgaben der Pädagogik an allen Fronten". „Realistisch zu denken" hieß für ihn nicht, „deshalb auch ... „unphilosophisch" zu denken, ganz im Gegenteil: „realistisch zu denken, verlangt soweit wie möglich den gesamten geistesgeschichtlichen Kontext mitzudenken und mitzureflektieren, bevor man glaubt, eine Sache oder eine Situation erkannt zu haben und sie adäquat weiterentwickeln zu können"[21]. Die Frage wird zu beantworten sein, ob Roth aufgrund seiner selbst formulierten Zuordnung in der Tat umstandslos in die geisteswissenschaftliche Pädagogik einzureihen ist, oder ob er einer eigenständigen „Empirischen Erziehungswissenschaft" zugerechnet werden muß, die, so wie sie Reble in der „Geschichte der Pädagogik" beschreibt, 1945 *neben* der „geisteswissenschaftlich-philosophischen Pädagogik" entstanden ist[22]. Roth hätte sich dann schlicht in seiner Selbsteinschätzung geirrt.

2. Besteht Roths Integrationsversuch allerdings darin, die *hermeneutische Methode* durch ein *empirisches Verfahren* zu ergänzen, stellt sich die zweite, auf der Ebene der Wissenschaftstheorie angesiedelte Frage nach den möglichen Motiven, die ihn zu dieser Selbsteinschätzung veranlaßt haben: Will Roth etwa durch die von ihm geforderte „realistischen Wendung" die bislang noch nicht ein-

---

[20] Heinrich Roth und Dagmar Friedrich: Der Lehrer und seine Wissenschaft: Erinnertes und Aktuelles. Ein Interview von Dagmar Friedrich zu seinem 70. Geburtstag, Hannover 1976, S. 155.

[21] ebda, S. 158.

[22] Vgl. Albert Reble, Geschichte der Pädagogik, Stuttgart [15]1989, S. 382.

geforderte *Programmatik* Diltheys einer geisteswissenschaftlichen Pädagogik gerade *einlösen*, indem er sich um einen *pädagogischen Erfahrungsbegriff* bemüht, der das Experiment und damit die empirische Forschung als legitime Methode in das Programm mit aufnimmt, um die Wirkungen pädagogischen Handelns und damit das Praktischwerden einer pädagogischen Theorie in der Erziehungswirklichkeit zu überprüfen[23]?

3. Eine dritte Möglichkeit, sein Verhältnis zur geisteswissenschaftlichen Pädagogik zu klären, eröffnet Roth selbst, indem er mögliche Kritik vorwegnimmt, „die feststellt, es handele sich um einen eklektischen Versuch“ bei der Erweiterung seines pädagogisch-psychologisches Interesses auf pädagogisch-theoretische Fragen. Hat er hellsichtig die in den 60er Jahren festzustellende Engführung der geisteswissenschaftlichen Pädagogik zu einem *Methodenmonismus* erkannt und sie mit der „idealistischen“ und „intuitiven“[24] hermeneutische Methode gleichgesetzt, die er einfachhin mit einer „realistischen“ und „exakten“ Methode ergänzen wollte? So gesehen, kann jedoch das Verhältnis Roths zur geisteswissenschaftlichen Pädagogik nicht auf programmatischer oder wissenschaftstheoretischer Ebene betrachtet werden, sondern bleibt eine Frage der *Forschungsmethoden*.

Einige wenige biographischen Daten[25] unter systematischem Aspekt sollen den Zugang Roths zur geisteswissenschaftlichen Pädagogik leichter nachvollziehen lassen.

II.

Heinrich Roth wurde am 1. 3. 1906 in Gerstetten, einem kleinen Örtchen in der Schwäbischen Alb in der Nähe von Ulm geboren; aufgewachsen ist er bei seiner Tante und seinem Onkel in Ulm. In dem kleinbürgerlichen Umfeld seiner Familie bekamen die *Kinder- und Jugendgruppen* und vor allem die *Schule* – er besuchte mangels eines örtlichen Gymnasiums die Mittelschule – große Bedeutung und bildeten den Lebensinhalt seiner Kindheit und Jugend. Bereits mit 14 Jahren entschied er sich, den Lehrerberuf zu ergreifen und

[23] Vgl. dazu vor allem: Max Frischeisen-Köhler, Die Grenzen der experimentellen Methode, in: Ders. Philosophie und Pädagogik, hrsg. von Herman Nohl (1931), Weinheim 21962, S. 110–150.

[24] Vgl.: Heinrich Roth: Die realistische Wendung in der Pädagogischen Forschung, in: Neue Sammlung 1962, S. 484.

[25] Diese Kurzbiographie folgt den Selbstzeugnissen Roths in: Der Lehrer und seine Wissenschaft und Daten aus verschiedenen einschlägigen Lexika.

trat in das Lehrerseminar in Künzelsau ein. Inzwischen war er bereits führendes Mitglied einer Wandervogelgruppe und mit ganzer Verve der *Jugendbewegung* verbunden. Bereits damals las er – heimlich[26] – Eduard Spranger und bildete u. a. durch ihn sein Verständnis für die „jugendliche Subkultur". Nach seiner Ausbildung – er war drei Jahre arbeitslos – bekam er aufgrund seiner Verbindung im Wandervogel eine Hauslehrerstelle in Erlangen. Er nutzte die Zeit, um mit der kleinen Matrikel – d. h. ohne Abitur – Theologie, Philosophie und Pädagogik[27] zu studieren. Gleichzeitig träumte er mit dem Wandervogel *den Traum des besseren Menschen*. Noch ein anderer Traum blieb ihm erhalten, den er in den darauffolgenden Jahren zu realisieren verstand: Er wollte das Abitur nachholen und in den „akademischen Stand" aufsteigen, obwohl dieser von Akademikern der damaligen Zeit als dekadent und wenig zukunftsträchtig angesehen wurde. Während des Nationalsozialismus ging Roth nach eigenen Aussagen den Weg der Anpassung. Er empfand mit den anderen Jugendbewegten die Politik Hitlers als „organisierte Mittelmäßigkeit, Dummheit und Brutalität" und zog sich in den intellektuellen Kreis des Wandervogels zurück. Vom Ideal der Jugendbewegung ergriffen, machte er Pläne für einen modernen Unterricht, die er mit zwei anderen Ideen verknüpfte: mit der Idee des „Nichtfestgestelltseins" des Menschen und mit der Vorstellung einer „unpolitischen Schule". Seine Ideale verwirklichte er außerschulisch beim Aufbau der Bündischen Jugendgruppe, die er politisch als „sozial-liberal" und kulturell „elitär" bezeichnete und deren Niedergang er durch das Hitlerregime erlebte. 1931 nahm Roth sein Studium wieder auf; dieses Mal in Tübingen. Er hörte u. a. Eduard Spranger[28]; sein Doktorvater aber wurde der Entwicklungspsychologe Oswald Kroh. Durch ihn kam Roth zur empirischen Forschung. An die Stelle seines vom jugendbewegten Miterleben und Erleben durchwirkten pädagogischen Verstehens, traten nun für Roth das Erkennen und das Erklären durch exakte Methoden. Trotz dieser neuen Erkenntnisweisen verfaßte Roth eine nicht-empirische Dissertation über das „Phänomen der Gruppe", um, wie er sagte,

---

[26] Im Lehrerseminar wurde nämlich die Lektüre als akademische Versponnenheit moderner Pädagogen stark kritisiert.

[27] Dieses Fach studierte er allerdings aufgrund der schlechten Lehrer ohne nennenswertes Engagement. Da die Seminarteilnehmerzahlen sehr niedrig waren, konnte er jedoch die beiden ersten Fächer mit größter Intensität studieren.

[28] Während seines Studiums setzte er sich vor allem mit Aloys Fischer und Carl Schmitt auseinander.

sich von der Jugendbewegung „loszuschreiben". 1933 beendete er sein Studium.
Auf den Rat und die Vermittlung Krohs[29] wurde Roth Psychologe in der Heerespsychologie[30] – bald in führender Position, die er, ohne das System, zumindest nach außen erkennbar, in Frage zu stellen, zehn Jahre inne hatte. In dieser Zeit begegnete und arbeitete er u. a. zusammen mit Max Simoneit, Philipp Lersch, Peter Hofstätter, Otto Tumlirz, Hubert Rohracher, Hans Moser und Arnold Gehlen. Roth konnte seine Studien durch die zweifelsohne optimalen Arbeitsbedingungen und durch eine relative Autonomie der Themenauswahl mit Hilfe fachlich ausgewiesener Diskussionspartner und einem breiten Literaturstudium vertiefen. Die politische Aufklärung über die Vorgänge in Deutschland durch sein Klientel – Soldaten, Offiziere, politische Außenseiter – konnten ihn nicht von seiner Forschungsarbeit abhalten.
Nach dem Krieg ging er zunächst als Seminarlehrer in sein altes Seminar in Künzelsau zurück und beschäftigte sich wissenschaftlich hauptsächlich mit dem Phänomen Lernen und Gedächtnis; zahlreiche Veröffentlichungen aus dieser Zeit zeugen von seinem Forschungsinteresse: Die Spannbreite ging von didaktischen Problemen im Unterricht über Fragen zur Begabung und zum „Begaben" bis hin zum lebendigen, entdeckenden Lernen. Ende der 40er Jahre widmete er sich der Lehrerbildungsreform. Er wurde zu einer siebenmonatigen Studienreise in die USA eingeladen, um das amerikanische Bildungssystem kennenzulernen, von dem er noch im hohen Alter mit Begeisterung sprach. Zurückgekehrt nach Deutschland, widmete er sich mit ganzer Kraft einer grundsätzlichen Schulreform. Seine Anreger und Kollegen aus dieser Zeit waren Eduard Spranger, Herman Nohl, Wilhelm Flitner, Paul Barth, Kurt Lewin, Max Wertheimer, Jean Piaget, John Dewey und Paul Häberlin; mit Theodor Ellwein, Hellmut Becker und Eugen Fink arbeitete er eng zusammen. Seine Forderung einer völligen Neustrukturierung des deutschen Bildungswesens bereiteten ihm in seinem eigenen Bundesland Baden-Württemberg politisch zunehmend Schwierigkeiten. Er nahm daher 1956 sehr gern den Ruf an die damalige Hochschule für Internationale Pädagogische Forschung (HIPF) in Frankfurt an. Als Nachfolger von Erich Hylla auf dem Lehrstuhl für Pädagogische Psychologie setzte er

[29] Roth sah sich durch seine Nähe zur Bündischen Jugend und deren Widerstand gegen das Regime durch die Nationalsozialisten in Gefahr.
[30] Er kam zunächst nach München, dann nach Salzburg, um nach dem Zusammenbruch der Heerespsychologie 1943 doch noch Soldat zu werden.

sich weiter mit empirischen Forschungen zum Lehrer- und Schülerverhalten und zur Jugendgruppe auseinander. Ein intensives, aber auch kritisches Studium der Statistik ermöglichte ihm einen weiteren Anschluß an die internationale erfahrungswissenschaftliche Forschung.
Unterstützt durch Theodor Adorno und Max Horkheimer[31], bewarb er sich als Nachfolger von Heinrich Weinstock in Frankfurt. Er wurde jedoch von der Berufungskommission abgelehnt, u.a. wegen seiner als „nazistisch" bewerteten Dissertation[32]. Am HIPF bleibend, schrieb er seine – für Lehrer – populär gehaltene Schrift „Pädagogische Psychologie des Lehrens und Lernens"[33] (1957). In den folgenden Jahren arbeitete er eng mit Paul Heimann zusammen. Die Bekanntschaft mit Josef Derbolav und Jan Martinus Langeveld machte sich in der Diskussion seiner Forschungsergebnisse und seiner Hypothesenfindung bemerkbar.[34] Höhepunkt seiner Karriere war seine Berufung an die Universität Göttingen. Überschattet vom Tod Erich Wenigers[35], der lange in Vorverhandlungen mit Roth stand und ihn als psychologischen Pädagogen und damit als „Pendant" zur philosophisch orientierten geisteswissenschaftlichen Pädagogik nach Göttingen holen wollte, begann er seine neue Aufgabe mit gänzlich anderen Vorzeichen, als mit Weniger vereinbart. Um das Bollwerk von Vorurteil der traditionsbewußten Studenten gegenüber dem Empiriker Roth zu durchbrechen, versuchte dieser einen Brückenschlag zwischen „Theorie" und Empirie. Vorsichtig schlug er einen Weg von der Pädagogik zur Erziehungswissenschaft und von der Erziehungswissenschaft zur Handlungs- und Sozialwissenschaft vor[36] und gewichtete seine Lehre anders als bisher. So begann er in den darauffolgenden Jahren, seine pädagogische Psychologie zu einer

---

[31] Der an der Frankfurter Universität sehr umstrittene Horkheimer blieb Roth privat verbunden und stand im regen Gedankenaustausch mit ihm.

[32] Die Bewertung seiner Dissertation machte ihn betroffen, zumal er sein Thema als in der damaligen Zeit brisantes Thema einschätzte und warf den Urteilenden mangelnde „Differentialdiagnose" vor. Roth gab jedoch seine Arbeit, die 1938 in Druck ging, später seinem Schüler Thiersch zur Beurteilung, der sie als zumindest „faschistoid" bezeichnete.

[33] Sein Forschungsschwerpunkt verlagerte sich – aufgrund des amerikanischem Vorbildes – auf die Entwicklung von Tests für Schüler und Lehrer mit dem Ziel des Erkennens von individuellen Förderungsmöglichkeiten der Schüler.

[34] Roth setzte sich sowohl mit der Phänomenologie als auch mit der praxeologischen Grundlegung der Erziehungswissenschaft auseinander.

[35] Weniger war nach Aussagen Nohls gerade dabei, seiner Pädagogik eine gesellschaftspolitische Dimension zu verleihen und wollte einen Empiriker an seiner Seite wissen.

[36] Vgl. dazu seine Antrittsvorlesung.

pädagogischen Anthropologie auszuweiten, zentriert um die Begriffe „Bildsamkeit und Bestimmung".[37] Immer wieder verteidigte er die Grundlagen seines methodischen Verfahrens, das er in eine übergeordnete Theorie eingebettet sah: Von der Idee zur phänomenologischen Analyse der Erziehungssituation über eine intensive Auseinandersetzung mit den historischen Beständen eröffne sich, so Roths eigene Beschreibung seines Vorgehens, ein „Forschungsdesign", das empirisch untersucht, als „Theoriestück" in den „gesamten Theoriezusammenhang, der vorliegt, eingebaut werden"[38] muß.

III.

Gerade die Begründung seines eigenen Forschungsansatzes einer erfahrungswissenschaftlichen Pädagogik, die von einer Kooperation hermeneutischer und empirischer Verfahren ausgeht, bei der es, wie Heinrich Roth formuliert, gelte, „Methoden zu entdecken und zu schaffen, die es erlauben, die intuitive Hermeneutik ... auf erfahrungswissenschaftliche Grundlagen zu stellen und dadurch deutlicher abzusichern"[39], erbrachten ihm aus Kollegenkreisen kritische Zweifel an seiner wissenschaftstheoretischen Position. Bereits in seinem frühen Aufsatz über „Die Bedeutung der empirischen Forschung für die Pädagogik" (1958) verweist er auf den Zusammenhang von (geisteswissenschaftlicher) Theorie und forschender Empirie als der Beziehung von Idee und Wirklichkeit: „... das Seinsollende ist nicht einfach aus der Empirie abzuleiten. Aber das pädagogisch Gesollte ist per definitionem ein zu verwirklichendes Gesolltes. Dogmatischer Apriorismus ist ebenso falsch wie dogmatischer Empirismus. Es gilt, das Gesollte in der Idee und in der Wirklichkeit (als Bestandteil der Wirklichkeit) zu erforschen ... Wahrheit ohne Hilfe der Erfahrung – a priori – zu suchen und zu finden, ist reine Philosophie im Sinne von Kategorien- und Prinzipienlehre. Wissenschaft ist immer Erkenntnisbemühung

[37] Im Rückblick auf seine pädagogische Laufbahn in Göttingen nennt er als Höhepunkte dieser Laufbahn neben zwei für ihn erstellten Festschriften die Berufung Hartmut von Hentig auf den Nohl-Lehrstuhl, seinen Antrag zur Gründung der GEW und die Verleihung des Kulturpreises des DGB 1970.

[38] Heinrich Roth und Dagmar Friedrich: Der Lehrer und seine Wissenschaft: Erinnertes und Aktuelles. Ein Interview von Dagmar Friedrich zu seinem 70. Geburtstag, Hannover 1976, S. 63.

[39] Heinrich Roth: Die realistische Wendung in der Pädagogischen Forschung, in: Neue Sammlung 1962, S. 484.

a posteriori. Und es gibt Momente, ‚wo aus der Erkenntnis dessen, was ist, die Regel über das, was sein soll, entspringt.' (Dilthey) ... Es ist deshalb ein Kurzschluß, zu sagen, die Empirie und damit die empirische Forschung habe nichts mit den Sollensproblemen zu tun und zu ihnen nichts beizutragen."[40] Seinen eigenen Ansatz sieht er durch sein Forschungsfeld, das durch den Beziehungszusammenhang zwischen „Bildsamkeit und Bestimmung" des werdenden Menschen markiert ist, bestimmt. Diesen Beziehungszusammenhang will er mit erfahrungswissenschaftlich gesicherten oder zu sichernden Daten erhellen. Mit den Begriffen „Bildsamkeit und Bestimmung" wähnt er sich mitten in der geisteswissenschaftlichen Begrifflichkeit. Er versucht deutlich zu machen, daß mit der „realistischen Wendung" in der pädagogischen Forschung nicht ein Paradigmenwechsel erfolgt ist, sondern vielmehr der Weg zur Pädagogik als datenverarbeitende Integrationswissenschaft[41] beschritten werden soll: „Die Pädagogik wird weiterhin ‚more philosophorum, betrieben werden müssen, denn sie ist die Reflexion über eine Aufgabe, die den Kontrollbereich erfahrungswissenschaftlicher Methodik bei weitem übersteigt,"[42] aber: „Es ist nun meine These, daß sich in allen Grund- und Hilfswissenschaften der Pädagogik eine realistische Wendung vollzogen hat, ein zunehmender Einbau erfahrungswissenschaftlicher Methoden, die die Pädagogik erst noch nachvollziehen und in ihrem Bereich auf ihre originale Weise für sich selbst nachzuentwickeln hat."[43]

Doch gerade Roths empirisch-anthropologische Forschungsergebnisse bezüglich des Begriffes der „Bildsamkeit", den er bei Herbart aufsucht und „neu" beantworten will[44], weisen darauf hin, daß er die historische Dimension des Begriffes verkannt und damit die jeweilige Kontextbezogenheit des Begriffes nicht gesehen hat: Roths Erkenntnisinteresse erschöpfte sich in der Frage „wofür bildsam?"[45] und reduziert die geisteswissenschaftliche Diskussion

---

[40] Heinrich Roth, Die Bedeutung der empirischen Forschung, in: Ders.: Erziehungswissenschaft, Erziehungsfeld und Lehrerbildung. Gesammelte Abhandlungen 1957–1967. Hrsg. von Hans Thiersch und Hans Tütken. Hannover 1967, S. 30 und 31

[41] Heinrich Roth, Empirische Pädagogische Anthropologie, in: Heinrich Roth, Erziehungswissenschaft, Erziehungsfeld und Lehrerbildung, S. 141

[42] Heinrich Roth, Die realistische Wendung in der Pädagogischen Forschung, in: Neue Sammlung 2. Jg. (1962), S. 483

[43] ebda, S. 482

[44] Heinrich Roth und Dagmar Friedrich: Der Lehrer und seine Wissenschaft: Erinnertes und Aktuelles. Ein Interview von Dagmar Friedrich zu seinem 70. Geburtstag, Hannover 1976, S. 65

[45] ebda

von Bildsamkeit und Bildung auf sein, auf das Individuum und dessen Entwicklung gerichtetes pädagogisch-psychologisches Interesse, das er, hätten es seine persönlichen „Kräfte“ zugelassen, liebend gern durch eine Gesellschaftstheorie[46] hätte erweitert wollen, die die konkreten Bedingungen für eine Erziehung aufzeigt, unter deren Einfluß sich das Individuum verändern kann. Ob Frischeisen-Köhler[47] oder Nohl[48], die Roth explizit bei seinem Eingliederungsversuch in die geisteswissenschaftliche Tradition als Gewährsleute für seine Aussagen bemüht, beide bleiben sie von seiner Frage des Wofür und Wie von Bildsamkeit, also der bildungspolitischen und psychologischen, weit entfernt. Dem einen geht es vielmehr um das prinzipielle Verhältnis zwischen Geistes- und Naturwissenschaft und um die *Grenzen* empirischer Forschung; dem anderen ist in seiner „Theorie der Bildung“ Bildsamkeit von zentraler Bedeutung als entscheidende Voraussetzung des pädagogischen Erfolgs, die Einwirkung des Erziehers in die Seele des Zöglings als bleibend zu garantieren.
In seiner Antrittsvorlesung verweist Roth weiter auf Dilthey und Weniger, deren großen Verdienste er darin sieht, nicht nur pädagogische Texte interpretiert, sondern auch die *„Erziehungswirklichkeit* als das tragende Fundament der Erziehungswissenschaft entdeckt und der erziehungswissenschaftlichen Forschung aufgegeben“[49] zu haben. Roth fühlt sich von ihnen bestärkt, „beim fortschreitenden wissenschaftlichen Ausbau dieses Fundaments“ mitzuhelfen. Er findet seinen Auftrag, die *„erfahrungswissenschaftlichen Methoden* zur Vergewisserung, Kontrolle, Kritik und Steuerung dieser Wirklichkeit, Normen und Tatsachen, Utopien und Erfahrungen, Maßnahmen und ihre Folgen“ auszubauen und somit zur „Leitung, Kontrolle und Anreicherung des gesamten Lebens- und Wirkungszusammenhanges zwischen gegebenen pädagogischen Ausgangslagen, erstrebten Zielen und vermittelnden Methoden“[50] beizutragen. Sein Erfahrungsbegriff gewinnt durch

---

[46] ebda

[47] Roth weist in seinem Beitrag „Die Bedeutung der empirischen Forschung …“, S. 27, auf Max Frischeisen-Köhler, Die Grenzen der experimentellen Methode, in: Ders. Philosophie und Pädagogik, hrsg. von Herman Nohl (1931), Weinheim ²1962, S. 44.

[48] Vgl. Heinrich Roth, Die Bedeutung der empirischen Forschung für die Pädagogik (1958), in: Heinrich Roth, Erziehungswissenschaft, Erziehungsfeld und Lehrerbildung. Gesammelte Abhandlungen 1957–1967, Berlin, Darmstadt, Dortmund, S. 9–56

[49] Heinrich Roth: Die realistische Wendung in der Pädagogischen Forschung, in: Neue Sammlung 1962, S. 484

[50] ebda

den Rückbezug auf die Wechselbeziehung zwischen „Idee und Wirklichkeit“ im Vergleich zu dem der positivistisch-technologischen Erziehungswissenschaft an Tiefe, weil er, wie Roth hervorhebt, die pädagogische Theorie „kritisch wachhält“ und sie „vor Dogmatisierung bewahrt“[51]. Es handelt sich bei seinem Ansinnen nicht um eine bloße positivistisch verstandene Überprüfung von Theorie, sondern es geht ihm um die fortschreitende Reflexion der Theorie durch empirische Befunde, um „die angeblichen Fakten ..., unter der produktiven Fragestellung, die die pädagogische Idee entwickelt, auf die noch verborgenen pädagogischen Möglichkeiten hin herauszufordern.“[52] Er selbst formuliert ein paar Jahre später seine Zweifel an der Möglichkeit eines pädagogischen Erfahrungsbegriffes überhaupt: „Stelle ich Bildsamkeit und Bestimmung in dieser Weise einander gegenüber, und beharre ich auf der Forderung, Ausgangsmaterial und Grundstock für ein anthropologisches Denken müßten die erfahrungswissenschaftlich gesicherten oder zu sichernden Daten sein, scheinen wir in unauflösbare Widersprüche und Schwierigkeiten zu geraten. Während Bildsamkeit noch mit Hilfe der Medizin, Biologie, Psychologie, Soziologie für die Pädagogik aufbereitbar erscheint, wenn sie hartnäckig an ihrer Fragestellung festhält und sie den anderen Wissenschaften aufnötigt, scheinen diese Grund- und Hilfswissenschaften der Pädagogik vor der Frage nach der *Bestimmung* des Menschen zu versagen. Machen wir aber nun gar noch, wie wir vorschlugen, die Erforschung der Bildsamkeit von der Erhellung, die sie durch ihre Wechselbeziehung zur *Bestimmung des Menschen* erfahren kann, abhängig, forschen wir scheinbar in einer richtungslosen Fülle oder Leere, in der so viele Aussagen möglich sind, wie Fragen gestellt werden.“[53] Anstatt seinen Erfahrungsbegriff mit dem Forschungsgegenstand der Pädagogik in Einklang zu bringen, weicht er zu der Frage nach der Bestimmung des Menschen in die bereits erwähnten „Vorhöfe“ zurück und will solche Fragen stellen, „die erforschbar sind.“[54]

Dietrich Benner entdeckt in diesem Rückzug Roths einen Widerspruch zwischen dessen eigenen Ansprüchen an „eine erfahrungswissenschaftliche Pädagogik in praktischer Absicht und der

---

[51] ebda, S. 488

[52] ebda, S. 485

[53] Heinrich Roth, Empirische Pädagogische Anthropologie – Konzeption und Schwierigkeit, in: Ders.: Erziehungswissenschaft, Erziehungsfeld und Lehrerbildung. Gesammelte Abhandlungen 1957–1967. Hrsg. von Hans Thiersch und Hans Tütken. Hannover 1967, S. 147

[54] ebda

tatsächlichen Tragfähigkeit seines Ansatzes einer Integration erkenntniswissenschaftlicher Empirie unter pädagogischer Fragestellung"[55]. Kritisiert Roth einerseits die Desintegration der Pädagogik in eine Vielzahl von Einzeldisziplinen, gelangt er, so Benner, „in seinem eigenen Ansatz letztlich jedoch nicht über eine integrative Anthropologie hinaus, die nun ihrerseits mit dem Appendix pädagogisch versehen wird."[56] In dem ersten Band seiner „Pädagogischen Anthropologie" beklagt Roth geradezu, daß „viele empirische Untersuchungen [...] nicht deshalb platt und leer [sind], weil empirische Methoden versagen, sondern weil die Pädagogik über keine Theorie verfügt, die eine pädagogische Forschung miteinschließt und mitbegründet."

Während Benner zu dem Schluß kommt, daß Roth der Pädagogik nur eine „spezifische Fragestellung, nicht aber eine eigene Erkenntnisquelle"[57] zuerkennt, weist Dietrich Hoffmann die wissenschaftstheoretische Zuspitzung Benners zurück und zeigt mit Horst Ruprecht[58], daß Roth vorwiegend nicht wissenschaftstheoretisch, sondern „forschungslogisch" argumentiert. Als möglichen theoretischen Bezug erwähnt er Roths freundschaftliche Nähe zu Adorno und Horkheimer und verweist auf den intensiven gedanklichen Austausch zwischen Roth und Horkheimer. In der Tat zitiert Roth beide bereits in seiner Antrittsrede: „Ja, es ist sogar nachweisbar, daß die Erforschung der Wirklichkeit mit teilhat an den Ideen, die ‚widerstrebende Faktizität' (Adorno) geistig zu überwinden. In der Erforschung der Wirklichkeit, auch der schlechten Wirklichkeit, entzündet sich oft gerade der neue Blick ... Der Satz von Horkheimer: ‚Je tiefer wir eindringen in das, was wahrhaft ist, desto sicherer wissen wir auch, was zu tun ist' ..."[59]

Roths Zustimmung zu grundlegenden Gedanken der Kritischen Theorie sagt nichts über eine mögliche theoretische Einordnung in die Theorie der Frankfurter Schule, sondern mehr über sein Festhalten am „Kreislauf der wechselseitigen Aufhellung" von Empirie und Theorie aus, den er als das „einzige Forschungsprinzip" zur Erhellung der *Erziehungswirklichkeit* gelten läßt. Da es aber offen-

---

[55] Dietrich Benner, Hauptströmungen der Erziehungswissenschaft, S. 274

[56] ebda, S. 273

[57] ebda, S. 279

[58] Vgl. Horst Ruprecht, Die erfahrungswissenschaftliche Tradition der Erziehungswissenschaft. In: Hans Thiersch, Horst Ruprecht, Ulrich Herrmann, Die Entwicklung der Erziehungswissenschaft, München 1978

[59] Heinrich Roth: Die realistische Wendung in der Pädagogischen Forschung, in: Neue Sammlung 1962, S. 490

sichtlich ist, daß er diese Erziehungswirklichkeit quasi als rein faktische Erziehungspraxis begreift, unterscheidet er sich – trotz aller gegenteiliger Beteuerung von seiner Seite – auch hier von dem geisteswissenschaftlichen Begriff der Erziehungswirklichkeit. Für Herman Nohl nämlich, den er in diesem Kontext des öfteren zitiert, ist Erziehungswirklichkeit nicht gebunden an ein persönliches Erlebnis oder ein psychisches Geschehen, sondern vielmehr ein Zusammenhang von Leistungen, durch die Geschichte hindurchgehend gesehen, als eine „große objektive Wirklichkeit", die „unabhängig [ist] von den einzelnen Subjekten, die in ihm tätig sind". Nur die Erziehungswirklichkeit, die in ihrer „Doppelseitigkeit von pädagogischem Erlebnis und pädagogischen Objektivationen" begriffen wird, bilde, so Nohl, das „phaenomeon bene fundatum, von dem die wissenschaftliche Theorie auszugehen hat."[60] Somit kann man mit Recht behaupten, daß Roths Anspruch, die intuitive Hermeneutik als Methode der geisteswissenschaftlichen Pädagogik durch die „realistische", empirische Methode erweitert zu haben, nicht gleichbedeutend ist mit seiner selbsteingeschätzten Einreihung in die Tradition geisteswissenschaftlicher Pädagogik. Trotz Rückgebundenheit seines Erfahrungsbegriffes an eine pädagogische Theorie scheitert er mit seiner Forschungsmethode am „Gegenstand" der Pädagogik und bleibt in den „Vorhöfen" der Pädagogik und kann so das von Dilthey aufgestellte Programm nicht einlösen. Damit wird die Bedeutung seines Ansatzes jedoch nicht geschmälert oder gar, wie er es selber formuliert hat, als „eklektischer Versuch" abgewertet; vielmehr verdient sowohl die wissenschaftstheoretische Begründung seines Ansatzes als auch die von ihm eingeforderte Wechselbezogenheit der verschiedenen *Forschungsmethoden* weit größere wissenschaftliche Beachtung, als es bisher geschehen ist.

Literatur

Eine umfassende Bibliographie der Werke *Heinrich Roths* befindet sich in: Dietrich Hoffmann, Heinrich Roth und die andere Seite der Pädagogik. Erziehungswissenschaft in der Epoche der Bildungsreform, Weinheim 1995, S. 133–171; diese Bibliographie stellt die ergänzte Fassung der von Hoffmann zusammengestellten „Bibliographie Heinrich Roth" als

[60] Herman Nohl, Die Theorie der Bildung, in: Herman Nohl und Ludwig Pallat (Hrsg.): Handbuch der Pädagogik, Bd. I, Langensalza 1933, S. 302–374. Ders.: Die pädagogische Bewegung in Deutschland und ihre Theorie, Frankfurt am Main 1935 u. ö.

eine Veröffentlichung der Max Traeger Stiftung, Frankfurt am Main 1990, dar. Sie verbessert und vervollständigt die Bibliographie von Elisabeth Kaiser und Kurt Stratmann zum 60. Geburtstag von Heinrich Roth, in: Neue Sammlung 6 (1966).

Adorno, Theodor und Max Horkheimer: Soziologische Exkurse, Frankfurt am Main ³1974

Becker, Hellmut: Die Bedeutung Heinrich Roths für die Bildungspolitik. In: Die Deutsche Schule 76 (1984), S. 347ff.

Benner, Dietrich: Hauptströmungen der Erziehungswissenschaft, München 1973

Blickenstorfer, Jörg: Studien zum Erkenntnisproblem in der geisteswissenschaftlichen Pädagogik. Zürich 1986

Böhme, Gernot: Anthropologie in pragmatischer Hinsicht, Frankfurt am Main 1985

Deutscher Bildungsrat: Aspekte für die Planung der Bildungsforschung. Empfehlungen der Bildungskommission, Bonn 1974

Deutscher Bildungsrat: Einrichtung von Schulversuchen mit Gesamtschulen. Empfehlungen der Bildungskommission, Bonn 1969

Deutscher Bildungsrat: Strukturplan für das Bildungswesen. Empfehlungen der Bildungskommission, Bonn 1970

Dilthey, Wilhelm: Über die Möglichkeit einer allgemeingültigen pädagogischen Wissenschaft. Hrsg. von Herman Nohl, Weinheim o. J.

Frischeisen-Köhler, Max: Die Grenzen der experimentellen Methode, in: Ders. Philosophie und Pädagogik, hrsg. von Herman Nohl (1931), Weinheim ²1962, S. 110–150

Herrmann, Ulrich: Erziehung und Bildung in der Tradition Geisteswissenschaftlicher Pädagogik, in: Enzyklopädie Erziehungswissenschaft, Band 1, hrsg. von Dieter Lenzen; Klaus Mollenhauer, Stuttgart ²1992, S. 25–41

Hoffmann, Dietrich und Hans Tütken: Realistische Erziehungswissenschaft. Beiträge zu einer Konzeption. Heinrich Roth zum 65. Geburtstag, Berlin, Darmstadt Dortmund 1972

Hoffmann, Dietrich: Die Adaption amerikanischer pädagogischer Theorie in Westdeutschland nach 1945 – Heinrich Roth. In: Zeitschrift für internationale erziehungs- und sozialwissenschaftliche Forschung 10 (1993), S. 31ff.

Hoffmann, Dietrich: Heinrich Roth und die andere Seite der Pädagogik. Erziehungswissenschaft in der Epoche der Bildungsreform, Weinheim 1995 (mit ausführlicher Bibliographie)

Hoffmann, Dietrich: Heinrich Roth – Realistische Erziehungswissenschaft und engagierte Bildungspolitik. In: Ders.: (Hrsg.): Pädagogik an der Georg-August-Universität Göttingen. Eine Vorlesungsreihe, Göttingen 1987, S. 162ff.

Hoffmann, Dietrich: Heinrich Roth. In. Josef Speck (Hrsg.): Geschichte der Pädagogik des 20. Jahrhunderts. Von der Jahrhundertwende bis zum Ausgang der geisteswissenschaftlichen Epoche. Bd 2. Stuttgart 1978, S. 151 ff.

Hoffmann, Dietrich: Intention und Funktion der Pädagogischen Anthropologie Heinrich Roths. In: Die Deutsche Schule 85 (1993), S. 216ff.
Hoffmann, Dietrich: Lernen ist ein lebenslanger Prozeß. Zur Erinnerung an Heinrich Roth. In: Die Deutsche Schule 75 (1983), S. 460ff.
Horkheimer, Max: Gesellschaft im Übergang, Frankfurt am Main 1972
Horkheimer, Max: Zum Begriff der Vernunft. In: Ders. und Theodor Adorno: Sociologica II. Reden und Vorträge. Frankfurter Beiträge zur Soziologie. Bd. 10, Frankfurt am Main 1962, S. 193ff.
Lichtenstein, Ernst: Die letzte Vorkriegsgeneration in Deutschland und die hermeneutisch-pragmatische Pädagogik, in: 5. Beiheft der Zeitschrift für Pädagogik 1964, S. 5ff.
Nohl, Herman: Die Theorie der Bildung, in: Herman Nohl und Ludwig Pallat (Hrsg.): Handbuch der Pädagogik, Bd. I, Langensalza 1933, S. 302ff.
Nohl, Herman: Die pädagogische Bewegung in Deutschland und ihre Theorie, Frankfurt am Main 1935 u. ö.
Reble, Albert: Geschichte der Pädagogik, Stuttgart [15]1989, S. 382f.
Roth, Heinrich und Dagmar Friedrich: Der Lehrer und seine Wissenschaft: Erinnertes und Aktuelles. Ein Interview von Dagmar Friedrich zu seinem 70. Geburtstag, Hannover 1976
Ruprecht, Horst: Die erfahrungswissenschaftliche Tradition der Erziehungswissenschaft. In: Ders., Hans Thiersch, Ulrich Herrmann, Die Entwicklung der Erziehungswissenschaft, München 1978, S. 109ff.
Scheuerlein, Karin: Die Bedeutung der „Pädagogischen Anthropologie" Heinrich Roths. Mag.-Arb. Erlangen-Nürnberg 1986
Spranger, Eduard: Lebensformen. Geisteswissenschaftliche Psychologie und Ethik der Persönlichkeit, Halle [2]1921
Thesen und Verhandlungsbericht. Pädagogische Konferenz im Ministerium der geistlichen und Unterrichts-Angelegenheiten am 24. und 25. Mai 1917. Wiederabdruck in: H. D. Haller und D. Lenzen, Jahrbuch für Erziehungswissenschaft 1977/78: Wissenschaft im Reformprozeß. Aufklärung oder Alibi, Stuttgart 1977, S. 133ff.
Thiersch, Hans: Die hermeneutisch-pragmatische Tradition in der Erziehungswissenschaft. In: Ders., Horst Ruprecht und Ulrich Herrmann: Die Entwicklung der Erziehungswissenschaft, München 1978, S. 11ff.
Thiersch, Hans: Hermeneutik und Erfahrungswissenschaft. Zum Methodenstreit in der Pädagogik. In: Die Deutsche Schule 58 (1966), S. 3ff.
Uhle, Reinhard: Geiteswissenschaftliche Pädagogik und kritische Erziehungswissenschaft, München 1976
Weinert, Franz E.: Vom statischen zum dynamischen Bildungsbegriff? Die Kontroverse um den Begabungsbegriff Heinrich Roths im Lichte neuer Forschungsergebnisse. In: Die Deutsche Schule 1 (1984), S. 353ff.
Zedler, Peter und Eckard König (Hrsg.): Rekonstruktionen pädagogischer Wissenschaftsgeschichte. Fallstudien, Ansätze, Perspektiven, Weinheim 1989

Die Pädagogik Theodor Ballauffs (1911–1995) im Kontext geisteswissenschaftlicher Pädagogik

Helmut Heim

Die Pädagogik Theodor Ballauffs ist eine *antithetische Pädagogik*. Damit ist gesagt, daß sie – und insbesondere die ihr zugrunde liegende Bildungstheorie – sich auffaßt als eine bewußte und bedachte Antithese zu historisch vorangegangenen Theorien von Erziehung und zu herkömmlichen Bildungslehren. In solcher Antithese erst, so die Überzeugung Ballauffs, können die Konzeptionen von Pädagogik gegeneinander bedacht und kritisierbar werden.

Das will nun nicht behaupten, Ballauff habe seine Neufassung von Pädagogik in ausgeprägter Auseinandersetzung mit Positionen der Geisteswissenschaftlichen Pädagogik konzipiert. Anregungen allerdings verdankt er ausdrücklich Wilhelm Flitner und Theodor Litt[1]. Jedoch soll es an dieser Stelle nicht um die diffizilen Nachweise solcher Anregungen gehen. Vielmehr werden einige Grundpositionen der Geisteswissenschaftlichen Pädagogik entfaltet, um dann zu zeigen, wie ihr Problemgehalt, d. h. die in ihnen zutage tretenden zentralen Fragen von Ballauff aufgenommen, neu gestellt und einer veränderten Lösung zugeführt wurden.

Zum Ausgangspunkt soll der für die Geisteswissenschaftliche Pädagogik zentrale Begriff der „Erziehungswirklichkeit" genommen werden. In ihm laufen die Grundgedanken Geisteswissenschaftlicher Pädagogik zusammen – nicht jedoch die Grundgedanken der Pädagogik Ballauffs! Für meine Argumentation bedeutet dies, daß an dieser Stelle von der Konzeption von „Erziehungswirklichkeit" nicht im Sinne eines Vergleichs ausgegangen werden kann. Gezeigt werden soll vielmehr, daß trotz einiger gemeinsamer Ansatzpunkte – etwa hinsichtlich der Bedeutsamkeit von Geschichtlichkeit – Ballauff gerade nicht zu den Konsequenzen der Geisteswissenschaftlichen Pädagogik kommt. Für ihn kann zur Begründung einer Pädagogik gerade nicht bei der Erziehungswirklichkeit angesetzt werden, denn – so der eigentlich recht einfache Gedanke –

[1] In den ersten beiden Auflagen seiner „Systematischen Pädagogik" weist Ballauff darauf hin: Heidelberg 1962, S.173, Fußnote 10; Heidelberg 1966, S.138, Fußnote 14.

wer aus der (Erziehungs-)Wirklichkeit erfahren zu können vermeint, was Erziehung ist, der müßte ja immerhin schon vorher gewußt haben, wonach er denn suchte, was Erziehung also sei. Zur Begründung von Erziehung oder gar von Pädagogik kann mithin, so Ballauff, ein Rekurs auf die (Erziehungs-)Wirklichkeit nichts beitragen, wie auch immer es ansonsten um deren Dignität bestellt sein mag. Dies liegt unter anderem auch daran, daß nicht das „Leben", wie es die lebensphilosophisch fundierte Geisteswissenschaftliche Pädagogik annimmt, die unhintergehbare Basis für alle geschichtlichen Wirklichkeiten, hier insbesondere natürlich für die „Erziehungswirklichkeit", abgeben kann, sondern daß hierfür, mit Ballauff, das „Denken" angesetzt werden muß. Das klingt gerade im Zusammenhang mit der lebensphilosophischen Geisteswissenschaftlichen Pädagogik nicht unmittelbar einleuchtend, denn immerhin wird sich das „Leben" als eine unabdingbare Voraussetzung des Menschseins kaum abweisen lassen[2]. Gedanken können doch offenbar nur dort sein, wo (menschliches) Leben ist. Daß das „Leben" – und die antimetaphysische Lebensphilosophie muß hier ja immer ein historisch-konkretes, wirkliches Leben meinen – somit aber auch der Ursprung allen Denkens ist, das läßt sich damit sicher nicht beweisen.
Mit dem lebensphilosophischen Ansatz der Geisteswissenschaftlichen Pädagogik ist nicht nur eine Position, sondern eine deutliche Gegen-Position bezogen. Opponiert wird gegen den Rationalismus der Philosophie der Aufklärung, der von sich glaubt, eine Allgemeingültigkeit seiner Erkenntnisse bieten zu können. Dilthey, der Begründer der Geisteswissenschaftlichen Pädagogik, betrachtet es als den Grundgedanken seiner Philosopohie, „daß bisher noch niemals die ganze, volle, unverstümmelte Erfahrung dem Philosophieren zugrunde gelegt worden ist, mithin noch niemals die ganze und volle Wirklichkeit"[3]. Gerade auch die Philosophie Kants scheint Dilthey mit ihrer Differenzierung in eine theoretische und in eine praktische Vernunft eine Beschneidung der umfassenden Erfahrung von Wirklichkeit insofern darzustellen, als dadurch die positive Wissenschaft auf die Erscheinungen beschränkt wird. Die Erkenntnistheorie Kants favorisiert den naturwissenschaftlichen Erkenntnisbereich und damit das gesetzesfestlegende Erkennen. Das aber kommt einer Ausgrenzung der gesellschaftlichen, mora-

---

[2] Vgl. hierzu Wolfgang Fischer: Kritik der lebensphilosophischen Ansätze der Pädagogik. In: Pädagogik als Wissenschaft. (= Neue Folge der Ergänzungshefte zur Vierteljahrsschrift für Wissenschaftliche Pädagogik, Heft 4), Bochum 1966.

[3] W. Dilthey: Gesammelte Schriften, Bd.VIII, 1931, S. 175.

lischen und intellektuellen Phänomene aus der positiven Wissenschaft gleich – und genau diese Phänomene sollen die Gegenstände der Geisteswissenschaften werden. Kants transzendentalkritische Philosophie zielt auf die Erkenntnis des *Allgemeinen*, Dilthey hingegen bezweifelt die Möglichkeit, die Erkenntnisfunktionen in einem allgemeinen und kategorial unveränderlich feststehenden ‚Bewußtsein überhaupt' fundieren zu können und glaubt daher, daß eine wirklichkeitsentsprechende Erkenntnis sich auf das *Besondere* richten müsse. Eine Wissenschaft, deren Gegenstände nicht naturwissenschaftlich-experimentell isolierbar sind, kann nach Dilthey jedoch nicht mit abstrakt-formalen Kategorien forschen. Die vorrangige Aufgabe Diltheys muß somit darin bestehen, zu begründen, daß nicht nur eine reine Naturwissenschaft möglich ist, sondern wie *geschichtliche* Erfahrung – und die oben genannten gesellschaftlichen, moralischen und intellektuellen Phänomene sind eben Phänomene der geschichtlichen Welt – zur Wissenschaft zu werden vermag. Hierzu glaubt Dilthey, in absichtsvoller Analogie zur Frage Kants, die Kritiken Kants um eine „Kritik der historischen Vernunft" ergänzen zu müssen[4]. Die Bedeutsamkeit und der Gewinn dieses Versuchs einer logischen Grundlegung der Geisteswissenschaften liegen m. E. darin, eine komplementierende Erweiterung zu Kants als ahistorisch und allgemeingültig aufgefaßtem Denkansatz bereitgestellt zu haben[5]. Für Dilthey geht es darum, all die Gegenstände einer adäquaten Erkenntnis zuführen zu können, die eben ausdrücklich geschichtlicher Natur sind und somit nicht allgemeingültig sein können. Bei diesen geistig-geschichtlichen Gebilden ist nicht mehr primär der Kausalzusammenhang von Interesse, sondern ihr Sinn- und Strukturzusammenhang, den es zu *interpretieren* und zu *verstehen* gilt.

Dem historischen Bewußtsein der geisteswissenschaftlichen Verfahren gelingt der Nachweis der Relativität aller metaphysischen oder religiösen Doktrinen und Ismen. Alle Systeme, selbstverständlich auch die pädagogischen, sind relativ, sind (hier nicht

---

[4] Dilthey selbst wie auch seine Schüler sahen in der „Kritik der historischen Vernunft" allerdings nicht nur eine die Kantschen Kritiken ergänzende vierte Kritik, sondern glaubten, vom neu entdeckten Gegenstandsbereich und Verfahren her den Denkansatz Kants in Frage stellen zu können – wenn nicht prinzipiell, so doch zumindest historisch.

[5] Von einer „Überwindung" kann u. a. auch deshalb keine Rede sein, weil der Versuch in einer inadäquaten Dimension vor sich ginge: eine lebens- und geschichtsphilosophische Allgemeingültigkeit unterscheidet sich kategorial von einer transzendentalphilosophischen Allgemeingültigkeit. Der Kantsche und der Diltheysche Ansatz sind methodologisch unvereinbar.

transzendental, sondern real-geschichtlich) bedingt durch die historischen Umstände, ja gar von Klima und Rasse. Daraus ergibt sich zweifelsfrei, daß z. B. weder das Ziel der Erziehung noch sonstige Elemente aus den pädagogischen Systemen (etwa die hierarchische Bedeutung der Lehrinhalte oder die Methoden des Unterrichts) einen Anspruch auf Allgemeingültigkeit erheben können – ein Anspruch, den nach Dilthey die pädagogische Theorie seit dem 17. und 18. Jahrhundert glaubte einlösen zu können. Pädagogik kann keine allgemeingültigen normativen Sätze über das, was die Erziehung soll, aufstellen und beweisen[6]. Das historische Denken in der Geisteswissenschaftlichen Pädagogik weist nachdrücklich jedes geschichtslose Prinzipiendenken, wie es als kennzeichnend gilt für die rationalistische und für die aufklärerische Philosophie, zurück. Erziehungsziele können nicht – more geometrico – aus apriorischen Prinzipien deduziert werden. Durch solche Ableitungen kann es nur zu „einförmigen Idealen" kommen, die „ohne Rücksicht auf die Verschiedenheit der Nationen und das Bedürfnis der Staaten dem bestehenden Schulwesen" aufgedrängt würden[7]. Konkrete Erziehungsfragen können nicht durch eine allgemeingültige Wissenschaft gelöst werden. Als konkrete Aufgaben der Erziehung sind sie Probleme der Erziehungswirklichkeit und somit immer geschichtlich und von nur relativer Geltung.

Nun geht es Dilthey in seinem Versuch einer Begründung dessen, was dann als Geisteswissenschaft bezeichnet wird, nicht um eine absolute Relativierung, sondern primär um eine Historisierung: alles Wirkliche soll in seiner historischen Bedingtheit erfaßt werden und somit als prinzipiell überholbar erkennbar gemacht werden. Aber auch diese geschichtliche Vorläufigkeit, die der Dynamik des „Lebens" Rechnung trägt, besagt zwar die Relativität aller geistigen Objektivationen – so z. B. auch der Bildungsideale –, nicht jedoch will Dilthey damit eine totale Strukturlosigkeit und Beliebigkeit behaupten. Vielmehr sieht er gerade im „Leben" selbst den Grund und die Einheit des vielgestaltig Historisch-Wirklichen. Das „Leben" erscheint ihm als ein Unhintergehbares, letztes Unbedingtes, als der Ursprung. Wohl ist dies „Leben" ausdrücklich dem Begriffsdenken der idealistischen Geistphilosophie entgegengesetzt, leider jedoch um den Preis einer unheilbaren begrifflichen Vagheit: der Lebensphilosophie Diltheys fehlt sowohl ein Begriff von Leben, wie auch ein Begriff von Wirklichkeit. Das Leben als

[6] Vgl. hierzu J. Ruhloff: Das ungelöste Normproblem der Pädagogik. Heidelberg 1979, S. 30ff.

[7] W. Dilthey: Gesammelte Schriften, Bd. VI,1962 (4. Aufl.), S. 56.

der absolute Ursprung soll zwar allen normativen Systemen zugrunde liegen, darf aber in seinem Grund keine überzeitlichen Normen bereithalten. Dieser Konflikt führt Dilthey fast zwangsläufig zu seiner Konzeption der Teleologie des Seelenlebens[8]. Mit ihr findet er die Wirklichkeit, deren Begriff ihm fehlt, nämlich als eine psychische Wirklichkeit, der wir vermeintlich unmittelbar inne sind[9], und er findet hier ordnungsgebende Strukturen, die der Wirklichkeit einen, letztlich nun doch *normativen*, Zusammenhang geben. Diese psychischen Strukturen sind zudem *überzeitlich*, im Wesen des Menschen begründet, womit Dilthey nun selbst einem von ihm doch so entschlossen bekämpften natürlichem System verfällt und seinerseits wieder metaphysisch wird. Jede Erkenntnis, die pädagogische natürlich eingeschlossen, geht aus vom „Leben", genauer: von der Teleologie des Seelenlebens. In der mit ihr gegebenen zeitlosen strukturellen Identität des Menschen ist für Dilthey die Möglichkeit der hermeneutischen Erschließung von Tradiertem und von Gegenwärtigem begründet. Erkenntnis braucht nun nicht mehr transzendentale Erkenntnis zu sein, denn sie richtet sich auf die geschichtliche geistig-seelische Wirklichkeit, und die ist fundiert im „Leben" (*Erlebnis*). Das (menschliche) Leben mit seinem Telos der Steigerung, der Vervollkommnung, schafft die Objektivationen, die Kulturschöpfungen, die großen Erscheinungen der Geschichte (*Ausdruck*). Diese vom Menschen geschaffene geschichtliche Welt ist somit eine von ihm nachvollziehbare, verstehbare Welt (*Verstehen*). Die Geisteswissenschaftliche Pädagogik Diltheys wird, wegen der Grundlegungsfunktion der Teleologie des Seelenlebens, durch die die Psychologie zur Grundlage der Pädagogik aufsteigt, zu einer „angewandten Psychologie"[10]. Ihre Aufgabe ist dann nur mehr, Handlungsformen (Mittel) zu finden, die den psychischen Gesetzmäßigkeiten entsprechen. Da nun allerdings die Teleologie des Seelenlebens nur einen (psychischen) Strukturzusammenhang anspricht, ist die ihr entsprechende Pädagogik material notwendig verwiesen auf das jeweils vorliegende Kultursystem, d. h. auf eine bestimmte historische Lebensform. Der Erziehungsvorgang ist, wie dann z. B. auch Spranger schreibt, „eingebettet in den ganzen Zusammenhang des Lebens, und Erziehung (ist) letzthin nur möglich in Form einer

[8] Vgl. hierzu W. Dilthey: Gesammelte Schriften, Bd. VI (Ideen über eine beschreibende und zergliedernde Psychologie).

[9] Vgl. hierzu E. Hufnagel: Der Wissenschaftscharakter der Pädagogik. Band 1: Von Trapp bis Dilthey. Frankfurt/M. 1982, S. 130–179.

[10] Dilthey, Gesammelte Schriften, Bd. VI, S. 60.

Lebensgemeinschaft"[11]. Der Vorgang der Bildung ist dann auf weiten Strecken ein affirmatives Subjektivieren der tradierten Objektivationen des Geistes, ein nachvollziehendes, verlebendigendes Verstehen im aufnehmenden Subjekt. Die ganze grundlagentheoretische Mühe der relativierenden Historisierung, die die Pädagogik doch gerade auch aus der Abhängigkeit von den Lebensmächten befreien konnte, hat, wenn sie beim Subjekt der Bildung angelangt ist, kaum noch Wirkung.

Das ist nun leider nicht einfach bloß eine Konsequenz von Diltheys Konzeption der Teleologie des Seelenlebens. Denn auch Herman Nohls entschlossene Zurückweisung des Anspruchs Diltheys, mit der Entdeckung dieser Teleologie das allgemeingültige Fundament der Geisteswissenschaftlichen Pädagogik gefunden zu haben, bringt in dieser Problematik keine grundsätzliche Veränderung. Für Nohl sind die pädagogisch relevanten Sachverhalte nicht in der Wirklichkeit des (Seelen-)Lebens fundiert, sondern im gemeinsamen Leben von Erzieher und Zögling in der Erziehungswirklichkeit. Die Erziehungswirklichkeit ist nicht nur der Gegenstand der Geisteswissenschaftlichen Pädagogik. In „ihrer Doppelseitigkeit von pädagogischem Erlebnis und pädagogischen Objektivationen (ist) sie das *phaenomenon bene fundatum*" der wissenschaftlichen Theorie der Erziehung[12]. Die Erziehungswirklichkeit erwächst geschichtlich aus den Bedürfnissen und Idealen des Lebens und ist daher, wie Kunst, Wirtschaft, Recht und Wissenschaft ein relativ selbständiges *Kultursystem*. Die Gegenwart des Erzieher-Zögling-Verhältnisses und der Zusammenhang von Leistungen, der sich geschichtlich aufbaut in Einrichtungen, Organen und Gesetzen, konstituieren die Erziehungswirklichkeit[13]. Jedoch kann erst die systematische Analyse der Geschichte dessen, was Nohl die „pädagogischen Idee" nennt, die Erziehungswirklichkeit tatsächlich orientieren und eine relative Autonomie gegenüber den anderen Lebensmächten bzw. Kultursystemen installieren. Die „pädagogische Idee" steht im Kontext der aufklärerischen Emanzipation der Individualität aus den Bindungen von Kirche, Staat und Stand. Indem die Pädagogik sich nicht länger als Vollzugsbeamter irgendwelcher objektiver Mächte (Kirche, Staat, Recht, Wirtschaft,

---

[11] E. Spranger: Die philosophischen Grundlagen der Pädagogik. In: Ders., Gesammelte Schriften, Bd. II, hrsg. von O. F. Bollnow/G. Bräuer, Heidelberg 1973, S. 227.

[12] H. Nohl: Die pädagogische Bewegung in Deutschland und ihre Theorie. Achte, unveränd. Aufl., Frankfurt/M. 1978, S.119.

[13] Vgl. hierzu auch vom Autor „Die Dimensionen des ‚pädagogischen Bezugs' bei Herman Nohl". In: Pädagogische Welt, 41. Jg.(1987), S. 248–251 und S. 260.

Parteien oder Weltanschauungen) fühlt, sondern nun „ihren Augenpunkt unbedingt im Zögling hat“[14], übernimmt sie advokatorisch die Emanzipation des Zöglings. Dadurch kann einerseits der Zögling auf den Weg der Freiheit gesetzt werden und erhält andererseits die Pädagogik (relative) Autonomie gegenüber den anderen Lebensmächten. Die Ansprüche und Forderungen aus diesen Lebensmächten, aus der objektiven Kultur, müssen es sich nun gefallen lassen, gemäß dem „pädagogischen Kriterium“ beurteilt zu werden, nämlich: „welchen Sinn bekommt diese Forderung im Zusammenhang des Lebens dieses Kindes für seinen Aufbau und die Steigerung seiner Kräfte, und welche Mittel hat dieses Kind, um sie zu bewältigen?“[15]

In Wenigers „Theorie der Bildungsinhalte und des Lehrplans“[16] wird späterhin jedoch deutlich, daß auch das Bewußtsein der historischen Bedingtheit der anderen Kulturmächte und ihrer jeweils ganz eigenen Bildungsideale und ihre wertende Konfrontation mit dem „pädagogischen Kriterium“ nicht zu einer geschichtlichen Freisetzung der pädagogischen Theorie und Praxis führen kann. Die Pädagogik verbleibt in ihrer Bedingtheit, ja Abhängigkeit von dem umgebenden Kultursystem sowie von dem sie garantierenden Staat. Die „geistigen Mächte“ und gesellschaftlichen Interessenten (Kirche, Wirtschaft, Wissenschaft, politische Verbände etc.) bleiben die Bezugsdimensionen der Inhalte der Lehrpläne. Angesichts der rivalisierenden Pluralität dieser Kulturmächte ist der regulierende Faktor und Träger des Lehrplans nicht die wissenschaftliche Pädagogik, sondern der Staat. Der Staat erzeugt zwar nicht die Lehrinhalte, soll aber für ihre kulturelle und soziale Ausgewogenheit sorgen. Hier geht es nicht bloß um die politisch-legale Erarbeitung von Lehrplänen, vielmehr um die Herstellung einer Einheit des geistig-kulturellen „Lebens“. Eine solche Einheit allerdings ist nun wiederum nur im Zusammenhang mit individuellen Bildungsprozessen zu erreichen. Weniger setzt hier zwei einander entsprechende „Gesetzlichkeiten“[17] an: die „Gesetzlichkeit“ des Bildungsprozesses und die „Gesetzlichkeit“ des Staates. Bildung gehorcht einer inneren Gesetzmäßigkeit und ist wie der Staat auf Einheit und Zusammenhang angelegt. Die Pädagogik und der Staat

[14] H. Nohl: Gedanken für die Erziehungstätigkeit. (1926) In: Ders., Pädagogik aus dreißig Jahren. Frankfurt/M.1949, S. 151–160, S. 152.

[15] H. Nohl: Die Theorie der Bildung. In: Ders., Die pädagogische Bewegung ..., S. 127.

[16] E. Weniger: Theorie der Bildungsinhalte und des Lehrplans. (Entspricht dem Teil 1 der „Didaktik als Bildungslehre“), 3. Aufl., Weinheim 1960.

[17] Vgl. hierzu auch J. Ruhloff, a.a.O., S. 39ff.

haben in Bezug auf die individuellen bzw. gesellschaftlich-kulturellen Entwicklungsgesetzmäßigkeiten in formaler Hinsicht eine gemeinsame Aufgabe. Bildung und Staat können diesem „staatspädagogischem Entsprechungstheorem“[18] gemäß nicht in Opposition zu einander stehen. Der Staat trägt und garantiert den kulturell-geistigen Zusammenhang einer Epoche, wie er repräsentiert ist im Bildungsplan der öffentlichen Schulen, und gewährleistet damit die Möglichkeit, den einzelnen in individuellen Bildungsprozessen, die wiederum die Pädagogik zu gestalten hat, auf die Höhe dieser Kultur kommen zu lassen.

Die „Erziehungswirklichkeit“, die doch in der Geisteswissenschaftlichen Pädagogik das Fundament einer Theorie von Erziehung und Bildung abgeben soll, ist offenbar eine doch sehr relative Grundlage – abhängig ganz deutlich von bestimmten Auffassungen von Staat und Politik. Dies zeigt sich auch an der historischen Veränderung ihrer Interpretation am Ausgang der Epoche der Geisteswissenschaftlichen Pädagogik[19]. Hier wird bei Schülern Wenigers, am eindeutigsten bei Mollenhauer, klar, wie sehr die Auslegung des Begriffs der Erziehungswirklichkeit von politisch-ideologischen Einstellungen abhängt. In Mollenhauers Beitrag zur Gedenkschrift für Erich Weniger zeigt sich, wie leicht sich der Denkhorizont der „Erziehungswirklichkeit“ durch nicht-pädagogische Einflüsse verschieben läßt. Während für Weniger, in engem Anschluß an Nohl, die geschichtliche Emanzipationsbewegung, der die „pädagogische Idee“ bzw. das Nohlsche „pädagogische Kriterium“ entstammt, vorrangig auf die Verwirklichung von individueller Bildung bezogen wird, geht es für Mollenhauer, sich dem Denken der kritischen Frankfurter Sozialphilosophie anpassend, darum, die Erziehungswirklichkeit in den geschichtlichen Prozeß der politischen Emanzipationsbewegung einzufügen und unterzuordnen. Die Erziehungswirklichkeit muß für Mollenhauer an politisch-gesellschaftlichen Veränderungsvorgängen orientiert werden, die eine kritische („progressive“) Verbesserung der menschlichen Angelegenheiten zu erreichen versprechen. Auch wenn Mollenhauer, Blankertz u. a. sich primär auf kritische, gesellschaftsverändernde Sozialphilosophie stützen, die ihnen eine Kritik der herkömmlichen gesellschaftlichen wie auch pädagogischen Verhältnisse zu gewährleisten scheint, ist doch unübersehbar, daß dadurch die Erziehungswirklichkeit (und die Pädagogik) ihre

[18] Ruhloff, a.a.O., S. 43.

[19] Geisteswissenschaftliche Pädagogik am Ausgang ihrer Epoche – Erich Weniger. Hrsg. von I. Dahmer und W. Klafki, Weinheim 1968.

Autonomie verliert und politisch-soziologisch instrumentalisiert wird. Der Bezug auf die Erziehungswirklichkeit bringt die Pädagogik zwar einen wesentlichen Schritt näher an die geschichtlich-gesellschaftlichen Verhältnisse heran, in denen jedes erzieherisches Handeln nun einmal steht, zugleich scheint auf diesem Weg aber auch eine eigenständige Begründung von Pädagogik wieder in weitere Ferne geschoben zu werden.

Von einer „Erziehungswirklichkeit" (im Sinne der theoretischen Funktion, die ihr in der geisteswissenschaftlichen Pädagogik zugemessen wird[20]) auszugehen, kann, so die Auffassung Ballauffs, unmöglich die Bestimmung bzw. die Begründung von Pädagogik ermöglichen, denn dabei würde etwas als „Erziehung" anerkannt, bloß weil es „wirklich" ist, d. h. hier, weil es vorkommt und üblicherweise als „Erziehung" ausgegeben wird. Allzu leicht könnte es sich hier um ein tradiertes Mißverständnis handeln. „Erziehung", so die Folgerung, „ist gar nicht in der Wirklichkeit zu finden, sondern allererst zu ‚erdenken', zu ‚konstruieren'"[21]. Von der „Wirklichkeit" im Sinne des bloßen Vorhandenseins einer unausgewiesenen „Erziehung" her ist „das Pädagogische" mithin nicht zu bestimmen. Verbleibt man in diesem Denkkontext, dann kann das nur bedeuten, daß erst von einer Bestimmung des „Pädagogischen" her sich erhellen könnte, was als „Erziehungswirklichkeit" zu gelten hat.

Dies heißt nun bei Ballauff nicht, daß er sich auf die Seite der von Dilthey und der Geisteswissenschaftlichen Pädagogik verworfenen ungeschichtlichen, rationalistischen Philosophie stellte. Die unaufgebbare Entdeckung des geisteswissenschaftlichen Ansatzes, die historische Relativität aller geistigen Objektivationen, wird auf-

[20] Natürlich ist es nicht so, daß es keine Erziehungswirklichkeit gibt. Es kann untersucht werden, was zu verschiedenen Zeiten, bei verschiedenen Völkern, in verschiedenen Kulturen und Gesellschaften und in Abhängigkeit von je zu benennenden Bedingungen unter Erziehung verstanden wurde und wie in ihr vorgegangen wurde bzw, wird – unter Voraussetzung bestimmter Absichten und Interessen. Hierfür genügen Observation und Deskription, experimentelle Empirie, Klassifikation und Komparation von Erziehung auf dem Hintergrund von Interpretationshorizonten, von denen her sie jeweils verstanden wird. Hier wäre der Forschungsgegenstand einer (sozusagen „reinen") Erziehungswissenschaft tatsächlich die „Erziehungswirklichkeit". Auskunft über Zielangaben, Maßgaben und Maßnahmen der Erziehung ist so allerdings nicht zu erreichen. Eine solche Erziehungswissenschaft bleibt immer dem verhaftet, was als Wirklichkeit behauptet wird, ist somit in einem schlechten Sinn konservativ und technologistisch.

[21] Th. Ballauff: Pädagogik als Bildungslehre. 2. erweiterte Aufl., Weinheim 1989, S. 9.

genommen und – in anderer Weise allerdings – weitergeführt[22]. Ausdrückliche Aufgabe einer gegenwartsangemessenen pädagogischen Theorie ist es nach Ballauff, „nicht alles in Überzeitlichkeit erstarren zu lassen", durch die Deduktion aus vermeintlich zeitlosen, rationalen Prinzipien, sondern allem seine „geschichtlichen Maße hier und jetzt"[23] finden zu lassen, und das bedeutet auch, es unabhängig von Weltanschauungen, vorgängiger Moral und normensetzenden Institutionen zu sehen, es also gerade nicht herzuleiten aus kulturellen und gesellschaftlichen Systemen. Der Geschichtlichkeit von Pädagogik, genauer: von Bildung und Erziehung gerecht zu werden, verlangt nicht den Rückgang in eine unausgewiesene „Erziehungswirklichkeit", sondern den Bezug auf die Geschichte von Bildung und Erziehung. Diese sind in ihrer Geschichtlichkeit aufzunehmen. Nicht, um sie aus dem Gesamt ihrer Vergangenheit her einfach weiterzutragen, denn eine Entstehungsgeschichte darf nicht mit der Begründung und Legitimation des Entdeckten verwechselt werden[24]. Eine gegenwartsadäquate Begründung von Pädagogik muß vielmehr deren neuzeitlich-moderne Grundfragen „in steter Erinnerung an ihre geschichtliche Fragestellung und Beantwortung erneut in unsere Verantwortung"[25] treten lassen. Nur so kommen wir in ein geschichtliches, und das heißt „transzendentales" Verhältnis zu Bildung und Erziehung, zu einer bewußten geistigen Aneignung.
Eine wissenschaftliche Pädagogik kann daher auch nicht betrieben werden wie etwa die Naturwissenschaften, die wohl eine Geschichte haben, dennoch aber selbst nicht geschichtlich denken. Geschichte wird hier einfach als Vergangenheit genommen, als etwas Überholtes. Pädagogik hingegen, alles das, was man als „Geisteswissenschaft" bezeichnen kann, ist gebunden an ihre Voraussetzungen, an ihre geschichtlich entstandenen Voraussetzungen, denn diese Voraussetzungen sind selbst ja keineswegs der Geschichte enthoben. „Sie können sehr wohl in Frage gestellt werden, gerade auf Grund ihrer geschichtlichen Herkunft, und diese Infragestellung bedeutet für die Wissenschaft den geschichtlichen

[22] In allen geschichtlich-bildungstheoretischen Herleitungen Ballauffs geht es um Aussetzung, Bewahrung und Neuinterpretation des Bildungsgedankens. Dadurch soll, in geschichtlicher Verbindlichkeit, gedankliche Freiheit ermöglicht werden in der Frage, woran es heute mit der Bildung ist.

[23] Ballauff: Systematische Pädagogik. 2., umgearbeitete Aufl., Heidelberg 1966, S. 52.

[24] Vgl. Ballauff, Funktionen der Schule. Historisch-systematische Analysen zur Scolarisation. 2.,durchgesehene Aufl., Köln 1984, S. 372.

[25] Ballauff, Systematische Pädagogik. 2., umgearb. Aufl., Heidelberg 1966, S. 46.

Wandel."[26] Geschichtlichkeit macht sich ja gerade auch daran bemerkbar, daß wir die Abhängigkeit von solchen Voraussetzungen und die Tragweite solcher Grundlagen einsehen können, genötigt u. a. durch anhaltende Schwierigkeiten in der Erziehungswirklichkeit und bei einer angemessenen Theoriebildung. Ein einfaches Fortschreiten im Normalbetrieb der Wissenschaft genügt dann nicht mehr und es bedarf eines Rückblicks und einer Seitenschau (intentio obliqua), in der die Wissenschaft und ihre Forschung sich auf ihre Bedingungen hin überprüfen. In solcher wissenschaftsgeschichtlicher Besinnung ist zu fragen, wie es zu den bisher wegweisenden Voraussetzungen kam und unter welchen Bedingungen sie als zureichend angesetzt wurden, gegen welche damals anerkannten Voraussetzungen sie ihrerseits gestellt waren und inwiefern man sie heute noch als grundlegend ansehen kann bzw. inwieweit nicht mehr, und schließlich, welche andere Voraussetzungen nun an die Stelle der alten treten müssen[27]. In einem solchen kritischen, ja krisenhaften Vorgehen kann eine Wissenschaft gerade dadurch, daß sie auf ihre Geschichte und auf die Herkunft ihrer Bedingungen sich besinnt, über ihren gegenwärtigen Stand hinaus gelangen. Im Verlauf einer derartigen inneren Krise, etwa der *Krise der Bildung* bzw. des Bildungsbegriffs, kann die Pädagogik sich von Voraussetzungen scheiden, die nicht mehr Grund legen und sich Bedingungen zuteilen, die in Zukunft ihre Forschung tragen sollen und dadurch sich neu begründen. Unaufhebbar bleibt bei all dem „die vorgängige Gebundenheit an geschichtliche Voraussetzungen ..., und immer werden alle Dinge und Wesen, wenn sie wissenschaftlich angegangen und entdeckt werden sollen, nur unter solchen Voraussetzungen erkennbar, entdeckbar, deutbar"[28].

Werden diese Voraussetzungen jedoch nicht, in transzendentalkritischer Perspektive, eruiert und bedacht, dann liefert das pädagogische Denken sich der „Erziehungswirklichkeit" aus und damit der Fülle von Vorwertungen, Annahmen und Voraussetzungen, die diese konstituierend durchdringen, ohne daß sie gewußt und ausgesagt würden, wodurch sie völlig unausgewiesen und unkontrolliert bleiben. Unser theoretisch-pädagogisches Denken bleibt dann eingegrenzt und vorweggenommen von der Vorherr-

---

[26] Ballauff, Geschichte der Biologie. Die historischen Voraussetzungen der modernen Biotheoretik. In: Deutsche Universitätszeitung 11 (1956), S. 9–14. S. 9 (Spalte 1).
[27] Ballauff, Geschichte der Biologie, a.a.O., S. 9 (Spalte 2).
[28] Ballauff, Geschichte der Biologie, a.a.O.; S. 10 (Spalte 1).

schaft der, meist philosophischen und theologischen, Axiomensysteme, in denen wir uns geschichtlich bewegen.
Für die bildungstheoretische Pädagogik Theodor Ballauffs ist dies nun keineswegs eine abgehobene metatheoretische Problematik, denn die grundlegende Dimension des pädagogischen Denkens, der *Gedanke der Bildung*, ist bedingt von jenen metaphysischen Axiomatiken. Für die herkömmliche Erziehungswissenschaft bedeutet das, daß sie von einer Interpretationsstufe unseres alltäglichen Lebens ausgeht, die Ballauff als unsere „primäre Fundamentalideologie" bezeichnet. Diese Interpretationsstufe unserer „primären" – im Unterschied zu einer „genuinen" – Menschlichkeit versteht sich in der Sorge- und Wunschstruktur primärer Reflexivität auf *„Selbstsuche"* hin. Im wissenschaftlichen Vorgehen werden die Kategorien dieses Interpretationshorizontes dann unbefragt übernommen, so daß die Forschung, ohne darüber Rechenschaft geben zu können, sich im Rahmen der Selbstinterpretation der reflektierten Subjektivität hält. Die Erziehungswissenschaft geht entsprechend z. B. von einem isolierten Subjekt aus, dem eine ebenso für sich seiende „Welt" gegenübergestellt wird, so daß dann „Bildung" nur mehr als eine Beziehung zwischen Mensch und Welt erscheinen kann. Bildung im – „humanistischen" – Horizont der reflexiven Selbstsuche aber ist eine geschichtliche, mithin überholbare Interpretation unserer Menschlichkeit, die unter neuen Interpretationsbedingungen, unter der Voraussetzung nämlich der Auffassung von Menschlichkeit als der „selbstlosen Verantwortung der Wahrheit" nur als eine „menschliche Verkehrtheit" erscheinen kann. In antithetischer Positionierung von humanistisch-reflexiven Bildungskonzeptionen, wie sie die neuzeitlich-moderne Denktradition der Pädagogik prägten und prägen, und einer Bildungstheorie der „Selbstlosigkeit" ist dann historisch eine neue Basis von Voraussetzungen für eine heute angemessene Pädagogik erreicht. „Bildung" bezeichnet in dieser Perspektive immer eine geschichtlich verbindliche Weise des Hineinfindens des Menschen in seine Menschlichkeit. Die spezifisch heute notwendige Bildung jedoch geht aus von einer Auffassung von Menschlichkeit als „Selbstlosigkeit" und bezeichnet die Weise, wie wir Menschen uns auf das Sein der Sachen und Mitmenschen in Anspruch nehmen lassen und wie wir es ver-antworten, anstatt alles auf unsere individuelle, „humane", Vervollkommnung hin zu verzwecken.
Die moderne Theorie der Bildung ist also begründet und legitimiert in einem epochalen Wandel der Theorie der Menschlichkeit. Diese neue Sichtweise von Menschlichkeit als Selbstlosigkeit ist

freilich nicht begründet in unserer alltäglichen Wirklichkeit. Hier neigen wir zunächst und zumeist wohl einer Selbstbezüglichkeit und Selbstsucht zu, in der alles für unseren Nutzen oder z. B. für unsere „Bildung“ instrumentalisiert wird. Der Gedanke der Selbstlosigkeit ist damit jedoch keineswegs verdrängt, denn gerade die unmittelbare Erfahrung unserer Selbstsucht läßt uns immer wieder deren Unangemessenheit empfinden und einsehen. Wer etwa um der Noten willen lernt oder um einer bestimmten Punktezahl beim Abitur willen, der kann weder dem sachlichen Gehalt seiner Lernzusammenhänge genügen, noch seiner menschlichen Verantwortung für sich selbst. Und ein Bildungswesen, das solche Verfremdung fördert oder gar erzwingt, entlarvt sich als bildungsabweisend. Pädagogisch gesehen wird damit Menschlichkeit verweigert, was auch immer ansonsten für eine sogenannte „Humanisierung“ der Schulen getan werden mag.

Eine moderne Theorie der Bildung weiß sich somit als eine geschichtliche Theorie. Zu ihr gehört wesenhaft eine „unabschließbare Überholbarkeit und Kritisierbarkeit“[29]. Erst von einer solchen Theorie der Bildung her kann einsichtig werden, was Erziehung ist und was vielleicht nur als Sozialisation gelten kann. Nicht was in die „Wirklichkeit“ einführt oder an sie anpaßt kann als „Erziehung“ gelten, mag dies in der „Erziehungswirklichkeit“ auch das vorherrschende Verständnis sein, sondern nur das, was ins Denken freigibt. Im Denken nämlich, als der selbstlosen Verantwortung der Wahrheit – und nicht in der selbstbezüglichen, „reflexiven“, Verwirklichung meines Selbstes –, können wir Menschen die uns heute mögliche Menschlichkeit erreichen. Dieses Denken ist freilich nicht in unserer beliebigen, willkürlichen Verfügung. Nicht wir bringen das Denken auf, sondern das Denken bringt uns auf[30]. Das Denken also ist das Vorgängige, vorgängig auch dem „Leben“ der lebensphilosophisch-geisteswissenschaftlichen Pädagogik.

---

[29] Ballauff, Methodologische Voraussetzungen in der Theoriekonstituion der Erwachsenenbildung. In: Erwachsenenbildung als Wissenschaft, Bd. 1: Hauptprobleme der Methodendiskussion. Hrsg. von H. Ruprecht/G.-H. Sitzmann. Weltenburger Akademie 1973, S. 87–100, S. 89.

[30] Vgl. hierzu vom Autor „Die bildungstheoretische Begründung der Pädagogik im Werk Theodor Ballauff.“ Weinheim 1993.

V. VERTIEFUNGEN

Zur Anthropologie der geisteswissenschaftlichen Pädagogik

Herbert Zdarzil

Es unterliegt keinem Zweifel, daß die Vertreter der geisteswissenschaftlichen Pädagogik in der ersten Hälfte dieses Jahrhunderts und auch noch nach dem Ende des Zweiten Weltkrieges innerhalb der deutschsprachigen Pädagogik eine bedeutsame Stellung eingenommen haben. Dennoch läßt sich diese Richtung pädagogischen Denkens nicht eindeutig abgrenzen: Denn die Lehrmeinungen jener Theoretiker, die man der geisteswissenschaftlichen Pädagogik zurechnet, differieren zum Teil nicht unerheblich, und daher kann von einem in sich geschlossenen Lehrbestand dieser pädagogischen Richtung keineswegs gesprochen werden. Dennoch gibt es einen gemeinsamen Ausgangspunkt für die als Vertreter der geisteswissenschaftlichen Pädagogik angesehenen Wissenschaftler, und das ist die Lebensphilosophie Diltheys und die von ihm entworfenen Wissenschaftstheorie der Geisteswissenschaften.[1] Wenn im folgenden von der Menschenlehre der geisteswissenschaftlichen Pädagogik gehandelt werden soll, so ist keine umfassende Darstellung beabsichtigt, es werden nur gewisse charakteristische Thesen einiger ihrer Vertreter herausgegriffen (von wichtigen Pädagogen dieser Richtung wie Eduard Spranger oder Theodor Litt[2] wird nicht die Rede sein).

Die eigentliche Wirklichkeit des Menschen – so *Wilhelm Dilthey* in Übereinstimmung mit Bergson – ist das Leben als die Gesamtheit der tätigen seelischen Kräfte, nicht nur des abstrakten Verstandes, sondern auch des Gefühls, der Leidenschaften und des Willens. Leben ist etwas Wandelbares, etwas Geschichtliches, da in ihm Vergangenheit in Gegenwart und Zukunft hineinwirken. Struktur entsteht in diesem Lebensstrom dadurch, daß einzelne Erfahrungen

---

1 Vergl. dazu R. Lassahn: Einführung in die Pädagogik, Heidelberg 1974, S. 24

2 Zur Anthropologie Th. Litts vergl. vom Verf.: Zu Theodor Litts Lehre vom Menschen, in: Sinn u. Geschichtlichkeit, Werk u. Wirkung Th. Litts, hrsg. v. J. Derbolav u. a., Stuttgart 1980

als „Erlebnis“ zusammengeführt werden und ihnen dadurch eine bestimmte Bedeutung zugewiesen wird. Die einzelne Lebensform, der einzelne Lebensausdruck ist eingebettet in den größeren geschichtlichen Zusammenhang und auch in den umfassenderen Lebenszusammenhang der Gegenwart. Die Fülle des Lebens ist mit den Begriffen der Vernunft nicht adäquat zu erfassen, vielmehr bleibt bei einem solchen Versuch ein unaufhebbarer Gegensatz zwischen dem Begriff und der von ihm gemeinten Lebenswirklichkeit, der Unerschöpflichkeit des Lebens. Leben in der Fülle seiner Ausprägungen muß vielmehr *verstanden* werden. Dilthey spricht von der „Unergründlichkeit des Menschen“, man könne den Menschen daher nicht auf eine einfache und geschlossene Formel bringen. Aus diesem Grunde können die Lebenswirklichkeit und ihre Gestalten und Ausformungen nur im Wege des Verstehens erfaßt werden, und die Hermeneutik als Methode ist (im Gegensatz zum Erklären der Naturwissenschaften) die adäquate Methode der die menschliche Wirklichkeit erfassenden Geisteswissenschaften.

Eine Pädagogik, welche dieser methodischen Überlegung folgen will, muß – so Dilthey – ihren Ausgangspunkt von der Erziehungswirklichkeit nehmen, sie muß das Phänomen der Erziehung im Leben selbst, im Verhältnis des Erziehers zu seinem Zögling und in den Institutionen der Gesellschaft aufsuchen und im verstehenden Nachvollzug zu deuten trachten.

Das von der Erziehung anzusteuernde Ziel kann, aufgrund des formulierten lebensphilosophischen Ansatzes, nicht als inhaltlich bestimmtes und durch vernünftiges Raisonnement in allgemeingültiger Weise ermittelt werden. Dilthey legt dies vor allem am „natürlichen System“ dar: an jenem im 17. Jahrhundert entstandenen „System des Naturrechts, der natürlichen Moral, der natürlichen Theologie“, aber auch am System einer allgemein gültigen Ästhetik und an der Pädagogik. Alle diese Disziplinen gründeten auf der Überzeugung, daß „in der menschlichen Natur feste Begriffe, gesetzliche Verhältnisse [bereitliegen], eine Gleichförmigkeit, welche überall dieselben Grundlinien von gesellschaftlichem Leben, rechtlicher Ordnung, moralischem Gesetz, Schönheitsregeln, Gottesglauben und Gottesverehrung zur Folge haben muß“ – eine Überzeugung, die von der Gewißheit getragen war, daß „diese natürlichen Anlagen, Normen und Begriffe in unserem Denken, Dichten, Glauben und gesellschaftlichem Handeln … unveränderlich und vom Wechsel der Kulturformen unabhängig“ seien.[3] Es gibt also für Dilthey keine allgemeingültigen und überzeitlichen

[3] W. Dilthey: Ges. Schriften II (1914), S.91

Sollensprinzipien, nicht in der Moral und auch nicht für die Erziehung; Sollensprinzipien sind vielmehr „Ausdruck eines Lebensgehaltes" und dieser wieder „geschichtlich bedingt, also relativ".[4] Das „natürliche System" als eine „abstrakte, mit falschem Anspruch auf Allgemeingültigkeit auftretende Theorie" habe alle bestehenden Institutionen vor das Tribunal der autonomen Vernunft gebracht und so „revolutionär und zersetzend auf die geschichtlichen Ordnungen der Gesellschaft" gewirkt.[5] Diltheys geschichtliches Denken als Historismus und Relativismus wird so zu einem antiaufklärerischen Denken.

Dennoch stellt Dilthey eine wohl allgemein anzuerkennende doppelte Zielsetzung von Erziehung fest: Erziehung hat am „gesellschaftlichen Erneuerungsprozess" mitzuwirken, indem sie die heranwachsende Generation befähigt, die gegenwärtige zu ersetzen, und damit darauf hinwirkt, daß trotz des Wechsels der Individuen in der Generationsfolge der Ertrag der Arbeit in der Gesellschaft erhalten bleibt. Zum anderen hat Erziehung auf die Entfaltung des Seelenlebens hinzuwirken.[6] Das Seelenleben stellt eine dynamische Verbindung aus Verstand, Trieb- und Gefühlsleben sowie den Willenshandlungen dar, die zu einer individuellen Lebenseinheit hinführen, mit dem Ziel aktiver Wertgestaltung und Lebensbewältigung. „Dieser seelische Strukturzusammenhang ist ... ein teleologischer. Ein Zusammenhang, welcher Lebensfülle, Triebbefriedigung und Glück zu erwirken die Tendenz hat, ein Zweckzusammenhang. Sofern die Teile in der Struktur so mit einander verbunden sind, daß die Verbindung Triebbefriedigung und Glück hervorzurufen, Schmerzen abzuwehren geeignet ist, nennen wir ihn zweckmäßig."[7] Es gibt also eine dem Seelenleben eigene Vollkommenheit (auch wenn sie für Dilthey nur formal bestimmbar bleibt). „Folgerichtig können Normen dieser Vollkommenheit gegeben, Regeln, wie sie durch die Erziehung herzustellen seien, entworfen werden."[8]

Wenn Dilthey, wie angeführt, das erzieherische Verhältnis in seiner Wirklichkeit als Ausgangspunkt der Pädagogik ansah, so folgt ihm darin einer seiner engsten Schüler: *Herman Nohl.* Nohl spricht vom „pädagogischen Bezug" und umschreibt diesen in einer ersten

[4] W. Dilthey: Ges.Schriften X (1958), S. 22
[5] W. Dilthey: Ges. Schriften IX (1960), S. 167
[6] Vergl. zum Folgenden: P. Brozio: Vom pädagogischen Bezug zur pädagogischen Beziehung. Würzburg 1995, S. 24f.
[7] W. Dilthey: Ges. Schriften V (1957), S. 207
[8] W. Dilthey: Ges. Schriften IX (1934), S. 185

Charakteristik als „Grundlage der Erziehung“ und als „leidenschaftliches Verhältnis eines reifen Menschen zu einem werdenden Menschen“[9]. Und er folgt seinem Lehrer auch in der ersten von ihm getroffenen Festlegung. Dilthey anerkennt, daß der Erzieher Herrschaft über seinen Zögling ausübt, er unterstreicht aber, daß diese herrscherliche Funktion des Erziehers die „Pflicht der Fürsorge“ miteinschließt; der Erzieher dürfe das Kind nicht als Mittel gebrauchen, er müsse es vielmehr als Selbstzweck achten. Nohl greift diesen Gedanken auf, wenn er den pädagogischen Bezug als ein Verhältnis anspricht, das um des Zöglings willen bestehen solle, auf daß der Zögling „zu seinem Leben und zu seiner Form komme“.[10] Unter dieser Vorgabe, dem Wohl des Zöglings, hat der Erzieher die Ansprüche, welche an den Zögling und die Erziehung herangetragen werden, zu prüfen; sie müssen sich „eine Umformung gefallen lassen, die aus der Frage hervorgeht: welchen Sinn bekommt diese Forderung im Zusammenhang des Lebens dieses Kindes für seinen Aufbau und die Steigerung seiner Kräfte, und welche Mittel hat dieses Kind, um sie zu bewältigen?“[11] Der Erzieher hat somit als Anwalt des Kindes gegen die Ansprüche der „objektiven Mächte“ aufzutreten, den Ansprüchen des Staates, der Kirchen, der Wirtschaft, der Parteien oder der Weltanschauungen. In der Wahrnehmung dieser Aufgabe liegt die genuine pädagogische Verantwortung, für die Wahrnehmung dieser der Erziehung eigentümlichen Aufgabe kommt den Erzieher und der Erziehung eine (relative) Autonomie zu.

Nohl fügt diesem Merkmal der Erziehung ein weiteres hinzu. Die konkrete Bestimmung dessen, was „um des jungen Menschen willen“ in der Erziehung zu geschehen habe, könne immer nur aus der geschichtlichen Situation und der Individuallage des Zöglings heraus gegeben werden. Der Inhalt pädagogischer Verantwortung muß daher immer neu erörtert werden, denn er ist historisch wandelbar.

Das pädagogische Verhältnis, betont Nohl, ist kein einseitiges Verhältnis, was besagt, daß der Erwachsene als Erziehender nicht nur das Kind beeinflusse und damit das Kind zum Objekt seines Tuns mache. Das pädagogische Verhältnis ist vielmehr ein Verhältnis der Wechselwirkung. Eine solche stellt sich ein, wenn die Zuwendung des Erziehers zu seinem Zögling von „pädagogischer Liebe“ getra-

---

[9] H. Nohl: Die pädagogische Bewegung in Deutschland und ihre Theorie. 5. Aufl. Frankfurt, S. 134

[10] Nohl a.a.O. S. 134

[11] Nohl a.a.O. S.127

gen ist und der Zögling diese liebevolle Zuwendung mit „Vertrauen" zum Erzieher beantwortet, der Bereitschaft des jungen Menschen also, sich vom Erzieher beeinflussen zu lassen, seine Anregungen und Hilfen aufzunehmen und den Erwachsenen als den Reiferen anzuerkennen.
Der pädagogische Bezug kann, da er auf Liebe und Vertrauen gründet, nicht erzwungen werden. Der Erzieher dürfe dies nicht vergessen. Denn in der pädagogischen Beziehung seien „irrationale Momente wirksam ..., wie Sympathie und Antipathie, die beide Teile nicht in der Hand haben". Der Erzieher dürfe „darum nicht gekränkt sein oder es gar dem Zögling entgelten lassen, wenn der Bezug nicht gelingt ..."[12]
Dilthey legt dar, daß das pädagogische Verhältnis ein zeitlich begrenztes sei, es löse sich auf, wenn das Ziel der Selbständigkeit des Kindes erreicht sei.[13] Nohl schließt sich dieser These unmittelbar an: Das pädagogische Verhältnis müsse sich im Laufe seines Bestehens verändern hin zu zunehmender Eigenständigkeit, Selbständigkeit des Zöglings. Es strebe von beiden Seiten dahin, „sich überflüssig zu machen und sich zu lösen".[14]
Schließlich weist Nohl (wie schon Herbart und andere pädagogische Theoretiker) darauf hin, daß der Einsatz des Erziehers nicht nur von seiner Verantwortung für den gegenwärtigen Zögling, sondern auch für seine Zukunft getragen sein solle, von der „Liebe zu ihm in seiner Wirklichkeit und von der Liebe zu seinem Ziel, dem Ideal des Kindes, beides aber nicht als Getrenntes, sondern als ein Einheitliches: aus diesem Kind zu machen, was aus ihm zu machen ist, das höhere Leben in ihm zu entfachen und zu höherer Leistung zu führen, nicht um der Leistung willen, sondern weil in ihr sich das Leben des Menschen vollendet ..."[15]
Wenn Nohl von der Liebe und Verantwortung des Erziehers vor dem „Ideal" des Kindes spricht, plädiert er, wie Peter Brozio betont, keineswegs dafür, daß dem Kind eine Idealform aufgezwungen werde: dem Zögling solle „,nichts Fremdes' übergestülpt werden, vielmehr muß die ,Lebensform', zu der hingeführt wird, ,die Lösung seines [des Kindes] Leben sein. Dazu fordert Nohl vom Erzieher Empathie, d. h. ,Einfühlung in das Kind und seine Anlagen' sowie in die ,Möglichkeiten seiner Bildsamkeit' und zwar projektiv in Hinblick auf dessen Lebenslauf, d. h., sein vollendetes

[12] H. Nohl: Pädagogik aus dreißig Jahren. Frankfurt 1949, S. 154
[13] Dilthey: Ges. Schr. IX (1934), S. 194
[14] Nohl: Die pädag. Bewegung ... S. 137
[15] Nohl a.a.O. S. 135

Leben'".[16] Damit der Erzieher in Einfühlung und Abschätzung die seinem jeweiligen Zögling gegebenen Möglichkeiten und das ihm eigene „Ideal" zu ahnen vermag, bedarf er der Menschenkunde. Nohl hat eine solche pädagogische Menschenkunde unter dem Titel „Charakter und Schicksal"[17] vorgelegt, ein Werk, das immer wieder als der erste Beitrag zur pädagogischen Anthropologie bezeichnet wird. Unter dem Einfluß Platons, Herbarts, Diltheys und von Modellvorstellungen der Psychologie seiner Zeit entwickelt er zunächst seine Lehre vom Schichtenaufbau der menschlichen Seele. Er unterscheidet: die Schicht der Triebe, Nahrungs- und Geschlechtstrieb, Begierden, Lebensangst; die Schicht des „Mutartigen" (des Thymos), welche Ehrliebe, Streitlust, den Willen zur Macht und zum Sieg ebenso umfaßt wie das Streben nach Ruhm und den Zorn; die „geistigen Grundrichtungen" oder „höheren Interessen": die uneigennützige Hinwendung zur Sache; und schließlich das willentliche Sich-in-Zucht-Nehmen des Ich, die willkürliche Konzentration, Aufmerksamkeit, das gestaltende, formende, regulative Prinzip der Ich-Einheit. Diese Schichten stellen das Aufbaugesetz jeder menschlichen Existenz dar, treten aber bei verschiedenen Menschen unterschiedlich stark hervor, woraus sich verschiedene Charaktertypen ergeben. Eine weitere Differenzierung der Charaktere ergibt sich aus dem Umstand, daß in ein und derselben Schicht unterschiedliche Momente (Begierden oder Interessen) dominieren können. „Jeder Charakter ist ein Spannungsgefüge dieser Schichten, und wie er ihr Verhältnis zueinander erlebt, das bestimmt seine geistige Gestalt und ihre Dynamik.[18]
In einem zweiten Ansatz entwickelt Nohl das von Dilthey entlehnte anthropologische Prinzip: das Lebensgeschehen sei eine Einheit von Eindruck, Bewertung dieses Eindrucks durch Strebungen und die Antwort auf ihn in Ausdruck und Handlung. Das Lebensgeschehen ist also ein über diese Stadien ablaufender Prozeß. „Wo das Leben total ist, wird jedesmal der ganze Kreis durchlaufen, und das Leben ist nur dort vollständig gelebt, wo es sich so in Tat oder Ausdruck umsetzt."[19] Die daraus zu ziehende pädagogische Konsequenz: Die bloß aufnehmende Haltung des Lernenden erweist sich als inadäquat, als „lähmend", weil sie eben nicht den Kreisprozeß des Lebens in seiner Totalität durchläuft. Auch aus diesem Schema der Lebenstotalität gewinnt Nohl eine Typo-

[16] Brozio: Vom pädag. Bezug ... S. 53
[17] H. Nohl: Charakter und Schicksal. 3. Aufl. Frankfurt 1947
[18] Nohl a.a.O. S. 36
[19] Nohl a.a.O. S. 36f

logie der Charaktere. Denn die Menschen unterscheiden sich auch dadurch voneinander, daß bei ihnen das eine oder das andere Moment des Lebensprozesses, die Rezeptivität oder die Spontaneität, stärker hervortreten: sie sind entweder „Empiriker", „Genießer" oder „Mystiker"; oder (als von ihrer Spontaneität bestimmte) schöpferische Menschen, Rationalisten oder Ethiker.
Auch dem Lehrer – so Nohl – begegnen diese Charaktertypen: „Die Rezeptiven werden, was Zufall und Schule aus ihnen macht, alles leicht aufnehmen, können, leicht bestimmbar wie sie sind, keiner Aufforderung widerstehen ... und sie sind den passiven Gefühlen unterworfen, z. B. der Angst. Die Aktiveren sind dagegen auf dem Gebiet des Vorstellens in ihrer Empfänglichkeit beschränkter; sie gehen an vielem vorüber oder weisen es sogar widerwillig von sich ab, wenn es ihnen aufgedrängt wird, um mit um so größerer Begier sich das anzueignen, was ihrer Anlage entspricht. Im Handeln sind sie eigenwillig, trotzig gegen fremde Zumutung, eigensinnig in der Verfolgung ihrer Zwecke, unglücklich, wenn sie sich fügen oder dienen müssen, zufrieden nur, wenn andere sie gewähren oder auch sich von ihnen beherrschen lassen. Ihr Gefühlsleben hängt viel weniger ab von ihren Eindrücken der Außenwelt als vom Gelingen oder Mißlingen der aus ihnen entsprungenen lebendigen Tätigkeit."[20] Des weiteren macht es einen charakteristischen Unterschied, ob der Lebensprozeß eines Menschen, ob seine Gefühle und Spannungen normalerweise in „Ausdruck", in „Handlung" oder in Meditation, in das Denken mündet. In der Jugend überwiegt häufig die Form des Ausdrucks und der „Weg in die Phantasie"[21]. Dies stellt dem Erzieher die Aufgabe, „das Kind vom Phantasieren zur Treue gegenüber der Realität zu entwickeln".[22]
Nohl wendet sich sodann der Unterscheidung zwischen dem „objektiven Charakter" und dem „subjektiven Charakter" zu: dem Charakter als Seinsbestand und dem Charakter als Ideal und Norm. Man könne nicht annehmen, so Nohl, daß zwischen beiden, der Beschaffenheit des Individuums und dem in ihm lebendigen Ideal eine Übereinstimmung herrsche. Aus seinem Schichtmodell leitet er vielmehr ab, daß zwischen beiden eine Dissonanz auftrete. Solche Dissonanzen abzubauen und die in einem Individuum wirkenden Kräfte zur „Einheit der höheren Individualität" zusammenzufügen, bleibt vielmehr eine Aufgabe des Lebens und vor

[20] Nohl a.a.O. S. 37f
[21] Nohl a.a.O. S. 38
[22] Nohl a.a.O. S. 40

allem der Erziehung – eine Aufgabe, die allerdings zu keinem Zeitpunkt des Lebens einen endgültigen Abschluß findet.[23]
Schließlich wendet sich Nohl in seiner pädagogischen Menschenkunde der Frage nach der Bildsamkeit des Menschen zu: der Frage nach den Möglichkeiten und den Grenzen der Erziehung. Drei Formprinzipien des menschlichen Charakters benennt er: das Erbgut, die „Lebensbegegnungen" und den „freien geistigen Einsatz". Angeboren seien dem Menschen das Temperament (die Unterschiede in Stimmungslage, Auffassung und Reaktion) und die Geschlechtsunterschiede, soferne sie biologisch angelegt sind (die stärkere Erregbarkeit, Emotionalität und Affektivität der Frau und die „Ritterlichkeit" des Mannes). Historisch geformt werde der Mensch durch die Einflüsse von Umgebung, Schicksal und geschichtlicher Lage. Im „freien geistigen Einsatz" schließlich wächst die „historische Individualität über ihre Naturexistenz", aber auch über ihre soziale und kulturelle Determination hinaus und schafft sich selbst nach selbstbejahten Gesetzen.[24] Der Mensch erweist sich in der Sicht Nohls ebenso wie in der Anschauung Pestalozzis als Geschöpf der Natur, der Gesellschaft und seiner selbst.
Werner Loch[25] wandte gegen diese Menschenkunde Nohls ein, daß sie die der Pädagogik als Wissenschaft eigentümliche Grundlage verlasse und damit die Eigenständigkeit, die Autonomie der Pädagogik als Wissenschaft (gegenüber anderen wissenschaftlichen Disziplinen), wie sie von Vertretern der geisteswissenschaftlichen Pädagogik immer wieder beansprucht wurde, aufkündige. Dieser Vorwurf trifft sicher in einigen Punkten nicht zu: Könnte Nohl doch mit Recht antworten, daß die Persönlichkeitstypen, welche durch die Dominanz bestimmter Momente des Lebensprozesses entstehen, in der unmittelbaren Erfahrung des Erziehers mit dem Zögling in Erscheinung treten. In anderer Hinsicht ist der Feststellung Lochs zuzustimmen: Nohl verwendet ein an die pädagogische Erfahrung herangetragenes Schichtmodell, und auch seine Aussagen zu den Bestimmungsfaktoren der Bildsamkeit sind nicht zur Gänze aus einer solchen Erfahrung herzuleiten. Man muß allerdings die Frage stellen, ob die These und die Forderung nach Autonomie der Erziehungswissenschaft, ihre Beschränkung auf „einheimische Begriffe" und ihre ausschließliche Fundierung in der unmittelbaren pädagogischen Erfahrung von einer modernen wis-

---

23 Nohl a.a.O. S. 53
24 Nohl a.a.O. S. 177 ff.
25 W. Loch: Die anthropologische Dimension der Pädagogik. Essen 1963, S. 43

senschaftlichen Pädagogik anerkannt werden können und ob im besonderen eine pädagogische Anthropologie in der Erörterung der ihr zukommenden Probleme nicht notwendigerweise auf Ergebnisse und Theorien anderer Humanwissenschaften zurückgreifen muß (was Loch im übrigen auch nicht in Abrede stellt). Die Frage anders gewendet: Welchen Beitrag vermag die pädagogische Wissenschaft, beschränkt sie sich auf originäre pädagogische Erfahrungen, überhaupt zu einer Lehre vom Menschen zu leisten.
Nicht ein Stufenmodell oder eine Lehre von den Momenten des menschlichen Lebensprozesses wählt *Wilhelm Flitner* zum Ausgangspunkt seiner pädagogischen Menschenlehre auch nicht die unmittelbare pädagogische Erfahrung, er entfaltet seine Anthropologie in der Darlegung von vier (pädagogisch relevanten) Sichtweisen des Menschen. In der biologischen Betrachtungsweise[26] erscheint der Mensch als Lebewesen: er wächst (in zwei Geschlechtern geschieden) auf, durchläuft verschiedene Phasen seiner Entwicklung und kommt in seinem Wachstum einmal an ein Ende; wie die Tiere sich in Herden oder Rudeln zusammenschließen, bildet der Mensch Gesellschaften (Sippen, Stämme, Völker, Staaten); für die Brutpflege und Aufzucht ist „durch Ordnungen gesorgt"; als Einzelner ist der Mensch Exemplar seiner Gattung und als solches ausgestattet mit Bedürfnissen und Mitteln zu deren Befriedigung, mit Verhaltensweisen und Organen, ferner mit Verhaltensschemata, welche vollzogen werden, ohne daß Vorbewußtsein und wissender Entschluß notwendig sind (Instinkte). Er ist ausgestattet mit Anlagen für wichtige Funktionen, die aber erst geübt und ausgebildet werden müssen; hierbei ist nachahmendes Lernen von Bedeutung ebenso wie das Spiel als Einübung von Funktionen und als Medium des Bekanntwerdens mit der Umwelt. Erziehung stellt sich unter diesem biologischen Aspekt dar als „der Prozeß des Wachsens und Reifens der Jungen, verbunden mit den gesamten Vorgängen, durch welche die Erwachsenen jenen Prozeß schützen und unterstützen".[27]
Auch wenn der Mensch, so betrachtet, als Lebewesen unter Lebewesen erscheint, so nimmt er, wie Flitner im Anschluß an Herder, Gehlen und Portmann darlegt, im Bereich des Lebendigen eine Sonderstellung ein: die lebensnotwendigen Tätigkeiten des Menschen sind nicht durch Instinkte, bestimmte Bedürfnisse und Organe festgelegt, sondern unbestimmt. Sie werden ersetzt durch ein Handeln, daß sich zwar auf Instinkte gründet, sich aber von ihnen

[26] W. Flitner: Allgemeine Pädagogik. 9. Aufl. Stuttgart 1963. S. 28ff.
[27] Flitner a.a.O. S. 30

befreit, um sich durch die Vorstellung der Umwelt als einer in sich stehenden objektiven Welt im Handeln zu orientieren. Die Erzeugung eines solchen objektiven Bildes der Welt ermöglicht eine ungemeine Ausdehnung des spielenden Umgangs mit der Umwelt und ein weithin entspanntes Feld der Instinkthandlungen, das durch zwei biologische Merkwürdigkeiten des Menschen bedingt wird: durch einen noch halb embryonalen Zustand des Kindes in seinem ersten Lebensjahr und durch eine keineswegs rasche und kontinuierliche, sondern in Entwicklungsstößen erfolgende Entwicklung des Kindes, die nicht mehr somatisch, sondern nur geistig und soziologisch begreifbar wird.

Wenn der Mensch sich von den Instinkten ablöst und er sich die Welt geistig und sprachlich vergegenwärtigt, kann er sich in seinem Handeln durch Vernunft und Vorausschau leiten lassen. Geist und Sprache werden somit biologisch unentbehrliche Fähigkeiten. Der Mensch kann dadurch in unterschiedlichen Klimata und Lebensformen existieren, er kann sich mit Hilfe seines Geistes durch kulturelle Gebilde eigene Lebenswelten schaffen. Wenn somit die Geistausstattung des Menschen und die sozialen Ordnungen als biologisch zweckmäßig erachtet werden müssen, so kann sich auch Erziehung in biologischer Betrachtungsweise nicht auf Schutz der Jungen, Brutpflege, Einübung und Anlernen beschränken, sie muß vielmehr auch zum Verstehen sinnhafter Zeichen, den Gebrauch der Symbole und zum Erlernen der Sprache hinführen; und sie muß die Jungen lehren, „die Gesamttätigkeit des zusammenlebenden Volkes mitzutun und zu verstehen“.[28]

Diese Überlegungen leiten über zu einer zweiten Betrachtungsweise des Menschen: zur „geschichtlich-gesellschaftlichen“[29] verfährt man in geschichtlich-gesellschaftlicher Sicht abstrakt, kann man vergleichenderweise Typen geschichtlicher Formen und Schemata historischen Geschehens erstellen: der Mensch als Sammler und Jäger, als Nomade, als Ackerbauer, schließlich die höheren Kulturen mit den Städten, Staaten und Großreichen. Geist bezeichnet die Fähigkeit des Menschen, Werkzeuge, Zeichen und soziale Gebilde zu schaffen und zu benutzen. Zeichen halten Bedeutungen fest, so daß man sich ihrer erinnert, und sie erlauben, daß man alles Gemeinte zu großen Bedeutungsgefügen zusammenführt. Es entwickeln sich Sitten, Rechtsordnungen und Staaten als soziale Einrichtungen. Und auch der einzelne Mensch gewinnt eine „objektiv-geistige innere Gestalt“, die sich in Gang und Gebärde, Sprache

[28] Flitner a.a.O. S. 32
[29] Flitner a.a.O. S. 33

und Stil „ausdrückt“ und einen geschichtlich gewordenen Habitus darstellt. Alles Geistige lebt mit Hilfe der Erinnerung und auf Grund der Überlieferung; es wandelt seine Gestalt. Der Einzelne erscheint als Glied von geschichtlichen Verbänden, Traditionen und Einrichtungen.[30]
Erziehung erweist sich unter diesem Gesichtspunkt als Teilhabe am Prozeß der Überlieferung: die Formen und ihr Geist werden an die Nachwachsenden übergeben. Erziehung bewirkt damit auch die Eingliederung der aufwachsenden Menschen in die Formen und den geistigen Inhalt der ihn empfangenden geschichtlichen, objektiv-geistigen Welt. Bildsamkeit für Geistiges ist naturhaft vorhanden. „Unbändig ist der naturhafte Wille, welcher das Kind treibt, sich in die Verständigungsgemeinschaft der geistigen Welt einzufügen, in die es durch Geburt gestellt ist. Verstehen will der Aufwachsende, weil er mit Handeln und mit anderen leben will.“ Andererseits zeigen alle Gebilde der geschichtlichen Welt ein Streben, Nachwuchs zu suchen und ihn in Zucht zu nehmen: Erziehung läßt sich in dieser Sichtweise verstehen „als der Inbegriff des Geschehens und Tuns, das aus dem Regenerationsstreben der geschichtlichen Gebilde und dem geistigen Eingliederungstreben des natürlich aufwachsenden Individuums hervorgeht“.[31]
Die eben eingeschlagene Betrachtungsweise des Menschen und Erziehung bleibt einseitig soziologisch und historisch. Abstrahiert sie doch vom „Eigentlichen“: den Gehalten, in denen wir denken und die wir als gültig erfahren, von den sittlichen Beziehungen, die uns in Verantwortung aneinander binden. Darin besteht aber das „Eigentlich-Menschsein“, das sich im Denken und der Freiheit verwirklicht.[32] Die Einseitigkeit geschichtlich-gesellschaftlicher Auffassungsweise exemplifiziert Flitner etwa am Beispiel der Berufsarbeit. Gesellschaftlich betrachtet erscheint Arbeit als Mittel für die Lebensfristung, die Vermehrung des Wohlstandes und auch dafür, Sicherheit für die Nachkommen zu schaffen. „Aber der gesittete Mensch wird nicht durch diese konventionellen Motive allein bestimmt; bei ihm ist die geistige Wahrnehmung des Ideellen mit am Werk. Er versteht die Arbeitswelt als etwas Sinnvolles, das ihm von hohem Wert ist. Er dient mit seinem Werk, er gestaltet etwas Bedeutsames, Nützliches oder Schönes, er objektiviert seinen tätigen Geist und teilt sich durch sein Werk anderen mit.“[33]

---

[30] Flitner a.a.O. S. 34
[31] Flitner a.a.O. S. 35
[32] Flitner a.a.O. S. 39
[33] Flitner a.a.O. S. 44

Erkennt man diese Beschränktheit der geschichtlich-gesellschaftlichen Betrachtungsweise der Erziehung, so führt sie uns weiter zu einer dritten Betrachtungsweise: zur Auffassung der Erziehung als „geistige Erweckung". „Die Erweckung zum rechten Geiste wird zum Hauptziel der Erziehung; das Erwachen zur Wertsicht und das Ergriffenwerden von dem Sinn einer guten Sache zum Kern des Erziehungsprozesses."[34] Was sich dabei einstellen muß, ist ein „Selbstwerdungsereignis": Im Zögling, im wissenden und handelnden Einzelnen muß sich die Sache mit ihrem reinen Sinn Geltung verschaffen. Überzeugung kann jeder nur selbst erlangen, Wert und Sinn treffen muß er allein. Der Erzieher muß das produktive Ich des anderen zu befreien suchen. So gesehen wird die kulturelle Überlieferung nicht mechanisch fortgesetzt, sondern geistig verlebendigt. Für den Erzieher bietet sich hierfür die sokratisch-platonische Lehrweise der Mäeutik an.

Der Zugang zum Eigentlich-Menschlichen ist auf zwei Wegen zu finden: im Verstehen des Sinnvollen der sozialen Ordnungen, der Geistesbeschäftigungen und in der Liebe. Diese Einsicht führt uns zu einer vierten und letzten Betrachtungsweise des Menschen und der Erziehung: zu ihrer personalen Betrachtungsweise.[35] „Während das Ideelle sich auf die Zwischenwelt des menschlichen Ordnens und Schaffens bezieht, erschließt sich in der Liebe das Sinnvoll-Bedeutsame der inneren Person als der Einheit des Ich."[36] In der Liebe bezieht sich eine Person auf eine andere Person. Personsein aber bedeutet, daß das Ich sich in seinen Zuständen identisch setzt, es sieht auch den anderen Menschen als eine Person an und weiß sich mit anderen verantwortlich und trägt diese Verantwortung einem transzendenten, göttlichen Anspruch gegenüber. Begegnet der Mensch der Transzendenz mit Ehrfurcht, so wird er auch in seinem Nächsten die Person respektieren, die zu einen Verhältnis der Ehrfurcht dem Transzendenten gegenüber berufen ist. Die tiefste Erfüllung dieser Aufgabe wird in der Liebe erfahren. „Durch dieses höchste und zugleich einfachste aller Gefühle werden wir des unermeßlichen und ehrfurchterweckenden Wertes unseres Nächsten inne. Durch die Liebe erkennen wir tätig an, daß der andere ein personales Sein und jeder seiner Lebensmomente eine absolute Bedeutsamkeit hat, daß er auf die überweltliche Seinsfülle bezogen ist. Die Anerkennung dieser Lage der persönlichen Existenz vollzieht sich ohne alle Reflexion im tätigen Leben des

---

[34] Flitner a.a.O. S. 45
[35] Flitner a.a.O. S. 47ff
[36] Flitner a.a.O. S. 48

Liebenden. Es ist die anmutige Leistung der Liebe, daß sie über den begrenzten Zustand des Liebenden hinweg in die Ewigkeit des anderen hineinsieht ... Die tiefste Liebe gilt dem anderen als dem Gottesgeschöpf, das auch zum Heil berufen ist; sein unvollkommener Zustand raubt ihm nicht seinen Wert: eine unermeßliche wertvolle Zukunft ist bereits in seinem gegenwärtigen konkreten Zustand als Verheißung da."[37]

In der Liebe wird uns der andere Mensch in seiner konkreten Wirklichkeit gegenwärtig – wir gelangen zur letzten Auffassungsweise des Menschen. „Wenn das Selbst sich aus der Gottesliebe heraus versteht oder aus seiner Zugehörigkeit zur Transzendenz und wenn wir unseren Nächsten aus der Liebe begreifen, so besitzen wir die konkrete Auffassung vom Menschen schlechthin. Sie ist nicht mehr abstrahierende Theorie, sondern die Auffassung, die sich in der tätigen, gläubigen Liebe konkret vollzieht. Die Theorie darüber ist nur schematische Abspiegelung dessen, was als Vertrauen und Liebe konkret ist. Erst diese Vergewisserung des Eigentlich-Menschlichen macht auch das erzieherische Phänomen vollends deutlich." Die pädagogische Situation entsteht daher „durch den wichtigsten Unterschied, der sich denken läßt: zwischen dem zur Person erwachten, zum wissenden Charakter gewordenen Menschen und denen, die entweder Personalität noch nicht errungen oder sie wieder eingebüßt haben". Das pädagogische Verhältnis ereignet sich also „zwischen dem, der um seine Personalität weiß, und dem, der faktisch in seinem objektiven Charakter als unfrei und noch nicht entschieden zu gelten hat".[38] Die pädagogische Verantwortung besteht demnach darin, „daß die uns anvertrauten Seelen, unsere eigene miteingeschlossen, zur Entschlossenheit ihrer personalen Existenz gelangen – daß wir ihnen unsere Hilfe auf diesem Wege bieten. Das Ziel der pädagogischen Begegnung ist alsdann, den anderen zu ihm selbst zu führen: so daß er selbst über seinen objektiven Charakter wachen kann, Selbstverantwortung auf sich nimmt und sich ein inneres Leben erschließt, daß er die Quellen des Vertrauens, der Hoffnung und der Liebe in sich freilegt."[39]

Dieses höchste Ziel der Erziehung ist nur zu erreichen, wenn auch jene Aufgaben übernommen werden, die in den drei zuvor entfalteten Betrachtungsweisen sichtbar wurden: Wenn wir dem anderen dazu verhelfen wollen, sein persönliches Selbst zu entwickeln,

---

[37] Flitner a.a.O. S. 49
[38] Flitner a.a.O. S. 52
[39] Flitner a.a.O. S. 53

müssen wir ihn (wie schon Pestalozzi sagte) zuerst pflegen, sättigen, kleiden, ihn in seinen vitalen Bedürfnissen bejahen, wir müssen ihm zur gesellschaftlichen Achtbarkeit und Tüchtigkeit verhelfen; und wenn wir den anderen lieben, so wollen wir ihm „das Verständnis kultureller Ordnungen und Werke eröffnen, ihm das Ideelle begreiflich machen".[40] Eine entscheidende Grenze pädagogischen Tuns muß dabei bewußt bleiben: „Die Erweckung des Selbst kann nur darin bestehen, daß in der Seele die Transzendenz selbst als eine entsprechende Wirklichkeit vernommen wird – aber eben dies entzieht sich jedem Einfluß von außen" und damit auch der Macht des Erziehers.[41]

Wilhelm Flitner hat in seinem pädagogischen Denken im allgemeinen und speziell in seiner pädagogischen Menschenlehre ohne Zweifel wichtige Denkansätze der geisteswissenschaftlichen Pädagogik aufgegriffen und weitergeführt. Das ist der Fall, wenn Flitner die Bedeutung sozialer Ordnungen und anderer kultureller Gebilde für den Menschen hervorhebt oder das Verstehen als Weg des Zugangs zu menschlicher Wirklichkeit begreift und wenn er grundsätzlich an der Geschichtlichkeit und Relativität menschlicher Lebensformen festhält. Gleichzeitig aber verläßt sein Denken offenkundig von Dilthey und Nohl eingeschlagene Bahnen. Die Einbeziehung wesentlicher Denkformen der theologischen und philosophischen Tradition und auch der Ergebnisse moderner anthropologischer Forschung in das von ihm entworfene Bild des Menschen und vor allem – trotz Anerkenntnis der geschichtlichen Relativität – die in der Betonung der Gottes- und der Menschenliebe deutlich werdende Zuwendung zur christlichen Sicht des Menschen legen dafür ein unübersehbares Zeugnis ab. Mit Wilhelm Flitner ist die Anthropologie der geisteswissenschaftlichen Pädagogik an ihrem Ausgang angelangt.

---

[40] Flitner a.a.O. S. 53
[41] Flitner a.a.O. S. 53

Prolegomena zu einer hermeneutischen Psychologie

Günther Bittner

Vorspiel mit Augustin

Mit dem Jubilar verbindet mich – neben vielem anderen, nicht zuletzt den „Tür an Tür" verbrachten zurückliegenden 20 Jahren – die gemeinsame, wenn auch unterschiedlich begründete Liebe zu Augustin (vgl. Böhm 1993): für mich ist er der erste Psychologe überhaupt, und natürlich der erste „ geisteswissenschaftliche" Psychologe.

Das kosmologische Staunen begann mit den vorsokratischen griechischen Philosophen. Thales soll, nach Platons Bericht, so versunken gewesen sein in die Beobachtung der Sterne, dass er nicht auf seine Füße sah, in einen Brunnen fiel und von der thrakischen Magd verspottet wurde. Mit Augustin beginnt das Staunen angesichts des eigenen Lebens und der „inneren Welt". „... nescio, unde venerim huc, in istam dico vitam mortalem an mortem vitalem?" (Bekenntnisse I, 6, 7).

Hier wird zum ersten Mal die Frage gestellt, die Jaspers als die Urfrage der Philosophie bezeichnet, in dem er einen mittelalterlichen Vers zitiert:

> Ich komme, ich weiß nicht woher
> Ich bin, ich weiß nicht wer
> Ich sterbe, ich weiß nicht wann
> Ich gehe, ich weiß nicht wohin
> Mich wundert's, daß ich fröhlich bin (Jaspers 1970, S. 12).

Augustin ist sozusagen der erste „Lebensphilosoph": Ausgangs- und Bezugspunkt der Reflexion ist bei ihm das je eigene Leben, dessen Anfänge im Dunkeln liegen, weil die Erinnerung dorthin nicht zurückreicht, das Anlass gibt zu fortwährendem Verwundern: über die Kontinuität des Ich in der dahinfließenden Zeit (ecce infantia mea olim mortua est et ego vivo, Bekenntnisse I, 6, 9), über die ingens aula memoriae und nicht zuletzt: über die Sünden, wie jenen Birnendiebstahl mit 16 Jahren, der nicht aus Hunger begangen wurde, sondern um der puren Lust an der Übertretung willen.

Augustin begnügt sich nicht, die „Schändlichkeit" seiner Missetat zu beklagen – hier wie unzählige Male in den Confessiones fragt er: quid est, quid erat? Und: Delicta quis intellegit? (ebd. II, 9, 17). Augustins unerhörter Gedanke: Sünden sind nicht allein dazu da, beweint und gebüßt, sondern in ihren Intentionen, ihrer Motivation und Folgerichtigkeit eingesehen und verstanden zu werden – eine Art Sündenhermeneutik.

Seinen stärksten Ausdruck indessen findet das Verwundern über die Seele in den Ausführungen über das Gedächtnis:

> „Und da gehen die Menschen hin und bewundern die Höhen der Berge, das mächtige Wogen des Meeres, die breiten Gefälle der Ströme, die Weiten des Ozeans und den Umschwung der Gestirne – und verlassen dabei sich selbst. Sie finden nichts daran zu staunen, daß ich jetzt beim Nennen all der Dinge nichts davon mit Augen sehe: und könnte doch davon nicht reden, schaute ich nicht Berg und Meer und Fluß und Sterne, die ich gesehen, und den Ozean, von dem ich sagen hörte, drinnen in meinem Gedächtnis so gewaltig im Raume gelagert, als erblickte ich sie draußen" (ebd. X, 8, 15).

Die Seele ist voll von Rätseln und Paradoxien. Zu den Paradoxien der memoria gehört (ebd. X, 16, 25), dass ich selbst noch mein Vergessen erinnern kann. Und was ist zum Beispiel die Zeit? „Wenn mich niemand danach fragt, weiß ich es; will ich einen Fragenden es erklären, weiß ich es nicht" (ebd. XI, 14, 17).
Beim Durcharbeiten all dieser Rätsel findet sich der Denker buchstäblich in Schweiß gebadet:

> „Ich wenigstens, o Herr, mühe mich daran ab und mühe mich an mir selber ab: es ward mein eigen Ich mir zum Boden der Mühsal, und ich bestelle ihn mit vielem Schweiß" (ebd. X, 16, 25).

Psychologiegeschichtlich gesehen kommt Augustin eine Schlüsselstellung zu: „Augustin erschließt das seelische Innen durch Introspektion und kommt zur Ichgewißheit im Erleben ... Durch Augustin wird die Psychologie zur Lehre von der inneren Erfahrung" (Pongratz 1967, S. 25 f.). „Erst nach Eröffnung des seelischen ‚Innen' konnte eine Bewußtseinspsychologie entstehen"; zugleich entdeckt er „mit dem inneren Menschen auch das unbewußte Seelenleben" (ebd., S. 111f.).

I. Die „geisteswissenschaftliche Psychologie" als historisches Phänomen

Dilthey hat in seinen „Ideen über eine beschreibende und zergliedernde Psychologie" (Dilthey, GS V, S. 139) mehrfach auf die „Reflexionen über das Leben" Bezug genommen, „wie große

Schriftsteller, ein Seneca, Marc Aurel, Augustin, Machiavelli, Montaigne, Pascal sie ausgesprochen haben“ (ebd., S. 152). In deren Schriften sei „ein Verständnis des Menschen in seiner ganzen Wirklichkeit enthalten, hinter welchem alle erklärende Psychologie weit zurückbleibt“ (ebd., S. 152). Doch sei in solchen Reflexionen der großen Schriftsteller noch keine Psychologie (im Sinne einer „Darstellung des regelmäßigen Zusammenhangs des Seelenlebens“, ebd., S. 153) gegeben, sondern lediglich „eine Aufgabe und ein Stoff“ zu einer solchen. Anzustreben sei „eine Psychologie, welche eben die Gedanken, die Augustin, Pascal oder Lichtenberg durch einseitige grelle Beleuchtung so eindringlich machen, in einem allgemeingültigen Zusammenhang erst für das menschliche Wissen nützlich machte“ (ebd., S. 153).
Die nach dem Vorbild der Naturwissenschaft „erklärende“, Elemente isolierende und Hypothesen prüfende Psychologie, die zu Diltheys Zeit ihren akademischen Siegeszug begann, musste vor dieser Aufgabe versagen. „Die Natur erklären wir, das Seelenleben verstehen wir“. „Der erlebte Zusammenhang ist hier das erste, das Distinguieren der einzelnen Glieder desselben ist das Nachkommende. Dies bedingt eine sehr große Verschiedenheit der Methoden, vermittels deren wir Seelenleben, Historie und Gesellschaft studieren, von denen, durch welche die Naturerkenntnis herbeigeführt worden ist“ (ebd., S. 144).
Diltheys Programm einer verstehenden, d. h. „beschreibenden und zergliedernden“ Psychologie, welche die „feste, allgemein gültige Grundlage“ (ebd., S. 146) der Geisteswissenschaften bilden sollte, ist aus allen Lagern kritisiert worden.
Ebbinghaus, einer der führenden Experimentalpsychologen jener Zeit, hat Diltheys „seltsame Polemik“ schlicht für „gegenstandslos“ erklärt (Ebbinghaus 1896, S. 195). Was Dilthey von einer neuen Psychologie verlange, „eben das will die alte“ (ebd., S. 181). Dies ist übrigens bis heute die Argumentationsfigur der experimentellen Psychologie geblieben, um sich gegen grundsätzliche Kritik wirkungsvoll zu immunisieren.
In einem Punkt sind Ebbinghaus’ Einwände allerdings bedenkenswert: auch Diltheys Psychologie müsse, wenn sie nicht nur eine „beschreibende“, sondern eben auch eine „zergliedernde“ Psychologie sein soll, anerkennen, „daß das Gegebene klaffende Lücken aufweist … Indem sie aber die Ausfüllung unternimmt, verfährt sie ganz wie die erklärende Psychologie: sie legt sich das Unerfahrbare zurecht mit Hülfe und nach Analogie des der Erfahrung Gebotenen, sie konstruiert hypothetische Zusammenhänge, die der unmittelbaren Erfahrung ganz entrückt sind“ (ebd., S. 195).

Für obsolet erklärten Psychologen schon bald Diltheys programmatische Alternative Verstehen vs. Erklären. Külpe, James und Bühler intendierten eine „zweiseitige" Psychologie, d. h., dass „die objektivierende und die beschreibende Psychologie in einem Ergänzungsverhältnis stehen" sollte (Pongratz 1967, S. 283) – allerdings zumeist in dem Sinn, dass der experimentellen Methode, „der Treue im Kleinen und der Induktion das letzte Wort gebühren" (Bühler zit. nach Pongratz 1967, S. 283), womit auch hier wieder das von Dilthey kämpferisch-kritisch verfochtene Anliegen von der experimentellen Psychologie taktisch geschickt vereinnahmt wurde.

Schließlich rückten Dilthey selbst und seine Nachfahren von den „Ideen" ab, indem sie diese durch dessen spätere Entwicklung für überholt erklärten. Vor allem Bollnow sucht Dilthey von jedem Vorwurf „eines alles zerweichenden und jede feste Ordnung und Wertung auflösenden *Psychologismus*" (Bollnow 1955, S. 215) reinzuwaschen. „Die Relativierung jeder festen Geltung, die Dilthey allerdings vornimmt, ist nicht die Relativierung auf ein psychologisches Subjekt, sondern eine solche auf die geschichtliche Lebenswirklichkeit selbst" (ebd., S. 216). Warum nun diese historische Relativierung und Zerweichung besser sein soll als die psychologische, bleibt Bollnows persönliches Geheimnis.

Die „geisteswissenschaftliche Psychologie" in der von Dilthey begründeten Tradition blieb arm an Konkretionen: Sprangers „Psychologie des Jugendalters" (1925) und seine „Lebensformen" (1921) sind hier zu nennen (zu deren Aktualität vgl. Löffelholz 1983, Oelkers 1983, Hohmann 1996) und die Werke des frühen Jaspers: „Allgemeine Psychopathologie" (1913) und „Psychologie der Weltanschauungen" (1922) (vgl. Plaum 1988, van der Haak 1988).

Im Hinblick auf die geisteswissenschaftliche Pädagogik hat Bollnow eine Unterscheidung gemacht, die sinnvollerweise auf die geisteswissenschaftliche Psychologie übertragen werden könnte: der Ausdruck bezeichne „eine in der Geschichte hervortretende geistige Bewegung, die ... zu einer bestimmten Zeit und *unter bestimmten geschichtlichen Bedingungen* entstanden ... und ... schließlich wieder verschwunden ist". Bollnow schlägt vor, den Begriff „auf die Zeit von etwa 1918 bis 1933 zu beschränken" (Bollnow 1989, S. 67).

Von dieser historisch abgrenzbaren Bewegung zu unterscheiden sei der allgemeinere und zeitlich überdauernde *„Begriff einer Methode"* (ebd., S. 68). Bollnow schlägt vor, heute in Analogie zur hermeneutischen Philosophie von einer hermeneutischen Pädagogik zu sprechen – was sich umstandslos auf die Psychologie übertragen ließe: deren Aufgabe heute wäre nicht die etwas krampfhafte Fortschreibung der „geisteswissenschaftlichen" Psychologie Sprangers mit ihren historischen Bedingtheiten und Begrenztheiten, sondern die Neukonzeptualisierung einer „hermeneutischen" Psychologie, wiederum in freier Anlehnung an Bollnows Ausführungen (ebd., S. 68). Die hermeneutische Psychologie wäre jeder Empirie logisch vorgeordnet, „weil sie im Ausgang vom vorwissenschaftlichen Verständnis die Begriffe entwickelt, ... und die Zusammenhänge herausarbeitet, in denen die Forschung geschieht, und sie wird dann auch wieder die Aufgabe haben, die Einzelergebnisse der empirischen Forschung auf das Ganze ... zurückzubeziehen" (ebd., S. 68).

II. Hermeneutische und empirische Psychologie in Konvergenz?

Hermeneutisch-interpretative Methodenelemente haben in die vom experimentellen Paradigma beherrschte akademische Psychologie kaum Eingang gefunden. So ist im folgenden nur über einige wenige und überdies unzusammenhängende Berührungspunkte von Psychologie und Hermeneutik zu berichten.
Die Inkompatibilität zeigte sich schon früh beim Problem der *Introspektion*, die von vielen experimentellen Psychologen aus ihrer frühen Blütezeit grundsätzlich als unzuverlässig abgelehnt, von Bühler und der Würzburger Schule hingegen, die sich überwiegend mit Bewusstseinsphänomenen wie Denken und Wollen befasste, dennoch für unentbehrlich gehalten wurde.
Die verschiedenen Standpunkte von damals hat neuerdings Schneider (1996) zusammengefasst:

„Es wird vielfach als besondere Leistung der Würzburger Schule angesehen, der Selbstbeobachtung eine besondere Stellung in der psychologischen Methodik zuzuweisen ...".
„Interessanterweise nahm ... ein bekannter Würzburger Vorgänger von Külpe, Franz Brentano, den Standpunkt ein, daß phänomenologische Erfahrung (das Erleben) nicht durch den Vorgang der Introspektion einzufangen ist, da man nicht zur gleichen Zeit beobachten *und* erleben könne ... Dieses Argument ist in enger Beziehung zu dem von Comte ... zu sehen, das später als Comtesches Paradox bekannt wurde und folgendermaßen formuliert war:
‚Das denkende Individuum kann sich nicht in zwei zerteilen, von welchem das eine nachdenkt, während das anderes es nachdenken sieht. Das Organ, welches beobachtet, und das, welches beobachtet wird, sind in diesem Fall identisch; wie könnte also die Beobachtung stattfinden?'

Das Comtesche Verdoppellungsargument wurde auch von Wundt (1907) in seiner Kritik an der Würzburger Introspektionsmethode angeführt, von Bühler allerdings vehement zurückgewiesen, da in der Introspektionsmethode die Gedanken nicht gleichzeitig gedacht und erfaßt werden. Die Reaktion Bühlers (1908, S. 100) ist nach wie vor anhörenswert:
‚Ist denn Wundt nie in den Sinn gekommen, sich zu überlegen, ob man nicht über seine Erlebnisse auch Aussagen machen könne, ohne sein Ich zu verdoppeln? Es gibt doch im Menschen etwas, was man Gedächtnis nennt, auch ein unmittelbares Gedächtnis!'
Bühler ging wie die meisten anderen Würzburger Introspektionsforscher davon aus, daß die Selbstbeobachtungsmethode eine Methode wie jede andere ist. Ihre Ergebnisse besitzen demnach zunächst einmal den gleichen Wahrheitswert wie die der Beobachtung. Genau wie jede andere Methode bedarf die der Introspektion der angemessenen Interpretation" (Schneider 1996, S. 2f.).

Hier war sozusagen der Gabelpunkt, an dem sich hermeneutische und experimentelle Psychologie hätte treffen können, an dem sie sich aber statt dessen prinzipiell und definitiv auseinander entwickelt haben. Die Introspektion als zulässige, aber interpretationsbedürftige Auskunftsquelle in die Psychologie einzuführen, hätte bedeutet, eine Psychologie menschlicher Subjekte auf den Weg zu bringen, die sich mitteilen können und deren Mitteilungen „verstanden" werden müssen.
Nachdem die behavioristische Psychologie die Introspektion zeitweilig völlig eliminiert hatte, gibt es neuerdings im Kontext kognitivistischer Psychologien vorsichtige Wiederannäherungsversuche (Nelson 1996). Anlässlich eines Symposions zum 100jährigen Bestehen der Würzburger Schule referierten Kuhl, Perner und Schneider über entsprechende Forschungen (Janke/Schneider 1997).
Freilich hat das neu erwachte Interesse für Introspektion unter den experimentellen Psychologen Bühlers These, introspektive Äußerungen seien stets interpretationsbedürftig, nicht mehr aufgenommen. Nochmals mit Schneiders Worten im Zusammenhang seiner Auseinandersetzung mit der „alten" Würzburger Schule:

„Ein wesentlicher Unterschied zwischen den alten Introspektions-Konzeptionen und dem neuen Metakognitionsmodell ist darin zu sehen, daß die Validität von Selbstbeobachtungen nicht länger als selbstverständlich angenommen wird. Ganz im Gegenteil: im neuen Ansatz wird die Person als durchaus fehlbare Meßinstanz ihrer eigenen Kognitionen angesehen ...
... Während in den empirischen Studien der Würzburger ungeprüft unterstellt wurde, daß die routinierten Probanden veridikale bzw. valide

Informationen über Zustände ihres eigenen kognitiven Systems liefern können, steht die neuere Metakognitionsforschung den Selbstbeobachtungskompetenzen ihrer Probanden eher skeptisch gegenüber. Über die Verwendung objektiver Außenkriterien soll versucht werden, das Ausmaß der Genauigkeit metakognitiver (introspektiver) Urteile näher zu bestimmen" (Schneider 1996, S. 6).

In der Diskussion über Schneiders Vortrag berichtete ich ein Beispiel aus dem Familienalltag. Als meine Tochter, 3 Jahre alt, mit mir spazieren gehen sollte, ließ sie sich auf eine Bank fallen und erklärte: ich bin so krank. Dies ist eine introspektive Äußerung, die der Interpretation bedarf. Die Interpretation brachte als Ergebnis, dass die Äußerung meiner Tochter wohl sinngemäß verstanden werden musste: ich bin müde, ich hab keine Lust. So sind schon solch einfache sprachliche Äußerungen über innere Gegebenheiten stets und mit Notwendigkeit interpretationsbedürftig.
Der experimentellen Psychologie sei Derartiges systemfremd, replizierte Schneider, die Gültigkeit von Introspektionen müsse an Außenkriterien gemessen werden. Mir scheint dagegen, die Introspektion wieder in die Psychologie einführen hieße, hermeneutischen und sprachanalytischen Gesichtspunkten Raum geben.
Am ehesten gibt es heute Querverbindungen von der experimentellen Psychologie zur *Phänomenologie* von Husserl bis zu Merleau-Ponty (Herzog/Graumann 1991) – doch die phänomenologisch interessierten Psychologen (z.B. Graumann 1991, Giorgi 1991) sind bei weitem in der Minderzahl: „Die Mehrheit ... tut sich immer noch schwer – ohne die Stütze auf ein als objektiv geltendes Methodenarsenal –, der Erlebnis- und Verhaltensdeskription und der analytischen Potenz der eigenen Reflexion zu trauen. Die Angst vor der Subjektivität sitzt wohl immer noch zu tief" (Graumann 1991, S. 39).

Spinelli (1995) hat eine systematische Einführung des phänomenologischen Gesichtspunkts in die Psychologie skizziert. Von Husserl ausgehend stellt er die phänomenologische Theorie und Methode dar und erörtert an verschiedenen Bereichen der Allgemeinen Psychologie, der Sozialpsychologie und der Psychotherapie, wie diese phänomenologischen Gesichtspunkte konkret zum Tragen kommen können.
„Die Dinge, die wir wahrnehmen, existieren in der Weise, wie sie existieren, durch die Bedeutung, die jeder von uns ihnen verleiht" (Spinelli 1995, S. 3). „Phänomenologen vertreten den Standpunkt, daß dieser interpretative Prozeß in unseren Aussagen über Realität Anerkennung finden muß". „Realität, wie ein jeder von uns sie erfährt, *ist* dieser Prozeß" (ebd., S. 4).
Angesichts dieser Sätze mag man fragen, ob Spinelli sich nicht sozusagen in der philosophischen Tür geirrt hat: von Husserl oder Heidegger lassen

sich solche Sätze nur mit Mühe herleiten, weitaus einfacher lassen sich die von Spinelli erörterten psychischen Phänomene den Leistungen des elementaren Verstehens im Sinne Diltheys subsumieren. Daher sich das Buch entgegen der ausdrücklichen Intention des Verfassers, auch als Materialsammlung zur hermeneutischen Psychologie verwenden.

Subjektivität ist vor allem von Holzkamp in den Mittelpunkt psychologischen Forschens gerückt worden. Er wendet sich gegen die gängige „Variablenpsychologie mit ihrer Unterstellung, nur durch Ausschaltung von Subjektivität wissenschaftliche Objektivität erlangen zu können“ (Holzkamp 1985, S. 24). Als eigenes Programm formuliert er: „‚Objektivität‘ und ‚Subjektivität‘ sind in ihrem Verhältnis zueinander so zu fassen, daß ‚Objektivität‘ nicht auf Kosten meiner ‚Subjektivität‘ geht, sondern quasi ‚Objektivierung des Subjektiven‘ bedeutet“ (ebd., S. 32). Nun ist dies letztere freilich ein Widerspruch in sich; deshalb nimmt es nicht wunder, dass interpretative Verfahren, die das Subjekt nicht objektivieren, sondern zum Sprechen bringen wollen, in Holzkamps Methodenarsenal nur einen beschränkten Raum haben und dass er letztlich doch über das Methodeninstrumentarium der von ihm kritisierten „Variablenpsychologie“ nicht hinauskommt.

Hermeneutische Zugänge im engeren und spezifischen Sinn finden sich in der heutigen Psychologie nur in verschwindend geringem Umfang. Das wissenschaftstheoretische Plädoyer von Aschenbach (1984) für eine Psychologie als „Kulturwissenschaft“ mit einer konstruktiv-hermeneutischen Programmatik (vgl. ebd., Vorwort S. If.) ist in jeder Hinsicht folgenlos geblieben (vgl. auch Aschenbach/Kempf 1981). Thomae, der Altmeister der psychologischen Biographik, übernimmt von Dilthey zwar die Forderung, die Methoden der Informationsgewinnung „so zu gestalten, daß sie ‚der unverstümmelten und mächtigen Wirklichkeit der Seele …‘ gerecht werden können“ (Thomae 1991, S. 189) – doch in der Praxis seiner Biographienforschung spielen hermeneutisch-interpretative Methoden wiederum keine nennenswerte Rolle, auch nicht in seinem gemeinsam mit Kruse unternommenen, vielversprechenden Versuch einer Psychologie historischer Ereignisse und Entwicklungen (Kruse/Thomae 1992).

Das elaborierteste Konzept einer „neuen“ Psychologie, die offen ist für hermeneutisch-interpretative Ansätze, hat Jüttemann formuliert. Das Grundleiden der etablierten Psychologien, der experimentellen Psychologie wie der Psychoanalyse, liege in ihrer „Systemimmanenz“, d.h. in ihrer fatalen Neigung begründet, „neue Konzeptionen in Form von relativ geschlossenen Systemen zu entwickeln“ (Jüttemann 1992, S. 55) und ihre Untersuchungs-

gegenstände im voraus konzipierten Menschenmodellen anzupassen. Deshalb entfalten „Psychologiesysteme dieser Art eine ideologieproduktive Wirkung“ (ebd., S. 56).
Demgegenüber sieht Jüttemann die Aufgabe der „Neubegründung einer Psychologie ohne System-immanenz“ (ebd., S. 56). Dies bedeutet vor allem, „nicht länger der Methode den Vorrang vor dem Gegenstand einzuräumen“ (ebd., S. 94) bzw. positiv gewendet: den „gegenwärtig vorherrschenden konstruktiv-deduktiven ... Perspektivismus ... durch ... Erforschung subjektrelevanter Sachverhalte zu ersetzen“ (ebd., S. 95f.). Methoden sollen vor allem gegenstandsadäquat sein, d.h. es darf kein Methodenmonopol geben – übrigens auch kein „hermeneutisches“ (vgl. ebd., S. 83f.).
Wenn Jüttemann allerdings als ausbaufähige Ansätze in seinem Sinne die psychologische Biographik, die qualitative Inhaltsanalyse und noch einige andere nennt, erhebt sich doch auch hier wieder die Frage, ob die proklamierte Erneuerung der Psychologie nicht in relativ „systemimmanenten“ Bahnen versandet.
Wie man sieht: die Ausbeute bleibt mager. Warum hermeneutisches Vorgehen in der Psychologie, die sich von ihren Anfängen her als empirische, als experimentelle Psychologie verstand (Wundt 1920, S. 196) einerseits vom Sachansatz her zwingend erfordert wäre, anderseits vom methodischen Konzept her systemfremd bleibt, lässt sich an Hand der *wissenschaftstheoretischen Überlegungen* von Flach (1983) entwickeln.
Der methodische Ansatz der Psychologie sei von der Rollenkonstellation Versuchsperson – Versuchsleiter bestimmt. Diese impliziere, „daß ein Mensch als Versuchsleiter, d.h. als forschendes Subjekt, sich verstehen darf und daß er in diesem Verstande einen anderen Menschen als zu erforschendes, positiv zu bestimmendes Objekt verstehen darf“ (Flach 1983, S. 178). Diese Rollen-Korrelation wiederum impliziert eine „spezifische, asymmetrische Beziehung“ (ebd., S. 179) und interpretiere menschliches Verhalten als etwas, das sich „zu einem Subjekts- und zu einem Objektsverhalten überformen“ lässt (ebd., S. 181).
So weit beschreibt Flach die Setzungen, die die Psychologie in ihrem Sach- und Methodenansatz faktisch vornimmt und die im Alltagsbetrieb der experimentellen Psychologie unbefragt und sozusagen naiv exekutiert werden. Nun aber ist, wie Flach zeigt, die Rollenkorrelation von Versuchsperson und Versuchsleiter eine Korrelation, die von denkenden, intendierenden und sich verhaltenden Personen *eingenommen* wird: „Die Personen der theoretischen Komplementärrollenkonstellation Versuchsleiter-Versuchs-

person sind denkende, intentional agierende (= handelnde) Personen“ (ebd., S. 182).

„Die In-Rechnung-Stellung der kognitiv-intentionalen Funktionalität des menschlichen Verhaltens arbeitet somit unverkennbar mit der Vorwegnahme der Person als eines innerhalb seines biologischen Kontextes denkenden, intentional agierenden körperlichen Wesens“ (ebd., S. 181).

Das bedeutet für Flach in Übereinstimmung mit Kant, dass „die Psychologie positive, empirische Egologie ist“ (ebd., S. 183), dass die „Reflexivität“ auch „der Versuchsperson“ vorausgesetzt wird (ebd., S. 184). Daraus wiederum ergibt sich, dass die psychologische „nur aus der Reflexivität heraus zu bewährende Aussage“ ist, dass sie „der höchst persönlichen Interpretation fähig sein“ muss (ebd., S. 184), dass sie die Versuchsperson über ihr Verhalten „belehrt“ (ebd., S. 185).

Flach schränkt seine Aussagen zwar dahingehend ein, Interpretation bedeute hier nicht Idiographie, Auslegung – er will also ausdrücklich von der experimentellen, nicht von einer eventuell denkbaren „hermeneutischen“ Psychologie handeln. Doch indem er Psychologie als „belehrend“, als „in dem allgemeinsten Verstande dieses Terminus psychoanalytisch“ (ebd., S. 188) qualifiziert, setzt er auf andere Weise doch wieder die psychologische als eine „interpretative“ Aussage.

Von all diesen ihren egologischen Implikationen freilich, würde ich Flach entgegenhalten, weiß die empirische Psychologie wenig oder nichts. So nannte Wundt als Bedingung für die Anwendbarkeit der experimentellen Methode, dass „die Erscheinungen einer Variierung der Tatsachen und ihrer Bedingungen zugänglich sind“ (Wundt 1920, S. 197). Auf diese Weise könne man hoffen, dass sich die Psychologie bald „den exakten Wissenschaften ebenbürtig an sie Seite stellen könne“ (ebd., S. 203). So ist eine wirkliche Konvergenz von experimenteller und hermeneutischer Methode unmöglich, weil die Voraussetzungen beider zu verschieden sind: die experimentelle Methode nimmt den Menschen als ein Ding, das auf Gesetze hin untersucht werden kann wie andere Dinge in der Welt. Eine „hermeneutische“ Psychologie hingegen hat es mit Personen und ihren „Lebensäußerungen“ zu tun, nicht zuletzt mit der Person des verstehenden Psychologen: „Auf der Grundlage des Erlebens und Verstehens seiner selbst, und in beständiger Wechselwirkung beider miteinander, bildet sich das Verstehen fremder Lebensäußerungen und Personen aus“ (Dilthey, GS VII, S. 205) – ein völlig anderes wissenschaftslogisches Paradigma als das der experimentellen Psychologie.

III. Psychoanalyse als die wahrhaft hermeneutische Psychologie – wenngleich mit Schönheitsfehlern

Die einzige hermeneutische Psychologie heute, die diesen Namen verdient, ist die Psychoanalyse – wenn auch, wie zu erörtern sein wird, mit bestimmten Einschränkungen und Defizienzen.

„,Wir halten es ... gar nicht für wünschenswert, daß die Psychoanalyse von der Medizin verschluckt werde und dann ihre endgültige Ablagerung im Lehrbuch der Psychiatrie finde ... Sie verdient ein besseres Schicksal und wird es hoffentlich haben. Als ‚Tiefenpsychologie', Lehre vom seelisch Unbewußten, kann sie all den Wissenschaften unentbehrlich werden, die sich mit der Entstehungsgeschichte der menschlichen Kultur und ihrer großen Institutionen wie Kunst, Religion und Gesellschaftsordnung beschäftigen. Ich meine, sie hat diesen Wissenschaften schon bis jetzt ansehnliche Hilfe zur Lösung ihrer Probleme geleistet, aber dies sind nur kleine Beiträge im Vergleich zu dem, was sich erreichen ließe, wenn Kulturhistoriker, Religionspsychologen, Sprachforscher usw. sich dazu verstehen werden, das ihnen zur Verfügung gestellte neue Forschungsmittel selbst zu handhaben' (Freud, GW XIV, S. 283).

Die Psychoanalyse gehört also nach den Vorstellungen ihres Begründers zu den Kultur- und Humanwissenschaften; sie gehört, wenn überhaupt in die Universität, dann an die philosophische Fakultät. Dem ließen sich freilich andere Äußerungen Freuds entgegenhalten, in denen er die Psychoanalyse als Naturwissenschaft stilisiert (z.B. GW XV, S. 171, 184).

Der Grund für die Widersprüchlichkeit in Freuds theoretischen Aussagen liegt wohl darin begründet, dass ein anderes als das medizinisch-naturwissenschaftliche Wissenschaftsverständnis seiner Zeit nicht in seinem Denkhorizont lag. Er hat sich zwar über die Bedeutung der Psychoanalyse für die Geisteswissenschaften explizit geäußert (Freud, GW VIII, S. 390ff.), aber deren eigentümliche Methodik trat dabei nicht in seinen Blick. Von den geisteswissenschaftlichen Psychologen zitiert er gelegentlich Th. Lipps – freilich nur, weil dieser den Begriff des Unbewussten verwendet. Hinweise auf Dilthey, dessen Vorstellungen von einer „zergliedernden" Psychologie Berührungspunkte zur Psychoanalyse gehabt haben mussten, sucht man in Freuds Schriften und Briefen vergebens.

Als einer der ersten psychoanalytischen Autoren hatte Kuiper Verbindungslinien zwischen der Psychoanalyse und der geisteswissenschaftlichen Psychologie Diltheys gezogen. Die Psychoanalyse sei „eine verstehende Psychologie, die das Unbewußte berücksichtigt" (Kuiper 1980, S. 146). Kuiper wendet sich gegen eine „physikalistische" Konzeption der Psychoanalyse (ebd., S. 148), die er dann freilich letzten Endes doch nicht zu überwinden vermag: die etwas enttäuschende Quintessenz seiner Überlegungen läuft nämlich darauf hinaus, dass „in der Psychoanalyse sowohl Prüfungsverfahren angewandt werden, die in der Hermeneutik benutzt werden, als auch solche, die in den Naturwissenschaften Gültigkeit haben" (ebd., S. 195).

Das Hauptproblem in Kuipers Überlegungen, mit dem die Psychoanalyse bis heute nicht zu Rande gekommen ist, liegt in der ungeklärten Stellung der sog. „Metapsychologie", d. h. dass er den metapsychologischen Gesichtspunkten und Begriffen eine Funktion als „hermeneutisches Organon" zuweist: „Wir benutzen diese Gesichtspunkte ... als für unsere Interpretationen, also(!) hermeneutisch" (ebd., S. 106).

Ein ähnlich partikulares Hermeneutik-Verständnis, wie es Kuiper artikuliert, hat Welsen (1986) dem Freud-Interpreten Ricœur (1974) angelastet, wenn dieser die Psychoanalyse als „Verschränkung von energetischem und hermeneutischem Diskurs" (Welsen 1986, S. 260) qualifiziert. Welsen zeigt einleuchtend, dass Ricœur hier einerseits Freuds Selbstverständnis verfehlt, was für eine „hermeneutische" Erörterung stets misslich ist, und dass er anderseits seine eigene These über Freud mit dem „Anspruch der objektiven Gültigkeit" (ebd., S. 269) vertritt – was noch einmal und ganz besonders misslich ist.

Seit Habermas' Neuinterpretation der Psychoanalyse, sie sei in ihrem Kern „Selbstreflexion als Wissenschaft" (Habermas 1988, S. 262); ihr spezifisches Verfahren sei „*Tiefenhermeneutik*" (ebd., S. 267), die „*Sprachanalyse mit der psychologischen Erforschung kausaler Zusammenhänge*" (ebd., S. 266), und das heißt „Hermeneutik mit Leistungen, die genuin den Naturwissenschaften vorbehalten zu sein schienen" (ebd., S. 263) vereint, doch handle es sich bei Freuds Selbstetikettierung als Naturwissenschaftler um ein „szientistisches Selbstmißverständnis" (ebd.) – seit dieser Positionszuweisung ist eine wahre Flut von wissenschaftstheoretischen Begründungen der Psychoanalyse als Hermeneutik bzw. Tiefenhermeneutik hereingebrochen (z. B. Ricœur 1974, Lorenzer 1973, Meßner 1985, Tress 1985). Die neueren dieser Explikationen, vor allem, wenn sie sich auf Lacan berufen, sind teils prätentiös und schwer zu „entziffern" (Haselstein 1991, Warsitz 1990). So ist es nicht verwunderlich, wenn Kritiker das neue „hermeneutische" Selbstverständnis der Psychoanalyse als ein Ausweichen vor der Härte naturwissenschaftlicher Bestätigungskriterien ins Nebulose und Ungreifbare apostrophieren (Grünbaum 1988, Zimmer 1986).

Kuiper, Habermas und Ricœur – und andere in ihrem Gefolge – bestimmen den wissenschaftslogischen Status der Psychoanalyse auf eine gleichermaßen problematische Weise, indem sie den Status einer hermeneutischen Disziplin für sie reservieren wollen, zugleich aber dem Anspruch Freuds Reverenz erweisen, Psychoanalyse sei eine Naturwissenschaft, die von empirisch beobachtbaren Tatsachen und daraus ableitbaren Gesetzmäßigkeiten handle. In diesem ungeklärten „sowohl – als auch" – ein bisschen Hermeneutik, ein bisschen Naturwissenschaft – liegt das wissenschaftstheoretische Dilemma mit der Psychoanalyse.
Am ehesten lässt sich dieser Widerspruch bei Habermas auflösen: in der Psychoanalyse verbinde sich die Hermeneutik „mit Leistungen, die genuin den Naturwissenschaften vorbehalten zu sein *scheinen*" (Habermas 1988, S. 263, hervorgehoben von mir, G. B.) – den Naturwissenschaften in Wirklichkeit jedoch, wie ich ergänze, nicht notwendig vorbehalten *sind*. Die Hermeneutik der traditionellen Geisteswissenschaften (Theologie, Philologie, Geschichtswissenschaften, Jurisprudenz) war ganz überwiegend Text-Hermeneutik; die Psychoanalyse hingegen interpretiert nicht allein Texte (d. h. therapeutische Dialogsequenzen), sondern auch empirisch registrierbare Tatsachen: beobachtbare Verhaltensweisen, Krankheitssymptome bis hin zu psychosomatischen Symptomen, die sich im Körpergeschehen, d. h. im traditionellen Gegenstandsbereich naturwissenschaftlicher Medizin abspielen und bei deren Aufklärung unter Umständen Befunde aus der naturwissenschaftlichen Medizin zu berücksichtigen – und eben zu *interpretieren* sind!

Mit alledem nimmt die Psychoanalyse übrigens keine grundsätzliche Sonderstellung unter den hermeneutischen Wissenschaften ein. Die Kriminologie als Teildisziplin der Jurisprudenz sieht sich vor ähnliche Aufgaben einer „Tatsachenhermeneutik" unter Berücksichtigung naturwissenschaftlich empirisch dokumentierbarer Zusammenhänge gestellt; ebenso die Archäologie als sozusagen historische „Tatsachenhermeneutik", die sich aller sachdienlichen Feststellungsmethoden (z. B. palaöbotanischer Verfahren zur Rekonstruktion mittelalterlichen Alltagslebens, vgl. Janssen 1990, S. 60) bedient – ohne dass damit ihre Zugehörigkeit zu den hermeneutischen Wissenschaften irgendwie in Frage gestellt wäre!

Gleiches muss für die Psychoanalyse gelten. Sie steht nicht auf irgendeine ominöse Art und Weise „zwischen" den empirischen und den hermeneutischen Wissenschaften, sondern sie ist durch und durch hermeneutisch-interpretative Wissenschaft und nichts sonst. Ihre Besonderheit unter diesen Interpretationswissenschaften resultiert aus der Besonderheit ihres Interpretationsgegenstandes, und zwar in formaler wie in materialer Weise: Material der

Interpretation sind, wie oben ausgeführt, nicht nur Texte, sondern auch Beobachtungstatsachen (die natürlich immer schon interpretative sind); Formalaspekt ist „das Unbewusste", d.h. das Material wird auf sog. „unbewusste" Ablaufs- und Ereignisketten hin interpretiert.

Immer aber handelt es sich um *Interpretation*, so dass Psychoanalyse ohne Abstriche den Kunstregeln des Interpretationsgeschäfts unterworfen bleibt und an ihnen gemessen werden muss. Diese freilich sind schwer zu fixieren. Schon die „Rede von *der* Hermeneutik ist irreführend ... Gemeinsamkeiten werden unterstellt, die bei genauer Analyse nicht gegeben sind" (Hufnagel 1976, S. 7). Immerhin lassen sich vielleicht doch drei Themen der Hermeneutik-Tradition benennen, die von der Psychoanalyse, sofern sie sich hermeneutisch verstehen will, noch nicht hinreichend rezipiert und reflektiert worden sind.

1. Die *Ich-haftigkeit* des hermeneutischen Anfangs (Dilthey: „Das Verstehen ist ein Wiederfinden des Ich im Du ...", GS VII, S. 11).
2. Der Verstehenszugang selbst als „Scheitern des Vorurteils" (vgl. Gadamer 1965, S. 254f.); damit verbunden das Problem des *hermeneutischen Zirkels*.
3. Die *Kunstregeln* der Ars interpretandi (hermeneutische Autonomie, Ganzheit, Aktualität, Sinnadäquanz, vgl. Betti 1967).

Bei konsequenter Berücksichtigung dieser hermeneutischen Basisperspektiven – so meine Überzeugung – würde eine völlig neue Psychoanalyse herauskommen:

- die ihren Anfang nicht von Freud und irgendwelchen geheiligten Theoriestücken, sondern vom Leben und Erleben des je einzelnen Psychoanalytikers nimmt;
- die den Analysanden nicht den Theorie-Konstrukten subsumiert, sondern im Sinne des „hermeneutischen Zirkels" bereit ist, die Theorie-Stücke als Vor-urteile im konkreten Verstehensprozess zu „opfern";
- die sich wilder und „autistischer" Deutereien zugunsten von Stimmigkeit und Stringenz enthält und nahe am Material bleibt.

Von solcher Neuorientierung der Psychoanalyse an hermeneutischen Prinzipien ist in der Praxis noch wenig zu spüren. Dass die Psychoanalyse bis heute nicht recht zu den hermeneutischen Wissenschaften passt, liegt an ihrer „Systemimmanenz" (Jüttemann 1992, S. 56), d.h. ihrem besonderen Verhältnis zu ihrer Theorie und Begrifflichkeit. Die Begriffe der Psychoanalyse kommen daher mit einem unerschütterbaren Geltungsanspruch, mit der Kompaktheit von „Eisenbahnwaggons“, wie der Schriftsteller Martin Walser nicht zu Unrecht sagt (Walser 1993, S. 49). So besteht in der Psychoanalyse bis heute die ungebrochene und fatale Neigung, ihre Konstrukte „anzuwenden“, d.h. konkrete Sachverhalte diesen Konstrukten zu subsumieren (ohne die Konstrukte ihrerseits durch die Sachverhalte in Frage stellen zu lassen). Bei der Selbstverständlichkeit, mit der Psychoanalyse ihre Konstruktionen real setzt, ist außer acht gelassen, dass jedes Verstehen eines fremden Textes – auch ein Gespräch, z.B. ein psychoanalytisches, ist ein derartiger Text – zwar ausgeht von der Eigenperspektive, dem „Vor-Urteil“ des Interpreten, dass dieses Vor-Urteil jedoch gerade in der gelungenen Interpretation regelmäßig scheitert, weil der Text immer anders meint, als ich zunächst dacht. Diese Selbst-Relativierung der psychoanalytischen Metapsychologie als Vor-Urteil, das im konkreten Interpretationsakt überschritten werden muss, fehlt, soweit ich sehe, bei allen, die Psychoanalyse als Hermeneutik deklarieren.

Ihnen wären Gadamers Überlegungen zur zweifachen „Erfahrung des Du“ entgegenzuhalten: psychologisierende „Menschenkenntnis“ sei die eine Art, die „aus dem Verhalten des Mitmenschen Typisches heraussieht und auf Grund der Erfahrung Voraussicht des anderen gewinnt. … Wir verstehen den anderen, wie wir einen typischen Vorgang in unserem Erfahrungsfeld sonst verstehen, d. h. wir können mit ihm rechnen“ (Gadamer 1965, S. 341). Auf dieser Basis ist hermeneutische Erfahrung allenfalls „abgeflacht“ möglich, und diese „abgeflachte“ partikulare Hermeneutik allenfalls mag die heutige Psychoanalyse für sich reklamieren.

Dem stellt Gadamer eine andere Weise der Erfahrung des Du entgegen, die in ihrem Wesen dialektisch konzipiert ist: das Du wird als Person anerkannt, zugleich aber ist „das Verstehen des Du eine Weise der Ichbezogenheit“ (ebd., S. 341). Es geht um ein wechselseitiges Antizipieren und Reflektieren des Ich und des anderen. „Die Erfahrung des Du, die hier erworben wird, ist sachlich angemessener als die Menschenkenntnis, die den anderen nur zu berechnen sucht“ (ebd., S. 342).

Das psychoanalytische Verstehen wäre idealiter dem zweiten Typus Gadamers zuzurechnen – wobei freilich die bis heute unausrottbaren Restbestände szientistischen Denkens die Psychoanalytiker davon abgehalten haben, ihre Theorie (die sog. „Metapsychologie“) auf den logischen Status eines hermeneutischen Vor-Urteils zurückzuführen und damit eine Psychoanalyse neuen Typus zu realisieren, die das Prädikat „hermeneutisch“ erst im vollen Wortsinn und ohne Einschränkung verdiente.

Ein Beispiel dafür, wie Psychoanalytiker an ihrer Theorie bzw. „Metapsychologie" herumlaborieren, wenn sie deren Funktion als hermeneutisches Vor-Urteil nicht erkennen, bietet neuerdings der ansonsten intelligente Aufsatz von Grossmann. Er warnt mit Recht davor, die psychoanalytische Theorie der klinischen Beobachtung *„überzustülpen"* (Grossmann 1996, S. 9), und untersucht die unterschiedlichen Kontexte, in denen Theoriestücke im Bewusstsein (bzw. auch im Unbewussten) des Analytikers eine Rolle spielen. Vor allem artikuliere sich in der Theorie ein „Anspruch auf Objektivität", der eine „verhüllte Berufung auf die Autorität" impliziere (ebd., S. 23).
Grossmanns Fazit: es gebe keine theoriefreie Beobachtung und Praxis; niemand sei „frei ... von irgendwelchen systematischen (und unsystematischen) Vorannahmen darüber, was er zu sehen erwartet und wie es zu erklären sein wird". Nicht Theorievermeidung könne das Ziel sein, „nur die Bereitschaft, über unsere notwendig theoriegeladenen Beobachtungen nachzudenken, eröffnet die Chance, zu neuen Beobachtungen und Schlußfolgerungen zu gelangen und etwas zu entdecken, was vielleicht jenseits unserer Erwartungen liegt" (ebd., S. 30f.).
Der Sache nach ist das etwa die hermeneutische Auffassung vom notwendigen Vor-Urteil und vom hermeneutischen Zirkel, die aber ohne jeden Hinweis auf entsprechende wissenschaftstheoretische Positionen vorgetragen wird – was bedauerlich ist, weil Psychoanalytiker, die so argumentieren, es versäumen, ihre durchaus begründeten Überlegungen im zugehörigen wissenschaftstheoretischen Kontext zu situieren.

Nun ist die Theorie das eine, die Praxis das andere. Wie solches hermeneutisch-dialektisches Verstehen im Alltag „hinter der Couch" zu praktizieren wäre, dafür gibt es erst einige wenige, auf Fallvignetten aus der eigenen Praxis gestützte Überlegungen (Bittner 1992, 1993, Daser 1993).

Ein ganz unscheinbares Beispiel aus dem Psychoanalyse-Alltag: Ein Mann, um die 40, Beamter, geriet zeitlebens immer wieder in erbitterte Auseinandersetzungen, vor allem mit Frauen und Vorgesetzten. Ich war anfangs abgestoßen von seinen radikalen und aggressiven Attacken gegen andere bis hin zu gelegentlich rüdem Verhalten im Straßenverkehr. Die Attacken richteten sich übrigens kaum gegen mich, da fand ich ihn eher übertrieben respekt- und rücksichtsvoll.
In meiner ersten „Diagnose" attestierte ich ihm eine gehörige Portion Dissozialität (und behandelte ihn dementsprechend wie einen verhaltensgestörten Jugendlichen. Dies war mein sozusagen produktives Vor-Urteil im Sinne Gadamers). Mit der Zeit lernte ich, auf die Begründungen für sein aggressives Verhalten zu hören, wenn ich ihm, wie ich es in seinem Fall häufig tat, klipp und klar sagte, das und das hätte er besser nicht tun sollen. Seine ständige Redewendung war dann: „Die können doch nicht alles mit mir machen!"
Die erste interpretative Leistung besteht wohl darin, in der Menge der von Menschen gesprochenen Texte Schlüsselsätze zu identifizieren. Das

war für mich ein solcher Schlüsselsatz, der zugleich verwandte Seiten in mir ansprach. Es entstand ein wenigstens partielles Gefühl der Schicksalsgemeinschaft, der Sympathie, ein „Wiederfinden des Ich im Du" (Dilthey, GS VII, S. 11). Ich lernte sehen, dass wir ein gemeinsames Grundgefühl zum Leben hatten – was allerdings auch zugleich wieder den Blick für das Anderssein des Andern (Gadamer 1965, S. 342f.) schärfte: Verkehrsrüpeleien z. B. sind in der Regel nicht mein Ding; dafür habe ich eine gute Portion Wehleidigkeit, die ihm wiederum fremd ist. Und dass er mich mit seinen Attacken weitgehend verschonte: vielleicht war das ein unbewusst klug eingefädelter Versuch, *mich* nicht in die Defensive zu treiben, pfleglich mit mir umzugehen und meine innere Freiheit zum verstehen nicht zu beschädigen?

Jedenfalls bildete den Anfang des Verstehens dieser Schlüsselsatz: „Die können doch nicht alles mit mir machen" – ein gemeinsamer Grund, auf dem man miteinander stehen und sich finden kann. Vom hermeneutischen wie vom psychoanalytischen Blickpunkt aus müsste es nun weitergehen mit einer sozusagen „historisierenden" Auslegung: wie hat sich das bei uns beiden teils ähnlich, teils unterschiedlich entwickelt, dass wir uns heute in diesem Satz finden können?

Nachspiel mit Nietzsche

In seiner späten Schrift „Ecce homo" (Nietzsche, SW 6) unternimmt es Nietzsche, „zu sagen, wer ich bin".

„Das Glück meines Daseins, seine Einzigkeit vielleicht, liegt in seinem Verhängnis: ich bin, um es in Rätselform auszudrücken, als mein Vater bereits gestorben, als meine Mutter lebe ich noch und werde alt. Diese doppelte Herkunft, gleichsam aus der obersten und der untersten Sprosse an der Leiter des Lebens, décadent zugleich und *Anfang* – dies, wenn irgend etwas, erklärt jene Neutralität, jene Freiheit von Partei im Verhältnis zum Gesamtproblem des Lebens, die mich vielleicht auszeichnet. Ich habe für die Zeichen von Aufgang und Niedergang eine feinere Witterung als je ein Mensch gehabt hat, ich bin der Lehrer par excellence hierfür, – ich kenne beides, ich bin beides. – Mein Vater starb mit sechsunddreißig Jahren: er war zart, liebenswürdig und morbid, wie ein nur zum Vorübergehn bestimmtes Wesen, – eher eine gütige Erinnerung an das Leben, als das Leben selbst. Im gleichen Jahre, wo sein Leben abwärts ging, ging auch das meine abwärts: im sechsunddreißigsten Lebensjahre kam ich auf den niedrigsten Punkt meiner Vitalität, – ich lebte noch, doch ohne drei Schritte weit vor mich zu sehn. Damals – es war 1879 – legte ich meine Basler Professur nieder, lebte den Sommer über wie ein Schatten in St. Moritz und den nächsten Winter, den sonnenärmsten meines Lebens, als Schatten in Naumburg. Dies war mein Minimum: ‚Der Wanderer und sein Schatten' entstand währenddem. Unzweifelhaft, ich verstand mich damals auf Schatten ..." (ebd., S. 224).

Augustin und Nietzsche, diese ungleichen Zwillinge in der Selbstauslegung des Ich, habe ich an den Anfang und an das Ende meiner Überlegungen gestellt, um einem anderen als dem gängigen Verständnis von Psychologie den Weg zu bahnen.

Auch Nietzsches Text enthält, wie der Augustins, eine Auslegung des Ich, eine beschreibende und vor allem eine scharfsinnig „zergliedernde“ Psychologie. Das Ich zergliedert sich im wortwörtlichen Sinn: „ich bin ... als mein Vater bereits gestorben, als meine Mutter lebe ich noch ...“.

Was Nietzsche hier über sich aussagt, ließe sich in Termini der Psychoanalyse scheinbar wissenschaftlicher ausdrücken: die Identifikation mit dem zarten, früh verstorbenen Vater machte mich zum décadent; die mit der robusten Mutter gab mir das vitale Fundament. In der Theoriesprache der Psychoanalyse, die inzwischen jeder zu verstehen meint, klingt es logischer und distanzierter, zugleich aber irgendwie entfremdet und diagnostisch-klinisch.

Nietzsches Selbst-Präsentation ist nicht wissenschaftlich-objektivierend, sondern poetisch subjektivierend: „in Rätselform“ will er sich aussagen. Ich würde Nietzsches Formulierung vor der psychoanalytischen den Vorzug geben. Sie sagt das, was wir heute auf ausgetretenen Sprachpfaden fast als façon de parler benutzen, auf eine ursprüngliche und überraschend eigene Weise, die zum Aufhorchen und zum Selberdenken zwingt.

Hermeneutische Psychologie hat ihren Gegenstand in der unendlichen Kette menschlicher Selbstauslegungen. Die experimentelle Psychologie – und, in ihrem Fahrwasser, anfangs auch die Psychoanalyse – sind dann mit dem Anspruch aufgetreten, sozusagen Allgemeingültiges und Unumstößliches über den Menschen auszusagen. All solche Aussagen, die das Sein des Menschen ein für allemal und sozusagen naturgesetzlich bestimmen wollen, sind notwendig falsch. Das einzige, was man über den Menschen allgemeingültig aussagen kann, ist paradoxerweise dies, dass keine Aussage über Menschliches Allgemeingültigkeit beanspruchen kann.

Demgegenüber wollte ich an beiden exemplarischen Existenzen Augustins und Nietzsches ebenso wie an meinen beiden in den Text eingestreuten Alltags-Beobachtungen zeigen: die Selbstinterpretation ist der Anfang aller Psychologie; solange der Mensch lebt, bringt er immer neue Selbstinterpretationen hervor; er lebt sozusagen „im Modus der Auslegung“ (Tietgens 1981, S. 90). Der wissenschaftlichen Psychologie fällt die Aufgabe zu, die Vielzahl der menschlichen Selbstauslegungen ihrerseits auszulegen. Indem sie sich dieser Aufgabe stellt, wird sie zur hermeneutischen Psychologie.

Aschenbach, G.: Erklären und Verstehen in der Psychologie. Zur methodischen Grundlegung einer humanistischen Psychologie, Bad Honnef 1984
Aschenbach, G./Kempf, W.: Zu Methodologie und Methode der Psychologie, in: G. Aschenbach/W. Kempf (Hrsg.): Konflikt und Konfliktbewältigung. Handlungstheoretische Aspekte einer praxisorientierten psychologischen Forschung, Bern u. a. 1981
Augustinus Bekenntnisse, lateinisch und deutsch, eingeleitet, übersetzt und erläutert von Joseph Bernhart, mit einem Vorwort von Ernst Ludwig Grasmück, Frankfurt/M. 1987
Betti, E.: Allgemeine Auslegungslehre als Methodik der Geisteswissenschaften, Tübingen 1967
Bittner, G.: Die psychoanalytische Behandlung – ein „Gespräch zwischen zwei Personen". Zur Konzeption einer person-orientierten psychoanalytischen Behandlungslehre, in: U. Streeck/H.-V. Werthmann (Hg.): Lehranalyse und psychoanalytische Ausbildung, Göttingen 1992
Bittner, G.: „... nach unseren eigenen psychischen Konstellationen zu deuten" (S. Freud). Psychoanalytisches Verstehen als Scheitern des Eigenen am Fremden, in: U. Streeck (Hrsg.): Das Fremde in der Psychoanalyse. Erkundungen über das „Andere" in Seele, Körper und Kultur, München 1993
Böhm, W.: Aurelius Augustinus, in: C. Menze/G.P. Bunk/B. Ofenbach (Hrsg.): Menschenbilder. Festschrift für Rudolf Lassahn, Frankfurt/M. u. a. 1993
Bollnow, O. F.: Dilthey. Eine Einführung in seine Philosophie, Stuttgart 1955[2]
Bollnow, O. F.: Die geisteswissenschaftliche Pädagogik, in: H. Röhrs/H. Scheuerl (Hrsg.): Richtungsstreit in der Erziehungswissenschaft und pädagogische Verständigung. Wilhelm Flitner zur Vollendung seines 100. Lebensjahres am 20. August 1989 gewidmet, Frankfurt/M. u. a. 1989
Bühler, K.: Nachtrag. Antwort auf die von W. Wundt erhobenen Einwände gegen die Methode der Selbstbeobachtung an experimentell erzeugten Erlebnissen, in: Archiv für die gesamte Psychologie (12) 1908, S. 93–122
Daser, E.: Die Heilung im Dialog oder: Das Erkennen des Eigenen im Anderen, in: Forum der Psychoanalyse 1993, S. 293–302
Dilthey, W. (1884): Ideen über eine beschreibende und zergliedernde Psychologie, GS V, Leipzig 1924
Dilthey, W. (1907): Der Aufbau der geschichtlichen Welt in den Geisteswissenschaften, GS VII, Stuttgart 1992[8]
Ebbinghaus, H.: Über erklärende und beschreibende Psychologie, in: Zeitschrift für Psychologie und Physiologie der Sinnesorgane 1896, Nachdruck 1968, S. 161–205
Flach, W.: Methodenkritische Überlegungen zum Sachansatz der Psycho-

logie, in: G. Bittner (Hrsg.): Personale Psychologie. Beiträge zur Geschichte, Theorie und Therapie, Festschrift für Ludwig J. Pongratz, Würzburg 1983
Freud, S. (1913j): Das Interesse an der Psychoanalyse, GW VIII, Frankfurt/M. 1973[6]
Freud, S. (1926e): Die Frage der Laienanalyse, GW XIV, Frankfurt/M. 1976[5]
Freud, S. (1933a): Über die Weltanschaungen, GW XV, Frankfurt/M. 1973[6]
Gadamer, H.-G.: Wahrheit und Methode, Tübingen 1965[2]
Giorgi, A.: Der Einfluß der Phänomenologie auf die nordamerikanische Psychologie, in: M. Herzog/C.F. Graumann (Hrsg.): Sinn und Erfahrung. Phänomenologische Methoden in den Humanwissenschaften, Heidelberg 1991
Graumann, C. F.: Phänomenologie und Psychologie – ein problematisches Verhältnis, in: M. Herzog/C.F. Graumann (Hrsg.): Sinn und Erfahrung. Phänomenologische Methoden in den Humanwissenschaften, Heidelberg 1991
Grossmann, W. J.: Technischer Gebrauch und psychische Funktionen der Theorie in der klinischen Arbeit. Das Beispiel des „analytischen Instruments“, in: Jahrbuch der Psychoanalyse. Beiträge zu Theorie, Praxis und Geschichte 1996, S. 9–34
Grünbaum, A.: Die Grundlagen der Psychoanalyse. Eine philosophische Kritik, Stuttgart 1988
Haak, v. d., F.: Karl Jaspers, Hans W. Gruhle und die „Verstehende Psychologie“, in: G. Jüttemann (Hg.): Wegbereiter der Historischen Psychologie, München, Weinheim 1988
Habermas, J.: Erkenntnis und Interesse, Frankfurt/M. 1988[9]
Haselstein, U.: Entziffernde Hermeneutik. Zum Begriff der Lektüre in der psychoanalytischen Theorie des Unbewußten, München 1991
Herzog, M./Graumann, C. F. (Hrsg.): Sinn und Erfahrung. Phänomenologische Methoden in den Humanwissenschaften, Heidelberg 1991
Hohmann, J. S. (Hrsg.): Beiträge zur Philosophie Eduard Sprangers, Berlin 1996
Holzkamp, K.: Selbsterfahrung und wissenschaftliche Objektivität: Unaufhebbarer Widerspruch?, in: K.-H. Braun/K. Holzkamp (Hg.): Subjektivität als Problem psychologischer Methodik, Frankfurt/M. 1985
Hufnagel, E.: Einführung in die Hermeneutik, Stuttgart u. a. 1976
Janke, W./Schneider, W. (Hrsg.): 100 Jahre Institut für Psychologie der Universität Würzburg, Göttingen 1997 – in Vorbereitung
Janssen, W.: Gartenkultur im Mittelalter, in: G. Bittner/P.-L. Weinacht (Hrsg.): Wieviel Garten braucht der Mensch? Würzburger Universitätsvorträge, Würzburg 1990
Jaspers, K. (1913): Allgemeine Psychopathologie, Berlin 1973[9]
Jaspers, K.: Psychologie der Weltanschauungen, Berlin 1922[2]
Jaspers, K.: Chiffren der Transzendenz, München 1970

Jüttemann, G.: Psyche und Subjekt. Für eine Psychologie jenseits von Dogma und Mythos, Reinbek 1992
Kruse, A./Thomae, H.: Menschliche Entwicklung im historischen Wandel. Empirisch-psychologische Beiträge zur Zeitgeschichte, Heidelberg 1992
Kuiper, P. C.: Die Verschwörung gegen das Gefühl. Psychoanalyse als Hermeneutik und Naturwissenschaft, Weinsberg 1980
Löffelholz, M.: Bildung im Jugendalter – Entwicklung der Person als Aneignung der Kultur, in: W. Eisermann/H. J. Meyer/H. Röhrs (Hrsg.): Maßstäbe. Perspektiven des Denkens von Eduard Spranger, Düsseldorf 1983
Lorenzer, A.: Sprachzerstörung und Rekonstruktion, Frankfurt/M. 1973
Meßner, C.: Die Tauglichkeit des Endlichen. Zur Konvergenz von Freuds Psychoanalyse und Diltheys Hermeneutik, St. Ingbert 1985
Nietzsche, F. (1889): Ecce homo, in: SW, Bd. 6, hrsg. von G. Colli und M. Montinari, München 1980
Oelkers, J.: Lebensformen und Wissensformen: Sprangers Strukturpsychologie im Vergleich, in: W. Eisermann/H. J. Meyer/H. Röhrs (Hrsg.): Maßstäbe. Perspektiven des Denkens von Eduard Spranger, Düsseldorf 1983
Plaum, E.: Eduard Sprangers „Geisteswissenschaftliche Psychologie", in: G. Jüttemann (Hg.): Wegbereiter der Historischen Psychologie, München, Weinheim 1988
Pongratz, L. J.: Problemgeschichte der Psychologie, Bern, München 1967
Ricœur, P.: Die Interpretation. Ein Versuch über Freud, Frankfurt/M. 1974
Schneider, W.: Manuskript 1996
Spinelli, E.: The Interpreted World. An Introduction to Phenomenological Psychology, London 1995[4]
Spranger, E. (1921[2]): Lebensformen. Geisteswissenschaftliche Psychologie und Ethik der Persönlichkeit, Tübingen 1966[9]
Spranger, E. (1925): Psychologie des Jugendalters, Heidelberg 1976[29]
Thomae, H.: Phänomenologische Psychologie, Alltagspsychologie und psychologische Biographik, in: M. Herzog/C. F. Graumann (Hrsg.): Sinn und Erfahrung. Phänomenologische Methoden in den Humanwissenschaften, Heidelberg 1991
Tietgens, H.: Die Erwachsenenbildung. Grundfragen der Erziehungswissenschaft, Bd. 14, hrsg. von K. Mollenhauer, München 1981
Tress, W.: Psychoanalyse als Wissenschaft, in: Psyche (39) 1985, S. 385–412
Walser, M.: „Mein Mängel sind mein Denkanlaß". Ein Gespräch mit Martin Walser. Der Schriftsteller Martin Walser über Kindheit, Psychoanalyse und sein Selbstverständnis als Deutscher – Interview, in: Psychologie heute (20) März 1993, S. 48–51
Warsitz, R. P.: Zwischen Verstehen und Erklären. Die widerständige Erfahrung der Psychoanalyse bei Karl Jaspers, Jürgen Habermas und Jacques Lacan, Würzburg 1990

Welsen, P.: Philosophie und Psychoanalyse. Zum Begriff der Hermeneutik in der Freud-Deutung Paul Ricoeurs, Tübingen 1986
Wundt, W.: Über Ausfrageexperimente und über die Methoden zur Psychologie des Denkens, in: Psychologische Studien (3) 1907, S. 301–360
Wundt, W.: Erlebtes und Erkanntes, Stuttgart 1920
Zimmer, D.: Tiefenschwindel. Die endlose und die beendbare Psychoanalyse, Reinbek 1986

Zur Konzeption einer pädagogischen Hermeneutik*

Johannes Schurr

§ 1. Jede Wissenschaft, die sich mit der Erziehung des Menschen befaßt, verfehlt ihren Gegenstand, den werdenden Menschen, wenn sie nicht zugleich die Bedingungen dafür angibt, wie dieser zu verstehen sei, so daß er in dem verstanden wird, was er wirklich ist, und in dem, was er möglicherweise wird.

§ 2. Dabei ist „Verstehen" als eine spezifische Art von „Wissen" aufzufassen, welches hier als ein hermeneutisches im Unterschied zu einem dialektischen, mathematischen und empirischen bezeichnet wird.

§ 3. Die Herleitung dieser vier Grundrichtungen möglicher Typisierung von Wissen, die selber nicht schon als „Wissenschaften" zu betrachten sind, ergibt sich aus den beiden uns bekannten Grunddisjunktionen wissenschaftlichen Denkens: des deduktiven und induktiven Verfahrens einerseits und des analytischen und synthetischen andererseits. Demnach ist das dialektische Wissen als ein analytisch-deduktives, das mathematische als ein synthetisch-deduktives, das hermeneutische als ein analytisch-induktives und das empirische als ein synthetisch-induktives anzusehen.

§ 4. Zur kurzen Erläuterung dieser Typisierung und zugleich zur scharfen Präzisierung des hermeneutischen Wissenstypus sei folgendes erinnert:

1. Jede Deduktion, welche diesen Namen verdient, geht von apriorischen und allgemeingültigen Setzungen – also von allgemeinen oder spekulativen Sätzen – aus und leitet daraus weniger allgemeingültige besondere Setzungen ab, und zwar entweder durch Dihairese beziehungsweise Disjunktion, mithin durch Analyse,

* Erstdruck in: Vierteljahrsschrift für wissenschaftliche Pädagogik 57 (1981), S. 400–419.

oder durch Synthese beziehungsweise Konstruktion. Im ersten Fall handelt es sich um ein dialektisches, im zweiten um ein mathematisches Verfahren.

1.1. Die analytische Deduktion oder Dialektik drängt auf Präzision des Begriffs dessen, was gedacht wird, durch Ausgrenzung all dessen, was im zu Denkenden nicht notwendig zu denken ist oder sich widerspricht, und durch Eingrenzung dessen, was notwendig zu denken ist und so dem Gedachten entspricht. Dialektik ist somit in ihrer bis auf Platon[1] zurückweisenden Grundbedeutung die Arbeit des Begriffs, ein zu Denkendes möglichst klar und deutlich zur Darstellung und das also Gedachte, sofern es in dem was es ist, begriffen ist, ebenso klar und deutlich zur Sprache zu bringen. Daß etwas um so klarer zur Sprache gebracht werden kann, je schärfer es gedacht wurde, und daß etwas um so schärfer gedacht werden kann, je klarer es zur Sprache gebracht wurde, sei hier nur am Rande erwähnt.

1.2. Während die analytische Deduktion ausgrenzbare und abgrenzbare Sinneinheiten auseinandersetzt – Auseinandersetzung ist überhaupt der Wesenszug einer Dialektik –, setzt die synthetische Deduktion eingrenzbare und zusammensetzbare Sinneinheiten zusammen. Zusammensetzung oder Konstruktion axiomatischer Sinneinheiten zu neuen, daraus abgeleiteten, ist Wesenszug der Mathematik. Erinnert sei in diesem Zusammenhang nur, daß ein μάϑημα seit Platon[2] ein ausgezeichneter Lehr- und Lerngegenstand ist, weil seine Konstruktion an ihm selbst und durch ihn selbst einsichtig ist. Eine mathematische Konstruktion ist unmittelbar verständlich, falls Verstand vorhanden, somit niemals mißverständlich, während doch die Dialektik allein dadurch, daß sie an Sprache gebunden ist, von Mißverständnis stets bedroht wird. Der Zusatz more oder ordine geometrico demonstratum mancher bedeutender Werke der Weltliteratur deutet auf den wohl vergeblichen Versuch hin, die Gebundenheit des Denkens an Sprache zu unterlaufen und mit den in Wörter gegossenen Begriffen so zu hantieren, als seien Bedeutungen von Wörtern ebenso klar wie die von Zahlen.

---

[1] Man vgl. z.B. das Erste Buch der Politeia, wo die Gesprächspartner durch Sokrates geleitet werden, ihre Thesen über Gerechtigkeit mehr und mehr zu präzisieren, bis sie schließlich als unhaltbar verworfen werden, wenn sich ein innerer Widerspruch entdeckt hat.

[2] Vgl. Menon 80d–85e. Wir sprechen hier von Mathemátik, um sie als wissenschaftlichen Grundtypus von der Mathematik als Wissenschaft zu scheiden.

2. Jede Induktion geht von erfahrbaren Einzelfakten aus und sucht durch logische Verallgemeinerung zu allgemeineren, wenn auch nie zu allgemeingültigen Gesetzen emporzusteigen; sei es entweder durch Analyse eines zwar schon gegebenen, aber noch nicht durchschauten Sinns des Gegebenen, dann ist die Untersuchung im weitesten Sinne des Wortes hermeneutisch, sei es durch Synthese einzelner faktischer Sinneinheiten zu einer neuen, dann ist das Verfahren empirisch.

2.1. Analytische Induktion oder Hermeneutik meint nun keineswegs schon Hermeneutik als eine wissenschaftliche Disziplin, sondern einen von vier Grundtypen des Wissens, und steckt jenes Gebiet ab, auf welchem eine wissenschaftliche Hermeneutik, zumal eine pädagogische, anzusiedeln ist und welche Grenzen ihr zu ziehen sind. Durch analytische Induktion wird demnach Erfahrung nicht erweitert, sondern vertieft. Eine hermeneutische Untersuchung zielt daher auf Tiefsinn, nicht auf Flachsinn oder gar auf Schwachsinn. Daß hermeneutische Untersuchungen gelegentlich bedrohliche Formen des Schwachsinns annehmen, liegt einfach daran, daß sie sich nicht an ihre Grenze halten und versuchen, Sinn zu konstruieren, statt zu analysieren. Hermeneutik setzt aber Sinn als gegeben voraus: sie stiftet ihn nicht, noch erfindet sie ihn: Dieser ergibt sich ihr vielmehr, und zwar durch sorgfältige Analyse, von selbst: Eine gemachte Erfahrung wird daraufhin untersucht, was sie bedeuten möge, wie man zu ihr gelangt sei, was sie an noch Unerfahrenem enthalte. Mit einem Wort: Man sucht eine bestimmte Erfahrung zu verstehen. – Welcher Art sind jedoch Erfahrungen, die ihren Sinn nicht sogleich frei geben, sondern, indem sie ihn freigeben, noch verbergen? Dies können doch nur solche sein, die uns einen Sinn mitteilen, den sie schon besitzen. In solchen Erfahrungen ist demnach Sinnzusammenhang, also Sinn schon synthetisch erzeugt und produziert, er muß demnach nur erschlossen, rekonstruiert, ja reproduziert werden. Daß der analysierte Sinnzusammenhang im Verstehenden selber wieder zusammengesetzt werden muß durch synthetische Rekonstruktion, davon sei im Moment noch abgesehen, sondern nur darauf der Blick gerichtet, daß der hermeneutische Gegenstand ein solcher sein muß, der in sich „Sinn“ enthält, ihn aber nicht ohne weiteres sogleich zeigt, sondern als einen nur schwer zu hebenden Tiefsinn in sich birgt und so verborgen hält: ihn vielleicht nur ein wenig, aber nie vollständig in dem, was aus ihm zu vernehmen wäre, freigibt, und wenn, dann nur durch ein intensives Sich-Einlassen auf ihn. Der hermeneutische Gegenstand ist also ein solcher, der Sinn in sich birgt, ohne selber dieser Sinn zu sein: der einen gegebenen Sinn anbietet, indem er ihn bei sich zurückhält, und zwar dadurch, daß er ihn nur andeutet und so für mögliche Deutung offenhält, denn ein eindeutiger Sinn bedürfte keiner weiteren Auslegung und somit keiner Hermeneutik. Ein Gegenstand, der so beschaffen ist, heißt im weitesten Sinne „Sprache". Verstehen ist demnach ein sinnermittelndes Analysieren dessen, was in Sprache als Sprache und durch Sprache zur Sprache kommt. Und zur Sprache kommt nur, was schon Sinn hat. Eine sinnlose Sprache ist ein Widerspruch in sich selbst. Was keinen Sinn hat, kann nicht zu uns sprechen; und was nicht zu uns spricht und uns nicht anspricht, hat – für uns – keinen Sinn. Sinneröffnung liegt somit zuerst und zunächst in dem durch Sprache vermittelten Zuspruch und Anspruch eines in ihr selber noch verborgenen Sinns dessen, was durch sie (und als sie selbst) in eine mögliche Offenheit des Verstehens treten mag. „Sinn" ist also das, was zur Sprache kommt, und nur das, was zur Sprache kommt, hat Sinn.

Anmerkung. Damit ist nicht behauptet, was nicht zur Sprache käme, sei Unsinn, denn es kann nicht ausgeschlossen werden, daß es einen „Sinn" gibt, der in keine Sprache eingeht und sich daher unmittelbar offenbaren muß, soll er vernommen werden, wenngleich er auch nicht sogleich verstanden wird in dem, was er sagt. Ein Sinn, der sich selbst unmittelbar zur Sprache bringt oder vielmehr er selber ist, hieß bei den Griechen λόγος. Sie hatten für beides noch ein Wort, und hier liegt auch der kaum erschließbare Tiefsinn des johanneischen Ἐν ἀρχῇ ἦν ὁ λόγος[3], wobei die von Goethes Faust[4] vorgeschlagenen Übersetzungen für λόγος – nämlich „Wort", „Sinn", „Kraft" und schließlich „Tat" – auch nur teilweise andeuten, was λόγος einmal in versammelter Sinneinheit bedeutet hat. Daher kann mit „Unsinn" nur der verelendete Ausspruch einer logosfernen Sprache gemeint sein, die unentwegt spricht, aber gleichwohl nichts zu sagen hat und insofern auch keine Sprache ist. Man verwechsle also Sprache nicht mit einer Anhäufung von Lauten zu Silben, von Silben zu Wörtern, von Wörtern zu Sätzen etc., sondern fasse sie wie einst Wilhelm von Humboldt als ἐνέργεια, mithin als „die sich ewig wiederholende Arbeit des Geistes, den artikulierten Laut zum Ausdruck des Gedankens fähig zu machen"[5].

2.2. Die synthetische Induktion oder Empirik setzt verschiedene Einzelerfahrungen zu Setzungen oder Sätzen zusammen wie etwa die Erfahrung eines Körpers und die der Schwere zu dem Satz:

---

[3] Joh. 1.

[4] Erster Teil, Szene 3.

[5] Gesammelte Schriften (hrsg. v. d. Königlich Preußischen Akademie der Wissenschaften) Bd. VII, 46.

„Dieser Körper ist schwer“, wobei es sich nach der Terminologie Kants um ein synthetisches Urteil a posteriori handelt[6], sofern das unter dem Prädikat Gedachte keineswegs in dem unter dem Subjekt Gedachten enthalten ist, vielmehr aufgrund der Erfahrung, daß beides zusammen auftritt, diesem hinzugefügt wurde. Erfahrung im weitesten Sinne ist überhaupt jenes synthetische Vermögen, durch welches mit Hilfe der reproduktiven Einbildungskraft verschiedene Sinnesdaten zu neuen Sinneinheiten zusammengefügt werden, so daß unsere Erkenntnis erweitert und vermehrt wird. Daß uns die synthetische Induktion jedoch auch noch aufgrund sich stets wiederholender Erfahrungen zu allgemeinen Sätzen hinführen will, ihr aber wegen der Möglichkeit der Ausnahme des von ihr Gesetzten strenge Allgemeingültigkeit ihrer Aussagen verwehrt bleiben muß, ist ein von Kant[7] schon, neuerdings aber von Popper[8] zur Genüge erhellter Befund, auf den hier nur am Rande verwiesen sei.

§ 5. Damit ist Hermeneutik neben den drei anderen als ein besonderes Verfahren nur dadurch zu legitimieren, daß sie einen Wissensbereich bearbeitet, der durch die anderen nicht abgedeckt ist. Dabei fällt sofort ins Auge, daß Hermeneutik der Mathematik am entschiedensten, weil in zwei Merkmalen, entgegengesetzt ist, sofern sie weder deduktiv noch synthetisch verfährt, den beiden anderen jedoch nur in einem: denn mit der Dialektik teilt sie den analytischen Charakter, bleibt aber als ein induktives Verfahren jener als einem deduktiven entgegengesetzt, während sie mit der Empirik den Charakter des Induktiven teilt, ihr aber darin als dem synthetischen Verfahren als analytisches entgegengesetzt bleibt. Hermeneutik hat demnach eine dialektische und eine empirische Seite, ohne indes Dialektik oder Empirik zu sein, während sie von der Mathematik außer darin, daß sie wie diese auf der theoretischen Seite des Wissens angesiedelt, also wie diese Theorie, nicht schon Praxis ist, gänzlich ausgeschlossen bleibt, was noch kurz zu erläutern ist:

1. Radikal entgegengesetzt ist der Hermeneutik die Mathematik, denn diese disjungiert mit ihr nach beiden Disjunktionshinsichten. Mathematisches Wissen und hermeneutisches schließen sich auf

---

[6] Vgl. Kr. d. r. V., B 10–14.
[7] Vgl. Kr. d. r. V., B 3–4.
[8] Vgl. Logik der Forschung, 1.6.

theoretischem Gebiet vollständig aus, und beide setzen sich auch nicht gegenseitig voraus, und zwar aus zwei Gründen:

1.1. Mathemata sind deduktive Konstrukte, d.h.: Begriff und Gegenstand des Begriffs sind ein und dasselbe. Somit bedarf es keiner Vermittlung zwischen beiden, zumal keiner natürlichen Sprache. Daher kommt es auch, daß mathematische Disziplinen die Barrieren der an Wörter gebundenen Sprachen sowohl topisch wie historisch überschreiten und schon immer überschritten haben. Hermeneutik ist ausgeschlossen, weil jede Vermittlung zwischen mathematischem Gegenstand und mathematischem Begriff unnötig und auch unmöglich ist, wenn beide – in der Anschauung deduktiv-synthetisch konstruiert – identisch sind. In der Konstruierbarkeit liegt zugleich auch Berechenbarkeit, Kalkulierbarkeit, Planbarkeit, mithin jene Rationalität, die modernes wissenschaftliches Denken, zumal als ein technisches, maßgeblich bestimmt. Man vergißt immer wieder, daß ratio in der Grundbedeutung „Rechnung" und „Berechnung" heißt (reri = berechnen).

1.2. Sofern sich jedoch der hermeneutische Gegenstand nicht konstruieren, sondern nur analysieren oder – wie Dilthey[9] sich ausdrückte – „beschreiben" läßt, ist auch jede mathematische Konstruktion vom Verstehen im hermeneutischen Verstande ausgeschlossen, weil nicht wie dort Gegenstand und Begriff, und schon gar nicht Gegenstand und Wort, wovon Mathemátik gänzlich abstrahieren kann, identisch sind. Sofern darüber hinaus Mathemata nicht nur deduktive, sondern synthetische Konstrukte sind, sind sie als zusammengesetzte auch wieder teilbar. Nun ist aber der durch die analytische Induktion zu erforschende Sinn stets ein individueller, das heißt ein durch Teilung nicht zerlegbarer und durch Zusammensetzung nicht zusammensetzbarer, sondern eben – wie das Wort sagt – ein unteilbarer, so daß ihn jede Art von Konstruktion, die ja auf dem Zusammenstellen verschiedener Teile zu einer Einheit beruht, nie erreicht und somit das mathematische Verfahren gänzlich untauglich ist, Individuelles zu verstehen. Mathemátik und Hermeneutik schließen sich demnach vollständig aus, und sie setzen sich auch nicht gegenseitig voraus, weil ihre Gegenstände und entsprechend ihre Methoden keinerlei Gemeinsamkeiten enthalten: Das Individuum ist nicht mathematisierbar und das Mathema nicht individualisierbar. Wird dennoch beides vermengt wie etwa durch eine mathematische Psychologie, gegen

---

[9] Vgl. Ideen über eine beschreibende und zergliedernde Psychologie, GS V, 139 ff.

welche die verstehende schon seit Schleiermacher[10] und später bei Dilthey[11] angetreten war, so kann dies nur bedeuten, daß das Individuum aus dem Blick geriete wie umgekehrt eine hermeneutische Mathemátik die eigenen Mathemata verlöre.

2. Dagegen schließt die Dialektik die Hermeneutik nur teilweise aus, denn beide sind analytische Methoden, so jedoch, daß die eine deduktiv, die andere induktiv verfährt, worin sie streng zu scheiden sind. Während Dialektik in der scharfen begrifflichen Dihairese Denken zur Sprache bringt, ist es Aufgabe der Hermeneutik, zur Sprache gekommenen Sinn wieder in Denken aufzulösen. Denn ein durch die Arbeit des Begriffs analysierter Sinn geht dialektisch – d.h. in das διὰ des λέγεσθαι – ein in Sprache als der aus ihr zu ermittelnde Sinn, und Sprache ist jenes ausgezeichnete Medium, das Sinn in sich birgt, ohne selber dieser Sinn zu sein. Damit ist Sprache als zur Sprache gekommener Sinn dialektisch erzeugter Gegenstand für jede Hermeneutik und, wie sich zeigen läßt, für eine pädagogische zumal, sofern dieser Sinn im Außenbezirk des Bewußtseins schon präsent ist in dem, was als „Weltbewußtsein" oder als „Weltansicht" von fremdem Bewußtsein erzeugt wurde und so, schon immer in die Sprache eingegangen, zur Deutung vorliegt. Insofern hat die Hermeneutik ihren Grund in der Dialektik oder eine dialektische Herkunft; gleichwohl unterscheidet sie sich fundamental von dieser darin, daß für sie etwas zur Sprache kommt, dessen Sinn nicht mehr mittels des Begriffs, sondern allein mittels des „Gefühls" zu erfahren ist, in welchem und durch welches sich ein Sinn ergibt vom Innenbezirk des Bewußtseins her, das sich selbst als Selbstbewußtsein erfährt und fremdes Bewußtsein außer sich nur erfährt, sofern es sich selbst erfahren hat, und umgekehrt sich selbst nur erfährt, sofern es jenes erfahren hat. „Gefühl" ist somit nichts Irrationales, sondern etwas Transrationales mit einer eigenen Logik, die sich von der Dialektik nur dadurch unterscheidet, daß es nicht allein an den Begriff noch gar an den in die Sprache eingegangenen Sinn gebunden ist, sondern beides übersteigt; ja es ist sogar imstande, und vielleicht allein imstande, der Sprache jenen Sinn zu entnehmen, der sich, indem sie spricht in durchaus verständlichen Worten, in diesen gerade verbirgt. Daher ist, was noch von Bedeutung sein wird, zu scheiden zwischen „Verständigen" und „Verstehen". – Verständigen kann man sich über

---

[10] Vgl. des Verf.: „Schleiermachers Theorie der Erziehung." Düsseldorf 1975, § 11 bis § 16.

[11] Vgl. GS V, 139ff. und VII, 228ff.

vieles, und Verständigung tritt alltäglich oft genug da ein, wo man sich gegenseitig gerade nicht versteht; Verstehen ist dagegen etwas Nichtalltägliches und gleichwohl dasjenige, was nicht bloß im allgemeinen ein einigermaßen erträgliches menschliches Zusammenleben ermöglicht, sondern im besonderen „Erziehung“ grundlegend konstituiert.

2.1. Hermeneutik ist somit durch Dialektik bedingt, sofern Sinn an Sprache gebunden ist, und Verstehen meint unter dieser Hinsicht nichts anderes als Analyse und Rekonstruktion des in Rede und Schrift verwahrten Sinnes. So hatte denn auch jede Hermeneutik – historisch gesehen – ihren Ursprung dort, wo es heilige Schriften auszulegen galt, deren Sinn durch räumliche und zeitliche Entfernung nicht mehr durch sich selbst verständlich war, sondern eines Hermeneuten bedurfte, der ähnlich wie Ἑρμῆς den Menschen die Botschaften der Götter überbrachte.

2.2. Hermeneutik ist jedoch auch unbedingt durch Dialektik, sofern ein Sinn zur Sprache kommt, der die Möglichkeit der Sprache, ihn zu vermitteln, weit übersteigt, nur durch ein transrationales Einfühlen, durch „Ahndung“, „Divination“, „Intuition“ zu ermitteln, und der vermutlich schon seit Urzeiten noch vor Erfindung der artikulierten Sprache die menschliche Welt bestimmt hat, in genetischer Verkürzung noch an jedem Kinde nachvollziehbar und ablesbar, das, um zu verstehen, was etwa „Liebe“ sei, diese schon erfahren haben muß, noch ehe es das Wort gehört oder selbst gestammelt hat[12].

3. Damit ist bereits die zur Empirik hingewandte Seite der Hermeneutik berührt, denn sie verfährt wie diese induktiv, sofern etwas verstanden werden soll, das nicht durch Sprache, sondern durch unmittelbare sinnliche Erfahrung zum Vorschein kommt und so als φύσις erscheint. Von hier aus betrachtet, ist jede Metaphysik als Hermeneutik der Natur zu verstehen, während die eigentliche Hermeneutik als den ihr eigentümlichen Gegenstand nicht so sehr die Welt im allgemeinen, sondern die menschliche Welt zum Gegenstand hat und, da diese ohne Sprache nicht möglich ist, wie man seit Herder und Wilhelm von Humboldt weiß, von jener dadurch unterschieden ist, daß sie nicht wie die Empirik Erfahrungen synthetisiert oder gar generalisiert, sondern bis ins einzelnste analysiert als eine Analytik des Daseins oder als Phäno-

---

[12] Vgl. Paul Ekmann: The Face of Man-Expressions of Universal Emotions in a New Guinea Village. New York 1981.

menologie menschlicher Existenz, wie sie zum erstenmal durch die Freiburger Schule – Husserl und Heidegger im allgemeinen und, auf das Phänomen der Erziehung des Menschen im besonderen bezogen, durch Eugen Fink, Theodor Ballauff und Egon Schütz – vorgetragen wurde. Gleichwohl bleibt die Hermeneutik von der Empirik geschieden, da sie nicht wie diese synthetischen Sinn konstruiert, sondern einen schon synthetisierten analysiert.

§ 6. Nach dieser Ortsbestimmung der Hermeneutik und ihrer Abgrenzung von den drei übrigen beherrschenden Wissenstypen kehren wir zur Frage einer Pädagogischen Hermeneutik zurück und versuchen deren Entwurf zu skizzieren.

1. Pädagogische Hermeneutik ist wie die theologische, juristische, philologische, philosophische, psychologische, soziologische, ästhetische und therapeutische ein Sonderfall von Hermeneutik überhaupt und setzt eine solche voraus, und wir hätten zuerst eine Art Allgemeine Hermeneutik vorauszuschicken. Es zeigt sich jedoch sofort, daß es im strengen Sinne gar keine „Allgemeine Hermeneutik“ gibt, es sei denn eine solche, die Prinzipien und Grundregeln des Verstehens überhaupt darlegt, wie sie bei allem Verstehen vorkommen. Doch ergibt sich hierbei die Schwierigkeit, daß jedes Verstehen auf einen bestimmten Gegenstand gerichtet ist – etwa auf den Text einer Offenbarung, eines Gesetzeswerkes, einer Dichtung etc. – und von diesem her maßgeblich bestimmt wird, während eine Allgemeine Hermeneutik das Verstehen selber zum Gegenstand hätte und somit nichts anderes wäre als ein Verstehen des Verstehens, womit man sich im Kreise drehte.

2. Eine Pädagogische Hermeneutik ist jedoch zu unterscheiden von einer hermeneutischen Pädagogik. Während diese als die sogenannte geisteswissenschaftliche Pädagogik „Erziehung“ in ihrem historischen, anthropologischen, psychologischen und soziologischen Kontext zu verstehen sucht und so eine Sonderform von Pädagogik darstellt im Unterschied etwa zu einer rein normativen oder rein empirischen, untersucht jene nicht so sehr, wie „Erziehung“ als ein ungemein wichtiges und menschliche Existenz wesentlich konstituierendes Phänomen zu verstehen sei, sondern vielmehr, wie Verstehen Erziehung allererst ermögliche, womit ebenso das Verstehen des zu Erziehenden durch den Erziehenden wie umgekehrt des Erziehenden durch den zu Erziehenden gemeint ist, mithin ein wechselbestimmtes Verstehen, von dem man

sagen darf, daß ohne es keine Erziehung, auf welcher Ebene auch immer, möglich ist, und daß, wo Erziehung scheitert oder erst gar nicht vorhanden ist, der Grund meist im doppelten Nicht-Verstehen oder gar Mißverstehen zwischen educans und educandus zu suchen ist.

Anmerkung: Von allen Verstehensbarrieren, die sich im alltäglichen Leben finden lassen, sei es die zwischen den Geschlechtern, zwischen verschiedenen sozialen Schichten, zwischen verschiedener nationaler, religiöser, kultureller und ideologischer Herkunft, ist heute keine so schwer zu überwinden wie die zwischen den Generationen. Der Nachdruck liegt auf „heute", denn in früheren Zeiten mögen die anderen Barrieren, zumal im außerfamiliären Bereich, gravierender gewesen sein als heute, gleichwohl blieb innerhalb der Familie eine gewisse Kontinuität der Weltansicht trotz der schon immer angetroffenen Auseinandersetzungen zwischen der heranwachsenden und der erwachsenen Generation erhalten, während heute eine solche Kontinuität radikal durchbrochen erscheint, deren Hauptgrund in einer systematischen Demontage der herkömmlichen sogenannten bürgerlichen Familie im öffentlichen wie im privaten Bereich und in einer Flucht aus dieser Familie von Jugendlichen ebenso wie von Vätern und Müttern zu suchen ist. Der sonst überaus fruchtbare Konflikt zwischen den Generationen hat sich in einen weithin totalen Bruch verwandelt, und zwar in einem Ausmaß, der von Theoretikern der Erziehung noch kaum zur Kenntnis genommen wurde, von dem aber jeder Erzieher, sei er Vater oder Lehrer, bis in die Legitimation seiner Rolle als Erzieher hinein betroffen und getroffen ist. Resignation oder Anpassung der Erziehenden an die Heranwachsenden ist zumeist der Ausweg, mit dem ein mangelndes oder nicht vorhandenes Verstehen von den Erziehenden her kompensiert wird, radikale Infragestellung noch bestehender Werte und Normen der Älteren durch die Jüngeren und die Flucht in die Sinnlosigkeit, die alles Bestehende annihiliert, ist der Ausweg der anderen. Beide Seiten verstehen nicht einmal mehr die jeweilige Sprache der Gegenseite.

§ 7. Wie soll nun aufgrund dieses Befundes eine Pädagogische Hermeneutik aussehen? Zunächst darf gemäß der Standortbestimmung der Hermeneutik überhaupt gefolgert werden, daß sie weder eine reine Mathemátik, noch eine bloße Dialektik einerseits oder eine bloße Empirik der Erziehung andererseits sein kann. Wer jedoch die pädagogische Theoriebildung nur einigermaßen überblickt, wird darin zustimmen müssen, daß es hier nie an mathematischen, dialektischen und empirischen Ansätzen gefehlt hat, auch wenn sie nichts oder nur wenig zu der Frage beitragen konnten, wie denn Verstehen Erziehung im Wechselverstehen von educantes und educandi maßgeblich bestimme, weil diese sonst überaus bewährten Verfahren gerade auf dem Gebiet der Hermeneutik versagen müssen, falls das hermeneutische Verfahren, wie gezeigt, seinen Eigenstand bewahren soll.

1. Dies bedeutet, daß der hermeneutische Gegenstand auf keine Weise aus allgemeingültigen und denknotwendigen Sinnsubstanzen deduzierend abgeleitet werden kann, so daß zunächst das dialektische und das mathematische Verfahren auszuschließen sind. Das individuum educandum und das individuum educans können nicht deduziert werden, weder auf dialektische Weise, so daß sie mittels deduzierender Analyse auf den „Begriff" gebracht, noch auf mathematische, so daß sie a priori in der Anschauung konstruiert und vorausberechnet werden könnten, weil einerseits keine Begriffsanalyse so fein ist, daß sie den unteilbaren individuellen Sinn in Grenzen einzugrenzen, d. h. zu definieren vermöchte, und weil andererseits keine Begriffssynthese so weit ist, daß sie die grenzenlose, d. h. unendliche Ausdeutbarkeit individueller Qualität quantifizierend vor- und durchkonstruieren könnte.

Anmerkung: Dies bedeutet jedoch nicht, daß die jenseits jeglicher Individualität liegende Bestimmung, Bestimmbarkeit und Bestimmtheit des Menschen nicht mittels des Begriffs und more geometrico abgeleitet und begründet werden könnten, wie dies in einer transzendentalen Theorie der Bildung[13], zumal in deren Logik, zu leisten ist, weil eine Theorie, bloß insofern, weil sie Theorie ist, vom Individuellen abstrahiert, wohl wissend, daß sie es nicht zu fassen bekommt und auch nicht zu fassen braucht, wenn es darum zu tun ist, das in den Griff zu bekommen, was die Idee der Menschheit angeht, mithin dasjenige, was jeder Mensch zwar als Individuum, jedoch nicht aufgrund seiner bloßen Individualität ist und sein soll. Die individuelle Bestimmung eines Menschen, die allein aus seiner Individualität zu ermitteln wäre, ist jedoch gerade Gegenstand des hermeneutischen Verfahrens, und somit ist eine Pädagogische Hermeneutik die unvermeidliche, aber auch unerläßliche Kehrseite einer grundsätzlich deduktiv verfahrenden Theorie der Bildung, mithin deren notwendige Ergänzung, und zwar auf einem Gebiet, wo deduktive Verfahren nicht mehr greifen.

2. Aber auch bloße Empirik als synthetische Induktion, die auf die Synthese des in der Erfahrung erfahrenen Sinnes gerichtet ist, kann die Hermeneutik nicht ersetzen, weil die Erfahrung des Indivi-

---

[13] Vgl. dazu des Verf.: „Entwürfe zu einer transzendentalen Theorie der Bildung" in: Erneuerung der Transzendentalphilosophie im Anschluß an Kant und Fichte. Reinhard Lauth zum 60. Geburtstag. Hrsg. von Klaus Hammacher und Albert Mues. Stuttgart/ Bad Cannstatt 1979.

duums, wenn sie dieses wirklich ungeteilt und nicht bloß im Detail erfassen sollte, nicht gleichsam aus Teilen zusammengesetzt und schon gar nicht von einem Individuum auf ein anderes übertragen, mithin auch nicht generalisiert werden kann. Das „Individuum" ist nicht ein „Fall", der unter eine aufgrund mehrerer Fälle entstandene Regel wieder subsumiert werden könnte, dies wäre nur dann möglich, wenn die Individualität des Individuums gerade nicht in Betracht käme oder gleichsam als roher Stoff möglicher Erfahrung angesehen würde, was überall dort geschieht, wo man Menschen zum „Material" degradiert: zu „Menschenmaterial", und zwar nicht bloß zwecks strategischer Überlegungen wie in Kasernen, sondern auch zwecks bildungspolitischer wie an Schulen und Hochschulen, wo man „Schüler"- wie „Lehrermaterial" nach Gesetzen wirtschaftlicher Rentabilität glaubt einsetzen, hinaussetzen und versetzen zu dürfen.

§ 8. Eigentlicher Gegenstand jeglichen Verstehens sind indes die Produkte einer durch ein individuelles Selbst- und Weltbewußtsein hervorgebrachten Sinnproduktion, worin es sich in dem manifestiert, was es ist, und woraus das abzulesen ist, was es möglicherweise sein wird. Das Verstehen des Überganges aus dem, was ist, in das, was wird, ist, auf die Individualität des Edukanden bezogen, ausgezeichneter Gegenstand einer Pädagogischen Hermeneutik, wenn auch zunächst nur vom educans aus betrachtet, und stellt somit nur die eine Hälfte dar, während die andere nicht weniger wichtige darin zu sehen ist, daß auch der educandus die individuellen Sinnproduktionen des educans verstehen muß in dem, was sie, auf ihn selbst bezogen, bedeuten mögen, was nur dann möglich erscheint, wenn er nachvollziehen kann, wie es zu ihnen gekommen ist. In beiden Fällen aber bedarf es nicht nur einer analytischen Bestandsaufnahme (Induktion) dessen, was auf der je gegenüberliegenden Seite produziert wurde, sondern ebenso einer synthetischen Reproduktion des zu verstehenden Sinnprodukts im jeweiligen Verstehen. Während nun eine Allgemeine Hermeneutik gleichsam einseitig den Verstehensprozeß vom Hermeneuten aus sieht, bezieht die Pädagogische Hermeneutik für das Wechselverstehen im Erziehungsakt als ebenso bedeutsam mit ein, daß auch der Hermeneut, zunächst der Erzieher, selber verstanden werden muß von dem, den er verstehen möchte, so daß er ebenso wie der Edukand zum Subjekt und Objekt des wechselseitigen Verstehensaktes wird. Dies führt in einen hermeneutischen Zirkel fundamentalster Art, der im Grunde ein Zirkel zweier Zirkel ist, die aus der

Allgemeinen Hermeneutik wohl bekannt sind: Geht man nämlich davon aus, daß der untergeordnete Teil nur verstanden werden kann aus seinem Zusammenhang mit dem übergeordneten Ganzen, daß aber hinwiederum das übergeordnete Ganze nur verstanden werden kann aus dem sinnvollen Zusammenspiel der ihm untergeordneten Teile, deren Einheit es ist, und überträgt nun diesen Befund auf die raum-zeitliche Bedingtheit der Menschwerdung überhaupt, wobei ein zu verstehendes Einzelprodukt als ein Teil der ebenfalls zu verstehenden Gesamtproduktion eines Individuums anzunehmen ist, worin es sich, wenn überhaupt, in dem manifestiert, was es ist, sofern es selber sich als nie unmittelbar Zugängliches erweist, dann zeigt sich folgendes:

1. Da keine Produktion losgelöst werden kann von einem bestimmten Raum und von einer bestimmten Zeit und somit auch nicht das sinnproduzierende Individuum so wenig wie das sinnreproduzierende, so daß also beide in verschiedenen Produktionsräumen und -zeiten produzieren und reproduzieren, die, je weiter entfernt liegend, um so weniger einander berühren und somit jedes Verstehen erschweren, wenn nicht gar verunmöglichen –, besteht das Problem des Wechselverstehens in der an sich unmöglichen Syntopisierung und Synchronisierung zweier verschiedener Produktionsräume und Produktionsgeschichten, die schon ihrerseits nur schwer verstanden werden aus dem reziproken Verhältnis der jeweiligen Einzelakte zum jeweiligen Gesamtvollzug der Sinnproduktion in räumlicher und zeitlicher Hinsicht.

2. Die geforderte, den wechselseitigen Verstehensakt in der pädagogischen Situation ermöglichende Syntopisierung und Synchronisierung gelingt nur dann, wenn es zwischen beiden eine überindividuelle Sinnproduktion gibt, an der sie gemeinsam partizipieren können, und zwar auf eine Weise, die zugleich auch die individuelle zu dokumentieren vermag, ohne daß sie, was ohnehin vergeblich wäre, rein mathematische, dialektische und empirische Sinnproduktionen hinzuziehen müßte, weil diese, wie gezeigt, nur überindividuellen, niemals aber individuellen Sinn zu fassen vermöchten.

3. Ein solch syntopisierendes und synchronisierendes überindividuelles Medium, das gleichwohl individuelle Sinnproduktionen einschließt, ist jedoch Sprache. Somit ist zum Beschluß zu erwägen, ob Sprache in der Lage ist, den dreifachen hermeneutischen Zirkel im Wechselverstehen zwischen dem erziehenden und dem zu er-

ziehenden individuellen Selbst- und Weltbewußtsein, wenn auch nicht völlig, so doch wenigstens so weit als möglich für den Erziehungsakt zu heben, und ob sie – recht besehen – gar jenes Sinninstitut ist, welches das einseitige Gefälle „educans – educandus" aufhebt, indem sie es reversibel zu machen imstande ist.

§ 9. Alles, was dazu dient, die besondere Eigentümlichkeit, die unverwechselbare Einmaligkeit und Einzigartigkeit, kurz: den monadischen Charakter des sich entwickelnden Geistes auf der einen und des schon entwickelten auf der anderen auszudrücken, ist dessen „Sprache", worin sich das Denken, Fühlen und Wollen beider Seiten manifestiert. Auch das Handeln, alle nur denkbaren Äußerungen des individuellen Bewußtseins, worin es sein Wesen bekundet wie in seinen Werken und Taten, gehört im umfassendsten Sinne zu seiner Sprache, gleichsam als eine stumme, noch nicht sprechende Sprache. Doch am klarsten und deutlichsten, wenn überhaupt klar und deutlich, wird sich das individuelle Selbst- und Weltbewußtsein in der Sprache der artikulierten Laute und der daraus zusammengesetzten Wörter, Sätze, Reden und Texte, mithin im Sprechen seiner Sprache auszudrücken verstehen oder nicht verstehen, um so verstanden oder auch nicht verstanden zu werden.

§ 10. Eine Pädagogische Hermeneutik hat somit das vor- und außersprachliche Verstehen ebenso zu berücksichtigen wie das an Sprache gebundene. Da jedoch jenes nicht methodisierbar gemacht werden kann, weil es ganz im unmittelbaren Gefühl der divinatorischen Intuition liegt – es gibt schwerlich eine Anweisung, wie sich etwa ein Muttersinn und ein Kindersinn als unvermitteltes reziprokes Gefühl erzeugen oder anwenden ließe, solches liegt, wie Pestalozzi[14] schon wußte, in der „Bahn der Natur" –, fällt es nicht eigentlich in eine Pädagogische Hermeneutik hinein, die eher in solchen Situationen gefordert ist, wo dieses unmittelbare Gefühl verschüttet oder ganz verlorengegangen ist, wo nicht Harmonie, sondern Disharmonie, nicht Konsonanz, sondern Dissonanz herrschend sind wie in jeder Konflikt- und Umbruchssituation, so daß Erziehung mit erwachtem Selbst- und Weltbewußtsein des werdenden Bewußtseins ständig konfrontiert ist, aber nicht nur hier, sondern überall dort, wo Bewußtsein auf Bewußtsein trifft, wo es

[14] Siehe SW I, 266ff.

darum geht, fremde Perspektiven der Weltansicht – deren point du vue[15] – zu verstehen. Denn überall dort, so lehrten schon die großen Hermeneutiker Schleiermacher[16] und Wilhelm von Humboldt[17], wo die Fensterlosigkeit der Monaden durchbrochen, wo die eigene beschränkte Weltansicht durch eine andere ergänzt und erweitert wird, und diese wieder durch die eigene[18], ereignet sich „Bildung", und jede wirklich fruchtbare pädagogische Situation vom Kindergarten bis zur Universität ist durch solchen Austausch bestimmt, ganz gleich, in welchem Ausmaß er gelingt. Damit er aber gelingt, ist Verstehen gefordert.

§ 11. Beschränkt sich nun eine Pädagogische Hermeneutik auf ein an Sprache gebundenes Verstehen, in welcher ein mir fremdes Denken zur Sprache kommt, so ist sie wie jede Hermeneutik gehalten, den Verstehensprozeß entweder als Sprechen des Denkens oder als Denken des Sprechens und schließlich als Wechselbestimmung beider aufzufassen.

Anmerkung: Unter „Denken" sei hier jene Tätigkeit des Bewußtseins verstanden, mit dessen Hilfe es uns gelingt, einen Sachverhalt von einem anderen klar zu unterscheiden und auf wieder einen anderen zu beziehen, den thetischen, antithetischen und synthetischen Urakten unseres Bewußtseins gemäß, wie sie zum erstenmal und mit unüberbietbarer Schärfe von der fichteschen Wissenschaftslehre[19] entdeckt und angewandt wurden.

§ 12. Demnach muß die Grundlegung einer Pädagogischen Hermeneutik zwei unverzichtbare Operationen enthalten:

1. Eine Deduktion der Sprache aus dem Denken, um einzusehen, wie aus dem Denken ein Sprechen wird oder wie ein Gedanke zur Sprache kommt.

2. Eine Reduktion der Sprache in das Denken, um zu zeigen, wie im Akt des Verstehens ein zur Sprache erstarrter Gedanke wieder zu Denken verflüssigt, wie mithin Sprache wieder zu Denken wird.

---

[15] Vgl. Leibniz, Monadologie, § 57.
[16] Vgl. Monologen, 1. u. 2. Monolog.
[17] Vgl. GS VII, 32–42.
[18] Vgl. Leibniz, Monadologie, § 7.
[19] Vgl. Fichte, Grundlage der gesamten Wissenschaftslehre (1794), § 1–§ 3.

Beide Aufgaben sind deshalb so unerhört schwierig, weil es keinen archimedischen Punkt außerhalb der Relation Denken-Sprechen gibt, von woher sie am besten gelöst werden könnten, gleichsam in einem Denken, das nicht zu sprechen, und in einem Sprechen, das nicht zu denken gehalten ist, während doch beide – Denken und Sprechen – in der aufgegebenen Deduktion und Reduktion schon vorausgesetzt sind.

§ 13. Ohne eine solche Deduktion vorwegnehmen zu wollen – sie wurde historisch gesehen, nur zweimal geleistet, nämlich durch Schleiermacher[20] und durch Wilhelm von Humboldt[21] –, lassen sich bezüglich des hermeneutischen Ansatzes doch zwei grundsätzliche Überlegungen anstellen: Denken und Sprechen sind weder absolut identisch noch absolut different:

1. Wären sie absolut identisch, dann müßte das Wort den Begriff enthalten, und beide wären ein und dasselbe. Nun ist aber – ganz unabhängig davon, wie beide sich zu einem Dritten verhalten, zum Ding, das sie denken oder nennen – das Wort nur ein Zeichen des Begriffs und des diesem zugrunde liegenden sinnlichen Schematismus der Wahrnehmungsbilder. Die dem Wort unterlegte Bedeutung wird demnach nur verstanden, wenn der Begriff und die Schemata, die in diesem synthetisiert sind, vom Verstehenden analysiert und rekonstruiert werden können. Wie nun im Sprechenden das Denken zur Sprache kommt, ist das Problem der Dialektik; wie jedoch im Verstehenden Sprache wieder zu Denken wird, ist das Problem der Hermeneutik. Wären nun Denken und Sprechen identisch, dann wären diese Künste überflüssig, denn Verstehen wäre umittelbar gegeben. Allein wegen der Erfahrung des ständigen Nicht-Verstehens und des dadurch bewirkten Streites sind beide Künste entstanden, und allein das Faktum, daß sie entstanden sind und daß wir ihrer noch immer bedürfen, liefert den empirischen Beweis für die relative Nicht-Identität von Denken und Sprechen.

2. Denken und Sprechen sind aber auch nicht absolut different. Denn wäre im Sprechen keine Ordnung des Denkens, wie sie sich z. B. in der Begriffs- und Satzbildung bekundet, dann wäre in der

[20] Vgl. des Verf.: Schleiermachers Theorie der Erziehung, § 8 und § 14.2.

[21] Vgl. GS VII, 425–430 und hierzu: Clemens Menze: Wilhelm von Humboldts Lehre und Bild vom Menschen. Ratingen 1965, S. 228–236.

Sprache keine Aussage. Eine willkürliche Aneinanderreihung von Wörtern wäre sinnlos. Daher wurde seit Platon[22] bis Chomsky[23] in der Grammatik und der Syntax einer Sprache jene spezifische Leistung des Denkens gesehen, welche Rückschlüsse auf die „Weltansicht" der in ihr Sprechenden erlaubt. Man denke hier nur an Whorfs[24] Untersuchungen zur Zeitauffassung der Hopi-Indianer und an die sich daran anschließende Diskussion der sprachlichen Relativitätstheorie bei Gipper[25].

3. Liegt in der relativen Differenz von Denken und Sprechen die Notwendigkeit von Dialektik und Hermeneutik, so ist in der relativen Indifferenz deren Möglichkeit angelegt.

1. Die relative Differenz hat ihren Grund darin, daß nicht alles, was in einem individuellen Denken schematisiert und gedacht wird, zur Sprache kommt, und das Verbleibende nicht unmittelbar so, wie es schematisiert und gedacht wurde. Dennoch kann das, was von der individuellen Sprachproduktion in die schon vorliegende Sprache eingegangen ist, die Individualsprache genannt werden, in der sich nach einem Terminus Wilhelm von Humboldts[26] der Energeia-Charakter der Sprache manifestiert als jene „Arbeit des Geistes", durch welche jeder Mensch eine besondere Sprache besitzt[27].

2. Die relative Indifferenz hinwiederum hat ihren Grund darin, daß in jegliches Sprechen durch die bereitliegende Sprache, in welcher das Individuum spricht, bereits Denken eingegangen ist, und zwar das Denken all jener Individuen, die je in ihr gesprochen haben, wodurch jener ebenso unleugbare Ergon-Charakter der Sprache entstanden ist, so daß man nach Wilhelm von Humboldt

---

[22] Vgl. zum Organon-Charakter des Wortes in Bezug auf Dialektik: Kratylos 387d bis 391b und Sophistes 261c bis 264c. Obwohl im Kratylos und im Sophistes von Grammatik noch keine Rede ist, führt dennoch die Lehre vom Worteidos an das Problem heran. Vgl. hierzu: Josef Derbolav: Platons Sprachphilosophie im Kratylos und in den späteren Schriften. Darmstadt 1972, insbesondere Kap. V., VI und IX.

[23] Vgl. Noam Chomsky: Sprache und Geist. Frankfurt am Main 1970. Ders.: Aspekte der Syntaxtheorie. Frankfurt am Main 1973.

[24] Vgl. Benjamin Lee Whorf: Sprache – Denken – Wirklichkeit. Beiträge zur Metalinquistik und Sprachphilosophie. Hamburg 1963.

[25] Helmut Gipper: Gibt es ein sprachliches Relativitätsprinzip? Untersuchungen zur Sapir-Whorf-Hypothese. Frankfurt am Main 1972.

[26] GS VII, 47.

[27] GS VII, 51.

„ebenso richtig sagen kann, daß das ganze Menschengeschlecht nur Eine Sprache, als daß jeder Mensch eine besondere besitzt“[28].

3. Auf diesem Doppelcharakter der Sprache als Energeia – nach Saussure etwa als parole, nach Chomsky als individuelle Sprachperformanz – einerseits und als Ergon – oder als Langue bzw. als objektive Sprachkompetenz – andererseits liegt sowohl die Möglichkeit des Nicht-Verstehens (bis hin zum Mißverstehen) als auch die Möglichkeit des Verstehens[29].

4. Denn für den Hermeneuten tritt im wirklich Gesprochenen – in der parole – ein zunächst undifferenzierbares Gemisch aus der individuellen und universellen Sprachproduktion hervor, und es kommt im Verstehensakt allein darauf an, wie die Individualsprache von der Universalsprache geschieden und wie beide gleichwohl aufeinander bezogen werden können.

5. Folgerichtig müssen im Sprechenden wie übrigens auch im Verstehenden, sofern dieser selber spricht, zwei ineinander übergehende Schritte der Sprachaneignung in der Sprachproduktion und der Sprachproduktion in der Sprachaneignung unterschieden werden:

1. die Primärreduktion der vorgefundenen Universalsprache – in der Regel einer bestimmten Nation, einer bestimmten Schicht, Region, Gruppe etc. – in das Denken des sprechenden Individuums. In der Primärreduktion kommt die das individuelle Denken prägende Kraft der jeweiligen sprachlichen „Weltansicht“, mithin der Ergon-Charakter der Sprache zum Vollzug, so daß gar seit Bernstein[30] von einer „sprachlichen Sozialisation“ gesprochen wird.

2. die Primärtransformation des individuellen Denkens in die primärreduzierte Universalsprache zu dessen faktisch gesproche-

[28] Ebd.

[29] So konnte Wilhelm von Humboldt resümieren: „Erst im Individuum erhält die Sprache ihre letzte Bestimmtheit. Keiner denkt bei dem Wort gerade und genau das, was der andere, und die noch so kleine Verschiedenheit zittert, wie ein Kreis im Wasser, durch die ganze Sprache fort. Alles Verstehen ist daher immer zugleich ein Nicht-Verstehen, alle Übereinstimmung in Gedanken und Gefühlen zugleich ein Auseinandergehen“ (GS VII, 65/66).

[30] Vgl. Basil Bernstein: Studien zur sprachlichen Sozialisation. 3. Aufl. Düsseldorf 1974.

ner Individualsprache. In der Primärtransformation wirkt sich der Energeia-Charakter der Sprache aus.

7. In der Primärreduktion bestimmt somit die gesprochene Sprache als Ergon das individuelle Denken, in der Primärtransformation dagegen bestimmt individuelles Denken Sprache als Energeia des Sprechens.

8. Nun verfügen beide, der zu Verstehende und der Verstehende, über die nur ihnen eigenen und eigentümlichen Primärreduktionen und -transformationen bezüglich der beiden gemeinsamen universellen Sprache. Soll nun der jeweils Verstehende das Produkt des zu Verstehenden verstehen, so muß er über eine Sekundärreduktion und über eine Sekundärtransformation eben dieses Produkts verfügen, um dessen individuellen Anteil von dessen universellem unterscheiden zu können, denn nur so kann das zu verstehende Individuelle des zu Verstehenden analytisch induziert und nur aufgrund dieser Scheidung auf den individuellen Schematismus des Denkens des zu Verstehenden zurückgeschlossen werden.

9. Dabei fungiert die Sekundärreduktion im Verstehenden als Reduktion der Primärreduktion des zu Verstehenden, um die Primärreduktionen beider unterscheiden zu können, sofern eine beiden gemeinsame Universalsprache von beiden verschieden reduziert wird.

10. Entsprechend besorgt die Sekundärtransformation das Inbeziehungsetzen der Sekundärreduktion der Primärreduktion des zu Verstehenden durch den Verstehenden mit der Primärreduktion des Verstehenden selber, um beide Primärreduktionen, d. h. beider individuelle Denkschemata, voneinander zu sondern.

11. Problematisch bleibt jedoch, daß die Primärreduktion des zu Verstehenden in dessen Sprachprodukt schon primär transformiert und daher nicht mehr rein zu unterscheiden ist von dessen Primärtransformation, die ihrerseits nicht unmittelbar rekonstruierbar ist wegen der Unübertragbarkeit des individuellen Denkschematismus des zu Verstehenden auf den des Verstehenden. Denn wäre dies möglich, dann bedürfte es keines Verstehens und keiner Hermeneutik, da die Weltansicht der fremden Monade unmittelbar einsichtig, weil einsehbar wäre. Solches mag divinatorischen Genies gelingen, oder vielmehr solchen, die sich dafür halten, wobei die Gefahr des gröbsten Mißgriffs kaum zu vermeiden ist, dem ein

Verstehen je ausgesetzt sein kann: daß man nämlich als „Verstehender“ nur die eigene Perspektivität der Weltansicht in die fremde, ganz andere hineinprojiziert und somit nicht nur Nicht-Verstehen, sondern geradezu Mißverstehen erzeugt durch jenes alles Verstehen von vornherein zerstörende Vorurteil, das glaubt, die fremde Weltansicht schon immer verstanden zu haben allein dadurch, daß es diese in den Raster der eigenen Perspektive einordnet ohne den Versuch, die fremde verstehend nachzukonstruieren, und ohne den Gedanken, daß sie in der eigenen Weltordnung vielleicht gar nicht vorkäme.

12. Die Primärtransformation des zu Verstehenden kann somit nur indirekt dadurch erschlossen werden, daß die durch den Verstehenden sekundärreduzierte Primärreduktion des zu Verstehenden mit der Primärreduktion des Verstehenden selber verglichen, nicht etwa in diese integriert wird, damit so mittels der Sekundärtransformation – wo ja beide Primärreduktionen angesichts der beiden gemeinsamen Universalsprache miteinander verglichen werden sollen – endlich die Primärtransformation eben dieser Universalsprache durch den zu Verstehenden indirekt herausspringe.

13. Der Verstehensakt beruht daher einerseits auf der Differenz zwischen beiden Primärreduktionen, um im Vergleich mit der beiden gemeinsamen Universalsprache das Individuelle der zu verstehenden Individualsprache im Unterschied zur verstehenden zu ermitteln, andererseits aber auch auf dem Vergleich der sekundär transformierten Primärreduktion des zu Verstehenden durch den Verstehenden, in welcher Sekundärtransformation die gesuchte Primärtransformation des zu Verstehenden enthalten sein muß, mit der Primärtransformation des Verstehenden selber.

14. Dabei ergeben sich bezüglich der Differenz der jeweiligen Primärtransformationen folgende drei hermeneutische Grundsätze: und zwar 1. vom Verstehen, 2. vom Nicht-Verstehen und 3. vom Mißverstehen:

1. Je reflektierter das verstehende Bewußtsein ist, d. h. je differenzierter dessen Primärreduktion und -transformation bezüglich der gegebenen Universalsprache sind, um so eher wird die weniger differenzierte Primärreduktion und -transformation des zu verstehenden Bewußtseins verstanden, und in demselben Grade ist Verstehen möglich.

2. Im umgekehrten Falle wird um so weniger verstanden, denn je weniger eine eigene Primärreduktion und -transformation ausgebildet ist, um so weniger wird eine fremde verstanden, weil die Möglichkeit des Vergleichs des relativ Differenten beider Individualsprachen vor der relativen Indifferenz der beiden gemeinsamen Universalsprache geringer ist als im ersten Fall. Das dabei zwangsläufig entstehende Nicht-Verstehen endet frühestens bei gleicher Differenzierung beider Individualsprachen.

3. Während nun Verstehen und Nicht-Verstehen sich zueinander reziprok verhalten, je nach dem Grad, in welchem die Differenz beider Individualsprachen gegeneinander herausspringt, ist ein Mißverstehen dann gegeben, wenn diese Differenz nicht rezipiert oder wegen der Übermacht der einen Individualsprache gegenüber der anderen unterdrückt wird.

§ 14. Gerade in der pädagogischen Situation kommt es aber darauf an, Verstehen als ein wechselbestimmtes Verstehen zwischen educandus und educans zu erzeugen, Nicht-Verstehen abzubauen und Mißverstehen möglichst auszuschließen.

1. Denn versteht der Erziehende die in der Sprache des zu Erziehenden allein sich manifestierende Individualität nicht, so wird er diese auch nicht ansprechen können. Ebenso bleibt die eigene durch jene unverstanden. Mißversteht er sie gar, so wird er ihr in jedem Falle schaden, weil er die eigene Weltansicht an die Stelle der zu verstehenden setzt. Und welcher Erzieher möchte bestreiten, daß er ständig dieser Versuchung ausgesetzt ist und daß dieser Mißgriff auf die zu erziehende Individualität fast zwangsläufig dort erfolgt, wo die Bemühung, sie zu verstehen, ausgeblieben ist?

2. Dies ist um so verständlicher, als sich in der pädagogischen Situation im Unterschied zur allgemein hermeneutischen die fremde Individualität noch gar nicht herausgebildet hat, während dort im Idealfall Sender und Empfänger über gleich differenzierte, wenn auch nicht gleiche Primärreduktionen und -transformationen verfügen und so in der Lage sind, in den Ergon-Charakter der Sprache gleichwohl die je eigene Energeia des Sprechens einzubringen und die je eingebrachte des andern analytisch zu sondieren und synthetisch nachzukonstruieren. Daher gehört es zur grundlegenden Aufgabe jeder Erziehung, sich selbst zu ermöglichen, das heißt, die Voraussetzungen dafür zu schaffen, daß jenes Wechsel-

verstehen eintreten kann, ohne welches sich jede Erziehung ad absurdum führt.

2.1. Da das Kind ohne eigene Primärreduktion und -transformation auf die Welt kommt, muß ihm zuerst dazu verholfen werden, die vorgefundene Sprache in die eigene, sich erst noch entwickelnde Individualsprache zu reduzieren und diese in jene zu transformieren. Dies geschieht in der Regel in dem, was – streng genommen – Muttersprache heißt. Denn es ist allein die Sprache der Mutter als solcher, welche die vorhandene Universalsprache, die man fälschlicherweise Muttersprache nennt, primärreduziert der schon transverbal verstandenen Individualität des Kindes darreicht, wo die Sprache des Kindes und die Sprache der Mutter noch nahezu identisch sind, so daß das Kind auf eine zwar sehr archaische, aber doch durchaus individuelle Weise seine kindliche Weltansicht primärtransformiert zu verstehen geben kann und so, weil die Primärreduktion von der Mutter selber stammt, auch verstanden wird. Diese erste und ursprüngliche Erfahrung ist derart fundamental, daß sie nicht nur für alles weitere Sprechen und Verstehen des Kindes, sondern ebenso und gerade deshalb für dessen Menschwerdung maßgeblich ist. Die Forschung hat dies längst erkannt, und sie hat nur festgestellt, was man seit jeher wußte, daß ein Mensch die Welt und was sie enthält nie mehr so unmittelbar versteht und er selbst nie mehr so unmittelbar verstanden wird als in dieser Urerfahrung der Muttersprache.

Anmerkung: Vielleicht ist eine Ursache jenes Bruches zwischen den Generationen, von dem oben die Rede war, bereits in einem weitgehenden Verlust der Muttersprache angelegt dank der als emanzipatorisch gepriesenen Entmütterlichung der Frau, die sich, in ihrer ursprünglichen Bestimmung selbst mißverstehend, glaubt durch irgendwelche „Bezugspersonen“ ersetzen lassen zu können, weil sie das ihr anvertraute Kind weithin als ein ihrer Karriere oder dem erstrebten Lebensstandard lästiges Anhängsel verkannt und verdrängt hat.

2.2. Dennoch kann es bei dieser archaisch-naiven, so nie wiederkehrenden Wechselbeziehung des Verstehens nicht bleiben. Es muß sich im Gegenteil eine eigenständige Primärreduktion des werdenden Menschen herausbilden, und dies wird durch jenen Erzieher geschehen, der ihm die vorliegende Universalsprache objektiv darreicht. Dadurch wird der Erzieher selbst zum „Sender“ der Botschaft eines in der Sprache vorgegebenen Sinngehaltes: er wird zum Lehrer. Wenn Herbart erklärt, nicht eigentlich der Lehrer erziehe, sondern „die ganze Macht dessen, was Menschen je empfanden, erfuhren und dachten“, so muß hier an Sprache in ihrer schon immer gesehenen, aber erst von Wilhelm von Humboldt in ihr Recht eingesetzten bildenden Funktion gedacht werden, denn sie ist als Ergon jenes unerschöpfliche Reservoire all dessen, was Menschen je empfanden, erfuhren und dachten.

2.3. Auf einer dritten Stufe erst wird der Erzieher in die primärreduzierte Sprache des zu Erziehenden auch seine eigene Weltansicht einbringen, von der er zunächst noch zu abstrahieren hatte, um die universelle möglichst uneingeschränkt wirken zu lassen. Der Edukand versteht dann zwar den Erzieher nicht vollständig, weil dazu die eigene Primärtransformation differenzierter sein müßte, aber er lernt überhaupt verstehen: ein Bewußtsein nämlich, das nicht das seine ist. Der Erzieher ist nicht mehr bloß Lehrer, er wird vielmehr zum Partner dadurch, daß er durch die dargebotene eigene Weltansicht die des Edukanden zur Kritik herausfordert und damit zugleich dazu, sich selbst zu manifestieren, um so die Primärtransformation des Edukanden auf das denkbar höchste Niveau zu heben.

2.4. Erst wenn dies geschehen ist, wird das geforderte Wechselverstehen eintreten können, und zwar so, daß jede fremde Weltansicht, nicht nur die des jeweiligen Erziehers, verstanden werden kann nach der schon beschriebenen vergleichenden Differenzierung und verglichenen Differenz der jeweiligen Primärtransformationen. Dies bedeutet, daß der educandus selber zum educans wird, weil aus dem zu Verstehenden der Verstehende geworden ist und aus dem vorigen Erzieher der zu Erziehende. Auf diese Weise treten durch Vermittlung der gemeinsamen Universalsprache die eigentümlichen Weltansichten der jeweils Sprechenden, die sich wirklich ansprechen und entsprechen, ohne identisch zu sein, in gegenseitige Wechselwirkung ein, wodurch jede Einseitigkeit aufgehoben ist, weil die jeweils verstandene fremde Perspektivität die verstehende ergänzt und die jeweils verstehende jederzeit zur verstandenen werden kann: verstanden von der, die ursprünglich zu verstehen war, was allein mittels der Sprache möglich ist, da sie individuelles mit universellem Denken verbindet, ohne indes für den, der das gesprochene Wort aus dem ihm mitgeteilten Sinn analytisch induziert, beides zu vermischen, auch wenn sich dieser zunächst als Gemisch aus sprachlichem Ergon und sprachlicher Energeia im zu verstehenden Sprachprodukt des den Verstehenden ansprechenden Individuums darbietet.

3. So setzt Pädagogische Hermeneutik ständig sich selbst voraus und wird, losgelöst von jeder spezifisch pädagogischen Situation,

zur unendlichen Aufgabe allen Verstehens, weil jeder, der ins lebendige Sprachleben eingetreten ist und aus ihm heraus lebt, „Empfänger“ und „Sender“ zugleich ist kraft jener Wechselwirkung der Geister, die im Nehmen und Geben der je perspektivischen Weltansicht sich selber bilden.

VI. ANWENDUNGEN

Flexibilität als neue Tugend. Haben unsere Bildungsanstalten eine Zukunft?

Annemarie Pieper

Der Mensch kann nur Mensch werden durch Erziehung.
Er ist nichts, als was die Erziehung aus ihm macht.
I. Kant

Das Individuum wird von seinen Erziehern behandelt,
als ob es zwar etwas Neues sei, aber eine Wiederholung werden solle.
F. Nietzsche

„Philosophie ist ihre Zeit in Gedanken erfaßt" – so lautet Hegels bekanntes Diktum. Das philosophische Nachdenken jeweils über die Gegenwart und den in ihr sich dokumentierenden Zeitgeist zielt nicht auf eine bloße Beschreibung unserer Lebenswelt, sondern zugleich auf eine Kritik des Bestehenden. Eine solche, auf geschichtliche Verhältnisse bezogene Kritik ist nur glaubwürdig, wenn sie, gestützt auf eine Analyse dessen, was der Fall ist – gleichsam kontrafaktisch –, überzeugende Entwürfe einer wünschenswerteren Praxis vorzustellen vermag. Derartige Entwürfe bezeichnen wir als Realutopien, die als Konstrukte einer besseren Zukunft handlungsorientierende Funktion und damit normative Kraft haben sollen. Wenn ich im folgenden versuche, solche utopischen Konstrukte für den Bereich der Erziehung und Bildung in Form von Gedankenexperimenten zu entwickeln, so geschieht dies, aus der Sicht der Philosophie, unter der Voraussetzung, daß es die ethisch-praktische Vernunft ist, die in bezug auf das Bildungs- und Erziehungswesen ihre Zeit in Gedanken erfaßt, indem sie den Ist-Zustand auf einen argumentativ eigens zu begründenden Soll-Zustand bezieht und konkrete Maßnahmen zu dessen Umsetzung überlegt. Methodisch werde ich so vorgehen, daß ich im Hinblick auf die insbesondere durch Migration, veränderte Sozialstrukturen und globale Vernetzung hervorgerufenen Konfliktfelder im Rahmen von drei Problemkomplexen Thesen formuliere, deren Für und Wider die Grundlage einer Kontroverse über Bildung und Erziehung in der Zukunft abgeben sollen*.

1. Problemkomplex: das Menschenbild

Jeder Erziehungs- und Bildungstheorie liegt ein Menschenbild zugrunde, mit dem sie operiert. Ohne Klärung der anthropologischen Basis bleiben Lernkonzepte abstrakt, da sie keinen genau umschriebenen Adressaten haben, für den diese Konzepte Gültigkeit haben sollen.

These 1: Wenn die Menschheit menschenwürdig überleben soll, muß ein Paradigmawechsel von einer statischen zu einer flexiblen Auffassung der menschlichen Natur erfolgen.

Diese These geht davon aus, daß die menschliche Natur nicht mehr wie bisher biologistisch oder naturalistisch festgeschrieben werden

---

* Anmerkung der Herausgeber: Es mag scheinen, als thematisiere der Beitrag von Pieper kein eigentümliches Problem der Geisteswissenschaftlichen Pädagogik; er enthält indessen, wissenschaftshistorisch gesehen, zwei auch heute wichtige Aufgabenbereiche der Geisteswissenschaften. Denn nach dem Ende des absoluten Idealismus entsteht die Frage nach der Begründung der Einheit von Vernunft, d. h. die Begründung der Einheit nicht nur von den in den Geisteswissenschaften erarbeiteten historischen Erscheinungsgestalten von Vernunft, sondern auch von kulturell fremder Vernunft mit der eigenen (vgl. H. Schnädelbach: Philosophie in Deutschland 1831–1933. Frankfurt am Main 1983, S. 23). Der andere Problembereich betrifft das den Geisteswissenschaften eigentümliche Orientierungswissen und sein Verhältnis zur eigenen Kultur und zum Pluralismus fremder Kulturen. „Die modernen Geisteswissenschaften sind von einer pluralistischen Kultur und dem Bewußtsein der Vielfalt der Kulturen gar nicht zu trennen, sie gründen darin und befördern solchen Pluralismus ... Sie arbeiten der Bornierung entgegen, die über die Grenzen der eigenen Denkweisen nicht meint hinwegsehen zu können oder zu sollen. Die Konfrontation und Auseinandersetzung mit dem Fremden bedeuten nicht zuerst die Relativierung der geltenden Normen, sondern folgen selbst einer ethischen Norm“ (G. Scholtz: Zwischen Wissenschaftsanspruch und Orientierungsbedürfnis. Zu Grundlage und Wandel der Geisteswissenschaften. Frankfurt am Main 1991, S. 11–12; zur pädagogischen Interpretation des Fremden vgl. W. Böhm: Menschenrechte, multikulturelle Erziehung und Fremdenhaß. In: W. Böhm (Hg.): Erziehung und Menschenrechte (Erziehung, Schule, Gesellschaft Bd. 2). Würzburg 1995. S. 25–36; zur Sozialontologie des Anderen/Fremden vgl. M. Theunissen: Selbstverwirklichung und Allgemeinheit. Zur Kritik des gegenwärtigen Bewußtseins. Berlin, New York 1981 sowie Ders.: Der Andere. Studien zur Sozialontologie der Gegenwart. Berlin 1965. – Zum wechselseitigen Verhältnis von Ich-Konstitution und Konstitution des Anderen im Blicken und Erblicktwerden vgl. J. P. Sartres Analyse des Blickes (le regard) in „Das Sein und das Nichts“.

kann. Solche dogmatischen Denkmuster wie Rassismus und Sexismus begünstigen Blut-und-Boden-Ideologien. Jede Berufung auf die Natur oder die Evolution als jene Instanz, die Menschen ohne deren Zutun begünstigt, während sie andere benachteiligt – und damit zu diskriminieren erlaubt –, ist kritisch zu hinterfragen, um die Machtinteressen sichtbar zu machen, die sich darin zum Ausdruck bringen. Die von vielen, auch von vielen Naturwissenschaftlern, insbesondere von Vertretern der noch jungen Soziobiologie vertretene Ansicht, die Individuen seien weitgehend durch die Natur (die Gene, die evolutionäre Entwicklung etc.) determiniert, ist ein Vorurteil, welches etwas als wissenschaftlich bestätigtes Faktum ausgibt, das Interpretation und somit Konstrukt eines Verstandes ist, der sich im Dienst eines Interesses die Welt als verfügbares Objekt zurechtmacht (vgl. Pieper 1993, 54 ff.).
Wenn Rasse und Geschlecht keine naturalen Bestimmungen von menschlichen Körpern sind, sondern Interpretamente eines Herrschaftswillens, der sich über Jahrhunderte quasi-biologisch in die Körper eingeschrieben hat, so gilt es, diese zum Naturgesetz erhobenen Fixierungen als ungerechtfertigte performative Festschreibungen der menschlichen Natur zu entlarven und in ihrer Scheinobjektivität aufzulösen. Simone de Beauvoirs Ausspruch: „Man kommt nicht als Frau zur Welt, man wird es“ (Beauvoir 1992, 335) läßt sich auch rassenkritisch wenden: Man kommt nicht als Neger (erst recht nicht als Nigger) zur Welt, man wird dazu gemacht, indem die schwarze Hautfarbe stigmatisiert wird und damit der Körper insgesamt als minderwertig erscheint (schlechtes Blut, übler Geruch, unkontrollierte Sexualität und dergleichen Vorurteile mehr).
Demgegenüber geht ein flexibles Menschenbild davon aus, daß Körper ‚inszeniert‘ werden und daß jede solche Inszenierung legitimationsbedürftig ist. Rassismus und Sexismus wird der Bogen entzogen, sobald sie als Inszenierungen von Macht durchschaut sind, die Überlegenheit durch Herrschaft und Unterdrückung sanktionieren wollen. Hier kann exemplarisch an die metaphysisch-christliche Leib-Seele-Unterscheidung erinnert werden, die dazu diente, den Körper als an sich selbst verächtliche, struktur- und formlose Materie zu inszenieren, deren regellose Triebhaftigkeit es durch rigide Disziplinierungsmaßnahmen dem geistig-seelischen Formprinzip zu unterwerfen galt. Dieses Denkmuster wurde von Aristoteles bis ins zwanzigste Jahrhundert zur Rechtfertigung von herrschaftlicher und kolonialer Ausbeutung an sich wertloser Menschen‚materie‘ herangezogen.
Um nicht mißverstanden zu werden: Die Annahme eines flexiblen

Menschenbildes unterstellt nicht, man müsse auf eine Ursprungsdimension von Körperlichkeit zurückgehen, in welcher es keine Unterschiede gebe, als ob alle Körper völlig gleich sind, bevor sie mittels der Sprache inszeniert (oder: wie ein leeres Blatt Papier beschrieben) werden. Im Gegenteil kommt der Kategorie der Differenz höchste Bedeutsamkeit zu, jedoch derart, daß durch sie, anders als im traditionellen Denken, die differenten Merkmale nicht gemäß einer repressiven Einheitsvorstellung hierarchisch einander über- und untergeordnet, sondern als gleichwertig betrachtet werden. So werden anatomische Unterschiede zwischen den Geschlechtern ebensowenig geleugnet wie unterschiedliche Hautfarben. Aber an die Stelle biologisierender Wörter wie Rasse und Geschlecht (im Sinne von sex), die in diskriminierender Absicht zur Ausübung und Legitimation von Herrschaftsansprüchen verwendet werden, müssen Ausdrücke treten, die geeignet sind, die veränderte Sicht der menschlichen Natur angemessen zu vermitteln. Hinzu kommt die Forderung der Anerkennung des Differenzprinzips, das die Andersheit des/der anderen respektiert.

These 2: Differenz (Alterität,Dualität) muß nicht um jeden Preis überwunden, sondern ausgehalten werden.

Das abendländische Denken ist logozentrisch geprägt und hat eine binäre Logik ausgebildet, welche Widersprüche und Gegensätze durch Über- resp. Unterordnung der einander entgegengesetzen Pole eliminiert. Auf diese am Begriff der Transzendenz festgemachte vertikale Logik, die Differentes hierarchisiert, indem sie den einen Pol als höherrangig – damit als einheitsbegründende Norm – setzt und diesem den anderen unterwirft, ist auch unser Identitätsverständnis zurückzuführen. Alles, was nicht ‚ich' ist, muß entweder ichhaft gemacht oder ausgestoßen werden. Dieses Modell von Identitätsbildung mittels Durchsetzung eines rigiden, unflexiblen Einheitskonzepts ist jedoch für stabile, zwischenmenschliche Beziehungen untauglich, da es ununterbrochenen Kampf und Unterwerfung – Krieg – erforderlich macht.
Die Grundlage einer durch Selbstsetzung und Überwindung (im Sinne von Vernichtung) des Differenten gewonnenen Identität ist der Egoismus, der sich auf der Ebene des Individuums wie der Gruppe in vielen Spielarten zeigt – angefangen von patriarchalen Attitüden über Formen von Radikalismus, Extremismus, Antisemitismus und Nationalismus bis hin zum Ethnozentrismus. Allen diesen Einstellungen gemeinsam ist die – sei es individuelle,

sei es kollektive – Verabsolutierung des Eigenen, an dessen Norm alles Fremde gemessen und für minderwertig befunden wird.
Um zu einem angemesseneren Identitätskonzept zu gelangen, ist auf der kognitiven Ebene ein Paradigmawechsel von der binären zur dialektischen Logik nötig, welche an die Stelle des vertikalen Subsumtionsschemas das Schema einer horizontalen Wechselbeziehung setzt und damit ein Denken in Gegensätzen ermöglicht, das die Gleichwertigkeit entgegengesetzter Pole anerkennt. Was in naturwissenschaftlichen Modellen keine Mühe macht – z. B. fiele es in der Elektrizitätslehre niemandem ein, die Anode gegenüber der Kathode als den ‚besseren' und damit ranghöheren Pol zu bestimmen –, das erfordert im Bereich des Zwischenmenschlichen eine eigene Anstrengung: nämlich den Gegensatz und damit die Spannung zu dem oder der bzw. den anderen auszuhalten. Das Ertragen von Andersheit vollzieht sich mittels einer Einstellung, die wir gewöhnlich als Toleranz bezeichnen.
Toleranz als Basis eines nichthierarchisierenden, dialektischen Verhältnisses zwischen Verschiedenen, einander bis zur völligen Heterogenität Fremden ist die Bereitschaft, das Befremdliche des anderen erst einmal als Ausdruck von dessen Persönlichkeit gelten zu lassen und im Gegenzug die Vertrautheit mit sich selbst aus der Perspektive des anderen als etwas für diesen Befremdliches zu begreifen. Die ‚Überwindung' der Fremdheit im Zuge einer Annäherung an eine allererst herzustellende gemeinsame Identität kann nur so geschehen, daß eine jeglicher Andersheit trotzende Einsicht in das Verbindende vorausgeht. Wenn es etwas gibt, das alle Lebewesen *ab ovo* miteinander verbindet, dann ist es ihre Verletzlichkeit und Leidensfähigkeit, die mit der Körperempfindung endlicher Organismen einhergeht. Dieses Wissen um Schmerzen und Leid stiftet noch vor jeglicher Gewichtung von Unterschieden einen zwischenmenschlichen Bezug, der eine gewaltsame Auseinandersetzung mit dem Fremden als Mittel zur Herstellung von Einheit aus Gründen der Gerechtigkeit (‚Was du nicht willst, das man dir tu …') und der Empathie verbietet. Unbeschadet religiöser Vorstellungen von einem Leben nach dem Tod schulden wir im Diesseits anderen Lebewesen Rücksichtnahme auf ihre körperliche Integrität.

These 3: Die universelle Auszeichnung von Monokulturen (‚kulturelle Hegemonie') ist zugunsten einer perspektivischen Würdigung kultureller Vielfalt aufzugeben.

Völker und Nationen verdanken ihren inneren Zusammenhalt in ganz besonderem Maß den von ihnen über Jahrhunderte erbrachten kulturellen Leistungen, zu denen neben Wissenschaft, Technik und Kunst auch Religion, Pädagogik, Recht und Moral gehören. Kulturelle Prägungen und Normierungen haben sich aufgrund lebenslanger Internalisierungen so tief in das Selbstverständnis von Menschen als Individuen und Gruppenangehörigen eingeschrieben, daß sie bezüglich ihrer Wirksamkeit fast den Stellenwert von Naturgesetzen haben. Dies erklärt, warum sie sich, obwohl sie aus menschlichen Handlungen hervorgegangen sind, durch eine neue Praxis nicht ohne weiteres von heute auf morgen verändern lassen. Kulturelle Vielfalt ist das Ergebnis nicht nur unterschiedlicher regionaler und historischer Bedingungen, sondern auch der gezielten Abgrenzung gegen die Nachbarn. Was zum Beispiel Nietzsche zur Erklärung der Pluralität von Moralen als verschiedenen Formen eines gewachsenen Gruppenethos anführt (Also sprach Zarathustra, Teil I, Von tausend und einem Ziele), gilt für den gesamten Kulturbereich: Es wurden eigene Formen von Kreativität entwickelt. Dieses Andersseinwollen als der Nachbar beruht seinerseits auf Gruppenegoismus und führt zur Ausbildung von Ideologien, die die eigene Lebensform als die einzig sinnvolle und allen anderen überlegene behaupten. Ideologien erweisen sich so als vertikale Konstrukte zur Abwehr fremder Kulturen, deren prägende Kraft für die eigene Praxis mit gleichsam exorzistischen Mitteln geschwächt werden soll.

Wenn heute vielfach die Rede von multikultureller Bildung oder interkultureller Erziehung die Rede ist, so muß die Genealogie der Kulturen im Auge behalten werden, um das ursprüngliche Feindbild nicht zu vergessen, das gerade jene Gemeinsamkeit zwischen den Kulturen verhindern sollte und dem Ethnozentrismus Vorschub leistete. Die mit dem Stichwort ‚Interkulturalität' angemahnte Entgrenzung verlangt eine dem traditionellen Habitus diametral entgegengesetzte Einstellung, insofern das Emsemble der eigenen kulturellen Leistungen nicht mehr isoliert betrachtet und bewertet, sondern in den Kontext globaler Kulturanstrengungen eingebettet werden soll, ohne darin eine führende Rolle zu spielen. Wie schon auf der durch Toleranz charakterisierten Ebene der Beziehung zwischen Ich und anderem Ich ist der Preis für die Bejahung von Interkulturalität der Verzicht – nicht auf die eigene Kultur und auf den Eigenwert der Tradition, sondern auf deren Verabsolutierung. Der Gewinn eines Kulturperspektivismus, der nicht ein Kulturrelativismus ist, liegt in der Horizonterweiterung, die das gesamte Spektrum global vernetzter Kulturen mit sich bringt.

Was die Einübung in interkulturelle Verhaltensweisen so schwierig macht, sind die emotionalen Barrieren, die uns einer fremden Lebensform mit Mißtrauen begegnen lassen, selbst wenn wir unter folkloristischem oder traditionalistischem Gesichtspunkt eine andere Lebensart durchaus zu genießen (Faszination des ‚Exotischen') und zu schätzen wissen. Der Vorgang des Umlernens wird erleichtert durch eine kritische Revision zunächst der eigenen Kultur und der durch sie entstandenen Probleme.

These 4: Die kulturellen Leistungen der westlichen Zivilisation sind in ihrer Ambivalenz zu problematisieren.

Niemand wird die Erfolge von Wirtschaft, Wissenschaft und Technik leugnen, die zu einer Verbesserung der Lebensqualität einer sehr großen Anzahl von Menschen beigetragen haben. Es genügt hier, exemplarisch an die Fortschritte auf dem Gesundheitssektor und an die Erleichterung manueller Arbeit durch Maschinen zu erinnern. Die Kehrseite dieser Verbesserungen ist in dem zu sehen, was Herbert Marcuse den ‚eindimensionalen' Menschen genannt hat (Marcuse 1967). Durch einseitige Betonung des Leistungsprinzips, damit verbunden eine Ideologie unbegrenzten Fortschritts im Bereich des Wissens und Herstellens, ist das Individuum westlicher Prägung seiner Ganzheitlichkeit verlustig gegangen.
Diese in der humanistischen Idee des *homo sapiens* zusammengefaßte Vorstellung von Ganzheitlichkeit beinhaltet, daß die Tätigkeiten von Kopf, Herz und Hand (J. H. Pestalozzi) so miteinander kooperieren, daß sie sich gegenseitig zur Entwicklung und kreativen Umsetzung von Vernunftkonstrukten anspornen. Aus diesem dem *homo sapiens* immanenten Dreierverband haben sich *homo faber* und *homo oeconomicus* abgesetzt, indem sie vom Kopf lediglich die Zweckrationalität und Erfindungsgabe, von der Hand nur die Bedienungsfunktion mitnahmen. Das so entstandene Ideal einer instrumentell verkürzten menschlichen Praxis, die auf der Basis von Nutzenkalkülen und Maximierungsstrategien ein maschinell unterstütztes quantitatives Wachstum in Gang setzte, hat dazu geführt, daß die auf diese Weise arbeitenden Menschen ebenso verkümmerten wie die durch sie ausgebeutete Natur. Darüber vermag auch der utilitaristische Slogan des größten Glücks der größten Zahl nicht hinwegzutäuschen, der ein primär materielles Glück im Auge hat.
Inzwischen ist der Ruf nach einem neuen Menschentypus, dem *homo oecologicus*, laut geworden (vgl. Birnbacher 1980, Meinberg 1995), desgleichen die Forderung eines Umdenkens (a) in bezug auf eine Wirtschaftlichkeit, die unter Berücksichtigung der Rechte

künftiger Generationen mit den nicht erneuerbaren Ressourcen sorgsamer umgeht und die Ideologie stetigen Wachstums hinterfragt (Stichwort: nachhaltige Entwicklung), (b) in bezug auf einen Umgang mit der Natur, der sich der Eingrenzung von Umweltschäden und dem Schutz der Artenvielfalt verschreibt (Stichwortz: Biodiversität), sowie (c) in bezug auf Formen der Mitmenschlichkeit, die nicht nur den interkulturellen Austausch und die Chancengleichheit fördern (Stichwort: Erhaltung und Vernetzung kultureller Vielfalt), sondern auch die Solidarität zwischen den Mitgliedern der Gemeinschaft, deren Belastbarkeit mittelfristig allein schon dadurch einem harten Test unterworfen sein wird, daß ein nicht mehr kontinuierlich steigendes Wirtschaftswachstum eine Umverteilung der vorhandenen Arbeit nach sich ziehen muß, mit der Konsequenz, daß Besitzstandswahrung nicht mehr als Recht eingeklagt werden kann.

Der *homo oecologicus* als postmoderner *homo sapiens* ist der Mensch der Zukunft, der – nicht nur um zu überleben, sondern auch um einigermaßen gut zu überleben – seinen individuellen und kollektiven Egoismus so weit einschränken muß, daß er verträglich wird mit den berechtigten Interessen anderer Individuen, anderer Völker und der Natur. Empathie und Toleranz sind die ‚Tugenden', die er bei gleichzeitiger Verinnerlichung des Differenzprinzips ausbilden muß, um jene Verstehensleistungen erbringen zu können, die die Voraussetzung für ein nichtrepressives, geschichtlich-horizontales Miteinanderumgehen sind.

Mit der Einsicht in die Notwendigkeit eines veränderten Menschenbildes ist auf der kognitiven Ebene der erste Baustein für ein Bildungs- und Erziehungskonzept der Zukunft beigebracht worden. Der zweite Baustein muß Konzepte der Umsetzung dieses realutopischen Entwurfs liefern, und dies ist weitaus schwieriger, weil es dabei um Maßnahmen geht, die zunächst in einer Experimentierphase zu erproben sind, wobei dem Umstand Rechnung zu tragen ist, daß Denken und Wollen beim Menschen nicht von selbst zusammenstimmen. Wenn wir immer völlig selbstverständlich das täten, wovon wir rational überzeugt sind, daß es richtig ist, mit Kant gesprochen, wenn wir mittels des moralischen Gefühls das vom Verstand als richtig Beurteilte in die Praxis umsetzen, was ein pädagogisches Problem darstellt, gäbe es weitaus weniger Konflikte auf der Welt.

2. *Problemkomplex: die Umsetzung des homo oecologicus-Konzepts*

Es geht mir nicht um einen „Umbau des Sterns Erde" (Ernst Bloch), gegen den Hans Jonas vehement zu Felde zog, weil er fürchtete, der Marxismus wolle einen völlig neuen, nie nachgewiesenen Menschentypus kreieren – unter Preisgabe auch von Vorzügen des ‚alten' Menschen, die Jonas für unverzichtbar hielt, allem voran eine sich ihrer Verantwortung bewußte Freiheit (vgl. Jonas 1979, 316ff.). Wir befinden uns heute unübersehbar in einer Zeit des Umbruchs, in welcher autoritäre Denkmuster mehr und mehr an Kraft verlieren. Unter dem Druck der Verhältnisse werden Vorschläge für neue Formen von Gemeinschaft unterbreitet und getestet, die zum einen durchaus auf Altbewährtes zurückgreifen – Toleranz z.B. ist ja eine Haltung, die im Umfeld der Religionen bereits ihre Bedeutung hatte (Stichwort: Lessing, Nathan der Weise) –, zum anderen aber den veränderten Rahmenbedingungen menschlicher Interaktion in der Gegenwart Rechnung tragen und zugleich in kritischem Rückbezug auf die Tradition Fehldeutungen des Menschlichen ausfindig machen, welche eine angemessene Umorganisation des Selbstbildes der heute Lebenden blockieren.

In die Diskussion über die Umsetzung zukünftiger Bildungs- und Erziehungskonzepte sind Forschungsergebnisse nicht nur von Pädagogen, sondern auch von Soziologen, Ethnologen, Philosophen, Psychologen, Politologen und nicht zuletzt feministischen Wissenschaftlerinnen einzubeziehen. Sie alle haben zur Lösung von Problemen der persönlichen und sozialen Identität, der Stereotypisierung des Fremden aufgrund eines Mangels an Informationsverarbeitungskapazität, der kulturellen Hegemonie, der multikulturellen Transformation, der Naturalisierung gesellschaftlicher Differenzen, der patriarchalen Geschlechterrollenfixierung sowie der *sex-gender*-Kontroverse Entscheidendes beigetragen, das in die neuen Deutungsmuster eingeflossen ist.

These 5: Erster Schritt in Richtung Umsetzung des neuen Menschenbildes: An allen Schulen ist Ethik-Unterricht als Pflichtfach einzuführen.

Ethik-Unterricht wird zwar in einigen Ländern der Bundesrepublik Deutschland, aber längst nicht in allen als Ersatz für den Religionsunterricht erteilt. Auf dem Vormarsch hingegen ist Philosophie für Kinder (‚Kinderphilosophie'). Sie bietet eine Möglichkeit, Kindergarten- und Volksschulkinder in unterschiedliche Formen

systematisch betriebener Nachdenklichkeit einzuüben, die darauf abzielen, eigene Sachkompetenz zu erwerben und die Urteilskraft zu schulen (vgl. Günzler 1976, 162ff.). Eine flexible Urteilskraft, die im Theoretischen wie im Praktischen Allgemeines und Besonderes einerseits normgerecht, andererseits situationsgerecht aufeinander zu beziehen weiß, ist die beste Grundlage für Krisenmanagement und Konfliktlösungskunst. Der Ethik-Unterricht trägt letztlich dem Bedürfnis nach einer Verbindung von kognitivem und sozialem Lernen Rechnung, die die humane Kompetenz eines ganzheitlich verstandenen Menschen begründet, der keine diskriminierenden Rangunterschiede welcher Art auch immer mehr gutheißt:
„Die neue Vokabel ‚Kompetenz' bringt zum Ausdruck, daß das Lernziel des Lernprozesses nicht die Abhängigkeit, sondern die Selbständigkeit ist. Der einzelne soll, indem er einen Beruf erlernt, zugleich fähig werden, zu sprechen, Zusammenhänge zu erkennen und zu beurteilen, den menschlichen Beziehungen angemessenen Ausdruck zu geben, kurz: zuständig zu sein für ein Leben, das der geistigen und materiellen Kultur der Gesellschaft entspricht und sie zu fördern vermag. [...] Das Lernen darf deshalb in keinem Bildungsgang auf das Erlernen von Kenntnissen und Fertigkeiten für Tätigkeiten im Beruf beschränkt sein. Der Erwerb von Fachkompetenz muß mit dem Erwerb humaner und sozialer Kompetenzen verbunden sein. Ein derart integriertes Lernen wird dazu beitragen können, alle jene Unterschiede zwischen den Mitgliedern der Gesellschaft abzubauen, durch welche die ‚Klassen' im Sinne des 19. Jahrhunderts gekennzeichnet waren. Die sozialen Unterschiede werden dadurch zu Unterschieden in einem durchlässigen und flexiblen System; sie sind nicht Standesunterschiede, sondern Funktionsunterschiede" (Krings 1972, 56f.).
Die Forderung, den Ethik-Unterricht in der Schule als Pflichtfach fest zu verankern (zum Fehlen von ethischen Überlegungen im Zusammenhang mit interkulturellen Projekten vgl. Allemann-Ghionda 1994, 25ff.), gründet sich darauf, daß es ein Fach an den Schulen geben muß, welches als Sammelbecken und Anlaufstelle für die unter dem 1. Problemkomplex umrissenen Teilaspekte des Menschen der Zukunft dienen kann. Zwar müssen auch in den anderen Fächern Prozesse in Gang gesetzt werden, die der Durchsetzung des multikulturell orientierten *homo oecologicus* förderlich sind. So sollte z.B.

- im Geschichtsunterricht darauf geachtet werden, daß der Wert der eigenen Tradition nicht durch Abwertung der historischen Entwicklung in anderen Ländern zur Geltung gebracht wird; das

Gewicht, das in den meisten Geschichtsbüchern auf der Nationalgeschichte liegt, ist zu relativieren (vgl. Goepfert 1985, 14–22);
- im Religionsunterricht die Gleichberechtigung alternativer Religionen betont werden, deren Gottesbegriff in seiner spezifischen Besonderheit ‚interreligiös' zu vermitteln ist; dabei sind die Gefahren einer dogmatischen, zum Fundamentalismus tendierenden Einstellung ebenso zu erörtern wie etwa die Risiken einer Sektenzugehörigkeit;
- im Sprachunterricht nicht nur der korrekte Gebrauch der eigenen und fremder Sprachen intendiert werden, sondern darüber hinaus auf eine ‚Hellhörigkeit' für die in den verschiedenen Sprachen codierten Erfahrungen und Lebensstile hingearbeitet werden, wie sie in besonderem Maß durch die Weltliteratur vermittelt werden (vgl. hierzu das von der BAGIV erarbeitete Konzept bikultureller Bildung, 1988). Von entscheidender Bedeutung sind auch die Erkenntnisse der Sprechakttheorie hinsichtlich des performativen Charakters der Sprache: was man mit Wörtern nicht nur sagt, sondern tut (vgl. Austin 1972).

Aber es gibt kein anderes Fach, das von seinem interdisziplinären Ansatz her besser geeignet wäre, auf die Konzeption und Umsetzung neuer Lern- und Lebensformen hinzuwirken, als die Ethik. Sie versteht sich seit ihren ersten Anfängen bei den Griechen als eine praxisbezogene Theorie, die einen normativen Anspruch erhebt in dem Sinn, daß sie die kritische Überprüfung von Handlungen und Regeln an Prinzipien fordert, deren allgemeine Gültigkeit überzeugend nachgewiesen werden kann (vgl. Pieper 1994). Der Ethik-Unterricht stünde gleichsam quer zu den übrigen Fächern, deren Frageüberhänge und Grundlagenprobleme quasi wissenschaftstheoretisch aufgegriffen und – jeweils entsprechend den Jahrgangsstufen – auf einer Metaebene erörtert würden. So könnten z.B. Empathie und Toleranz als Bedingungen eines interkulturellen Miteinanderumgehens gelernt werden, indem
- anhand von Rollenspielen getestet wird, wie man sich in der Haut eines anderen, als Außenseiter abgestempelten Menschen (eines Mitglieds des anderen Geschlechts, eines türkischen Mitschülers, eines Juden, einer historischen Person etc.) fühlt, der durch die ‚Brille' eigener oder anderswoher bekannter Vorurteile betrachtet wird.
- Grundmuster der eigenen Lebensform (a) aus der Sicht eines einer anderen Kultur zugehörigen Mitglieds, (b) von einem rassistischen/sexistischen Standpunkt aus, (c) aus der Perspektive eines neutralen, unparteilichen, interesselosen Beobachters problematisiert werden;

- Medienberichte oder wissenschaftliche Dokumentationen als Ausgangspunkt für Überlegungen bezüglich einer Praxis angestellt werden, die jeder einzelne in seinem Lebenskontext ausüben kann;
- Ängste und Konflikte zur Sprache gebracht werden, die aus einer Marginalisierung, aus einer sozialen Desintegration und Benachteiligung von Kindern aus ausländischen Familien entstehen; aber auch solche Ängste und Unsicherheiten, die für die einheimischen Kinder aus der Aufforderung resultieren, die Ansprüche, die sie für sich selbst zu erheben gelernt haben, auch anderen Kindern zuzugestehen, mit der Konsequenz einer potentiellen Schmälerung der eigenen Entfaltungsmöglichkeiten und Zukunftschancen;
- dazu ermuntert wird, Kontakte zum häuslichen Umfeld ‚fremder' Kinder zu knüpfen und sich gleichsam vor Ort ein Bild von der Andersheit des anderen zu machen (zum Modell eines antirassistischen Unterrichts vgl. Auernheimer 1995, 180f., 194ff. Als Beispiel für ein bereits sehr ausgefeiltes Konzept ‚Umwelterziehung' vgl. Bölts 1995, 180f. und 187ff.).

Welches Mittel auch immer gewählt wird, um die Konfliktfähigkeit von Kindern zu erhöhen und sie für den Leidensdruck anderer Lebewesen zu sensibilisieren: Entscheidend ist, daß der Ethik-Unterricht ideologiefrei erteilt wird, das heißt ohne Moralisierung und Politisierung seitens der Lehrer, die stets auf Ausgleich von Verzerrungen bedacht sein müssen. Sie brauchen keineswegs als leuchtendes Vorbild für den Typus des *homo oecolugicus* zu fungieren, den ja auch sie erst adaptieren müssen, sie sollten aber imstande sein, Weichen richtig zu stellen, und eine grundsätzliche Offenheit gegenüber Projekten oder Programmen, die in diese Richtung zielen, an den Tag legen, um den Informationsvorsprung, den sie gegenüber den Schülern haben, in Unterrichtsmodelle umsetzen zu können.

Wichtig sind hierfür Kenntnisse im Bereich der Lerntheorien, die sich auf die Veränderung des Habitus beziehen. Wie kann man durch die Primärsozialisation erworbene und in den Körper eingeschliffene Gewohnheiten, durch die wir unser Leben zeitsparend organisieren, so restrukturieren, daß völlig neue Erfahrungen möglich werden? Laut Gregory Bateson (1981; vgl. auch Portele 1975 und Bourdieu 1975) lernt man, wie sich der Habitus verändern läßt, indem man herausfindet, wie Gewohnheiten entstehen und charakterbildend wirken. Um eine dem *homo oecologicus* angemessene ‚Imprägnierung' auszubilden, muß die Interkulturalisierung so vonstatten gehen, daß das Spektrum kultureller Vielfalt als An-

gebot und Chance aufgefaßt wird; das Erlernen von Rollenforderungen darf sich nicht automatisch an einem bestimmten Typus von überkommenen Handlungs- und Interaktionsmustern orientieren (Stichwort: Abrichtung), sondern sollte mittels Anleitung zu freier, selbstreflexiver Selektion vor sich gehen, begleitet von einem Wissen um die selbst gewählte und nach Maßgabe des Erforderlichen veränderbare Abhängigkeit von habituellen Strukturen. Nicht Homogenität durch Assimilation oder Anpassung kann das Ideal der Zukunft sein, sondern Diversität durch Bereitschaft zu sozialem Wandel. Des weiteren ist der Paradigmawechsel von der Schule alten (klassischen) Typs zur Schule der Zukunft zu reflektieren und einer ständigen Revision zu unterziehen. Schließlich ist die Entwicklung von Rahmenrichtlinien für eine pädagogische Praxis, die auf interkulturelle Erziehung ausgerichtet ist, unerläßlich (vgl. hierzu Auernheimer 1995, 223ff.; zur interkulturellen Pädagogik als Friedenserziehung vgl. Essinger 1986).
Das größte Problem nach der Schüler- und Lehrerbildung dürfte die Erwachsenenbildung sein, insofern in den Elternhäusern das Festhalten an den egoistischen, für emanzipativ gehaltenen Denk- und Handlungsgewohnheiten noch lange Zeit die Regel sein wird. Den Kindern wird dadurch die Einübung in ein anderes Selbstverständnis, welches die Koexistenz gleichberechtigter kultureller Lebensformen als integralen Bestandteil enthält und die ‚Segnungen‘ unserer heutigen Leistungs- und Konsumgesellschaft als Produkte einer korrekturbedürftigen Ideologie durchschaut, in vielerlei Hinsicht erschwert, wenn nicht verunmöglicht.
Was früher im Rahmen einer Großfamilie schon von Kindesbeinen an im Umgang mit älteren Generationen und Geschwistern in puncto Konfliktfähigkeit, Rücksichtnahme auf die Bedürfnisse anderer, Hilfsbereitschaft und Toleranz gelernt werden konnte, kommt in den heutigen Einkindfamilien mit zwei berufstätigen Elternteilen zu kurz. Das humanistische Bildungsideal, das immerhin eine möglichst umfassende Bildung und Ausbildung für's ganze Leben vorsah, verkürzt sich zu einer Einbahnstraße, die zu einer möglichst attraktiven, sprich lukrativen Karriere hinführt. Strategien eines sich unter Konkurrenzdruck durchsetzenden Leistungsmaximums favorisieren vertikale Denkschablonen, die den anderen nur als Rivalen sehen. In die alltäglichen Kommunikationscodes, wie sie auch in den Medien (Presseartikel, Werbung etc.) gang und gäbe sind, sind Vorurteile, Klischees und Stereotypisierungen eingebaut, die massive hierarchisierende Wertungen enthalten, welche die Habitualisierung diskriminierender Verhaltensweisen begünstigen.

These 6: Die Aufklärung der Erwachsenen bezüglich der notwendigen Umorientierung im Menschenbild ist eine vordringliche Aufgabe der Bildungspolitiker.

Solange auf bildungspolitischer Ebene nichts oder zu wenig unternommen wird, um die curricularen Lehrpläne im Hinblick auf die heutigen Verhältnisse in den Schulen neu zu konzipieren und die vorhandenen Schulbücher vom Ballast autoritärer Sprachformen und Ausdrucksweisen zu befreien, solange laufen Appelle an die Diskursgemeinschaft, sich auf neu zu findende Sinnangebote einzulassen, ins Leere. Die Umstrukturierung des Bildungsangebots muß ‚von oben' her (top down) erfolgen, d. h. von den Fachleuten für Bildung und Erziehung ausgehen, die ihrerseits die Kompetenz ‚von unten' (bottom up), d. h. seitens der Lehrer und Pädagoginnen in Anspruch nehmen sollten, um gemeinsam Konzepte für eine dringend notwendige Erwachsenenbildung zu erarbeiten.
Als ein – allerdings sehr exklusives – Beispiel möchte ich hier die Seniorenuniversitäten anführen, die in den letzten Jahren in vielen Universitätsstädten mit großem Erfolg betrieben werden. Zuerst mehr als ein anspruchsvolles Beschäftigungs- und Freizeitprogramm für die nicht mehr beruflich Tätigen eingerichtet, zeigt das ehrgeizige Projekt einer in der Nähe von Freiburg i. Br. geplanten, aus privaten Mitteln gesponserten eigenständigen Seniorenuniversität, daß es in Zukunft nicht nur darum geht, die ältere Generation mit einem möglichst umfassenden, interessanten Bildungsangebot zu versehen, sondern das immense, durch Erfahrung gestützte Wissenspotential und Know-how dieser Gruppe fruchtbar zu machen für die Lösung von gesellschaftlichen Konflikten. Der für die Ausgliederung der Älteren aus innovativen Kommunikationsprozessen häufig ins Feld geführte ‚Altersstarrsinn' hat sich vielfach nicht bewahrheitet. Ganz im Gegenteil zeitigt die Entlastung von beruflichen Pflichten oft eine erstaunliche Altersflexibilität, deren Kapazität alles andere als gering geschätzt werden sollte. Überdies greift dieses Modell inzwischen auch auf einer alltäglicheren Ebene der Nachbarschaftshilfe, auf welcher z. B. Utopien des Zeittausches umgesetzt werden, indem Seniorinnen und Senioren im Rahmen eines freiwilligen Engagements ihr Können unentgeltlich dort für das Gemeinwesen einsetzen, wo es gebraucht wird (Verrichtung handwerklicher Tätigkeiten, Nachhilfeunterricht, Babysitting, Buchführung, Pflege etc.), und dafür Zeitgutschriften erhalten, die es ihnen ermöglichen, bei Bedarf ebenfalls Gratishilfe in Anspruch zu nehmen (vgl. Arras/Bierter 1989, 219f.).

3. Problemkomplex: Überforderung durch zuviel Innovation auf einmal

Je bunter und inhomogener das Feld wird, auf dem Bildung und Erziehung in der Zukunft spielen sollen, desto unübersichtlicher und chaotischer erscheint die Lebenswelt. Wenn die kulturelle Vielfalt und damit die Diversität zunimmt, geht dies auf Kosten jener Funktionen, die dazu beigetragen haben, daß die ‚klassischen' sozialen Strukturen so lange überlebt haben: Diese ermöglichten nämlich zum einen eine Reduktion von Komplexität und damit eine Entlastung des einzelnen, zum anderen hatten sie einen Stabilisierungseffekt. Sofern Komplexitätsreduktion und Stabilisierung für die Identitäts- und Charakterbildung unerläßlich sind, erhebt sich die Frage, ob nicht durch die mit der multi- und interkulturellen Erziehung einhergehende Pluralisierung von Verhaltensmustern ein Überangebot an gleichwertigen Lebensstilen erzeugt wird, das den einzelnen überfordert. Überdies stellt schon eine bikulturelle Erziehung samt Bilingualität hohe Anforderungen an die Auffassungskapazität der Kinder, und es ist nicht von der Hand zu weisen, daß der Umgang mit Diversität nur um den Preis einer gewissen Oberflächlichkeit gelingt. Das Vorbild einer vielsprachigen Scientific Community taugt sicher nur sehr begrenzt als Orientierungshilfe für die multikulturelle Gesellschaft. Vielleicht stellt sich am Ende gar eine Vermischung bzw. Verschmelzung der Kulturen als die für alle verträglichste Weise eines Miteinanders heraus.

Ob Nebeneinander oder Durcheinander der Kulturen: In jedem Fall ist mit massiven Widerständen zu rechnen. Dies könnte auch bei den Wohlmeinenden auf Dauer entweder eine radikale Skepsis und damit einen Kulturrelativismus zur Folge haben, der alles gleich-gültig erscheinen läßt und daher keinen Anreiz für Eigeninitiative bietet. Oder es bilden sich wieder autoritäre Gruppierungen der alten Art, die zur Abschottung gegen die als Bedrohung empfundene Vielfalt willkürlich bestimmte Kulturformen und Sozialstrukturen als die allein gültigen verkünden und mit repressiven Mitteln universell durchzusetzen trachten. Beide Folgen wären fatal in einer Umbruchszeit, die für die einzelnen ohnenhin belastend ist, solange das alte System noch normative Kraft besitzt und das neue System noch nicht greift, weil es nach anderen Spielregeln als den bisher vertrauten funktioniert.

Wie kann der Überforderung des einzelnen durch zunehmende Diversität und Flexibilisierung seiner Lebenswelt begegnet werden? Wie kann dem berechtigten Verlangen nach Sicherheit, Gewißheit, Stabilität entsprochen werden?

These 7: Komplexitätsreduktion muß in Zukunft in allen Dimensionen unserer Lebenswelt von jedem Individuum selbstverantwortlich bewältigt werden.

Komplexitätsreduktion erfolgt über erlernte Aneignungs- und Verarbeitungsraster von Informationen. Je besser die Bildung und Ausbildung des einzelnen ist, desto mehr Instrumente besitzt er, um von Diversität profitieren zu können. Aber Diversität stellt nicht nur auf der kognitiven Ebene eine Herausforderung dar: Ohne die bereits diskutierten ethischen Forderungen eines Sichöffnens für das Fremde, soweit es nicht unter die schon vorhandenen Raster paßt und daher deren Flexibilisierung nötig macht, bleiben Multi- und Interkulturalität praktisch folgenlose Gedankenkonstrukte einer spielenden Intelligenz.
Der Umgang mit Vielfalt wird auf dem Boden von Toleranz und Empathie dadurch erleichtert, daß bestimmte Grundwerte als Menschenrechte anerkannt sind. Auch wenn die derzeitige Kontroverse um die Menschenrechte noch nicht abgeschlossen ist und diese vor allem von östlicher Seite als westliche Ideologie apostrophiert werden, der keine universale Gültigkeit zukomme, so muß doch jenseits aller politischen Machtinteressen als Minimalvoraussetzung eines gewaltfreien Miteinanderumgehens festgehalten werden, daß die körperliche Integrität der Individuen unantastbar ist. Dies vorausgesetzt, erfordert die Umsetzung des neuen Menschentypus, des *homo oecologicus*, mehr persönliche, individuelle Verantwortung, die nicht mehr auf anonyme gesellschaftliche Strukturen abgeschoben und erst recht nicht mit dem Hinweis auf die determinierenden Mechanismen der Evolution abgewiesen werden kann. Der Mensch als seiner selbst bewußtes und seine Zukunft vernünftig planendes Wesen hat seine Evolution selbst in die Hand genommen, und es liegt an ihm, was aus der Menschheit wird.
Positiv gewendet bedeutet dies eine Zunahme an Freiheit. Die Freiheit des mündigen, autonomen Subjekts war das ethische Ideal der Aufklärung. Das postmoderne Individuum erst macht dieses Ideal zur Grundlage seines Selbstverständnisses, indem es die Anstrengung der Komplexitätsreduktion auf sich nimmt und seine Eigenverantwortung zum Maßstab der Selektion des für es Verbindlichen aus der unübersehbaren Vielfalt von Möglichkeiten des Selbstseinkönnens macht. Einen selbstverantwortlichen Gebrauch von seiner Freiheit zu machen, ist jedem Individuum unbedingt zuzumuten.
Am Ende des Dialogs *Politeia* (617d–e) erzählt Platon den berühmten Mythos von der Wahl des Lebensloses. Nach dem Tod müssen

alle Seelen, die sich hinsichtlich ihres wahren Wesens in ihrem vergangenen Leben verfehlt haben, erneut in einen Körper zurückkehren, um es beim nächsten Mal besser zu machen. Bevor sie wieder eingekörpert werden, versammeln sie sich am überhimmlischen Ort, wo vor ihnen eine große Anzahl von Lebensmustern – paradeigmata – ausgebreitet wird, sowohl von menschlichen als auch von tierischen Schicksalen. Sie werden dann zur Wahl eines dieser Muster aufgefordert.

Die kluge Seele wird die zur Auswahl stehenden Muster genau betrachten – die Skala der menschlichen Lebensformen reicht von der des Tyrannen bis zu der des Philosophen – und sich eingedenk der Fehler in ihrem früheren Leben für eine Lebensweise entscheiden, die sich aus ethischer Perspektive rechtfertigen läßt. Tugend und Schuld liegen ganz beim Wählenden, d.h. seine moralische Kompetenz ist der Maßstab für die Beurteilung der Qualität der vorliegenden Lebensmuster, aus denen er eigenverantwortlich das seine wählen muß.

Dieses mythologisch verkleidete Entscheidungsmodell macht die Schwierigkeiten einer Komplexitätsreduktion sehr schön anschaulich. Mit welchen Anforderungen sich das postmoderne Individuum konfrontiert sieht, wird deutlich, wenn die starre Lebensbahn, von welcher nach Platon ein Abweichen nicht mehr möglich ist, nachdem die Wahl getroffen wurde, durch die Kategorie der Flexibilität in jedem Augenblick verändert werden kann und muß, damit ein sozialer Kontext entstehen kann, in welchem Konflikte variabel ausgetragen werden können. Auch wenn die zu Sprichwörtern geronnenen Aussagen Francis Bacons und Joseph Meyers „Wissen ist Macht" bzw. „Bildung macht frei" mit einem gewissen Pathos behaftet sind, so gilt doch für den Menschen der Zukunft, daß lebenslanges Lernen seine Chancen erhöht, nicht nur seiner selbst mächtig zu werden, sondern im Verbund mit seinesgleichen eine Belastbarkeit zu entwickeln, die zum eigentlichen Prüfstein von Humanität wird.

Literatur

Allemann-Ghionda, C. (Hrsg.): Multikultur und Bildung in Europa, Bern 1994.

Arras, E./Bierter, W. (Hrsg.): Welche Zukunft wollen wir? Drei Scenarien im Gespräch, Basel 1989.

Auernheimer, G.: Einführung in die interkulturelle Erziehung, 2. Aufl. Darmstadt 1995.

Austin, J. L.: Zur Theorie der Sprechakte (How to do things with Words), Stuttgart 1972.
BAGIV = Bundesministerium für Bildung und Wissenschaft (Hrsg.): Zukunftsaufgabe Umweltbildung. Stand und Perspektiven der Umweltbildung in der Bundesrepublik Deutschland, in: Bildung – Wissenschaft 1/88, Bonn 1988.
Bateson,G.: Ökologie des Geistes, Frankfurt a. M. 1981.
Bölts, H.: Umwelterziehung. Grundlagen, Kritik und Modelle für die Praxis. Darmstadt 1995.
Beauvoir, S. de: Das andere Geschlecht. Sitte und Sexus der Frau, (Original 1949) Reinbek 1992.
Birnbacher, D. (Hrsg.): Ökologie und Ethik, Stuttgart 1980.
Bourdieu, P.: Entwurf einer Theorie der Praxis, Frankfurt a. M. 1979.
Essinger, H.: Interkulturelle Pädagogik, in: Borelli, M. (Hrsg.): Interkulturelle Pädagogik, Baltmannsweiler 1986.
Göpfert, H.: Ausländerfeindlichkeit durch Unterricht. Konzeptionen und Alternativen für Geschichte, Sozialkunde und Religion, Düsseldorf 1985.
Günzler, C.: Anthropologische und ethische Dimensionen der Schule. Lernzieldruck und Lebenshilfe, Freiburg/München 1976.
Jonas, H.: Das Prinzip Verantwortung. Versuch einer Ethik für die technologische Zivilisation, Frankfurt a. M. 1979.
Krings, H.: Neues Lernen. Fragen der Pädagogen und Aufgaben der Bildungspolitiker, München 1972.
Marcuse, H.: Der eindimensionale Mensch. Studien zur Ideologie der fortgeschrittenen Industriegesellschaft, Neuwied/Berlin 1967.
Meinberg, E.: Homo oecologicus. Das neue Menschenbild im Zeichen der ökologischen Krise, Darmstadt 1995.
Pieper, A.: Aufstand des stillgelegten Geschlechts. Eine Einführung in die feministische Ethik, Freiburg/Basel/Wien 1993.
Dies.: Einführung in die Ethik, 3. Aufl. Tübingen/Basel 1994.
Portele, G.: Habitus und Lernen. Sozialpsychologische Überlegungen, in: Liebau, E./Müller-Rolli, S. (Hrsg.): Lebensstil und Lernform. Zur Kultursoziologie Pierre Bourdieus. In: Neue Sammlung 25 (1985), 298 ff.

Sozialpädagogik in der geisteswissenschaftlichen Pädagogik

Christian Niemeyer

Wer sich über das in letzter Zeit verstärkt – etwa unter Konzentration auf Weniger (vgl. Thiersch 1993) oder Nohl (vgl. Winkler 1996) – erörterte Verhältnis von geisteswissenschaftlicher Pädagogik und Sozialpädagogik zu informieren sucht, tut gut daran, sich allererst auf Nekrologe gefaßt zu machen. Einer der jüngsten von ihnen stammt von Klaus Mollenhauer und operiert mit dem Argument, daß man die von Weniger (und Nohl) bevorzugte Rede vom ‚Wesen des Erzieherischen' (oder der Erziehung) „den philosophisch interessierten Kollegen und Kolleginnen" überlassen dürfe und jedenfalls nicht mehr benötige „zur Feststellung der ‚Identität' des Faches", die sich ihrerseits sehr viel besser mittels „zuverlässige(r) kulturtheoretische(r), historische(r) und aktuell-empirische(r) Beschreibungen" (Mollenhauer 1995, S. 360f.) sichern lasse. Denken ließe sich aber auch an Michael Winkler, der an die begrifflich und systematisch hochdifferenzierte, aber „unbeachtet gebliebene Diskussion um die Sozialpädagogik zu Beginn des 20. Jahrhunderts" erinnert und dem die Folgerung anschließt, daß der Anfang des Niedergangs auch von derlei Theorieambitionen historisch in den Zwanziger Jahren zu situieren sei und, wissenschaftssystematisch gesehen, „mit der Durchsetzung der geisteswissenschaftlichen Pädagogik als des zentralen Paradigmas akademischer Pädagogik" (Winkler 1995, S. 20, 22) zusammenfalle. Beide Argumente sind nicht ohne Berechtigung: Jenes von Mollenhauer nicht, wenn und sofern man es für sinnvoll hält, die durch Heinrich Roths Forderung nach einer ‚realistischen Wendung' eingeleitete Versozialwissenschaftlichung fortzuschreiben, als deren (Muster-) Kind sich die zur Sozialen Arbeit geschrumpfte Sozialpädagogik der Moderne erweist; und jenes von Winkler nicht, weil die in der Weimarer Epoche insbesondere von Nohl gestützte geisteswissenschaftliche Engführung des im wesentlichen von Natorp konturierten Sozialpädagogikbegriffs der Jahrhundertwende in der Tat Ideen- und Theorienverluste zur Folge hatte, die am gegenwärtigen Sozialpädagogikdiskurs schmerzhaft ins Auge treten. Und doch verhalten sich beide Argumente auf merkwürdige Art inkompatibel zueinander. Denn die von Mollenhauer vorangetriebene Entphilosophierung will nicht recht passen zu Winklers Rückerinnerung an jene Epoche der Fachentwicklung, die von der geisteswissenschaftlichen Pädagogik nicht zuletzt wegen ihres Philosophiebegriffs verabschiedet wurde. Insoweit darf das folgende auch als Versuch gelesen werden, die Rückbesinnung auf die geisteswissenschaftliche Epoche der Sozialpädagogik für die Abklärung des Philosophiegehalts dieser Disziplin zu nutzen. Sinnvollerweise soll die Erörterung dabei mit dem beginnen, was Mollenhauer am liebsten der – in der Sozialpädagogik der Gegenwart allerdings rar gesäten – Sonderspezies der ‚philosophisch interessierten Kollegen und Kolleginnen' zuweisen würde. Die Frage lautet dabei, welche Funktion die Rede vom ‚Wesen der Erziehung' seinerzeit erfüllte und ob und wenn ja für welchen Preis sie heutzutage tatsächlich entbehrlich ist oder jedenfalls doch marginalisiert werden darf.

Vom ‚Wesen der Erziehung'

Die Weimarer Sozialpädagogik, der Nohl das entscheidende und selbstredend geisteswissenschaftliche Profil zu verleihen suchte, stand zu Beginn dieser Epoche, als Nohl voll pädagogischen Sendungsbewußtseins aus dem Ersten Weltkrieg zurückkam und sich schon rasch mit einem pädagogischen Lehrstuhl in Göttingen ausgestattet sah, vor zwei entscheidenden Aufgaben: Als Disziplin oder Wissenschaft hatte sie sich gegenüber dem Systemanspruch einer im wesentlichen philosophisch gehaltenen Pädagogik zu behaupten, und zwar dies insbesondere natürlich dort, wo, wie im Falle Natorp, schon Inanspruchnahmen des Sozialpädagogikbegriffs zu verzeichnen waren; als Profession hingegen mußte sie sich die Legitimation zur Inobhutnahme des sozialpädagogischen Handlungsfeldes und hier insbesondere des Jugendhilfebereiches erarbeiten, der infolge der in der Wichern-Tradition stehenden christlichen Rettungshausbewegung mehrheitlich konfessioneller Trägerschaft unterlag und mit dem Reichsjugendwohlfahrtsgesetz (RJWG) von 1922/1924 zunehmend staatlicher und fachlicher Kontrolle unterworfen wurde. Die Rede vom ‚Wesen der Erziehung' sollte auf beide Herausforderungen eine Antwort ermöglichen: zur Seite von Sozialpädagogik als Disziplin oder Wissenschaft dahingehend, daß eine am philosophischen Systemgedanken orientierte (Sozial-)Pädgogikkonzeption den Philosophieanspruch auf Pädagogik ungebührlich ausdehne und die Pädagogik als „Theorie eines Handelns" (Litt 1921a, S. 60), also etwa das Problem der dem Erzieher abzuverlangenden und von ihm zu verantwortenden pädagogischen Stellungnahme zu dem ihm mit der ‚Erziehungswirklichkeit' Gegebenen und Aufgegebenen, außer Acht lasse oder nur mit Nachlässigkeit behandele; und zur Seite von Sozialpädagogik als Profession dahingehend, daß eine theologisch gerechtfertigte und sich an christlicher Anthropologie orientierende Erziehungsarbeit im Bereich insbesondere der Jugendfürsorge gleichzusetzen sei mit der widerrechtlichen Okuppation eines Handlungsfeldes, das allein schon aus Gründen des hier mißachteten oder nicht hinreichend oder jedenfalls nicht systematisch beachteten ‚Wesens der Erziehung' in die Zuständigkeit der (Sozial-)Pädagogik falle. Wie sich diese beiden Argumente im einzelnen darstellen, soll uns nun interessieren, wobei der Einstieg über den letzten Punkt gesucht werden soll und auch leichter fällt.

Sozialpädagogik als Profession

Der zentrale begriffliche Grundlegungsversuch der Weimarer Epoche stammt nicht von Nohl, sondern von Gertrud Bäumer. Immerhin aber kam dieser in seinen Essentials – der Begriff Sozialpädagogik bezeichne „alles was Erziehung, aber nicht Schule und nicht Familie ist" (Bäumer 1929, S. 3) – der zwei Jahre zuvor zum Ausdruck gebrachten Hoffnung Nohls, wonach das „Wesen des Erzieherischen" „außerhalb der Schule", also „in der Jugendwohlfahrtsarbeit", wieder so rein zutage treten werde, „wie einst bei Pestalozzi und Froebel" (Nohl 1927a, S. VI), hinreichend nahe, so daß man getrost sagen darf, auch das Nohlsche Verständnis von Sozialpädagogik habe sich auf den Erziehungbegriff konzentriert. Auffällig an dem Nohlschen Begriffsverständnis ist allerdings der dominante – und immer wieder am Beispiel Pestalozzis als eines pädagogischen „Urphänomens" (Nohl 1927b, S. 12) erläuterte – Rekurs auf die Rede vom ‚Wesen des Erzieherischen' und der in diese Rede eingelegte Auftrag an die Sozialpädagogik, die insbesondere in der Schulpädagogik verlorengegangenen *roots* des Faches wieder freizulegen und die Folgen dessen am Handlungsfeld der ‚Jugendwohlfahrt' (= Jugendhilfe) zu exemplifizieren, und zwar dies ausdrücklich unter Berufung auf das RJWG. Denn das mit dessen § 1 einklagbare Recht des Kindes auf Erziehung las Nohl als Indiz für die Besinnung auf das „eigene() Wesen" der Erziehung (Nohl 1931/1965, S. 63). Damit war die Sozialpädagogik als dezidiert pädagogische Profession zubereitet und autorisiert, mit einem entsprechenden Sendungsbewußtsein den konfessionellen Jugendwohlfahrtsträgern sowie, allgemeiner gesprochen, der um sich greifenden Verfallsdiagnose pädagogischer Professionalität als neuer Hoffnungsträger entgegenzutreten. Ähnlich hatte vor Nohl schon Georg Kerschensteiner die Sache gesehen, als er seinem skeptischen Blick auf die pädagogischen Defizite zeitgenössischer Volksschullehrer einen hoffnungsfrohen Blick „auf alle Berufe, die mit Fürsorgetätigkeit zu tun haben" (Kerschensteiner 1921, S. 38), nachfolgen ließ. Zu denken wäre auch an Aloys Fischers im nämlichen Jahr angestellter Ausblick auf die – von ihm vor allem „in Jugendpflege, Jugendfürsorge und Jugendwohlfahrt" gesichteten – „neue(n) Gruppen pädagogischer Professionalisten", deren Arbeit sich deswegen als „rein pädagogische" darstelle, „weil Wissenschaft und Lehre, schulmäßige Unterweisung und Einwirkung auf den Intellekt so gut wie gar nicht für ihre Zwecke belangreich" seien (Fischer 1921, S. 46). Nicht von ungefähr fügte denn auch Erich Weniger der Laudatio auf seinen großen Lehrer Nohl den fast beiläufig gehaltenen und erkennbar auf eine Bemerkung Nohls (1914a, S. 13) bezogenen Satz ein: „Alle großen Pädagogen waren Sozialpädagogen" (Weniger 1959). Dieses Wort von den ‚großen Pädagogen', Fischers Reflexion auf die ‚rein pädagogischen' Aspekte und schließlich Nohls Rede vom ‚Wesen des Erzieherischen' zielte dabei auf jeweils etwas Ähnliches, zunächst aber noch, zumindest erziehungsphilosophisch gesehen, Unbestimmtes. Nicht besser verhält es sich dort, wo Nohl, gleichsam zur Konkretisierung dessen, was ihm als ‚Wesen des Erzieherischen' galt, den Satz anfügte: „Die alte Erziehung ging aus von den Schwierigkeiten, die das Kind macht, die neue von denen, die das Kind hat" (Nohl 1926a, S. 157). Gewiß: Man kann diesen Satz beziehen auf die Folie, die Johann Hinrich Wichern hinterließ, als er 1868 schrieb, die christlichen Rettungsanstalten im Bereich der Jugendfürsorge kämen darin überein, „daß sie es mit einer Jugend zu tun haben, deren Erziehung aus irgendwelchen Ursachen besondere Schwierigkeiten macht" (Wichern 1868, S. 147; H. d. Verf.). Insoweit wäre Nohls Satz als Kritik der sich auf Wichern zurückführenden konfessionelle Fürsorgeerziehungspraxis der Weimarer Epoche zu lesen, die tatsächlich den Eindruck erweckte, sie zeuge eher für „alte" denn „neue" Erziehung, stünde also der Modernisierung, Verfachlichung und natürlich auch Entkonfessionalisierung dieses Handlungsfeldes hindernd im Wege. Man kann Nohls Satz auch auf Herbart beziehen, insofern dieser sein Kapitel Von einzelnen Fehlern aus seinem Umriss pädagogischer Vorlesungen mit den Worten einleitete: „Hier müssen zuerst die Fehler, welche der Zögling macht, von denen unterschieden werden, die er hat." (Herbart 1835/1841, S. 129) Insoweit wäre Nohls Satz Indiz dafür, daß es ihm weniger um die Umschreibung von Kinderfehlern denn um die von Erziehungsfehlern zu tun war, die im Rahmen einer als Sozialpädagogik gelesenen „neuen", repressionsfreien Erziehung behebbar seien. Ganz in diesem Sinne wurde Nohls Variante bei den Vertretern der sich auf ihn zurückführenden ‚Göttinger Schule' rasch zur Kultformel, zu einer Art Erkennungszeichen also, um die Programmatik, für die ‚ihr' Lehrer Nohl einstand, zu umreißen (vgl. etwa Siegel 1981, Rückumschlag). Der Einsicht in das ‚Wesen des Erzieherischen' war man damit allerdings noch nicht näher gekommen, anders gesprochen: Nohls Sozialpädagogik blieb auf diese Art und im Bewußtsein vieler seiner erziehungspraktisch interessierten Jünger nicht viel mehr als eine die Impulse der (sozial-)pädagogischen Bewegung ordnende Variante elaborierter, die Vorleistungen Pestalozzis anerkennender Reformpädagogik. Sie wurde aber nicht oder jedenfalls nicht zureichend als das adaptiert, was sie sein wollte, nämlich eine von den Denkformen geisteswissenschaftlicher Pädagogik getragene begriffliche Reflexion auf die Sinnkonstitution in als sozialpädagogisch qualifizierten Aufgabenfeldern.

Nohl selbst war ein Stück weit verantwortlich für dieses Mißverständnis. Denn seine rege Vortragstätigkeit und sein ganzes, vor einigen Jahren von Theodor Schulze (1979) eindrücklich in Erinnerung gerufenes Naturell ließen zumal in der Weimarer Epoche, als die entscheidenden Schlachten um die geistige Führerschaft im (Jugend-)Wohlfahrtsbereich geschlagen wurden, die philosophische Besinnung, die einige seiner Arbeiten vor dem Ersten Weltkrieg ausgezeichnet hatten, zurücktreten zugunsten einer Tendenz zur Vereinfachung und Popularisierung, als deren Zeugnis die Vortrags- und Aufsatzsammlung Pädagogik aus Dreißig Jahren gelten darf. Ganz anders hierzu liest sich sein 1933 erschienener Handbuchartikel Die Theorie der Bildung, den Otto Friedrich Bollnow mit gutem Grund als gewichtigen Teil – Bollnow dachte an die 1935 herausgekommene Zusammenstellung dieses Textes mit einem weiteren Handbuchartikel Nohls von 1933 unter dem Titel Die pädagogische Bewegung und ihre Theorie – seines pädagogischen Hauptwerks auswies (vgl. Bollnow 1979, S. 665). Tatsächlich war es hier denn auch vor allem die Rede vom ‚Wesen des Erzieherischen', die eine Aufhellung erfuhr.

Sie nahm ihren Ausgang von Schleiermachers Versuch, die Pädagogik als „selbständige(s) Kultursystem im Gesamtsystem der Kultur" (Nohl 1933/1935, S. 158) auszuweisen, ein Versuch, dem Nohl das Bemühen anfügte, die Erziehungswirklichkeit als eine vergleichbar objektive und sinnhafte, die Eigenständigkeit pädagogischen Denkens begründende Gegenständlichkeit auszulegen, wie sie einem in Gestalt der Wirklichkeit von Kunst, Wirtschaft, Recht oder Wissenschaft begegne. Gesetzt war damit zugleich die Vorstellung, daß die jeweiligen Kultursysteme von je einer eigenen Idee regiert werden, die sich nicht jedem mitteilt und insoweit des Dechiffrierungswissens bedarf, am Beispiel gesprochen: So wie sich das Wesen der Kunst nur im künstlerischen Erlebnis und ästhetischen Genuß erschließt, so war für Nohl auch das Wesen der Erziehung nur faßbar, wenn der in der Erziehungswirklichkeit agierende Pädagoge sich seiner pädagogischen Bildung nach des pädagogischen Erlebnisses als fähig erwies (ebd., S. 151). Die Erziehungswirklichkeit im Nohlschen Verständnis repräsentiert also die physische resp. scheinbare Welt, die Welt also, die ihren metaphysisch wahren Gehalt und mithin die ihr unterliegende und sich im Verlauf der Geschichte der Erziehung entfaltende pädagogische Idee nur dem entsprechend eingestimmten Pädagogen verrät[1]. Gegenüber plumpen empirischen Zugriffen – denen des Messens, Zählens und Abwägens – aber, dies folgt dann im Umkehrschluß daraus, wird sich die Erziehungswirklichkeit ebenso verweigern, wie die Kunst ihr Geheimnis dem nicht preisgibt, der nur Bilderrahmen zu vermessen in der Lage ist. Es war also dieser Hintergrund, der Nohls Empirievorbehalt begründete, aber auch seiner relativierenden Stellung gegenüber den pädagogischen Forderungen der je gegebenen Zeit und mithin auch gegenüber der reformpädagogischen Programmatik Nahrung gab. Denn was sich hier aussprach, verlangte in Nohls Sicht allererst eine kritische Reflexion auf die Entfaltung der pädagogischen Idee im historischen Verlauf. Es verlangte nach der Ordnungsmacht eines qua wahrer Bildung erzeugbaren „höheren Menschentums“, das sich als „einheitliche(s) Zentrum“ autonom zu verhalten in der Lage war gegenüber der Vielfalt epochentypischer „Bildungstendenzen“ (ebd., S. 186). Dabei standen zwei Essentials dessen, was wahre Bildung meint und worin sich zugleich, mit Blick auf den Bildungsprozeß, das Wesen der Erziehung ausspricht, für Nohl außerhalb jeder Diskusson: Einerseits die über Schleiermacher adaptierbare These von der Dignität der Praxis, der gegenüber der Erzieher anzuhalten war, sich nicht auf die „Unterordnung eines Falles unter eine

[1] Nohl hat sich hier ganz offensichtlich seiner Auseinandersetzung mit Nietzsches einschlägiger Metaphysikkritik in der Götzendämmerung (vgl. Nohl 1913; Niemeyer 1996a) erinnert. Dies belegt auch der Umstand, daß er seinem Wort von der notwendigen Realisierung des „Ideal(s) der Einheit von Wesen und Erscheinung“ (Nohl 1933/1935, S. 21) in Klammern den Verweis auf Nietzsche anfügt.

Regel" zu beschränken, sondern schöpferisch die „gegebene Mannigfaltigkeit" verstehend auf die in ihr sichtbar werdende „Einheit" zu befragen (ebd., S. 192); andererseits – und Nohl versicherte sich in diesem Zusammenhang sowohl bei Sokrates und dessen über die sokratische Frage eingeleiteten Hebammendienst als auch bei Pestalozzi, Rousseau, Fröbel bis hin zur Jugendbewegung – die durch den Erzieher zu sichernde Selbstachtung des Educanden (ebd., S. 225), eine Aufgabenstellung, die den Erzieher dazu nötige, seine Aufgabe, ehe er sie „im Namen der objektiven Ziele" nehme, „im Namen des Kindes" zu verstehen (ebd., S. 160). Ganz in diesem Sinne rechnete Nohl im Anschluß an den Nationalsozialismus mit dieser Epoche der Unpädagogik ab und begründete die nun gebotene „Wendung zum Subjekt" (Nohl 1948a, S. 281) mit nichts anderem als eben mit dem Wesen der Erziehung, das nun als eine gleichsam übernationale Invariante begriffen wird.
Insoweit, so sehen wir hier schon, gehört die Rede vom Wesen der Erziehung nicht lediglich zu dem Projekt des durch die neuen sozialen Berufe erreichbaren Rückgewinns pädagogischer Professionalität, sondern zu einem gänzlich unverzichtbaren Baustein der „feste(n) geisteswissenschaftliche(n) Burg" (zit. n. Blochmann 1959, S. 95), die Nohl unmittelbar nach Erreichung seines Rufes an die Universität Göttingen dortselbst zu bauen sich vornahm. Diesen Baustein zu entfernen oder, wie Mollenhauer vorschlägt, den ‚philosophisch interessierten Kollegen und Kolleginnen' zu überlassen, wäre insoweit gleichzusetzen mit dem Ende geisteswissenschaftlicher Reflexion auf Pädagogik, anders und mit größerer Abstraktion und mithin unter Bezug darauf gesprochen, wofür das Nachdenken über das Wesen der Erziehung systematisch gesehen steht: Dieses Nachdenken zu verwehren dürfte, jedenfalls wenn und solange philosophische Reflexion auf Metaphysik verwiesen ist und bleibt, gleichzusetzen sein mit dem Ende jeder Art von Erziehungs- und Bildungsphilosophie als Teil von Pädagogik. Man kann dies wollen, sollte dies dann aber sagen und zugleich begründen, wie denn dann und jenseits dessen die auch von Mollenhauer intendierte ‚Feststellung der „Identität" des Faches' gesichert und die Auflösung von Pädagogik in angewandter Kulturwissenschaft vermieden werden kann. Damit ist ein Themenbereich angesprochen, der eine genauere Reflexion auf Sozialpädagogik als Wissenschaft und die Funktion, die die Rede vom Wesen der Erziehung hier spielt, erzwingt.

Wie sehr das sozialpädagogische Wissenschaftsverständnis, das Nohl antraf und das in der Hauptsache an den Namen Natorp zu knüpfen ist, den Interessenlagen widersprach, die Nohl in der Weimarer Epoche bei seinem begeisterten Blick auf die infolge der Modernisierung des Wohlfahrtsstaates greifende „riesige Ausdehnung" des pädagogischen „Arbeitsfeldes" – in Richtung auf Säuglingsfürsorge, Mütterfürsorge, Kindergärten, Horte, Jugendpflege, Försorgeerziehung, Gefangenenerziehung, Universität, Volkshochschule und Elternschule (vgl. Nohl 1926b, S. 27) – registrierte, wird am ehesten deutlich an Wenigers Bemerkung, wonach Natorp nicht den Bemühungen in der Praxis um Neugestaltung der Erziehung dienlich gewesen sei, sondern methodologische Probleme und Fragestellungen der Forschung sowie „Organisatorisches, Bildungs- und Sozialpolitik" (Weniger 1930, S. 750) ins Zentrum seines Sozialpädagogikbegriffs gestellt habe. Natorp, so darf man daraus entnehmen, störte mit seinem Verständnis von Sozialpädagogik als Wissenschaft in einer Epoche, in der sich die Sozialpädagogik als Profession formierte und entsprechend als praxisdienlich auszulegen und anzupreisen hatte, wenn sie denn im Konzert derer, die gleichfalls Handlungswissen für die in der Weimarer Epoche greifende rapide Ausdifferenzierung sozialer Berufe sowie sozialpädagogischer Handlungsfelder anboten, eine Rolle spielen wollte.

Die geisteswissenschaftliche Auslegung von Sozialpädagogik als Wissenschaft hatte diesem Zweck zu korrespondieren, und sie tat dies im ersten Schritt dadurch, daß sie den Philosophiegehalt, den Natorp seinem Begriffsverständnis unterlegt hatte, verwarf. Die Vorreiterrolle übernahm auch in dieser Hinsicht wiederum Weniger, indem er Natorp – aber auch Eucken und Wundt – vorwarf, „aus philosophischer Systematik pädagogische Folgerungen" (Weniger 1929a, S. 45) gezogen zu haben. Ein Vorwurf war dies in Wenigers Sicht[2] insofern, als ein derartiges Vorgehen die Eigenständigkeit der Pädagogik außer acht ließ bzw. die Abhängigkeit der

[2] Hans Thiersch hat diese Sicht jüngst gestützt mit seinem erkennbar auf Nohl aufbauenden Argument, Natorp habe den „Begriff Sozialpädagogik nur begrifflich allgemein" und insoweit „leer" und „unergiebig" – Nohl sagt „blaß" und „unwirklich" (vgl. Nohl 1933/1935, S. 139) – bestimmt, nicht aber „im Kontext der realen historischen und sozialen Bewegungen" (Thiersch 1993, S. 38f.). Diese Lesart ist allerdings, wie andernorts gezeigt (vgl. Niemeyer 1989), in erster Linie weniger unter theorierekonstruktiven Vorzeichen denn unter denen einer an Natorp exekutierten geisteswissenschaftlichen Theoriepolitik von Interesse.

Pädagogik von der Philosophie auf Dauer stellte und die Aufmerksamkeit des Pädagogen von dem ihm aufgegebenen Problem abzog. Den einzigen übrigens, den Weniger in diesem Zusammenhang aus seiner Kritik entließ, war Nietzsche, mit der Folge allerdings, daß er diesen allenfalls als einen die „erzieherische Gegenwirkung" (ebd., S. 45) der Reformpädagogik einleitenden anregungsreichen Geist gelten ließ, nicht aber als einen systematischen Denker. Der Vorteil dieses schon von Dilthey (1921, S. 27) vorgeprägten Nietzsche-Bildes lag seinerzeit auf der Hand: Ausgehend von dem Streben der geisteswissenschaftlichen Pädagogik nach Autonomie war für einen Pädagogen dieser Richtung ein pädagogisch urteilender unsystematischer Philosoph wie Nietzsche ein weit angenehmerer Gefährte als ein systematischer Philosoph, der, wie etwa Natorp, seine pädagogischen Lehrsätze aus seiner – dazu auch noch abstrakten, weil neukantianischen – Philosophie zu deduzieren schien.
Als zweiter Schritt hin auf dem Weg zu einer geisteswissenschaftlichen Auslegung von Sozialpädagogik als Wissenschaft darf wohl die Auseinandersetzung mit Herbart und dem Herbartianismus gelten. Ein wichtiges Signal hatte hier Litt gegeben mit seinem Einspruch gegen Herbarts berühmte Festlegung, wonach die Pädagogik als Wissenschaft unter dem Gesichtspunkt des (Erziehungs-)-Ziels von der praktischen Philosophie und unter dem Aspekt der Erziehungsmittel („Wege und Gefahren") von der Psychologie abhänge (vgl. Herbart 1835/1841, S. 69). Litt nämlich kommentierte: „Erwiese sich diese Scheidung als durchführbar, dann würde in der Tat die erzieherische Praxis zur reinen Technik" (Litt 1921b, S. 281) – und er traf damit Bedenken, die auch Nohl hegte bei seinem Einspruch gegenüber dem Herbartianismus, der in seinen Augen nicht nur Anlaßgeber für die Heftigkeit vieler reformpädagogischer Streitschriften, sondern auch für ein pädagogisches Denken war, das sich mit der Deduktion des systematisch Geronnenen zufriedengab und nicht mehr offen war für das je in der Situation Geforderte, also für die von Schleiermacher herausgestellte „Dignität der Praxis" (Schleiermacher 1826, S. 11). Dabei ist allerdings hervorzuheben, daß Nohl deutlich zwischen Herbart und dem Herbartianismus sowie dem späten und den frühen Herbart unterschied, um letzteren, in der Gestalt eines „lebendigen Herbart" (Nohl 1948b), gleichsam als Kronzeugen einer reformpädagogisch geschärften geisteswissenschaftlichen Problemerörterung aufzubauen. Darin folgte er den Fußspuren Diltheys, der seinerseits beim frühen Herbart noch jenen „freie(n) pädagogische(n) Blick" (Dilthey 1986, S. 202) identifiziert hatte, der sich dann

später, als bei Herbart die Theorie den Sieg über die Kunst davongetragen habe, verlor. Zur Parabel für diese These Diltheys geriet in geisteswissenschaftlicher Lesart immer wieder der pädagogische Takt, von dem Herbart schon 1802 in seinen Zwei Vorlesungen über Pädagogik sprach. Herbarts Frage lautete hier, wie der Erzieher sicherstellen könne, auch dort handlungsfähig zu bleiben, wo er in seinem pädagogischen Tun an Stellen gerate, „welche die Theorie leer ließ"; und Herbarts Antwort, nämlich daß der „Tact" in diese Stellen eintrete „und so der unmittelbare Regent der Praxis werde" und daß der Erzieher sich hierauf „durch Ueberlegung, durch Nachdenken, Nachforschung, durch Wissenschaft vorbereiten" könne, und zwar „nicht sowohl seine künftigen Handlungen in einzelnen Fällen, als vielmehr sich selbst, sein Gemüth, seinen Kopf und sein Herz, zum richtigen Aufnehmen, Auffassen, Empfinden und Beurtheilen der Erscheinungen, die seiner warten, und der Lage, in die er gerathen wird" (Herbart 1802, S. 286), war eine an sich unmißverständliche Antwort, aus der sich entnehmen ließ, daß das unter der Überschrift ‚pädagogischer Takt' firmierende Theorie/Praxis-Verständnis Herbarts dem geisteswissenschaftlichen – etwa dem von Weniger (1929a) – sehr nahekommt, insofern hier wie da die Suche auf eine Methodologie geht, die sicherstellt, daß der zum erfahrungsbezogenen Wissenserwerb genötigte Praktiker Handlungswissen auf möglichst reflektierte Weise generiert. Daß Nohl den pädagogischen Takt mitunter anders, nämlich wortwörtlich interpretierte – etwa im Sinne erzieherischer Zurückhaltung (vgl. Nohl 1933/1935, S. 172) –, braucht uns an dieser Stelle nicht zu interessieren. Wichtiger ist der Befund in der Hauptsache, und der lautet, daß die geisteswissenschaftliche (Sozial-)Pädagogik als Wissenschaft am Strahl der Negierung des Systemanspruchs Natorps, des späten Herbart sowie des Herbartianismus bei gleichzeitigem Rekurs auf das Theorie/Praxis-Verständnis Schleiermachers sowie des frühen Herbart zu blühen begann.

Zumindest indirekt deutlich wird dies dort, wo Nohl, nicht zuletzt unter Bezug auf die – sich vom Herbartianismus freisetzende – (sozial-)pädagogische Bewegung, von der verbreitet geteilten Voraussetzung spricht, daß es „kein allgemeingültiges System des Wissens" mehr gäbe, sondern nur noch „das Zusammenarbeiten der verschiedenen Wissenschaften zu einem Ziel" und getragen von der Auffassung, daß die Einsicht in das Wesen der Bildung nur mittels eines „pädagogischen Suchens und Gestaltens" möglich sei, das aus „Not und Sehnsucht der Zeit geboren" (Nohl 1933/1935, S. 133) sei. Denn hinter dieser Formulierung verbarg sich ein Gedanke, den Weniger später in den Rang einer der „entscheidenden Voraussetzungen für eine zureichende Theorie der Sozialpädagogik" (Weniger 1959, S. 11) erhob: der Gedanke nämlich, daß „Handeln (...) immer historisch (ist), das heißt, die individuelle Lösung einer vorhandenen Not" (Nohl 1927a, S. V). Argumentführend war hier wiederum Dilthey gewesen mit einem Denkmodell, das den Allgemeingültigkeitsanspruch überlieferter (Hauslehrer-)Pädagogiken ad acta legte, also den historischen Wandel der Erziehungsformen und -zwecke in Rechnung stellte und ersatzweise Halt suchte in der These einer Zweckgerichtetheit (Teleologie) des Seelenlebens. Vor diesem Hintergrund wird Erziehung dann nicht Zweck an sich, sondern Mittel zur „Entfaltung des Seelenlebens" (Dilthey 1888, S. 16) – eine Aufgabenstellung, bei der der Erzieher zugleich als ‚erkennendes Subjekt' in Bezug auf seine Auslegung des Seelenlebens des Educanden gefordert war.

Nicht außer acht lassen sollte man in diesem Zusammenhang aber auch, zumal vor dem Hintergrund dessen, was Nohl als – historisch sich wandelnde – ‚Not und Sehnsucht der Zeit' erlebte, die Bedeutung, die er dem frühen Nietzsche gab. Zu denken ist hier etwa an Nietzsches unzeitgemäße Betrachtung Vom Nutzen und Nachtheil der Historie für das Leben, die Nohl mit dem Kommentar versah, daß am Schluß dieser Schrift „schon das ganze Programm der Jugendbewegung" (Nohl 1933/1935, S. 17) sichtbar werde. Gedacht haben dürfte Nohl bei diesem Urteil an das – an anderer Stelle von ihm auch zitierte (ebd., S. 119) – Nietzsche-Wort von der Mission der Jugend, „jenes ersten Geschlechtes von Kämpfern und Schlangentödtern, das einer glücklicheren und schöneren Bildung und Menschlichkeit voranzieht" (Nietzsche 1874, S. 331), bei der das Leben wieder über das Erkennen gestellt ist. Denn man darf durchaus sagen, daß einem in Nohl wie in dem exakt 35 Jahre älteren Nietzsche zwei exemplarische Vertreter je einer Alterskohorte begegnen, für die typisch ist, daß die eine, die durch Nohl repräsentierte, aufgrund ihrer Sozialisationserfahrungen jene von den eigenen Vätern in der Regel noch mißachtete radikale Bildungs- und Kulturkritik durchaus zu teilen und weiterzuentwickeln vermochte, die die andere, die durch Nietzsche repräsentierte, hinterließ. Was aber heißt hier ‚weiterentwickeln'? Es heißt, so jedenfalls las Nohl seinen Auftrag, sicherzustellen, daß man fürderhin wieder von Bildung sprechen konnte, ohne damit das, was zum Leben drängt und insoweit mit dem Ausdruck Idealismus belegt werden darf, zu erschlagen. Von dieser antinomischen Spannung also ist Nohls Theorie der Bildung und auch der Auftrag, den er sich als Sozialpädagoge auferlegte, durchzogen.

Deutlicher noch wird dies dort, wo Nohl auf die Entstehung des

Wandervogels und die anti-reformpädagogische Streitschrift Väter und Söhne von Friedrich Paulsen zu sprechen kommt. Denn bei Paulsen hatte Nohl um die Jahrhundertwende Pädagogik und Philosophie gehört. Der 33 Jahre ältere und insoweit Nietzsches Generation zugehörende, militante Nietzsche-Verächter Paulsen war also selbst eine Art Vaterfigur für Nohl gewesen, so daß Nohl Paulsens Streitschrift auch als so etwas wie ein Vermächtnis gelesen haben mochte. Dies erklärt vielleicht auch den doch recht merkwürdigen Umstand, daß Nohl, der die Paulsen-Streitschrift bereits 1914 einer dezenten Kritik unterzogen hatte (vgl. Nohl 1914), fast zwanzig Jahre später erneut auf diesen Vorgang zu sprechen kam, nun allerdings mit deutlich kritischerem Unterton und gar, ungewöhnlich im Wissenschaftsgeschäft, aus einem Brief Paulsens von 1907 an ihn zitierend, und zwar den Passus: „Johannesfeuer sei unverwehrt, aber wenn alte Esel und Eselinnen sich vermessen, jugendlich auszuschlagen – dann hört doch alles auf" (zitiert nach Nohl 1933/1935, S. 18). Gerichtet war dieser Satz Paulsens zwar gegen Ludwig Gurlitt und Ellen Key, aber Nohl dürfte ihn 1907 auch als Aufforderung gelesen haben, sich seinerseits in seiner nun anhebenden Hochschullehrertätigkeit von jugendbewegt-reformpädagogischen Überschwang fernzuhalten und statt dessen dem ethisch unterlegten Bildungsideal Paulsens verpflichtet zu bleiben. Nohls Kommentar zu diesem Brief indes, ein Kommentar freilich mit dem zeitlichen Abstand von gut fünfundzwanzig Jahren, macht deutlich, daß er im Gegensatz zu Paulsen den „positiven Sinn" der pädagogischen Bewegung zu würdigen sich nicht unterstand: den Versuch nämlich, eine „neue() Kultur aus dem Geist zweckfreier wertgläubiger Jugend" zu schaffen, und zwar dies in einem Akt der „Erneuerung der deutschen romantischen Bewegung" (ebd., S. 18), also im Sinne einer Erneuerung dessen, was, Nohl zufolge, schon im ‚Sturm und Drang' und in der Romantik angehoben hatte und dann, insbesondere durch Nietzsche, erneut aufgegriffen und durch die Jugendbewegung auf neue Höhen geführt worden war: das Streben der geistig regsten und genialisch veranlagten Vertreter der jeweils jungen Generation in den Jahren zwischen 1770 und 1920, einen eigenen Ausdruck zu finden und die Geltung sowie Bestandsfestigkeit der jeweils überlieferten Erwachsenenkultur kritisch zu sondieren und mit eigenen, empfindungsstarken und subjektzentrierten Wertgehalten zu durchsetzen, wenn nicht gar: die Erwachsenenkultur mittels Jugendkultur aufzuheben. Insoweit läßt sich die Besonderheit von Nohls Theorie der Bildung dahingehend kennzeichnen, daß sie ihren Gehalt in Auseinandersetzung mit den Impulsen einer (sozial-)pädagogischen Bewegung gewann, die seiner Auslegung zufolge um so ernster zu nehmen war, als sie sich ihrerseits als Teil einer großen, den Zeitraum von 150 Jahren durchschreitenden geistesgeschichtlichen „Deutschen Bewegung" lesen ließ. Den Vorteil dieser weitausgreifenden, nicht widerspruchsfreien und insoweit zweifellos risikoreichen[3] Konstruktion Nohls sollte man dabei nicht übersehen. Nohl nämlich gelang es auf diese Weise, der pädagogischen Bewegung seiner Epoche jene überhistorische Dignität zu verleihen, die ihr Friedrich Paulsen noch verwehrt hatte, mit dem Ergebnis, daß diese Bewegung in Paulsens Wahrnehmung lediglich für ein modisches, ärgerliches Zeitphänomen[4] Zeugnis ablegte, demgegenüber ein klassisch ge-

---

[3] Zu einem der in unserem Zusammenhang zentralen Widersprüche gehört Nohls Streben, das Wesen der Erziehung, das er in der Regel als überhistorisch und übernational anzupreisen suchte, gleichwohl, jedenfalls in seiner Auseinandersetzung mit Pestalozzi, als Ertrag jener sich in diesem explizierenden „Deutschen Bewegung" zu lesen, also gleichsam als deutsches Wesen aufzubereiten. Vergleichbar problematisch wie diese Konstruktion einer erziehungspraktisch relevanten Volksmetaphysik ist die angesichts von Nohls riskanter Geschichtskonstruktion unvermeidliche Subsumtion Pestalozzis und Nietzsches unter eben dieses Stichwort. Begriffe wie „Unmittelbarkeit", „Ganzheit" und „Volkstümlichkeit" beispielsweise, die Nohl zur Charakterisierung von Pestalozzis Volksroman *Lienhard und Gertrud* verwendet, um hinzuzufügen, hier werde „die Regeneration eines soliden und zugleich doch schöpferischen Lebens gegenüber einer rationalen Bilderwelt" propagiert und mithin ein Exempel dafür gegeben, wie sich, ganz im Sinne der „Deutschen Bewgung" und des ‚Sturm und Drang', „die deutsche geistige Welt gegenüber der Lebensform der westlichen Völker" – gemeint ist die (französische) Aufklärung – selbständig mache und ihre „eigene Gestalt" herausarbeite (Nohl 1927b, S. 12f.), passen ganz gewiß nicht auf den frankophilen, sich als Pestalozziverächter, Kosmopoliten und Aufklärer verstehenden späten Nietzsche. Sie passen allerdings zu Nohls 1935 (sic!) veröffentlichtem, volkserzieherisch ambitionierten Plädoyer für nicht entartete oder – in Nohls etwas vornehmeren Worten – „volksmäßig gebunden(e)" Kunst (Nohl 1935, S. 215). Daß Nohl Nietzsche, in einiger Analogie zu Bestrebungen der Kunsterziehungsbewegung, als Ideengeber dieses Projektes zu instrumentalisieren suchte, macht deutlich, wie sehr ihm sein Nietzschebild half, den hier registrierten Widerspruch nicht zu empfinden (vgl. Niemeyer 1996b).

[4] Nicht nur aus Paulsens Streitschrift *Väter und Söhne*, sondern auch aus seiner 1911 nachgelassenen *Pädagogik* läßt sich diese Grundeinstellung Paulsens destillieren. Exemplarisch hierfür ist etwa jene Stelle, in der Paulsen, mit deutlichem Seitenblick auf Nietzsche sowie Hermann Hesses Roman *Unterm Rad*, jene (pädagogische) Literatur geißelt, in der das Bild vom „hochgestimmte(n), geniale(n) Primaner" gezeichnet werde, „der von elenden, pedantischen Lehrern nicht verstanden, gehaßt, verfolgt, unters Rad gebracht wird und endlich auf der Strecke bleibt" (Paulsen 1911, S. 73) – eine Sehweise freilich, wie Paulsen sogleich hinzusetzte, die nicht „allzu tragisch zu nehmen" (ebd., S. 74) sei, denn: „Wenn der „Übermensch" und die „Umwertung der Werte" und das Getöse, das die Nietzsche-Trabanten mit diesen Plakatwörtern treiben, genugsam die Ohren des deutschen Volkes geplagt haben (...), dann wird (...) auch (...) die anmaßliche Respektlosigkeit der Jugend (...) auf das übliche und erträgliche Maß zurückgehen." (ebd., S. 75)

bildeter Geist keinen Anlaß zur Verwirrung haben müsse. Zu dieser Selbstberuhigung fand Nohl keinen Grund, zumal angesichts der – von ihm auch immer volkserzieherisch beantworteten – jugendphasentypischen Verunsicherungen, derer er als Sozialpädagoge ansichtig wurde.

Zeugnis hierfür ist Nohls auf die Situation des Jahres 1919 gemünztes Wort von dem „leidenschaftliche(n) Verantwortungsgefühl der aus dem Krieg heimkehrenden geistigen Menschen, die dort das Volk neu sehen gelernt hatten und nun bei diesem Zusammenbruch aller Ideale in solcher geistigen Sammlung des Volks den letzten festen Grund einer neuen Zukunft sahen." (Nohl 1933/1935, S. 29f.) Natürlich meint Nohl hier auch sich selbst und seine eigene Kriegserfahrung in Flandern, die ihm dann Anlaß war für seine Abwendung von der Philosophie hin zur Pädagogik resp. Sozialpädagogik (vgl. Weniger 1959, S. 7; Siegel 1979, S. 575). Und wenn Nohl davon redet, daß „die wichtigsten Führer der pädagogischen Bewegung" aus der Jugendbewegung stammen, um fortzufahren: „Wo heute in der Pädagogik mehr ist als bloße Organisation, Methode und Technik, nämlich ein Suchen nach dem einheitlichen Ideal einer neuen Humanität, ein neues Verhältnis zur Jugend und ein neuer Stil pädagogischer Gemeinschaft und pädagogischen Wirkens, da ist ein Einfluß der Jugendbewegung festzustellen" (Nohl 1933/1935, S. 15), dann ist auch dies nicht anders zu lesen, als daß er sich hier selbst meint. Denn er entstammte zwar nicht der Jugendbewegung, aber er trat ihr immerhin doch mit einiger zeitlicher Verzögerung nahe. Vor allem aber war Nohl zweifellos einer der ‚wichtigsten Führer der pädagogischen Bewegung', zumindest wenn man den Ausdruck ‚Führung' hier recht versteht: nämlich im Sinne einer leitmotivisch wirkungsvollen Läuterung des ursprünglichen, auf bloße Freisetzung vom Überlieferten setzenden Impulses hin zu einer neuen Bindung im Sinne jenes von Nohl dann im weiteren Fortgang der Argumentation beschworenen ‚einheitlichen Ideals einer neuen Humanität', dem vor allem mittels eines ‚neuen Stils pädagogischer Gemeinschaft' Rechnung zu tragen sei.

Dieses Wort von der ‚pädagogischen Gemeinschaft' birgt nun in sich den Hauptextrakt des spezifisch Nohlschen Beitrages zur Aufhebung der von der Jugendbewegung zunächst eingenommenen Verweigerungshaltung gegenüber inter-generationellen Austauschverhältnissen. Denn diese Haltung, die in dem Satz eskaliert, wonach Jugend durch Jugend geführt werde, drohte tatsächlich – und dies war vor allem Paulsens Bedenken –, der Pädagogik jene Geschäftsgrundlage zu entziehen, der sie sich spätestens doch seit Schleiermacher meinte gewiß sein zu können: die Überzeugung

nämlich, daß Erziehung und Bildung einen inter-generationellen Austausch erforderlich mache, bei dem die ältere Generation durchaus ein Recht habe auf ihr besseres Wissen darum, was der jüngeren in deren eigenem Interesse dienlich sei. Und es ist mehr als fraglich, ob beispielsweise Friedrich Paulsen mit seiner beharrenden Definition: „Erziehung besteht in der Übertragung des ideellen Kulturbesitzes von der elterlichen Generation auf die nachfolgende" (Paulsen 1911, S. 6f.) angesichts dieser Ausgangslage den richtigen Ton traf, um der Pädagogik wieder ihre Geschäftsgrundlage dauerhaft zurückzuverleihen. Insoweit bewies Nohl sehr viel mehr Gespür für das der wissenschaftlichen (Sozial-)Pädagogik in dieser Situation Abgeforderte, wenn er beides, nämlich „die Einordnung in die Kulturgemeinschaft und die Gewinnung der selbstverantwortlichen Persönlichkeit" (Nohl 1925, S. 172), zum Wesen der Erziehung rechnete und infolge jugendbewegter Impulse einen ‚neuen Stil pädagogischer Gemeinschaft' einklagte, um dies dann mit seinen berühmt gewordenen Auffassungen zum pädagogischen Bezug im einzelnen so auseinanderzusetzen, daß ihm zweierlei gelang oder, etwas zurückhaltender gesprochen, daß zweierlei nun jedenfalls nicht mehr unerreichbar war: die (1) Freisetzung der Jugendpflege als eines (sozial-)pädagogischen Handlungsfeldes aus der Beschlagnahme durch eine sich von jedem Erwachseneneinfluß absentierende Jugendbewegung, dies jedenfalls dann und dort, wo jene durch die Jugendbewegung belehrten Pädagogen verfügbar waren, die sich um jenen ‚neuen Stil pädagogischer Gemeinschaft' bemühten; und die (2) Eroberung des Handlungsfeldes der Jugendfürsorge aus den Fängen der konfessionellen Fürsorgeerziehungsträger, weil und insofern diese keinen Zugang mehr fanden zu jenem neuen Stil.
Insoweit sind wir fast wieder am Beginn unserer Argumentation angekommen und können resümieren, daß Nohls Beitrag zur pädagogischen Erneuerung sozialpädagogischer Praxis (Sozialpädagogik als Profession) sowie zur Neuauslegung des von Natorp überkommenen, aber nicht professionstauglichen Sozialpädagogikbegriffs (Sozialpädagogik als Wissenschaft) nicht nur, aber doch in wesentlicher Hinsicht Folge einer Anregung war, die er von Jugendbewegung wie (sozial-)pädagogischer Bewegung empfangen hatte. Im Blick auf die Wissenschaftsgrundlagen erfüllte die Rede vom Wesen der Erziehung dabei in erster Linie die Funktion der Bereitstellung einer Argumentationsfolie, die es erlaubte, Weltanschauungsgebundenheiten sowie System- und Allgemeingültigkeitsansprüche als a-pädagogisch zu denunzieren. Die von geisteswissenschaftlichen Pädagogen verbreitet geteilte Voraussetzung

lautete dabei, daß sich nicht pädagogische Ziele, Mittel und Verfahren als überzeitliche Sollensrealität durchsetzen lassen, sondern allenfalls eine bestimmte, historisch gerichtete und, methodologisch gesehen, hermeneutisch procedierende Denkform, die sich der Einsicht in das Wesen der Erziehung versicherte. Nohl selbst suchte sich in dieser Hinsicht vor allem über Herbart und dessen Annahme, wonach die Pädagogik nur mittels der Kultivierung ‚einheimischer Begriffe' zur Wissenschaft werden oder jedenfalls doch eine ihr eigentümliche Denkform ausprägen könne, zu rechtfertigen (vgl. Nohl 1933/1935, S. 158). Wer, um noch einmal auf Mollenhauer zu rekurrieren, die Rede vom Wesen der Erziehung zu marginalisieren sucht, hätte insoweit allererst den Nachweis zu erbringen, der auch ausgangs des letzten Kapitels andeutungsweise abgefordert wurde: den Nachweis nämlich, wie dann noch verhindert werden kann, daß die Pädagogik als „eroberte Provinz" (Herbart) eines Dritten in die Wissenschaftsgeschichtsschreibung eingeht als etwas, das einmal autonom für sich bestand.

Epilog

Dieser Schluß mag, was die Würdigung der geisteswissenschaftlichen Pädagogik in ihrem Bezug zur Sozialpädagogik angeht, versöhnlicher wirken, als man den Eingangsworten nach vielleicht vermutet hätte. Deswegen seien abschließend noch einmal Michael Winklers Bedenken aufgegriffen und mithin zugestanden, daß Nohl bei seiner Neuauslegung des Sozialpädagogikbegriffs gänzlich unbesorgt blieb um den ihm vorhergehenden und sich hier in vielfältigen Varianten aussprechenden Gedanken, wonach die ‚soziale Frage' des 19. Jahrhunderts, also das zentrale Thema, um den sich der Sozialpädagogikdiskurs dieser Epoche gruppierte, der Pädagogik nicht ganz andere als nur auf das Dualverhältnis eines Erziehers gegenüber einem Kind bezogene Antworten abverlangte. Dies nicht getan und auch in seinen eigenen, gesellschaftsbezogenen Antworten nur zurückhaltend argumentiert zu haben, war Nohls Fehler, ebenso übrigens wie sein überzogener Autonomieanspruch sowie Empirievorbehalt, zumal beides in den 1960er Jahren das Ende der Epoche geisteswissenschaftlicher Pädagogik und die nachfolgende Versozialwissenschaftlichung pädagogischer Wissensgrundlagen beschleunigte. Andererseits ist inzwischen unübersehbar, daß die technisierte Problembewältigungspraxis moderner Sozialpädagogik dringend der Philosophiezufuhr bedarf, wenn sie mehr Rollen spielen will als bloß die, für die sie von der Gesellschaft belohnt wird (vgl. Niemeyer 1994). Allerdings wird man das Philosophieverständnis, das Nohl in Geltung ließ und das sich im wesentlichen auf eine Metaphysik von Erziehungsverhältnissen samt einer darauf bezogenen Berufsethik (vgl. Niemeyer 1990) beschränkte, nicht als hinreichend erachten können im Blick auf die heute erforderlichen Antworten. Aber dies sind Themenbereiche, auf die in anderen Kontexten als dem hier thematisierten zu reagieren ist, wenngleich sie nur vor dem hier erörterten Hintergrund Kontur gewinnen. Daß dies zumindest dem Ansatz nach gelang, war Absicht und ist Hoffnung.

Literatur

Bäumer, G., 1929: Die historischen und sozialen Voraussetzungen der Sozialpädagogik und ihrer Theorie. In: Handbuch der Pädagogik, Bd. 5. Hrsg. v. H. Nohl u. L. Pallat. Langensalza, S. 3–17.

Blochmann, E., 1959: Herman Nohl in der pädagogischen Bewegung seiner Zeit. Göttingen 1959.

Bollnow, O. F., 1979: Herman Nohl und die Pädagogik. In: Z. f. Pädagogik 25, S. 659–669.

Dilthey, W., 1888: Über die Möglichkeit einer allgemeingültigen pädagogischen Wissenschaft. Berlin, Langensalza, Leipzig o. J.

Dilthey, W., 1921: Das Wesen der Philosophie. In: Die Kultur der Gegenwart. Teil I. Abteilung VI. Systematische Philosophie. 3. Aufl. Hrsg. v. P. Hinneberg. Berlin, Leipzig, S. 1–67.

Dilthey, W., 1986: Pädagogik. Geschichte und Grundlinien des Systems. In: Gesammelte Schriften. IX. Bd. Stuttgart.

Fischer, A., 1921: Erziehung als Beruf. In: Leben und Werk, Bd. 2. Hrsg. v. K. Kreitmair. München o. J., S. 31–71.

Herbart, J. F, 1802: Zwei Vorlesungen über Pädagogik. In: Sämtliche Werke. Band 1. Langensalza 1887ff, S. 279–290.

Herbart, J. F., 1835/1841: Umriß pädagogischer Vorlesungen. In: Sämtliche Werke. Band 10. Langensalza 1887ff, S. 65–196.

Kerschensteiner, G., 1921: Die Seele des Erziehers und das Problem der Lehrerbildung. Leipzig, Berlin ^{2}1927.

Litt, Th., 1921a: Das Wesen des Pädagogischen Denkens. In: Röhrs, H. (Hg.): Erziehungswissenschaft und Erziehungswirklichkeit. Frankfurt/M. 1967, S. 58–84.

Litt, Th., 1921b: Pädagogik. In: Die Kultur der Gegenwart. Teil I. Abteilung VI. Systematische Philosophie. Berlin, 3. Aufl. Hrsg. v. P. Hinneberg. Leipzig, S. 276–310.

Mollenhauer, K., 1995: Ein „Mutuum Colloquium" zum 100. Geburtstag Erich Wenigers. In: Z. f. Pädagogik 41, S. 359–364.

Niemeyer, Ch., 1989: Zur Systematik und Aktualität der Sozialpädagogik Natorps vor dem Hintergrund ihrer ideengeschichtlichen Einlagerung.

In: Oelkers, J., Schulz, W. K., Tenorth, H.-E. (Hrsg.): Neukantianismus. Kulturtheorie, Pädagogik und Philosophie. Weinheim 1989, S. 241–260.
Niemeyer, Ch., 1990: Zum Verhältnis von Berufsethik und Adressatenethik in der Sozialpädagogik – unter besonderer Berücksichtigung des Beitrages von Herman Nohl. In: Müller, B., Thiersch, H. (Hrsg.): Gerechtigkeit und Selbstverwirklichung. Moralprobleme im sozialpädagogischen Handeln. Freiburg, S. 85–109.
Niemeyer, Ch., 1994: Unzeitgemäße Sozialpädagogik. Erwägungen auf dem Weg zur Rephilosophierung einer Einzelwissenschaft unter Bezug auf Nietzsche. In: Z. f. Pädagogik 40, S. 627–645.
Niemeyer, Ch., 1996a: Die Fabel von der Welt als Fabel oder Nietzsches andere Vernunft. In: Nietzscheforschung, 3 (im Druck).
Niemeyer, Ch., 1996b: Nietzsche und die deutsche Pädagogik. Geschichte des Gebrauchs und Mißbrauchs eines Philosophen. Teil I: Von den Anfängen bis zum Ende des Ersten Weltkrieges. Arbeitspapier für die Herbsttagung der Kommission Wissenschaftsforschung der DGfE zum Thema „Pädagogische Nietzsche-Rezeption" am 3./4. 10. 1996 in Dresden.
Nietzsche, F., 1874: Unzeitgemäße Betrachtungen. Zweites Stück: Vom Nutzen und Nachteil der Historie für das Leben. In: Kritische Studienausgabe Band 1. Hrsg v. G. Colli u. N. Montinari. München 1988, S. 243–334.
Nohl, H., 1913: Eine historische Quelle zu Nietzsches Perspektivismus: G. Teichmüller, die wirkliche und die scheinbare Welt. In: Z. f. Philosophie u. philosoph. Forschung, Bd. 149, S. 106–115.
Nohl, H., 1914a: Die pädagogischen Gegensätze. In: Ders.: Ausgewählte pädagogische Abhandlungen. Bes. v. J. Offermann. Paderborn 1967, S. 5–16.
Nohl, H., 1914b: Das Verhältnis der Generationen in der Pädagogik. In:. In: Ders.: Pädagogische Aufsätze. Langensalza 1929.
Nohl. H., 1925: Der Sinn der Strafe. In: Ders.: Pädagogik aus dreißig Jahren. Frankfurt/M. 1949, S. 161–172.
Nohl, H., 1926a: Gedanken über die Erziehungstätigkeit des Einzelnen mit besonderer Berücksichtigung der Erfahrungen von Freud und Adler. In: Ders.: Pädagogik aus dreißig Jahren. Frankfurt/M. 1949, S. 151–160.
Nohl, H., 1926b: Die Einheit der Pädagogischen Bewegung. In: Ders.: Pädagogik aus dreißig Jahren. Frankfurt a. M. 1949, S. 22–27.
Nohl, H., 1927a: Jugendwohlfahrt. Sozialpädagogische Vorträge. Leipzig.
Nohl, H., 1927b: Die geistige Welt Pestalozzis. In: Ders.: Erziehergestalten. Göttingen 1958, S. 12–23.
Nohl, H., 1931: Weltanschauung und Erziehung. In: Ders.: Ausgewählte pädagogische Abhandlungen. Bes. v. J. Offermann. Paderborn 1967, S. 59–66.
Nohl, H., 1933/1935: Die pädagogische Bewegung in Deutschland und ihre Theorie. Frankfurt/M. [10]1988.

Nohl, H., 1935: Die ästhetische Wirklichkeit. Frankfurt/M. [4]1973.
Nohl, H., 1948a: Der lebendige Herbart. In: Die Sammlung 3, S. 201–208.
Nohl, H., 1948b: Vom Wesen der Erziehung. Ders.: Pädagogik aus dreißig Jahren. Frankfurt a. M. 1949, S. 279–289.
Paulsen, F., 1906: Das moderne Bildungswesen. In: Die Kultur der Gegenwart. Teil I. Abteilung I. Die allgemeinen Grundlagen der Kultur der Gegenwart. Hrsg. v. P. Hinneberg. Berlin u. Leipzig, S. 54–86.
Paulsen, F., 1911: Pädagogik. Stuttgart u. Berlin [6,7]1921.
Schleiermacher, F., 1826: Die Vorlesungen aus dem Jahre 1826. In: Ders.: Pädagogische Schriften 1. U. Mitw. v. Th. Schulze hrsg. v. E. Weniger. Frankfurt/M. 1983.
Schulze, Th. 1979: „Der Sinn des Lebens liegt im Leben selbst …“ Ein neugieriger Rückblick auf die geisteswissenschaftliche Pädagogik zum 100. Geburtstag von Herman Nohl. In: Neue Sammlung 19, S. 542–564.
Siegel, E., 1979: Diskussionsbeitrag zum Nohl-Kolloquium am 6. Oktober 1979 in Göttingen. In: Neue Sammlung 19, S. 575–579.
Siegel, E., 1981: Dafür und dagegen. Ein Leben für die Sozialpädagogik. Stuttgart.
Thiersch, H., 1993: Zum sozialpädagogischen Konzept Erich Wenigers. In: Hoffmann, D., Neumann, D. (Hrsg.): Tradition und Transformation der Geisteswissenschaftlichen Pädagogik. Weinheim, S. 35–52.
Weniger, E., 1929a: Neue Erziehung und philosophische Bewegung in Deutschland. In: Ders.: Ausgewählte Schriften zur geisteswissenschaftlichen Pädagogik. Ausgew. u. m. einer edit. Notiz vers. v. B. Schonig. Band 6. Weinheim, Basel 1990, S. 45–50.
Weniger, E., 1929b: Theorie und Praxis in der Erziehung. In: Ders.: Ausgewählte Schriften zur geisteswissenschaftlichen Pädagogik. Ausgew. u. m. einer edit. Notiz vers. v. B. Schonig. Band 6. Weinheim, Basel 1990, S. 29–44.
Weniger, E., 1930: Sozialpädagogik. In: Enzyklopädisches Handbuch des Kinderschutzes und der Kinderfürsorge. Leipzig, S. 749–752.
Weniger, H., 1959: Herman Nohl und die sozialpädagogische Bewegung. In: Z. für Pädagogik 5, 1. Beiheft, S. 5–20.
Wichern, J. H., 1868: Rettungsanstalten als Erziehungshäuser in Deutschland. In: Ausgewählte Schriften. Band 2. Pädagogische Schriften. Hrsg. v. K. Janssen. Gütersloh 1979, S. 147–336.
Winkler, M., 1995: Die Schwierigkeiten des Zentaurus. Über Grundlagenforschung in der Pädagogik. In: Leonard, H.-W., Liebau, E., Winkler, M. (Hrsg.): Pädagogische Erkenntnis. Grundlagen pädagogischer Theoriebildung. Weinheim, München, S. 13–56.
Winkler, M., 1996: Herman Nohl – Sozialpädagogik im Horizont der Geisteswissenschaften. Eine Interpretationsperspektive. In: Niemeyer, Ch., Schröer, W., Böhnisch, L. (Hrsg.): Grundlinien Historischer Sozialpädagogik. Traditionsbezüge, Reflexionen, übergangene Sozialdiskurse. Weinheim, München.

Erwachsenenbildung in der geisteswissenschaftlichen Pädagogik

Rainer Brödel

1. Erwachsenenpädagogische Disziplinbildung

Unter den erziehungswissenschaftlichen Teildisziplinen bildet die Erwachsenenpädagogik eine Nachzüglerin (vgl. Weniger 1955, 413). Die Verwissenschaftlichung des Gegenstandsbereichs der Volksbildung oder Erwachsenenbildung setzt verstärkt erst zu jenem Zeitpunkt ein, als die geisteswissenschaftliche Epoche bereits weitgehend ihren Abschluß gefunden hat. Insofern erfolgt die Anfang der 70er Jahre forciert einsetzende Verwissenschaftlichung der Erwachsenenbildung/Weiterbildung nicht mehr unter den Vorzeichen geisteswissenschaftlicher Pädagogik, sondern weitgehend als „Versozialwissenschaftlichung“ (vgl. Weymann 1980). Damit wird die erwachsenenbildnerische Semantik um soziologische, sozialpsychologische, politikwissenschaftliche, bildungsökonomische und rechtliche Termini erweitert (vgl. Kürzdörfer 1982, 442).

Zwar lassen sich erste Professionalisierungsansätze schon in der Weimarer Epoche für die „neue Richtung“ der freien Volksbildung beobachten. Aber mit dem „Hohenrodter Bund“ und der Gründung der „Deutschen Schule für Volksforschung“ wird 1927 eine Professionalisierung vorwiegend außerhalb der Universitäten gesucht (vgl. auch Gieseke 1994, 289f). Zugleich findet eine Abkoppelung von milieu- und konfessionsbestimmten Formen der Reflexion statt (vgl. Tenorth 1994), wobei der Hohenrodter Bund als eine lockere Organisationsform „auf dem Gebiet der Volksbildungsarbeit erfahrener Persönlichkeiten“ (vgl. Erdmann 1927, 644), einschließlich interdisziplinär orientierter Hochschulleute, hervortritt (Henningsen 1958; Laack 1984, 53ff; Tietgens 1982). Aber mit dem sich nun gebündelt vollziehenden Bemühen um eine Verwissenschaftlichung des volksbildnerischen Handlungsfeldes ist noch nicht ausgemacht, daß die Aufklärung andragogischer Handlungsprobleme auch nach Prinzipien der sich konstituierenden pädagogischen Wissenschaft oder der geisteswissenschaftlichen Pädagogik erfolgt. Viele wissenschaftsorientierte Volkspädagogen sind gar der Meinung, daß die Erziehungswissenschaft den Anforderungen der Theorie, wie sie im Hohenrodter Bund

lebendig waren (Stichwort „volkswissenschaftliches Paradigma"), nicht voll entsprechen entsprechen würde (vgl. Friedenthal-Haase 1991, 58ff; Siebert 1976, 7ff).
Während der Weimarer Epoche werden Themen der Erwachsenenbildung/Volksbildung von verschiedenen Universitätswissenschaften bearbeitet. So stellt Friedenthal-Haase (1991) für diese Periode eine multidisziplinäre Offenheit des volksbildnerischen Handlungsfeldes fest. Abgesehen von einem vergleichsweise noch geringen Ausdifferenzierungsgrad in bezug auf Praktikerrollen und Wissenschaftlerrollen sowie in bezug auf die volksbildnerische Profession und Disziplin, läßt sich keineswegs von einer akzeptierten wissenschaftlichen Referenztheorie für die Erwachsenenbildung oder Volksbildung sprechen. Neben der Erziehungswissenschaft tragen vor allem die Staats- und Sozialwissenschaften zur Aufklärung des volksbildnerischen Handlungsfeldes bei. So werden in der Weimarer Zeit eine Reihe volksbildnerisch bedeutsamer Dissertationen an soziologischen Lehrstühlen (vor allem bei Alfred Weber, Hans Freyer und Leopold von Wiese) oder bei Nationalökonomen (z.B. Paul Hermberg) erarbeitet. Insgesamt ergeben sich für die Weimarer Erwachsenenbildung zwar eine Reihe von Berührungspunkten mit der zeitgenössischen Erziehungswissenschaft (vgl. auch Lochner 1930), aber der Beitrag der geisteswissenschaftlichen Pädagogik hinsichtlich eines Verwissenschaftlichungs- und Professionalitätsgewinns für die Erwachsenenbildung bleibt partial und potentiell unausgeschöpft.
Dieser disziplingeschichtliche Befund spiegelt sich auch in den Berufskarrieren geisteswissenschaftlicher Pädagogen wider. Ihr erwachsenenpädagogisches Forschungsinteresse konzentriert sich vor allem in der akademischen Qualifizierungsphase. So hielt beispielsweise Weniger 1929 seine Antrittsvorlesung an der Kieler Universität zu einem Thema über Grundtvig (vgl. auch Weniger 1930). Flitner stellte 1922 seine Antrittsvorlesung an der Universität Jena unter das Thema „Das Problem der Erwachsenenbildung". Später wendeten sich diese Fachvertreter stärker Fragen der Allgemeinen Pädagogik und der Schulpädagogik zu.
Wie insgesamt aufgezeigt, erweist sich der disziplingeschichtliche Hintergrund der Erwachsenenbildung heterogen. Die Diffundierungschancen geisteswissenschaftlicher Theoreme waren durch eine späte – gewissermaßen phasenversetzte – Verwissenschaftlichung des volks- bzw. erwachsenenbildnerischen Aufgabenbereichs geschmälert.
Die heutige Erwachsenenpädagogik legt sich weitgehend als Handlungswissenschaft aus, weshalb die diziplinäre Aufgabe theorie-

geschichtlichtlicher Vergewisserung vernachlässigt wird. Insofern nimmt die gestellte Frage nach der erwachsenenpädagogischen Relevanz der geisteswissenschaftlichen Pädagogik ein dringendes Desiderat auf. Indem im folgenden auf einzelne geisteswissenschaftliche Theoreme für die Volksbildung oder Erwachsenenbildung eingegangen wird, ist zugleich nach der Deutungsrelevanz für die gegenwärtige Entwicklung der Weiterbildung zu fragen.

2. *Theoreme geisteswissenschaftlicher Erwachsenenpädagogik*

2.1 Bildsamkeit Erwachsener

In geisteswissenschaftlicher Perspektive – insbesondere am Ausgang ihrer Epoche – stellt sich die Erwachsenenbildung nicht mehr als verlängerte Jugendbildung dar. Sie ist auch nicht als bloß kompensatorische Bildung charakterisierbar, die in der Schulzeit Versäumtes nachholen will (vgl. Schulze 1970, 53f). Weniger (1936) etwa hebt darauf ab, daß jedes Lebensalter eine besondere Bildsamkeit entwickelt. Daher müsse die Bildungsaufgabe auch lebensphasenspezifisch ausgelegt werden, was im Falle der Erwachsenenbildung bedeute, daß sowohl auf die Lebenserfahrung der Teilnehmer als auch auf die Freiwilligkeit der Beteiligung abzustellen sei (vgl. Weniger 1955, 416).
Das Aufkommen der Theorie einer lebensaltersspezifischen Bildsamkeit führt zu Legitimationseinbußen des Terminus „Volksbildung". Als Leitbegriff für nachschulische Bildungsarbeit wird dieser immer weniger haltbar. Denn nicht mehr die bildungsmäßig Unterprivilegierten, das „einfache Volk", die „industriellen Massen", die bäuerliche Bevölkerung oder das „Kleinbürgertum" bilden die Adressaten, sondern die gesamte Erwachsenenbevölkerung. In diesem Sinne spricht Weniger davon, daß unser Bildungsbereich „zu einer allgemeinen Erwachsenenbildung" wird (ebenda, 415): „Es bedarf für alle Schichten auf den verschiedenen Lebensstufen erneuter Begegnungen mit der ‚Welt der Bildung'" (ebenda).
Es ist das Verdienst von Schulenberg, dem geisteswissenschaftlichen Begriff der Bildsamkeit ein empirisches Fundament gegeben und damit zur didaktischen Professionalisierung der Bildungsarbeit mit Erwachsenen beigetragen zu haben (vgl. auch Weinberg 1985, 35). Seine erziehungswissenschaftliche Dissertation, die an der Nahtstelle von geisteswissenschaftlicher Erwachsenenpädagogik und soziologischem Zugriff auf den erwachsenenbildnerischen

Gegenstand angesiedelt ist, gelangt zu einem ideologiekritischen Befund: „Alle Theorien, die den Erwachsenen per definitionem für nicht bildsam erklären, beruhen auf historisch bedingten Prämissen, die heute nicht mehr gelten. Der Erwachsene unserer Tage ist nicht mehr bestimmt von dem Gefühl des Fertig-Seins; damit besitzt er aber auch eine spezifische Bildsamkeit ..." (Schulenberg 1957, 178). Den Zitierten zeichnet aus, daß er eine Brücke zwischen hermeneutischer und empirischer Methodologie schlägt und disziplinäre Kontinuität stiftet. Darüber hinaus wird ein komplexer erwachsenenbildnerischer Problemzusammenhang entfaltet, der in späteren empirischen Untersuchungen zum Erwachsenenlernen bisweilen verloren gehen sollte.

Die Bildsamkeit Erwachsener muß insgesamt als zweistufige Kategorie gelesen werden. Sie benennt einerseits ein anthropologisches Faktum, und sie muß anderseits als ein empirisches Phänomen verstanden werden. Zwar legt sich die Erwachsenenbildung „auf den Erwachsenen als solchen und damit auf alle Erwachsenen hin aus" (Groothoff 1968, 60), man muß aber trotzdem oder auch eben deswegen nach ihren faktischen Adressaten, Zielgruppen und Teilnehmern fragen. Ein genereller Erwachsenenbildungsbegriff bliebe also viel zu unbestimmt, um die Erwachsenenbildungstheorie zu orientieren. Es bestünde die Gefahr einer normativen Überhöhung und Idealisierung des Erwachsenen. Insofern bedarf der generelle Erwachsenenbegriff einer Konkretisierung durch einen empirisch auszudifferenzierenden Adressatenbegriff. Wichtige erwachsenenpädagogische Anschlußtermini in diesem Zusammenhang sind heute Adressaten-, Zielgruppen- und Teilnehmerforschung oder auch Lehr-Lernforschung.

2.2 Volksbildung versus Erwachsenenbildung

Wie bereits aus der Auseinandersetzung mit Weniger hervorgeht, impliziert die disziplinäre Entdeckung der Bildsamkeit Erwachsener einen Paradigmenwechsel, indem der Volksbildungsbegriff zugunsten des Terminus Erwachsenenbildung zurückgedrängt wird. Während primärer Adressat von „Volksbildung" noch eine personal übergeordnete Einheit ist, akzentuiert demgegenüber der Erwachsenenbegriff das einzelne Subjekt als entscheidende Bezugsgröße didaktischen Handelns. In der damaligen Reflexion verdichten sich entsprechende Argumentationen Ende der 20er Jahre. Lediglich Flitner macht früh auf den Namen „Erwachsenenbildung" und das Problem lebensbegleitender Bildung aufmerksam (vgl. Flitner 1922/1982, 81ff). Für das zunehmende Aufkommen

des Ausdrucks „Erwachsenenbildung“ könnten zwar auch grenzüberschreitende Fachkontakte bzw. die Kenntnis der englischen Erwachsenenbildung und des dort geläufigen Terminus „adult education“ von Bedeutung gewesen sein (vgl. Flitner 1931/32, 54). Aber die volksbildnerische Reflexion stellt diesbezüglich vor allem die Entdeckung der Bildsamkeit heraus. Dieser disziplingeschichtliche Befund erklärt sich aus einer Reihe zeitgenössischer Aufsätze in erziehungswissenschaftlichen Fachzeitschriften.
Zweifellos drückt sich in der disziplinären Orientierung auf „Erwachsenenbildung“ auch ein Bemühen um „einheimische“ Grundbegriffe aus. Bezug nehmend auf das mehrdimensionale Theorem einer Autonomie der Erwachsenenbildung (vgl. Geißler 1933) ist damit nicht bloß die relative Eigenständigkeit der Erwachsenenpädagogik als Wissenschaftsdisziplin angesprochen, sondern auch die der volksbildnerischen Praxis. Insbesondere in der Forderung nach unabhängigen Bildungsstätten schien eine Bildung Erwachsener projektierbar, die nach heutiger Lesart als reflexiver Prozeß der aktiven Auseinandersetzung des Inidividuums mit sich selbst und seiner kulturellen Umwelt qualifiziert werden könnte.
Im Vergleich zum Ausdruck „Volksbildung“ symbolisiert der Erwachsenenbildungsbegriff der Weimarer Epoche schließlich eine historisch wichtige Grenzziehung gegenüber professionsspezifisch indifferent erscheinenden Problemlagen. Vor allem will sich die Volkshochschulbewegung abheben gegenüber der Wohlfahrtspflege und dem expandierenden sozialpädagogischen Aufgabenfeld (vgl. stellvertretend Honigsheim 1927).

2.3 Pädagogisches Verhältnis

Das „pädagogische“ oder „erzieherische Verhältnis“ (Kluge 1973) stellt ein erziehungstheoretisches Konstrukt dar, das am nachdrücklichsten in Diskursen der geisteswissenschaftlichen Pädagogik behandelt wird. Thema ist die personale Beziehung zwischen einem Erzieher (Edukator) und einem Zu-Erziehenden (Educandus) sowie die insgesamt tragende Zielidee der Mündigkeit. Im Mittelpunkt dieses Erzieher-Zögling-Verhältnisses steht das Wohl des Educandus, der den „allgemeinen Status des schwächeren Parts im Erziehungsprozeß“ (Mollenhauer 1972, 8) inne hat. Beide Seiten müssen bestimmte Interaktionsvoraussetzungen erfüllen. Als idealtypisch gilt, wenn auf seiten des Erziehers Autorität, Verantwortung und Zugewandheit und auf seiten des Educandus Bedürftigkeit, Vertrauen und Lernbereitschaft gegeben sind. Zentrale Erziehungsziele sind die Hervorbringung des „erkenntnis- und handlungsfähigen Subjekts" (Mollenhauer 1972, 35) sowie der Kompetenzaufbau zu einer selbständigen Lebensführung in der gegebenen Gesellschaft.

Im Konstrukt des pädagogischen Verhältnisses werden sowohl deskriptive als auch normative Aussagen verbunden. Es ist deshalb auch nicht mit der Phänomenologie vorfindbaren Erziehungshandelns gleichzusetzen. Gewicht besitzen die Person des Erziehers und die sittlich-ethische Legitimationsbedürftigkeit seines Handelns. Den erzieherischen Handlungstypus zeichnet seine alters- und kulturbedingte Begrenztheit aus: Erziehung im engen Sinne endet also spätestens an der Stelle, wo das Erwachsensein beginnt.

Vor diesem ideengeschichtlichen Hintergrund wird eine einhellige Ablehnung verständlich, die das traditionelle Erzieher-Zögling-Verhältnis in der erwachsenenpädagogischen Reflexion erfährt. So läßt sich etwa der Debatte zum Erwachsenenlernen entnehmen, daß das im erzieherischen Verhältnis noch zugrunde gelegte Bild vom „fertigen" Erwachsenen mehr ideologischer als empirischer Natur ist. Es wird als zu undifferenziert und irreführend kritisiert. Insbesondere stellten Mündigkeit und Selbstverantwortlichkeit von Erwachsenen nicht statische, sondern reproduktionsbedürftige Kategorien dar (Tietgens 1967, 29). Zudem kann „in der Erwachsenenbildung nichts auf einen ... regelmäßigen, grundlegenden Altersunterschied gestützt werden" (Schulenberg 1964, 66). Vielmehr erhält der Dozent von den Teilnehmern einen Auftrag, weshalb ihm eine „Auftragsautorität" (Tietgens 1967, 32) zugesprochen werden könne. Dabei bleibt diese auf die soziale Rolle als Kursleiter eines bestimmten Sachthemas beschränkt (Schulenberg 1957, 188). Außerdem wird die Möglichkeit gesehen, daß der erwachsene Teilnehmer den Dozenten von dieser Auftragsdelegation vorzeitig entbinden kann. Hierin gründet eine gegenüber Erziehungsverhältnissen unvergleichbar starke Position der Teilnehmerin oder des Teilnehmers.

Die bisherige Diskussion bringt gegenüber dem traditionellen pädagogischen Verhältnis eine Reihe struktureller Unterschiede hervor, so daß ein insgesamt relativierender Befund sowie eine kritisch-ablehnende Einstellung gegenüber dem (engen) Erziehungsbegriff festgehalten werden kann. In der erwachsenenpädagogischen Theoriebildung wurden daraufhin nun unterschiedliche Konsequenzen gezogen. Eine Haupttendenz ergibt sich aus der Ablehnung und Ersetzung erziehungstheoretischer Termini durch sozialwissenschaftliche Ansätze. Statt von Erziehung wird dann von Lernen oder Interaktion gesprochen. Ein anderes – vermittelndes – Reak-

tionsmuster äußert sich in dem Bemühen um Ausbildung einer bereichsspezifischen Semantik für die Erwachsenenbildung, wobei geisteswissenschaftliche Traditionslinien gewahrt bleiben. Diese zweite Tendenz findet Ausdruck in Termini wie „andragogischer Bezug“ (Pöggeler) oder „erwachsenenpädagogisches Verhältnis“.
Schulenberg hat das Theorem eines erwachsenenpädagogischen Verhältnisses weiter differenziert, indem unterschiedliche Legitimationsverhältnisse herausarbeitet werden. Sie resultieren aus der Unterscheidung dahingehend, „wie die Lehrenden gegenüber den Lernenden ihre Rolle verstehen, worin sie die Legitimation ihrer Beziehungen sehen und in welchem Stil sie kommunizieren“ (Schulenberg 1980, 25). Insgesamt ergeben sich vier Idealtypen: patronales Verhältnis, missionarisches Verhältnis, Sachkompetenz-Verhältnis und Gruppenpartner-Verhältnis. Neben systematisch-orientierenden Zwecken ist der Wert dieser Typologie heute vor allem in ihrem forschungsleitenden Charakter zu erblicken. Damit liegen professionalisierungsgeschichtlich fundierte Kategorien vor, die im Rahmen einer qualitativ-strukturalistisch verfahrenden Erwachsenenbildungsforschung („Lehr-Habitus“) weiterführen können (vgl. Gieseke 1996, 689ff). Eingedenk der phänomenologischen Unterschiede, die sich vom Standpunkt der Erwachsenenbildung in der Auseinandersetzung mit dem geisteswissenschaftlichem Theorem des pädagogischen Verhältnisses gewinnen lassen, könnte ein Ertrag dieser Debatte in der Wiederentdeckung der Wichtigkeit der berufsethischen Handlungsdimension liegen (vgl. Mollenhauer/Rittelmeyer 1978; Peters 1994).
Ein zweiter Gesichtspunkt eröffnet sich aus dem Nachdenken über die Bedeutung des Mündigkeitspostulats mit Blick auf die Lehr-Lern-Wirklichkeit in der Erwachsenenbildung. Bereits die heute geläufige Formel der Teilnehmerorientierung beinhaltet diesen Gedanken (vgl. Breloer 1980). Freilich ist erwachsenenpädagogisches Bemühen um Mündigkeit bereichsspezifisch – und insofern handlungsstrukturell anders – auszulegen als im klassischen Erziehungsvorgang. Wenn etwa mit Groothoff davon ausgegangen werden darf, daß die Pädagogik ihre genuine Aufgabe in der „Idee des Aufbaus der Person“ (1964, 206) habe – also in einer anthropologisch unverzichtbaren Hilfestellung für den sozialen Konstituierungsprozeß der Person, der „Persona-Genese“ (1964, 230) –, kann dies auf die Erwachsenenbildung gewendet beispielsweise heißen: Abarbeitung von Entfremdung, Wiedererlangung oder Stärkung von Erkenntnis- und Handlungsfähigkeit. Hierfür gibt es zahlreiche aktuelle Beispiele aus der erwachsenenpädagogischen Zielgruppenarbeit.

Das Mündigkeitspostulat läßt sich in der modernen Erwachsenenbildung allerdings nur einlösen, wenn eine professionelle pädagogische Handlungskompetenz verfügbar ist, die neben einer sach- oder fachwissenschaftlichen Kompetenz eingebracht wird. Dabei darf für unseren Bildungsbereich davon ausgegangen werden, daß die Realisierung des Mündigkeitspostulats gegenüber der traditionellen Fassung des erzieherischen Verhältnisses weniger dominant von der Ausgestaltung der Dozenten-Teilnehmer-Interaktion abhängig ist – wenngleich diese ein wichtiges pädagogisches Qualitätsmerkmal bleibt. In höherem Maße als in der schulischen Erziehung erscheint die Mündigkeitsaufgabe aber in das erwachsenenbildnerische Setting hineinverlagert. So ergibt nach Weniger (1951/1957, 516) gerade die Arbeitsgemeinschaft eine für die Erwachsenenbildung adäquate Operationalisierung des pädagogischen Verhältnisses. Als teilnehmer- und gruppenorientierte Arbeitsform weist diese über die dyadische Struktur des erzieherischen Verhältnisses hinaus und öffnet das Interaktionsfeld von Dozent und Teilnehmerschaft zu einem gemeinschaftlichen Bildungsraum (vgl. Hornig 1931, 25f). In diesem Zusammenhang trifft neuerdings auch die konstruktivistische These einer Ermöglichungsdidaktik auf Interesse (vgl. Arnold/Siebert 1995, 73f u. 91ff; Siebert 1996), indem diese respektvoll auf den systemischen Eigensinn und das Selbststeuerungspotential der – bildungsgeschichtlich besehen – autonomer gewordenen Teilnehmersubjekte orientiert (vgl. Kade 1989).
Die Frage nach der erwachsenenpädagogischen Relevanz des Mündigkeitspostulats ist damit erst halb beantwortet, insofern der angeführte Aspekt des Settings über die interaktive Dimension und reflexive didaktische Rahmung der Bildungsarbeit hinausweist. Ein weiteres Gestaltungsmerkmal ergibt sich hier aus der Bedeutung der unterrichtsübergreifenden lernökologischen Dimension (vgl. Nuissl 1992), wie sie beispielhaft in der „Forderung eines spezifischen erwachsenengemäßen Raummilieus" (Planungskommission 1972, 122) Ausdruck findet.

3. Aktualität geisteswissenschaftlicher Erwachsenenpädagogik für Disziplin und Profession

Gewissermaßen findet die geisteswissenschaftliche Erwachsenenpädagogik eine Renaissance in Konzeptionen der neueren Professionsforschung (vgl. Dewe 1996, 747f), indem das moderne Professionswissen als nicht vom Wissenschaftswissen abgeleitet verortet wird (vgl. Dewe/Ferchhoff/Radtke 1992, 82ff). Wie bereits Weniger aufgezeigt hat, muß vielmehr von einem relativ eigenständigen Stellenwert des Berufswissens von Erwachsenenpädagogen ausgegangen werden (vgl. Weniger 1929/ 1957, 10, 17f). Damit wurde in den disziplinären Diskursen der geisteswissenschaftlichen Pädagogik der wissenssoziologische Forschungsbefund vorweggenommen, daß das Professionswissen kategorial als Bestandteil des praktischen Handlungswissens zu verstehen sei und darüber hinaus die Wissensbasis modernen pädagogischen professionellen Handelns nur zu einem Teil aus der Anwendung wissenschaftlicher Theorien bzw. aus den Erfahrungen bei der Anwendung wissenschaftlichen Wissens resultiert (vgl. auch Brödel 1994, 52f).

Die geisteswissenschaftliche Perspektive ist für uns heute nicht zuletzt deshalb instruktiv, weil sich mit ihr rein marktorientierte Entwicklungstendenzen im Veranstaltungsangebot der Erwachsenenbildung kritisch hinterfragen lassen. Indem die geisteswissenschaftliche Lehrplantheorie der Erwachsenenbildung auf den Bildungsbegriff rekurriert (vgl. z. B. Hermes 1927; Winkler 1927, 58f), verfügt sie bei der Angebotsentwicklung über einen didaktischen Relevanzfilter. Der Bildungsbegriff fungiert hier als regulative Lehrplanidee. Damit ist für den Weiterbildungsbereich ein reflexiver Gegenhorizont zur schieren Nachfrageanpassung markiert, von dem die historische Mahnung hinsichtlich der Entwicklung zu einem „Bildungs-Warenhaus“ Sinn macht.

So wendet sich Fritz Borinski, von 1931 bis 1933 wissenschaftlicher Assistent und Leiter des Seminars für freies Volksbildungswesen am Leipziger Lehrstuhl Theodor Litts (vgl. Doerry 1995, 238), im zeitlichen Vorfeld der realistischen Wende wiederholt gegen die vermeintliche Tendenz „aus der Abendvolkshochschule oft ein buntes, betriebsames Warenhaus billiger ‚Bildungs‘-Waren zu machen“ (Borinski 1954, 132). Als tragendes Prinzip des Erwachsenenbildungsangebots könne nur sein „Bildungscharakter“ (ebenda, 78) fungieren. Insofern müßten mit Borinski – hier schwingt freilich noch der voraussetzungsreiche Bildungsansatz von Hermann Heller (1924) mit – alle Gebiete und Kurse der Volkshochschule „unter einer einheitlichen Idee zu einem Ganzen zusammengefaßt“ (ebenda, 132) werden. Zwar bleibt Borinskis bildungsidealistisches Votum nicht frei von antimodernistischem Pathos; gleichwohl hält es Mitte der 90er Jahre die Kontingenz präsent gegenüber einem schubartigen – bildungsbetrieblich anscheinend unausweichlichen – Vordringen von Marketing-Konzepten in bisher öffentlich verantworteten Feldern von Erwachsenenbildung.

4. Bilanz und Perspektive

4.1 Edukative Aufgaben der Erwachsenenbildung

Das in der bildungsökonomischen Phase propagierte Bild vom Erwachsenen, der sich seiner Lerninteressen im Prinzip gewiß und sicher ist, läßt sich nicht mehr aufrechterhalten. Die damals präferierte quantitative Motivations- und Adressatenforschung begünstigt eine technisch-rationalistische Vorstellung vom Erwachsenenlernen. Das Lernen Erwachsener wurde vorherrschend aus der systemischen Außenperspektive wahrgenommen. Die Ideologie zweckfreien Lernens, die in der Weimarer Volksbildung dominierte, wurde durch die Ideologie zweckhaft-verwendungsfixierten Erwachsenenlernens abgelöst. Dabei blieben gewisse Zwischenpositionen und Zwischenlagen, die die Realität des Erwachsenenlernens immer bestimmt haben, sowie die motivationale Emergenz von Bildungsaktivitäten weitgehend außer acht. Mögliche „edukative" Funktionen der Erwachsenenbildung wurden damals nicht nur aus der verengten lernpsychologischen Perspektive übersehen. Auch die expansiven Rahmenbedingungen der Arbeitsgesellschaft suggerierten eine Vorstellung vom Erwachsenenlernen, für welches im Gegensatz zur Schule eine klare Zielstellung gegeben sei, die durch eine außerpädagogische Verwendungs- und Anwendungsperspektive abgesichert ist.

Von all dem kann heute nur noch sehr bedingt die Rede sein. Die andauernde Krise der Arbeitsgesellschaft greift tief in die Lebensentwürfe der Erwachsenen ein. Die motivationalen Folgen der sozialstrukturellen Veränderungen sind nun nicht in einem nachlassenden Interesse an Bildung auszumachen. Es scheint vielmehr so zu sein, als enthielten die Teilnahmemotive ein größeres Moment an Probecharakter, als seien sie also vergleichsweise flüssiger und variabler geworden. Daraus folgt: Die Teilnahmemotive bedürfen heute der verstärkten pädagogischen Ansprache, um Plastizität zu erhalten. Dieser Aspekt des professionellen Orientierens und Förderns ist gemeint, wenn oben von den edukativen Aufgaben der Erwachsenenbildung geprochen wird (vgl. auch Groothoff 1972, 733). Mir scheint hier Heydorns (1980, 8) Bildungsansatz für die Erwachsenenbildung instruktiv, der besagt, daß Bildung „Aufklärung als anhebendes Wissen des Menschen um sich selbst" sei.

4.2 Revisionsbedürftiges Bild vom Erwachsenen

Das Bild vom Erwachsenen ist revisionsbedürftig. Die im ersten Teil meines Beitrags implizit aufgeworfene Frage nach dem Stellenwert des Erziehungsbegriffs für die Erwachsenenpädagogik steht in einem engen Bedingungszusammenhang mit einer erziehungswissenschaftlich angemessenen Vorstellung vom Erwachsenen. Nicht ergiebig ist ein überhöhter Erwachsenenbegriff, der die Idee der Mündigkeit mit dem Erwachsenensein kongruent setzt und der Mündigkeit vernehmlich als anthropologisches Korrelat aus dem Generationsverhältnis herleitet. Diese Arbeitshypothese scheint in der historischen Fassung des pädagogischen Verhältnisses vielfach durch. Hierdurch ist für uns heute die Idee vorbelastet, den Erziehungsbegriff neu zu fassen und auf die pädagogischen Bedürfnisse von Erwachsenen hin zu reflektieren. Es muß nicht besonders hervorgehoben werden, daß die moderne Entwicklungspsychologie sowie die Biographie- und Lebenslaufforschung dazu beigetragen haben, das tradierte Bild vom fertigen Erwachsenen mit einer gefundenen und sodann selbstverständlichen Lebensaufgabe zu entideologisieren (vgl. z. B. Alheit 1995).

Der ‚fertige Erwachsene' kann in der Tat nicht mehr das Leitmotiv abgeben, und zwar nicht etwa nur aufgrund der geforderten Flexibilität, so wie dies mein obiger Verweis auf das Weiterbildungsverhalten in der Arbeitsgesellschaft nahelegen könnte, sondern auch aufgrund pädagogischer Überlegungen, die ideengeschichtlich zu stützen wären. Dabei ist zunächst von der häufig anzustellenden Beobachtung auszugehen, daß Erwachsene zu funktionalistisch-verengten Selbstkonzepten neigen können. Diese Beobachtung bzw. dieser Umstand findet sicherlich einen Erklärungsgrund in der fortschrittskritischen These, daß der Prozeß des Erwachsenwerdens auch mit dem Verlust von Fähigkeiten, Kenntnissen, Erfahrungen und Gefühlen verbunden ist. Erwachsener in einer von systemischer Rationalität geprägten Gesellschaft zu sein, heißt somit häufig auch, die kindlichen Anteile wie beispielsweise Spontaneität im Selbst nicht genügend zulassen zu dürfen, sie weitgehend zu unterdrücken. Offensichtlich sind – wie die Arbeiten von Elias plausibel machen – mit dem Prozeß der Moderne Anteile im Erwachsenen zurückgedrängt und destruktiv bewertet worden, die anthropologisch gesehen zur Bandbreite des Erwachsenenseins gezählt werden müssen. Schulenberg hat auf eine solche Verengung im Hinblick auf die Problematik des Erwachsenenlernens mehrfach hingewiesen.

Entsprechende Tendenzen in der Erwachsenenbildung gegensteuern zu wollen, muß nicht auf ein Plädoyer für mehr gruppendynamische Angebote hinauslaufen. Man muß hier aber mindestens daran erinnern, daß das von Schulenberg vermißte „Lernen des Lernens“ als ein erziehungsmethodisch relevantes Bildungsziel am Ursprung der Pädagogik als Wissenschaft stand: Pädagogik wollte immer auch ein Moment von Aufklärung sein. Und Schleiermachers Bestimmung, die Gegenwart solle nicht der Zukunft wegen geopfert werden, zielt ja gerade darauf, oder im Sinne der Freiheit, sich durch seine eigene Vernunft leiten zu lassen. Wenn eben dieses Motiv durch primäre, sekundäre oder tertiäre Sozialisation destruiert wird, bietet möglicherweise gerade die Erwachsenenbildung die Chance, derartige Bildungsimpulse wieder freizusetzen, und zwar dieser ihrer edukativen Aufgabe folgend.

Literatur

Alheit, Peter: „Biographizität“ als Lernpotential: Konzeptionelle Überlegungen zum biographischen Ansatz in der Erwachsenenbildung. In: Krüger, Heinz-Hermann/ Marotzki, Winfried (Hrsg.): Erziehungswissenschaftliche Biographieforschung. Opladen 1995, 276–307.

Arnold, Rolf/Siebert, Horst: Konstruktivistische Erwachsenenbildung. Hohengehren 1995.

Breloer, Gerd: Aspekte einer teilnehmerorientierten Didaktik der Erwachsenenbildung. In: Breloer, Gerd/Dauber, Heinrich/Tietgens, Hans: Teilnehmerorientierung und Selbststeuerung in der Erwachsenenbildung. Braunschweig 1980, S. 8–112.

Brödel, Rainer: Erwachsenenpädagogisches Wissen über Dropout. In: In Bewegung – Dimensionen der Veränderung von Aus- und Weiterbildung. Festschrift für Joachim Dikau zum 65. Geburtstag. Bielefeld 1994, S. 51–66.

Borinski, Fritz: Der Weg zum Mitbürger. Düsseldorf 1954.

Dewe, Bernd: Das Professionswissen von Weiterbildnern: Klientenbezug – Fachbezug. In: Combe, Arno/Helsper, Werner (Hrsg.): Pädagogische Professionalsität. Frankfurt/Main 1996, S. 714–757.

Dewe, Bernd/Ferchhoff, Wilfried/Radtke, Frank-Olaf: Das „Professionswissen“ von Pädagogen. In: dieselben: Erziehen als Profession. Opladen 1992, S. 70–91.

Doerry, Gerd: Politische Erwachsenenbildung unter den Bedingungen der Nachkriegszeit – Fritz Borinskis Wirken 1942–1956. In: Drewek, Peter/Horn, Klaus-Peter/Kersting, Christa/Tenorth, Heinz-Elmar (Hrsg.): Ambivalenzen der Pädagogik. Weinheim 1995, S. 237–257.

Erdmann, Lothar: Besprechung von „Hohenrodter Bund: Die Deutsche Schule für Volksforschung und Erwachsenenbildung- Das erste Jahr.

Stuttgart 1927". In: Die Arbeit. Zeitschrift für Gewerkschaftspolitik und Wirtschaftskunde, Heft 9, 1927, S. 641–644.
Flitner, Wilhelm: Erwachsenenbildung. In: Erlinghagen, Karl/Flitner, Andreas/Herrmann, Ulrich (Hrsg.): Wilhelm Flitner – Gesammelte Schriften, Bd. 1., Paderborn 1982, S. 81–96.
Flitner, Wilhelm: Die Reformpädagogik und ihre internationalen Beziehungen. In: Internationale Zeitschrift für Erziehungswissenschaft. 1. Jg., 1931/32, S. 30–57.
Friedenthal-Haase, Martha: Erwachsenenbildung im Prozeß der Akademisierung. Frankfurt/Main 1991.
Geißler, Georg: Autonomie der Pädagogik und Erwachsenenbildung. In: Becker, Heinrich/Narciß, Georg Adolf/Mirbt, Rudolf (Hrsg.): Handwörterbuch des deutschen Volksbildungswesens. 2. Lieferung. Breslau 1933, S. 214–221.
Gieseke, Wiltrud: Der Habitus von Erwachsenenbildnern. In: Combe, Arno/Helsper, Werner (Hrsg.): Pädagogische Professionalität. Frankfurt/Main 1996, S. 678–713.
Gieseke, Wiltrud: Der Erwachsenenpädagoge. In: Lenzen, Dieter (Hrsg.): Erziehungswissenschaft. Ein Grundkurs. Reinbek 1994, S. 282–313.
Groothoff, Hans-Hermann: Erziehung. In: Ritter, Joachim (Hrsg.): Historisches Wörterbuch der Philosophie, Bd. 2. Basel 1972, S. 733–735.
Groothoff, Hans-Hermann: Die Frage nach der Möglichkeit und nach der Aufgabe einer pädagogischen Theorie der Erwachsenenbildung. In: Ritters, Claus (Hrsg.): Theorien der Erwachsenenbildung. Weinheim 1968, S. 45–62.
Groothoff, Hans-H. (Hrsg.): Pädagogik. Frankfurt/Main 1964.
Heller, Hermann: Freie Volksbildungsarbeit. Grundsätzliches und Praktisches vom Volksbildungsamte der Stadt Leipzig. Leipzig 1924.
Henningsen, Jürgen: Der Hohenrodter Bund. Zur Erwachsenenbildung in der Weimarer Zeit. Heidelberg 1958.
Hermes, Gertrud: Die geistige Gestalt des marxistischen Arbeiters und die Arbeiterbildungsfrage. Tübingen 1927.
Heydorn, Hans-Joachim: Ungleichheit für alle: Zur Neufassung des Bildungsbegriffs. Bildungstheoretische Schriften, Bd. 3. Frankfurt/Main 1980.
Honigsheim, Paul: Jugend-, Erwachsenen- und Volksbildung im Rheinland und Westfalen. Berlin (Sonderdruck) 1927.
Hornig, Kurd: Der Volkshochschul-Lehrer. Diss. phil., Köln 1931.
Kade, Jochen: Erwachsenenbildung und Identität. Weinheim 1989.
Kürzdörfer, Klaus: Erwachsenenbildung. Geschichtliche und aktuelle Probleme. In: Brinkmann, Wilhelm/Renner, Karl (Hrsg.): Die Pädagogik und ihre Bereiche. Paderborn 1982, S. 439–454.
Kluge, Norbert (Hrsg.): Das Pädagogische Verhältnis. Darmstadt 1973.
Laack, Fritz: Das Zwischenspiel freier Erwachsenenbildung. Hohenrodter Bund und Deutsche Schule für Volksforschung und Erwachsenenbildung in der Weimarer Epoche. Bad Heilbrunn 1984.

Lochner, Rudolf: Entfaltung der Gemeinschaft – Eine Lehre von den Grundlagen und Zielen der Volksbildung. Frankfurt/Main 1930.
Mollenhauer, Klaus: Theorien zum Erziehungsprozeß. München 1972.
Mollenhauer, Klaus/Rittelmeyer, Christian: Einige Gründe für die Wiederaufnahme ethischer Argumentation in der Pädagogik. In: Zeitschrift für Pädagogik, 15.Beiheft. Weinheim 1978, S. 79–85.
Nuissl, Ekkehard: Lernökologie. In: Faulstich, Peter u. a.: Weiterbildung für die 90er Jahre. Weinheim 1992, S. 92–110.
Peters, Roswita: Was soll ich tun? Zum Problem einer ethisch orientierten Bildungsarbeit. In: Landesverband der Volkshochschulen Nordrhein-Westfalens (Hrsg.): Handbuch Weiterbildung. Dortmund 1994, S. 436–450.
Planungskommission Erwachsenenbildung und Weiterbildung des Kulturministers des Landes Nordrhein-Westfalen: Erwachsenenbildung – Weiterbildung. Erster Bericht dieser Kommission. Ratingen 1972.
Schulenberg, Wolfgang: Soziologische Aspekte der Legitimationsproblematik in der Erwachsenenbildung. In: Olbrich, Josef (Hrsg.): Legitimationsprobleme in der Erwachsenenbildung. Stuttgart 1980, S. 18–34.
Schulenberg, Wolfgang: Erwachsenenbildung. In: Groothoff, Hans-Hermann (Hrsg.): Pädagogik. Frankfurt/Main 1964, S. 65–74.
Schulenberg, Wolfgang: Ansatz und Wirksamkeit der Erwachsenenbildung. Stuttgart 1957.
Schulze, Theodor: Der Ort der Erwachsenenbildung im Gesamtbildungssystem. In: Meissner, Kurt/Mertineit, Walter/Schulze, Theodor: Erwachsenenbildung heute. Kiel 1970, S. 49–79.
Siebert, Horst: Didaktisches Handeln in der Erwachsenenbildung. Didaktik aus konstruktivistischer Sicht. Neuwied 1996.
Siebert, Horst: Das Selbstverständnis der Erwachsenenbildung und ihrer Wissenschaft. In: Ruprecht, Horst/Sitzmann, Gerhard-H. (Hrsg.): Erwachsenenbildung als Wissenschaft. Weltenburger Akademie 1976, S. 5–24.
Tenorth, Heinz-Elmar: Profession und Disziplin. Zur Formierung der Erziehungswissenschaft. In: Krüger, Heinz-Hermann/Rauschenbach, Thomas (Hrsg.): Erziehungswissenschaft. Die Disziplin am Beginn einer neuen Epoche. Weinheim 1994, S. 17–28.
Tietgens, Hans: 25 Jahre Pädagogische Arbeitsstelle 1957–1982. Mit einem Rückblick auf die „Deutsche Schule für Volksforschung und Erwachsenenbildung“ 1927–1933. Frankfurt/Main 1982.
Tietgens, Hans: Lernen mit Erwachsenen. Braunschweig 1967.
Weinberg, Johannes: Lernen Erwachsner. In: Raapke, Hans-Dietrich/Schulenberg, Wolfgang (Hrsg.): Didaktik der Erwachsenenbildung. Stuttgart 1985, S. 32–43.
Weniger, Erich: Volksbildung im Lichte der Soziologie und Pädagogik. In: Bücherei und Bildung, 7. Jg., 1955, S. 413–420.
Weniger, Erich: Zur Geistesgeschichte und Soziologie der pädagogischen Fragestellung. (1936). In: Röhrs, Hermann (Hrsg.): Erziehungswissenschaft und Erziehungswirklichkeit. Frankfurt/Main 1964, S. 346–362.

Weniger, Erich: Theorie und Praxis der Erziehung. (1929). In: derselbe: Die Eigenständigkeit der Erziehung in Theorie und Praxis. Weinheim 1957, 1. Aufl., S. 7–22.

Weniger, Erich: Volksbildung als Beruf. (1951). In: derselbe: Die Eigenständigkeit der Erziehung in Theorie und Praxis. Weinheim 1957, 1. Aufl., S. 511–520.

Weniger, Erich: Einführung. In: N. F. S. Grundtvigs Volkshochschule. Kleine Pädagogische Texte, Heft 9, Hrsg.: Blochmann, Elisabeth/Nohl, Hermann, Weniger, Erich. Langensalza 1930, S. 3–40.

Weymann, Ansgar (Hrsg.): Handbuch für die Soziologie der Weiterbildung. Darmstadt 1980.

Winkler, Erich: Zur Methodik der Arbeiterbildung. In: Gewerkschafts-Archiv, 4. Jg., 1927, Bd. VII, 57–71.

Geisteswissenschaftliche Didaktik

Gabriele Weigand

„Was man im allgemeinen unter Didaktik versteht, ist als bekannt vorauszusetzen." Dieser Satz, der den bekannten Anfang der Vorlesungen Schleiermachers aus dem Jahre 1826[1] abwandelt, trifft für die Didaktik ebenso zu, wie es Schleiermacher für die Erziehung formuliert hat. Auch in der Didaktik geht es ursprünglich[2] um einen Bereich, der bereits vor jeder Theorie vorhanden ist, nämlich im weitesten Sinn um das Lehren auf der einen und das Lernen auf der anderen Seite. Bei oberflächlicher Betrachtung könnte man Schleiermachers Satz auch durchaus wörtlich nehmen. Denn schaut man etwa nur in einer pädagogischen Datenbank unter dem Stichwort „Didaktik" nach, so werden weit über tausend Literaturangaben geliefert. Aber trotz der Vielzahl an Publikationen herrscht keineswegs Klarheit darüber, was unter Didaktik im allgemeinen und unter geisteswissenschaftlicher Didaktik im besonderen zu verstehen sei.

Die folgenden Ausführungen beschäftigen sich, nach einem kurzen Blick in die Geschichte der Didaktik, zunächst mit den Grundlagen und Kennzeichen sowie dem Bildungsbegriff der geisteswissenschaftlichen Didaktik, wie sie insbesondere von Herman Nohl und Erich Weniger in den 20er Jahren dieses Jahrhunderts etabliert und später ausgebaut wurde. Diese didaktische Theorie war nicht nur in den folgenden Jahrzehnten maßgebend, sondern sie reicht bis in die gegenwärtige didaktische Diskussion hinein. Die Fortführung und Weiterentwicklung der geisteswissenschaftlichen Tradition, die vor allem durch Wolfgang Klafki erfolgt ist, wird anschließend dargestellt. In einem dritten Teil wird eine hermeneutische Theorie des Lernens betrachtet, jene Seite der geisteswissenschaftlichen Didaktik, die lange Zeit gegenüber dem Bereich der Inhalte und Ziele des Lehrens und Lernens sowie der Theorie der Bildung vernachlässigt worden ist.

In der deutschen Pädagogik haben die „Didactici" Wolfgang Ratke (1571–1635) und Johann Amos Comenius (1592–1670) dem Begriff

---

[1] Fr. Schleiermacher, Pädagogische Schriften. Erster Band: Die Vorlesungen aus dem Jahre 1926. Hrsg. v. Erich Weniger, Düsseldorf und München 1957, 21966.

[2] Etymologisch stammt das Wort von dem altgriechischen Verb „didaskein" und bedeutet soviel wie lehren und unterweisen.

‚Didaktik' erstmals genauere Bedeutung verliehen und ihn inhaltlich als Lehrkunst präzisiert: „Alle alles gründlich zu lehren" („Omnes omnia omnino doceantur") ist die pädagogogische Vorgabe in Comenius' pädagogischen Hauptwerken „Didactica magna" und „Pampaedia"[3]. In diesem Satz ist zunächst der ganze Rahmen abgesteckt, in dem sich die pädagogische Diskussion um die Didaktik bis heute bewegt: „zwischen Unterrichtstechnologie und Bildungstheorie" (Schaller 1995, S. 47). Wie Klaus Schaller (1995) überzeugend darlegt, ging es Comenius in seinen früheren Schriften in der Tat um die Frage, „wie irgendeiner irgendeinen irgendetwas möglichst effektiv lehren könne" (zit. nach Schaller 1995, S. 47). In seinen späteren Werken, zu denen auch die beiden pädagogischen Hauptwerke gehören, distanziert sich Comenius dann allerdings von diesem technologisch ausgerichteten Didaktikbegriff und entwickelt ein Verständnis von Didaktik im Horizont seines pansophischen Weltverständnisses. Als Inhalte des Lehrens und Lernens gelten fortan nicht mehr alle beliebigen Inhalte, sondern nur noch solche, die der „Verbesserung der menschlichen Verhältnisse" dienen. Wissen und gewissenhaftes Handeln stehen somit im Zusammenhang.

Johann Friedrich Herbart (1776–1841) bezog Didaktik zwar stärker auf den Unterricht, behielt aber die enge Verbindung von Unterricht und Erziehung, von der „Vielseitigkeit des Interesses" und der „Charakterstärke der Sittlichkeit" bei.[4] Während die Herbartianer seine Theorie zu einem System anwendbarer Regeln erstarren ließen, ordnete Otto Willmann (1839–1920)[5] Pädagogik als Theorie der Erziehung und „Didaktik als Bildungslehre" einander wieder gleichberechtigt zu. Josef Derbolav bezeichnet die Didaktik gar als das „Herzstück" der Pädagogik und weist ihr – im Rückbezug auf die ursprüngliche, in der Antike wurzelnde und auch bei Comenius bedeutsame Einheit der Vermittlung von Wissen und Gewissensbildung – eine „Versöhnungsfunktion" von Unterricht und Erziehung zu. In diesem Sinne, wenn auch mit unterschiedlichen Akzentuierungen, läßt sich auch die hier zu behandelnde geisteswissenschaftliche Didaktik verstehen.

---

[3] Comenius, Didactica magna, 1657, 1957, 1992; 1657 als erster Teil seiner „Opera didactica omnia" erschienen. Dt.1982. Pampaedia, als vierter Teil des Alterswerks „De rerum humanarum emendatione consultatio catholica" erschienen. Dt. 1991; vgl. weiterhin: Comenius 1993 sowie Schaller 1995.

[4] Vgl. J. F. Herbart, Allgemeine Pädagogik aus dem Zweck der Erziehung abgeleitet. Hg. v. H. Holstein, Bochum 1965, [4]1975.

[5] Otto Willmann, Didaktik als Bildungslehre, 2 Bände, 1882–1889, [6]1957.

Grundlagen und Kennzeichen der geisteswissenschaftlichen Didaktik

Herman Nohl als einer der Mitbegründer geisteswissenschaftlicher Pädagogik hat keine eigene, in sich abgeschlossene didaktische Theorie entwickelt, wohl aber sein Schüler Erich Weniger[6]. Mit einer „Theorie der Bildungsinhalte und des Lehrplans"[7] begründete Weniger einen eigenen didaktischen Ansatz, der als Ausgangspunkt der geisteswissenschaftlichen Didaktik gelten kann. Weniger hat seine Didaktik selbst wissenschaftstheoretisch eingeordnet: „In dem Zusammenhang der pädagogischen Bewegung und der erneuerten Wissenschaftstheorie ist es ... angelegt, daß eine solche Didaktik nur eine geisteswissenschaftliche sein kann" (Weniger 1975, S. 199).

Die geisteswissenschaftliche Didaktik läßt sich im wesentlichen durch vier Gesichtspunkte kennzeichnen. Sie nimmt erstens ihren Ausgang von der „Erziehungswirklichkeit", von der Vorgegebenheit eines „Lehrgefüges" (ebd. S. 199f)[8], das heißt also von der vorgegebenen Unterrichtssituation in der Schule. „Der wahre Ausgangspunkt für eine allgemeingültige Theorie der Erziehung", schreibt Nohl, „ist die Tatsache der Erziehungswirklichkeit als eines sinnvollen Ganzen" (Nohl ^{3}1949, S. 119). Dahinter verbirgt sich die Ablehnung der in älteren normativen Systemen vorhandenen Annahme, daß der Gesamtzusammenhang von einer bestimmten Idee oder von wenigen grundlegenden Postulaten ableitbar sei. Geisteswissenschaftliche Didaktik wendet sich entschieden gegen alle normativen Vorgaben.

Als zweites und eng damit verknüpftes Merkmal ergibt sich die durchgängig geschichtliche Auffassung von ‚Wirklichkeit' und

---

6 Weniger wurde Ende der 1920er Jahre von Herman Nohl aufgefordert, für den Band III des von ihm und Ludwig Pallat herausgegebenen ‚Handbuchs der Pädagogik' (Langensalza 1930), der die „Allgemeine Didaktik und Erziehungslehre" umfaßt, den einleitenden und grundlegenden Beitrag zu schreiben: „Die Theorie des Bildungsinhalts". Dieser Beitrag erschien 1952 in erweiterter und überarbeiteter Fassung als selbständiges Buch mit dem Titel: Didaktik als Bildungslehre. Teil I: „Die Theorie der Bildungsinhalte und des Lehrplans." 1960 veröffentlichte Weniger als Teil II der Schrift: „Didaktische Voraussetzungen der Methode in der Schule" (erstmals 1927). Den Zugang zur Didaktik fand Weniger über die Fachdidaktik, und zwar mit seiner Habilitationsschrift „Die Grundlagen des Geschichtsunterrichts" von 1926.

7 So der Titel der Fassung von 1952, abgedruckt in: Erich Weniger, Ausgewählte Schriften zur geisteswissenschaftlichen Pädagogik. Weinheim/Basel 1975. Nach dieser Ausgabe wird im folgenden zitiert.

8 vgl. auch Weniger: Die Theorie des Bildungsinhalts. In: Nohl/Pallat (Hrsg.) 1930, S. 8–10.

‚Praxis' (Weniger 1975, S. 203f). Alle erzieherischen, pädagogischen und didaktischen Sachverhalte werden als historische betrachtet und sind damit zeitlichen Veränderungen unterworfen. Aufgrund der Absage an ein absolut gültiges oder allgemein anerkanntes System von Normen und Werten, die in Schule und Unterricht vermittelt werden sollen, sind didaktische Entscheidungen etwa über Auswahl und Anordnung von Lehr- und Lerninhalten und -zielen jeweils geschichtliche Entscheidungen unter bestimmten gesellschaftspolitischen Bedingungen.

Ein drittes Merkmal geisteswissenschaftlicher Didaktik besteht in der „Komplexität" des didaktischen Feldes. Didaktische Theorie bezieht sich nicht nur auf isolierte Ausschnitte der Lehr- und Lernwirklichkeit, sondern versucht, diese in ihrem komplexen geschichtlich-gesellschaftlichen Zusammenhang zu erfassen. „Die Didaktik unterwirft die(se) Gesamtheit des unterrichtlichen Geschehens ihrer Betrachtung" (Weniger 1975, S. 199). Das bedeutet auch, daß Didaktik in der Regel die Methodik als Teildisziplin einschließt[9]. Entsprechend dieser weiteren Begriffsbestimmung von Didaktik wurden die beiden didaktischen Hauptschriften von Erich Weniger, die „Theorie der Bildungsinhalte und des Lehrplans" und „Didaktische Voraussetzungen der Methode in der Schule", komplementär in einer zweiteiligen „Didaktik als Bildungslehre" zusammengefaßt[10]. Auch Wilhelm Flitner betont die Notwendigkeit einer „Theorie des pädagogischen Weges" (Flitner 1930) im Sinne einer methodischen Erschließung der Bildungsinhalte.

Das vierte Kennzeichen geisteswissenschaftlicher Didaktik schließlich bezieht sich auf das Verhältnis von Theorie und Praxis. Geisteswissenschaftliche Theoriebildung erfolgt in Wechselbeziehung mit der Praxis. Das Theorie-Praxis-Verhältnis wäre allerdings falsch verstanden, wollte man es im Sinne einer bloß anwendbaren Rezeptpädagogik begreifen. Erich Weniger verdeutlicht dies folgendermaßen: „Es wäre ein Mißverständnis, daß das pädagogische Tun von der Theorie bestimmt und vorgeschrieben werden könnte" (Weniger 1975, S. 208). Und weiter: „Die Theorie ist ... ein Bestandteil der Praxis, und zwar nicht nur so, daß sie in ihrer

[9] Eine andere Position bezieht beispielsweise Josef Derbolav, der die Methodik nicht als Teil der Didaktik sieht: „Didaktik hat es ... mit den Bildungsgehalten zu tun und nicht mit der Art ihres Beibringens, dem Wie ihrer Vermittlung, das in die Kompetenz der sog. Methodik fällt." (1970, S. 32f.)

[10] Vgl. Weniger, Didaktik als Bildungslehre. Teil 1: Theorie der Bildungsinhalte und des Lehrplans (1952); ders., Didaktik als Bildungslehre, Teil 2: Didaktische Voraussetzungen der Methode in der Schule (1960).

Fragestellung auf die Erziehungswirklichkeit bezogen ist, sondern auch in ihrem Willen, die Praxis voranzutreiben, in ihrer finalen Energie, wie Nohl das genannt hat" (ebd., S. 210). Die didaktische Theoriebildung erfolgt also einerseits in einem stufenweisen Aufbau ausgehend von dem konkreten Handeln des ‚Praktikers' über dessen Reflexion bis hin zur wissenschaftlichen Analyse und Kritik. Andererseits soll die Theorie wiederum der Verbesserung der Praxis dienen, das heißt didaktische Forschung und Theorie werden als aufklärende Entscheidungshilfen für die praktizierenden Lehrer bei der Bewältigung ihrer konkreten Aufgaben und Probleme im Unterricht verstanden[11]. Erich Weniger verlangt demzufolge auch vom Lehrer „ein Mindestmaß didaktischer Besinnung, Besinnung auf das gesamte Gefüge des Lehrvorgangs". Dabei ist die „Grundeinsicht der geisteswissenschaftlichen Didaktik ..., daß diese Grundbesinnung nicht aus dem in der Praxis Vorgefundenen allein bestritten werden kann" (ebd., S. 208). Folglich forderte Weniger bereits 1930 die Integration der Didaktik in die Lehreraus- und -weiterbildung, denn zum einen muß „didaktische Besinnung schon vor dem Beginn der Erziehertätigkeit einmal stattgefunden haben" (ebd., S. 208), und zum anderen will Didaktik „der Freiheit der Entscheidung ... dienen, die gerade in solcher Besinnung gesichert werden soll" (ebd., S. 210f.). Derbolav drückt Ähnliches auf seine Weise aus: Die wissenschaftliche Durchdringung des didaktischen Feldes zielt „auf nichts anderes ab als darauf, dem Vollzugsbewußtsein des didaktischen Tuns ein kritisches Selbstbewußtsein über sein Natur, seine Voraussetzung, Möglichkeiten, Ziele und Grenzen zu geben" (Derbolav 1970, S. 34).
Der historisch-hermeneutische Ansatz zielt auf diesen Zusammenhang von Theorie und Praxis und entspricht dem Verständnis von geisteswissenschaftlicher Pädagogik generell und der Didaktik im besonderen: Didaktik wird nicht als eine rein theoretische Disziplin verstanden, sondern als Wissenschaft von der Praxis für die Praxis. Diese Intention der geisteswissenschaftlichen Didaktik, „engagierte Theorie" zu sein, „hermeneutisch-pragmatisch" zu verfahren, wie es Wilhelm Flitner[12] später genannt hat, ist in der erziehungswissenschaftlichen Diskussion der 1960er Jahre fragwürdig geworden. In dem Bemühen um einen höheren Grad an Rationalität, an exakter empirischer Forschung und überprüfbarer Sicherung der Ergebnisse didaktischer Forschung, angesichts der Forderung nach Operationalisierbarkeit der Lehr- und Lern-

[11] Vgl. Weniger, Theorie und Praxis in der Erziehung, in: ders. 1952, S. 7–22.
[12] W. Flitner ^{4}1966, S. 22ff.

prozesse hat man die „Geisteswissenschaftliche Pädagogik am Ende ihrer Epoche" (Dahmer/Klafki 1968) gesehen, eine zumindest voreilige Einschätzung, wie die folgende Entwicklung gezeigt hat[13].

Zum Bildungsbegriff der geisteswissenschaftlichen Didaktik

Die zentrale Kategorie nicht nur der didaktischen Konzeption Wenigers, sondern der geisteswissenschaftlichen Didaktik überhaupt ist der Bildungsbegriff, demzufolge sie auch in die sogenannten bildungstheoretischen „Theorien und Modelle der Didaktik" (Blankertz 1969) – neben den informations- oder lerntheoretischen Modellen – eingeordnet wird[14].
Im Gegensatz zu vielen Vertretern der Reformpädagogik, die sich schwerpunktmäßig auf Methodenfragen konzentrierten – wie z. B. den Arbeitsunterricht, den freien Text und die Schuldruckerei, das Unterrichtsgespräch usw. –, und auch zu manchen „eifrigen Didaktikern" (von Hentig 1993, S. 160) der Gegenwart, liegt das Hauptinteresse der geisteswissenschaftlichen Didaktik nicht in erster Linie auf der Frage des Wie, also auf der Methode als der Theorie der Erziehungs- und Unterrichtsformen und -wege, sondern auf den Fragen des Wozu und des Was, und damit geraten der Begriff der Bildung[15] sowie die Fragen nach den Bildungszielen und -inhalten in den Mittelpunkt. Gleichwohl ist nicht jede bildungstheoretische Didaktik auch eine geisteswissenschaftliche im strengen Sinn. Der entscheidende Unterschied etwa zu bildungstheoretischen Konzeptionen, die stärker philosophisch ausgerichtet sind, ergibt sich dadurch, daß der Bildungsbegriff der geisteswissen-

[13] Vgl. dazu auch die Re-Vision der Weniger-Gedenkschrift: Tradition und Transformation der geisteswissenschaftlichen Pädagogik. Hg. von D. Hoffmann und K. Neumann. Weinheim 1993.

[14] Während Blankertz in seinem didaktischen Standardwerk „Theorien und Modelle der Didaktik" [1]1969, [9]1975) noch drei, nämlich bildungstheoretische, informationstheoretische und lerntheoretische Modelle unterschieden hat (vgl. dagegen Jank/Meyer 1991, [3]1994 mit ihrer Unterscheidung in bildungstheoretische, lehrtheoretische und dialektisch orientierte Didaktik)), werden bei Ruprecht (1979) und Peterßen (1983) vier, bei Kron (1993, S. 336) dagegen 13 verschiedene Richtungen, Perspektiven oder Ansätze einer Didaktik aufgeführt.

[15] Zum Bildungsbegriff allgemein sowie in in seinen pädagogischen und philosophischen Ursprüngen und Ausprägungen siehe die prägnanten Beiträge „Theorie der Bildung" v. Winfried Böhm und „Zur Geschichte der abendländischen Bildung v. Th. Ballauff (beide abgedr. in: Böhm/Lindauer 1988) sowie den einschlägigen Artikel „Bildung" von E. Lichtenstein (1971).

schaftlichen Didaktik, wie bereits dargelegt, der Geschichtlichkeit unterworfen ist.

Dennoch gibt es eine wichtige gemeinsame Grundlage aller bildungstheoretisch ausgerichteten Didaktiken. Sie besteht im pädagogischen Bezug als dem bildenden Verhältnis zwischen Erzieher und Kind, Lehrer und Schüler[16]. Herman Nohl hat diesen Begriff in die pädagogische Fachsprache eingeführt[17] und bestimmt: „Die Grundlage der Erziehung ist also das ... Verhältnis eines reifen Menschen zu einem werdenden Menschen, und zwar um seiner selbst willen, daß er zu seinem Leben und seiner Form komme" (Nohl ³1949, S. 134). Diese ‚Form' ist auch das Ergebnis der durch den Erzieher vermittelten Begegnung mit einem Bildungsgut[18]. In diesem Sinne geht die geisteswissenschaftliche Didaktik in ihrer klassischen Ausformung bei Nohl und Weniger von einem Bildungsbegriff aus, der auf dem Doppelprozeß von materialer und formaler Bildung beruht. In ihm sind die seit dem Ende des 18. Jahrhunderts vorherrschenden polaren Bildungsauffassungen überwunden, die entweder „material" – in bezug auf die Inhalte – oder „formal" – mit Blick auf den Schüler – ausgerichtet waren. Weniger ist sich zwar mit Nohl darin einig, daß „der formale Gesichtspunkt ... der eigentlich pädagogische" ist (Nohl ³1949, S. 144 f.); denn formale Bildung bedeutet – im Sinne Wilhelm von Humboldts – die harmonische Entfaltung aller Kräfte des Menschen. Dadurch wird diese Bildungstheorie zum Anwalt des Kindes bzw. Schülers gegenüber den Ansprüchen der ‚objektiven Mächte'. Dennoch sind sich die geisteswissenschaftlichen Didaktiker darin einig, daß „formale Bildung immer an bestimmten Inhalten und Gehalten gewonnen werden muß" (Weniger 1975, S. 249)[19].

---

[16] Vgl. auch den einschlägigen Artikel im „Wörterbuch der Pädagogik" von Winfried Böhm (1988, S. 452).

[17] H. Nohl, Der pädagogische Bezug und die Bildsamkeit, in: ders. ³1949, S. 130 ff.

[18] Heinrich Roth plädiert in seinem geradezu klassisch gewordenen Aufsatz über die „‚originale Begegnung' als methodisches Prinzip" des Unterrichts (in: ders. 1957, ¹⁴1973, S. 109–117) ganz in diesem Sinne für die „Herbeiführung einer fruchtbaren Begegnung zwischen Kind oder Jugendlichem und einem ausgewählten Auschnitt der ... Welt" (Roth, ¹⁴1973, S. 109). Auch die von Friedrich Copei, einem Schüler Eduard Sprangers, bereits im Jahre 1930 veröffentlichte Untersuchung über den „fruchtbaren Moment im Bildungsprozess" (Heidelberg 1950, ⁴1958) hat nichts an Aktualität verloren.

[19] Vgl. auch Nohl, Die Bildung als pädagogisches Werk In: ders. ³1949, S. 140 – 145; Litt, Führen oder Wachsenlassen, insbes. S. 57 ff.; Reble, Erziehung und Schule im Spannungsfeld von Motivation und Innovation. In: Reble (1995), insbes. S. 349–353.

Damit stellt sich die Frage nach der Auswahl der „Bildungsgüter", nach dem, was im Unterricht vermittelt werden soll, und den Entscheidungsträgern, den „gestaltenden Kräften". Diese Frage hat insbesondere Weniger dazu veranlaßt, seine didaktische Theorie im wesentlichen auch als Lehrplantheorie zu entwickeln. Er erklärt Lehrpläne als das Ergebnis des Kampfes gesellschaftlicher Mächte – dazu zählt er Kirche, Philosophie, Wissenschaften usw. –, wobei er dem Staat in seiner ersten Fassung der „Theorie des Bildungsinhalts" (1929) eine doppelte Aufgabe zuweist: als Macht unter Mächten und als Organisator und Garant eines demokratisch-öffentlichen Bildungswesens: „Träger des Lehrplans und regulierender Faktor ist, seit es Lehrpläne im modernen Sinn gibt und bis zur Gegenwart hin, der Staat." (Weniger 1930, S. 23). Nach den Erfahrungen des Nationalsozialismus hat sich Weniger allerdings von der Auffassung der zentralen Stellung des Staates distanziert, und er betont in dem 1953 erschienenen Aufsatz „Der Erzieher und die gesellschaftlichen Mächte"[20], daß die „Bildungsmächte" selbst der „Eigenständigkeit der Erziehung" bedürften (Weniger 1952).

Problematisch erscheint Wenigers Auffassung, daß ein „Bildungsideal" (Weniger 1930, S. 34ff.) die notwendige Voraussetzung für die Gestaltung eines Lehrplans und für die verantwortliche Bildungsarbeit sei. Theodor Litt hat dieses Konzept – und hierin sieht er sich mit E. Spranger, H. Nohl und A. Fischer einig – bereits 1927 in seinem Buch „Führen oder Wachsenlassen" kritisch betrachtet, insofern er jede Ausrichtung des Bildungsziels an einem Ideal als illegitimen Vorgriff auf die Zukunft des jungen Menschen, als Beschränkung seiner zukünftigen freien Entscheidung erachtete[21]. Weniger hat sich später auch selbst von den Vorstellungen distanziert, daß das Ziel der Bildungsbemühungen die „Persönlichkeit" sei[22].

Es herrscht heute wohl weitgehend Übereinstimmung darin, daß es für eine an verbindlichen Zielen orientierte inhaltliche Konzeption eines Lehrplans keines „gemeinsamen Bildungsideals" bedarf. Dagegen wird allerdings recht heftig über eine „neue Form von ‚allgemeiner Bildung'" (Weniger 1975, S. 291) diskutiert[23]. Zu

---

[20] Veröffentlicht in: Westermanns Pädagogische Beiträge, 5. Jg., 1953, S. 4f.; wieder abgedruckt in: Weniger, 1990, S. 94 – 105, hier bes. 102f.

[21] Vgl. Litt, 1929, [13]1967, S. 30–36 und S. 48–62.

[22] Vgl. Weniger, Bildung und Persönlichkeit, in: Die Sammlung, 6. Jg., 1954, Heft 4, S. 216 – 229.

[23] Vgl. etwa den von J.-E. Pleines (1987) herausgegebenen Sammelband „Das Problem des Allgemeinen in der Bildungstheorie". Darin sind Beiträge von D. Ben-

dieser Diskussion hat auch Wolfgang Klafki einen wichtigen Beitrag geleistet.

Die Entwicklung der geisteswissenschaftlichen Didaktik zur kritisch-konstruktiven Theorie bei Wolfgang Klafki

Mit der Forderung nach einer „realistischen Wendung“ (Heinrich Roth 1966) hat sich die bis dahin erziehungsphilosophisch und geisteswissenschaftlich ausgerichtete Pädagogik den Erfahrungswissenschaften geöffnet. In den 1970er Jahren kam die Rezeption der Kritischen Theorie und des symbolischen Interaktionismus dazu. Damit hat sich auch für die didaktische Forschung eine Methodenvielfalt ergeben, ohne daß jedoch die historisch-hermeneutische Denktradition aufgegeben wurde.
Deutlich zeigt sich diese Entwicklung in der didaktischen Position von Wolfgang Klafki. Für ihn ist die kritisch-konstruktive Didaktik die „notwendige“ Weiterentwicklung (⁵1996, S. 84) seines früheren, im Anschluß an Erich Weniger entwickelten geisteswissenschaftlichen Ansatzes. 22 Jahre nach der ersten Veröffentlichung der noch ganz der geisteswissenschaftlichen Tradition verhafteten „Studien zur Bildungstheorie und Didaktik“ (1963, ¹⁰1975) legte Klafki 1985 seine „Neuen Studien“[24] vor. Bereits die ähnlichen Buchtitel zeigen, daß die Grundmotive und Grundprinzipien der geisteswissenschaftlichen Pädagogik und Didaktik sowie ihr historisch-hermeneutischer Ansatz auch in den neuesten, inhaltlich und methodisch umfassenderen Entwurf als „unverzichtbare Momente“ eingehen. Der Bildungsbegriff bleibt auch weiterhin die zentrale Kategorie, und zwar aus einem systematischen und einem historischen Grund. Systematisch gesehen, so betont Klafki, ist eine zentrale, orientierende Kategorie, wie sie der Bildungsbegriff darstellt, notwendig, „wenn die praktisch-pädagogischen Bemühungen und die sie aufklärenden und begründenden theoretischen Untersuchungen und Reflexionen nicht in ein beziehungsloses Nebeneinander mannigfacher Einzelaktivitäten auseinanderfallen sollen“ (Klafki ⁵1996, S. 94f.). In historischer Hinsicht

ner, W. Fischer, J.-E. Pleines, J.-J. Schaaf, Th. Ballauff und H. Peukert enthalten, die auf dem 10. Kongreß der „Deutschen Gesellschaft für Erziehungswissenschaft“ (1986) zum Thema „Allgemeinbildung“ in der Arbeitsgemeinschft „Pädagogik und Philosophie“ vorgetragen wurden. Siehe auch H.-E. Tenorth 1994.

[24] 1991 in 2., erweiterter, 1994 in 4., durchgesehener und 1996 in 5., unveränderter Auflage erschienen.

verweist Klafki auf das ursprünglich (gesellschafts-)kritische und „aufklärerische" Moment des klassischen Bildungsbegriffs, wie er zwischen 1770 und 1830 entwickelt und in den letzten Jahrzehnten für die Gegenwart fruchtbar gemacht wurde[25]. In seinen „Neuen Studien" stellt Klafki ausdrücklich die „Bedeutung der klassischen Bildungstheorien für ein zeitgemäßes Konzept allgemeiner Bildung" heraus und setzt sich ausführlich mit der Notwendigkeit einer allgemeinen Bildung in der Gegenwart auseinander[26].
In den 1960er Jahren hatte Klafki den Gedanken der formalen und materialen Bildung im Anschluß an Nohl und Weniger weiter ausformuliert und betont, daß beide Momente im Bildungsprozeß in einer dialektischen Verschränkung – „kategorial" – aufeinander angewiesen seien, daß die Bildung der Persönlichkeit durch die Verarbeitung der kulturell bedeutsamen Inhalte und zugleich durch die Ausformung der Kräfte geschehe. Klafki sprach daher auch von der „doppelten Erschlossenheit" des Sich-zu-Bildenden in diesem Prozeß, einem „aktiven Aneignungsvorgang, in dem sich geschichtliche Wirklichkeit für den sich bildenden Menschen ‚aufschließt' ... und in dem gleichzeitig das Subjekt sich für geschichtliche Wirklichkeit ‚aufschließt', also Verständnis-, Handlungs-, Verantwortungsmöglichkeiten in sich entfaltet" (Klafki [5]1996, S. 96)[27]. In der erneuerten Auslegung des Bildungsbegriffs geht Klafki über das Konzept der kategorialen Bildung hinaus und faßt Bildung als Allgemeinbildung[28].
Die „thematische Dimension einer zukunftsbezogenen ‚Allgemeinbildung'" sieht Klafki in den sogenannten „Schlüsselproblemen" (Klafki 1995, S. 9)[29] einer jeweiligen Zeit, ein Konzept, das mittlerweile breite Aufnahme in der schulpädagogischen und didaktischen Landschaft gefunden hat[30]. Die Behandlung solcher „epochaltypischer Schlüsselprobleme unserer kulturellen, gesellschaftlichen, individuellen Existenz" (Klafki 1995, S. 12), wie sie

---

[25] Klafki nennt Autoren wie Horkheimer, Habermas, Heydorn, Blankertz, Nipkow, Pleines u. a., vgl. Klafki [5]1996, S. 96 u. S. 252.

[26] Klafki [5]1996, Erste Studie, S. 15–41, Zweite Studie, S. 43–81.

[27] Vgl. Klafki, Kategoriale Bildung (1959), in: Studien zur Bildungstheorie und Didaktik, Weinheim und Basel 1963, 10. Aufl. 1975, S. 25–45, insbes. S. 43; vgl. auch seine Ausführungen über: Das pädagogische Problem des Elementaren und die Theorie der kategorialen Bildung, 3./4. Aufl. Weinheim 1964.

[28] Vgl. zur genaueren Bestimmung des Begriffs Allgemeinbildung: Klafki 1985, S. 17ff.

[29] Klafki 1995, S. 9–14; vgl. auch „Grundzüge eines neuen Allgemeinbildungskonzepts. Im Zentrum: Epochaltypische Schlüsselprobleme", in: Klafki 1991, [5]1996, S. 43–81.

[30] Vgl. W. Münzinger/W. Klafki (Hrsg.) 1995.

gegenwärtig etwa die Friedensfrage, das Problem gesellschaftlicher Ungleichheit und die Umweltproblematik darstellen, ermögliche es, der gegenwärtigen Erziehungs- und Bildungsaufgabe gerecht zu werden, „Kinder und Jugendliche dazu anzuregen und sie dabei zu fördern, erkenntnisfähig, sensibel, das heißt mitempfindungsfähig, urteilsfähig und handlungsfähig für ihre Gegenwart und Zukunft zu werden" (Klafki 1995, S. 9).

Während Klafki also – wenn auch in abgewandelter Form – die zentrale Kategorie der Bildung beibehält, hat er den historisch-hermeneutischen Ansatz der geisteswissenschaftlichen Didaktik in methodischer Hinsicht verändert, und zwar insofern, als er ihn um den erfahrungswissenschaftlichen (empirischen) und den gesellschaftskritisch-ideologischen Denk- und Forschungsansatz erweitert hat. Klafki betont, daß es sich dabei nicht bloß um eine „Addition von Positionen" handle, sondern um eine „konstruktive Synthese" (^{5}1996, S. 98). Geisteswissenschaftliche Theorie sei somit im Hegelschen doppelten Sinn in der kritisch-konstruktiven Didaktik ‚aufgehoben', das heißt einerseits zwar überwunden, andererseits aber als unverzichtbares Moment auch aufbewahrt.

Zweifellos erfordern die Art und Komplexität des didaktischen Feldes eine Vielzahl von Methoden, und es wäre eine absolut verkürzte Sicht, sich erfahrungs- und sozialwissenschaftlicher Methoden nicht zu bedienen. Für Fragen des realen Unterrichtsablaufs, der Überprüfung von Lernmethoden und -erfolgen etc. ist der Einsatz empirischer Forschungsmethoden, wie z. B. Fragebogenerhebungen, Interviewverfahren, Feldexperimente, Unterrichtsbeobachtungen usw. zweckmäßig und notwendig. Gleichwohl geben empirische Methoden nur isolierte Fakten und punktuelle Erfahrungen wieder und zeichnen damit ein verkürztes Bild der Wirklichkeit. Ihren Sinn erhalten erziehungswissenschaftliche Einzelerkenntnisse erst in der pädagogischen Zusammenschau und kritischen Reflexion, und dazu bedarf es des historisch-hermeneutischen Ansatzes. Was Klafki für die Didaktik fordert, das hat Wilhelm Flitner für die Erziehungswissenschaft insgesamt verlangt, nämlich die „Einheit der Wissenschaft und Vielzahl der Methoden" (Flitner 1964, S. 30ff.). Die Arbeitsteilung zwischen einer eher geisteswissenschaftlichen Didaktik und einer für die Empirie zuständigen pädagogisch-psychologischen Unterrichtsforschung greift jedenfalls zu kurz[31]. Mit Recht empfindet es Flitner als eine Mißdeutung, „wenn innerhalb der Erziehungswissenschaft ein Gegensatz zwischen empirischen, historisch-hermeneutischen und

---

[31] Vgl. dazu auch Menck 1995.

phänomenologischen Methoden aufgestellt wird, als müsse man sich zwischen ihnen entscheiden“ (Flitner 1964, S. 30). Er plädiert vielmehr, und das sollte auch für die Didaktik gelten, für ein „freundnachbarliches Verhältnis“ (ebd., S. 22). „Den Gegensatz beider Richtungen und ihrer Methoden“, so schreibt Flitner, „sollte man nicht dramatisieren; sie können sich aufs Fruchtbarste ergänzen, sobald sie ihre Arbeit mit methodischem Bewußtsein tun“ (Flitner ^{4}1966, S. 11)[32].

Was bedeuten nun über die Methodenfrage hinaus die Begriffe ‚kritisch‘ und ‚konstruktiv‘ im didaktischen Ansatz von Klafki? Das ‚kritische‘ Moment deutet daraufhin, daß sich die Didaktik sowohl an dem Ziel orientieren muß, dem Schüler „Selbstbestimmungs-, Mitbestimmungs- und Solidaritätsfähigkeit in allen Lebensdimensionen“ zu vermitteln, eventuelle „Gründe für Hemmnisse“ im Erziehungssystem darzulegen sowie aber auch neue Möglichkeiten aufzuzeigen, die solche Lehr- und Lernprozesse ermöglichen[33]. ‚Konstruktiv‘ nennt Klafki seine Didaktik, da sie in enger Wechselbeziehung zwischen Theorie und Praxis „Modellentwürfe für mögliche Praxis, begründete Konzepte für eine veränderte Praxis, für eine humanere und demokratischere Schule und einen entsprechenden Unterricht“ (Klafki ^{5}1996, S. 90) entwickeln soll.

Durch dieses neue Verständnis ergibt sich auch die Überholung der in der Lehrerausbildung viele Jahre maßgebenden „didaktischen Analyse“[34] des Unterrichts. Denn die Unterrichtspraxis als Bildungsgeschehen kann in der neuen Betrachtung nicht mehr nur begriffen werden als ein allein vom Lehrer gestalteter Bezug, sondern sie wird gesehen als ein pädagogisches Feld[35], in welchem neben den vielfältigen individuellen auch soziale, organisatorische und institutionelle sowie gesamtgesellschaftliche Momente wirksam werden und berücksichtigt werden müssen. In diesem Sinn hat die Didaktik nicht nur die material-inhaltliche und die formalpädagogische Komponente zu bedenken, sondern auch die darüber hinausgehenden und die sie bedingenden Faktoren[36].

---

32 Gemeint sind die empirische und die geisteswissenschaftliche Pädagogik.

33 Vgl. Klafki ^{5}1996, S. 89f.

34 Vgl. Klafki, Didaktische Analyse als Kern der Unterrichtsvorbereitung, in: ders. 1963, S. 126–153.

35 Vgl. Mollenhauer 1972, S. 17ff.

36 Vgl. dazu auch W. Brinkmann 1987, insbes. S. 54.

Geisteswissenschaftliche Didaktik hat sich traditionell eher auf die Inhalte und Ziele der Bildung konzentriert und darüber die Dimension des Lernens im Rahmen ihrer Theoriebildung vernachlässigt. Zwar wird der Schüler als die sich bildende Person, als Subjekt des Lehrens und Lernens aufgefaßt und nicht etwa als „Material“ in der Hand des Lehrers oder gar als Objekt empirischer Untersuchungen, aber die wissenschaftliche Untersuchung des Lernvorgangs wurde im allgemeinen doch psychologischen Lerntheorien überlassen[37]. „Einheimische“ Lerntheorien sind demgegenüber nur wenig bekannt.

Grundlegende Gedanken zur hermeneutisch-phänomenologischen Sicht des Lernens stammen von Günther Buck[38]. Seine Leitfrage lautet: Wie geschieht Lernen und vollzieht sich Verstehen von etwas sowie Verständigung unter den Menschen? Und seine Antwort heißt: durch Erfahrung. Dabei ist freilich nicht (nur) der gewöhnliche Begriff der empirischen Erfahrung gemeint, sondern ein umfassenderer – hermeneutischer – Erfahrungsbegriff, der sich als Lernen vollzieht. Buck nennt seine Theorie der Erfahrung im Anschluß an Aristoteles „Epagoge“, das heißt Fortgang des Denkens vom Einzelnen zum Allgemeinen, und er begreift sie in dem doppelten aristotelischen Sinn eines in sich gestuften und reflektierenden Ganges der Erfahrung: „Die Erfahrung ist ein notwendiger Anfang des Lernens ..., Anfang nicht nur in dem Sinn, als das Lernen mit ihr anfängt, sondern insofern, als dieses Anfangen mit ... in einem bestimmten Sinn zugleich ein Anfangen aufgrund von ... ist“ (Buck 1989, S. 42).

Die Erfahrung ist also durch zwei charakteristische Momente strukturiert, wobei das erste im Grunde die Voraussetzung für Lernen überhaupt darstellt. Buck spricht vom antizipatorischen Moment, das auf den Erfahrungen beruht, die wir von etwas gemacht haben. Erfahrung erscheint hier als dasjenige, von woher etwas überhaupt erlernbar ist, als die Voraussetzung allen Lernens. „Jede gegenständliche Erfahrung kommt nur deshalb zustande, weil sie in einem Horizont bestimmter Erwartungen angesiedelt ist, den wir der Wirklichkeit gleichsam unterwerfen“ (Buck 1981,

[37] Vgl. etwa die von der Bildungskommission des Deutschen Bildungsrats in Auftrag gegebenen Forschungen zum Problemkreis „Begabung und Lernen“, hrsg. von Heinrich Roth, Stuttgart 1968 u. ö.

[38] Vgl. auch die einschlägigen Ausführungen von W. Lippitz/K. Meyer-Drawe (Hg.) 1982 u. W. Lippitz 1986.

S. 190). In ähnlicher Weise spricht Herbart in seiner „Allgemeinen Pädagogik“ (1806) von der Erfahrung als einer der „Urquellen des geistigen Lebens“ (Herbart [4]1971, S 82), als des „Tages“ (ebd., S. 81), in dessen natürlichem Licht alles unterrichtliche Lehren und Lernen erst möglich werde. Er bezeichnet sie gar als „unsere Lehrerin durchs ganze Leben“ (ebd., S.80). Herbart verweist aber gleichzeitig auf die Notwendigkeit des Schulunterrichts und seine ordnende Funktion als „Ergänzung von Erfahrung und Umgang“ (ebd., S. 80).

Während für Herbart Erfahrung im Grunde nur Voraussetzung für Lernen darstellt, geht Buck von einem umfassenderen Erfahrungsbegriff aus. Der Begriff bezieht sich nämlich zweitens auf eine Struktur, die als „innere Rückbezüglichkeit der Erfahrung“ (Buck 1989, S. 3), als eine Erfahrung über die Erfahrung bezeichnet wird. Diese zweite Erfahrung bedeutet nicht nur Bestätigung des Vor-Urteils – was häufig zu wirklichen Vorurteilen führt –, auch nicht nur „Assimilation“ im Sinne J. Piagets, sondern häufig das, was K. R. Popper „Falsifikation“ genannt hat. Es ist ein Lernen, das einen Wandel des Vorverständnisses, ja geradezu ein „Umlernen“ (Meyer-Drawe 1982, S. 19ff.) bedeutet. „Was durch solche negativen Erfahrungen eingeleitet wird, ist eine Selbstreflexion“, ein „Sich-seiner-Bewußtwerden“ (Buck 1981, S. 193), ein Prozeß, den Hegel in seiner „Phänomenologie des Geistes“ als den Gang der „Bildung“[39] bezeichnet hat. „Erst in dieser Rückwendung der Erfahrung auf sich selbst, die zugleich ein Wandel unseres Erfahrungskönnens ist, liegt die eigentlich lebendige Kraft der Erfahrung“ (Buck 1989, S. 3).

Aufgrund der Vorgaben lassen sich zwei Arten von Lernen unterscheiden: ein positives und eine negatives Lernen. Das positive Lernen baut auf einem bereits erreichten Verständnishorizont auf und reichert das vorhandene Verständnis mit weiterem Wissen, Können und Verstehen an. Das ‚negative‘ Lernen ist schwieriger, zwingt es doch dazu, vermeintliches Wissen, vorhandene Überzeugungen und Vor-Urteile zu korrigieren und zu revidieren. Lernen stellt demnach nicht nur einen kontinuierlichen, positiven Prozeß dar, sondern erfolgt in Sprüngen und beinhaltet Rückschläge. Diese Einsicht hat zumindest zweierlei Konsequenzen für die Unterrichtsplanung. Unterricht ist zum einen nur begrenzt planbar, zum anderen jedoch bietet er über die Vermittlung von Wissen, Fähigkeiten und Einsichten hinaus die Chance – und sie sollte dem Lehrer bewußt sein und von ihm aufgegriffen werden –, die Schüler zur

[39] Hegel, Gesammelte Werke, Bd. 9, 1980, S. 264ff.

Kritikfähigkeit gegenüber ihren eigenen Befangenheiten, bloßen Meinungen und Vorurteilen anzuleiten.
Lernen im Schulunterricht vollzieht sich nach der Überzeugung von Buck – und hier schließt er sich Martin Wagenschein an – in besonderer Weise durch das Beispiel und die Analogie[40]. Ausgangspunkt ist – wiederum im Anschluß an Aristoteles' Gedanken der Epagoge – die Überlegung, daß zur Kenntnis des Einzelnen ein, noch unbestimmter, Vorblick auf das Allgemeine und Prinzipielle gehört. Das Besondere, das Beispiel wird unter dem Blickwinkel des Allgemeinen betrachtet. Es handelt sich dabei um das Ausgehen von schon Bekanntem, aufgrund dessen das Neue, noch Unbekannte angeeignet wird. Das Beispiel steht immer schon im Horizont des Allgemeinen, und insofern wird durch das Beispiel nie nur etwas Bestimmtes gelernt, sondern immer zugleich mehr als dieses eine. „Wir lernen nicht nur implizit anderes von gleicher Natur mit, sondern wir erwerben zugleich auch Dispositionen für künftiges Lernen" (Buck 1989, S. 40). „Darin, daß Beispiele in die Voraussetzungen einführen, auf Grund deren man dies und jenes kennenlernen oder beweisen kann, liegt ihre eminent belehrende Kraft." Pointiert ausgedrückt heißt das: „Lernen und am Beispiel lernen sind deshalb beinahe identische Ausdrücke" (Buck 1989, S. 98).
Hierauf gründet sich auch das didaktische Prinzip des exemplarischen Lehrens und Lernens, wie es etwa Martin Wagenschein und Wolfgang Klafki dargelegt haben. „Die Beziehung", so schreibt Martin Wagenschein, „die das Einzelne ... zum Ganzen hat, ist nicht die des Teiles, der Stufe, der Vorstufe, sondern sie ist von der Art des Schwerpunkts, der zwar einer ist, in dem aber das Ganze getragen wird." Und weiter: „Das exemplarische Betrachten ist das Gegenteil des Spezialistentums. Es will nicht vereinzeln; es sucht im Einzelnen das Ganze" (Wagenschein 1968, [7]1982, S. 12). Ähnlich äußert Klafki: „Wo wir vom Exemplarischen sprechen können, da liegt ein Verhältnis von Allgemeinem und Besonderem vor, das am klarsten in der Beziehung von ‚Gesetz' und ‚Fall' zum Ausdruck kommt" (Klafki 1956, S. 384). Schließlich schreibt Buck, „daß das Beispiel nicht etwa deshalb etwas zu verstehen gibt, weil es ein Fall von ... wäre, sondern deshalb, weil es uns eine Handlung vergegenwärtigt, in der das, was in Frage steht, schon in bestimmter Weise vorverstanden ist, so daß wir nun die Sache ausdrücklich begreifen" (Buck, 1989, S. 139). Diese Gedanken gewinnen für die

[40] Siehe dazu ausführlich Buck 1989, S. 97–173 und 177–246; vgl. auch Winfried Böhm 1995, S. 172ff.

Lehrplan- und Unterrichtsgestaltung überall dort an Bedeutung, wo es um die Reduktion der Stoffülle geht. Ihren organisatorischen Niederschlag finden sie etwa in der Oberstufe des Gymnasiums, die in Grund- und Leistungskurse gegliedert ist, wobei die Leistungskurse in exemplarischer Weise wissenschaftspropädeutische Funktion haben sollen[41].

Neben dem exemplarischen Lernen ist die Analogiebildung für Buck die wichtigste und wirksamste Form des Lehrens und Lernens. Wie „das Beispiel-Verstehen funktioniert auch das Analogie-Verstehen durch die Aktivierung des Vorverständnisses" (ebd., S. 178). Das heißt, auch dieses erschließt Verständnis, macht einem bewußt, was man in gewisser Weise, relativ unbewußt, schon verstanden hat. Lernen mittels Analogie kann etwa durch sogenannte Beispielgeschichten wie Fabeln, Gleichnisse oder Parabeln erfolgen. In diesem Sinne werden etwa Lessings „Nathan der Weise" oder Brechts „Geschichten des Herrn Keuner" als didaktische Parabeln bezeichnet.

In neuerer Zeit ist darüber hinaus deutlich geworden, daß gerade das langfristige Lernen differenzierter zu betrachten ist. So unterscheidet etwa Vollrath (1994) im Bereich des Mathematiklernens Lernprozesse, die sich metaphorisch folgendermaßen beschreiben lassen: ‚Lernen durch Ansammeln' stets neuer Sachverhalte, durch ‚Legen eines Puzzles', indem beziehungshaltiges Wissen lückenlos aneinandergepaßt wird, durch ‚Freilegen verborgener Schichten', indem sukzessive tiefer in ein Wissensgebiet vorgedrungen wird, durch ‚Ersteigen von Stufen', indem auf jeder neuen Stufe über die ‚erklommene' Stufe reflektiert wird, durch ‚Erweiterung des Horizonts', indem Grenzen bewußt überschritten werden.

Inwieweit läßt sich ein solcher Lernprozeß systematisch im Unterricht verwirklichen? Einfacher gefragt: Läßt sich lernen lehren? Hierauf gibt Buck eine ähnliche Antwort wie wir sie hinsichtlich der Theorie der Bildung kennen[42]. Ebenso wenig wie man den „zu Bildenden durch Einwirkungen von außen … zu einem Gebildeten

---

[41] Vgl. dazu den aktuellen „Abschlußbericht der von der Kultusministerkonferenz eingesetzten Expertenkommission" zur „Weiterentwicklung der Prinzipien der gymnasialen Oberstufe und des Abiturs", Bonn 1995.

[42] Bereits Platon zeigt, daß Bildung nicht bedeute, jemandem die Erkenntnis einzusetzen, „wie wenn sie blinden Augen ein Gesicht einsetzten" (Politeia 518c). Nicht durch Unterweisung allein wird der Aufstieg aus der Höhle bewältigt, sondern durch „Umlenkung der ganzen Seele" (Politeia 518c/521c). Dieser Gedanke findet sich auch bei Augustinus, wenn er fragt, auf welchem Weg die Dinge in das Gedächtnis des Menschen gelangen: „Von wo sie zu mir kamen, das mögen sie selbst sagen, wenn sie können. Denn wenn ich auch alle Türen meines Fleisches durchlaufe, finde ich doch keine, durch die sie eingetreten sein könnten. … Da

machen“ kann (Böhm 1988, S. 41), läßt sich Lernen von außen bewerkstelligen[43]. Die für jedes Lernen notwendigen Erfahrungen muß jeder selbst machen – „im Unterschied zur methodisierten, … mitteilbaren Erfahrung der Wissenschaft ist die Erfahrung, die ein Lernen ist, die am wenigsten lehrbare Erfahrung“ (Buck 1989, S. 87). Somit gilt, daß Lernen im wesentlichen „Selbstvermittlung von Wissen, von Haltungen und Verhaltensweisen vor der Vermittlung durch andere“ ist (Buck 1981, S. 1). Die „Kunst“ des Lehrens kann allenfalls darin bestehen, „einführende Verständigung“ zu sein, das heißt Verständnis für Verständigung erst zu öffnen[44]. Diese Überlegung führt wieder zum Kern der geisteswissenschaftlichen Didaktik zurück, zum Verhältnis von Hermeneutik und Bildung. Genauere Ausführungen darüber stehen auf einem anderen Blatt[45].

Literatur

Aristoteles: Nikomachische Ethik. Übersetzt von F. Dirlmeier, Darmstadt 1956.

Aristoteles: Politik. München 1973.

Augustinus, A.: Bekenntnisse. Eingel. und übertragen v. W. Thimme. München (dtv) 1982, ⁴1986.

Ballauff, Th.: Pädagogik als Bildungslehre. Frankfurt 11986 , 2., erw. Aufl. Weinheim 1989.

Ballauff, Th.: Skeptische Didaktik, Heidelberg 1970.

Benner, D.: Studien zur Didaktik und Schultheorie. Pädagogik als Wissenschaft, Handlungstheorie und Reformpraxis. Band 3, München/ Weinheim 1995.

Blankertz, H.: Theorien und Modelle der Didaktik, München 1969, ⁹1975.

Böhm, W.: Theorie und Praxis. Eine Einführung in das pädagogische Grundproblem. 2., erw. Aufl. 1995.

Böhm, W.: Über das „Praktische“ am Praktischen Lernen. In: ders. u. a., Schnee vom vergangenen Jahrhundert. Neue Aspekte der Reformpädagogik. Würzburg 1993, S. 71–81.

---

waren sie also bereits, auch ehe ich sie gelernt hatte. … Sie mußten also doch schon in meinem Gedächtnis sein, aber so fern und verborgen, …, daß ich sie vielleicht niemals hätte entdecken können, wären sie nicht durch eines anderen Wort hervorgezogen.“ (Augustinus, Bekenntnisse, 10. Buch, 1982, S. 258f.).

[43] Vgl. dazu Weigand 1993.

[44] O. F. Bollnow hat ebenfalls auf die „Unmöglichkeit einer pädagogischen Methodisierung“ dieser Erfahrung hingewiesen, die er vom Wesen her als „Begegnung“ deutet. Vgl. ders. 1959, S. 124ff.

[45] Siehe Günther Buck 1981. Vgl. auch Hans-Georg Gadamer 1986.

Böhm, W.: Wörterbuch der Pädagogik. Stuttgart, 13., überarb. Aufl. 1988.
Böhm, W., Lindauer, M. (Hrsg.): Nicht Vielwissen sättigt die Seele. Wissen, Erkennen, Bildung, Ausbildung heute. Stuttgart 1988.
Bollnow, O. F.: Existenzphilosophie und Pädagogik. Versuch über unstetige Formen der Erziehung. Stuttgart, Berlin, Köln, Mainz 1959, 4., durchges. Aufl. 1968.
Buck, G.: Lernen und Erfahrung. Zum Begriff der didaktischen Induktion. Stuttgart 1967. 3., um einen dritten Teil erw. Aufl., hrsg. u. mit e. Vorwort versehen v. Ernst Vollrath. Darmstadt 1989.
Buck, G.: Hermeneutik und Bildung. Elemente einer verstehenden Bildungslehre, München 1981.
Comenius, J. A.: Angelus Pacis/Friedensengel. Eingel., erläut. u. hrsg. v. W. Eykmann, neu übers. v. O. Schönberger. Würzburg 1993.
Comenius, J. A.: Didactica magna. Große Didaktik. Übers. u. hrsg. v. Andreas Flitner. 5. unveränd. Aufl. Stuttgart 1982.
Comenius, J. A.: Pampaedia. Allerziehung. In deutscher Übersetzung hrsg. v. Klaus Schaller. Sankt Augustin 1991.
Copei, F.: Der fruchtbare Moment im Bildungsprozess. 1930, 4. Aufl., eingel. u. hrsg. v. E. Spranger, Heidelberg 1958.
Dahmer, I., Klafki, W. (Hrsg.): Geisteswissenschaftliche Pädagogik am Ausgang ihrer Epoche – Erich Weniger. Weinheim und Berlin 1698.
Derbolav, J.: Versuch einer wissenschaftstheoretischen Grundlegung der Didaktik. In: Allgemeine Didaktik-Fachdidaktik-Fachwissenschaft, hg. von D. C. Kochan, Darmstadt 1970.
Dolch, J.: Lehrplan des Abendlandes. Zweieinhalbjahrtausende seiner Geschichte. Darmstadt 1982.
Flitner, W.: Ausgewählte pädagogische Abhandlungen. Besorgt v. H. Kanz. Paderborn 1967.
Flitner, W.: Grund- und Zeitfragen der Erziehung und Bildung. Stuttgart 1954.
Flitner, W.: Das Selbstverständnis der Erziehungwissenschaft in der Gegenwart. Heidelberg [4]1966.
Flitner, W.: Der Standort der Erziehungswissenschaft. Eine Studie über die Sozialfunktion der Wissenschaften und die Pädagogik. Heidelberg 1964.
Flitner, W.: Theorie des pädagogischen Weges und Methodenlehre. In: Nohl/Pallat 1930, S. 59–118.
Gadamer, H.-G.: Wahrheit und Methode. Grundzüge einer philosophischen Hermeneutik. Tübingen 1960, 5., durchges. u. erw. Aufl. 1986.
Hegel, G. W. F.: Phänomenologie des Geistes. Hrsg. v. W. Bonsiepen u. R. Heede. Gesammelte Werke, Bd. 9. Hamburg 1980.
Hentig, H. von: Bildung. Ein Essay. München/Wien 1996.
Hentig, H. von: Die Schule neu denken. Eine Übung in praktischer Vernunft. München/Wien 1993.
Herbart, J. F.: Allgemeine Pädagogik aus dem Zweck der Erziehung abgeleitet. Hg. v. H. Holstein. Bochum 1965, [4]1971.

Hoffmann, D., Neumann, K. (Hg.): Tradition und Transformation der geisteswissenschaftlichen Pädagogik. Zur Re-Vision der Weniger-Gedenkschrift. Weinheim 1993.
Jank, W., Meyer, H.: Didaktische Modelle. Berlin 1991, [3]1994.
Klafki, W.: Aspekte kritisch-konstruktiver Erziehungswissenschaft. Gesammelte Beiträge zur Theorie-Praxis-Diskussion. Weinheim und Basel 1976.
Klafki, W.: Das Problem des Elementaren und die Theorie der kategorialen Bildung. Weinheim/Basel 1959.
Klafki, W.: Neue Studien zur Bildungstheorie und Didaktik. Zeitgemäße Allgemeinbildung und kritisch-konstruktive Didaktik. Weinheim und Basel 1985, 2., erw. Aufl. 1991, 4. durchges. Aufl. 1994, 5. unveränderte Aufl. 1996.
Klafki, W.: „Schlüsselprobleme“ als thematische Dimension eines zukunftsorientierten Konzepts von “Allgemeinbildung“. In: Die Deutsche Schule 3. Beiheft 1995. Hrsg. v. W. Münzinger und W. Klafki, S. 9–14.
Klafki, W.: Studien zur Bildungstheorie und Didaktik. Weinheim und Basel 1963. 10., durch ein kritisches Vorw. ergänzte Aufl. 1975.
Klafki, W.: Zum Problem der Inhalte des Lehrens und Lernens in der Schule aus der Sicht kritisch-konstruktiver Didaktik. In: Z. f. Päd., 33. Beiheft 1995, S. 91–102.
Kochan, D. C.: Allgemeine Didaktik-Fachdidaktik-Fachwissenschaft. Ausgewählte Beiträge aus den Jahren 1953–1969. Darmstadt 1970.
Kron, F. W.: Grundwissen Didaktik. München, Basel 1993.
Lassahn, R.: Grundriß einer Allgemeinen Pädagogik. Heidelberg, 2., durchges. Aufl. 1983.
Lichtenstein, E.: Bildung. In: Historisches Wörterbuch der Philosophie. Hrsg. v. J. Ritter. Darmstadt 1971, S. 921–937.
Lippitz, W.: Die hermeneutisch-phänomenologische Pädagogik. In: H. Gudjons, R. Teske, R. Winkel (Hrsg.): Erziehungswissenschaftliche Theorien. Hamburg 1986.
Lippitz, W., Meyer-Drawe (Hrsg.): Lernen und seine Horizonte. Phänomenologische Konzeptionen menschlichen Lernens – didaktische Konsequenzen. Meisenheim/Glan 1982.
Litt, Th.: Führen oder Wachsenlassen. Eine Erörterung des pädagogischen Grundproblems. Stuttgart 1965, [13]1967.
Menck, P.: Anmerkungen zum Begriff „Didaktik“ in Deutschland. In: Z. f. Päd., 33. Beiheft 1995, S. 115–126.
Mollenhauer, K.: Theorien zum Erziehungsprozeß. Zur Einführung in erziehungswissenschaftliche Fragestellungen. München 1972.
Nohl, H.: Die pädagogische Bewegung in Deutschland und ihre Theorie. Frankfurt a. M. [3]1949.
Nohl, H.: Die Polarität in der Didaktik. In: Die Erziehung, 6. Jg. 1931, S. 277–287.
Nohl, H.: Pädagogik aus dreißig Jahren. Frankfurt 1949.
Nohl, H., Pallat, L. (Hrsg.): Handbuch der Pädagogik. 3. Band: Allgemeine Didaktik und Erziehungslehre. Berlin, Leipzig 1930.

Oelkers, J., Schulz, W. K. (Hg.): Pädagogisches Handeln und Kultur. Aktuelle Aspekte der geisteswissenschaftlichen Pädagogik. Bad Heilbrunn 1984.
Platon: Politeia. In: ders. Sämtliche Werke, Bd. 3. Hamburg 1958.
Pleines, J.-E. (Hrsg.): Das Problem des Allgemeinen in der Bildungstheorie. Würzburg 1987.
Reble, A.: Pädagogische Perspektiven in unserer Zeit. Beiträge von 1933 bis 1995. Hrsg. v. W. Brinkmann, Bad Heilbrunn 1995.
Roth, H. (Hrsg.): Begabung und Lernen. Ergebnisse und Folgerungen neuer Forschungen. Stuttgart 1968, [9]1974.
Roth, H.: Pädagogische Psychologie des Lehrens und Lernens. Berlin, Darmstadt, Dortmund 1957, [14]1973.
Ruprecht, H., Beckmann K.-H. u. a.: Modelle grundlegender didaktischer Theorien. Hannover, Dortmund, Darmstadt, Berlin 1972, 2., überarbeitete Aufl. 1975.
Schaller, K.: Die Didaktik des Johann Amos Comenius zwischen Unterrichtstechnologie und Bildungstheorie. In: Z. f. Päd., 33. Beiheft 1995, S. 47–60.
Schleiermacher, Fr.: Pädagogische Schriften. 1. Band: Die Vorlesungen aus dem Jahre 1826. Unter Mitwirkung v. Th. Schulze hrsg. v. E. Weniger. Düsseldorf und München 1957.
Schmied-Kowarzik, W.: Analyse gegensätzlicher Modelle didaktischer Theoriebildung. In: Pädagogische Rundschau 25, 1971, S. 57–71.
Sünkel, W.: Phänomenologie des Unterrichts. Grundriß der theoretischen Didaktik. Weinheim und München 1996.
Tenorth, H. E.: „Alle alles zu lehren“. Möglichkeiten und Perspektiven allgemeiner Bildung. Darmstadt 1994.
Vollrath, H.-J.: Algebra in der Sekundarstufe. Mannheim/Leipzig/Wien/Zürich 1994.
Wagenschein, M.: Verstehen lehren. Genetisch-Sokratisch-Exemplarisch. Weinheim und Basel 11968, 7., durchges. Aufl. 1982.
Weigand, G.: Zur Kritik des pädagogischen Aktivismus: Eugène Dévaud. In: W. Böhm u. a. (Hrsg.): Schnee vom vergangenen Jahrhundert. Neue Aspekte der Reformpädagogik. Würzburg 1993, 51–69.
Weniger, E.: Ausgewählte pädagogische Schriften zur geisteswissenschaftlichen Pädagogik. Ausgew. und mit einer editor. Notiz versehen v. B. Schonig. Weinheim und Basel 1975.
Weniger, E.: Bildung und Persönlichkeit. In: Die Sammlung, 6. Jg. 1954, Heft 4, S. 216–229.
Weniger, E.: Eigenständigkeit der Erziehung in Theorie und Praxis. Probleme der akademischen Lehrerbildung. Weinheim/Bergstr. 1952.
Weniger, E.: Die Theorie des Bildungsinhalts. In: Nohl/Pallat (Hrsg.) 1930, S. 1–55.
Weniger, E.: Erziehung, Politik, Geschichte. Ausgew. u. komment. v. H. Gaßen. Weinheim und Basel 1990.
Willmann, O.: Didaktik als Bildungslehre. 2 Bände, 1882–1889. Freiburg [6]1957.

Geisteswissenschaftliche Pädagogik und Personalismus: mit der Beigabe „Gesundheitspädagogik“

Günter Henner

Der wechselseitige Vergleich, das Ausloten von gemeinsamen Ansätzen und Aufgabenstellungen, das Abwägen von unterschiedlichen Auffassungen und Lösungsvorschlägen zweier Strömungen wie der geisteswissenschaftlichen Pädagogik und des Personalismus steht vor einer dreifachen Schwierigkeit: Zum einen bildet die geisteswissenschaftliche Pädagogik keine einheitliche Richtung mit klar abgrenzbaren Inhalten und eindeutig festliegenden Ergebnissen, die eine einfach zu handhabende Grundlage für eine Gegenüberstellung abgeben. Zum anderen hat auch der Personalismus keine in sich geschlossene, fest umrissene Gestalt gewinnen können, ja es ist keineswegs ausgemacht, daß die mit dem Begriff Person verbundenen Gedankengänge zu genuin pädagogischen Fragestellungen führen. Die dritte Schwierigkeit hängt mit der Situation der derzeitigen pädagogischen Diskussion zusammen, für die der hier durchzuführende Vergleich der geisteswissenschaftlichen Pädagogik mit dem Personalismus beispielhaft ist. Diese Auseinandersetzung findet zum Großteil auf einer metatheoretischen Ebene zwischen unterschiedlichen Strömungen und Begründungsansätzen der Pädagogik statt, die ihre zugehörige Praxis der Erziehung und des Lehrens und Lernens, wie an der Beigabe ‚Gesundheitspädagogik‘ zu zeigen sein wird, aus den Augen zu verlieren droht.

Die geisteswissenschaftliche Pädagogik hat als beherrschende Strömung der deutschen Pädagogik in der ersten Hälfte dieses Jahrhunderts ihre Bedeutung nicht nur aus der Aufarbeitung der Tradition des pädagogischen Denkens gewonnen, sondern wurde durch die Abgrenzung von den naturwissenschaftlichen Forschungsmethoden mitangeregt und von der Auseinandersetzung mit der Schulpraxis der Jahrhundertwende beeinflußt.

Die Schulsituation um die Jahrhundertwende war geprägt von den Gedanken Herbarts, dessen Ansätze von seinen Anhängern so erweitert, umgedeutet und auf die Unterrichtslehre bezogen wurden, daß die Formalstufen „Vorbereitung, Darbietung, Verknüpfung, Zusammenfassung und Anwendung“, wie sie nach ihrer Erweiterung durch Ziller von Rein festgeschrieben wurden, den

Unterricht zu einer anwendbaren Technik werden ließen, in dem das Subjekt der Erziehung, der Schüler, allenfalls am Rande vorkam. Die weitreichende Verbreitung dieser Formalstufen durch die Lehrerbildung hatte zur Folge, daß unter Erziehung vor allem die Unterrichtsmethode verstanden wurde, andere Aspekte dagegen stark vernachlässigt wurden. Die Einseitigkeit dieser Haltung führte im Gegenzug zur Reformpädagogik, die ihrerseits die Individualität des Schülers hervorhob und die Eigenwertigkeit verschiedener Unterrichtsfächer hinsichtlich ihrer Methode betonte. Dabei blieb die Reformpädagogik keineswegs auf Deutschland beschränkt, wie es Nohls Schrift „Die pädagogische Bewegung in Deutschland“[1] nahelegen möchte, die Namen wie Dewey, Parkhurst, Ferrière, Decroly, Montessori oder Tolstoj fast vollständig ausklammert. Die geisteswissenschaftliche Pädagogik, die oft als Antriebskraft der Reformpädagogik verstanden wird, steht der ‚Pädagogik vom Kinde aus‘, der Jugendbewegung, der Kunsterziehungs-, Landerziehungs- und Arbeitsschulbewegung eher in kritischer Distanz gegenüber. Durch die gemeinsam geteilte Auseinandersetzung mit einer Unterrichts- und Schulpraxis, die die objektive Seite der Erziehung überbetont, und durch die kritische Zurückweisung einer Reformpädagogik, die die subjektive Seite der Erziehung übertreibt, gewinnt die geisteswissenschaftliche Pädagogik denjenigen Bezug zur Praxis, der sie zu einer gewichtigen Stimme im Erziehungsgeschehen werden läßt, sie erhält aber zugleich die theoretische Schlagkraft, die sie zu einer bestimmenden Größe in der Pädagogik der ersten Hälfte dieses Jahrhunderts gemacht hat.

Ein weiterer Ansatzpunkt der geisteswissenschaftlichen Tradition ist in der Trennung von Geistes- und Naturwissenschaften zu sehen. Während die Naturwissenschaften ihre Forschungsgegenstände durch den Rückgang auf Grundaxiome und Gesetzmäßigkeiten „erklären“, scheint ein derartiges forschungmethodisches Vorgehen der menschlichen Wirklichkeit nicht angemessen. So läßt sich beispielsweise die Begegnung zweier Menschen nicht mit denselben Methoden beschreiben, die beim Aufeinandertreffen von Elementarteilchen hinreichende statistische Aussagen liefern. Die Erziehungswirklichkeit als Gegenstand geisteswissenschaftlichen Forschens läßt sich nicht auf einige grundlegende Gesetzmäßig-

[1] Nohl, H: Die pädagogische Bewegung in Deutschland, in: Nohl, H; Pallat, L. (Hg): Handbuch der Pädagogik, Bd. 1 Langensalza 1933, S. 302–374. Ders: Die pädagogische Bewegung in Deutschland und ihre Theorie, Frankfurt am Main 1935 u.ö.

keiten zurückführen und more geometrico ableiten und erklären, sondern nur aus ihrem inneren Zusammenhang heraus „verstehen". Obwohl von den Geisteswissenschaften selbst nur selten zum Gegenstand des Nachdenkens erhoben, wird unter dem Begriff „Geist" das mit Freiheit Verbundene und Vernunft Voraussetzende, sich in der Geschichte Verwirklichende und Verändernde, den Menschen Auszeichnende und Bestimmende verstanden. Die Geisteswissenschaften nehmen durch ihre andere Zugangsweise zur Wirklichkeit eine Gegenposition zu den Naturwissenschaften ein, die überall dort eine notwendige Ergänzung darstellt, wo mit beiden Methoden Aussagen über den Menschen gewonnen werden können. In der Medizin zum Beispiel hat die erst in der Neuzeit entstandene, an den Naturwissenschaften ausgerichtete Forschung zu weitreichenden Erfolgen bei der Bekämpfung von Krankheiten geführt. Das seit der Antike gültige präventive Denken wurde dadurch jedoch soweit verdrängt, daß die Erhaltung der Gesundheit seither vernachlässigt wird. Die ‚Gesundheits-Erziehung' und das ‚Lernen von Gesundheit' als Aufgabe der geisteswissenschaftlichen Theoriebildung stellen eine notwendige Ergänzung und Erweiterung der naturwissenschaftlich orientierten Medizin dar, für die als Wissenschaft von der Erziehung und vom Lehren und Lernen die Pädagogik zuständig wäre.

Die Aufarbeitung der von Kant eingeforderten Begründung der Pädagogik als Wissenschaft führt zunächst zu den Entwürfen Herbarts und Schleiermachers und auf dem Weg über die Pädagogik Schleiermachers zu Dilthey. Als Begründer der geisteswissenschaftlichen Pädagogik nimmt Dilthey eine Gegenposition zur idealistischen Überbetonung der Vernunft ein, indem er die „Geschichtlichkeit" und die damit verbundenen Veränderungen in der Lebenswelt der Menschen ausdrücklich zur Grundlage der Pädagogik erklärt. In der Abwendung von einseitiger philosophischer Ableitung rückt damit die „Erziehungswirklichkeit" in den Mittelpunkt der geisteswissenschaftlichen Auseinandersetzung, wobei der dialektische, vermittelnde Ansatz Schleiermachers zwischen der Anwendung des spekulativen Prinzips auf die Erziehung und den vorfindbaren faktischen Grundlagen, die Oszillation zwischen Theorie und Praxis, durchschimmert[2]. Dabei setzt sich Dilthey zum Ziel, die Unabhängigkeit der Theorie der Erziehung von anderen Wissenschaften zu sichern und das bei Herbart ange-

[2] Schleiermacher, F: Die Vorlesung aus dem Jahre 1826, in: Pädagogische Schriften Bd. I, hg. von E. Weniger, Frankfurt am Main 1983, S. 20.

legte Auseinanderdriften der Pädagogik in eine Theorie der Ziele als Aufgabe der Ethik und eine Theorie der Mittel als Aufgabe der Psychologie zu verhindern. Die Vertreter der geisteswissenschaftlichen Pädagogik – vor allem Frischeisen-Köhler, Nohl, Weniger, W. Flitner, Spranger und Litt – interpretieren den Ansatz Diltheys aber nicht einheitlich, sondern setzen verschiedene Akzente und Schwerpunkte. Insbesondere Spranger übernimmt unter dem Einfluß des Neukantianismus in seiner Pädagogik den „Kultur"-Begriff und das „Wertesystem", so daß Reble in seiner Geschichte der Pädagogik geisteswissenschaftliche und Kultur-Pädagogik zu einem Kapitel zusammenfaßt[3]. Damit wird die Vermittlung von kulturellen Gegebenheiten unter Aufrechterhaltung der Individuation des zu Erziehenden zu einer der Grundfragen der Pädagogik. Der späte Litt ergänzt das geisteswissenschaftliche Denken durch die Dialektik am nachhaltigsten, indem er die Erziehung zwischen den Extremen von Führen und Wachsenlassen[4] ansiedelt und sowohl anthropologischen Überlegungen als auch den Ansprüchen der technischen Welt ihre je begrenzte Geltung zuspricht.

Allen Vertretern der geisteswissenschaftlichen Pädagogik ist gemeinsam, daß sie versuchen, die vorgefundene Erziehungswirklichkeit methodisch aufzuschließen und zu durchdringen, Maßnahmen der Erziehung zu beschreiben und in ihrem inneren Zusammenhang zu verstehen, um systematische Begriffe und Strukturen herauszuarbeiten, die eine Grundlegung der Pädagogik als eigenständige Wissenschaft zulassen. In den Mittelpunkt geisteswissenschaftlicher Forschung rücken damit die Erziehungswirklichkeit, das erzieherische Verhältnis, die pädagogische Verantwortung, Fragen der Didaktik, der Wissenschaftscharakter der Pädagogik und das Verhältnis von Theorie und Praxis[5]. „Ein Bewußtsein von dem historischen Charakter ... von Erziehung und Erziehungswissenschaft, die Überzeugung von einer wenigstens relativen Autonomie der Pädagogik, die These von dem engen und unlösbaren Zusammenhang von pädagogischer Theorie und erzieherischer Praxis, das ‚erzieherische Verhältnis' als eine Grundkategorie und die Erziehungswirklichkeit als Ausgangspunkt der pädagogischen Reflexion bildeten die wesentlichen

[3] Reble, A: Geschichte der Pädagogik, Stuttgart 17. Aufl. 1993, S. 359ff.

[4] Litt, T: Führen oder Wachsenlassen. Eine Erörterung des pädagogischen Grundproblems, Stuttgart (1927) 13. Aufl. 1976.

[5] vgl. Dahmer, I; Klafki, W. (Hg): Geisteswissenschaftliche Pädagogik am Ausgang ihrer Apoche – Erich Weniger, Weinheim 1968.

Ingredienzen dieses geisteswissenschaftlichen Selbstverständnisses der Pädagogik"[6].

Seit den 60iger Jahren wird von der geisteswissenschaftlichen Pädagogik „am Ausgang ihrer Epoche"gesprochen. Die Ursachen für diese Entwicklung liegen zum einen im wissenschaftstheoretischen Ansatz selbst und hängen mit der Schwierigkeit zusammen, aus der deskriptiven Beschreibung der Erziehungswirklichkeit präskriptive Handlungsanweisungen zur Gestaltung der Erziehung abzuleiten[7]. Deshalb wird der geisteswissenschaftlichen Pädagogik nachgesagt, sie „sei sich in bloßer (und historisierender) Normenauslegung ergangen und habe die unerläßliche Aufgabe der Normsetzung unerledigt gelassen"[8]. Die Wirklichkeit wird hingenommen und beschrieben, nicht aber verändert oder verbessert, im Gegenteil wird – so ein oft erhobener Vorwurf – mit dem geisteswissenschaftlichen Ansatz der politischen Verführbarkeit Tür und Tor geöffnet. Die schärfste Form dieser immanenten Kritik kommt zu dem Ergebnis, die geisteswissenschaftliche Pädagogik bei Nohl und Weniger verfügte „über keine Theorie, allenfalls über ein Theorieprogramm. Dieses Programm ist nie eingelöst worden"[9]. Zum anderen erfolgt die Kritik aus dem Erstarken anderer pädagogischer Strömungen. Die analytische Erziehungswissenschaft könnte der geisteswissenschaftlichen Pädagogik vorwerfen, mit den Begriffen „Leben", „Kultur" oder „Geist" eine Grundlage gewählt zu haben, die „das Verständnis nicht schärft und erweitert, sondern eher in einen merkwürdigen Nebel taucht"[10]. Mangelnde Stringenz und Konsequenz bei der Ausarbeitung und Umsetzung ihrer eigenen Ansätze zeigt die geisteswissenschaftliche Pädagogik bei der Hermeneutik. Obwohl von Schleiermacher und Dilthey zur grundlegenden Methode ausgearbeitet, hat es die geisteswis-

[6] Böhm, W: Zur Einführung, in: Flores d'Arcais, G: Le ‚ragioni' di una teoria personalistica della educazione, (Brescia 1987), dt. Die Erziehung der Person. Grundlegung einer personalistischen Erziehungstheorie, übersetzt von W. Böhm, Stuttgart 1991, S. 15.

[7] Oelkers, J; Lehmann, T: Hatte die geisteswissenschaftliche Pädagogik eine pädagogische Theorie? Zum Erziehungsverständnis Herman Nohls und Erich Wenigers, in: Oelkers, J; Schulz, W. K. (Hg): Pädagogisches Handeln und Kultur. Aktuelle Aspekte der geisteswissenschaftlichen Pädagogik, Bad Heilbrunn 1984, S. 102–137, hier S. 126.

[8] Böhm, W: Zur Einführung, in: Flores d'Arcais, G: Le ‚ragioni' di una teoria personalistica della educazione, S. 16.

[9] Oelkers, J; Lehmann, T: Hatte die geisteswissenschaftliche Pädagogik eine pädagogische Theorie?, a.a.O., S. 132.

[10] Braun, W: Pädagogik – eine Wissenschaft. Aufstieg, Verfall, Neubegründung, Weinheim 1992, S. 34.

senschaftliche Tradition versäumt, die Biographieforschung als Teil der hermeneutisch zu erschließenden Erziehungswirklichkeit zu erkennen und diese Aufgabe der Soziologie überlassen. „Und so ist die Hermeneutik auch weitgehend Text-Hermeneutik geblieben. Unsere Fähigkeit, Situationen, Handlungen, Gebrauchsgegenstände oder Bilder zu lesen und ihre pädagogische Bedeutung zu erschließen, ist immer noch gering entwickelt“[11]. Einer der Hauptgründe für den Niedergang der geisteswissenschaftlichen Pädagogik liegt zweifellos in der Vernachlässigung der gesamten empirischen Forschung, die seit den 60iger Jahren die Vorherrschaft der geisteswissenschaftlichen Pädagogik durchbrochen und sie in ihrer bis dahin führenden Rolle abgelöst hat.
Trotz dieser berechtigten und zum Teil schwerwiegenden Kritik scheint sich die Einschätzung der geisteswissenschaftlicher Pädagogik heute dahingehend zu ändern, daß man eher von einer „Tradition und Transformation der geisteswissenschaftlichen Pädagogik“spricht als von ihrem Ende. Damit wird die Frage verbunden, was von den Denkimpulsen, Kategorien, Theorien, dem Werk und der Wirkung derjenigen, die der geisteswissenschaftlichen Pädagogik zugerechnet werden, auch heute noch als bleibende Ergebnisse oder offen gebliebene Fragen weiter behandelt werden sollte. Diese neuerlich gewandelte Auffassung geht sogar so weit, von einer Wiederbelebung der geisteswissenschaftlichen Grundlagen pädagogischen Denkens zu sprechen. Als Motive werden die Unzulänglichkeit empirischer Forschung, die Unzufriedenheit mit psychologisch, insbesondere behavioristisch verkürzten Anthropologien genannt und dagegen die drei Traditionsstränge der geisteswissenschaftlichen Pädagogik ins Feld geführt: ein praktisch-pädagogisches Motiv, die philosophisch-anthropologische Grundhaltung und der erkenntnistheoretisch-wissenschaftssystematische Ansatz[12]. Zumindest die Methoden der Hermeneutik, der Phänomenologie und der Dialektik[13] werden

---

[11] vgl. Schulze, T: Die Wirklichkeit der Erziehungswirklichkeit und die Möglichkeit der Erziehungswissenschaft, in: Hoffmann, D; Neumann, K. (Hg): Tradition und Transformation der Geisteswissenschaftlichen Pädagogik. Zur Re-Vision der Weniger-Gedenkschrift, Weinheim 1993, S. 13–34, hier S. 24.

[12] vgl. Johann, R: Der Geist-Begriff als anthropologische und wissenschaftstheoretische Grundlage geisteswissenschaftlicher Pädagogik, in: Oelkers, J; Schulz, W. K. (Hg): Pädagogisches Handeln und Kultur. Aktuelle Aspekte der geisteswissenschaftlichen Pädagogik, Bad Heilbrunn 1984, S. 171–200, Zitat S. 172f.

[13] vgl. Danner, H: Methoden geisteswissenschaftlicher Pädagogik, München, 1979. Huschke-Rhein, R. B: Das Wissenschaftsverständnis in der geisteswissenschaftlichen Pädagogik. Dilthey – Litt – Nohl – Spranger, Stuttgart 1979; Nicolin, F: Zum Wissenschaftsverständnis der geisteswissenschaftlichen Pädagogik. Eine

unbestritten als bleibendes Erbe der geisteswissenschaftlichen Pädagogik angesehen. „In den sechziger und siebziger Jahren außer Kraft gesetzt, erlebt diese Richtung derzeit eine Renaissance im Rahmen pädagogischer Forschung“[14].

Viel deutlicher als bei der geisteswissenschaftlichen Pädagogik tritt der internationale Charakter des Personalismus hervor, den Winfried Böhm mit seinen Anthologien zur Pädagogik der frankophonen Länder und Italiens in einer breitgefächerten Textauswahl mit umfassendem Weitblick dargestellt hat. Angeregt durch die Arbeiten von Maritain findet der Personalismus in Frankreich in Mounier seinen bedeutendsten und vielseitigsten Vertreter, während Marcel in der Unterscheidung von „Haben und Sein“die philosophischen Grundlagen am weitesten ausarbeitet[15]. Auch in der italienischen Pädagogik spielt der Personalismus eine weit herausragendere Rolle als in Deutschland[16]. Seine Spannweite erstreckt sich dort von der Anlehnung an das christliche Denken mit dem Festhalten an der objektiven Wahrheit christlicher Theologie bis in die Nähe zu philosophischen, insbesondere existenzphilosophischen Problemstellungen bei Stefanini und Catalfamo. In Deutschland zählen neben Scheler vor allem Guardini und Buber zu den bedeutendsten und in der Pädagogik bekannt gewordenen Vertretern des Personalismus.

Dabei stellt der Personalismus eine noch heterogenere Strömung dar als die geisteswissenschaftliche Pädagogik. Das allen Vertretern Gemeinsame ist der Begriff der Person, der allerdings vollkommen unterschiedlich definiert und interpretiert wird. „Der Begriff Substanz wird hier mit dem Personbegriff konfrontiert, dort identifiziert. Hier erscheint die Person als Individuum, dort als dessen Gegenteil. Zwischen Person und Subjekt erblickt der eine gar

---

Auseinandersetzung mit dem Buch von R. B. Huschke-Rhein, in: Zeitschrift für Pädagogik, Heft 27 1981, S. 75–84. Oelkers, J; Adl-Amini, B. (Hg): Pädagogik, Bildung und Wissenschaft. Zur Grundlegung der geisteswissenschaftlichen Pädagogik, Bern 1981.

14 Oelkers, J; Schulz, W. K: Vorwort, in: Dies. (Hg): Pädagogisches Handeln und Kultur. Aktuelle Aspekte der geisteswissenschaftlichen Pädagogik, Bad Heilbrunn 1984, S. 5.

15 Böhm, W; Flores d'Arcais, G. (Hg): Die Pädagogik der frankophonen Länder im 20. Jahrhundert, Stuttgart 1980, S. 140–162.

16 Böhm, W; Flores d'Arcais, G. (Hg): Die italienische Pädagogik des 20. Jahrhunderts, Stuttgart 1979, S. 211–233. Flores d'Arcais hat nachgewiesen, daß der Personalismus in Italien in Zusammenhang mit dem Existentialismus entsteht und seine Gestalt in Auseinandersetzung mit „dem Neoidealismus, dem Intuitionismus, dem Spiritualismus und der Lebensphilosophie“ gewinnt (Flores d'Arcais, G: Le ‚ragioni‘ di una teoria personalistica della educazione, S. 24f).

keinen Unterschied, der andere eine unüberbrückbare Kluft. Für den einen fallen Personalität und Ichheit zusammen, für den anderen berühren sie sich nicht einmal"[17]. Die Mannigfaltigkeit des Personbegriffs erscheint so verwirrend, daß von *der* personalen Anthropologie genau genommen gar nicht gesprochen werden kann, sondern eine Klärung zunächst auf die etymologisch dreifache Wurzel und die Begriffsgeschichte zurückverwiesen ist: Zum einen stammt Person in der Ableitung von ‚per-sonare' (‚durch die Maske des Schauspielers hindurchtönend') aus der Welt des Theaters[18], die zweite Wurzel reicht zurück in die christliche Theologie und wird von Boethius in der Definition „persona est individua substantia naturae rationalis"[19] beschrieben. Der dritte Ansatzpunkt ist in den anthropologischen Ansätzen der Philosophie des zwanzigsten Jahrhunderts zu sehen und steht in einem Überlieferungsstrom, der über Kierkegaard und Pascal bis auf Augustinus zurückreicht[20].

Der Begiff Person erschließt sich also nicht, wenn in einem Fahrstuhl zu lesen ist, daß er höchstens acht Personen befördern kann. Diese umgangssprachliche und sich auf das Gewicht beziehende Verwendung ist ebenso weit von der Personalität entfernt wie der Gebrauch des Person-Begriffs in der analytischen Erziehungswissenschaft[21]. Der Person-Begriff gewinnt seine Bedeutung vielmehr aus der Frage nach dem Menschen, nach dem scheinbar ungefragten Hineingeboren-Sein in diese Welt, in gerade diese geschichtliche Epoche, in diese bestimmten Lebensverhältnisse; aus der

---

[17] Theunissen, M: Skeptische Betrachtungen über den anthropologischen Personbegriff, in: Rombach, H. (Hg): Die Frage nach dem Menschen, Freiburg 1966, S. 461–490, hier S. 465.

[18] vgl. Müller, M: Person und Funktion, in: Philosophisches Jahrbuch, 69. Jg. 1961/62, S. 371–404, hier, 376f. Zur Anthropologie des Schauspielers vgl. Theunissen, M: Skeptische Betrachtungen über den anthropologischen Personbegriff, S. 480ff.

[19] Müller, M: Person und Funktion, S. 378.

[20] Müller, M; Halder, A: Person, in: Staatslexikon der Görres Gesellschaft, Freiburg 6. Aufl. 1991, Sp. 197–209, hier Sp. 200.

[21] „Wenn eine Person P einen Zustand Z als Erziehungsziel bezeichnet und diesen Zustand erreichen will, dann kann P den als Erziehungsziel bezeichneten Zustand Z nur dann erreichen, wenn P die in der Wenn-Komponente einer Hypothese, die in der Dann-Komponente den als Erziehungsziel bezeichneten gewollten Zustand als Wirkung angibt, angegebenen Bedingungen realisiert bzw. angegebenen Mittel anwendet" (Rössner, L: Einführung in die analytisch-empirische Erziehungswissenschaft, Freiburg 1979, S. 163). Rössner übersieht die geschichtliche Herkunft des Personbegriffs und müßte, wenn er dem analytischen Verständnis von Erziehungswissenschaft gerecht werden wollte, den Begriff „Person" durch den Terminus „Subjekt" ersetzen.

Frage nach dem begrenzten Weltausschnitt, den er mittels seiner durch die Technik erweiterten Sinnesorgane wahrnehmen und kraft seines Verstandes und seiner Vernunft erschließen kann; aus der Frage nach dem Sinn angesichts des bevorstehenden unabwendbaren Endes seines Lebens in der Einsamkeit des Sterbens. Die personale Grunderfahrung ist dabei keineswegs eindeutig und einlinig. Als Person erfährt sich der Mensch zumeist gehalten und geborgen, bisweilen aber auch verloren und ausgeliefert an das Geschehen der Welt. Er ist abhängig von bestimmten physikalischen oder gesellschaftlichen Gesetzen und trotzdem innerhalb der gesetzten Grenzen frei in seinen Entscheidungen und in seinem Handeln. Der Mensch kann mit seinem ‚Tun und Lassen' einen Tag zum geglückten Tag werden lassen genauso wie er unter dem Anspruch des Gewissens Schuld erfährt im Zurückbleiben hinter seinen Möglichkeiten. Als Person hofft er auf eine den Tod überdauernde Unverlierbarkeit seines jeden Morgen erwachenden Hinblickens auf und Andenkens an die Welt, kann aber im Erleiden von Krankheit, angesichts von Ungerechtigkeit und Not in Verzweiflung versinken. Christlich gesprochen ist die Person Geschöpf Gottes, ihre Kostbarkeit kann in der Erwiderung der Liebe in den Augen des Andern aufblitzen, in der Verletzung ihrer Würde hervorbrechen oder schlicht im schauernden Staunen über die Weiträumigkeit des nächtlichen Sternenhimmels zu Bewußtsein kommen. Dieser Sprung ins Sein des ‚Ich-bin' kennzeichnet den Menschen, sofern man von ihm als Person spricht.
Die im Laufe der abendländischen Geschichte gegebenen Antworten auf die Grunderfahrungen menschlichen Person-Seins lassen verschiedene Richtungen erkennen, denen dreierlei gemeinsam ist: „Erstens, daß die menschliche Person durch Freiheit ausgezeichnet sei, zweitens, daß sie auf Einheit beruhe, und drittens, daß sie in einer wesentlichen Verbindung zur Welt stehe"[22]. Die Gewichtung dieser Grundmomente der Personalität fällt unterschiedlich aus. Theunissen teil den modernen Personalismus in drei voneinander abgrenzbare Positionen ein: Von zwei absoluten Strömungen, der Losgelöstheit des Für-sich-Seins und der Unabhängigkeit des Durch-und-aus-sich-Seins, die beide das ‚Ich' in den Mittelpunkt rücken, trennt er eine relationale Richtung, für die sich Person erst in der Beziehung zum Mitmenschen konstituiert, die also den Schwerpunkt auf das ‚bin' legt[23]. Nosbüsch schlägt die Unterschei-

[22] Theunissen, M: Skeptische Betrachtungen über den anthropologischen Personbegriff, a.a.O. S. 472f.
[23] ebd., S. 463f.

dung zwischen „einer mehr statischen und einer mehr dynamischen Betrachtung der Person“[24] vor, je nachdem, ob das Person-Sein dem Menschen im Sinne der scholastischen ‚substantia‘ unverlierbar ‚mit-gegeben‘ ist, oder ob die Personalität erst in der Auseinandersetzung mit der Welt und anderen Personen verwirklicht wird, das Person-Sein dem Menschen damit ‚auf-gegeben‘ ist. Die Grunderfahrung ‚Person‘ ist nichts selbstverständliches, das sich aus der naturgemäßen Entfaltung der Anlagen des Menschen von selbst ergibt, sie kommt nicht durch gesellschaftliche Überformung und Sozialisationsprozesse zustande, sondern muß ihren Stand in sich selbst durch Erziehung und Bildung gewinnen. Nur so ist erklärbar, daß der Mensch am Sinn orientierte Entscheidungen trifft und verantwortet, durch die organische Bedürfnisse zurückgestellt werden oder durch die gegen gesellschaftliche Normen verstoßen wird. Selbst auf dem Hintergrund eines statischen Personbegriffs, wo die Personalität im Ich des Menschen verankert ist, erscheint es notwendig, durch Erziehung der Person den Weg in ihrer Welt zu bahnen. Personalität ist nur zu verstehen als von jedem selbst (und in der dynamischen Vorstellung je erneut) zu leistender Akt der Selbstkonstitution, der streng zu trennen ist von der Selbstverwirklichung[25]. Person-Sein ergibt sich gerade im Wegsehen von sich selbst, in der Hinwendung zur Welt, in der Hingabe an die Sache, aus dem Hineingenommen-Werden ins Sein, aus dem Wagnis der Begegnung mit dem Anderen, aus der Zueignung durch das Du des Anderen. „Person meint für den Personalismus nicht das Bewußtsein, das ein Individuum von sich selbst hat, sondern die aktive Gegenwart des Seins in der Konkretheit des einzelnen Menschen. Auf diesem ontologischen Prinzip beruht die psycho-soziale Dynamik der Person, und in ihm liegen ebenso der Grund und die Möglichkeitsbedingung der Erziehung“[26]. Die Qualität ‚Person‘ bildet für den Personalismus die Grundlage der Erziehung, Person ist etwas, das der Mensch nicht nur ‚hat‘, sondern ‚zu sein hat‘, das er nicht nur ‚ist‘, sondern ‚wird‘. Person kann auch als unverlierbare ‚Mit-gabe‘ verstellt oder verschüttet sein, sie fordert als stets erneut zu erreichende ‚Auf-gabe‘ den Menschen in

[24] Nosbüsch, J: Das Personproblem in der gegenwärtigen Philosophie, in: Gerner, B. (Hg): Personale Erziehung, Darmstadt 1965, S. 33–88, hier 35.

[25] vgl. zu dieser Unterscheidung Böhm, W: Kritische Reflexionen zum Begriff der Selbstverwirklichung, in: Beck, H; Quiles, I. (Hg): Entwicklung zur Menschlichkeit durch Begegnung westlicher und östlicher Kultur, Frankfurt am Main 1988, S. 105–125.

[26] Böhm, W. Flores d'Arcais, G. (Hg): Die Pädagogik der frankophonen Länder im 20. Jahrhundert, S. 140.

jeder Situationen von neuem heraus. Die Anthropologie drängt dazu, „die Erziehungswirklichkeit aus der ‚personalen‘ Seinsweise des Menschen selbst zu verstehen und von der Wirklichkeit der ‚Person‘ her pädagogisches Handeln und Reflektieren in seinem eigentlichen Gehalt verständlich zu machen“[27]. Die Personalität ist allerdings kein Lerninhalt, den man wie Vokabeln oder eine physikalische Formel beigebracht bekommt und auswendig lernen kann, der Seinsvollzug der Person stellt die Lerntheorie vielmehr vor weitreichende und bisher ungelöste Aufgaben, deren Schwierigkeit bereits Augustinus in seinem Buch über den Lehrer[28] aufgedeckt hat und die sich ebenso in dem Gedanken Kants „Das Fürwahrhalten läßt sich nicht mitteilen“ wiederfinden[29].
Eine der ausgefeiltesten Theorien personaler Erziehung hat Flores d'Arcais vorgelegt[30]. Dabei geht er von der Wirklichkeit der Person aus und zeigt, daß Person nichts abgeleitetes, sondern ein anthropologisches Grundphänomen menschlichen Daseins ist, das in einem zweiten Schritt zur Begründung einer eigenständigen Theorie der Erziehung herangezogen wird. Neben der Teleologie als der Zielkategorie von Erziehung und Bildung wird als dritter Bereich die Methodologie entfaltet, die in Verbindung mit der Anthropologie und der Teleologie die Dreidimensionalität der pädagogischen Theorie aufspannt. Ein Blick auf die abendländische Geschichte zeigt, daß personale Pädagogik „nicht eigentlich eine neue Richtung innerhalb der Pädagogik ist, vielmehr in einer langen Traditionslinie steht“[31], für die als Vertreter des statischen Gedankens Boethius, Thomas von Aquin, die Scholastik und Neuscholastik, für eine mehr dynamische Betrachtung Augustinus, Luther, Pascal, Kierkegaard und die dialektische Theologie der Gegenwart genannt werden können.
Die kritische Würdigung der personalen Pädagogik führt zu ganz

[27] Höltershinken, D: Anthropologische Grundlagen personalistischer Erziehungslehren. M. Buber, R. Guardini, P. Petersen, Weinheim 1971, S. 12f.

[28] Augustinus, A: Der Lehrer, übers. und hg. von C. J. Perl, Paderborn 2. Aufl. 1994. Vgl. dazu Böhm, W: Aurelius Augustinus, in: Menze, C. u. a. (Hg): Menschenbilder, St. Augustin 1993, S. 29–45.

[29] vgl. Petzelt, A: Kant: Das Fürwahrhalten läßt sich nicht mitteilen, in: Fischer, W. (Hg): Einführung in die pädagogische Fragestellung. Aufsätze zur Theorie der Bildung ,Teil 2, Freiburg im Breisgau 1963, S. 9–61.

[30] Flores d'Arcais, G: Le ‚ragioni‘ di una teoria personalistica della educazione, (Brescia 1987), dt. Die Erziehung der Person. Grundlegung einer personalistischen Erziehungstheorie, übersetzt von W. Böhm, Stuttgart 1991.

[31] Höltershinken, D: Anthropologische Grundlagen personalistischer Erziehungslehren. S. 19.

unterschiedlichen Standpunkten: Auf der einen Seite gerät eine personale Pädagogik leicht unter Ideologieverdacht, wenn die Kritik auf das christliche Weltbild abzielt und davon ausgeht, daß „jeder personalistischen Anthropologie die Imago-Dei-Lehre zugrundeliegt, ganz gleich, ob sie sich dessen nun expressis verbis noch bewußt ist oder nicht“[32]. Auf der anderen Seite wird der Personbegriff gerade zur Begründung einer Autonomie der Pädagogik herangezogen, weil die personale Pädagogik „den Sollensbegriff ins Feld führen und von daher eine autonome pädagogische Fragestellung leichter begründen“[33] kann. Eine klärende Antwort auf diese widersprüchliche Einschätzungen, insbesondere den Ideologieverdacht, hat Guardini gegeben, indem er darauf hinweist, daß jede pädagogische Position von bestimmten Grundannahmen ausgeht, der Personalismus jedoch den Vorteil habe, seine Voraussetzungen explizit zu benennen[34]. Trotz seiner langen Tradition hat der Personalismus nie die führende Stellung erlangt, wie sie beispielsweise die geisteswissenschaftliche Pädagogik innehatte. Einer der Gründe dafür könnte in den besonderen Anforderungen der Erziehung zur Person zu suchen sein, die ebensowenig als Lerninhalt Schülern beigebracht werden kann wie sie sich unterrichtstechnisch vorausplanen läßt. Als Art „Zu-Sein“erfordert die Erziehung der Person andere didaktische und methodische Bemühungen, etwa die von Bollnow im Anschluß an die Existenzphilosophie vorgeschlagene Ergänzung stetiger, aufeinander aufbauender, in Lehrpläne festschreibbare Vorgänge durch unstetige Momente, die sich sprunghaft einstellen[35]. Damit taucht die Frage auf, ob sich auf der personalen Anthropologie tatsächlich die gesamte Pädagogik begründen und aufbauen läßt und ob nicht dem Gedanken der Person als ein alles Erziehungsgeschehen unterfangendes Phänomen (nur) eine korrektive Funktion zukommt, so daß der Personalismus Einseitigkeiten der Erziehungstheorie aufdeckt, seien es naturhafte Wachstumsvorstellung, die Auflösung der Erziehung in Sozialisation oder die Verkürzung der Erziehung auf technische Gebrauchsanweisungen für den Unterricht.

Sowohl die geisteswissenschaftliche als auch die personale Päd-

[32] Ballauff, T: Biologie, in: Flitner, A. (Hg): Wege zur pädagogischen Anthropologie, Heidelberg 1963, S. 27.

[33] Braun, W: Pädagogik – eine Wissenschaft, a.a.O. S. 57.

[34] Guardini, R: Nachtrag zu einer Kollegstunde über Rilkes erste Duineser Elegie, in: Frankfurter Hefte 3 1948, S. 346–351.

[35] Bollnow, O. F: Existenzphilosophie und Pädagogik. Versuch über unstetige Formen der Erziehung, Stuttgart u. a. 6. Aufl. 1984.

agogik gelangen zu ähnlichen Fragestellungen[36], der Ausgangspunkt ihrer Überlegungen ist aber entgegengesetzt: Die geisteswissenschaftliche Pädagogik steht in der Tradition des neuzeitlichen pädagogischen Denkens, versucht die Pädagogik von der Erziehungswirklichkeit aus als eigenständige Wissenschaft aufzubauen und entwickelt mit der Hermeneutik, der Phänomenologie und der Dialektik Forschungsmethoden, die den Naturwissenschaften gegenüberstehen. Auf dem Hintergrund dieses Ansatzes gelangt die geisteswissenschaftliche Pädagogik zu einer Anthropologie, die Elemente wie Geschichtlichkeit, Freiheit und Vernunft als Grundlagen der Erziehung herausarbeitet. Demgegenüber geht der Personalismus von der Anthropologie aus, die bei der Grunderfahrung des ‚Ich-bin', der Wirklichkeit des Menschen ansetzt und gekennzeichnet ist durch Momente wie den Weltbezug, durch Freiheit und Grenze, durch Vernunft und Schuld, durch Selbstfindung in der Selbsthingabe. Der Ausgang von der Personalität führt zur Frage nach den Erkenntnismethoden und gelangt auf dem Weg über die Lebens- und Existenzphilosophie zu Hermeneutik, Phänomenologie und Dialektik[37]. Die Notwendigkeit der Erziehung ergibt sich aus der nur noch in Gegensätzen zu beschreibenden Tatsache, daß dem Menschen auf der einen Seite seine Personalität unverlierbar; mit-gegeben, ist, daß er auf der anderen Seite seine Personalität als ‚auf-gegebene', je erst und je erneut zu verwirklichen hat. Die geisteswissenschaftliche Pädagogik kommt, aus-

[36] Der These von Braun ist nicht zuzustimmen, wenn er davon ausgeht, daß es in der geisteswissenschaftlichen Pädagogik vor allem um die Erziehung des „Ich" geht, während erst bei einer existentialen oder personalen Begründung der Pädaogik die Dimension des „In-der-Welt-Sein" gebührende Berücksichtigung findet. Dagegen spricht allein schon der Stellenwert des Kulturbegriffs in der geisteswissenschaftlichen Pädagogik. Daß „die Pädagogik heute ganz und gar von Psychologismen, Soziologismen und Politologismen beherrscht wird" (Braun, W: Pädagogik – eine Wissenschaft. Aufstieg, Verfall, Neubegründung, Weinheim 1992, S. 125), scheint zutreffend, die Herleitung dieser Entwicklung aus der Pädagogik Schleiermachers und der geisteswissenschaftlichen Pädagogik muß fragwürdig erscheinen (da mehr an Herbart und die Herbartianer gedacht werden müßte). Die von Braun angezielte Grundlegung einer personalen Pädagogik mit den Grundbegriffen Unterscheiden, Entscheiden und Bescheiden (S. 136ff) ist ungenügend.

[37] An Guardini läßt sich zeigen, daß er, ohne seine Erkenntnistheorie explizit ausgearbeitet zu haben, seine Wurzeln in der abendländischen Tradition von Platon über Augustinus bis Bonaventura hat, aber auch moderne Strömungen wie die Lebensphilosophie, die Existenzphilosophie und die Phänomenologie mit ihren Methoden, insbesondere der Hermeneutik und der Dialektik (als Gegensatzlehre) in seinen Erkenntnisprozess aufgenommen hat (vgl. Henner, G: Die Pädagogik im Denken Romano Guardinis, Paderborn 1990, S. 41–105).

gehend von (der Kritik) der konkreten Erziehungswirklichkeit über die forschungsmethodische Fragestellung zur Anthropologie, der Personalismus von der Anthropologie über die Methodenfrage zur Pädagogik.

Ein Unterschied zwischen beiden Strömungen zeigt sich allerdings bei der Vorstellung einer stetig fortschreitenden Erziehung. Von Schleiermacher bis Spranger zu den Grundannahmen pädagogischen Denkens gehörend, zwingen die personale Selbsterfahrung und die geschichtliche Herkunft des Personbegriffs dazu, unstetige Formen im Erziehungsgeschehen zu berücksichtigen. Überein kommen die geisteswissenschaftliche Pädagogik und der Personalismus in ihrer Zurückweisung der Übertragung technischer Denkmuster und Verfahren auf den Menschen und seine Erziehung, so daß sie insgesamt eine Gegenposition zu den besonders in den anglo-amerikanischen Ländern verbreiteten Strömungen des Positivismus, Pragmatismus und Empirismus einnehmen. Die Nähe von geisteswissenschaftlicher Pädagogik und Personalismus wird besonders augenfällig in Winfried Böhms Schrift „La educación de la persona"[38], die zu den grundlegenden Themen personaler Erziehungstheorie die Bereiche „Theorie und Praxis", die „Interdisziplinarität der Pädagogik", die „Autonomie der Pädagogik" im Spannungsfeld von Psychologie und Soziologie, das Zusammenwirken der Bereiche „Erziehung – Schule – Gesellschaft" und das Bild des „Lehrers in systematischer und historischer Hinsicht" zählt. In diesen Grundfragen personaler Pädagogik sind unschwer die Ansätze und offen gebliebenen Fragen der geisteswissenschaftlichen Pädagogik wiederzuerkennen.

Obwohl derzeit von einer Renaissance der geisteswissenschaftlichen Forschung gesprochen wird und in Zusammenhang damit möglicherweise auch personalistische Ansätze eine Aufwertung erfahren werden, sind kritische Beobachter dieser Entwicklung der Meinung: „Konzeptionell dagegen oder gar schulpraktisch merkt man davon so gut wie nichts"[39]. Wenn die derzeitige Situation der Pädagogik dadurch gekennzeichnet ist, daß ihr von anderen Disziplinen, insbesondere der Psychologie, der Rang abgelaufen wird, daß ihre Theorien auf die tatsächlich geschehende Erziehung keinen nennenswerten Einfluß haben und daß ihr Stellenwert bei bildungspolitischen Entscheidungen verschwindend gering ist, so liegt dies zu einem nicht unerheblichen Teil an der pädagogischen Theoriediskussion. Die Gefahren, die in

---

[38] Böhm, W: La educación de la persona, Buenos Aires 1982.

[39] Oelkers, J; Schulz, W.K: Vorwort, a.a.O., S. 5.

allzu praxisfernen metatheoretischen Streitigkeiten liegen, sollen an der Gesundheitspädagogik, genauer einem Beispiel aus dem möglichen Spektrum gesundheitspädagogischen Denkens und Handelns, der Diabetikerschulung, nach- bzw. vor-gezeichnet werden.

Die Notwendigkeit einer Diabetikerschulung war in dem Moment gegeben, als 1922 erhöhte Blutzuckerwerte mit Insulin gesenkt und seit den fünfziger Jahren mit blutzuckersenkenden Medikamenten behandelt werden konnten. Diabetiker, die zuvor nach meist kurzer Erkrankungsdauer gestorben waren, haben heutzutage eine durchschnittliche Lebenserwartung, solange sie ihre Blutzuckerwerte im Normalbereich halten. Anderenfalls drohen Spätschäden, zu denen Nierenversagen, Sehschwächen bis zur Erblindung, Nervenschäden und Fußamputationen zählen. Daß die derzeitige Therapie mit den vom Arzt verordneten Medikamenten, Ernährungsempfehlungen und gelegentlichen Kontrolluntersuchungen zu kurz greift, belegen die Statistiken: Die Amputationsrate von Diabetikern in Deutschland liegt mit rund 28 000 Fällen jährlich um das 20fache über der von Nicht-Diabetikern, nach Ergebnissen verschiedener amerikanischer Studien könnten zwischen 50 und 85% aller Amputationen durch eine Schulung der Diabetiker vermieden werden[40]. Obwohl diese Daten vorliegen und sich nach Berechnungen der Krankenkassen durch entsprechende Schulungsprogramme enorme Kosten sparen ließen – ein schlecht behandelter Diabetiker kostet die Krankenkassen jährlich über 15 000 DM, ein gut behandelter unter 3000 DM – und obwohl rund 4 Millionen Diabetikern in Deutschland leben[41], nehmen nur die wenigsten Diabetiker an einer strukturierten Schulung teil. Selbst in der Politik ist inzwischen erkannt worden, welchen Stellenwert der Verhinderung von Krankheiten durch Schulung, Unterricht und Lernen einzuräumen ist, für die der Diabetes nur ein Beispiel ist: „Die grundsätzlich wirksamsten Ansatzpunkte zur Verbesserung der Lebensqualität und zur Senkung der Morbidität und Mortalität liegen in den Bereichen der Vorsorge und Prävention. ... Forschungsförderung soll vor allem die interdisziplinäre Zusammenarbeit zwischen den unterschiedlichen Fachrichtungen ermöglichen, die sich mit diesen Bereichen befassen, insbesondere zwischen der biomedizinischen und den verhaltens- und sozial-

[40] Stiegler, H: Der diabetische Fuß. Die wesentliche Rolle spielt die Prävention, in: Deutsches Ärzteblatt, 1995; 92: A-591–595 [Heft 9].

[41] Rohde, M: Gut eingestellte Diabetiker verursachen weniger Kosten!, in: Der Allgemeinarzt, 12. Jg. 1994, S. 926–927.

wissenschaftlichen Disziplinen, einschließlich gesundheitspädagogischer und -didaktischer Fragestellungen“[42].
Dabei ist offensichtlich, daß für eine effektive und effiziente Diabetikerschulung ein ganzes Bündel an pädagogischem Wissen und erzieherischen Fertigkeiten erforderlich ist. Die Umsetzung der Daten und Fakten in zielgruppenspezifische Unterrichtseinheiten, das Aufstellen von Grob- und Feinzielen, die Vorbereitung, Ausarbeitung und Zusammenstellung von Lehrmaterial bis hin zur Durchführung des Unterrichts wären Sache pädagogischen Handelns und Denkens, das dazu in einem interdisziplinären Austausch mit Medizin, Ernährungs- und Sportwissenschaft, Psychologie und Soziologie stehen muß. Die einzelnen Inhalte der Schulungen – von einer verständlichen Anatomie über Maßnahmen zur Verhinderung von Spätschäden bis hin zur Einführung in die Selbstkontrolle des Blutzuckers mit Urin-Teststreifen und Meßgeräten einschließlich Übungen – setzen aufgrund ihres Schwierigkeitsgrades eine gesundheitspädagogische universitäre Qualifikation voraus und gehören in die Hände von Gesundheitslehrern[43].
Das Beispiel Diabetikerschulung im engeren, das Phänomen Gesundheit im weiteren Sinn führt zu elementaren pädagogischen Fragen, die einer grundlegenden theoretischen Abklärung bedürfen. Dazu gehören zum Beispiel: Die Begründung, warum Diabetes Ziel der Gesundheitserziehung ist (und nicht nur Aufgabe der Medizin oder Psychologie). Dann die Umsetzung epidemiologischer Daten und medizinischer Fakten in durchstrukturierte Unterrichtsziele. Die Überlegung, in welchem Lebensalter Erziehung oder Lernprozesse einsetzen müssen und Abstimmung des methodischen Vorgehens auf die Zielgruppe. Schließlich die Frage, in welche bestehenden Institutionen oder noch zu schaffenden Strukturen die Prävention eingebettet werden kann. Zusätzlich zeigt das Beispiel der Diabetikerschulung, daß der Ansatz Schleiermachers, Erziehung als Einwirkung der Erwachsenengeneration auf die Heranwachsenden zu verstehen, zu kurz greift. Diabetiker sind überwiegend ältere Menschen, die von Jüngeren etwas lernen müssen. Der „Lern“-begriff erweist sich aus der Sicht der Gesund-

[42] Bundesminister für Forschung und Technologie (Hg): Gesundheitsforschung 2000. Programm der Bundesregierung, Bonn 1993, S. 32f.

[43] Seit neuestem wurde von juristischer Seite eine Zusammenarbeit von Ärzten und Pädagogen gestattet und die Abrechnung mit den Krankenkassen genehmigt. Vgl. Spielberg, P: Änderung in der (Muster-)Berufsordnung. Kooperation mit anderen freien Berufen möglich, in: Deutsches Ärzteblatt, 1995; 92: C-1068–1069 [Heft 23].

heitspädagogik neben dem der Erziehung als einer der ‚einheimischen' Grundbegriffe der Pädagogik, deren Aufgabenfeld über das der „Erziehungs"-wissenschaft damit weit hinausreicht.
Diese Fakten und Argumente, das gesamte Forschungs- und Aufgabenfeld der Prävention geht zur Zeit an der Pädagogik fast spurlos vorüber. Daß es in der Pädagogik gegenwärtig keine vorherrschende Richtung gibt, sondern „verschiedenartige Theorieansätze nebeneinander stehen"[44], hat Menze bereits vor zwanzig Jahren festgestellt. Zur geisteswissenschaftlichen Pädagogik, einer normativ-politischen Pädagogik, der empirischen Erziehungswissenschaft, der anthropologischen Strömung und einer sich an die Existenzphilosophie anschließenden Pädagogik sind seither Erziehungstheorien analytischer, curricularer, interaktionistischer, sozialisationstheoretischer, therapeutischer, entwicklungspsychologischer, lebenswelt- und alltagsorientierter, kritisch-konstruktiver und postmoderner Herkunft hinzugekommen. Diese Entwicklung hat die Diskussion in der Pädagogik zweifellos bereichert und angeregt, ihr aber eine Richtung gegeben, in der die Ergebnisse der theoretischen Auseinandersetzung die Erziehungswirklichkeit nicht mehr erreichen wie umgekehrt sich die Aufgabenstellungen der Erziehung und des Lehrens und Lernens nicht mehr durchgängig in der pädagogischen Theorie wiederfinden. Eine Pädagogik, die vor lauter Verstrickung in andauernde innerdisziplinäre Auseinandersetzungen um Letztbegründungen ihrer Autonomie oder Wissenschaftlichkeit die in der konkreten Praxis anstehenden Aufgaben aus den Augen zu verlieren droht, fiele hinter den Anspruch der geisteswissenschaftlichen Pädagogik zurück, die Erziehungswirklichkeit zu verstehen und in Form einer zukünftig besseren zu gestalten. Sie würde auch das Ziel personaler Pädagogik verfehlen, denn wo die Person an Krankheiten wegstirbt, die durch pädagogische Maßnahmen zu vermeiden wären, zeigt eine vergessene Gesundheitspädagogik schonungslos die Irrtümer und Versäumnisse personaler Erziehungstheorien.
So könnte das Thema Gesundheit in seiner Erzieh-, Lehr- und Lernbarkeit zum Anlaß (und Anstoß) für die Pädagogik werden, ihre wirklichkeitsfern gewordenen ‚Theorien über andere Theorien' in der von Schleiermacher angemahnten Bescheidenheit so umzuwandeln, daß die Theorie der Pädagogik Fragen der aktuellen Erziehungs- und Lernwirklichkeit als die ihr zugehörende, zu bedenkende und zu gestaltende Praxis wiederentdeckt. Bezeich-

[44] Menze, C: Richtungen und Tendenzen in der deutschen Pädagogik der Gegenwart, in: Rassegna die Pedagogia, 35.Jg. 1977, S. 6–22.

nenderweise ist nicht der Idealist Platon mit seinem Höhlengleichnis der Lehrer im antiken Griechenland geworden, sondern der Realist Aristoteles mit seiner Grundlegung der septem artes liberales, die vom Mittelalter bis in die Neuzeit hinein die Lehrpläne gekennzeichnet haben[45] und der praxisorientierte Isokrates, der seine Schüler gelehrt hat, „sich eine vernünftige Meinung über nützliche Dinge zu bilden, statt sie in Haarspaltereien sich verlieren zu lassen, deren Sicherheit der vollkommenen Nutzlosigkeit ihrer Gegenstände angemessen ist“[46]. Während Schleiermacher der Auffassung war, die Praxis könne als Besonnene ihre Aufgaben auch ohne Theorie bewältigen, zwingen die mit der Geschichtlichkeit (im genauesten geisteswissenschaftlichen Sinn) verbundenen Änderungen dazu, das Verhältnis von „Theorie und Praxis“[47] je erneut zu überdenken. Eine wirkungsvolle Gesundheitsförderung, die nicht an den bei der Diabetikerschulung aufgezeigten Mängeln kranken soll, läßt sich heutzutage nicht aus der Praxis heraus gestalten, sondern nur durch den Entwurf einer Theorie der Gesundheitspädagogik begründen und herleiten, der in gegenseitig korrektivem Wechselbezug zu den Erfolgen und Hindernissen der Praxis der Gesundheitsförderung stehen muß. Für beide Bereiche wäre (neben anderen Wissenschaften) die Pädagogik zuständig, die die Tragfähigkeit und Reichweite ihrer geisteswissenschaftlichen und personalen Theorien nicht in innerdisziplinären Auseinandersetzungen ausfechten, sondern durch das Aufgreifen konkreter Fragestellungen und die Gestaltung einer zukünftig besseren Lebenswirklichkeit der Menschen durch Erziehung und durch das Lehren und Lernen unter Beweis stellen sollte.

---

[45] vgl. Dolch, J: Lehrplan des Abendlandes. Zweieinhalb Jahrtausende seiner Geschichte, Ratingen, 3. Aufl. 1971.

[46] Marrou, H. I: Histoire de l‚éducation dans l’antiquité, (Paris, 3. Auflage 1955), dt. Geschichte der Erziehung im klassischen Altertum, hg. v. R. Harder, Freiburg 1957, S. 136.

[47] vgl. Böhm, W: Theorie und Praxis. Eine Erörterung des pädagogischen Grundproblems, Würzburg 2. erweiterte Auflage 1995.

VII. KRITISCHE SICHTUNGEN

Paradigmenwechsel als Traditionssicherung. Zum Übergang von der geisteswissenschaftlichen Pädagogik zu einer kritischen Erziehungswissenschaft

Alfred Schäfer

I.

Von einem Übergang der geisteswissenschaftlichen Pädagogik zur kritischen Erziehungswissenschaft zu sprechen, erscheint in zweifacher Hinsicht problematisch. Zum einen ist – worauf besonders Huschke-Rhein (1979) hingewiesen hat – die Rede von ‚der' geisteswissenschaftlichen Pädagogik irreführend, weil, selbst wenn man einen gemeinsamen Ausgangspunkt in den Theoremen Diltheys festhalten will, davon auszugehen ist, daß die (selbst bei Dilthey unterschiedlich akzentuierte) lebensphilosophische Perspektive in der Folge durch unterschiedliche Theorie-Elemente angereichert und verändert worden ist: von strukturtheoretischen Überlegungen in der Nachfolge Hegels über psychologisch-typologische Konstrukte und mystifizierende historische Konstruktionen bis hin zu metaphysischen Konstrukten des pädagogisch Eigentlichen und zu Anleihen beim Existentialismus Heideggers. Zum anderen ist aber auch das, was unter dem Namen ‚kritische Erziehungswissenschaft' firmiert, alles andere als einheitlich. Kategorialen Anknüpfungsversuchen an Aspekte der (frühen) Theorie des kommunikativen Handelns von Habermas stehen scheinbar methodologische Vereinbarungen und praktisch motivierte Forschungskonzepte zur Seite – von unzähligen Reminiszenzen, die auf der verbal-semantischen Ebene einer Bekenntnis-Lyrik verbleiben, zu schweigen.
Eine Bearbeitung des Übergangs-Themas wird daher eher auf einer systematischen Ebene anzusiedeln sein. Eine solche Perspektive, die sich auf das Verhältnis von Kontinuität und Bruch hinsichtlich systematisch wichtiger Themen geisteswissenschaftlicher Pädagogik konzentriert, hat Tradition. Bekannt ist hier besonders der von

Ilse Dahmer und Wolfgang Klafki herausgegebene Sammelband über die ‚Geisteswissenschaftliche Pädagogik am Ausgang ihrer Epoche – Erich Weniger' von 1967, der sich bemüht, den ‚Bruch' schon in die geisteswissenschaftliche Pädagogik Wenigers zu verlegen und damit zugleich eine Kontinuitätshypothese für den ‚Paradigmenwechsel' zu illustrieren. Etwas vorsichtiger geht Gassen (1978) vor, der die gleiche These nur für das Spätwerk Wenigers glaubt belegen zu können. Beide Perspektiven gehen demnach von einem Bruch in der geisteswissenschaftlichen Pädagogik bzw. in der Theorie Wenigers aus, der die Einbeziehung eines gesellschafts- und ideologiekritischen Ansatzes ‚anschlußfähig' oder gar erforderlich gemacht habe. Als solche Prämissen gelten dabei vor allem die These einer relativen Autonomie der Pädagogik gegenüber den ‚gesellschaftlichen Mächten' wie die Figur einer sich selbst aufklärenden Praxis (vgl. Weniger 1952 und Dahmer 1967).
Die folgenden Überlegungen gehen nun davon aus, daß eine reflexion engagée (Flitner 1957/1989), die dem pädagogischen Praktiker eine Perspektiven- und Handlungssicherheit in der Gesellschaft garantieren soll, den Schritt von der Hermeneutik zur Ideologiekritik nicht notwendig unternimmt und unternommen hat. Zum zweiten soll der Nachweis versucht werden, daß auch die von der hermeneutischen Selbstvergewisserung lebende Figur des Theorie-Praxis-Verhältnisses, die Benner als praktischen Zirkel kritisiert (vgl. Benner 1973), den Wechsel zur Ideologiekritik bzw. die Rezeption des Habermas'schen Modells eher erschwert als nahelegt. Im Zentrum der folgenden Argumentation steht also der Ausgang von der Hermeneutik – oder präziser formuliert: vom Versuch einer methodischen Reduktion des für zentral gehaltenen Normenproblems. Die Annahme, das Legitimationsproblem pädagogischen Handelns nicht über eine erkenntniskritische oder ethische Reflexion lösen zu können, sondern über eine methodisch gesicherte Erfassung der Lebenswirklichkeit zu praktisch anschlußfähigen, weil die ‚eingehüllte Rationalität' der Wirklichkeit freisetzenden, Konzeptionen zu gelangen, steuert noch die selektive Rezeption der Kritischen Theorie Habermas', deren Möglichkeiten deshalb auch nicht ausgeschöpft wurden (vgl. Schäfer 1988). Attraktiv waren Aspekte dieser Theorie, insofern sie es erlaubten, ebenfalls die Probleme des Verhältnisses von Empirie und Norm, von Aktualität und Potenz sowie von Gegenwart und Zukunft zu unterlaufen. Diese Probleme bleiben in der Rezeption latent. Eine solche Rezeption führt so weder zu einer Problematisierung des hermeneutischen Realitätsverständnisses und der in ihm liegenden Problemlösungspotentiale für konstitutionelle Fragen pädagogi-

scher Theoriebildung; noch ist im Anschluß daran eine erkenntniskritische Selbstvergewisserung der Möglichkeiten und Grenzen pädagogischer Theorien zu vermerken. Die (eher plakative) Übernahme des frühen Modells der Erkenntnisinteressen bei Habermas suggeriert einen Paradigmenwechsel eher als es ihn einlöst. Und spätestens mit der Weiterentwicklung der Theorie Habermas', die nicht zuletzt durch die Einwände Gadamers angeregt wurde und damit gegen den ‚Universalitätsanspruch der Hermeneutik' gerichtet war, reduziert sich ‚das' Muster der Rezeption weitgehend auf die Reduplizierung jener Theorie-entlastenden Leistungen, die auch die geisteswissenschaftliche Pädagogik schon erbracht hatte. Anknüpfungspunkte für eine solche Rezeption im Sinne der Traditionsicherung, der Sicherung eines entproblematisierenden Bestandes an Mustern gegenüber den Konstitutionsfragen pädagogischer Theorie, wären demnach auch im Werk Habermas' aufzuzeigen.

II.

Das Problem des Transzendierens einer empiristisch nur immanent zu analysierenden Wirklichkeit im Sinne des moralisch Aufgegebenen tritt bei Dilthey umso mehr in den Vordergrund, als er eine normative Pädagogik ablehnt. Wie schon Schleiermacher glaubt auch Dilthey nicht an die Möglichkeit einer moralischen Begründung der Pädagogik als Wissenschaft mit Hilfe einer reflexiven Anwendung von Urteilskriterien. Wie schon Schleiermacher geht aber auch Dilthey davon aus, daß sich im pädagogischen Gegenstandsbereich beide Dimensionen überschneiden: daß die pädagogische Wirklichkeit ihre Qualität letztlich durch ihren moralischen Verweisungshorizont erhält. Während aber Schleiermacher eine Versöhnung von empirisch Gegebenem und moralischem Ideal als Endpunkt einer langfristigen, vielleicht nur näherungsweise erreichbaren, Entwicklung projiziert, bildet Dilthey dieses Problem der Versöhnung von Empirie und Norm direkt auf die Wirklichkeit des individuellen Educanden ab. Während Schleiermacher davon ausgeht, daß Gegenwart und Zukunft des Kindes nicht versöhnt werden können, sondern daß man nur darauf achten müsse, die Gegenwart nicht einer abstrakten (und vielleicht nicht eintretenden) Zukunft zu unterwerfen, geht Dilthey auch hier davon aus, daß zwischen Gegenwart und Zukunft kein Gegensatz besteht, daß sich vielmehr die Zukunft in der Gegenwart als deren transzendierendes wie legitimierendes Moment erkennen lasse. Während Schleiermacher mithin vorsichtig agiert, wenn es darum geht, die

Gegenwart unter der Prämisse der Aktualisierung einer qualitativ anzugebenden Potenz, einer in ihr bereits wahrnehmbaren Tendenz einer inhaltlich gerichteten Vervollkommnung, zu denken, zielt die Hermeneutik Diltheys auf exakt diesen Punkt: „An welchem Punkt entspringt aus der Erkenntnis dessen, was ist, die Regel über das, was sein soll“ (Dilthey 1969, S. 43)?

Es ist diese hermeneutische Perspektive und ihre angedeutete Leistungsfähigkeit für eine Lösung der Probleme pädagogischer Gegenstandsbildung, die traditionsbildend wurde – auch dort, wo die hermeneutische Methode selbst nicht im Mittelpunkt steht und man sich anderer Verfahren und Bezugspunkte bedient. Was traditionsbildend wurde, ist das damit verbundene Wirklichkeitskonzept – eine Wirklichkeit, die so gedacht wird, daß ein methodisch kontrollierter Zugang zu ihr ihre moralischen Tendenzen offenbart. Eine solche Konzeption macht jede ethische Reflexion überflüssig, weil sie nicht empirisch gesättigt, sondern ‚intellektualistisch‘ erscheint. Eine solche Ablehnung ethischer Reflexion kassiert sowohl eine mögliche Grundlegungsfunktion wie auch und gerade deren kritische Potenz gegenüber einer politisch oder pädagogisch verwalteten Faktizität. Die Unterstellung einer wissenschaftlich-methodisch zugänglichen und deshalb zu akzeptierenden Normativität der Wirklichkeit bildet ein Gegenprogramm zur Moderne, mit der das Subjekt zur letzten Legitimations- und Urteilsinstanz wird.

Zwar erlaubt eine solche der Empirie inhärente Normativität die Ablehnung von Überformungen. An diesem Punkt ist beim frühen Dilthey, der sich psychologisch orientiert, der individualisierende Aspekt entscheidend. Die Methode des hermeneutischen Verstehens soll es hier gerade gestatten, im individuellen Kind dessen je konkret-individuelle Regel zu erkennen, die es erlaubt, die ihm gegebenen und aufgegebenen Vervollkommnungspotenzen zu erkennen. Werner Loch hat diesen Anspruch 1979 noch einmal erneuert: „Aus der Beobachtung des Kindes erwächst die pädagogische ‚Erkenntnis dessen, was ist‘, aus der sich dann ‚die Regel über das, was sein soll‘ bilden läßt: durch verstehende Rekonstruktion einer vollkommen funktionierenden seelischen Struktur, in der die disparat auftretenden seelischen Funktionen in den Zusammenhang gebracht werden, auf den sie an sich schon verweisen“ (Loch 1979, S. 126).

Dem individuellen Kind in seiner Vervollkommnungstendenz gerecht zu werden, gestattet die Auflösung zentraler pädagogischer Problemstellungen ebenso wie den Abweis von diesem Prozeß fremden, ihn überformenden und deformierenden Einflußnahmen.

Wenn man mit Hilfe einer wissenschaftlichen Methode die mögliche Vollkommenheit des Wirklichen erkennen kann, dann bedeutet dies nicht nur, daß man das Problem des Übergangs vom Sein zum Sollen gelöst hat – und zwar mit dem Anspruch auf die Wissenschaftlichkeit einer Methode, die dem Zusammenhang gerecht zu werden vermag. Theoretische und praktische Vernunft scheinen zu konvergieren, ohne daß man sich um das leidige Problem von Urteilsregeln kümmern müßte. Gegenwart und Zukunft, Aktualität und Potenz lassen sich in einem kontinuierlichen Prozeß darstellen, als dessen Garant der Erzieher auftritt.
Die hermeneutische Methode enthebt ihn somit nicht nur des Problems der Zielbestimmung, indem sie diese ‚entmoralisiert', gleichsam mit wissenschaftlichem Anspruch objektiviert. Sie impliziert zugleich die Lösung zweier Konstitutionsprobleme der Identifikation von Erziehung, die deshalb in der Tradition geisteswissenschaftlicher Pädagogik auch keine Rolle spielen. Es handelt sich zum ersten um die ‚technische Frage' des Zusammenhangs von Intention und Wirkung. Während man gemeinhin davon ausgeht, daß die besten Absichten auch gegenteilige Wirkungen haben können, und daß auch große Inkonsistenzen, fehlende durchdachte Intentionen etwas bewirken können, was sich – je nach Gesichtspunkt – im nachhinein als ‚gelungene Erziehung' rekonstruieren läßt, während man also davon ausgeht, daß der Zusammenhang von Intention und Wirkung allenfalls als kontingent zu behaupten ist, kann unter der obigen Voraussetzung angenommen werden, daß sich diese Kontingenz reduzieren läßt. Dies ist dann – wovon ein großer Teil geisteswissenschaftlicher Abgrenzungsbemühungen gegenüber einem technischen Erziehungsverständnis lebte – nicht so zu verstehen, als ob man nun den Schlüssel effektiver Einflußnahme gefunden hätte. Vielmehr erlaubt die Erkenntnis einer empirischen Ausrichtung des einzelnen Kindes auf seine Vervollkommnung eine Zurücknahme illusorisch-technischer Ambitionen: Der Erzieher, der sich in den Dienst erkannter Vervollkommnungsbestrebungen stellt, schließt die Lücke zwischen Absicht und Wirkung. Die Wirkung würde auch ohne ihn ablaufen: Er wirkt nur unterstützend und Gegenwirkungen abwehrend. Bezugspunkt seines Handelns bildet die auf das eigene Ideal hin sich orientierende Wirklichkeit des Kindes. Es verschränken sich Intention und Wirkung, aber auch Ideal und Wirklichkeit, Zukunft und Gegenwart. Diesen Zusammenhang würde eine ethische Reflexion ebenso gefährden wie technische Zweck-Mittel-Reflexion.
Damit ist die zweite Konstitutionsproblematik pädagogischer Theorien verbunden. Auch die beste Absicht ist etwas, das empi-

risch nicht durchgehalten werden kann. Was aber garantiert dann die Kontinuität des Prozesses der Erziehung? Inwiefern kann überhaupt von einem Prozeß und nicht nur von einem Konglomerat unterschiedlichster Intentionen und Handlungen gesprochen werden? Dieses Problem einer handlungstheoretisch angelegten Pädagogik, auf das etwa auch Brezinka hingewiesen hat, der dies durch eine gleichsam habitualisierte positive Absicht auf Verbesserung umgehen möchte, wird mit Hilfe der Leistungsfähigkeit der hermeneutischen Methode gelöst. Die Kontinuität findet sich auf der ‚Gegenstandsseite': beim Educanden, und diese Kontinuität kann, eingespannt in das Feld von Aktualität und Potenz, erkannt werden. Ein Erzieher, der sich daran orientiert, hat somit weder ein legitimatorisches noch ein technisches noch ein Problem des Zusammenhangs seiner Handlungen. Allenfalls bildet er eine latente Fehlerquelle ‚ungewollter Nebenwirkungen' (Spranger), die seine ‚Hauptintention', die sich am erkannten und im Erkennen akzeptierten individuellen Vervollkommnungsprozeß orientiert, abzulenken vermag. Der Zusammenhang und damit das, was eine ‚echte' pädagogische Handlung von einer ‚unechten' unterscheidet, ist als Normalität vorgegeben: Es ist die Intentionalität selbst, in der eine mögliche Fehlerquelle liegt. Obwohl sich Bollnows Konzept der ‚unstetigen Formen der Erziehung' (vgl. Bollnow 1959) hier hätte einfügen lassen, weil es nur den Kontinuitätsstrom, nicht aber die ihm vorausliegende Annahme einer Unterordnung der Intention unter den Prozeß korrigiert, war innerhalb der Tradition geisteswissenschaftlicher Pädagogik das Festhalten an einem Konzept entproblematisierter Intentionalität stärker.
Die Entproblematisierung zeigt sich in Flitners Ablehnung einer ‚intellektualistischen' moralischen Reflexion ebenso wie der Möglichkeit eines den Wirrnissen der Zeit entzogenen und diese überwindenden einzigen pädagogischen Grundgedankengangs, der die auseinanderstrebenden pädagogischen Optionen auf die der Wirklichkeit inhärenten normativen Möglichkeiten und Implikationen verpflichtet (vgl. Flitner 1950/1983, S. 242 und 1957/1989). Flitner beruft sich zur Abstützung dieser Option nicht direkt auf die Hermeneutik Diltheys und ihren zumindest für die Frühphase, d.h. über die ‚Teleologie des Seelenlebens', erhobenen Erkenntnisanspruchs. Dennoch ist das implizierte Wirklichkeitsverständnis und dessen anvisierte Leistungsfähigkeit für eine Theorie des pädagogischen Gegenstandes der zu verstehenden Einheit von faktischen Lebensvollzügen und ihren normativ-gerichteten Implikationen, ihrer ‚eingehüllten' Rationalität, geschuldet. Flitner entwickelt ein Stufenschema, das dann von Weniger weitergeführt

wird. Er faßt die Erziehungslehren einer Zeit als problembezogene Thematisierungen der pädagogischen Implikationen von Lebensformen auf. In der Erziehungslehre werden diese Lebensformen sich ihres pädagogischen Charakters erst bewußt: In ihnen legt sich ihre objektive Sittlichkeit, die in die Wahrheit ihrer strukturierten Beziehungen und Handlungsmuster eingelassen ist, als pädagogische aus. Auch bei Flitner erscheint die Wirklichkeit als empirische immer schon als sittliche Potenz. Dieses Zusammenhangs vergewissern sich die Erziehungslehren: Sie konstruieren ihn nicht, sondern finden ihn vor. Wenn die Gesellschaft eine Komplexität erreicht, in der die den einzelnen Lebensformen inhärente objektive Sittlichkeit sich nicht mehr in ihrem geordneten Zusammenhang überschauen läßt, tritt die pädagogische Wissenschaft auf den Plan: „Diese Reflexion am Standort der Verantwortung des Denkenden ist die Mitte dessen, was im strengen Sinne pädagogische Wissenschaft heißen darf. Sie faßt alle Erziehungslehren zusammen, welche in einem Kreis gemeinsamen Lebens von den Praktikern als wahr erkannt werden. Sie vereinigt sie, ordnet sie in einen universalen pädagogischen Grundgedankengang ein, prüft sie, verbindet diesen Grundgedanken mit der wissenschaftlichen Reflexion in ihrer Gesamtheit, kritisiert die Erziehungslehren von da aus, reinigt sie von Irrtümern und Beengtheiten und klärt den Standpunkt auf, an dem sie praktiziert werden. In diesem Sinne ist die pädagogische Wissenschaft durchaus reflexion engagée" (Flitner 1957/1989, S. 328). Flitner optiert dafür, daß die Pädagogik als philosophisch-hermeneutisch-pragmatische Wissenschaft selbst zur Pädagogie werde (vgl. ebenda S. 348; dazu Schäfer 1992).
Bei Flitner rückt so gegenüber der individuellen Wirklichkeit des Kindes die objektive Sittlichkeit von Lebensformen in den Fokus der Aufmerksamkeit. Sie in dieser Qualität und den auf sie bezogenen pädagogischen Optionen auszulegen, ist das Geschäft einer zweistufigen pädagogischen Vergewisserung, die damit von der objektiven Sittlichkeit der Praxis ausgeht, um auf dem Umweg über ihre ‚philosophisch-hermeneutische' Auslegung wieder pragmatisch zu ihr zurückzukehren. Ein solches Verfahren klärt nicht nur das eigene Selbstverständnis, sondern gewinnt ebenso Bedeutung für eine gesellschaftliche Neubesinnung auf die eigene objektive Sittlichkeit, in die die pädagogische ja nur eingebettet ist.
Indem Flitner so die Perspektive von der individuellen Wirklichkeit des Kindes und ihrer Vervollkommnungstendenz auf die objektive Sittlichkeit von Lebensformen legt, rückt das Theorie-Praxis-Verhältnis stärker in den Vordergrund. Es ist die objektive Sittlichkeit der Praxis, die in ihrer Komplexität die pädagogische

Theorie ebenso notwendig macht wie sie deren theoretische und praktische Verbindlichkeit ermöglicht und begrenzt. Eine pädagogische Theorie, die sich von der impliziten Sittlichkeit gelebter Praxis distanzieren würde, die damit das Legitimationsproblem ebenso wie das Wirkungsproblem und somit die Frage nach einer Identifizierung pädagogischer Wirklichkeiten nach theoretischen Kriterien aufwerfen würde, kann von hier aus nur als subjektivistisch, intellektualistisch und somit ‚wirklichkeitsfern' erscheinen. Solchen pädagogischen Ambitionen ist die hermeneutisch in ihrer sittlichen Substanz erkannte Wirklichkeit ebenso entgegenzuhalten wie jenen gesellschaftlichen Mächten, die diese Substanz einer anderen Verfügung zuführen wollen. Der Pädagoge als Anwalt des Kindes und seines Rechts auf Selbstvervollkommnung unter den historischen Bedingungen bestimmter Lebensformen, deren sittliche Substanz sich als objektiver Bezugspunkt von Selbstvervollkommnung anbietet, hat hier eine kritische Funktion. Die Grenze dieser Kritik bildet aber die Reichweite der hermeneutischen Methode: Nicht das von ihm für richtig Gehaltene und Beurteilte kann den Maßstab solcher Kritik abgeben, sondern nur das mit Hilfe der Hermeneutik als objektiv sittlich ‚Erkannte'.

Flitners wie auch Wenigers Modell der Reflexionsstufen, die sich auf eine vorgängige Praxis beziehen, und die die Gültigkeit ihrer Aussagen vorab an die in dieser Praxis (als sowohl auf die eingehüllte Rationalität von Lebensformen wie auch auf den Anspruch des Kindes auf Teilhabe und Bildung an dieser Rationalität gerichtete) implizite objektive Sittlichkeit binden, was theoretisch auslegend wie praktisch leitend verstanden sein will – solche Vorstellungen erfüllen alle jene oben erwähnten Leistungen, die dort an eine Teleologie des Seelenlebens gebunden waren. Auch in dieser Theoriestrategie geht es um die Bindung der praktischen Intention an eine implizite Normativität, die unabhängig von ihr gegeben und nicht subjektiv konstituiert ist. Damit wird das Legitimationsproblem pädagogischer Intentionalität hier ebenso aufgelöst wie die Frage der Möglichkeit einer Verbindung von Absicht und Wirkung. Auch die Kontinuität liegt nicht in den Händen von Pädagogen, sondern in der prozessualen Reproduktion der sittlichen Substanz von Lebensformen. Pädagogische Intentionalität, Legitimation und Verantwortung liegen in deren Übereinstimmung mit ihrer Funktion im Rahmen sittlicher Selbstreproduktion – auch dann, wenn diese Einheit von Intentionalität und Funktionalität erst über den Umweg von Erziehungslehren oder gar einer pädagogischen Wissenschaft wiedererinnert werden muß.

Das Anknüpfen an die sittliche Objektivität von Lebensformen (und damit an die Wendung Diltheys zur ‚geschichtlichen Welt') bildet somit keine Abwendung vom Kind als dem Bezugspunkt pädagogischen Handelns. Ausgeschlossen ist auch nicht jene Hermeneutik, die in der Teleologie des Seelenlebens einen Bezugspunkt findet für das Paradoxon einer individuellen Norm der Vervollkommnung. Wohl aber sind mit Flitners Ansatz die sozialen Bedingungen einer solchen Vervollkommnung zum einen als historische, zum anderen aber auch als problematische in den Blick genommen worden. Das Problematische aber läßt sich mit Hilfe der gleichen hermeneutischen Methode beheben, die schon beim Kind die Einheit von empirischer Wirklichkeit und ihrer impliziten Norm, von der her die Wirklichkeit als Einheit von Aktualität und normativer Potenz erscheint, faßbar machen sollte. Und auch bei Flitner ist es gerade diese Fähigkeit der Hermeneutik, in dem, was ist, das, was sein soll – und zwar objektiv und jenseits jeder subjektiven Urteilskompetenz sein soll – zu erkennen, die den wissenschaftlichen Charakter dieser Methode definiert. Die Hermeneutik erscheint also als wissenschaftliche Methode, insofern sie die Immanenz einer empirisch-deskriptiven Wirklichkeit durchbricht und die Sinnhaftigkeit dieser Wirklichkeit über die in ihr implizierte Normativität auszulegen gestattet.

III.

Die Hermeneutik mag sich auf die „Sinnfrage" (Flitner 1957/1989, S. 324) richten und damit einen objektivistischen Realitätsbegriff überschreiten. Sie mag sich auf die Bedeutung eines Ausdrucks richten und den Anspruch erheben, diese Bedeutung anders oder gar besser verstehen zu können als derjenige, auf den der Ausdruck zurückgeführt werden könnte. Ihr Gegenstand mag ein praktischer Sinnzusammenhang sein, der Bedeutung für die handelnden Personen hat, womit sich zugleich andeutet, daß die hermeneutische Interpretation für diese Handelnden praktische Konsequenzen haben könnte: Eine anders verstandene Situation, ein anders konzipierter Sinn verweist auf andere Handlungsmöglichkeiten.

Dies alles aber vermittelt nicht jene Sicherheit in der Situationserfassung, der Sinndeutung individuellen Lebens und soziostruktureller Zusammenhänge, die mit ‚der' geisteswissenschaftlichen Pädagogik angestrebt wird. Eher könnte man davon ausgehen, daß der Verweis auf die hermeneutische Methode einen offenen Horizont von Interpretationsmöglichkeiten eröffnet: Jede dieser Interpretationen könnte eine ‚Lesart' (Oevermann) bieten, die grundsätzlich überholt werden kann, da sie selbst eben auch nur einen ‚Ausdruck' darstellt, dessen Bedeutung wiederum der hermeneutischen Interpretation bedarf. Wenn demnach auch die praktische Motivation im Versuch, den anderen individuellen Menschen oder soziale Handlungszusammenhänge zu verstehen, angenommen werden kann, so doch kaum die Möglichkeit einer ‚objektiven' Schließung dieser praktischen Problematik durch das Finden eines definitiven Fundaments, das selbst der hermeneutischen Selbstvergewisserung entzogen wäre.

In der geisteswissenschaftlichen Pädagogik wird diese Leistung der Hermeneutik, eine zweifelsfreie und zugleich praktisch verbindliche Realität zu konzipieren, durch zwei Strategien erreicht. Die erste dieser Strategien besteht in ihrer Supplementierung durch eine metaphysische Objekttheorie: Die bis Loch durchgehaltene These von der teleologischen Verfaßtheit eines als Einheit darzustellenden Seelenlebens operiert mit Konstruktionsprinzipien, die gerade als solche nicht thematisiert werden können. Es sind dies zugleich Konstruktionsprinzipien, die gleichsam auf der Gegenstandsebene die Subjektivität vor die Alternative stellen, sich dem in ihr vorliegenden Entwurf zu beugen oder sich zu verfehlen – sollte sie versuchen, sich, ihren Zusammenhang und ihre Perspektive nach geprüften Maßstäben zu reflektieren. Auch die These von einer in den Lebensformen liegenden objektiven Sittlichkeit versteht sich nicht als Konzeption, sondern substantialistisch. Auch hier ist der gleiche Effekt auf der Gegenstandsebene zu beobachten. Auch hier wird die für die Moderne kennzeichnende Differenz zwischen faktischer und moralischer Geltung (die etwa das Konkurrenzunternehmen der Neukantianer umtrieb) systematisch eingezogen.

Die zweite Strategie ergibt sich aus der ersten: Da die anvisierten Leistungen objektiv-verbindlicher Realitätskonstitution einer wissenschaftlichen Methode aufgebürdet werden, die gerade das als wissenschaftliche Methode nicht leisten kann, kann es auch keine methodologische oder gar erkenntniskritische Selbstvergewisserung geben. Abgesehen von Litt (1980), der mit Hilfe der hegelschen Dialektik von Allgemeinem und Besonderem sich der Geltungsproblematik zu nähern versucht und damit eher auf „das Sichselbstwissen des apriorischen Wissens" (ebenda S. 44) abhebt, gibt es im Rahmen der geisteswissenschaftlichen Pädagogik keine Selbstvergewisserung der behaupteten Leistungsfähigkeit ihrer Methode. Vor dem sich gerade über die methodologische Reflexion definierenden Anspruch einer ‚realistischen Wende' oder gar einer kritisch-rationalistisch orientierten positiven Wissenschaft mit ihrem nur deskriptiven Wirklichkeitskonzept mußte das unaufgearbeitete Gemisch von nicht reflektierter Methode und metaphysischem Vorverständnis des Gegenstandes zusammenbrechen. Was lag da näher, als sich an einen ernstzunehmenden Opponenten dieser positiven Realitätskonzeption anzuschließen – besonders, wenn er Anknüpfungspunkte für die Projektion alter Lösungsmuster bietet.

Bevor diese Kontinuitätslinie auf der Ebene der Theoriekonstruktion verdeutlicht wird, die durchaus mit einem problematisierenden Blick auf die Praxis verbunden war, sich aber eben dennoch nicht dem daraus resultierenden Problem einer radikalen Kritik stellte, einer Kritik, die noch den theoretischen Blick selbst miterfaßt, der sich dann nicht mehr einfach an die Dignität der Praxis zu halten vermag, sei kurz noch auf eine verpaßte Chance hingewiesen, deren Wahrnehmung ein anderes Verständnis von Hermeneutik vorausgesetzt hätte.

Es wurde bereits darauf hingewiesen, daß die Möglichkeit eines Besser-Verstehens auf dem Unterschied von Ausdruck und Bedeutung liegt. Wäre dem Ausdrückenden die Bedeutung dessen, was er ausdrückt, vollständig verfügbar, wäre er die als Subjekt objektive Quelle, an die man sich zu wenden hätte: Jeder Anspruch des Besser-Verstehens wäre vermessen. Nur dadurch, daß der sich Ausdrückende im Ausdruck immer schon sich selbst überschreitet und ihm diese Überschreitung als solche nicht zugerechnet werden kann, macht die hermeneutische Bemühung Sinn. Daß dem Subjekt die Bedeutung seiner Ausdrücke entgleitet, daß sie sich erst in der Interpretation zeigt, ist auch die Voraussetzung für die geisteswissenschaftliche Hermeneutik. Die Bedeutung subjektiven Ausdrucks wird auch hier nicht auf ein Bewußtsein zurückbezogen, sondern auf eine Teleologie des Seelenlebens, auf eine teleologisch verfaßte Struktur, die vom aktuellen Selbstbewußtsein nicht erfaßt ist und vielleicht auch gar nicht erfaßt werden kann. Und auch das Verstehen der objektiven Sittlichkeit ist nicht an die Selbstpräsenz in den Äußerungen der den Lebensformen Sinn gebenden Beteiligten gebunden.

Vor diesem Hintergrund der Differenz von Ausdruck und Bedeutung (vgl. dazu auch Frank 1993) läßt sich die erwähnte Supplementierung der hermeneutischen Methode durch eine metaphysische Objekttheorie verstehen als Versuch, eine Stopregel für ein grundsätzlich endloses Spiel der Verweisungen zu formulieren – ein Spiel, das durch die Nicht-Schließbarkeit der Differenz von Ausdruck und Bedeutung bedingt ist. Diese Stopregel ist dabei theoretisch formuliert, aber sie dient einem praktischen Zweck: der

Konstitution objektiver Verbindlichkeit durch eine Komplexitätsreduktion, die die Unmöglichkeit der Verfügung des Subjekts über die von ihm konzipierten Ausdrucksformen zum positiven Ansatzpunkt für die Verfügung über eben dieses Subjekt macht.
Ohne eine solche ‚positive Wendung' bleibt die Unmöglichkeit des Subjekts, über die Bedeutung seiner Ausdrücke, seiner Sprache wie anderer Objektivationen, zu verfügen. Ohne eine solche ‚positive Wendung' greift diese Unmöglichkeit auch auf den Interpreten über: Denn auch seine Interpretation ist und kann nichts anderes sein als eine Objektivation – ein Ausdruck, über dessen Bedeutung er nicht verfügen kann. Diese Bedeutung ergibt sich im Interpretationsprozeß, was immer schon ihre Verselbständigung gegenüber einer Intention des Äußernden voraussetzt. Dies aber heißt nichts anderes, als daß sich mit der hermeneutische Methode keine Stopregeln der Interpretation angeben lassen, die eine praktische Gewißheit zu zementieren erlauben. Man kann nun (mit Gadamer 1965) aus dieser geisteswissenschaftlichen Not eine hermeneutische Tugend machen, wenn man den Interpretationsprozeß als Überlieferungszusammenhang selbst zum Subjekt der Bewegung macht, in der die einzelne Interpretation ihren unüberschreitbaren Horizont findet, an dessen allmählicher Transformation sie andererseits immer schon mitarbeitet.
Andererseits aber ergeben sich aus der nicht zu versöhnenden Differenz von Ausdruck und Bedeutung auch Verbindungslinien zur Kritischen Theorie Frankfurter Provinienz, wobei man grob zwei Möglichkeiten unterscheiden kann. In der älteren Linie, wie sie vor allem durch den Ansatz Adornos repräsentiert wird, läßt sich diese Differenz verstehen als die Unmöglichkeit, das Subjekt eindeutig zu identifizieren. Die Bedeutung, die man den Äußerungen eines Subjekts beilegen kann, sind nicht identisch mit seiner Intention. Wenn das Subjekt sich immer nur als (sprachlich wie sozial) Vermitteltes begreifen läßt, so bedeutet dies zugleich, daß diese Vermittlungen es immer schon überschreiten. Eine Identität, die auf der Selbstpräsenz des Subjekts beruht, in der Ausdruck und Bedeutung zusammenfielen, ist von daher ebenso ausgeschlossen wie seine eindeutige Identifizierung durch andere Menschen. Ihm eine solche Identität als Verfügung über die Bedeutung des eigenen Ausdrucks zuzumuten, bedeutet Identitätszwang – Herrschaftsausübung. Die geisteswissenschaftliche Pädagogik, die diese Identität auf der Basis des Besser-Verstehens als Zielvorstellung ins Auge faßt, um von daher alle Theorieprobleme der Pädagogik aufzulösen, wäre aus dieser Perspektive in ihrem Herrschaftsanspruch zu kritisieren.

Für Adorno ist das identifizierende Denken, das eben die Differenz von Ausdruck und Bedeutung und damit diejenige von subjektivem Zugriff und der Nichtverfügbarkeit des Ausgedrückten, seiner Nicht-Identität einzieht, Ausdruck einer instrumentellen Vernunft. Dies betrifft auch die Betrachtung sozialer Verhältnisse. Diese in ihrer objektiven Sittlichkeit erkennen zu wollen, wäre in seinen Augen nur eine (und zwar äußerst simple) ideologische Überhöhung der Fehler des instrumentellen Denkens, das als solches sich eine Souveränität anmaßt, die als Borniertheit auf es zurückfällt. Noch das kritische Bewußtsein gesellschaftlicher Verhältnisse droht dieser Borniertheit zu verfallen: Die Wendung aufs Subjekt, die Adorno fordert, ist daher keine Wendung hin auf subjektive Selbstgewißheit, sondern eine Wendung zur Selbstkritik, die weiß, daß eine objektivierende Einstellung zur Welt selbst keinen ‚objektiven Standpunkt' beanspruchen kann, der dem Analysierten, dem Begriffenen schon entzogen wäre. Selbstkritik bedeutet, der im identifizierenden Denken, um das auch das Verstehen und die Kritik nicht herumgehen, anvisierten Einheit von Ausdruck und Bedeutung, von Aussage und Wahrheit zu mißtrauen und ihr gegenüber an der unauflöslichen Differenz festzuhalten. Dieses Mißtrauen gegenüber der Möglichkeit von Selbst- und Weltpräsenz und das aus diesem entwickelte radikale Potential von Kritik und Selbstkritik verbindet Adorno mit Autoren des sog. Poststrukturalismus.

Eine zweite Linie Kritischer Theorie, die sich aus der Differenz von Ausdruck und Verstehen und dem damit gesetzten Problem der Nichtverfügbarkeit des Subjekts über sich selbst entwickeln läßt, besteht darin, am Programm der Aufklärung festzuhalten, das die Souveränität des Subjekts, das als letzter Bezugspunkt theoretischer wie praktischer Vernunft inthronisiert wurde, in den Mittelpunkt stellte. Habermas knüpft explizit an diese Linie an: Ihm geht es um die Einlösung dieses Programms der Aufklärung: um Emanzipation und Selbstverfügung. Allerdings bindet er sie nicht mehr an einen individuellen Bewußtseinsprozeß, also an jene Selbstpräsenz, die die Lücke zwischen Ausdruck und Bedeutung immer schon schließt, sondern an einen diskursiven Prozeß, in dem die Beteiligten über theoretische und praktische Geltungsansprüche argumentativ verhandeln mit dem Ziel einer Einigung, bei der nur das bessere Argument zählt. Der diskursive Prozeß ist jenes Medium, in dem sich subjektive Identitäten ebenso stabilisieren wie kritisch überprüfte theoretische und praktische Wahrheiten. Und eben diese Einheit macht die Theorie Habermas' für eine Rezeption durch die geisteswissenschaftliche Pädagogik attraktiv:

Mit ihr lassen sich die gleichen Theorieprobleme der Pädagogik neutralisieren. Mit ihr erspart man sich zugleich die radikale Kritik, wie sie aus dem Ansatz Adornos gefolgt wäre.

IV.

Mit einem in der Tradition der Hermeneutik häufig zu findenden Diktum könnte man das anvisierte Problem der Unverfügbarkeit von Bedeutungen auch so formulieren, daß jedes Verstehen ein Mißverstehen impliziert. Jedes Verstehen beinhaltet immer eine Perspektive, die andere ausschließt, die dem Gegenstand ebenfalls adäquat sein könnten: Für diese Adäquanz gibt es kein objektives Kriterium.

Habermas' frühe Option, nach der mit der Sprache Mündigkeit für uns gesetzt sei (vgl. ders. 1965), droht genau an diesem Punkt zu scheitern. Wenn Ideologiekritik an die Sprache und die mit ihr als Ausdruck des Selbst gekoppelten Ansprüche auf Selbst- und Welttransparenz gebunden wird, dann ergibt sich aus der hermeneutischen Einsicht, daß jedes Verstehen (auch das Selbstverstehen) ein Mißverstehen impliziert, ein systematisches Problem. Mit der Sprache als Ausdruck des Gemeinten ist damit zugleich die Unverfügbarkeit der Bedeutung des Gesagten gegeben: Eine ideologiekritische Option darauf, daß solche Mißverständnisse aufzuheben seien, weil in ihnen der Anspruch auf Mündigkeit wohl kaum eingelöst ist, verfängt sich dann in dem Problem, daß dies unter den hermeneutischen Prämissen nicht möglich sein dürfte.

Habermas' Ausweg besteht darin, eine Unterscheidung einzuführen. Neben jenem Mißverstehen, das aus der Unverfügbarkeit über die Bedeutung des Gesagten entsteht und den kommunikativen Prozeß in Gang hält, nimmt er ein Mißverstehen (seiner selbst wie von Welt) an, das systematisch bedingt ist durch soziale Herrschaftsverhältnisse. Die Ideologiekritik zielt nur auf die Aufhebung dieser systematisch bedingten Mißverständnisse. Um solche Mißverständnisse identifizieren und durch Analyse auflösbar zu machen, greift Habermas auf die Psychoanalyse Freuds (vgl. Habermas 1968) und eine Rekonstruktion des Historischen Materialismus zurück, die diesen als Explikation eines historischen Erfahrungsprozesses liest, der sich um durchgesetzte Lernniveaus gruppiert (vgl. Habermas 1976). Die erkenntnisanthropologische Differenzierung zwischen technischem, praktischem und kritischem Erkenntnisinteresse ist so schon für Habermas selbst nur mit Hilfe eines komplexen und (was seine Intention angeht) problematisch bleibenden Theorieaufwandes aufrechtzuerhalten.

Mit solchen Feinheiten hat sich die pädagogische Habermas-Rezeption gar nicht erst belastet. Wo nicht schon allein der Verweis auf das (für erwiesen gehaltene) ideologiekritische Erkenntnisinteresse zu genügen scheint, das dann nur mit einem praktischen Emanzipationsinteresse pädagogisch-stellvertretend kurzzuschließen ist, ergeben sich eklektische Perspektiven, die nichts mehr ausschließen und damit indirekt eine positivistisch zu verstehende Unabhängigkeit des Gegenstands von der Methode behaupten (vgl. Klafki 1971).

Auf der anderen Seite zeigen sich Rezeptionsgrenzen durch das Festhalten am geisteswissenschaftlichen Modell einer praktischen Theorie, deren Brüche sich dann vor allem in der Handlungsforschung zeigen. Eine Kritik systematisch bedingter Mißverständnisse schließt mit den Strukturen auch Praxisformen und subjektive Deformationen ein: Sie wird daher die hermeneutische Binnenperspektive immer schon auf eine objektivierende Außenperspektive hin überschreiten müssen. Auf der anderen Seite aber setzt der von der geisteswissenschaftlichen Pädagogik übernommene Vorrang der Praxis hinsichtlich der Geltung theoretischer Reflexion voraus, daß zum einen die Praxis als solche immer schon eine an der Mündigkeit des Subjekts orientierte Praxis ist – eine Unterstellung, die Ideologiekritik entweder überflüssig macht oder mit der Unterstellung notwendigen und objektiv falschen Bewußtseins arbeiten muß. Zum anderen muß dann aber das notwendig falsche Bewußtsein durch theoretische Aufklärung, d.h. durch Erklärung, wiederum auf den Weg einer hermeneutisch unmißverständlichen emanzipatorischen Praxis geführt werden (vgl. hierzu Schäfer 1988, S. 193f).

Ebenso wie das damit angedeutete Problem des Verhältnisses von Erklären und Verstehen, von Objektivierung und Verständigung, in der Ideologiekritik Habermas', das diese immanent deshalb verunsichert, weil in der Objektivierung ein asymmetrisches Verhältnis des Wissenden über den Sich-Mißverstehenden behauptet wird, die pädagogische Rezeption nicht beunruhigt, bildet auch die Übernahme des Modells von kommunikativem Handeln und Diskurs für das pädagogische Verhältnis kein Problem. Wenn man aber dieses Modell, das die methodologischen Unterscheidungen bei Habermas ablöst und das wohl als für die pädagogische Rezeption zentral angesehen werden kann (vgl. Mollenhauer 1972), auf die Pädagogik überträgt, müßten sich – wie die Kritik an dieser Rezeption auch schon bald vermerkt hat (vgl. Groothoff 1985) – Asym-

metrieprobleme und damit die zentralen Konstitutionsprobleme pädagogischer Theorie einstellen. Das dies nicht geschieht, soll hier auf eine Parallelisierung der Rezeption mit dem aufgezeigten Muster geisteswissenschaftlich-pädagogischer Problemneutralisierung zurückgeführt werden.
Kommunikatives Handeln meint die Verständigung über Sinnzusammenhänge unter Ausschluß strategischer Interessen. Im kommunikativen Handeln äußern die Sprecher sich über Dinge in der Welt, über soziale Regeln und über sich selbst mit dem Anspruch der Verständigung über das Angesprochene. Im kommunikativen Handeln werden daher Geltungsansprüche erhoben: auf Wahrheit, Richtigkeit und Wahrhaftigkeit. Impliziert ist immer der Anspruch, das Ausgesagte auch begründen zu können im Hinblick auf seine allgemeine Akzeptierbarkeit. Wenn diese Begründbarkeit auch in alltäglichen Kommunikationsprozessen meist einfach unterstellt wird, kann es aber doch Situationen geben, in denen eine Begründung des Geltungsanspruchs vom Sprecher gefordert wird. In einer solchen Situation verändern sich nach Habermas die Bedingungen der Kommunikation. Es erfolgt nun eine argumentative Auseinandersetzung über die Begründbarkeit dieser Geltungsansprüche, die wiederum nur möglich ist, wenn die Geltungsansprüche, die von den Beteiligten erhoben werden, gleichsam ‚eingeklammert' werden. Es geht nicht darum, der eigenen Option durch geschicktes Taktieren zur Anerkennung zu verhelfen; es geht nicht um Rhetorik, sondern um Überzeugung, was nur möglich ist, wenn man sich unter Absehen von eigenen Interessen, Vorannahmen, Wissensvorsprüngen, Bedürfnissen usw. dem ‚zwanglosen Zwang' des besseren Arguments überläßt. Eben dieses Verfahren der unvoreingenommenen Geltungsprüfung nennt Habermas Diskurs, wohl wissend, daß die Unvoreingenommenheit und die Annahme einer Gleichgewichtigkeit der Beteiligung kontrafaktische Unterstellungen sind, die das kantische Konzept der Intelligibilität zur Voraussetzung geltungssichernder Intersubjektivität machen.
Es ist einsichtig, daß die Übertragung eines solchen Modells auf die Ebene pädagogischen Handelns das Asymmetrieproblem aufwirft. Wenn schon unter erwachsenen Kommunikationsteilnehmern die Symmetrie-Unterstellung nur kontrafaktisch unterstellt werden kann, so wird man – vor dem Hintergrund der kognitivistischen Ethik, die sowohl dem kantischen als auch dem Ansatz Habermas' zugrundeliegt, der die Urteilsfähigkeit noch einmal in lebensgeschichtliche Kompetenzstufen aufteilt – kaum unterstellen können, daß Kinder über die gleiche Fähigkeit der Begründung, die in

ihr implizierte Distanzierungsfähigkeit und die Einsichtsfähigkeit in das bessere Argument verfügen. Die Stellvertreter-Problematik, die Habermas von einem therapeutischen Diskurs sprechen läßt und die sich für die Pädagogik an dieser Stelle unabweislich stellt, ist nun aber von der pädagogischen Rezeption niemals systematisch aufgegriffen und diskutiert worden. Man hat sich einfach mit einer Potenzierung der Kontrafaktizität begnügt, indem man die durch den Entwicklungsprozeß bestimmte Kompetenzproblematik hinsichtlich eines kognitiv definierten moralischen Urteils auch noch in die kontrafaktischen Unterstellungen aufnahm. Dafür gibt es in der Theorie Habermas keine Grundlage; vielmehr müßte Habermas vor dem Hintergrund der Übernahme des Stufenmodells moralischer Entwicklung, das in der Piaget-Nachfolge von Kohlberg entwickelt wurde, eine solche Überstrapazierung seines Modells ablehnen.
Die These einer Rezeption der Kritischen Theorie zur Traditionssicherung muß an dieser Stelle präzisiert werden. Es wäre unangemessen, in der Substitution einer Teleologie des Seelenlebens und einer objektiven Sittlichkeit durch das Verfahren der Prüfung kommunikativ erhobener Geltungsansprüche keinen Bruch zu sehen. Diesen kann man durchaus als Einholen der Moderne in den Diskurs der geisteswissenschaftlichen Pädagogik begreifen. Auf der anderen Seite aber – und hier ist von Traditionssicherung zu sprechen – erfüllt diese Rezeption dennoch die gleiche weitgehende Entlastungsfunktion für die pädagogische Theoriebildung wie sie die geisteswissenschaftliche Pädagogik leistete: den Ausschluß der Notwendigkeit, sich den Paradoxien des eigenen Unternehmens zu stellen.
Es ist gerade die Formalität des Diskursmodells, die eine veränderte Perspektive ermöglicht. Gegenüber der inhaltlichen und für objektiv gültig gehaltenen Normativität des Wirklichen, wie sie von der geisteswissenschaftlichen Pädagogik konzipiert wurde, bedeutet Formalisierung zunächst einmal Offenheit des inhaltlich Gültigen und die Abhängigkeit dieser Gültigkeit von intersubjektiver Zustimmung. Die Formalisierung setzt das neuzeitliche Subjekt in sein Recht und bindet es zugleich in ein Verfahren ein. Das Modell reproduziert damit jene neuzeitliche Problematik, die von der unhintergehbaren Freiheit des Subjekts, die es zur letzten Legitimations- und Urteilsinstanz macht, ausgeht und es dann mit Hilfe unterschiedlicher Verfahren (Vertrag, Vernunftreflexion) in eine Autonomieperspektive einbindet, die zumindest sozial unschädlich, häufig aber als vernünftig erscheint. Eine solche Perspektive ist immer kritisch in dem Sinne, daß sie keine Gültigkeit jenseits sub-

jektiver Einsicht und Zustimmung postuliert. Und genau darin besteht ihr Problem für die pädagogische Theoriebildung. Die Pädagogik ist geradezu darauf angewiesen, wenn der Intention eine Wirkung auf der Seite des Adressaten entsprechen soll, daß die Freiheit des Individuums doch ‚irgendwie' hintergehbar ist, daß dessen Autonomie, die sich in einsichtiger Zustimmung zum Vernünftigen äußert, suspendiert und ‚vertreten' werden kann, daß zwischen der Realität des Kindes und seiner Möglichkeit eine Differenz angenommen werden kann, die vom Kind selbst nicht zu schließen ist. Das Sich-Einlassen auf die Problemstellung der Moderne, von deren Verweigerung die hermeneutisch-pragmatische Geisteswissenschaft zehrte, hat demnach den Preis, sich jenen Problemen, mit denen die Pädagogik jenseits dieser Strömung seit Rousseau immer schon gerungen hat, stellen zu müssen.
Hier hilft nun die Betonung des Verfahrens weiter. Pädagogisches Handeln als kommunikatives Handeln zu bestimmen, bedeutet zum einen, ihm eine latente moralische Qualität insofern zu unterstellen, als der in ihm erhobene Geltungsanspruch diskursiver Prüfung fähig erscheint. Die moralische Qualität ist demnach etwas dem pädagogischen Handeln bereits Immanentes. Daß nach dem Modell Habermas' seine Prüfung, Begründung und Rückversicherung im Diskurs erfolgt, impliziert zum zweiten nicht nur eine Verstärkung der moralischen Dimension der gelebten Praxis, sondern zugleich eine tendenzielle Identität von Weg und Ziel. Der Prozeß der argumentativen Auseinandersetzung über das, was gelten soll, der hier als Moment der Praxis angesetzt wird, ist immer schon das, was gelernt werden soll. Um Dilthey abzuwandeln: In dem, was ist, ist die Regel dessen, was sein soll, immer schon enthalten.
An diesen Punkt gelangt man nun allerdings nicht mehr auf dem Wege einer hermeneutischen Interpretation, die sich mit dem Problem herumzuschlagen hat, daß jedes Verstehen ein Mißverstehen impliziert. Die Prüfung von Argumenten setzt die Lösung dieses Problems immer schon voraus; zumindest aber kann sie als Ergebnis der Einigung gelten, die ein einheitliches Verständnis dessen, worüber man sich geeinigt hat, immer schon voraussetzt. Insofern löst das pädagogische Vertrauen ins Verfahren auch das Unbehagen an einer um ihre metaphysischen Sicherungen gebrachten Hermeneutik.
Daß das Verfahren der diskursiven Prüfung der Geltungsansprüche kommunikativen Handelns es in der pädagogischen Rezeption gestattet, den Unterschied von Weg und Ziel und damit die instrumentelle Unterscheidung von Mittel und Zweck einzuziehen, hat weitreichende Implikationen. Wenn die Wirklichkeit mit der

(gewünschten) Möglichkeit übereinstimmt, wird das Problem des Verhältnisses von pädagogischer Intention und Wirkung unproblematisch. Schließlich läßt sich beides dem Verfahren zurechnen: Wie die pädagogische Intention sich nur über Argumente im Verfahren expliziert, ist nicht nur die Wirkung, sondern sogar die Verbindlichkeit der Wirkung ebenfalls über das Verfahren definiert. Wer im Verfahren einer Einigung zustimmt, wird sich auch daran halten – so die schon bei Habermas zu findende Hoffnung. Weil im Verfahren erst die Inhalte überprüft, festgelegt und begründet werden, ist auch das Legitimationsproblem keines, was einer stellvertretenden Reflexion obliegen würde.

Über die Betonung eines formal definierten Verfahrens wird hier der analoge Neutralisierungseffekt gegenüber den Problemen einer handlungstheoretischen Fassung pädagogischer Theorie erreicht wie in der Supplementierung der geisteswissenschaftlichen Hermeneutik durch Konzepte ‚objektiver Sittlichkeit'. Was hier über eine so angereicherte Hermeneutik erfolgte, geschieht nun eigentümlicherweise über den Ausschluß der Hermeneutik. Ihre Wiedereinführung könnte sogar die Leistungsfähigkeit des Modells neutralisieren und die Probleme pädagogischer Theoriebildung erneut aufwerfen. Eine Berücksichtigung der Differenz von Ausdruck und Bedeutung würde so etwa schon das Modell des kommunikativen Handelns selbst treffen – und damit die implizite Moralität des Handelns, die sich auf der diskursiven Ebene nur ihrer Gültigkeit versichert. Grenzziehungen wie die zwischen kommunikativem und strategischem Handeln, zwischen moralisch begründbaren und machtbezogenen Optionen könnten dann als Konstrukte erscheinen, die die Wirklichkeit ebenso identifizieren wie verfälschen. Hier hilft auch der Diskurs nicht weiter. Wenn das, was als kommunikatives Handeln und somit als Ausgangspunkt diskursiver Verständigung gefaßt werden soll, selbst erst einmal identifiziert werden muß, so kann dies nicht über einen Diskurs geschehen, der die kommunikative Qualität dieses Handelns als seine Voraussetzung annimmt.

Eine Berücksichtigung der für die Hermeneutik konstitutiven Differenz von Ausdruck und Bedeutung könnte auch noch den Status argumentativer Verständigung problematisch erscheinen lassen. Argumentationen leben von der Verfügbarkeit ihrer Inhalte und nicht von der Nicht-Identität dieser Inhalte, deren Statthalter die Endlosigkeit der Bedeutungsinterpretationen darstellt. Die kommunikative Validierung lebt von der Verfügbarkeit der Bedeutungen, die sie prüft und sanktioniert. Der Vorrang des in Verfahren eingebundenen Subjekts immunisiert gegenüber der Irritation

durch das Objekt, die sich in jener Unverfügbarkeit der Bedeutung anzeigt, die selbst wiederum nur auf die Grenzen des identifizierenden Ausdrucks verweist.
Doch solche Problematisierungen des theoretischen Modells Habermas' hätten Konsequenzen für eine pädagogische Rezeption. Sie würden jenen moralischen Kosmos aufbrechen, in dem immer schon zu leben die Neutralisierung pädagogischer Theorieprobleme erlaubt, und der es einfach macht, Deformierungen äußeren Einflüssen zuzuweisen – ein moralischer Kosmos, der auf anderen Grundlagen als jenen der geisteswissenschaftlichen Versicherungen objektiver Sittlichkeit beruht, der aber theoriestrategisch die gleiche Beruhigung erlaubt. Es verwundert daher nicht, daß es auch im Rahmen der Rezeption der Theorie Habermas' keine erkenntniskritische Diskussion gegeben hat: Nicht die Bedingungen und Grenzen von Kritik waren hier bedeutsam, sondern ihre Leistungsfähigkeit bezogen auf und verglichen mit der in der geisteswissenschaftlichen Pädagogik erfolgreich vorgeführten Neutralisierungsstrategie der Konstruktionsprobleme pädagogischer Theorien.

Literatur

Adorno, Th. W.: Negative Dialektik, Frankfurt am Main 1966.

Benner, D.: Hauptströmungen der Erziehungswissenschaft, München 1973.

Bollnow, O. F: Existenzphilosophie und Pädagogik, Stuttgart 1959.

Dahmer, I.: Theorie und Praxis. In: Dahmer/Klafki (Hrsg.) 1967, S. 35–80.

Dahmer, I./Klafki, W. (Hrsg.): Geisteswissenschaftliche Pädagogik am Ausgang ihrer Epoche – Erich Weniger, Weinheim/Berlin 1967.

Dilthey, W.: Über die Möglichkeit einer allgemeingültigen pädagogischen Wissenschaft. In: Nicolin, F. (Hrsg.): Pädagogik als Wissenschaft, Darmstadt 1969, S. 36–67.

Dilthey, W.: Ideen über eine beschreibende und zergliedernde Psychologie. In: Ders.: Gesammelte Schriften, Band V, Stuttgart/Göttingen 1961, S. 139–240.

Dilthey, W.: Der Aufbau der geschichtlichen Welt in den Geisteswissenschaften, Frankfurt am Main 1970.

Flitner, W.: Allgemeine Pädagogik (1950). In: Ders.: Gesammelte Schriften (hg. von K. Erlinghagen, A. Flitner, U. Herrmann), Band 2: Pädagogik, Paderborn 1983, S. 123–297.

Flitner, W.: Das Selbstverständnis der Erziehungswissenschaft in der Gegenwart (1957). In: Ders.: Gesammelte Schriften (hg. von K. Erlinghagen, A. Flitner, U. Herrmann), Band 3: Theoretische Schriften, Paderborn 1989, S. 310–349.

Frank, M.: Das Sagbare und das Unsagbare, Frankfurt am Main 1993 (2. Auflage).
Gadamer, H.-G.: Wahrheit und Methode, Tübingen 1965 (2. Aufl.).
Gassen, H.: Geisteswissenschaftliche Pädagogik auf dem Wege zu kritischer Theorie, Weinheim/Basel 1978.
Groothoff, H.-H.: Zur Bedeutung der Diskursethik von J. Habermas für die Pädagogik. In: Pädagogische Rundschau, 39. Jg. (1985), S. 275–298.
Habermas, J.: Erkenntnis und Interesse (1965). In: Ders.: Technik und Wissenschaft als ‚Ideologie', Frankfurt am Main 1968, S. 145–168.
Habermas, J.: Erkenntnis und Interesse, Frankfurt am Main 1968.
Habermas, J.: Zu Rekonstruktion des Historischen Materialismus, Frankfurt am Main 1976.
Huschke-Rhein, R. B.: Das Wissenschaftsverständnis der geisteswissenschaftlichen Pädagogik. Dilthey – Litt – Nohl – Spranger, Stuttgart 1979.
Klafki, W.: Erziehungswissenschaft als kritisch-konstruktive Theorie. Hermeneutik – Empirie – Ideologiekritik. In: Zeitschrift für Pädagogik, 17. Jg. (1971), S. 352–385.
Litt, Th.: Das Allgemeine im Aufbau geisteswissenschaftlicher Erkenntnis, Hamburg 1980.
Loch, W.: Lebenslauf und Erziehung, Essen 1979.
Mollenhauer, K.: Theorien zum Erziehungsprozeß, München 1972.
Schäfer, A.: Zwischen Rezeption und Konstitution. Anmerkungen zur pädagogischen Habermas-Rezeption. In: Vierteljahrsschrift für wissenschaftliche Pädagogik, 64. Jg. (1988), S. 186–202.
Schäfer, A.: Kritische Pädagogik – Vom paradigmatischen Scheitern eines Paradigmas. In: Hoffmann, D. (Hrsg.): Bilanz der Paradigmendiskussion in der Erziehungswissenschaft, Weinheim 1991, S. 111–126.
Schäfer, A.: Engagierte Reflexion und imaginierte Wirklichkeit. In: Peukert, H./Scheuerl, H. (Hrsg.): Wilhelm Flitner und die Frage nach einer Allgemeinen Erziehungswissenschaft im 20. Jahrhundert, Weinheim/ Basel 1991 (26. Beiheft der Zeitschrift für Pädagogik), S. 131–140.
Weniger, E.: Die Eigenständigkeit der Erziehung in Theorie und Praxis, Weinheim 1952.

Hermeneutik des Sollens. Ein Problem geisteswissenschaftlicher Pädagogik

Lutz Koch

1. Das Problem

Trotz gelegentlich geäußerter Einwände kann man mit gutem Recht von „geisteswissenschaftlicher Pädagogik" sprechen, so wie ja schon der Ahnvater derer um Nohl, Spranger, Frischeisen-Köhler, Litt, Flitner und Weniger die Pädagogik zu den Geisteswissenschaften rechnete, „welche das Leben leiten sollen", wie es in Diltheys Akademieabhandlung von 1888 hieß. Es ließe sich leicht durch entsprechende Zitate belegen, daß jeder von ihnen, ungeachtet zahlreicher Unterschiede, die Pädagogik als Geisteswissenschaft verstanden hat. Auch daß die Pädagogik zu den das Leben leitenden Disziplinen zu rechnen sei, war ihnen communis opinio. Flitner, um nur ein Beispiel zu nennen, sprach 1957 in seiner Abhandlung über das Selbstverständnis der Erziehungswissenschaft von „hermeneutisch-pragmatischer Pädagogik". Eine weitere Gemeinsamkeit war die Ablehnung „normativer" Pädagogik; auch dafür kann man sich als eine der letzten und einflußreichsten Quellen auf Flitners Abhandlung berufen, die in dem Abschnitt „Kritik der Systeme des normativen Typus" die Haupteinwände in gedrängter Kürze versammelt. Hieraus ergibt sich nun freilich ein Problem: Wie vermag eine Disziplin ihrem Anspruch auf pragmatische Lebensleitung gerecht zu werden, ohne normativ zu verfahren, wenn man darunter eine das Handeln von außen bestimmende Normierung verstehen will? Woher nimmt sie das „Sollen", welches in der pragmatischen Lebensleitung das „Sein" bestimmt? Dies ist keine nebensächliche Frage; denn wenn wir Erich Weniger folgen, dann haben wir es bei diesem Verhältnis zwischen Sein und Sollen mit einem Grundproblem der Pädagogik zu tun[1].

[1] E. Weniger: Theorie und Praxis in der Erziehung. In: Die Erziehung (1929), zit. nach dem Abdruck in J. Oelkers/B. Adl-Amini (Hrsg.): Pädagogik, Bildung und Wissenschaft. Zur Grundlegung der geisteswissenschaftlichen Pädagogik. Bern 1982, S. 305.

2. Die Lösung

Dieses Verhältnis läßt drei Varianten zu: 1. Das Sollen wird aus dem Sein hergeleitet, 2. das Sein folgt aus dem Sollen, 3. es handelt sich um ein Verhältnis der Wechselwirkung. In der Ablehnung von Nr. 2 („normative Pädagogik") ist man sich in der geisteswissenschaftlichen Pädagogik einig, denn die Normsetzung kann nur von außerhalb (aus Theologie, Ethik oder politischer Dezision) erfolgen, wodurch Pädagogik ihre „Autonomie" einbüßt, zur Technik der Normanwendung schrumpft, den zu Bildenden die Selbständigkeit raubt und sie zu willenlosem „Material" degradiert. Die entscheidenden Argumente sind von Frischeisen-Köhler (Philosophie und Pädagogik 1917) und Litt (Das Wesen des pädagogischen Denkens 1921) geliefert und von Flitner zusammengefaßt worden. Es bleiben Nr. 1 und 3. Beide wurden erwogen, Nr. 1 nur von Dilthey, allenfalls auch Nohl, Nr. 3 hauptsächlich von Frischeisen-Köhler, Litt und Flitner. Man kann sagen, daß es sich bei der dritten Variante um die geisteswissenschaftliche Grundkonzeption des Verhältnisses von Sein und Sollen handelt.

Zunächst zu Nr. 1: Ungeachtet der seit Hume (und Kant) offenkundigen Unmöglichkeit, aus dem Sein das Sollen zu deduzieren, hat Dilthey versucht, aus der teleologischen Struktur des menschlichen Seelenlebens (dem Sein) das Sollen abzuleiten. „So haben wir nun die Aufgabe, die wir uns stellen, gelöst, und in dem, was ist, einen Grund für das, was sein soll, gefunden, in der Wirklichkeit einen Grund der Regel"[2]. Dilthey konnte dies ohne die Besorgnis aussprechen, sich des (später so genannten) natürlichen Fehlschlusses schuldig zu machen, weil er sich ja auf eine dem Lebendigen immanente Teleologie bezog. Freilich hätte er als Kant-Kenner wenigstens die in der dritten kantischen Kritik vorgenommene Restriktion der teleologischen Urteilskraft auf eine uns Menschen zwar notwendige Deutung des Lebendigen, die aber nichts über dessen Sein auszusagen vermag, berücksichtigen müssen. Dies war offenkundig nicht der Fall.

Diltheys unkritische Teleologie schadete der geisteswissenschaftlichen Pädagogik trotzdem nicht, da sie aus anderen Gründen aufgegeben wurde, u.a. weil sie, wie Nohl in seiner Theorie der Bildung ins Feld führte, nicht zu entscheiden vermochte, ob man nun vollkommene Verbrecher oder vollkommen gute Menschen zu bilden habe. Außerdem gewährte sie nur ein formales und un-

---

[2] W. Dilthey: Über die Möglichkeit einer allgemeingültigen pädagogischen Wissenschaft. In: F. Nicolin (Hrsg.): Pädagogik als Wissenschaft. Darmstadt 1969, S. 51.

historisches Zweckminimum, das der jeweiligen historischen Lage nicht gerecht werden konnte. Nohl ersetzte die Seelenteleologie durch die „Erziehungswirklichkeit“, ebenfalls ein Diltheyscher Begriff, den auch Frischeisen-Köhler verwandt hatte, um anzudeuten, daß wir es hier mit einer Wirklichkeit zu tun haben, die in sich schon normativ verfaßt ist. Ob Nohl nun der Ansicht war, daß aus der Erziehungswirklichkeit das Sollen ableitbar sei, ist schwer zu sagen. Einiges deutet allerdings darauf hin, so wenn er erklärt, daß die Erziehungswirklichkeit aus dem Leben erwachse, „aus seinen Bedürfnissen und Idealen“[3], so daß man aus dem Leben wohl auch Ideale zu gewinnen vermag, oder wenn es wenig später heißt, daß die Geschichte der Pädagogik die Kontinuität der pädagogischen Idee in ihrer Entfaltung darstelle. Darin den Versuch einer Ableitung des Sollens aus dem Sein zu erblicken, ist insofern relativ gefahrlos, weil dieses Sein selbst schon normativ verfaßt ist. Denn das pädagogische Tun, die erzieherischen Institutionen und die pädagogische Tradition sind zweckbestimmte und von mehr oder minder deutlichen Ideen geprägte Wirklichkeiten. Deren Zwecke und Ideen lassen sich in der historischen Analyse eruieren, wodurch der historisch sich aufklärende Pädagoge zweifellos ein Mehr an Klarheit über das, was Erziehung heißen kann und soll, gewinnt. Und diese Klarheit ist auch nicht der Erziehungswirklichkeit von außen deduktiv verordnet, sondern ihren eigenen und immanenten Zwecken induktiv entnommen. Allerdings kann die historische Hermeneutik durchaus positivistisch werden und sich mit der festgestellten normativen Tendenz begnügen. Das Geltende wäre allein schon deshalb gerechtfertigt, weil es im Sinne einer geschichtlichen Tendenz faktisch gilt. Nohl war sich dieser Gefahr bewußt, als er 1935 mit der (blauäugigen) Feststellung, daß der nationalsozialistische Staat die Überzeugung der pädagogischen Bewegung hinter sich habe, wenn er oberhalb aller Gegensätze die Ganzheit herausarbeite, die (nur zu berechtigte) Mahnung verband, die freie Selbständigkeit des Geistes nicht aufzugeben[4]. Was folgt daraus? Offenbar dieses, daß die geschichtliche Analyse der Erziehungswirklichkeit nicht ganz darauf verzichten kann, sich von gewissen normativen Ideen leiten zu lassen, die nicht erst dieser Wirklichkeit entnommen sind. Diese Bemerkung leitet zur dritten Variante des Verhältnisses von Sein und Sollen über.

[3] H. Nohl: Die pädagogische Bewegung in Deutschland und ihre Theorie. 8. Aufl. Frankfurt a. M. 1978, S. 119.

[4] A.a.O., S. 227.

Wilhelm Flitner hat in der Abhandlung über das Selbstverständnis der Erziehungswissenschaft davon gesprochen, daß die Ermittlung des Tatsächlichen und die Sinnvergewisserung (Erfassung des „Wertgefüges" und der „Normationen") „dialektisch" zusammengehörig seien[5]. In anspruchsloser Ausdrucksweise läuft dies darauf hinaus, daß die Erkenntnis dessen, was ist (des Tatsächlichen), nicht möglich ist ohne die Erkenntnis dessen, was sein soll (des „Wertgefüges", der „Normationen"), und zwar ebensowenig wie man umgekehrt zur Erkenntnis dessen gelangen kann, was sein soll, ohne sich auf die Erkenntnis dessen einzulassen, was ist. Die Erziehungswirklichkeit – Flitner spricht vom menschlichen Leben, sofern es auf das erzieherische Phänomen bezogen ist – offenbart sich in seiner Tatsächlichkeit nur unter der Bedingung, daß man nach dem „Sinn" des Tatsächlichen fragt, d. h. nach den Absichten oder Zwecken der handelnden Menschen und ihrer Institutionen, wenn man also danach fragt, was das alles bewirken oder sein soll. Und umgekehrt gilt: Die erzieherischen Absichten sowie die Erziehungszwecke und Bildungsideale einer Zeit kann zureichend nur der verstehen, der die tatsächlichen Bedingungen und die Besonderheiten der geschichtlichen Situation kennt, auf welche die Absichten und Zwecke Rücksicht zu nehmen haben, denen sie gerecht zu werden versuchen und unter denen die mit Erziehung beschäftigten Menschen mehr oder weniger zweckmäßig agieren. Mit diesen Worten hat Flitner seine Ansicht zwar nicht erläutert, aber ich denke, sie dadurch adäquat wiedergegeben zu haben.
Mit noch größerer Deutlichkeit als Flitner hatte Theodor Litt einen verwandten und für die Pädagogik wahrhaft grundlegenden Sachverhalt dargelegt. Dabei ging es ihm um den Nachweis, daß die Pädagogik keine technische Disziplin sei, die ein gegebenes „Material" nach einem davon getrennt vorgegebenen Zweck formiert. Im einzelnen brauchen die Überlegungen Litts hier nicht wiederholt zu werden; es genügt, an ein wichtiges und in sich doppeltes Teilresultat zu erinnern: „Was Erziehung ist, kann nur ‚feststellen', der schon eine gewisse Vorstellung davon hat, was Erziehung soll". „Das Sein der Erziehung kann überhaupt nur im Ausblick auf ihr Sollen erfaßt werden"[6]. Aber ebenso gilt, daß man über das Sollen der Erziehung nicht entscheiden kann, „ohne die Wirklichkeits-

[5] W. Flitner: Das Selbstverständnis der Erziehungswissenschaft. Eine Studie über Hermeneutik und Pragmatik, Sinnaufklärung und Normauslegung. Hrsg. v. U. Herrmann. Paderborn 1989, S. 30.

[6] Th. Litt: Das Wesen des pädagogischen Denkens. In: F. Nicolin (Hrsg.): Pädagogik als Wissenschaft. Darmstadt 1969, S. 291.

zusammenhänge ins Auge zu fassen, die für die Realisierungsmöglichkeiten jedes erzieherischen Ideals bestimmend sind"[7]. Seinserfassung und Sollensbestimmung stehen, wie es in „Führen oder Wachsenlassen" heißt, in „Wechselwirkung"[8]. Was bei Litt „Wechselwirkung" genannt wird, hat Flitner als einen „dialektischen" Zusammenhang bezeichnet. Die beiden charakteristischen Ausdrücke der Wechselwirkung und des dialektischen Zusammenhanges wurden von ihren Autoren jeweils in Anführungszeichen gesetzt, – auch ein Charakteristikum, und zwar für eine nicht vollständige Wechselwirkung und eine ebenso unvollständige Dialektik. Diese Mutmaßung kann zum Anlaß für eine kritische Betrachtung genommen werden.

3. *Kritik der Lösung*

Kommen wir auf das Ausgangsproblem zurück. Woher gewinnt eine das Leben leitende Geisteswissenschaft wie die Pädagogik das „Sollen", wenn es doch nicht von außen normativ vorgegeben sein darf? Es bleiben nur zwei Möglichkeiten: Entweder wird das Sollen aus dem Sein abgeleitet, oder Sein und Sollen erhellen sich wechselweise. Auch der erste Weg, obzwar von Dilthey eingeschlagen, hat sich in der geisteswissenschaftlichen Pädagogik nicht durchgesetzt; anders der zweite, der darum etwas näher zu betrachten ist. Ohne Zweifel hat diese Variante der „Wechselwirkung" gewisse Stärken, aber sie hat auch eine Schwäche, die vielleicht nicht zu ihrer Preisgabe, aber doch zu ihrer Modifikation führen muß. Zunächst zu den Stärken:

1. Die Abweisung normativer Setzungen von außerhalb ist insofern angemessen, als die genuinen Themen und Gegenstände der Pädagogik in sich bereits zweckmäßig verfaßt sind. Wer als Vater, Mutter, Lehrer oder in einem anderen pädagogischen Beruf erzieht, der wirkt mit mehr oder weniger deutlichem Bewußtsein unter dem Geleit praktischer Vorstellungen, er verfolgt Absichten, unmittelbare oder entfernte Zwecke, schließt andere Absichten und Zwecke aus usw. Seine Praxis ist durch und durch von Zwecken, praktischen Regeln und sogar Normen, sofern man darunter Prinzipien für Regeln versteht, bestimmt. Wer wissen will, was Erziehung bewirken oder verhindern soll, der wird sich vor allem anderen bei denen, die in der pädagogischen Praxis stehen, zu

---

[7] A.a.O.

[8] A.a.O., S. 296.

erkundigen haben. Insofern sieht er sich mit Recht beim „Sein“ um, wenn er nach dem „Sollen“ sucht. Es macht sicherlich eine Stärke geisteswissenschaftlicher Pädagogik aus, die Ziele der Praxis nicht nur in Form von Postulaten und Utopien entworfen, sondern auch in der wirklichen Praxis, in der „Erziehungswirklichkeit“, aufgesucht zu haben.

2. Da es immer so war, daß Erziehung in einen Horizont praktischer Entscheidungen über das Bessere und Schlechtere eingestellt ist, wird man auch gut daran tun, sich Auskunft bei der Geschichte der Erziehung und ihren Theorien zu holen, wenn man sich in Debatten über die rechte Erziehung einläßt, schon allein deshalb, weil es riskant ist, den Narren auf gut Glück zu spielen und die Weisheit der Früheren zu ignorieren. Die geisteswissenschaftliche Pädagogik hat Recht, wenn sie daran erinnert, daß die Hermeneutik der Tradition zur Selbstverständigung über die eigenen Absichten und normativen Grundlagen unerläßlich ist. Dies in den Wind zu schlagen, würde die Pädagogik in der Tat in eine wertfreie Technik transformieren, die bereit ist, sich ihre Zwecke von außen vorgeben zu lassen; der Pädagoge, der praktische wie der in der Forschung tätige, würde sich selbst zum Befehlsempfänger der jeweils an der Macht befindlichen normsetzenden Instanzen degradieren. Die Verständigung über die wesentlichen Zwecke der Pädagogik bedarf stets einer historischen Hermeneutik des Sollens. Insofern gilt die geisteswissenschaftliche Annahme, daß das Sollen aus dem Sein entspringt. Und es spricht für die Stärke einer Theorie, wenn sie eine derartige Hermeneutik, wenn sie eine geschichtliche Erforschung der Bildungsideen betreibt.

3. Und noch eine dritte Stärke wird man der geisteswissenschaftlichen Pädagogik zugestehen müssen. Sie hat erkannt und damit Ernst gemacht: Wer auf sein Zeitalter einwirken will, der muß seine Zeit verstehen; er muß die wirkenden Grundtendenzen seiner Zeit erfassen. Es genügt nicht, allgemein zu wissen, was Not tut, man muß dies auch in bezug auf die jeweilige Lage konkretisieren können und die Anknüpfungspunkte herausfinden, an die man anschließen kann. Wenn auf der einen Seite die Zeit mit ihren Problemen steht und auf der anderen der helfende Gedanke, dann muß man drittens auch wissen, wo und wie die Zeit selbst zum Gedanken drängt. Es bedarf, um es kurz zu machen, einer Hermeneutik der Gegenwart, aus der sich das Sollen konkretisieren läßt. Insofern hat die geisteswissenschaftliche Pädagogik abermals mit ihrer Annahme recht, daß das Sollen aus dem Sein entspringt.

4. Sie ist aber auch mit der umgekehrten Annahme im Recht, daß pädagogische Tatsachenforschung ohne praktische Perspektive aus

Zweckgesichtspunkten ihre Objekte verfehlt. Man kann nicht in wertfreier Einstellung alle Maßnahmen der Erwachsenen, mit denen sie auf das Verhalten der Jüngeren Einfluß zu nehmen suchen, als Erziehung auffassen; einige wird man als Mißhandlungen streng davon zu unterscheiden haben, so daß sich gemäß dieser Unterscheidung überhaupt erst die relevanten Themen konstituieren. Über die in diese Konstitutionsleistung eingehenden Wertkriterien kann man durchaus streiten, aber nicht darüber, daß nicht alles, was mit Kindern und Jugendlichen durch die Erwachsenen geschieht, den berechtigten Anspruch darauf erheben kann, als Erziehungsmaßnahme gelten zu dürfen. Der Begriff der Erziehung ist ein Zweckbegriff, und nur in seinem Lichte zeigen sich die „Tatsachen" der Erziehungswirklichkeit. Insofern hat die geisteswissenschaftliche Pädagogik auch mit der entgegengesetzten Behauptung recht, daß das Sein nur aus einem Sollen verständlich wird.
Dies alles zugestanden, wird man dennoch von einem „ungelösten Normproblem" (Ruhloff) in der geisteswissenschaftlichen Pädagogik sprechen müssen und auch eine gewisse Schwäche in ihr erkennen. Wenn sich der Gegenstand der Pädagogik nicht in wertfreier Einstellung ergibt, sondern so etwas wie Wertkriterien, besser vielleicht: praktische Beurteilungskriterien, voraussetzt, so wird man fragen müssen, auf welchem Wege wir uns ihrer vergewissern. Will man sich nicht auf exterritoriale Dekrete zurückziehen, so wird man sich immanent durch die Geschichte der pädagogischen Auffassungen und Theoriebildungen belehren lassen müssen. Das ist durchaus möglich. Die Geschichte der pädagogischen Theorien ist ja geradezu eine Geschichte konkreter Ethik. Man wird dann auch erkennen, daß die pädagogischen Ideale stets konkrete Ideale waren, die nicht nur abstrakte Normen präskribierten, sondern auch und vor allem den Bedürfnissen des jeweiligen Zeitalters entsprachen.
Aber damit ist ein Problem gegeben. Sind die Ideale zeitbedingt, was kann man dann aus ihnen für den eigenen praktischen Horizont, der das Handeln leiten und orientieren soll, gewinnen? Offenbar nur Gedankenstützen und ein Rahmenwerk der pädagogischen Zielreflexion; mehr nicht. Gibt es aber an den Idealen und pädagogischen Zwecken etwas, was nicht der historischen Bedingtheit unterworfen ist, dann benötigt man keine geschichtliche Hermeneutik des Sollens, um dieses zeitlose Etwas zu erfassen, es sei denn, daß man sich durch die geschichtliche Untersuchung auf die Spur und auf den Gedanken bringen läßt. Dieser aber hätte den Grund seiner Gültigkeit nicht in, sondern außer der Geschichte, nicht in, sondern außer der Wirklichkeit. Daraus folgt

offenbar: Wer die Norm für die Gegenwart oder Wirklichkeit sucht, der muß sich von ihr entfernen. Ohne derartige Entfernung ist er der Geschichte und auch der jeweiligen Gegenwart mit ihren vorherrschenden Wertvorstellungen kritiklos ausgeliefert. Stets bedarf die Kritik solcher Kriterien, die aus dem, was kritisiert wird, nicht entnommen sein dürfen. Die geisteswissenschaftliche Pädagogik hat auf solche Kriterien Verzicht geleistet. Dadurch freilich ist das pädagogische Normenproblem nicht erledigt, es kehrt wieder[9]. Die zuvor zugestandenen Stärken der geisteswissenschaftlichen Pädagogik werden von diesem Einwand nicht berührt, denn das übergeschichtliche und zeitlose „Etwas" ist eben wegen seiner Zeitlosigkeit relativ abstrakt und unbestimmt, so daß es in Applikation auf aktuelle Probleme konkrete Zeitgestalt zu gewinnen hat. Dazu bedarf es zweifellos einer Hermeneutik der Gegenwart. Die pädagogische Zweckorientierung wird sich daher einer gegenläufigen Reflexion verdanken: der Hermeneutik des Wirklichen und der Distanz von der Wirklichkeit (auch dieses Verfahren könnte man als Dialektik beschreiben) oder umgekehrt: der Annäherung an die Wirklichkeit aus der Ferne.
Zu einem vergleichbaren Resultat kommt man auch von der entgegengesetzten Seite aus. Wenn die geisteswissenschaftliche Pädagogik mit Recht gelehrt hat, daß die pädagogischen Tatsachen nur von wertenden Vorbegriffen aus erfaßbar seien, dann entsteht die Frage nach deren Ursprung. Aus den Tatsachen können sie gemäß der Voraussetzung nicht gewonnen werden, also nur aus etwas, was über die Tatsachen hinausgeht oder zumindest Tatsache in einem nichthistorischen und nichtempirischen Sinne ist. Auch dieses überhistorische Etwas würde seine Konkretion nur in der Berührung mit dem Wirklichen gewinnen können. Insofern hat Litt recht, wenn er erklärt, daß das Sein nur im Ausblick auf das Sollen vorstellig werden und umgekehrt das Sollen sich nur im Anschluß an das Sein zu konkreter Bestimmtheit herausklären könne[10]. Aber Seinserfassung und Sollensbestimmung stehen aus den angegebenen Gründen nicht in ursprünglicher Wechselwirkung. Vielmehr muß der Seinsbestimmung eine ursprüngliche „Sollensbestimmung" vorausgehen. Auch hilft die Beteuerung wenig, dieses Verhältnis sei „als ein Strom lebendigen Werdens" zu denken[11]. Hier sucht Litts Denken, das die normative Außenlenkung durch ein

[9] Vgl. J. Ruhloff: Das ungelöste Normenproblem der Pädagogik. Heidelberg 1977, S. 65.
[10] Litt, a.a.O., S. 295f.
[11] A.a.O., S. 296.

vom Sein abgetrenntes Sollen vermeiden möchte, Rettung beim Lebensbegriff, in dem alles ineinander fällt: Theorie und Praxis, Sein und Sollen, Einzelnes und Allgemeines etc. Freilich, wo alle Unterschiede verfließen, dort starrt das Denken vergeblich ins Dunkle.

Das geisteswissenschaftliche Denken hat sich hier in eine Aporie drängen lassen, die vermeidbar ist. Stimmt es denn, daß alle unhistorischen Zwecksetzungen gleichzusetzen seien mit Außennormierungen der Pädagogik, die sich dadurch von Theologie, Philosophie oder staatlichen Dekreten abhängig macht? Ist etwa der Ausgangspunkt, den Heranwachsenden niemals nur als Mittel, sondern stets zugleich als Zweck an sich selbst zu betrachten, ihn um seiner selbst willen zu bilden und auf sich selbst hin freizugeben, ein Satz der Philosophie, der Theologie oder der Politik? Das kann er sein, zumal in dem Kantischen Gewand, den er in seiner ersten Hälfte trägt. Aber die Philosophie spricht doch nur aus und bringt in Terminologie, was in Wahrheit ein Satz des „gemeinen Menschenverstandes“, d.h. des Verstandes von jedermann ist. Wer sein Denken durch jenen Satz bestimmt sein läßt, gleichviel ob in der angegebenen oder einer verwandten Formulierung, und wer sich vor allem auch im Handeln dadurch bestimmt weiß, der wendet doch nicht eine von außen gegebene Normierung an. Er wendet nicht Philosophie an, vielmehr bringt Philosophie nur auf den Begriff, was dem sittlichen Bewußtsein in unterschiedlichen Graden an Klarheit geläufig ist. Er selbst aber gehorcht sich selbst und nicht der Philosophie. Daher bringt der Pädagoge als Mensch schon eine normative Voreinstellung in seine Tätigkeit mit, die ihm im Umriß bereits einen Zweckbegriff der Erziehung vorschweben läßt, wie formal und konkretisierungsbedürftig dieser auch immer sein mag. Dessen Ausarbeitung und Konkretisierung ist dann freilich eine Sache der pädagogischen Begriffsbildung und ihrer historischen Hermeneutik. In ihm liegt das überzeitliche „Zweckminimum“, an dessen Bestand die geisteswissenschaftliche „Dialektik“ zweifelte, wodurch sie trotz ihrer unbezweifelbaren Stärken letzten Endes doch in die Aporie getrieben wurde, aus der sie beim Leben Zuflucht suchte und dafür mit dem sacrificium intellectus zu bezahlen hatte.

Transzendentalphilosophische Kritik an der geisteswissenschaftlichen Pädagogik

Marian Heitger

Die Pädagogik als Wissenschaft hat, tatsächlich betrachtet, keinen festen Boden unter den Füßen. Das schafft einerseits Unsicherheit, ist andererseits ein bleibender Anlass, grundsätzliche Fragen nicht auszuwechseln und nicht im pragmatisch-instrumentellen Denken stecken zu bleiben. Allerdings ist die Gefahr, dem Relativismus zu verfallen, ebenso groß wie die, in postmodernen Zynismus oder in unverbindlicher Ironie auf der Stufe überlegener Skepsis sich quasi unangreifbar zu machen.

Die wissenschaftstheoretische Unsicherheit bleibt beunruhigend, vor allem deshalb, weil die Entscheidung für das jeweilige Wissenschaftsverständnis Konsequenzen für die Praxis, für das Verständnis von Absicht und Ziel, Weg und Methode pädagogischer Arbeit hat. Wenn von Entscheidung gesprochen wird, legt sich der Verdacht nahe, dass es nicht mehr um Wissenschaft, sondern um Wollen und Willen gehe. Das ist zurückzuweisen, aber nicht die Notwendigkeit, eine Entscheidung für das dem „pädagogischen Gegenstand“ angemessene Fragen, die Entscheidung für ein Fragen, das auf den Grund zu kommen vorsieht, nicht versucht, ob und wie weit dies gelingt.

Die gegebene Situation erzwingt jedenfalls die Ernsthaftigkeit immer erneuten Fragens, die über die jeweilige Bestandsaufnahme hinausgeht. Die Bestandsaufnahme unterscheidet zunächst einmal zwischen zwei verschiedenen Zugängen. Da ist auf der einen Seite die empirische Erziehungswissenschaft, auf der anderen die geisteswissenschaftlich-philosophische Orientierung der Pädagogik. Diese Einteilung ist natürlich unzureichend. Sie muss aber genügen, wenn es darum geht, die eigene Thematik deutlicher werden zu lassen. Die empirische Erziehungswissenschaft bedient sich vorwiegend der quantitativen Methoden des Zählens und Messens, wenn auch unter Einschluss qualitativer Fragen und Methoden, und zeigt damit eine deutliche Nähe zu klassisch naturwissenschaftlicher Fragestellung. Die geisteswissenschaftlich-philosophische Fragestellung ist wesentlich differenzierter. Das liegt einerseits an der Vieldeutigkeit, vielleicht auch Fragwürdigkeit des Begriffs der Geisteswissenschaften. Das liegt andererseits am Verständnis von Philosophie, deren Vielfalt durch die Geschichte und im kulturellen Nebeneinander bestätigt wird.

Um sich nicht in dem Vielerlei der Ansätze zu verlieren, ist eine weitere Zuspitzung des Fragens notwendig. Hier ist die Frage nach Unterschiedenheit, Ergänzung, Gegensätzlichkeit oder Übereinstimmung zwischen der geisteswissenschaftlich-hermeneutischen Pädagogik einerseits und ihrer transzendentalphilosophischen Begründung andererseits gestellt. Hermeneutik heißt Auslegung, Erklärung, heißt Verständigung und verstehendes Erfassen. Damit ist nicht schon vorweg eine affirmative Einstellung gemeint. Ich kann versuchen, die Pädagogik John Lockes zu verstehen, ohne mit ihr übereinzustimmen. Wohl aber ist jenes grundsätzliche Übereinkommen vorausgesetzt, was jenes Denken und jene Entwürfe als pädagogisch anerkennt. Gleichzeitig ist vorausgesetzt, dass ich bereit bin, mich auf jenes Denken einzulassen, mich wohlwollend auf den zu erschließenden Sinn jener Aussagen einzulassen. Hermeneutik in diesem Sinne ist somit nicht die reflexionslose Wiedergabe der Gedanken anderer in neuer Sprache. Sie ist auch nicht der Gebrauch fremder Gedanken als Zierart und zum Ausschmücken der eigenen Entwürfe oder als willkommener Gegner, über dessen Schwächen und Banalitäten das eigene Denken um so strahlender erscheinen kann. – Da, zumal im Zeitalter von Computertechnik, Kenntnisse aus der Geschichte nicht mehr als eigene Leistung, nicht einmal eines trainierten Gedächtnisses ausgegeben werden können. Das wäre Instrumentalisierung anderer zu Zwecken des eigenen Vorteils und widerspricht dem Auftrag von Wissenschaft, hier insbesondere von pädagogischer Wissenschaft, der es um Aussagen geht, die Geltung beanspruchen; und zwar um eine Geltung, die sich vor dem Richterstuhl pädagogischer Vernunft im eigenen Denkvollzug zu begründen hat.

Diese allem pädagogischen Denken zu Grunde liegende Bedingung muss von geisteswissenschaftlich-hermeneutischer Pädagogik anerkannt und in ihrem methodischen Vorgehen strikte beachtet werden. Dilthey, den man als Begründer dieses pädagogischen Ansatzes bezeichnet, hatte deshalb strikt zwischen erklärendem und verstehendem Zugang unterschieden. Ersteres ist den „objektiven Wissenschaften“ zugeordnet, in ihnen geht es um das Erkennen objektiver Gesetze, um die Bestimmung von Kausalitäten. Dieser geht es um das Erfassen jener geschichtlichen Gegebenheiten, die vom Menschen selbst geschaffen sind, in unserer Sprache, um Objektivitäten, nicht um Objekte. Der methodische Zugang zu ihnen muss hermeneutisch sein, weil in sie immer auch Sinngebung eingeflossen ist; mag diese Sinngebung dem Forscher sinnlos, sinnwidrig oder besonders sinnvoll erscheinen. Seine Aufgabe ist es, nach dem Sinn in den Objektivationen zu fragen, ihn verstehend auch in kritischer Würdigung herauszuarbeiten.

Dilthey hat diese Konzeption bekanntlich in der Abwehr der sog. natürlichen Systeme und einer normativen Pädagogik entwickelt. Einerseits sollte Pädagogik als Wissenschaft nicht in einem starren, unbeweglichen, normativen System ersticken, andererseits müsste der Gefahr begegnet werden, die jungen Menschen in ein starres System von Vorschriften einzusperren. Damit erst, so Dilthey, würde auch die Pädagogik als Wissenschaft und als Praxis ihre Rückständigkeit überwinden.

Die geisteswissenschaftliche Pädagogik hat mit ihrer hermeneutischen Methode allerdings ein bekanntes Problem: sie muss immer schon ein Verständnis bzw. Vorverständnis von dem haben, was Pädagogik ist. Das setzt Urteilsfähigkeit voraus, das Wissen um Kriterien, unter denen ein Urteil bzw. eine Interpretation getroffen werden kann. Andererseits soll diese Urteilsfähigkeit erst wieder in hermeneutischen Verfahren erworben werden. Dieser Zirkel scheint für die geisteswissenschaftliche Pädagogik unauflösbar. Er enthält einerseits dann doch die Gefahr des Affirmativen, mindert den Anspruch des Denkens als Widerspruch zum Bestehenden; andererseits zeigt er dem Denken seine Grenze, insofern dieses selbst immer nur in Annäherung an das vordringt, auf was es sich in der Frage gerichtet hat.

Das macht gleichzeitig die Beziehung der geisteswissenschaftlichen Pädagogik auf Praxis umstritten. Entweder glaubt sie, in der Hermeneutik geschichtlicher Ausprägungen doch – zumindest dann und wann – auf zeitüberlegene prinzipielle Aussagen zu stoßen; man denke an Herman Nohls Konstruktion des pädagogischen Bezuges; oder man folgt der Dilthey'schen Konzeption mit der Setzung der Teleologie allen Seelenlebens, so dass der ablesbare kontinuierliche Fortschritt die Richtung angibt, von der pädagogische Absicht ihre Rechtfertigung erfährt.

Beide Versuche übersteigen allerdings den Ansatz der hermeneutischen Pädagogik, ohne diesen Überstieg bewusst zu machen und selbst zu reflektieren bzw. zu rechtfertigen.

Genau dies will die transzentalphilosophisch orientierte Pädagogik. Sie will selbst nach den Bedingungen der Möglichkeit von Pädagogik fragen. Die dabei drohenden Gefahren sind zweifacher Art. Sie kann alsbald der Tendenz erliegen, in die von Dilthey bekämpften normativen Systeme zurückzufallen, d.h. den Versuch zu unternehmen, allgemein verbindliche Normen aufzustellen, die die Absicht pädagogischen Handelns rechtfertigen; sie kann andererseits der Versuchung erliegen, durch einen radikalen Formalismus sich gegen solche Vorwürfe zu immunisieren; dies allerdings mit der Gefahr der absoluten Leere ihrer Begriffe, die, weil sie nichts mehr aussagen, auch nicht mehr kritisierbar sind, sich der argumentativen Auseinandersetzung durch absolute Inhaltsleere entziehen.

Transzentalphilosophische Pädagogik ist darauf bedacht, die Unsicherheit der Pädagogik durch Relativierung und Unverbindlichkeit zu überwinden; das heißt nicht mehr und nicht weniger, als dass sie den Versuch unternimmt, eine dem historischen Wechsel überlegene Instanz zu gewinnen. Sie folgt damit Kants transzendentaler Philosophie, wonach eine Erkenntnis transzendental genannt wird, „die sich nicht so sehr mit Gegenständen, sondern mit unserer Erkenntnisart von Gegenständen, sofern diese a priori möglich sein soll, überhaupt beschäftigt. Ein System solcher Begriffe würde Transzendentalphilosophie heißen“ (Kritik der reinen Vernunft B 26/A 12).

Das transzendentale Denken richtet sich auf das Denken und seine Gesetzmäßigkeit selbst. Deshalb bedeutet transzendental nicht etwas, „das über alle Erfahrung hinausgeht, sondern was vor ihr (a priori) zwar vorhergeht, aber doch zu nichts mehrerem bestimmt ist, als lediglich Erfahrungserkenntnis möglich zu machen“ (Prolegomena zu einer jeden künftigen Metaphysik, Anhang A 204).

Pädagogik als Wissenschaft erfährt in dieser Absicht eine eigenartige Wendung. Sie orientiert sich nicht an gegebenen Normen einer bestehenden Gesellschaft, nicht an deren Konventionen, Sitten und Gebräuchen, sondern an der Gesetzmäßigkeit der Vernunft selbst. Das ist für die Transzendentalphilosophie keine zufällige, oder auch nur mögliche Fragestellung, sondern eine Notwendigkeit, wenn das Denken nicht in seinem unkritischen, dogmatischen Schlummer verharren will. Denn, „die Vernunft fordert dieses nach dem Grundsatz: wenn das Bedingte gegeben ist, so ist auch die ganze Summe der Bedingungen, mithin das schlechthin Unbedingte gegeben, wodurch jenes allein möglich war“ (Kritik der reinen Vernunft, B 436). Transzendentalphilosophische Pädagogik behauptet demnach zugleich, dass sie mit ihrem methodischen Ansatz auch die Regulative des Lehrens und Lernens zu fassen in der Lage sei.

Ihre Frage richtet sich demnach auf die Vernunft selbst. Sie sucht deren Gesetzmäßigkeit zu bestimmen. Das Denken richtet sich auf sich selbst, nicht auf seine wechselnden Inhalte, sondern auf jene Gesetzmäßigkeiten, die das Denken von Gegenständen erst möglich macht. Diese Möglichkeit, das Denken des Denkens zu versuchen, ist in ihm selbst angelegt, wenn ihm nicht die Möglichkeit der Geltung ihrer Ergebnisse und Aussagen abgesprochen werden soll. Wer das versucht, gerät allerdings in unaufhebbare Widersprüche, weil er ein Denken annimmt, das von sich selbst nichts weiß, weil er etwas denkt, was nichts bedeutet, etwas aussagt, was nichts meint. Sobald das Denken etwas meint, beansprucht es dafür Geltung; selbst wenn man diese Geltung leugnet, ist die Aussage diesem Anspruch nicht entzogen, sie gilt zumindest für das Leugnen selbst. Das Erkennen und Anerkennen dieser Bedingung des Denkens, dass es sich selbst weiß, ist eine apriorische Bedingung, die für alles Denken gilt, unabhängig von seinen Inhalten und deren Wechsel. Ein Wissen, um das der Wissende nicht wüsste, muss sich als Wissen selbst aufheben.

Dieser prinzipielle Sachverhalt, besser Ich-Verhalt des Denkens, ist für die Pädagogik von grundlegender Bedeutung. Er ist die Bedingung der Möglichkeit des Lernens, wenn das Lernen seine Beziehung auf Wissen nicht verlieren soll. Das Wissen um das Wissen ist die Möglichkeit seiner Geltung, ist die Möglichkeit, diesen Geltungsanspruch zu argumentieren, ihn in Zweifel zu ziehen, ihn zu widerlegen, zu ergänzen, anzuerkennen. Wenn die Absicht des Lernens auf Wissen geht, dann ist es auf jene Möglichkeiten verwiesen: zu prüfen, zu erwägen, zu zweifeln, zu bejahen. Die hier genannten Aktivitäten ihrerseits sind an das Argumentieren verwiesen, wenn jenes nicht Ausdruck beliebiger Willkür sein soll. Der Lernende muss, wenn er sein Wissen für-wahr-halten will, sich auf jene Tätigkeit des Geistes einlassen. Wo diese Aktivität des Geistes verneint wird, verkommt sogenanntes Wissen zum Schein, zum unkritischen Merken von Daten.

Wenn das Lernen an jene Bedingungen gebunden ist, lassen sich daraus Regulative für das Lehren entfalten. Lehren wird zur Hilfe, zum Prüfen und Argumentieren von Wissensinhalten, um sie im Wissen für-wahr-halten zu können. Sokrates hatte das als Hebammendienst bezeichnet und auf den Fall nachgewiesen, dass das Für-wahr-Halten nicht delegierbar ist. Damit sind alle Lerntheorien abgewiesen, für die dies eigene Für-wahr-Halten nicht konstitutiv ist. Gemeint sind jene behavioristischen Theorien, die mit Konditionierungspraktiken, welcher Art auch immer, Wissen zu vermitteln suchen.

Wenn der Mensch um sich weiß, um sein Handeln und seine Handlung, dann ist auch hier von der Bedingung der Möglichkeit von Erziehung die Rede. Gemeint ist eine Erziehung, in der nicht nur auf die Erfüllung von Befehlen, auf gewünschtes Verhalten geachtet wird, sondern in der das Handeln sich unter den Anspruch von

Moralität stellt. Das setzt die Möglichkeit des Wissens vom „Gesollten“ voraus, und das Handeln ist dann moralisch, wenn es nicht den von außen vorgeschriebenen Gesetzen folgt, sondern der eigenen Einsicht. Diese wenigen Hinweise mögen genügen, um deutlich zu machen, dass ihr normativer Anspruch sich aus den Bedingungen der Möglichkeit personhaften Handelns überhaupt ergibt. Damit ist der Versuch unternommen, auch der Erziehung eine normative Orientierung zu geben, die nicht aus Konventionen und Sitten, staatlichen Vorschriften und Gesetzesvorlagen abgeleitet wird, und auch nicht der Dilthey'schen Kritik verfällt.
Dieser Versuch greift die Gegebenheit des Wertens auf und fragt nach dessen Bedingung der Möglichkeit. Das Werten begegnet dem Denken in unendlich vielen Formen. Der Mensch kann gar nicht anders als werten. Dies ist unlösbar an die Zeit und ihren Verlauf gebunden. Indem der Mensch in ihr steht, an sie gebunden ist, ist er zum Werten im Umgang mit Zeit gezwungen. Mag er sich dessen bewusst sein, mag er sich dem zu entziehen versuchen, mag er es leugnen, er entkommt ihm nicht, sofern er um sich und sein Sein in der Zeit weiß. Bei aller Variabilität des Wertens und die der Entscheidungen bleibt er derjenige, der wertet, der unterscheidet, der sich Maxime seines Handelns setzt. Das Werten-Müssen bleibt bei aller Variabilität des Wertens invariant. Invariant ist die notwendige Anerkennung des Menschen als wertender Person. Wenn dieses Werten nicht der reinen Willkür verfallen soll, dann muss für den Menschen ein das Werten ermöglichendes Kriterium anerkannt werden. Der Mensch ist dadurch aber in seinem Werten nicht vorausbestimmt; ihm bleibt das selbständig und verantwortliche Werten und Handeln-Können.
Die regulativen Konsequenzen sind für die Erziehung nicht zu übersehen. Ihr ist nicht die Aufgabe zugedacht, sog. Werte zu vermitteln, sondern dem jungen Menschen zu helfen, das Werten zu lernen. Nicht der Wandel und die Vielfalt der sog. Werte ist das Problem, sondern die Unfähigkeit zu werten.
Mit dieser Sicht sind alle jene pädagogischen Theorien zurückzuweisen, die sich mehr oder weniger als Verhaltenssteuerung begreifen, die den Unterschied zwischen sog. Sozialisation und Erziehung nicht mehr begreifen bzw. bewusst verschleiern.
Die hier gemeinte Erziehung geht in eins mit der dem Menschen als denkender Person zukommenden Selbstbestimmung. In ihr instrumentalisiert sich der Mensch nicht für ihm vorgeschriebene Zwecke. Erziehung darf deshalb auch nicht in den Fehler verfallen, ihn in der Erziehung zu instrumentalisieren. Erziehung bindet den jungen Menschen nicht an vorgegebene gesellschaftliche oder

traditionelle Normen, an Ideologien oder Weltanschauungen. Sie kennt, wenn man so will, nur eine einzige „formale“ Norm, den Menschen in seinem Menschentum, d.h. als wertende Person, zu achten; im Unterricht ihm nicht das eigene „Für-wahr-Halten“ vorzuenthalten, ihm in der Erziehung nicht das selbständige Werten zu verwehren; im Gegenteil: immer darauf zu dringen, dass er sein Wissen zu argumentieren, die Maxime seines Wertens zu bedenken und zu prüfen hat, das Wissen und Werten gemäß dem kategorischen Imperativ auf seine Allgemeingültigkeit hin zu prüfen.

Hier ist jener Einwand aufzugreifen, der dem transzendentalphilosophischen Denken einen Formalismus vorwirft, der das Sollen durch die Ohnmacht eines inhaltsleeren Anspruchs aufhebt, keine realistische Lösung anzubieten vermag und sich gleichzeitig im Verzicht auf inhaltliche Aussagen gegenüber Kritik immunisiert; gleichzeitig als Vorwurf eines imperialen Universalismus beansprucht wird, weil die Aussagen für jedermann Geltung haben wollen. Sie erweisen sich dadurch als intolerant oder auch, wie man neuerdings sagt, als undemokratisch.

Dieser Einwand ist zu widerlegen. Man denke an das Prinzip der Bildsamkeit. In ihm dokumentiert sich die Bedingung der Möglichkeit von Pädagogik auf neue Weise. Wie immer man sie auch verstehen mag, eines ist jedenfalls gemeint: Dass der Mensch in seinem Personsein auf Bildung angelegt, dass er zur Menschenbildung aufgerufen und die Gemeinschaft im Sinne der Mitmenschlichkeit zur Anerkennung dieses Prinzips und darauf folgend zur Pädagogik, zu Unterricht und Erziehung verpflichtet ist.

Das Prinzip der Bildsamkeit ist formal. Gerade in dieser Formalität garantiert es Raum für unendliche viele und variable Formen von Bildung, legt den Menschen nicht auf ein bestimmtes Bildungsideal fest. In seiner Formalität enthält es einen nicht zu überbietbaren Grad von Verbindlichkeit. Er verbindet sich mit dem Anspruch der Universalität: niemandem seine Bildsamkeit abzusprechen, weder aus rassischen Gründen noch wegen der Zugehörigkeit zu einer Klasse, Nation, Religion, zu einem Geschlecht, Alter oder Krankheitsgrad. Das Prinzip der Bildsamkeit, sofern es a priori zum Menschsein gehört, kann durch keinen Zustand empirischer Befindlichkeit aufgehoben werden, d. h. auch wenn man glaubt, Bildsamkeit empirisch nicht nachweisen zu können, bleibt der in ihm enthaltene Anspruch aufrecht. Das schließt, um Missverständnisse zu vermeiden, natürlich auch die Pflicht, sich zu bilden, ein.

Dieser Anspruch auf Universalität ist radikal, aber nicht intolerant. Im Gegenteil: in ihm und durch ihn erhält Toleranz ihr Fundament.

Um es in moderner Sprache auszudrücken: Niemand darf aus der Gemeinschaft sich bildender Menschen ausgegrenzt werden; niemand darf von Außen zu einer bestimmten Form von Bildung gezwungen werden. Das transzendentale Prinzip von Bildsamkeit wird dadurch gleichsam zum Kriterium für Toleranz. Sie muss gelten gegenüber den vielfältigen Formen, in denen das Individuum seine Bildung gewinnt. Intoleranz ist geboten gegenüber jenen, die dem Menschen seine Bildsamkeit verweigern, die das freie Denken und das freie Wort unterdrücken. Das Formale transzendentalphilosophischer Pädagogik ist kein unverbindlich abstraktes Gerede; seine Verbindlichkeit ist vielmehr universal zu verstehen; eine limitierte Verbindlichkeit wäre zudem ein immanenter Widerspruch.

Allerdings fordert das hier definierte Formale die Anstrengung des je eigenen Denkens im konkreten Verbindlichmachen von Prinzipien. Pädagogisch transzendental begründete Aussagen bieten keine unmittelbare Anleitung, sondern allenfalls Kriterien, nach denen konkrete Handlungsanweisungen vom Handelnden selbst bestimmt werden müssen. Das macht sie vielfach unbequem und bringt ihnen den Vorwurf der Praxisferne, vermeidet andererseits die Gefahr der Bevormundung und damit auch die Entmündigung des Praktikers.

Weitaus problematischer sind die Bedenken, wenn man abschließend noch einmal zu den wissenschaftstheoretischen Grundlagen zurückkehrt. Transzendentales Fragen richtet sich auf die Gesetzmäßigkeiten und Bedingungen des Denkens selbst. Zum Denken gehört immer ein Etwas, das gedacht wird. Mit einem Wort: Das Denken selbst scheint dem Denken nicht unmittelbar zur Verfügung zu stehen, nur immer vermittelt durch einen Gegenstand. Ohne ihn ist es nicht zu fassen, denn wenn das Denken nicht denkt, ist es nicht. Wo das Denken sich selbst zu denken versucht, sieht es seinen Inhalt in dem Bereich des Gegenständlichen. Man könnte daraus ableiten, dass die transzendentale Fragestellung ein Widerspruch in sich selbst sei. Das würde allerdings jeglicher Möglichkeit der Kritik, der kritischen Selbstbetrachtung und schließlich auch der Pädagogik in einem definierten Sinne, die Handlungsgrundlage entziehen.

Um einen Ausweg aus diesem Dilemma zu finden, muss man zunächst einmal anerkennen, dass im Benennen dieser Schwierigkeit schon etwas über die Vernunft selbst ausgesagt ist. Vor allem aber muss man anerkennen, dass die Gesetzmäßigkeit der Vernunft selbst etwas ist, das als Bedingung für das Denken, auch im transzendentalen Sinne gilt, dass es unmöglich ist, aus diesem Zirkel herauszuspringen, dass deshalb die Entscheidung für philosophisches Denken jene Voraussetzung bereits anerkennen muss, ohne dass die Analyse jenes Ergebnis nachgewiesen hat. Schließlich darf man nicht vergessen, dass auch das Ergebnis transzentalphilosophischen Denkens selbst, in einer geschichtlich gewordenen Epoche artikuliert werden muss und damit in seiner Geschichtlichkeit jederzeit überholt werden kann. Man darf allerdings sagen, und das ist angesichts postmodernen Denkens wohl anzumerken: Die Geschichtlichkeit hebt den Geltungsanspruch nicht auf, macht ihn vielmehr diskussionsfähig. Wie relativ und geschichtlich das Wort sein mag: Sein Gemeintes richtet sich auf Gewissheit, auf Augenblicksüberlegenheit. Dadurch wird Pädagogik praktikabel, weil pädagogisches Handeln legitimierbar wird, nicht der subjektiven Willkür oder den geheimen Herrschaftsgelüsten verfällt.

Und noch eines muss zum Abschluss angemerkt werden. Die Grenzen der hermeneutischen Fragestellung heben ihre Bedeutung für die transzendentalphilosophische Pädagogik nicht auf. Geschichte der Pädagogik als Geschichte ihrer Probleme zeigt die Versuche, wie sie ihre Grundprobleme gefasst hat. Hermeneutik ersetzt nicht die Frage nach der Bedingung der Möglichkeit von Pädagogik, ersetzt auch nicht das Bemühen um Legitimation der Praxis, kann jedoch helfen, Irrwege zu vermeiden, kann helfen das Fragen differenzierter zu fassen, vor allem aber vorsichtig und behutsam zu sein, wohl auch skeptisch gegenüber den eigenen Antworten zu bleiben. Alles Denken in der Möglichkeit von Irrtum und Korrektur bleibt transzendentalphilosophischem Fragen verpflichtet, einem Fragen, das sich das Denken und Wissen zum Gegenstand macht, bleibt deren Bedingung, stiftet die die Geschichte durchziehende Arbeit an dem bleibenden Problem.

Bibliographie Winfried Böhm

erstellt von Hedi Hehn unter Mitwirkung von Frank Taschner

1969

Maria Montessori. Hintergrund und Prinzipien ihres pädagogischen Denkens. – Bad Heilbrunn 1969 [mit einer internationalen Montessori-Bibliographie]

1970

Rosa Agazzi. – In: Lexikon der Pädagogik, Neue Ausgabe, Bd. 1, hrsg. v. Heinrich Rombach. – Freiburg i. Br. 1970, S. 19

Ferrante Aporti. – In: Lexikon der Pädagogik, Neue Ausgabe, Bd. 1, hrsg. v. Heinrich Rombach. – Freiburg i. Br. 1970, S. 60

1971

[*Edition:*] *Maria Montessori. Texte und Diskussion.* – Bad Heilbrunn 1971

Das religiöse Moment im Denken Maria Montessoris. – In: Maria Montessori. Texte und Diskussion, hrsg. v. Winfried Böhm. – Bad Heilbrunn 1971, S. 148–158

Kunsterziehungsbewegung. – In: Lexikon der Pädagogik, Neue Ausgabe, Bd. 3, hrsg. v. Heinrich Rombach. – Freiburg 1971, S. 8–10

August Julius Langbehn. – In: Lexikon der Pädagogik, Neue Ausgabe, Bd. 3, hrsg. v. Heinrich Rombach. – Freiburg 1971, S. 29–30

Alfred Lichtwark. – In: Lexikon der Pädagogik, Neue Ausgabe, Bd. 3, hrsg. v. Heinrich Rombach. – Freiburg 1971, S , 105–106

Johannes Murmellius. – In: Lexikon der Pädagogik, Neue Ausgabe, Bd. 3, hrsg. v. Heinrich Rombach. – Freiburg 1971, S. 177–178

Georg Heinrich Ludwig Nicolovius. – In: Lexikon der Pädagogik, Neue Ausgabe, Bd. 3, hrsg. v. Heinrich Rombach. – Freiburg 1971, S. 215

Bernhard Heinrich Overberg. – In: Lexikon der Pädagogik, Neue Ausgabe, Bd. 3, hrsg. v. Heinrich Rombach. – Freiburg 1971, S. 254

Pestalozzianer. – In: Lexikon der Pädagogik, Neue Ausgabe, Bd. 3, hrsg. v. Heinrich Rombach. – Freiburg 1971, S. 289–290

Karl Georg von Raumer. – In: Lexikon der Pädagogik, Neue Ausgabe, Bd. 3, hrsg. v. Heinrich Rombach. – Freiburg 1971, S. 381

Adam Riese. – In: Lexikon der Pädagogik, Neue Ausgabe, Bd. 3, hrsg. v. Heinrich Rombach. – Freiburg 1971, S. 440

Karl Adolf Schmid.– In: Lexikon der Pädagogik, Neue Ausgabe, Bd. 3, hrsg. v. Heinrich Rombach. – Freiburg 1971, S. 477

Johannes Schulze. – In: Lexikon der Pädagogik, Neue Ausgabe, Bd. 4, hrsg. v. Heinrich Rombach. – Freiburg 1971, S. 54–55

Philipp Jacob Spener. – In: Lexikon der Pädagogik, Neue Ausgabe, Bd. 4, hrsg. v. Heinrich Rombach. – Freiburg 1971, S. 137

Johann Wilhelm Süvern. – In: Lexikon der Pädagogik, Neue Ausgabe, Bd. 4, hrsg. v. Heinrich Rombach. – Freiburg 1971, S. 201

Peter Villaume. – In: Lexikon der Pädagogik, Neue Ausgabe, Bd. 4, hrsg. v. Heinrich Rombach. – Freiburg 1971, S. 113
Ernst Weber. – In: Lexikon der Pädagogik, Neue Ausgabe, Bd. 4, hrsg. v. Heinrich Rombach. – Freiburg 1971, S. 345
Werkbund und Jugendstil. – In: Lexikon der Pädagogik, Neue Ausgabe, Bd. 4, hrsg. v. Heinrich Rombach. – Freiburg 1971, S. 352

1972
Wie modern ist Montessori? – In: Bayerische Schule, 25 (1972) 4/5, S. 87–89 und S. 113–114

1973
Kulturpolitik und Pädagogik Paul Oestreichs. – Bad Heilbrunn 1973
La pedagogia montessoriana e l'educazione prescolastica moderna. – In: Vita dell'Infanzia, 12 (Roma 1973) 4, S. 6–7 und 5, S. 6–8
Probleme der Vorschulerziehung in den USA. – In: Vierteljahrsschrift für wissenschaftliche Pädagogik, 49 (1973), S. 263–280
Zur Ätiologie des Versagens in der Schule. – In: Anregung. Zeitschrift für Gymnasialpädagogik, 19 (1973), S. 361–372
Die historischen und systematischen Gründe für die weltweite Verbreitung der Montessori-Pädagogik. – In: Das Kind, (1973) 1, S. 3–10

1974
Bildungspolitik und Schulreform in der Bundesrepublik Deutschland. – In: Religionspädagogisch-katechetischer Kurs, Lehrbrief 10, Hrsg.: Theologie im Fernkurs, Domschule e.V. Würzburg. – Würzburg 1974
The Actuality of the Montessori-Method in the Light of Modern Pre-School Education. – In: Around the Child, 15 (Calcutta 1974), S. 39–48
Über die Möglichkeit normativer Systeme zu inhaltlichen Aussagen. – In: Vierteljahrsschrift für wissenschaftliche Pädagogik, 50 (1974), S. 409–415
Il problema della pedagogia socialista nella Repubblica di Weimar. – In: Rassegna di Pedagogia, 32 (Padova 1974), S. 235–252
Zur Einschätzung der reformpädagogischen Bewegung in der Erziehungswissenschaft der Gegenwart. – In: Pädagogische Rundschau, 28 (1974), S. 763–781

1975
[*Edition, zus. mit Jürgen Schriewer:*] *Geschichte der Pädagogik und Systematische Erziehungswissenschaft. Festschrift zum 65. Geburtstag von Albert Reble.*– Stuttgart 1975
Über die Vieldimensionalität historisch-pädagogischer Forschung, dargestellt am Problem einer Geschichte der Vorschulerziehung. – In: Geschichte der Pädagogik und Systematische Erziehungswissenschaft. Festschrift zum 65. Geburtstag von Albert Reble, hrsg. von Winfried Böhm und Jürgen Schriewer. – Stuttgart 1975, S. 157–172

Von der Eliteuniversität zur Hochschulbildung für alle?. – In: Forum E, 28 (1975) 1, S. 19–21

La riforma della educazione prescolastica come problema internazionale. – In: Rassegna di Pedagogia, 33 (Padova 1975), S. 3–18

Sozialgeschichtliche Aspekte zum Problem von Schule und Gesellschaft. – In: Vierteljahrsschrift für wissenschaftliche Pädagogik, 51 (1975), S. 360–371

Das Problem von Theorie und Praxis in der Montessori-Pädagogik. – In: Das Kind, (Sondernummer 1975), S. 15–19

The Discussion about „Deschooling Society" in Industrialized Countries. – In: The Influence of the Third World on Future Education, Hrsg.: International Schools Association. – Geneva 1975, S. 61–81

1976

Paul Oestreich und das Problem der sozialistischen Pädagogik in der Weimarer Republik. – In: Sozialisation und Bildungswesen in der Weimarer Republik, hrsg. v. Manfred Heinemann. – Stuttgart 1976, S. 187–201

Appendice: Intervento da Winfried Böhm – In: Educazione e politica. Bd. 2: Società e politica nella scuola italiana, a cura di Giancarlo Milanesi, Hrsg.: Società Editrice Internazionale – Torino 1976, S. 286–288

Bildungsreform als Gesellschaftsreform. – In: Vierteljahrsschrift für wissenschaftliche Pädagogik, 52 (1976), S. 153–167

Letterature giovanile nella Repubblica Federale di Germania. – In: I Problemi della Pedagogia, 22 (Roma 1976), S. 323–330

Soziale Erziehung in der Montessori-Pädagogik. – In: Pädagogische Rundschau, 30 (1976), S. 826–835

Soziale Erziehung in der Montessori-Pädagogik. – In: Das Kind, (1976) 1.

Montessori aktuell. Theorie und Praxis der Montessori-Pädagogik. – In: Welt des Kindes, 54 (1976) 5, S. 355–361

Problemi attuali nella scuola materna. – In: Pedagogia e Vita, 6 (Brescia 1976), S. 565–574

Problemi e prospettive della „Weiterbildung" nella Repubblica Federale di Germania. – In: Rassegna di Pedagogia, 34 (Padova 1976), S. 37–50

1977

[*Edition:*] *Der Schüler.* – Bad Heilbrunn 1977

Zur Ätiologie des Versagens in der Schule. – In: Der Schüler, hrsg. v. Winfried Böhm. – Bad Heilbrunn 1977, S. 119–132

[*Edition, zus. mit Heinz-Elmar Tenorth:*] *Deutsche Pädagogische Zeitgeschichte, Bd. 2: Von der Diskussion um den Rahmenplan zum Bildungsgesamtplan 1960–1973.* – Kastellaun 1977

Lehrer zwischen Kulturkritik und Gemeinschaftsutopie. Der Bund entschiedener Schulreformer. – In: Der Lehrer und seine Organisation, hrsg. v. Manfred Heinemann. – Stuttgart 1977, S. 191–200

Lehrer. Pädagogische Theorien über den Lehrer. – In: Wörterbuch der Pädagogik, Bd. 2, hrsg. v. Heinrich Rombach. – Freiburg i. Br. 1977, S. 214–215

Schüler. Der Schüler als Gegenstand der erziehungswissenschaftlichen Forschung. – In: Wörterbuch der Pädagogik, Bd. 3, hrsg. v. Heinrich Rombach. – Freiburg i. Br. 1977, S. 102–104

Ferdinand Kindermann, Ritter von Schulstein. – In: Neue Deutsche Biographie, Bd. 11. – Berlin 1977, S. 616–617

Politica culturale e riforma scolastica nella Repubblica Federale di Germania. – In: I Problemi della Pedagogia, 23 (Roma 1977), S. 767–780

La ricerca pedagogica nella Repubblica Federale di Germania. – In: Prospettive pedagogiche, 14 (Messina 1977), S. 3–20

Problemi attuali nella scuola materna. – In: Scuola materna, 64 (Brescia 1977), S. 531–535

Problemi e prospettive della „Weiterbildung" nella Repubblica Federale di Germania. – In: Studi Cinematografici e Televisi, 5 (Padova 1977), S. 26–34

Zur Problematik des pädagogischen Diplomstudiums in der Bundesrepublik Deutschland. – In: Der Junglehrer, 20 (1977) 10, S. 5–11

„Abschaffung" oder „Humanisierung" der Schule? – In: Die Scholle, 45 (1977) 6, S. 333–337

„Eliminazione" oppure „Umanizzazione" della Scuola. – In: Rassegna di Pedagogia, 35 (Padova 1977), S. 55–66

[*Rezension von:*] Wilhelm Brinkmann: Der Beruf des Lehrers, Bad Heilbrunn 1975. – In: Rassegna di Pedagogia, 35 (Padua 1977), S. 151

[*Rezension von:*] Wolfgang Klafki: Aspekte kritisch-konstruktiver Erziehungswissenschaft, Weinheim 1976. – In: Rassegna di Pedagogia, 35 (Padua 1977), S. 151–153

[*Rezension von:*] Theodor Wilhelm: Pädagogik der Gegenwart, 5. Auflage, Stuttgart 1977. – In: Rassegna di Pedagogia, 35 (Padua 1977), S. 154–155

[*Edition Sammlung Zebra:*] Friedrich Ch. Sauter: Diagnose und Förderung kognitiver und sprachlicher Fähigkeiten bei Vorschulkindern auf dem Lande. – Paderborn 1977

[*Edition Sammlung Zebra:*] Maria Fölling-Albers: Kollektive Kleinkind- und Vorschulerziehung im Kibbutz. – Paderborn 1977

1978

[*Edition:*] *Maria Montessori. Texte und Diskussion.* 2., verbesserte Auflage. – Bad Heilbrunn 1978

Das religiöse Moment im Denken Maria Montessoris. – In: Maria Montessori. Texte und Diskussion. 2., verbesserte Auflage, hrsg. v. Winfried Böhm. – Bad Heilbrunn 1978, S. 148–158

[*Edition, zus. mit Giuseppe Flores d'Arcais:*] *Il dibattito pedagogico in Germania 1945–1975. Scelta antologica.* – Brescia 1978

Proposta per una pedagogia come scienza. – In: Il dibattito pedagogico in Germania 1945–1975. Scelta antologica, hrsg. v. Winfried Böhm und Giuseppe Flores d'Arcais. – Brescia 1978, S. 309–331

Das Problem der Lehrerbildung angesichts der Pluralität von Theorien

über den Lehrer. – In: Lehrerbild und Lehrerbildung, hrsg. v. Heinz Jürgen Ipfling und Werner Sacher. – München 1978, S. 9–22
School and Society. Historical and Systematic Considerations. – In: The Changing Role of the School, Hrsg.: International Schools Association. – Geneva 1978, S. 42–50
L'interdisciplinarità come problema pedagogico di base. – In: Rassegna di Pedagogia, 36 (Padova 1978), S. 86–92
L'interdisciplinarità in pedagogia. – In: Rassegna di Pedagogia, 36 (Padova 1978), S. 1–2
Die Interdisziplinarität in der Pädagogik. – In: Rassegna di Pedagogia, 36 (Padova 1978), S. 3–4
Educazione – Scuola – Società. – In: Rassegna di Pedagogia, 36 (Padova 1978), S. 195–203

1979
Tendencias y problemas en el sistema educacional internacional. – Santiago de Chile 1979
[*Edition zus. mit Giuseppe Flores d'Arcais:*] Die italienische Pädagogik des 20. Jahrhunderts. – Stuttgart 1979
Montessori-Materialien. – In: Wörterbuch der Vorschulerziehung, Bd. 2, hrsg. v. M. Monika Niermann. – Heidelberg 1979, S. 224
Montessori-Pädagogik. – In: Wörterbuch der Vorschulerziehung, Bd. 2, hrsg. v. M. Monika Niermann. – Heidelberg 1979, S. 225–226
Il problema di teoria e prassi nella pedagogia tedesca. – In: Teoria e Prassi. Atti del Congresso Internazionale, Bd. 2., Hrsg.: Edizioni Domenicane Italiane. – Napoli 1979, S. 585–591
Il movimento della educazione con l'arte e la riforma della scuola tedesca. – In: Atti della Accademia Peloritana dei Pericolanti. – Messina 1979, S. 33–42
Intervento. – In: Distretto e rinnovamento scolastico-educativo. – Bari 1979, S. 85–87
Wie sozial ist Montessori-Lernen? Die Freude ein Ungleicher unter Gleichen zu sein. – In: Sozialmagazin, 4 (1979), S. 23–27
Rainer-Maria Rilke – Das Jahrhundert des Kindes. – In: Rassegna di Pedagogia, 37 (Padova 1979), S. 5–14
[*Rezension von:*] I. J. Pongratz: Pädagogik in Selbstdarstellungen, Bd. 3, Hamburg 1975–1978. – In: Rassegna di Pedagogia, 37 (Padova 1979), S. 171–172
Die sieben Todsünden der Pädagogik. – In: Freie Bildung und Erziehung, 55 (1979) 1, S. 4–12
Schule und Massenmedien. – In: Die Scholle, 47 (1979) 7, S. 497–501
Innovacie Scholle, 47 (1979) 7, S– In: Enfoqes Educacionales, (Santiago de Chile 1979) 5, S. 23–29
[*Edition Reihe Zebra:*] Sigurd Hebenstreit: Der Übergang vom Elementar- zum Primarbereich. – Paderborn 1979
[*Edition Reihe Zebra:*] Günther Bittner: Tiefenpsychologie und Kleinkinderziehung. – Paderborn 1979

1980

[*Edition zus. mit Giuseppe Flores d'Arcais:*] *Die Pädagogik der frankophonen Länder im 20. Jahrhundert.* – Stuttgart 1980

Zur Problematik des pädagogischen Diplomstudiums in der Bundesrepublik Deutschland. – In: Erziehung – Schule – Gesellschaft, hrsg. v. Wilhelm Brinkmann. – Bad Heilbrunn 1980, S. 107–117

Das „Bild" des Lehrers im Wandel der Geschichte. – In: Die Bedeutung der Lehrerpersönlichkeit für Erziehung und Unterricht, hrsg. v. Hans Gröschel. – München 1980, S. 9–22

Pädagogik. – In: Lexikon der Psychologie, Bd. 2, hrsg. v. Wilhelm Arnold, Hans Jürgen Eysenck und Richard Meili. – Freiburg i. Br. 1980, Sp. 1529–1533

Educazione per l'Europa. – In: Educare all' Europa. – Brescia 1980, S. 7–9

Rainer Maria Rilke – Angeklagt: die Schule. – In: Allgemeiner Schulanzeiger, (1980) 1, S. 3–6

Il movimento della educazione con l'arte e la riforma della scuola tedesca. – In: Prospettive Pedagogiche, 3 (Messina 1980), S. 148–161

La reforma de la educaciòn preescolar como problema internacional. – In: Enfoques Educacionales (Santiago de Chile 1980) 5, S 30–40.

L'educazione prescolastica in Germania. – In: Rassegna di Pedagogia, 36 (Padova 1980), S. 8–20

Situazione e educazione del bambino da 0 a 6 anni nella Repubblica Federale Tedesca. – In: Il bambino nell' Europa occidentale. Atti del Convegno Internazionale, Hrsg: Commune di Napoli. – Napoli 1980, S. 31–38

[*Edition Reihe Zebra:*] Klaus Arnold: Kind und Gesellschaft in Mittelalter und Renaissance. – Paderborn 1980

[*Vorwort in:*] Klaus Arnold: Kind und Gesellschaft in Mittelalter und Renaissance. – Paderborn 1980, S. 7–8

1981

Die sieben Todsünden der Pädagogik. – In: Pädagogik und Wissenschaft, hrsg. v. Helmut Konrad. – Kippenheim 1981, S. 91–100

Problemas de la educación e infancia. – In: El problema de las etapas en educación, Hrsg.: Universidad Católica de Córdoba. Facultad de Filosofia y Humanidades (Córdoba/Argentina 1981), S. 6–15

Teoria y practica: sintesis y vision prospectiva. – In: El problema de las etapas en educación, ed.: Univerrsidad Católica de Córdoba Facultad de Filosofia y Humanidades (Córdoba/Argentina 1981), S. 45–62

Recupero dei modelli educativi cristiani. – In: Come formare una coscienza europea, a cura di Battista Orizio, Hrsg.: Comunità del Garda – Gardone Riviera 1981, S. 33–38

Vittorino da Feltre nella pedagogia tedesca. – In: Vittorino da Feltre e la sua scuola: umanesimo, pedagogia, arti; a cura di Nella Gianetto. – Firenze 1981, S. 351–355

La tarea polifacetica del maestro. – In: Perfiles Educativos (Mexico-City 1981) 12, S. 22–29

Escuela y sociedad hoy. – In: papiro, 6 (Buenos Aires 1981) 19, S. 27–28
The Educator and Nature, Society and Autonomy. – In: Family Perspectives, 15 (Provo, Utah/USA 1981) 2, S. 45–53
Theory and Practice. – In: Family Perspectives, 15 (Provo, Utah/USA 1981) 3, S. 141–149
Educazione in crisi. Progetti alternativi di educazione. – In: Rassegna di Pedagogia , 39 (Padova 1981), S. 281–292
Der Lehrer zwischen Natur, Gesellschaft und Freiheit. – In: Freie Bildung und Erziehung, 37 (1981) 2, S. 1–8

1982

Wörterbuch der Pädagogik. Begründet von Wilhelm Hehlmann, 12. völlig neu verfaßte Auflage. – Stuttgart 1982
La Educación de la Persona. – Buenos Aires 1982
Alienazione. – In: Nuovo Dizionario di Pedagogia, a cura di Giuseppe Flores d'Arcais. – Torino 1982, S. 16–19
Emancipazione. – In: Nuovo Dizionario di Pedagogia, a cura di Giuseppe Flores d'Arcais. – Torino 1982, S. 404–405
Genio. – In: Nuovo Dizionario di Pedagogia, a cura di Giuseppe Flores d'Arcais. – Torino 1982, S. 507–509
Weltanschauung. – In: Nuovo Dizionario di Pedagogia, a cura di Giuseppe Flores d'Arcais. – Torino 1982, S. 1326
Educazione religiosa. – In: Nuovo Dizionario di Pedagogia, a cura di Giuseppe Flores d'Arcais. – Torino 1982, S. 1065–1070
Was ist alternativ an der alternativen Erziehung? – In: Pädagogik und Anthropologie, hrsg. v. Helmut Konrad. – Kippenheim 1982, S. 61–83
Der Gebildete zwischen Wilden und Barbaren. – In: Pädagogik und Anthropologie, hrsg. v. Helmut Konrad. – Kippenheim 1982, S. 142–151
Theorie und Praxis. – In: Die Pädagogik und ihre Bereiche, hrsg. v. Wilhelm Brinkmann und Karl Renner. – Paderborn 1982, S. 29–44
Über den interdisziplinären Charakter der Pädagogik. – In: Die Pädagogik und ihre Bereiche, hrsg. v. Wilhelm Brinkmann und Karl Renner. – Paderborn 1982, S. 45–53
Selezione e socializzazione nella scuola secondaria superiore: il problema degli stili di insegnamento nel modello tedesco. – In: Nuove prospettive della professionalitá docente, a cura di Enzo Petrini. – Roma 1982, S. 79–88
Filosofía, teología y educación. – In: Educación y futuro, Hrsg.: Ilustre Colegio Oficial de Doctores y Licenciados de Madrid. – Madrid 1982, S. 212
Es posible profesionalizar la actividad del maestro? – In: Educación, 26 (Tübingen 1982), S. 14–23
[*Rezension von:*] Albert Reble: Gesamtschule im Widerstreit, Stuttgart 1981. – In: Rassegna di Pedagogia, 40 (Padova 1982), S. 92
[*Rezension von:*] I. J. Pongratz: Pädagogik in Selbstdarstellungen, Bd. 4, Hamburg 1982. – In: Rassegna di Pedagogia, 40 (Padova 1982), S. 92

[*Rezension von:*] Michael Winkler: Stichworte zur Antipädagogik, Stuttgart 1982. – In: Rassegna di Pedagogia, 40 (Padova 1982), S. 92

[*Rezension von:*] Ingrid Neuner: Der Bund entschiedener Schulreformer 1919–1933, Bad Heilbrunn 1980. – In: Rassegna di Pedagogia, 40 (Padova 1982), S. 93

La pedagogia italiana e tedesca: ieri ed oggi. – In: Rassegna di Pedagogia, 40 (Padova 1982), S. 247–252

Italienische und deutsche Pädagogik in Vergangenheit und Gegenwart. – In: Vierteljahrsschrift für wissenschaftliche Pädagogik, 58 (1982), S. 210–215

Nachträgliche Rechtfertigung einer noch zu schreibenden Geschichte der Pädagogik. – In: Vierteljahrsschrift für wissenschaftliche Pädagogik, 58 (1982), S. 397–410

[*Edition Reihe Internationale Pädagogik:*] James Swift: Bilinguale und multikulturelle Erziehung – ein Reader. – Würzburg 1982

[*Edition Reihe Internationale Pädagogik:*] Gabriele Conrad: Kind und Erzieher in der BRD und in der DDR. – Würzburg 1982

[*Vorwort in:*] Gabriele Conrad: Kind und Erzieher in der BRD und in der DDR. – Würzburg 1982

1983

[*Edition zus. mit: Walter Friedberger und Gisbert Greshake:*] Wer ist der Mensch? Was uns Theologie, Soziallehre und Pädagogik sagen. – Freiburg i. Br. 1983

Was heißt „christlich erziehen"? – In: Wer ist der Mensch? Was uns Theologie, Soziallehre und Pädagogik sagen, hrsg. v. Winfried Böhm, Walter Friedberger und Gisbert Greshake. – Freiburg/Br. 1983, S. 101–141

Antropologia y Educación. – In: Curso de Actualización, Hrsg.: Universidad Católica de Córdoba. Facultad de Filosofía y Humanidades. – Córdoba/Argentinien 1983

Alumno. – In: Dizionario de Ciencias de la Educación, Bd. 1. – Madrid 1983, S. 17–20

Profesor. – In: Dizionario de Ciencias de la Educación, Bd. 3. – Madrid 1983, S. 82–85

Schule und Erziehung. Historische und systematische Anmerkungen zu einem problematischen Verhältnis. – In: Kann die Schule erziehen?, hrsg. v. Wolfgang Mitter. – Köln, Wien 1983, S. 47–62

Wider die Pädagogisierung des Spiels. – In: Handbuch der Spielpädagogik, Bd. 1, hrsg. v. Karl Josef Kreuzer. – Düsseldorf 1983, S. 281–293

Storia della pedagogia e prassi pedagogica. – In: I problemi epistemologici della ricerca storico-educativa, a cura di Antonio Santoni Rugiu e Giuseppe Trebisacce. – Cosenza 1983, S. 117–138

Der Erziehungsauftrag der Schule. – In: Lehrer-Journal, 51 (1983) 3, S. 98–102

Nachruf auf Herwig Blankertz. – In: Rassegna di Pedagogia, 41 (Padova 1983), S. 215–218

[*Edition Reihe Internationale Pädagogik:*] Paul Rüfenacht: Vorschulerziehung in der Schweiz. – Würzburg 1983

[*Vorwort in:*] Paul Rüfenacht: Vorschulerziehung in der Schweiz. – Würzburg 1983

[*Edition Reihe Internationale Pädagogik:*] Waltraud Harth: Pauline Kergomard und die Entwickung der Vorschulerziehung in Frankreich. – Würzburg 1983

[*Vorwort in:*] Waltraud Harth: Pauline Kergomard und die Entwickung der Vorschulerziehung in Frankreich. – Würzburg 1983

[*Edition Reihe Internationale Pädagogik:*] Gabriele Weigand: Erziehung trotz Institutionen? Die pédagogie institutionelle in Frankreich. – Würzburg 1983

[*Vorwort in:*] Gabriele Weigand: Erziehung trotz Institutionen? Die pédagogie institutionelle in Frankreich. – Würzburg 1983, S. 3–5

1984

Bildungswesen und Bildungsstätten im Deutschland des Spätmittelalters und der Reformationszeit. – In: Deutsche Geschichte, Bd. 6, hrsg. v. Heinrich Pleticha. – Gütersloh 1983, S. 355–373

Universitäten und Schulen. – In: Deutsche Geschichte, Bd. 9, hrsg. v. Heinrich Pleticha. – Gütersloh 1983, S. 92–112

Das deutsche Bildungswesen in den Jahren um 1900. – In: Deutsche Geschichte, Bd. 10, hrsg. v. Heinrich Pleticha. – Gütersloh 1984, S. 325–340

Bildungspolitik und Schulreform in der Bundesrepublik Deutschland. – In: Religionspädagogisch-katechetischer Kurs, Lehrbrief 10, Überarbeitete Neuauflage. Hrsg.: Theologie im Fernkurs, Domschule e.V. Würzburg. – Würzburg 1984

Erkennen und Handeln aus der Sicht von Erziehung und Pädagogik. – In: Wie erkennt der Mensch die Welt?, hrsg. v. Martin Lindauer und Alfred Schöpf. – Stuttgart 1984, S. 212–235

Über den Spielcharakter von Erziehung und Pädagogik, – In: Rocznik Pedagogiczy, 9 (Warschau 1984), S. 13–25

Über die Kultur des Lächelns, – In: Bildung und Erziehung, 37 (1984), S. 349–354

[*Zus. mit Alden LeGrand Richards:*] *Away from Methodological Myopia and Towards an „Internationale Pädagogik“.* – In: Rassegna di Pedagogia, 42 (Pisa 1984), S. 185–193

School and Education – a Problematic Relationship. – In: Education, 30 (Tübingen 1984), S. 64–73

Schule und Erziehung. Historisch-systematische Anmerkungen zu einem problematischen Verhältnis. – In: Paideia, 11 (Warschau 1984), S. 51–61

[*Edition Reihe Internationale Pädagogik:*] Giuseppe Catalfamo: Ideologie und Erziehung. – Würzburg 1984 [aus dem Italienischen übersetzt von Liselotte Reich-Coregliano und durchgesehen von Winfried Böhm]

1985

Theorie und Praxis. Eine Erörterung des pädagogischen Grundproblems. – Würzburg 1985

[*Edition zus. mit Sergio Baratto, Anna Maria Bernardinis u. a.:*] *Filosofia e Pedagogia oggi. Studi in onore di Giuseppe Flores d'Arcais.* – Padova 1985

Der Gebildete zwischen Wilden und Barbaren. – In: Filosofia e Pedagogia oggi. Studi di onore di Giuseppe Flores d'Arcais, hrsg. v. Winfried Böhm, u. a. – Padova 1985, S. 155–174

[*Edition:*] *Maria Montessori. Texte und Gegenwartsdiskussion,* 3. neubearbeitete Auflage. – Bad Heilbrunn 1985

Erziehung als Normalisation. – In: Maria Montessori. Texte und Gegenwartsdiskussion, 3. neubearbeitete Auflage. – Bad Heilbrunn 1985, S.112–114

[*Edition zus. mit José Ortega Esteban u. Miguel Petty:*] : *La crisis de la universidad en el mundo moderno.* – Córdoba (Argentina) 1985

La decadencia de la universidad. – In: La crisis de la universidad en el mundo moderno. Hrsg. v. Winfried Böhm, José Ortega Esteban u. Miguel Petty. – Córdoba (Argentina) 1985, S. 7–22

Analisi dei bisogni educativi e culturali. – In: Enciclopedia Italiana. Progetto per l'ideazione e la produzione di materiale didattico destinato all' insegnamento della lingua e culturale italiana ai figli di lavoratori migranti di origine italiana nella RFT. – Roma 1985, S. 77–97

Bildungsideal und Bildungswesen, Wissenschaft und Akademien. – In: Friedrich der Große. – Gütersloh 1985, S. 186–191

Educazione cristiana e non cattolica o educazione cattolica e non cristiana? – In: L'educazione cristiana oggi. – Brescia 1985, S. 128–131

Christian Education in a Secular World. – In: Rassegna di Pedagogia, 43 (Pisa 1985), S. 171–184

Prefazione a G. Catalfamo – Critico dell'ideologia. – In: Prospettive pedagogiche, 22 (Messina 1985), S.294–298

Is Christian Education possible. Hrsg.: Forum Address, Brigham Young University. – Provo/Utah/USA 1985 [auch als Videokassette erschienen]

School and Education. A Problemtatic Relationship. – In: Indian Journal of Community Guidance Service, 2 (Annamalainagar/India 1985) 3, S. 37–48

Spielen und Pädagogik. Wider die Pädagogisierung des Spiels. – In: Schulpraxis, 6 (1985), S. 53

Schule und Kultur. – In: Vierteljahrsschrift für wissenschaftliche Pädagogik, 61 (1985), S. 119–126

1986

El declive de la Universidad. – In: 7th International Standing Conference for the History of Education. – Salamanca 1986

Die Montessori-Philosophie und ihre erziehungspraktische Relevanz. – In: Die Schulen der Reformpädagogik heute, hrsg. v. Hermann Röhrs. – Düsseldorf 1986, S. 129–142

L'educazione della volontà tra tema e problema. – In: L'educazione della volontà. – Brescia 1986, S. 96–99
Erfüllt von einer Pädagogik der Befreiung – Anmerkungen zur Bildungslehre Edith Steins. – In: Main-Post, Würzburg, 31. 12. 1986
El declive de la Universidad. – In: Historia de la Educación. Revista interuniversitaria (1986) 5, S. 23–39
Theodor Litt: Führen oder Wachsenlassen. Eine Erörterung des pädagogischen Grundproblems, vorgestellt von Winfried Böhm. – In: Westermanns Pädagogische Beiträge, (1986) 5, S. 45
[*Zus. mit Alden LeGrand Richards:*] *Away from Methodological Myopia and Towards an „Internationale Pädagogik"*. – In: Indian Journal of Community Guidance Service, 3 (Annamalainagar/India 1986) 1, S. 1–10
[*Edition Reihe Internationale Pädagogik:*] Wilhelm Brinkmann: Zur Geschichte der pädagogischen Soziologie in Deutschland. – Würzburg 1986
[*Vorwort in:*] Wilhelm Brinkmann: Zur Geschichte der pädagogischen Soziologie in Deutschland. – Würzburg 1986
[*Edition Reihe Internationale Pädagogik:*] Waltraud Harth: Die Anfänge der neuen Erziehung in Frankreich. – Würzburg 1986
[*Vorwort in:*] Waltraud Harth: Die Anfänge der neuen Erziehung in Frankreich – Würzburg 1986

1987
The Decline of the University. – In: Tradition and Reform of the University under an International Perspective, hrsg. v. Hermann Röhrs. – Frankfurt / New York 1987, S. 41–51
Der Niedergang der Universität. – In: Tradition und Reform der Universität unter internationalem Aspekt, hrsg. v. Hermann Röhrs. – Frankfurt / New York 1987, S. 43–53
Probleme der Berufsbildung in einem europäischen Horizont. – In: Die Einheit Europas: Gesellschaft und Kultur in einem Industriezeitalter im deutschen und italienischen Sprachraum. Akten der 12. Internationalen Tagung der deutsch-italienischen Studien, Meran, 1982. Hrsg.: Deutsch-italienisches Kulturinstitut Meran. – Bozen 1987
Was kann die Pädagogik zu einer Verbesserung der Schauspielerausbildung beitragen? – In: Symposion zur Schauspielerausbildung 1985 in München, Hrsg.: Deutscher Bühnenverein/Bundesverband Deutscher Theater. – Köln 1987, S. 39–50
The Prospect of Education for Europe and ist Relationsship to Comparative Education. – In: Rassegna di Pedagogia, 45 (Pisa 1987), S. 73–83
Was lehrt uns die Geschichte der Pädagogik über die Pädagogik? – in: Vierteljahrsschrift für wissenschaftliche Pädagogik, 63 (1987), S. 58–75
Vergleichende Erziehungswissenschaft oder Internationale Pädagogik? – In: Stand und Perspektiven der Vergleichenden Erziehungswissenschaft. Vergleichende Erziehungswissenschaft, Information – Berichte – Studien, (1987) 18, S. 139–140

La ‚imagen' del maestro a través de la historia. – In: Revista de Educación, 284 (Madrid 1987), S. 5–17
Gefährdung der Bildung – Gefährdung des Menschen? Die (aktuelle) Antwort Romano Guardinis. – In: Vierteljahrsschrift für wissenschaftliche Pädagogik, 63 (1987), S. 289–306
Der Niedergang der Universität. – In: Paideia, 14 (Warschau 1987), S. 75–86
Der Schlüssel zur Lösung aller Erziehungsprobleme. Anmerkungen zu Montessoris pädagogischem Selbstverständnis. – In: Das Kind, (1987) 1/2, S. 12–19
Mengtesuoli jiaoyuxue zhong de shehuijiaoyu [Soziale Erziehung in der Montessori-Pädagogik]. Übersetzt von Zhan Dongliang. – In: Taiwan jiaoyu/Taiwan Education Review, (1987) 330, S. 32–38
[*Edition Reihe Internationale Pädagogik:*] Suleyman Gögercin: Die türkische Pädagogik im 20. Jahrhundert. – Würzburg 1987
[*Vorwort in:*] Suleyman Gögercin: Die türkische Pädagogik im 20. Jahrhundert. – Würzburg 1987
[*Edition Reihe Internationale Pädagogik:*] Margarita Schweizer: Andrés Manjogik:agogik im 20. Jahrhundert. – Würzburg 1987
In: Taiwan jiaoyu/Tai[*Vorwort in:*] Margarita Schweizer: Andrés Manjón – ein spanischer und christlicher Reformpädagoge. – Würzburg 1987
[*Vorwort in:*] Margarita Schweizer: Andrés Manjón – ein spanischer und christlicher Reformpädagoge, Würzburg 1987, S. VII–X

1988
Wörterbuch der Pädagogik. 13. überarbeitete Aufl.. – Stuttgart 1988
[*Edition zus. mit Martin Lindauer:*] *Nicht Vielwissen sättigt die Seele. Wissen, Erkennen, Bildung, Ausbildung heute.* Stuttgart 1988
[*Vorwort zus. mit Martin Lindauer :*] *„Nicht Vielwissen sättigt die Seele" – Zur Einführung in den Band.* – In: Nicht Vielwissen sättigt die Seele. Wissen, Erkennen, Bildung, Ausbildung heute; hrsg. v. Winfried Böhm und Martin Lindauer. – Stuttgart 1988, S. 11–21
Theorie der Bildung. – In: Nicht Vielwissen sättigt die Seele. Wissen, Erkennen, Bildung, Ausbildung heute; hrsg. v. Winfried Böhm und Martin Lindauer. – Stuttgart 1988, S. 25–48
[*Edition:*] Il concetto di Pedagogia ed educazione nelle diverse aree culturale. Atti del Simposio Internazionale di Pedagogia, Gardone, aprile 1985. – Pisa 1988
Introduzione. – In: Il concetto di Pedagogia ed educazione nelle diverse aree culturale. Atti del Simposio Internazionale di Pedagogia, Gardone, aprile 1985, a cura di Winfried Böhm. – Pisa 1988, S. 9–13
Il concetto di Pedagogia nella cultura tedesca. – In: Il concetto di Pedagogia ed educazione nelle diverse aree culturali. Atti del Simposio Internazionale di Pedagogia, a cura di Winfried Böhm. – Pisa 1988, S. 109–118
Kritische Reflexionen zum Begriff der Selbstverwirklichung. – In: Entwicklung zur Menschlichkeit durch Begegnung westlicher und öst-

licher Kultur, hrsg. v. Heinrich Beck und Ismail Quiles. – Frankfurt u. New York 1988, S. 105–125

The Prospect of Education for Europe and its Relationship to Comparative Education. – In: L'educazione comparata oggi, a cura di Battista Orizio. – Frascati 1988, S. 63–70

Pestalozzi. – In: Staatslexikon, Bd. 4, 7. Auflage, Hrsg.: Görres-Gesellschaft. – Freiburg i. Br. 1988, Sp. 363–365

Erziehung und Pädagogik in der griechischen Antike. – In: Weltgeschichte, hrsg. v. Heinrich Pleticha, Bd. 2. – Gütersloh 1988. S. 229–240.

Die Entwicklung des griechischen Denkens von den Vorsokratikern bis zu Aristoteles. – In: Weltgeschichte, hrsg. v. Heinrich Pleticha, Bd. 2. – Gütersloh 1988, S. 243–262

Erziehungslehre. Friedrich Daniel Ernst Schleiermacher. – In: Lexikon der philosophischen Werke, hrsg. v. Franco Volpi und Julian Nida-Rümelin. – Stuttgart 1988, S. 235–236

Hermeneutik. – In: Lexikon der philosophischen Werke, hrsg. v. Franco Volpi und Julian Nida-Rümelin. – Stuttgart 1988, S. 330–331

Über das geistige Erbe Romano Guardinis. – In: Communio Sanctorum. Festschrift für Bischof Paul-Werner Scheele, hrsg. v. Josef Schreiner und Klaus Wittstadt. – Würzburg 1988, S. 610–623

Christianity, Cultural Politics and Education in Germany. – In: Christianity and Educational Provision in International Perspective, hrsg. v. Witold Tulasiewicz and Colin Brock. – London 1988, S. 170–191

El estado actual de la investigación educativa en Europa. – In: Primer encuentro sobre investigación educativa. Estado actual de la investigación educativa, Hrsg.: Universidad Católica de Córdoba. Facultad de Filosofía y Humanidades. – Córdoba/Argentina 1988, S. 8–26

Primer debate. – In: Primer encuentro sobre estado actual de la investigación educativa, Hrsg.: Universidad Católica de Córdoba. Facultad de Filosofía y Humanidades. – Córdoba/Argentina 1988, S. 61–69

La Importancia de la Antropologia in-sistential para la Educación de la Persona. – In: III. Coloquio Internacional Filosofía in-sistential y Cultura. – Buenos Aires 1988, S. 39–48

Bildsamkeit und Bildung. – In: Vierteljahrsschrift für wissenschaftliche Pädagogik, 64 (1988), S. 395–415

Zum Tode Ada Montessoris. – In: Das Kind, (1988) 4, S. 35

Theorie der frühkindlichen Erziehung. – In: Pädagogische Rundschau, 42 (1988), S. 261–285

Dalla Pedagogica comparata alla Pedagogia Europea. – In: Rassegna di Pedagogia, 56 (Pisa 1988), S. 61–68

[*Zus. mit Michel Soetard:*] *L'évolution de la pensée pédagogique allemande (RFA) depuis les années soixante.* – In: Révue Francaise de Pédagogie (1988) 84, S. 67–81

[*Edition Reihe Internationale Pädagogik:*] Song–Il Kim: Politische Bildung in Deutschland und Korea. – Würzburg 1988

[*Vorwort in:*] Song-Il Kim: Politische Bildung in Deutschland und Korea. – Würzburg 1988

1989

Männliche Pädagogik – Weibliche Erziehung? – Innsbruck/Wien 1989

Cosa rimane di Romano Guardini? – In: Romano Guardini e la visione cristiana del mondo. – Padova 1989, S. 123–146

Was ist ‚aktuell' an Montessori? – In: Montessori-Pädagogik und die Erziehungsprobleme der Gegenwart, hrsg. v. Birgitta Fuchs und Waltraud Harth-Peter. – Würzburg 1989, S. 11–33

[*Zus. mit Karl Renner:*] *La fortuna di John Dewey in Germania.* – In: Dewey ieri e oggi, a cura di Nando Filograsso. – Urbino 1989, S. 153–157

Amenaza para la Formación – Amenaza para el Hoombre? – La Respuesta de Romano Guardini. – In: reduc, Hrsg.: Universidad Católica de Córdoba, Facultad de Filosofía y Humanidades. – Córdoba/Argentina 1989

Dalla pedagogia comparata alla pedagogia Europea. – In: Regioni di Europa e frontiere educative, Bd. 1, Problemi e prospettivi di Fondo, a cura di Maria Teresa Moscato. – Catania 1989, S. 53–60

La situación espiritual del tiempo presente. – In: Anales de la Academia Nacional de Derecho y Ciencias sociales de Córdoba, Vol. XXVIII. – Córdoba/Argentina 1989, S. 75–90

Magister und Scholaren. Erziehung und Bildung im Mittelalter. – In: Weltgeschichte, hrsg. v. Heinrich Pleticha, Bd. 5. – Gütersloh 1989, S. 123–134

Die Geisteswelt des Humanismus. – In: Weltgeschichte, hrsg. v. Heinrich Pleticha, Bd. 6. – Gütersloh 1989, S. 267–285

Neue Wege der Erziehung im Geiste von Humanismus und Reformation. – In: Weltgeschichte, hrsg. v. Heinrich Pleticha, Bd. 7. – Gütersloh 1989, S. 232–244

Von Comenius zu Rousseau: Der verantwortlich handelnde Mensch. – In: Weltgeschichte, hrsg. v. Heinrich Pleticha, Bd. 8. – Gütersloh 1989, S. 165–180

Erziehung außerhalb Europas. – In: Weltgeschichte, hrsg. v. Heinrich Pleticha, Bd. 9. – Gütersloh 1989, S. 266–275

Friedrich Delekat. – In: Enciclopedia Pedagogica, Bd. 2, hrsg. v. Mauro Laeng, Sp. 3581–3582

Geisteswissenschaftliche Pädagogik. – In: Enciclopedia Pedagogica, Bd. 2, hrsg. v. Mauro Laeng. – Brescia 1989, Sp 5304–5308

[*Zus. mit Helmut Konrad:*] *Bildung und Humor.* – In: Vierteljahrsschrift für wissenschaftliche Pädagogik, 65 (1989), S. 113–120

Über den Spielcharakter von Erziehung und Pädagogik. – In: Das Kind (1989) 5, S. 18–29

Le „CAS JENNINGER": Une année tard. – In: Notes et Documents, 14 (1989) 26, S. 98–104

La situacies et Documents, 14 (1989) 26, S. – In: Rassegna di Pedagogia, 57 (Pisa 1989), S. 221–238

1990

[*Edition:*] *Maria Montessori. Texte und Gegenwartsdiskussion.* 4. Auflage. – Bad Heilbrunn 1990

[*Edition zus. mit Martin Lindauer:*] *Woher, Wozu, Wohin? Fragen nach dem menschlichen Leben.* – Stuttgart 1990

[*Zus. mit Martin Lindauer:*] *Vorwort.* – In: Woher, Wozu, Wohin? Fragen nach dem menschlichen Leben, hrsg. v. Winfried Böhm und Martin Lindauer. – Stuttgart 1990, S. 13–22

Erziehung und Lebenssinn. Ein Problemaufriß. – In: Woher, Wozu, Wohin? Fragen nach dem menschlichen Leben, hrsg. v. Winfried Böhm und Martin Lindauer. – Stuttgart 1990, S. 260–273

Erasmus von Rotterdam. Frieden als Gebot Christi. – In: Die Großen der Versöhnung, hrsg. v. Georg Popp. – Würzburg 1990, S. 73–80

Schule und Unterricht im 19. Jahrhundert. – In: Weltgeschichte, Bd. 10, hrsg. von Heinrich Pleticha. – Gütersloh 1990, S. 285–294

Die pädagogische Krise und neue Tendenzen im Erziehungswesen. – In: Weltgeschichte, Bd. 11, hrsg. von Heinrich Pleticha. – Gütersloh 1990, S. 311–327

Die geistige Situation der Gegenwart. – In: Weltgeschichte, Bd. 12, hrsg. von Heinrich Pleticha. – Gütersloh 1990, S. 244–270

[*Vorwort in:*] Günter Henner: Die Pädagogik im Denken Romano Guardinis. – Paderborn 1990, S. 11–13

Préface. – In: Michel Soëtard: Friedrich Fröbel. Pedagogie et vie. – Paris 1990, S. 7–10

Educación y sentido de la vida. Un esbozo del problema. – In: Educación y postmodernidad, Hrsg.: Universidad Católica de Córdoba. Córdoba/Argentina 1990

La situación espiritual del tiempo presente. – In: Criterio, 63 (Buenos Aires 1990), S. 81–89

Theory of Early Childhood Education. – In: Education, 41 (Tübingen 1990), S. 59–78

Erziehung und Lebenssinn. Eine pädagogische Silvesterbetrachtung. – In: Main-Post – Würzburg 31.12.1990

Pädagogische Alternativen – Schlagwort oder Wirklichkeit? – In: Das Kind, (1990) 7, S. 13–23

Que nos enseña la Historia de la Pedagogia sobre la Pedagogia? – In: Revista del Insituto de Investigaciones, 16 (Buenos Aires 1990) 71, S. 13–28

1991

Teoría y Practica. – Mexico-City (Crefal) 1991

[*Edition zus. mit Walter Eykmann:*] *Große bayerische Pädagogen. Festschrift zum 80. Geburtstag von Albert Reble.* – Bad Heilbrunn 1991

Große bayerische Pädagogen. Zur thematischen Einführung in den Band. – In: Große bayerische Pädagogen. Festschrift zum 80. Geburtstag von

Albert Reble, hrsg. von Winfried Böhm und Walter Eykmann– Bad Heilbrunn 1991, S. 13–21

[*Edition zus. mit Frithjof Grell:*] *Jean-Jacques Rousseau und die Widersprüche der Gegenwart.* – Würzburg 1991

Rousseau als Komponist oder Die Philosophie auf der Opernbühne. – In: Jean-Jacques Rousseau und die Widersprüche der Gegenwart, hrsg. v. Winfried Böhm und Frithjof Grell. – Würzburg 1991, S. 103–115

Der Dilettant und das Genie. – In: Programmheft des ETA-Hoffmann-Theaters Bamberg für die Premiere am 30. 11. 1991 der Opern von Rousseau: Colin und Colette und von Mozart: Bastien und Bastienne, S. 5–6

Rousseau als Komponist oder Die Philosophie auf der Opernbühne. – In: Programmheft des ETA-Hoffmann-Theaters Bamberg für die Premiere am 30. 11. 1991 der Opern von Rousseau: Colin und Colette und von Mozart: Bastien und Bastienne, S. 7–13

„Deutsche Pädagogik". Ein prospektiver Rückblick. – In: Pädagogische Einsätze 1991. Festschrift für Theodor Ballauff zum 80. Geburtstag, hrsg. v. Jörg Ruhloff und Klaus Schaller. – Sankt Augustin 1991, S. 11–26

El significado de la filosofía en la formación del personal administrativo. – In: Los aportes de la universidad a la formación de administradores para programas de educación de jovenes y adultos en el marco del quinquenio de la alfabetización de las Americas. – Hrsg.: Universidad Católica de Córdoba, Facultad de Filosofía y Humanidades. – Córdoba/Argentina 1991, S. 1–8

La importancia de la teoría en la investigación educativa. – In: Cuarto encontro sobre „estado actual de la investigación educativa 1990", Hrsg.: Universitad Católica de Córdoba Facultad de Filosofía y Humanidades. – Córdoba/Argentinien 1991, S. 1–12

Rede über Bildung an die Religiösen unter ihren Verächtern. – In: Bildung zwischen Glaube und Wissen , hrsg. v. Gertrude Brinek und Gerhard Schaufler. – Innsbruck/Wien 1991, S. 27–55

L'educando non é un paziente. – In: Persona e Sviluppo. Un dibattito interdisciplinare, a cura di Attilio Danese. – Roma 1991, S. 261–264

Giuseppe Flores d'Arcais: Die Erziehung der Person. *Aus dem Italienischen übersetzt und mit einer Einführung versehen von Winfried Böhm.* – Stuttgart 1991

Strukturen und Inhalte des Bildungssystems in der Bundesrepublik Deutschland. – In: Die Einheit Europas und der Wandel des Kulturbildes: Die Humanwissenschaften. – Meran 1991, S. 259–287

Perché una storia della pedagogia? – In: Premesse metodologiche per una storicizzazione della Pedagogia e della Educazione, a cura di Giuseppe Flores d'Arcais. – Pisa 1991, S. 49–51

La persona umana come valore. – In: Europa tra memoria e speranza, Hrsg.: Soroptimist International d'Italia. – Brescia 1991, S. 8–11

Le développement de la pédagogie en République Fédérale d'Allemagne. – In: L'évolution des pratiques éducatives et de leur impact social dans l'Italie, la République Fédérale d'Allemagne et la France des vingt dernieres années, hrsg. v. Michel Soëtard. – Pisa 1991, S. 39–55

La ‚imagen' del maestro en el correr de la historia. – In: La Educación, 35 (Washington D.C. 1991) 1–3, S. 179–194

Teoría de la educación infantil temprana. – In: Educación, 44 (Tübingen 1991), S. 7–28

„Bildung" come concetto fondamentale della pedagogia tedesca. – In: Rassegna di Pedagogia, 59 (Pisa 1991), S. 249–261

[*Rezension von:*] Jean Henri Fabre: Das offenbare Geheimnis, Zürich 1987. – In: Das Kind, (1991) 9, S. 93

[*Edition Sammlung Christliche Pädagogik:*] Walter Eykmann: Friedensverkündigung und Friedenserziehung. – Würzburg 1991

Der Friede gründet in der menschlichen Person. [*Vorwort in:*] Walter Eykmann: Friedensverkündigung und Friedenserziehung. – Würzburg 1991, S. XV–XXVIII

1992

Was heißt: christlich erziehen? Fragen, Anstöße, Orientierungen. – Würzburg / Innsbruck 1992

Educazione per il mondo di domani. L'attualità sei diretti umant. In: La Communia del Garda, No. 3, Anno 1992, pp. 9–12

Cultura, educación y trabajo en una nacion en crisis. – Santa Fe/Argentinien 1992

[*Edition zus. mit Martin Lindauer:*] *Mann und Frau – Frau und Mann. Hintergründe, Ursachen und Problematik der Geschlechterrollen.* – Stuttgart 1992

[*Vorwort zus. mit Martin Lindauer in:*] Mann und Frau – Frau und Mann. Hintergründe, Ursachen und Problematik der Geschlechterrollen. – Stuttgart 1992, S. 19–33

Gibt es eine geschlechtsspezifische Bildung? – In: Mann und Frau – Frau und Mann. Hintergründe, Ursachen und Problematik der Geschlechterrollen. – Stuttgart 1992, S. 201–213

Theorie der frühkindlichen Erziehung. – In: Alternativen frühkindlicher Erziehung. Von Rousseau zu Montessori, hrsg. v. Birgitta Fuchs und Waltraud Harth-Peter. – Würzburg 1992, S. 11–35

[*Vorwort in:*] Regine Kather: Zeit und Ewigkeit. Die Vieldimensionalität menschlichen Erlebens. – Würzburg 1992, S. 7–8

Eine Anwältin des Kindes. – In: Ansichten 10, Lesebuch für das 10. Schuljahr. – Bochum 1992, S. 73–74

Über die Unvereinbarkeit von Erziehung und Therapie. – In: Vierteljahrsschrift für wissenschaftliche Pädagogik, 68 (1992), S. 129–151

Über die Unvereinbarkeit von Erziehung und Therapie. – In: Forum, Informationsheft für die Katholischen Freien Schulen der Erzdiözese Freiburg i. Br. – Freiburg i. Br. (1992) 3, S. 46–48

Educación, Escuela, Sociedad. – In: La Educación, 36 (Washington D.C. 1992) 111–113, S. 31–40

Educazione e senso della vita. – In: Pedagogia e Vita, 53 (Brescia 1992) 3, S. 7–17

La pedagogia tedesca – una retrospettiva su 50 anni della sua storia. – In: Rassegna di Pedagogia, 60 (Pisa 1992), S. 169–181

Paul Scheid 1908–1991. – In: Das Kind, (1992) 11, S. 7–10

Dr. Mario Montessori gestorben. – In: Das Kind, (1992) 12, S. 80

[*Edition Sammlung Christliche Pädagogik:*] Christliche Pädagogik – kontrovers, hrsg. v. Markus Böschen, Frithjof Grell und Waltraud Harth-Peter. – Würzburg 1992

Christliche Erziehung in einer säkularisierten Welt. – In: Christliche Pädagogik – kontrovers, hrsg. v. Markus Böschen, Frithjof Grell und Waltraud Harth-Peter. – Würzburg 1992, S. 284–300

1993

Pedagogia masculina – Educaci– kontrovers – Washington D.C. 1993

[*Edition zus. mit Martin Lindauer:*] *Europäischer Geist – Europäische Verantwortung. Ein Kontinent fragt nach seiner Identität und Zukunft.* – Stuttgart 1993

[*Zus. mit Martin Lindauer:*] *Vorwort.* – In: Europäischer Geist – Europäische Verantwortung. Ein Kontinent fragt nach seiner Identität und Zukunft. – Stuttgart 1993, S. 17–24

Die Bildung des europäischen Menschen. – In: Europäischer Geist – Europäische Verantwortung. Ein Kontinent fragt nach seiner Identität und Zukunft. – Stuttgart 1993, S. 53–70

[*Edition zus. mit Waltraud Harth-Peter, Karel Rydl, Gabriele Weigand und Michael Winkler:*] *Schnee vom vergangenen Jahrhundert. Neue Aspekte der Reformpädagogik.* – Würzburg 1993

Über das „Praktische“ am praktischen Lernen. – In: Schnee vom vergangenen Jahrhundert. Neue Aspekte der Reformpädagogik, hrsg. v. Winfried Böhm, Waltraud Harth-Peter, Karel Rydl, Gabriele Weigand und Michael Winkler. – Würzburg 1993, S. 71–81

Bildungswesen und Bildungsstätten im Deutschland des Spätmittelalters und der Reformationszeit. – In: Deutsche Geschichte, Taschenbuchausgabe Bd. 6, hrsg. v. Heinrich Pleticha. – Gütersloh 1993, S. 291–309

Universitäten und Schulen. – In: Deutsche Geschichte, Taschenbuchausgabe Bd. 9, hrsg. v. Heinrich Pleticha. – Gütersloh 1993, S. 80–96

Das deutsche Bildungswesen in den Jahren um 1900. – In: Deutsche Geschichte, Taschenbuchausgabe Bd. 10, hrsg. v. Heinrich Pleticha. – Gütersoh 1993, S. 269–280

Aurelius Augustinus. – In: Menschenbilder. Festschrift für Rudolf Lassahn, hrsg. v. Clemens Menze u.a. – Frankfurt 1993, S. 29–45

Prometheus – Faust – Wilhelm Meister. – In: Im Zeichen von Johann Wolfgang von Goethe. Programmheft der Herbstlichen Musiktage in Bad Urach 1993, S. 18–22

[*Übersetzung in das Italienische zus. mit Margherita Brivio:*] Friedrich Fröbel: L'educazione dell' uomo. (A cura di Giuseppe Flores d'Arcais) – Firenze 1993

[*Rezension von:*] Augusto Scocchera: Maria Montessori, quasi un retratto inedito. – In: Vierteljahresschrift für wissenschaftliche Pädagogik, 69 (1993), S. 562–563
Multikulturelle Erziehung und Fremdenhaß. – In: Vierteljahrsschrift für wissenschaftliche Pädagogik, 69 (1993), S. 114–124
Die Geburt des europäischen Menschen aus dem Geiste der Musik. – In: Vierteljahrsschrift für wissenschaftliche Pädagogik, 69 (1993), S. 297–309.
Blaise Pascal (1623–1662), Logik der Geometrie – Logik des Herzens. – In: Forum, Informationsheft für die Katholischen Freien Schulen der Erzdiözese Freiburg i. Br. – Freiburg i. Br. (1993) 8, S. 25–32
Maria Montessori und die Pädagogik vom Kinde aus. – In: Forum, Informationsheft für die Katholischen Freien Schulen der Erzdiözese Freiburg i. Br. – Freiburg i. Br. (1993) 6, S. 23–27
La nascita della Pedagogia dallo spirito della Musica. – In: Rassegna di Pedagogia, 61 (Pisa 1993), S. 209–217
Wir sind alle Fremde. – In: Eine neue Stadt entsteht. Dokumentation 91. Katholikentag Karslruhe 1992, hrsg. v. Zentralkommittee der Deutschen Katholiken. – Bonn 1993, S. 230–240
Jeder ist sich selbst ein Paar. Zur Kritik an der androgynen (Un-)Vernunft. – In: Silvesterausgabe der Main-Post, Würzburg 31.12.1993
Maria Montessori in Germania. – In: Vita dell'Infanzia, 42 (Roma 1993), S. 78
Considerazioni sul convegno. Alcune refflessioni sul pensiero di Maria Montessori, sul societa di oggi, sul bambino come persona. – In: Vita dell'Infanzia, 42 (Roma 1993), S. 24–25
[*Rezension von :*] John Cleverly and D. C. Phillips: Visions of Childhood. Influential Models from Locke to Spock. – In: Das Kind, (1993) 14, S. 79–80
[*Edition Sammlung Christliche Pädagogik:*] Ludwig Müller: Christliche Erziehung am Horizont gefährdeter Zukunft. – Würzburg 1993
[*Vorwort in:*] Ludwig Müller: Christliche Erziehung am Horizont gefährdeter Zukunft. – Würzburg 1993, S. VII–VIII

1994
Wörterbuch der Pädagogik, 14. völlig überarbeitete Auflage. – Stuttgart 1994
Theory, Practice and the Education of the Person. – Washington D.C. 1994
[*Edition zus mit Waltraud Harth-Peter, Karel Rydl, Gabriele Weigand und Michael Winkler:*] *Schnee vom vergangenen Jahrhundert. Neue Aspekte der Reformpädagogik*, 2. Auflage – Würzburg 1994
Über das „Praktische" am praktischen Lernen. – In: Schnee vom vergangenen Jahrhundert. Neue Aspekte der Reformpädagogik, 2. Auflage, hrsg. v. Winfried Böhm, Waltraud Harth-Peter, Karel Rydl, Gabriele Weigand und Michael Winkler. – Würzburg 1994, S. 71–81

[*Edition zus. mit Martin Lindauer :] Sucht und Sehnsucht. Über unseren Umgang mit Drogen und Drogenproblemen.* – Stuttgart 1994

[*Zus. mit Martin Lindauer:*] *Vorwort.* – In: Sucht und Sehnsucht. Über unseren Umgang mit Drogen und Drogenproblemen, hrsg. v. Winfried Böhm und Martin Lindauer. – Stuttgart 1994, S. 17–31

Eros und Logos bei der Konstruktion des Menschen. – In: Sucht und Sehnsucht. Über unseren Umgang mit Drogen und Drogenproblemen, hrsg. v. Winfried Böhm und Martin Lindauer. – Stuttgart 1994, S. 75–85.

Blaise Pascal oder die Logik des Herzens. – In: Gegenwart und Zukunft christlicher Erziehung, hrsg. v. Wolfgang Scharl und Franz Pöggeler. – Würzburg 1994, S. 111–119

Zur Kritik der androgynen (Un-)Vernunft. – In: Androgyn, hrsg. v. H. Meesmann und B. Sill. – Weinheim 1994, S. 234–250

John Dewey – oder Die Vergottung von Wissenschaft und Technologie. – In: Kanzel und Katheder, hrsg. v. Marian Heitger und Angelika Wenger-Hadwig – Paderborn 1994, S. 349–376.

Die „Reformpädagogik“ in Italien und Spanien. – In: Die Reformpädagogik auf den Kontinenten, hrsg. v. Hermann Röhrs u. Volker Lenhart. – Frankfurt 1994, S. 87–108

Der Mensch, das Maß der Bildung – wer sonst? – In: Der Mensch das Maß der Bildung?, hrsg. v. Angelika Wenger-Hadwig. – Innsbruck / Wien 1994, S. 9–29

Goethe und Schubert. – In: Programmheft zu: Goethe-Lieder von Franz Schubert. Ein Liederabend von Regina Klepper und Hermann Prey am 18. 11. 1994 in der Hochschule für Musik in Würzburg, S. 12–14

Die aufgegebene Tradition. Festrede anläßlich des 412. Stiftungsfestes der Universität Würzburg. – In: Blick, Jahresbericht der Universität Würzburg 1993/94, S. 17–22

Educación multicultural y xenofobia. – In: Academia Nacional de Derecho y Ciencias Sociales de Córdoba. Estudios en honor de Pedro J. Frias. – Córdoba (Argentina) 1994, S. 1293–1306

Friedrich Daniel Ernst Schleiermacher. – In: Enciclopedia Pedagogica, Bd. 4, hrsg. v. Mauro Laeng. – Brescia 1994, S. 10398–10406

Educazione come Autorealizzazione? – In: Problemi dell'Educazione alle soglie del duemila, a cura di Olga Bombardelli, Hrsg.: Dipartimento di Scienze Filologiche e Storiche. – Trento 1994, S. 107–130

Das Unbehagen an der Schule und der Ruf nach Alternativen. – In: Leitlinien zur Grundschularbeit. Festschrift für Elisabeth Neuhaus-Simon, hrsg. v. Margarete Götz. – Langenau 1994, S. 13–30

Prólogo. – In: Monica G. Luque: La Idea de la Universidad. Estudios sobre Newman, Ortega y Gasset y Jaspers. – Washington D.C. 1994, S. XIII–XIV

Il „mio“ Personalismo. – In: Pedagogie personalistiche e/o pedagogia della persona, a cura di Giuseppe Flores d'Arcais, Hrsg.: La Scuola. – Brescia 1994, S. 55–61

Maria Montessori. – In: Quinze Pédagogues. Leur influence aujourd'hui, Bd. 1, hrsg. v. Jean Houssaye. – Paris 1994, S. 149–167

„Personalism has been very successful". A Dialogue between Winfried Böhm and Carlos Paldao. – In: La Educación. Revista Interamericana de Desarollo Educativo, 38 (Washington D.C. 1994), S. 545–553

Sviluppi della pedagogia tedesca dalla seconda guerra mondiale ad oggi. – In: Pedagogia e Vita, 52 (Brescia 1994) 4, S. 11–23

Considerazioni sul Convegno. Alcune riflessioni sul pensiero di Maria Montessori, sulla società di oggi, sul bambino come persona. – In: Vita dell'Infanzia, 43 (Roma 1994), S. 24–25

Dallo spirito della musica la nascita dell'uomo. – In: Pedagogia e Vita, 52 (Brescia 1994), S. 19–31

„Eine Zukunft – genannt: Kind" Bericht über den Internationalen Montessori Kongreß am 3./4. Dezember 1993 in Rom. – In: Das Kind, (1994) 15, S. 86–94

[*Rezension von:*] Marianne Gronemeyer: Das Leben als letzte Gelegenheit. – In: Das Kind, (1994) 16, S. 73–74

[*Edition Reihe Internationale Pädagogik:*] Myung-Shin Kim: Bildungsökonomie und Bildungsreform. Der Beitrag der OECD in den 60er und 70er Jahren. – Würzburg 1994

[*Vorwort in:*] Myung-Shin Kim: Bildungsökonomie und Bildungsreform. Der Beitrag der OECD in den 60er und 70er Jahren. – Würzburg 1994

[*Edition Sammlung Christliche Pädagogik:*] Gegenwart und Zukunft christlicher Erziehung, hrsg. v. Wolfgang Scharl und Franz Pöggeler. – Würzburg 1994

1995

Theorie und Praxis. Eine Einführung in das pädagogische Grundproblem, 2. erweiterte Auflage – Würzburg 1995

Teoría y Practica. El problema básico de la Pedagogía. – Madrid 1995

[*Edition:*] *Erziehung und Menschenrechte.* – Würzburg 1995

Vorwort. – In: Erziehung und Menschenrechte, hrsg. v. Winfried Böhm. – Würzburg 1995, S. 7–9

Menschenrechte, multikulturelle Erziehung und Fremdenhaß. – In: Erziehung und Menschenrechte, hrsg. v. Winfried Böhm. – Würzburg 1995, S. 25–36

[*Edition zus. mit Jürgen Oelkers:*] Reformpädagogik kontrovers. – Würzburg 1995

Was heißt und zu welchem Ende studiert man die Geschichte der (Reform-)Pädagogik? – In: Reformpädagogik kontrovers, hrsg. v. Winfried Böhm und Jürgen Oelkers. – Würzburg 1995, S. 9–21

[*Zus. mit Frithjof Grell:*] *Reformpädagogik und Christentum – ein problematisches Verhältnis.* – In: Reformpädagogik kontrovers, hrsg. v. Winfried Böhm und Jürgen Oelkers. – Würzburg 1995, S. 75–87

[*Zus. mit Frithjof Grell:] „Neue Erziehung" und Christentum – ein problematisches Verhältnis.* – In: Vierteljahrsschrift für wissenschaftliche Pädagogik, 71 (1995), S. 136–147

[*Zus. mit Frithjof Grell:*] Bildungspolitik und Schulreform in Deutschland. – In: Religionspädagogisch-katechetischer Kurs, Lehrbrief 10, Hrsg.: Theologie im Fernkurs – Domschule Würzburg e. V. – Würzburg 1995

Was heißt und zu welchem Ende studiert man die Geschichte der (Reform-)Pädagogik? – In: Das Kind, (1995) 18, S. 44–56

Kindergarten, Volksschule, Schulreform und pädagogische Ideen. – In: Die Kinderwelt der Donaumonarchie, hrsg. v. Heinrich Pleticha. – Wien 1995, S. 129–151

Progressive Education in Italy and Spain. – In: Progressive Education across the continents, hrsg. v. Hermann Röhrs u. Volker Lenhart. – Frankfurt/Main 1995, S. 85–104

Eine Anwältin des Kindes. – In: Ansichten 10s, Lesebuch 10. Schuljahr, hrsg. v. Barbara Coldewey u. Hans Joachim Heinz unter Mitarbeit von Alfred Clemens Baumgärtner. – Bochum 1995, S. 77–78

Was heißt „Geschichte der Pädagogik" und zu welchem Ende studiert man sie? – In: Schulmagazin, 12 (1995), S. 4–7

Die aufgegebene Tradition. Kritische Reflexionen zum Bildungsauftrag der Universität. – In: Perspektiven der Philosophie. Neues Jahrbuch 1995, Bd. 21, hrsg. v. Rudolph Berlinger, u.a. – Amsterdam 1995, S. 249–269

Die aufgegebene Tradition. Die Universität am Scheideweg. – In: Forschung & Lehre, 12 (1995), S. 674–677

La tradizione abandonata. Rifflessioni critiche sul compito formativo dell'universita. – In: Pedagogia e Vita, 55 (1995), S. 11–24.

Die aufgegebene Tradition. – In: Almanach, Bd. VIII. – Bonn 1995, S. 7–18

Maria Montessori. – In: Quinze pedagogs. La seva influènca, avui, sota la direcciò de Jean Houssaye. – Barcelona 1995, S. 157–172

Keynote Address: Multicultural Education and Xenophobia. – In: Philosophy of Education Proceedings 1995, hrsg. v. Far Western Philosophy of Education Society (FWPES). – Provo (Utah) 1995, S. 1–6

[*Edition Reihe Schule, Erziehung, Gesellschaft, zus. mit Jürgen Oelkers, Wilhelm Brinkmann, Michel Soëtard und Michael Winkler:*] Jürgen Oelkers: Schulreform und Schulkritik. – Würzburg 1995

[*Edition Reihe Schule, Erziehung, Gesellschaft, zus. mit Jürgen Oelkers, Wilhelm Brinkmann, Michel Soëtard und Michael Winkler:*] Benjamin Künzli: Soziologische Aufklärung der Erziehungswissenschaften. – Würzburg 1995

[*Edition Reihe Schule, Erziehung, Gesellschaft, zus. mit Jürgen Oelkers, Wilhelm Brinkmann, Michel Soëtard und Michael Winkler:*] Peter Brozio: Vom pädagogischen Bezug zur pädagogischen Beziehung. Soziologische Grundlagen einer Erziehungstheorie. – Würzburg 1995

[*Edition Reihe Schule, Erziehung, Gesellschaft, zus. mit Jürgen Oelkers, Wilhelm Brinkmann, Michel Soëtard und Michael Winkler:*] Björn Haneberg: Leib und Identität. Die Bedeutung der Leiblichkeit für die Bildung der Identität. – Würzburg 1995

[*Edition Reihe Schule, Erziehung, Gesellschaft, zus. mit Jürgen Oelkers, Wilhelm Brinkmann, Michel Soëtard und Michael Winkler:*] Andreas Schmid-Jenny: Glaube und Erziehung. – Würzburg 1995

[*Edition Reihe Schule, Erziehung, Gesellschaft, zus. mit Jürgen Oelkers, Wilhelm Brinkmann, Michel Soëtard und Michael Winkler:*] Jan Weisser: Das heilige Kind. Zu Verlust und Wiedergewinnung der religiösen Fragestellung in der Pädagogik. – Würzburg 1995

1996

[*Edition:*] *Erziehung und Menschenrechte*, 2. Auflage. – Würzburg 1996

Vorwort. – In: Erziehung und Menschenrechte, 2. Auflage, hrsg. v. Winfried Böhm. – Würzburg 1996, S. 7–9

Menschenrechte, multikulturelle Erziehung und Fremdenhaß. – In: Erziehung und Menschenrechte, 2. Auflage, hrsg. v. Winfried Böhm. – Würzburg 1996, S. 25–36

[*Edition zus. mit Jürgen Oelkers:*] Reformpädagogik kontrovers. 2. Auflage. – Würzburg 1996

Was heißt und zu welchem Ende studiert man die Geschichte der (Reform–)Pädagogik? – In: Reformpädagogik kontrovers, hrsg. v. Winfried Böhm und Jürgen Oelkers. – 2. Auflage. – Würzburg 1996, S. 9–21

[*Zus. mit Frithjof Grell:*] *Reformpädagogik und Christentum – ein problematisches Verhältnis.* – In: Reformpädagogik kontrovers, hrsg. v. Winfried Böhm und Jürgen Oelkers. 2. Auflage. – Würzburg 1996, S. 75–87

[*Edition:*] *Maria Montessori. Texte und Gegenwartsdiskussion*, 5. erweiterte und verbesserte Auflage. – Bad Heilbrunn 1996

Maria Montessori und die „Pädagogik vom Kinde aus". – In: Maria Montessori. Texte und Gegenwartsdiskussion, 5. erweiterte und verbesserte Auflage. – Bad Heilbrunn 1996, S. 115–118

Über das Zeitgemäße einer unzeitgemäßen Pädagogik. – In: Das Unzeitgemäße einer zeitgemäßen Pädagogik, hrsg. v. Angelika Wenger-Hadwig. – Innsbruck, Wien 1996, S. 9–36

Über das Zeitgemäße einer unzeitgemäßen (christlichen) Pädagogik. – In: Zeugnis und Dialog. Die katholische Kirche in der neuzeitlichen Welt und das II. Vatikanische Konzil. Klaus Wittstadt zum 60. Geburtstag, hrsg . v. Wolfgang Weiß. – Würzburg 1996, S. 80–99

Éducation Nouvelle et Christianisme – une liaison difficile. – In: Identité et Altérité en Éducation. Études sur l'Émile, l'Éducation Nouvelle et le Christianisme. Actes du Symposium d'Angers 14–16 avril 1994. – Angers 1996, S. 21–35

[*150 namentlich nicht gezeichnete, aber im Vorwort nachgewiesene Artikel in:*] Diccionario Europeo de la Educación, hrsg. v. José Luis García Garrido. – Madrid 1996

Erziehung und Pädagogik in der griechischen Antike. – In: Weltgeschichte, Taschenbuchausgabe, Bd. 2, hrsg. v. Heinrich Pleticha. – Gütersloh 1996, S. 229–240

Die Entwicklung des griechischen Denkens von den Vorsokratikern bis zu Aristoteles. – In: Weltgeschichte, Taschenbuchausgabe, Bd. 2, hrsg. v. Heinrich Pleticha. – Gütersloh 1996, S. 241–262

Magister und Scholaren: Erziehung und Bildung im Mittelalter. – In: Weltgeschichte, Taschenbuchausgabe, Bd. 5, hrsg. v. Heinrich Pleticha. – Gütersloh 1996, S. 123–134

Die Geisteswelt des Humanismus. – In: Weltgeschichte, Taschenbuchausgabe, Bd. 6, hrsg. v. Heinrich Pleticha. – Gütersloh 1996, S. 267–285

Neue Wege der Erziehung im Geiste von Humanismus und Reformation. – In: Weltgeschichte, Taschenbuchausgabe, Bd. 6, hrsg. v. Heinrich Pleticha. – Gütersloh 1996, S. 232–244

Erkenntnis und Wissen – Reformierte Pädagogik und neue Naturwissenschaft. – In: Weltgeschichte, Taschenbuchausgabe, Bd. 8, hrsg. v. Heinrich Pleticha. – Gütersloh 1996, S. 163–180

Der besondere Aspekt: Erziehung außerhalb Europas. – In: Weltgeschichte, Taschenbuchausgabe, Bd. 9, hrsg. v. Heinrich Pleticha. – Gütersloh 1996, S. 266–275

Schule und Unterricht im 19. Jahrhundert. – In: Weltgeschichte, Taschenbuchausgabe, Bd. 10, hrsg. v. Heinrich Pleticha. – Gütersloh 1996, S. 285–294

Die pädagogische Krise und neue Tendenzen im Erziehungswesen. – In: Weltgeschichte, Taschenbuchausgabe, Bd. 11, hrsg. v. Heinrich Pleticha. – Gütersloh 1996, S. 311–327

La persona come misura dell'educazione. – In: Rassegna di Pedagogia, 54 (Pisa 1996), n. 3/4

L'elementarietà dell'insegnamento morale in Pestalozzi. – In: Rassegna di Pedagogia, 54 (Pisa 1996) n. 1/2

Die Schule La Montesca im Horizont der internationalen Reformpädagogik. – In: Das Kind, (1996) 19, S. 67–74

[*Edition Reihe Schule, Erziehung, Gesellschaft, zus. mit Jürgen Oelkers, Wilhelm Brinkmann, Michel Soëtard und Michael Winkler:*] Frithjof Grell: Der Rousseau der Reformpädagogen. Studien zur pädagogischen Rousseaurezeption. – Würzburg 1996

[*Vorwort in:*] Frithjof Grell: Der Rousseau der Reformpädagogen. Studien zur pädagogischen Rousseaurezeption. – Würzburg 1996

[*Edition Reihe Schule, Erziehung, Gesellschaft, zus. mit Jürgen Oelkers, Wilhelm Brinkmann, Michel Soëtard und Michael Winkler:*] Herwig Heinrich Schulz-Gade: Dialektisches Denken in der Pädagogik Theodor Litts. Dargestellt an ausgewählten Beispielen. – Würzburg 1996

[*Edition Reihe Schule, Erziehung, Gesellschaft, zus. mit Jürgen Oelkers, Wilhelm Brinkmann, Michel Soëtard und Michael Winkler:*] „Kinder sind anders". Maria Montessoris Bild vom Kinde auf dem Prüfstand, hrsg. v. Waltraud Harth-Peter. – Würzburg 1996

[*Grußwort in:*] „Kinder sind anders". Maria Montessoris Bild vom Kinde auf dem Prüfstand, hrsg. v. Waltraud Harth-Peter. – Würzburg 1996, S. 21–24

70 Jahre Montessori-Pädagogik in Deutschland. – In: „Kinder sind anders". Maria Montessoris Bild vom Kinde auf dem Prüfstand, hrsg. v. Waltraud Harth-Peter. – Würzburg 1996, S. 37–48

[*Edition Reihe Schule, Erziehung, Gesellschaft, zus. mit Jürgen Oelkers, Wilhelm Brinkmann, Michel Soëtard und Michael Winkler:*] Andreas Lischewski: „Tod des Subjekts!?" Zum Selbstverständnis pädagogischer Anthropologie zwischen „Subjekt"und „Postmoderne". – Würzburg 1996

[*Vorwort in:*] Andreas Lischewski: „Tod des Subjekts!?" Zum Selbstverständnis pädagogischer Anthropologie zwischen „Subjekt"und „Postmoderne". – Würzburg 1996

* * *

Winfried Böhm ist Mitherausgeber folgender Periodika:

Vierteljahrsschrift für wissenschaftliche Pädagogik, Bochum

Das Kind, Halbjahrsschrift für Montessori-Pädagogik, Würzburg

Rassegna di Pedagogia/Pädagogische Umschau, Pisa

Pedagogia e Vita, Brescia

Revista de Educación, Madrid

Autorenspiegel

ADL-AMINI, Prof. Dr. Bijan (geb. 1943). Wissenschaftlicher Angestellter am Institut für Pädagogik der Universität Kiel.

BEUTLER, Prof. Dr. Kurt (geb. 1937). Prof. für Erziehungswissenschaft an der Universität Hannover.

BITTNER, Prof. Dr. Dipl.-Psych. Günther (geb. 1937). O. Prof. für Pädagogik am Institut für Pädagogik I U Würzburg.

BÖSCHEN, Dipl.-Päd. Markus (geb.1957). Wissenschaftlicher Mitarbeiter am Institut für Pädagogik U Kiel.

BRINKMANN, Prof. Dr. Wilhelm (geb. 1947). Ordinarius für Pädagogik am Institut für Pädagogik U Kiel.

BRÖDEL, Prof. Dr. Rainer (geb.1947). Ordinarius für Erwachsenenbildung / Weiterbildung wissenschaftliche Hochschule Flensburg – Universität.

BROZIO, Dr. Peter (geb. 1956). Wissenschaftlicher Assistent am Institut für Pädagogik U Kiel.

EYKMANN, Dr. Walter (geb. 1937). Seit 1978 Mitglied des Bayerischen Landtages (Ausschußvorsitzender), Bundesvorsitzender der Kath. Elternschaft Deutschlands, Studiendirektor und Lehrbeauftragter U Würzburg.

GRELL, Dr. Dipl.-Päd. Frithjof (geb. 1959). Wissenschaftlicher Mitarbeit, seit 1996 wissenschaftlicher Assistent am Institut für Pädagogik I U Würzburg.

FLORES d'ARCAIS, Prof. em. Dr. Giuseppe (1908). Emeritus am Institut für Pädagogik U Padua (Italien).

HARTH-PETER, Dr., Dipl.-Päd. Waltraud (geb. 1952). Studienrätin am Institut für Pädagogik I U Würzburg.

HEHN, Hedwig (geb. 1939). Mitarbeiterin am Institut für Pädagogik I U Würzburg.

HEIM, Prof. Dr. Helmut (geb. 1952). Vertretung einer Professur für Pädagogik am Institut für Pädagogik I U Würzburg.

HEITGER, Prof. em. Dr. Marian (geb. 1927). Emeritus am Institut für Pädagogik U Wien.

HENNER, Dr. Dipl.-Päd. Günter (geb. 1959). Leiter der Gesundheitsabteilung am Mittelbayerischen Rehabilitationszentrum Kötzting.

HOJER, Prof. Dr. Ernst (geb. 1930). Ordinarius für Pädagogik am Institut für Pädagogik I U Würzburg.

HUFNAGEL, Prof. Dr. Erwin M.A. (geb. 1940). Universitätsprofessor für Erziehungswissenschaft U Mainz; Gastprofessor U Zagreb (Kroatien).

KOCH, Prof. Dr. Lutz (geb. 1942). Inhaber des Lehrstuhls für Allgemeine Pädagogik U Bayreuth.

LASSAHN, Prof. em. Dr. Rudolf (geb. 1928). Emeritus am Institut für Pädagogik U Bonn.

LIPPITZ, Prof. Dr. Wilfried (geb. 1945). Ordinarius für Systematische/ Vergleichende Erziehungswissenschaft U Gießen.

NIEMEYER, Prof. Dr. Christian (geb. 1952). Professor für Sozialpädagogik am Institut für Sozialpädagogik und Sozialarbeit TU Dresden.

OELKERS, Prof. Dr. Jürgen (geb. 1947). O. Professor für Allgemeine Pädagogik U Bern.

PIEPER, Prof. Dr. Annemarie (geb. 1941). O. Professorin für Philosophie U Basel.

PRIESEMANN, Prof. em. Dr. Gerhard (geb. 1925). Emeritus am Institut für Pädagogik U Kiel.

REBLE, Prof. em. Dr. Albert (geb. 1910). Emeritus am Institut für Pädagogik I U Würzburg.

SCHÄFER, Prof. Dr. Alfred (geb. 1951). Professor für Systematische Erziehungswissenschaft U Halle.

SCHURR, Prof. Dr. Johannes (1934 –1994). Von 1980 bis 1994 o. Professor für Allgemeine Pädagogik U Passau.

UHLE, Prof. Dr. Reinhard (geb. 1945). Professor für Allgemeine Pädagogik U Lüneburg.

WEIGAND, Dr. Gabriele (geb. 1953). Von 1984 bis 1989 wissenschaftliche Mitarbeiterin am Institut für Pädagogik U Würzburg, seitdem Studienrätin im höheren Schuldienst in Bayern.

WEISS, Dr. Edgar (geb. 1957). Lehrstuhlvertretungen U Flensburg und U Vechta.

WIGGER, Privatdozent Dr. Lothar (geb. 1953). Von 1995 bis 1996 Vertretung einer Professur für Allgemeine Pädagogik Hochschule Vechta, danach Vertretung einer Professur für Allgemeine und Historische Erziehungswissenschaft U Münster.

WINKLER, Prof. Dr. Michael (geb. 1952). O. Professor für Pädagogik U Jena.

ZDARZIL, Prof. Dr. Herbert (geb. 1928). O. Professor für Pädagogik U Wien.